CB040515

O Dever de Declaração Inicial
do Risco no Contrato de Seguro

O Dever de Declaração Inicial do Risco no Contrato de Seguro

2013

Luís Poças

ALMEDINA

O DEVER DE DECLARAÇÃO INICIAL
DO RISCO NO CONTRATO DE SEGURO
AUTOR
Luís Poças
EDITOR
EDIÇÕES ALMEDINA, S.A.
Rua Fernandes Tomás, nºs 76-80
3000-167 Coimbra
Tel.: 239 851 904 · Fax: 239 851 901
www.almedina.net · editora@almedina.net
DESIGN DE CAPA
FBA.
PRÉ-IMPRESSÃO
EDIÇÕES ALMEDINA, S.A.
IMPRESSÃO | ACABAMENTO
PAPELMUNDE, SMG, LDA.
V. N. de Famalicão

Setembro, 2013
DEPÓSITO LEGAL
363958/13

GRUPOALMEDINA

BIBLIOTECA NACIONAL DE PORTUGAL – CATALOGAÇÃO NA PUBLICAÇÃO

POÇAS, Luis

O dever de declaração inicial do risco no contrato
de seguro. – (Teses de doutoramento)
ISBN 978-972-40-5226-7

CDU   347
      368

À Paula, pelo apoio incondicional de sempre
Ao Tiago, como exemplo de determinação

NOTA PRÉVIA

O texto ora dado à estampa corresponde essencialmente à minha tese de Doutoramento em Direito pela Universidade de Lisboa, na especialidade de Ciências Jurídico-Empresariais, com o título *Declaração do Risco no Contrato de Seguro: O Dever Pré-Contratual do Proponente*. Fui admitido à preparação de provas em Dezembro de 2008, tendo o trabalho de investigação decorrido sob orientação do Professor Doutor Pedro Romano Martinez. A tese foi discutida e aprovada em provas públicas, que decorreram em 28 de Fevereiro de 2013, ano em que a Faculdade de Direito de Lisboa comemora o seu centenário. O Júri foi composto pelos Professores Doutores Pedro Romano Martinez (presidente), Júlio Vieira Gomes (arguente), Filipe de Albuquerque Matos, António Menezes Cordeiro (arguente), Pedro Pais de Vasconcelos, Maria José Rangel de Mesquita e José Alberto Vieira.

O presente estudo tem por objecto um dos temas mais controversos e fecundos entre a jurisprudência e a doutrina do Direito dos seguros: a vinculação do proponente do contrato de seguro a informar o segurador, de forma completa e exacta, em sede de formação do contrato, sobre as características do risco proposto, de modo a que o segurador possa conformar a sua vontade negocial e determinar o prémio devido.

Associado às origens do seguro e inerente à *alea*, à assimetria informativa e ao carácter *uberrima fides* que caracterizam este contrato, o instituto em análise comporta uma *lex specialis* cujas soluções são precursoras da responsabilidade pré-contratual e superam o dualismo entre normas de conduta e normas de validade.

O texto começa por situar conceptualmente o objecto de análise e identificar os aspectos metodológicos relevantes, concentrando-se depois nos fundamentos materiais e normativos do instituto. Este é estudado, tanto numa dimensão histórica, acompanhando as grandes tendências de regulação através do tempo, como comparatística, analisando as soluções normativas de um leque de ordenamentos de referência e dando lugar à síntese, ancorada numa grelha comparativa, e à construção de uma tipologia de modelos de regulação.

Quanto ao sistema jurídico português, o regime da declaração do risco é abrangentemente analisado, procurando-se identificar de forma exaustiva as questões jurídicas suscitadas e as soluções providenciadas pelo ordenamento, tanto no âmbito do regime geral da Lei do Contrato de Seguro, como no dos regimes especiais do seguro automóvel, do seguro de acidentes de trabalho e dos seguros de vida. A análise estende-se mesmo para além das fronteiras do Direito dos seguros, do Direito civil e do Direito comercial, visando implicações pertinentes no quadro do Direito penal e do Direito processual civil, e não negligenciando considerações de ordem económica.

O texto que agora se publica não corresponde integralmente à versão original da tese. Com efeito, e desde logo, a presente versão beneficia de alguns comentários, de indiscutível pertinência, produzidos pelos arguentes. Por outro lado, a mesma comporta também algumas reflexões que desenvolvi já após a entrega da tese, e enquanto preparava a arguição, espelhando a minha posição actual sobre as problemáticas abordadas. Em terceiro lugar, e por contingências de exequibilidade editorial, o texto original foi expurgado de alguns trechos que considerei menos relevantes ou que – como foi o caso da análise consagrada à alteração do risco em sede de execução do contrato – projecto vir a estudar mais desenvolvidamente em momento posterior. Finalmente, aproveitei para incluir referências de outras monografias entretanto publicadas, assegurando, portanto, a plena actualidade do presente escrito.

Ao Professor Doutor Pedro Romano Martinez – que muito me honrou ao aceitar ser meu orientador na preparação da tese – quero expressar uma especial palavra de apreço e de reconhecimento. Aos Professores Doutores António Menezes Cordeiro e Júlio Vieira Gomes, arguentes nas provas de Doutoramento, agradeço a pertinência e valia dos comentários, críticas e sugestões formulados, alguns dos quais reflectidos na redacção final agora publicada e outros a retomar em futuros textos.

Parte fundamental do sucesso do trabalho de investigação depende da acessibilidade da bibliografia relevante. Neste capítulo, é devido um especial tributo à amabilidade de toda a equipa da Biblioteca do Instituto de Seguros de Portugal, à eficiência do serviço de empréstimo inter-bibliotecas da Biblioteca da Faculdade de Direito da Universidade de Lisboa, e à gentileza da equipa da Biblioteca da Ordem dos Advogados.

O encargo do meu empenhamento académico pesou, em grande medida, sobre a minha mulher e sobre o meu filho, que me viram frequentemente confinado ao eremitério do meu escritório. À compreensão e apoio de ambos dirige-se, portanto, a maior fatia da minha gratidão.

Lisboa, Abril de 2013

Luís Poças

[...] O que a tudo enfim me obriga
É não poder mentir no que disser

Luís de Camões, *Os Lusíadas*, III, 5, 1-2

Mentir, eis o problema:
minto de vez em quando
ou sempre, por sistema?

[...]

Ou mentirei apenas
no varejo da vida,
sem alívio de penas,

sem suporte e armadura
ante o império dos grandes,
frágil, frágil criatura?

Carlos Drummond de Andrade,
"Dois Rumos", *Boitempo*

ABREVIATURAS

AAFDL – Associação Académica da Faculdade de Direito de Lisboa
AAVV – vários autores
ABI – *Association of British Insurers*
Ac. – Acórdão
AIDA – Associação Internacional de Direito dos Seguros
AUSAT – Parte Uniforme das Condições Gerais, e das Condições Especiais Uniformes, da Apólice de Seguro Obrigatório de Acidentes de Trabalho para Trabalhadores por Conta de Outrem (aprovada pela Norma Regulamentar do ISP nº 1/2009-R, de 8 de Janeiro)
BFDUC – *Boletim da Faculdade de Direito da Universidade de Coimbra*
BGB – *Bürgerliches Gesetzbuch*
BMJ – *Boletim do Ministério da Justiça*
CC – Código Civil
CCom – Código Comercial
CDC – *Cuadernos de Derecho y Comercio*
CDOM – Código Deontológico da Ordem dos Médicos (Regulamento nº 14/2009, da Ordem dos Médicos)
CDP – *Cadernos de Direito Privado*
CEDAM – Casa Editrice Dott. Antonio Milani
CI – *Contratto e Impresa*
CJA – *Cadernos de Justiça Administrativa*
Cl./Cls. – coluna/colunas
CNPD – Comissão Nacional de Protecção de Dados
Coment. – comentário
Consult. – consultado
Coord./Coords. – Coordenador(a)/Coordenadores
CPC – Código de Processo Civil

CPP – Código de Processo Penal
CRCSS – Código dos Regimes Contributivos do Sistema Previdencial de Segurança Social
CRP – Constituição da República Portuguesa
CSC – Código das Sociedades Comerciais
CT – Código do Trabalho
Ed./Eds. – Editor(a) ou Edição/Editores
DEA – *Diritto ed Economia dell'Assicurazione*
DG – *Diritto e Giurisprudenza*
Dir. – Direcção
DJ – *Direito e Justiça*
DL – Decreto-Lei
DPA – *Diritto e Pratica nell'Assicurazione*
DR – *Diário da República*
DUDH – Declaração Universal dos Direitos do Homem
EDC – *Estudos de Direito do Consumidor*
EOM – Estatuto da Ordem dos Médicos (aprovado pelo Decreto-Lei nº 282/77, de 5 de Julho)
ERPL – *European Review of Private Law*
EUA – Estados Unidos da América
FCG – Fundação Calouste Gulbenkian
FDL – Faculdade de Direito da Universidade de Lisboa
FDUC – Faculdade de Direito da Universidade de Coimbra
FGA – Fundo de Garantia Automóvel
GI – *Giurisprudenza Italiana*
ICA – *Insurance Contracts Act*
ICLQ – *International and Comparative Law Quarterly*
IOB – *Insurance Ombudsman Bureau*
ISP – Instituto de Seguros de Portugal
JOUE – *Jornal Oficial da União Europeia*
LADA – Lei de Acesso aos Documentos Administrativos (Lei nº 46/2007, de 24 de Agosto)
LAT – Lei dos Acidentes de Trabalho (Lei nº 98/2009, de 4 de Setembro)
LCA – Lei do Contrato de Agência (Decreto-Lei nº 178/86, de 3 de Julho)
LCCG – Lei das Cláusulas Contratuais Gerais (Decreto-Lei nº 446/85, de 25 de Outubro)
LDC – Lei de Defesa do Consumidor (Lei nº 24/96, de 31 de Julho)
LCS – Lei do Contrato de Seguro (aprovada pelo Decreto-Lei nº 72/2008, de 16 de Abril)
LGDJ – Librairie Générale de Droit et de Jurisprudence

LMS – Lei da Mediação de Seguros (Decreto-Lei nº 144/2006, de 31 de Julho)
LPD – Lei de Protecção de Dados Pessoais (Lei nº 67/98, de 26 de Outubro)
LQR – *The Law Quarterly Review*
LSORCA – Lei do Seguro Obrigatório de Responsabilidade Civil Automóvel (Decreto-Lei nº 291/2007, de 21 Agosto)
MD – *Médecine et Droit*
MIA – *Marine Insurance Act*
Org./Orgs. – Organizador(a)/Organizadores
PDECS – Princípios de Direito Europeu do Contrato de Seguro
p. ex. – por exemplo
Polic. – policopiado
Port. – português/portuguesa
PUF – Presses Universitaires de France
RCA – *Responsabilité Civile et Assurances*
RCDP – *Rivista Critica di Diritto Privato*
RCP – *Responsabilità Civile e Previdenza*
RDC – *Rivista di Diritto Civile*
RDCDGO – *Rivista del Diritto Commerciale e del Diritto Generale delle Obbligazioni*
RDE – *Revista de Direito e de Economia*
RDES – *Revista de Direito e de Estudos Sociais*
RDM – *Revista de Derecho Mercantil*
RDP – *Revista de Derecho Privado*
Reimpr. – reimpressão
RES – *Revista Española de Seguros*
RFDUL – *Revista da Faculdade de Direito da Universidade de Lisboa*
RGAS – Regime Geral da Actividade Seguradora (Decreto-Lei nº 94-B/98, de 17 de Abril)
RGAT – *Revue Générale des Assurances Terrestres*
RGDA – *Revue Générale du Droit des Assurances*
RGDLJFE – *Revue Générale du Droit, de la Législation et de la Jurisprudence en France et à l'Etranger*
RJ – *Revista Jurídica*
RLJ – *Revista de Legislação e de Jurisprudência*
RMP – *Revista do Ministério Público*
RPCC – *Revista Portuguesa de Ciência Criminal*
RPDC – *Revista Portuguesa de Direito do Consumo*
RTDC – *Revue Trimestrielle de Droit Civil*
RTDPC – *Rivista Trimestrale di Diritto e Procedura Civile*
ROA – *Revista da Ordem dos Advogados*
RTS – Regime da Transparência nos Seguros (Decreto-Lei nº 176/95, de 26 de Julho)

s.d.	–	sem referência à data de edição
Séc.	–	século
SI	–	*Scientia Ivridica*
SJ	–	*La Semaine Juridique*
s.l.	–	sem referência ao local da edição
SORCA	–	Seguro Obrigatório de Responsabilidade Civil Automóvel
s.n.	–	sem referência ao editor
STJ	–	Supremo Tribunal de Justiça
TC	–	Tribunal Constitucional
TFUE	–	Tratado Sobre o Funcionamento da União Europeia
TJ	–	Tribunal de Justiça da União Europeia
TRC	–	Tribunal da Relação de Coimbra
TRE	–	Tribunal da Relação de Évora
TRG	–	Tribunal da Relação de Guimarães
TRL	–	Tribunal da Relação de Lisboa
TRP	–	Tribunal da Relação do Porto
Trad.	–	tradução
TUE	–	Tratado da União Europeia
UCP	–	Universidade Católica Portuguesa
UE	–	União Europeia
UTET	–	Unione Tipografico Editrice Torinese
v.	–	*versus*
VVG	–	*Versicherungsvertragsgesetz*

I
Introdução

I.1. OBJECTO E MÉTODO

I.1.1. Delimitação e pertinência do objecto de análise

I. Desde a sua origem, ligada ao desenvolvimento do comércio marítimo internacional, o contrato de seguro suscita um dilema – a dificuldade, senão impossibilidade, para o segurador, em conhecer com exactidão os contornos do risco que deverá cobrir por efeito do contrato, e a posse privilegiada desse conhecimento na esfera da contraparte contratual (o tomador do seguro) – tendo a solução de tal dilema vindo a consistir na vinculação deste último a partilhar aquele conhecimento. Com efeito, os vários sistemas jurídicos requerem do potencial tomador (o proponente, como passaremos a designá-lo) – de forma expressa ou implícita, com base legal ou jurisprudencial – o referido comportamento informativo, no que constitui, por um lado, uma característica fundamental e universal[1] do contrato de seguro e, por outro lado, um desvio ao regime geral de Direito civil.

O presente estudo tem precisamente por objecto a vinculação do proponente a descrever de forma completa e exacta, em sede de formação do contrato, o risco que se propõe fazer segurar[2]. O recorte do objecto de análise não abrange, por-

---

[1] Anthony A. Tarr e Julie-Anne Tarr, "The insured's non-disclosure in the formation of insurance contracts: a comparative perspective", *International and Comparative Law Quarterly*, Vol. 50, III (Jul. 2001), p. 577.

[2] No âmbito da circunscrição do nosso objecto de estudo, importa, desde já, delimitar os elementos do tipo contratual de seguro. O artigo 1º da LCS descreve-os nos seguintes termos: «por efeito do contrato de seguro, o segurador cobre um risco determinado do tomador do seguro ou de outrem, obrigando-se a realizar a prestação convencionada em caso de ocorrência do evento aleatório previsto no contrato, e o tomador do seguro obriga-se a pagar o prémio correspondente». Pela

tanto, a declaração *superveniente* da modificação das circunstâncias que caracterizam o risco, mormente o seu agravamento, em sede de execução do contrato.

Por outro lado, o tema é assumido, não numa perspectiva processual e axiologicamente neutra (a declaração do risco como fase no *iter negocial* do contrato), mas numa perspectiva normativa, acentuando o dever fundamental de verdade que incumbe ao proponente no quadro da máxima boa fé que norteia a formação (e execução) do contrato.

Estas considerações – e, bem assim, a literalidade do título – não devem ser entendidas como uma tomada de posição prévia quanto à natureza jurídica do "dever" de declaração que, em sede própria, merecerá o devido aprofundamento (*infra*, VIII.6). Na verdade, o termo *dever* é, por ora, empregue em sentido amplo, como sinónimo de vinculação[3].

II. O objecto deste trabalho é de manifesta relevância no domínio do Direito dos seguros[4], podendo afirmar-se que «nenhum tópico em Direito do contrato de seguro recebeu maior atenção dos tribunais e da literatura»[5]. Essa relevância decorre, desde logo, de a declaração do risco integrar, em termos lógicos e processuais, a etapa inicial do *iter* negocial conducente à conclusão do contrato de seguro e constituir, em termos normativos, um autêntico pressuposto de aplicação do Direito dos seguros[6]. Para além disso, assume-se como «fulcral à eco-

nossa parte, e como sustentámos noutro lugar, cremos que as características substancialmente fracturantes entre os seguros de danos e os de vida inviabilizam uma noção unitária do contrato de seguro – Luís Poças, *Estudos de Direito dos Seguros*, Porto, Almeida & Leitão, 2008, pp. 61 ss., especialmente 73-74. Nesta medida, seguimos de perto, nos seus traços essenciais, a noção dualista apresentada por Moitinho de Almeida, segundo a qual o contrato de seguro é aquele «em que uma das partes, o segurador, compensando segundo as leis da estatística um conjunto de riscos por ele assumidos, se obriga, mediante o pagamento de uma soma determinada, a, no caso de realização do risco, indemnizar o segurado pelos prejuízos sofridos, ou, tratando-se de evento relativo à vida humana, entregar um capital ou renda, ao segurado ou a terceiro, dentro dos limites convencionalmente estabelecidos ou a dispensar o pagamento de prémios tratando-se de prestação a realizar em data determinada». José Carlos Moitinho de Almeida, *O Contrato de Seguro no Direito Português e Comparado*, Lisboa, Livraria Sá da Costa, 1971, p. 23.

[3] Luís Carvalho Fernandes, *Teoria Geral do Direito Civil*, Vol. II, 5ª Ed., Lisboa, Universidade Católica Ed., 2010, p. 644.

[4] Júlio Gomes, "O dever de informação do (candidato a) tomador do seguro na fase pré-contratual, à luz do Decreto-Lei nº 72/2008 de 16 de Abril", *in* José Lebre de Freitas, Rui Pinto Duarte, Assunção Cristas, Vítor Pereira Neves, e Marta Tavares Almeida (Coords.), *Estudos em Homenagem ao Professor Doutor Carlos Ferreira de Almeida*, Vol. II, Coimbra, Almedina, 2011, p. 388.

[5] Semin Park, *The Duty of Disclosure in Insurance Contract Law*, Aldershot, Dartmouth Publishing Company, 1996, p. 1.

[6] Pedro Rubio Vicente, *El Deber Precontractual de Declaración del Riesgo en el Contrato de Seguro*, Madrid, Editorial MAPFRE, 2003, p. 1.

nomia do contrato de seguro e, portanto, ao seu regime geral»[7], traduzindo uma das vertentes essenciais deste tipo contratual e consubstanciando mesmo uma peculiaridade do mesmo face ao Direito civil, uma autêntica *lex specialis* cujo cabimento actual é, de resto, não raras vezes questionado (*infra*, XIV.1).

Em causa está uma das matérias mais controversas entre a jurisprudência e a doutrina, no quadro português e internacional[8]. De resto, constitui uma das principais fontes de conflitualidade entre segurados e seguradores[9], facto que se reflecte, aliás, no extenso manancial de jurisprudência sobre a matéria, domínio onde os tribunais portugueses não são excepção, nem no volume nem na controvérsia e disparidade das orientações seguidas[10].

A pertinência do tema é tanto maior quanto as recentíssimas iniciativas de reforma legislativa, quer no contexto português, quer no de outros sistemas jurídicos, requerem uma atenta análise comparativa, na qual o elemento histórico não

---

[7] Arnaldo Oliveira e Eduarda Ribeiro, "Novo regime jurídico do contrato de seguro – Aspectos mais relevantes da perspectiva do seu confronto com o regime vigente", *Fórum – Revista Semestral do ISP*, Ano XII, nº 25 (Jun. 2008), p. 22. O carácter fulcral da declaração do risco ressalta, p. ex., do facto de ter sido uma das escassas matérias que a proposta de Directiva do Conselho visando a coordenação das disposições legislativas, regulamentares e administrativas que regulam o contrato de seguro (*Jornal Oficial da União Europeia* nº C 190, de 28/07/1979) visou regular. Trata-se de um domínio onde subsistem as mais extremadas divergências entre as soluções adoptadas pelos vários ordenamentos dos Estados-Membros e que, por outro lado, mais directamente influenciam os preços (prémios) praticados no espaço europeu, condicionando, portanto, a liberdade de prestação de serviços em plena concorrência – Patrick Pearson, "Opening address", *in* Fritz Reichert-Facilides e Hans D'Oliveira (Eds.), *International Insurance Contract Law in the EC: Proceedings of a Comparative Law Conference held at the European University Institute, Florence, May 23-24, 1991*, Deventer, Kluwer Law and Taxation Publishers, 1993, pp. 3-4.

[8] Júlio Gomes, "O dever de informação do tomador do seguro na fase pré-contratual", *in* António Moreira e M. Costa Martins (Coords.), *II Congresso Nacional de Direito dos Seguros – Memórias*, Coimbra, Almedina, 2001, p. 75.

[9] Robert Keeton e Alan Widiss, *Insurance Law – A Guide to Fundamental Principles, Legal Doctrines and Commercial Practices*, St. Paul (Minn.), West Publishing, 1988 (Reimpr. 1989), p. 567; Arnaldo Oliveira e Eduarda Ribeiro, "Novo regime...", *cit.*, p. 22.

[10] A controvérsia jurisprudencial transparece, de resto, na própria doutrina. Cfr. Júlio Gomes, "O dever de informação do tomador...", *cit.*, pp. 76-77. Curiosamente, a importância da declaração do risco como fonte de litígios nem sempre se reflecte nos escritos sobre esta matéria, que dão destaque, sobretudo, aos litígios emergentes de acidente de viação ou aos respeitantes a cobrança de prémios. Cfr. Armando Alves Sá, "Litígios judiciais com companhias de seguros, sua divisão e principais causas", *Lusíada (Série de Direito)*, 1999, nº 1 e 2, pp. 521-526; M. Helena Pimenta, "Litígio e os seguros", *Lusíada (Série de Direito)*, 1999, nº 1 e 2, pp. 571-582; e Pedro Ribeiro Silva, "O litígio e os seguros", *Lusíada (Série de Direito)*, 1999, nº 1 e 2, pp. 583-590. Sobre a arbitragem como solução alternativa de resolução de conflitos envolvendo seguradores, cfr. João Álvaro Dias, "Resolução de conflitos na actividade seguradora – Justiça em tempos de mudança", *Biblioteca Seguros*, nº 1, Janeiro 2007, pp. 17-24.

poderá ser descurado. No quadro português, em particular, a recente entrada em vigor da Lei do Contrato de Seguro (adiante, LCS), aprovada pelo DL 72/2008, de 16 de Abril, introduz soluções de elevada complexidade que apelam ao estudo da doutrina. O próprio contexto histórico que vivemos – designadamente a evolução da ciência médica, da tecnologia e das comunicações – tem impacto na declaração do risco, obrigando ao reequacionar de normas que, durante longas décadas, traduziam uma regulação relativamente pacífica e estável da matéria.

Para além dos aspectos assinalados, a disciplina da declaração do risco revela-se um domínio de grande fecundidade dogmática, convocando, não só o seu regime específico, mas o concurso de múltiplos institutos de Direito civil, como o da boa fé, *culpa in contrahendo*, abuso do direito, vícios da vontade, etc., em cuja intersecção a problemática da declaração do risco se situa. De resto, outros quadrantes do sistema jurídico contribuem para o equilíbrio e actualidade das soluções em matéria de declaração do risco, nomeadamente no que respeita à tutela do consumidor, aos direitos de personalidade ou à distribuição do ónus da prova.

Trata-se, em suma, de um tema, cuja fecundidade, pertinência e actualidade se afiguram inquestionáveis.

I.1.2. Estado da arte e objectivos de pesquisa

I. A problemática da declaração do risco no contrato de seguro, traduzindo uma matéria central no âmbito deste negócio, mereceu desde cedo a devida referência à doutrina portuguesa. Entre os autores que, em quadros normativos anteriores ao Código Comercial (adiante, CCom) de 1888, consagraram alguma atenção à matéria, podemos mencionar os contributos incontornáveis de Pedro de Santarém[11], José da Silva Lisboa[12] e Ferreira Borges[13].

Já no contexto do CCom de 1888 – e para além do trabalho de Machado Villela[14] sobre os seguros de vida – os primeiros contributos fundamentais para a análise do regime legal da declaração do risco resultam, desde logo, do *Comentário ao Código Commercial Portuguez*, de Adriano Anthero[15], logo seguido pela obra

---

[11] Pedro de Santarém, *Tractatus de Assecurationibus et Sponsionibus*, 1552 – trad. port., Lisboa, Instituto de Seguros de Portugal, 2007.

[12] José da Silva Lisboa, *Princípios de Direito Mercantil e Leis de Marinha para Uso da Mocidade Portugueza, Destinada ao Commercio, Divididos em Oito Tratados Elementares, Contendo a Respectiva Legislação Patria, e Indicando as Fontes Originaes dos Regulamentos Marítimos das Principaes Praças da Europa*, Tomo I, Lisboa, Impressão Régia, 1815.

[13] José Ferreira Borges, *Comentários Sobre a Legislação Portugueza Ácerca de Seguros Marítimos*, Lisboa, Typographia da Sociedade Propagadora dos Conhecimentos Uteis, 1841, pp. 129 ss.

[14] Álvaro Machado Villela, *Seguro de Vidas – Esboço Histórico, Económico e Jurídico*, Coimbra, Imprensa da Universidade, 1898.

[15] Adriano Anthero, *Comentário ao Código Commercial Portuguez*, Vol. II, Porto, Artes & Lettras, 1915.

homónima de Luiz Cunha Gonçalves[16], onde é empreendida uma análise mais aprofundada e sustentada do regime.

Ao longo do século XX, várias foram as obras de carácter geral que, tendo por objecto o contrato de seguro, não esqueceram a temática da declaração do risco. Entre elas, cumpre prestar o devido tributo aos estudos de Fernando Emygdio Silva[17], Arnaldo Pinheiro Torres[18], Pedro Martinez[19], Azevedo Matos[20], Rafael Rodrigues da Silva[21], Francisco Guerra da Mota[22] e, sobretudo, à obra fundamental de José Carlos Moitinho de Almeida[23]. Trata-se, no entanto, em regra, de escritos de grande fôlego, onde a matéria da declaração do risco surge incidentalmente[24], sendo objecto de uma análise parcelar e pouco aprofundada, que não vai, em alguns casos, além de uma breve exegese do texto legal.

Entretanto, na transição para o séc. XXI, o Direito dos Seguros assumiu um novo fulgor entre nós, verificando-se alguma proliferação de estudos que incidem sobre a matéria. Neste contexto, a produção dogmática sobre a declaração do risco no contrato de seguro aflora em textos de tipo diverso. Desde logo, as obras gerais de Direito dos Seguros, onde cumpre destacar, numa perspectiva cronológica, os contributos de José Vasques[25], Pedro Romano Martinez[26], Moitinho de Almeida[27] e Menezes Cordeiro[28], entre outros autores[29]. Igual relevo merecem as obras de carácter mais geral, como os manuais de Direito e comentários a legislação, sendo de assinalar, entre outros[30], os contributos de Menezes

---

[16] Luiz Cunha Gonçalves, *Comentário ao Código Comercial Português*, Vol. II, Lisboa, Ed. José Bastos, 1916.

[17] Fernando Emygdio Silva, *Seguros Mútuos*, Coimbra, Imprensa da Universidade, 1911.

[18] Arnaldo Pinheiro Torres, *Ensaio Sobre o Contrato de Seguro*, Porto, Tipografia Sequeira, 1939, pp. 101 ss.

[19] Pedro Martinez, *Teoria e Prática dos Seguros*, Lisboa, Imprensa Artística, 1953, pp. 41 ss.

[20] Azevedo Matos, *Princípios de Direito Marítimo*, Vol. IV – Do Seguro Marítimo, Lisboa, Ed. Ática, 1958, pp. 134 ss.

[21] Rafael Rodrigues da Silva, *Os Seguros (Elementos de Estudo)*, Lisboa, [s.n.], 1963, pp. 55 ss.

[22] Francisco Guerra da Mota, *O Contrato de Seguro Terrestre*, Porto, Athena, 1985, pp. 369 ss.

[23] José Carlos Moitinho de Almeida, *O Contrato de Seguro no Direito...*, *cit.*, pp. 73 ss. e 373 ss.

[24] Cfr. também, neste contexto, Jorge Sinde Monteiro, *Responsabilidade por Conselhos, Recomendações ou Informações*, Coimbra, Almedina, 1989, pp. 156 ss. e 356 ss.

[25] José Vasques, *Contrato de Seguro – Notas Para Uma Teoria Geral*, Coimbra, Coimbra Ed., 1999, pp. 211 ss.

[26] Pedro Romano Martinez, *Direito dos Seguros – Apontamentos*, Cascais, Principia, 2006, pp. 70-71.

[27] José Carlos Moitinho de Almeida, *Contrato de Seguro – Estudos*, Coimbra, Coimbra Ed., 2009.

[28] António Menezes Cordeiro, *Direito dos Seguros*, Coimbra, Almedina, 2013.

[29] José Bento, *Direito de Seguros*, Lisboa, 2003 (polic.), pp. 158 ss.; e João Valente Martins, *Notas Práticas Sobre o Contrato de Seguro*, 2ª Ed., Lisboa, Quid Juris, 2011, pp. 58 ss.; Jorge Sinde Monteiro e Maria José Rangel Mesquita, "Portugal", in AAVV, *International Encyclopaedia of Law – Insurance Law*, Suplemento 32, Alphen aan den Rijn, Kluwer Law International, 2009, sobretudo p. 67.

[30] F. C. Ortigão e Maria Manuel Busto, *Itinerário Jurídico dos Seguros*, 2ª Ed., Lisboa, Rei dos Livros, 1998; e Abílio Neto, *Código Comercial, Código das Sociedades, Legislação Complementar Anotados*, Lisboa, Ediforum, 15ª Ed., 2002, pp. 324 ss.

Cordeiro[31], José Engrácia Antunes[32], e a *Lei do Contrato de Seguro Anotada*[33], da autoria dos membros da Comissão responsável pelo projecto do novo regime.

Noutro plano, surgem artigos doutrinários que directa ou incidentalmente versam sobre a declaração do risco no contrato de seguro[34] – cumprindo aí destacar, pela amplitude da análise dogmática, os textos de Júlio Gomes[35] e de Filipe Albuquerque Matos[36] e, pelo labor argumentativo, o de José Alberto Vieira[37] – ou sobre a problemática mais vasta da fraude em seguros[38], quer ainda no âmbito do regime do CCom, quer já no quadro da LCS.

---

[31] António Menezes Cordeiro, *Manual de Direito Comercial*, Vol. I, Coimbra, Almedina, 2001, pp. 580 ss.

[32] José Engrácia Antunes, *Direito dos Contratos Comerciais*, Coimbra, Almedina, 2009, pp. 677 ss.; José Engrácia Antunes, "O contrato de seguro na LCS de 2008", *ROA*, Ano 69, Vol. III/IV (Jul.-Dez. 2009), pp. 815-858.

[33] Pedro Romano Martinez *et al.*, *Lei do Contrato de Seguro Anotada*, 2ª Ed., Coimbra, Almedina, 2011.

[34] Luís Filipe Caldas, "Direitos e deveres de informação: sanção das declarações inexactas do tomador", *in* António Moreira, e M. Costa Martins (Coords.), *III Congresso Nacional de Direito dos Seguros – Memórias*, Coimbra, Almedina, 2003, pp. 279-289; M. Costa Martins, "Contributo para a delimitação do âmbito da boa-fé no contrato de seguro", *in* António Moreira e M. Costa Martins (Coords.), *III Congresso Nacional de Direito dos Seguros – Memórias*, Coimbra, Almedina, 2003, pp. 167-198; Arnaldo Oliveira, *A Declaração Inicial do Risco no RJCS (arts. 24º-26º e 188º) em 7 §§*, Lisboa, 2008, http://www.fd.ul.pt/ institutos/idc/docs/deciniris.pdf (consult. 15/07/2008); Arnaldo Oliveira e Eduarda Ribeiro, "Novo regime...", *cit.*; João Calvão da Silva, "Tribunal da Relação de Lisboa – Acórdão de 12 de Outubro de 2000" [coment.], *RLJ*, Ano 133º, 2000-2001, nº 3910-3921, pp. 189-224; Joana Galvão Teles, "Deveres de informação das partes", *in* Margarida Lima Rego (Coord.), *Temas de Direito dos Seguros – A Propósito da Nova Lei do Contrato de Seguro*, Coimbra, Almedina, 2012, pp. 213-273; José Vasques, "Declaração do risco, deveres de informação e boa fé", *SPAIDA – Boletim Informativo*, nº 1, Janeiro 2004, pp. 6-7.

[35] Júlio Gomes, "O dever de informação do tomador...", *cit.*; e Júlio Gomes, "O dever de informação do (candidato a) tomador...", *cit.*

[36] Filipe Albuquerque Matos, "As declarações reticentes e inexactas no contrato de seguro", *in* J. Figueiredo Dias, J. J. Gomes Canotilho e J. Faria Costa (Orgs.), *Ars Ivdicandi – Estudos de Homenagem ao Prof. Doutor António Castanheira Neves*, Vol. II – Direito Privado, Coimbra, Coimbra Ed., 2008, pp. 457-499; e Filipe Albuquerque Matos, *Uma Outra Abordagem em Torno das Declarações Inexactas e Reticentes no Âmbito do Contrato de Seguro. Os Arts. 24º a 26º do DL 72/2008, de 16 de Abril*, Separata de AAVV, *Ars Ivdicandi – Estudos em Homenagem ao Prof. Doutor Jorge de Figueiredo Dias*, Vol. IV, Coimbra, Coimbra Ed., 2010, pp. 615-638.

[37] José Alberto Vieira, "O dever de informação do tomador de seguro em contrato de seguro automóvel" *in* Jorge Miranda, Luís Lima Pinheiro e Dário Moura Vicente (Coords.), *Estudos em Memória do Professor Doutor António Marques dos Santos*, Vol. I, Coimbra, Almedina, 2005, pp. 999-1023.

[38] M. Costa Martins, "Considerações sobre a 'fraude' em seguros", *in* António Moreira e M. Costa Martins (Coords.), *I Congresso Nacional de Direito dos Seguros – Memórias*, Coimbra, Almedina, 2000, pp. 141-151.

Finalmente, há a assinalar a recente produção de trabalhos de investigação de mestrado com reflexo no tema em apreço[39].

II. A centralidade da *declaração do risco* na dogmática do Direito dos seguros faz da mesma um frequente objecto de análise por parte da doutrina estrangeira. A matéria constitui, assim, um capítulo incontornável das obras de carácter geral, manuais e tratados de Direito dos seguros, bem como tema de numerosos artigos doutrinários. Embora se revelasse fastidioso e redundante adiantar, desde já, as vastas referências bibliográficas que acompanharão o nosso percurso discursivo, importa aludir especialmente aos livros monográficos, em regra resultantes de trabalhos de investigação académica[40].

---

[39] É o caso de José Alves de Brito, *Contrato de Seguro Por Conta de Outrem. O Seguro Por Conta de Outrem nos Seguros de Danos*, Dissertação de Mestrado, Lisboa, FDL, 2005, pp. 122 ss. e 267 ss.; Nuno Trigo dos Reis, *Os Deveres de Informação no Contrato de Seguro de Grupo*, Relatório de Mestrado, Lisboa, FDL, 2007; Inês Domingos, *Declarações Falsas no Contrato de Seguro*, Relatório de Mestrado, Lisboa, FDL, 2007; António Dâmaso Bentinho, *Os Deveres de Informação do Tomador do Seguro*, Relatório de Mestrado, Lisboa, FDL, 2009; e Marco Silva Garrinhas, *Os Deveres de Informação no Âmbito da Reforma do Regime Jurídico do Contrato de Seguro*, Relatório de Mestrado, Lisboa, FDL, 2009, pp. 57 ss.

[40] Assim, entre a doutrina inglesa, cumpre destacar a obra fundamental de Semin Park, *The Duty of Disclosure in Insurance Contract Law, cit.*, que reproduz a dissertação de doutoramento do autor na Universidade de Bristol (a dissertação, de 1996, tinha por título *Analysis on the Current Interpretations of the Duty of Disclosure in English Insurance and Marine Insurance Contracts*). Trata-se de uma referência obrigatória no âmbito da *common law*, ainda que de pouca densidade dogmática e com uma abordagem de pendor marcadamente analítico e exegético, confinada à jurisprudência inglesa. Outras monografias são também importantes referências no quadro da *common law*, como as obras de Peter MacDonald Eggers; Simon Picken e Patrick Foss, *Good Faith and Insurance Contracts*, 2ª Ed., London, Lloyd's of London Press, 2004, ou de Julie-Anne Tarr, *Disclosure and Concealment in Consumer Insurance Contracts*, London, Cavendish Publishing Limited, 2002. Entre a doutrina italiana, que tanto tem contribuído para o aprofundamento do tema, cumpre evidenciar, na falta de outros trabalhos de maior envergadura, a obra de Giovanna Visintini, *La Reticenza nella Formazione dei Contratti*, Padova, CEDAM, 1972, que consagra uma ampla análise à matéria no âmbito do contrato de seguro, bem como a recente dissertação de Piergiacomo Gambella, *Le Dichiarazioni Inesatte e Reticenti Rese all'Assicuratore*, Dissertação, Cagliari, Università degli Studi di Cagliari, 2006, www.tesionline.it (consult. 25/05/2010). Na doutrina francesa, destacam-se dois clássicos de grande relevância na temática. O primeiro, de M. Renaux, *De la Réticence et de la Fausse Déclaration dans les Contrats d'Assurances*, Paris, Arthur Rousseau Ed., 1906, é um trabalho pioneiro, de interesse histórico e dogmático, que conserva uma surpreendente actualidade, estabelecendo uma profunda crítica, quer do Direito positivo de então, quer do entendimento que, sobre o mesmo, a doutrina e a jurisprudência consagravam, apoiando soluções que só décadas mais tarde seriam consagradas pelos ordenamentos europeus. O segundo, de Ferdinand Bricard, *Les Réticences dans les Assurances*, Paris, Arthur Rousseau Ed., 1912, revela-se igualmente muito actual, antecipando e reclamando soluções que vieram a generalizar-se internacionalmente ao longo do séc. XX. Entre os autores alemães, pontua o recente trabalho de Julia Kruse, *Die vorvertragliche Anzeigepflicht in der Reform des Versicherungsvertragsgesetz*, Hamburg, Verlag Dr. Kovac, 2008. Relativamente à doutrina

III. Um balanço do estado da arte na matéria que nos ocupa revela, no plano internacional, uma vastíssima bibliografia, o que é indicador seguro da relevância do tema. Porém, o conteúdo de tais textos – sobretudo artigos e capítulos de livros – denota, em geral, uma certa falta de sistematização e de densidade dogmática no tratamento do tema. A título de exemplo, muitos desses escritos pouco mais são do que uma descrição, ou uma sumária exegese, do regime legal vigente num dado sistema jurídico, contextualizado – e condicionado – pelo quadro de Direito positivo em que cada autor se situa e sem especiais preocupações de problematização ou de exaustividade. Também a *ratio legis* do regime da declaração do risco é normalmente abordada numa perspectiva simplista e sincrética, (con)fundindo alguns dos respectivos fundamentos entre si ou reconduzindo o regime positivo a apenas um fundamento[41]. Finalmente, falta uma análise explicativa da sucessão histórica de soluções e da relação destas com as configurações dos fundamentos em que assentam.

Desta forma, impõe-se, do nosso ponto de vista, um esforço de teorização compreensiva sobre a matéria, assentando num amplo trabalho que compreenda as vertentes histórica e comparativa e que contemple um aprofundamento dogmático dos fundamentos dos vários regimes positivos e da forma como se articulam entre si. Esse propósito pressupõe, por outro lado, o enquadramento do objeto de estudo relativamente a outras áreas do Direito com o mesmo confinantes e que extravasam o estrito âmbito do Direito dos seguros, indo do domínio do Direito civil até, designadamente, aos do Direito da bioética, do Direito criminal ou do processual.

---

espanhola, destaca-se o pequeno estudo de Juan Bataller Grau, *El Deber de Declaración del Riesgo en el Contrato de Seguro*, Madrid, Tecnos, 1997, contendo um relevante acervo jurisprudencial sobre o tema; e, sobretudo, a mais recente monografia de Pedro Rubio Vicente, *El Deber Precontractual de Declaración del Riesgo en el Contrato de Seguro, cit.*, respeitante ao trabalho de investigação do autor para acesso ao cargo de Professor Titular de Direito Comercial da Faculdade de Direito de Valladolid. Na doutrina brasileira, importa mencionar o estudo de Carlos Harten, *El Deber de Declaración del Riesgo en el Contrato de Seguro – Exposición y Crítica del Modelo Brasileño y Estudio del Derecho Comparado*, Salamanca, Ratio Legis, 2007, correspondente à dissertação de doutoramento do autor na Universidade de Salamanca: ainda que de publicação recente, trata-se de uma referência da maior relevância no quadro doutrinário brasileiro, com poucos contributos na matéria. Outras referências imprescindíveis, também no âmbito da América latina, são os recentíssimos trabalhos de Carlos A. Schiavo, *Contrato de Seguro – Reticencia y Agravación del Riesgo*, Buenos Aires, Hammurabi, 2006, e de Virginia Bado Cardozo, *El Riesgo y la Reticencia en el Contrato de Seguro*, Montevideo, La Ley Uruguay, 2009.

[41] Na verdade, a doutrina parte, em regra, do Direito positivado para a determinação dos seus fundamentos normativos e princípios orientadores. Desta forma, cada perspectiva teórica revela-se pouco abrangente, limitada a um determinado contexto regulador e apenas compreensível no quadro do mesmo.

Noutro plano, a recente entrada em vigor da LCT reclama, entre nós, uma análise extensa do complexo regime nela consubstanciado e das problemáticas e dificuldades que o mesmo suscita, para o que importa identificar princípios gerais que permitam suportar a interpretação e aplicação das soluções legais.

IV. Face às considerações atrás adiantadas, é objectivo principal do presente estudo contribuir para a construção de uma teoria geral da declaração do risco no contrato de seguro, situada num plano de abstracção mais elevado do que o de cada ordenamento, sendo potencialmente explicativa e fundamentadora de todo o sistema de soluções normativas, qualquer que seja a sua configuração concreta. Na prossecução de tal objectivo estratégico, assumem-se como objectivos tácticos ou secundários os seguintes:

1. Analisar as soluções de regulação da descrição do risco no contrato de seguro adoptadas em vários sistemas jurídicos de referência, considerando a respectiva evolução e o contexto histórico e ideológico-cultural dessa regulação;
2. Proceder a uma síntese comparativa dos vários sistemas analisados e, com base na mesma, apresentar uma tipologia, por aproximação à metodologia weberiana dos ideais-tipos, dos grandes modelos de regulação dominantes no campo do Direito comparado;
3. Identificar a pluralidade de fundamentos em que se ancora a referida regulação e a preponderância relativa de alguns deles em função do tipo de quadro normativo em causa;
4. Relativamente ao ordenamento português, analisar aprofundadamente, numa perspectiva crítica e problematizante – fomentando o debate dogmático – as soluções consagradas, quer no recentemente revogado regime do CCom, quer na nova LCS, contemplando as construções doutrinárias e jurisprudenciais[42] decorrentes de tais soluções;
5. Desenvolver, em particular, as especificidades de alguns regimes especiais de declaração do risco no contexto, quer de alguns seguros obrigatórios, quer dos seguros de vida;
6. Com base na análise de Direito positivo, discutir a natureza jurídica da vinculação do proponente à descrição do risco na LCS;
7. Analisar as implicações e a relevância do instituto da declaração do risco em outros domínios das ciências jurídicas para além do Direito dos seguros;
8. Debater a justificação para a manutenção actual de um regime específico que discipline a declaração do risco à margem das regras gerais de Direito civil;

---

[42] Os acórdãos referenciados, ao longo do texto, do Supremo Tribunal de Justiça e dos Tribunais da Relação podem ser consultados em www.dgsi.pt.

9. Ponderar o justo equilíbrio das soluções de regulação possíveis, considerando, não só o plano do Direito material, mas também o incontornável domínio processual (mormente a distribuição do ónus da prova), e propondo, a partir do percurso discursivo seguido, novas soluções de *iure condendo*.

I.1.3. Questões metodológicas

I. Definidas, a partir da sucinta referência ao estado da arte, as principais linhas orientadores dos nossos objectivos de pesquisa, importa referir os pressupostos metodológicos em que esta assentará.

O presente trabalho parte de um *problema material* (enquanto resultante de uma situação de facto, de um problema da vida a reclamar disciplina normativa) – o silêncio do proponente de um contrato de seguro, quanto à caracterização do risco proposto, ou a prestação por ele de informações inexactas que viciam a declaração negocial do segurador – buscando no sistema jurídico a resposta ao *quid iuris?* por aquele suscitado. A pesquisa encontra-se, assim, tematicamente ancorada no – e circunscrita ao – problema assinalado, agora configurado como *problema jurídico*.

Partindo-se do mesmo, procurar-se-á identificar constelações de outros *problemas jurídicos* que dele decorrem e encontrar para as mesmas soluções normativas visando a resolução de casos concretos. É precisamente função da ciência do Direito responder à questão *quid iuris?* inerente a cada problema jurídico, estabelecendo a ponte entre o universo normativo e o da realidade empírica, e promovendo a realização da justiça em cada contexto cultural por apelo ao *método jurídico*.

Este traduz-se, nas palavras de Castanheira Neves, na «actividade de juízo normativo ou de judicativa decisão normativa com fundamento e critério no direito pressuposto»[43]. Distinguindo dois momentos de um mesmo método dirigido à realização do Direito, a actividade que consubstancia a ciência jurídica compreende uma função associada à aplicação prática do Direito, e outra com um crivo mais teórico-científico, de determinação do próprio Direito, destacando-se, respectivamente: «a *função judicativo-decisória*, chamada a resolver os problemas jurídicos concretos em termos casuístico-jurisdicionais, da *função dogmática*, dirigida antes ao conhecimento objectivo-sistemático do direito constituído e vigente numa determinada comunidade histórica»[44].

---

[43] António Castanheira Neves, "Método Jurídico", *in* AAVV, *Polis – Enciclopédia Verbo da Sociedade e do Estado*, Vol. IV, 2ª Ed., Lisboa, Verbo, 2004, cl. 224.

[44] António Castanheira Neves, "Método Jurídico", *cit.*, cl. 226. A dogmática jurídica visa estabelecer a unidade sistémica na coerência de cada ordenamento, construindo, com recurso a processos lógicos (assentes em elementos axiológicos), princípios gerais, institutos, conceitos, noções e

Caindo fora do âmbito deste trabalho uma incursão em profundidade na metodologia jurídica de realização do Direito, não queremos deixar de nos demarcar do formalismo lógico, conceptualista e subsuntivo da jurisprudência dos conceitos[45], ou de um certo casuísmo – comprometedor da coerência do sistema – a que tende a conduzir um excessivo enfoque na ponderação dos interesses em presença[46]. Neste quadro, reputa-se de seguir uma orientação metodológica ancorada nas valorações subjacentes ao ordenamento, entendido como construção social, isto é, como produto de um específico contexto histórico-cultural, configurando-se como subsistema do sistema social[47].

II. Com regulação consolidada nos vários sistemas normativos, o *fenómeno* em análise constitui, assim, o substrato problemático de um instituto jurídico duradouramente sedimentado: o da *declaração do risco no contrato de seguro*[48].

classificações: em suma, um corpo doutrinal conceptual no qual assentam, por seu turno, modelos normativos sistemicamente coerentes de solução de casos concretos – José Oliveira Ascensão, *O Direito – Introdução e Teoria Geral*, 13ª Ed., Coimbra, Almedina, 2005, pp. 416 ss.; Manuel Carneiro da Frada, *Teoria da Confiança e Responsabilidade Civil*, Coimbra, Almedina, 2004 (Reimpr. 2007), p. 28; João Baptista Machado, *Introdução ao Direito e ao Discurso Legitimador*, Coimbra, Almedina, 1982 (reimpr., 1990), p. 359; Paulo Mota Pinto, *Interesse Contratual Negativo e Interesse Contratual Positivo*, Vol. I, Coimbra, Coimbra Ed., 2008, p. 75. A dogmática pode, não obstante, ser entendida num sentido mais amplo, conjugando três vertentes inter relacionadas: a descrição do Direito vigente; a elaboração conceptual e lógico analítica; e a aplicação prática visando a solução normativa do caso concreto – Fernando José Bronze, *A Metodonomologia entre a Semelhança e a Diferença (Reflexão Problematizante dos Pólos da Radical Matriz Analógica do Discurso Jurídico)*, Coimbra, Coimbra Ed., 1994, n. 1181, p. 523.

[45] Cfr., p. ex., Nuno Espinosa Gomes da Silva, "Jurisprudência dos conceitos", in AAVV, *Polis – Enciclopédia Verbo da Sociedade e do Estado*, Vol. III, 2ª Ed., Lisboa, Verbo, 1999, cls. 866 ss.

[46] José Oliveira Ascensão, *O Direito...*, *cit.*, p. 477; António Castanheira Neves, "Jurisprudência dos interesses", in AAVV, *Polis – Enciclopédia Verbo da Sociedade e do Estado*, Vol. III, 2ª Ed., Lisboa, Verbo, 1999, cls. 898 ss.

[47] António Menezes Cordeiro, "Ciência do direito e metodologia jurídica nos finais do século XX", *ROA*, Ano 48, Vol. III (Dez. 1988), pp. 735 ss. Cfr. uma síntese da perspectiva designada por *jurisprudência dos valores* – no quadro da qual os interesses deixam de ser vistos no plano individual ou subjectivo, para passarem a sê-lo no plano objectivo, como valores sociais – em Luiz Fernando Coelho, "Jurisprudência dos valores", in AAVV, *Polis – Enciclopédia Verbo da Sociedade e do Estado*, Vol. III, 2ª Ed., Lisboa, Verbo, 1999, cl. 912.

[48] Consideramos actualmente incontroversa a recondução da *declaração do risco* a um instituto jurídico autónomo. Ferreira de Almeida apresenta uma noção de *instituto jurídico* de contornos flexíveis – «conjunto de normas, princípios, instituições e organizações de natureza jurídica que, numa dada ordem jurídica, possam ser tomados unitariamente sob certa perspectiva ou critério» – assente em critérios como a referência a uma questão social subjacente; a afinidade das questões jurídicas e respectivas soluções; ou a unidade conceptual ou de construção doutrinária – Carlos Ferreira de Almeida, *Introdução ao Direito Comparado*, 2ª Ed., Coimbra, Almedina, 1998, p. 11. Cfr., igualmente, José de Oliveira Ascensão, *O Direito...*, *cit.*, p. 417; António Menezes Cordeiro, *Tratado*

No estudo de tal instituto, a referência jurídico-positiva será, incontornavelmente, a da LCS, cujo carácter recente suscita um redobrado interesse. Porém, as soluções proporcionadas pelo ordenamento transcendem largamente o domínio do Direito dos seguros, do Direito comercial ou do Direito civil, estendendo-se ao próprio Direito penal, Direito processual civil, Direitos Fundamentais ou Direito da bioética. Neste quadro, procurar-se-á analisar os fundamentos, as bases axiológicas, a teleologia das soluções normativas[49] na sua coerência sistémica, apelando também para os imprescindíveis contributos do Direito comparado e da história do Direito, sem os quais as soluções jurídicas, comportando um sentido lógico e valorativo – o da respectiva normatividade – careceriam de um significado mais substancial: aquele que resulta do contexto histórico e cultural que as produz[50].

Por outro lado, os vectores metodológicos que nortearam este trabalho foram igualmente proporcionados pelo problema de partida. Para além do método estritamente jurídico – indispensável que é à realização do Direito – o referido problema suscitou também a abordagem, discreta mas frutífera, da *law and economics*[51]. De resto, a necessária abertura do Direito ao universo mais amplo das ciências sociais, numa lógica de interdisciplinaridade, convocou contributos vários, substantivos e metodológicos, da teoria social.

III. O Direito comparado ocupa papel de destaque no presente trabalho. Não enquanto referência meramente ilustrativa a soluções de outros ordenamentos para – por aproximação ou contraste – caracterizar as soluções do Direito pátrio, abordagem atomística que seria incapaz de dar conta da coerência interna de cada ordenamento. Assim, consagrar-se-á um capítulo à análise de uma mul-

---

de *Direito Civil Português*, I – Parte Geral, Tomo I, 3ª Ed., Coimbra, Almedina, 2005 (Reimpr. 2007), p. 364; Carlos Mota Pinto, *Teoria Geral do Direito Civil*, 3ª Ed., Coimbra, Coimbra Ed., 1985, p. 168.

[49] Nas palavras de Engisch, o método teleológico de interpretação «procura o fim, a "ratio", o "pensamento fundamental" do preceito legal, e a partir dele determina o seu "sentido"» – Karl Engisch, *Einführung in das Juristische Denken*, 8ª Ed., Stuttgart, Verlag W. Kohlhammer, 1983 – trad. port., *Introdução ao Pensamento Jurídico*, Lisboa, FCG, 1988, p. 133.

[50] Destacando o condicionamento histórico-cultural do pensamento jurídico, António Castanheira Neves, *Metodologia Jurídica – Problemas Fundamentais*, Coimbra, Coimbra Ed., 1993, p. 13.

[51] A Economia carreia precisamente um interessante potencial explicativo para o fenómeno da declaração do risco e das consequências perversas de alguns modelos de regulação. Confrontando a perspectiva metodológica da racionalidade económica e do individualismo funcionalista, inerentes à abordagem económica dos problemas jurídicos, com o plano axiológico da abordagem jurídica, cfr. Paulo Mota Pinto, *Interesse Contratual...*, Vol. I, *cit.*, pp. 45 ss. Como veremos, no plano económico, a viciação, pelo proponente, da análise do risco a segurar é compreensível e explicada à luz da escolha racional (visando a maximização de proveitos e redução de custos). Já no plano jurídico, trata-se de um comportamento inaceitável, violador de princípios, valores e normas jurídicas e merecedor da repreensão sancionatória do ordenamento.

tiplicidade de regimes estrangeiros de referência em matéria de declaração do risco a segurar. Cada um desses regimes será analisado sinteticamente, de forma isolada, no seu contexto histórico-cultural específico e coerente. Só a ponderação global, mas isolada, de cada um deles permite caracterizá-lo plenamente na unidade da sua identidade própria.

Este exercício, por si só, seria, porém, meramente descritivo e de pouca valia científica. Na verdade, o rigor do método comparativo e o propósito científico prosseguido impõem um passo mais, que retire proveito da fase analítico-descritiva referida: a síntese comparativa. Não basta descrever os regimes, impõe-se compará-los. Essa comparação obedecerá a uma série de parâmetros relevantes e permitirá, por seu turno, identificar *modelos de regulação* – caracterizados numa perspectiva sintética que evidenciará os seus traços mais marcantes – e situar o regime português, com as várias influências e especificidades que denota, no quadro das grandes tendências regulatórias internacionais.

IV. Impõe-se uma advertência epistemológica. É que a declaração do risco suscita pré-entendimentos de vária ordem, que tolhem, por vezes, uma apreciação crítica dos factos, interesses, valores e normas em presença[52]. Desde logo, a experiência pessoal do aplicador do Direito, ou a abstracta configuração da desigualdade económica entre as partes em presença (o segurador e o tomador) poderão afectar um juízo crítico. Mas importa também dar conta do relativismo jurídico-cultural em que nos movemos. Embora haja tendências comuns aos vários ordenamentos – fruto de influências recíprocas, da vivência partilhada da cultura e do fluir da História – as soluções concretas implementadas são díspares. Assim, as leituras que reflectem as normas e as práticas contratuais de outras latitudes – designadamente, a experiência do Reino Unido – poderão enviesar também a apreciação do aplicador.

V. A lógica expositiva será fundamentalmente *problematizante*. Desde logo, em termos teóricos, na medida em que se convocarão, analisarão e confrontarão criticamente diversas perspectivas dogmáticas, buscando o debate e a controvérsia mesmo onde esta – atenta a juventude da LCS – não teve ainda tempo de florescer. A problematização ocorrerá também ao nível da *praxis*, na medida em que, após a análise das normas positivadas, buscando uma densificação do seu *sentido*[53], procurar-se-á aplicá-las de forma quase exaustiva aos *problemas jurídicos*

---

[52] Cfr., p. ex., Augusto Santos Silva, "A ruptura com o senso comum nas ciências sociais", *in* Augusto Santos Silva e José Madureira Pinto (Orgs.), *Metodologia das Ciências Sociais*, Porto, Afrontamento, 1986, pp. 29 ss.

[53] Karl Larenz, *Methodenlehre der Rechtswissenschaft*, 5ª Ed., Berlin, Springer-Verlag, 1983 – trad. portuguesa, *Metodologia da Ciência do Direito*, Lisboa, FCG, 1989, p. 229.

que a declaração do risco suscita, testando-se a plasticidade da norma e do seu potencial regulador[54]. Em suma, o presente trabalho orientar-se-á pelo referido propósito, inerente à ciência do Direito, de solução dos casos concretos, isto é, de regulação normativa aplicada às reais situações da vida corrente[55].

VI. Quanto à terminologia, por questões de ordem meramente estilística – e para evitar a saturação do recurso às mesmas expressões – recorreremos, com frequência, no caso dos termos-chave, à utilização de sinónimos. Tal recurso não deverá implicar uma diminuição do rigor discursivo, pelo que importa, desde já, advertir sobre o âmbito das sinonímias.

Utilizaremos preferencialmente, como alguma doutrina[56], o termo *proponente* para designar indistintamente o candidato a tomador do seguro e o candidato a segurado, quando o dever de declaração do risco deva caber-lhe[57]. Esta é, aliás, a solução mais correcta, já que é esta a qualidade do obrigado pelo dever de declaração do risco (o qual, de resto, poderá nunca atingir a posição de tomador do seguro se o contrato não vier a concluir-se). Não obstante, recorreremos também, pontualmente, aos termos candidato, tomador do seguro ou segurado. De resto, utilizaremos, como sinónimas, as expressões *declaração* do risco e *descrição* do risco. Finalmente, o recurso à expressão *dever de declaração* deverá ser entendido como sinónimo de *vinculação*, e não como uma prévia tomada de posição quanto à natureza jurídica desta.

I.1.4. Plano de exposição

A organização e estruturação do trabalho, embora servindo os objectivos assumidos, segue uma coerência expositiva diversa, partindo dos prolegómenos para o desenvolvimento das matérias; dos fundamentos e princípios para as normas (e, neste domínio, das experiências dos ordenamentos estrangeiros para a do Direito pátrio).

---

[54] Os cânones metodológicos do Direito serão, assim, convocados, em primeira linha, para a obtenção da premissa maior do silogismo jurídico: a determinação do sentido e alcance da norma, ou seja, a apreensão compreensiva do seu conteúdo material. Karl Engisch, *Einführung...*, *cit.*, pp. 115-116 e 127.

[55] António Menezes Cordeiro, "Ciência do direito...", *cit.*, p. 707. A ciência do Direito assume precisamente por objecto, nas palavras de Larenz, a «solução de questões jurídicas no contexto e com base em um ordenamento jurídico determinado, historicamente constituído» – Karl Larenz, *Methodenlehre...*, *cit.*, p. 1.

[56] Cfr., p. ex., Bernard Rudden, "Disclosure in insurance: the changing scene", *in* B. S. Markesinis e J. H. M. Willems (Eds.), *Lectures on the Common Law*, Vol. III, Deventer, Kluwer Law and Taxation Publishers, 1991, pp. 1-13.

[57] Nada impede, como veremos, que o proponente seja o próprio segurador, embora não seja essa a situação normal. Em qualquer caso, no contexto da declaração do risco, a expressão será utilizada por referência à contraparte negocial do segurador.

Situado o objecto de análise, a estruturação do presente trabalho seguirá um trajecto que se inicia com uma panorâmica, ainda introdutória, da evolução do instituto que tem vindo historicamente a dar resposta, no plano internacional, ao problema jurídico colocado. Seguir-se-á a delimitação conceptual, mais aprofundada, do instituto objecto deste estudo – com especial incidência no *iter* negocial e na relevância do risco no contrato de seguro – após o que nos deteremos nos principais fundamentos, perspectivados em abstracto, a que a doutrina tem reconduzido as soluções normativas consagradas no nosso domínio de estudo, bem como nas problemáticas teóricas que os rodeiam. Prosseguir-se-á com uma descrição analítica e problematizante das fisionomias que o instituto tem vindo a assumir em múltiplos ordenamentos de referência, sem esquecer a devida menção à tentativa de harmonização europeia das soluções legais no âmbito do contrato de seguro.

Este percurso conduzir-nos-á à própria análise das soluções que o nosso ordenamento tem proporcionado, quer no passado, quer, sobretudo, no novo regime da LCS. Esse plano jus-positivo, onde se ensaiará, quer uma abordagem sistemática, aderindo à sequência do articulado, quer um enfoque analítico, por tópicos, não descurará a ampla referência à casuística de maior relevo. Neste quadro, serão discutidos, quer a natureza jurídica da declaração do risco na LCS, quer os fundamentos do regime aqui consagrado. Por seu turno, atender-se-á às particularidades de regime colocadas, quer por algumas modalidades de seguros obrigatórios, quer, especialmente, pelos seguros de vida. Já fora do domínio da LCS, atender-se-á à relevância penal e processual do instituto da declaração do risco.

Numa vertente conclusiva, o método próprio do Direito comparado permitir-nos-á apresentar uma síntese comparativa, aproveitando da análise empreendida aos vários sistemas jurídicos contemplados. Essa síntese possibilitará ainda a apresentação de uma tipologia de modelos de regulação, seguindo o modelo de análise previamente esboçado. O trabalho terminará com o debate em torno da pertinência da manutenção actual de um regime especial face às regras gerais de Direito civil e a apresentação de uma proposta de regulação, de *iure condendo*, traduzindo as posições sustentadas ao longo do texto.

I.2. O PERCURSO HISTÓRICO DO INSTITUTO

I. O princípio da *uberrima fides*, caracterizador do contrato de seguro e um dos fundamentos mais relevantes do dever de descrição do risco, encontra a sua origem no Direito romano. Na Roma arcaica a *fides* encontrava-se associada ao culto da deusa Fides – símbolo de entrega e de lealdade – e constituía um valor central da cultura romana, no qual assentava a ordem política, jurídica e social[58]. Assumindo inicialmente o sentido de *garantia* e, pelo final da República, também o de *confiança* e *crença*, a *fides* era um juramento que vinculava no âmbito de um dever de lealdade: a *fides*-promessa, garantia da palavra dada[59].

Não obstante, o termo veio a assumir uma progressiva polissemia, a qual culminou, no domínio jurídico, com a evolução para a expressão *bona fides*. Esta reflectia-se de forma relevante no domínio contratual, reportando-se, quer à necessária confiança entre as partes, quer, sobretudo, a um requisito de honestidade no tráfico[60].

---

[58] António Menezes Cordeiro, *Da Boa Fé no Direito Civil*, Coimbra, Almedina, 1984 (Reimpr., 2007), p. 55; Sebastião Cruz, *Direito Romano (Ius Romanum)*, 4ª Ed., Coimbra, s.n., 1984, p. 241, n. 289; Maria Helena Rocha Pereira, *Estudos de História da Cultura Clássica*, Vol. II – Cultura Romana, Lisboa, FCG, 1984, p. 320.

[59] António Menezes Cordeiro, *Da Boa Fé...*, cit., p. 62; Sebastião Cruz, *Direito Romano...*, cit., p. 241, n. 289; Maria Helena Rocha Pereira, *Estudos...*, II, cit., pp. 321-322; Jean-François Romain, *Théorie Critique du Principe Général de Bonne Foi en Droit Privé: Des Atteintes à la Bonne Foi, en Général, et de la Fraude, en Particulier ("Fraus Omnia Corrumpit")*, Bruxelles, Bruylant, 2000, p. 31; Martin Josef Schermaier, "*Bona fides* in roman contract law", *in* Reinhard Zimmermann e Simon Whittaker (Eds.), *Good Faith in European Contract Law*, Cambridge, Cambridge University Press, 2000, p. 78.

[60] Jean-François Romain, *Théorie Critique...*, cit., p. 34; Martin Josef Schermaier, "*Bona fides...*", cit., p. 78. Por seu turno, os *contractus bonae fidei* – marcados por relações de confiança (*bene agere*) onde a expectativa de comportamento entre as partes se reportava a um padrão eticamente valorado – encontravam-se tutelados pelas *actiones* de boa fé. Assim, enquanto nas *actiones* de Direito estrito (*stricti iuris*) a competência do juiz estava rigorosamente delimitada pela fórmula do pretor (*praetor*), nos *bonae fidei iudicia* essa competência era mais vasta, cumprindo o magistrado o papel de um árbitro com um poder mais discricionário, podendo decidir *ex aequo et bono*, atendendo aos parâmetros da boa fé – A. Santos Justo, *Breviário de Direito Privado Romano*, Coimbra, Coimbra Ed., 2010, pp. 132 e 164; Jean-François Romain, *Théorie Critique...*, cit., pp. 37 ss.; Martin Josef Schermaier, "*Bona fides...*", cit., p. 82; Franz Wieacker, *Zur rechtstheoretischen Präzisierung des § 242 BGB*, Tübingen, 1956 – trad. espanhola, *El Principio General de la Buena Fe*, Madrid, Editorial Civitas, 1977, p. 52. Neste quadro, a base processual do sistema jurídico romano veio a reconhecer várias *actiones* no âmbito dos *bonae fidei iudicia* (criados pelo pretor e cujo leque veio a alargar-se progressivamente) os quais traduziam um expediente técnico para obter do juiz uma solução substantiva para as questões em litígio – António Menezes Cordeiro, *Da Boa Fé...*, cit., pp. 73 ss., 89 e 99; António Menezes Cordeiro, *Tratado de Direito Civil Português*, II – Direito das Obrigações, Tomo I, Coimbra, Almedina, 2009, p. 467. Por outro lado, aos *bonae fidei iudicia* estava associado o conhecimento oficioso das *exceptiones*, entre as quais importa destacar a *exceptio doli* (excepção oposta à contraparte que houvesse usado de *dolus malus*) – António Menezes Cordeiro, *Da Boa Fé...*, cit., pp. 83 ss.; A. Santos Justo, *Breviário...*, cit., p. 113; Jean-François Romain, *Théorie Critique...*, cit., p. 43; Simon Whittaker e Reinhard Zimmermann, "Good faith in European contract law: Surveying the legal landscape", *in* Reinhard Zimmermann e Simon Whittaker (Eds.), *Good Faith in European Contract Law*, Cambridge, Cambridge University Press, 2000, p. 16. A *exceptio doli* constituiu precisamente o instituto romano na simultânea origem dos institutos do dolo-vício e da *culpa in contrahendo*, que, como veremos, são fundamentos actuais da declaração do risco.

Neste contexto, será de aceitar a «afirmação corrente de que a *fides bona* teria revestido, no período clássico, a natureza de norma jurídica objectiva de comportamento honesto e correcto, respeitador da lealdade e dos costumes do tráfego»[61]. Surgia, assim, no domínio obrigacional, contraposta a *fraus* e *dolus*, representando as ideias de honestidade e fidelidade[62]. A *bona fides* veio posteriormente a dar origem a fenómenos de colonização linguística, sendo objecto, no quadro do sistema jurídico, de um processo de difusão, primeiro horizontal, encontrando acolhimento em institutos diversos – designadamente a *possessio bonae fidei*, em que assumia o sentido de estado subjectivo – e depois vertical, enformando princípios. Subsequentemente, o conceito diluiu-se, perdendo precisão e conquistando omnipresença no Direito romano[63].

II. Já na era medieval o Direito canónico operou uma subjectivização e eticização do conceito de boa fé. O processo cultural de recepção do Direito romano na Europa manteve a tradição romanística da bipartição de sentidos – entre a boa fé subjectiva (associada ao instituto da posse) e a boa fé objectiva, oposta ao dolo e à fraude – bipartição posteriormente transposta para as primeiras codificações[64].

Com a expansão do comércio marítimo, sobretudo a partir do final da Idade Média, a *bona fides* romana ter-se-á difundido pelos reinos da Europa continental e da própria Grã-Bretanha – com origem, sobretudo, nos Estados italianos, onde a influência do Direito romano era forte – vindo a assumir-se como um princípio fundamental da *lex mercatoria* medieval e moderna e acompanhando o próprio desenvolvimento do contrato de seguro[65].

III. O desenvolvimento da actividade mercantil no final da Idade Média – autêntica revolução comercial que especialmente floresceu nas Cidades-Estados italianas – assumiu diversas vertentes, destacando-se a jurídico-contratual e a económico-financeira[66]. Neste contexto, verificou-se a institucionalização progressiva do contrato de seguro, o qual remonta – segundo opinião consagrada –

---

[61] António Menezes Cordeiro, *Da Boa Fé...*, *cit.*, p. 105.
[62] Cfr. António Menezes Cordeiro, *idem*, p. 153, e Jean-François Romain, *Théorie Critique...*, *cit.*, p. 34.
[63] António Menezes Cordeiro, *idem*, pp. 106 ss., 113 e 128.
[64] António Menezes Cordeiro, *idem*, pp. 161 e 246.
[65] Semin Park, *The Duty...*, *cit.*, p. 21; Simon Whittaker e Reinhard Zimmermann, "Good faith...", *cit.*, p. 17.
[66] Cfr. Antonio La Torre, *L'Assicurazione nella Storia delle Idee*, Firenze, Assicurazioni, 1995, pp. 94 ss. Sobre o desenvolvimento das operações financeiras na península italiana, cfr. Luís Poças, *Antecipação Bancária e Empréstimo Sobre Penhor no Âmbito das Operações Bancárias*, Porto, Almeida & Leitão, 2008, pp. 13 ss.

a meados do séc. XIV, surgindo na península itálica e logo se difundindo ao Sul de França e à Península Ibérica[67].

A completa disciplina do contrato – e, com ela, a do dever pré-contratual de declaração do risco – só viria a desenvolver-se, porém, no século seguinte, na Catalunha[68], assumindo-se como uma das manifestações mais significativas da *bona fides*[69]. À institucionalização do dever não terá sido alheia, de resto, a progressiva sedentarização do segurador e a contingência de ter de confiar na lealdade do mercador segurado[70].

A primeira disposição legal a disciplinar a declaração do risco – embora ainda confinada à descrição das coisas seguras e dos respectivos valores[71] – terá sido o

---

[67] Antonio La Torre, *L'Assicurazione...*, *cit.*, pp. 94 ss. e 108 ss. Cfr. também Eduardo Vera-Cruz Pinto, "Os seguros marítimos nas rotas portuguesas do ultramar: Uma perspectiva histórico-jurídica (séculos XV-XVI)", *RFDUL*, Vol. XXXIX (1998), nº 1, p. 259 e n. 14; e Ruy de Carvalho, "Início do seguro, uma questão controversa", *APS Notícias*, Abr.-Jun. 2007, pp. 12 ss. La Torre refere a precedência secular de várias formas de pré-seguros ou de "acordos com escopo securitário" (*patti a scopo assicurativo*), aos quais faltava a autonomia contratual e económica, a existência de um terceiro (face ao negócio base) que assumisse a transferência do risco (o segurador), e o prémio como contrapartida do risco incorrido – Antonio La Torre, *idem*, pp. 87 ss. O mais antigo contrato de seguro conhecido será, assim, de 1343 (Génova) – *idem*, p. 111 – embora possa referenciar-se a anterior prática de celebração verbal do contrato, sem apólice, através de um corretor (Eduardo Vera-Cruz Pinto, *op. cit.*, p. 260).

[68] Antonio La Torre, *idem*, pp. 127 ss. De acordo com Eric Sebastian Barg, *Die vorvertragliche Anzeigepflicht des Versicherungsnehmers im VVG 2008*, Berlin, Logos Verlag, 2008, p. 6 – *apud* Júlio Gomes, "O dever de informação do (candidato a) tomador...", *cit.*, p. 388 – as primeiras evidências do dever pré-contratual de descrição do risco encontram-se nas leis de seguro marítimo de Barcelona de 1435, 1458 e 1484, registando-se normas similares nas leis de Florença, em 1526; de Sevilha, em 1556; e de Bilbau, em 1560. Felipe Aguirre refere os primeiros vestígios do dever de declaração do risco nas Ordenações de Barcelona de 1484, sendo o regime seguido nas Ordenações de Amesterdão de 1594 e nas Ordenações francesas de 1681 – Felipe F. Aguirre, "Reticenza, impugnazione e clausole di incontestabilità nel contratto di assicurazione", *Assicurazioni*, Ano LXXVI, nº 2 (Abr.-Jun. 2009), p. 152. Viterbo – Camillo Viterbo, "Le dichiarazioni dell'assicurando. Commento all'art. 429 cod. comm.", *Il Foro Italiano*, Vol. LX (1935), Parte IV, col. 71 – refere igualmente as Ordenações de Barcelona, de 1484. Bernard Rudden, por seu turno, refere a existência do dever logo no séc. XIV, sem precisar – Bernard Rudden, "Disclosure...", *cit.*, p. 2.

[69] Alberto Monti, *Buona Fede e Assicurazione*, Milano, Giuffrè Editore, 2002, pp. 2-3. Alguns dos primeiros contratos de seguro referem, aliás, que a respectiva interpretação deve ser conforme à boa fé – Tadao Omori, "Insurance law and the principle of good faith", *in* AIDA, *Studi in Onore di Antigono Donati*, Tomo I, Roma, Rivista Assicurazioni, 1970, p. 416.

[70] Antonio La Torre, *L'Assicurazione...*, *cit.*, p. 104.

[71] Embora, com particular relevância no seguro marítimo ou no de roubo, a sobreavaliação exagerada, pelo segurado, do valor seguro seja um frequente indicador de fraude – Azevedo Matos, *Princípios de Direito Marítimo*, Vol. IV, *cit.*, p. 145; Andrés Ordóñez Ordóñez, *Las Obligaciones y Cargas de las Partes en el Contrato de Seguro y la Inoperancia del Contrato de Seguro*, Bogotá, Universidad Externado de Colombia, 2004, p. 39 – a problemática suscitada pela discrepância entre o valor declarado e o

Capítulo VIII das Ordenações Sobre os Seguros (*Ordinacions Sobre les Seguretats*), de Barcelona, de 1435, que, segundo Pardessus, veio a ser posteriormente reproduzida, sem alterações, no Capítulo V das Ordenações de 1458[72]. Aí se dispunha:

> Os que se farão segurar em seu próprio nome, ou em nome de outrem [...] serão obrigados a afirmar que aqueles seguros são verdadeiros e não fictícios (*haia primer à iurar, que aquelles seguretats son vertaderes è no fictes*), e que as coisas seguras lhes pertencem ou àqueles por quem contratam o seguro, ou aos seus associados, ou a qualquer outro interessado. Eles devem designar nos ditos seguros, clara e distintamente, tanto quanto possível, as coisas que fazem segurar, isto é, o peso, o número, o custos ou o valor; e se for um navio, a estimativa que será feita, como fica dito. Eles devem ainda declarar que essas coisas não estão seguras e que não as farão segurar em outra parte; que se o estivessem ou o fizerem, prevenirão os seguradores e mencioná-lo-ão sob a acta do seguro, indicando o modo e lugares onde, seja antes, seja depois, estiveram seguros, e as somas seguras. Se os segurados não tiverem feito estas declarações e se for decidido pelos cônsules que eles fizeram o seguro sem o declarar, o seguro estipulado será considerado como fraudulento e assim julgado; em consequência será de nulo efeito, e não obstante os seguradores terão ganho o prémio do seguro[73].

Esta disposição foi posteriormente reproduzida no Capítulo IX das *Ordinacions* de Barcelona de 1484, sendo-lhe então aditado um parágrafo segundo o qual «em tal caso, os segurados incorrerão numa multa de cem libras de Barcelona, da qual uma terça parte será para o denunciante, outra terça parte para o oficial que fizer a execução e a outra para o tesouro»[74].

---

valor apurado à data do sinistro reflecte-se fundamentalmente em matéria de sobresseguro e de subseguro, analisados no quadro do *princípio indemnizatório*, aplicável aos seguros de danos. Sobre o tema, cfr. Pedro Romano Martinez, "Contrato de seguro: Âmbito do dever de indemnizar", *in* António Moreira e M. Costa Martins (Coords.), *I Congresso Nacional de Direito dos Seguros – Memórias*, Coimbra, Almedina, 2000, pp. 155-168.

[72] Jean-Marie Pardessus, *Collection de Lois Maritimes Antérieures au XVIIIe Siècle*, Tomo V, Paris, Imprimerie Royale, 1839, p. 532, n. 2.

[73] Cfr. Jean-Marie Pardessus, *idem*, pp. 531-532 (trad. nossa).

[74] Jean-Marie Pardessus, *idem*, p. 532 (trad. nossa). Viterbo – Camillo Viterbo, "Le dichiarazioni...", *cit.*, col. 71 – indica como disposição pioneira sobre declaração do risco o Capítulo I das Ordenações Sobre os Seguros (*Ordinacions Sobre les Seguretats*), de Barcelona, de 1484, onde se dispõe que «os que se fizerem segurar, e a quem pertencerão os navios, câmbios, efeitos e mercadorias e outros haveres, deverão correr o risco, a saber: os vassalos de sua majestade por um oitavo; os estrangeiros por um quarto verdadeiramente. Se forem contrariadas, directa ou indirectamente, estas disposições, todo o seguro feito para lá dos sete oitavos, para os vassalos do senhor rei, e dos três quartos para os estrangeiros, será nulo e não aproveitará aos segurados; mas os seguradores ganharão o prémio pela totalidade do seguro e não serão obrigados a reparar as perdas para além dos referidos sete oitavos ou três quartos [...]» – cfr. Jean-Marie Pardessus, *op. cit.*, pp. 524-525 (trad. nossa). Ora, a

IV. Particular relevância na regulação do contrato de seguro assume, pela sua completude, excelência, pioneirismo e actualidade, o *Tratactus de Assicurationibus et Sponsionibus*, de Pedro de Santarém, de onde vertem já os traços distintivos da disciplina da declaração pré-contratual do risco[75]. Desde logo, o tratado refere que os mercadores haveriam de observar muito especialmente a boa fé[76], denotando especial preocupação pela análise do risco no seguro marítimo, associada, designadamente, às embarcações utilizadas[77]. Por outro lado, as falsas declarações sobre o risco, afectando a vontade contratual do segurador, assumem a natureza de um vício invalidante do contrato: «uma declaração falsa vicia o contrato, porquanto doutro modo os contraentes não fariam o contrato»[78]. Porém, se a verdade fosse conhecida do segurador, já a inexactidão seria irrelevante: «[...] quando tal contrato é cientemente feito pelas partes, [...] então a declaração falsa não vicia»[79]. Finalmente, refere a perda do prémio a favor do segurador em caso de falsa declaração pré-contratual[80].

tradução do catalão antigo que passou aos nossos dias e em que Viterbo se terá baseado assenta numa criativa alusão à boa fé, ausente no texto original: Pardessus traduz "haverão de correr o risco" (*hagen à correr risch... vertaderament*) por *devront courir de bonne foi le risque*. Em qualquer caso, como julgamos ter demonstrado, a génese da disciplina da declaração do risco vinha já das *Ordinacions* de 1435 e fundava-se em outra disposição.

[75] Cfr. alguns dados biográficos sobre o autor em Domenico Maffei, "Il giureconsulto portoghese Pedro de Santarém autore del primo tratatto sulle assicurazioni (1488)", *BFDUC*, Ano LVIII (1982), pp. 706 ss. Maffei sustenta, com base em evidência documental, que o *Tractatus* terá sido escrito em 1488, embora só viesse a ser publicado em meados do século seguinte – *idem*, pp. 10-11. Trata-se, pois, de uma obra precursora, cujas soluções resistiriam, em grande medida, ao passar dos séculos. Cfr. também Moses Amzalak, *O Tratado de Seguros de Pedro de Santarém*, Lisboa, s.n., 1958; Eduardo Vera-Cruz Pinto, "Os seguros...", *cit.*, pp. 284 ss.

[76] Pedro de Santarém, *Tractatus de Assicurationibus et Sponsionibus*, cit., Parte V, 12.

[77] Refere, a propósito, o autor, «não ser igual a razão do seguro, quando as mercadorias se transportam em um navio, e quando se transportam em outro; costumam até os seguradores considerar isto com muita importância» – Pedro de Santarém, *idem*, Parte III, 36.

[78] Pedro de Santarém, *idem*, Parte III, 17. Como mais desenvolvidamente refere o autor, reportando-se à inexactidão na descrição do valor das mercadorias seguras, «a falsa declaração e asserção daquele que diz ter mercadorias no valor de mil ducados, que na verdade não tem, vicia o contrato de seguro com ódio para si e favor para o segurador. A razão é porque, doutro modo, aquele que prometeu o seguro e tomou sobre si o evento do risco mediante a recepção dum prémio, não faria o contrato» (*idem*, Parte III, 16). Cfr. Eduardo Vera-Cruz Pinto, "Os seguros...", *cit.*, p. 289, n. 184.

[79] Pedro de Santarém, *idem*, Parte III, 19.

[80] Como afirma Pedro de Santarém, «embora a coisa sobre que se faz a declaração falsa, não se ache na natureza das coisas, todavia aquele que fez essa falsa declaração é obrigado [ao pagamento do prémio]» (*idem*, Parte III, 21). Entre extensa e bem fundamentada argumentação, apoiada na autoridade das fontes de então, sustenta o autor que quem dá causa a uma falsa representação deve suportar o prémio correspondente ao risco virtual assumido pela contraparte.

V. O *Guidon de la Mer*[81] é particularmente eloquente sobre a tutela da confiança do segurador relativamente às declarações prestadas pela contraparte e sobre a inexistência de um dever (ou sequer ónus) de diligência daquele na sindicância dessas declarações. Como se dispõe no artigo XV do Capítulo II do *Guidon*:

> O segurador em tudo confia na rectidão do seu segurado; porque, embora o mercador exponha na apólice as condições nas quais entende segurar-se, o segurador, quando subscreve o contrato não entra em conferência verbal com o segurado; apenas lê o que está escrito naquela apólice, sem ver o tipo, a quantidade nem a qualidade das mercadorias, assentando na rectidão e fidelidade do mercador, pressupondo que o mesmo é leal no seu tráfico; se este não o for, o segurador forma as suas defesas e as suas excepções sobre o dolo e sobre a fraude do seu segurado, tal como o pupilo, a viúva e o ausente, que não podem e não devem ser enganados[82].

Por outro lado, o artigo VII do mesmo capítulo cominava com a nulidade todo o acto de fraude lesiva do segurador, ficando este liberado da cobertura dos riscos contratualmente assumidos[83].

VI. Por seu turno, as Ordenações de Amesterdão de 31 de Janeiro de 1598 continham igualmente algumas disposições relevantes em matéria de declaração do risco. Aí se previa, designadamente, que o contrato contivesse o nome do navio, do capitão, dos portos de carga e de destino, sob pena de nulidade do contrato caso a falta proviesse do segurado (III); que o segurado que pretendesse segurar mercadorias perecíveis, munições e dinheiro haveria de o declarar especificadamente na apólice, sob cominação de nulidade do seguro (XVII)[84]. Especialmente relevante é, porém, o artigo XXXI, onde se dispunha que «como os contratos ou apólices de seguro são tidos e estimados por contratos de boa fé, nos quais não deve haver qualquer fraude ou engano, se se descobrir qualquer fraude, engano ou ardil da parte do segurado ou segurados [...] não só eles não beneficiarão da fraude, engano ou ardil, mas serão responsáveis pela perda causada e juros, e punidos corporalmente, para servir de exemplo e provocar temor aos outros: e

---

[81] O *Guidon de la Mer* constituiu um tratado de referência sobre Direito dos seguros marítimos. Redigido em Rouen, por autor anónimo, em data desconhecida da segunda metade do séc. XVI (provavelmente entre 1556 e 1584) – cfr. Jean-Marie Pardessus, *Collection de Lois Maritimes Antérieures au XVIIIe Siècle*, Tomo II, Paris, Imprimerie Royale, 1831, p. 372 – viria a servir de base à *Ordonnance de la Marine*, de Colbert (1681).

[82] Cfr. Jean-Marie Pardessus, *Collection...*, Tomo II, *cit.*, p. 383 (trad. nossa). Cfr. também Ferdinand Bricard, *Les Réticences...*, *cit.*, p. 39.

[83] Jean-Marie Pardessus, *idem*, p. 381.

[84] Cfr. Jean-Marie Pardessus, *Collection de Lois Maritimes Antérieures au XVIIIe Siècle*, Tomo IV, Paris, Imprimerie Royale, 1837, pp. 123-4 e 129.

podem mesmo ser punidos com a morte como piratas e ladrões manifestos se se considerar que usaram de maldade considerável [...]»[85].

VII. Em síntese, no quadro transnacional do *ius mercatorum*, o contrato de seguro difundiu-se como relação negocial *uberrima fides*, impondo-se uma relação justa e honesta entre as partes[86]. Ao nível do seguro marítimo, a prática decorria do conhecimento ímpar (ou exclusivo) que o proponente detinha sobre o objecto do contrato e da necessária confiança que o segurador depositava na descrição feita por aquele. Assim, era com base nessa descrição que o segurador ponderava a aceitação do risco e as condições a aplicar ao contrato, prescindindo da análise directa da documentação, do navio e das mercadorias (de resto, pouco reveladora, falível e nem sempre exequível)[87]. A elevada incerteza dos riscos associados às operações comerciais de longo curso impunham, pois, a máxima "fidúcia" e lealdade das partes como requisitos essenciais do contrato de seguro[88].

VIII. Em Inglaterra, a partir do séc. XVII, as práticas contratuais do seguro marítimo sedimentadas na emblemática experiência da Lloyd's Coffee House impunham aos armadores e comerciantes um dever espontâneo de informação pré-contratual (*duty of disclosure*) como condição da avaliação e aceitação do risco pelos *underwriters*[89].

Neste contexto, a aplicação da *lex mercatoria* veio gradualmente dar lugar ao reconhecimento do princípio da *uberrima fides* e do dever de declaração do risco (*duty of disclosure*), no âmbito do seguro marítimo, como instituto da *common law*[90]. Uma decisão pioneira de 1766 firmou um precedente judicial determinante nesse

---

[85] Jean-Marie Pardessus, *idem*, p. 133 (trad. nossa).

[86] Luca Buttaro, "Assicurazione (contratto di)", *in* AAVV, *Enciclopedia del Diritto*, Vol. III, Varese, Giuffrè Editore, 1958, p. 483; Aurelio Candian, "Il progetto di legge brasiliano n. 3555/04 di riforma della disciplina sul contratto di assicurazione. Luci e ombre", *DEA*, 2004, nº 4, p. 1121; Peter MacDonald Eggers *et al.*, *Good Faith...*, *cit.*, p. 79; Alberto Monti, *Buona Fede e Assicurazione*, *cit.*, p. 3.

[87] Semin Park, *The Duty...*, *cit.*, p. 10.

[88] Alberto Monti, *Buona Fede e Assicurazione*, *cit.*, p. 2.

[89] Julie-Anne Tarr, "Disclosure in insurance law; contemporary and historical economic considerations", *International Trade and Business Law Annual*, 6, 2000, pp. 214 ss. Como refere a autora, «a realidade da dependência dos subscritores do risco (*underwriters*) sobre a veracidade das declarações do risco feitas pelos segurados foi reconhecida nas cláusulas contratuais dos primeiros contratos de seguro marítimo. O Direito apoiava claramente a pretensão dos seguradores a acederem a toda a informação possível que os segurados efectivamente possuíssem ou que fosse expectável que conhecessem. Acresce que as disposições dos contratos originais da Lloyd's tornaram-se um modelo para todos os contratos de seguro subsequentes até meados do séc. XX» – *idem*, p. 216 (trad. nossa). Sobre o processo de contratação da Lloyd's, cfr. José Alves de Brito, *Seguro Marítimo de Mercadorias*, Coimbra, Almedina, 2006, pp. 29-30.

[90] Peter MacDonald Eggers *et al.*, *Good Faith...*, *cit.*, pp. 79, 82-83 e 99.

processo de institucionalização que viria a consolidar-se ao longo do séc. XIX[91]. A mesma resultou do caso *Carter* v. *Boehm*[92], cuja matéria de facto é a seguinte: George Carter, governador da ilha de Sumatra, contratou em 1759 um seguro contra a captura de Fort Marlborough por forças estrangeiras, não tendo revelado a probabilidade de ataque pelos franceses. Concluído o contrato e verificada a conquista da praça-forte, em Abril de 1760, por dois navios de guerra franceses sob comando do conde d'Estaigne, o segurador recusou-se a pagar a indemnização alegando o incumprimento do dever de informação de circunstâncias essenciais para a opinião do risco, designadamente, que o forte não era suficientemente sólido para resistir a um ataque e que uma acção armada francesa estaria iminente. A fundamentação da sentença fundou os contornos jurisprudenciais do dever de informação do proponente, cominando o incumprimento com a nulidade do contrato. Aí escreveu o juiz, Lord Mansfield:

> Os factos especiais sobre os quais deve ser avaliado o risco contingente repousam normalmente apenas no conhecimento do segurado; o segurador confia na informação daquele, e procede com a confiança de que o mesmo não lhe esconde qualquer circunstância do seu conhecimento para levar o segurador a acreditar que a circunstância não existe, e para o induzir a estimar o risco como se ela não existisse. A ocultação de tal circunstância constitui fraude, e consequentemente a apólice é nula. Ainda que a ocultação ocorra por erro, sem qualquer intenção fraudulenta, ainda assim o segurador é enganado e a apólice é nula, porque o risco incorrido é realmente diferente do risco que ele percepcionou e aceitou suportar à data do acordo[93].

Não obstante o sentido da fundamentação, o juiz decidiu favoravelmente ao tomador do seguro, sustentando que o segurador poderia ter-se informado da iminência do ataque de várias formas e que a probabilidade do mesmo não era do conhecimento exclusivo do proponente[94].

---

[91] Como referem Catala e Weir, o Direito dos seguros dos vários países muito deve à experiência da *common law* inglesa, tendo-se aí consolidado – inicialmente ao nível do seguro marítimo – através de relevantes decisões de jurisprudência, na segunda metade do séc. XVIII. Cfr. Pierre Catala e J. A. Weir, "La déclaration du risque en droit français et anglais comparé", *RGAT*, Ano 37 (1966), p. 450.

[92] (1766) 3 Burr. 1905. Sobre a sentença, cfr., designadamente, John Lowry e Philip Rawlings, *Insurance Law – Cases and Materials*, Oxford, Hart Publishing, 2004, pp. 130 ss.; Francis Achampong, "*Uberrima fides* in English and American insurance law: A comparative analysis", *International and Comparative Law Quarterly*, Vol. 36, Parte 2 (Abr. 1987), pp. 329 ss.; e Semin Park, *The Duty...*, *cit.*, pp. 22 ss.

[93] (1766) 3 Burr. 1905 (trad. nossa).

[94] O próprio juiz reconheceu, em outra sentença (*Pawson* v. *Watson*, 1778, 2 Cowp 785, 788; 98 ER 1361, 1362), que o princípio resultava da aplicação da *lex mercatoria* – Peter MacDonald Eggers *et al.*, *Good Faith...*, *cit.*, p. 79 e n. 2. A regra do precedente judicial conferiu a esta decisão um papel fundamental na *common law*. Porém, a mesma fundamentou perspectivas de decisão diversas,

IX. Enquanto em Inglaterra se estabelecia o *leading case* de Lord Mansfield, que haveria de marcar indelevelmente a *common law* para a posteridade, em França – onde a *Ordonnance de la Marine*, de 1681, apenas aflorava o dever de declaração do risco em alguns preceitos[95] – assistia-se a um debate teórico que mantém hoje plena actualidade.

Na verdade, Valin, autor do mais notável e completo comentário à *Ordonnance*, refere expressamente o instituto da declaração do risco, em anotação ao artigo VII do Título VI – *Des Assurances* do Livro III, com o assinalável mérito de tão precocemente apontar, não apenas para a cominação da invalidade do contrato mas, alternativamente, para uma solução de compromisso (traduzida no aumento do prémio ou na redução da prestação do segurador) ditada pelo princípio da conservação do negócio jurídico. Como refere o autor:

> Importa [...] ao segurador saber, se o navio está ou não armado, e se deve fazer a viagem só ou acompanhado; porque em tempo de guerra o prémio é mais considerável, quando o navio parte só do que quando está sob comboio e escolta: também há uma diferença [de prémio] quando está bem armado. Assim, tudo isso deve ser declarado pelo segurado na apólice, e a declaração deve ser conforme à verdade, sob pena de nulidade do seguro, segundo as circunstâncias. O mínimo a que se chegará, se não houver lugar a declarar o seguro absolutamente nulo, em razão da surpresa feita ao segurador, será sujeitar-se o segurado a um aumento do prémio proporcional aos riscos que ele teria feito correr em acréscimo ao segurador, diminuindo-lhe o objecto pela falsa declaração[96].

A solução de compromisso defendida por Valin foi, no entanto, objecto de contestação por Émerigon, que a considerava injusta para com o segurador, sobretudo

---

que colocaram em evidência diferentes argumentos da sentença. Uma perspectiva, actualmente dominante nos EUA, é a de que o contrato de seguro só se encontra viciado se a omissão for dolosa (*fraudulent*). Outro prisma é o de que *só* a informação do *conhecimento exclusivo* do proponente deve ser revelada ao segurador. A terceira perspectiva, que, como veremos, se tornou dominante em Inglaterra, consagra um amplo dever de informação (*duty of disclosure*) do proponente. Cfr. Malcolm Clarke, *Policies and Perceptions of Insurance – An Introduction to Insurance Law*, Oxford, Clarendon Press, 1997, p. 98.

[95] Na verdade, quanto à *Ordonnance Touchant à la Marine* (ou *Ordonnance de la Marine*) de 1681, apenas relevam algumas disposições do Título VI (*Des Assurances*) do Livro III (*Des Contrats Maritimes*). Assim, no artigo XXXI estabelece-se o ónus de discriminação das mercadorias transportadas, sob cominação de o segurador não responder pela respectiva perda, e no artigo LIII o dever de declaração dos seguros feitos sobre o mesmo risco – cfr. Jean-Marie Pardessus, *Collection...*, Tomo IV, *cit.*, pp. 374 e 377.

[96] René-Josué Valin, *Nouveau Commentaire Sur L'Ordonnance de la Marine, du Mois d'Août 1681*, Tomo II, La Rochelle, Jerôme Legier & Pierre Mesnier, 1760, p. 47 (trad. nossa). Curiosamente, a doutrina posterior apenas viria a reter de Valin a solução da invalidade, deixando no esquecimento o restante trecho transcrito – cfr., p. ex., José Ferreira Borges, *Comentários...*, *cit.*, p. 130.

se este fosse confrontado com o sinistro: «seria um triste presente que se faria aos seguradores, se condenando-os a pagar a perda, lhes concedesse um aumento do prémio»[97]. Neste contexto, considera mesmo o autor que qualquer sentença que condenasse o segurador à modificação do contrato seria «evidentemente nula e injusta, se, deixando subsistir o contrato reconhecidamente viciado, se limitasse a aplicar uma modificação tão contrária ao pacto estipulado quanto incapaz de preencher o interesse legítimo da parte lesada»[98]. Neste sentido, reitera que «[...] o seguro é nulo, sem que o segurado possa requerer a confirmação do contrato, oferecendo um sobreprémio»[99]. Émerigon sustenta que «aquele que pretende segurar-se deve manifestar todos os factos de que aos seguradores importa serem instruídos»[100]. Por outro lado, considera que «se uma das partes usou de dolo e de artifício, a pena mínima em que deve incorrer é que o seguro seja declarado nulo face a ele. [...] É-se culpado do dolo, não somente quando, para se vincular os seguradores, ou para os aliciar a contentarem-se com um prémio mínimo, se afirma, ou se os leva a representar factos contrários à verdade, mas ainda quando se dissimula circunstâncias graves que lhes teria importado conhecer antes de subscreverem a apólice»[101]. Finalmente, defende o autor o direito de o segurador requerer, a todo o tempo, a *cessação* do contrato, provando a dissimulação de uma circunstância essencial[102].

Pothier, por seu turno, defendia a perspectiva de que o segurado que houvesse dissimulado riscos *consideráveis*, que houvessem aumentado *significativamente* o prémio caso fossem conhecidos do segurador, não poderia exigir deste o pagamento da prestação por sinistro, ainda que deduzida do acréscimo de prémio que seria devido caso o risco tivesse sido exactamente declarado[103]. Como magistralmente remata o autor, «já não é tempo, depois de o tempo dos riscos

---

[97] Balthazard-Marie Émerigon, *Traité des Assurances et des Contrats a la Grosse*, Tomo I, Marseille, J. Mossy, 1783, p. 69 (trad. nossa).

[98] Balthazard-Marie Émerigon, *idem*, p. 69 (trad. nossa).

[99] Balthazard-Marie Émerigon, *idem*, p. 20 (trad. nossa). Para o autor, o fundamento da cominação de nulidade reside em que o segurador «disse que não teria assinado a apólice se tivesse sido instruído das circunstâncias essenciais que lhe foram dissimuladas. A sua intenção tinha sido de apenas se submeter aos riscos pelos quais assumiu a responsabilidade. Foi enganado: é quanto basta para que o contrato seja nulo. Em vão se consentiria que ele não tivesse sido sujeito senão aos riscos relativos à apólice por si subscrita. Não seria menos admissível requerer a nulidade do seguro, porque no mar, o perigo que se visa evitar ocasiona frequentemente mil outros» – *idem*, p. 21 (trad. nossa).

[100] Balthazard-Marie Émerigon, *idem*, p. 19 (trad. nossa).

[101] Balthazard-Marie Émerigon, *ibidem* (trad. nossa).

[102] O autor fala indistintamente em *nullité*, *résiliation* e em *cassation* – *idem*, p. 69.

[103] Robert Joseph Pothier, *Traité du Contrat d'Assurance de Pothier: Avec un Discours Préliminaire, des Notes et un Supplément*, Marseille, Sube et Laporte, 1810, nº 196, pp. 281-282.

ter decorrido e de a perda ter surgido, de lhe oferecer [ao segurador] o preço do risco»[104]. Porém, sustenta Pothier que, se em virtude das omissões ou inexacti- dões do segurado, o segurador justamente recusar a sua prestação, deverá haver lugar à devolução do prémio: «porque estando [os seguradores] desonerados dos riscos, não lhes é devido o prémio»[105]. Finalmente, sublinha o autor a ambiva- lência da boa fé, na medida em que também o segurador estaria adstrito a nada ocultar ao segurado[106].

X. Na sequela deste debate, a primeira consagração legal do dever de decla- ração do risco, com a amplitude que hoje lhe conhecemos, resulta do artigo 348º do CCom francês, de 1807, e denota a influência da perspectiva de Émerigon. Aquele foi, aliás, designado por Laurin como *le grand article* pela resposta que deu à necessidade de regulação da matéria[107]. Nos termos dessa disposição, «toda a reticência, toda a falsa declaração da parte do segurado, toda a diferença entre o contrato de seguro e o conhecimento, que diminuiriam a opinião do risco ou lhe alterariam o objecto anulam o seguro. O seguro é nulo mesmo no caso em que a reticência, a falsa declaração ou a diferença não teriam tido influência sobre o dano ou a perda do objecto seguro»[108]. O preceito foi apresentado como uma síntese de princípios já consagrados na *Ordonnance de la Marine*[109], perspec- tiva que, como vimos, não é rigorosa, mas que foi assimilada pela doutrina do Direito dos seguros[110].

---

[104] Robert Joseph Pothier, *idem*, nº 196, p. 282 (trad. nossa).

[105] Robert Joseph Pothier, *ibidem* (trad. nossa).

[106] Como escreve o autor, «[sobre] os riscos a incorrer sobre os efeitos seguros, sendo uma das principais coisas que fazem a matéria do contrato de seguro, cada um dos contratantes nada deve dissimular ao outro, de tudo o que sabe que possa aumentar ou diminuir esses riscos. Por exemplo, em tempo de guerra, os seguradores que conhecem o próximo regresso da paz, não devem escondê-lo àquele que se faz segurar, para dele cobrarem um prémio mais considerável do que o que ele quereria dar, se tivesse esse conhecimento» – Robert Joseph Pothier, *idem*, nº 194, p. 281 (trad. nossa).

[107] *Apud* Daniel Danjon, *Traité de Droit Maritime*, Tomo IV, Paris, LGDJ, 1914, p. 503. Cfr. também Camillo Viterbo, "Le dichiarazioni...", *cit.*, col. 72; Giovanna Visintini, *La Reticenza nella Formazione...*, *cit.*, p. 43.

[108] Trad. nossa. Como dizia M. Corvetto na *Exposé des Motifs*, «dissimular [ao segurador] qualquer circunstância que pudesse alterar a matéria desse risco ou diminuir a sua opinião sobre ele, seria fazê-lo suportar contingências que ele talvez não quisesse assumir, ou que só assumiria em condições diferentes ; seria, numa palavra, enganá-lo». Cfr. Jean-Guillaume Locré, *La Législation Civile, Commerciale et Criminelle de la France*, Tomo XVIII, Paris, Treuttel et Würtz, 1830, p. 457 (trad. nossa).

[109] Cfr. a *Exposé des Motifs*, de M. Corvetto, em Jean-Guillaume Locré, *ibidem*.

[110] P. ex., Daniel Danjon, *Traité...*, Tomo IV, *cit.*, p. 503; Camillo Viterbo, "Le dichiarazioni...", *cit.*, col. 72.

XI. A referida disposição do *Code de Commerce* veio influenciar, directa ou reflexamente, os vários códigos comerciais novecentistas, nomeadamente nos ordenamentos jurídicos europeus e sul-americanos – que, em regra, adoptaram o mesmo regime – exemplo evidente e paradigmático do processo de universalização do Direito (e respectiva ciência) a que alude alguma doutrina[111]. Tal foi o caso dos CCom portugueses: primeiro o de Ferreira Borges (1833) e posteriormente o de Veiga Beirão (1888)[112].

Durante o séc. XIX consolida-se a qualificação doutrinária e jurisprudencial do contrato de seguro como de *uberrima fides*[113]. A regulação do contrato de seguro assenta, então, numa matriz ideológica liberal baseada na igualdade (formal) das partes, na exaltação da autonomia da vontade e no papel subsidiário da lei. Não obstante, a disciplina da declaração do risco denota uma tendência de protecção da ordem pública e da própria actividade do segurador, bem como de tutela intransigente da vontade contratual do mesmo[114]. O dever de declaração do risco acompanha a diversificação dos contratos de seguro, que inicialmente se limitavam ao seguro marítimo mas que se generalizam posteriormente aos designados seguros terrestres, começando pelo de incêndio.

XII. Logo na transição para o séc. XX, uma nova tendência de regulação começou a desenhar-se, denotando-se um progressivo afastamento da ideologia liberal e a emergência de um novo modelo ideológico caracterizado por maiores considerações sociais, pela limitação da autonomia privada, por uma disciplina mais abrangente do contrato de seguro, pela imperatividade de algumas normas e, em suma, por uma preocupação com o equilíbrio material das partes,

---

[111] António Menezes Cordeiro, "Ciência do direito...", *cit.*, p. 758.

[112] Foi, entre outros, também o caso de múltiplos Códigos Comerciais: os espanhóis de 1829 e de 1885; os italianos de 1865 e de 1882; o argentino de 1862; o uruguaio de 1865; e a lei belga de 1874 – Felipe F. Aguirre, "Reticenza...", *cit.*, p. 152. A influência estendeu-se ainda à Alemanha, à Holanda, ao Canadá, à Finlândia, à Hungria, à Suíça, etc. – Daniel Danjon, *Traité...*, Tomo IV, *cit.*, pp. 503-504.

[113] Aurelio Candian, "Il progetto...", *cit.*, p. 1121; Tadao Omori, "Insurance law...", *cit.*, pp. 416-417. Ferreira Borges alude a uma «obrigação de severa boa fé» no contrato de seguro, nos termos da qual «cada uma das partes é adstrita a nada dissimular à outra do que sabe acerca das coisas que fazem objecto dele», reconhecendo embora que tal obrigação «é principalmente imposta ao segurado, porque é ele que tem um conhecimento cabal e perfeito das coisas que constituem a matéria do contrato de seguro: é ele o que dá a especificação do objecto segurado, e dos riscos a que é exposto, e que por isso determina a vontade do segurador» – José Ferreira Borges, *Commentários...*, *cit.*, p. 129.

[114] Herman Cousy, "Le droit des assurances en Belgique ou la question de savoir si le beau ou mauvais temps à Paris influence toujours celui de Bruxelles (en tant que capitale de la Belgique)", *in* Bernard Tilleman *et al.* (Eds.), *Droit des Contrats – France, Suisse, Belgique*, Bruxelles, Larcier, 2006, p. 319.

tutelando, em certa medida, a posição do tomador do seguro[115]. Por um lado, o reconhecimento da necessidade de uma disciplina mais aprofundada e autónoma do contrato de seguro – portanto, fora do quadro dos CCom – e contendo disposições imperativas tendentes a proteger a parte economicamente mais débil (o tomador do seguro)[116]. Por outro lado, no que diz respeito à declaração do risco, a adopção de soluções com maiores preocupações de equidade e de conservação do negócio, abandonando a rigidez das soluções até então dominantes e assentes no princípio do "tudo ou nada".

A nova matriz ideológica constituiu o alicerce da regulação autónoma do contrato de seguro, reflectindo-se em toda uma geração de regimes surgidos no início do séc. XX, designadamente com a Lei alemã de 30 de Maio de 1908 (resultante de um projecto de 1903); a Lei suíça de 2 de Abril de 1908 (decorrente de um projecto de 1904); e a Lei francesa de 13 de Julho de 1930 (resultante de um projecto de 1904). Ao longo do século XX, outros exemplos da mesma tendência são de assinar, nomeadamente na Grécia (1910); Áustria (1917); Suécia (1927); Dinamarca (1930) e Itália (1942)[117].

XIII. Actualmente, subsiste o dever de declaração do risco na generalidade dos ordenamentos jurídicos, embora se evidencie, por parte da doutrina e da jurisprudência, uma postura crítica contra o que é perspectivado como uma excessiva tutela do segurador, manifestando preocupações de protecção da parte economicamente débil da relação negocial (o tomador) quando este assume a natureza de consumidor, consequência, em larga medida, de um crescente enfoque social e jurídico nos direitos do consumidor.

Nesta linha, e com base numa matriz ideológica que se traduz num aprofundamento das preocupações emergentes no início do séc. XX, a agenda legislativa é hoje marcada por uma tendência de regulação assente no reequilíbrio da posição das partes no contrato de seguro e de reajustamento da tutela concedida a ambas (revista, em grande medida, à luz de disciplinas jurídicas de emergência recente, como o direito do consumo ou até, nos seguros de pessoas, a bioética), bem como na regulação de novas realidades contratuais dos seguros. Por outro lado, essa tendência denota uma busca de soluções que conjugam equidade e flexibilidade, sob a égide do princípio geral da conservação dos negócios jurídicos.

---

[115] Reflectindo a emergência das novas preocupações, cfr. M. Renaux, *De la Réticence...*, *cit.*; e Ferdinand Bricard, *Les Réticences...*, *cit.*.

[116] Pedro Romano Martinez, "Modificações na legislação sobre contrato de seguro – Repercussões no regime de acidentes de trabalho", http://www.stj.pt/nsrepo/cont/Coloquios/P.D.PedroMartinz. pdf (consult. 5/5/2010), p. 5.

[117] Cfr. a *nota explicativa do projecto* de LCS, Pedro Romano Martinez, "Novo Regime do Contrato de Seguro", *O Direito*, Ano 140º (2008), nº 1, p. 28.

A actual tendência de regulação tem influenciado uma fase recente de reforma do Direito material dos seguros, que, de algum modo, coincidiu com uma tentativa de harmonização europeia do Direito disciplinador do contrato de seguro (proposta de Directiva do Conselho de 1979, revista em 1980)[118]. A tendência reformista tem-se manifestado, assim, nos mais diversos ordenamentos, considerando, entre outros exemplos[119]: as leis suecas de 1979 e 1980 (e, mais recentemente, de 2006); as contínuas reformas ao *Code des Assurances* francês, de 1976; a lei espanhola 50/1980, de 8 de Outubro; o *Insurance Contracts Act* australiano (ICA), de 1984; a lei belga de 25 de Junho de 1992 (cujo conteúdo foi também adoptado pelo Luxemburgo); a lei finlandesa nº 543, de 28 de Junho de 1994; as tentativas de reforma da *Law Commission* inglesa e escocesa; o novo CC brasileiro (Lei 10.406, de 10 de Janeiro de 2002), que inclui o regime do contrato de seguro; o novo CC holandês com uma parte consagrada aos seguros (entrado em vigor em 1 de Janeiro de 2006); a revisão da Lei sobre o Contrato de Seguro suíça (com início de vigência em 1 de Janeiro de 2006); ou a Lei de Reforma do Direito do Contrato de Seguro alemã (que entrou em vigor em 1 de Janeiro de 2008). A orientação reguladora actualmente dominante, em termos internacionais, transparece também, de forma clara, na LCS portuguesa, entrada em vigor em 1 de Janeiro de 2009.

---

[118] Proposta de Directiva do Conselho visando a coordenação das disposições legislativas, regulamentares e administrativas que regulam o contrato de seguro (*Jornal Oficial da União Europeia* nº C 190, de 28/07/1979) – adiante, Proposta de Directiva do Conselho.

[119] Cfr. Herman Cousy, "Le droit des assurances...", *cit.*, pp. 317 ss.; Herman Cousy, "Vers un droit européen du contrat d'assurances?", *in* Jérôme Kullmann (Coord.), *Mélanges en l'Honneur du Professeur Jean Bigot*, Paris, LGDG, 2010, p. 93.

II

Recorte Conceptual da Declaração do Risco

Este capítulo procura delimitar conceptualmente o nosso objecto de estudo. Para tanto, procederemos a uma análise dos dois termos do instituto em apreço: a *declaração* do *risco*. Enquanto o primeiro (a declaração) consubstancia um *momento* do *iter* negocial, que convoca a necessidade de determinação da respectiva função e enquadramento sistemático no processo de formação do contrato[120], o segundo (o risco) assume-se como um elemento fundamental do contrato de seguro, a requerer uma necessária densificação problematizante.

II.1. O *ITER* NEGOCIAL NO CONTRATO DE SEGURO

Em sede de definição do objecto de análise, importa situá-lo como fase no *iter* negocial, onde o mesmo evidencia a sua função. Requerem imperativos lógicos e metodológicos que esta abordagem se coloque na fase vestibular do presente texto. Por outro lado, por essa abordagem não poder ser feita à margem da disciplina legal da formação do contrato, seguiremos, naturalmente, as disposições legais aplicáveis entre nós: as da LCS e, subsidiariamente, do CC.

II.1.1. Especificidades: o *iter* formal e o substancial

I. É frequente distinguir-se – num esforço de abstracção nem sempre reflectido na prática – duas fases no período pré-contratual: a *fase negociatória* (ou dos preliminares), correspondente às negociações prévias e à preparação do acordo,

---

[120] Sublinha-se, portanto, o carácter processual – entendido como uma sequência de actos inter-relacionados e orientados para um fim comum – da fase de formação do contrato – António Menezes Cordeiro, *Tratado...*, I, Tomo I, *cit.*, pp. 489 ss.

até à emissão da proposta contratual[121]; e a *fase decisória* (ou de formação do contrato), correspondente ao definitivo encontro de declarações de vontade necessárias à perfeição do contrato, que ocorre entre a emissão da proposta e a sua aceitação (conclusão do negócio)[122].

A fase prévia ou preliminar à celebração do negócio – correntemente designada como pré-negocial ou pré-contratual – constitui uma etapa especialmente relevante quanto ao nosso objecto de estudo. Aí se compreendem as conversações, trocas de informações e negociações orientadas para a celebração do contrato. Embora as partes não se tenham ainda vinculado, esta fase negocial prévia merece já a tutela do Direito, que lhes impõe deveres de conduta e sanciona o respectivo incumprimento, designadamente através do instituto da *culpa in contrahendo*. Por outro lado, estando igualmente em causa a formação da vontade negocial das partes, qualquer vício ocorrido nesta fase que determine aquela vontade poderá comportar – verificados os requisitos legais – efeitos invalidantes do contrato que vier a ser concluído. Para além disso, o decurso das negociações revela-se ainda de particular relevância ao nível da interpretação do negócio jurídico em formação.

---

[121] Estarão, assim, em causa, nas palavras de Ferreira de Almeida, «todos os actos, isolados ou encadeados, que antecedem o termo final do processo formativo, tais como convites a contratar, propostas e contrapropostas (umas e outras, desde que não aceites) e uma multiplicidade de outros actos de comunicação integrados na formação (com ou sem sucesso) de contratos através de diálogo oral ou declarações contratuais conjuntas», e também «actos omissivos (de informação, de prosseguimento de negociações ou de conclusão do contrato) que, no quadro da boa fé, desempenham papel de especial relevo» – Carlos Ferreira de Almeida, *Contratos*, Vol. I, 4ª Ed., Coimbra, Almedina, 2008, p. 204. A fase negociatória corresponde, assim, a um período de actividade por parte de ambos os contratantes no sentido de uma análise e progressiva determinação do conteúdo do contrato (projecto de negócio) e de aferição da conveniência e adequação do mesmo perante o fim visado, inexistindo ainda uma definitiva intenção de auto-vinculação das partes – Francesco Benatti, *La Responsabilità Precontrattuale*, Milano, Giuffrè Ed., 1963 – trad. port., *A Responsabilidade Pré-Contratual*, Coimbra, Almedina, 1970, p. 50; Mário Almeida Costa, *Responsabilidade pela Ruptura das Negociações Preparatórias de um Contrato*, Separata da RLJ, nº 116 (1983-1984) – Reimpr., Coimbra, Coimbra Editora, 1994, p. 54; Carlos Mota Pinto, *A Responsabilidade Pré-Negocial pela Não Conclusão de Contratos*, Separata do Vol. XIV do Suplemento ao BFDUC, Coimbra, 1963, pp. 30-31.

[122] Cfr., p. ex., Fernando Pessoa Jorge, *Lições de Direito das Obrigações*, Lisboa, AAFDL, 1976, p. 181; Luís Menezes Leitão, *Direito das Obrigações*, Vol. I, 9ª Ed., Coimbra, Almedina, 2010, p. 373. Tal distinção encontra apoio na letra do artigo 227º do CC. Neste sentido, é defensável que a expressão *preliminares*, utilizada neste artigo, se refere tanto à fase prodrómica, preambular ou estritamente preliminar (que se caracteriza pelas solicitações de informação, sondagens, estudos prospectivos, manifestações de intenção negocial, etc.) como à fase das negociações propriamente dita – Filipe Albuquerque Matos, "A fase preliminar do contrato", *in* FDUC (Org.), *Comemorações dos 35 Anos do Código Civil e dos 25 Anos da Reforma de 1977*, Vol. III – Direito das Obrigações, Coimbra, Coimbra Ed., 2007, pp. 339-40; Carlos Mota Pinto, *A Responsabilidade...*, *cit.*, pp. 30-31.

II. Na formação do contrato de seguro evidenciam-se diferenças relativamente ao processo negocial da generalidade dos contratos, permitindo-nos distinguir, na fase pré-contratual do seguro, uma perspectiva substancial ou socioeconómica, e uma perspectiva formal ou estritamente jurídica[123]. Assim, no plano socioeconómico a iniciativa negocial pertence, em regra, ao segurador (directamente ou através das suas redes comerciais), procurando aliciar o potencial tomador para a subscrição de um contrato e, portanto, propondo-lhe, em substância, um negócio[124]. Este plano substancial evidencia-se, nomeadamente, na existência de deveres pré-contratuais de informação e de esclarecimento por parte do segurador ou do intermediário do contrato, que lógica e cronologicamente precedem a formação da vontade contratual do candidato a tomador do seguro, a materializar-se na apresentação por este da proposta formal.

Porém, no plano estritamente jurídico – e porque o risco é, como referimos, um elemento fundamental do contrato, dependendo as condições deste da aferição daquele pelo segurador – o papel de proponente é formalmente assumido pelo "candidato" a tomador do seguro, que apresenta ao segurador uma declaração negocial (proposta contratual), em regra mediante o preenchimento e subscrição de um formulário previamente fornecido pelo segurador, onde aquele concretiza algumas das condições pretendidas e descreve o risco que pretende fazer segurar, concluindo-se o contrato com a aceitação do segurador[125].

---

[123] O processo de celebração do seguro apresenta ainda outras especificidades. Assim, na formação de um contrato em que se verifique plena liberdade de negociação e estipulação, o *iter* negocial acompanha normalmente uma fase de recolha de informações pelas partes, após o que se seguirá, em regra, um esboço de regulação, ou projecto de contrato – António Menezes Cordeiro, *Tratado...*, I, Tomo I, *cit.*, pp. 492 ss.; Yvonne Lambert-Faivre, *Droit des Assurances*, 11ª Ed., Paris, Dalloz, 2001, p. 184. Ora, no caso do contrato de seguro, regulado por cláusulas contratuais gerais predispostas pelo segurador, todo o processo é antecedido pela elaboração do projecto de regulação contratual. Por outro lado, a fase *inicial* de informação abrange, em regra, apenas as informações pré-contratuais a cargo do segurador (designadamente as previstas nos artigos 18º ss. da LCS, artigos 5º e 6º da LCCG e artigo 8º da LDC), de modo a que o candidato a tomador do seguro possa, com base nelas, formar a sua vontade negocial. Determinada essa vontade, o candidato a tomador do seguro formula uma proposta contratual dirigida ao segurador e acompanhada, por seu turno, das informações sobre o risco concreto proposto, de modo a permitir, desta feita, ao segurador formar, ele próprio, a sua vontade negocial e aceitar a proposta nos termos em que está formulada, ou introduzir-lhe alterações – as quais funcionarão como recusa e como contraproposta, que o candidato a tomador do seguro deverá, por seu lado, aceitar ou recusar (cfr., p. ex., Luís Carvalho Fernandes, *Teoria Geral...*, Vol. II, *cit.*, pp. 95 ss.).

[124] Na fase negocial, raramente existe contacto directo entre a seguradora e o proponente: em regra, a relação é mediada pela intervenção de um intermediário (o mediador de seguros). Por norma, é este quem apresenta a modalidade contratual ao potencial segurado, informando-o das condições contratuais (nomeadamente do valor previsível do prémio, de acordo com a tarifa) e suscitando-lhe a intenção de contratar.

[125] Jean-Luc Aubert, *Notions et Rôles de l'Offre et de l'Acceptation dans la Formation du Contrat*, Paris, LGDJ, 1970, pp. 53-54; Pedro Romano Martinez, "Artigo 27º – Anotação", *in* Pedro Romano

III. Neste quadro, importa qualificar juridicamente a realidade socioeconómica que traduz a iniciativa negocial do segurador, a qual consubstancia um *convite a contratar*[126]. Trata-se de uma *proposta de negociação*, uma declaração de vontade, disponibilidade e interesse – expressa ou tácita – no sentido de iniciar ou aprofundar um processo de negociação potencialmente conducente à conclusão do contrato. Poderá consubstanciar, assim, o aliciamento – a pessoas determinadas ou indeterminadas – para a apresentação de propostas contratuais, assumindo contornos de amplitude muito variável, que vão da simples publicidade, envio de catálogos, exposição de produtos ou brochuras, ou disponibilização das condições gerais de uma modalidade de seguro ou de formulários de proposta, até à apresentação de uma "proposta contratual" incompleta ou não firme[127].

O convite a contratar distingue-se precisamente da proposta na medida em que esta deve ser clara, completa, concreta e determinada, de modo a possibilitar a imediata aceitação do destinatário[128]. Ora, no contrato de seguro, que em regra depende das características do risco, do prazo contratual, do valor a segurar, etc., apenas assume a natureza de proposta – concretizadora de tais elementos – o impresso preenchido pelo candidato a tomador do seguro, expressando uma declaração de vontade dirigida ao segurador para que, após análise, a aceite, recuse ou formule uma contraproposta (agravamento do prémio, exclusão parcial do risco, etc.). Assim, apesar de o *iter* negocial na contratação de um seguro pas-

---

Martinez *et al.*, *LCS Anotada*, *cit.*, p. 179. Como refere Claude Berr, esta inversão formal de papéis no processo de formação do contrato corresponde a uma imagem abstracta, que não reflecte a realidade socioeconómica – Claude J. Berr, "La déclaration des risques en droit français", *in* AAVV, *L'Harmonisation du Droit du Contrat d'Assurance dans la C.E.E.*, Bruxelles, Bruylant, 1981, p. 332.

[126] Cfr., p. ex., Pedro Romano Martinez, "Cláusulas contratuais gerais e cláusulas de limitação ou de exclusão da responsabilidade no contrato de seguro", *SI*, Tomo LV, nº 306 (Abr.-Jun. 2006), p. 250.

[127] Cfr. Heinrich Ewald Hörster, *A Parte Geral do Código Civil Português – Teoria Geral do Direito Civil*, Coimbra, Almedina, 1992, p. 457; Carlos Mota Pinto, *Teoria Geral...*, *cit.*, p. 443; Carlos Bettencourt de Faria, "O conceito e a natureza jurídica do contrato de seguro", *Colectânea de Jurisprudência*, Ano III (1978), Tomo III, p. 790. Cfr. também Malcolm Clarke, *Policies...*, *cit.*, p. 68. Igual natureza terá a disponibilização das informações pré-contratuais pertinentes sobre o contrato em causa e respectivas garantias, exclusões, condições tarifárias *standard*, etc., com base nas quais o segurador se dispõe a contratar. Como refere Hörster, o convite a contratar «constitui um incentivo para que alguém dirija uma proposta contratual a quem convida, cabendo depois a este o papel de aceitar a proposta ou não» – Heinrich Ewald Hörster, *op. cit.*, p. 456.

[128] Carlos Ferreira de Almeida, *Contratos*, Vol. I, *cit.*, p. 119; Fernando Pessoa Jorge, *Lições...*, *cit.*, p. 183. Por outro lado, diversamente da proposta contratual, o convite a contratar não implica qualquer vontade dirigida à vinculação para o declarante, nem quanto à celebração do contrato, nem quanto ao seu conteúdo. A aceitação do convite apenas constitui as partes nos deveres pré-contratuais resultantes do artigo 227º do CC, para além da relevância que o mesmo possa merecer em sede de interpretação do contrato – Carlos Ferreira de Almeida, *ibidem*; Heinrich Ewald Hörster, "Sobre a formação do contrato segundo os arts. 217º e 218º, 224º a 226º e 228º a 235º do Código Civil", *RDE*, Ano IX, nºs 1 e 2 (Jan.-Dez. 1983), pp. 141-142.

sar, em regra, pela disponibilização de um impresso pelo segurador, o mesmo não constitui uma proposta contratual a pessoa incerta (oferta ao público), mas um convite a contratar[129].

IV. A oferta ao público não exprime, assim, o *iter* negocial *normal* no contrato de seguro. Porém, em situações pontuais de seguros de riscos de massa que impliquem condições de risco padronizadas, o segurador prescinde do conhecimento e avaliação das características do risco concreto a segurar, que aceita de antemão. Neste caso, o breve formulário facultado pelo segurador constitui, com efeito, uma oferta ao público, e o seu preenchimento pelo destinatário corresponde à aceitação da proposta e à conclusão do contrato. Tal é o caso, por exemplo, de alguns seguros de viagem subscritos com contratos de viagem organizada, de seguros de roubo subscritos com a compra de determinados produtos, ou de seguros subscritos através de meios mecânicos (máquinas de venda automática)[130] ou electrónicos (contratação em linha) que não confiram a possibilidade material de declaração do risco.

V. O *iter* negocial acolhido no nosso ordenamento contrasta com o de outros sistemas jurídicos. No Direito espanhol, por exemplo, a iniciativa do potencial tomador não corresponde a uma verdadeira proposta, mas antes a um convite para que o segurador lhe dirija, ele sim, uma proposta (*invitatio ad offerendum*): aí «é o segurador que, enviando um formulário ao presumível tomador, deve qualificar-se como verdadeiro proponente»[131]. Também no ordenamento belga a "proposta de seguro", subscrita pelo candidato a tomador do seguro, assume a natureza de um convite a contratar (*"appel d'offres"*), não vinculando o candidato nem o segurador à conclusão do contrato: no prazo de 30 dias, o segurador deve dirigir ao candidato, seja uma proposta contratual (que pode assumir a forma de uma apólice pré-assinada ou de uma proposta de cobertura provisória), seja um questionário, seja uma comunicação de recusa do contrato. A aceitação da proposta dá-se mediante a assinatura, pelo tomador do seguro, da proposta contratual (proposta ou apólice pré-assinada) que o segurador lhe enviou, podendo este retractar-se até esse momento. O contrato, por seu turno, toma efeito *no momento da assinatura* pelo tomador do seguro, precisando-se, não obstante, que a garantia se inicia no dia seguinte ao da recepção, pelo segurador, da aceitação[132].

---

[129] Joaquín Garrigues, *Contrato de Seguro Terrestre*, 2ª Ed., Madrid, s. n., 1983, p. 91; José Vasques, *Contrato de Seguro – Notas...*, *cit.*, p. 197.

[130] Carlos Ferreira de Almeida, *Contratos*, Vol. I, *cit.*, p. 122.

[131] Joaquín Garrigues, *Contrato...*, *cit.*, p. 91 (trad. nossa).

[132] Cfr. Jean-Luc Fagnart, *Traité Pratique de Droit Commercial*, Tome 3 – Droit Privé des Assurances Terrestres, Diegem, E. Story-Scientia, 1998, pp. 59 ss.; Claude Devoet, *Les Assurances de Personnes*,

II.1.2. Negociações e deveres de informação do segurador

I. Impõe-se que nos foquemos agora na fase prévia à emissão da proposta contratual, durante a qual o potencial tomador do seguro forma a sua vontade negocial. Essa fase é da maior relevância, abrangendo os primeiros contactos com o modelo contratual visado, seja através de publicidade, de informação disponibilizada pelo segurador, da acção persuasiva do mediador de seguros, da disponibilização de simulações ou do confronto com modalidades contratuais alternativas, de estudos de mercado elaborados por associações de consumidores ou por publicações da especialidade, etc.

Por outro lado, embora – como veremos – o processo de contratação normal do seguro, sobretudo nos seguros de riscos de massa, afaste a possibilidade de negociar o conteúdo das cláusulas contratuais, dificilmente se poderá negar a existência e a relevância da fase negocial preliminar. Nesta, o potencial tomador do seguro poderá escolher, entre as modalidades de seguro disponibilizadas por diversos seguradores (ou até pelo mesmo segurador), qual a que se adequa mais à situação concreta por si visada. Por outro lado, se a modalidade de seguro o admitir, sempre poderá o interessado seleccionar um leque maior ou menor de garantias opcionais e ajustar o valor das franquias, capitais, etc., de acordo com o seu escopo contratual. Também poderá dar-se o caso de existir alguma flexibilidade por parte do segurador em termos tarifários, pelo que, também aí, poderá o cliente negociar a situação mais vantajosa para o seu caso. Finalmente, quando o risco proposto se afaste dos parâmetros normais, poderá, dependendo das circunstâncias, ser negociável a consequência a aplicar: um sobreprémio ou uma exclusão parcial de cobertura[133].

II. Várias são as disposições legais que cometem ao segurador, na fase pré-contratual, deveres de comunicação, informação ou esclarecimento, formulações que não traduzem diferenças de substância, apesar das tentativas de delimitação conceptual de alguma doutrina[134]: em qualquer dos casos, estamos perante deveres de *informação* em sentido amplo. Tais deveres visam a formação esclarecida da

---

Louvain-la-Neuve, Anthemis, 2006, pp. 280 ss. A jurisprudência belga assume, como momento da formação do contrato, aquele em que o segurador toma conhecimento da aceitação do tomador do seguro – Claude Devoet, *idem*, p . 290.

[133] Em termos funcionais, e relativamente à conclusão do contrato, as negociações e o conteúdo contratual que durante as mesmas vai sendo definido, assumem traços de provisoriedade e de eventualidade – Filipe Albuquerque Matos, "A fase preliminar...", *cit.*, pp. 320 e 328 ss. Esse carácter, algo precário, das negociações decorre de o princípio da liberdade contratual se configurar, na fase negociatória, como «uma liberdade de entabular, conduzir e pôr termo às negociações» – *idem*, p. 330.

[134] Cfr., p. ex., uma resenha de critérios de distinção em Rita Lopes Tavares, *Breves Notas Sobre o Dever de Esclarecimento do Segurador na Nova Lei do Contrato de Seguro*, Relatório de Mestrado, FDL, 2010, pp. 13 ss.

vontade contratual do potencial tomador do seguro, que sempre dependerá do conhecimento sobre o conteúdo do contrato visado e sobre a respectiva aptidão para satisfazer as concretas necessidades de segurança daquele.

Desde logo, a LCS não é parca na definição do leque de informações pré-contratuais a cargo do segurador. Entre as mais relevantes estabelecidas pelo artigo 18º encontram-se as respeitantes às garantias e exclusões; ao valor ou método de cálculo do prémio e consequências da respectiva falta de pagamento; bem como à duração, renovação, cessação e transmissão do contrato. Adicionalmente, e nos termos do artigo 20º da LCS, deve o segurador informar sobre o Estado da sua sede social ou sucursal, bem como o respectivo endereço. As referidas informações devem, nos termos do nº 1 do artigo 21º da LCS, ser prestadas de forma clara, por escrito e em língua portuguesa antes de o potencial tomador do seguro se vincular mediante proposta contratual. Como verte do nº 5 do mesmo artigo, da proposta de seguro deve constar uma menção comprovativa de que as referidas informações foram dadas a conhecer ao proponente antes de este se vincular[135].

Aos referidos deveres de informação acresce o dever específico de esclarecimento constante dos nºs 1 e 2 do artigo 22º da LCS, no quadro do qual deve o segurador, na medida da complexidade e importância económica do contrato, aconselhar o tomador quanto às modalidades de seguro adequadas à concreta cobertura pretendida, respondendo às solicitações de esclarecimento do proponente, alertando-o para o âmbito da cobertura proposta, e devendo ainda, nos seguros multirriscos, prestar esclarecimentos pormenorizados sobre a relação entre as diferentes coberturas[136]. Acrescem ainda, relativamente aos seguros de

---

[135] Como bem refere Eduarda Ribeiro, embora da letra do preceito decorra um âmbito de aplicação apenas quanto aos deveres de informação estabelecidos nos artigos 18º a 20º da LCS, será de admitir a sua aplicação analógica aos restantes deveres de informação pré-contratual, mesmo os constantes de norma especial da LCS (como os aplicáveis aos seguros de vida) – Eduarda Ribeiro, "Artigo 21º – Anotação", in Pedro Romano Martinez et al., LCS Anotada, cit., pp. 116-117. Por outro lado, a falta da referida menção, não constituindo já (diversamente do que sucedia no regime revogado do nº 2 do artigo 179º do RGAS – DL 94-B/98, de 17 de Abril) uma presunção do incumprimento do dever de informação, não poderá deixar de ser ponderada em termos probatórios quando o tomador invoque aquele incumprimento (idem, p. 96). Reflexamente, aquela menção não deixará de constituir um indício relevante de que o dever foi cumprido. Refira-se, porém, que é entendimento, p. ex., da jurisprudência francesa, que a subscrição de uma menção comprovativa segundo uma fórmula padronizada e inserta num formulário pré-elaborado não é adequada a demonstrar que o tomador tem conhecimento integral e efectivo das cláusulas aplicáveis ao contrato – Jacques Mestre, "Obligations en général", RTDC, Ano 89º, nº 3 (Jul.-Set. 1990), p. 466.

[136] Como resulta do nº 4 do mesmo artigo o referido dever não é aplicável aos contratos relativos a grandes riscos ou quando haja intermediação de um mediador de seguros, atento, quer o dever que sobre este recai por força das alíneas a) e b) do artigo 31º, e a) a c) do nº 2, nºs 4 e 5 do artigo 32º, ambos da Lei da Mediação de Seguros (LMS), quer da impossibilidade prática – inerente à referida intermediação – de o segurador prestar aqueles esclarecimentos.

vida e às operações de gestão de fundos colectivos de reforma, as informações pré-contratuais discriminadas no nº 1 do artigo 185º da LCS.

III. O contrato de seguro é, em regra, regulado por recurso a Cláusulas Contratuais Gerais, que obedecem à disciplina do DL 446/85, de 25 de Outubro (Lei das Cláusulas Contratuais Gerais, adiante LCCG)[137]. Entre as várias matérias objecto dessas cláusulas evidenciam-se, pela sua relevância, as respeitantes à definição das *garantias* e ao recorte das *exclusões*[138]. Entre outras funções, estas cláusulas asseguram a homogeneização dos riscos cobertos, essencial para efeito de tarifação e consequente cálculo do prémio.

Ora, as referidas cláusulas suscitam o problema central do *déficit* de informação, na esfera do aderente, quanto ao seu conteúdo[139]. Assim, a tutela do efectivo exercício da autonomia privada e do funcionamento eficaz das regras de

---

[137] O próprio artigo 3º da LCS refere expressamente – ainda que tal fosse dispensável – a aplicabilidade da LCCG ao contrato de seguro. A versão inicial da alínea c) do nº 1 do artigo 3º da LCCG, excluía do âmbito de aplicação do diploma as cláusulas impostas ou expressamente aprovadas por entidades públicas com competência para limitar a autonomia privada, o que então sucedia com as cláusulas de contratos de seguro, sujeitas à aprovação prévia administrativa do ISP. Não obstante o condicionalismo legal, a jurisprudência submeteu várias cláusulas a análise baseada em princípios gerais – cfr. António Menezes Cordeiro, *Manual de Direito Comercial*, Vol. I, *cit.*, pp. 571 ss. Entretanto, no decurso de várias intervenções legislativas, que culminaram com as alterações introduzidas à LCCG pelo DL 220/95, de 31 de Janeiro, também as cláusulas de contratos de seguro passaram a estar sujeitas à disciplina da LCCG. Sobre este processo, cfr. Arnaldo Oliveira, "Contratos de seguro face ao regime das Cláusulas Contratuais Gerais", *BMJ*, nº 448 (Julho 1995), pp. 69-85; Arnaldo Oliveira, "Dois exemplos portugueses de resistência material do contrato de seguro ao Direito das Cláusulas Contratuais Gerais", *BMJ*, nº 467 (Junho 1997), pp. 5-42; e Almeno de Sá, *Cláusulas Contratuais Gerais e Directiva Sobre Cláusulas Abusivas*, 2ª Ed., Coimbra, Almedina, 2001, pp. 112 ss. A matéria foi alvo de alguma controvérsia doutrinária, manifestando-se alguns autores, desde início, pela aplicabilidade ao contrato de seguro da LCCG – cfr., p. ex., Mário Frota, "Condições gerais e contrato de seguro", *RPDC*, nº 13 (Mar. 1998), pp. 41-43; e Luís Brito Correia, "Seguro – Aspectos Jurídicos", *in* AAVV, *Polis – Enciclopédia Verbo da Sociedade e do Estado*, Vol. 5, 2ª Ed., Lisboa, Verbo, 2005, cl. 717, que vinha sustentando esta posição desde a primeira edição do texto, em 1987.

[138] Como sublinha Pedro Romano Martinez, as cláusulas de exclusão reportam-se à delimitação do objecto do contrato, ou seja, à definição (negativa) da "prestação de suportação do risco" a cargo do segurador. Não estão, portanto, em causa, cláusulas de exclusão da responsabilidade por danos patrimoniais extra-contratuais, absolutamente proibidas e, consequentemente, nulas, nos termos das disposições conjugadas da alínea b) do artigo 18º e do artigo 12º da LCCG. Cfr. Pedro Romano Martinez, "Conteúdo do contrato de seguro e interpretação das respectivas cláusulas", *in* António Moreira e M. Costa Martins (Coords.), *II Congresso Nacional de Direito dos Seguros – Memórias*, Coimbra, Almedina, 2001, pp. 62-63; e Pedro Romano Martinez, "Cláusulas...", *cit.*, pp. 258 ss. No mesmo sentido, Paulo Duarte, "Contratos de Seguro à luz das Cláusulas Contratuais Gerais", *RPDC*, nº 12 (Dez. 1997), pp. 107 ss.

[139] Joaquim de Sousa Ribeiro, *O Problema do Contrato – As Cláusulas Contratuais Gerais e o Princípio da Liberdade Contratual*, Coimbra, Almedina, 1999, p. 365.

concorrência impõem o dever de comunicação das cláusulas, pelo segurador, à contraparte, nos termos do artigo 5º da LCCG e sem prejuízo de igual imposição decorrente do artigo 227º do CC e dos artigos 18º ss. da LCS, em sintonia com as medidas correntes de protecção ao consumidor. Na verdade, segundo o nº 1 do referido artigo 5º, as mesmas devem ser comunicadas *na íntegra* aos aderentes que se limitem a subscrevê-las ou a aceitá-las, acrescentando o nº 2 que a comunicação deve ser realizada de *modo adequado* e com a *antecedência necessária* para que, tendo em conta a importância do contrato e a extensão e complexidade das cláusulas, se torne possível o seu *conhecimento completo e efectivo* por quem use de comum diligência[140]. Neste domínio, entende o STJ que a comunicação pode ser efectuada no próprio documento que formaliza o contrato[141].

Por outro lado, para suprir a eventual falta de transparência e cognoscibilidade das cláusulas, o nº 1 do artigo 6º da LCCG impõe ao segurador um dever de informação, por exigência da boa fé, traduzido na prestação dos esclarecimentos indispensáveis ao exercício da autonomia privada, designadamente na explicação do significado, alcance e implicações das cláusulas. Por seu turno, o nº 2 impõe um dever de prestação dos esclarecimentos *razoáveis* solicitados pela contraparte, excluindo-se, assim, a aclaração de dúvidas carecidas de pertinência ou justificação[142].

IV. Assumindo o potencial tomador do seguro a qualidade de consumidor[143], são ainda aplicáveis os deveres estabelecidos, designadamente, na Lei nº 24/96,

---

[140] Está em causa, portanto, uma obrigação de meios, sendo estabelecidos parâmetros abstractos de aferição do cumprimento, pelo segurador, do dever de conduta que lhe é imposto – Almeida Costa e Menezes Cordeiro, *Cláusulas Contratuais Gerais – Anotação ao Decreto-Lei nº 446/85, de 25 de Outubro*, Coimbra, Almedina, 1986, p. 25. Como refere Menezes Cordeiro, «o grau de diligência postulado por parte do aderente – e que releva para efeitos de calcular o esforço posto na comunicação – é o *comum* – [...]: deve ser apreciado *in abstracto*, mas de acordo com as circunstâncias típicas de cada caso, como é usual no Direito civil» – António Menezes Cordeiro, *Manual de Direito Comercial*, Vol. I, *cit.*, p. 409. Será, assim, configurável a existência de um dever de recepção das cláusulas e de diligência na apreensão do respectivo conteúdo por parte do aderente – Paula Alves, "Comunicação e informação de Cláusulas Contratuais Gerais: uma relação de complementaridade. Especificidades do contrato de seguro", *Fórum*, nº 14 (Jan. 2002), p. 36. Em contrapartida, não será adequada a comunicação susceptível de surpreender o aderente normal, nomeadamente em virtude do contexto, epígrafe, apresentação gráfica ou colocação após a assinatura do aderente (alíneas c) e d) do artigo 8º da LCCG). Em qualquer caso, a alínea a) do nº 2 do artigo 9º da Lei nº 24/96, de 31 de Julho (Lei de Defesa do Consumidor – LDC) impõe a redacção clara e precisa, em caracteres facilmente legíveis, das cláusulas contratuais gerais, incluindo as inseridas em contratos singulares.

[141] Cfr. Ac. STJ de 12/12/2002 – Proc. nº 02A3692 (Silva Salazar).

[142] Almeida Costa e Menezes Cordeiro, *Cláusulas Contratuais Gerais... , cit.*, pp. 25-26.

[143] Nos termos do nº 1 do artigo 2º da LDC, é consumidor todo aquele a quem sejam fornecidos bens, prestados serviços ou transmitidos quaisquer direitos, destinados a uso não profissional, por pessoa que exerça com carácter profissional uma actividade económica que vise a obtenção de benefícios.

de 31 de Julho (LDC) – cfr. nº 2 do artigo 19º da LCS. Destaca-se aí o dever genérico de informação estabelecido no nº 1 do artigo 8º da LDC. Nos termos desta disposição, o prestador de serviços (no caso, o segurador) deve, tanto nas negociações como na celebração de um contrato, informar de forma clara, objectiva e adequada o consumidor, *nomeadamente*, sobre as características, preço do serviço (prémio) e período de vigência do contrato. Nos termos dos nºs 4 e 5 do artigo 8º da LDC, o incumprimento de tal dever de informação confere ao consumidor o direito à resolução ("retractação") do contrato, a ser exercido no prazo de sete dias úteis a contar da data de celebração, ficando o segurador inadimplente civilmente responsável pelos danos causados ao consumidor.

V. Por seu turno, nos termos do artigo 29º da LCS, quando haja intervenção de um mediador de seguros na formação do contrato, são igualmente aplicáveis os deveres de informação específicos estabelecidos na Lei da Mediação de Seguros, aprovada pelo DL 144/2006, de 31 de Julho (LMS). Entre eles, de acordo com o artigo 31º da LMS, deve o mediador informar o potencial tomador, nos termos fixados por lei e respectiva regulamentação, dos direitos e deveres que decorrem da celebração do contrato; e aconselhar, de modo correcto e pormenorizado e de acordo com o exigível pela respectiva categoria de mediador, sobre a modalidade de contrato mais conveniente à transferência de risco ou ao investimento. Por outro lado, o artigo 32º da LMS autonomiza os deveres de informação mínimos, antes da celebração de qualquer contrato de seguro inicial e, se necessário, aquando da sua alteração ou renovação (excepto quando se trate de um seguro de grandes riscos).

VI. Finalmente, sendo o contrato celebrado à distância, são ainda aplicáveis os deveres de informação especialmente estabelecidos, para o efeito, em legislação especial, como, aliás, expressamente resulta do nº 1 do artigo 19º da LCS. Neste quadro, os artigos 13º a 16º do DL 95/2006, de 29 de Maio, impõem, designadamente, deveres de informação quanto à identidade do segurador; descrição do serviço financeiro em causa e custos associados; duração e formas de cessação do contrato; e mecanismos de protecção da contraparte[144].

VII. Desta forma, o segurador está obrigado, na fase pré-contratual, à prestação de um extenso leque de informações, verificando-se, aliás, frequentes recobrimentos e sobreposições entre o âmbito dos preceitos citados[145]. Entre as mais

---

[144] Cfr. Catarina Figueiredo Cardoso, "A obrigação de prestação de informações pré-contratuais no âmbito da actividade seguradora e dos fundos de pensões – O comércio electrónico em especial", *Fórum*, nº 19 (Agosto 2004), pp. 19 ss.
[145] Eduarda Ribeiro, "Artigo 19º – Anotação", *in* Pedro Romano Martinez *et al.*, *LCS Anotada, cit.*, p. 108.

relevantes estão as que se reportam ao clausulado do contrato e ao valor (ou fórmula de cálculo) do prémio.

O cumprimento dos deveres de informação legalmente prescritos tem consequências evidentes ao nível do próprio *iter* negocial: a prévia ciência, por parte do candidato a tomador do seguro, de todos os elementos que constituirão o objecto e conteúdo do contrato, permitem-lhe formular uma proposta contratual, ficando submetido ao exercício do direito potestativo de aceitação, por parte do segurador, ou à emissão de uma contraproposta[146].

VIII. Impõe-se ainda uma palavra relativamente ao já referido dever de informação sobre o valor total do prémio ou, não sendo possível, o seu método de cálculo (alínea d) do artigo 18º da LCS). Poder-se-á argumentar que – considerando o facto de o cálculo do prémio depender da prévia análise do risco pelo segurador e de, por seu turno, esta depender da declaração do risco (que acompanha materialmente a proposta) – tal dever redunda numa impossibilidade. Em consequência, poder-se-á tender a qualificar a "proposta" do potencial tomador do seguro, afinal, como um convite a contratar, na medida em que, faltando-lhe o conhecimento do prémio correspondente ao risco proposto, não poderia o mesmo expressar uma declaração de vontade[147]: nesta perspectiva, e à semelhança dos regimes de outros ordenamentos, a proposta seria formulada pelo segurador com o cálculo do prémio, competindo a aceitação ou recusa ao potencial tomador[148].

---

[146] A justificação dos deveres de informação em causa é por demais evidente. Como já na década de 1930 escrevia Marcelo Caetano, «a desigualdade de posição das partes – um profissional como segurador, um inexperiente como segurado – impede a conclusão do acordo na base normal de um consenso mútuo em que as vontades se encontram a respeito de um objecto perfeitamente conhecido» – Marcelo Caetano, "Valor da minuta do contrato de seguro", *O Direito*, Tomo LXIV (1932), p. 36. Porém, como bem nota Francisco Salavessa, a abundância de informação assume uma utilidade marginal decrescente – Francisco Salavessa, *Formação e Forma do Contrato de Seguro*, Relatório de Mestrado, FDUC, 2008 – http://www.isp.pt/NR/ rdonlyres/6B155A66-1B3F-46CD -B4DE-1DED47858FF3/0/FranciscoSalavessa.pdf (consult. 23/01/2011), p. 17. O excesso de dados comunicados tende a converter informação em ruído, transparência em opacidade, conhecimento em ignorância. Não só a transmissão das informações desafia a praticabilidade num processo negocial, mas compromete perversamente a respectiva assimilação pelo destinatário. O excessivo peso da carga informativa é de tal monta que permite equacionar, na esfera do tomador do seguro, a invocação de um *direito à legítima ignorância* – António Menezes Cordeiro, *Direito dos Seguros, cit.*, p. 562. Cfr. *infra*, III.3.9.

[147] Como nota a doutrina e decorre, aliás, do artigo 232º do CC, enquanto as partes não hajam acordado em *todas as cláusulas* que qualquer delas considere necessárias o contrato não fica concluído. Sobre a problemática que rodeia o preceito, cfr. Inocêncio Galvão Telles, "Formação do contrato", *Colectânea de Jurisprudência*, Ano VI, Tomo 3 (1981), pp. 5 ss. e 13.

[148] Parece ser esta a posição de José Vasques, *Contrato de Seguro – Notas...*, *cit.*, p. 196, não tanto com base no argumento de que o prémio *seria desconhecido* do proponente, mas invocando que a indicação

Esta perspectiva, porém, assenta num equívoco. É que, se é certo que o prémio definitivo depende efectivamente da avaliação do risco, a verdade é que o segurador está sempre em condições de adiantar, antes de conhecer o risco concreto, o valor tarifário a aplicar a um *risco normal*[149]. Assim, quando subscreve a

do prémio não se encontra expressa, em regra, no "formulário de proposta" de seguro. Perante a dificuldade apontada, observa José Vasques que «parece demasiado artificioso o entendimento de que a apólice, contendo todos os elementos do contrato, constituiria ela própria uma nova proposta, agora do segurador, a qual seria aceite ou não pelo tomador do seguro, entendendo-se o pagamento do prémio como manifestação dessa intenção» (*idem*, p. 196), defendendo, em contrapartida, a complexa e pouco pragmática solução do regime espanhol: a autonomização de uma *solicitud de seguro*, dirigida pelo potencial tomador ao segurador, e de uma *proposición de seguro*, dirigida por este àquele, e cuja aceitação marca a conclusão do contrato (*ibidem*). Cremos que a argumentação do autor não colhe. Na verdade, o requisito, extraído do artigo 232º do CC, de completude da proposta, não implica a formalização da mesma num único documento escrito contendo *todo o conteúdo* do contrato, mesmo ao tempo em que – no quadro do artigo 426º do CCom – era entendimento dominante que o contrato de seguro era formal *ad substantiam*. Em qualquer caso, ainda que se entenda que, na vigência do CCom, a exigência de forma escrita impunha que a completude da proposta – incluindo o valor do prémio – tivesse tradução formal num documento, tal não é já o caso na LCS. Aqui, como ocorre, de resto, na formação da generalidade dos contratos, haverá que considerar uma "aquisição processual" que acompanha todo o processo de formação do contrato. Ao longo do *iter* negocial, a própria vontade contratual das partes vai-se formando com acordos parciais e provisórios quanto a determinados aspectos do conteúdo do contrato. Assim, atentos os deveres pré-contratuais de informação legalmente impostos ao segurador, a proposta contratual emitida pelo candidato a tomador do seguro tem por *pressuposto necessário* a sua concordância quanto aos aspectos objecto daquele dever, designadamente quanto ao valor do prémio (correspondente à tarifa normal) e quanto às cláusulas contratuais pré-definidas. A proposta é, assim, completa, quer assuma ou não (total ou parcialmente) a forma escrita, ainda que nem todos os elementos dela constem *expressamente*. Em suma, o facto de o "formulário de proposta" não referir expressamente o valor do prémio não impede que o seu conhecimento prévio e aceitação pelo proponente haja de ter-se por implicitamente assente. De facto, se no plano jurídico não é concebível que o proponente se vincule sem ter acordado no valor da sua prestação, também no plano económico tal seria logicamente incompatível com a racionalidade inerente à actuação dos agentes. Numa perspectiva mais ampla, também Galvão Telles repudia a prática de o candidato a tomador do seguro se vincular através de uma "proposta" – cuja natureza considera discutível – sem ter conhecimento prévio do conteúdo do contrato, faltando-lhe, portanto, informação necessária à formação da sua vontade negocial – Inocêncio Galvão Telles, *Manual dos Contratos em Geral*, 3ª Ed., Lisboa, s.n., 1965 (reimpr., Lisboa, Lex, 1995), pp. 411-412, n. 1. Ora, a amplitude dos deveres pré-contratuais de informação a cargo do segurador, legalmente estabelecida após o escrito do autor, colmata precisamente essa carência de informação, deixando desactualizada a pertinência do comentário.

[149] Na verdade, a tarifa do segurador, na posse das suas redes comerciais, assenta em poucas variáveis. A título de exemplo, o prémio tarifário de um seguro de vida depende apenas da idade actuarial da pessoa a segurar, da duração do contrato e do capital convencionado. Qualquer mediador de seguros na posse de uma tarifa está, portanto, em condições de informar o candidato a tomador do seguro do prémio que, em condições de risco normais, o tomador do seguro ficará a pagar. Aliás, a posse de uma tarifa – aplicável às condições *normais* de risco – constitui uma ferramenta indis-

proposta de seguro o proponente conhece já o prémio padronizado aplicável ao contrato. Não é, aliás, concebível, que o mesmo estivesse disposto, sem uma expectativa do prémio que o viesse a onerar, a sujeitar-se ao preenchimento da proposta e a uma eventual análise do risco, vendo-se então na contingência de se deparar com um prémio que pudesse considerar economicamente desrazoável[150].

Não obstante, em casos pontuais – quando o risco envolva especificidades que não permitam ao mediador calcular de imediato o prémio devido – pode verificar-se, por parte do potencial tomador do seguro, um pedido de cotação para o risco em causa. Nesse caso, a cotação a apresentar pelo segurador pressupõe a prévia caracterização – ainda que sumária – do risco por parte do interessado[151]. Em tais casos excepcionais, e dependendo das declarações em concreto trocadas entre as partes, qualquer delas pode assumir a posição de proponente.

II.1.3. Proposta e declaração do risco

I. Informado e esclarecido o potencial tomador do seguro sobre o conteúdo do contrato, e caso a sua vontade negocial se oriente para a respectiva celebração, dirige o mesmo ao segurador uma proposta contratual, elemento fundamental do processo de formação do contrato[152].

O termo "proposta" – também tradicionalmente designado por *minuta*[153] – do seguro designa, na gíria seguradora, um formulário pré-elaborado e impresso pelo segurador, e na posse das redes comerciais deste. Esse impresso contém as

---

pensável para que o mediador de seguros possa exercer a sua actividade comercial. Actualmente são, de resto, triviais os *simuladores* disponibilizados pelos seguradores às suas redes comerciais, os quais permitem fornecer ao potencial tomador, mais do que uma simples informação verbal, um documento que reflecte os pressupostos de cálculo e uma projecção do prémio decorrente daqueles pressupostos.

[150] Neste quadro, o *iter* negocial segue dois trilhos possíveis: se o risco proposto pelo potencial tomador do seguro corresponde aos padrões normais em que assentou a elaboração da tarifa, a proposta é aceite pelo segurador e o contrato fica concluído; se o risco se situa num patamar agravado face ao padrão da tarifa, o segurador terá de recusar o risco ou contrapropor à outra parte negocial um prémio agravado ou uma alteração às condições contratuais previamente comunicadas, designadamente uma exclusão parcial de cobertura, uma limitação do capital seguro ou a aplicação de uma franquia. Neste caso, a contraproposta terá de ser aceite ou recusada (ou ser objecto de nova contraproposta) pelo potencial tomador, só então se concluindo o contrato.

[151] Nos termos da própria cotação apresentada, o segurador poderá vincular-se ou não à aceitação de uma proposta contratual que venha a ser apresentada com base naquela. João Valente Martins, *Notas Práticas...*, *cit.*, p. 52.

[152] José Engrácia Antunes, *Direito dos Contratos...*, *cit.*, pp. 697-698; José Engrácia Antunes, "O contrato de seguro...", *cit.*, p. 834.

[153] A "minuta" constitui, nas palavras de Marcelo Caetano, «uma proposta que contém impressas as condições que existem na apólice reunindo-se portanto nela, uma vez preenchida, todos os elementos que o duplicado [da apólice] viria a conter» – Marcelo Caetano, "Valor da minuta...", *cit.*, p. 37.

informações pré-contratuais que o segurador está obrigado a fornecer, a ficarem na posse do potencial tomador do seguro e, bem assim, vários campos de preenchimento obrigatório, identificando os elementos necessários à celebração do contrato (identificação do risco, sua localização, valor da coisa ou capital a segurar, garantias ou exclusões opcionais, prazo do contrato, fraccionamento do prémio, identificação de eventuais beneficiários, etc.), bem como, em regra, um questionário, mais ou menos detalhado, sobre a caracterização do risco[154].

Preenchido e assinado pelo proponente o referido formulário concretizando o negócio visado – e remetido ao segurador para análise do risco proposto e formação da sua vontade contratual –, o mesmo consubstancia uma declaração de vontade correspondente a uma *proposta* negocial[155].

II. Como declaração negocial que é, a proposta contém dois elementos: um elemento subjectivo ou interno (a vontade negocial) e um elemento objectivo ou externo (a declaração que manifesta aquela vontade)[156].

A proposta consubstancia um projecto de contrato, cuja conclusão depende apenas da aceitação do destinatário. Nessa medida, terá de ser *completa* (definindo

---

[154] É neste sentido – sinónimo de *formulário*, ainda que não preenchido nem subscrito – que o termo vinha definido no revogado nº 2 do artigo 17º do DL 176/95, de 26 de Julho (RTS). É também neste sentido que surge referido por alguma doutrina (p. ex., João Valente Martins, *Notas Práticas...*, cit., p. 53). Criticando a referida definição legal, cfr. José Vasques, *Contrato de Seguro – Notas...*, cit., p. 202. Actualmente, a LCS distingue já o *formulário* da declaração de vontade a que o mesmo dá suporte (a *proposta*): o nº 1 do artigo 27º da LCS dispõe que a proposta haja de ser feita em impresso do próprio segurador – devidamente preenchido e acompanhado dos documentos que este haja indicado como necessários, e entregue no local definido pelo segurador – excepto se, nos termos do nº 2 do mesmo artigo, o segurador tiver autorizado que a proposta seja feita de outro modo e indicado as informações e os documentos necessários à sua completude.

[155] Na vigência do CCom, questionava-se João Valente Martins se «apenas aquele documento específico poderá servir de base à celebração do contrato de seguro» – João Valente Martins, *Notas Práticas...*, 1ª Ed., Lisboa, Quid Juris, 2006, p. 41. Do nosso ponto de vista, naturalmente que a resposta não poderá deixar de ser negativa. Não só porque os processos de contratação à distância prescindem, frequentemente, de um formulário análogo, mas igualmente porque nada obriga o segurador a ater-se à contratação que siga essa via. Aliás, relativamente a seguros de grandes riscos ou a determinados seguros de grupo, a especificidade do risco a segurar faz prescindir de tal formulário. Também em modalidades como os seguros de viagem, a elevada massificação, curto prazo de vigência, uniformidade do risco de necessidade de celebração imediata, fazem prescindir de tal formulário. Em qualquer caso, nada no regime legal impõe o recurso a tal formulário, que apenas resulta das práticas do mercado e de razões de ordem pragmática (no interesse comum do segurador e do proponente). Não cremos, portanto, que faça sentido, mesmo no quadro do regime revogado do CCom, a observação do citado autor de que o referido formulário «é efectivamente um documento *ad substantiam* e como tal exigível sob pena de nulidade do negócio» (*ibidem*). No sentido que defendemos, José Vasques, *Contrato de Seguro – Notas...*, cit., p. 202.

[156] Heinrich Ewald Hörster, "Sobre a formação...", cit., p. 128.

todos os aspectos que o contrato deverá cobrir e regular especialmente), *firme* (apresentando uma inequívoca e séria manifestação de vontade do proponente no sentido de se vincular nos moldes do projecto contratual) e cumprir os *requisitos de forma* exigidos para o contrato[157].

III. A proposta contratual assume, assim, a natureza de negócio jurídico unilateral, conferindo ao destinatário um direito potestativo à aceitação e colocando o proponente numa situação de sujeição[158]. Desta forma, e nos termos do regime geral do CC (nº 1 do artigo 224º), o proponente fica vinculado logo que a declaração é efectivamente conhecida pelo declaratário ou chega ao seu poder, tornando-se a mesma irrevogável, nos termos do nº 1 do artigo 230º do CC e durante os prazos estabelecidos no nº 1 do artigo 228º do mesmo código, no termo dos quais caduca[159].

No domínio do contrato de seguro haverá, porém, de contar com um regime especial de caducidade e revogabilidade da proposta. Desde logo, a definição legal de um prazo de aceitação da proposta pelo silêncio do segurador (nº 1 do artigo 27º da LCS) torna inaplicável ao contrato de seguro o prazo de caducidade supletivo previsto na alínea c) do nº 1 do artigo 228º do CC[160].

---

[157] António Menezes Cordeiro, *Tratado...*, I, Tomo I, *cit.*, p. 552; Luiz Cunha Gonçalves, *Comentário...*, Vol. II, *cit.*, p. 538; Fernando Pessoa Jorge, *Lições...*, *cit.*, p. 183; Inocêncio Galvão Telles, *Direito das Obrigações*, 6ª Ed., Coimbra, Coimbra Ed., 1989, p. 62; Pedro Pais Vasconcelos, *Teoria Geral do Direito Civil*, 6ª Ed., Coimbra, Almedina, 2010, p. 467; José Vasques, *Contrato de Seguro – Notas...*, *cit.*, pp. 194-195.

[158] Cfr. Carlos Ferreira de Almeida, *Contratos*, Vol. I, *cit.*, p. 135; António Menezes Cordeiro, *Tratado...*, I, Tomo I, *cit.*, p. 562. Esta posição é, porém, bastante controvertida. Segundo defende alguma doutrina, a vinculação do proponente não resulta da própria proposta, mas de uma sujeição legal que apenas visa tutelar as legítimas expectativas do destinatário – Fernando Pessoa Jorge, *Lições...*, *cit.*, p. 182. Sobre a problemática, cfr. António Menezes Cordeiro, *Direito das Obrigações*, Vol. I, Lisboa, AAFDL, 1980 (Reimpr., 1992), pp. 446 ss.

[159] Como refere Hörster, «o princípio da irrevogabilidade da proposta e os prazos para a aceitação da mesma enquanto irrevogável, existem para fomentar a segurança do tráfego jurídico e para proteger as expectativas criadas do lado do destinatário» – Heinrich Ewald Hörster, *A Parte Geral...*, *cit.*, p. 462.

[160] Como nota José Vasques, sucedia frequentemente – antes de solução análoga ter sido consagrada no nº 1 do artigo 17º do RTS – que a apólice só era emitida depois de a proposta ter já caducado – cfr. José Vasques, *Contrato de Seguro – Notas...*, *cit.*, p. 203. Além da incerteza quanto à qualificação da apólice emitida naquelas circunstâncias – caso em que se nos afigura que a mesma valeria como uma nova proposta, desta feita dirigida pelo segurador ao tomador do seguro, e que se teria por tacitamente aceite mediante o comportamento concludente do pagamento do prémio – poderia suceder que o proponente considerasse ter a proposta caducado e propor novo contrato a outro segurador (caso em que poderia ver-se confrontado com a emissão de várias apólices) ou, ocorrendo o sinistro antes da emissão da apólice, poderia o segurador vir invocar a caducidade da proposta. Quanto à aplicabilidade das alíneas a) e b) do nº 1 do artigo 228º do CC, cremos que a mesma não

Por outro lado, embora a LCS não contenha uma norma que expressamente derrogue o regime do artigo 230º do CC, a atribuição, ao tomador do seguro que seja pessoa singular, do direito de livre resolução do contrato, consagrada no nº 1 do artigo 118º da LCS, retira efeito útil ao referido regime do CC. Na verdade, se o tomador do seguro pode resolver livremente o seguro de vida (incluindo instrumentos de captação de aforro estruturados) no prazo de 30 dias após a recepção da apólice, ou resolver contratos de seguro celebrados à distância, de outras modalidades, no prazo de 14 dias subsequentes à recepção da apólice, então, segundo um argumento de maioria de razão, poderá revogar a proposta a todo o tempo, sendo certo que, após a respectiva aceitação, não estará já em causa a revogação da proposta, mas a própria resolução do contrato celebrado[161].

De outra forma – isto é, para os contratos em que não existe direito de livre resolução – a proposta é sempre irrevogável (exceptuados os casos previstos no artigo 230º do CC), vinculando o proponente e não caducando pelo decurso de um prazo, mas dando origem à aceitação pelo silêncio do segurador. Não obstante, a consagração do princípio *no premium, no cover,* no artigo 59º da LCS, para a generalidade dos contratos de seguro (exceptuadas as modalidades referidas no artigo 58º), priva igualmente de efeito útil as limitações à revogação de propostas de seguro: o tomador poderá sempre desvincular-se da proposta (ou do próprio contrato) por efeito da mera falta de pagamento do prémio.

IV. Como referimos já, a declaração do risco constitui uma declaração recipienda de ciência, dirigida pelo proponente ao segurador e que tem por conteúdo uma descrição caracterizadora do risco proposto, de acordo com os conhecimentos do proponente e segundo o critério de relevância que resulta da maior ou menor probabilidade de produção do sinistro e da amplitude provável das respectivas consequências. Deste trâmite informativo depende a aceitação do risco proposto, a eventual configuração de algumas cláusulas a aplicar ao contrato – exclusões parciais de risco, franquias, períodos de carência, limites de

---

fica tolhida pelo facto de o artigo 27º da LCS ser uma disposição relativamente imperativa, nos termos do nº 1 do artigo 13º do mesmo diploma. Na verdade, não sendo claro qual seja o regime mais favorável ao tomador do seguro – se a tutela consagrada pela aceitação tácita (LCS), se a que resulta de um curto prazo de vinculação do proponente (CC) – pensamos que esse sentido haverá de verter da autonomia da vontade do proponente: se este deseja ficar vinculado apenas por um curto período de tempo, prescindindo, assim, do benefício que resultaria da existência de um prazo de aceitação tácita da proposta, então será esse o regime mais favorável. Quanto às "condições normais" a que alude a referida alínea b) do nº 1 do artigo 228º do CC, pensamos que as mesmas não poderão alhear-se das potencialidades proporcionadas actualmente pelas telecomunicações.

[161] No sentido em que o regime da irrevogabilidade da proposta não se aplica aos contratos em que a lei consagre um direito de renúncia, José Vasques, *Contrato de Seguro – Notas...,* cit., p. 199.

capital, etc. – e a determinação do valor da contraprestação a cargo do tomador do seguro: o prémio.

Por razões de ordem prática, a proposta e a declaração do risco são normalmente integradas no mesmo suporte material (o formulário pré-elaborado pelo segurador). Por um lado, a *racionalidade de meios* induz à concentração, num único momento, das comunicações dirigidas pelo proponente ao segurador. Por outro lado, a *oportunidade de apreciação simultânea* dos dois elementos traduz a necessidade de o segurador poder avaliar o risco para formar a sua vontade contratual quanto à proposta que lhe é dirigida pela contraparte. Esta ligação temporal e material entre a proposta e a declaração do risco podem, no quadro do *iter* negocial, ser analisadas numa dupla perspectiva: a *atomista* e a *holista*.

V. De um prima *atomista* a proposta e a declaração do risco não se confundem. Desde logo, enquanto a proposta, como *declaração de vontade* negocial, encerra uma "validade jurídica", que ultrapassa a mera comunicação e que consubstancia uma vinculação a um comportamento futuro ou à produção de um efeito jurídico, a declaração do risco, como *declaração de ciência*, envolve a mera comunicação de uma representação sobre a realidade e de um juízo de verdade sobre a mesma[162].

Para além da *autonomia substancial* entre as duas declarações[163], verifica-se mesmo, por vezes, alguma *autonomia material* entre elas. Assim, a declaração do risco pode ser prestada em formulários diferentes da proposta, ou não se esgotar num único acto, sendo complementada por solicitações de aclaração, de informações complementares, ou pela própria análise directa do risco a segurar por analistas de risco ao serviço do segurador.

Por seu turno, são diversas as consequências das duas declarações: a declaração de vontade não consubstancia um ilícito pré-negocial, diversamente do que pode suceder com a declaração de ciência. Mesmo quando haja uma omissão de

---

[162] Cfr., p. ex., Francisco Guerra da Mota, *O Contrato...*, *cit.*, p. 372; José Vasques, *Contrato de Seguro – Notas...*, *cit.*, p. 211; e José Alberto Vieira, *Negócio Jurídico – Anotação ao Regime do Código Civil (Artigos 217º a 295º)*, Coimbra, Coimbra Ed., 2006 (Reimpr., 2009), p. 12. Desta qualificação decorrem importantes consequências de regime. Como nota Viterbo, «são declarações de vontade aquelas com as quais o sujeito dispõe do próprio direito no âmbito da própria esfera jurídica. São declarações de ciência aquelas com as quais o sujeito comunica a outro sujeito a própria representação da realidade. Nas primeiras, o que releva é a vontade; nas segundas, exclusivamente, a exactidão. As primeiras não podem, por isso, ser feitas por menores ou incapazes, são anuláveis, podem ser sujeitas a condição ou a termo; para as segundas não releva a capacidade jurídica do sujeito, ou releva em menor ou diversa medida; não podem ser impugnadas por vício do consentimento nem sujeitas a condição ou a termo» – Camillo Viterbo, "Le dichiarazioni...", *cit.*, col. 76 (trad. nossa).

[163] Fernando Sánchez Calero, "Artículo 10. Deber de declaración del riesgo", *in* Fernando Sánchez Calero (Dir.), *Ley de Contrato de Seguro: Comentarios a la Ley 50/1980, de 8 de Octubre, y a sus Modificaciones*, 3ª Ed., Cizur Menor, Editorial Aranzadi, 2005, p. 236.

informações devidas (reticências), dir-se-á que a declaração negocial é contemporânea de um acto ilícito omissivo, fundamentador de uma cominação legal[164].

Finalmente poderão mesmo ser diferentes os autores das duas declarações, quando a descrição do risco deva ser formulada pelo candidato a segurado ou a pessoa segura e o mesmo não coincida com o proponente (candidato a tomador do seguro).

VI. Já numa perspectiva *holista*, afigura-se artificiosa a autonomização entre a proposta e a declaração do risco, quer do ponto de vista *material* (porque, em regra, integram o mesmo documento)[165] quer do *funcional* (porque ambas servem a formação da vontade contratual do segurador). É que um dos elementos do contrato – o seu elemento principal – é precisamente o risco, que só se encontra determinado na medida em que esteja integralmente caracterizado. A proposta só estará completa – e portanto, susceptível de ser aceite pelo segurador – na medida em que o risco esteja plenamente descrito. Ou seja, o risco que se descreve é o risco que o potencial tomador *propõe* como objecto do contrato de seguro. A descrição do risco é, portanto, um apêndice incindível da identificação do objecto do contrato (a identificação do risco a segurar), sendo funcionalmente inerente à proposta.

Esta perspectiva não é tolhida pela qualificação da descrição do risco como declaração de ciência. Na verdade, nada obsta a que a declaração negocial seja integrada por declarações de ciência: quando o proponente comunica na proposta os seus elementos de identificação está, na verdade, a prestar uma declaração de ciência, mas esta carece de sentido se autonomizada da declaração de vontade em que se integra e que tem por pressuposto lógico. Do mesmo modo, não existe qualquer sentido, qualquer função da declaração do risco se autono-

---

[164] Ana Prata, *Notas Sobre Responsabilidade Pré-Contratual*, Lisboa, 1991 – 2ª Reimpr., Coimbra, Almedina, 2005, p. 84.

[165] Nesta perspectiva, só em casos pontuais – em que o risco se revista de especial complexidade, ou quando haja a necessidade de informações ou esclarecimentos complementares – a declaração inicial do risco deixará de valer como parte da proposta, assumindo então a natureza de minuta (*Punktation*), não definitiva, do contrato em formação – Inocêncio Galvão Telles, "Formação do contrato", *cit.*, p. 11. O facto, aliás, de a descrição do risco ser efectuada no mesmo documento em que é expressa a vontade negocial do proponente serve de suporte à convicção de que a declaração do risco integra substancialmente a proposta: «a proposta de seguro é o documento através do qual o tomador do seguro expressa a sua vontade de celebrar um contrato de seguro e informa o segurador do risco que pretende segurar» – ISP, *Guia de Seguros e Fundos de Pensões*, Lisboa, ISP, 2010, p. 24. Em certos casos, a declaração do risco funde-se mesmo substancialmente com a própria proposta: quando o proponente de um seguro de vida indica a sua data de nascimento, profissão e residência está simultaneamente a identificar-se como proponente e a comunicar três importantes elementos que permitirão ao segurador apreciar o risco.

mizada da proposta contratual. Por outro lado, também a proposta de seguro só o é porque – e na medida em que – é integrada pela declaração do risco. Assim, a perspectiva *holista* – segundo a qual a declaração do risco *integra* a proposta (constituindo um pressuposto de completude e, logo, um requisito de qualificação, desta) – dá verdadeiramente conta do papel e função da declaração do risco no *iter* negocial do seguro.

VII. A título de balanço, dir-se-á que as duas perspectivas representam diferentes ângulos de abordagem da mesma realidade: a atomista apresenta um enfoque analítico; a holista coloca a ênfase na vertente funcional. Embora ambas as perspectivas encerrem potencial explicativo, o rigor analítico e a consagrada emancipação jurídico-institucional da declaração do risco conduzir-nos-ão à autonomização do acto, que no momento próprio será qualificado juridicamente de conformidade com esta posição.

VIII. Não obstante o que fica dito, vários são os modos, legalmente previstos ou consagrados pela prática, de efectivação da declaração do risco. Assim, e sem prejuízo de posterior desenvolvimento, haverá que distinguir os casos em que o segurador nada pergunta, embora espere ser espontaneamente informado de todas as circunstâncias relevantes, dos casos em que o segurador fornece ao proponente um questionário mais ou menos exaustivo sobre a caracterização do risco. Para além do recurso (obrigatório ou facultativo) ao questionário, pode a declaração do risco ser acompanhada pela análise directa ao mesmo (por um analista de risco ou médico ao serviço do segurador), ou pela exigência da apresentação de documentação complementar de suporte.

Uma outra técnica de declaração do risco é a que resulta do recurso ao *teleunderwritting*, que consiste em, complementarmente ou não à declaração escrita do proponente, submetê-lo a uma entrevista telefónica, objecto de gravação, em que o mesmo é exaustivamente inquirido sobre as circunstâncias do risco por analistas especializados, obtendo-se, assim – apesar dos custos inerentes – informação mais fidedigna e completa do que pelos meios escritos tradicionais.

Finalmente, entre a entrega da proposta e a aceitação, vários são os trâmites que podem ocorrer. Pode, nomeadamente, o segurador solicitar informação adicional ao proponente, ou este, por iniciativa própria, completar as informações prestadas com a proposta, ou mesmo actualizá-las em função de algum facto superveniente. Na verdade, o dever de declaração do risco acompanha toda a fase de formação do contrato, abrangendo todas as circunstâncias que se verifiquem e sejam conhecidas do proponente *até ao momento em que o contrato fique concluído* pela aceitação da proposta por parte do segurador[166].

---

[166] Júlio Gomes, "O dever de informação do tomador...", *cit.*, p. 83.

II.1.4. Aceitação: o seguro, contrato consensual

I. O processo formativo do contrato encerra-se com a declaração de aceitação – resposta de concordância com os termos constantes da proposta – dirigida ao proponente pela contraparte[167]. A fusão de ambas as declarações corresponde, assim, ao encontro de vontades (o mútuo consenso quanto a todas as cláusulas, como resulta do artigo 232º do CC) em que assenta a conclusão do contrato[168]. Porém, o mesmo não está ainda perfeito ou plenamente eficaz, já que o segurador só inicia a suportação do risco mediante a prévia prestação do tomador de pagamento do prémio.

Como resulta do artigo 233º do CC, a aceitação deve ser simples e categórica: se a mesma comportar qualquer ressalva ou modificação à proposta, valerá como rejeição desta, excepto se a modificação introduzida for suficientemente precisa, caso em que, se outro sentido não resultar da declaração, assume a natureza de uma nova proposta, invertendo-se, sucessivamente, os papéis dos intervenientes, até que um deles aceite a proposta que lhe foi dirigida e se produza o acordo de vontades e, com ele, a conclusão do contrato[169].

---

[167] Ocorrendo a rejeição da proposta pelo segurador – e salvo o caso de retractação tempestiva, nos termos do nº 1 do artigo 235º do CC – o mesmo renuncia ao direito potestativo de aceitação, fazendo extinguir a eficácia da proposta. Cfr. Carlos Ferreira de Almeida, *Contratos*, Vol. I, *cit.*, p. 133; e António Menezes Cordeiro, *Tratado...*, I, Tomo I, *cit.*, p. 560.

[168] Tal como a proposta, a aceitação assume, segundo alguma doutrina, a natureza de negócio jurídico unilateral. Neste sentido, António Menezes Cordeiro, *Tratado...*, I, Tomo I, *cit.*, p. 563. Alguns autores defendem perspectiva diversa, sob o argumento de que a aceitação não contém em si uma regulamentação de interesses, mas apenas tem por efeito a regulamentação inerente ao contrato (negócio jurídico bilateral) – cfr., p. ex., Fernando Pessoa Jorge, *Lições...*, *cit.*, pp. 182-183. Tratar-se-ia, assim, de um simples acto jurídico – Carlos Ferreira de Almeida, *Contratos*, Vol. I, *cit.*, p. 135.

[169] Heinrich Ewald Hörster, "Sobre a formação...", *cit.*, p. 154. P. ex., se o proponente (e candidato a pessoa segura) de um seguro de vida praticar um desporto perigoso, o segurador poderá contrapropor-lhe a aplicação de um prémio agravado, ao que o proponente poderá, por seu turno, contrapropor a aplicação do prémio normal com exclusão dos riscos relacionados com a prática do desporto em causa. Havendo uma inversão das posições habituais (proponente e aceitante) no *iter* formativo do contrato de seguro, seja porque o segurador haja dirigido uma contraproposta ao potencial tomador, seja porque o segurador tenha prescindido do conhecimento do risco e haja formulado uma proposta ao público, a aceitação por parte do tomador do seguro terá de ser expressa e dirigida ao segurador. Não cremos configurável a hipótese, colocada por José Alberto Vieira, de o contrato se concluir através de uma aceitação tácita (por adopção de um comportamento declarativo concludente) não dirigida ao segurador: «se uma seguradora dirige uma proposta de seguro a um cliente e este, sem dizer nada à seguradora, comunica a sua celebração a uma autoridade como prova de cumprimento de uma obrigação legal, comporta-se como havendo aceite o contrato de seguro, ainda que não tenha dirigido à seguradora esse comportamento» – José Alberto Vieira, *Negócio Jurídico...*, *cit.*, p. 13. Já nada obstaria, do nosso ponto de vista, a que a aceitação se desse por declaração tácita mas dirigida ao próprio segurador (p. ex., o envio de um cheque para pagamento do prémio inicial).

II. Nos termos conjugados do nº 1 do artigo 217º e do artigo 234º do CC, a aceitação da proposta contratual pelo segurador poderá ser expressa ou tácita.

Quanto à questão, meramente teórica, de saber se a emissão e expedição atempada da apólice pelo segurador, não precedida de qualquer outra declaração da parte deste, corresponde a uma aceitação expressa ou tácita da proposta, inclinamo-nos pela primeira alternativa. É certo que a conclusão do contrato não depende da emissão da apólice, e que esta não é também, literalmente, uma declaração de aceitação[170]. Porém, a mesma está longe de ser também um mero comportamento concludente, de onde se retire "com toda a probabilidade" uma vontade negocial de aceitação. Assim, o conteúdo directo, inequívoco e expresso da apólice é precisamente o da aceitação da proposta, ultrapassando mesmo a simples declaração de aceitação[171]. Assim, do mesmo modo, deverá ter-se por expressa a aceitação inerente à emissão de um certificado de seguro ou de uma nota de cobertura previamente à emissão da apólice.

Já as situações de aceitação tácita resultarão, por exemplo, do envio, pelo segurador, de correspondência que pressuponha ou implique, com toda a probabilidade, a aceitação da proposta: avisos de cobrança do prémio, cartas contendo a referência ao nº da apólice, etc.

III. Nos termos do artigo 218º do CC, o silêncio de uma das partes não *vale* como declaração negocial, excepto quando tal resulte da lei, uso ou convenção. Ora, no contrato de seguro vigora precisamente uma excepção legal ao princípio referido: o silêncio do destinatário tem por efeito, não a caducidade da proposta (nos termos do nº 1 do artigo 228º do CC), mas a respectiva aceitação. Não está em causa a aceitação tácita (deduzida de factos que revelam essa vontade, nos termos do nº 1 do artigo 217º do CC); em vez disso, como sublinha Menezes Cordeiro, o silêncio funciona como um facto jurídico *stricto sensu*, que suscita a aplicação de normas negociais[172].

---

[170] Como nota Ferreira de Almeida, a aceitação dá-se por enunciados cujo significado é "aceito", "concordo", "sim", etc. – Carlos Ferreira de Almeida, "Interpretação do contrato", *O Direito*, Ano 124º, nº 3 (Jul.-Set. 1992), p. 643.

[171] Procurando superar algumas inconsistências das teses subjectivistas e objectivista quanto à delimitação entre a declaração expressa e tácita, defende José Alberto Vieira, no âmbito do artigo 217º do CC, que o citério de delimitação decisivo será o do significado que directamente verte, segundo as regras legais de interpretação da declaração, do conteúdo desta: «consideramos que a declaração expressa é aquela que segundo determinada convenção de sentido é adequada a exprimir directamente os efeitos jurídicos a que tende (os do negócio jurídico celebrado). A declaração tácita será, contrariamente, uma declaração dirigida primariamente à produção de alguns efeitos jurídicos, mas da qual, por via do seu contexto circunstancial, da sua lógica ou da aplicação de regras jurídicas, se retiram outros efeitos» – José Alberto Vieira, *Negócio Jurídico...*, *cit.*, p. 16.

[172] António Menezes Cordeiro, *Tratado...*, I, Tomo I, *cit.*, p. 546. Na verdade, haverá que distinguir: a *aceitação tácita*, em que a vontade se manifesta de forma indirecta ou implícita, deduzindo-se a

De facto, nos termos do nº 1 do artigo 27º da LCS[173], o contrato de seguro individual em que o tomador do seguro seja uma pessoa singular[174] tem-se por concluído nos termos propostos, em caso de silêncio do segurador durante 14 dias contados da recepção de proposta do tomador feita em impresso do próprio segurador, devidamente preenchido, acompanhado dos documentos que o segurador tenha indicado como necessários e entregado ou recebido no local indicado pelo segurador[175]. Entre esses documentos contam-se os indispensáveis à apreciação do risco.

Acrescenta o nº 3 do mesmo artigo que o contrato assim celebrado rege-se pelas condições contratuais e pela tarifa do segurador em vigor na data da celebração. Assim, ainda que a descrição do risco configure a existência de um risco agravado – maior probabilidade de verificação do sinistro ou dimensão das suas consequências – o silêncio do segurador corresponderá à aceitação do contrato nas condições tarifárias normais (isto é, sem agravamentos nem exclusões), já comunicadas ao proponente antes de este se vincular.

Trata-se de uma solução legislativa de protecção da confiança do proponente, que, no silêncio do segurador, deixará de ficar em situação de incerteza ou de insegurança quanto à conclusão e aos termos do contrato, beneficiando da cobertura contratual num prazo razoável. Por outro lado, o preceito sujeita o segura-

---

partir de um comportamento concludente do declarante (isto é, de um comportamento que visa outro fim, mas que denota uma vontade negocial); do *silêncio* como meio declarativo, em que não há qualquer declaração, qualquer manifestação de vontade, mas uma atribuição convencional ou legal de um determinado sentido declarativo a uma omissão de uma das partes (artigos 217º e 218º do CC) – Carlos Ferreira de Almeida, *Contratos*, Vol. I, *cit.*, p. 99; Heinrich Ewald Hörster, "Sobre a formação...", *cit.*, pp. 129-130; e José Alberto Vieira, *Negócio Jurídico...*, *cit.*, p. 18.

[173] O preceito segue solução equivalente à que era acolhida no artigo 17º do RTS. A redacção do artigo 27º da LCS visou resolver as dúvidas suscitadas pelo citado artigo 17º, mas não uma alteração substancial de regime – Pedro Romano Martinez, "Artigo 27º – Anotação", *in* Pedro Romano Martinez *et al.*, *LCS Anotada*, *cit.*, p. 179.

[174] Melhor seria, pensamos, recorrer à noção de *consumidor*, já que a pessoa singular pode ser um profissional, não carecendo então da tutela que o regime lhe dispensa – Luís Silveira Rodrigues, "A protecção do consumidor de seguros", *in* António Moreira e M. Costa Martins (Coords.), *II Congresso Nacional de Direito dos Seguros – Memórias*, Coimbra, Almedina, 2001, p. 234.

[175] Acrescenta o nº 2 do mesmo artigo que o disposto no número anterior se aplica ainda quando o segurador tenha autorizado a proposta feita de outro modo e indicado as informações e os documentos necessários à sua completude, se o tomador do seguro tiver seguido as instruções do segurador. *Quid iuris*, porém, se o potencial tomador do seguro dirigir ao segurador uma proposta negocial que não obedeça aos requisitos do nº 1 ou do nº 2 do artigo 27º? Ter-se-á a mesma por ineficaz? Não o cremos. Simplesmente, estaríamos fora do âmbito de aplicação do citado artigo 27º e, portanto, no quadro do regime geral do artigo 228º do CC. Em tal caso, caberia ao segurador apreciar a proposta em causa, tomar posição expressa quanto à respectiva aceitação ou recusa, ou, nada fazendo, deixá-la caducar.

dor a um ónus de diligência e celeridade na apreciação das propostas de seguro, penalizando a respectiva inércia[176].

Não obstante, dispõe o nº 4 do mesmo artigo que, sem prejuízo de eventual responsabilidade civil, não é aplicável o regime da aceitação pelo silêncio quando o segurador demonstre que, em caso algum, celebra contratos com as características constantes da proposta. Não faria, de facto, sentido que um segurador ficasse vinculado por um seguro de uma modalidade que não comercializa, já que em caso algum o proponente poderia ter a expectativa de que tal contrato se considerasse celebrado[177].

Poder-se-á suscitar a questão de saber se se impõe ao segurador um prazo máximo de 14 dias para tomar uma decisão sobre a proposta, mesmo que considere insuficientes os elementos de que dispõe para a apreciação do risco e, portanto, considere necessária a realização de diligências complementares (solicitação de mais elementos ou esclarecimentos ao proponente, realização de formalidades médicas, exame directo do risco, etc.). Não cremos que seja uma interpretação conforme à letra ou à *ratio* do preceito. De facto, se o segurador, no prazo de 14 dias, solicita ao proponente mais informações ou diligências, ou se o informa de que o risco está a ser analisado, quebra o silêncio e elimina qualquer incerteza do proponente quanto ao sentido a atribuir àquele silêncio[178].

Quanto ao início da contagem do prazo, estabelece o regime geral do nº 1 do artigo 224º do CC que as declarações recipiendas (ou receptícias) – como é o caso da proposta – produzem efeitos logo que são efectivamente conhecidas pelo

---

[176] Pedro Romano Martinez, "Artigo 27º – Anotação", *in* Pedro Romano Martinez *et al.*, *LCS Anotada*, *cit.*, p. 180; Carlos Ferreira de Almeida, *Contratos*, Vol. I, *cit.*, p. 99; e José Vasques, *Contrato de Seguro – Notas...*, *cit.*, p. 203. Cfr. igualmente Piergiacomo Gambella, *Le Dichiarazioni Inesatte...*, *cit.*, p. 9.

[177] Do ponto de vista de Francisco Luís Alves, a eventual responsabilidade a que se reporta o nº 4 do artigo 27º «refere-se aos danos provocados pela frustração das expectativas derivado da violação do dever de resposta por parte do segurador» – Francisco Luís Alves, "O regime do contrato de seguro de saúde no direito português", *Fórum*, Ano XIII, nº 27 (Julho 2009), p. 17 e n. 45. Não cremos que assim seja. Desde logo, porque não identificamos qualquer dever legal (nem muito menos contratual) de resposta por parte do segurador. Haverá, sim, um ónus de resposta, tendo por consequência a equiparação do silêncio à aceitação; porém, essa equiparação só fará sentido se o seguro proposto fizer parte do leque comercializado pelo segurador. Se, p. ex., for proposto a um segurador do ramo "Vida" um seguro de mercadorias transportadas, o silêncio deste não pode ter por efeito obrigá-lo contratualmente quanto a uma modalidade que o mesmo nem sequer está autorizado a aceitar. Cremos que a responsabilidade civil em causa assumirá a natureza de responsabilidade pela confiança, fundada no próprio nº 4 do artigo 27º, a ter lugar apenas na medida em que haja uma justificada confiança do proponente, induzida pelo segurador. Estará, então em causa, não uma violação de um suposto dever de resposta, mas antes uma violação do princípio geral da boa fé ou, mais exactamente, do princípio da confiança.

[178] Neste sentido, João Valente Martins, *Notas Práticas...*, 2ª Ed., *cit.*, p. 54.

declaratário ou logo que chegam ao seu poder[179]. Ora, à luz do revogado regime do artigo 426º do CCom, defendia alguma doutrina que a exigência de forma escrita *ad substantiam* implicava que a proposta só produziria efeitos quando fosse recebida pelo segurador (o seu mero conhecimento – prévio e desmaterializado – seria, assim, irrelevante, em derrogação do referido regime geral)[180]. Actualmente, embora o contrato de seguro seja consensual, razões de certeza e segurança jurídicas terão ditado a regra vertida no nº 1 do artigo 27º da LCS, onde, para efeitos de contagem do prazo de aceitação pelo silêncio do segurador, releva a efectiva recepção, por este, da proposta, excepto se outros termos tiverem sido convencionados. Importa considerar ainda o teor do nº 2 do artigo 31º da LCS, nos termos do qual, se o negócio for intermediado por um mediador de seguros *que actue em nome e com poderes de representação do segurador*, a proposta entregue ao mesmo produz efeitos quanto ao segurador como se fosse perante este directamente realizada, iniciando-se então o prazo de aceitação pelo silêncio.

Relativamente à contagem do prazo, seguem-se os termos das regras gerais do artigo 279º (principalmente, as alíneas *b)* e *e)*), *ex vi* do artigo 296º do CC. Assim, não se incluirá o próprio dia do início da contagem, considerando-se o termo do prazo no 14º dia subsequente (ou no primeiro dia útil seguinte, caso aquele corresponda a um domingo ou feriado). Note-se, por outro lado, que, com excepção dos seguros de grandes riscos, a disposição do artigo 27º da LCS é relativamente imperativa, pelo que apenas poderá ser convencionado um prazo mais curto de celebração pelo silêncio do segurador (nº 1 do artigo 13º da LCS).

IV. Questão que se colocava frequentemente à jurisprudência perante o regime do CCom era qual o momento em que o contrato se deveria considerar celebrado. Na verdade, subscrita a proposta contratual pelo potencial tomador, ficava o mesmo, por vezes, na convicção de que o risco se encontrava de imediato coberto, confrontando-se com a recusa do segurador em efectuar a sua prestação caso o sinistro ocorresse num curto espaço de tempo[181].

---

[179] Releva, para o efeito, o momento em que a proposta chega à esfera de acção do destinatário, sendo a ausência temporária deste um risco seu – Carlos Mota Pinto, *Teoria Geral...*, *cit.*, p. 442. Quanto à correspondência remetida por correio postal, considera-se que o tempo normal de distribuição – entrada na esfera do destinatário – é de 3 dias úteis, nos termos do nº 3 do artigo 254º do CPC. Conjugando as disposições do artigo 224º do CC com o nº 3 do artigo 231º do CPC, conclui Ferreira de Almeida que «a comunicação a empregados do destinatário, sejam ou não representantes deste, efectuada no local onde o destinatário (pessoas jurídica ou pessoa física) exerce a sua actividade, vale normalmente como chegada ao seu poder» – Carlos Ferreira de Almeida, *Contratos*, Vol. I, *cit.*, p. 128.

[180] Neste sentido, José Vasques, *Contrato de Seguro – Notas...*, *cit.*, pp. 198 e 202.

[181] António Menezes Cordeiro, *Manual de Direito Comercial*, Vol. I, *cit.*, p. 582.

A questão é particularmente relevante em matéria de declaração do risco, na medida em que o proponente deve declarar as circunstâncias que conheça *até à data* de conclusão do contrato. Ora, verificando-se uma aceitação, expressa ou tácita, antes do decurso do prazo referido, será esse o momento da celebração. De outra forma, o contrato ter-se-á por concluído no termo do prazo de aceitação da proposta pelo silêncio do segurador.

Em qualquer caso, quanto ao âmbito de cobertura de um eventual sinistro, sempre haverá que distinguir a data da conclusão do contrato do momento a partir do qual o mesmo produz efeitos, que deverá constar expressamente da apólice: nos termos da alínea i) do nº 2 do artigo 37º da LCS ali deverá indicar-se o início de vigência do contrato, com indicação de dia e hora, e a sua duração.

V. Sobre o valor da minuta (ou proposta) e a respectiva equiparação à apólice, é de rejeitar, face ao regime legal então vigente, o entendimento, expresso no assento de 22 de Janeiro de 1929[182], segundo o qual «a minuta equivale para todos os efeitos à apólice», tendo eficácia contratual independentemente de aceitação do segurador[183]. No actual contexto, em que o contrato se pode concluir pelo silêncio do segurador (portanto, independentemente de aceitação expressa) e em que vigoram disposições como as do nº 4 do artigo 34º e 35º da LCS, deixou de estar inteiramente deslocado o teor do assento de 1929[184].

VI. Consideram-se formais os contratos para os quais a lei exija forma especial ou, por outras palavras, um modo minimamente solene de exteriorização da

---

[182] *Diário do Governo*, II Série, nº 29, de 05/02/1929.

[183] José Carlos Moitinho de Almeida, *O Contrato de Seguro no Direito...*, *cit.*, pp. 35-36. Em sentido crítico quanto ao teor do assento, cfr. Marcelo Caetano, "Valor da minuta...", *cit.*, pp. 34 ss. Como faz notar este autor, no quadro do CCom o contrato de seguro era formal *ad substantiam*, o que não foi posto em causa pelo artigo 30º do Decreto com força de lei de 21 de Outubro de 1907, onde se estabelece que a apólice deve ser feita em duplicado, destinando-se um exemplar ao segurador e o outro ao segurado. Neste contexto, tendo o contrato tido por base uma minuta, valeria esta como duplicado, a ficar na posse do segurador: é este o sentido do artigo 7º do decreto interpretativo e regulamentar de 28 de Dezembro de 1907, onde se estabelece que, para todos os efeitos (mormente para reforma da apólice) a minuta vale como duplicado. É, portanto, de rejeitar que a minuta – sobretudo quando consubstancie uma proposta não aceite pelo segurador – possa ter-se por substitutiva do documento de que, nos termos da lei, dependia a validade do contrato.

[184] Haverá que precisar, porém, com o Ac. TRE de 18/06/2009 – Proc. nº 973/07.2TBPTG.E1 (Bernardo Domingos), que «a minuta de seguro, preenchida e assinada pelo proponente, não dispensa, de todo, a aprovação ou aceitação da seguradora, sob pena de aquela proposta não equivaler à respectiva apólice, apenas se considerando celebrado o contrato de seguro quando, decorrido o prazo legalmente previsto, após a recepção da minuta, a seguradora não proceda à notificação do proponente, comunicando-lhe a sua aceitação, recusa ou necessidade de recolher esclarecimentos essenciais à avaliação do risco».

vontade[185]. Pelo contrário, são consensuais os contratos que se concluem apenas por consenso das partes, e sem necessidade de forma especial. Por outro lado, é frequente a distinção entre a forma *ad substantiam* e a forma *ad probationem*. Enquanto a primeira consubstancia o próprio negócio, constituindo um requisito de validade do mesmo (a falta de cumprimento do requisito de forma importa a nulidade do contrato, nos termos do artigo 220º do CC), a segunda é requerida apenas como meio de prova do negócio, não afectando a validade deste[186].

Ora, no quadro do CCom era entendimento dominante na doutrina o de que a obrigatoriedade de redução do contrato a escrito – na apólice de seguro – traduzia uma forma *ad substantiam*, por força das disposições conjugadas dos artigos 426º do CCom, do artigo 220º e do nº 2 do artigo 364º, ambos do CC[187].

Já no âmbito da LCS, diversamente, o contrato de seguro deixou de ser formal *ad substantiam*, acolhendo-se agora a regra geral do consensualismo (liberdade de forma consagrada no artigo 219º do CC)[188]: na verdade, estabelece o nº 1 do artigo 32º da LCS que a validade do contrato de seguro não depende da observância de forma especial. Não obstante, dispõem os nºs 2 e 3 do artigo 32º da LCS que o segurador é obrigado a formalizar o contrato num instrumento escrito datado e assinado por si – a apólice de seguro – e a entregá-lo ao tomador do seguro. Mantém-se, assim, a exigência de forma escrita – como documento escrito particular (nº 2 do artigo 363º do CC) – desta feita como requisito de prova do contrato de seguro (contrato formal *ad probationem*)[189].

---

[185] António Menezes Cordeiro, *Tratado...*, I, Tomo I, *cit.*, p. 565; José Oliveira Ascensão, *Direito Civil – Teoria Geral*, Vol. II, Coimbra, Coimbra Ed., 1999, pp. 48 ss.; Carlos Mota Pinto, *Teoria Geral...*, *cit.*, pp. 393 ss.

[186] António Menezes Cordeiro, *Tratado...*, I, Tomo I, *cit.*, p. 566. Nos termos do nº 2 do artigo 364º do CC, o negócio formal *ad probationem* sempre poderá ser provado, na falta do cumprimento dos requisitos legais de forma, por confissão expressa, judicial ou extra-judicial, desde que, neste caso, constante de documento de igual ou superior valor probatório. Cfr. também José Vasques, "Contrato de seguro: Elementos essenciais e características", *SI*, Tomo LV, nº 307 (Jul.-Set. 2006), p. 518.

[187] José Bento, *Direito de Seguros, cit.*, p. 121. Cfr. igualmente José Carlos Moitinho de Almeida, *O Contrato de Seguro no Direito..., cit.*, pp. 37 ss., defendendo embora, de *iure condendo*, uma solução *ad probationem* e argumentando mesmo, pertinentemente, que o contrato de seguro se poderá provar, não apenas através da apólice, mas igualmente «por outros documentos, *tickets* (usados nos seguros de bagagens em trânsito ou depositadas nas estações), cartas, notas de cobertura, etc.» (*idem*, p. 39).

[188] Pedro Romano Martinez, "Artigo 32º – Comentários complementares", *in* Pedro Romano Martinez *et al.*, *LCS Anotada, cit.*, p. 219. Assim, o contrato considera-se celebrado mesmo sem redução a escrito (p. ex., no caso da contratação telefónica).

[189] José Vasques, "Artigo 32º – Anotação", *in* Pedro Romano Martinez *et al.*, *LCS Anotada, cit.*, p. 217. Dir-se-á, assim, com Lambert-Faivre que «a apólice de seguro é o documento [...] que constata a existência e as condições do contrato e que constitui, portanto, o respectivo elemento de prova» – Yvonne Lambert-Faivre, *Droit des Assurances, cit.*, p. 188 (trad. nossa). A actual opção da LCS pela exigência de forma *ad probationem* constitui, de resto, um caso singular no nosso ordenamento –

VII. Dispõe-se no nº 1 do artigo 120º da LCS que as comunicações previstas nesse diploma devem revestir *forma escrita* ou ser prestadas por outro meio de que fique registo duradouro[190], o que poderá suscitar a questão de saber se, afinal, a troca de declarações negociais não terá de ser feita por escrito, caso em que o contrato seria, na verdade, formal *ad substantiam*. Não cremos, porém, que este entendimento seja sustentável. Desde logo, numa interpretação meramente literal do nº 1 do artigo 120º, se é certo que a LCS contém uma referência à comunicação da proposta (que, aliás, deverá revestir a forma escrita, excepto quando o segurador autorize modo diverso – nºs 1 e 2 do artigo 27º), não existe qualquer preceito que se refira à comunicação da aceitação (pelo que a mesma não cairia na esfera de aplicação do artigo 120º). Por outro lado, na medida em que o nº 1 do artigo 32º e o nº 1 do artigo 27º dispõem directamente sobre a matéria: não só a aceitação não terá de obedecer a qualquer requisito de forma para que o contrato se tenha por celebrado, mas o próprio silêncio do segurador assume o sentido de uma declaração negocial de aceitação.

VIII. Como vimos, a emissão da apólice – documento que formaliza o contrato – e a respectiva entrega ao tomador do seguro são obrigatórias para o segurador, nos termos do nº 2 do artigo 32º da LCS, embora o incumprimento de tal obrigação não afecte a existência, validade e eficácia do contrato. Como resulta do nº 1 do artigo 34º da LCS, essa entrega deve ocorrer aquando da celebração do contrato ou mediante envio no prazo que seja acordado, o qual, salvo motivo justificado, não poderá, nos seguros de riscos de massa, ultrapassar os 14 dias. Por outro lado, de acordo com o nº 5 do mesmo artigo, o tomador do seguro pode, a qualquer momento (entenda-se, expirado o prazo estabelecido no nº 1) exigir a entrega da apólice de seguro, mesmo após a cessação do contrato.

IX. A apólice é constituída, *nomeadamente*, pelas condições gerais, especiais e particulares aplicáveis ao contrato (para além de outros documentos que a apólice expressamente identifique), dela devendo constar o conteúdo mínimo

---

Carlos Ferreira de Almeida, *Contratos*, Vol. I, *cit.*, p. 103; António Menezes Cordeiro, *Tratado...*, I, Tomo I, *cit.*, p. 567.

[190] Como nota José Pereira Morgado, a fórmula legal é infeliz, já que parece dissociar a forma (escrita) do respectivo suporte material, permitindo acolher a interpretação de que as comunicações não carecem, afinal, de forma escrita desde que prestadas por meio de que fique registo duradouro (p. ex., as comunicações gravadas feitas telefonicamente ou em videoconferência) – José Pereira Morgado, "Artigo 120º – Anotação", *in* Pedro Romano Martinez *et al.*, *LCS Anotada, cit.*, p. 416. A clarificação do alcance do preceito (num ou noutro sentido) poderia assentar nas fórmulas "...devem revestir forma escrita *e* ser prestadas por *qualquer* meio..." ou, simplesmente, "...*devem ser prestadas por qualquer meio* de que fique registo duradouro".

definido no artigo 37º da LCS e, relativamente aos seguros de vida, também o elencado no artigo 187º do mesmo diploma.

O suporte material da apólice será o papel – cuja utilização se mantém como paradigma –, sem prejuízo, quando convencionado, de entrega em suporte electrónico duradouro (nº 2 do artigo 34º da LCS)[191]. Nos termos do nº 3 do artigo 32º da LCS a apólice deve ser datada e assinada pelo segurador[192], devendo ser redigida em língua portuguesa (salvo acordo das partes em sentido diverso), de modo compreensível, conciso e rigoroso, em caracteres bem legíveis[193], e usando palavras e expressões da linguagem corrente sempre que não seja imprescindível o uso de termos legais ou técnicos (artigo 36º da LCS)[194].

II.1.5. Eficácia e consolidação do contrato

I. Os artigos 39º e 40º da LCS definem regras supletivas segundo as quais o contrato de seguro produz efeitos a partir das 0 horas do dia seguinte ao da sua celebração e vigora pelo período de um ano[195]. A convenção das partes em sentido

---

[191] Sobre a noção de suporte electrónico duradouro, cfr. o nº 2 do artigo 11º do DL 95/2006, de 29 de Maio, e nº 1 do artigo 26º do DL 7/2004, de 7 de Janeiro, bem como a alínea r) do artigo 5º da LMS. Como refere Romano Martinez, o suporte electrónico deverá respeitar os parâmetros de acessibilidade e durabilidade que o papel assume como suporte paradigmático: poderá, assim, adoptar-se um CD-Rom, DVD ou acesso reservado *on line* – Pedro Romano Martinez, "Artigo 34º – Comentários complementares", *in* Pedro Romano Martinez *et al.*, *LCS Anotada, cit.*, pp. 223-224.

[192] Etimologicamente, a *apólice* constitui uma promessa solene do segurador (*pollicitatio*) feita como contrapartida do prévio pagamento do prémio: daí dever ser assinada (apenas) por aquele e entregue à contraparte – cfr. Marcelo Caetano, "Valor da minuta...", *cit.*, p. 38. Quanto à assinatura, pode a mesma ser feita por reprodução mecânica, nos termos do nº 2 do artigo 373º do CC.

[193] Algumas cláusulas devem ser escritas em caracteres destacados e de maior dimensão do que os demais, nos termos do nº 3 do artigo 37º da LCS.

[194] Tornando extensível a todos os contratos de seguro um regime que resultava já do nº 5 do artigo 7º da LDC – cujo âmbito de aplicação se restringia apenas aos casos em que o tomador do seguro fosse qualificável como consumidor – dispõe o nº 1 do artigo 33º da LCS que o contrato de seguro integra as mensagens publicitárias concretas e objectivas que lhe respeitem, ficando excluídas do contrato as cláusulas que as contrariem, salvo se mais favoráveis ao tomador do seguro ou ao beneficiário. Não obstante, acrescenta o nº 2 que o referido preceito não é aplicável quando tenha decorrido um ano entre o fim da emissão dessas mensagens publicitárias e a celebração do contrato, ou quando as próprias mensagens fixem um período de vigência e o contrato tenha sido celebrado fora desse período.

[195] O período de vigência deverá estar previamente definido – sendo uma das informações pré-contratuais obrigatórias, nos termos da alínea h) do artigo 18º da LCS, e um dos elementos que deverá necessariamente constar da apólice, nos termos da alínea i) do nº 2 do artigo 37º da LCS – pelo que raramente funcionará a regra supletiva. Por outro lado, segundo José Pereira Morgado, a duração supletiva de um ano não seria passível de prorrogação (não se confundindo com a dos contratos celebrados "pelo período inicial de um ano", ou, na gíria seguradora, pelo período de "um ano e seguintes", a que se reportam os nºs 1 e 2 do artigo 41º da LCS,) – José Pereira Morgado, "Artigo

diverso resultará das declarações negociais das mesmas, encontrando expressão no texto da apólice, onde deverá constar o dia e a hora de início de vigência do contrato e a respectiva duração (alínea *i*) do nº 2 do artigo 37º da LCS)[196].

II. Quanto ao regime do pagamento do prémio de seguro, o mesmo tem sido objecto de frequentes e profundas alterações desde a década de 1980[197]. No quadro vigente, um dos princípios mais relevantes na matéria é o do pagamento antecipado do prémio (traduzido pela máxima anglófona *no premium, no cover*)[198], associado à própria etimologia da palavra *prémio* (do latim *praemiu*, o que vem primeiro[199]).

Assim, quanto ao vencimento da obrigação de pagamento do prémio, dispõe o nº 1 do artigo 53º da LCS que, salvo convenção em contrário, o prémio inicial, ou a primeira fracção deste, é devido na data da celebração do contrato. Por outro lado, nos termos do nº 1 do artigo 57º, a falta de pagamento do prémio na data do

---

40º – Anotação", *in* Pedro Romano Martinez *et al.*, *LCS Anotada, cit.*, p. 237. Pela nossa parte, não subscrevemos esta perspectiva, na medida em que nada autoriza a interpretar a expressão "período inicial" (nºs 1 e 2 do artigo 41º da LCS) como sinónimo de prorrogabilidade. Isto mesmo resulta claramente do nº 2 deste preceito, onde a expressão "período inicial" tem precisamente o alcance oposto (período contratual *não prorrogável*). Assim, pensamos que a prorrogabilidade supletiva, estabelecida no nº 1 do artigo 41º, se reporta aos contratos celebrados pelo período de um ano (*tout court*), período que é necessariamente definido como "período inicial", já que a prorrogação do prazo do contrato, ainda que automática, não é à partida mais do que meramente eventual.

[196] Contendo a apólice a indicação do dia mas faltando a indicação da hora, pensamos que será de aplicar por analogia a regra extraída do artigo 39º da LCS, no sentido em que o início será às 0 horas do dia indicado. Por outro lado, nos termos do artigo 42º da LCS, a data de início da cobertura do seguro não coincidirá necessariamente com a data de início de vigência, podendo ser fixada pelas partes no contrato e abranger mesmo riscos anteriores à data da celebração do contrato, ressalvado o requisito do prévio pagamento do prémio (artigo 59º da LCS), bem como o disposto no artigo 44º da LCS.

[197] Cfr. uma boa síntese da sucessão de regimes em Eurico Heitor Consciência, *Seguro Obrigatório de Responsabilidade Civil Automóvel*, Coimbra, Almedina, 2003, pp. 36-37.

[198] José Pereira Morgado, "Artigo 53º – Anotação", *in* Pedro Romano Martinez *et al.*, *LCS Anotada, cit.*, pp. 269-270; Pedro Romano Martinez, "Artigo 61º – Comentários complementares", *idem*, pp. 281-282. De acordo com o princípio do pagamento antecipado do prémio, este é devido, nos contratos a prémio único, no momento da conclusão do contrato; e nos contratos a prémio periódico, no início de vigência de cada período contratual ou respectiva fracção (se tiver sido convencionado o fraccionamento do prémio) – Antigono Donati, *Trattato del Diritto delle Assicurazioni Private*, Vol. II, Milano, Giuffrè Ed., 1954, p. 363. Como nota o autor, o principio assenta no fundamento técnico-económico de que os prémios vão constituir os fundos dos quais o segurador retira os meios para pagar as indemnizações a que estiver obrigado; e no fundamento económico-psicológico de que seria muito mais difícil cobrar o prémio postecipadamente, depois de o segurado ter já superado o risco – *ibidem*.

[199] José Vasques, "Contrato de seguro: Elementos...", *cit.*, p. 500.

vencimento constitui o tomador do seguro em mora, o que, com excepção dos seguros indicados no artigo 58º[200], e considerando que a cobertura dos riscos depende do prévio pagamento do prémio (artigo 59º), tem por consequência a cessação do contrato[201].

Quid iuris, quanto aos seguros mencionados no artigo 58º da LCS, onde não sejam aplicadas as condições acima referidas, se se verificar a ocorrência do sinistro após a conclusão do contrato mas antes do pagamento do prémio? Neste caso, embora o prémio seja devido (o segurador poderá cobrá-lo por compensação parcial com a sua prestação pecuniária, nos termos do artigo 847º do CC), o segurador não poderá recusar a sua prestação, excepto se dispuser de qualquer outro meio de defesa[202].

III. No nº 3 do artigo 52º da LCS consagra-se o princípio da *indivisibilidade do prémio*, dispondo-se que este corresponde ao período de duração do contrato, sendo, salvo disposição (legal ou contratual) em contrário, devido por inteiro, e adiantando o nº 4 do mesmo artigo que, por acordo das partes, o pagamento do prémio pode ser fraccionado. Entre as disposições legais em contrário figura o nº 1 do artigo 107º da LCS, cujo lato âmbito de aplicação praticamente esvazia de conteúdo útil aquele preceito. De facto, tradicionalmente, a única excepção que o princípio da indivisibilidade admitia era a cessação por facto do segurador[203]. Ao estender a divisibilidade (e consequente estorno *pro rata temporis*) à gene-

---

[200] Ficam, portanto, excepcionados os seguros e operações do ramo "Vida", os seguros de colheitas e pecuário, os seguros mútuos em que o prémio seja pago com o produto de receitas e os seguros de grandes riscos, salvo na medida em que essa aplicação decorra de estipulação das partes e não se oponha à natureza do vínculo.

[201] Assim, conforme o disposto nos nºs 1 a 3 do artigo 61º da LCS, determina a resolução automática do contrato a falta de pagamento, na data do vencimento: do prémio inicial ou da primeira fracção deste (com efeito na data da celebração); de uma fracção do prémio no decurso de uma anuidade; de um prémio de acerto ou parte de um prémio de montante variável; ou de um prémio adicional decorrente do agravamento do risco. Por outro lado, impede a prorrogação do contrato a falta de pagamento do prémio de anuidades subsequentes, ou da primeira fracção deste, na data do respectivo vencimento.

[202] Na experiência da *common law* são frequentes as cláusulas segundo as quais a eficácia do contrato fica dependente do pagamento do prémio. Porém, diversamente do regime da nossa LCS, vigora ali o princípio de que o dever de declaração do risco (*duty of disclosure*) deverá ser cumprido até que aquela plena eficácia se produza. Desta forma, fica o segurador mais salvaguardado, no caso dos seguros de vida, contra a ocorrência de sinistros precoces logo após do pagamento do prémio inicial, sem que o tomador tenha dado conhecimento da alteração súbita das condições do risco (ocorrida entre a celebração do contrato e o pagamento do prémio). Cfr. Nicholas Legh-Jones, John Birds e David Owen (Eds.), *MacGillivray on Insurance Law*, 10ª Ed., London, Sweet and Maxwell, 2003, p. 419.

[203] José Pereira Morgado, "Artigo 52º – Anotação", *in* Pedro Romano Martinez *et al.*, *LCS Anotada*, cit., p. 268.

ralidade dos casos de cessação antecipada em seguros não vida (com excepção dos de doença de longa duração), a LCS está, na prática, a consagrar o princípio oposto: o da divisibilidade do prémio[204].

IV. Face ao princípio, legalmente consagrado, do pagamento antecipado do prémio, esse pagamento constitui uma condição suspensiva de eficácia do contrato. Configura-se, assim, a existência de uma *fase de aperfeiçoamento* do contrato, no decurso da qual, apesar de este se encontrar já constituído, não terá produzido ainda quaisquer efeitos. Por outras palavras, o prévio pagamento do prémio é um pressuposto de eficácia da cobertura do risco[205].

O regime previsto nos artigos 59º a 61º da LCS parece conferir, afinal, em substância, ao tomador do seguro um direito potestativo a fazer cessar o contrato pelo não pagamento do prémio, moldes em que, segundo Margarida Lima Rego, «o tomador terá, quando muito, um ónus de prestar [...]»[206]. Já nos seguros

---

[204] Como refere Donati, segundo o princípio da indivisibilidade do prémio, o tomador está obrigado ao pagamento do prémio respeitante ao período em curso, ainda que durante esse período cesse antecipadamente a cobertura – Antigono Donati, *Trattato...*, Vol. II, *cit.*, p. 364. Como refere o autor, o princípio não tem por fundamento a sanção de uma falta do tomador, nem assenta na indivisibilidade do risco, nem tampouco na comunhão dos riscos. O seu fundamento é, por um lado, técnico-económico, na medida em que «o prémio não pode ser calculado momento a momento, mas apenas para um certo período, precisamente o período do seguro (normalmente, o ano) que constitui a unidade de pesquisa estatística, e que o segurador define o seu funcionamento empresarial com base no prémio relativo ao período» – *idem*, p. 366 (trad. nossa). Enquanto no âmbito do princípio da indivisibilidade do prémio este respeita (ainda que seja convencionado o respectivo fraccionamento) ao período de vigência do contrato (em regra, a anuidade), segundo o princípio da divisibilidade do prémio este «deve ser considerado divisível, dia a dia, como se o risco coberto se distribuísse regularmente ao longo do período de efectiva vida do contrato» – José Pereira Morgado, "Artigo 52º – Anotação", *in* Pedro Romano Martinez *et al.*, *LCS Anotada*, *cit.*, p. 268. Segundo refere Pedro Romano Martinez fundamentando a solução de divisibilidade consagrada no artigo 107º, «como o contrato de seguro é sinalagmático e o prémio corresponde à cobertura, cessando o vínculo antecipadamente, cessa a cobertura nesse momento, pelo que o prémio, calculado para todo o período de vigência programado, deve ser devolvido proporcionalmente ao tempo de cobertura decorrido» – Pedro Romano Martinez, "Artigo 107º – Anotação", *in* Pedro Romano Martinez *et al.*, *LCS Anotada*, *cit.*, p. 396.

[205] Segundo José Bento, a falta de pagamento do prémio inicial não constitui, em rigor, um motivo de resolução do contrato, mas a falta de um requisito de perfeição do mesmo – José Bento, *Direito de Seguros*, *cit.*, p. 126. Essa circunstância não permite qualificar o contrato de seguro como real *quoad constitutionem*, já que o mesmo se constitui (apenas) com o acordo de vontades. O pagamento do prémio apenas o torna perfeito, plenamente eficaz. Em qualquer caso, segundo notam Donati e Putzolu, o contrato é consensual, excepto se as partes convencionarem que a respectiva *formação* fica condicionada ao pagamento do prémio (nomeadamente nos contratos a prémio único) – Antigono Donati e Giovanna Volpe Putzolu, *Manuale di Diritto delle Assicurazioni*, 8ª Ed., Milano, Giuffrè Ed., 2006, p. 142.

[206] Margarida Lima Rego, *Contrato de Seguro e Terceiros – Estudo de Direito Civil*, Coimbra, Coimbra Ed., 2010, p. 318. Segundo a autora, verificar-se-á a atribuição, ao acto omissivo do não pagamento,

não abrangidos pelo referido princípio (artigo 58º da LCS, designadamente os seguros de vida), verificar-se-á uma autêntica obrigação de pagamento do prémio, sujeita ao regime estipulado pelas partes.

V. A dissociação temporal e jurídica entre a conclusão do contrato, a emissão da apólice e a plena eficácia e irredutibilidade do negócio, permite-nos identificar um autêntico *processo de consolidação* do contrato, associado a preocupações de tutela do tomador do seguro. Está em causa um período, imediatamente subsequente à conclusão do contrato, em que este tem ainda uma vigência precária. Observemos em que termos.

VI. Desde logo, o atraso na entrega da apólice ao tomador do seguro, relativamente ao prazo de 14 dias previsto no nº 1 do citado artigo 34º, tem por efeito, até à ocorrência da mesma, a inoponibilidade pelo segurador de cláusulas que não integrem outro documento escrito assinado pelo tomador, bem como a atribuição a este de um direito potestativo de resolução do contrato com efeito retroactivo (nºs 4 e 6 do mesmo artigo). Quer a referida inoponibilidade, quer a resolubilidade do contrato, visam compelir o segurador ao respeito pelo prazo de envio da apólice e, por outro lado, acautelar a posição do tomador, imprimindo maior certeza e segurança ao tráfico[207].

VII. O artigo 23º da LCS estabelece várias cominações para o incumprimento dos deveres de informação previstos nos artigos 18º ss. da LCS, ou para os casos em que as condições da apólice não correspondam às informações pré-contratuais prestadas. Assim, para além de o segurador incorrer em responsabilidade

---

de um sentido negocial (o sentido de desistência ou de oposição à renovação), operando a cessação por caducidade em consequência do decurso de um prazo (de pagamento), sem que este se verifique – *idem*, pp. 313 ss.

[207] Pedro Romano Martinez, "Modificações...", *cit.*, pp. 19-20. Quanto ao direito de resolução, e como nota Paula Alves, a solução poderá levar, na prática, a que o mesmo seja exercido muito tempo depois do início de vigência do contrato, de acordo com a conveniência do tomador do seguro, numa situação que é configurável como de abuso do direito: «não tendo ocorrido qualquer sinistro, pode ser bastante apelativo alegar a falta de entrega das condições do contrato para o resolver, o que teria como consequência a devolução do prémio pago» – Paula Alves, *Contrato de Seguro à Distância – O Contrato Electrónico*, Coimbra, Almedina, 2009, p. 74, n. 182. Note-se que, em regra, o segurador não estará em condições de poder provar que a apólice tenha sido efectivamente recebida pelo tomador, quer no caso de envio por correio postal, quer mesmo no de entrega em mão. Sem expressamente convocar o instituto do abuso do direito, acrescenta a autora que se o consumidor não «recebeu as condições do contrato e não se preocupou com isso, poderá não ser legítimo que venha muito tempo depois accionar um direito que, a efectivar-se, o vai colocar em posição de vantagem» – *idem*, p. 74.

civil, nos termos gerais[208], pode o tomador do seguro exercer o direito de resolução do contrato (excepto se a falta do segurador não tiver razoavelmente afectado a decisão de contratar ou se tiver sido accionada a cobertura por terceiro), com efeito retroactivo, nos 30 dias seguintes à recepção da apólice[209].

Por outro lado, de acordo com o nº 4 do artigo 37º da LCS, o contrato é igualmente resolúvel, nos mesmos termos, quando a apólice não respeite o conteúdo mínimo definido no nº 2 do mesmo artigo, ou não destaque devidamente as cláusulas referidas no respectivo nº 3, podendo ainda o tomador exigir, a qualquer momento, a correcção da apólice. De resto, e como resulta do nº 3 do artigo 34º da LCS, não são oponíveis pelo segurador cláusulas que não constem da apólice – nem constem, acrescente-se, de documento escrito assinado pelo tomador do seguro ou a ele anteriormente entregue[210] – sem prejuízo do regime do erro.

VIII. Como vimos, passou a verificar-se uma distinção entre o contrato e a apólice. Como resulta, *a contrario*, do artigo 35º da LCS, nos 30 dias seguintes à data da entrega da apólice pode o tomador do seguro invocar qualquer

---

[208] Nos termos do nº 1 do artigo 23º da LCS, o segurador incorre também em responsabilidade civil em caso de incumprimento dos *deveres de esclarecimento* definidos na LCS. Como referem Arnaldo Oliveira e Eduarda Ribeiro, trata-se de uma solução pouco exequível em termos práticos (e que, de resto, sempre resultaria da regra geral da *culpa in contrahendo*), obrigando ao recurso a uma acção judicial, bem como à alegação e prova dos requisitos da responsabilidade civil, designadamente o nexo de causalidade e o dano. Arnaldo Oliveira e Eduarda Ribeiro, "Artigo 23º – Anotação", *in* Pedro Romano Martinez *et al.*, *LCS Anotada, cit.*, p. 128. Segundo Pedro Romano Martinez, o facto de estar em causa um dever específico convocará, mesmo que o contrato não venha a concluir-se, o regime da responsabilidade obrigacional (artigos 798º ss. do CC, implicando uma presunção de culpa do segurador) – Pedro Romano Martinez, "Artigo 23º – Comentários complementares", *idem*, p. 130.

[209] Para além das cominações referidas no artigo 23º, é de assinalar igualmente, no plano do Direito institucional dos seguros, o sancionamento da conduta como contra-ordenação simples, nos termos da alínea a) do artigo 212º do RGAS – Arnaldo Oliveira e Eduarda Ribeiro, "Artigo 23º – Anotação", *in* Pedro Romano Martinez *et al.*, *LCS Anotada, cit.*, p. 129. Tendo em conta que a letra do nº 2 do artigo 23º da LCS limita a aplicação do direito de resolução apenas ao incumprimento dos deveres de informação constantes da subsecção em causa, defendem Arnaldo Oliveira e Eduarda Ribeiro a respectiva aplicação analógica também relativamente às informações pré-contratuais constantes do artigo 185º da LCS (*ibidem*). Não cremos que seja pertinente a observação dos autores. É que o direito de resolução previsto no nº 2 do artigo 23º tem por pressuposto necessário o respectivo incumprimento e um nexo de causalidade razoável com a decisão de contratar. Ora, no caso dos seguros de vida (a que se reporta o artigo 185º da LCS), o artigo 118º da LCS consagra um *direito de livre resolução*, a exercer também no prazo de 30 dias, independentemente de justa causa ou da verificação dos pressupostos referidos no artigo 23º (assumindo, portanto, um âmbito mais lato do que o deste artigo).

[210] De outra forma, como nota José Vasques, penalizar-se-ia injustamente o segurador cumpridor (quanto ao prazo de entrega da apólice) relativamente a outro inadimplente, o que sempre redundaria num desincentivo da entrega atempada da apólice. Cfr. José Vasques, "Artigo 34º – Anotação", *in* Pedro Romano Martinez *et al.*, *LCS Anotada, cit.*, p. 222.

desconformidade entre o acordado e o conteúdo daquela, prevalecendo então o acordo[211]. Findo aquele prazo, porém, só são invocáveis divergências que resultem de documento escrito ou de outro suporte duradouro[212], consolidando-se o definido na apólice[213].

IX. Para além da consolidação do conteúdo do contrato, nos termos referidos, verifica-se igualmente um prazo de consolidação da própria estabilidade do vínculo em algumas modalidades de seguro. Assim, como decorre do nº 1 do artigo 118º da LCS, o tomador do seguro, sendo pessoa singular, pode resolver livremente o contrato (mesmo sem justa causa), nos 30 dias imediatos à data da recepção da apólice de seguro de vida (incluindo instrumentos de captação de aforro estruturados), de acidentes pessoais, ou de saúde com duração igual ou superior a seis meses; ou, quanto a outras modalidades, caso se trate de contratos celebrados à distância, nos 14 dias imediatos à data da recepção da apólice[214].

---

[211] Segundo José Vasques, «nada parece impedir que, nas mesmas circunstâncias e condições, as desconformidades sejam invocadas pelo segurador, designadamente quando resultem de erro negocial» – José Vasques, "Artigo 35º – Anotação", in Pedro Romano Martinez et al., LCS Anotada, cit., p. 224. Não cremos que seja rigorosamente assim: sendo o segurador a emitir a apólice, a única situação que parece justificar a invocação daquelas desconformidades será precisamente (e apenas) o caso de erro. Neste caso, porém, como parece extrair-se da parte final do nº 3 do artigo 34º da LCS, não ficará a invocação dependente do prazo de 30 dias, mas do regime geral do erro. A solução de consolidação era já preconizada por Luiz Cunha Gonçalves, Comentário..., Vol. II, cit., p. 539.

[212] Relativamente às declarações verbais acessórias anteriores ou contemporâneas do contrato, convoca José Vasques o disposto no nº 1 do artigo 221º do CC, entendendo que aquelas só são invocáveis se a razão determinante da forma do contrato lhes não for aplicável e se se provar que correspondem à vontade do declarante – José Vasques, "Artigo 35º – Anotação", in Pedro Romano Martinez et al., LCS Anotada, cit., p. 225. Não cremos que assista razão ao autor. É que o artigo 221º do CC reporta-se aos negócios formais (daí a referência ao «documento legalmente exigido para a declaração negocial»), o que não é o caso. Na verdade, a apólice não é uma declaração negocial, mas um documento que traduz a disciplina contratual – incluindo estipulações principais e acessórias – prévia e consensualmente acordada pelas partes.

[213] Criticamente, regista Júlio Gomes que «o tomador do seguro tem o ónus de verificar se o documento comprovativo reproduziu fielmente o acordo, sob pena de prevalecerem as alterações unilateralmente introduzidas pelo segurador na apólice, se o acordo original não constar de documento escrito ou de outro suporte duradouro» – Júlio Gomes, "O dever de informação do (candidato a) tomador...", cit., p. 405, n. 33. Pensamos, porém, que o dispositivo legal, que apenas visa reduzir a incerteza e insegurança quanto aos termos do contrato celebrado, não poderá ter o alcance de dar cobertura a um comportamento do segurador – alteração do contrato firmado – cuja ilicitude civil e penal temos por indiscutível.

[214] Os prazos referidos contam-se da data da celebração do contrato, quando o tomador disponha então, em papel ou noutro suporte duradouro, de todas as informações relevantes sobre o seguro que tenham de constar da apólice (nº 2 do artigo 118º da LCS). Por outro lado, nos termos do nº 5 do mesmo artigo, a resolução do contrato deve ser comunicada ao segurador por escrito, em

II.1.6. Outros processos de contratação: o contrato à distância

I. O contrato de seguro forma-se, em regra, seguindo um processo de contratação do tipo *proposta-aceitação* (assumido como paradigmático no CC português), aplicável à generalidade dos riscos de massa[215]. No entanto, outros processos de formação do contrato ocorrem na prática seguradora. Desde logo, o caso dos seguros de grandes riscos, que tanto podem seguir o *iter* atrás delineado, como o processo negocial complexo proposta-contraproposta(s)-aceitação, tendencialmente mais longo.

II. Há ainda que mencionar os seguros de adesão "automática", de que são exemplo típico alguns seguros de acidentes pessoais: por exemplo, a modalidade "seguro de viagem" – associada a um pacote de viagem organizada disponibilizado por uma agência de viagens ou, diversamente, a um cartão de crédito – ou a modalidade "seguro escolar"[216]. Em qualquer dos casos, o *iter* assenta numa *oferta ao público* por parte do segurador. Atenta a homogeneidade dos riscos, a respectiva dispersão (em regra, decorrente do facto de se estar perante seguros de grupo), a limitação do capital seguro e o facto de a contratação estar associada a uma determinada qualidade do aderente (o que limita os riscos de selecção adversa), o segurador prescinde da declaração e análise do risco. Deste modo, fica o segurador numa posição de sujeição, enquanto os potenciais aderentes, reflexamente, são titulares de um direito potestativo à aceitação da proposta, concluindo-se, então, o contrato.

III. O desenvolvimento do comércio electrónico e a sensibilidade do mercado segurador às potencialidades do mesmo na comercialização de seguros de riscos de massa tem vindo a colocar em evidência a *contratação à distância* como tipo de processo de contratação.

A contratação à distância de seguros é regulada pelo DL 95/2006, de 29 de Maio, aplicável apenas a contratos celebrados com consumidores. O artigo 2º define, no âmbito do diploma, o *contrato à distância* como aquele cuja formação e conclusão sejam efectuadas exclusivamente através de meios de comunicação à distância, que se integrem num sistema de venda ou prestação de serviços organizados, com esse objectivo, pelo prestador[217].

---

suporte de papel ou outro meio duradouro disponível e acessível ao segurador, assumindo efeito retroactivo com ressalva do disposto nos nºs 6 e 7.

[215] Sobre os vários tipos de processo, cfr. Pedro Pais Vasconcelos, *Teoria Geral...*, *cit.*, pp. 478 ss.

[216] José Vasques refere-se a estes casos como "apólices pré-assinadas" – José Vasques, *Contrato de Seguro – Notas...*, *cit.*, p. 208. Cremos que a designação é infeliz, na medida em que a apólice titula um contrato que resulta de um acordo de vontades (não podendo, portanto, a apólice preceder esse encontro de vontades e titular um contrato que não se formou ainda).

[217] Por outro lado, no quadro do mesmo artigo, consideram-se *meios de comunicação à distância* quaisquer meios de comunicação que possam ser utilizados sem a presença física e simultânea do

Os artigos 11º ss. do mesmo diploma estabelecem um amplo leque de deveres pré-contratuais de informação, a cargo do prestador de serviços (no caso, o segurador), a efectuar em suporte duradouro e de modo claro e perceptível (artigos 11º e 12º)[218]. Por outro lado, os artigos 19º e ss. regulam o direito de livre resolução do contrato, com efeito retroactivo, a ser exercido pelo consumidor (tomador do seguro) no prazo de 14 dias a contar da celebração do contrato – ou, nos seguros de vida, no prazo de 30 dias a contar da data em que seja informado daquela celebração – mediante notificação à contraparte, nos termos por esta informados antes da conclusão do contrato, através de meio susceptível de prova[219].

Por seu turno, a contratação electrónica é disciplinada pelo DL 7/2004, de 7 de Janeiro[220], diploma que regula, designadamente, a celebração de contratos em linha num sítio da *internet* – caso em que se verifica uma oferta em rede aberta

prestador e do consumidor, qualificando-se como tal, designadamente, o correio postal, o telefone (com ou sem intervenção humana), o rádio, o videofone, o videotexto, o correio electrónico, o telefax, a televisão, a videoconferência, os *chats*, e a comunicação em linha num sítio da *internet* (loja virtual) – Paula Alves, *Contrato...*, *cit.*, p. 57; José Carlos Moitinho de Almeida, *Contrato de Seguro – Estudos*, *cit.*, p. 38. Entre estes, assumem actualmente maior relevância na contratação de seguros meios como o telefone e o computador com acesso à *internet*. Sobre a contratação de seguros pela *internet*, cfr. Paula Alves, *Contrato...*, *cit.*, sobretudo pp. 156 ss.; José Carlos Moitinho de Almeida, *Contrato de Seguro – Estudos*, *cit.*, pp. 39 ss.; Catarina Figueiredo Cardoso, "A actividade seguradora na *internet* – alguns aspectos", *Fórum*, nº 15 (Ago. 2002), pp. 19-26; Catarina Figueiredo Cardoso, "O contrato de seguro na *internet* – alguns aspectos", *Fórum*, nº 16 (Jan. 2003), pp. 45-57; Mário Frota, "Contratos à distância – O contrato de seguro", *RPDC*, nº 35 (Set. 2003), pp. 13-26; José Caramelo Gomes, "Contrato de seguro e tecnologias de informação", *in* António Moreira e M. Costa Martins (Coords.), *III Congresso Nacional de Direito dos Seguros – Memórias*, Coimbra, Almedina, 2003, pp. 65-122; José Diogo Madeira, "E-seguros: oportunidades e ameaças", *Fórum*, nº 12 (Dez. 2000), pp. 47-50; Pedro Romano Martinez, "Celebração de contratos à distância e o novo regime do contrato de seguro", *in* AAVV, *Estudos Dedicados ao Professor Doutor Luís Alberto Carvalho Fernandes*, Vol. III, Lisboa, Universidade Católica Ed., 2011, pp. 235 ss.; Pedro Romano Martinez, "Contrato de seguro e informática", *in* António Moreira e M. Costa Martins (Coords.), *III Congresso Nacional de Direito dos Seguros – Memórias*, Coimbra, Almedina, 2003, pp. 37 ss.; Pedro Romano Martinez, *Direito dos Seguros – Apontamentos*, *cit.*, pp. 72 ss.; Pedro Romano Martinez, *Direito dos Seguros – Relatório* (Suplemento da *Revista da FDL*), Coimbra, Coimbra Ed., 2006, pp. 47 ss.; e Manuel Lopes Rocha, "A assinatura electrónica: uma via portuguesa 'original'?", *Fórum*, nº 14 (Jan. 2002), pp. 43-50.

[218] Importa referir que, em regra (e ressalvadas especificidades informativas decorrentes do meio de comunicação utilizado), a generalidade das informações pré-contratuais previstas no diploma decorrem já de outros normativos, como a LCCG, LDC e LCS.

[219] O direito de livre resolução não é aplicável a seguros de viagem e de bagagem, ou a seguros de curto prazo de duração inferior a um mês, e caduca quando o contrato for integralmente cumprido, a pedido expresso do consumidor, antes de decorrido o prazo de exercício.

[220] Sobre o processo de contratação electrónica de seguros, cfr. Paula Alves, *Contrato...*, *cit.*, pp. 199 ss.; José Carlos Moitinho de Almeida, *Contrato de Seguro – Estudos*, *cit.*, pp. 39 ss.; Pedro Romano Martinez, "Celebração...", *cit.*, pp. 240 ss.; João Calvão da Silva, *Banca, Bolsa e Seguros*, Tomo I – Direito Europeu e Português, 3ª Ed., Coimbra, Almedina, 2011, pp. 119 ss.

que a contraparte pode aceitar mediante emissão de uma ordem de encomenda (artigos 27º a 29º)[221] – e mediante recurso exclusivo ao correio electrónico (*e-mail* ou similar), como meio de comunicação pessoal e individualizado entre os contratantes (artigo 30º do mesmo diploma).

Relativamente ao dever de declaração do risco, a contratação à distância não implica, em si mesma, particularidades relevantes. Tudo se resumirá a saber se o segurador prescinde ou não de conhecer as características do risco, presumindo-se que renuncia a esse conhecimento quando o meio de comunicação à distância utilizado não possibilita sequer ao potencial tomador do seguro a prestação da informação. Tal será o caso, por exemplo, se na contratação em sítio na *internet* não se solicita a informação nem se disponibilizam quaisquer questionários, *écrans* ou campos de recolha de dados relevantes, caso em que, mesmo que o contratante pretendesse prestar a informação, não teria a possibilidade material de o fazer.

Porém, a questão não decorre de uma especificidade do meio de comunicação à distância, mas da utilização que dele faz o segurador. Cumpre, aliás, referir que

---

[221] Neste âmbito são definidos deveres específicos de informação – imperativos sempre que o contratante seja um consumidor – designadamente sobre o processo de celebração do contrato (alínea a) do nº 1 do artigo 28º do DL 7/2004), bem como, nos termos do artigo 27º do mesmo diploma, um dever de o prestador de serviços em rede disponibilizar meios técnicos eficazes que permitam à contraparte identificar e corrigir erros de introdução, antes de formular uma ordem de encomenda (tal será o caso de eventuais erros de resposta a um questionário sobre o risco a segurar). O contrato de seguro tem-se por concluído com a confirmação do tomador do seguro, reiterando a ordem emitida, na sequência do aviso de recepção que o segurador lhe haja dirigido (artigo 29º), no que consubstancia a adopção da doutrina do duplo *click* – José Carlos Moitinho de Almeida, *Contrato de Seguro – Estudos*, cit., p. 53; Pedro Romano Martinez, "Celebração...", *cit.*, p. 250 (na verdade, como nota João Calvão da Silva, *Banca, Bolsa e Seguros...*, *cit.*, pp. 130-131, trata-se de um dispensável triplo *click*). Por outro lado, nos termos do nº 2 do artigo 31º do mesmo diploma, a ordem de encomenda, o aviso de recepção e a confirmação da encomenda consideram-se recebidos logo que os destinatários têm a possibilidade de aceder a eles. Finalmente, nos termos do nº 1 do artigo 32º, a oferta de produtos ou serviços em linha constitui uma proposta contratual quando contiver todos os elementos necessários para que o contrato fique concluído com a simples aceitação do destinatário, representando, caso contrário, um convite a contratar. Como notam alguns autores, estaremos, em regra, no caso dos seguros, perante um convite a contratar, atenta a necessidade de aferição do risco pelo segurador (José Carlos Moitinho de Almeida, *Contrato de Seguro – Estudos*, cit., p. 55; Pedro Romano Martinez, "Celebração...", *cit.*, p. 258). Não será, porém, assim, necessariamente, na medida em que a contratação em linha favorece precisamente os casos em que a contratação é automática, prescindindo de uma intervenção humana por parte do segurador. Tal será o caso nos seguros de pequenos riscos homogéneos, em que o segurador prescinde da avaliação do risco concreto (p. ex., a contratação em linha de um seguro de responsabilidade civil geral, de baixo capital); ou nos seguros em que os parâmetros de aceitação e tarifação do risco são simples e programáveis (podendo o preenchimento em linha de um questionário elementar permitir seleccionar *automaticamente* o risco e determinar o prémio aplicável).

o próprio meio de comunicação à distância pode ser especificamente utilizado (independentemente de o contrato ser concluído por essa via) para a declaração do risco. É o caso, já referido, do *tele-underwriting*, em que se verifica o recurso, pelo segurador (ou por um prestador de serviços especializado), por via telefónica, a uma questionação circunstanciada e personalizada do candidato a tomador do seguro e/ou a segurado sobre as características do risco. Será também o caso de o segurador recorrer ao correio electrónico para submeter um questionário ao proponente, ou para obter deste esclarecimentos sobre o risco a segurar.

IV. Como resulta do anteriormente exposto, em todos os referidos processos de contratação a declaração do risco joga um papel fundamental, constituindo, em certa medida, a pedra de toque de definição do processo negocial.

II.1.7. Um contrato de adesão?

O contrato de seguro surge frequentemente na doutrina como exemplo de contrato de adesão[222]. Também a jurisprudência converge nessa qualificação, reflectida na fórmula tabeliónica segundo a qual o contrato de seguro é «um contrato de adesão na medida em que as cláusulas contratuais gerais são elaboradas sem prévia negociação individual e que proponentes ou destinatários se limitam a subscrever»[223].

---

[222] Cfr., p. ex., Marcelo Caetano, "Valor da minuta...", *cit.*, p. 36; Mário Almeida Costa, *Direito das Obrigações*, 12ª Ed., Coimbra, Almedina, 2009, p. 245; Jorge Ribeiro de Faria, *Direito das Obrigações*, Vol. I, Coimbra, Almedina, 1990 (Reimpr., 2001), p. 190; Fernando Gonçalves Oliveira, "Os seguros e o consumidor", *RPDC*, nº 59 (Set. 2009), pp. 20 ss.; Carlos Mota Pinto, *Teoria Geral...*, *cit.*, p. 101; Maria Elisabete Ramos, *O Seguro de Responsabilidade Civil dos Administradores – Entre a Exposição ao Risco e a Delimitação da Cobertura*, Coimbra, Almedina, 2010, pp. 499 ss.; Inocêncio Galvão Telles, *Direito das Obrigações*, *cit.*, p. 75; João Antunes Varela, *Das Obrigações em Geral*, Vol. I, 10ª Ed., Coimbra, Almedina, 2000, pp. 252-253. A título de exemplo, Engrácia Antunes refere ser o seguro, em regra, um contrato de adesão na medida em que «o tomador do seguro dispõe apenas da possibilidade de aderir ou rejeitar em bloco um conjunto de cláusulas contratuais padronizadas prévia e unilateralmente elaboradas pela empresa seguradora» – José Engrácia Antunes, *Direito dos Contratos...*, *cit.*, p. 686; José Engrácia Antunes, "O contrato de seguro...", *cit.*, p. 823. Já Pinto Monteiro classifica o contrato de seguro entre os contratos de adesão regulados por cláusulas contratuais gerais – António Pinto Monteiro, "O novo regime jurídico dos contratos de adesão/ cláusulas contratuais gerais", *ROA*, Ano 62º, Vol. I (Jan. 2002), pp. 111-142 – http://www.oa.pt/ Conteudos/Artigos/detalhe_artigo.aspx?idc=30777 &idsc=3328&ida=3346#topo (consult. 22/11/2010), p. 2.

[223] Ac. STJ de 08/01/2009 – Proc. nº 08B3903 (Alberto Sobrinho). Cfr. igualmente, p. ex., Ac. TRL de 19/03/2009 – Proc. nº 3507/08-8 (Octávia Viegas); Ac. TRP de 30/04/2009 – Proc. nº 0837900 (Pinto de Almeida); Ac. TRP de 12/11/2009 – Proc. nº 651/04.4TBETR.P1 (Deolinda Varão); Ac. TRL de 15/04/2010 – Proc. nº 421/07.8TCFUN.L1-6 (Granja da Fonseca); e Ac. STJ de 08/06/2010 – Proc. nº 90/2002.G1.S1 (Barreto Nunes).

Tradicionalmente, e por influência francesa, a doutrina nacional designava, como expressão sinónima, por *contratos de adesão* os regulados por cláusulas contratuais gerais[224]. De acordo com a noção dominante, contratos de adesão serão aqueles em que uma das partes estabelece unilateralmente o conteúdo das cláusulas contratuais e em que a contraparte se limita a aceitar – aderindo ao modelo contratual proposto – ou a recusar a celebração do contrato sem possibilidade de propor modificações às cláusulas apresentadas[225]. Destes contratos estão, portanto, ausentes, quer a liberdade de negociação, quer a de estipulação[226], assentando normalmente numa oferta ao público, contendo as cláusulas contratuais gerais, a que o destinatário se limita a aderir mediante a aceitação da proposta.

Ora, é certo que a regulação contratual do seguro assenta, em regra (e com a excepção de alguns seguros de grandes riscos), em cláusulas contratuais gerais pré-elaboradas pelo segurador[227]: as chamadas *condições gerais*, aplicáveis a todos os contratos do ramo ou modalidade subscrita pelo tomador, e as *condições especiais*, aplicáveis às coberturas complementares facultativas e/ou à submodalidade subscrita. Tal situação é justificada, não só pelo carácter massificado da contratação, mas igualmente por o contrato de seguro incidir sobre matérias que se revestem de alguma complexidade jurídica, o que tornaria impraticável que a regulação de cada contrato fosse individualmente definida[228]. Acresce que dessa regulação (nomeadamente das garantias e exclusões estipuladas) resulta a definição da prestação do segurador e, logo, o valor do prémio correspondente, pelo que a uniformização dos prémios, indispensável à gestão massificada dos riscos assumidos, requer também a uniformização das cláusulas aplicáveis[229]. A questão, porém, que se coloca, é se estes negócios jurídicos padronizados constituem contratos de adesão.

---

[224] António Menezes Cordeiro, *Tratado...*, I, Tomo I, *cit.*, p. 609 – defendendo, porém, a designação de *contrato por adesão*, a qual, segundo o autor, coloca melhor o enfoque no modo de formação do contrato, evitando a sugestão de que estaria em causa um tipo contratual autónomo – e Joaquim de Sousa Ribeiro, *Cláusulas Contratuais Gerais e o Paradigma do Contrato*, Coimbra, FDUC, 1990 (Suplemento do *BFDUC* – separata ao Vol. 35), pp. 131-132. Cfr., como exemplos, Mário Almeida Costa, *Direito das Obrigações, cit.*, pp. 243 ss.; Luís Carvalho Fernandes, *Teoria Geral...*, Vol. II, *cit.*, p. 108; Inocêncio Galvão Telles, *Direito das Obrigações, cit.*, p. 74; Inocêncio Galvão Telles, *Manual dos Contratos..., cit.*, pp. 409 ss.; João Antunes Varela, *Das Obrigações...*, Vol. I, *cit.*, pp. 251 ss.

[225] Carlos Mota Pinto, *Teoria Geral..., cit.*, p. 100. Neste sentido, António Menezes Cordeiro, *Direito das Obrigações*, Vol. I, *cit.*, p. 97.

[226] José de Oliveira Ascensão, *Direito Civil...*, Vol. II, *cit.*, p. 79.

[227] Cfr., p. ex., António Menezes Cordeiro, *Manual de Direito Comercial*, Vol. I, *cit.*, pp. 570 ss.; Pedro Romano Martinez, "Cláusulas...", *cit.*, p. 241; Paulo Duarte, "Contratos de Seguro...", *cit.*, p. 97.

[228] Heinrich Ewald Hörster, *A Parte Geral..., cit.*, p. 469.

[229] Como refere Menezes Cordeiro, «para que possam ser feitos cálculos de risco, é necessário que todos os contratos tenham a mesma configuração». António Menezes Cordeiro, *Tratado...*, I, Tomo I, *cit.*, p. 600.

Ora, como sublinha Joaquim Sousa Ribeiro, a designação *contrato de adesão* centra-se num particular processo de formação do vínculo, colocando o enfoque na imposição unilateral do conteúdo do contrato, decorrente de uma desigualdade de poder entre as partes; na ausência de uma fase negociatória; e na colocação da mera alternativa entre a aceitação e a rejeição[230]. Já a expressão *cláusulas contratuais gerais* atende às características uniformes das cláusulas, tendo em vista a respectiva aplicação a uma pluralidade de contratos futuros[231] – sem prejuízo da possibilidade de alguma margem de negociação ou de que algumas dessas cláusulas possam ser afastadas através de estipulações especiais[232] – sem pretender caracterizar o processo de formação do contrato.

Desta forma, embora haja indiscutivelmente uma área de intersecção das duas noções, impõe-se distingui-las. Assim, a noção de *contratos de adesão* tem um conteúdo mais amplo do que a de *cláusulas contratuais gerais*, na medida em que em todos aqueles se verifica a adesão a cláusulas pré-determinadas, mas estas não serão sempre e necessariamente cláusulas contratuais gerais, abrangendo-se os *contratos pré-formulados* por uma das partes aos quais falte a característica da generalidade (e, portanto, destinados a serem subscritos ou aceites apenas por destinatários individualizados)[233]. Em contrapartida, nem sempre os contratos

---

[230] Joaquim de Sousa Ribeiro, *Cláusulas...*, *cit.*, pp. 134 ss.; Joaquim de Sousa Ribeiro, "O regime dos contratos de adesão: algumas questões decorrentes da transposição da directiva sobre as cláusulas abusivas", *in* FDUC (Org.), *Comemorações dos 35 Anos do CC e dos 25 Anos da Reforma de 1977*, Vol. III – Direito das Obrigações, Coimbra, Coimbra Ed., 2007, pp. 214 ss. Cfr. também António Pinto Monteiro, *Cláusula Penal e Indemnização*, Coimbra, Almedina, 1990, p. 75, n. 169; Carlos Ferreira de Almeida, *Contratos*, Vol. I, *cit.*, p. 176; Carlos Mota Pinto, "Contratos de adesão – Uma manifestação jurídica na moderna vida económica", *RDES*, Ano XX, nᵒˢ 2-4 (Abr.-Dez. 1973), pp. 125-126; e Pedro Pais Vasconcelos, *Teoria Geral...*, *cit.*, pp. 478 ss.

[231] Joaquim de Sousa Ribeiro, *Cláusulas...*, *cit.*, pp. 134 ss. A *generalidade* (quanto aos sujeitos indeterminados potencialmente vinculados, como proponentes ou como aceitantes) e a *rigidez* (quanto ao respectivo conteúdo) apresentam-se, assim, como elementos caracterizadores das cláusulas contratuais gerais – António Menezes Cordeiro, *Tratado...*, I, Tomo I, *cit.*, p. 598. Ferreira de Almeida propõe a característica de *predisposição unilateral* preferencialmente à de *rigidez* (não inteiramente consentânea com o teor do artigo 7ᵒ da LCCG). Carlos Ferreira de Almeida, *Contratos*, Vol. I, *cit.*, p. 180. Por outro lado, a tentação, por parte do oferente, de tirar proveito da situação de vantagem que as cláusulas contratuais gerais propiciam, suscita o problema da *usura em massa* e requer a intervenção disciplinadora do Direito no sentido de evitar o recurso a cláusulas abusivas – Pedro Pais Vasconcelos, *Teoria Geral...*, *cit.*, pp. 630-631.

[232] Mário Almeida Costa, *Direito das Obrigações, cit.*, p. 244, n. 5.

[233] Carlos Ferreira de Almeida, *Contratos*, Vol. I, *cit.*, pp. 177 e 192 ss.; António Menezes Cordeiro, *Da Boa Fé...*, *cit.*, p. 659; António Menezes Cordeiro, *Tratado...*, I, Tomo I, *cit.*, pp. 659 ss.; Joaquim de Sousa Ribeiro, *Cláusulas...*, *cit.*, p. 136.; Joaquim de Sousa Ribeiro, "O regime...", *cit.*, pp. 214 ss. Paradigmática da distinção de noções é a alteração verificada à LCCG com o DL 249/99, de 7 de Julho (numa segunda transposição para o Direito português da Directiva 93/13/CEE do Conselho, de 5 de Abril de 1993), que, ao estender o âmbito de aplicação do diploma (também) às

regulados por recurso a cláusulas contratuais gerais resultam de uma mera adesão às mesmas[234].

O contrato de seguro é precisamente, em regra, um exemplo desta situação. Desde logo, porque o candidato a tomador do seguro assume o papel de proponente: ele *propõe* e descreve *um determinado risco* (de cuja análise e aceitação, pelo segurador, depende a conclusão do contrato), não se limitando a *aderir a um modelo contratual pré-formulado*[235]. Por outro lado, verifica-se, em regra (ainda que de forma limitada) alguma liberdade de negociação em torno dos principais elementos caracterizadores do tipo contratual – o risco e o prémio[236]: a declaração do risco pode gerar um processo negociatório de adaptação do contrato (definição de exclusões ou limitações de cobertura); é possível a subscrição facultativa de coberturas complementares; e o próprio prémio pode eventualmente ser negociado, se a tarifa o permitir. Nesta perspectiva, o contrato de seguro encontra, em regra (e, pelo menos, em grande parte), a sua disciplina em

«cláusulas inseridas em contratos individualizados, mas cujo conteúdo previamente elaborado o destinatário não pode influenciar» (artigo 1º LCCG), transformou a disciplina das CCG no regime dos contratos de adesão – Joaquim de Sousa Ribeiro, "O regime...", *cit.*, pp. 213-214; Joaquim de Sousa Ribeiro, *O Problema do Contrato...*, *cit.*, p. 599 e 600 ss., n. 863. Essa disposição visava, aliás, assegurar a transposição da citada Directiva, a qual, não obstante, apenas pretendia regular as cláusulas contratuais abusivas nos contratos estipulados entre profissionais e consumidores (cfr. artigo 1º). Assim, defende Menezes Leitão uma interpretação restritiva do referido nº 2, de modo a abranger apenas os contratos pré-formulados firmados entre profissionais e consumidores – Luís Menezes Leitão, *Direito das Obrigações*, Vol. I, *cit.*, p. 51.

[234] Como refere Sousa Ribeiro, por vezes «essas cláusulas referem-se apenas, avulsamente, a uma ou outra questão do regime do contrato, que em tudo o mais está aberto à negociação. [...] E dificilmente se poderá considerar apropriado designar estes negócios, *in toto*, por contratos de adesão, que, à letra, subentendem uma figura globalmente distinta, no seu modo de formação, do comum dos contratos» – Joaquim de Sousa Ribeiro, *Cláusulas...*, *cit.*, p. 137. Realçando que as condições gerais (cláusulas contratuais gerais) definem, por vezes, apenas parte da disciplina contratual, Carlos Mota Pinto, "Contratos de adesão...", *cit.*, p. 126. No limite, como nota Ferreira de Almeida, um contrato poderá incluir apenas uma cláusula contratual geral (cláusula de exclusão de responsabilidade, p. ex.) sendo em tudo o mais objecto de negociação e estipulação individualizada entre as partes – Carlos Ferreira de Almeida, *Contratos*, Vol. I, *cit.*, p. 182.

[235] Este processo de contratação por recurso a cláusulas contratuais gerais resulta claramente dos dois primeiros artigos da LCCG. Admite-se aí expressamente a possibilidade de as cláusulas serem incluídas num acto prévio do predisponente (consubstanciador, p. ex., de um convite a contratar), sendo aceites pelo destinatário que, conformando-se com o conteúdo das mesmas, formula uma proposta contratual ao predisponente. Verifica-se, aqui, uma diferença entre a iniciativa contratual material (que pertence ao predisponente) e a iniciativa formal (do destinatário, que tem a posição de proponente) – Carlos Ferreira de Almeida, *Contratos*, Vol. I, *cit.*, p. 184.

[236] Como refere Ferreira de Almeida, estes dois aspectos (para além da identificação do tomador do seguro, prazo contratual, etc.) estão ausentes das cláusulas contratuais gerais das apólices de seguro. Carlos Ferreira de Almeida, *Contratos*, Vol. I, *cit.*, p. 182, n. 244..

cláusulas contratuais gerais, mas não assumirá normalmente o carácter de contrato de adesão[237].

Só em alguns casos – como os de contratação automática por recurso a máquinas, de contratação em linha, ou, por exemplo, de subscrição automaticamente associada à contratação de viagens organizadas junto de agências de viagens, ou mediante a contratação de cartões de crédito, etc. – se verifica um processo de contratação do tipo do contrato de adesão: o candidato a tomador de seguro limita-se a aderir à proposta (oferta ao público) formulada pelo segurador, concluindo-se o contrato com a aceitação daquele. Nestes casos de contratação massificada, em que as garantias assumidas pelo segurador são limitadas e é elevada a dispersão do risco, o segurador renuncia antecipadamente à análise de cada risco concreto, conferindo à contraparte o direito potestativo de aceitação da proposta contratual.

II.2. O RISCO, ELEMENTO FUNDAMENTAL DO TIPO CONTRATUAL

II.2.1. Noção de risco

I. O carácter fundamental do risco como elemento caracterizador do tipo contratual do seguro – ou, na perspectiva dos *essentialia*[238], como elemento essen-

---

[237] Recusando que o contrato de seguro constitua *sempre* um contrato de adesão, José Vasques aduz três argumentos contra essa qualificação: o caso das apólices uniformes, cujas cláusulas são definidas pela entidade de supervisão de seguros (ISP) e nas quais a liberdade de estipulação está ausente, tanto para o segurador como para o tomador do seguro; o caso das cláusulas que se limitam a reproduzir disposições legais imperativas aplicáveis a seguros obrigatórios; e o caso dos seguros de grandes riscos (em regra regulado por recurso a contratos individuais pré-formulados ou através de negociação individual) – José Vasques, "Contrato de seguro: Elementos...", *cit.*, pp. 520 ss. Conclui, em suma, o autor, que a classificação do contrato de seguro como contrato de adesão não pode «ser aceite senão como típica de alguns contratos de seguro, mas não do contrato de seguro em geral» – *idem*, p. 524. Cremos, porém, que o essencial escapa à análise de José Vasques, mais tendente a recusar a qualificação da disciplina do contrato de seguro como assentando em cláusulas contratuais gerais, do que a recusar a qualificação do processo de contratação como contrato de adesão (note-se, em qualquer caso, que o facto de as cláusulas serem pré-elaboradas por terceiro, no caso, o ISP, não obsta, por si só, à qualificação das mesmas como contratuais gerais – Carlos Ferreira de Almeida, *Contratos*, Vol. I, *cit.*, p. 181). Também Lugo y Reymundo, pulverizando a sua análise sobre características que atribui ao contrato de adesão – mas desviando a atenção de requisitos fundamentais, como a ausência de liberdade de estipulação – recusa esta classificação quanto ao contrato de seguro – Luis Benítez de Lugo y Reymundo, "El contrato de seguros no es un contrato aleatorio ni un contrato típico de adhesión", *in* AIDA (Org.), *Atti del Primo Congresso Internazionale di Diritto delle Assicurazioni*, Vol. I, Milano, Giuffrè Ed., 1963, pp. 396 ss.

[238] Demarcamo-nos de uma perspectiva conceptual-subsuntiva que classifica o conteúdo do contrato de acordo com os *essentialia*, elementos injuntivos, essenciais ao tipo, sem a ocorrência de um dos quais este não se verificaria e, portanto, definitórios do conceito. Assim, quanto ao critério metodológico de qualificação dos contratos concretos como pertencendo a um determinado tipo legal contratual, aderimos à perspectiva de Pedro Pais Vasconcelos, de qualificação de acordo

cial do tipo contratual – para além de largamente evidenciado pela doutrina[239], resulta do próprio quadro regulador do contrato de seguro. Assim, e desde logo, o artigo 1º da LCS, ao descrever[240] o conteúdo típico do contrato, sublinha que «por efeito do contrato de seguro, o segurador *cobre um risco determinado* do tomador do seguro ou de outrem [...]»[241].

A essencialidade do risco no contrato de seguro transparece de vários aspectos do regime legal do contrato, nomeadamente das consequências da inexistência de risco (artigo 44º da LCS). Assim, se a inexistência do risco for conhecida de uma das partes do contrato este é nulo em virtude da impossibilidade do seu objecto (nº 1 do artigo 44º da LCS – consequência que resultaria também, aliás, do nº 1 do artigo 280º do CC).

Por outro lado, a natureza do risco assumido subjaz à própria noção de *ramo de seguro*, fundamental na estruturação institucional da actividade seguradora[242];

com o método tipológico – ou seja, através do processo comparativo, com carácter analógico e problemático, e a partir de índices (elementos que indiciam que o contrato pertence a um dado tipo) – critério divergente da doutrina dos *essentialia*, a que recorre o método subsuntivo (cfr. Pedro Pais Vasconcelos, *Contratos Atípicos*, Coimbra, Almedina, 1995). É nesta perspectiva que importa, para efeitos de caracterização do contrato, convocar os seus traços mais distintivos, que permitem individualizá-lo e que traduzem, numa perspectiva sintética, a sua identidade. Cfr. igualmente Isabel Ribeiro Parreira, "Algumas reflexões sobre o tipo, a propósito dos tipos legais contratuais", *in* AAVV, *Homenagem ao Prof. Doutor André Gonçalves Pereira*, Lisboa, FDL, 2006, pp. 981-1007.

[239] A título meramente exemplificativo, cfr. Virginia Bado Cardozo, *El Riesgo..., cit.*, p. 6; Domenico Chindemi, "Il rischio assicurativo e le sue modificazioni", *DEA*, Ano XXXVI (1994), nº 2, p. 441; Joaquín Garrigues, *Contrato..., cit.*, p. 113; Pedro Romano Martinez, *Direito dos Seguros – Apontamentos, cit.*, p. 57; Maurice Picard e André Besson, *Les Assurances Terrestres en Droit Français*, Tomo I, 3ª Ed., Paris, LGDJ, 1970, pp. 33 ss.; Sergio Sotgia, "Considerazioni sulla 'descrizione del rischio' nel contratto di assicurazione", *Assicurazioni*, Ano XXXVI (1969), Parte I, p. 93; Rodrigo Uría, *Derecho Mercantil*, 13ª Ed., Madrid, Marcial Pons, 1986, p. 584; José Vasques, *Contrato de Seguro – Notas..., cit.*, pp. 127 ss.

[240] Cfr. Rui Pinto Duarte, *Tipicidade e Atipicidade dos Contratos*, Coimbra, Almedina, 2000, p. 99.

[241] O artigo 1699.º do CCom de 1833 referia que *pode ser objecto do contrato de seguro todo e qualquer interesse apreciável a dinheiro, e sujeito a algum risco, não sendo excluído pela lei*. Por seu turno, o CCom de 1888, não contendo disposição semelhante (ressalvado o artigo 597.º, no âmbito dos seguros contra riscos de mar), evidenciava, não obstante, a importância do risco ao estabelecer a nulidade do contrato em caso de inexistência de risco (artigo 436.º).

[242] Esse carácter estruturante decorre, desde logo, do Direito da UE e das directivas actualmente transpostas para o Direito português pelo RGAS. Este diploma firma uma clara fronteira entre os seguros do ramo "Vida" e dos ramos "Não vida", estabelecendo normas e soluções diferenciadas para os referidos ramos, nomeadamente quanto à fiscalização da solidez financeira das empresas de seguros e da sua solvabilidade. Embora o RGAS não apresente uma noção de ramo de seguro, podemos defini-lo como uma *classificação do conjunto de subtipos contratuais de seguros que, nomeadamente em função do respectivo objecto, risco inerente e princípios aplicáveis, apresentam afinidades relevantes.* A classificação legal em ramos de seguros manifesta-se estruturante numa pluralidade de aspectos institucionais, entre os quais se destacam: a organização da actividade seguradora a partir da

à clivagem entre *seguros de danos* e *seguros de pessoas*, também ela estruturante no quadro da regulação legal do contrato de seguro (títulos II e III da LCS); e à definição dos (sub)tipos contratuais[243].

Finalmente, a utilidade social e económica do seguro consiste precisamente em dar resposta a uma natural aversão ao risco comum entre os indivíduos, que os faz procurar a segurança e eliminar ou reduzir a incerteza[244]. A solução inerente ao contrato de seguro traduz-se na dispersão do risco, distribuindo um risco pequeno por um grande número de indivíduos (prémio), em vez de concentrar um risco elevado apenas num indivíduo (dano)[245].

II. A ciência do Direito e, bem assim, as outras ciências[246], operam com diversas noções de *risco*, havendo que precisar o seu significado e relevância jurídica. Numa formulação de partida, risco traduz uma *probabilidade* de produção de um

classificação-chave ramo "Vida" / ramos "Não vida"; a concessão ramo a ramo da autorização para o exercício da actividade seguradora (artigo 10º do mesmo diploma); a importância fundamental na determinação das garantias prudenciais de empresas de seguros (artigos 68º ss.); e, por fim, a identificação do objecto, risco inerente e modalidades de seguro dentro de cada ramo (artigos 123º ss.).

[243] Contestando a contraposição entre seguros de danos e de pessoas (com o pertinente argumento de que algumas modalidades de seguro, como os doença, são simultaneamente seguros de danos e de pessoas), a doutrina alemã segue a dupla contraposição *seguros de danos* (submetidos ao princípio indemnizatório) / *seguros de quantias* (de capitais convencionados); e seguros de pessoas / seguros de não pessoas – Dieter Medicus, *Schuldrecht I – Allgemeiner Teil*, 6ª Ed., München, 1992; e *Schuldrecht II – Besonderer Teil*, 5ª Ed., München, 1992 (trad. espanhola, *Tratado de las Relaciones Obligacionales*, Vol. I, Barcelona, Bosch, 1995), p. 623. Cfr. também Octacílio Alecrim, "Naturaleza jurídica del contrato de seguro de vida", *Boletin del Instituto de Derecho Comparado de México*, nº 12 (1951), Secção Doutrina, p. 31. Acompanhando, entre nós, a distinção entre seguros de danos e seguros de capitais, Margarida Lima Rego, *Contrato...*, *cit.*, p. 239. Porém, do nosso ponto de vista, também esta distinção não logra ultrapassar as sobreposições, já que os seguros de acidentes pessoais são simultaneamente de danos e de capitais. Cremos, portanto, que a classificação mais conseguida – dando conta, aliás, do dualismo fracturante da actividade seguradora, dos princípios, técnicas e práticas contratuais – é a que distingue os *seguros de vida* dos *seguros não-vida* (ou *riscos diversos*). Não nos afastaremos, porém, ao longo do texto, da classificação adoptada pela LCS.

[244] Assim, como refere Garrigues, «é a incerteza, convertida em insegurança, que induz a contratar um seguro. O seguro é o remédio jurídico do inseguro» – Joaquín Garrigues, *Contrato...*, *cit.*, p. 113 (trad. nossa). A aversão ao risco tende a aumentar na proporção do dano potencial – Robert H. Jerry II, *Understanding Insurance Law*, 2ª Ed., New York, Matthew Bender, 1996 (Reimpr. 1997), p. 13.

[245] Paul Samuelson e William Nordhaus, *Economics*, 16ª Ed., New York, McGraw-Hill, 1998 – trad. port., *Economia*, Lisboa, McGraw-Hill, 1999, p. 193. Como se dizia no *Elizabethan Statute of 1601* (43 Eliz C 12), «[...] *that the loss falls rather easily upon many, as opposed to heavily upon few* [...]» – *apud* Julie-Anne Tarr, *Disclosure and Concealment...*, *cit.*, p. 7.

[246] Como nota Niklas Luhmann, «não há uma definição de risco que satisfaça os requisitos da ciência. Cada área de investigação parece satisfeita com a orientação dada pelo seu próprio contexto teórico» (trad. nossa) – Niklas Luhmann, *Risk: A Sociological Theory*, Berlin, Walter de Gruyter, 1993, p. 6. Em qualquer caso, como refere Gambino, evidencia-se uma nota comum aos vários sentidos:

determinado efeito. Neste sentido, é frequente distinguir-se a probabilidade clássica ou *a priori* – baseada nas características intrínsecas dos acontecimentos, sendo os acontecimentos *possíveis* igualmente prováveis (conceito associado aos jogos de azar) – da probabilidade empírica, frequencista ou *a posteriori* – a que se baseia numa quantidade razoável de evidência objectiva (conceito na base da lei dos grandes números e normalmente associado aos seguros)[247]. Noutra perspectiva, alguns autores distinguem *risco especulativo* de *risco puro*. Enquanto naquele se verifica (por exemplo, numa actividade económica) a possibilidade de ocorrência de um proveito ou uma perda, no risco puro verifica-se apenas a possibilidade de ocorrer um evento (ex: sinistro), razão porque só o risco puro é objecto do contrato de seguro[248]. Uma concepção clássica de *risco* foi estabelecida numa obra de referência, de Frank Knight, onde o autor estabelece uma distinção fundamental entre *risco* (entendido como uma incerteza mensurável, probabilizável) e *incerteza* (reportada a situações insusceptíveis de mensuração probabilística)[249]. As várias referências focadas, reflectindo diferentes perspectivas

a atribuição de relevância a um evento de verificação incerta – Agostino Gambino, *L'Assicurazione nella Teoria dei Contratti Aleatori*, Milano, Giuffrè Ed., 1964, p. 63.

[247] Cfr., p. ex., Elizabeth Reis *et al.*, *Estatística Aplicada*, Vol. I, Lisboa, Ed. Sílabo, 1997, p. 45. Cfr. também Frank H. Knight, *Risk, Uncertainty and Profit*, Boston, 1921 (Reimpr., Chicago, University of Chicago Press, 1971), pp. 216-217 e 224-225, que aos dois tipos de probabilidade acrescenta a *estimativa* (juízo subjectivo).

[248] Mark R. Greene, *Risk and Insurance*, 3ª Ed., Cincinnati, South-Western Publishing, 1973 – trad. espanhola, *Riesgo y Seguro*, 2ª Ed., Madrid, MAPFRE, 1976, pp. 13-14; Armandino Rocha e F. Henriques Oliveira, *Princípios do Seguro*, Porto, Figueirinhas, 1980, p. 11. Por seu turno, Robert Baldwin distingue vários tipos de riscos: desde logo, os *probabilísticos* (em que a avaliação da probabilidade estaria baseada nas estatísticas disponíveis relativamente a incidentes passados) e os *imprevisíveis* (em que a demonstração de uma relação causal entre acontecimentos poderia ser fraca ou indemonstrável). Por outro lado, os *baseados em previsões de especialistas* sobre acontecimentos futuros e os *riscos únicos*, cuja probabilidade objectiva não é avaliável e que dependem de uma avaliação subjectiva. Por seu turno, os *objectivos* (avaliáveis cientificamente por especialistas e probabilísticos) e os *subjectivos* (percepções de não especialistas e do público em geral). Os *assumidos pessoalmente* (voluntariamente) e os *socialmente impostos*. Por fim, os *discretos* (terramotos, acidentes isolados) e os *incisivos* (que se verificam de uma forma contínua, como as doenças profissionais, a poluição, etc.). Robert Baldwin, "Risk: the legal contribution", *in* Robert Baldwin (Ed.), *Law and Uncertainty – Risks and Legal Processes*, Londres, Kluwer Law, 1997, pp. 1-18.

[249] Cfr. Frank H. Knight, *Risk...*, cit., pp. 197 ss., e 233. Nesta medida, a *incerteza* corresponderia, como refere Fernando Araújo, à *margem não segurável* – porque insusceptível de cálculo actuarial – do risco: Fernando Araújo, *Introdução à Economia*, 3ª Ed., Coimbra, Almedina, 2005, p. 302. Assim, no domínio dos seguros o risco é frequentemente entrevisto, na esteira de Knight, como incerteza probabilizável – Robert H. Jerry II, *Understanding...*, cit., p. 11. Como refere Knight, «uma incerteza que possa por qualquer método ser reduzida a uma probabilidade objectiva, quantitativamente determinada, pode ser reduzida a uma completa certeza por agrupamento de casos» – *op. cit.*, pp. 231-232 (trad. nossa). A relação entre risco e incerteza é uma problemática recorrente na doutrina.

sobre o risco[250], contribuem para relativizar a noção e, simultaneamente, evidenciar a multiplicidade de formas como os distintos sentidos podem interagir com o Direito dos seguros.

III. Mesmo no âmbito do contrato de seguro, a palavra risco pode assumir vários significados. Assim, designa o evento de cuja verificação depende a prestação pecuniária do segurador (*risco de incapacidade*, p. ex.); a respectiva causa (*risco de acidente* ou *de incêndio*, p. ex.); o objecto do seguro (*riscos industriais*, p. ex.); a probabilidade de ocorrência desse evento (*baixo risco, risco simples* ou *risco agravado*, p. ex.); a possível dimensão do sinistro (*seguro de grandes riscos*, p. ex.) ou o objecto da garantia do segurador (p. ex., "exclusão de risco")[251].

IV. Uma classificação da maior relevância é a que distingue o *risco objectivo*, passível de cálculo probabilístico, do *risco subjectivo*, assente numa mera convicção psicológica[252], que reflecte a dupla perspectiva em que o risco é assumido

Assim, p. ex., Peter Liebwein apresenta como noção de *risco* «atingir objectivos em ambientes de incerteza» (trad. nossa) – Peter Liebwein, *Risk and Capital – Some Thoughts on Risk Modeling in Insurance Companies*, Zurich, Swiss Re, 2005, p. 20. Uma revisão da concepção clássica de risco é proposta por Christian Schmidt, a partir da (re)interpretação da obra de Frank Knight, à luz da generalização das probabilidades subjectivas nas recentes teorias da decisão – Christian Schmidt, "Risque et incertitude: une nouvelle interprétation", *Risques*, nº 25 (Jan.-Mar. 1996), pp. 163-174. Na releitura que Schmidt faz de Knight, o *risco* designa a avaliação sobre uma situação incerta, e a incerteza o juízo de verdade atribuído a essa avaliação. Assim, para o autor, a abordagem de Knight à incerteza apresenta três componentes: por um lado, a medida do risco e o juízo do decisor sobre essa medida são duas operações mentais diferentes e irredutíveis uma à outra, pelo que risco e incerteza não são noções mutuamente exclusivas, mas complementares; por outro lado, a medida do risco e a confiança atribuída pelo decisor a essa medida podem, qualquer delas, ser objecto de uma expressão de termos de probabilidades, mas essas expressões são diferentes e independentes; finalmente, se o decisor formula um juízo sobre a medida do risco, qualquer que seja a sua origem, esse juízo pode tornar-se o objecto de uma outra estimativa e assim sucessivamente até ao infinito. O conhecimento da incerteza assume, pois, a forma de um processo recorrente em diferentes níveis: juízo sobre a medida do risco (1º grau); juízo sobre o juízo da medida (2º grau); e assim sucessivamente – *idem*, p. 165.

[250] Sobre a problemática do risco nas sociedades contemporâneas e a distinção entre os conceitos-chave de risco, perigo, confiança e segurança, cfr. Ulrich Beck, *Risk Society*, London, Sage, 1992, pp. 21 ss.; e Anthony Giddens, *The Consequences of Modernity*, Cambridge, Polity Press, 1990 – trad. port., *As Consequências da Modernidade*, Oeiras, Celta, 1998, pp. 24 ss.

[251] Sobre as características e classificações de riscos em seguros, cfr., p. ex., M. Costa Martins, "Contributo...", *cit.*, p. 175, n. 14; Bernard Beignier, *Droit du Contrat d'Assurance*, Paris, PUF, 1999, p. 87; Fritz Herrmannsdorfer, *Das Versicherungswesen*, Berlin, J. Springer, 1928 – trad. espanhola, *Seguros Privados*, Barcelona, Labor, 1933, p. 15; e Yvonne Lambert-Faivre, *Droit des Assurances*, *cit.*, pp. 239 ss.

[252] Mark R. Greene, *Risk...*, *cit.*, pp. 2 ss.

pelos dois contratantes. Para o segurado, é encarado sob o prisma da incerteza, da possibilidade subjectivamente estimada de ocorrência de um evento cujos efeitos patrimonialmente adversos o mesmo visa neutralizar por via do próprio contrato de seguro[253]. Para o segurador, considerando a mutualidade de riscos assumidos, é perspectivado como uma incerteza estatisticamente probabilizável e economicamente neutralizada, por compensação inerente ao efeito da mutualização[254]. Neste quadro, é assinalável o contributo de Pascal nas pesquisas relativas à teoria das probabilidades ou, como o próprio lhe chamou, geometria do acaso (*aleae geometria*), no sentido de superar, através de bases estatísticas sólidas, a incerteza quanto à probabilidade de ocorrência futura dos eventos seguráveis[255]. Neste sentido, o Teorema de Bernoulli – ou, na formulação de Poisson, a lei dos grandes números – garante, através do progressivo aumento do número de observações estatísticas, um gradual aumento da margem de confiança, que tenderá a reproduzir a própria realidade[256]. Ora a actividade seguradora, ao reunir numa mutualidade riscos de muitas pessoas, permite a cada uma delas beneficiar das vantagens da lei dos grandes números[257].

Nesta dupla perspectiva, poder-se-á afirmar que a actividade seguradora tem uma função global de supressão do risco. De facto, por um lado, através de técnicas

---

[253] Pierre Picard, "Un objectif majeur pour l'assurance et la prévention des risques", *Risques*, nº 39 (Set. 1999), pp. 65-66; Christian Schmidt, "Psychologie des risques et activités d'assurance", *Risques*, nº 39 (Set. 1999), pp. 67 ss.

[254] Desta dupla perspectivação do risco decorre a função previdencial do contrato de seguro – Agostino Gambino, "La neutralizzazione dei rischi nella struttura e nella funzione giuridica unitaria del contratto di assicurazione", *RDCDGO*, Ano LXXXIII (1985), Parte I, pp. 220-221.

[255] Albert Chaufton, *Les Assurances – Leur Passé, Leur Présent, Leur Avenir*, Paris, Librairie A. Marescq Ainé, 1884, p. 9.

[256] De acordo com a lei dos grandes números, a diferença entre os valores observados numa amostra e a realidade diminui à medida que aumenta o número de observações na amostra – Peter L. Bernstein, *Against the Gods – The Remarkable Story of Risk*, New York, John Wiley & Sons, 1996, p. 5, nota; Mark R. Greene, *Risk...*, *cit.*, p. 6; Armandino Rocha, e F. Henriques Oliveira, *Princípios do Seguro, cit.*, p. 30. Desta forma, o que é imprevisível e aleatório ao nível do contrato individual tende a tornar-se determinístico e previsível relativamente a grupos largos de indivíduos – Julie-Anne Tarr, *Disclosure and Concealment...*, *cit.*, p. 21.

[257] Peter L. Bernstein, *Against the Gods...*, *cit.*, p. 204; Mark R. Greene, *Risk...*, *cit.*, p. 6. Neste sentido, a teoria do risco, no quadro das ciências actuariais, tem por objectivo «a construção e o estudo dos modelos matemáticos que melhor se adaptem à actividade seguradora» (Maria de Lurdes Centeno, *Teoria do Risco na Actividade Seguradora*, Oeiras, Celta, 2003, p. IX. Convergentemente, Vivante sublinhou, como elemento essencial do contrato de seguro, o factor *empresa*, considerando a multiplicidade de contratos celebrados (tendente a dispersar e anular o risco individual e a compensar, pela acumulação de prémios, os efeitos dos sinistros individuais) e o carácter matematicamente rigoroso das bases estatísticas de avaliação das probabilidades de ocorrência de sinistros – Cesare Vivante, *Istituzioni di Diritto Commerciale*, Milano, Ulrico Hoepli, 1929, pp. 45 ss.

actuariais rigorosas os seguradores transformam o risco de ocorrência de eventos danosos num *risco económico* inerente a toda e qualquer actividade económica. Por outro lado, o segurado garante, através do contrato de seguro, a manutenção da integridade do seu património, eliminando, portanto, os efeitos da ocorrência de eventos que possam ameaçá-lo[258].

V. Uma outra classificação de grande relevância no âmbito do contrato de seguro é a que distingue o *risco extra-contratual*, isto é, aquele que incide directamente sobre a esfera pessoal ou patrimonial do segurado independentemente da existência ou não de contrato de seguro, do *risco contratual*, ou seja, aquele que é incorrido pelo segurador em virtude do contrato de seguro, e que se define por relação com o risco extra-contratual[259].

Na verdade, como probabilidade de ocorrência de um evento (tendencialmente danoso), o risco define-se no plano *extra-contratual* ou naturalístico. Daí que seja *sempre* exterior ao contrato de seguro e em nada dependa da existência, validade ou eficácia deste.

O risco reflecte-se, porém, igualmente, no plano *contratual*, já que todo o contrato de seguro é necessariamente constituído por referência a um risco extra-contratual. Este constitui, assim, um elemento típico central do contrato de seguro, na falta do qual não será possível qualificar o negócio como contrato de seguro. O risco contratual decorre ainda do princípio da especialidade, sendo recortado, concretizado, através de cláusulas de cobertura ou de exclusão, que o delimitam quanto ao tempo, ao espaço, às causas, às consequências, etc.[260]. Assim, enquanto o risco extra-contratual se traduz na possibilidade de produção de um qualquer evento danoso, o risco seguro traduz-se na possibilidade de produção de um evento determinado nas condições decorrentes do contrato ou da lei.

Finalmente, é estabelecida uma relação necessária entre o risco extra-contratual e o contratual. Desde logo, o contrato é nulo em caso de inexistência do risco extra-contratual (artigo 44º da LCS) e caduca se o risco vier a extinguir-se (nº 1 do artigo 110º da LCS). Por outro lado, a referida relação decorre ainda da conexão entre a ocorrência do referido risco extra-contratual e a realização, momento e valor da prestação pecuniária do segurador.

---

[258] Pedro Romano Martinez, *Direito dos Seguros – Apontamentos, cit.*, p. 56; e Álvaro Machado Villela, *Seguro de Vidas..., cit.*, p. 142.

[259] Matteo Mandó, "Dichiarazioni inesatte e reticenze nella fase precontrattuale del contratto di assicurazione", *DEA*, Ano XXXVIII (1996), nº 4, p. 792; Margarida Lima Rego, *Contrato..., cit.*, p. 67.

[260] Virginia Bado Cardozo, *El Riesgo..., cit.*, p. 21. Mesmo esta distinção não é unívoca na doutrina, havendo quem identifique o risco contratual com a noção de *alea* (isto é, enquanto risco de prejuízo contratual) – Giovanni di Giandomenico, *Il Contratto e l'Alea*, Padova, CEDAM, 1987, p. 56.

VI. Também ao nível do contrato de seguro, o risco comporta uma outra duplicidade de sentidos, presentes, quer em formulações teóricas, quer nos preceitos legais. Desde logo, algumas noções acentuam o risco como *possibilidade* (expressando – por oposição à impossibilidade ou à certeza – uma situação de incerteza quanto à ocorrência do evento, ao momento e às consequências da mesma), enquanto outras se lhe referem como *probabilidade* (caso em que a incerteza é passível de um cálculo probabilístico) de ocorrência do sinistro e respectiva intensidade[261]. Considerando as bases estatísticas e actuariais da actividade seguradora, preferimos a perspectiva probabilística, assente que o risco terá de ser possível[262]. Na verdade, um risco não probabilizável dificilmente será segurável, embora o juízo probabilístico seja insusceptível de afastar a incerteza quanto à produção efectiva do risco e às respectivas consequências[263].

VII. Numa outra perspectiva, podemos ainda distinguir uma *concepção material* de uma *concepção formal* de risco[264]. Do prisma material, o risco designa a probabilidade de *perigo* ou *de dano*, tomando por referência, portanto, um evento adverso, indesejado[265]. Neste sentido – ligado à função indemnizatória dos seguros de danos – o risco é perspectivado como um evento danoso, futuro e incerto,

---

[261] A quantificação conjunta das duas variáveis (probabilidade e intensidade do sinistro), quando reportadas a um dano patrimonial, traduzem-se no indicador *valor esperado do dano* (probabilidade x valor do potencial dano). Emmett J. Vaughan, *Fundamentals of Risk and Insurance*, 6ª Ed., New York, John Wiley & Sons, 1992, p. 6.

[262] A noção operatória de partida, que identifica o risco com a probabilidade (e intensidade) de ocorrência de um evento (sinistro), não implica que todo o risco segurável tenha de ser necessariamente susceptível de mensuração probabilística rigorosa (na falta de informação estatística, o mesmo pode ser estimado subjectivamente pelo segurador numa escala impressionista de maior ou menor probabilidade). Também a referida noção não afasta o requisito da possibilidade do risco, pelo que não cede perante os argumentos de que englobaria os eventos impossíveis (com probabilidade de 0%) e os certos (com probabilidade de 100%). Refutando a substância destas críticas, Emmett J. Vaughan, *Fundamentals...*, *cit.*, p. 14.

[263] O sentido que assume o *grau de risco* diverge substancialmente entre os autores que identificam risco com *incerteza* (quanto à ocorrência de um evento) e aqueles que o identificam com *probabilidade* (de ocorrência de um evento). Para os primeiros, o risco será tanto maior quanto maior a incerteza: sendo o risco probabilizável, variando entre 0 (impossibilidade) e 1 (certeza), o grau máximo de risco corresponde a 0,5. Para os segundos, o grau de risco será tanto maior quanto a probabilidade de ocorrência do evento. Cfr. Emmett J. Vaughan, *Fundamentals...*, *cit.*, pp. 5-6.

[264] Cfr., desenvolvidamente, Luís Poças, *Estudos...*, *cit.*, pp. 79 ss.

[265] Cfr., p. ex., José Engrácia Antunes, *Direito dos Contratos...*, *cit.*, pp. 705-706; Robert Baldwin, "Risk...", *cit.*, p. 2; Aldo Boselli, "Rischio, alea ed alea normale del contratto", *RTDPC*, II (1948), p. 778; António Menezes Cordeiro, *Manual de Direito Comercial*, Vol. I, *cit.*, p. 544; Giovanni di Giandomenico, *Il Contratto e l'Alea*, *cit.*, p. 50; Rodrigo Urìa, "Orientaciones modernas sobre el concepto jurídico del seguro en la doctrina española e hispanoamericana", *in* AIDA (Org.), *Atti del Primo Congresso Internazionale di Diritto delle Assicurazioni*, Milano, Giuffrè Ed., 1963, Vol. I, p. 359. Entre

contra a ocorrência do qual o segurado se pretende precaver, transferindo para o segurador os efeitos económicos dessa ocorrência.

Já na *concepção formal de risco* este é associado à probabilidade de ocorrência de *um acontecimento futuro e incerto*[266], mas que pode ser patrimonialmente indiferente para o segurado. Neste sentido, transferir o risco para uma seguradora significa apenas que esta deverá efectuar uma prestação se ou quando esse evento se produzir, sendo irrelevante se o evento é potencial ou realmente danoso para o segurado. Este é, aliás, o único sentido compatível com a generalidade dos seguros de vida e, muito em particular, com os seguros em caso de vida, onde não poderá nunca afirmar-se que a sobrevivência é um evento adverso[267].

VIII. São frequentemente apontadas várias características do risco segurável[268]. O mesmo deverá ser, assim, *possível* (a possibilidade – que tem por limites

a jurisprudência nacional, cfr. Ac. TRP de 24/09/1998 – Proc. 9750032 (Pinto de Almeida) e Ac. STJ de 17/11/2005 – Proc. 5B3403 (Salvador da Costa).

[266] Cfr. J. Almeida Costa e A. Sampaio Melo, *Dicionário da Língua Portuguesa*, Porto, Porto Ed., 1999. Nesta linha, Moitinho de Almeida define o risco como «a possibilidade de um evento futuro e incerto susceptível de determinar a atribuição patrimonial do segurador» – José Carlos Moitinho de Almeida, *O Contrato de Seguro no Direito...*, *cit.*, p. 82. Também em sentido convergente, reconhecendo que da verificação do risco não resultam necessariamente danos, François Ewald, "Génétique et assurance", *RGDA*, 1999, nº 3, p. 544; Fritz Herrmannsdorfer, *Das Versicherungswesen*, *cit.*, p. 15; Carlos A. Schiavo, *Contrato de Seguro...*, *cit.*, p. 36; Ricardo Alonso Soto, *El Seguro de la Culpa*, Madrid, Montecorvo, 1977, p. 245; José Vasques, "Contrato de seguro: Elementos...", *cit.*, p. 511.

[267] Cfr. Claudio Bazzano, *L'Assicurazione sulla Vita*, Milano, Egea, 1998, p. 28; Antigono Donati e Giovanna Volpe Putzolu, *Manuale...*, *cit.*, p. 121; Maurice Picard e André Besson, *Les Assurances...*, *cit.*, p. 33; e José Vasques, *Contrato de Seguro – Notas...*, *cit.*, p. 127. É também neste sentido – acolhido no artigo 1º da LCS – que algumas etapas da vida humana, que comportam uma conotação de eventos desejáveis, se configuram como riscos seguráveis: é o caso do nascimento de um filho ou do casamento, respectivamente nos seguros de natalidade e de nupcialidade, ou da passagem à situação de reforma, nos seguros de capitalização e reforma. Relativamente a estes, cfr. p. ex., Théodore Corfias, "Risque, épargne-retraite et normes IFRS", *RGDA*, 2005, nº 4, p. 883; Luís Poças, *Estudos...*, *cit.*, pp. 13 ss. Embora Véronique Nicolas note a existência de riscos extra-contratuais que não são representados como adversos mas cujos efeitos comportam aspectos economicamente desfavoráveis (os exemplos académicos serão os dos seguros de natalidade ou os seguros de sobrevivência), acaba por reconhecer que o carácter necessariamente danoso daquelas consequências não pode ser estabelecido para todas as modalidades de seguro (mormente no caso dos seguros de vida) – Véronique Nicolas, "Contribution à l'étude du risque dans le contrat d'assurance", *RGDA*, 1998, nº 4, p. 652. Assim, do nosso ponto de vista, o carácter economicamente prejudicial, para o segurado, do risco reflectido no contrato – inerente à função previdencial do seguro – terá de ser equacionado em abstracto, assumindo carácter meramente tendencial e não podendo arvorar-se em requisito de qualificação ou (menos ainda) de validade do contrato, sob pena de se introduzir no tráfico jurídico traços de incerteza e de insegurança que o mesmo não pode comportar.

[268] Pedro Romano Martinez, *Direito dos Seguros – Apontamentos*, *cit.*, p. 58; e M. Costa Martins, "Contributo...", *cit.*, p. 175, n. 14; Maria Inês Oliveira Martins, *O Seguro de Vida Enquanto Tipo*

a *impossibilidade* e a *certeza* – pode reportar-se à ocorrência do sinistro e/ou ao respectivo momento e/ou às respectivas consequências); *concreto* (isto é, trata-se de um risco individualizado e deve ser passível de uma aferição precisa – a qual se reflectirá na determinação do prémio – pelo que deverá ser previsível, mensurável e quantificável); *exógeno* (na medida em que está associado a um evento extra-contratual)[269] e *lícito*[270]. Outras características – por vezes apontadas pela doutrina – serão de afastar, como o carácter *aleatório* (decorrente do acaso)[271] e *danoso*[272].

Contratual Legal, Coimbra, Coimbra Ed., 2010, pp. 274 ss.; Margarida Lima Rego, *Contrato...*, *cit.*, pp. 67 ss.; José Vasques, "Contrato de seguro: Elementos...", *cit.*, p. 513.

[269] Esta característica revela-se particularmente pertinente para distinguir o contrato de seguro do de jogo e aposta. Enquanto no seguro o risco é exterior, anterior e independente do contrato, no jogo e aposta o risco resulta do próprio contrato e é gerado por este. Por outro lado, enquanto o seguro resulta da aversão ao risco (extra-contratual) e visa neutralizar contratualmente os seus efeitos patrimoniais, o jogo e aposta resultam, diversamente, da apetência pelo risco, e traduzem um fim eminentemente especulativo. Cfr. Mark R. Greene, *Risk...*, *cit.*, pp. 82-83; Margarida Lima Rego, *Contrato...*, *cit.*, p. 445.

[270] Costa Martins refere ainda algumas classificações de riscos no âmbito do contrato de seguro. Assim, quanto à sua passibilidade de aceitação os riscos podem ser *seguráveis* ou *não seguráveis*; quanto ao objecto, podem ser *patrimoniais* ou *não patrimoniais*; quanto à sua regularidade estatística, podem ser *ordinários* ou *extraordinários*; quanto ao seu grau de intensidade, podem ser *variáveis* ou *constantes*; quanto à sua proximidade a outros riscos, podem ser *distintos, comuns, contíguos* ou *próximos*; quanto à sua produção no tempo, podem ser *progressivos* ou *regressivos*. Cfr. M. Costa Martins, "Contributo...", *cit.*, p. 175, n. 14.

[271] Cfr., p. ex., M. Costa Martins, "Contributo...", *cit.*, p. 175, n. 14. Esta característica refere-se ao elemento *fortuito* do risco (isto é, a sua verificação deve ser alheia à vontade humana), sendo neste sentido que a expressão "evento aleatório" é empregue no artigo 1º da LCS. Alguma doutrina designa esta característica por *incerteza* (cfr. Carlos Harten, *El Deber...*, *cit.*, p. 34). A aleatoriedade ou incerteza poder-se-ão reportar a eventos passados, caso em que se trata de uma *incerteza subjectiva*, admitida nos chamados seguros de riscos putativos. O carácter aleatório do risco, no sentido referido, não deverá ser confundido com o carácter aleatório do contrato de seguro. No primeiro caso o significante aleatório é empregue em sentido corrente (como sinónimo de *casual, contingente* ou *fortuito*), enquanto no segundo nos referimos a uma categoria classificatória da dogmática jurídica, com um sentido bem preciso. Sobre a distinção, cfr. *infra* III.2.1.VII. Em qualquer caso, a admissibilidade de riscos cuja verificação depende de uma acção intencional, designadamente o suicídio nos seguros de vida, as consultas médicas de rotina nos seguros de doença, ou as acções negligentes ou dolosas nos seguros de responsabilidade civil, desmente o requisito de aleatoriedade do risco (cfr., por todos, Abílio Neto, *Código Comercial...*, *cit.*, p. 380).

[272] Cfr. M. Costa Martins, "Contributo...", *cit.*, p. 175, n. 14. Margarida Lima Rego fala em *desvalor* (Margarida Lima Rego, *Contrato...*, *cit.*, pp. 75 ss.). Esta referência ignora a realidade dos seguros de vida, onde, perante a estrutura do contrato, o evento em que incide o risco pode ser patrimonialmente vantajoso (p. ex., o seguro de vida em caso de morte a favor de herdeiros para os quais a vida da pessoa segura não representa qualquer vantagem patrimonial, e que retiram um benefício duplo, no plano patrimonial, com a morte da pessoa segura); ou indiferente (p. ex., o seguro de vida em caso de morte, celebrado sobre a própria vida do tomador, a favor de uma instituição de caridade, religiosa, desportiva ou política).

II.2.2. A prestação do segurador

I. O debate dogmático em torno da natureza da prestação do segurador é denso e muito controvertido[273]. Neste quadro, a convocação do tema, na economia do presente trabalho, procura apenas, em sede de conceptualização do objecto de análise, demonstrar a relevância do risco e da respectiva declaração na arquitectura do tipo contratual.

A prestação – comportamento a que o devedor está obrigado no interesse do credor – consubstancia o objecto da obrigação: é «o meio que satisfaz o interesse do credor, que lhe proporciona a vantagem a que ele tem direito»[274]. Assim, na relação obrigacional inerente ao contrato de seguro, importa identificar a prestação do segurador, evidenciando a forma como o *risco* surge envolvido na mesma, tomando em consideração, em primeira linha, a *prestação principal* ou *típica* do segurador – a que caracteriza e define o tipo contratual em causa – distinguindo-a das prestações secundárias, mormente das prestações *acessórias* da principal (isto é, as que preparam ou garantem o cumprimento desta)[275].

II. A posição tradicional nesta matéria está associada à perspectiva da natureza indemnizatória do contrato de seguro. Numa formulação ampla, dir-se-á que esta posição atribui à prestação do segurador carácter eventual e conteúdo pecuniário. Tratar-se-ia, assim, de uma prestação patrimonial de *dare*, subordinada à ocorrência do risco seguro (sinistro), e consistente no pagamento de uma indemnização (seguros de danos) ou de um capital convencionado (seguros de vida e de acidentes pessoais)[276].

Contra esta posição são dirigidos, fundamentalmente, os argumentos de que a mesma não explicaria, quer a impossibilidade de resolução do contrato por falta de preenchimento do respectivo objecto (a verificação do sinistro), quer que o prémio seja devido mesmo na falta de ocorrência do sinistro[277].

---

[273] Cfr. o confronto de perspectivas e de argumentos em Margarida Lima Rego, *Contrato...*, *cit.*, pp. 321 ss.

[274] João Antunes Varela, *Das Obrigações...*, Vol. I, *cit.*, p. 78.

[275] João Antunes Varela, *Das Obrigações...*, Vol. I, *cit.*, pp. 121 ss.

[276] Nesse sentido, cfr., p. ex., Joaquín Garrigues, *Contrato...*, *cit.*, p. 113; e, entre nós, José Alberto Vieira, "O dever de informação...", *cit.*, p. 1006. Numa variante desta perspectiva, Engrácia Antunes concebe a existência de dois tipos de prestações a cargo do segurador: uma prestação principal, pecuniária, que satisfaz uma necessidade eventual (prestação caracterizadora do contrato de seguro); e uma prestação secundária de natureza garantística – José Engrácia Antunes, *Direito dos Contratos...*, *cit.*, p. 716, n. 1439 e p. 684. Nesta perspectiva, o autor concebe o prémio como o custo da "paz de espírito" ou "segurança" decorrente da transferência para o segurador das consequências económicas associadas à verificação do risco seguro – *idem*, p. 678.

[277] José Vasques, *Contrato de Seguro – Notas...*, *cit.*, p. 255. Não faria, pois, sentido que a contrapartida de uma prestação efectiva (o prémio) fosse meramente eventual (pagamento da indemnização ou

III. Em alternativa à posição referida, veio a doutrina identificar uma prestação permanente do segurador, correspondente a uma imaterial ou intangível *suportação do risco, assunção do risco, cobertura* ou *segurança*[278]. Esta perspectiva assenta numa extensão da noção de *prestação*, enquanto protecção dos interesses de outrem, ainda que na ausência de um comportamento devido[279]. Neste âmbito, sustenta Scalfi que «a prestação do segurador faz conseguir uma utilidade ao segurado mesmo independentemente da utilidade que este possa obter em virtude da indemnização: é a tranquilidade, conseguida no tempo de duração do contrato»[280].

Enquanto alguns autores negam autonomia à prestação patrimonial em caso de sinistro[281], outros secundarizam-na em relação à referida prestação não patrimonial[282]. Noutra construção, o segurador assumiria uma obrigação complexa, analisável em *dois momentos*: o inicial, cuja utilidade, para a contraparte, se traduz na tranquilidade; e o indemnizatório, que poderá não chegar a verificar-se[283]. A obrigação a cargo do segurador assumiria, assim, *duas fases*: uma *potencial*, latente, garantística, dependente da verificação de um evento incerto; e uma *actual*, traduzida numa prestação de *dare* ou de *facere* decorrente daquela verificação[284].

---

capital por sinistro), ou que, na falta da ocorrência do sinistro o contrato carecesse de prestação característica – Nuno Lima Bastos, "Do contrato de resseguro", *Revista Jurídica de Macau*, Vol. 3, nº 3 (Set.-Dez. 1997), p. 155.

[278] Cfr., p. ex., José Carlos Moitinho de Almeida, *O Contrato de Seguro no Direito...*, *cit.*, pp. 27-28; Nuno Lima Bastos, "Do contrato...", *cit.*, p. 155; Bernard Beignier, *Droit du Contrat...*, *cit.*, p. 96; Sérgio Cavalieri Filho, "Visão panorâmica do contrato de seguro e suas controvérsias", *Revista do Advogado*, São Paulo, nº 47 (Mar. 1996), p. 9; Giovanni di Giandomenico, *Il Contratto e l'Alea*, *cit.*, pp. 181-182; Daniele di Loreto, "Il fenomeno della frode nell'esperienza assicurativa", *Assicurazioni*, Ano LXXI, nº 4 (Out.-Dez. 2004), p. 550; Dieter Medicus, *Schuldrecht...*, *cit.*, pp. 621-622; Francisco Guerra da Mota, *O Contrato...*, *cit.*, pp. 251 e 317, n. 1; Gianguido Scalfi, "Considerazioni sui contratti aleatori", *RDC*, Ano VI (1960), Parte I, p. 179; José Vasques, *Contrato de Seguro – Notas...*, *cit.*, p. 255. Na jurisprudência, cfr., p. ex., Ac. TRC de 20/06/2000 – Proc. 1101/2000 (Hélder Roque).

[279] Agostino Gambino, *L'Assicurazione...*, *cit.*, p. 158.

[280] Gianguido Scalfi, "Considerazioni...", *cit.*, p. 179 (trad. nossa).

[281] P. ex., Francisco Guerra da Mota, *O Contrato...*, *cit.*, p. 251.

[282] P. ex., Sérgio Cavalieri Filho, "Visão...", *cit.*, p. 9. Como refere Beignier, é na medida em que o segurador está obrigado a uma prestação de garantia ou de cobertura, que o mesmo deve efectuar a sua prestação pecuniária (regularização do sinistro) – Bernard Beignier, *Droit du Contrat...*, *cit.*, p. 96.

[283] Gianguido Scalfi, "Considerazioni...", *cit.*, pp. 179-180. Cfr. igualmente José Vasques, *Contrato de Seguro – Notas...*, *cit.*, p. 255; José Vasques, "Contrato de seguro: Elementos...", *cit.*, pp. 504-5. Segundo este autor, esta perspectiva comportaria várias vantagens: o reconhecimento de que o interesse do segurado se realiza com a assunção do risco pelo segurador; o reconhecimento de que a obrigação do segurador tem carácter continuado e acompanha a duração do contrato; e a demonstração de que o prémio não tem de ser devolvido por falta de ocorrência do sinistro.

[284] Agostino Gambino, *L'Assicurazione...*, *cit.*, p. 176; Gianguido Scalfi, *Manuale delle Assicurazioni Private*, Milano, Egea, 1994, p. 19.

Superando algumas das críticas apontadas à perspectiva da prestação indemnizatória, esta posição concilia a explicação da correspectividade de prestações com o carácter aleatório do contrato de seguro[285].

IV. Outra perspectiva identifica a posição do segurador como uma *obrigação unitária e complexa de serviço de seguros*, produto da actividade de seguros, que incluiria a prestação do serviço de seguro e a prestação pecuniária em caso de sinistro, e que seria a contrapartida do pagamento do prémio[286]. A relevância de uma *prestação de empresa* no contrato de seguro assume particular importância em contextos como o italiano, onde esta perspectiva se apoia em disposições legais que permitem ao tomador a resolução do contrato em caso de incumprimento, pelo segurador, de alguns imperativos legais de organização da actividade seguradora, de modo que ponha em causa a "prestação" de *securum facere*. Neste quadro, alguma doutrina sustenta que o tomador tem, como contrapartida do pagamento do prémio, um verdadeiro direito a que o segurador cumpra os deveres de conduta que lhe impõe a disciplina legal da actividade seguradora[287].

V. Uma das debilidades da perspectiva da prestação imaterial de suportação do risco reside na qualificação desta como uma verdadeira prestação. Não estando em causa uma prestação de *dare*, várias têm sido as tentativas para identificar aí uma prestação de *facere*, designadamente apresentando-a como prestação de um serviço de previdência[288].

Noutra perspectiva, Boselli defende a configuração dos contratos aleatórios – entre eles, o de seguro – como uma recíproca obrigação, com prestação complexa, de *pati*: uma prestação negativa, tendo por objecto um *non facere* (traduzindo-se na exposição do próprio património e na abstenção de impedir a livre produção do

---

[285] Gianguido Scalfi, "Considerazioni...", *cit.*, p. 180. O regime consagrado da devolução do prémio *pro rata temporis*, em caso de cessação antecipada do contrato, manifesta, aliás, a existência de um sinalagma entre a suportação do risco e o prémio – Margarida Lima Rego, *Contrato...*, *cit.*, p. 466.

[286] Cfr. Agostino Gambino, *L'Assicurazione...*, *cit.*, pp. 365 ss. e 403 ss., que se demarca dessa perspectiva, considerando que as posições das partes traduzidas no contrato singular não se confundem com o exercício da própria actividade seguradora, cuja disciplina é de Direito público. Em qualquer caso, essa obrigação complexa será mais facilmente identificável em contratos de seguro de assistência, de renda vitalícia, de doença, em seguros de vida mistos, ou em seguros de acidentes de trabalho, p. ex., onde se identifica facilmente uma actividade gestória do segurador traduzida em prestações, não só de *dare*, mas igualmente *de facere*, mais ou menos regulares. Será menos perceptível em modalidades de seguro onde a prestação pecuniária do segurador poderá nunca ocorrer (como os seguros de vida da modalidade temporário, ou os seguros de incêndio).

[287] Neste sentido, desenvolvidamente, Rosario Ippolito, "Il sinallagma nel contratto di assicurazione", *RDCDGO*, Ano LXXXI (1983), Parte I, pp. 518 ss.

[288] Cfr. Margarida Lima Rego, *Contrato...*, *cit.*, p. 331.

evento), ligada a uma obrigação positiva, tendo por objecto um *facere* (traduzido em actos não autonomizáveis de dação ou consignação)[289]. Segundo o autor, nos contratos aleatórios verifica-se uma *troca de riscos*, isto é, uma recíproca exposição dos patrimónios das partes ao risco inerente ao contrato[290]. Ora esta troca não se traduz por um *dare* – já que o risco não se dá, suporta-se – mas por um *pati* actual e incondicional. A prestação *de dare* será, quando muito, o resultado mediato da troca de riscos. Por outro lado, o evento incerto não constituirá uma condição a que a relação obrigacional se subordina, mas apenas um factor de delimitação e de concretização das prestações das partes. Por seu turno, o que cada parte dá à outra não se confundirá com a verdadeira prestação, representando apenas um momento da obrigação complexa. De facto, ambas suportam prestações actuais, mas enquanto a de uma delas está à partida determinada (a do tomador), a da contraparte depende, para a sua determinação, da ocorrência de um evento incerto. De resto, a equivalência entre os riscos trocados traduzir-se-á na proporção entre a probabilidade de perda de uma parte (o segurador) e a perda efectiva da contraparte (o tomador do seguro)[291].

Com toda a pertinência, Gambino contesta esta perspectiva, aceitando que a suportação do risco assume o *sentido* de um *pati*, mas não que configura uma *obrigação de pati*, isto é, «um comportamento devido de tolerância ou de colocação do próprio património à disposição do evento incerto»[292], já que essa pretensa obrigação não pode ser voluntariamente cumprida ou incumprida pelo "obrigado"[293]. Também Scalfi critica esta posição, começando por recusar as premissas em que a mesma assenta e a generalização da perspectiva a todos os contratos aleatórios. Por outro lado, recusa igualmente a ideia de uma troca de riscos (e de uma necessária bilateralidade da *alea*), sustentando, no contrato de seguro, a existência de uma troca entre prémio e prestação de garantia[294].

---

[289] Aldo Boselli, "Le obbligazioni fondamentali nel contratto aleatorio", *RTDPC*, III (1949), pp. 611 ss.

[290] Aldo Boselli, "Rischio...", *cit.*, p. 780. Como refere o autor, a avaliação do risco corresponde à razão da quantidade do património exposto ao risco pela probabilidade dessa exposição – *idem*, p. 778.

[291] Aldo Boselli, "Rischio...", *cit.*, pp. 782-788. Também Giandomenico perspectiva o contrato aleatório como uma recíproca assunção de um risco, traduzida na reciprocidade de obrigações *de pati* – Giovanni di Giandomenico, *Il Contratto e l'Alea, cit.*, p. 52.

[292] Agostino Gambino, *L'Assicurazione..., cit.*, p. 175 (trad. nossa).

[293] Agostino Gambino, *L'Assicurazione..., cit.*, p. 175. Segundo o autor, o *pati* deve traduzir-se num comportamento de *tolerância*, de conteúdo essencialmente negativo, que não admite um comportamento de carácter positivo (excepto se este for instrumental do *pati* ou autónomo em relação a ele). *Idem*, p. 174.

[294] Gianguido Scalfi, "Considerazioni...", *cit.*, pp. 165 ss. Na perspectiva do autor a *alea* é unilateral no contrato de seguro, na medida em que uma das partes efectua uma prestação certa (pagamento

VI. Alguma doutrina desloca o debate da natureza da prestação de suportação do risco para a problemática da qualificação das posições jurídicas das partes. Assim, para Gambino, os contratos aleatórios caracterizam-se estruturalmente, desde a conclusão do negócio, pela emergência de posições jurídicas – a *expectativa* e a *sujeição* – que se definem em relação a um evento incerto em torno do qual se estabelece o equilíbrio contratual[295]. No caso do seguro, o segurador assumiria a posição passiva de sujeição, não por efeito de um direito potestativo mas de um evento externo, cuja ocorrência é incerta e independente da vontade das partes, e à qual estas atribuem convencionalmente esse efeito[296]. Simultaneamente, a posição activa do segurado – expectativa – traduzir-se-ia, desde o início, numa atribuição patrimonial[297]. Para o autor, o interesse contratual do segurado satisfaz-se, assim, com a posição de sujeição do segurador, o que justifica o pagamento do prémio[298].

Giandomenico critica a incoerência desta posição, que identifica uma correlação entre o prémio e a situação de sujeição do segurador (cobertura do risco), mas sustenta paradoxalmente a aleatoriedade do contrato sob o argumento de que, o que releva para esta classificação, não é já aquela relação, mas a que se estabelece entre o prémio e a prestação pecuniária do segurador[299].

Do nosso ponto de vista, a crítica a esta posição decorre da noção de sujeição[300]. Assim, a sujeição caracteriza-se pela passividade e inevitabilidade: a impossibilidade de agir para evitar os efeitos constitutivos, modificativos ou extintivos do direito potestativo. Ora, o evento que consubstancia o risco não tem essa eficácia, apenas constitui uma condição suspensiva da prestação pecuniária do segurador. Por outro lado, enquanto na sujeição não se requer a colaboração do sujeito, já no caso do seguro o segurador pode incumprir o seu dever de prestar em

---

do prémio) mas a da outra depende de um evento incerto. *Idem*, p. 179.

[295] Agostino Gambino, *L'Assicurazione...*, *cit.*, p. 238.

[296] Agostino Gambino, *idem*, pp. 182 ss.

[297] Agostino Gambino, *idem*, p. 315.

[298] Agostino Gambino, *idem*, pp. 320 ss. Seguindo a posição de Gambino, cfr., Vicente L. Montés Penades, "Observaciones sobre la aleatoriedad del contrato de seguro", *in* Evelio Verdera y Tuells (Ed.), *Comentarios a la Ley de Contrato de Seguro*, Vol. I, Madrid, Colegio Universitario de Estudios Financieros, 1982, pp. 196-197; e, entre nós, Carlos Bettencourt de Faria, "O conceito...", *cit.*, p. 787.

[299] Giovanni di Giandomenico, *Il Contratto e l'Alea*, *cit.*, pp. 179-180.

[300] A sujeição constitui, nas palavras de Carlos Mota Pinto, uma «situação de necessidade inelutável, em que está constituído o adversário do titular de um direito potestativo, de suportar na sua esfera jurídica as consequências constitutivas, modificativas ou extintivas do exercício daquele direito». Carlos Mota Pinto, *Teoria Geral...*, *cit.*, p. 177. Já a situação de expectativa não merece reparo: efectivamente, a expectativa traduz a posição do segurado perante a prestação do segurador na medida em que esta está sujeita a uma condição suspensiva: é a produção dessa condição que transforma a expectativa num direito subjectivo.

caso de sinistro. Dir-se-ia que, face à produção do sinistro, a verdadeira sujeição (no plano naturalístico, não jurídico) é a que caracteriza a posição do segurado.

VII. Fugio Oho parte do Direito romano para distinguir obrigações de fazer ou não fazer (*facere* ou *non facere*), de dar (*dare*) e de garantir (*praestare*)[301]. Esta função de garantia seria actualmente desempenhada, por exemplo, pelo contrato de seguro (do qual a *obrigação de garantia* constituiria o objecto típico)[302]. A obrigação de garantia traduzir-se-ia na posição passiva correspondente ao assegurar a falta de cumprimento de uma obrigação (caso das garantias das obrigações, com carácter acessório) ou o dano (caso do seguro), e não na posição activa correspondente à realização da garantia (pagamento)[303]. Christian Mouly, por seu turno, atribui à caução, bem como ao seguro, uma natureza dualista, distinguindo aí: uma obrigação de cobertura (*couverture*), determinada desde o início do contrato e de duração continuada; e uma obrigação de pagamento (*règlement*), eventual e determinável em caso, respectivamente, de incumprimento ou de sinistro[304].

Em defesa das duas posições citadas, Naoki Kanayama sustenta ser redutora a limitação do leque de obrigações às de *facere, non facere* e *dare,* propondo que se lhes adicione a de *garantir* (ou *praestare*)[305]. A *obrigação de garantir* implicaria, assim, uma prestação imaterial objecto dos *contratos de garantia* (categoria englobando os contratos que consistem em assumir a execução de uma obrigação ou em reparar um dano, entre estes, o de seguro). O autor concebe, de resto, a *obrigação de garantir* como uma obrigação complexa, tendo por conteúdo: uma prestação de *cobertura*, que consiste num serviço de execução imediata e continuada; e uma prestação futura e eventual de *pagamento*, de execução instantânea (dependente, no caso do seguro, da ocorrência do sinistro)[306]. Por outro lado, tratar-se-ia de uma obrigação inerente aos contratos aleatórios que assentam na ocorrência de um risco[307]. Quanto à questão de saber se a obrigação de garantia será passível de

---

[301] Naoki Kanayama, "De l'obligation de 'couverture' à la prestation de 'garantir' – Donner, faire, ne pas faire... et garantir?", *in* AAVV, *Mélanges Christian Mouly*, Vol. II, Paris, Litec, 1998, p. 376.
[302] Carlos Ferreira de Almeida reconhece também no seguro uma função económico-social de garantia – Carlos Ferreira de Almeida, *Contratos*, Vol. III, Coimbra, Almedina, 2012, p. 223.
[303] Naoki Kanayama, *idem*, pp. 377-378.
[304] *Apud* Naoki Kanayama, *idem*, pp. 379 ss.
[305] Naoki Kanayama, *idem*, pp. 384-385 e 399.
[306] Naoki Kanayama, *idem*, pp. 385 ss. e 399.
[307] Naoki Kanayama, *idem*, p. 393. Entre nós, José António Veloso identifica dois protótipos de transferências relativas de riscos, susceptíveis de constituir o conteúdo de contratos autónomos: o *hedging*, que se traduz na articulação de eventos comportando efeitos patrimoniais simétricos, que reciprocamente se neutralizam; e a *garantia*, que se traduz na transferência do risco de uma determinada perda patrimonial, de um sujeito para outro – será o caso do contrato de seguro. Por seu turno, este distinguir-se-á dos outros contratos de garantia, não pelo efeito na esfera do

incumprimento, afirma o autor que, exceptuado o caso de insolvência do garante, aquela não pode ser incumprida na parte respeitante à prestação de cobertura[308].

Do nosso ponto de vista, o elemento crítico da apontada perspectiva – comum, aliás, à que defende uma prestação de suportação do risco – traduz-se na dificuldade de qualificação da prestação imaterial referida como uma verdadeira prestação em sentido técnico. Pedro Múrias, por exemplo, qualifica como "atribuição de uma possibilidade" (de obrigação) a cobertura – ou suportação do risco – pelo segurador, não correspondendo, em si mesma, na perspectiva do autor, ao cumprimento de uma verdadeira prestação[309].

No mesmo sentido, Margarida Lima Rego rejeita a qualificação de *prestação* relativamente ao conteúdo garantístico da vinculação do segurador. Em seu lugar, prefere o recurso à qualificação de *atribuição*, entendida, em sentido mais lato, como disponibilização de um bem jurídico a outrem[310]. Como refere a autora, «aquilo a que se chama suportação do risco é, no seguro, um *mero efeito do contrato* a que não corresponde qualquer conduta do segurador e que, por conseguinte, não pode sequer ser *violado* pelo segurador»[311]. Nesta perspectiva, a suportação do risco (atribuição que se traduz na *cobertura* de seguro) configurar-se-ia como um *estado de vinculação* decorrente da celebração do contrato, assumindo-se ainda como *a atribuição característica* do tipo contratual de seguro[312].

---

transmitente (a neutralização de um potencial dano patrimonial), mas pelo carácter aleatório (fortuito, entenda-se) do evento e pelo *pooling* de riscos seguros – José António Veloso, *Risco, Transferência de Risco, Transferência de Responsabilidade na Linguagem dos Contratos e da Supervisão de Seguros*, Separata de AAVV, *Estudos em Homenagem ao Prof. Doutor José Dias Marques*, Coimbra, Almedina, 2007, pp. 292-293.

[308] Naoki Kanayama, "De l'obligation...", *cit.*, p. 395.

[309] Pedro Ferreira Múrias, "Um conceito de atribuição para o direito do não cumprimento", http://muriasjuridico.no.sapo.pt/yAtribuicaoNet.pdf (consult. 19/08/2010), pp. 4-5, 8 e 38 [cfr. igualmente em *O Direito*, Ano 140º (2008), nº 4, pp. 797-856].

[310] Margarida Lima Rego, *Contrato...*, *cit.*, p. 311. Também Carlos Ferreira de Almeida se refere à "prestação pecuniária" do segurador como *atribuição patrimonial* (*Contratos*, Vol. III, *cit.*, p. 223).

[311] Margarida Lima Rego, *idem*, p. 328. Também no sentido de que a principal atribuição do segurador – a cobertura – é um mero efeito do contrato, Pedro Romano Martinez, "Artigo 25º – Comentários complementares", in Pedro Romano Martinez et al., *LCS Anotada*, *cit.*, p. 167.

[312] Margarida Lima Rego, *Contrato...*, *cit.*, pp. 341-342 e 346. Por outro lado, esse estado de vinculação corresponderá à contrapartida do prémio pago, pelo que será expressão do sinalagma contratual, entendido, em sentido amplo, como abrangendo, não apenas a correspectividade entre prestações, mas mesmo entre quaisquer atribuições – *idem*, pp. 351 ss. e 370. De resto, esse estado de vinculação – atribuição característica do contrato – permitirá ainda classificar o seguro entre os contratos de garantia ou de previdência, na medida em que a atribuição do segurador (cobertura ou suportação do risco) será apta, desde início, a satisfazer a necessidade de segurança do tomador/segurado – *idem*, pp. 427 ss. O bem *segurança*, proporcionado pelo contrato, assentará, por seu turno, na relação entre o risco exógeno e o risco endógeno ao contrato – *idem*, pp. 446-447. Cfr. também

VIII. Perante as várias perspectivas expostas em tema de prestação do segurador, cumpre tomar posição[313]. Desde logo, o contrato de seguro encerra uma relação obrigacional complexa. A posição jurídica do segurador caracteriza-se por vários tipos de vinculações, que decorrem da LCS. Por outro lado, pensamos que a doutrina tem tido alguma dificuldade em dar conta de «um dado intuitivo que provém da experiência concreta que constata como o segurador emite a "cobertura de seguro" ao segurado: logo, um "qualquer coisa" de certo que o segurador dá, antes e independentemente do pagamento da indemnização»[314].

A dificuldade é tanto maior quanto o sentido técnico de *prestação*, cuja correspectividade consubstancia o sinalagma, é o do *comportamento* objecto da obrigação contratual, noção que não abrange, portanto, a imaterialidade daquela "cobertura de seguro" (ou "suportação do risco"). A própria análise do tipo contratual – tome-se por exemplo o artigo 1º da LCS, segundo o qual, «por efeito do contrato de seguro, o segurador cobre um risco determinado do tomador do seguro ou de outrem, obrigando-se a realizar a prestação convencionada em caso de ocorrência do evento aleatório previsto no contrato» – logo revela que a "prestação convencionada" é uma prestação de *dare* ou de *facere*, e que a "cobertura do risco" não traduz uma prestação propriamente dita, mas um pressuposto da mesma.

Por outro lado, como igualmente se extrai da descrição do tipo contratual, a referida prestação está sujeita a uma *condição suspensiva*[315] (a "ocorrência do evento aleatório previsto no contrato", ou seja, o sinistro), de onde decorre a sua verificação *eventual*. Essa subordinação a uma condição suspensiva determina precisamente o carácter aleatório do contrato, como adiante veremos[316]. Por outro lado, é ela que confere sentido à ideia de "cobertura de seguro" ou "suportação do risco".

Margarida Lima Rego, "O contrato e a apólice de seguro", *in* Margarida Lima Rego (Coord.), *Temas de Direito dos Seguros – A Propósito da Nova Lei do Contrato de Seguro*, Coimbra, Almedina, 2012, p. 20.

[313] A perspectiva que agora subscrevemos afasta-se da que esboçámos, sem desenvolvimento, num anterior escrito – Luís Poças, *Estudos...*, *cit.*, p. 91, n. 296.

[314] Giovanni di Giandomenico, *Il Contratto e l'Alea*, *cit.*, p. 161 (trad. nossa).

[315] Poderá estar alternativamente em causa uma condição resolutiva, no caso dos seguros de vida de renda temporária, ou um termo incerto suspensivo no caso dos seguros de vida inteira ou um termo incerto resolutivo no caso dos seguros de renda vitalícia – cfr. Luís Poças, *Estudos...*, *cit.*, p. 34, n. 81, e p. 37, n. 96. Em posição coerente com a que ora sustentamos, Inês Oliveira Martins defende que, faltando um conteúdo jurídico autónomo correspondente a uma *prestação de suportação do risco*, a posição do segurador caracterizar-se-á por uma obrigação, sujeita a condição ou a termo (o que não tolhe o seu valor económico-jurídico), de efectuar uma prestação *de dare* ou *de facere*, caracterizando-se a posição activa da contraparte por uma expectativa – Maria Inês Oliveira Martins, *O Seguro...*, *cit.*, pp. 33 ss., especialmente 44-45.

[316] Salientando o carácter aleatório do contrato e a natureza condicional da prestação (indemnizatória) do segurador, Véronique Nicolas, "Contribution...", *cit.*, pp. 643-644. Note-se, porém, que não existe uma relação necessária entre os contratos aleatórios e os sujeitos a condição. Há contratos aleatórios não sujeitos a condição, assim como há contratos sujeitos a condição que

Do nosso ponto de vista, a discussão em torno da natureza da prestação do segurador confunde, em regra, dois planos – o *estrutural*, respeitante à posição das partes na arquitectura do contrato, e o *funcional*, respeitante ao escopo visado pelo tipo contratual – buscando na estrutura um decalque da função. Ora, de um prisma estrutural, o que traduz a posição jurídica passiva do segurador é, como referimos, uma obrigação de *dare* ou de *facere* sujeita a uma condição suspensiva: a verificação do risco contratualmente recortado. É essa condição suspensiva, indexada ao risco e consubstanciadora da *alea* contratual, que tem por efeito uma abstracção funcional: a "cobertura de seguro" geradora de tranquilidade. A mesma não tem existência material: é uma abstracção, um mero efeito da *alea*, uma ficção de base psicológica e económica que traduz, no plano funcional, o que a obrigação do segurador é, realmente, no plano estrutural[317].

Ora, essa ficção de *efeito garantístico* comporta um conteúdo patrimonial e uma utilidade específica para o segurado: a realização do seu interesse típico através daquele efeito[318]. A prestação só é útil, só é apta a satisfazer o interesse do segu-

não são aleatórios – cfr. Pasquale Coppa-Zuccari, *L'Alea nel Contratto di Assicurazione*, Roma, Tip. Partenopea, 1899, pp. 107 ss. Como refere Almeida Costa, enquanto no contrato aleatório a *alea* constitui um elemento essencial, num contrato sujeito a condição esta é um elemento acidental, com carácter de acessoriedade. Por outro lado, enquanto no contrato aleatório o evento incerto afecta as vantagens patrimoniais das partes, no negócio condicional a condição afecta a eficácia ou a resolução do contrato – Mário Almeida Costa, *Direito das Obrigações, cit.*, p. 371, n. 1. Criticamente quanto à perspectiva do contrato de seguro como obrigação condicionada, Rosario Ippolito, "Il sinallagma...", *cit.*, pp. 494 ss.

[317] O reconhecimento de uma "prestação de cobertura" implicaria que o tomador do seguro tivesse direito à mesma – podendo exigi-la judicialmente – e que o segurador tivesse a possibilidade material de a incumprir. Ora, aquele direito e esta possibilidade apenas se verificam relativamente à prestação indemnizatória do segurador. Neste sentido, recusa Carlos Ferreira de Almeida a existência de uma prestação continuada de "suportação do risco" ou de "segurança", que qualifica como uma «evidente ficção» (Carlos Ferreira de Almeida, *Texto e Enunciado na Teoria do Negócio Jurídico*, Vol. I, Coimbra, Almedina, 1992, p. 566, n. 293), identificando-a antes como uma prestação eventual e única: «a segurança que o beneficiário possa sentir na pendência do evento futuro e incerto deriva de uma mera expectativa, que será ela mesma frustrada se o garante, por sua parte, não cumprir, e não de uma prestação efectiva da outra parte» – *idem*, p. 567, n. 293. A pertinência da argumentação do autor revela-se precisamente quanto à hipótese de incumprimento da prestação eventual: como se pode pretender que o segurador efectuou, ao longo de toda a vigência contratual, uma prestação de segurança se, verificado o sinistro, o mesmo não efectuar a sua prestação indemnizatória? Em que consistia, afinal, aquela segurança senão numa entidade virtual, num efeito psicológico? Na verdade, *a* prestação é (apenas) a eventual. É ela que o segurador pode cumprir ou incumprir. Assim, como remata o autor, «aquilo a que se chama prestação (que é a efectivação de uma obrigação) não é mais do que um estado de pendência da obrigação» – *ibidem*.

[318] Haymann parece ir neste sentido quando afirma que «a garantia já não é uma coisa concreta como retêm aqueles juristas que apenas consideram os processos económicos do segurador, mas um efeito jurídico, uma obrigação ainda *in suspenso* condicionada à verificação do sinistro» –

rado, na medida em que está condicionada pela eventual ocorrência de um dano extra-contratual. A ligação entre tal dano (sinistro) e a prestação do segurador é certa, e na confiança quanto a tal certeza se realiza o interesse do segurado, pouco importando, pois, que ambos se verifiquem ou não.

A natureza da prestação do segurador permite-nos identificar duas posições jurídicas contrapostas na pendência da condição suspensiva referida: uma posição de *expectativa* (do segurado) e o que podemos designar por *posição de tensão* por parte do segurador (correspondente à *expectativa negativa* de que a condição não se produza). Não há qualquer dever, sujeição ou outra posição passiva que caracterize a situação do segurador. A latência ou suspensão do direito à prestação / dever de prestar reflecte-se na posição de ambas as partes e tem para ambas, insista-se, um conteúdo patrimonial (que justifica o pagamento do prémio por parte do tomador e a vinculação por parte do segurador).

IX. A doutrina tem revelado dificuldade em identificar satisfatoriamente o sinalagma do contrato de seguro (contrapartida do prémio, a cargo do segurador) e de, simultaneamente, sustentar o carácter aleatório do contrato[319]. Neste quadro, as perspectivas que dão melhor conta do sinalagma contratual levam à negação da *alea* contratual, e vice-versa.

Tentando superar essa dificuldade, reconduzem alguns autores o sinalagma do negócio à existência de vinculações recíprocas entre as partes[320]. Esta perspectiva está associada à ideia de um sinalagma genético, segundo a qual se verificaria, na formação do contrato, uma correspectividade de obrigações que não subsistiria já na fase de execução do contrato. Como refere François Grua, «no momento em que é concluído, o contrato é em princípio equilibrado considerando os riscos e as hipóteses de cada um», acrescentando que

---

Franz Haymann, "Le disposizioni generali sui vizi di volontà in rapporto all'obbligo di denuncia precontrattuale da parte dell'assicurando", *Assicurazioni*, Ano I (1934), Parte I, p. 334 (trad. nossa). Do nosso ponto de vista, porém, a obrigação *in suspenso* não é de garantia, mas *de dare*. O efeito da suspensão – ou do carácter condicional – desta obrigação é que produz a ficção de uma prestação de garantia.

[319] Vicente L. Montés Penades, "Observaciones...", *cit.*, p. 187.

[320] Lehmann defende que nos contratos com prestações recíprocas, o que releva para a classificação como sinalagmáticos é a correlação das vinculações das partes, e não as efectivas obrigações ou prestações (que poderão não existir nos contratos aleatórios) – *apud* Agostino Gambino, *L'Assicurazione...*, *cit.*, pp. 158 ss.; Giovanni di Giandomenico, *Il Contratto e l'Alea, cit.*, p. 170. Criticamente, Agostino Gambino, *L'Assicurazione...*, *cit.*, pp. 158 ss., considerando que esta perspectiva assenta numa falácia, e que o sinalagma deve ser estabelecido entre obrigações simultâneas e contrapostas (o que implicaria, pelo menos, uma atribuição patrimonial imediata por parte do segurador), e não entre meras vinculações. Assim, para o autor, a perspectiva da prestação condicional implica a negação do sinalagma contratual.

«a *alea* reestabelece o equilíbrio entre as obrigações que têm a vocação de ser desproporcionadas»[321].

Vejamos. Um negócio é classificável como sinalagmático quando dá origem a obrigações recíprocas entre as partes, ficando estas simultaneamente na posição de credores e devedores e verificando-se ainda a coexistência de prestações com contraprestações[322]. Ora, no caso do contrato de seguro, o facto de uma prestação ser certa (o prémio) e a outra eventual (a prestação do segurador) não afecta a existência do sinalagma, cuja configuração resulta precisamente do carácter aleatório do contrato. O equilíbrio das prestações, por seu turno, encontra expressão no juízo probabilístico de verificação da condição suspensiva de que depende a prestação do segurador. A máxima *no premium, no cover* traduz, afinal, em termos funcionais, o sinalagma, expressando uma relação de equivalência entre o prémio e o risco (quantificado em termos de *valor esperado do dano – supra*, II.2.1.VI). Essa expressão de equivalência sinalagmática desenha-se no plano da abstracção probabilística – onde a condição suspensiva, a tensão que caracteriza a posição do segurador e a exposição do património que a mesma representa, assumem o valor e sentido de uma atribuição patrimonial – enquanto no plano concreto de cada contrato singular prevalece a *alea*, a incerteza na qual o negócio encontra a sua causa. Em suma, o carácter aleatório do contrato constitui a base do sinalagma entre uma prestação certa e outra eventual, correspondendo a um interesse contratual típico e tutelado do segurado e traduzindo o pleno *sentido* socioeconómico do contrato, a sua teleologia típica, a sua função no tráfico jurídico.

II.2.3. O risco, objecto do contrato?

Um dos debates doutrinários em torno do risco traduz-se em saber se o mesmo constitui um elemento do objecto do contrato ou o próprio objecto do contrato[323]. A favor desta tese, argumenta Ruiz Muñoz que a mesma justifica, por um lado, que se exija a possibilidade e a determinabilidade do risco (requisitos do objecto)

---

[321] François Grua, "Les effets de l'aléa et la distinction des contrats aléatoires et des contrats commutatifs", RTDC, Ano LXXXII, n.º 2 (Abr. Jun. 1983), p. 283 (trad. nossa). Como refere o autor, as expectativas de ganho ou de perda pesam sobre os termos da troca – *idem*, p. 274.

[322] Cfr. José Oliveira Ascensão, *Direito Civil – Teoria Geral*, Vol. III, Coimbra, Coimbra Ed., 2002, pp. 313 ss.; Pedro Pais Vasconcelos, *Teoria Geral...*, *cit.*, pp. 445 ss.; e Luís Menezes Leitão, *Direito das Obrigações*, Vol. I, *cit.*, pp. 179 ss.

[323] Neste sentido, cfr., p. ex., Yvonne Lambert-Faivre, *Droit des Assurances*, *cit.*, pp. 240-241; Miguel Ruiz Muñoz, *La Nulidad Parcial del Contrato y la Defensa de los Consumidores*, Valladolid, Lex Nova, 1993, p. 217, n. 8; Sergio Sotgia, "Considerazioni...", *cit.*, p. 93. Entre nós, Pedro Romano Martinez, *Direito dos Seguros – Apontamentos*, *cit.*, p. 57, sustenta que «o risco é o elemento determinante do objecto do contrato de seguro». Também Cunha Gonçalves refere que o «objecto jurídico e técnico do seguro é o risco», que define como «o possível perigo que ameaça a pessoa ou o património do segurado» – Luiz Cunha Gonçalves, *Comentário...*, Vol. II, *cit.*, p. 526.

e, por outro lado, que possa suscitar-se a problemática do erro (também respeitante ao objecto) a propósito da declaração do risco[324].

O *objecto* do negócio jurídico, também designado por *objecto material*, objecto *stricto sensu* (ou, na terminologia mais tradicional, *objecto mediato*), constitui o *quid* sobre que recai a disciplina do negócio, ou seja, uma ou várias coisas, corpóreas ou incorpóreas, prestações ou pessoas. O objecto designa, assim, «os próprios bens que são atingidos pela auto-regulação de interesses»[325] ou, noutras palavras, «o bem ou valor apto directa ou indirectamente à satisfação de necessidades humanas, e sobre o qual incide o interesse que o direito subjectivo, integrado na relação, permite prosseguir»[326]. Porém, se num contrato de compra e venda o objecto é o imóvel, o automóvel, a *coisa em concreto* que é comprada e vendida; se, em suma, nas obrigações *de dare* o objecto imediato (entrega) se distingue facilmente do objecto mediato (a coisa que se entrega), nas prestações *de facere* a distinção resulta menos líquida[327].

Ora, em rigor, o contrato de seguro não proporciona uma transferência do risco do segurado para o segurador. O risco, em si, tem uma dimensão naturalística e extra-contratual que incide directamente sobre o património do segurado, afectando-o. O que o contrato de seguro proporciona é a transferência dos efeitos patrimoniais do risco, que passam a repercutir-se, em virtude do contrato, sobre a esfera patrimonial do segurador[328], suscitando a sua prestação. O objecto do contrato está, precisamente, não no risco, mas no meio de eliminação contratual dos seus efeitos sobre a esfera patrimonial do segurado através da prestação – de *dare* ou de *facere* – convencionada. Traduzindo-se, em regra, essa prestação no pagamento de um valor pecuniário, é este o objecto do contrato[329]. Ainda assim,

---

[324] Miguel Ruiz Muñoz, "Deber de declaración del riesgo del tomador en el contrato de seguro y facultad rescisoria del asegurador", *RES*, nº 65 (Jan.-Mar. 1991), p. 24, n. 45. Contra manifesta-se Vicent Chuliá, para quem o objecto do contrato de seguro são as coisas, pessoas ou direitos sobre os quais incide o risco (ou o próprio interesse seguro). O autor recusa igualmente a identificação do objecto do contrato com os direitos e obrigações que o mesmo gera – Francisco Vicent Chuliá, *Compendio Crítico de Derecho Mercantil*, 2ª Ed., Barcelona, Bosch, 1986, p. 483.

[325] José de Oliveira Ascensão, *Direito Civil...*, Vol. II, *cit.*, p. 275.

[326] João de Castro Mendes, *Direito Civil – Teoria Geral*, Vol. I, Lisboa, AAFDL, 1978 (Reimp., 1993), p. 381.

[327] Jorge Ribeiro de Faria, *Direito das Obrigações*, Vol. I, *cit.*, p. 63. Segundo Bado Cardozo, alguma doutrina perspectiva o objecto do contrato de seguro como o bem sobre o qual recai o interesse submetido ao risco – Virginia Bado Cardozo, *El Riesgo...*, *cit.*, p. 7. Porém, algumas modalidades de contrato de seguro não implicam a existência de tais bens, como é o caso dos seguros de responsabilidade civil.

[328] Virginia Bado Cardozo, *El Riesgo...*, *cit.*, p. 1.

[329] Recusando também que o risco integre o objecto do contrato de seguro, embora sustentando que o objecto mediato – aquilo que o contrato proporciona – é o estado de vinculação do segurador (cobertura do risco), Margarida Lima Rego, *Contrato...*, *cit.*, pp. 346 ss. Por seu turno, Carlos Ferreira

embora o risco não constitua, em si mesmo, o objecto do contrato de seguro, a sua relevância, como elemento fundamental deste contrato, reflecte-se no respectivo objecto[330].

II.2.4. Da declaração à tarifação do risco

I. Referimos já a distinção entre o risco extra-contratual ou naturalístico e o contratual. Enquanto aquele não tem limites para além dos que resultam da própria natureza das coisas, este encontra-se recortado, delimitado no contrato de seguro, cumprindo a declaração pré-contratual do risco um papel fundamental na configuração do risco coberto[331].

Desde logo, o risco contratualmente coberto surge delimitado nas cláusulas contratuais convencionadas. Assim, as condições gerais e especiais do contrato devem *definir*, de forma objectiva e precisa, qual o risco objecto do mesmo, isto é, qual o evento extra-contratual e quais as respectivas causas, circunstâncias e/ou consequências cuja ocorrência determina a prestação do segurador (*delimitação positiva*) e, caso se pretenda a restrição da abrangência definida, quais as exclusões de risco consideradas (*delimitação negativa*). Por outro lado, o mesmo incide sobre um determinado objecto – uma pessoa ou uma coisa – cuja definição resulta das condições particulares.

de Almeida exclui que o risco integre, quer o objecto imediato do contrato (as atribuições das partes), quer o mediato (o dinheiro com o qual se paga essas atribuições) – *Contratos*, Vol. III, *cit.*, p. 224.
[330] Em outros ordenamentos, onde a problemática da causa assume relevância jurídica, alguns autores defendem que o risco constitui a causa do contrato. Neste sentido, Domenico Chindemi, "Il rischio...", *cit.*, p. 441; Francisco Vicent Chuliá, *Compendio...*, *cit.*, p. 484; Joaquín Garrigues, *Contrato...*, *cit.*, p. 114; Giovanni di Giandomenico, *Il Contratto e l'Alea*, *cit.*, pp. 150 ss.; François Grua, "Les effets...", *cit.*, p. 283; Vicente L. Montés Penades, "Observaciones...", *cit.*, p. 192; Rodrigo Uría, *Derecho Mercantil, cit.*, p. 584. A causa pode ser entrevista numa perspectiva predominantemente objectivista ou noutra essencialmente subjectivista, sem prejuízo da existência de teorias eclécticas. Cfr. José de Oliveira Ascensão, *Direito Civil...*, Vol. II, *cit.*, pp. 267 ss.; Pedro Pais Vasconcelos, *Teoria Geral...*, *cit.*, pp. 303 ss.; Luís Carvalho Fernandes, *Teoria Geral...*, Vol. II, *cit.*, pp. 379-380; João de Castro Mendes, *Direito Civil – Teoria Geral*, Vol. II, Lisboa, AAFDL, 1979 (Reimp., 1993), pp. 183 ss.; Inocêncio Galvão Telles, *Manual dos Contratos...*, *cit.*, p. 255. Ora, cremos ser incontroverso que na base da vontade de contratar encontra-se a *aversão ao risco*, ou seja, o temor dos efeitos patrimoniais da realização de um determinado risco – Thomas R. Foley, "Insurers' misrepresentation defense: The need for a knowledge element", *Southern California Law Review*, Vol. 67 (Mar. 1994), p. 674. É essa a necessidade que o contrato visa tipicamente satisfazer. Os motivos para a conclusão do contrato assentam, assim, num propósito de eliminação daqueles efeitos – Véronique Nicolas, *Essai d'une Nouvelle Analyse du Contrat d'Assurance*, Paris, LGDJ, 1996, p. 93. Desta forma, no contrato de seguro, a *causa típica* (quer enquanto função económica e social, quer enquanto motivação típica – Inocêncio Galvão Telles, *Manual dos Contratos...*, *cit.*, p. 258 – consistirá na *segurança patrimonial*, entendida como neutralização, ou amortecimento, dos efeitos resultantes da ocorrência de um risco sobre um determinado património.
[331] Margarida Lima Rego, *Contrato...*, *cit.*, p. 457.

O referido recorte contratual do risco, por vezes designado por delimitação causal[332], pode englobar ainda a definição de *condições de segurabilidade*, isto é, o estabelecimento de condições mínimas de aceitação do risco pelo segurador. Por seu turno, o risco pode ainda ser delimitado numa perspectiva *espacial* e *temporal*. No primeiro caso, a garantia do segurador fica circunscrita à ocorrência do risco num determinado local, região ou país. No segundo caso, é definido o âmbito temporal da garantia do segurador, que pode transcender a própria duração do contrato (caso do artigo 217º da LCS, por exemplo), ou ser inferior à mesma (por exemplo, se for estabelecido um período de carência).

II. Para além da identificação da coisa ou pessoa sobre a qual incide o risco, o proponente deve fornecer ao segurador as informações caracterizadoras desse risco, de modo a permitir-lhe estimar a probabilidade de verificação do evento extra-contratual a que se reporta o contrato e classificar o risco proposto numa classe homogénea, de acordo com uma "discriminação estatística" à qual caberá um dado prémio[333]. Como afirma Ewald, «o risco, que é a própria matéria do seguro, é informação»[334].

A descrição do risco é, assim, simultaneamente, um elemento de validade do contrato e um pressuposto de fixação do conteúdo do mesmo, permitindo ao segurador estabelecer a sua opinião do risco, formar, em função dela, a sua vontade contratual e determinar o prémio correspondente ao risco assumido[335]. Neste quadro, a opinião do risco consiste na representação do risco feita pelo segurador a partir, sobretudo, das declarações pré-contratuais do proponente. É com base nesta representação, aferição ou avaliação que o segurador decide se o risco é segurável, se pretende assumi-lo contratualmente e, em caso afirmativo, em que condições[336]. Nesta medida, refere Bricard que «a opinião do risco é a própria substância do contrato»[337].

---

[332] Antigono Donati e Giovanna Volpe Putzolu, *Manuale...*, *cit.*, p. 125.

[333] Illa Sabbatelli, "Informazioni e rischio assicurato", *La Nuova Giurisprudenza Civile Commentata*, Ano XX (2004), Parte I, p. 405.

[334] François Ewald, "Génétique et assurance", *cit.*, p. 541 (trad. nossa).

[335] Adriano Fiorentino, "La descrizione del rischio nell'assicurazione secondo il codice civile", *RDCDGO*, Vol. XLII (1944), Parte I, p. 139; Sergio Sotgia, "Considerazioni...", *cit.*, p. 95.

[336] Sublinha Júlio Gomes que na base do dever de declaração do risco se encontra «"uma exigência extra-jurídica da técnica seguradora", a de conhecer exactamente as circunstâncias do risco para poder avaliar a probabilidade da sua verificação e, concomitantemente, a frequência dos sinistros e o seu custo, permitindo também calcular o prémio» – Júlio Gomes, "O dever de informação do tomador...", *cit.*, pp. 83-84.

[337] Ferdinand Bricard, *Les Réticences...*, *cit.*, p. 43 (trad. nossa). Também neste sentido escreve Azevedo Matos que «a seguradora, ao contratar, fá-lo com base em determinada opinião que formou do risco e foi com essa opinião que fixou o prémio. Se, no início do contrato, se produzem

III. Alguma doutrina distingue, quanto ao objecto do dever de declaração do proponente, o *risco material* do *risco moral*[338], ainda que só a conjugação de ambos permita a avaliação do risco na sua globalidade. O *risco material* ou *físico* reporta-se às circunstâncias que traduzem os elementos e características objectivos e materiais do interesse seguro, como sejam, nos seguros de danos, a descrição do bem, o seu valor, localização, destino, antiguidade, utilização, exposição a eventos adversos, adopção de medidas preventivas, etc.; e, nos seguros de pessoas, a idade, estado de saúde, profissão, actividades de desporto e lazer, residência, deslocações e estadias projectadas, historial clínico, deficiências, etc.[339].

Já o *risco moral* ou *ético* (*moral hazard*, a que frequentemente alude a doutrina anglo-saxónica), assume outro sentido. Como refere Julie-Anne Tarr, «o termo "risco moral" refere-se a um carácter moral do segurado – ou a esse aspecto do carácter/comportamento do segurado – que poderia potencialmente aumentar tanto a probabilidade como a dimensão do dano»[340]. A noção compreende, assim, as características que permitem avaliar o carácter, integridade, reputação e personalidade do tomador – ou de quem esteja directamente relacionado com o risco seguro – bem como as suas motivações quanto à subscrição do seguro, recorrendo a indicadores atinentes ao seu grau de diligência, moralidade, solvência e prudência, nomeadamente: o pagamento pontual de prémios em contratos anteriores; a existência de sinistros anteriores, a sua quantidade e dimensão; o

falsas declarações ou se cometem reticências, a dita opinião do risco não é exacta e o prémio não corresponde, consequentemente, ao risco real» – Azevedo Matos, *Princípios de Direito Marítimo*, Vol. IV, *cit.*, p. 138.

[338] Cfr., p. ex., Pedro Rubio Vicente, *El Deber...*, *cit.*, p. 87. A distinção é, não obstante, mais frequente na doutrina britânica, onde os riscos morais assumem particular relevância. Alguns autores distinguem, no mesmo sentido, os *elementos objectivos* do risco dos *elementos subjectivos* – cfr., p. ex., Claude J. Berr, "La déclaration...", *cit.*, p. 327.

[339] Assim, p. ex., num seguro de incêndio, a probabilidade de ocorrência do evento e a amplitude dos potenciais danos aumentam em virtude, p. ex., da proximidade de uma estação de combustível ou de uma fábrica de pirotecnia; de a construção comportar materiais altamente combustíveis; ou do facto de a mesma não dispor de quaisquer meios de prevenção ou combate ao fogo ou de ser uma habitação secundária ou isolada. Do mesmo modo, num seguro de vida, a probabilidade de morte é estimada, em termos médios, por uma tábua de mortalidade, mas determinados factores podem aumentar essa probabilidade: se a pessoa segura tiver uma saúde debilitada, nomeadamente em virtude de determinadas patologias crónicas; se tiver uma profissão ou praticar desportos de elevada perigosidade; se pensar residir num lugar particularmente insalubre ou deslocar-se a um território inseguro; etc. Todos estes factores são circunstâncias caracterizadoras do risco, e só o seu conhecimento permite ao segurador estimar a probabilidade de ocorrência do sinistro (evento seguro) e decidir, em função dessa aferição, se considera o risco em causa segurável e, em caso afirmativo, qual o custo (prémio) que deverá corresponder a esse risco.

[340] Julie Anne Tarr, *Disclosure and Concealment...*, *cit.*, p. 32 (trad. nossa).

cadastro criminal ou contra-ordenacional do tomador do seguro ou segurado[341]; ou a anterior recusa do risco por outros seguradores[342].

Embora o segurador requeira frequentemente informações respeitantes aos dois tipos de risco referidos e se admita, em regra, que ambos integram o dever de declaração do proponente, esta perspectiva nem sempre será pacífica. Na verdade, o chamado risco moral nem sempre surge associado à probabilidade estatística de verificação do evento seguro (sinistro), decorrendo, por vezes, de factores que apenas indiciarão que o tomador do seguro poderá não cumprir com a sua prestação (pagamento do prémio).

Do *risco moral* ou *ético* (*moral hazard*) distingue-se o *risco psicológico* ou *motivacional* (*morale hazard*)[343]. Trata-se aqui de um fenómeno, estudado na perspectiva da *law and economics*, que se traduz na falta de incentivo económico – decorrente da existência do contrato de seguro – de o segurado actuar diligentemente no sentido de evitar ou prevenir a ocorrência do sinistro ou de tentar reduzir os seus

---

[341] No quadro da *common law*, o cadastro é relevante, *pelo menos*, quando revela um grau de desonestidade ou de irresponsabilidade que repugnem aos padrões normais de integridade; e quando esteja directamente relacionado com o risco seguro ou quando a sua natureza ou proximidade temporal façam temer a um segurador prudente a continuidade da conduta desonesta. Nicholas Legh-Jones *et al.* (Eds.), *MacGillivray...*, *cit.*, p. 435.

[342] Cfr. exemplos abundantes de indicadores de risco moral na tradição da *common law* em Nicholas Legh-Jones *et al.* (Eds.), *MacGillivray...*, *cit.*, pp. 433 ss. Há algumas décadas, esses exemplos incluíam casos de discriminação com base na origem racial ou na nacionalidade do segurado. *Idem*, p. 437. O "risco moral" poderá mesmo abranger a própria probabilidade de, ao risco seguro, acrescer a participação fraudulenta de sinistros – quer assentem num dano deliberadamente provocado, quer na encenação ou exagero do mesmo – podendo abranger, em sentido amplo, o próprio carácter inaceitável da contratação com segurados desonestos – Peter MacDonald Eggers *et al.*, *Good Faith...*, *cit.*, p. 394. O facto de os sinistros fraudulentos não estarem cobertos contratualmente não tolhe o dever de declaração de riscos morais, já que, existindo estes, verifica-se uma maior probabilidade do sinistro provocado, não sendo certo que o segurador venha a descobrir – e, sobretudo, a demonstrar – a fraude. *Idem*, p. 395. Cfr. também Richard V. Ericson e Aaron Doyle, "The moral risks of private justice: the case of insurance fraud", *in* Richard V. Ericson e Aaron Doyle (Eds.), *Risk and Morality*, Toronto, University of Toronto Press, 2003, p. 319; Mark R. Greene, *Risk...*, *cit.*, p. 12; Emmett J. Vaughan, *Fundamentals...*, *cit.*, p. 7. Neste sentido, afirma Haymann que, para além das circunstâncias (ou dos indícios sobre as mesmas) que influenciem a probabilidade de ocorrência do sinistro ou a sua intensidade, o dever de declaração do risco abrange igualmente os factos «relevantes para o risco de [o segurador] ter de suportar, indevidamente, uma indemnização com base na pura aparência de um sinistro simulado e não ressarcível» – Franz Haymann, "Le disposizioni...", *cit.*, p. 355 (trad. nossa). Porém, nota, tais factos tanto podem respeitar à natureza ou às características da coisa segura como às qualidades e carácter moral do segurado (*ibidem*).

[343] A distinção é claramente traçada em Emmett J. Vaughan, *Fundamentals...*, *cit.*, p. 7. Cfr., entre nós, Maria Inês Oliveira Martins, *O Seguro...*, *cit.*, p. 206. Alguns autores, porém, utilizam a expressão *moral hazard* indistintamente no duplo sentido traçado – p. ex., Julie-Anne Tarr, "Disclosure in insurance law...", *cit.*, p. 221.

efeitos, o que tende a agravar a probabilidade e a gravidade do dano[344]. Na verdade, porque através do seguro se neutralizam os efeitos patrimoniais do sinistro, o segurado tenderá a reduzir as medidas preventivas no sentido de o evitar: logo, a existência de seguro gera o efeito perverso de aumentar a probabilidade (e a intensidade) do dano[345]. O risco psicológico (*morale hazard*) constitui, assim, um fenómeno comportamental com efeitos no plano económico, mas que não releva em matéria de declaração do risco.

IV. Referimos já repetidamente a relevância da opinião do risco no cálculo do prémio. Observe-se em que termos. Desde logo, importa referir que o *núcleo* do prémio consiste, na fórmula do nº 1 do artigo 51º da LCS, no "custo da cobertura do risco", embora a noção de prémio seja ali empregue num sentido mais amplo, englobando, designadamente, os custos de aquisição, de gestão e de cobrança, e os encargos relacionados com a emissão da apólice. O referido "custo da cobertura do risco" é a expressão pecuniária da probabilidade de ocorrência do sinistro, decorrendo da multiplicação de uma taxa (probabilidade estatística de verificação do sinistro) pelo valor seguro[346].

Ora, para poder classificar os riscos segundo graus homogéneos de probabilidade de ocorrência – de modo a aplicar-lhes a tarifa adequada[347], garantindo o equilíbrio entre o risco e o prémio – o segurador necessita de promover um *processo de selecção do risco* a partir da respectiva avaliação pré-contratual e seg-

---

[344] Cfr. Fernando Araújo, *Introdução...*, *cit.*, p. 309; Fernando Araújo, "Uma nota sobre carros usados", *in* AAVV, *Estudos Jurídicos e Económicos em Homenagem ao Professor João Lumbrales*, Lisboa, FDL, 2000, pp. 187-188; Thomas R. Foley, "Insurers'...", *cit.*, pp. 671 ss.; Robert Kast e André Lapied, *Economics and Finance of Risk*, West Sussex, John Wiley & Sons, 2006, pp. 115-116; Pierre Picard, "Un objectif...", *cit.*, p. 65; Paul Samuelson e William Nordhaus, *Economics*, *cit.*, pp. 195 e 362. Em regra, a doutrina económica refere-se ao fenómeno como *moral hazard*.

[345] Robert H. Jerry II, *Understanding...*, *cit.*, p. 15. P. ex., quem tenha contratado um seguro de roubo tenderá a ser menos diligente no sentido de evitar que o mesmo ocorra do que quem não esteja seguro. Assim, entre as medidas destinadas a reduzir o risco motivacional encontra-se a estipulação de *franquias* (valor que, em caso de sinistro, será deduzido à prestação do segurador, sendo directamente suportado pelo segurado) ou de *coberturas parciais* (estipulação de uma percentagem do dano que será sempre suportada pelo segurado em caso de sinistro). Por via da redução, quer do risco motivacional, quer da responsabilidade do segurador, estas medidas reflectem-se numa significativa diminuição do prémio.

[346] Assim, por exemplo, num seguro de vida, o "custo da cobertura do risco" assenta numa tábua de mortalidade, expressão da probabilidade estatística de morte para cada idade. Neste quadro, sendo o risco *normal*, correspondente aos parâmetros médios expressos na tábua de mortalidade, a tarifação encontra-se correcta. Porém, se os riscos agravados não forem devidamente declarados (e o prémio ajustado à probabilidade acrescida de morte) o mesmo não corresponderá ao risco assumido.

[347] Neste sentido, poder-se-á aplicar o prémio normal, correspondente a um risco médio, ou um sobreprémio ou uma redução.

mentação segundo classes homogéneas. O referido processo de selecção pode apoiar-se em vários métodos de avaliação do risco (designadamente a observação directa e a análise documental), evidenciando-se, pela sua relevância, a *descrição efectuada pelo proponente.*

O *princípio da especialidade* resulta precisamente da técnica actuarial de *selecção de riscos*, assente na tipificação destes (de acordo com a sua admissibilidade ou inadmissibilidade) e no estabelecimento, de acordo com regras de cálculo probabilístico e com os dados estatísticos disponíveis, do prémio correspondente aos riscos admissíveis, para o efeito homogeneizados por classes de risco[348]. A segregação dos segurados por classes óptimas de risco homogéneo é um factor-chave de determinação do prémio "à medida", reflectindo-se nos proveitos do segurador e na disponibilização de prémios mais baixos junto do tomador-consumidor[349].

V. Sendo o prémio a contrapartida da prestação do segurador, a relação de equivalência entre as duas prestações implica que o prémio (ou demais condições contratuais) corresponda à probabilidade de o segurador vir a efectuar aquela prestação. Se os prémios ultrapassarem essa probabilidade os tomadores tenderão a segurar os riscos em melhores condições junto de outros seguradores[350]. Se, diversamente, os prémios ficarem aquém dessa probabilidade, tenderá a comprometer-se a solvabilidade do segurador.

Sobre este último aspecto, importa precisar que o universo de segurados sujeitos ao mesmo risco forma a *mutualidade de segurados*, cuja elevada dimensão, de acordo com a *lei dos grandes números*, conduz a um tendencial equilíbrio entre a soma dos sinistros ocorridos e a massa de prémios pagos[351]. Este efeito de compensação, por seu turno, suporta a dispersão e a socialização dos riscos: o que

---

[348] Virginia Bado Cardozo, *El Riesgo...*, *cit.*, pp. 21 ss.; Fritz Herrmannsdorfer, *Das Versicherungswesen*, *cit.*, p. 16.

[349] Julie-Anne Tarr, "Disclosure in insurance law...", *cit.*, pp. 210-211.

[350] A justiça actuarial impõe, assim, que a contribuição de cada segurado para a mutualidade corresponda, de forma tão exacta e equilibrada quanto possível, à medida do seu risco para a massa de riscos seguros. A necessidade desse equilíbrio constitui igualmente um efeito da pressão do mercado (concorrência de prémios mais baixos, ajustados ao risco, proporcionados por outros seguradores) e uma forma de prevenção da selecção adversa – Claude Devoet, *Les Assurances...*, *cit.*, pp. 157-158; François Ewald, "Génétique et assurance", *cit.*, p. 545. Sobre a selecção adversa ou anti-selecção, cfr. *infra*, III.2.3.

[351] Cfr. *supra*, II.2.1.IV. A aplicação da lei dos grandes números a classes de risco homogéneas – classificadas de acordo com a caracterização pré-contratual feita pelo proponente – permite um prognóstico mais próximo da realidade quanto à sinistralidade esperada na medida em que aquela caracterização seja verdadeira. A divisão da sinistralidade prevista pelo número de riscos seguros permite, por outro lado, determinar o prémio aplicável a cada um deles – Swiss Re, *Introdução ao Resseguro*, 5ª Ed., Zurich, Swiss Reinsurance Company, 1999, p. 7.

constituiria, para cada indivíduo, um risco pouco provável mas de consequências economicamente muito graves (sinistro), é convertido num evento certo mas de fraca expressão económica (pagamento do prémio)[352].

Ora, em termos muito simplificadores, poder-se-á dizer que as responsabilidades do segurador relativamente à massa dos riscos seguros se encontram provisionadas mediante o concurso dos prémios pagos pela totalidade dos tomadores do seguro. Desta forma, a massa dos prémios, gerida pelo segurador, cobre os sinistros que afectarão uma parte dos contratos. Assim, numa lógica de mutualidade – ainda que através da gestão de uma empresa de seguros – todos os tomadores concorrem para cobrir as perdas que afectarão alguns deles.

Se o risco for mal aferido pelo segurador e se, portanto, o prémio ficar aquém do risco seguro, então o fundo que deve responder pela ocorrência dos sinistros estará sub-provisionado, isto é, o segurador não estará dotado dos meios financeiros que lhe permitam cumprir as responsabilidades assumidas quanto aos riscos que aceitou cobrir. Esse sub-provisionamento comporta, no limite, o próprio perigo de insolvência do segurador e, portanto, o de os riscos individuais deixarem de estar garantidos pelo mesmo[353].

Atenta a equivalência entre o prémio e o risco incorrido – expressão do equilíbrio das prestações das partes – dir-se-á que, para um dado período, os prémios correspondem ao valor médio dos sinistros esperados. A quantificação deste valor – quer opere pelo recurso a estatísticas correspondentes às classes homogéneas de risco determinadas, quer por recurso a modelos probabilísticos mais complexos – sempre dependerá do rigor na mensuração de cada risco individual e na respectiva classificação de acordo com a classe de risco correspondente. Em suma, na base, lógica e cronológica, do processo de quantificação do risco e de determinação do prémio deparamo-nos com a própria declaração do risco[354].

---

[352] A rigorosa compensação dos riscos, inerente à actividade seguradora, depende de vários requisitos, designadamente uma significativa dispersão dos riscos, no espaço e no tempo, a independência entre eles, e a respectiva homogeneidade – Françoise Chapuisat, *Le Droit des Assurances*, Paris, PUF, 1995, p. 14.

[353] Como refere Carlos Harten, «a constante prestação pela seguradora, [...] onde não houve a correcta contraprestação do contratante de seguros (prémio), poderá implicar a insolvência da mutualidade» – Carlos Harten, *El Deber...*, *cit.*, p. 143 (trad. nossa). Cfr. também Ferdinand Bricard, *Les Réticences...*, *cit.*, p. 26; e François Ewald e Jean-Pierre Moreau, "Génétique médicale, confidentialité et assurance", *Risques: Les Cahiers de l'Assurance*, nº 18 (Abr.-Jun. 1994), p. 114.

[354] Assim, podemos concluir com Bado Cardozo que «desde o ponto de vista da produção do seguro, a declaração dos factos de forma exacta é a peça chave para se proceder à selecção do risco e ao cálculo do prémio» – Virginia Bado Cardozo, *El Riesgo...*, *cit.*, p. 63 (trad. nossa).

III

Fundamentos Materiais e Normativos

Situadas conceptualmente as coordenadas do objecto de análise, importa analisar e discutir os fundamentos do dever de declaração do risco, questão da maior relevância para a posterior incursão nos regimes de Direito positivo. Esta tarefa é dificultada pelo carácter muito parcelar e de pouca densidade teórica das abordagens mais frequentes, que em regra negligenciam os fundamentos dos regimes positivados. Neste âmbito, empreender-se-á uma análise *em abstracto* desses fundamentos – quer na sua vertente material (pressupostos *de facto*), quer normativa – tentando relacioná-los entre si e organizar um quadro de referência para a interpretação dos regimes positivados. Relegar-se-á para a parte final do trabalho a análise *em concreto* dos fundamentos no actual regime português.

III.1. FUNDAMENTOS MATERIAIS

III.1.1. A assimetria informativa

I. A assimetria informativa, ou seja, a desigualdade das partes no acesso à informação – quer advenha de competências técnicas ou científicas especialmente relevantes de uma das partes (relação perito-leigo), quer de uma delas ter uma especial ou exclusiva acessibilidade material ao conhecimento ou à informação – constitui, para alguma doutrina, um dos fundamentos dos deveres de informação, mais propriamente, o fundamento material de tais deveres[355]. Na ver-

---

[355] A título de exemplo, Begoña Arquillo Colet, "Declaración del riesgo y enfermedades anteriores a la contratación de un seguro", *Indret – Revista para el Análisis del Derecho*, nº 1/2005 (Fev. 2005), p. 3 – www.indret.com/pdf/263_es.pdf (consult. 23/07/2008); Muriel Fabre-Magnan, "Duties of disclosure and French contract law: Contribution to an economic analysis", *in* Jack Beatson

dade, o *deficit* informativo de uma das partes gera uma situação de dependência da mesma relativamente à contraparte, a qual apenas pode ser compensada com a prestação dos esclarecimentos ou informações.

Ora, a assimetria informativa é particularmente evidente no contrato de seguro, onde o risco extra-contratual se situa na esfera do segurado (que, portanto, tem sobre o mesmo um conhecimento privilegiado ou exclusivo) e as consequências patrimoniais da ocorrência do risco se produzem, por força do contrato, na esfera do segurador[356]. Assim, só o cumprimento do dever de declaração do risco, com lealdade e correcção, pelo proponente, estabelece a efectiva paridade das partes relativamente ao conhecimento do risco[357].

Importa, porém, analisar detidamente em que factores assenta a assimetria referida, para o que pode ser referenciada uma tripla condicionante.

II. Desde logo, cumpre atender à *inacessibilidade material*. Na verdade, existem circunstâncias que são, pela sua própria natureza, da esfera do conhecimento reservado ou exclusivo do proponente porque é este o *dominus* e o gestor do risco[358]. Assim, em grande parte dos casos, o objecto seguro encontra-se sob o domínio ou esfera de actuação do proponente[359], que pode mesmo influenciar algumas das condições do risco, controlá-las e modificá-las, nomeadamente pela adopção de medidas preventivas e pelo empenhamento na respectiva eficácia. Por outro lado, o objecto do risco, na generalidade dos seguros patrimoniais,

e Daniel Friedmann (Eds.), *Good Faith and Fault in Contract Law*, Oxford, Clarendon Press, 1995 (Reimpr., 2002), p. 104; Manuel Carneiro da Frada, *Teoria da Confiança...*, *cit.*, pp. 487 ss.; Patrice Jourdain, "Le devoir de 'se' renseigner (contribution à l'étude de l'obligation de renseignement)", *Recueil Le Dalloz Sirey*, Chronique XXV, 1983, nº 23, p. 139; C. Lucas de Leyssac, "L'obligation de renseignements dans les contrats", *in* Yvon Loussouarn e Paul Lagarde (Dir.), *L'Information en Droit Privé*, Paris, LGDJ, 1978, p. 322; Jorge Sinde Monteiro, *Responsabilidade por Conselhos...*, *cit.*, pp. 157 e 360; Rubén Stiglitz e Gabriel Stiglitz, *Responsabilidad Precontractual – Incumplimiento del Deber de Información*, Buenos Aires, Abeledo-Perrot, 1992, pp. 68 e 72; Anthony A. Tarr e Julie-Anne Tarr, "The insured's...", *cit.*, p. 577; Rita Lopes Tavares, *Breves Notas...*, *cit.*, pp. 7 ss.

[356] Na verdade, o segurador e o proponente possuem, cada um deles, conhecimentos que a contraparte ignora: enquanto o proponente é o conhecedor das características do risco, o segurador domina as condições contratuais traduzidas nas cláusulas por si formuladas. Daí poder falar-se, com Leyssac, numa *igualdade na não informação* – C. Lucas de Leyssac, "L'obligation...", *cit.*, p. 322 – e verificar-se uma imposição, a ambas as partes, de deveres de informação sobre os domínios do conhecimento privilegiado de cada uma delas.

[357] Luca Buttaro, "In tema di dolo e di colpa grave nella descrizione precontrattuale del rischio assicurato", *RTDPC*, Ano XVI (1962), p. 745.

[358] Antigono Donati, *Trattato...*, Vol. II, *cit.*, p. 298; Aldo Durante, "La buona fede e il contratto di assicurazione", *Assicurazioni*, Ano XLVI (1979), Parte I, p. 227.

[359] Reimer Schmidt, "L'influenza del comportamento dell'assicurato sulla garanzia prevista in contratto", *Assicurazioni*, Ano XXXIII (1966), Parte I, p. 449.

situa-se num espaço de acesso reservado ao proponente (o interior de uma habitação, de uma fábrica, de uma embarcação, etc.), inacessível ao segurador sem a colaboração daquele.

Adicionalmente, algumas das circunstâncias em causa são factos que resultam da experiência de vida do proponente, ou das suas próprias intenções (ou do conhecimento das intenções de terceiros). Entre tais factos, e tomando como exemplo o caso de um seguro de vida, poder-se-á referir a suspeita de uma doença grave ainda não objecto de análise e de diagnóstico médico, a intenção de vir a fazer uma estadia prolongada num país de elevada perigosidade, a perspectiva de alteração de profissão para uma mais perigosa, o facto de a pessoa segura receber frequentes ameaças de morte, etc.

Assim, são mesmo intangíveis para o segurador muitas das circunstâncias do risco que, não estando documentadas nem sendo, em muitos casos, passíveis de análise directa, *não podem* ser por ele apreendidas, razão porque o segurador tem «que se contentar com as declarações do segurado, e quase sempre apenas com elas»[360]. De resto, atenta a íntima ligação do risco à esfera do segurado, não é exequível para o segurador exercer um controlo eficaz sobre a veracidade da descrição que o proponente faz do mesmo.

III. Por outro lado, há que considerar igualmente a *inacessibilidade legal* de alguns dados – designadamente do foro clínico – que caem no âmbito da reserva da intimidade da vida privada, beneficiando de tutela constitucional. Assim, mesmo quando a informação sobre o risco tem suporte documental ou material, ela nem sempre é juridicamente passível de ser consultada pelo segurador[361].

---

[360] Arnaldo Pinheiro Torres, Ensaio..., cit., p. 104. Cfr. também Adriano Anthero, *Comentário*..., Vol. II, *cit.*, p. 152. Mesmo no quadro da sociedade da informação e mesmo admitindo a possibilidade de intervenção de um analista de risco (ou médico), alguns factos estão *necessariamente* fora do alcance do segurador. No caso dos riscos clínicos, p. ex., não só é impossível o segurador conhecer o historial clínico de uma pessoa (não tendo possibilidade de saber quais os médicos que o assistiram no passado nem obter destes, atento o dever de sigilo que os vincula, quaisquer informações) mas mesmo extrair mais do que observações superficiais da realização de um exame médico pelos serviços do segurador e do estudo de análises clínicas. Mesmo o recurso a um *check up* completo, com uma ampla gama de elementos auxiliares de diagnóstico, é insusceptível, por si só, de vencer a assimetria informativa. Quaisquer sintomas não aparentes que o candidato a pessoa segura silencie tenderão a passar despercebidos à análise de um clínico experiente. Moitinho de Almeida sublinha, aliás, quer a incompletude e limitações dos inquéritos e da observação directa pelo segurador, quer a própria impossibilidade de conhecimento pessoal, por este, de certas circunstâncias atinentes ao risco – José Carlos Moitinho de Almeida, *O Contrato de Seguro no Direito*..., *cit.*, p. 73.

[361] Carlos Harten, *El Deber*..., *cit.*, p. 18; Alberto Parrella, "La reticenza nel contratto di assicurazione", *RDCDGO*, Vol. XXVIII (1930), Parte I, p. 756; Pedro Rubio Vicente, *El Deber*..., *cit.*, p. 11. Cfr., desenvolvidamente, *infra*, X.2 e XII.2.

IV. Finalmente, podemos falar de uma *inacessibilidade económica*, no sentido em que alguma informação será material e legalmente acessível, mas a um custo que o segurador (ou o proponente) poderá não estar disposto a suportar. Tal poderá ser o caso, por exemplo, da contratação de um investigador privado; da pesquisa em bases de dados, quando acessíveis; da intervenção de um analista de risco; da realização de testes ou exames laboratoriais; da realização de complexas análises clínicas; etc. Na verdade, os custos associados a uma actividade de investigação da iniciativa do segurador não são desprezíveis – até pela própria localização dispersa dos riscos – repercutindo-se necessariamente sobre os encargos de gestão reflectidos no prémio de seguro suportado pelo tomador (o que poderia comprometer a exequibilidade económica do contrato ou fomentar a selecção adversa).

De resto, no actual contexto económico de plena concorrência, de massificação dos processos de contratação e de expansão do comércio electrónico – impondo uma elevada competitividade e uma nova percepção da variável *tempo* (a apelidada "actuação em tempo real") – o nível de celeridade exigido pela dinâmica do tráfico comercial torna pouco exequível um moroso processo de pesquisa e análise do risco, que tenderia a comprometer o interesse do consumidor pelo contrato[362].

Face ao exposto, o argumento de que, em alternativa às informações prestadas pelo proponente, o segurador poderia recorrer a outras fontes de informação descura a circunstância de estas, sendo material, jurídica ou economicamente condicionadas, se revelarem insusceptíveis de restabelecer a paridade informativa[363].

V. Embora a assimetria informativa constitua um pressuposto de facto, um dado empírico – ou fundamento material – do dever de declaração do risco, a mesma é insusceptível de, por si só, assumir um sentido normativo que funde tal dever[364]. Desde logo, e segundo alguns, haverá de adicionar-se um outro pressu-

---

[362] Carlos Harten, *El Deber...*, *cit.*, p. 42 e Siegbert Rippe Kaiser, "Fraude en el seguro", *in* AIDA – Sección Uruguaya, Actas de *IV Jornadas de Derecho de Seguros*, Montevideo, 2004 – http://www. aidauruguay.org.uy /iv_jrns.htm (consult. 10/05/2010), p. 10. Como, no mesmo sentido, escreve Cunha Gonçalves, «o segurador ou seu agente não pode, de cada vez que recebe uma proposta de seguros, transportar-se ao local onde estão as coisas seguradas, ou para lá enviar peritos, proceder a minuciosas indagações sobre a natureza e extensão do risco, etc. Tem de confiar, por isso, na lealdade e probidade do segurado ou de quem faz o seguro, qualidades morais com que nem sempre se pode contar» – Luiz Cunha Gonçalves, *Comentário...*, Vol. II, *cit.*, p. 541.

[363] Outra alternativa, que consistiria em o segurador suportar o *risco* técnico e económico de aceitar o contrato sem uma avaliação do risco seguro, implicaria que o prémio fosse substancialmente mais elevado, o que se repercutiria sobre todos os tomadores. A selecção adversa tornar-se-ia então mais evidente, numa espiral tendente a provocar o colapso do mercado – cfr. *infra*, III.2.3.

[364] A própria racionalidade económica dos agentes conduz à necessidade de uma disciplina normativa. Assim, numa perspectiva de racionalidade económica, a ausência de regulação da cooperação

posto: a existência de uma particular necessidade de protecção da parte informativamente desfavorecida[365]. Por outro lado, dela decorrem autênticos fundamentos normativos do dever de declaração do risco, designadamente, a máxima boa fé contratual[366].

VI. Em suma, o segurador não poderá avaliar o risco proposto sem a colaboração do proponente, que para o efeito deverá fornecer-lhe a informação relevante. Assim, é a absoluta ou relativa inacessibilidade da informação ao segurador que «explica e existência deste dever imputado ao contratante de seguros que se consagra na maioria das legislações [...]»[367].

Porém, importa sublinhar uma certa ambivalência da assimetria informativa. O segurador sabe qual o vasto leque de circunstâncias relevantes, em abstracto, para a apreciação do risco, embora desconheça aquelas que, em concreto, caracterizam o risco proposto. Por seu turno, o proponente conhece de forma privilegiada as características deste risco mas não sabe exactamente qual a relevância a atribuir a todas elas para efeito de declaração do risco. Se é certo que algumas são de relevância indiscutível, já o potencial interesse do segurador por outras será menos (ou nada) evidente. A complementaridade desta ambivalente

---

das partes na formação do contrato poderia levar a que uma delas tirasse proveito da assimetria informativa para assumir uma posição de vantagem negocial sobre a outra. Como refere Fernando Araújo, «nas relações contratuais duradouras, no domínio dos "contratos relacionais", a assimetria informativa [...] dá origem a uma "disfunção oportunista", que consiste essencialmente no facto de uma das partes, ou até ambas reciprocamente, poderem fazer degenerar a prometida conduta de cooperação numa conduta de apropriação de ganhos à custa dos interesses e expectativas da contraparte [...]» – Fernando Araújo, "Da tutela negativa da confiança ao 'paradoxo da indemnização'", in Jorge Miranda et al., Estudos em Memória do Professor Doutor António Marques dos Santos, Vol. II, Coimbra, Almedina, 2005, p. 460. Neste contexto, a propensão para a cooperação leal com a contraparte – mesmo quando decorrente de um dever de conduta – tenderá a variar na razão inversa da perspectiva de ganho que a parte informativamente favorecida associar a essa vantagem de conhecimento. A severidade da sanção estabelecida para a falta de acatamento do dever poderá precisamente, pensamos, constituir um factor de correcção do juízo de racionalidade económica, introduzindo um factor de incerteza na consecução do ganho esperado e dissuadindo a retenção não-cooperante de informação. É esse, aliás, no plano económico, um dos factores de relevância da disciplina contratual – idem, p. 468.

[365] Jorge Sinde Monteiro, Responsabilidade por Conselhos..., cit., p. 360.

[366] P. S. Atiyah, An Introduction to the Law of Contract, 3ª Ed., Oxford, Clarendon Law Press, 1981 (Reimpr., 1982), p. 222; Aurelio Candian, "Il progetto...", cit., p. 1121; José Vasques, "Declaração...", cit., p. 6. Como refere Zimmermann, a assimetria «é a base substantiva para a imposição de um dever de informação» – Reinhard Zimmermann, "Good faith and equity", in Reinhard Zimmermann e Daniel Visser (Eds.), Southern Cross – Civil Law and Common Law in South Africa, Oxford, Clarendon Press, 1996, p. 247 (trad. nossa).

[367] Carlos Harten, El Deber..., cit., p. 42.

assimetria apela inelutavelmente à cooperação das partes no interesse recíproco e encontra o seu ponto de equilíbrio no princípio da boa fé[368].

III.1.2. A relação de confiança

I. Perante a situação de assimetria informativa já analisada, insusceptível de ser superada pela iniciativa de investigação do segurador, vê-se o mesmo cons-trangido a confiar na cooperação do segurado e na verdade e completude da informação que este lhe presta. Assim, atenta a necessidade lógica de colabora-ção entre as partes na formação do contrato de seguro, a mesma suscita um outro pressuposto *de facto* do dever de declaração do risco: a necessária relação de con-fiança entre as partes, sem a qual a colaboração seria ineficaz[369].

II. A *relação de confiança* consiste numa qualificação jurídica aplicada a uma situação de facto. Ela exprime, assim, uma realidade fáctico-empírica[370]. É por um determinado tipo de relação entre dois sujeitos assentar, em regra ou forço-samente (por imperativo lógico), numa especial ligação de confiança recíproca, que esse tipo de relação é juridicamente qualificável como *de confiança*.

Como nota Carneiro da Frada, a noção de *relação de confiança* (*Vertrauensbe-ziehung, fiduciary relationship*) «exprime no fundo a experiência comum de que existem situações de interacção que têm como condição de surgimento ou de desenvolvimento uma especial atitude de confiança dos sujeitos uns nos outros»[371] e pretende circunscrever, entre as situações em que se verifiquem expectati-vas, as merecedoras de protecção indemnizatória. Em tais situações, os sujeitos ver-se-ão na contingência de ter de abdicar das precauções e cuidados que, de outra forma, prudentemente assumiriam, ficando especialmente expostos e vul-neráveis ao risco de frustração das expectativas criadas[372].

---

[368] José Vasques, "Declaração...", *cit.*, p. 6.

[369] Refere Beignier que no contrato de seguro e, em especial, no que respeita à declaração do risco, o segurador encontra-se «à mercê do segurado e que está obrigado a confiar nele de uma maneira particular» – Bernard Beignier, "Tribunal de Grande Instance de Bayonne – 20 décembre 1994; Cour d'Appel de Toulouse – 15 mai 1995" [coment.], *Recueil Dalloz Sirey*, 1996, nº 4, p. 59 (trad. nossa). No mesmo sentido, José Bento, *Direito de Seguros*, *cit.*, p. 159; Carlos Harten, *El Deber...*, *cit.*, p. 43.

[370] Manuel Carneiro da Frada, *Teoria da Confiança...*, *cit.*, p. 478.

[371] Manuel Carneiro da Frada, *Teoria da Confiança...*, *cit.*, p. 474.

[372] Tal é, como reconhece o autor, particularmente o caso nos chamados negócios de confiança – Manuel Carneiro da Frada, *Teoria da Confiança...*, *cit.*, p. 476, n. 493. Está em causa uma concepção objectivada de confiança, uma especial ligação ou relação entre dois sujeitos, geradora de especiais deveres de conduta cuja violação gera responsabilidade civil. A relação de confiança assume, pois, um sentido objectivo e normativo, irrelevando se se verificou, de facto, uma confiança subjectiva ou psicológica numa dada situação. Trata-se da qualificação de uma relação, não de um mero estado subjectivo, o que supera, em qualquer caso, as evidentes dificuldades probatórias que este

Neste quadro, o contrato de seguro assenta numa relação de confiança ou de fidúcia – *fiduciary relationship* – entre o segurador e o tomador, a qual fundamenta o dever de declaração do risco[373]. Como refere Sinde Monteiro, «as partes estão unidas por uma especial relação de confiança que impõe àquela em quem se deposita confiança deveres de comunicação, esclarecimento ou revelação de factos»[374].

III. As instituições sociais, enquanto sistema estabilizado de papéis e expectativas, geram – e repousam sobre – a confiança dos indivíduos[375]. Porém, nem todas as expectativas – nem a confiança projectada sobre as mesmas – são juridicamente relevantes, no sentido de serem credoras da tutela do Direito. Segundo Sinde Monteiro, o dever de informação tem por fundamento material, não só a existência de uma assimetria informativa, mas, adicionalmente, a existência de uma especial necessidade de protecção, o que ocorreria, exemplarmente, no contrato de seguro. Essa necessidade de protecção é associada pelo autor a circuns-

---

implicaria, apenas se requerendo a prova da violação do dever de conduta – *idem*, pp. 78 e 393. A perspectiva *normativa* da confiança promove a tutela de expectativas através da imposição de deveres de conduta, assumindo-se, assim, como um "dever poder confiar" – *idem*, p. 389. Porque o tipo de relação entre dois sujeitos tende, *normalmente*, a assentar numa especial ligação de confiança, o Direito impõe-lhes deveres de conduta, os quais, por seu turno, fundamentam expectativas recíprocas e consolidam um patamar seguinte (segundo grau) de confiança. Como refere o autor, «o "dever poder confiar" constitui um mero *efeito* dessa imposição [de condutas] e legitima-se, no plano da valoração jurídica, por ela» – *idem*, p. 390.

[373] Neste sentido, Begoña Arquillo Colet, "Declaración...", *cit.*, p. 3; Eliana Ferraris, "La buona fede negli orientamenti della giurisprudenza inglese", *RDCDGO*, Ano XCIII (1995), Parte I, p.769; M. Renaux, *De la Réticence...*, *cit.*, p. 39; Rodrigo Uría, *Derecho Mercantil*, *cit.*, p. 586; Reinhard Zimmermann, "Good faith...", *cit.*, p. 246. Zimmermann caracteriza precisamente a relação de confiança como aquela que decorre da existência de uma assimetria informativa, no quadro da qual «vários factos relevantes apenas são acessíveis para uma das partes, de modo a que a contraparte está obrigada a depender daquela» – *idem*, p. 247 (trad. nossa).

[374] Jorge Sinde Monteiro, *Responsabilidade por Conselhos...*, *cit.*, pp. 157-158. Os termos da "relação fiduciária" são claramente ilustrados num acórdão inglês (*Tate v. Williamson*): «duas pessoas estão em tal relação que, enquanto a mesma perdura, a confiança é necessariamente depositada por uma delas, e a influência que naturalmente brota dessa confiança é detida pela outra» – (1866) L.R. 2 Ch. App. 55, p. 61, *apud* Semin Park, *The Duty...*, *cit.*, p. 18 (trad. nossa). Alguma doutrina defende, com base no Direito norte-americano, a perspectiva de que os deveres fiduciários (de que seria exemplo o de declaração do risco) nascem da situação factual subjacente à relação entre as partes. Assim, no contrato de seguro, qualquer das partes detém uma vantagem sobre a outra, verificando-se, pois, uma mútua vulnerabilidade que caracteriza a existência de uma relação fiduciária – John Lowry e Philip Rawlings, *Insurance Law – Doctrines and Principles*, Oxford, Hart Publishing, 1999, p. 76.

[375] Neste quadro, o próprio tráfego jurídico assenta em expectativas dos sujeitos, no que pode ser reportado como um fenómeno de ubiquidade ou "panlocalização" da confiança – Manuel Carneiro da Frada, *Teoria da Confiança...*, *cit.*, pp. 357-358.

tâncias de ordem diversa, designadamente à vulnerabilidade de uma das partes, obrigada a depositar uma especial confiança na contraparte[376].

IV. A relação de confiança é necessariamente recíproca, o que a doutrina nem sempre evidencia. Se o segurador se vê obrigado de facto a confiar nas informações que lhe são prestadas pelo proponente, este terá de confiar que, verificado o sinistro, o segurador não virá impugnar o contrato invocando que o tomador do seguro não lhe prestou atempadamente todas as informações relevantes[377]. Assim, é frequentemente assinalado o carácter "fiduciário" do seguro para ambas as partes – assente que está na confiança mútua – o qual decorre da própria natureza do contrato[378].

Paradoxalmente, o que é qualificável como relação de confiança, transformou-se em – ou nunca deixou de o ser – uma relação de desconfiança. O segurador teme que o proponente lhe minta ou omita dados relevantes para a apreciação do risco; o tomador do seguro teme que o segurador, verificado o sinistro, se refugie no pretexto de alegadas omissões ou inexactidões pré-contratuais para se furtar à realização da sua prestação em caso de sinistro[379].

---

[376] Jorge Sinde Monteiro, *Responsabilidade por Conselhos...*, cit., pp. 360 e n. 70; e 369.

[377] Como refere Carlos Harten, «o segurado necessita de confiar nos procedimentos que vai adoptar com o fim de obter efectivamente a garantia desejada com a contratação do seguro» – Carlos Harten, *El Deber...*, cit., p. 22 (trad. nossa). Em sentido convergente, afirma Tiffreau que «o contrato de seguro é, antes de mais, um contrato de segurança. [...] Segurança do segurado, por um lado, que espera do segurador a melhor garantia do risco, ao menor prémio; segurança do segurador, por outro lado, que espera do segurado a melhor declaração do risco, ao menor sinistro» – Pascal Tiffreau, "Le silence et le contrat d'assurance", *RGAT*, Ano 60 (1989), nº 4, p. 783 (trad. nossa).

[378] Cristina Cavaliere, "Le dichiarazioni inesatte e reticenti nel contratto di assicurazione: il quadro italiano (con radici inglesi)", *CI / Europa*, Ano IX, nº 1 (Jan.-Jun. 2004), p. 347; Juan Bataller Grau, *El Deber...*, cit., p. 10; Josep Llobet i Aguado, *El Deber de Información en la Formación de los Contratos*, Madrid, Marcial Pons, 1996, p. 116; Comité Européen des Assurances, "8ème Colloque Juridique International, Venise, 7-10 octobre 1977 – La déclaration du risque à l'origine et en cours de contrat: conséquences et sanctions", *RGAT*, Tomo XLIX (1978), p. 314.

[379] Neste último contexto, uma realidade pouco conhecida fora dos EUA é a do *organised post-claim underwriting* (que poderíamos traduzir por "análise organizada do risco pós-sinistro"). Esta prática, proibida em alguns estados americanos (excepto em caso de fraude do tomador), pressupõe, quer a existência de um departamento do segurador dedicado exclusivamente à investigação pós-sinistro do incumprimento do dever de declaração do risco, quer a existência de um comportamento censurável do segurador, no sentido de favorecer as omissões ou inexactidões, de conhecer ou suspeitar desde início da existência delas sem as investigar, ou, mormente, de desenvolver a sua actividade em torno do móbil doloso de instrumentalizar o regime da declaração do risco, recebendo o prémio sem ter de suportar qualquer risco efectivo (na medida em que sempre se defenderia com a impugnação do contrato). Essa prática é particularmente favorecida em modalidades como o seguro de saúde – onde a regularização do sinistro pode ser condicionada à prévia apresentação de documentação exaustiva sobre o estado de saúde do segurado previamente à celebração do

III.2. *ALEA* CONTRATUAL E JUSTIÇA COMUTATIVA

III.2.1. O seguro, contrato aleatório

I. É quase unânime a doutrina do direito dos seguros quanto à inclusão da aleatoriedade entre as características fundamentais do contrato de seguro[380]. Por seu turno, também a dogmática geral civilista considera o contrato de seguro como o exemplo académico de contrato aleatório[381].

Importa, porém, situarmo-nos quanto à noção de *alea*, que não é unívoca na doutrina ou na própria lei, surgindo, por vezes, associada à mera ideia de *incerteza*[382] e, noutros casos, à ideia de imprevisibilidade do *ganho* ou da *perda* que

contrato – e constitui exemplo de uma situação em que a relação de confiança é comprometida pelo segurador. Importa, em qualquer caso, distinguir as situações de *organised post-claims underwriting*, em clara violação do princípio da boa fé, das situações, que nada têm de censurável, em que a avaliação pré-contratual do risco é desenvolvida, com boa fé e diligência, pelo segurador (que não tem razões para suspeitar de omissões ou inexactidões), mas em que estas só vêm a revelar-se na sequência de uma participação de sinistro e da investigação que a mesma suscite.

[380] Pedro Romano Martinez define o seguro como «o contrato aleatório por via do qual uma das partes (seguradora) se obriga, mediante o recebimento de um prémio, a suportar um risco, liquidando o sinistro que venha a ocorrer» – Pedro Romano Martinez, *Direito dos Seguros – Apontamentos*, *cit.*, p. 51 (cfr. também, pp. 59 ss.). No mesmo sentido, p. ex., José Carlos Moitinho de Almeida, *O Contrato de Seguro no Direito...*, *cit.*, p. 30; José Engrácia Antunes, *Direito dos Contratos...*, *cit.*, p. 686; Nicola Gasperoni, "Assicurazione (in generale)", *in* AAVV, *Nuovo Digesto Italiano*, Torino, UTET, 1937, Vol I, pp. pp. 812-839; Carlos Alberto Ghersi, *Contrato de Seguro*, Buenos Aires, Astrea, 2007, p. 70; Filipe Albuquerque Matos, "As declarações reticentes...", *cit.*, pp. 465 ss.; Margarida Lima Rego, *Contrato...*, *cit.*, pp. 395 ss; Gianguido Scalfi, *Manuale...*, *cit.*, p. 20; José Vasques, *Contrato de Seguro – Notas...*, *cit.*, pp. 104 ss.; Cesare Vivante, *Trattato di Diritto Commerciale*, Vol. IV (Le Obbligazioni), Milano, Casa Editrice Dottor Francesco Vallardi, 1926, p. 357.

[381] Cfr., p. ex., Manuel Domingues de Andrade, *Teoria Geral...*, Vol. II, *cit.*, p. 57; José Oliveira Ascensão, *Direito Civil...*, Vol. III, *cit.*, p. 314; António Menezes Cordeiro, *Tratado...*, I, Tomo I, *cit.*, p. 477; Mário Almeida Costa, *Direito das Obrigações*, *cit.*, p. 371; Luís Carvalho Fernandes, *Teoria Geral...*, Vol. II, *cit.*, p. 85; Jaime Gouveia, *Direito Civil (Obrigações)*, Lisboa, Nicolau de Matos, 1935, p. 374; Luís Menezes Leitão, *Direito das Obrigações*, Vol. I, *cit.*, p. 212; João de Castro Mendes, *Direito Civil...*, Vol. II, *cit.*, p. 320; Manuel Carvalho de Mendonça, *Doutrina e Prática das Obrigações*, Tomo II, 4ª Ed., Rio de Janeiro, Rev. Forense, 1956, p. 399; Carlos Mota Pinto, *Teoria Geral...*, *cit.*, p. 405; Eduardo Santos Júnior, *Direito das Obrigações I – Sinopse Explicativa e Ilustrativa*, Lisboa, AAFDL, 2010, p. 188; Inocêncio Galvão Telles, *Manual dos Contratos...*, *cit.*, p. 409; Pedro Pais Vasconcelos, *Teoria Geral...*, *cit.*, p. 449. A própria lei toma, por vezes, partido nessa classificação. Assim, o artigo 1538º do Código de Seabra considerava aleatório o contrato de seguro. Embora o CCom e o CC não contenham disposição semelhante, na formulação legal do artigo 1º da LCS a *alea* é convocada como elemento caracterizador do evento (futuro e incerto) de que depende a prestação do segurador, mas não enquanto critério dogmático de classificação do contrato. Nesta medida, a disposição legal não requer que o contrato de seguro seja aleatório, mas apenas que a prestação do segurador dependa da realização de um risco (o que, como veremos, são coisas diversas).

[382] Tal é o caso, em certa medida, do artigo 1790º do CC espanhol, em que as prestações ficam subordinadas a um acontecimento futuro e incerto: situamo-nos, em rigor, no quadro de uma condição suspensiva.

resultará do contrato[383]. É este último, porém, o critério relevante para a classificação de um contrato como aleatório: a vantagem e o sacrifício patrimoniais ficarão dependentes da sorte (evento futuro e incerto)[384]. Assim, o carácter aleatório de um contrato resulta de, no momento da celebração, serem desconhecidas as vantagens económicas que do mesmo resultarão para as partes ou, por outras palavras, de a atribuição patrimonial[385] de, pelo menos, uma delas se revelar incerta quanto à sua existência ou valor[386]. Neste sentido, o contrato aleatório surge, por oposição ao contrato comutativo[387], como modalidade do contrato oneroso[388]: a onerosidade resulta de ambas as partes estarem sujeitas à possibi-

[383] O CC francês define os contratos aleatórios como aqueles em que *as vantagens para cada uma das partes* não se podem aferir no momento da formação do contrato, mas dependem de um acontecimento incerto a que os contratantes subordinam as suas possibilidades de ganho ou perda. Cfr. André Favre Rochex, e Guy Courtieu, *Le Droit du Contrat d'Assurance Terrestre*, Paris, LGDJ, 1998, p. 391.

[384] Francesco Santoro-Passarelli, *Dottrine Generali del Diritto Civile*, 8ª Ed., Napoli, Eugenio Jovene, 1964 (trad. port., *Teoria Geral do Direito Civil*, Coimbra, Atlântida, 1967), p. 186. Por outras palavras, o que releva é se o conteúdo *económico* do contrato (e não qualquer aspecto ligado à prestação) está dependente de uma *alea*, ou seja, de um acontecimento incerto (*incertus an* ou *incertus quando*). Inocêncio Galvão Telles, *Manual dos Contratos...*, *cit.*, p. 409.

[385] Sobre a noção de atribuição patrimonial, cfr. Manuel Domingues de Andrade, *Teoria Geral...*, Vol. II, *cit.*, pp. 67-68. Na fórmula sintética de Galvão Telles, «entende-se por atribuição patrimonial todo o benefício avaliável em dinheiro alcançado por alguém» – Inocêncio Galvão Telles, *Manual dos Contratos...*, *cit.*, p. 254.

[386] Este é o sentido, com pequenas divergências de forma, maioritariamente dominante na doutrina: Manuel Domingues de Andrade, *Teoria Geral...*, Vol. II, *cit.*, p. 57; José Oliveira Ascensão, *Direito Civil...*, Vol. III, *cit.*, p. 314; António Menezes Cordeiro, *Tratado...*, I, Tomo I, *cit.*, p. 477; Mário Almeida Costa, *Direito das Obrigações*, *cit.*, p. 371; Luís Carvalho Fernandes, *Teoria Geral...*, Vol. II, *cit.*, p. 85; Jaime Gouveia, *Direito...*, *cit.*, p. 374; Fernando Pessoa Jorge, *Lições...*, *cit.*, p. 173; Luís Menezes Leitão, *Direito das Obrigações*, Vol. I, *cit.*, pp. 211-212; João de Castro Mendes, *Direito Civil...*, Vol. II, *cit.*, p. 320; Manuel Carvalho de Mendonça, *Doutrina...*, Tomo II, *cit.*, p. 399; Carlos Mota Pinto, *Teoria Geral...*, *cit.*, p. 405; Margarida Lima Rego, *Contrato...*, *cit.*, p. 396; Francesco Santoro-Passarelli, *Dottrine...*, *cit.*, p. 186; Inocêncio Galvão Telles, *Manual dos Contratos...*, *cit.*, p. 409; Pedro Pais Vasconcelos, *Teoria Geral...*, *cit.*, p. 449; e José Vasques, *Contrato de Seguro – Notas*, *cit.*, p. 105. Cfr. igualmente Luca Buttaro, "Assicurazione (contratto di)", *cit.*, p. 455; Pasquale Coppa-Zuccari, *L'Alea...*, *cit.*, pp. 29 e 106; Jean Aulagnier, "L'assurance vie est-elle un contrat d'assurance?", *Droit et Patrimoine*, nº 44 (Dez. 1996), pp. 48 ss.

[387] Para Menezes Cordeiro, porém, os contratos *aleatórios* caracterizar-se-iam pela incerteza da vantagem patrimonial para as partes e contrapor-se-iam aos *não aleatórios*, enquanto os comutativos expressariam o equilíbrio (económico) das prestações das partes. Menezes Cordeiro, *Direito das Obrigações*, Vol. I, *cit.*, p. 430, n. 128. Recusando igualmente a oposição aleatório / comutativo, José Oliveira Ascensão, *Direito Civil...*, Vol. III, *cit.*, p. 315. Neste sentido, alguma doutrina considera mesmo o contrato aleatório como uma modalidade de contrato comutativo (na medida em que se verifique uma igualdade relativa de ganho ou de perda para ambas as partes) – Claude Devoet, *Les Assurances...*, *cit.*, p. 74.

[388] Oliveira Ascensão demarca-se desta perspectiva comum na doutrina, afirmando não haver «razão de base que impeça que negócios gratuitos sejam aleatórios». José Oliveira Ascensão, *Direito Civil...*, Vol. III, *cit.*, p. 315.

lidade de perda, embora uma delas venha a ganhar consideravelmente mais do que o que haja despendido (podendo mesmo não ter despendido nada)[389]. Por outro lado, a incerteza deve decorrer especificamente da natureza do contrato (dir-se-á mesmo, da sua causa objectiva[390] ou função típica), e não da margem de risco que envolve a generalidade dos negócios quanto às vantagens patrimoniais que dos mesmos resultarão para as partes[391].

É neste sentido que a doutrina classifica o contrato de seguro como aleatório, na medida em que, aquando da sua celebração, se verifica *incerteza quanto à vantagem ou desvantagem económica final das partes* (ou seja, em termos simples, quanto ao montante que cada uma das partes terá pago à – e recebido da – contraparte no final do contrato)[392].

II. Os contratos aleatórios podem ser classificados em várias categorias. Desde logo, quanto ao valor e à ocorrência das prestações das partes: num primeiro caso, a prestação de uma das partes é certa quanto ao valor e à ocorrência, enquanto a da outra é incerta quanto ao valor e quanto à ocorrência[393]; num segundo caso, a prestação de uma das partes é certa quanto ao valor e à ocorrência, enquanto a da outra é incerta quanto à ocorrência (mas certa quanto ao valor)[394]; num terceiro caso, as prestações de ambas as partes são certas quanto à ocorrência, mas só uma o é quanto ao valor[395]; num quarto caso, as prestações de ambas as partes podem ser incertas quanto à ocorrência e quanto ao valor[396].

---

[389] Carlos Mota Pinto, *Teoria Geral...*, *cit.*, p. 405.

[390] Fernando Pessoa Jorge, *Lições...*, *cit.*, p. 173.

[391] António Menezes Cordeiro, *Tratado...*, I, Tomo I, *cit.*, p. 477. No mesmo sentido, embora numa formulação menos precisa, Oliveira Ascensão afirma que «não basta a mera incerteza económica quanto à vantagem a retirar do negócio. É necessário um risco jurídico: não se saber antecipadamente qual a atribuição ou atribuições que deverão ser feitas». José Oliveira Ascensão, *Direito Civil...*, Vol. III, *cit.*, p. 314.

[392] Como refere Vivante, «no início do contrato as prestações de ambas as partes equivalem-se porque a probabilidade de ganho ou perda se equilibram. Mas durante a execução uma das partes terá despendido mais do que terá recebido. É a sorte que decide qual dos contraentes terá um ganho ou uma perda» – Cesare Vivante, *Trattato...*, Vol. IV, *cit.*, p. 357 (trad. nossa). No mesmo sentido, cfr., p. ex., André Favre Rochex e Guy Courtieu, *Le Droit...*, *cit.*, p. 76; Francisco Guerra da Mota, *O Contrato...*, *cit.*, p. 258; José Vasques, *Contrato de Seguro – Notas...*, *cit.*, p. 105.

[393] No caso de um seguro de roubo por um ano, a prestação do tomador do seguro é certa (está à partida determinada), enquanto a do segurador dependerá da ocorrência do sinistro e do valor do prejuízo.

[394] Será o caso de um seguro de vida Temporário por um ano: a prestação do tomador do seguro é certa (está à partida determinada), enquanto a do segurador corresponderá ao capital contratado mas dependerá da ocorrência do sinistro.

[395] No caso da renda vitalícia adquirida a prémio único, a prestação do tomador do seguro é certa (está determinada à partida), enquanto a do segurador (total das rendas a pagar) dependerá da duração da vida da pessoa segura, podendo ser de valor superior ou inferior ao prémio.

[396] O exemplo académico desta categoria é o contrato de aposta – Manuel Domingues de Andrade, *Teoria Geral...*, Vol. II, *cit.*, p. 57 e Carlos Mota Pinto, *Teoria Geral...*, *cit.*, p. 405.

Outra classificação distingue a *alea* bilateral, de que seria exemplo o contrato de aposta, da *alea* unilateral, de que seria exemplo o contrato de seguro (onde a *alea* respeitaria apenas à prestação do segurador)[397]. Porém, como notam alguns autores, a *alea*, como probabilidade de ganho com inerente probabilidade de perda – implicando, portanto, uma *comparação* entre as prestações de ambas as partes – é sempre, por definição, bilateral. Com efeito, a eventual ocorrência do sinistro, o respectivo momento e a dimensão dos danos (no caso dos seguros de danos) tornam imprevisível a vantagem patrimonial de qualquer das partes[398]. Por outro lado, e ainda que não fosse o caso, não é rigoroso que a prestação do tomador do seguro seja certa, já que – cessando o contrato com o sinistro total – o tomador não sabe, à partida (e com excepção dos contratos a prémio único) durante quanto tempo pagará o prémio, e, portanto, o valor total de prémios que pagará até à cessação do contrato.

Finalmente, várias seriam as sistematizações possíveis dos tipos de *alea* susceptíveis de integrar um contrato: objectiva, subjectiva, temporal, geográfica, natural, convencional[399].

III. Embora, como referimos, o contrato de seguro surja como exemplo escolar de contrato aleatório, vários são os argumentos que têm sido esgrimidos contra esta classificação. Desde logo, um deles – que visa, em primeira linha, os seguros de danos – assenta no princípio indemnizatório, aplicável a estes contratos (artigos 128º ss. da LCS)[400]. Assim, na perspectiva de Lugo y Reymundo, p. ex., o facto de, em virtude do princípio indemnizatório, o segurado não poder sair beneficiado do contrato – sendo a prestação do segurador limitada pela medida do dano sofrido – impede que, na esfera deste, ocorra uma vantagem patrimonial decorrente de um evento incerto. O segurado apenas evitaria uma desvantagem económica (a que decorreria do sinistro na ausência de seguro), mas não obteria qualquer acréscimo patrimonial[401].

---

[397] José Engrácia Antunes, *Direito dos Contratos...*, *cit.*, pp. 686-687, n. 1385; José Engrácia Antunes, "O contrato de seguro...", *cit.*, p. 824, n. 25; António Menezes Cordeiro, *Tratado...*, I, Tomo I, *cit.*, p. 477; Luís Menezes Leitão, *Direito das Obrigações*, Vol. I, *cit.*, p. 212; José Vasques, "Contrato de seguro: Elementos...", *cit.*, p. 517.

[398] Aldo Boselli, "Rischio...", *cit.*, pp. 785 ss.; Luca Buttaro, "Assicurazione (contratto di)", *cit.*, p. 456; Agostino Gambino, *L'Assicurazione...*, *cit.*, p. 260; Margarida Lima Rego, *Contrato...*, *cit.*, p. 402.

[399] António Menezes Cordeiro, *Direito das Obrigações*, Vol. I, *cit.*, pp. 431-432. Negando a distinção entre contratos aleatórios por natureza e por vontade das partes, Aldo Boselli, "Le obbligazioni...", *cit.*, pp. 596-618.

[400] Quanto ao princípio indemnizatório, cfr. Pedro Romano Martinez, "Contrato de seguro: Âmbito...", *cit.*, pp. 155 ss.

[401] Luis de Lugo y Reymundo, "El contrato...", *cit.*, p. 390. Quanto à vantagem económica do segurador, ela estaria perfeitamente definida e não seria especulativa, já que o prémio corresponderia à medida – objectiva, e actuarialmente determinada – do risco e seria, portanto,

A argumentação expendida, porém, não colhe. Na verdade, o facto de o segurado não sair enriquecido do sinistro e ser apenas indemnizado quanto aos danos que teve é aferido (apenas) no plano extra-contratual[402]. Assim, o princípio indemnizatório não impede que, no plano contratual, o segurado haja recebido de indemnização mais ou menos do que pagou de prémios, isto é, que tenha tido um ganho ou uma perda patrimonial *no âmbito do contrato*. Por outro lado, ainda que o argumento fosse de considerar, o mesmo sempre estaria limitado aos seguros de danos, já que o princípio indemnizatório não é aplicável aos seguros de vida.

IV. Outro argumento contra a aleatoriedade do contrato de seguro assenta no sinalagma contratual e na natureza da prestação do segurador. Assim, para os autores que defendem que a prestação do segurador se traduz na suportação do risco (ou, o que é substancialmente o mesmo, numa prestação de segurança) – prestação imaterial correspectiva do pagamento do prémio – o segurador assumiria a obrigação abstracta de suportação do risco, enquanto o segurado beneficiaria sempre da vantagem abstracta de segurança, pelo que nenhum deles teria qualquer ganho ou perda em virtude de um factor contingente. Cada uma das partes daria e receberia prestações efectivas de valor equivalente, pelo que o sinalagma infirmaria o carácter aleatório do contrato[403].

Ora, como vimos, a segurança corresponde a um estado psicológico do segurado, e a "prestação de segurança" do segurador não é, em rigor, mais do que um *efeito* da (eventual ou potencial) prestação patrimonial a que o mesmo está obrigado em caso de sinistro[404]. Ora, a *alea* afere-se em função das prestações

---

o preço rigoroso da prestação do segurador – *idem*, p. 395. O argumento quanto à perspectiva de ganho do segurador será adiante analisado e rebatido.

[402] Aldo Durante, "L'alea e il contratto d'assicurazione contro i danni", *RDCDGO*, Ano XLVI (1946), Parte I, p. 571; e Carlos Bettencourt de Faria, "O conceito...", *cit.*, p. 786.

[403] Aldo Durante, "L'alea...", *cit.*, p. 571; Giovanni di Giandomenico, *Il Contratto e l'Alea, cit.*, pp. 177 ss.; Ernesto Tzirulnik e Flávio Queiroz Cavalcanti, "Gli elementi essenziali del contratto di assicurazione nella disciplina introdotta dal nuovo codice civile brasiliano", *DEA*, 2003, nº 3-4, pp. 806 ss.

[404] Embora grande parte da doutrina – p. ex., José Carlos Moitinho de Almeida, *O Contrato de Seguro no Direito...*, *cit.*, pp. 29-30 – não assuma a contradição entre considerar uma prestação de suportação do risco como base do sinalagma contratual, por um lado, e considerar o seguro um contrato aleatório, por outro, a verdade é que não cremos que as duas pretensões sejam conciliáveis. Desta contradição nos demos conta noutro escrito (Luís Poças, *Estudos...*, *cit.*, pp. 90-91, n. 286), tendo então defendido que o reconhecimento de uma "prestação de suportação do risco" comprometia a classificação do contrato como aleatório. Assim, cremos artificioso o argumento segundo o qual, embora a prestação pecuniária do tomador seja de valor equivalente ao da "prestação imaterial" (segurança) que recebe do segurador, o interesse classificatório da categoria de contratos aleatórios está no confronto entre prestações (ou atribuições) patrimoniais; pelo que, não se traduzindo a prestação *patrimonial* do segurador na prestação de segurança ou garantia, mas no (eventual) pagamento da indemnização ou capital, não haveria qualquer contradição entre o carácter sinalagmático e aleatório do contrato. Cremos que a conciliação entre o sinalagma e a

patrimoniais das partes, pelo que o argumento não põe em causa o carácter aleatório do contrato.

V. Um outro argumento no mesmo sentido decorre da chamada teoria da empresa. Nesta perspectiva – que convoca o princípio da mutualidade, das bases estatísticas do seguro e da pulverização do risco – a organização empresarial da actividade seguradora, com as bases técnicas e actuariais que envolve (assentes no princípio da lei dos grandes números), e a gestão de uma massa de riscos pelo segurador, garantem, numa lógica de mutualidade, que a ocorrência de um sinistro seja compensada pelas reservas constituídas a partir do agrupamento das contribuições ou prémios individuais[405]. Esta compensação – envolvendo uma correspondência global entre a totalidade dos prémios cobrados e a totalidade dos sinistros ocorridos, garantida pelas leis de mercado e da plena concorrência, moderadoras das práticas tarifárias – eliminaria qualquer margem de aleatoriedade na esfera do segurador[406].

Ora, o argumento contra a aleatoriedade *do contrato* não pode aferir-se pelo resultado da actividade empresarial do segurador (que em si não é aleatória mas está sujeita aos riscos normais de qualquer actividade empresarial), mas pelo contrato individualmente considerado[407]. De resto, como aduz Schiavo, o argumento nada mais faz do que negar, no seu enunciado, a sua própria pretensão: «logicamente não pode negar-se por uma mera somatória a afirmação do conceito enunciado»[408].

alea decorre da ponderação que haverá de pesar sobre a condição suspensiva (de que depende a prestação de *dare* do segurador), a qual, atenta a *alea* contratual e a correspondência entre o prémio e a probabilidade de produção de tal condição, gera um *efeito* sinalagmático.

[405] J. Lefort, *Nouveau Traité de L'Assurance sur la Vie*, Paris, Librairie des Sciences Politiques et Sociales, 1920, p. 167; Álvaro Machado Villela, *Seguro de Vidas...*, *cit.*, p. 138; Cesare Vivante, *Trattato...*, Vol. IV, *cit.*, p. 357.

[406] Aldo Durante, "L'alea...", *cit.*, pp. 571 ss.; Carlos Bettencourt de Faria, "O conceito...", *cit.*, p. 786; Luis de Lugo y Reymundo, "El contrato...", *cit.*, pp. 395-396; Luis de Lugo y Reymundo, *Tratado de Seguros*, Vol. I, Madrid, Instituto Editorial Réus, 1952, p. 24; Jaime Gouveia, *Da Responsabilidade Contratual*, Lisboa, Ed. do Autor, 1933, p. 107.

[407] Cfr. José Engrácia Antunes, *Direito dos Contratos...*, *cit.*, p. 687, n. 1385; José Engrácia Antunes, "O contrato de seguro...", *cit.*, p. 824, n. 25; Sérgio Cavalieri Filho, "Visão...", *cit.*, pp. 8 ss.; Carlos Harten, *El Deber...*, *cit.*, p. 36, n. 59; Francisco Guerra da Mota, *O Contrato...*, *cit.*, p. 324; Tadao Omori, "Insurance law...", *cit.*, p. 421, n. 15; André Favre Rochex e Guy Courtieu, *Le Droit...*, *cit.*, p. 76. Como refere Joaquín Garrigues, *Contrato...*, *cit.*, p. 45, n. 2, «qualquer que seja a organização industrial da empresa seguradora, é um facto que nenhum dos contratantes pode saber se obterá do contrato uma compensação ou uma perda até que se verifique o evento fortuito e isto é o que caracteriza o contrato aleatório» (trad. nossa).

[408] Carlos A. Schiavo, *Contrato de Seguro...*, *cit.*, p. 32 (trad. nossa). Ou seja, o reconhecimento de que uma parte celebra profissional e massivamente contratos aleatórios só corrobora a natureza dos mesmos – *ibidem*.

VI. Um outro argumento contra a aleatoriedade do contrato parte da análise de algumas modalidades de seguro que não obedecem a essa classificação. Desde logo, nos seguros de capitalização (tecnicamente denominados *seguros de capitais diferidos com contra-seguro da reserva matemática*) o capital seguro corresponde à provisão matemática, ou seja, ao(s) prémio(s) pago(s) e revalorizado(s), pelo que só o *momento* (mas não o montante) da prestação do segurador fica dependente da ocorrência de um evento futuro e incerto (a morte da pessoa segura durante a vigência do contrato ou a sua sobrevivência na data do termo deste). Assim, a vantagem patrimonial, quer do tomador, quer do segurador, está à partida determinada aquando da celebração do contrato (incluindo encargos, taxa de juro técnica e participação nos resultados), pelo que o contrato é comutativo[409].

---

[409] Cfr. Luís Poças, *Estudos...*, *cit.*, pp. 11 ss. e 83 ss., especialmente 89, 91 e 103. No mesmo sentido, Jean Aulagnier, "L'assurance...", *cit.*, pp. 55-56. Secundando a posição que defendemos, Maria Inês Oliveira Martins, *O Seguro...*, *cit.*, pp. 259-261. Em sentido diverso, Christian Jaumain, "Faut-il disqualifier l'assurance vie? L'assurance vie doit-elle conserver ses privilèges quelles que soient sa durée et l'intensité du risque?", *in* Jean Rogge (Coord.), *Liber Amicorum René Van Gompel – Etudes en Assurances*, Diegem, E. Story-Scientia, 1998, pp. 308 ss., considerando que esta modalidade de contrato é aleatória, em virtude de, em caso de morte, o segurador poder não conseguir realizar o valor nominal dos activos representativos da reserva matemática (*idem*, p. 309). Dada a composição prudente dos fundos autónomos (sob tutela da autoridade de supervisão) não cremos que tal risco deva seriamente considerar-se ou que, verificando-se, comprometa a classificação do contrato. Também considerando que o contrato é aleatório, desta feita porque existe incerteza quanto ao património que será beneficiado com a prestação do segurador (a pessoa segura, em caso de vida, os beneficiários, em caso de morte, os herdeiros, em caso de pré-falecimento dos beneficiários), e admitindo que essa prestação possa reverter a favor do próprio segurador, Jérôme Kullmann, "Contrats d'assurance sur la vie: la chance de gain ou de perte", *Recueil Le Dalloz Sirey*, Chronique, 1996, n.º 24, pp. 205 ss. Não cremos igualmente defensável esta posição, já que a incerteza quanto ao património beneficiado em nada influencia a *alea* contratual, no sentido acolhido pela generalidade da doutrina e pelo próprio artigo 1104 do *Code Civil*, rejeitando-se que o segurador possa licitamente fazer seu o capital seguro (excepto, se tanto, na situação de prescrição do crédito, caso em que o título de aquisição seria a prescrição e não o contrato de seguro). Sobre a inconsistência dos vários argumentos lançados em defesa da aleatoriedade dos seguros de capitalização, Jean Aulagnier, "L'assurance...", *cit.*, pp. 53 ss. Note-se que em França o aceso debate sobre a matéria assume contornos mais radicais, entendendo-se que a aleatoriedade constitui, por força do artigo 1964 do *Code Civil*, um requisito de qualificação do contrato de seguro, com implicações evidentes, designadamente, nos planos sucessório, obrigacional (em sede de tutela dos credores) e fiscal – Stéphanie Porchy, "Note – Arrêt Cassation 1ʳᵉ Civ., 8 juillet 1994", *Recueil Le Dalloz Sirey*, Jurisprudence, 1995, n.º 14, p. 219. Sobre a dimensão da controvérsia, cfr. Bernard Beignier, "La poule d'eau est-elle de la viande ou l'assurance-vie de placement est-elle une libéralité?", *Recueil Dalloz Sirey*, nº 28/7213 (21/07/2005), pp. 1905 ss.; Claude Devoet, *Les Assurances...*, *cit.*, pp. 80 ss.; e Marcel Fontaine, *Droit des Assurances*, 3ª Ed., Bruxelles, Larcier, 2006, pp. 163 ss. À face do nosso ordenamento o debate perde relevância, já que a qualificação do seguro de capitalização como contrato de seguro resulta da própria lei (artigo 124º do RGAS) e à mesma não se opõem as noções dos artigos 1º e 183º da LCS. Assim, e à semelhança do que sucede no ordenamento belga,

Tal é igualmente o caso dos PPR (planos poupança-reforma) quando constituam a forma de modalidade de seguro do ramo "Vida" (nº 3 do artigo 1º do DL 158/2002, de 2 de Julho), caso em que seguem a estrutura dos seguros de capitalização[410].

O mesmo se passa com os seguros ligados a fundos de investimento (*unit linked*). Quando os mesmos seguem uma estrutura semelhante aos seguros de capitalização, o tomador do seguro efectua uma prestação certa (prémio convertido em unidades de participação) e, verificado o evento de que depende a prestação do segurador, esta é igualmente certa: liquidação do contra-valor do número de unidades de participação adquiridas com o prémio pago pelo tomador. Neste caso, a *alea* do contrato, isto é, a possibilidade de ganho ou perda do tomador (de acordo com a variação da cotação das unidades de participação), é estranha ao conteúdo do contrato, não tendo qualquer impacto na posição do segurador[411].

Desta forma, as especificidades das modalidades de seguro referidas[412] infirmam a tese da *necessária* aleatoriedade do contrato de seguro, quase unanimemente defendida pela doutrina.

VII. Verifica-se uma aparente sobreposição semântica entre *alea* e risco. Porém, como referem vários autores, as duas noções não se confundem[413]. Enquanto o risco se reporta à *probabilidade* de ocorrência de um evento futuro e incerto (no caso, o evento segurável), a *alea* corresponde a uma categoria dicotómica – incerteza *quanto às vantagens patrimoniais* de um contrato. Ora, ainda que o facto incerto que constitui o evento segurável seja o mesmo de que dependem as vantagens patrimoniais das partes, não é forçoso que a verificação desse evento

---

no artigo 1º da LCS «o legislador parece satisfazer-se com uma relação entre um evento aleatório e a prestação do segurador, sem que se deva medir se a assunção do risco pelo segurador deixa ou não as perdas ou o produto dos benefícios para uma ou outra das partes» – Claude Devoet, *Les Assurances...*, cit., p. 75 (trad. nossa).

[410] Luís Poças, *Estudos...*, cit., pp. 47 ss.

[411] Luís Poças, *Estudos...*, cit., pp. 44-45 e 89, n. 280. Neste caso, a possibilidade de ganho ou de perda do tomador depende da variação das cotações das unidades de participação, sendo exterior à – e independente da – esfera patrimonial do segurador.

[412] Também, de algum modo, a cobertura de assistência médica ambulatória nos seguros de saúde, ao admitir despesas de medicina preventiva e consultas periódicas de rotina (eventos intencionais do segurado), reduz a *alea* contratual, na medida em que as prestações a cargo do tomador e do segurador são relativamente previsíveis para aquele. Porém, o facto de a cobertura base nos seguros de saúde ser a de internamento hospitalar, garante a classificação desta modalidade de seguro como aleatória.

[413] P. ex., José Vasques, *Contrato de Seguro – Notas...*, cit., p. 105; José Vasques, "Contrato de seguro: Elementos...", cit., p. 516. Confundindo as duas noções, cfr. p. ex., Véronique Nicolas, *Essai...*, cit., pp. 50 ss. Noutros casos, os autores procuram relacionar (e não distinguir) as noções: assim, entendendo o risco como um pressuposto da *alea*, Marcel Fontaine, *Droit des Assurances*, cit., p. 162; Carlos A. Schiavo, *Contrato de Seguro...*, cit., p. 54; e Pedro Pais Vasconcelos, *Teoria Geral...*, cit., p. 449.

determine necessariamente uma vantagem patrimonial para uma das partes relativamente à outra. Assim, embora todos os seguros comportem risco, nem todos são necessariamente contratos aleatórios porque, como vimos, não implicam necessariamente incerteza quanto às atribuições patrimoniais das partes[414].

VIII. Como referimos, a aleatoriedade não é uma característica essencial – mas meramente tendencial – do contrato de seguro[415]. Porém, a mesma reveste-se de uma importância central para o nosso objecto de estudo, já que, se relativamente às modalidades comutativas é indiferente ao segurador a caracterização do risco pelo proponente (na medida em que a probabilidade de ocorrência do sinistro não comporta qualquer perda ou ganho para o segurador), já o mesmo não se passa nas modalidades aleatórias. Nestas, a justiça comutativa requer um nivelamento informativo entre as partes, o qual depende, de forma privilegiada – por vezes exclusiva – da declaração pré-contratual do risco. Só relativamente aos contratos aleatórios, portanto, se verifica um dever de declaração do risco.

III.2.2. O fundamento objectivo do dever de declaração

I. Para alguns sectores da doutrina o carácter aleatório do contrato de seguro constitui o fundamento objectivo do dever de declaração do risco[416].

Na verdade, já a matriz regulatória do artigo 348º do *Code de Commerce* francês, depois difundida a numerosos ordenamentos jurídicos, encontrava o seu fundamento na aleatoriedade do contrato de seguro[417]. A relação entre essa

---

[414] Como defendemos noutro escrito, a demarcação entre *alea* e risco reflecte-se, respectivamente, na distinção entre risco puro e risco especulativo – Luís Poças, *Estudos...*, *cit.*, p. 88 (neste sentido, Casimiro Caravelli, "Alea", *in* AAVV, *Nuovo Digesto Italiano*, Torino, UTET, 1937, Vol I, pp. 306 ss.; e Margarida Lima Rego, *Contrato...*, *cit.*, pp. 146 ss.). Outra perspectiva reconduz aquela distinção à que separa o *risco extra-contratual* (ou, diríamos, naturalístico), que corresponde ao perigo de um dano, da *alea contratual*, que corresponde à incerteza de uma vantagem – Pasquale Coppa-Zuccari, *L'Alea...*, *cit.*, pp. 21-22. Em qualquer caso, como nota Aldo Boselli, pouco importa, para a aleatoriedade do contrato, que o evento incerto de que depende o desequilíbrio patrimonial das partes seja, *em si mesmo*, danoso (ex: incêndio, naufrágio) ou não (ex: lançamento de dados) – Aldo Boselli, "Rischio...", *cit.*, p. 779.

[415] No mesmo sentido, Claude Devoet, *Les Assurances...*, *cit.*, p. 77.

[416] Cfr., p. ex., Carlos A. Schiavo, *Contrato de Seguro...*, *cit.*, pp. 23 ss.; e Vittorio Salandra, "Le dichiarazioni dell'assicurato secondo il nuovo codice", *Assicurazioni*, Ano IX (1942), Parte I, p. 2, que se refere também como "fundamento técnico-jurídico". Entre nós, nota Sinde Monteiro que «exemplo clássico dos contratos objectivamente *uberrimae fidei* é o contrato de seguro, dada a diversa possibilidade que têm as partes de valorar a álea que lhe é inerente» – Jorge Sinde Monteiro, *Responsabilidade por Conselhos...*, *cit.*, p. 360, n. 70. Entre a jurisprudência, cfr. Ac. TC nº 524/99 (publicado no DR, II série, de 17-03-2000) e Ac. TRP de 06/11/2007 – Proc. nº 0724884 (Guerra Banha).

[417] Giuseppe Grisi, *L'Obbligo Preconttratuale di Informazione*, Napoli, Jovene Editore, 1990, p. 253, n. 158; Giuseppe Grisi, "L'omessa o inesatta informazione precontrattuale nella disciplina del contratto di assicurazione", *RCDP*, 1990, Parte I, p. 745, n. 6.

aleatoriedade e a relevância da declaração exacta do risco surge, aliás, magistralmente enunciada por José da Silva Lisboa:

> Estes contratos se consideram legítimos, todas as vezes que os contraentes fazem o seu ajuste em boa fé, estando ambos em igualdade de condição, tendo assim a mesma esperança de lucro, como o mesmo receio de perda, sendo um, e outra, coisa contingente, isto é, dependente de acontecimento incerto, que não está em poder de algum deles prever, e menos ainda fazê-lo favorável ou danoso[418].

II. Como resulta, desde logo, das palavras de Silva Lisboa, a aleatoriedade como fundamento objectivo do dever de declaração do risco surge indissociada da problemática da assimetria informativa como pressuposto material desse dever. Na verdade, traduzindo-se a aleatoriedade do contrato na circunstância de, aquando da respectiva celebração, serem incertas as vantagens económicas que do mesmo resultarão para as partes, a plena *alea* implica uma paridade ou nivelamento informativo: as vantagens ou desvantagens patrimoniais haverão de ser igualmente incertas *para ambas as partes*[419].

À primeira vista, pareceria que a *alea* contratual dispensaria, por si só, a necessidade de imposição de deveres de informação às partes[420]. Porém, estando a *alea* associada a uma probabilidade de tipo estatístico, para que as partes estejam numa posição nivelada quanto ao conhecimento dessa *alea*, deverá aquela que possui uma informação privilegiada partilhar essa informação com a contraparte, evitando-se uma estipulação leonina das prestações[421].

---

[418] José da Silva Lisboa, *Princípios...*, Tomo I, *cit.*, p. 2.

[419] Como refere Parrella, «o contrato de seguro, como qualquer negócio jurídico aleatório, assenta na incerteza absoluta do evento por parte dos contraentes, os quais devem ignorar se e quando isso possa verificar-se. E se razões de probabilidade podem abalar esta incerteza, elas devem ser do conhecimento de ambos» – Alberto Parrella, "La reticenza...", *cit.*, p. 755 (trad. nossa). Assim, quanto à *alea* assumida pelo segurador, afirma Schiavo que «no campo que vai da certeza à impossibilidade deve existir igualdade entre ambas as partes, igualdade que, por certo, está dada por uma equivalência proporcional entre a probabilidade e a maior ou menor importância do património comprometido, do resultado que se espera obter ou experimentar, e igualdade na incerteza» – Carlos A. Schiavo, *Contrato de Seguro...*, *cit.*, p. 37 (trad. nossa). Referindo-se ao carácter aleatório do risco e, simultaneamente, à necessidade de o segurador literalmente o *apreciar* – estimando, portanto, a probabilidade de realização do risco e, logo, o custo da sua prestação – Beignier afirma que «*alea* e certeza são assim os paradoxos do risco no contrato de seguro» – Bernard Beignier, *Droit du Contrat...*, *cit.*, p. 100.

[420] Segundo Carneiro da Frada, a necessidade de protecção da parte que assume o risco – mediante a imposição de um dever de informação sobre os contornos do mesmo – será tanto menor quanto mais aleatório (e especulativo) se revelar o contrato – Manuel Carneiro da Frada, *Teoria da Confiança...*, *cit.*, p. 491, n. 519.

[421] Filipe Albuquerque Matos, "As declarações reticentes...", *cit.*, p. 467. Daí que o dever de informação seja inerente aos contratos aleatórios e necessário à manutenção dessa aleatoriedade

Uma marcada assimetria informativa, quanto à probabilidade de ocorrência do evento de que depende a *alea*, pode transformar o negócio numa relação em que a *alea* é meramente virtual para uma das partes (porque apenas existe enquanto representação psicológica) e praticamente inexistente (porque o evento em causa é quase certo) para a contraparte[422].

III. Por outro lado, como decorre do atrás exposto, o carácter aleatório do contrato de seguro estimula, por parte de contraentes pouco escrupulosos, práticas especulativas, abusos de vária ordem, ou mesmo fenómenos de fraude, cuja consecução resulta da falta de restabelecimento da paridade informativa[423]. Como refere Ferreira Borges, «se por asserções ou promessas falazes fora permitido enganar a confiança do segurador, os seguros não tardariam a ser um jogo ou uma especulação de furto»[424]. Se se buscasse a analogia no contrato de aposta, o equivalente à violação do dever de informação estaria na manipulação da regra do jogo (o *engano*, a "*batota*"), viciando a probabilidade estatística do sucesso[425].

–Michel de Juglart, "L'obligation de renseignements dans les contrats", *RTDC*, Ano XLIII (1945), pp. 16-17.

[422] Agostino Gambino, *L'Assicurazione...*, *cit.*, pp. 261-262 e 347.

[423] Tadao Omori, "Insurance law...", *cit.*, pp. 418 ss. Como nota o autor, é precisamente essa característica que coloca tão em evidência o imperativo da boa fé.

[424] José Ferreira Borges, *Commentários...*, *cit.*, p. 130. No mesmo sentido, Pedro de Santarém, *Tractatus de Assecurationibus et Sponsionibus*, *cit.*, Parte II, 23-24. Sublinhando que o regime da declaração do risco se dirige a tutelar o segurador contra o engano, M. Renaux, *De la Réticence...*, *cit.*, p. 40, n. 1; e Pedro Rubio Vicente, *El Deber...*, *cit.*, p. 93.

[425] No plano económico, Samuelson e Nordhaus comparam precisamente o seguro a um contrato de aposta: «ao fazer um seguro contra o incêndio de uma casa, os seus proprietários parecem estar a apostar com a companhia de seguros que a casa irá arder. Se não arder, o custo do proprietário é um pequeno prémio. Se arder, a companhia terá de indemnizar os proprietários pelo prejuízo sofrido [...]» – Paul Samuelson e William Nordhaus, *Economics*, *cit.*, p. 193. Levando mais longe a comparação, dir-se-á que o prémio consiste, grossomodo, no valor da probabilidade de o incêndio se verificar. Ora, se o segurado *souber* que o incêndio é, por alguma razão, *muito provável* (p. ex., porque tem vindo a receber ameaças anónimas de que a casa será incendiada) e não o comunicar ao segurador, então estará a viciar a *alea* na medida em que a ocorrência do incêndio não é fortuita, mas quase certa (sendo o prémio *normal* definido pelo segurador desproporcionadamente mais baixo do que o valor real da probabilidade de incêndio). Como refere Omori com base neste paralelo, «a "batota" é definitivamente um acto imperdoável na aposta» – Tadao Omori, "Insurance law...", *cit.*, p. 424 (trad. nossa). Contestando o carácter aleatório do contrato de seguro, refere Velasco San Pedro que a declaração do risco não faria sentido relativamente a jogos de puro azar, já que um jogador não deve conhecer as cartas do adversário – Luís Velasco San Pedro, "Prólogo", *in* Pedro Rubio Vicente, *El Deber...*, *cit.*, p. XIV. Não cremos, porém, que a analogia seja a mais pertinente: é certo que, num jogo de cartas, o jogo do adversário (*alea*) não deverá ser revelado; porém, o baralho de cartas trazido por um dos jogadores não deverá estar viciado, nomeadamente com um número não regulamentar de cartas, com cartas marcadas, etc. Ou seja, os jogadores deverão estar

Ora, nas palavras de Vivante, o seguro é um contrato aleatório «porque a Companhia assume os riscos do futuro sinistro, e não porque esta assuma os riscos da desleal descrição do risco»[426].

IV. Como vem já sendo aflorado, a assimetria informativa no contexto de um contrato aleatório com as características do seguro tem por efeito uma incorrecta avaliação do risco e uma consequente perturbação da justiça comutativa que deve subjazer ao negócio[427].

Alguns autores colocam em particular evidência, como principal fundamento do dever de declaração do risco, a íntima interdependência entre o risco, a *alea* contratual e a determinação do prémio como "preço do risco". Aquele dever resultaria, portanto, do *princípio da proporcionalidade entre o prémio e o risco*, um dos princípios básicos da actividade seguradora, segundo o qual, o prémio – determinado com base nas declarações do proponente – deve corresponder ao risco efectivamente incorrido pelo segurador[428]. Neste quadro, poder-se-á afirmar,

---

num plano de igualdade informativa perante o jogo do adversário. É nesta vertente que a viciação da *alea* compromete o objecto do contrato. Neste sentido, comparando a viciação da declaração do risco a um jogo em que uma das partes conhece o resultado, Andrés Ordóñez Ordóñez, *Las Obligaciones...*, cit., p. 44.

[426] Cesare Vivante, "Articolo 429.", *in* Leone Bolaffio e Cesare Vivante (Coords.), *Il Codice di Commercio Commentato*, Vol. VII, 5ª Ed., Torino, UTET, 1922, p. 175.

[427] É na *justiça comutativa* (ou sinalagmática) – com expressão directa o equilíbrio das prestações das partes – que devem assentar as relações negociais, de acordo com critérios de igualdade juridicamente tutelados – José de Oliveira Ascensão, *O Direito...*, cit., p. 198. A justiça comutativa visa, assim, o estabelecimento ou a manutenção da igualdade na relação entre as partes – Paulo Mota Pinto, *Interesse Contratual...*, Vol. I, cit., p. 830.

[428] Neste sentido, Octacílio Alecrim, "La clausula de incontestabilidad en el seguro de vida italiano", *Boletin del Instituto de Derecho Comparado de México*, nº 22, 1957, Secção de Doutrina, p. 59; Virginia Bado Cardozo, *El Riesgo...*, cit., pp. 63 e 67; Cristina Cavaliere, "Le dichiarazioni ...", cit., p. 340 (associando esta perspectiva às construções doutrinárias tradicionais, com eco frequente na jurisprudência italiana); Antigono Donati, "Dell'Assicurazione", *in* Mariano D'Amelio e Enrico Finzi (Eds.), *Codice Civile – Libro delle Obbligazioni: Commentario*, Vol. II, Parte II – Dei Contratti Speziali, Firenze, G. Barbèra Ed., 1949, p. 241; Carlos Harten, *El Deber...*, cit., p. 40; Matteo Mandó, "Dichiarazioni...", cit., p. 795. O princípio da proporcionalidade encontrava-se já reflectido nas palavras de José da Silva Lisboa: «para ser racionável o mesmo prémio, deve este proporcionar-se, assim à grandeza, probabilidade e iminência do perigo que se receia [...]» (José da Silva Lisboa, *Princípios...*, Tomo I, cit., p. 3). Por outro lado, o princípio encontra, por vezes, reflexo na própria jurisprudência em matéria de declaração do risco: «torna-se intuitivo, com efeito, que segurar o risco de vida, mediante a contrapartida de determinado prémio, de uma pessoa que não esteja afectada pela doença do alcoolismo, é substancialmente diferente (em termos de relação prémio-risco) que segurar uma pessoa que o esteja. [...] O cálculo da relevância probabilística do risco pela seguradora foi, enfim, falseado, exprimindo uma errada percepção da realidade» – Ac. TRC de 21/09/2010 – Proc. nº 337/08.0TBALB.C1 (Teles Pereira).

com Matteo Mandó, que o regime da declaração do risco tutela «uma exigência extra-jurídica da técnica actuarial-seguradora, ou seja aquela de conhecer exactamente (segundo as possibilidades humanas) as circunstâncias do risco para poder avaliar a probabilidade da sua verificação e, logo, a frequência dos sinistros e do seu custo, e computar, por fim, o custo do prémio»[429]. O princípio da proporcionalidade entre o risco e o prémio encontra mesmo reflexo, em alguns ordenamentos, na cominação das omissões ou inexactidões não dolosas: a cessação do contrato quando a correspondência entre o risco e o prémio não seja possível; a modificação do contrato, no caso contrário; a solução de proporcionalidade no caso da prévia ocorrência do sinistro[430].

V. Ora, o referido desfasamento entre o risco representado pelo segurador e o risco real tem por efeito a quebra da proporcionalidade entre o risco e o prémio e, logo, um desequilíbrio da correspectividade das prestações das partes. A este desequilíbrio não obsta a posição atrás assumida, no sentido de que a prestação do segurador, caracterizadora do tipo contratual consiste numa prestação eventual de *dare* ou de *facere*, subordinada a uma condição, e não numa prestação efectiva "de cobertura" ou de "suportação do risco", mero efeito ficcional daquela prestação. Assim, o equilíbrio de prestações em que deve de assentar o contrato há-de aferir-se pela equivalência entre o valor do prémio e o da probabilidade de verificação da condição de que depende a prestação do segurador[431].

Sendo de assinalar a já normal desproporção entre o prémio pago e o montante pelo qual o segurador fica imediatamente responsável em caso de sinistro[432], a mesma pode revelar-se intolerável em consequência de omissões ou inexactidões pré-contratuais. Neste contexto, o desequilíbrio das posições das partes surge frequentemente referenciado como consequência do incumprimento do dever de declaração exacta do risco, a reclamar a tutela legal[433], e como fundamento daquele dever[434].

---

[429] Matteo Mandó, "Dichiarazioni...", *cit.*, p. 800.

[430] No contexto italiano, cfr. Angela Solimando, "Disciplina delle dichiarazioni precontrattuali nel contratto di assicurazione. Evoluzione della giurisprudenza", *Assicurazioni*, Ano LXVIII, nºs 1-2 (Jan.-Jun. 2001), pp. 34-35. Entre nós, cfr. o artigo 26º da LCS.

[431] Como refere de Cupis, «a *alea*, que é própria de tal contrato [de seguro], comporta a exigência de uma lealdade apta a impedir a alteração do equilíbrio contratual correspondente a essa própria *alea*» – Adriano de Cupis, "Precisazione sulla buona fede nell'assicurazione", *DG*, 1971, p. 629 (trad. nossa).

[432] Nicholas Legh-Jones *et al.* (Eds.), *MacGillivray...*, *cit.*, p. 453.

[433] Agostino Gambino, *L'Assicurazione...*, *cit.*, p. 348; Tadao Omori, "Insurance law...", *cit.*, p. 424; José Alberto Vieira, "O dever de informação...", *cit.*, p. 1000.

[434] P. ex., Maurice Picard e André Besson, *Les Assurances...*, *cit.*, p. 118; M. E. Steindorff, "Certains aspects de la déclaration du risque et de ses conséquences en droit comparé", *in* AAVV,

VI. Porém, a viciação da *alea*, decorrente da existência de inexactidões ou omissões na declaração do risco, não cria uma situação de injustiça apenas na vertente estritamente contratual. Ela afecta a organização técnica da actividade do segurador – assente em práticas técnico-actuariais de neutralização e compensação dos riscos individuais através da constituição de uma massa de riscos homogénea – ferindo o princípio da mutualidade[435].

Neste quadro, importa sublinhar que a actividade seguradora assenta no que pode ser designado como a *organização científica* da empresa de seguros[436]. No âmbito desta, a técnica seguradora tem por base o reconhecimento do carácter probabilístico da ocorrência dos riscos e a assunção, pelo segurador, com base em dados estatísticos e de acordo com a *lei dos grandes números*, de uma mutualidade de riscos homogéneos[437] – inerentes a um universo de contratos celebrados com diferentes tomadores – cujo conjunto de prémios forma uma reserva que, por seu turno, se destina a compensar os segurados que venham a ser afectados pela verificação dos riscos seguros (sinistros)[438]. Sob este prisma, como afirmam Picard e Besson, o seguro consiste na «técnica da solidariedade pela

L'Harmonisation du Droit du Contrat d'Assurance dans la C.E.E., Bruxelles, Bruylant, 1981, p. 210; ou Rafael García Villaverde, "Contenido de la notificación de las alteraciones del riesgo en los seguros de vida", *in* Evelio Verdera y Tuells (Ed.), *Comentarios a la Ley de Contrato de Seguro*, Vol. I, Madrid, Colegio Universitario de Estudios Financieros, 1982, p. 1018. Esta perspectiva encontra igualmente eco em alguma jurisprudência portuguesa. Cfr., p. ex., Ac. TRL de 08/03/2007 – Proc. 10323/06-2 (Maria José Mouro): «A invalidade em referência [art. 429º do CCom] tem em consideração o equilíbrio das prestações que não se verifica se o segurado o destruiu induzindo em erro a seguradora por força de inexactidões ou omissões, levando-a a praticar condições menos onerosas do que aquelas que praticaria se tivesse conhecimento exacto dos factos, ou que, mesmo até a poderiam levar a não contratar». No mesmo sentido, cfr. Ac. TRP de 25/03/2004 – Proc. 430103 (Fernando Baptista).

[435] Fernando Sánchez Calero, "Artículo 10...", *cit.*, p. 229.

[436] Maurice Picard e André Besson, *Les Assurances...*, *cit.*, p. 17.

[437] A actividade seguradora será, assim, tanto menos afectada pela incerteza e a volatilidade dos riscos singulares, isoladamente considerados, quanto maior for o número e a homogeneidade dos riscos seguros, bem como a respectiva dispersão (evitando-se que possam ocorrer simultaneamente em grande número).

[438] Na actividade seguradora verifica-se uma inversão do ciclo de produção. Na verdade, enquanto noutras actividades o custo de produção (condicionante do preço) precede a venda, no âmbito dos seguros, o "custo de produção" (no caso, o "preço" do risco – prémio) só pode ser exactamente determinado *a posteriori*, em função dos sinistros ocorridos – Maurice Picard e André Besson, *Les Assurances...*, *cit.*, p. 18; e Françoise Chapuisat, *Le Droit des Assurances*, *cit.*, p. 13. Daí a importância prospectiva dos dados estatísticos, que permitem prever a probabilidade de ocorrência de sinistros, num dado período, para uma determinada classe de riscos homogéneos. De resto, a livre concorrência nas economias de mercado encarrega-se de conduzir os prémios a níveis que – verificadas as garantias de solvabilidade exigidas pelos organismos públicos de tutela da actividade – são estritamente adequados aos riscos garantidos.

mutualidade»[439]. Nesta medida, poder-se-á afirmar que a mutualidade é a base da actividade seguradora, permitindo neutralizar na mesma, em grande medida, os efeitos do acaso e fornecer ao segurador os meios para efectuar as prestações a que está vinculado.

Ora, para que o custo da massa de riscos assumidos possa distribuir-se *equitativamente* pela massa de segurados, é necessário que a contribuição de cada um destes seja *proporcional* à gravidade do risco individual que lhe diz respeito[440]. Por outras palavras, uma tarifação desadequada relativamente aos riscos reais cobertos, pondo em causa a viabilidade económica da actividade do segurador, põe igualmente em causa a mutualidade subjacente ao seguro, o seu carácter social e a sua função de previdência, podendo comprometer, pela insuficiência da reserva de prémios, a prestação do segurador e a própria solvência deste, com evidente prejuízo para toda a comunidade de segurados[441].

É precisamente neste quadro que a declaração do risco – ao permitir avaliá-lo e classificá-lo numa determinada categoria homogénea, a que corresponde uma dada probabilidade estatística de ocorrência do sinistro – se revela fundamental para garantia do princípio da mutualidade, e que o sancionamento jurídico das omissões e inexactidões constitui um meio legal de apoio ao processo de selecção e graduação dos riscos[442]. Em suma, os potenciais efeitos económicos das omissões

---

[439] Maurice Picard e André Besson, *Les Assurances...*, *cit.*, p. 17 (trad. nossa). Como refere José Bento, «em última análise, não é propriamente a seguradora quem suporta o risco, mas o conjunto dos segurados que se quotizam, transformando um risco grande num pequeno dispêndio, calculado previamente, e incidente igualmente sobre todos os sujeitos a risco idêntico» – José Bento, *Direito de Seguros*, *cit.*, p. 52.

[440] Edwin W. Patterson, "Le dichiarazioni dell'assicurato nel Diritto degli Stati Uniti, com particulare riguardo all'assicurazione sulla vita", *Assicurazioni*, Ano V (1938), Parte I, p. 513. O prémio cobrado em cada classe de risco – segmentada em função da declaração do risco e da respectiva classificação de acordo com a probabilidade estatística de verificação e grandeza do sinistro – reflecte o nível médio de risco da classe em causa, correspondendo ao custo médio provável das indemnizações para aquela classe – Julie-Anne Tarr, *Disclosure and Concealment...*, *cit.*, pp. 21-22.

[441] José Carlos Moitinho de Almeida, *O Contrato de Seguro no Direito...*, *cit.*, p. 73; Luca Buttaro, "Assicurazione (contratto di)", *cit.*, p. 483; Julie-Anne Tarr, *Disclosure and Concealment...*, *cit.*, p. 21. Como se diz no Ac. TC nº 524/99, *cit.*, [...] «a exacta determinação do risco constitui um aspecto fundamental da disciplina do contrato de seguro, uma vez que o montante do prémio a pagar pelo segurado é fixado em relação ao risco e que uma exacta determinação do risco por parte do segurador é susceptível de se repercutir na gestão da empresa e na possibilidade de proporcionar à generalidade dos segurados a garantia e a segurança pretendidas».

[442] Cristina Cavaliere, "Le dichiarazioni...", *cit.*, p. 338; Edwin W. Patterson, "Le dichiarazioni...", *cit.*, p. 513. Segundo Ewald, as omissões ou inexactidões constituem «uma especulação sobre a mutualidade, uma forma de dela retirar uma vantagem induzida contrária às noções de mutualidade e de solidariedade securitária» – François Ewald, "Génétique et assurance", *cit.*, p. 545 (trad. nossa). A quebra da mutualidade é, aliás, referida por alguns autores como fundamento do dever

ou inexactidões do segurado reflectem-se, não apenas sobre o segurador, mas, através deste, sobre o próprio equilíbrio da mutualidade, que se vê ameaçado.

Nesta medida, o dever de declaração do risco tutela, não apenas o interesse do segurador no âmbito do contrato singular, mas a própria utilidade social da operação de seguro e o inerente interesse do universo dos segurados, relativamente à garantia da globalidade dos riscos seguros[443]. O prisma da mutualidade revela como a declaração do risco transcende a mera relação contratual entre tomador e segurador. Se neste plano bilateral não é indiferente saber se o tomador agiu de boa ou má fé – e se, portanto, a sua conduta é censurável – no domínio da mutualidade a gravidade objectiva de uma falsa declaração do risco (e, portanto, de uma errada avaliação do risco pelo segurador) requer, por si só, tutela jurídica, sendo aí irrelevante o estado subjectivo do proponente faltoso[444].

III.2.3. A problemática da selecção adversa

I. Segundo nota a melhor doutrina, as especiais exigências de verdade na declaração do risco estão associadas aos perigos da selecção adversa[445]. Importa, neste contexto, aprofundar o sentido da expressão e das questões que convoca.

A problemática da selecção adversa, tal como resulta da perspectiva da *law and economics*, apresenta-se como uma decorrência da assimetria informativa no âmbito dos "bens de experiência" (*experience goods*)[446] – que se revestem, para uma das partes, de uma relativa margem de incerteza. A selecção adversa dá-se, nomeadamente, quando um dos parceiros negociais «oferece condições contratuais *medianas* que afastam os melhores parceiros potenciais – aqueles que, conhecendo as suas próprias características e julgando-se acima da mediana, consideram desvantajosas as condições propostas. Sucede que as condições iniciais já não são medianas para a "metade pior" que subsiste, e isso aconselhará uma degradação das condições contratuais oferecidas, e assim sucessivamente,

---

pré-contratual de informação do proponente – M. E. Steindorff, "Certains aspects...", *cit.*, p. 210. Neste sentido, «o contrato só pode entender-se perfeitamente a partir de uma visão colectiva, como o agrupamento de capitais tendentes a eliminar o risco individualmente sofrido. A exacta declaração do risco é uma exigência da própria mutualidade» – Carlos Harten, *El Deber...*, *cit.*, p. 45 (trad. nossa).

[443] Cristina Cavaliere, "Le dichiarazioni...", *cit.*, p. 345; Matteo Mandó, "Dichiarazioni...", *cit.*, p. 803.

[444] Cfr. Bernard Beignier, *Droit du Contrat...*, *cit.*, p. 104.

[445] Cfr., p. ex., Pedro Romano Martinez, *Direito dos Seguros – Apontamentos*, *cit.*, pp. 57-58 e 70. A selecção adversa também é designada por *anti-selecção, auto-selecção* ou *screening*. Cfr. Fernando Araújo, *Teoria Económica do Contrato*, Coimbra, Almedina, 2007, p. 285, n. 1526.

[446] Cfr. Fernando Araújo, *Teoria...*, *cit.*, p. 285. Os "bens de experiência" (*experience goods*) reclamam, para o seu conhecimento em sede pré-contratual, uma experiência que não é compatível com os termos contratuais. Desta forma, o seu conhecimento pela parte sobre a qual pesa o *deficit* informativo só é possível *a posteriori*, isto é, após a conclusão do contrato.

até por fim as condições serem aceitáveis apenas pelo pior dos potenciais parceiros contratuais, o último com quem inicialmente haveria a intenção de contratar: rematando-se, assim, o processo de selecção adversa com um verdadeiro e próprio "colapso da contratação"»[447].

II. Ora, o *risco* contratualmente aceite pelo segurador assume precisamente o carácter de um *bem de experiência*. Nesta medida, a selecção adversa, aplicada ao nosso objecto de estudo, resulta da incapacidade, para o segurador, de conhecer rigorosamente o grau de risco associado a cada contrato e de o tarifar segundo classes homogéneas de risco, vendo-se, portanto, na contingência de aplicar à generalidade deles a mesma tarifa (que traduz o prémio correspondente ao risco médio)[448]. Tal circunstância conduzirá à subsidiarização dos "maus riscos" pelos "bons riscos" (os riscos de menor probabilidade[449], para os quais o prémio se revelará excessivo), tendendo a afastar estes, que preferencialmente optarão por outros seguradores, por outro tipo de investimentos ou pelo auto-seguro[450]. Consequentemente, a permeabilidade aos "maus riscos" e a subtarifação dos mesmos, tornará a massa de prémios insuficiente para cobrir os sinistros. Logo, o segurador será obrigado a agravar uniformemente a sua tarifa, ajustando-a à sinistralidade, o que, por seu turno, tenderá a afastar progressivamente os "melhores riscos" e a concentrar os "piores riscos" (para os quais o prémio será ainda aceitável). O sucessivo *processo de anti-selecção* conduzirá, assim, a que a massa de riscos seguros (*carteira de seguros*) seja progressivamente constituída pelos riscos de maior probabilidade de ocorrência, culminando no referido colapso da actividade do segurador, comprometendo a solvência deste e a segurança da massa de riscos seguros[451]. No limite, a ineficiência do mercado de seguros pode degenerar na própria extinção deste[452].

---

[447] Fernando Araújo, *Teoria...*, *cit.*, p. 285. Cfr. igualmente Fernando Araújo, "Uma nota...", *cit.*, pp. 186-187; Thomas R. Foley, "Insurers'...", *cit.*, pp. 666 ss.; Robert Kast e André Lapied, *Economics...*, *cit.*, pp. 114-115; Paul Samuelson e William Nordhaus, *Economics*, *cit.*, pp. 195-196 e 361-362.

[448] Cfr. Fernando Araújo, *Introdução...*, *cit.*, pp. 304 ss.

[449] De acordo com a avaliação subjectiva dos segurados.

[450] Julie-Anne Tarr, "Disclosure in insurance law...", *cit.*, p. 211. O termo *cross-subsidization* traduz precisamente, numa perspectiva económica, os casos em que o mesmo prémio médio é aplicado a situações que representam diferentes níveis de risco – Thomas R. Foley, "Insurers'...", *cit.*, pp. 665 ss.

[451] Cfr. Pierre-André Chiappori, "Tests génétiques et assurance: une analyse économique", *Risques*, nº 40 (Dez. 1999), p. 109; Robert E. Keeton e Alan I. Widiss, *Insurance Law...*, *cit.*, p. 15. A selecção adversa tem também por consequência a progressiva redução do volume de transacções, até à exclusão do mercado – Paolo Gallo, "Asimmetrie informative e doveri di informazione", *RDC*, Ano LIII, nº 5 (Set.-Out. 2007), Parte I, p. 650.

[452] Georges Dionne *et al.*, "Adverse selection in insurance markets", *in* Georges Dionne (Ed.), *Handbook of Insurance*, Boston, Kluwer Academic Publishers, 2000, p. 188. A falta de regulação

Por outro lado, considerando que o prémio corresponde a uma classe (tendencialmente homogénea) de risco, a selecção adversa tenderá a verificar-se, segundo pensamos, em duas situações[453]: (1) ou quando a classe de risco é ampla (heterogénea) e o indivíduo contrata o seguro, ou deixa de o contratar, em função de *estimar* que o risco concreto por si representado está, respectivamente, subtarifado ou sobretarifado (trata-se, em qualquer dos casos, de uma estimativa passível de ser efectuada, por exemplo, no caso do seguro de doença)[454]; (2) ou quando o segurado *sabe* que o risco concreto por si representado é superior àquele que declara ao segurador e com base no qual este define o prémio[455]. Em ambos os casos a selecção adversa funciona como consequência da assimetria informativa, mas só no segundo caso está associada a uma actuação reprovada pelo Direito.

da declaração do risco poderia conduzir à "supressão da oferta" de seguros na medida em que os custos de selecção do risco seriam demasiado elevados para justificar essa oferta – Julie-Anne Tarr, *Disclosure and Concealment...*, *cit.*, p. 24.

[453] Como refere Julie-Anne Tarr, «a selecção adversa, num contexto económico, é efectivamente um subproduto dos elevados custos de informação que os seguradores enfrentam na rigorosa distinção entre os segurados de alto e de baixo risco de modo a construírem classes [risco] óptimas» – Julie-Anne Tarr, "Disclosure in insurance law...", *cit.*, p. 212 (trad. nossa).

[454] A selecção adversa resulta, aqui, de uma estimativa informada da relação custo/benefício (no caso, prémio/risco) feita pelo segurado – Robert H. Jerry II, *Understanding...*, *cit.*, p. 16. Considerando que o prémio corresponde ao risco médio da classe de risco em causa (Agostino Gambino, "La neutralizzazione...", *cit.*, p. 215), essa estimativa relaciona um risco concreto – subjectivamente avaliado pelo segurado – com um prémio médio. Em qualquer caso, quanto mais fina e exacta a construção de classes homogéneas de risco, menor a divergência entre o prémio pago e o valor do risco transferido. Logo, quanto maior o equilíbrio entre o prémio e o risco, maior a garantia de viabilidade da actividade seguradora. Porém, essa construção das classes de risco depende da existência de uma informação completa e precisa sobre os riscos a segurar, de modo a permitir a *sinalização* das respectivas posições de risco – Julie-Anne Tarr, *Disclosure and Concealment...*, *cit.*, p. 22; Julie-Anne Tarr, "Disclosure in insurance law...", *cit.*, p. 212. A sinalização, ligada à problemática da assimetria informativa, designa genericamente as medidas tomadas pelos agentes económicos no sentido de compensarem aquela assimetria e incentivarem a partilha de informação pela contraparte, contrariando a selecção adversa e o risco motivacional – Fernando Araújo, "Uma nota...", *cit.*, p. 188. O perigo de selecção adversa, muitas vezes associado a uma estratégia comercial expansionista, com prática de prémios competitivos e um menor rigor na selecção do risco, para além de comprometer o equilíbrio das prestações ao nível do contrato isoladamente tomado, compromete igualmente o princípio da mutualidade, podendo ameaçar a própria solvabilidade do segurador.

[455] Aqui a selecção adversa corresponde à «propensão dos piores riscos em procurarem segurar-se mais do que os bons. O mau risco é frequentemente aquele cuja produção é quase certa e para o qual a superveniência do evento seguro já não tem, por assim dizer, o carácter incerto que caracteriza a *alea* em matéria de seguros» – Claude Devoet, *Les Assurances...*, *cit.*, p. 157 (trad. nossa). No mesmo sentido, Maurice Picard e André Besson, *Les Assurances...*, *cit.*, p. 710; Pedro Rubio Vicente, *El Deber...*, *cit.*, p. 156, n. 137.

III. Porém, a aplicação da problemática da selecção adversa – na perspectiva da *law and economics* – ao contexto segurador não pode ser feita, do nosso ponto de vista, sem algumas reservas. É que o exemplo pioneiro de aplicação da referida problemática reportou-se ao mercado de carros usados[456]. Ora, os contratos de compra e venda assumem, diversamente dos seguros, carácter *não aleatório*, ou *comutativo*. Por outro lado, a aplicação ao mercado de seguros assenta, em regra, no exemplo académico do seguro de doença[457], que envolve uma *alea* substancialmente menos ampla do que a de outras modalidades de seguro[458].

Assim, a aplicação do fenómeno da selecção adversa ao seguro, enquanto paradigma do contrato aleatório, suscita-nos três considerações. Desde logo, a de que, no quadro de uma plena aleatoriedade, a probabilidade de ocorrência do risco seguro não é previsível para o segurado[459]. Por outro lado, a de que, embora pertença ao segurado o conhecimento de certas circunstâncias caracterizadoras do risco contratualmente transferido, quem domina o cálculo do custo desse risco (o prémio) é o segurador, pelo que não é possível ao segurado – senão em termos comparativos, num contexto de plena concorrência, em função das práticas de outros seguradores – aferir se o prémio que lhe é proposto é proporcional ou não ao risco assumido. Por fim, a de que existe uma tendencial aversão humana ao risco[460], pelo que a predisposição dos indivíduos para contratarem seguros não é um indicador certo que que estão cientes de representarem um "mau risco" (e de que, portanto, numa avaliação racional benefício/custo, pretendem tirar

---

[456] cfr. George A. Akerlof, "The market for 'lemons': Qualitative uncertainty and the market mechanism", *Quarterly Journal of Economics*, 84, 1970, pp. 488-500 – *apud* Fernando Araújo, *Introdução...*, *cit.*, p. 308; e Paolo Gallo, "Asimmetrie...", *cit.*, p. 650. Desenvolvidamente, Fernando Araújo, "Uma nota...", *cit.*, pp. 181 ss.

[457] Cfr., p. ex., Fernando Araújo, *Introdução...*, *cit.*, pp. 305 ss.

[458] Na verdade – e abstraindo, quer dos modernos seguros de doença, que essencialmente envolvem a prestação de um serviço (o acesso, contra o pagamento de um "prémio", a uma rede de serviços médicos a preços reduzidos), quer da cobertura de internamento hospitalar, essencialmente aleatória – nos seguros de doença tradicionais, de reembolso de despesas, a admissibilidade da medicina preventiva e a regularidade dos cuidados médicos requeridos por cada segurado (traduzindo-se em custos médios previsíveis com cuidados de estomatologia, assistência médica ambulatória, substituição de ortóteses oculares, etc.), tornam possível para este avaliar, com uma margem de incerteza reduzida, se as vantagens económicas que terá com a subscrição do seguro compensam os custos inerentes (prémio do seguro).

[459] Ou seja, tomando como exemplo o seguro de vida em caso de morte, o segurado mais saudável não está em condições de antecipar se a sua morte ocorrerá no curto ou no longo prazo, nomeadamente pela possibilidade de superveniência, sempre inesperada, de um acidente ou de uma doença súbita.

[460] Esta proposição demonstra-se por si mesma em virtude do florescimento do mercado segurador, cuja função é precisamente a eliminação, na esfera dos segurados, dos efeitos económicos de um risco extra-contratual.

proveito da assimetria informativa que os favorece), mas antes um indicador de um perfil psicológico de elevada prudência ou aversão ao risco[461].

A conjugação das considerações tecidas permite-nos concluir que, quanto maior a margem de aleatoriedade do contrato (ou, no contrato de seguro, quanto maior a imprevisibilidade, para o segurado, da ocorrência do risco seguro e, portanto, da obtenção da prestação patrimonial do segurador) menor o efeito de selecção adversa. Ora, essa redução da margem de incerteza ocorrerá tendencialmente em relação aos "maus riscos" (quando, num seguro de vida em caso de morte, o segurado *sabe* que padece de uma doença fatal e que, portanto, a sua morte ocorrerá no curto prazo), mas raramente em relação aos "bons riscos" (plenamente aleatórios). Neste quadro, e no âmbito do contrato de seguro, a selecção adversa atrairá os "maus riscos", mas será menos tendente a afastar os "bons riscos"[462]. Esta tendência, por seu turno, será suficiente para amortecer o efeito de espiral evidenciado, quanto aos contratos comutativos, pela perspectiva da *law and economics*, pelo que, do nosso ponto de vista, deveremos falar, relativamente ao contrato de seguro (e a outros contratos aleatórios), de *fenómenos* de selecção adversa (sempre que se verifique a viciação da *alea* contratual), mas não de um verdadeiro *processo* de selecção adversa.

Ainda assim, estes fenómenos seriam susceptíveis – não obstante a existência de factores adicionais de amortecimento dos seus efeitos, como o resseguro ou o co-seguro – de conduzir ao colapso da actividade seguradora. Na verdade, e tomando, de novo, como exemplo o seguro de vida, a desproporção entre a massa de prémios e a massa de capitais seguros é de molde a, na eventualidade da ocorrência de um volume elevado de sinistros prematuros com capitais significativos, colocar directamente em causa a solvabilidade do segurador sem passar por uma espiral de sucessiva anti-selecção.

IV. Em qualquer caso, decorrendo a selecção adversa da assimetria informativa, o nivelamento da informação comportaria o equilíbrio das prestações das partes, evitando, pois, a anti-selecção[463]. Desta forma, podemos concluir

---

[461] Daí que uma das medidas preventivas da selecção adversa – a disponibilização pelo segurador de diferentes níveis de cobertura a prémios progressivamente mais elevados – que tenderia a levar o proponente a denunciar a qualidade do risco proposto (caso em que os maus riscos optariam por coberturas mais completas, ainda que mediante um prémio mais elevado, adequado ao grau de risco incorrido pelo segurador), pode apenas revelar, na verdade, o grau de aversão ao risco do proponente.

[462] Por definição, a *alea* não existe onde houver a certeza da verificação (ou da não verificação) do evento seguro. Como a certeza da não verificação do evento sempre se traduziria na falta de interesse económico em contratar um seguro, é no domínio dos piores riscos (os de verificação certa para o segurado) que a assimetria informativa promove com maior intensidade a selecção adversa.

[463] Georges Dionne *et al.*, "Adverse...", *cit.*, p. 187.

com Fernando Araújo que o problema «poderia em abstracto ser resolvido através de mecanismos de informação, de detecção e de revelação que permitissem vencer *totalmente* a assimetria informativa [...]»[464]. Ora, no plano normativo tais mecanismos reconduzem-se precisamente à consagração de um dever legal de declaração do risco pelo proponente de um contrato de seguro e à sanção do respectivo incumprimento. Este sistema, (complementado, aquando da participação do sinistro, com a investigação da veracidade das declarações prestadas), é, precisamente, no plano económico, *o mais eficiente* – e de menor custo social – mecanismo de prevenção da selecção adversa[465].

III.3. MÁXIMA BOA FÉ E TUTELA DA CONFIANÇA

III.3.1. A boa fé, princípio basilar do contrato de seguro

I. Sem prejuízo de constituir um princípio geral de Direito – traduzindo os valores fundamentais do sistema jurídico[466] – com particular relevância no Direito civil e, portanto, também, no domínio do contrato de seguro, o princípio geral da boa fé assume uma acrescida importância na disciplina deste contrato.

Na verdade, como sublinhámos já (*supra*, I.2), desde a sua origem, a construção jurídica do contrato de seguro surgiu fortemente ancorada no princípio da boa fé. Nesta medida, a própria disciplina da declaração do risco evidencia-se desde os primeiros trabalhos doutrinários na matéria – por exemplo, o *Tratado* de Pedro de Santarém – como uma decorrência da qualificação do seguro como contrato de boa fé[467]. A vinculação do segurado à declaração pré-contratual do risco, desde cedo institucionalizada como norma jurídica positivada, constitui, neste sentido, uma concretização do princípio da boa fé.

---

[464] Fernando Araújo, *Introdução...*, *cit.*, p. 305; Fernando Araújo, *Teoria...*, *cit.*, pp. 290 ss. Cfr. a análise económica de várias medidas de prevenção da selecção adversa, designadamente o "mecanismo de auto-selecção" (*self-selection mechanism*), sistema de incentivos que induz o segurado a sinalizar o próprio nível de risco; a "categorização de riscos" (*categorization os risks*), segmentação dos riscos de acordo com variáveis objectivas (idade e sexo, p. ex.); e a "contratação multi-períodos" (*multi-period contracting*), compreendendo um sistema de *bonus/malus* que reflecte a experiência passada de sinistralidade – Georges Dionne *et al.*, "Adverse...", *cit.*, pp. 188 ss. Cfr. igualmente Julie-Anne Tarr, "Disclosure in insurance law...", *cit.*, pp. 220 ss.

[465] Georges Dionne *et al.*, "Adverse...", *cit.*, p. 237; Paolo Gallo, "Asimmetrie...", *cit.*, p. 651; Julie-Anne Tarr, "Disclosure in insurance law...", *cit.*, pp. 217 ss. e 222 ss.

[466] P. ex., António Menezes Cordeiro, *Teoria Geral...*, Vol. I, *cit.*, p. 355. Segundo Ferreira Rubio, que segue uma perspectiva jusnaturalista, os princípios gerais de Direito são «guias, ou ideias-força com conteúdo normativo próprio que recolhem em forma esquemática as orientações fundamentais da realidade específica do jurídico» – Delia Ferreira Rubio, *La Buena Fé: El Principio General en el Derecho Civil*, Madrid, Ed. Montecorvo, 1984, p. 35 (trad. nossa).

[467] Eduardo Vera-Cruz Pinto, "Os seguros...", *cit.*, p. 288.

II. A boa fé assume, porém, um duplo sentido, de que importa dar conta. Assim, no eixo de distinção entre a boa fé objectiva e a subjectiva, o instituto objectivo da boa fé (ou boa fé normativa) traduz o dever de adoptar regras de conduta impostas do exterior, ou seja, um padrão de comportamento (positivo ou omissivo) assente em parâmetros de rectidão, honestidade, integridade, ética, lealdade, etc., que deverá ser observado no tráfego jurídico[468]. Trata-se de um modelo ideal de conduta, de um paradigma de qualificação normativa da actuação objectiva de sujeitos no quadro de uma inter-relação[469]. A respectiva relevância jurídica traduz-se na valoração positiva da conduta conforme ao padrão normativo de referência e na sanção do comportamento ofensivo de tal *standard*[470].

Já a boa fé subjectiva consubstancia um estado do indivíduo, podendo assumir dois sentidos: o *psicológico*, em que a boa fé se traduz na simples crença ou desconhecimento de certos factos ou circunstâncias; e o *ético*, em que apenas está de boa fé quem, sem culpa – isto é, tendo actuado diligentemente – ignore certos factos ou circunstâncias (o desconhecimento culposo comporta má fé)[471]. Em regra, a boa fé subjectiva constitui um elemento dos pressupostos de facto de uma norma, sendo geralmente suscitada por referência a uma conduta objectivamente anti-jurídica[472]. Na LCS, as expressas remissões para a boa fé assumem o sentido de boa fé subjectiva (artigos 30º; 44º; 132º e 142º).

[468] Cfr., p. ex., Delia Ferreira Rubio, *La Buena Fé...*, *cit.*, p. 91. A autora defende, porém, uma concepção unitária de boa fé, na qual o prisma objectivo e o subjectivo são apenas duas faces do mesmo princípio geral – *idem*, pp. 92 ss. Esta perspectiva unitária (induzida, nos idiomas de origem latina, pela utilização do mesmo vocábulo para designar os dois sentidos distintos) será, porém, de recusar – José Maria Miquel González, "Buena Fe (Dº Civil)", *in* AAVV, *Enciclopedia Jurídica Básica*, Vol. I, Madrid, Civitas, 1995, p. 834. Alguma doutrina distingue uma vertente negativa e outra positiva no quadro da boa fé objectiva – Francesco Benatti, *La Responsabilità...*, *cit.*, p. 61. A primeira, decorrente da observação de deveres de respeito e cuidado, traduzir-se-á na abstenção de uma conduta lesiva do interesse de outrem. A segunda, inerente a um dever de cooperação, traduzir-se-á em promover a realização das expectativas de outrem. Cremos que a distinção se afigura algo artificiosa e falha de substância, na medida em que todos os deveres de comportamento implicam uma vertente positiva (a observância da conduta prescrita) e uma vertente negativa (a abstenção do respectivo incumprimento).

[469] Luís Diez-Picazo, "Prólogo", *in* Franz Wieacker, *Zur rechtstheoretischen Präzisierung des § 242 BGB*, Tübingen, 1956 – trad. espanhola, *El Principio General de la Buena Fe*, Madrid, Editorial Civitas, 1977, p. 13.

[470] Este princípio, como refere Diez-Picazo, reflecte-se nas duas direcções que traduzem todas as relações jurídicas: «os direitos devem exercer-se de boa fé; as obrigações têm de cumprir-se de boa fé» – Luís Diez-Picazo, *idem*, p. 12 (trad. nossa).

[471] António Menezes Cordeiro, *Da Boa Fé...*, *cit.*, pp. 512 ss.; António Menezes Cordeiro, *Tratado...*, I, Tomo I, *cit.*, p. 405; Delia Ferreira Rubio, *La Buena Fé...*, *cit.*, pp. 82 ss. e 92; e José Maria Miquel González, "Buena Fe...", *cit.*, pp. 834 ss.

[472] José Maria Miquel González, "Buena Fe...", *cit.*, p. 834; Giuseppe Piola, "Buona Fede", *in* AAVV, *Il Digesto Italiano*, Vol. V, Torino, UTET, 1890-1899, pp. 1037-1038.

Como melhor veremos, em matéria de dever de declaração do risco releva, em primeira linha, a boa fé objectiva, definidora do padrão de comportamento devido, embora a boa fé subjectiva seja igualmente convocada, a propósito do (des)conhecimento dos factos não declarados, como critério de recorte negativo do incumprimento da conduta prescrita[473].

Na verdade, as omissões ou inexactidões sobre as circunstâncias do risco configuram uma violação dos valores – dominantes na ordem social e jurídica – de honestidade, lealdade, probidade, correcção, bem como do respeito pela confiança do segurador. As mesmas representam, assim, a infracção de um modelo de conduta imposto pela boa fé objectiva, bitola valorativa cuja obrigatoriedade, no caso da declaração do risco, decorre especialmente dos fundamentos materiais já atrás apontados: a invencível assimetria informativa que caracteriza o contrato de seguro, e a forçosa relação de confiança que dela resulta (*supra*, III.1).

Neste quadro, sublinhámos já como o princípio da boa fé, padrão normativo de actuação, está indissociavelmente ligado à regulação do contrato de seguro. Quer a assimetria informativa, quer a relação de confiança a que as partes ficam constrangidas marcam o contexto em que se exige ao proponente um padrão de comportamento conforme à boa fé. A particular relação entre dois sujeitos determinados, num contexto gerador de confiança e passível, portanto, de uma perturbação danosa, é, aliás, pressuposto de aplicação do princípio da boa fé e da inerente imposição de deveres de conduta "qualificados", segundo parâmetros de correcção[474].

Assim, se, ao nível do Direito civil, a boa fé objectiva encontra concretização, nomeadamente (e com particular relevância para a nossa análise), no instituto da *culpa in contrahendo* (nº 1 do artigo 227º do CC) e do *abuso do direito* (artigo 334º do CC)[475], no domínio do contrato de seguro é o próprio instituto da declaração do risco que se configura como concretização da boa fé.

---

[473] Cfr. p. ex., Juan Bataller Grau, *El Deber...*, *cit.*, p. 10. Como refere Miquel González, «a boa fé objectiva [...] pode impor a uma parte o dever de informar a outra de certas circunstâncias. Se cumpre este dever actuou conforme exigia a boa fé (objectiva). Se não cumpre este dever, pode ter procedido, não obstante, de boa fé (subjectiva) ou, pelo contrário, com dolo [...]» – José Maria Miquel González, "Buena Fe...", *cit.*, p. 834 (trad. nossa).

[474] Joaquim de Sousa Ribeiro, "A boa fé como norma de validade", *in* J. Figueiredo Dias; J. J. Gomes Canotilho; J. Faria Costa (Orgs.), *Ars Ivdicandi – Estudos de Homenagem ao Prof. Doutor António Castanheira Neves*, Vol. II – Direito Privado, Coimbra, Coimbra Ed., 2008, p. 676.

[475] Encontra igualmente concretização nos institutos da *integração dos negócios* (artigo 239º do CC), da *modificação dos contratos por alteração das circunstâncias* (nº 1 do artigo 437º do mesmo Código) e da *complexidade das obrigações* (nº 2 do artigo 762º). António Menezes Cordeiro, *Da Boa Fé...*, *cit.*, pp. 527 ss.; António Menezes Cordeiro, *Tratado...*, I, Tomo I, *cit.*, pp. 407 ss.

III. A normatividade do princípio geral da boa fé manifesta-se, quer de forma directa (quando actua por si, por referência expressa ou implícita da lei) quer derivada ou reflexa, através da mediação concretizadora de outras normas – ou princípios – específicos[476].

Neste contexto, assinala Menezes Cordeiro que os institutos concretizadores da boa fé assentam em dois princípios de mediação entre aqueles e a boa fé objectiva – os princípios da *primazia da materialidade subjacente* e da *tutela da confiança* – identificados por indução, a partir de concretizações da boa fé, e potenciadores de novas soluções de regulação[477].

Relativamente ao princípio da primazia da materialidade subjacente, ele traduz-se na observância material e efectiva do Direito atentos os fins subjacentes às normas, e não numa simples conformidade formal de comportamentos a preceitos, com desrespeito por aqueles fins. Este princípio surge ancorado nas ideias de justiça e de equilíbrio, assegurando a substancialidade do sistema e traduzindo, nas palavras de Menezes Cordeiro, «a vocação efectiva da Ciência do Direito para, em termos constituintes, resolver problemas concretos»[478].

Quanto à tutela da confiança, trata-se de um princípio ético-jurídico essencial, que corporiza uma exigência de igualdade – atenta a especial vulnerabilidade do confiante – e que concretiza os valores fundamentais do sistema[479]. A elaboração dogmática da confiança, particularmente desenvolvida por Canaris, visa preci-

---

[476] Delia Ferreira Rubio, *La Buena Fé...*, *cit.*, pp. 147 ss. e 153 ss.

[477] António Menezes Cordeiro, *Tratado...*, I, Tomo I, *cit.*, pp. 409 ss. e António Menezes Cordeiro, "A boa fé nos finais do século XX", *ROA*, Ano 56, Vol. III (Dez. 1996), p. 897 ss.

[478] António Menezes Cordeiro, *Da Boa Fé...*, *cit.*, p. 1254. O referido princípio realiza se, essencialmente, através de três vectores: a conformidade material das condutas; a idoneidade valorativa; e o equilíbrio no exercício de posições – António Menezes Cordeiro, *idem*, pp. 1252 ss.; *Tratado...*, I, Tomo I, *cit.*, pp. 415 ss. É um princípio que encontra concretização, designadamente, no instituto do abuso do direito.

[479] Numa análise aprofundada do princípio, António Menezes Cordeiro, *Da Boa Fé...*, *cit.*, pp. 1243 ss. Cfr. também António Menezes Cordeiro, "A boa fé nos finais...", *cit.*, p. 898; e *Tratado...*, I, Tomo I, *cit.*, p. 414; bem como Adelaide Menezes Leitão, "'Revogação unilateral' do mandato, pós-eficácia e responsabilidade pela confiança", *in* AAVV, *Estudos em Homenagem ao Prof. Doutor Inocêncio Galvão Telles*, Vol. 1, Coimbra, Almedina, 2002, p. 336. Sobre a íntima ligação entre a boa fé e a confiança, refere Menezes Cordeiro que «nas suas manifestações subjectiva e objectiva, a boa fé está ligada à confiança: a primeira dá, desta, o momento essencial; a segunda confere-lhe a base juspositiva necessária quando, para tanto, falte uma disposição legal específica. Ambas, por fim, carreiam as razões sistemáticas que se realizam na confiança e justificam, explicando, a sua dignidade jurídica e cuja projecção transcende o campo civil» – *Da Boa Fé...*, *cit.*, p. 1250. Em sentido diverso, defendendo a autonomia dogmática da tutela da confiança relativamente à cláusula geral da boa fé, Manuel Carneiro da Frada, *Teoria da Confiança...*, *cit.*, sobretudo pp. 452 ss. Segundo este autor, «*nenhuma situação pode apresentar-se simultaneamente* (do mesmo ponto de vista) *como de violação da exigência de comportamento segundo a boa fé e de responsabilidade pela confiança*» – *idem*, p. 459.

samente proteger as legítimas expectativas criadas no tráfico jurídico[480], efectivando-se, no nosso ordenamento, quer mediante preceitos legais específicos, quer através de institutos gerais associados à boa fé objectiva[481]. Como refere a doutrina, são os seguintes os pressupostos cumulativos em que assenta a protecção jurídica da confiança: (1) uma *situação de confiança*, assente na boa fé subjectiva e ética de uma pessoa (o confiante); (2) a *justificação da confiança*, resultante da existência de elementos objectivos susceptíveis de, em abstracto e segundo critérios de razoabilidade, fundamentar essa confiança; (3) o *investimento de confiança*, traduzido no desenvolvimento efectivo, e em consequência da confiança criada, de uma actuação jurídica irreversível ou cuja reversibilidade implique prejuízos inadmissíveis; (4) e a *imputação da situação de confiança* a quem, por acção ou omissão, induziu ou criou a confiança tutelada[482].

IV. Nas remissões legais para a boa fé objectiva, esta assume o carácter de cláusula geral[483], ou conceito normativo indeterminado, cujo conteúdo deverá ser concretizado por recurso às valorações socialmente dominantes no contexto histórico e cultural em que se encontra o julgador[484]. A cláusula geral da boa fé potencia, assim, uma maior adaptabilidade das soluções visando a justiça do caso

---

[480] Nesta medida, o princípio comporta uma natureza simultaneamente ética e jurídica. Carneiro da Frada, *Teoria da Confiança...*, *cit.*, p. 26.

[481] Menezes Cordeiro, *Tratado...*, I, Tomo I, *cit.*, p. 410.

[482] Menezes Cordeiro, *Tratado...*, I, Tomo I, *cit.*, pp. 411 ss.; *Da Boa Fé...*, *cit.*, pp. 1248-1249; e "Do abuso do direito: estado das questões e perspectivas", *ROA*, Ano 65, Vol. II (Set. 2005), p. 351; João Baptista Machado, "Tutela da Confiança e 'Venire Contra Factum Proprium'", *in* João Baptista Machado, *Obra Dispersa*, Vol. I, Braga, Associação Jurídica de Braga – SI, 1991, pp. 416-418; e Dário Moura Vicente, *Da Responsabilidade Pré-Contratual em Direito Internacional Privado*, Coimbra, Almedina, 2001, pp. 54-55 (este autor autonomiza, porém, o requisito do nexo de causalidade entre a situação de confiança e a actuação que consubstancia o investimento de confiança). Como nota Menezes Cordeiro, os quatro pressupostos são de verificação tendencial e não necessária, articulando-se em torno de um sistema móvel – Menezes Cordeiro, *Tratado...*, I, Tomo I, *cit.*, p. 413, e *Da Boa Fé...*, *cit.*, pp. 1249 e 1262. Sobre a noção de sistema móvel, cfr. Walter Wilburg, "Desenvolvimento de um sistema móvel no direito civil", *DJ*, Vol. XIV, Tomo III (2000), pp. 55-73, principalmente 64 ss. Cfr. igualmente Claus-Wilhelm Canaris, *Systemdenken und Systembegriff in der Jurisprudenz*, 2ª Ed., Berlin, Duncker und Humblot, 1983 – trad. portuguesa, *Pensamento Sistemático e Conceito de Sistema na Ciência do Direito*, Lisboa, FCG, 1989, pp. 127 ss.

[483] Sobre as virtualidades das cláusulas gerais, cfr. Franz Wieacker, *Zur rechtstheoretischen...*, *cit.*, pp. 29 ss.

[484] O recurso a cláusulas gerais, atento o seu carácter indeterminado e o apelo a noções ou critérios não positivados (e, portanto, metajurídicos), procura resolver o difícil dilema entre a justiça do caso concreto e a validade geral – e, portanto, valorativamente igualitária – da decisão, compromisso que se obtém mediante «a actualização individual e voluntária do Direito na sentença» – Franz Wieacker, *Zur rechtstheoretischen...*, *cit.*, p. 41 (tradução nossa).

concreto e permitindo uma actualização do regime de acordo com a evolução das valorações sociais. Porém, essa flexibilidade confere ao julgador uma considerável margem de discricionariedade – que não arbítrio – na resolução dos litígios, reduzindo, de algum modo, a certeza e a segurança jurídicas, mas contribuindo para a criação e desenvolvimento do Direito.

Neste quadro, a cláusula geral da boa fé dá suporte ao desenvolvimento de um Direito judicial, no âmbito do qual o julgador assume um papel decisivo de concretização da norma. Esta via de desenvolvimento do Direito convoca, de resto, a problemática da separação de poderes, suscitando a questão da constitucionalidade deste papel criativo da jurisprudência – quer no sentido *praeter legem*, quer no *contra legem* –, que ultrapassa a mera interpretação, aplicação e execução das leis[485].

Por vezes, a disciplina do contrato de seguro e, em particular, a da declaração do risco, remetem expressamente para a cláusula geral da boa fé. Assim sucede, por exemplo, como melhor veremos, com o artigo 765º do CC brasileiro de 2002, como sucedia já no equivalente artigo 1443º do CC de 1916 (*infra*, IV.2.8).

V. Reportando-nos ao objecto do presente estudo, dir-se-á que a boa fé objectiva surge inicialmente como critério de determinação da norma reguladora. Com efeito, no caso da declaração do risco, evidencia-se historicamente a função complementadora e geradora do Direito assumida pelo princípio da boa fé, já que, como temos sublinhado, este esteve na origem do próprio instituto – criado e delimitado por referência à boa fé objectiva – quer nos ordenamentos continentais, quer na *common law* (*supra*, I.2).

Institucionalizada a disciplina da declaração do risco, a boa fé permanece uma referência enformadora do conteúdo do regime, e um incontornável critério de interpretação do mesmo. É, sobretudo, neste domínio, onde se destaca como princípio fundamentador do regime da declaração do risco, que a boa fé objectiva assume protagonismo no âmbito do nosso objecto de análise.

Não obstante, é igualmente possível salientar o papel, respectivamente, da função limitadora de comportamentos e da função correctora da lei. No caso português, por exemplo, a necessidade de adaptação do artigo 429º do CCom à evolução dos valores dominantes na ordem social levou precisamente, como melhor veremos, a que, à luz da boa fé, a jurisprudência tenha vindo a limitar os

---

[485] Luís Diez-Picazo, "Prólogo", *cit.*, p. 17. Wieacker nega, porém, esta perspectiva. Por um lado, porque a concretização jurisprudencial da boa fé não se confunde, segundo o autor, com a arbitrariedade casuística do julgamento segundo a equidade. Por outro lado, porque a actuação do julgador, ao concretizar a cláusula geral da boa fé, será vinculada aos elementos lógico-materiais e éticos da boa fé, isto é, à materialidade normativa dos valores que a cláusula geral alberga – Franz Wieacker, *Zur rechtstheoretischen...*, *cit.*, pp. 28 e 30.

direitos do segurador por invocação do instituto do abuso do direito. A mesma preocupação, também sob o estandarte da boa fé, levou ainda a situações isoladas de jurisprudência *contra legem* – por exemplo, a exigência de um requisito de causalidade entre o facto não declarado e o sinistro. Em qualquer dos referidos casos, as construções jurisprudenciais vieram, em grande parte, a obter, por ocasião da reforma operada pela LCS, consagração legal (respectivamente, nº 3 do artigo 24º e nº 4 do artigo 26º), com o que aquelas formulações foram incorporadas pelo ordenamento por via legislativa.

III.3.2. A *uberrima fides*

I. O princípio da máxima boa fé (*uberrima fides*) – no quadro do qual a exigência de respeito pela boa fé assume uma especial intensidade – encontra-se firmemente consolidado na doutrina e na jurisprudência, quer dos países de tradição da *common law*, quer dos Direitos de matriz romanista, como elemento caracterizador do contrato de seguro, surgindo, aliás, associado à assimetria informativa e ao instituto da declaração pré-contratual do risco[486].

A classificação de alguns tipos contratuais como contratos *uberrimae fidei* ou *de confiança* decorre de a respectiva natureza implicar a existência de uma assimetria informativa e de uma *especial relação de confiança* entre as partes, requerendo um regime específico que confira uma especial tutela ao confiante e traduzido, nomeadamente, no reconhecimento de um amplo dever de informação sobre as circunstâncias relevantes para a formação da vontade negocial do confiante[487]. É neste quadro que a actuação das partes deve pautar-se pelo princípio da *máxima boa fé*[488].

---

[486] A título meramente exemplificativo, cfr. José Engrácia Antunes, *Direito dos Contratos...*, *cit.*, p. 687 e n. 1386; Joaquín Garrigues, *Contrato...*, *cit.*, p. 46; Carlos Harten, *El Deber...*, *cit.*, p. 27; James Landel, *Fausses Déclarations et Réticences en Assurance Automobile*, Paris, L'Argus, 1982, p. 13; J. Lefort, «Des réticences postérieures à la conclusion du contrat d'assurance», *RGDLJFE*, Tomo XLVI, 1922, p. 161, n. 1; Pedro Romano Martinez, *Direito dos Seguros – Apontamentos*, *cit.*, p. 70; Tadao Omori, "Insurance law...", *cit.*, p. 416; Vittorio Salandra, "Le dichiarazioni...", *cit.*, p. 3. A disciplina da declaração inicial do risco é, assim, considerada, nas palavras de Monti, «como o produto mais relevante da ligação entre boa fé e seguro» – Alberto Monti, *Buona Fede e Assicurazione*, *cit.*, p. 4.

[487] Muriel Fabre-Magnan, "Duties...", *cit.*, p. 105; Manuel Carneiro da Frada, *Teoria da Confiança...*, *cit.*, pp. 449-450, n. 582, e p. 544; Semin Park, *The Duty...*, *cit.*, p. 1; Reinhard Zimmermann, "Good faith...", *cit.*, pp. 246-247. Tal é, como referimos, o caso paradigmático do contrato de seguro e do regime da declaração do risco, onde o segurador está «totalmente dependente das informações que o outro [contraente] lhe há-de fornecer [...] para efeitos de avaliação do risco» – Jorge Sinde Monteiro, "Culpa *in contrahendo* (Direito Civil)", *CJA*, nº 42 (Nov.-Dez. 2003), p. 13.

[488] Outros exemplos de contratos *uberrimae fidei* são as relações fiduciárias *stricto sensu* (Jorge Sinde Monteiro, *Responsabilidade por Conselhos...*, *cit.*, p. 157), entre as quais a relação de administração (Manuel Carneiro da Frada, "A business judgement rule no quadro dos deveres gerais dos administradores", *ROA*, Ano 67, Vol. I (Jan. 2007) – http://www.oa.pt/Conteudos/Artigos/detalhe_artigo.

Nesta perspectiva, embora a generalidade dos contratos esteja sujeita ao princípio da boa fé, o contrato de seguro comporta particularidades – assentes na própria natureza e características do negócio, designadamente a sua configuração como contrato aleatório[489] e a especial ligação de confiança como elemento inerente ao tipo (confiança típica)[490] – que impõem uma especial intensidade e um maior nível de exigência de boa fé, nomeadamente em sede de formação do contrato[491]. Como refere José da Silva Lisboa, num excerto que podemos generalizar a todos os contratos de seguro:

> Sobretudo deve notar-se, que a boa fé, sendo a base de todos os contratos, é ainda mais rigorosamente indispensável no do Seguro marítimo; porquanto os Seguradores não costumam fazer investigações sobre o carácter do segurado; nem no expediente do comércio, e celebridade das suas operações, seria isso praticável, ou decoroso. Por esta causa faz-se indispensável, que eles repousem ilimitadamente na probidade do Segurado, e sigam a sua fé, não presumindo jamais, que ele tenha intenção de surpreender a sua sinceridade, a fim de enganá-los, e prejudicá-los[492].

Por outro lado, sendo, nos sistemas jurídicos da Europa continental, o princípio geral da boa fé comum à generalidade dos contratos e sendo o dever de

aspx?idc=30777&idsc=59032 &ida=59045, p. 4); ou os contratos de prestação de serviços em que uma das partes é um profissional especializado (advogado, médico, etc.) com uma especial relação de poder sobre a contraparte (Manuel Carneiro da Frada, *Teoria da Confiança...*, cit., pp. 545 ss.; Jorge Sinde Monteiro, *Responsabilidade por Conselhos...*, cit., p. 158). Na *common law* a qualificação abrange ainda outros contratos, como os de garantia (*guarantee/surety*); os de sociedade (*partnership*); os contratos entre cônjuges ou entre pessoas ligadas por relações familiares; as relações de representação legal ou voluntária; os contratos de aquisição de acções em bolsa (Peter MacDonald Eggers *et al.*, *Good Faith...*, cit., pp. 22 ss.) ou de compra e venda de imóveis (Francesco Benatti, *La Responsabilità...*, cit., p. 19; Jorge Sinde Monteiro, *Responsabilidade por Conselhos...*, cit., p. 158). Porém, são diversos os efeitos da qualificação entre os ordenamentos da *civil law* e da *common law*. Nestes, os efeitos consistem, essencialmente, no reconhecimento de um *duty of disclosure* (Peter MacDonald Eggers *et al.*, *Good Faith...*, cit., pp. 19 ss.).

[489] Tadao Omori, "Insurance law...", cit., pp. 418 ss.

[490] Manuel Carneiro da Frada, *Teoria da Confiança...*, cit., p. 549, n. 579. Como refere o autor, «nos negócios de confiança pode arrancar-se de uma confiança tipicizada, presumida face às características habituais nele envolvidas; prescindindo-se, portanto, da demonstração de uma situação concreta e individualizada de confiança por parte do sujeito que dela beneficia». *Idem*, p. 553.

[491] Carlos Harten, *El Deber...*, cit., p. 27; Pedro Rubio Vicente, *El Deber...*, cit., p. 7. Como diz Durante, a boa fé «permeia todo o sistema de relações securitárias, condiciona-o e diferencia-o» – Aldo Durante, "La buona fede...", cit., p. 222 (trad. nossa). Sobre a especial relevância do princípio da boa fé no contrato de seguro, cfr., na jurisprudência, e a título meramente exemplificativo, Ac. TC nº 524/99, cit.; Ac. TRC de 25/05/2000 – Proc. 973/2000 (Fernandes da Silva); Ac. TRC de 30/05/2006 – Proc. 185/06 (Barateiro Martins); Ac. TRP de 06/11/2006 – Proc. 655463 (Fonseca Ramos).

[492] José da Silva Lisboa, *Princípios...*, Tomo I, cit., p. 5.

declaração do risco um dever específico do contrato de seguro, a máxima boa fé que caracteriza especialmente este contrato é configurável como um fundamento daquele dever[493].

II. Atenta a ligação da máxima boa fé à formação do contrato e à tutela da confiança da parte que, neste contexto, é afectada pela assimetria informativa (o segurador), é tradicionalmente atribuído um sentido de unilateralidade ao dever de boa fé, que oneraria apenas o proponente (ou, pelo menos, que sobre ele pesaria de forma mais intensa). Como, a título de exemplo, refere Sargos, «a exigência de lealdade que pesa sobre o segurado aquando da subscrição da apólice impõe uma boa fé absoluta e não impõe procedimentos particulares do segurador para verificar a sinceridade»[494].

Neste contexto, Monti critica a metamorfose do conceito de boa fé, de regra de conduta socialmente partilhada, em juízo ideologicamente comprometido com a posição de uma das partes (o segurador)[495]. Largos sectores da doutrina defendem, no mesmo sentido, a reciprocidade do dever[496], que, aliás, haverá de acompanhar toda a duração do contrato, suscitando-se, não só na respectiva formação, mas igualmente, por exemplo, em sede de participação e regularização do sinistro[497].

Pensamos ser esta a orientação correcta: a máxima boa fé vincula ambas as partes na medida em que a respectiva posição de confiança mereça a tutela do

---

[493] Neste sentido, cfr., p. ex., Pedro Romano Martinez, *Direito dos Seguros – Apontamentos*, cit., p. 70; Rita Lopes Tavares, *Breves Notas...*, cit., pp. 9 ss.; José Vasques, "Contrato de seguro: Elementos...", cit., p. 501. Assim, será a especial relevância da boa fé – relativamente ao que são os requisitos do artigo 227º do CC – que justifica o especial desvalor jurídico e sanção que decorre da violação do dever de declaração inicial do risco – José Vasques, *Contrato de Seguro – Notas...*, cit., p. 110. No contexto italiano, sublinha Durante que actualmente o fundamento do dever de declaração do risco tem vindo a ser reconduzido pela doutrina sobretudo ao princípio geral da boa fé, e já não tanto às normas sobre vícios do consentimento – Aldo Durante, "Assicurazione (contratto di)", *in* AAVV, *Novissimo Digesto Italiano – Appendice*, Vol. I, Torino, UTET, 1980, p. 459.

[494] Pierre Sargos, "L'obligation de loyauté de l'assureur et de l'assuré", *RGDA*, 1997, nº 4, p. 993 (trad. nossa). No mesmo sentido, cfr., p. ex., José Carlos Moitinho de Almeida, *O Contrato de Seguro no Direito...*, cit., p. 73; Carlos Harten, *El Deber...*, cit., pp. 27-28; Rafael Rodrigues da Silva, *Os Seguros...*, cit., p. 49 – afirmando que «o segurador é obrigado, pela natureza da operação, a entregar-se inteiramente à lealdade do segurado» – ou Romina Cipriani Tramontani, "La Reticencia en el Contrato de Seguro", *Revista Virtual de Derecho Comercial*, http://www.derechocomercial.edu.uy/PubRC.htm (consult. 15/03/2010), p. 11. No próprio contexto da *common law*, se tradicionalmente a doutrina da *uberrima fides* se reportava ao dever de conduta de ambas as partes na fase de formação do contrato, actualmente ela reporta-se, fundamentalmente, aos deveres de informação do proponente na fase pré-negocial – Francis Achampong, "*Uberrima fides...*", cit., p. 329.

[495] Alberto Monti, *Buona Fede e Assicurazione*, cit., p. 269.

[496] P. ex., Pedro Rubio Vicente, *El Deber...*, cit., p. 7.

[497] Peter MacDonald Eggers *et al.*, *Good Faith...*, cit., pp. 250 ss.

Direito. Mesmo na fase pré-contratual ela é ambivalente. De facto, não é apenas o proponente que deve declarar exactamente o risco que conhece; o segurador deve orientá-lo nessa declaração, esclarecê-lo quando necessário, fornecer-lhe as informações e elementos que lhe permitam cumprir o dever de declaração do risco[498] e inteirá-lo das condições contratuais de modo a formar esclarecidamente a sua vontade negocial[499].

III. Alguma doutrina contesta o conceito de *uberrima fides*, reconduzindo o dever de declaração do risco no contrato de seguro simplesmente ao princípio geral de boa fé que deverá nortear todos os contratos. A configuração específica daquele dever explicar-se-ia, assim, pela confiança justificável (*justifiable reliance*) de uma das partes nos conhecimentos da outra[500]. Também a expressão *uberrima fides* é passível de crítica por implicar o reconhecimento de vários padrões de honestidade[501].

A própria origem da noção de *uberrima fides* não é isenta de controvérsia. Na verdade, o contrato de seguro constitui tradicionalmente o exemplo mais significativo de negócio de *máxima boa fé*, no quadro institucionalizado no *ius mercatorum* e na linha da doutrina posteriormente desenvolvida, na *common law*, por Lord Mansfield no caso *Carter v. Boehm*[502]. Porém, o que veio a ser configurado, doutrinária e jurisprudencialmente, no contexto inglês, como um dever de máxima boa fé, poderá ter tido origem numa deturpação consolidada das palavras e intenções do julgador. Na verdade, os antecedentes do magistrado estavam ligados ao Direito escocês, na tradição da *civil law*, que consagrava o princípio geral da boa fé como sendo aplicável à generalidade dos contratos (não prevendo, portanto, o Direito um regime especial de *uberrima fides* para o contrato de seguro)[503]. Ora, segundo é actualmente reconhecido por alguma dou-

---

[498] Isso mesmo assume especial relevância na construção de questionários e na precisão das perguntas que os mesmos encerram. Virginia Bado Cardozo, *El Riesgo...*, *cit.*, p. 28.

[499] A bilateralidade do dever de máxima boa fé encontra acolhimento na jurisprudência nacional: a título de exemplo, cfr. Ac. STJ de 22/06/2005 – Proc. 5B1490 (Oliveira Barros); Ac. STJ de 30/10/2007 – Proc. 7A2961 (Alves Velho): «na formação do contrato de seguro, segurado e seguradora estão especialmente vinculados a uma *uberrima bona fides*».

[500] A. D. M. Forte, "Good faith and utmost good faith: Insurance and cautionary obligations in Scots law", *in* A. D. M. Forte (Ed.), *Good Faith in Contract and Property*, Oxford, Hart Publishing, 1999, p. 96.

[501] Como afirma Zimmermann, «se alguém pode ficar aquém da honestidade, dificilmente alguém pode ser mais honesto do que honesto» – Reinhard Zimmermann, "Good faith...", *cit.*, p. 247 (trad. nossa).

[502] Cfr. *supra*, I.2.VIII. A configuração de um princípio da *uberrima fides* surge, aliás, indissociavelmente ligada a esta decisão jurisprudencial e à problemática que suscitou: a declaração do risco – Peter MacDonald Eggers *et al.*, *Good Faith...*, *cit.*, pp. 1-2.

[503] A. D. M. Forte, "Good faith...", *cit.*, pp. 77 ss.

trina, Lord Mansfield terá pretendido introduzir na *common law* – onde vigorava o princípio *caveat emptor* (literalmente, "que o comprador se acautele") – o princípio geral da boa fé[504], contexto em que foi proferida a decisão do caso *Carter v. Boehm*[505]. Certo, em qualquer caso, é que as palavras do magistrado foram posteriormente descontextualizadas, sendo delas extraída uma amplitude do dever de declaração do risco que o texto original não comportava. A tentativa de Lord Mansfield de transplantar para a *common law* o princípio geral da boa fé ter-se-á, porém, gorado, apenas tendo germinado, como *uberrima fides*, para alguns contratos (em especial, o de seguro)[506].

A expressão *uberrima fides*, embora permaneça de uso corrente no Direito de matriz anglo-saxónica, tem vindo, nos sistemas jurídicos da Europa continental, a perder a relevância que tradicionalmente lhe era reconhecida[507]. Em Portugal, invocando o regime do nº 1 do artigo 227º e do nº 2 do artigo 762º do CC, considera Margarida Lima Rego que o contrato de seguro não pode ser qualificado como de máxima boa fé, visto não gozar de um regime de excepção, isto é, de uma exigência qualificada de boa fé[508]. Em abono da posição da autora, dir-se-á que se verifica – com particular acuidade entre nós – um desfasamento progressivo entre a classificação do contrato como de *uberrima fides* (praticamente unânime

---

[504] Refira se, não obstante, que alguns dos institutos da *common law* – como o *estoppel* ou a *misrepresentation* – pacificamente aplicáveis à generalidade dos contratos, podem ser configurados como manifestações da boa fé. Cfr. Eliana Ferraris, "La buona fede...", cit., pp.759 784.

[505] Cfr. John Birds e Norma Hird, *Birds' Modern Insurance Law*, 5ª Ed., London, Sweet & Maxwell, 2001, p. 103; John Lowry e Philip Rawlings, *Insurance Law – Cases...*, cit., p. 131, n. 1. Alguns excertos da sentença são, de resto, bastante elucidativos do âmbito do princípio definido: «o princípio orientador é *aplicável a todos os contratos e negócios*. A boa fé proíbe qualquer das partes de, escondendo o que sabe particularmente, induzir a outra parte a contratar [...]» *apud* A. D. M. Forte, "Good faith...", cit., p. 79 (trad. e sublinhado nossos). Contra a perspectiva referida, defendem alguns autores que o princípio da boa fé se encontrava já presente na *common law* desde o séc. XVI – Semin Park, *The Duty...*, cit., p. 21.

[506] John Lowry e Philip Rawlings, *Insurance Law – Cases...*, cit., p. 131, n. 1. Ironicamente, o princípio da *uberrima fides*, foi posteriormente "importado" da *common law* pelo Direito escocês, onde, entretanto, se dissipou o reconhecimento do princípio geral da boa fé – A. D. M. Forte, "Good faith...", cit., pp. 78 ss. A primeira referência jurisprudencial escocesa à *uberrima fides* deu-se em 1873, relativamente a um caso de Direito dos seguros. *Idem*, p. 81. Certo é que, embora a doutrina da *common law* atribua ao *leading case Carter v. Boehm* a origem do princípio da *uberrima fides* (cfr., p. ex., Semin Park, *The Duty...*, cit., p. 22), a referida sentença não contém qualquer referência literal à expressão "*uberrima fides*" ou *utmost good faith*. Essas referências jurisprudenciais ter-se-ão iniciado e consolidado mais tarde, durante o séc. XIX. Em qualquer caso, o artigo 17 do Marine Insurance Act (MIA), de 1906, tem já por epígrafe *Insurance is uberrimae fidei*, aí se determinando que «um contrato de seguro marítimo é um contrato baseado na máxima boa fé [...]» (trad. nossa).

[507] Guido Tedeschi, "«Misrepresentation» e «non-disclosure» nel diritto assicurativo italiano", *RDC*, Ano IV (1958), I, p. 491.

[508] Margarida Lima Rego, *Contrato...*, cit., p. 441 e n. 1170.

na doutrina), o regime legal da declaração do risco (que em alguns aspectos se mantém mais desfavorável ao segurador do que as soluções que resultariam do regime geral da *culpa in contrahendo* e do erro-vício), e a aplicação que a jurisprudência faz daquele regime (quer na sustentação de verdadeiras interpretações *contra legem*, quer, sobretudo, na gestão da produção e valoração da prova, em regra desfavoráveis ao segurador).

No pólo oposto, o reconhecimento de uma "especial relevância da boa fé" no contrato de seguro leva alguma doutrina a definir a máxima boa fé como um *princípio* do contrato de seguro – que apresenta como corolários, quer o dever de declaração do risco, quer os deveres de informação do segurador ou a admissão dos riscos putativos – mais do que como uma mera característica sua[509]. Acresce que, por contraste com o especial desvalor da falsa declaração do risco, o Direito civil continua a tolerar o *dolus bonus* (nº 2 do artigo 253º do CC).

Importa ponderar. Do nosso ponto de vista, a *máxima boa fé* é, não um verdadeiro princípio autonomizável do princípio da boa fé, mas uma noção classificatória, descritiva e caracterizadora do contrato de seguro, sendo obtida por indução a partir das especificidades do regime, designadamente (mas não só) em matéria de declaração do risco. É certo que, com a atenuação das cominações, previstas na LCS, para o incumprimento do dever de declaração do risco, parecerá deslocado falar-se de "máxima" boa fé. Porém, a perspectiva da ambivalência e bilateralidade da *uberrima fides* encontra actualmente apoio no vasto leque de disposições que tutelam a posição do tomador do seguro. No essencial, as especificidades do contrato de seguro, no que vertem da *especial* relação de confiança inerente ao contrato e da tutela que esta suscita, justificam que o mesmo possa continuar a ser classificado como de máxima boa fé.

IV. Paralelamente ao percurso discursivo que temos vindo a seguir, a relevância da boa fé como fundamento da disciplina da declaração do risco pode ser acentuada por uma outra via, a saber: a da análise do modo como as regras gerais de Direito civil dariam resposta ao mesmo problema – a assimetria informativa e o dever pré-contratual de informação – na ausência de uma regra especial. Assim, abstraindo agora da ligação umbilical do regime do contrato de seguro ao princípio da boa fé, vejamos como os institutos e a dogmática civilista seriam, em qualquer caso, aptos a permitir reconhecer na boa fé um fundamento central do dever de declaração do risco.

---

[509] José Vasques, *Contrato de Seguro – Notas...*, *cit.*, pp. 160 ss.

III.3.3. Deveres acessórios ou laterais

I. De um prisma analítico, a relação de crédito implica a identificação, na esfera de ambas as partes, de situações jurídicas complexas[510]. Na verdade, numa perspectiva ampla e complexa da relação obrigacional, emerge do contrato uma multiplicidade de vínculos funcionalmente interligados e processualmente dirigidos à realização do fim determinante dessa relação (a satisfação do interesse do credor)[511].

Neste quadro, é possível identificar, para além do *dever principal* ou *primário* de realização da prestação típica (verdadeiro núcleo polarizador da relação obrigacional complexa)[512], *deveres secundários* ou *acidentais* de prestação, os quais podem ser separados em duas categorias: os *deveres secundários com prestação autónoma (ou substitutivos, ou complementares)*, os quais têm por objecto prestações sucedâneas da principal ou prestações que coexistem com esta[513]; e os *deveres secundários acessórios da prestação principal*, os quais não são autonomizáveis perante esta, sendo orientados para a satisfação do interesse do credor no cumprimento[514].

II. Para além dos referidos deveres principais e secundários de prestação[515], identifica a doutrina *deveres laterais, de comportamento, ou acessórios*[516], que, na

---

[510] António Menezes Cordeiro, *Da Boa Fé...*, *cit.*, p. 590.

[511] António Menezes Cordeiro, "Violação positiva do contrato", *in* António Menezes Cordeiro, *Estudos de Direito Civil*, Vol. I, Coimbra, Almedina, 1987, pp. 122-123; Mário Almeida Costa, *Direito das Obrigações, cit.*, pp. 73 ss.; Carlos Mota Pinto, *Direito das Obrigações*, Coimbra, Universidade de Coimbra, 1973 (polic.), p. 67.

[512] Manuel Carneiro da Frada, *Contrato e Deveres de Protecção*, Separata do Vol. XXXVIII do Suplemento ao BFDUC, Coimbra, 1994, p. 37. Em *sentido técnico*, a obrigação consiste na posição passiva do vínculo obrigacional, ou seja, no dever jurídico contraposto ao direito de crédito (o dever de prestar) – Mário Almeida Costa, *Direito das Obrigações, cit.*, p. 73; Jorge Ribeiro de Faria, *Direito das Obrigações*, Vol. I, *cit.*, p. 28; Carlos Mota Pinto, *Teoria Geral...*, *cit.*, p. 176; João Antunes Varela, *Das Obrigações...*, Vol. I, *cit.*, p. 62.

[513] Mário Almeida Costa, *Direito das Obrigações, cit.*, p. 77; Manuel Carneiro da Frada, *Contrato..., cit.*, p. 38; Carlos Mota Pinto, *Cessão da Posição Contratual*, Coimbra, Atlântida, 1970 (Reimpr., Coimbra, Almedina, 1982), p. 337; Carlos Mota Pinto, *Direito das Obrigações, cit.*, p. 67; João Antunes Varela, *Das Obrigações...*, Vol. I, *cit.*, p. 122. Como nota Antunes Varela, no quadro da responsabilidade delitual, a obrigação de indemnização corresponde ao dever primário de prestação – *ibidem*.

[514] Mário Almeida Costa, *Direito das Obrigações, cit.*, p. 77; Manuel Carneiro da Frada, *Contrato...*, *cit.*, p. 37; Carlos Mota Pinto, *Cessão..., cit.*, p. 337; Carlos Mota Pinto, *Direito das Obrigações, cit.*, p. 68; João Antunes Varela, *Das Obrigações...*, Vol. I, *cit.*, p. 122.

[515] E para além também de uma pluralidade de posições jurídicas que, em concreto, podem verificar-se (direitos potestativos, sujeições, excepções, ónus, expectativas, etc.).

[516] A designação varia consoante os autores. Alguma doutrina nacional adopta a designação de *deveres acessórios*, na terminologia de Menezes Cordeiro e de Antunes Varela. António Menezes Cordeiro, *Da Boa Fé...*, *cit.*, p. 592; António Menezes Cordeiro, "Violação...", *cit.*, p. 123; António

expressão de Carlos Mota Pinto, estão orientados para a «adopção de determinados comportamentos, impostos pela boa fé em vista do fim do contrato [...] dada a relação de confiança que o contrato fundamenta»[517], cumprindo uma função auxiliar da realização do fim contratual global e de tutela dos bens patrimoniais ou pessoais que este é passível de afectar[518].

Tais deveres assumem um âmbito lato e envolvem tanto comportamentos positivos como abstenções de agir, tendo conteúdo diversificado e sendo difíceis de enumerar a título definitivo[519]. Neste quadro, Menezes Cordeiro sublinha ainda a distinção entre deveres genéricos (que respeitam a qualquer obrigação) e deveres específicos (que apenas concernem um tipo de obrigação)[520]. Entre os deveres laterais mais relevantes, temos: os de cuidado, previdência e segurança; de fidelidade ou lealdade; de aviso e esclarecimento; de informação e prestação de contas; de notificação; de cooperação; ou de protecção e cuidado com a pessoa ou o património da contraparte[521].

Menezes Cordeiro, Tratado..., II, Tomo I, cit., pp. 465 ss.; João Antunes Varela, Das Obrigações..., Vol. I, cit., p. 123 ss.

[517] Carlos Mota Pinto, Cessão..., cit., p. 339. Os deveres acessórios ou laterais, ainda que conexos com a integralidade da prestação, não se confundem com os deveres primários ou secundários de prestação: enquanto aqueles decorrem fundamentalmente do paradigma da autonomia da vontade, estes, nas palavras de Menezes Cordeiro, «ainda quando reforcem e substancializem o dever de prestar, dão corpo à dimensão axiológica heterónoma do Direito [...]; complementam e delimitam o pretendido pelas partes» – António Menezes Cordeiro, Tratado..., II, Tomo I, cit., p. 479.

[518] No quadro da relação obrigacional complexa, os deveres laterais concorrem para a satisfação dos interesses globais inerentes à mesma, que transcendem o mero dever de prestar (Mário Almeida Costa, Direito das Obrigações, cit., p. 77). Podem, assim, assumir uma de duas funções: acautelar, no quadro da boa fé (e, em particular, do princípio da primazia da materialidade subjacente), a prossecução do interesse visado pelo credor com a integralidade da prestação inerente ao vínculo obrigacional (escopo positivo, endógeno e conexo com a prestação); e preservar cada uma das partes (ou terceiros) contra as lesões da contraparte à sua integridade física, moral ou patrimonial propiciadas pelo contacto inerente à relação obrigacional (escopo defensivo, exógeno e configurador de deveres de protecção) – cfr. António Menezes Cordeiro, Tratado..., II, Tomo I, cit., p. 678; Christoph Fabian, O Dever de Informar no Direito Civil, São Paulo, Ed. Revista dos Tribunais, 2002, pp. 61 ss.; e Manuel Carneiro da Frada, Contrato..., cit., pp. 40 ss. Na base desta distinção é possível identificar na relação obrigacional complexa uma relação de prestação (englobando os deveres primários, secundários e laterais conexos com a prestação) e uma relação de protecção (respeitante aos deveres laterais de protecção) – Nuno Pinto Oliveira, "Inexigibilidade judicial do cumprimento de deveres acessórios de conduta?", SI, Tomo LI, nº 293 (Mai.-Ago. 2002), pp. 294-295 e Nuno Pinto Oliveira, "Deveres de protecção em relações obrigacionais", SI, Tomo LII, nº 297 (Set.-Dez. 2003), pp. 495 ss.

[519] Manuel Carneiro da Frada, Contrato..., cit., p. 40.

[520] António Menezes Cordeiro, "Violação...", cit., p. 124. Cfr. uma enumeração exemplificativa de deveres específicos em João Antunes Varela, Das Obrigações..., Vol. I, cit., pp. 123 ss.

[521] Mário Almeida Costa, Direito das Obrigações, cit., pp. 77-78 e 78, n. 1; Carlos Mota Pinto, Direito das Obrigações, cit., p. 69. Menezes Cordeiro segue a tripartição entre deveres de protecção, de

Os deveres laterais têm como fonte uma cláusula contratual, uma disposição legal ou a cláusula geral da boa fé[522]. Entre nós, embora tendo a boa fé por fundamento, os deveres laterais beneficiam de consagração em fonte legal, recondutível, no caso dos deveres pré-contratuais, ao artigo 227º do CC e, no caso dos contratuais e pós-contratuais, ao nº 2 do artigo 762º do CC, sem prejuízo da existência de preceitos consagradores de especiais deveres pré-contratuais, como ocorre, relativamente ao contrato de seguro, com o dever de declaração do risco (artigo 24º da LCS).

Por outro lado, os deveres laterais ou acessórios comportam várias características: têm carácter funcional ou instrumental (atento o fim do contrato); assumem múltiplas configurações concretas, as quais decorrem, designadamente, da forma como o princípio da boa fé se reflecte casuisticamente nas circunstâncias de cada contrato; não têm por objecto uma prestação; e são insusceptíveis de cumprimento coercivo.

Quanto a este último aspecto, é frequentemente sublinhado que os deveres acessórios se caracterizam, em regra, pela insusceptibilidade de cumprimento específico coercivo (acção de incumprimento – artigo 817º do CC), em virtude de não incidirem sobre uma prestação predeterminada[523] e de dependerem de pressupostos à partida difíceis de definir[524], pelo que a sua tutela se efectivaria fundamentalmente através da responsabilidade civil (sem prejuízo da aplicação de cominações como a faculdade resolutiva do contrato)[525]. Em sentido divergente – embora reconhecendo a dificuldade de uma identificação apriorística ou tempestiva dos deveres – argumenta Menezes Cordeiro que, no ordenamento português, se verifica uma orientação prioritária para soluções como a execução específica (artigos 827º ss. do CC) ou a reconstituição natural (nº 1 do artigo 566º

---

informação ou esclarecimento, e de lealdade – António Menezes Cordeiro, *Da Boa Fé...*, *cit.*, pp. 604 ss. Cfr. enumeração exemplificativa em Carlos Mota Pinto, *Cessão...*, *cit.*, pp. 342 ss., n. 2.

[522] António Menezes Cordeiro, "Violação...", *cit.*, p. 124; Mário Almeida Costa, *Direito das Obrigações*, *cit.*, p. 77; Carlos Mota Pinto, *Direito das Obrigações*, *cit.*, p. 69.

[523] Carlos Mota Pinto, *Cessão...*, *cit.*, p. 347 e n. 3.

[524] Na verdade, frequentemente os deveres – cujo conteúdo depende das circunstâncias de cada caso concreto e é, portanto indeterminável aprioristicamente – só se manifestam com a respectiva violação e consequente produção de danos. Carneiro da Frada argumenta, contudo, que a atenção para o dever pode surgir antes da respectiva inobservância, ou que esta pode não fazer perder o interesse no cumprimento, ainda que extemporâneo – Manuel Carneiro da Frada, *Contrato...*, *cit.*, p. 39, n. 67.

[525] João Antunes Varela, *Das Obrigações...*, Vol. I, *cit.*, p. 127. Cfr. também Nuno Pinto Oliveira, "Inexigibilidade...", *cit.*, p. 297, referindo que, na perspectiva mencionada – que o autor não subscreve – a possibilidade de recurso à acção de cumprimento restringir-se-ia a raras situações em que o dever prescreve uma conduta suficientemente determinada, que o obrigado não observa.

do CC), secundarizando-se o recurso à indemnização[526]. Por seu turno, Nuno Oliveira coloca igualmente em causa o entendimento dominante, demonstrando que, quanto aos deveres que não tenham de ser espontaneamente cumpridos e cujo conteúdo seja suficientemente claro, determinado e preciso, não fica excluída a possibilidade de uma acção de cumprimento. Em qualquer caso – e quanto à matéria que mais directamente nos concerne – reconhece Nuno Oliveira que, relativamente ao dever espontâneo de informação (ou dever de esclarecimento) «a possibilidade de se propor uma acção autónoma de cumprimento está, por certo, afastada: o interessado não poderá exigir – nem judicial, nem extra-judicialmente – o cumprimento daquilo que, por definição, há-de ser espontâneo»[527].

Ora, como nota a doutrina, os deveres laterais verificam-se, não só na fase de execução do contrato, mas igualmente na fase pós-contratual[528] ou pré-contratual[529], sendo configuráveis, neste caso, como integrando *relações obrigacionais sem deveres primários de prestação*[530]. De facto, a relação pré-contratual constitui precisamente, na perspectiva de alguns autores[531], um exemplo de relação obrigacional (em sentido amplo) sem deveres primários de prestação, cujo conteúdo se esgota em deveres de comportamento ou deveres laterais (de protecção, de informação e de lealdade), não consubstanciadores de prestações.

---

[526] Assim, como afirma o autor, «identificado um dever acessório, não vemos porque não submetê-lo ao regime geral, que exigirá o seu cumprimento» – António Menezes Cordeiro, *Tratado...*, II, Tomo I, *cit.*, p. 480. Como adianta o autor, «não concebemos deveres de conduta cuja finalidade seja, não o seu cumprimento, o qual seria juridicamente indiferente, mas a atribuição, *ex post*, de uma indemnização». *Ibidem*.

[527] Nuno Pinto Oliveira, "Inexigibilidade...", *cit.*, pp. 300 e segs.

[528] Carlos Mota Pinto, *Cessão...*, *cit.*, pp. 354 ss. Estará, então, em causa a responsabilidade pós-contratual ou *culpa post pactum finitum* – António Menezes Cordeiro, *Da Boa Fé...*, *cit.*, pp. 625 ss.; António Menezes Cordeiro, *Tratado...*, II, Tomo I, *cit.*, p. 473 e António Menezes Cordeiro, "Violação...", *cit.*, p. 126; João Antunes Varela, *Das Obrigações...*, Vol. I, *cit.*, p. 127, n. 1.

[529] Está em causa, neste domínio, a *culpa in contrahendo*. António Menezes Cordeiro, *Tratado...*, II, Tomo I, *cit.*, p. 473; António Menezes Cordeiro, "Violação...", *cit.*, p. 125; Manuel Carneiro da Frada, *Teoria da Confiança...*, *cit.*, p. 433; João Antunes Varela, *Das Obrigações...*, Vol. I, *cit.*, pp. 126-127. Como notam Stiglitz *et al.*, os deveres acessórios predominam no período pré-contratual, assumindo particular importância no que respeita aos deveres de informação, clareza e verdade – Rubén Stiglitz e Gabriel Stiglitz, *Responsabilidad...*, *cit.*, p. 63. A emergência destes últimos, decorrente do princípio da boa fé, é propiciada pelo desenrolar do *iter negotii* – Filipe Albuquerque Matos, "A fase preliminar...", *cit.*, p. 358.

[530] Manuel Carneiro da Frada, *Contrato...*, *cit.*, p. 37, n. 59, p. 58, n. 98; Jorge Sinde Monteiro, "Culpa in contrahendo...", *cit.*, p. 8. De acordo com Fabian, «os deveres anexos se compreendem como uma relação jurídica que se realiza independentemente da vontade das partes, mas pela confiança que existe entre as partes» – Christoph Fabian, *O Dever...*, *cit.*, p. 66. Assim, da *relação de confiança* resultam certos deveres de conduta: «a relação de confiança não se baseia na vontade das partes mas apenas em uma situação fáctica, isto é, o contacto social entre as partes» – *ibidem*.

[531] Jorge Sinde Monteiro, "Responsabilidade por informações face a terceiros", *BFDUC*, Ano LXXIII (1997), p. 46; Carlos Mota Pinto, *Cessão...*, *cit.*, pp. 349 ss.

III. Entre os deveres acessórios ou laterais com particular relevância na fase pré-contratual, contam-se precisamente os de informação e, no que em especial concerne o nosso objecto de estudo, o dever de declaração do risco[532]. Na perspectiva funcional acima referida, o dever de declaração pré-contratual do risco, atenta a sua instrumentalidade face à prossecução do fim contratual, assume um escopo positivo, endógeno e conexo com a prestação (da sua observância depende, no quadro da boa fé, a realização do fim determinante da relação de seguro). Sendo o dever de informação cumprido na fase pré-contratual, considera a doutrina alemã que o mesmo se torna «parte do negócio principal posterior e é visto como uma prestação acessória abrangida e determinada por este»[533]. A autonomia deste dever de informação é, assim, relativamente diminuta face aos deveres de prestação, até porque – diversamente dos deveres de protecção – a sua inobservância só é lesiva para o credor (o segurador) na medida em que o contrato chegue a concluir-se eficazmente[534].

III.3.4. A *culpa in contrahendo*

I. Identificado o dever de declaração do risco como um específico dever lateral ou acessório, fundado na boa fé e enquadrável entre os deveres pré-contratuais de informação, cumpre analisar a fonte legal genérica de tais deveres – o artigo 227º do CC – e o instituto da *culpa in contrahendo*, que a referida disposição consagra entre nós. Este assenta, em síntese, no reconhecimento de uma relação obrigacional emergente no período negociatório que precede a conclusão do contrato, integrada por deveres de actuação conformes à boa fé e cuja inobservância determina a obrigação de indemnizar os danos causados[535].

O instituto da *culpa in contrahendo* resulta da elaboração dogmática (ou descoberta jurídico-científica) de Von Jhering, que, partindo de fontes romanas, sustentou a existência de uma obrigação indemnizatória a cargo da parte que provoca culposamente a invalidade de um negócio jurídico[536]. O desenvolvimento posterior do instituto evidenciou a existência de deveres entre as partes

---

[532] António Menezes Cordeiro, *Tratado...*, II, Tomo I, *cit.*, p. 481 e n. 1617; Jorge Sinde Monteiro, *Responsabilidade por Conselhos...*, *cit.*, p. 47; Carlos Mota Pinto, *Cessão...*, *cit.*, p. 344, nota; Carlos Mota Pinto, *Direito das Obrigações*, *cit.*, p. 72, n. 41; João Antunes Varela, *Das Obrigações...*, Vol. I, *cit.*, p. 126, n. 1. Como nota Sinde Monteiro, também no quadro do ordenamento germânico o dever de declaração do risco é qualificado pela doutrina como um dever acessório ou lateral expressamente consagrado em norma legal (VVG) – Jorge Sinde Monteiro, *Responsabilidade por Conselhos...*, *cit.*, p. 47.

[533] Jorge Sinde Monteiro, *Responsabilidade por Conselhos...*, *cit.*, p. 48.

[534] Manuel Carneiro da Frada, *Contrato...*, *cit.*, pp. 98 ss. e n. 191.

[535] Dário Moura Vicente, "Culpa na formação dos contratos", *in* FDUC (Org.), *Comemorações dos 35 Anos do Código Civil e dos 25 Anos da Reforma de 1977*, Vol. III, Coimbra, Coimbra Ed., 2007, p. 276.

[536] Rudolf Von Jhering, "Culpa in contrahendo oder Schadensersatz bei nichtigen oder nicht zur Perfektion gelangten Verträgen", *in Jharbücher für die Dogmatik des heutigen römischen und deutschen*

mesmo antes da formação do contrato e independentemente da eventual conclusão deste – nomeadamente deveres de *protecção* (segurança), de *informação* e de *lealdade* na actuação das partes – visando evitar que uma delas atinja a confiança da outra de forma danosa ou utilize a negociação contratual com fins danosos.

Quanto ao fundamento do instituto, o mesmo tem sido dogmaticamente reconduzido, desde o séc. XIX, ao princípio geral da boa fé[537]. Como afirma Larenz, o referido fundamento não assenta numa relação contratual, mas na violação de um dever de conduta pré-contratual derivado da boa fé. No caso português, o próprio artigo 227º do CC remete para o princípio da boa fé, apelando alguma doutrina, nessa recondução, aos princípios mediadores da tutela da confiança e da primazia da materialidade subjacente[538].

A *ratio* do instituto consiste, nas palavras de Ana Prata, na «tutela da confiança do sujeito na correcção, na honestidade, na lisura e na lealdade do comportamento da outra parte [...]»[539]. Com efeito, o ordenamento considera que o início do processo negocial é gerador de uma relação de confiança entre as partes que merece a tutela do Direito, de forma imediata e independentemente de o contrato vir a concluir-se. A violação de deveres laterais (ou deveres acessórios, ou de conduta) – decorrentes das regras da boa fé – anteriores à própria constituição do dever de prestar, consubstancia, assim, a prática de um facto ilícito que tem por consequência a responsabilidade civil da parte lesante[540]. Desta forma, o instituto visa igualmente resolver o problema da distribuição dos prejuízos decorrentes da violação, na fase pré-contratual, de deveres de conduta impostos pela boa fé[541]. De resto, promovendo o respeito pela boa fé e pela protecção

---

Privatrechts, Vol. IV, 1861, pp. 1-112 – trad. port., *Culpa in Contrahendo ou Indemnização em Contratos Nulos ou Não Chegados à Perfeição*, Coimbra, Almedina, 2008.

[537] António Menezes Cordeiro, *Da Boa Fé...*, *cit.*, p. 563; António Menezes Cordeiro, *Tratado...*, I, Tomo I, *cit.*, p. 507. Como afirma Larenz, o referido fundamento não assenta numa relação contratual, mas na violação de um dever de conduta pré-contratual derivado da boa fé – Karl Larenz, *Lehrbuch des Schuldrechts*, Vol. I, München, Beck, 1953 – trad. espanhola, *Derecho de Obligaciones*, Vol. I, Madrid, Ed. RDP, 1958, p. 107.

[538] António Menezes Cordeiro, *Da Boa Fé...*, *cit.*, pp. 583 ss.; António Menezes Cordeiro, *Tratado...*, I, Tomo I, *cit.*, p. 507 e 520. Neste contexto, os requisitos da tutela da confiança, como princípio mediador da boa fé, têm vindo a constituir entre a doutrina e jurisprudência portuguesas o critério para aferir, em concreto, se merece a tutela do Direito quem invoca a violação da boa fé – Carlos Ferreira de Almeida, *Contratos*, Vol. I, *cit.*, p. 219.

[539] Ana Prata, Notas..., *cit.*, p. 25. No mesmo sentido, José Alberto Vieira, *Negócio Jurídico...*, *cit.*, pp. 32-33. Alguma doutrina, não obstante, evidencia – sobretudo quanto aos deveres pré-contratuais de informação – a preservação da liberdade contratual como o principal interesse protegido pela *culpa in contrahendo* – Rubén Stiglitz e Gabriel Stiglitz, *Responsabilidad ...*, *cit.*, p. 28.

[540] Luís Menezes Leitão, *Direito das Obrigações*, Vol. I, *cit.*, p. 373.

[541] Ana Prata, Notas..., *cit.*, p. 26.

da confiança, a responsabilidade pré-contratual fomenta ainda a segurança no tráfico jurídico[542].

Para além de uma consagração legal genérica no artigo 227º do CC, os deveres pré-contratuais de conduta têm vindo a proliferar em legislação especial, surgindo também na LCS, designadamente em matéria de declaração do risco, a cargo do proponente.

II. O artigo 227º do CC português não discrimina os deveres pré-contratuais cuja inobservância configura *culpa in contrahendo*, apenas apresentando o critério ético-jurídico de valoração da conduta pré-contratual dos negociadores, conferindo ao aplicador da lei o poder de modelar e determinar os deveres em causa[543]. Embora sejam múltiplas as classificações de deveres pré-contratuais referidas pela doutrina dos vários países[544], a sistematização da jurisprudência e doutrina alemãs – numa perspectiva que encontra eco, pelo menos em parte, também entre a doutrina portuguesa – identifica frequentemente três categorias de deveres pré-contratuais[545].

Desde logo, no quadro dos *deveres de protecção* ou *de segurança* – pessoais e patrimoniais – devem as partes procurar evitar ou minimizar os custos ou danos que decorram funcionalmente, para a contraparte, do processo negocial[546]. O reconhecimento deste dever ficou praticamente confinado ao ordenamento germânico e, mesmo aí, apenas por razões de ordem prática, de modo a regular determinadas situações por recurso ao regime da responsabilidade contratual,

---

[542] Mário Almeida Costa, *Direito das Obrigações, cit.*, p. 303; Mário Almeida Costa, *Responsabilidade pela Ruptura..., cit.*, p. 48. Noutro sentido, sustenta Hörster que a responsabilidade pré-contratual visa proteger o bem jurídico consubstanciado no «próprio processo de formação do contrato em todas as suas fases» – Heinrich Ewald Hörster, *A Parte Geral..., cit.*, p. 474.

[543] Dário Moura Vicente, "Culpa...", *cit.*, p. 268.

[544] Assim, p. ex., Benatti refere deveres de informação, de segredo e de custódia – Francesco Benatti, *La Responsabilità..., cit.*, pp. 55 ss.

[545] Outros deveres são, não obstante, passíveis de ser autonomizados: assim, o *dever de diligência*, designadamente quando se verifique erro espontâneo culposo do *errans*, que venha depois prevalecer-se do mesmo para anular o contrato – cfr. Carlos Ferreira de Almeida, *Contratos*, Vol. I, *cit.*, pp. 209 e 218. Na falta da autonomização, ter-se-ia de reconduzir o dever ao âmbito lato do dever de lealdade.

[546] Karl Larenz, *Lehrbuch..., Vol. I, cit.*, pp. 107-108; António Menezes Cordeiro, *Da Boa Fé..., cit.*, pp. 547 ss.; Joanna Schmidt, "La sanction de la faute précontractuelle", *RTDC*, Ano LXXII (1974), p. 48. Como sublinha alguma doutrina, o reconhecimento deste dever não encontra eco na jurisprudência portuguesa, sendo as situações de facto reconduttíveis, preferencialmente, à responsabilidade extra-contratual. Carlos Ferreira de Almeida, *Contratos*, Vol. I, *cit.*, p. 209; Luís Menezes Leitão, *Direito das Obrigações*, Vol. I, *cit.*, p. 374; Carlos Mota Pinto, *A Responsabilidade..., cit.*, p. 17; Paulo Mota Pinto, *Interesse Contratual Negativo e Interesse Contratual Positivo*, Vol. II, Coimbra, Coimbra Ed., 2008, p. 1192, n. 3342.

consideravelmente mais favorável ao lesado do que a aquiliana[547]. Para além dos casos paradigmáticos de deveres de protecção e conservação, já mencionados, é possível reconduzir a esta categoria verdadeiros deveres pré-contratuais como os de guarda e restituição de coisas confiadas pela contraparte; ou a responsabilidade resultante de danos causados por produtos facultados, para exame ou teste, pela contraparte[548].

Já quanto aos *deveres de esclarecimento* e *de informação*, estão as partes vinculadas a prestar, espontaneamente ou mediante solicitação da contraparte, as informações que se afigurem relevantes e que razoavelmente lhes sejam exigíveis, de modo a clarificar as circunstâncias do contrato e do seu objecto mediato[549]. Devem igualmente as partes abster-se de prestar informações inexactas ou incompletas, ou de manter a contraparte em erro.

Por seu turno, os *deveres de lealdade* e *de cooperação* traduzem-se num padrão de comportamento de honestidade e correcção no desenrolar das negociações[550]. Trata-se de um dever – em certa medida residual relativamente aos de protecção e esclarecimento – cuja violação se reconduz a alguns casos típicos: a quebra do sigilo; o retardamento injustificado das negociações ou a condução de negociações paralelas; a alteração súbita e injustificada do projecto negocial; a falta de intenção séria de concluir o negócio ou de vir a cumpri-lo; a coacção física ou moral; a usura; o recurso a métodos de *marketing* agressivos; a representação sem poderes; ou a reserva mental[551].

Por outro lado, a responsabilidade pré-contratual ocorrerá em três tipos de casos-padrão[552]: (1) os respeitantes a *contratos inválidos, ineficazes ou inexistentes –*

---

[547] Francesco Benatti, *La Responsabilità...*, *cit.*, pp. 96 ss.; Ana Prata, *Notas...*, *cit.*, pp. 77 ss.

[548] Ana Prata, *Notas...*, *cit.*, pp. 62 e 83.

[549] António Menezes Cordeiro, *Da Boa Fé...*, *cit.*, pp. 549 ss.; Justus Wilhelm Hedemann, *Schuldrecht des Bürgerlichen Gesetzbuches*, 3ª Ed., 1949 – trad. espanhola, *Derecho de Obligaciones*, Madrid, Ed. RDP, 1958, pp. 51 ss.; Karl Larenz, *Lehrbuch...*, Vol. I, *cit.*, p. 107.

[550] António Menezes Cordeiro, *Da Boa Fé...*, *cit.*, pp. 551 ss.

[551] Cfr. Francesco Benatti, *La Responsabilità...*, *cit.*, pp. 52 ss.; Francesco Benatti, "Culpa in contrahendo", *CI – Dialoghi*, Ano 3, nº 1 (1987), pp. 288 ss.; António Menezes Cordeiro, *Da Boa Fé...*, *cit.*, p. 583; António Menezes Cordeiro, *Tratado...*, I, Tomo I, *cit.*, p. 519; Ana Prata, *Notas...*, *cit.*, pp. 63 ss., 74 e 121 ss.; e Pedro Pais Vasconcelos, *Teoria Geral...*, *cit.*, p. 492. Nesta medida, embora não haja uma obrigação de contratar, a ruptura injustificada das negociações, quando feita de má fé, dará, em regra, lugar a uma indemnização pelo interesse contratual negativo (repondo a situação em que a parte lesada estaria se não tivessem decorrido as negociações). Não obstante, a matéria poderá ser igualmente enquadrada à luz do abuso do direito (no caso, o exercício abusivo da liberdade negocial) – Mário Almeida Costa, *Responsabilidade pela Ruptura...*, *cit.*, p. 70; Carlos Mota Pinto, *A Responsabilidade...*, *cit.*, pp. 60 ss. e 103 ss., e Dário Moura Vicente, "Culpa...", *cit.*, p. 270.

[552] Carlos Ferreira de Almeida, *Contratos*, Vol. I, *cit.*, pp. 207 ss.; Mário Almeida Costa, *Responsabilidade pela Ruptura...*, *cit.*, pp. 35-36; António Carvalho Martins, *Responsabilidade Pré-contratual*, Coimbra, Coimbra Ed., 2002, p. 51; Jorge Sinde Monteiro, "Culpa *in contrahendo*...", *cit.*, p. 10; Eva

situação que agrupa a casuística identificada por Jhering[553] – quer a invalidade se traduza em nulidade (designadamente por vício de forma) ou anulabilidade (nomeadamente por erro, dolo ou coacção), desde que o vício resulte da violação de deveres de lealdade ou de informação; (2) os atinentes, quer a contratos anuláveis – por violação dos deveres de informação ou de lealdade – que tenham sido *convalidados* por inacção de uma das partes e dos quais resulte um desequilíbrio das prestações, quer às situações em que o contrato seja originariamente válido mas, em virtude do incumprimento de um dever pré-contratual de informação – sobretudo se estabelecido por lei – resulte afectado o equilíbrio das prestações[554]; (3) e os concernentes a *contratos não concluídos*, designadamente em virtude de ruptura das negociações, desde que haja a violação do dever de lealdade e a frustração das fundadas expectativas da parte lesada na conclusão, prorrogação ou renovação de um contrato.

III. A natureza da responsabilidade pré-contratual tem sido objecto de larga controvérsia doutrinária. Sem pretender-se, no contexto do presente trabalho, desenvolvê-la, importa, não obstante, dar conta das principais posições. Desde logo, uma posição minoritária na doutrina defende que a *culpa in contrahendo* tem carácter extra-obrigacional (responsabilidade delitual)[555]. Tal posição decorre da origem e evolução histórica do instituto, dos pressupostos de aplicação do regime (que assentam no incumprimento culposo de deveres genéricos, fun-

---

Moreira da Silva, *Da Responsabilidade Pré-contratual por Violação dos Deveres de Informação*, Coimbra, Almedina, 2003 (Reimpr., 2006), pp. 30-31; Paulo Soares do Nascimento, "A responsabilidade pré-contratual pela ruptura das negociações e a recusa injustificada de formalização do contrato", *in* António Menezes Cordeiro; Luís Menezes Leitão; Januário Costa Gomes (Coords.), *Estudos em Homenagem ao Professor Doutor Inocêncio Galvão Telles*, Vol. IV, Coimbra, Almedina, 2003, p. 181; Ana Prata, *Notas...*, *cit.*, pp. 18-19; Dário Moura Vicente, *Da Responsabilidade...*, *cit.*, p. 263.

[553] O autor reconduzia a casuística às situações da incapacidade do sujeito, da inidoneidade do objecto e da falta de fiabilidade da vontade negocial. Rudolf Von Jhering, "Culpa...", *cit.*, pp. 43 ss.

[554] Neste sentido, Carlos Ferreira de Almeida, *Contratos*, Vol. I, *cit.*, pp. 213-214. Noutros ordenamentos, como o italiano, só recentemente se veio a configurar a admissibilidade de *culpa in contrahendo* relativamente a contratos originariamente válidos – Giovanni Meruzzi, "La responsabilità precontrattuale tra regola di validità e regola di condotta", *CI – Dialoghi*, Ano XXII, nº 4-5 (Jul.-Out. 2006), pp. 944 ss.

[555] Neste sentido, Mário Almeida Costa, *Responsabilidade pela Ruptura...*, *cit.*, pp. 93 ss.; Heinrich Ewald Hörster, *A Parte Geral...*, *cit.*, p. 475; José Alberto Vieira, *Negócio Jurídico...*, *cit.*, pp. 33-34. É esta a perspectiva que prevalece no ordenamento francês, por violação do dever geral de boa fé consagrado no artigo 1134º do CC – cfr. Patrice Jourdain, "Le devoir...", *cit.*, p. 140; Joanna Schmidt, "La sanction...", *cit.*, pp. 50 ss. Foi esta também a posição tradicionalmente maioritária entre a doutrina italiana (Francesco Benatti, *La Responsabilità...*, *cit.*, pp. 137 ss.), orientação que veio a inflectir-se mais recentemente a favor da natureza contratual (Giovanni Meruzzi, "La responsabilità...", *cit.*, p. 971).

dados na boa fé com fonte legal, abstraindo da existência de um contrato) bem como da inserção sistemática do artigo 227º do CC e da remissão do nº 2 deste artigo para o prazo de prescrição da responsabilidade extra-obrigacional. Deste prisma, analisando os regimes da responsabilidade contratual e da delitual, seria esta a disciplina melhor harmonizada com a natureza da *culpa in contrahendo*.

Em sentido diverso, a doutrina maioritária sustenta que os deveres pré-contratuais assumem a natureza de responsabilidade obrigacional, prevista no artigo 798º do CC. Vários são os argumentos em abono desta posição. Desde logo, o da natureza do vínculo *in contrahendo* e o facto de os deveres resultantes do artigo 227º se colocarem no âmbito de uma relação determinada entre duas partes[556]. Desta forma, a *culpa in contrahendo* traduz-se na violação de deveres pré-contratuais, qualificáveis como obrigações oriundas de fonte legal, na medida em que comportam uma posição passiva (o devedor) e uma posição activa (o credor)[557]. Noutra perspectiva, a relação pré-contratual, marcada pelo início das negociações, é configurável como relação obrigacional complexa sem deveres primários de prestação, tendo por fonte o próprio facto jurídico *stricto sensu* "negociações", embora o sentido social desta relação, análoga à contratual, permita qualificá-la como *paracontratual*[558]. Finalmente, poder-se-á invocar a verificação de um nexo teleológico entre a relação pré-contratual e a contratual em formação[559]. Em suma, por resultar do incumprimento de uma obrigação, a *culpa in contrahendo*

---

[556] António Menezes Cordeiro, *Tratado...*, I, Tomo I, *cit.*, p. 511 e 517; António Menezes Cordeiro, *Da Boa Fé...*, *cit.*, p. 585; António Menezes Cordeiro, "Dolo na conclusão do negócio. *Culpa in contrahendo*", *O Direito*, Ano 125º (1993), I-II, p. 165. Cfr. igualmente Rita Amaral Cabral, "A responsabilidade por prospecto e a responsabilidade pré-contratual – Anotação ao acórdão arbitral de 31 de Março de 1993", *ROA*, Ano 55 (1995), Vol. I, p. 208; Ana Prata, *Notas...*, *cit.*, p. 212. É esta a posição dominante entre a doutrina alemã – Francesco Benatti, *La Responsabilità...*, *cit.*, pp. 140 ss. Neste sentido, Larenz sustenta que, ainda que a relação pré-contratual não seja obrigatória – no sentido de dar lugar a um dever de prestação judicialmente exigível –, existe uma *vinculação jurídica especial* entre as partes, configurando uma *relação obrigatória análoga ao contrato*, pelo que os deveres de conduta pré-contratual se regem pelos mesmos princípios que os deveres de conduta contratual – Karl Larenz, *Lehrbuch...*, Vol. I, *cit.*, p. 110.

[557] Francesco Benatti, *La Responsabilità...*, *cit.*, p. 150; Carlos Mota Pinto, *Cessão...*, *cit.*, p. 353. Também neste sentido, António Carvalho Martins, *Responsabilidade Pré-contratual*, *cit.*, pp. 40-41.

[558] António Menezes Cordeiro, *Tratado de Direito Civil Português*, II, Tomo II, Coimbra, Almedina, 2010, pp. 645 ss., em particular p. 647. No mesmo sentido, Jorge Sinde Monteiro, "Culpa *in contrahendo...*", *cit.*, pp. 8 ss., sustentando que no caso da *culpa in contrahendo*, a boa fé justificaria, por um lado, o reconhecimento da existência de uma *relação especial* entre os negociadores, decorrente do contacto social próprio dos preliminares do processo negocial e, por outro lado, moldaria o conteúdo dessa relação. Aludindo também a uma relação obrigacional sem deveres primários de prestação, embora atribuindo-lhe fonte legal, Carlos Mota Pinto, *Cessão...*, *cit.*, pp. 350 ss.; Carlos Mota Pinto, *A Responsabilidade...*, *cit.*, pp. 13 ss. e 101 ss.

[559] João Antunes Varela, *Das Obrigações...*, Vol. I, *cit.*, p. 271.

assumirá a natureza de responsabilidade obrigacional[560]. Neste quadro, o regime comporta, como principais traços distintivos, a presunção de culpa prevista no n.º 1 do artigo 799.º do CC, bem como o regime da responsabilidade do devedor por culpa dos auxiliares (artigo 800.º do mesmo código).

Perante as insuficiências da aproximação da *culpa in contrahendo* à responsabilidade delitual (que não visa a lesão decorrente da inter-relação de dois sujeitos) ou à responsabilidade obrigacional (na medida em que não existe ainda vínculo contratual entre os sujeitos na relação pré-negocial)[561] tem vindo a afirmar-se, a partir dos estudos de Canaris, a perspectiva de que estará em causa uma terceira via (ou *tertium genus*) da responsabilidade, sob a égide da *teoria da confiança*[562]. Neste quadro, a responsabilidade assentará num concreto contexto relacional intersubjectivo (tal como a responsabilidade contratual) mas prescindindo de uma vinculação negocial entre o lesante e o lesado (tal como a responsabilidade delitual). Estará, assim, em causa uma responsabilidade fundada em vinculações específicas, distintas do dever de prestar, que traduzem deveres dos intervenientes no tráfego negocial baseados no dever de boa fé, abrangendo, designadamente, a responsabilidade pré-contratual (emergente de uma relação obrigacional sem deveres primários de prestação[563]) e, para além dela, também as situações de *culpa post pactum finitum*, de contrato com eficácia de protecção para terceiros, ou de relação corrente de negócios[564]. Por seu turno, o respectivo

---

[560] A perspectiva da responsabilidade obrigacional é também a dominante na jurisprudência do STJ – Dário Moura Vicente, *Da Responsabilidade...*, *cit.*, p. 272.

[561] Dando conta dessas dificuldades, em particular no que respeita aos deveres de informação pré-contratuais, cfr. João Baptista Machado, "A cláusula do razoável", *in* João Baptista Machado, *Obra Dispersa*, Vol. I, Braga, Associação Jurídica de Braga – SI, 1991, pp. 540 ss.

[562] Defendendo, entre nós, a *terceira via* da responsabilidade civil, cfr., p. ex., Carlos Ferreira de Almeida, *Contratos*, Vol. I, *cit.*, p. 206 (que reconhece a autonomia institucional da responsabilidade pré-contratual); José de Oliveira Ascensão e Manuel Carneiro da Frada, "Contrato celebrado por agente de pessoa colectiva. Representação, responsabilidade e enriquecimento sem causa", *RDE*, Anos XVI-XIX (1990-1993), p. 65; Manuel Carneiro da Frada, *Contrato...*, *cit.*, pp. 249 ss.; Manuel Carneiro da Frada, *Uma "Terceira Via" no Direito da Responsabilidade Civil? O Problema da Imputação dos Danos Causados a Terceiros por Auditores de Sociedades*, Coimbra, Almedina, 1997, pp. 88 e 95 ss.; Manuel Carneiro da Frada, *Teoria da Confiança...*, *cit.*, pp. 81 e 99 ss.; Luís Menezes Leitão, *Direito das Obrigações*, Vol. I, *cit.*, pp. 367 ss.; Eva Moreira da Silva, *Da Responsabilidade...*, *cit.*, pp. 63-64. Carneiro da Frada sustenta que a responsabilidade neste domínio resultaria da relevância jurídica do contacto negocial enquanto relação de facto, sujeitando as partes a deveres de protecção resultantes do princípio da boa fé (*Contrato...*, *cit.*, p. 266). Cfr. igualmente Claus-Wilhelm Canaris, "Autoria e participação na *culpa in contrahendo*", *RDE*, Anos XVI a XIX (1990 a 1993), p. 11.

[563] Jorge Sinde Monteiro, *Responsabilidade por Conselhos...*, *cit.*, pp. 509-510.

[564] A configuração de uma via pura de responsabilidade pela confiança – a par da responsabilidade por violação da regra de conduta de boa fé – propugnada por Carneiro da Frada, apresenta, como traço distintivo, relativamente à responsabilidade contratual e à aquiliana, o facto de tutelar

regime teria de resultar de uma apreciação casuística da situação concreta através das regras da integração de lacunas[565].

Face às várias posições em presença, a que se afigura melhor fundamentada e mais coerente é, do nosso ponto de vista, a perspectiva da responsabilidade obrigacional, que desde logo se basta na qualificação da relação pré-contratual como uma relação obrigacional sem deveres primários de prestação, e no reconhecimento do carácter específico e relacional dos deveres de conduta. A tanto não obsta o facto de os deveres de conduta resultarem da lei (como seria igualmente o caso se resultassem *directamente* da cláusula geral da boa fé). Seria, aliás, de um conceptualismo deslocado recusar aquela natureza apenas com o argumento de que inexiste (ainda) um contrato que fundamente tais deveres.

IV. Na *culpa in contrahendo* o âmbito da obrigação de indemnizar é doutrinariamente reconduzido à dicotomia entre o interesse contratual negativo e o interesse contratual positivo[566]. Na tradição de Jhering, parte da doutrina defende que

directamente a frustração de expectativas, prescindindo da infracção de normas de conduta (designadamente, as ditadas pela boa fé) e mantendo autonomia em relação ao artigo 227º do CC. Assim, em sede de responsabilidade pré-contratual, esta perspectiva apenas encontra susceptibilidade de realização em situações específicas – como a da ruptura injustificada das negociações – mas não se afigura adequada no caso da omissão de informação ou da prestação de informações inexactas com violação de deveres de conduta inerentes à boa fé – Manuel Carneiro da Frada, "A responsabilidade pela confiança nos 35 anos do Código Civil", *in* FDUC (Org.), *Comemorações dos 35 Anos do Código Civil e dos 25 Anos da Reforma de 1977*, Vol. III, Coimbra, Coimbra Ed., 2007, pp. 296 ss. Outras perspectivas apontam para uma natureza mista ou dualista, não reconduzível nem à responsabilidade obrigacional nem à delitual, mas a uma "zona cinzenta" entre ambas, que importa, como consequência, a aplicação de um regime híbrido – Dário Moura Vicente, *Da Responsabilidade...*, *cit.*, p. 274; Dário Moura Vicente, "Culpa...", *cit.*, p. 275. Nesta linha, Sinde Monteiro, tendo inicialmente propendido para uma natureza de *tertium genus* (*Responsabilidade por Conselhos...*, *cit.*, pp. 509 ss.), afirma mais recentemente a insuficiência daquela perspectiva, apontando antes para uma apreciação casuística da natureza e do regime a aplicar, em função da situação de responsabilidade pré-contratual em causa. Assim, as situações de ruptura de negociações dariam origem à responsabilidade delitual, enquanto as de incumprimento do dever de informação dariam lugar à responsabilidade contratual – Jorge Sinde Monteiro, "Culpa *in contrahendo...*", *cit.*, pp. 13-14.
[565] À *culpa in contrahendo* seriam, não obstante, predominantemente aplicáveis as regras da responsabilidade contratual, em particular a presunção de culpa estabelecida no artigo 799º do CC e o regime da responsabilidade dos auxiliares, previsto no artigo 800º – cfr. Carlos Ferreira de Almeida, *Contratos*, Vol. I, *cit.*, p. 223; Luís Menezes Leitão, *Direito das Obrigações*, Vol. I, *cit.*, p. 377; e Nuno Pinto Oliveira, "Deveres...", *cit.*, p. 512. Rejeitando a perspectiva da terceira via, cfr. António Menezes Cordeiro, *Tratado...*, II, Tomo II, *cit.*, p. 646; e Eduardo Santos Júnior, *Direito das Obrigações...*, *cit.*, p. 287. Este autor invoca, para o efeito, o carácter legalmente taxativo dos regimes de responsabilidade civil, cuja amplitude, aliás, tornaria desnecessária e inútil a elaboração de uma terceira via. No mesmo sentido, Francesco Benatti, *La Responsabilità...*, *cit.*, pp. 134 ss.
[566] A distinção entre ambos depende, segundo Paulo Mota Pinto, «da *caracterização do termo hipotético de comparação* relevante para o apuramento do dano, e, concretamente, de esse termo hipotético

a indemnização por *culpa in contrahendo* se atém à reparação pelo interesse contratual negativo, abrangendo danos emergentes (despesas incorridas em virtude das negociações frustradas) e lucros cessantes ocorridos em vista da celebração do contrato (designadamente, a perda de outras oportunidades de negócio)[567].

Em sentido diverso, parte da doutrina defende que, quanto ao cômputo dos danos a reparar, o mesmo não deverá limitar-se conceptualmente à indemnização pelo interesse negativo, mas poderá abarcar o interesse contratual positivo (ou *interesse do cumprimento*), colocando-se o lesado na situação em que estaria se o contrato tivesse sido celebrado validamente[568]. Como notam alguns autores, a indemnização pelo interesse contratual positivo adequar-se-á aos casos-padrão de *contratos convalidados* (reposição do equilíbrio contratual, mediante a redução da prestação do lesado) ou de *ruptura das negociações* após a estipulação de um acordo pré-contratual final, enquanto a indemnização pelo interesse contratual negativo parece pressupor a *invalidade* do contrato[569].

ser obtido *fundamentalmente* pela *adição* de um elemento (interesse positivo) ou pela *abstracção* de algo que aconteceu (interesse negativo)» – Paulo Mota Pinto, *Interesse Contratual...*, Vol. II, *cit.*, p. 868. Segundo o autor, a expressão *interesse* reporta-se «à situação em que estaria o lesado sem o evento lesivo» – *idem*, Vol. I, p. 842.

[567] Neste sentido, e reportando-se ao ordenamento alemão, Karl Larenz, *Lehrbuch...*, Vol. I, *cit.*, p. 106. Cfr. igualmente Rubén Stiglitz e Gabriel Stiglitz, *Responsabilidad...*, *cit.*, pp. 53 ss. Entre nós, designadamente, Manuel Carneiro da Frada, *Teoria da Confiança...*, *cit.*, pp. 494 ss., n. 527; Inocêncio Galvão Telles, *Direito das Obrigações*, *cit.*, p. 65; João Antunes Varela, *Das Obrigações...*, Vol. I, *cit.*, p. 271. Como, em qualquer caso, nota alguma doutrina, o interesse contratual negativo pode importar uma indemnização superior ao interesse contratual positivo, quando a vantagem que teria resultado da celebração de um contrato diverso fosse superior àquela que resultaria da celebração do negócio *sub iudice* – Francesco Benatti, *La Responsabilità...*, *cit.*, p. 167; Paulo Mota Pinto, *Interesse Contratual...*, Vol. II, *cit.*, pp. 1054 ss.; e Ana Prata, *Notas...*, *cit.*, p. 174. Recusando, no plano dos princípios, a admissibilidade de uma indemnização pelo dano negativo de montante superior à que resultaria do dano positivo, Almeida Costa, *Responsabilidade pela Ruptura...*, *cit.*, pp. 83 ss.

[568] Nesta linha, considera Menezes Cordeiro que a questão deverá ser resolvida ponderando o bem protegido (a confiança) e recorrendo às regras gerais da responsabilidade civil (artigos 562º ss. do CC): «desde que se provem os danos, não se vislumbram razões para premiar a ilicitude» – António Menezes Cordeiro, *Tratado...*, I, Tomo I, *cit.*, p. 518 (cfr. também António Menezes Cordeiro, *Da Boa Fé...*, *cit.*, p. 585). No mesmo sentido, Pedro de Albuquerque, *A Representação Voluntária em Direito Civil (Ensaio de Reconstrução Dogmática)*, Coimbra, Almedina, 2004, p. 1046, n. 1773; Rita Amaral Cabral, "A responsabilidade...", *cit.*, pp. 220 ss.; Jorge Sinde Monteiro, "Culpa *in contrahendo*...", *cit.*, p. 9; Ana Prata, *Notas...*, *cit.*, pp. 176 ss.; Eva Moreira da Silva, *Da Responsabilidade...*, *cit.*, p. 217; José Alberto Vieira, *Negócio Jurídico...*, *cit.*, p. 34. A indemnização pelo interesse contratual positivo é a sanção normalmente associada ao incumprimento de uma obrigação; este dá, assim, origem a um dever secundário de prestar, que assume por objecto a reparação dos danos que o credor não teria tido se a obrigação tivesse sido cumprida – João Antunes Varela, *Das Obrigações em Geral*, Vol. II, 7ª Ed., Coimbra, Almedina, 1997, p. 93.

[569] Carlos Ferreira de Almeida, *Contratos*, Vol. I, *cit.*, pp. 226 ss.; Francesco Benatti, "Culpa...", *cit.*, p. 306; Ana Prata, *Notas...*, *cit.*, pp. 176 ss. Como refere Ana Prata (*ibidem*), os artigos 898º e

V. O artigo 227º do CC, que tem por fonte directa o artigo 1337º do CC italiano, comporta uma cláusula geral, pelo que a previsão normativa não concretiza os comportamentos que devem ser observados para lhe dar cumprimento[570]. A redacção acolhida no artigo 227º supera, no campo do Direito positivo, duas questões historicamente rodeadas de alguma controvérsia dogmática: por um lado, consagra a *culpa in contrahendo* como um instituto geral de Direito civil; por outro, não a limita às situações de conclusão de um contrato inválido, acolhendo também os casos de conclusão de um negócio válido ou de não conclusão do negócio (designadamente por ruptura injustificada das negociações)[571].

Quanto ao momento em que nascem os deveres pré-contratuais de boa fé, pode o mesmo ser situado – na medida em que a relação pré-contratual é configurável como uma relação de confiança – quando nasce na contraparte a confiança, objectivamente aferida[572].

Por outro lado, a apreciação da culpa na fase pré-contratual segue os termos da responsabilidade civil, aferindo-se pela diligência de um bom pai de família em face das circunstâncias do caso (nº 2 do artigo 487º do CC) e presumindo-se, nos termos do nº 1 do artigo 799º do CC, segundo a orientação dominante na jurisprudência do STJ[573].

VI. A responsabilidade pré-contratual segue os pressupostos da responsabilidade civil, legitimando a imputação de um dano a uma determinada pessoa diferente daquela sobre a qual ele inicialmente incide[574]. Desde logo, requer-se

---

908º do CC apenas encerram um regime especial, que não encontra reflexo na fórmula ampla do artigo 227º nem é, em qualquer caso, extrapolável para o quadro mais amplo da responsabilidade pré-contratual (também neste sentido, António Menezes Cordeiro, "Dolo...", *cit.*, p. 166, n. 12). Em sentido diverso, extraindo dos artigos 898º e 908º um princípio de indemnização pelo dano de confiança e sustentando esta solução para a responsabilidade pré-contratual por ruptura das negociações, Mário Almeida Costa, *Responsabilidade pela Ruptura...*, *cit.*, pp. 75 ss. Por outro lado, Ana Prata sublinha ainda, no quadro da responsabilidade pré-contratual, a relevância do princípio *compensatio lucri cum damno*, que implica a dedução à indemnização do valor da vantagem obtida pelo lesado com o acto ilícito (assim, p. ex., frustrando-se a conclusão do negócio, ao interesse no cumprimento haverá que deduzir o valor da prestação que competiria ao lesado) – Ana Prata, *Notas...*, *cit.*, p. 180. Para uma análise mais exaustiva do princípio, cfr. Paulo Mota Pinto, *Interesse Contratual...*, Vol. I, *cit.*, pp. 710 ss.

[570] Francesco Benatti, "Culpa...", *cit.*, p. 289; Dário Moura Vicente, *Da Responsabilidade...*, *cit.*, p. 262.

[571] Cfr. Francesco Benatti, *La Responsabilità...*, *cit.*, pp. 21 ss.; e Ana Prata, *Notas...*, *cit.*, pp. 22-23.

[572] Francesco Benatti, *La Responsabilità...*, *cit.*, p. 30. Estarão, assim, afastados os contactos preliminares unilaterais (sondagens, anúncios, etc.) – Ana Prata, *Notas...*, *cit.*, pp. 41 ss.

[573] Dário Moura Vicente, "Culpa...", *cit.*, p. 272.

[574] António Menezes Cordeiro, *Direito das Obrigações*, Vol. II, Lisboa, AAFDL, 1980 (Reimpr., 1992), p. 301. Menezes Cordeiro constata a existência de dois modelos de sindicância da imputação de um dano a um agente em sede de responsabilidade civil: um modelo *monista*, em que existe uma

a ocorrência de um facto voluntário do lesante, isto é, a imputação objectiva de uma conduta (acção ou omissão) ao mesmo[575]. Por outro lado, a ilicitude constitui um requisito *objectivo* da responsabilidade civil, correspondendo à negação dos valores tutelados pelo Direito ou, por outras palavras, à anti-juridicidade da acção ou omissão do lesante, e traduzindo-se, no caso da *culpa in contrahendo*, no incumprimento dos deveres de conduta impostos pelo princípio da boa fé, cuja identificação resulta da concretização da cláusula geral consubstanciada no artigo 227º do CC, a apurar casuisticamente pelo aplicador[576]. Por seu turno – exceptuados os casos de responsabilidade objectiva, legalmente delimitados – requer-se também a culpa do lesante, entendida, no plano valorativo ou normativo, como a censurabilidade ou reprovação da conduta, a negação de valores que a mesma envolve, o seu demérito ou desvalor ético-jurídico[577], podendo, em qualquer dos

única instância de controlo dessa imputação (como no caso da *faute*, no sistema francês, expressão sintética da ilicitude, da culpa e do nexo causal); e um modelo *dualista*, que recorre a duas instâncias separadas de controlo (é o caso da *ilicitude* e da *culpa*, no sistema alemão) – António Menezes Cordeiro, *Da Responsabilidade Civil dos Administradores das Sociedades Comerciais*, Lisboa, Lex, 1997, p. 424. Com base nessa análise, o autor sustenta posição isolada na doutrina portuguesa, no sentido da existência de uma duplicidade, no CC, de sistemas de responsabilidade civil: a delitual, com um sistema de culpa estrita, baseada na separação entre a ilicitude e a culpa, conforme a tradição alemã (modelo de Jhering); e a obrigacional, que acolheria um sistema de culpa ampla, envolvendo a ilicitude e o nexo de causalidade, correspondendo à *faute* do sistema francês – *idem*, pp. 468-469. Como afirma o autor, «o actual Direito da responsabilidade civil português corresponde a um sistema híbrido: a responsabilidade obrigacional segue o modelo napoleónico, assente na *faute*, enquanto a responsabilidade delitual segue o germânico, apoiado na contraposição entre a culpa e a ilicitude» – *idem*, p. 469. Por seu turno, Luís Menezes Leitão rejeita esta posição, sustentando que o sistema francês de responsabilidade obrigacional não assenta na *faute* (respeitante à responsabilidade delitual), mas na *inéxecution*, onde o dolo releva na determinação da indemnização. Por seu turno, segundo o autor, no CC português a responsabilidade civil – delitual ou obrigacional – assenta sempre na distinção entre a ilicitude e a culpa (que é aferida nos mesmos moldes da responsabilidade delitual, nos termos do nº 2 do artigo 799º), não se presumindo, em qualquer caso, o nexo de causalidade – Luís Menezes Leitão, *Direito das Obrigações*, Vol. I, *cit.*, pp. 365 ss.

[575] Jorge Ribeiro de Faria, *Direito das Obrigações*, Vol. I, *cit.*, p. 413; João Antunes Varela, *Das Obrigações...*, Vol. I, *cit.*, p. 530.

[576] Ana Prata, *Notas...*, *cit.*, pp. 36 ss.; Adriano Vaz Serra, "Culpa do devedor ou do agente", *BMJ*, nº 68 (1957), p. 14.

[577] Não está em causa um nexo de imputação psicológica de um facto ao agente, uma ligação volitiva entre este e aquele – como defendia a concepção clássica ou psicológica da culpa (cfr. Hans-Heinrich Jescheck, *Lehrbuch des Strafrechts*, 3ª Ed., Berlin, Duncker & Humblot, 1978 – trad. port., "As fases de desenvolvimento da nova teoria da infracção", *in* AAVV, *Textos de Apoio de Direito Penal*, Tomo II, Lisboa, AAFDL, 1984, p. 104) – já que a conduta, embora ilícita e querida pelo agente, pode ser desculpável e, portanto, estar ao abrigo de um juízo de reprovação do Direito – Manuel Cavaleiro de Ferreira, *Lições de Direito Penal*, Vol. I, 2ª Ed., Lisboa, Ed. Verbo, 1987, p. 178 ss. Cfr. Hans-Heinrich Jescheck, *op. cit.*, pp. 111 ss.; Claus Roxin, "Strafrecht und Strafrechtsreform", *in* AAVV, *Das Fischer Lexikon – Recht*, 3ª Ed., Frankfurt am Main, Fischer, 1977, pp. 229-246 – trad.

casos, revestir a modalidade de dolo ou de negligência, que constituem pressupostos e fundamentos subjectivos da responsabilidade do lesante. Outro pressuposto necessário é o da verificação de um dano na esfera de outrem (o lesado), podendo assumir carácter directo ou indirecto, não patrimonial ou patrimonial, e reportando-se, neste caso, a lucros cessantes ou a danos emergentes. É em torno deste pressuposto – e do facto de a indemnização ter por limite a medida do dano – que a responsabilidade civil cumpre a sua principal função, de carácter reparador (sem prejuízo do reconhecimento de uma função sancionatória)[578]. Por fim, requer-se um nexo de causalidade entre o facto e o dano como *pressuposto* e *medida* da obrigação indemnizatória[579].

III.3.5. Continuação: os deveres pré-contratuais de informação, em geral

I. Considerando o nosso objecto de estudo, importa que nos detenhamos especialmente nos deveres pré-contratuais de informação. Se, no séc. XIX, o princípio *caveat emptor* era regra geral nos ordenamentos continentais e se excluía, portanto, a existência de deveres de informação – excepto casos pontuais, legalmente consagrados, como o da declaração do risco no contrato de seguro – actualmente a situação é bem diversa. O liberalismo, que fomentava a prossecução, por cada uma das partes, dos seus interesses individuais, foi dando lugar, graças à crescente relevância da boa fé objectiva, a maiores preocupações de ética contratual, com especial reflexo em matéria de deveres pré-contratuais de informação, actualmente reconhecidos mesmo fora do estrito âmbito de previsões normativas específicas[580].

Desde logo, refira-se que não consideraremos a distinção formal entre um *dever de esclarecimento* (traduzido na revelação espontânea de factos, correspondendo

---

port., "Teoria da infracção", *in* AAVV, *Textos de Apoio de Direito Penal*, Tomo I, Lisboa, AAFDL, 1984, p. 21. Na doutrina nacional, cfr. Teresa Beleza, *Direito Penal*, Vol. II, Lisboa, AAFDL, 1980, p. 73 e 321, autora orientada, porém, para o finalismo. Cfr. igualmente, Manuel Cavaleiro de Ferreira, *Lições...*, Vol. I, *cit.*, pp. 178 ss. Na doutrina civilista, cfr., p. ex., Luís Menezes Leitão, *Direito das Obrigações*, Vol. I, *cit.*, p. 323; Adriano Vaz Serra, "Culpa...", *cit.*, p. 35 e n. 29.

[578] Mário Almeida Costa, *Direito das Obrigações*, *cit.*, p. 590; João Antunes Varela, *Das Obrigações...*, Vol. I, *cit.*, pp. 597 ss. Por outro lado, o dano de cálculo (expressão pecuniária do prejuízo sofrido) é apurado por recurso à *teoria da diferença* (nº 2 do artigo 566º do CC): comparação da situação patrimonial do lesado decorrente da conduta lesiva (situação real) com a que existiria na ausência de tal conduta (situação hipotética).

[579] Mário Almeida Costa, *Direito das Obrigações*, *cit.*, p. 605. Segundo a *teoria da causalidade adequada*, o facto deverá ser, entre as condições do dano, aquela que é, objectivamente e em abstracto, apta a produzi-lo. Neste sentido, um facto só deverá ser considerado causa de um dano se, de acordo com a experiência comum, este for uma consequência normal, típica ou provável daquele no quadro do processo factual que, concretamente, mediou entre o facto e o dano (cfr. artigo 563º do CC).

[580] Paolo Gallo, "Asimmetrie...", *cit.*, pp. 644-645.

ao *duty of disclosure* da *common law* ou ao *Aufklärungspflichten* do Direito alemão) e um *dever de informação* (consubstanciando um dever de resposta exacta, equivalendo ao instituto da *misrepresentation* na *common law* ou da *Auskunftspflichten* do Direito alemão)[581]. Em substância, perante o nosso ordenamento, os termos apresentam-se como sinónimos, pelo que os utilizaremos indistintamente ou pela designação genérica de *deveres de informação*[582].

O dever pré-contratual de informação – traduzido na comunicação exacta e completa dos factos relevantes para a formação esclarecida (e, nessa medida, livre) do consentimento da contraparte – deriva do dever genérico de cooperação entre as partes, o qual, por seu turno, radica na elasticidade do princípio geral da boa fé, mesmo na falta de uma previsão normativa específica, apelando para a mediação concretizadora do julgador[583].

II. Alguma doutrina vem colocando em evidência uma progressiva abertura dogmática – acompanhada de um inerente reflexo na jurisprudência – ao reconhecimento de um dever geral de informação pré-contratual e à progressiva amplitude atribuída a tal dever[584]. Assim, se, num momento inicial, o dever de informação assumia um conteúdo negativo (proibição de enganar), uma conotação individualista (cada um deveria cuidar de se proteger) e obedecia a uma aferição em abstracto (concepção padronizada do *errans*), actualmente tem uma configuração positiva (o dever de informar), solidarista (prestação da informação à contraparte), e é avaliado em concreto (atendendo às qualidades das partes)[585]. Do mesmo modo, vem-se dilatando o âmbito das cominações asso-

---

[581] Jorge Sinde Monteiro, *Responsabilidade por Conselhos...*, *cit.*, p. 359, n. 65; e Carlos Mota Pinto, *A Responsabilidade...*, *cit.*, pp. 18-19.

[582] Neste sentido, Eva Moreira da Silva, *Da Responsabilidade...*, *cit.*, p. 70. Por outro lado, o dever de esclarecimento sempre implicaria um dever de verdade, consumindo-o, pelo que a distinção se apresenta algo artificiosa – *idem*, pp. 71 e 73.

[583] Christoph Fabian, *O Dever...*, *cit.*, pp. 48 e 59 ss.; Giuseppe Grisi, *L'Obbligo...*, *cit.*, pp. 35 e 79 ss.; Josep Llobet i Aguado, *El Deber...*, *cit.*, pp. 40 ss.; Eva Moreira da Silva, "O dever pré-contratual de informação: algumas questões relativamente aos seus pressupostos", *SI*, Tomo LI, nº 294 (Set.-Dez. 2002), p. 516; Rubén S. Stiglitz e Gabriel A. Stiglitz, "El principio de buena fe en los contratos de consumo", *RPDC*, nº 8 (Dez. 1996), pp. 11-12.

[584] Cfr., p. ex., Paolo Gallo, "Asimmetrie...", *cit.*, p. 645; Michel de Juglart, "L'obligation...", *cit.*; C. Lucas de Leyssac, "L'obligation...", *cit.*; Xavier Thunis, "L'obligation precontractuelle d'information: un terrain de choix pour la construction doctrinale", *in* AAVV, *Mélanges Michel Cabrillac*, Paris, Litec, 1999, p. 313.

[585] Cfr. M. Farjat, *Droit Privé de l'Economie*, Tomo II, Paris, PUF, 1975, p. 152, *apud* Xavier Thunis, "L'obligation...", *cit.*, pp. 313-314. Por outro lado – e não obstante a divergência de interesses entre as partes de um contrato – Leyssac identifica um dever geral de informação sobre a oportunidade técnica ou patrimonial do contrato (susceptibilidade de o mesmo se adequar à satisfação da

ciadas ao incumprimento daquele dever, quer na consagração legal da responsabilidade pré-contratual e no alargamento doutrinário e jurisprudencial dos seus pressupostos, quer na abrangência dos pressupostos do dolo-vício (cada vez menos confinados a uma noção restritiva da *maquinatio*).

Porém, relativamente à generalidade dos contratos será de excluir a existência de um *dever geral de informação* – enquanto dever de informar a contraparte de todas as circunstâncias que esta desconheça – verificando-se apenas o dever de a informar na medida em que ela espere legitimamente a informação como exigência da boa fé, da lei, de estipulação negocial ou das concepções dominantes do comércio jurídico[586]. Por outro lado, a delimitação do dever de informação deve obedecer a dois pressupostos: a informação deve ser relevante (*essencialidade*) para a determinação da vontade de contratar ou das condições aplicáveis ao contrato[587]; e deve existir uma *assimetria informativa* entre as partes[588].

Verificados os pressupostos mencionados, entre as matérias objecto do dever de informação encontram-se: causas de invalidade do contrato; a comunicação

necessidade da contraparte) sempre que estejam em causa relações de confiança – C. Lucas de Leyssac, "L'obligation...", *cit.*, pp. 333 ss.

[586] Eva Moreira da Silva, *Da Responsabilidade...*, *cit.*, pp. 79, 130 e 247; Eva Moreira da Silva, "O dever...", *cit.*, p. 517.

[587] Francesco Benatti, *La Responsabilità...*, *cit.*, p. 57; Eva Moreira da Silva, *Da Responsabilidade...*, *cit.*, pp. 131 ss. A apreciação deve ser feita em concreto. C. Lucas de Leyssac, "L'obligation...", *cit.*, p. 324.

[588] Rita Amaral Cabral, "A responsabilidade...", *cit.*, pp. 211-212; Ana Prata, *Notas...*, *cit.*, p. 53, n. 125; Eva Moreira da Silva, *Da Responsabilidade...*, *cit.*, pp. 135 ss. Esta autora adiciona a este pressuposto o de «uma especial necessidade de protecção da parte menos informada, conhecida ou, pelo menos, cognoscível pela parte obrigada a informar» – *idem*, p. 138. Não cremos que este seja um pressuposto-regra do dever de informação, mas uma circunstância que torna *especialmente intenso* esse dever e *especialmente alargado* o seu âmbito. Os exemplos mais frequentes desta situação – geradora de um especial dever de informação – ocorrem nas relações entre profissional e consumidor, ou entre perito e leigo, ou nos casos de especiais relações de confiança. A autora apresenta também a *exigibilidade* (da informação) como pressuposto do dever de informar – *idem*, pp. 141 ss. Cremos que este pressuposto se apresenta tautológico. Dizer-se que só deve ser informado o que for exigível que se informe nada esclarece sobre o âmbito do dever de informação, não dispensando a definição de limites materiais a esse dever. De resto, a autora reconduz ao pressuposto da *exigibilidade* a observância, pela parte desconhecedora, do seu ónus de auto-informação. Ora, quanto a nós, a observância desse ónus há-de relevar ao nível da própria assimetria informativa, onde cumpre apurar da *cognoscibilidade* dos factos para a parte que ignora, ou seja, se o desconhecimento resulta de negligência sua e se a parte a quem incumbia o dever de informação deveria razoavelmente supor que os factos eram conhecidos da contraparte. Finalmente, refere a autora o pressuposto de que a parte obrigada a informar conheça (ou deva razoavelmente conhecer) a informação – *idem*, pp. 522 ss. Ora, do nosso ponto de vista, está apenas em causa uma decorrência da assimetria informativa: se a parte "obrigada" não conhece (nem deve razoavelmente conhecer) a informação, então não existe sequer assimetria informativa quanto ao facto em causa.

e esclarecimento sobre o conteúdo do contrato, quando as cláusulas sejam predispostas por uma das partes; as características do bem ou serviço objecto do contrato[589]. O dever de informação ou esclarecimento haverá de abranger igualmente a dissipação de erro de facto que vicie a representação da contraparte, bastando, para tanto, o conhecimento ou cognoscibilidade do erro, mas não se exigindo o conhecimento ou cognoscibilidade do *carácter essencial* do erro (artigo 247º, *ex vi* do 251º, e nº 1 do artigo 252º do CC)[590].

Ao nível da delimitação negativa do âmbito do dever de informação, há a considerar: informações sobre condições mais favoráveis oferecidas por um concorrente (designadamente a existência de preços mais baixos ou de qualidade mais elevada de bens ou serviços) ou a divulgação das condições de mercado relevantes para a determinação do preço e expectativas de evolução das mesmas; as perguntas inadmissíveis ou ilícitas da contraparte (designadamente as que ofendam a esfera da intimidade da vida privada ou qualquer outro direito fundamental, desde que, atentos os interesses em jogo e a natureza do contrato, não se revelem essenciais para a contraparte); a situação financeira da própria parte ou a de terceiro; as informações que conflituem com deveres de sigilo; informações sobre as motivações e sobre os fins visados com o contrato; as informações que, em razão das qualidades pessoais ou profissionais da contraparte, seja razoável entender serem do seu conhecimento; as informações cuja aquisição tenha importado,

---

[589] Francesco Benatti, *La Responsabilità...*, *cit.*, pp. 71 ss.; Ana Prata, *Notas...*, *cit.*, pp. 50-51, 58 e 61; Rubén Stiglitz e Gabriel Stiglitz, *Responsabilidad...*, *cit.*, p. 22. A esta última categoria pode ser reconduzido o dever de clareza, autonomizado por alguns autores, e que se traduz, quer na expressão clara da própria vontade negocial e das informações prestadas, quer na diligência empregue para interpretar as declarações da contraparte – Ana Prata, *Notas...*, *cit.*, pp. 65-66. Paolo Gallo especifica ainda as circunstâncias de facto e de direito sobre a prestação, nomeadamente eventuais riscos ou vícios associados à mesma – Paolo Gallo, "Asimmetrie...", *cit.*, p. 670. Assim, são exemplos de casos em que se verifica o dever de informar: estar a representação de uma das partes efectada por erro desculpável e relevante e a contraparte conhecer o erro e a essencialidade do mesmo; ou uma das partes não conseguir razoavelmente conhecer os factos relevantes em causa, tendo observado o ónus de auto-informação; ou a existência de uma relação de confiança entre as partes – resultante da natureza do contrato (p. ex., o mandato) ou da qualidade da contraparte (p. ex., existindo laços familiares entre ambas) – que legitime a expectativa de informação; ou, quanto à expectativa de verdade, serem espontaneamente prestadas por uma das partes informações relevantes (Eva Moreira da Silva, "O dever...", *cit.*, pp. 517 ss.).

[590] Paolo Gallo, "Asimmetrie...", *cit.*, pp. 670 ss.; Ana Prata, *Notas...*, *cit.*, p. 99. Ou seja, a responsabilidade pré-contratual será independente da verificação dos requisitos de anulação do contrato por erro. Estarão igualmente em causa, segundo a autora, situações que não verifiquem os requisitos do dolo omissivo – *ibidem*, n. 217. Aqui, não acompanhamos a autora, já que, inexistindo dolo omissivo (consistente na dissimulação de um erro da contraparte) estaremos no quadro do *dolus bonus*, situação juridicamente tolerada e que, portanto, será insusceptível de se assumir como um ilícito cominado com responsabilidade pré-contratual.

para a parte, uma diligência ou custo excepcionais[591]; as circunstâncias relativas à prestação da contraparte; as situações que configuram *dolus bonus*[592]; e, em

[591] Eva Moreira da Silva, *Da Responsabilidade...*, *cit.*, pp. 144-145. Este limite, decorrente de uma perspectiva economicista, haverá de ser aferido com alguma cautela, tendo em consideração as circunstâncias do caso concreto. Se se afigura injusto que a parte que suportou um elevado custo informativo partilhe gratuitamente o seu conhecimento com a contraparte, também o silenciar dessa informação se pode revelar iníquo, podendo redundar no aproveitamento injusto da ignorância da contraparte (p. ex., o perito que adquire uma valiosa obra de arte sem revelar ao vendedor o seu real valor, ou o geólogo que adquire um terreno aparentemente estéril conhecendo a riqueza do subsolo). A solução mais justa será que a parte informada faça reflectir os custos de aquisição da informação na contraparte. No sentido que defendemos, entende Paolo Gallo que os custos elevados da obtenção da informação não obstam ao dever informativo, mas apenas quanto a factos a que a contraparte não possa aceder com ordinária diligência – Paolo Gallo, "Asimmetrie...", *cit.*, pp. 676 e 679.

[592] Como refere alguma doutrina, o âmbito dos deveres de esclarecimento e o critério de actuação que os mesmos impõem decorre da distinção entre o *dolus bonus* e o *dolus malus* (artigo 253º do CC), assumindo a responsabilidade pré-contratual por limite o *dolus bonus* ou dolo juridicamente tolerado – Mário Almeida Costa, *Direito das Obrigações, cit.*, p. 312; Pedro Pais Vasconcelos, *Teoria Geral..., cit.*, pp. 491-492; Dário Moura Vicente, *Da Responsabilidade..., cit.*, p. 264. Assim, o *dolus malus* implica necessariamente (não a esgotando, embora) a violação dos deveres de informação – António Menezes Cordeiro, *Da Boa Fé..., cit.*, p. 583. Por outro lado, o reconhecimento doutrinário dos deveres pré-contratuais de informação veio restringir o âmbito do dolo tolerado (*dolus bonus*) – Francesco Benatti, *La Responsabilità..., cit.*, p. 83; Jorge Sinde Monteiro, *Responsabilidade por Conselhos..., cit.*, p. 377. Porém, as considerações formuladas pouco adiantam quanto ao critério material de delimitação do dever de esclarecimento, indexado aos contornos difusos do nº 2 do artigo 253º. Neste quadro, refere Almeida Costa que, «numa compreensão moralizante do direito, pode entender-se que existe, como regra, o dever de esclarecimento e não apenas quando ele se infira de norma especial da lei, de cláusula negocial ou das concepções fácticas dominantes no comércio jurídico» – Mário Almeida Costa, "Intervenções fulcrais da boa fé nos contratos", *EDC*, nº 2 – 2000, p. 365. Em sentido diverso, considera Ana Prata que o facto de o *dolus bonus* constituir um comportamento juridicamente irrelevante para efeitos de anulabilidade do contrato não impede a sua eventual relevância ao nível da *culpa in contrahendo*. Como afirma a autora, os factos qualificáveis como *dolus bonus*, nos termos do nº 2 do artigo 253º do CC «podem haver de ser considerados ilícitos pré-contratuais, constitutivos de responsabilidade civil, se, dadas a condição relativa das partes e as demais circunstâncias do negócio, a boa fé exigir a abstenção dos primeiros [artifícios usuais] ou a vinculação ao esclarecimento do erro» – Ana Prata, *Notas..., cit.*, p. 118. Na verdade, segundo a autora, a autonomia dos dois institutos, a sua diferente *ratio* e valores subjacentes, implicam um maior grau de exigência da *culpa in contrahendo* – *idem*, pp. 119 e 153-154. Desta forma, enquanto a faculdade de anulação por dolo caduca no prazo de um ano a contar da cessação do vício, a acção de responsabilidade civil prescreve no prazo de 3 anos, nos termos do nº 2 do artigo 227º do CC – *idem*, p. 119, n. 269. Pela nossa parte, não podemos acompanhar a argumentação de Ana Prata, desde logo em virtude da literalidade dos preceitos em presença. De facto, o nº 2 do artigo 253º afirma que não constituem *dolo ilícito* as sugestões ou artifícios usuais, *considerados legítimos segundo as concepções dominantes no comércio jurídico*. Ora, considerando, com base no elemento sistemático da interpretação, que as *concepções dominantes no comércio jurídico* não serão alheias às regras da boa fé a que se reporta o nº 1 do artigo 227º do CC (tratando-se, assim, de *concepções* entendidas num

geral, os factos que razoavelmente sejam abrangidos pelo ónus de auto-informação da contraparte[593]. Inexistindo, no âmbito destas circunstâncias, um dever de informação, pode questionar-se se a parte inquirida sobre estas matérias terá um direito a mentir. Não o cremos, já que o facto de inexistir um direito à informação de uma parte, apenas legitima a outra ao silêncio ou à invocação do carácter abusivo da pretensão de informação, mas não legitima a acção enganatória inerente à resposta inexacta[594].

III. Como referimos, o âmbito do dever informativo a cargo de uma das partes tem por necessário limite o ónus de se informar da contraparte, problemática, aliás, intimamente conexa com a da assimetria informativa. Essa é, porém, uma asserção algo tautológica e formal, que nada esclarece sobre a delimitação substantiva daquele dever[595].

---

sentido axiológico e não no sentido ontológico dos usos do comércio), não cremos concebível que um comportamento seja *considerado legítimo de acordo com as concepções dominantes no comércio jurídico* e, simultaneamente, ofensivo da boa fé pré-contratual (sobretudo, na medida em que a cláusula geral da boa fé haverá de ser concretizada de acordo com os valores culturalmente dominantes em cada contexto social, isto é, no fundo, de acordo com os valores dominantes no comércio jurídico). Em sentido convergente, Eva Moreira da Silva, *Da Responsabilidade...*, *cit.*, p. 113. Também não cremos que o âmbito restrito que o *dolus bonus* assume actualmente deixe margem para a sua cominação indemnizatória. Aliás, esta sempre implicaria um comportamento juridicamente desvalioso, o que não é compatível com a fórmula do nº 2 do artigo 253º (não constituem *dolo ilícito*); a pretender o sistema jurídico descomprometer-se da valoração do *dolus bonus*, isso passaria, em termos de técnica legislativa, por suprimir o nº 2 do artigo 253º, criando um nº 2 no artigo 254º em que se dissesse que o nº 1 do mesmo artigo não seria aplicável relativamente às sugestões ou artifícios usuais... Finalmente, a ser admissível a argumentação da autora, tal poderia levar à atribuição ao lesado de uma indemnização pelo interesse contratual negativo, o que corresponderia, na prática, à consecução, por via da *culpa in contrahendo*, do remédio vedado pelo instituto do dolo.

[593] Francesco Benatti, *La Responsabilità...*, *cit.*, p. 58; Giovanni Meruzzi, "La responsabilità...", *cit.*, p. 961; Jean-François Romain, *Théorie Critique...*, *cit.*, p. 300; Eva Moreira da Silva, *Da Responsabilidade...*, *cit.*, pp. 72, 130, 132, n. 317, e 142. Em sentido divergente, Paolo Gallo admite o dever de informação, designadamente, sobre características pessoais, positivas ou negativas, do contraente, incluindo a sua situação económica; e, em certos casos, sobre condições de mercado – Paolo Gallo, "Asimmetrie...", *cit.*, pp. 670 ss.

[594] Neste sentido, Eva Moreira da Silva, *Da Responsabilidade...*, *cit.*, p. 72. Do mesmo modo, sendo a informação indevida mas espontaneamente prestada, deverá a mesma respeitar a verdade dos factos, com a excepção tolerada do *dolus bonus* – *idem*, pp. 72-73.

[595] O ónus de se informar assume uma dupla faceta, incidindo, quer sobre o obrigado ao dever de informação (que deverá informar-se para poder cumprir esse dever – *dever de conhecer*), quer sobre o credor daquele dever (que só será credor na medida em que tenha razoavelmente cumprido o ónus de se informar) – Patrice Jourdain, "Le devoir...", *cit.*, p. 139; C. Lucas de Leyssac, "L'obligation...", *cit.*, p. 323.

O princípio *caveat emptor* constitui, ainda hoje, a regra geral no sistema da *common law*, sendo aplicável à generalidade dos contratos[596]. Esse princípio traduz-se pela regra de que cada uma das partes deve cuidar dos seus próprios interesses e agir com prudência na formação dos contratos. O referido princípio tem por corolário a existência de um ónus de indagação ou auto-informação sobre a parte interessada, que deverá procurar inteirar-se do objecto do negócio, correndo por sua conta o risco de informação deficiente. Neste quadro, a omissão informativa de factos relevantes não afecta a validade do contrato nem gera uma obrigação indemnizatória[597], inexistindo um dever geral de informação espontânea ou esclarecimento *(duty of disclosure)* – apenas requerido nos contratos *uberrimae fidei* – sem prejuízo de um dever geral de verdade nas declarações prestadas *(misrepresentation)*, comum à generalidade dos contratos[598].

Se nos ordenamentos continentais o princípio *caveat emptor* se afigura incompatível com o princípio geral da boa fé (e, por maioria de razão, afastado pelo carácter *uberrima fides* do contrato de seguro, em particular no que respeita à matéria da declaração do risco)[599], alguma doutrina assinala, não obstante, a existência de reflexos do *caveat emptor* – sob a forma de um *"dever de se informar"* – fora do âmbito do contrato de seguro[600].

---

[596] Bell v. Lever Bros., Ltd. (1932) A.C. 161, 227, *apud* Jorge Sinde Monteiro, *Responsabilidade por Conselhos...*, *cit.*, p. 154, n. 410. Cfr. igualmente Francesco Benatti, *La Responsabilità...*, *cit.*, p. 19; e Paolo Gallo, "Asimmetrie...", *cit.*, p. 644.

[597] Jorge Sinde Monteiro, *Responsabilidade por Conselhos...*, *cit.*, p. 156; Rubén S. Stiglitz e Gabriel A. Stiglitz, *Responsabilidad...*, *cit.*, p. 107, n. 145. A regra geral na *common law* é, assim, eminentemente individualista, decorrente da ideologia liberal do *laissez faire*, assentando na perspectiva da igualdade dos sujeitos e da sua plena liberdade, reconhecendo a cada indivíduo a tutela dos seus próprios interesses e desvinculando-os de deveres de assistência e cooperação informativa para com a contraparte – Rubén Stiglitz e Gabriel Stiglitz, *Responsabilidad...*, *cit.*, p. 107; Reinhard Zimmermann, "Good faith...", *cit.*, p. 246.

[598] Francesco Benatti, *La Responsabilità...*, *cit.*, p. 19; Peter MacDonald Eggers *et al.*, *Good Faith...*, *cit.*, p. 4. Nesta medida, e nas palavras de Catala e Weir, «um contratante tem o dever de não enganar o outro: não tem o dever de o desenganar» – Pierre Catala e J. A. Weir, "La déclaration...", *cit.*, p. 459 (trad. nossa). A regra geral do *caveat emptor* e a excepcionalidade dos deveres de informação na *common law* traduzem, assim, actualmente, uma das vertentes de maior contraste entre aquela matriz jurídica e os ordenamentos continentais – Muriel Fabre-Magnan, "Duties...", *cit.*, p. 106; Bernard Rudden, "Le juste et l'inefficace: pour un non-devoir de renseignements", *RTDC*, Ano LXXXIV, nº 1 (Jan.-Mar. 1985), p. 91; Alberto Monti, *Buona Fede e Assicurazione*, *cit.*, p. 4; Xavier Thunis, "L'obligation...", *cit.*, p. 316.

[599] Vittorio Salandra, "Dell'Assicurazione", *in* António Scialoja e Giuseppe Branca (Eds.), *Commentario del Codice Civile*, Libro Quarto Delle Obbligazioni – Art. 1861-1932, Bologna, Nicola Zanichelli Ed., 1948, p. 210.

[600] Joaquín Garrigues, *Contrato...*, *cit.*, p. 89; Christophe Jamin, "La réticence dolosive, l'obligation d'information et la bonne foi dans la formation du contrat", *SJ*, Jurisprudence, Ano 75, nº 15-16 (11/04/2001), 10510, pp. 757-761; Patrice Jourdain, "Le devoir...", *cit.*, p. 139; Maurice Picard e André

A questão pode ser – e tem sido – abordada de vários prismas. Desde logo, um critério ideológico, que opõe a perpectiva liberal do princípio *caveat emptor* à solidarística. Esta, hoje em expansão sob a égide do Direito do consumo e tendo por base o reconhecimento de uma desigualdade material entre as partes, impõe amplos deveres de informação à parte favorecida, reduzindo, em grande medida, o ónus de auto-informação da contraparte[601].

Um outro critério, de algum modo conexo com o anterior, assenta em argumentos de natureza económica[602], procurando delimitar o âmbito do dever de informar mediante a ponderação da acessibilidade da informação e dos custos da pesquisa informativa, revelando uma preocupação de eficiência na afectação dos recursos informativos e na distribuição, quer dos ónus de indagação, quer das consequências da sua inobservância[603].

Assim, é controversa a questão de saber se uma das partes estará obrigada ao dever de informação quando os conhecimentos que possui resultarem de uma diligência extraordinária. Uma abordagem estritamente económica – assente em postulados da teoria neo-clássica e em argumentos fundados no individualismo metodológico e na racionalidade económica – implicará uma resposta negativa, procurando demonstrar que o dever de informação tem um efeito económico (numa avaliação benefício/custo) dissuasor da pesquisa informativa[604].

Besson, *Les Assurances...*, *cit.*, p. 119; Pedro Rubio Vicente, *El Deber...*, *cit.*, pp. 12-13. Entre nós, Filipe Albuquerque Matos, "As declarações reticentes...", *cit.*, p. 466; e Filipe Albuquerque Matos, *Uma Outra Abordagem...*, *cit.*, p. 618; Jorge Sinde Monteiro, *Responsabilidade por Conselhos...*, *cit.*, p. 357; e Eva Moreira da Silva, "O dever...", *cit.*, pp. 516-517. Mesmo hoje, em plena expansão dos deveres pré-contratuais de informação, estes são moderados pela diligência exigível à parte não informada – Patrice Jourdain, "Le devoir...", *cit.*, p. 144.

[601] Eva Moreira da Silva, *Da Responsabilidade...*, *cit.*, p. 77.

[602] A análise económica do Direito, assumindo-se como economia normativa, revela-se indissociável de uma ideologia e de pressupostos liberais – Rubén Stiglitz e Gabriel Stiglitz, *Responsabilidad...*, *cit.*, p. 109.

[603] Eva Moreira da Silva, *Da Responsabilidade...*, *cit.*, pp. 177 ss.

[604] De facto, dependendo a escolha racional da posse de informação, esta propicia expectativas de ganho. Porém, também o investimento em informação – que se cristaliza como aquisição de *conhecimento* – implica custos (traduzidos em pesquisa, esforço, etc.). Assim, só a protecção da informação adquirida estimula esse investimento, e a forma mais eficaz de a proteger consiste em permitir que o possuidor retire dela um benefício no mercado. Ora, a existência de um dever pré-contratual de informação e a cominação do dolo omissivo destruiriam essa protecção. Com efeito, se a parte informada estiver obrigada a revelar os seus conhecimentos, deixará de ter incentivo ao investimento em informação, o que se traduzirá num prejuízo geral para o mercado. Deste prisma, quanto maior o investimento de uma parte na pesquisa informativa, menor o dever de comunicar a informação à contraparte. Cfr., p. ex., Giuseppe Grisi, *L'Obbligo...*, *cit.*, p. 84; Alberto M. Musy, "Informazioni e responsabilità precontrattuale", *RCDP*, Ano XVI, nº 4 (Dez. 1998), pp. 620 ss.; Bernard Rudden, "Le juste...", *cit.*, pp. 91 ss.; e Eva Moreira da Silva, "O dever...", *cit.*, p. 529.

Com o economicismo de algumas abordagens de matriz anglo-saxónica contrastam as preocupações de equidade, ética contratual e solidariedade que resultam dos ordenamentos continentais[605]. Assim, se o comprador de um terreno estéril, aparentemente desvalioso, souber que aí existe petróleo não deverá partilhar a informação com o vendedor iletrado, ou, ao menos, reflecti-la razoavelmente no preço proposto (ainda que deduzindo neste os custos de aquisição da informação)[606]? Cremos que uma abordagem estritamente economicista colide com os ditames éticos subjacentes ao princípio da boa fé[607]. Nesta matéria, considera a jurisprudência francesa que a assimetria informativa resultante de uma desigualdade técnica entre as partes – particularmente evidente nas relações profissional-leigo, nomeadamente no mercado de obras de arte – dá origem a um dever pré-contratual de informação[608]. Em qualquer caso, sempre a parte não informada poderia vir invocar o vício do consentimento e pedir a anulação do contrato.

IV. Um outro critério conexo de delimitação negativa do dever de informação assenta na imputabilidade da ignorância, por negligência, à própria parte que ignora. Baseando-se o dever de informação na assimetria informativa – e, portanto, na ignorância de uma das partes – a existência do dever tem por

---

[605] Bernard Rudden, "Le juste...", *cit.*, pp. 91-92.

[606] Defendendo a inexistência de dever de informação, em nome da protecção dos custos de informação, Kronman, "Mistake, duty of disclosure, information and law of contracts", *Journal of Legal Studies*, 1978, pp. 4 ss., *apud*, em sentido crítico, Paolo Gallo, "Asimmetrie...", *cit.*, pp. 652-653. Os exemplos poderiam multiplicar-se relativamente ao negócio que oponha compradores (extraordinariamente informados) de objectos de arte, metais ou pedras preciosas, a vendedores inconscientes do respectivo valor real.

[607] Na verdade, a defesa de que a parte possuidora de uma informação obtida à custa de uma diligência extraordinária – sobretudo quando a mesma seja "criadora de riqueza" – não estaria sujeita a um dever pré-contratual de informação (é esta a posição de Eva Moreira da Silva, *Da Responsabilidade...*, *cit.*, pp. 143 ss.) corresponderia à consagração de um direito à desonestidade ou à deslealdade no tráfego negocial, podendo legitimar situações confinantes com a usura. Criticando a *análise económica do Direito* sob os argumentos de que a mesma se alheia da base histórico-cultural, ética e axiológica do Direito, propondo soluções que, por vezes, colidem com o próprio sentido de Justiça, Dário Moura Vicente, *Da Responsabilidade...*, *cit.*, pp. 345 ss.

[608] Cfr., p. ex., C. Lucas de Leyssac, "L'obligation...", *cit.*, p. 322. O exemplo académico nesta matéria é o famoso caso do Fragonard, em que um quadro não identificado como um original do mestre do séc. XVIII foi comprado por 55.000 F, vindo posteriormente a ser reconhecido como um verdadeiro Fragonard e a ser vendido ao Louvre por 5.150.000 F. A *cour d'appel* de Paris decretou a anulação da venda inicial por erro e, na impossibilidade de restituição em espécie, a restituição ao vendedor do valor actual do quadro deduzido do preço já pago. Por seu turno, a *cour suprême* ordenou a dedução adicional do valor dos custos de informação suportados pelo comprador inicial. Cfr. a análise da decisão em Bernard Rudden, "Le juste...", *cit.*, pp. 100 ss.

pressuposto, entre outros, a desculpabilidade daquela ignorância, ou seja, a mesma não ser censurável à parte não informada[609].

Desta forma, configura-se a existência de um ónus de diligência na auto-informação, aferido por um critério de razoabilidade, cuja observância seria um pressuposto necessário do reconhecimento da assimetria e, logo, da existência do dever pré-contratual de informação a cargo da contraparte[610]. Porém, daí não decorre, do nosso ponto de vista, que aquela inobservância – fruto de uma actuação negligente – afaste, por si, a existência de dolo omissivo da contraparte[611]. Em contrapartida, poder-se-á verificar a responsabilidade *in contrahendo* do *errans* por falta de diligência na indagação sobre as circunstâncias do objecto do contrato, se vier a impugnar o contrato por erro e, dessa forma, causar danos à contraparte (estará aqui em causa, já não a violação do dever de informação, mas de um autónomo dever de indagação, classificável entre os deveres de lealdade)[612].

De resto, verificando-se o concurso de culpa do lesado – domínio onde Brandão Proença defende uma moral da auto-responsabilidade[613] – o tribunal haverá de ponderar essa culpa para a fixação da indemnização, nos termos do artigo 570º do CC. Ora, como refere Ana Prata, em virtude de a culpa do obrigado resultar

---

[609] Patrice Jourdain, "Le devoir...", *cit.*, p. 139; Rubén Stiglitz e Gabriel Stiglitz, *Responsabilidad...*, *cit.*, pp. 90 ss. Para Ana Prata, o dever de informação é configurado pelo próprio âmbito de *cognoscibilidade* por parte do credor: sendo o facto cognoscível para este com normal diligência, nenhum dever de informação, por desnecessário, onera a contraparte – Ana Prata, *Notas...*, *cit.*, pp. 160 e 163-164, n. 381.

[610] Eva Moreira da Silva, *Da Responsabilidade...*, *cit.*, p. 122. Não será, porém, sustentável face ao nosso ordenamento que a inobservância do ónus – qualificando-se como um estado de ignorância indesculpável – prive a parte da tutela do Direito. Na verdade, a inexistência de um requisito de desculpabilidade do erro poderá dar origem a casos de anulação por erro resultante da inobservância do ónus de auto-informação. Nestes casos, porém, a culpa do *errans* é configurável como *culpa in contrahendo*, dando origem a uma obrigação de indemnizar a contraparte.

[611] Ou seja, o facto de se verificar uma situação de ignorância (na base de um estado subjectivo de erro) indesculpável, se exonera a contraparte de um dever de informação (por supor, razoavelmente, não se verificar aquela ignorância), não justifica que a mesma, apercebendo-se da situação de erro, a dissimule dolosamente. Por outras palavras, a inexistência de um dever espontâneo de informação não implica necessariamente o afastamento de um dever de esclarecimento quando a parte ciente se aperceba do erro da contraparte. O princípio da boa fé a tanto obriga. Também neste sentido, C. Lucas de Leyssac, "L'obligation...", *cit.*, p. 329.

[612] Ana Prata, *Notas...*, *cit.*, p. 101. Será defensável, neste caso, que a responsabilidade do *errans* se poderá traduzir, pelo menos nos casos de erro grosseiro, na exclusão da impugnabilidade do negócio como forma reparatória *in natura* dos danos – *idem*, pp. 101-102. À mesma solução conduzirá, em qualquer caso, perante a impugnação judicial do contrato por erro, a invocação pelo réu de abuso do direito.

[613] José Brandão Proença, "Culpa do lesado", *in* FDUC (Org.), *Comemorações dos 35 Anos do Código Civil e dos 25 Anos da Reforma de 1977*, Vol. III – Direito das Obrigações, Coimbra, Coimbra Ed., 2007, p. 146.

de uma presunção, nos termos do artigo 799º do CC, resultará do nº 2 do artigo 570º que a culpa do lesado levará à exclusão do dever de indemnizar[614]. Será, assim, de rejeitar um princípio de "neutralização" da culpa pela culpa ou, por outras palavras, da compensação da culpa do agente pela do lesado[615].

Alguma doutrina francesa sustenta a posição – cuja amplitude pensamos ser de recusar – segundo a qual o ónus de indagação do credor informativo consti- tuiria a regra, e o dever de informação a excepção. Assim, só a observância de tal ónus daria lugar a um *"direito à ignorância"* (ou a uma *"legitimidade da ignorância"*) como pressuposto do *direito a ser informado* pela contraparte[616].

Em qualquer caso, o ónus de indagação do credor informativo depara-se com limites que legitimam a ignorância e a correspondente expectativa de informação: a impossibilidade, objectiva (inacessibilidade técnica ou material à informação) ou subjectiva (ineptidão para se auto-informar), de o credor informativo aceder à informação sem a colaboração da contraparte; e a desculpabilidade do credor informativo resultante da existência de uma relação de confiança com o devedor[617].

V. Em termos gerais, os deveres de informação podem ser agrupados em diferentes modalidades, de acordo com critérios distintos. Quanto à sua *origem* ou *fonte*, podem ter carácter *contratual* (dimanando directamente da vontade das partes) ou *normativo*. Neste caso, por seu turno, podem resultar de *cláusulas gerais*[618]

---

[614] Porém, como refere a autora, «se o lesado, dispensando a vantagem de tal presunção, produzir prova da culpa do lesante, deixa de ter aplicabilidade o nº 2 do artigo 570º, pelo que a culpa própria será ponderada nos termos gerais do nº 1 da mesma disposição» – Ana Prata, *Notas...*, *cit.*, p. 163.

[615] Ana Prata, *Notas...*, *cit.*, p. 164.

[616] Patrice Jourdain, "Le devoir...", *cit.*, pp. 139-140; Michel de Juglart, "L'obligation...", *cit.*, p. 8. Segundo Leyssac, o "dever de se informar" deve ser aferido de acordo com um modelo de contra- ente *normalmente* – ou seja, *mal* – *informado*, fazendo apelo ao padrão de bom pai de família e, desta forma, estabelecendo a ligação com os parâmetros da boa fé – C. Lucas de Leyssac, "L'obligation...", *cit.*, p. 326. Por outro lado, de acordo com a orientação da jurisprudência francesa, a aferição do carácter indesculpável do erro ou ilegítimo da ignorância é efectuada em abstracto, de acordo com um modelo de contraente razoável, mas atendendo às aptidões particulares do contraente concreto, em função das respectivas competências técnicas (que variam entre as de um leigo e as de um especialista) ou de circunstâncias exteriores ao mesmo, nomeadamente as susceptíveis de lhe induzir uma maior confiança (quando a contraparte é um profissional, p. ex.) ou, pelo contrário, de lhe suscitar reservas (a aquisição de um bem usado, p. ex.). Essa apreciação pode, em qualquer caso, ser facilitada pela demonstração, pelo *errans*, de que lhe era impossível informar-se ou de que o erro era insuperável – Patrice Jourdain, "Le devoir...", *cit.*, p. 142-143.

[617] Rubén Stiglitz e Gabriel Stiglitz, *Responsabilidad...*, *cit.*, pp. 92 ss., reconvocando a assimetria informativa e a relação de confiança como pressupostos do dever de informação. No mesmo sentido quanto à relação de confiança, Patrice Jourdain, "Le devoir...", *cit.*, p. 143; e C. Lucas de Leyssac, "L'obligation...", *cit.*, p. 326.

[618] Menezes Cordeiro distingue as *cláusulas gerais legais* (quando directamente prescritas pela lei, como no caso da boa fé objectiva) das *cláusulas gerais doutrinárias* (quando resultem de formulação

(decorrendo de prescrições indeterminadas, mormente as que envolvem boa fé objectiva, seja em sede de formação ou de execução do contrato) ou de *preceito legal* que expressamente os prescreva[619]. Quanto ao conteúdo, pode ser *indeterminado* (quando não é possível antecipar o conteúdo concreto da informação) ou *predeterminado* (no caso contrário); *substancial* (quando implica a descrição clara da verdade conhecida pelo devedor) ou *formal* (quando se traduz na transmissão de uma mera fórmula predefinida). Quanto à determinação do conteúdo da informação, relativamente à sua autoria, aquela pode ser *autónoma* (quando é determinado pelo próprio devedor, como no designado *dever espontâneo* de informação) ou *heterónoma* (quando é determinado e imposto por outrem). Quanto à natureza da informação inserida numa obrigação complexa, a mesma pode ser objecto de uma prestação principal, de uma obrigação secundária, ou surgir como dever acessório *ex bona fide* (artigo 227º do CC ou artigo 24º da LCS)[620].

VI. Em tema de incumprimento não invalidante dos deveres pré-contratuais de informação, o âmbito do dever de indemnizar evidencia algumas especificidades. Desde logo, o dano resultante assume carácter puramente patrimonial[621], traduzindo-se na celebração de um negócio indesejado ou desconforme às expectativas do lesado, estando, portanto, em causa, uma *lesão pela conclusão do contrato*[622]. Como nota Paulo Mota Pinto, sendo o facto lesivo a própria indução à celebração de um contrato (que o lesado não teria celebrado se o dever de informação tivesse sido cumprido), então a indemnização deve reconstituir a

---

dogmática). Cfr. António Menezes Cordeiro, *Direito Bancário – Relatório*, Coimbra, Almedina, 1997, p. 135.

[619] Quanto aos deveres resultantes de lei estrita, Menezes Cordeiro distingue os que derivam de *lei estrita geral* (como no caso do artigo 573º do CC, que assume contornos genéricos) dos que têm origem em *lei estrita específica* (caso em que a norma determina especificamente o conteúdo do dever de informação) – António Menezes Cordeiro, *Direito Bancário...*, *cit.*, p. 135. O dever de declaração do risco no contrato de seguro assume carácter pré-contratual, pelo que, na distinção referida, a sua fonte é normativa (podendo resultar de cláusulas gerais ou, como no caso do nº 1 do artigo 24º da LCS, de lei estrita).

[620] António Menezes Cordeiro, *Tratado...*, II, Tomo I, *cit.*, pp. 630 ss. Como veremos, perante as apontadas classificações, podemos caracterizar o dever de declaração inicial do risco como um dever legal, resultante de preceito especial (actualmente, o artigo 24º da LCS) embora consubstanciador de um dever acessório ou lateral; indeterminado; substancial; e com determinação autónoma pelo declarante.

[621] Eva Moreira da Silva, *Da Responsabilidade...*, *cit.*, p. 13.

[622] Neste domínio, a quantificação do dano ressarcível revela-se particularmente difícil. Sobre as orientações da jurisprudência italiana na matéria, cfr. Giovanni Meruzzi, "La responsabilità...", *cit.*, pp. 963 ss. Entre nós, considera Menezes Cordeiro que «*todos os danos* ficam mesmo sob a alçada da indemnização: não há aí que distinguir entre interesse positivo e negativo» – António Menezes Cordeiro, "Dolo...", *cit.*, p. 166.

situação que existiria na ausência do ilícito (ou seja, se os deveres de informação tivessem sido cumpridos), isto é, deve corresponder ao *dano da confiança na correcção da informação*: indemnização pelo interesse contratual negativo[623]. Por seu turno, a defesa de uma indemnização pelo interesse contratual positivo poderá surgir quando o informante assumir uma garantia de correcção da informação[624]. Já quando estejam em causa contratos válidos ou convalidados mas cujo conteúdo é *indesejado* pelo lesado – designadamente quando, tendo sido cumprido o dever de informação, o lesado houvesse concluído o negócio noutras condições – o ressarcimento poderá consistir na modificação do contrato para as condições que o lesado teria aceite (ou na indemnização por equivalente), sendo embora discutível que tal indemnização seja pelo interesse positivo[625].

III.3.6. O regime especial da declaração do risco

I. Tivemos já oportunidade de sublinhar abundantemente a relevância da boa fé como fundamento dos deveres laterais ou acessórios, com destaque para os pré-contratuais e, entre estes, os deveres de informação. Neste quadro, poder-se-á entender que o dever de declaração do risco resultaria já das regras gerais, designadamente do regime da *culpa in contrahendo*. Importa, porém, analisar as especificidades que tal dever assume como concretização da máxima boa fé que caracteriza o contrato de seguro, domínio onde o dever de informação adquire uma configuração mais intensa, traduzida num regime especial[626].

Neste quadro, para além de um fundamento estritamente técnico da declaração do risco, é possível identificar um verdadeiro *fundamento ético*. Assim, o dever

---

[623] Paulo Mota Pinto, *Interesse Contratual...*, Vol. II, *cit.*, p. 1362, contemplando tanto os casos de dolo como de erro negligentemente induzido. Nestas situações considera Meruzzi que a resolução do contrato constitui o remédio ressarcitório adequado – Giovanni Meruzzi, "La responsabilità...", *cit.*, p. 970.

[624] Paulo Mota Pinto, *Interesse Contratual...*, Vol. II, *cit.*, p. 1384.

[625] Paulo Mota Pinto, *Interesse Contratual...*, Vol. I, *cit.*, p. 12 e Vol. II, *cit.*, pp. 1412 ss. Como nota o autor, a admitir-se essa qualificação, tratar-se-ia de um interesse positivo relativamente à conclusão de *outro* negócio. Nestes casos, segundo Meruzzi, a indemnização deverá corresponder à diferença entre o interesse positivo que se teria realizado com esse contrato hipotético e o interesse positivo que resultou do contrato real – Giovanni Meruzzi, "La responsabilità...", *cit.*, p. 969.

[626] Cfr., p. ex., Adriano de Cupis, "Precisazione...", *cit.*, p. 626; Semin Park, *The Duty...*, *cit.*, p. 1; Nuno Trigo dos Reis, *Os Deveres...*, *cit.*, p. 58. Na jurisprudência portuguesa, cfr., p. ex., Ac. TRP de 10/12/2009 – Proc. nº 976/06.4TBOAZ.P1 (Teixeira Ribeiro). Em alguns arestos a aproximação do instituto da declaração do risco ao da *culpa in contrahendo* surge especialmente evidenciada: «a ocultação ou transmissão ambígua da realidade consabidamente relevante à seguradora, no quadro da relacionação entre a informação recolhida e a determinação dos factores probabilisticamente relevantes para a aferição actuarial do risco, situa-se nos preliminares do contrato e no processo de formação deste, segundo os ditames da boa fé (artº 227º, nº 1, CC)» – Ac. TRC de 21/12/2010 – Proc. nº 1638/07.0TBMGR.C1 (Teles Pereira).

de declaração correcta do risco assume os contornos de uma autêntica obrigação ética de sinceridade, contrapartida do ingresso no universo dos segurados e do inerente benefício da mutualidade, cuja gestão pela seguradora depende de uma aferição precisa do risco[627]. É este fundamento que justifica, para Berr, a aplicação de sanções ao incumprimento, bem como o requisito de que o proponente conheça (ou deva conhecer) os factos objecto do dever de informação[628].

II. O princípio da tutela da confiança assume igualmente, como também já referimos, um papel fundamentador do dever de declaração do risco[629]. Como vimos, à relação pré-contratual é inerente a necessária confiança entre as partes, geradora de expectativas fundadas quanto à correcção e honestidade da conduta da contraparte, e merecedora da tutela do Direito. Cada parte deve poder confiar que a contraparte não omite nem falseia informações relevantes para a formação da vontade negocial[630].

Essa exigência coloca-se com particular intensidade no contrato de seguro, atenta a respectiva natureza como negócio *uberrima fides* (ou *de confiança*). Neste caso, dilui-se, portanto, o ónus de indagação do credor de informação – à mercê da prestação exacta desta, requerendo uma rigorosa tutela dessa expectativa – e dilata-se a intensidade do dever de informação a cargo da contraparte[631]. Nesta medida, a cominação do incumprimento concorre preventivamente para que o comportamento devido seja observado e, desta forma, as expectativas geradas não venham a ser desmentidas pela sequência material dos eventos.

Porém, segundo argumenta Carneiro da Frada, a responsabilidade pré-contratual pela emissão de asserções ou informações inexactas, bem como pela omissão

---

[627] Neste sentido, Claude J. Berr, "La déclaration...", *cit.*, p. 330.

[628] Como nota o autor, o requisito não faria sentido se o fundamento do dever de declaração fosse estritamente técnico, caso em que a desconformidade objectiva da declaração à realidade seria, por si só, suficiente para fazer inquinar o contrato – Claude J. Berr, "La déclaration...", *cit.*, p. 331. Reconhecendo também um fundamento ético, a par do técnico, Carlos Harten, *El Deber...*, *cit.*, p. 45.

[629] Cfr., p. ex., Fernando Sánchez Calero, "Artículo 10...", *cit.*, p. 229; Aldo Durante, "La buona fede...", *cit.*, p. 230; Júlio Gomes, "O dever de informação do tomador...", *cit.*, p. 83; Carlos Harten, *El Deber...*, *cit.*, pp. 43-44; Francisco Guerra da Mota, *O Contrato...*, *cit.*, p. 369; Guido Tedeschi, "«Misrepresentation»...", *cit.*, p. 493. Entre a jurisprudência portuguesa, cfr. Ac. TRL de 19/03/2009 – Proc. nº 3507/08-8 (Octávia Viegas). Apontando a relevância do princípio da materialidade subjacente e do princípio da confiança como vectores da boa fé objectiva em que assenta o dever pré-contratual de informação, António Menezes Cordeiro, *Da Boa Fé...*, *cit.*, pp. 583-584.

[630] A tutela da confiança comporta, pois, dois planos incindíveis – o *ético-jurídico* e o da *segurança do exercício jurídico* – conferindo protecção às legítimas expectativas geradas no tráfico jurídico e à confiança nas aparências fundadas – Pedro Pais Vasconcelos, *Teoria Geral...*, *cit.*, pp. 20 ss. Cfr. igualmente, acentuando a segurança do tráfico, Dário Moura Vicente, *Da Responsabilidade...*, *cit.*, p. 43.

[631] Eva Moreira da Silva, *Da Responsabilidade...*, *cit.*, p. 116.

de esclarecimentos ou informações, decorrerá do incumprimento de exigências de lealdade e correcção, mas não da frustração da confiança. Na verdade, o fundamento dessa responsabilidade reportar-se-ia a um momento anterior à própria constituição da confiança, sendo a violação do dever independente das expectativas efectivamente geradas e da frustração das mesmas[632]. Entre os deveres pré-contratuais de informação, o de declaração do risco configuraria, de acordo com o autor, um *dever pré-contratual qualificado de apresentação de informação relevante*, imposto pela própria natureza do conteúdo do contrato de seguro[633]. Esse dever de esclarecimento teria por fim desfazer ou prevenir representações, pelo que o seu incumprimento não poderia originar responsabilidade pela confiança (isto é, reparação do prejuízo decorrente da frustração das expectativas). Daí que «a responsabilidade por asserções não possa reconduzir à reparação do dano da frustração da confiança em si mesmo»[634].

Cremos, porém, que haverá um pendor excessivamente formalista e algo redutor na argumentação de Carneiro da Frada ao rejeitar um fundamento de confiança para o dever pré-contratual de informação, aceitando-o, em contrapartida, para uma "pura" responsabilidade pela confiança – independente de uma responsabilidade por infracção de deveres – resultante da prestação de informações inexactas[635]. Não há, aliás, porque considerar a sanção das omissões ou inexactidões *apenas* como a cominação do incumprimento de um dever e não *também* como a reparação de um dano de confiança[636]. Assim, do nosso ponto de vista, a cominação do incumprimento do dever de declaração do risco está intimamente associada à frustração de expectativas, já que o acto declarativo está na base, simultaneamente, da criação da confiança e da sua concomitante defraudação. A suscitação da confiança implica já, em potência, a sua perturbação futura. A

---

[632] Manuel Carneiro da Frada, *Teoria da Confiança...*, *cit.*, pp. 484 ss. e 589 ss.

[633] Manuel Carneiro da Frada, *idem*, p. 491.

[634] Manuel Carneiro da Frada, *idem*, p. 494.

[635] Manuel Carneiro da Frada, *idem*, pp. 607 ss.

[636] Como o próprio autor afirma, «a concepção da responsabilidade pela confiança [...] não impede que ela possa derivar de condutas que representam de igual modo a violação de adstrições que impendem sobre o sujeito». Manuel Carneiro da Frada, *Teoria da Confiança...*, *cit.*, pp. 662-663. Não se subscreve, de resto, a vincada distinção conceptual traçada pelo autor entre as declarações inexactas – geradoras de uma representação errada da realidade e comportando, portanto, em si mesmas, um dano de frustração da confiança que geram – e as omissões de declaração, insusceptíveis de gerar, por si, expectativas e, portanto, de frustrar a confiança (*idem*, pp. 607 ss. e 614 ss.). A declaração do risco eivada de omissões (isto é, com ausência de informações relevantes) não constitui uma pura omissão: não há aí uma ausência de declaração do risco, mas apenas o silenciar, na mesma, de circunstâncias relevantes. Ela traduz, assim, tal como a declaração inexacta, uma representação distorcida, errónea – falsa, portanto – do risco real a segurar. Desta forma, tanto as inexactidões como as omissões são geradoras de expectativas e indutoras de confiança.

prescrição de um dever de informação visa, a montante, preveni-la; a cominação do incumprimento deste visa, a jusante, compensá-la.

Desta forma, cremos que se manifesta evidente a relevância da tutela da confiança – quer imediatamente, mesmo no quadro de uma teoria "pura" da confiança[637], quer, pelo menos, mediatamente, enquanto vector da boa fé normativa – como um dos elementos fundamentadores do regime da declaração do risco.

III. Tradicionalmente ancorada na teoria dos vícios do consentimento, a declaração do risco foi mais recentemente deslocada para a esfera dos deveres de conduta fundados na boa fé, domínio a que o presente capítulo se tem vindo a reportar. Assim, a partir de algumas inconsistências que a teoria dos vícios da vontade vinha demonstrando relativamente às soluções consagradas nos actuais modelos de regulação da declaração do risco, amplos sectores da doutrina fundamentam tais modelos no reconhecimento de um ónus ou de um dever, a cujo incumprimento estão associadas diversas sanções[638]. Esta matéria suscita um debate controvertido, quer sobre a natureza da vinculação do proponente a informar o risco, quer sobre a fonte dessa vinculação. Sem prejuízo de relegarmos para momento posterior a análise da primeira questão (*infra*, VIII.6), não deixaremos de abordar desde já a segunda, considerando a perspectiva de uma vinculação contratual *v.* uma vinculação legal.

Uma corrente doutrinária e jurisprudencial inglesa, com forte expressão no séc. XIX, sustenta que o dever de máxima boa fé, traduzido no dever de declaração do risco, assentaria nos termos implícitos (*implied terms*) ao contrato de seguro, assumindo, assim, a natureza de um dever contratual[639]. Desta forma, a violação desse dever corresponderia a um incumprimento do contrato (*breach of contract*), cuja cominação (*remedy*) consistiria na resolução do negócio, sendo igualmente de admitir a responsabilidade contratual por eventuais danos. Contra esta corrente foram dirigidas algumas críticas. Desde logo, a de que a mesma colide com

---

[637] Cremos que a própria argumentação expendida por Carneiro da Frada – *Teoria da Confiança...*, *cit.*, pp. 607-610 – embora conflituando com outros trechos (nomeadamente de pp. 484 ss. e 589 ss.) e remetendo para uma forçada distinção entre inexactidões e omissões, comporta esta conclusão.

[638] Giovanna Visintini, *La Reticenza nella Formazione...*, *cit.*, p. 76 ss. Recusando uma fundamentação do regime da declaração do risco assente no instituto dos vícios do consentimento, afirma Rubio Vicente que «as declarações inexactas ou reticentes não são tanto um vício do consentimento do segurador quanto uma infracção específica de um dever de conduta leal» – Pedro Rubio Vicente, *El Deber...*, *cit.*, p. 45 (trad. nossa).

[639] Como refere Atiyah, segundo a doutrina tradicional os deveres contratuais seriam aqueles que as partes teriam voluntariamente escolhido assumir. Cfr. P. S. Atiyah, *An Introduction...*, *cit.*, p. 216. Esta perspectiva assenta no princípio da *uberrima fides* como elemento ínsito à natureza do próprio contrato de seguro, desta decorrendo, portanto, o dever de declaração do risco – Semin Park, *The Duty...*, *cit.*, p. 50.

a redacção da secção 18 do Marine Insurance Act (MIA), de 1906. Por outro lado, a de que, a estar em causa um dever contratual, este só surgiria com a conclusão do contrato (altura em que o respectivo incumprimento estaria já consumado). De resto, se o dever resultasse implicitamente do contrato, os seus termos seriam necessariamente evidentes para o contratante, o que não se coaduna com a especificidade dos requisitos contidos na fórmula do dever de declaração[640].

Também na perspectiva dos sistemas jurídicos continentais, não parece defensável que o dever tenha a sua fonte no próprio contrato, porque o dever deve ser cumprido antes da conclusão do contrato (e independentemente da mesma) – pelo que não pode filiar-se num contrato que poderia até nem se concretizar.

Questão diversa resulta da configuração da proposta contratual como um negócio jurídico unilateral de onde resultaria o dever de declaração do risco. É que, tendo a proposta por suporte material um formulário pré-elaborado pelo segurador, pode este conter uma cláusula onde o proponente se vincule a declarar exactamente o risco[641]. A fragilidade da construção parece, no entanto, assentar em que nem todas as propostas conterão necessariamente semelhante cláusula, mas o dever não deixa de se colocar por esse facto. Logo, a fonte da vinculação não pode resultar do contrato, mas será extra-contratual.

Em Portugal está consagrado um regime legal específico, que expressamente define a vinculação inerente à declaração do risco, e que atribui ao respectivo incumprimento sanções diversas em função da censurabilidade da conduta do proponente. É quanto basta ao reconhecimento da fonte legal da vinculação.

IV. A *culpa in contrahendo* revelar-se-ia, na ausência de norma específica, um instituto apto a sancionar a prestação de informações inexactas, ou a simples omissão de informações, por parte do candidato a tomador do seguro[642]. No ordenamento alemão, apesar da aceitação pacífica do instituto da *culpa in contrahendo* em Direito civil[643], a aplicabilidade do mesmo ao Direito dos seguros –

---

[640] Semin Park, *The Duty...*, *cit.*, pp. 48 ss. e 54.

[641] A perspectiva transparece de Carlos Harten, *El Deber...*, *cit.*, p. 53, que, no entanto, a recusa com base no ordenamento espanhol. Na verdade, assumindo aí o segurador a posição de proponente, tal cláusula só poderia vincular o declarante, mas não o declaratário.

[642] Franz Haymann, "La colpa nella conclusione del contratto in diritto assicurativo", *Assicurazioni*, Ano III (1936), Parte I, pp. 159-160. Assim, à *parte fraca* na perspectiva da assimetria informativa (no caso, ao segurador) sempre a *culpa in contrahendo* asseguraria adequada protecção: «o contratante que, por razões económicas ou de conhecimento, se deva considerar inferiorizado, tem como que o direito, na fase preliminar, a um esclarecimento, a uma lealdade acrescidos; quando os correspondentes deveres não sejam acatados, há responsabilidade por inobservância da boa fé» – António Menezes Cordeiro, *Tratado...*, I, Tomo I, *cit.*, p. 508.

[643] Como nota Haymann, desde a sentença reportada na *Juristische Wochenschrift* de 1912, p. 743, está estabelecido o princípio de que «para o direito civil e segundo os princípios da boa fé, já durante

e, em particular, à declaração inicial do risco – é questão controvertida, já que, como sublinham alguns autores, a existência de uma *lex specialis* (o regime da declaração do risco) derroga a *lex generalis* (responsabilidade pré-contratual)[644].

Não obstante, o regime civil da responsabilidade pré-contratual sempre será convocado para a regulação de situações que não sejam abrangidas pela disciplina especial do contrato de seguro[645]. Tal seria o caso, por exemplo, de o contrato de seguro não chegar a ser concluído[646]; ou de o segurador atrasar culposamente a aceitação da proposta contratual[647].

Entre nós, nos casos em que se verifique tal sobreposição de regimes, entende alguma doutrina que o regime específico do incumprimento do dever de declaração inicial do risco pelo proponente não obsta à possibilidade de, verificados os requisitos da *culpa in contrahendo*, o proponente ser (cumulativamente) responsabilizado por danos causados ao segurador no âmbito da responsabilidade pré-contratual (artigo 227º do CC)[648].

---

as negociações contratuais qualquer das partes do contrato seja juridicamente obrigada a haver conveniente respeito pelos legítimos interesses da sua contraparte, e que toda a violação, mesmo por simples negligência, desta obrigação torna-a responsável, com efeito no ressarcimento do dano que daí derive». Franz Haymann, "La colpa...", *cit.*, p. 156 (trad. nossa).

[644] Franz Haymann, "La colpa...", *cit.*, p. 158.

[645] Neste sentido, Virginia Bado Cardozo, *El Riesgo...*, *cit.*, p. 45; e Francesco Benatti, "Culpa...", *cit.*, p. 298.

[646] P. ex., se o proponente omite circunstâncias relevantes do risco e, após, dispendiosas diligências de investigação, o segurador o vem a descobrir, rejeitando, consequentemente, a proposta. Josefa Brenes Cortés, "Algunas cuestiones relevantes que sigue suscitando el deber precontractual de declaración del riesgo", *La Ley*, 2003, nº 4, p. 1780.

[647] Sobre o amplo debate, doutrinário e jurisprudencial, em torno desta matéria, cfr. Franz Haymann, "La colpa...", *cit.*, pp. 163 ss. Como defende o autor, o que está em causa, neste caso, não é a responsabilidade contratual do segurador, mas a sua responsabilidade aquiliana, enquadrável no instituto da *culpa in contrahendo*. Nestes termos, o segurador deverá colocar o património do proponente na situação em que este ficaria na ausência de atraso, cabendo ao lesado o ónus da prova de que, não tendo ocorrido o atraso culposo, o segurador teria aceite o risco proposto antes da verificação do sinistro. No quadro da LCS a problemática referida perde pertinência, em virtude de, nos termos do nº 1 do artigo 27º, se considerar como tacitamente aceite a proposta de seguro, nos termos propostos, em caso de silêncio do segurador nos 14 dias posteriores à recepção da proposta. Cfr. outras situações em que não se verifica a sobreposição de regimes, *idem*, pp. 160 ss.

[648] Cfr. José Carlos Moitinho de Almeida, *O Contrato de Seguro no Direito...*, *cit.*, p. 82. Menezes Cordeiro considera a disciplina especial dos deveres pré-contratuais do segurador – agora regulados, designadamente, nos artigos 18º ss. da LCS – como um recorte no instituto da *culpa in contrahendo*, admitindo que este mesmo instituto seja, não obstante, convocado «seja como elemento auxiliar de interpretação, seja como factor de complementação» – António Menezes Cordeiro, *Tratado...*, I, Tomo I, *cit.*, p. 524. Já relativamente à declaração do risco, entende o autor que não lhe será cumulativamente aplicável o regime do artigo 227º do CC em virtude de o nº 1 do artigo 24º da LCS consubstanciar um *encargo*, pelo que ficaria afastada qualquer cominação indemnizatória

Pela nossa parte, consideramos que o regime da declaração do risco, pela sua antiguidade, fundamento, função e potencial regulador constitui uma manifestação de *culpa in contrahendo avant la lettre*. Muito antes de Jhering ter formulado a génese da responsabilidade pré-contratual, já o regime da declaração do risco previa soluções assentando em fundamentos e pressupostos semelhantes.

Quanto à articulação dos dois regimes, não cremos problemática a identificação aí de uma relação regra geral / regra especial. Em particular, há a considerar que, como melhor veremos, é amplamente reconhecida à cominação da perda do prémio a favor do segurador o carácter de indemnização *forfataire*, decorrente da maior censurabilidade da conduta do agente e tendente a compensar o segurador pelos danos inerentes à celebração do contrato.

Porém, pensamos que o regime da declaração do risco não afasta automaticamente o da *culpa in contrahendo*, sendo por este complementado fora do escopo específico de aplicação daquele, de modo a não deixar sem cominação adequada a ofensa à boa fé na fase pré-contratual. Assim, a cumulação de regimes será mesmo possível, verificados os requisitos da *culpa in contrahendo*, quando o regime da declaração do risco seja *manifestamente insuficiente* para compensar o segurador dos danos que haja sofrido. Tal será o caso quando este incorra em custos consideráveis para a análise do risco (exames laboratoriais, contratação de peritos, etc.), insusceptíveis de serem compensados por mero efeito da perda do prémio.

III.3.7. A relevância da culpa

I. Numa fase inicial da regulação da declaração do risco nos vários ordenamentos, o grau de culpabilidade do proponente era indiferente, sobrepondo-se-lhe a problemática do vício da vontade (erro) do segurador. Assim, por exemplo, no artigo 348º do CCom francês, de 1807, a falsa declaração ou reticência tinha a mesma cominação tanto em caso de intenção fraudulenta como nos de esquecimento, negligência, ligeireza ou até de erro (do proponente), com excepção apenas da ignorância desculpável[649].

Actualmente, porém, e como tivemos já oportunidade de aflorar, um dos vectores que permite aproximar a disciplina da declaração do risco ao instituto da

---

– António Menezes Cordeiro, *Direito dos Seguros*, *cit.*, p. 561. Algo circularmente, porém, o autor classifica a vinculação à declaração do risco como *encargo* sob o argumento de que o incumprimento não daria lugar a uma cominação indemnizatória – *idem*, pp. 536 e 581. Em Espanha, e no sentido da harmonização do regime especial da declaração do risco com o regime geral da responsabilidade pré-contratual, tendente, verificados os respectivos pressupostos, à cumulação de regimes, Fernando Sánchez Calero, "Artículo 10...", *cit.*, p. 234. Em França, no mesmo sentido, Michel de Juglart, "L'obligation...", *cit.*, pp. 2 ss.

[649] Daniel Danjon, *Traité...*, Tomo IV, *cit.*, pp. 513 ss.

culpa in contrahendo, reconhecendo entre ambos uma relação regra geral / regra especial, consiste na relevância da culpabilidade como pressuposto da previsão normativa e como critério de graduação da cominação aplicável[650].

Se, no quadro do artigo 227º do CC, os graus de culpa a considerar se restringem ao dolo ou à negligência, em matéria de declaração do risco o leque de estados subjectivos ou de graus de censurabilidade da conduta tem vindo a assumir, quer no plano histórico, quer no do Direito comparado, uma maior amplitude e alguma flutuação de designações, sendo aferido, ora no quadro da boa fé subjectiva (e do seu reverso, a má fé), ora no quadro do nexo de imputação da conduta ao agente (a título de dolo ou de negligência) ora até por recurso à noção de fraude como grau mais censurável de actuação. Essa circunstância, aliada a alguma falta de clareza legal, dogmática e jurisprudencial, na relação entre aqueles graus de culpa, confere a esta matéria contornos de grande complexidade, requerendo uma clarificação do sentido dos vários níveis de censurabilidade e da respectiva articulação[651].

II. Desde logo, há que considerar a situação de boa fé subjectiva, quando o proponente incorra em omissões ou inexactidões na declaração do risco inocentemente, por erro, na convicção de que a circunstância omitida não é relevante, de que o facto declarado é verdadeiro, ou quando esteja convicto de não ter de declarar exactamente o risco a segurar.

A noção de boa fé subjectiva não é unívoca. Na contraposição à boa fé objectiva, aquela traduz um estado de espírito de desconhecimento ou inconsciência de um determinado facto ou situação[652]. Deste prisma, a boa fé subjectiva reportada à declaração do risco surge por antítese da má fé (por seu turno, também uma

---

[650] É certo que a distinção concreta entre os graus de culpabilidade (mormente a distinção entre o dolo e a negligência) tem, no âmbito do Direito civil, uma relevância muito inferior à que assume em Direito penal (cfr., p. ex., o artigo 494º CC) – Adriano Vaz Serra, "Culpa...", *cit.*, p. 66, n. 88. Actualmente, porém, essa relevância é muito significativa no quadro da declaração do risco, cujo incumprimento assenta no primado da culpa, em estreita conexão com a ideia de responsabilidade moral – Carlos Mota Pinto, *Teoria Geral...*, *cit.*, p. 119; Reimer Schmidt, "L'influenza...", *cit.*, p. 460.

[651] Reimer Schmidt, *ibidem*. As dificuldades são tanto maiores quanto, mesmo no seio de cada ordenamento, os referidos significantes podem convocar sentidos distintos (p. ex., os sentidos diversos que o *dolo* assume no nº 1 do artigo 253º ou no nº 1 do artigo 483º, ambos do CC). De resto, quando passamos para o plano do Direito comparado, as dificuldades adensam-se com a falta de correspondência literal entre noções (p. ex., os sentidos da *fraud* inglesa; da *Vorsatz* alemã; ou da *faute inexcusable* francesa) – *idem*, p. 461.

[652] P. ex. José Oliveira Ascensão, "Cláusulas Contratuais Gerais. Cláusulas abusivas e boa fé", *ROA*, Ano 60, II (Abr. 2000), p. 587.

noção de contornos pouco precisos, mas assimilada à *intenção* ou *dolo*)[653], podendo compreender uma actuação censurável, mas recondutível a uma falta ligeira[654].

A boa fé subjectiva pode assumir um sentido psicológico ou ético. O critério de aferição será estritamente psicológico ou "gnoseológico" quando a boa fé surja, no plano das crenças ou representações mentais, por oposição à má fé, designando o estado de inconsciência ou de ignorância de determinados factos[655]. A defesa de uma perspectiva psicológica da boa fé assenta, sobretudo, na literalidade dos preceitos que a formulam, bem como, com menor substância, no argumento histórico segundo o qual seria esse o teor da *possessio bonae fidei* romana[656], implicando a existência de uma previsão expressa para que o âmbito da tutela legal seja excluído em caso de ignorância culposa[657].

Em sentido diverso, alguns autores sustentam a consagração legal de uma concepção ética da boa fé subjectiva, que qualifica um estado de ignorância desculpável, e excluindo, portanto, o desconhecimento culposo[658]. Ela comporta, para além de um mero estado psicológico de facto (o desconhecimento), uma valoração desse estado (a ausência de culpa) perante pressupostos padrões de conduta (deveres de cuidado e de indagação)[659]. Assim, em defesa desta perspectiva ética, vários argumentos são esgrimidos: desde logo, ao Direito interessarão os comportamentos normativamente relevantes, mas não os meros estados subjectivos das pessoas; por outro lado – considerando estar sempre subjacente um sentido ético de boa fé subjectiva quando o Direito sancione a má fé – a análise

---

[653] Yvonne Lambert-Faivre, *Droit des Assurances, cit.*, p. 253.

[654] Assim, todo o incumprimento não doloso será de boa fé: esta «supõe um segurado que, tendo conhecimento de tais circunstâncias, não as declara ou declara-as inexactamente, sem fraude, sem malignidade, sem intenção de enganar o segurador, frequentemente por simples negligência» – Maurice Picard e André Besson, *Les Assurances..., cit.*, p. 122.

[655] Raúl Guichard Alves, *Da Relevância Jurídica do Conhecimento no Direito Civil*, Porto, UCP, 1996, pp. 46 ss.; António Menezes Cordeiro, *Da Boa Fé..., cit.*, p. 24; Luís Diez-Picazo, "Prólogo", *cit.*, p. 14; José Maria Miquel González, "Buena Fe...", *cit.*, pp. 837 ss. Era este o sentido presente no instituto da *bonae fidei possessio* do Direito romano – António Menezes Cordeiro, *Da Boa Fé..., cit.*, pp. 106-107. Neste sentido, afirma Menezes Leitão que a boa fé subjectiva consiste na «ignorância de estar a lesar os direitos alheios» (Luís Menezes Leitão, *Direito das Obrigações*, Vol. I, *cit.*, p. 56) e Almeida Costa que ela consiste na «consciência ou convicção justificada de se adoptar um comportamento conforme ao direito» (Mário Almeida Costa, "Intervenções...", *cit.*, p. 360).

[656] António Menezes Cordeiro, *Da Boa Fé..., cit.*, p. 415.

[657] Raúl Guichard Alves, *Da Relevância..., cit.*, pp. 52-53.

[658] Cfr. António Menezes Cordeiro, *Da Boa Fé..., cit.*, p. 24. A dimensão ética da boa fé subjectiva ter-se-á desenvolvido, fundamentalmente, com o Direito canónico – *idem*, p. 155. Cfr. também José de Oliveira Ascensão, *Direito Civil..., Vol. III, cit.*, p. 180; Luís Diez-Picazo, "Prólogo", *cit.*, p. 14; Delia Ferreira Rubio, *La Buena Fé..., cit.*, p. 92; José Maria Miquel González, "Buena Fe...", *cit.*, pp. 837 ss.

[659] Como refere Menezes Cordeiro, «a boa fé ética deixa perceber, na realidade, uma boa fé normativa» – António Menezes Cordeiro, *Da Boa Fé..., cit.*, p. 437.

sistemática das diversas referências à boa fé subjectiva no CC revelará, em virtude das cominações associadas, uma predominância do sentido ético; ademais, a normatividade da boa fé subjectiva resultará de a mesma se aferir em função da observância de regras de conduta (deveres de diligência e de indagação); por seu turno, a boa fé psicológica dependerá de factores contingentes, pelo que não será juridicamente aceitável; finalmente, os estados puramente psicológicos serão de difícil conhecimento e prova, enquanto a boa fé ética poderá ser aferida segundo critérios de normalidade[660].

III. A noção de má fé assume igualmente contornos muito difusos e variáveis na doutrina e na jurisprudência internacionais. Neste contexto, a má fé poderá ser entendida como o comportamento com intenção de prejudicar ou simplesmente enganar[661], ou como consciência de declarar inexactidões ou de silenciar factos que se devia revelar[662].

---

[660] Cfr. António Menezes Cordeiro, *Da Boa Fé...*, *cit.*, pp. 512 ss. As próprias expressões *boa* fé e *má* fé comprometem a neutralidade axiológica na base da perspectiva psicológica da boa fé. Assim, «protegendo a boa fé e sancionando a má fé, a ordem jurídica ordena a primeira e veda a segunda» – *idem*, p. 524.

[661] Carlos Harten, *El Deber...*, *cit.*, p. 29.

[662] Virginia Bado Cardozo, *El Riesgo...*, *cit.*, p. 31. Em Itália, por exemplo, a orientação inicial da jurisprudência subsequente ao CC, nomeadamente da *Corte Suprema*, ia no sentido de equiparar a má fé à fraude – Antigono Donati, "Dell'Assicurazione", *cit.*, p. 240; Nicola Gasperoni, "Assicurazione sulla vita", *RTDPC*, Ano VI (1952), p. 513. Porém, a actual orientação dominante funda a má fé apenas no elemento subjectivo, perspectivando-a como um estado subjectivo que corresponde ao *dolo omissivo*: aquele que apenas conjuga a consciência da ilicitude com a intenção de enganar a contraparte, abstraindo do recurso a artifícios fraudulentos. Cfr. Luca Buttaro, "In tema...", *cit.*, p. 751; Gaetano Castellano, "Le dichiarazioni inesatte e le reticenze", *Assicurazioni*, Ano XXXVI (1969), Parte I, p. 153; e Nicola Gasperoni, "La rilevanza giuridica delle dichiarazioni inesatte e delle reticenze del terzo non contraente", *Assicurazioni*, Ano XXIX (1962), Parte I, p. 84. Cfr. também Acórdão da *Corte di Cassazione*, Sez. I, 22/05/1958, n. 1718, *RDCDGO*, Ano LVIII (1960), Parte II, pp. 1-11, e respectivo comentário em Achille Motta, "Sono valide le clausole di incontestabilità contenute nelle polizze dei contratti di assicurazione?", *ibidem*. Noutro sentido, a má fé surge como consciência de enganar, enquanto o dolo corresponde à vontade consciente de produzir um engano – Enrico Altavilla, "Errore, reticenza, falsità e malafede", *Assicurazioni*, Ano VI (1941), Parte I, p. 162. Já no sistema francês, a má fé, reportada à declaração do risco, apresenta-se como sinónimo de intencionalidade da omissão ou inexactidão – Jérôme Kullmann, "La déclaration de risque", *in* Jean Bigot (Ed.), *Traité de Droit des Assurances*, Tomo III, Paris, LGDJ, 2002, pp. 743-744 – ou, mais propriamente, de acordo com a orientação da *Cour Suprême*, como intenção de enganar o segurador – André Besson, "La sanction encourue, par l'assuré de bonne foi, en cas d'irrégularité dans la déclaration du risque", *in* AIDA, *Studi in Onore di Antigono Donati*, Tomo I, Roma, Rivista Assicurazioni, 1970, p. 55; Maurice Picard e André Besson, *Les Assurances...*, *cit.*, p. 145. A apreciação da má fé perante as circunstâncias do caso concreto cabe ao tribunal de primeira instância, que, para tanto, recorre a uma noção de contornos extremamente difusos, assente em critérios

Entre a doutrina portuguesa, a noção de má fé reflecte as flutuações assinaladas. Por um lado, surge com frequência como sinónimo de *dolo*[663], ou, noutras formulações, como sinónimo de dolo omissivo (ou reticência, numa terminologia tradicional)[664]. Mais desenvolvidamente, a má fé constitui, para Menezes Cordeiro, uma qualidade reportada ao sujeito, que assume o sentido inverso – um recorte negativo – da boa fé subjectiva: onde não haja boa fé, verificar-se-á a má fé do sujeito. Daí a relevância do critério – psicológico ou ético – de aferição da boa fé subjectiva[665]. O Direito visará, desta forma, não a mera aferição da ignorância do sujeito, mas a própria definição normativa de uma conduta devida. Desta forma, «a má fé implicaria, pois, sempre a culpa e inversamente: o dano culposo pressuporia, no sujeito, a má fé»[666].

As dificuldades mencionadas encontram reflexo na disciplina da declaração do risco, onde a má fé do proponente constitui tradicionalmente um requisito de aplicação de uma cominação adicional. No caso do CCom português, ela comportava a perda do prémio a favor do segurador (§ único do artigo 429º).

IV. A culpa (em sentido lato) coloca o enfoque na vertente individual e subjectiva do facto ilícito, fundamentando juízos de reprovação de diferente intensidade em função do grau de voluntariedade da conduta. Assim, no eixo dolo/negligência o grau de reprovação ou censura ético-jurídica de um determinado

---

ambíguos, fonte de insegurança jurídica e, consequentemente, de injustiça – Jérôme Kullmann, "La déclaration...", *cit.*, pp. 745 ss.

[663] Inocêncio Galvão Telles, *Direito das Obrigações, cit.*, p. 341.

[664] Rui de Alarcão, "Breve motivação do Anteprojecto sobre o negócio jurídico na parte relativa ao erro, dolo, coacção, representação, condição e objecto negocial", *BMJ*, nº 138 (Jul. 1964), p. 95.

[665] Como sustenta Menezes Cordeiro, sempre que o ordenamento penalize a má fé, desfavorecendo o sujeito que incorra na mesma, estar-se-á perante um critério ético da boa fé subjectiva – António Menezes Cordeiro, *Da Boa Fé..., cit.*, p. 407. Na verdade, como afirma o autor, «os deveres de cuidado cuja violação, para o entendimento ético da boa fé, geram a má fé, destinam-se não a assegurar uma preocupação intelectual de conhecimentos, por parte do sujeito, mas a garantir as situações que ele, com o seu desconhecimento, vai prejudicar» – *idem*, p. 512.

[666] António Menezes Cordeiro, *Da Boa Fé..., cit.*, p. 1226. Porém, como explica o autor, a má fé não se confunde com a culpa. Embora implique um juízo de censura – atenta a noção ética de boa fé subjectiva que lhe subjaz – ela comporta simultaneamente elementos conotados com a culpa e com a ilicitude, não atingindo, em qualquer caso, o apuramento conceptual da culpa. Mesmo no domínio da má fé resultante de desconhecimento culposo, a violação dos deveres de cuidado e de indagação traduz o incumprimento de deveres legais específicos e não a violação dos deveres de diligência, aferidos pelo padrão do *bonus pater familias*, inerente à mera culpa. De resto, enquanto a culpa tem por escopo a imputação delitual de um dano, no quadro da responsabilidade civil, a má fé visa a tutela de determinadas situações materiais ou da própria confiança, mas fora do âmbito do instituto da responsabilidade civil e actuando, portanto, independentemente da verificação de qualquer dano. Sobre a distinção entre boa fé subjectiva e culpa, *idem*, pp. 1225 ss.

comportamento desrespeitador de direitos ou interesses juridicamente tutelados decorre do estado subjectivo do agente – isto é, de o mesmo ter agido com intenção de causar um dano (dolo) ou com mera omissão de deveres de cuidado, diligência ou perícia (negligência ou mera culpa) – traduzindo o fundamento de imputação ou de responsabilização de uma pessoa por um facto por si praticado[667].

V. Em Direito civil o significante *dolo* comporta significados distintos. Por um lado, pode referir-se à conduta (acção ou omissão), voluntária e consciente, causadora de um dano a outrem, ou seja, à lesão voluntária de um interesse juridicamente protegido. Neste quadro, enquanto critério de imputação de responsabilidade civil, não se exige uma actividade específica relativamente à causadora do dano: designadamente, a existência de uma maquinação insidiosa ou ardil que, para o efeito, é irrelevante[668]. Diversamente, o erro induzido por dolo, ou *dolus in contrahendo*[669], envolve uma noção mais específica, importando uma actuação (ou omissão) enganosa, com má fé, destinada a induzir ou manter em erro a contraparte e – mediante essa errónea representação da realidade – conseguir a conclusão de um contrato.

Na generalidade dos ordenamentos – e, como melhor veremos, no nosso – o dolo a que se reporta o regime da declaração do risco é entendido no mesmo sentido que assume ao nível da responsabilidade civil[670]. Assim, o dolo constitui a modalidade mais grave de imputação da conduta à vontade do agente, verificando-se sempre que este preveja e aceite um determinado resultado ilícito. O dolo comporta um *elemento intelectual* ou *cognitivo*, que se refere ao conhecimento das circunstâncias do facto ilícito (isto é, à correcta e actual representação da realidade objectiva, no sentido da verificação dos pressupostos de que depende a qualificação do facto como ilícito, com consciência da ilicitude da conduta), e um *elemento volitivo* traduzido na vontade, no desejo, dirigido à prática de um acto ilícito (ou, pelo menos, na aceitação do resultado)[671].

---

[667] Teresa Beleza, *Direito Penal*, Vol. II, *cit.*, p. 175.

[668] Josep Llobet i Aguado, *El Deber...*, *cit.*, p. 127.

[669] Adriano Vaz Serra, "Culpa...", *cit.*, p. 80, n. 114.

[670] Pedro Rubio Vicente, *El Deber...*, *cit.*, p. 102 (trad. nossa).

[671] Cfr., p. ex., Jorge Ribeiro de Faria, *Direito das Obrigações*, Vol. I, *cit.*, p. 460; Inocêncio Galvão Telles, *Direito das Obrigações*, *cit.*, p. 344; João Antunes Varela, *Das Obrigações...*, Vol. I, *cit.*, p. 572. Entre a doutrina penalista, cfr. Manuel Cavaleiro de Ferreira, *Lições...*, Vol. I, *cit.*, pp. 200 ss. Assim, quando incumpre dolosamente o dever de declaração do risco, o proponente *sabe* (que está a omitir informações por si conhecidas ou a declará-las inexactamente), *tem consciência* de que o Direito reprova esse comportamento (ainda que desconheça a cominação estabelecida para o mesmo); e *quer* omiti-las ou falseá-las (ou seja, quer realizar o facto ilícito, pouco importando qual a sua motivação quanto ao propósito ulterior que a realização do facto ilícito visa – e permite – alcançar). O dolo

Importa ainda distinguir as várias modalidades de dolo apontadas pela doutrina, de acordo com o nexo entre o facto ilícito e a vontade do agente (*elemento volitivo* do dolo). Desde logo, o *dolo directo* – no qual domina o elemento volitivo[672] – verifica-se quando o agente actue deliberada ou intencionalmente para atingir um fim que sabe ser ilícito[673]. Por seu turno, o *dolo necessário* ou *indirecto* – onde domina o elemento intelectual[674] – ocorre quando o agente actua para atingir um dado fim, embora ciente de que essa actuação implica inevitavelmente um resultado ilícito[675]. Finalmente, no *dolo eventual* o agente actua com o propósito de atingir um dado fim, embora consciente que essa actuação *pode* atingir um resultado ilícito e conformando-se que este resultado se produza (isto é, querendo o comportamento mesmo que se produza o resultado ilícito)[676].

é, assim, o saber e o querer as circunstâncias que constituem a previsão normativa. Cfr. Dieter Medicus, *Schuldrecht...*, *cit.*, p. 150; Hans Welzel, *Das deutsche Strafrecht: eine systematische Darstellung*, 11ª Ed., Berlin, Gruyter, 1969 – trad. espanhola, *Derecho Penal Alemán: Parte General*, Santiago de Chile, Editorial Jurídica, 1970, p. 97.

[672] Teresa Beleza, *Direito Penal*, Vol. II, *cit.*, p. 223; Maria Fernanda Palma, "A vontade no dolo eventual", *in* Rui Moura Ramos *et al.* (Orgs.), *Estudos de Homenagem à Professora Doutora Isabel de Magalhães Collaço*, Vol. II, Coimbra, Almedina, 2002, p. 796.

[673] Fernando Pessoa Jorge, *Lições...*, *cit.*, p. 561; Luís Menezes Leitão, *Direito das Obrigações*, Vol. I, *cit.*, p. 326; Adriano Vaz Serra, "Culpa...", *cit.*, p. 68; Inocêncio Galvão Telles, *Direito das Obrigações*, *cit.*, p. 242; João Antunes Varela, *Das Obrigações...*, Vol. I, *cit.*, p. 569. Entre a doutrina penalista, cfr. Jorge Figueiredo Dias, *Direito Penal – Parte Geral*, Tomo I, 2ª Ed., Coimbra, Coimbra Ed., 2007, pp. 366-367; Manuel Cavaleiro de Ferreira, *Lições...*, Vol. I, *cit.*, p. 209; Maria Fernanda Palma, "A vontade...", *cit.*, p. 795; Hans Welzel, *Das deutsche...*, *cit.*, p. 96.

[674] Teresa Beleza, *Direito Penal*, Vol. II, *cit.*, p. 223; Maria Fernanda Palma, "A vontade...", *cit.*, p. 796.

[675] Neste comportamento de duplo resultado, a vontade está orientada para um fim *A* (lícito ou ilícito), embora o agente saiba e aceite o nexo de causalidade que forçosamente levará à produção do efeito ilícito *B*. Cfr. Jorge Figueiredo Dias, *Direito Penal...*, Tomo I, *cit.*, p. 367; Fernando Pessoa Jorge, *Lições...*, *cit.*, p. 561; Luís Menezes Leitão, *Direito das Obrigações*, Vol. I, *cit.*, p. 326; Adriano Vaz Serra, "Culpa...", *cit.*, p. 68; Inocêncio Galvão Telles, *Direito das Obrigações*, *cit.*, p. 242; João Antunes Varela, *Das Obrigações...*, Vol. I, *cit.*, p. 569.

[676] O critério relevante de distinção entre o dolo eventual e a negligência consciente assenta, assim, na *fórmula positiva de Frank*, acolhida, aliás, no nº 3 do artigo 14º e na alínea a) do artigo 15º do CP – cfr. Luís Menezes Leitão, *Direito das Obrigações*, Vol. I, *cit.*, p. 327. Está, portanto, em causa um acto de duplo efeito, orientado para o resultado *A* mas anuindo à produção eventual do resultado ilícito *B* – Jorge Figueiredo Dias, *Direito Penal...*, Tomo I, *cit.*, p. 368; Fernando Pessoa Jorge, *Lições...*, *cit.*, p. 562; Luís Menezes Leitão, *op. cit.*, p. 317; Adriano Vaz Serra, "Culpa...", *cit.*, p. 69; Inocêncio Galvão Telles, *Direito das Obrigações*, *cit.*, p. 343; João Antunes Varela, *Das Obrigações...*, Vol. I, *cit.*, pp. 570 ss. Como refere Gerlack Neto, «para ocorrer dolo eventual, a importância inibidora ou negativa da representação do resultado deve ser, no espírito do agente, mais fraca do que o valor positivo que este emprestava à prática da acção» – Martinho Gerlack Neto, *Dicionário Técnico-Jurídico de Direito Penal e Processual Penal*, Curitiba, Juruá Editora, 2007, p. 80.

VI. Enquanto o dolo tem um sentido positivo (a vontade do agente dirigida a um dado fim), a negligência – ou mera culpa – implica um sentido negativo (omissão da diligência devida)[677]. Assim, na negligência, embora falte a previsão ou, pelo menos, a aceitação do resultado ilícito, verifica-se uma omissão, pelo agente, da diligência exigível. Existe, de alguma forma, uma incongruência entre o aspecto objectivo e o aspecto subjectivo do comportamento, na medida em que inexiste uma vontade dirigida ao acto ilícito[678].

Tradicionalmente, a doutrina distinguia – e a própria lei distingue ainda em alguns ordenamentos – três graus de culpa *stricto sensu*, aferidos pelo padrão de diligência média (o do *bonus pater familias*). Desde logo, a *culpa levissima*, correspondente ao grau de culpa de menor gravidade, que só não qualificaria a actuação de um agente excepcionalmente diligente (*diligentissimus pater familias*), isto é, a culpa que apenas uma pessoa excepcionalmente diligente evitaria[679]. Por seu turno, a culpa leve (*culpa levis*), não qualificaria a actuação de um agente medianamente diligente (o *bonus pater familias*), qualificando uma conduta da qual este se absteria[680]. Finalmente, a culpa grave (*culpa lata*) corresponde à negligência grosseira que traduz a actuação inadmissível de um agente excepcionalmente descuidado, temerário[681]. A equiparação da culpa grave ao dolo – segundo o velho brocardo latino *culpa lata dolo aequiparatur* ou *culpa lata dolus est* e a orientação tradicionalmente prevalecente na doutrina – carece de fundamento legal no Direito vigente em Portugal[682].

A distinção actualmente dominante entre os graus de culpa em sentido estrito é a que identifica duas modalidades de negligência, demarcadas em função do elemento cognitivo (quanto à consciência da realização do facto ilícito)[683]. Assim,

---

[677] Justus Wilhelm Hedemann, *Schuldrecht...*, *cit.*, p. 161; Adriano Vaz Serra, "Culpa...", *cit.*, p. 36.

[678] Teresa Beleza, *Direito Penal*, Vol. II, *cit.*, p. 572.

[679] Fernando Pessoa Jorge, *Lições...*, *cit.*, p. 572; Luís Menezes Leitão, *Direito das Obrigações*, Vol. I, *cit.*, p. 331; Adriano Vaz Serra, "Culpa...", *cit.*, p. 39; Inocêncio Galvão Telles, *Direito das Obrigações*, *cit.*, p. 350. Cfr. também Pedro Rubio Vicente, *El Deber...*, *cit.*, p. 105. No âmbito do CC vigente, sendo a culpa aferida pela diligência de um bom pai de família (nº 2 do artigo 487º), a *culpa levissima* não se qualifica já como culpa para efeitos de responsabilidade civil – Inocêncio Galvão Telles, *op. cit.*, p. 351.

[680] Fernando Pessoa Jorge, *Lições...*, *cit.*, p. 572; Luís Menezes Leitão, *Direito das Obrigações*, Vol. I, *cit.*, p. 331; Adriano Vaz Serra, "Culpa...", *cit.*, p. 38; Inocêncio Galvão Telles, *Direito das Obrigações*, *cit.*, p. 349.

[681] Adriano Vaz Serra, "Culpa...", *cit.*, p. 38.

[682] Fernando Pessoa Jorge, *Lições...*, *cit.*, p. 573; Luís Menezes Leitão, *Direito das Obrigações*, Vol. I, *cit.*, p. 332; Jorge Sinde Monteiro, *Responsabilidade por Conselhos...*, *cit.*, p. 567; Adriano Vaz Serra, "Culpa...", *cit.*, p. 64.

[683] Segundo alguma doutrina, a distinção entre estas modalidades não corresponde a uma diferença de graus de culpa – Teresa Beleza, *Direito Penal*, Vol. II, *cit.*, p. 592; Adriano Vaz Serra, "Culpa...", *cit.*, p. 36.

a *negligência consciente* dá-se quando o agente actua com o propósito de atingir um dado fim, tem consciência de que essa actuação pode produzir um dado perigo ou um resultado ilícito mas confia – por ligeireza, incúria, leviandade, precipitação ou inconsideração – que este resultado não se produzirá, ou procura mesmo evitá-lo[684]. Já a *negligência inconsciente* verifica-se quando o agente, por imprevidência, descuido, ou falta de diligência, não tem sequer consciência de que da sua conduta poderá resultar um acto ilícito (embora este fosse, de acordo com os dados da experiência, objectivamente provável e previsível)[685].

VII. A noção de fraude assume uma pluralidade de significados no mundo jurídico. Assim, no Direito de matriz anglo-saxónica, *fraud* surge como sinónimo de dolo directo (*fraudulent intent*) ou, num sentido mais amplo, de má fé[686]. Nos ordenamentos continentais, o termo é assimilável, quer ao dolo (enquanto nexo de imputação), quer ao dolo-vício (*dolus malus*), quer a um dolo especialmente qualificado, quer à própria burla penal (ou outros tipos de crime, como a fraude fiscal).

Assim, no plano civil, a fraude pode surgir como um nível especialmente grave de censurabilidade da conduta, isto é, como *dolo qualificado*[687]. Neste sentido, a fraude associa ao dolo enganatório genérico, um dolo específico consubstanciando a intenção ou, pelo menos, a consciência de prejudicar (ou, reflexamente, de obter uma vantagem)[688]. Pode requerer ainda a existência de um prejuízo,

---

[684] Está, assim, em causa um acto de duplo efeito, orientado para um resultado *A* e admitindo como possível a produção eventual do resultado ilícito *B*, embora confiando temerariamente que o mesmo não se produzirá (e querendo apenas o resultado lícito na medida em que se crê na não produção do ilícito) – Jorge Figueiredo Dias, *Direito Penal...*, Tomo I, *cit.*, p. 861; Fernando Pessoa Jorge, *Lições...*, *cit.*, p. 562; Luís Menezes Leitão, *Direito das Obrigações*, Vol. I, *cit.*, p. 326; Adriano Vaz Serra, "Culpa...", *cit.*, pp. 36 e 69; Inocêncio Galvão Telles, *Direito das Obrigações*, *cit.*, p. 343; João Antunes Varela, *Das Obrigações...*, Vol. I, *cit.*, p. 573.

[685] O agente não prevê o facto ilícito, embora pudesse e devesse prevê-lo se usasse a devida diligência – Jorge Figueiredo Dias, *Direito Penal...*, Tomo I, *cit.*, p. 861; Fernando Pessoa Jorge, *Lições...*, *cit.*, p. 562; Luís Menezes Leitão, *Direito das Obrigações*, Vol. I, *cit.*, p. 326; Adriano Vaz Serra, "Culpa...", *cit.*, p. 36; João Antunes Varela, *Das Obrigações...*, Vol. I, *cit.*, p. 574.

[686] Na esteira do caso *Derry v. Peek* (1889) 14 App. Cas. 337, a *common law* reconduz os *fraudulent mis-statements* a duas situações: o tomador do seguro forneceu informações que sabia serem falsas (ou que não tinha a honesta convicção de serem verdadeiras); a não declaração foi feita temerariamente (*recklessly*) com indiferença pela sua verdade ou falsidade – Nicholas Legh-Jones *et al.* (Eds.), *MacGillivray...*, *cit.*, p. 383.

[687] Arnaldo Oliveira, "Artigo 24º – Anotação", *in* Pedro Romano Martinez *et al.*, *LCS Anotada*, *cit.*, p. 133.

[688] Carlos Mota Pinto, *Teoria Geral...*, *cit.*, p. 520. Cfr. igualmente Virginia Bado Cardozo, *El Riesgo...*, *cit.*, p. 48; Marcos Bernardes de Mello, *Teoria do Fato Jurídico – Plano da Validade*, São Paulo, Ed. Saraiva, 1995, pp. 137 ss.; Arnaldo Oliveira, "Artigo 133º – Anotação", *in* Pedro Romano Martinez *et al.*, *LCS Anotada*, *cit.*, p. 457. Parecendo pronunciar-se neste sentido, Ana Prata distingue a reserva

distinguindo-se, nessa medida, do dolo[689]. A noção pode aproximar-se ainda do dolo-vício, na modalidade de *dolo positivo*, requerendo o concurso de um *elemento subjectivo* e de um *elemento objectivo*, que se traduz no emprego de artifícios, ardis, embustes, maquinações, ou seja, de uma actuação complementar (em si mesma ilícita ou desleal) da mera declaração desconforme à verdade ou da omissão[690].

Relativamente ao contrato de seguro, e dependendo da noção em que nos fixemos, a fraude assume uma amplitude vasta, podendo verificar-se, quer em sede de declaração inicial do risco (fase de formação do contrato), quer quanto à ocorrência, circunstâncias e efeitos do sinistro (fase de execução do contrato)[691]. A larga amplitude da noção decorria já de anteriores referências legislativas à fraude em matéria de seguros, como a dos n.ºs 4 e 5 do artigo 18.º do RTS. Hoje, a LCS recorre indistintamente às noções de *fraude*[692] e de *dolo com o propósito de obter uma vantagem*[693]. As expressões deverão, no entanto, ter-se por sinónimas, como decorre do facto de esta última ter sido introduzida na versão final da lei (após a discussão pública do projecto) e em substituição daquela. Tratar-se-á,

---

mental *inocente* (com o mero intuito de enganar) da *fraudulenta* (com o propósito de prejudicar) – Ana Prata, *Notas...*, *cit.*, p. 139. Neste sentido, Jean-François Romain define a *fraude*, em sentido abrangente, como «todo o acto enganador, danoso, e mais geralmente todo o acto que visa lesar outrem, obter uma vantagem à custa de outrem» – Jean-François Romain, *Théorie Critique...*, *cit.*, p. 282 (trad. nossa). Já a noção sustentada pelo autor noutra passagem, como «desrespeito consciente pelo interesse de outrem» (*idem*, p. 753 – trad. nossa) revela-se demasiado ampla, vaga e desprovi-da, portanto, de rigor descritivo ou conceptual, podendo abranger situações de responsabilidade contratual ou delitual, de abuso do direito ou até situações irrelevantes para o Direito (na medida em que *desrespeito consciente* não preencha sequer os requisitos da responsabilidade civil ou que o *interesse* não seja juridicamente tutelado).

[689] J. Bedarride, *Traité du Dol et de la Fraude en Matière Civile & Commerciale*, Tomo II, Paris, Librairie Marescq Aîné, 1887, p. 188.

[690] Luca Buttaro, "In tema...", *cit.*, pp. 730 e 751; Siegbert Rippe Kaiser, "Fraude...", *cit.*, p. 4; Vittorio Salandra, "Dell'Assicurazione", *cit.*, p. 226; Giovanna Visintini, *La Reticenza nella Formazione...*, *cit.*, p. 53. Nas palavras de Bechara Santos, a fraude traduz-se na «obtenção, para si ou para outrem, de vantagem ilícita, em prejuízo alheio, induzindo ou mantendo alguém em erro, mediante artifício, ardil, ou qualquer outro meio enganoso» – Ricardo Bechara Santos, "Algumas considerações sobre fraude no seguro. A força que devem ter os indícios", *Revista do Advogado*, São Paulo, n.º 47 (Mar. 1996), p. 21. São exemplos de recurso a artifícios ou meios fraudulentos associados à declaração do risco: a apresentação de documentos falsos; a substituição de pessoas (por exemplo, na realização de exame médico); a rasura de datas; a convivência com o médico do segurador, etc. – Octacílio Alecrim, "La clausula...", *cit.*, p. 55.

[691] Ernesto Tzirulnik; e Alessandro Octaviani, "Seguro e fraude: as provas", http://www.ibds. com.br/textos/SeguroEFraude-AsProvas.pdf (consult. 08/10/2008), p. 8. Relativamente à fase de execução do contrato, a fraude surge frequentemente associada à produção deliberada do sinistro, à sua caracterização, à ampliação provocada dos seus efeitos, etc. Neste contexto, a fraude pode assumir relevância penal, no quadro do tipo de crime de burla relativa a seguros. Cfr., *infra*, XI.XII.

[692] Cfr., p. ex., n.º 2 do artigo 133.º.

[693] Cfr., p. ex., n.º 5 do artigo 25.º ou alínea c) do n.º 1 do artigo 94.º.

assim, de uma mera opção de estilo por parte do legislador, e não de uma alteração conceptual de substância. Em qualquer caso, ter-se-á tratado de uma opção questionável, já que, por um lado, foi mantida a dualidade de significantes e, por outro, a expressão "dolo com o propósito de obter uma vantagem", sem consagração legal ou dogmática, peca por (ainda) menor clareza.

III.3.8. Responsabilidade por informações

O artigo 485º do CC vem estabelecer uma previsão delitual específica, face à previsão geral de responsabilidade civil subjectiva formulada no artigo 483º do CC[694], por conselhos, recomendações ou informações, suscitando dificuldades interpretativas, designadamente, quanto à sua articulação com o artigo 227º do CC ou – mais pertinentemente até – com o regime da declaração do risco[695].

A *ratio* do nº 1 do artigo 485º prende-se, afinal, com o propósito de clarificação de que as informações do quotidiano são meras obsequiosidades e que não implicam um dever de diligência, pelo que não geram responsabilidade por negligência[696]. O sentido útil do preceito é, assim, o de que não existe um regime especial de responsabilidade por conselhos, recomendações ou informações fora do quadro da responsabilidade pré-contratual, obrigacional ou aquiliana[697]. Por seu turno, o nº 2 do mesmo preceito estabelece três excepções ao nº 1, que apenas configuram *exemplos* de situações de responsabilidade por informações[698]: as

---

[694] Luís Menezes Leitão, *Direito das Obrigações*, Vol. I, *cit.*, p. 313.

[695] Os conselhos ou recomendações distinguem-se das informações na medida em que, para além de um conteúdo informativo (comunicação de um facto), comportam uma sugestão de conduta, uma exortação à adopção de um determinado comportamento ou abstenção de agir. Por seu turno, as recomendações distinguir-se-ão dos conselhos em virtude de envolverem um menor grau de intensidade. De comum – a justificar a mesma valoração jurídica num regime comum – as três noções implicam a potencial influência sobre um comportamento (voluntário) de outrem. Cfr. Jorge Sinde Monteiro, *Responsabilidade por Conselhos...*, *cit.*, pp. 14 ss.; Jorge Sinde Monteiro, "Responsabilidade por informações...", *cit.*, pp. 35-36; Eva Moreira da Silva, *Da Responsabilidade...*, *cit.*, p. 68. Para além de tendentes a influenciar a confiança do lesado, os conselhos, recomendações ou informações dão origem a danos puramente patrimoniais (ou danos patrimoniais primários), cuja ressarcibilidade é, em princípio, afastada pela responsabilidade delitual – Manuel Carneiro da Frada, *Uma "Terceira Via"...*, *cit.*, p. 37; Manuel Carneiro da Frada, *Teoria da Confiança...*, *cit.*, pp. 238-239; e João Calvão da Silva, *Responsabilidade Civil do Produtor*, Coimbra, Almedina, 1990, p. 706, n. 2.

[696] João Baptista Machado, "A cláusula...", *cit.*, p. 549; Jorge Sinde Monteiro, *Responsabilidade por Conselhos...*, *cit.*, pp. 334 ss. Assumindo como fonte histórica o § 676 do BGB, a versão inicial do artigo 485º visava aclarar que o conselho ou recomendação em resposta a uma solicitação não constituíam tacitamente uma relação contratual e que, portanto, a actuação negligente não responsabilizava (contratualmente) o informante – Jorge Sinde Monteiro, *idem*, pp. 443 ss.

[697] Jorge Sinde Monteiro, *Responsabilidade por Conselhos...*, *cit.*, pp. 448-449.

[698] Na verdade, outras situações resultam das próprias regras gerais sobre responsabilidade civil. Segundo Sinde Monteiro, as deficiências de redacção do nº 2 seriam colmatadas com a seguinte

situações em que se tenha assumido a responsabilidade pelos danos decorrentes dos conselhos, recomendações ou informações (designadamente, quando seja concluído um contrato de garantia)[699]; os casos em que o procedimento do agente constitua facto punível (isto é, em que esse facto constitua um delito penal); as situações em que haja o dever jurídico – de fonte legal ou convencional – de dar o conselho, recomendação ou informação *e* se tenha procedido com negligência ou intenção de prejudicar[700]. É esta a situação que aqui nos interessa particularmente, perante o reconhecimento de um dever jurídico de prestar a informação: o dever legal de declaração do risco.

Quanto à articulação entre o artigo 227º e o nº 2 do artigo 485º do CC, embora a violação do dever pré-contratual de informação pareça cair no âmbito deste último preceito (existência de um dever jurídico de prestar a informação)[701], cremos tratar-se de uma sobreposição de normas, já que do artigo 227º resulta, não só o dever, mas a própria responsabilidade, dispensando-se, por desnecessário, o recurso ao nº 2 do artigo 485º[702].

---

redacção: «o dever de indemnizar existe, porém, quando se assumiu a responsabilidade pelos danos, quando havia o dever jurídico de dar o conselho, recomendação ou informação, ou de proceder com diligência ao dá-los, ou quando constituam um acto ilícito». Jorge Sinde Monteiro, *Responsabilidade por Conselhos...*, *cit.*, p. 454, n. 357.

[699] Estaria aqui em causa uma responsabilidade obrigacional já que resultante da violação de um dever de prestar – Eduardo Santos Júnior, *Direito das Obrigações...*, *cit.*, p. 308.

[700] Segundo Sinde Monteiro, a solução é sobretudo pertinente – no sentido em que «dá resposta imediata a muitas questões, evitando possíveis dúvidas» – no que concerne os deveres resultantes da lei – Jorge Sinde Monteiro, *Responsabilidade por Conselhos...*, *cit.*, p. 452, n. 354. Baptista Machado considera ainda, por interpretação extensiva, haver uma obrigação indemnizatória por violação de um "dever de protecção e cuidado" quando, *inexistindo um dever de dar a informação* – mas verificando-se uma relação de confiança – a informação seja dada com negligência grave, eivada de inexactidões, e provocando prejuízos consideráveis para o destinatário (João Baptista Machado, "A cláusula...", *cit.*, p. 550). Recusando a suficiência desta solução para superar as deficiências do preceito, Jorge Sinde Monteiro, *idem*, p. 453, n. 355.

[701] Luís Menezes Leitão, *Direito das Obrigações*, Vol. I, *cit.*, p. 313.

[702] No mesmo sentido, considera Dário Moura Vicente que a responsabilidade pré-contratual por informações, conselhos ou recomendações indutores em erro se rege pelo artigo 227.º, que apresenta pressupostos menos restritivos – Dário Moura Vicente, *Da Responsabilidade...*, *cit.*, p. 271. Na doutrina alemã a *responsabilidade por declarações (Erklärungshaftung)* – que especialmente confere uma tutela indemnizatória para a confiança – abrange precisamente os danos causados por omissões ou inexactidões declarativas, quer no quadro da *culpa in contrahendo*, quer no da responsabilidade por declarações incorrectas – Manuel Carneiro da Frada, *Teoria da Confiança...*, *cit.*, p. 76. Neste domínio, entende Sinde Monteiro, com base no argumento sistemático da interpretação, que a *culpa in contrahendo* não assume a natureza de responsabilidade delitual, pelo que o artigo 485.º, no quadro deste tipo de responsabilidade, não lhe será aplicável: «o art. 485 não viria assim regular aspectos particulares de uma matéria, mas a mesma matéria, de modo diferente» – Jorge Sinde Monteiro, *Responsabilidade por Conselhos...*, *cit.*, p. 384.

Quanto ao dever de declaração do risco – configurado como dever legal de informação – pensamos que a situação não é substancialmente diversa da respeitante à referida sobreposição com o artigo 227º do CC. Assim, sendo a matéria regulada no quadro especial da declaração do risco, ficará afastada a aplicabilidade cumulativa do nº 2 do artigo 485º.

III.3.9. Dever de declaração e tutela do consumidor

I. O desenvolvimento da chamada *sociedade de consumo* – caracterizada, designadamente, pela massificação das relações contratuais; pela complexidade, quer dos bens e serviços transaccionados, quer dos conteúdos contratuais que os suportam; e pela fluidez do tráfego jurídico – veio colocar em evidência, quer uma desigualdade de poder (económico e jurídico-negocial) no eixo profissional-consumidor, quer uma desigualdade de conhecimento no eixo perito-leigo, impondo um papel fulcral aos deveres de informação como forma de contribuir para o equilíbrio das referidas assimetrias[703].

O contexto dos primórdios do contrato de seguro – em que as partes eram, normalmente, ambas profissionais – ou a ideologia liberal dominante há um século, quando o reconhecimento de uma igualdade formal entre as partes reduzia os deveres pré-contratuais de informação a situações residuais, estão hoje deslocados[704]. Assim, a declaração do risco é hoje uma situação peculiar relativamente à normal correlação de forças na relação negocial, razão porque muita da literatura jurídica revela uma postura crítica sobre o que é entrevisto como uma exagerada – e actualmente injustificada – protecção do segurador, deixando a contraparte (que, em regra, tem a natureza de consumidor), correspectivamente carente de tutela legal[705].

---

[703] Como referem Stiglitz *et al.*, «a informação foi-se transformando, com a produção, distribuição e comercialização em massa, e com o desenvolvimento da tecnologia, de necessidade social em dever jurídico» – Rubén Stiglitz e Gabriel Stiglitz, *Responsabilidad...*, *cit.*, p. 67 (trad. nossa).

[704] Virginia Bado Cardozo, *El Riesgo...*, *cit.*, p. 50; Jorge Sinde Monteiro, *Responsabilidade por Conselhos...*, *cit.*, pp. 164-165; Reiner Schulze, "Precontractual duties and conclusion of contract in european law", *ERPL*, Vol. 13, nº 6 (2005), p. 848.

[705] Como veremos, o enviesamento, a favor do segurador, do quadro legal sobre a declaração do risco é particularmente evidente no sistema jurídico inglês, onde é frequente assinalar-se que o regime ilude as razoáveis expectativas dos consumidores – cfr. Francesco Nanni *et al.*, "Linee e tendenze in tema di leggibilità e trasparenza dei testi contrattuali assicurativi", *DEA*, Ano XXXIX (1997), nº 1, p. 244. Neste quadro, por vezes, a denegação ao consumidor do pagamento de uma indemnização ou capital – mediante invocação de um qualquer pormenor técnico ou de uma qualquer inexactidão inocente e/ou irrelevante na declaração do risco – assume-se injusta, revelando ser meramente ilusória a tranquilidade almejada pelo consumidor por efeito da transferência do risco – The Law Commission, *Insurance Contract Law – Issues Paper 1: Misrepresentation and Non-Disclosure*, 2006, http://www.lawcom.gov.uk/docs/insurance_contact_law_issues_paper_1.pdf

Porém, o desvio verificado em matéria de declaração do risco assenta, como referido, na assimetria no acesso à informação, que impõe uma especial tutela do segurador[706]. Ora, a tutela da posição do segurado consumidor, como parte economicamente mais débil, haverá de ser prosseguida, não desonerando-o do dever de declaração do risco, mas garantindo-lhe a informação clara sobre as condições contratuais, no que é configurável como um dever de transparência e cooperação pré-contratual que responsabiliza ambas as partes[707].

Não obstante, a operacionalização do *princípio da transparência* pode traduzir-se, na prática, num "princípio da opacidade", na medida em que, como referimos já[708], a prolixidade da informação exigida ao profissional desencoraja a efectiva apreensão da mesma pelo consumidor[709]. Por outro lado, uma perspectiva económica sublinha que o benefício, para o consumidor, da aquisição de informação adequada sobre o conteúdo das condições contratuais é, em regra, baixo, e excedido pelos custos consideráveis que essa aquisição implica[710]. Acresce que,

---

(consult. 04/08/2008), p. 44. Haveria, assim, que buscar um novo equilíbrio entre a necessidade de informação do segurador e a necessidade de segurança da contraparte que confia na plena eficácia do contrato – cfr. Malcolm Clarke, *Policies...*, *cit.*, p. 97.

[706] Júlio Gomes, "O dever de informação do tomador...", *cit.*, p. 76 e José Vasques, "Declaração...", *cit.*, p. 6.

[707] Christoph Fabian, *O Dever...*, *cit.*, pp. 68-70; Carlos Harten, *El Deber...*, *cit.*, p. 45; Josep Llobet i Aguado, *El Deber...*, *cit.*, pp. 109 ss.; Alberto Monti, "Buona fede, trasparenza e doveri di informazione nel progetto di legge n. 3555/04 per la riforma del diritto dei contratti di assicurazione in Brasile", *DEA*, Milano, 2004, nº 4, pp. 1159 e 1161. Em qualquer caso, as informações pré-contratuais, formuladas numa linguagem menos técnica e rigorosa (e, portanto, também mais acessível ao consumidor) não devem ser perspectivadas como sobrepondo-se às próprias cláusulas contratuais nem entrevistas como a verdadeira fonte de regulação do contrato – Francesco Nanni *et al.*, "Linee...", *cit.*, p. 241. No caso do tomador do seguro, a informação destina-se a uma avaliação do prémio, ponderando subjectivamente a relação entre a privação actual de um bem (o prémio) e a segurança adquirida com o mesmo (cobertura do eventual sinistro e termos em que a mesma se configura contratualmente).

[708] Cfr. *supra*, II.1.2.VII, n. 146.

[709] Como refere Thunis, «o excesso de informação mata a informação verdadeira» – Xavier Thunis, "L'obligation...", *cit.*, p. 321 (trad. nossa). No mesmo sentido, Francesco Nanni *et al.*, "Linee...", *cit.*, p. 242.

[710] Julie-Anne Tarr, *Disclosure and Concealment...*, *cit.*, p. 18. A própria compreensão das condições contratuais é, particularmente no caso dos seguros, dificultada por uma linguagem por vezes obscura, por uma sistemática nem sempre lógica e por uma mancha gráfica de legibilidade frequentemente difícil. Essa circunstância, especialmente agravada no contexto da técnica contratual anglo-saxónica, levou um juiz americano a comentar que «raramente a arte tipográfica foi com tanto sucesso desviada da difusão do conhecimento para a supressão do mesmo» – *Delancey v. Insurance Co.* 52 NH 581, 587-588 (1873), *apud* Julie-Anne Tarr, *idem*, p. 109 (trad. nossa). Por seu turno, o esforço levado a cabo em alguns países anglo-saxónicos para formular as condições contratuais em inglês corrente não produziu resultados significativos. A leitura das apólices de seguro está longe de ser considerada uma actividade lúdica e os relatórios anuais do *Insurance Industry Complaints Council*

sendo reduzido ou nulo o poder de estipulação para o proponente, o benefício daquela aquisição será ainda menor, sendo certo, em qualquer caso, que a proibição legal de cláusulas abusivas e a função do mercado de livre concorrência tenderão a garantir que o respectivo conteúdo será equilibrado (correspondendo, no contrato de seguro, ao prémio definido). Assim, quanto a este contrato, restará ao tomador do seguro esperar que, em caso de ocorrência do sinistro – sempre incerta por natureza – as circunstâncias do mesmo estarão garantidas contratualmente e assegurada a indemnização do dano resultante.

II. A influência de um princípio de tutela do consumidor transparece hoje, não só das soluções concretas do Direito em matéria de declaração do risco, mas do próprio enquadramento da disciplina do contrato de seguro[711]. Nesta medida, alguma doutrina reclama o estabelecimento de regimes diferenciados (em particular, quanto à declaração do risco) em função da qualidade do declarante, o qual apenas mereceria a especial benevolência que as modernas tendências reguladoras vêm revelando se fosse classificável como consumidor (mas já não se revestisse a qualidade de profissional)[712].

Embora as preocupações consumeristas mereçam a tutela do ordenamento, as mesmas suscitam problemas evidentes ao nível da regulação do contrato de seguro e, em particular, da declaração do risco. É que a contraparte do segurador (o tomador do seguro) não é necessariamente um consumidor, podendo ser um profissional ou mesmo uma empresa. Por outro lado, sempre se suscitariam dúvidas quando o tomador do seguro não assumisse a qualificação de consumidor mas tal ocorresse com o segurado, com o beneficiário ou com o terceiro lesado[713].

---

australiano assinalam recorrentemente que os consumidores tendem a não ler as apólices com a devida atenção e que estão mais interessados no valor do prémio de seguro do que nas garantias que correspondem ao mesmo – *idem*, pp. 140 e 146.

[711] Em Espanha, p. ex., esta é considerada um regime especial em matéria de regulação do consumo. Francisco Tirado Suárez, "Anotaciones al deber de declaración del riesgo en el contrato de seguro", *RES*, nº 61 (Jan.-Mar. 1990), pp. 129 ss. Quanto à orientação no Reino Unido, cfr. The Law Commission, *Insurance...*, *cit.*, pp. 31-32.

[712] Entre nós, Júlio Gomes, "O dever de informação do (candidato a) tomador...", *cit.*, pp. 400-401. Cfr. também Francisco Tirado Suárez, "Anotaciones...", *cit.*, p. 133. A diferenciação de regimes em função da qualidade de consumidor não é, porém, solução frequente. Por vezes, opera apenas de forma indirecta, quando alguns ramos de seguros (em regra utilizados por empresários ou profissionais, como os seguros de transportes, os seguros de crédito e caução ou, em geral, os seguros de grandes riscos) são excluídos do âmbito de aplicação de um regime legal. Ainda assim, os não consumidores continuam a beneficiar de uma especial tutela quando contratam a generalidade das modalidades de seguro de massa.

[713] Luís Silveira Rodrigues, "A protecção...", *cit.*, p. 237. Mais flagrante ainda seria o caso dos seguros de grupo (em especial, dos contributivos), em que, por norma, o tomador do seguro será uma pessoa colectiva e os segurados poderão ser ou não consumidores.

Assim, a definição de um regime específico, aplicável a consumidores, no quadro da regulação do contrato de seguro, sempre colocaria incontáveis problemas de exequibilidade prática. O problema estará ultrapassado, em qualquer caso, se – como sucede actualmente na LCS portuguesa – forem consagrados deveres de informação a cargo do segurador que tutelem devidamente a contraparte, independentemente de a mesma ser ou não qualificável como *consumidor*, e que contemplem as especificidades do contrato de seguro[714]. De resto, a *adicional* tutela do consumidor é assegurada pelo disposto no artigo 3º da LCS, que consagra a aplicação ao contrato de seguro, designadamente, da legislação sobre cláusulas contratuais gerais, sobre defesa do consumidor e sobre contratos celebrados à distância, nos termos e com as consequências previstos nos referidos diplomas[715].

III.4. ERRO E AUTONOMIA DA VONTADE

III.4.1. O princípio da autonomia privada

I. O fundamento do instituto da declaração do risco é frequente – e tradicionalmente – reconduzido à doutrina dos vícios da vontade, corolário, por seu turno, do princípio da autonomia privada.

O princípio da autonomia privada (ou da autonomia da vontade) – princípio fundamental do Direito privado – postula que a participação das pessoas no tráfego jurídico privado deve corresponder à expressão de uma vontade autónoma (e, portanto, livre) e que deverá ser assegurada aos sujeitos a auto-regulação dos seus interesses mediante o livre estabelecimento de relações jurídicas, negociando livremente, celebrando contratos e estabelecendo a disciplina das relações negociais pelas quais se vinculam. O princípio da autonomia privada – que encontra, aliás, consagração no nº 1 do artigo 405º do CC – reporta-se, assim, à livre configuração das relações jurídicas privadas, assentando no negócio jurídico como instrumento privilegiado de realização desse escopo[716].

---

[714] Entre os especiais deveres pré-contratuais de informação, que visam imprimir transparência à relação contratual, destacam-se os decorrentes dos artigos 18º ss., 178º e 185º da LCS, a que acrescem, designadamente, o dever de esclarecimento previsto no artigo 22º e o dever de sigilo consagrado no artigo 119º.

[715] Pedro Romano Martinez, "Artigo 3º – Anotação", *in* Pedro Romano Martinez *et al., LCS Anotada, cit.*, p. 43.

[716] Heinrich Lehmann, *Allgemeiner Teil des Bürgerliches Gesetzbuches*, 7ª Ed., 1952 (trad. espanhola, *Tratado de Derecho Civil: Parte General*, Madrid, Ed. RDP, 1956), p. 210. Cfr. também, p. ex., Eduardo Santos Júnior, *Direito das Obrigações...*, cit., p. 27; e Eva Moreira da Silva, *Da Responsabilidade...*, cit., p. 85. Flume faz decorrer a autonomia privada do princípio geral da autodeterminação das pessoas, entendendo-a como «o princípio de auto-configuração das relações jurídicas pelos particulares conforme a sua vontade» – Werner Flume, *Allgemeiner Teil des Bürgerlichen Rechts*, Vol. II – Das Rechtsgeschäft, 4ª Ed., Springer-Verlag, Berlin, 1992 (trad. espanhola, *El Negocio Jurídico*, Vol II – Parte General del Derecho Civil, Madrid, Fundación Cultural del Notariado, 1998), p. 23 (trad.

Sendo o contrato a principal forma de expressão da autonomia privada, o termo *liberdade contratual* é frequentemente usado como sinónimo de *autonomia privada*. Em sentido estrito, a liberdade contratual constitui uma situação especial da autonomia privada, designando: a faculdade de as partes decidirem celebrar ou não um contrato; a liberdade de escolha da contraparte; a liberdade de estipulação (que se traduz na livre escolha do tipo negocial a adoptar, ou de combinação de tipos diferentes, ou de modificação da regulação legal supletiva, ou de recurso a modelos contratuais atípicos); e a liberdade de forma (conquanto não seja legalmente prescrita forma obrigatória)[717].

Ainda assim, a autonomia privada encontra-se subordinada ao ordenamento jurídico, no sentido de que o conteúdo dos actos jurídicos da mesma dimanados haverá de ser reconhecido pelo ordenamento, e de que só opera onde o ordenamento reconheça permissões de agir, isto é, onde o mesmo não imponha condutas nem estabeleça proibições de actuação[718]. Por outro lado, a autonomia privada dá origem à vinculação dos sujeitos[719]. Exercida a mesma, o fundamento para a vinculação de cada uma das partes, mesmo que venha a mudar o sentido da sua vontade, assenta na segurança do tráfico jurídico e no princípio da tutela da confiança[720].

II. Num quadro de plena liberdade negocial seria configurável a inexistência de qualquer dever de informação entre as partes. Porém, a autonomia privada desvaloriza o poder de auto-vinculação de uma vontade que não seja livre e esclarecida. Assim, do princípio da autonomia privada decorre a tutela da vontade dos contratantes. Porque uma vontade só é plenamente livre na medida em que seja esclarecida – isto é, assente numa representação dos factos conforme com a realidade e expurgada, portanto, de representações erróneas que a viciem – a plena liberdade contratual só se encontra assegurada na medida em que o Direito tutela aquele esclarecimento, impondo razoavelmente a cada parte deveres de informação sobre factos inacessíveis à contraparte.

É esta, portanto, a função dos deveres pré-contratuais de informação decorrentes do princípio da boa fé: sem a sua observância não seria realizável o princípio

---

nossa). Joaquim de Sousa Ribeiro distingue a autonomia da vontade da autodeterminação, no sentido de que, enquanto aquela se reporta à fonte normativa de que promanam regras negociais autónomas, esta coloca-se num plano pré-jurídico com relevância política, designando «o poder de cada indivíduo gerir livremente a sua esfera de interesses, orientando a sua vida de acordo com as suas preferências» – Joaquim de Sousa Ribeiro, *O Problema do Contrato...*, *cit.*, p. 22.

[717] Dieter Medicus, *Schuldrecht...*, *cit.*, p. 39.

[718] Werner Flume, *Allgemeiner Teil...*, Vol. II, *cit.*, p. 24.

[719] A propósito, afirma Flume que «o princípio da autonomia privada assenta numa combinação de liberdade e vinculação». Werner Flume, *Allgemeiner Teil...*, Vol. II, *cit.*, p. 41 (trad. nossa).

[720] Joaquim de Sousa Ribeiro, *O Problema do Contrato...*, *cit.*, p. 68.

da autonomia da vontade. Este ponto de convergência não impede, porém, como veremos, que seja diversa a função das cominações associadas ao incumprimento dos deveres de informação: a invalidade do contrato, decorrente do regime dos vícios da vontade; e a responsabilidade civil, decorrente da *culpa in contrahendo*.

III.4.2. O regime geral do erro e do dolo como vícios da vontade

I. Como referimos, o contrato traduz-se num encontro de vontades, pelo que assenta no mútuo consentimento, implicando, nomeadamente, o perfeito *conhecimento* do conteúdo e alcance do negócio e a *liberdade* de querer as respectivas consequências. Neste quadro, verifica-se a existência de um vício do consentimento – o *erro*, invalidante do contrato – sempre que a vontade contratual se formou defeituosamente, com intervenção de um elemento que afecta e compromete o carácter esclarecido, espontâneo e livre do consentimento das partes, isto é, quando haja uma divergência entre a vontade real (não esclarecida ou não livre) e a vontade virtual (esclarecida e livre) do contratante[721].

Desta forma, as regras de validade do contrato – designadamente as que se reportam à falta ou vícios da vontade – têm por fim a protecção da integridade do consentimento e da liberdade de contratar[722]. No quadro do regime dos vícios da vontade, o direito potestativo à anulação do contrato tem a sua génese na fase pré-contratual e por fonte a própria lei[723]. A opção legislativa pelo regime da anulabilidade decorre, por seu turno, do carácter interprivado da matéria dos vícios da vontade, competindo à parte cuja vontade negocial tenha sido viciada o exercício da tutela do seu interesse[724].

II. A regulação do erro como vício da vontade tem as suas origens no Direito romano, tendo-se desenvolvido a partir da situação de erro qualificado por dolo. De início, verificou-se a admissibilidade da *exceptio doli* como meio de defesa, pelo errante, nos *bonae fidei iudicia*. Posteriormente, consagrou-se a *actio doli* – cabendo a quem, sendo vítima de dolo, pretendesse ser indemnizado – e, mais tarde, reconheceu-se a existência de vários tipos de *error*, independentemente da ocorrência de dolo[725].

A evolução verificada veio a dar origem a uma regulação simplificadora e insuficiente do instituto na fase da codificação. Foi o caso verificado com o Código

---

[721] Manuel Domingues de Andrade, *Teoria Geral...*, Vol. II, *cit.*, p. 227; Josep Llobet i Aguado, *El Deber..., cit.*, p. 123.

[722] Paulo Mota Pinto, *Interesse Contratual...*, Vol. II, *cit.*, p. 1396.

[723] Carlos Mota Pinto, *Direito das Obrigações, cit.*, p. 75, n. 42.

[724] Pedro Pais Vasconcelos, *Teoria Geral..., cit.*, p. 659.

[725] António Menezes Cordeiro, *Tratado...*, I, Tomo I, *cit.*, p. 807; e António Menezes Cordeiro, *Tratado de Direito Civil Português*, V – Parte Geral, Coimbra, Almedina, 2005 (Reimpr. 2011), pp. 265 ss.

Napoleão – e, em menor medida, com o BGB alemão – o que veio a motivar uma elaboração acentuada da matéria na doutrina e na jurisprudência dos vários países[726].

III. As soluções legais para o problema dos vícios da vontade não podem, porém, ancorar-se apenas no princípio da autonomia da vontade e na tutela da parte sobre quem haja recaído o vício da vontade. Cada ordenamento jurídico, colocado perante a problemática do erro-vício da vontade, procura superar um conflito dilemático, requerendo soluções equilibradas na tutela de ambas as posições contratuais: de um lado, a protecção da autodeterminação negocial da parte cuja vontade haja sido viciada; do outro, a protecção das expectativas da contraparte que confiou na perfeição da vontade do errante e na estabilidade do contrato firmado, tutelando igualmente a segurança do tráfego jurídico[727]. A coerência de cada solução resulta, assim, do compromisso e do equilíbrio entre as referidas tutelas, assentes, respectivamente, na teoria da vontade e na teoria da declaração[728].

IV. O erro-vício ou erro da vontade negocial traduz-se numa divergência entre a realidade e a crença ou representação que da mesma assume o declarante, afectando a sua decisão de se vincular contratualmente: um equívoco *crer* que determina o *querer* negocial[729].

O CC regula o erro na formação da vontade, ou erro-vício, nos artigos 251º e 252º. Desde logo, como resulta da primeira das citadas disposições, o erro que atinja os motivos determinantes da vontade[730] – quando se refira à identidade (*error in substantia*) ou qualidades (*error in qualitate*), quer da pessoa do

---

[726] António Menezes Cordeiro, *Tratado...*, I, Tomo I, *cit.*, pp. 809 ss.

[727] Diogo Costa Gonçalves, "Erro-obstáculo e erro-vício – Subsídios para a determinação do alcance normativo dos artigos 247º, 251º e 252º do Código Civil", *RFDUL*, Vol. XLV (2004), nºs 1 e 2, p. 312; Heinrich Ewald Hörster, *A Parte Geral...*, *cit.*, p. 569.

[728] Cfr., sobre a matéria, Ludwig Enneccerus e Hans Carl Nipperdey, *Allgemeiner Teil des Bürgerlichen Rechts*, 13ª Ed., 1931 (trad. espanhola, *Derecho Civil (Parte General)*, Vol. II, Barcelona, Bosch, 1935), pp. 172 ss.

[729] Cfr. Rui de Alarcão, "Breve motivação...", *cit.*, p. 92; Pedro Romano Martinez e Joana Vasconcelos, "Vício na formação do contrato, interpretação do negócio jurídico, condição resolutiva e incumprimento contratual", *RDES*, Ano XLIV (XVII da 2ª Série), nºs 1 e 2 (Jan.-Jun. 2003), p. 171; Carlos Mota Pinto, *Teoria Geral...*, *cit.*, p. 505. O erro-vício distingue-se do chamado erro-obstáculo ou erro na declaração, que ocorre quando a vontade contratual do declarante se formou perfeitamente, verificando-se, porém, uma divergência entre o querido e o declarado (vício na exteriorização da vontade) – Diogo Costa Gonçalves, "Erro-obstáculo...", *cit.*, p. 312.

[730] Embora uma tendência maioritária na doutrina considere que a expressão "motivos determinantes da vontade" é sinónima do requisito de essencialidade, Diogo Gonçalves defende que os mesmos são «aquelas motivações concretas e particulares do errante que o levam a celebrar aquele negócio» – Diogo Costa Gonçalves, "Erro-obstáculo...", *cit.*, p. 359. A divergência de posições não

declaratário[731], quer do objecto[732] do negócio – torna este anulável nos termos do artigo 247º. Por outro lado, nos termos desta disposição, a anulabilidade só operará se o declaratário conhecer ou não dever ignorar a essencialidade[733], para o *errans*, do elemento sobre o qual incidiu o erro[734].

tem, porém, alcance prático, já que a impugnabilidade do contrato sempre passará pelo crivo da essencialidade.

[731] Quanto ao erro sobre a pessoa, ele abrange apenas a pessoa do declaratário. Se se tratar do declarante ou de terceiro rege o nº 1 do artigo 252º do CC. Contesta-se, assim, a posição de Diogo Gonçalves, para quem o erro sobre a pessoa do declarante ou de terceiro «são realidades manifestas da vida negocial, sendo bastante para a relevância do erro o conhecimento ou o dever de não ignorar a essencialidade» ("Erro-obstáculo...", *cit.*, pp. 366-367). O autor propõe, assim, a aplicação analógica a tais casos do artigo 251º do CC.

[732] O significante *objecto* está aqui empregue em sentido amplo (à semelhança do que sucede no artigo 280º do CC), abrangendo, na terminologia tradicional, tanto o *objecto imediato* (conteúdo do negócio) como o *objecto mediato* (objecto material ou objecto *stricto sensu*) – José de Oliveira Ascensão, *Direito Civil...*, Vol. II, *cit.*, p. 126; António Menezes Cordeiro, *Tratado...*, I, Tomo I, *cit.*, p. 825; Pedro Pais Vasconcelos, *Teoria Geral...*, *cit.*, p. 660. Assim, para efeito do regime, relevará tanto o erro de facto (falsa representação sobre circunstâncias de facto) como o de Direito (falsa representação sobre regras jurídicas ou sobre a natureza do negócio), não colidindo este com o disposto no artigo 6º do CC – António Menezes Cordeiro, *op. cit.*, p. 827. Por outro lado, o erro deverá incidir sobre as qualidades essenciais do objecto, ou sobre a sua quantidade – Durval Ferreira, *Erro Negocial: Objecto – Motivos – Base Negocial e Alteração de Circunstâncias*, 2ª Ed., Coimbra, Almedina, 1998, p. 23. Entre as qualidades mais relevantes do objecto (mediato) está o respectivo valor – António Menezes Cordeiro, *op. cit.*, p. 825. Cfr. também Diogo Costa Gonçalves, "Erro-obstáculo...", *cit.*, p. 363.

[733] Este requisito de *essencialidade* assume o sentido de que, inexistindo o erro, o *errans* não teria celebrado o contrato ou não o teria celebrado nos mesmos termos e condições – Pedro Pais Vasconcelos, *Teoria Geral...*, *cit.*, p. 660. Por outro lado, a essencialidade é aferida subjectivamente, tendo em conta a perspectiva do *errans*, não obstante o requisito do conhecimento da mesma pela contraparte. Quanto ao requisito da cognoscibilidade e ao sentido da expressão "não dever ignorar", entende José Alberto Vieira que o mesmo se reporta aos casos em que a essencialidade *deve ser conhecida* «por força de dever legal ou negocial, ainda que o declaratário não conheça efectivamente essa essencialidade» – José Alberto Vieira, *Negócio Jurídico...*, *cit.*, p. 60. Cremos, pela nossa parte que a *cognoscibilidade* não traduz a existência de um dever legal (ou negocial) de conhecer, mas apela para as regras da normal diligência (aferidas pelo padrão, legalmente consagrado, do *bonus pater familias*) do declaratário. Será, assim, cognoscível tudo o que o declaratário, usando de normal diligência, *deva conhecer* de acordo com as regras da experiência.

[734] Como refere Menezes Cordeiro, «o "dever de conhecer" introduz um factor de objectivação que dá consistência ao sistema, tutelando a confiança» – António Menezes Cordeiro, *Tratado...*, I, Tomo I, *cit.*, p. 826. Diversamente, sustenta Carlos Mota Pinto que esse requisito não tutela suficientemente a confiança do declaratário, que pode estar ciente daquela essencialidade mas desconhecer que o declarante se encontra em erro – Carlos Mota Pinto, "Apontamentos sobre o erro na declaração e os vícios da vontade no novo Código Civil", *RDES*, Ano XIV, nº 1 e 2 (Jan.-Jun. 1967), p. 120. O autor considera que os requisitos do artigo 252º – reconhecimento, por acordo, da essencialidade do motivo (o que, para o autor, corresponderá à estipulação de uma condição) – garantiriam melhor a tutela da confiança do declaratário. Numa perspectiva *de iure condendo*, considera mais adequado,

Por seu turno, numa norma residual, o nº 1 do artigo 252º estabelece que o erro que recaia nos motivos determinantes da vontade, mas se não refira à pessoa do declaratário nem ao objecto do negócio, só é causa de anulação se as partes houverem reconhecido, por acordo, a essencialidade do motivo. O declaratário, ao acordar – de forma expressa ou tácita[735] – na essencialidade do motivo, assume contratualmente o risco do erro e da própria impugnabilidade do contrato[736], numa manifestação da soberania da vontade, que aqui prevalece sobre a tutela da confiança[737]. Assim, a admissibilidade do erro fora do âmbito do artigo 251º é marginal, obedecendo a requisitos mais restritivos do que os estabelecidos por

na falta do reconhecimento por acordo, o requisito do conhecimento (ou cognoscibilidade) *do erro* – Carlos Mota Pinto, "Observações ao regime do Projecto de Código Civil sobre o erro nos negócios jurídicos", *RDES*, Ano XIII, nº 1 e 2 (Jan.-Jun. 1966), pp. 6 ss. Atenta, porém, a solução legalmente acolhida, sustenta o autor que, quando «a aplicação do artigo 247º lese clamorosamente os interesses do declaratário, pode obstar-se à anulação, por força da cláusula geral do abuso do direito (art. 334º); quando se não atinjam esses extremos e, consequentemente, o negócio possa ser anulado, não obstante a falta de culpa do declaratário na formação da sua confiança, haverá lugar à obrigação de indemnizar o interesse negativo» – Carlos Mota Pinto, "Apontamentos...", *cit.*, p. 120. Também em sentido crítico quanto à solução legalmente acolhida, por deixar desprotegida a legítima confiança do declaratário, e defendendo, de *iure condendo*, o requisito de cognoscibilidade do erro, Paulo Mota Pinto, *Declaração Tácita e Comportamento Concludente no Negócio Jurídico*, Coimbra, Almedina, 1995, pp. 372 ss. Do nosso ponto de vista, e sem contestar a relevância de qualquer das posições em presença no sentido da tutela da confiança do declaratário, cremos que esta só seria devidamente acautelada se o requisito assentasse no conhecimento (ou cognoscibilidade), cumulativamente, da essencialidade do motivo e do próprio erro.

[735] Nada obsta a que o acordo das partes seja tácito – Rui de Alarcão, "Breve motivação...", *cit.*, p. 93; António Menezes Cordeiro, *Tratado...*, I, Tomo I, *cit.*, p. 829; José Alberto Vieira, *Negócio Jurídico...*, *cit.*, p. 65.

[736] Tal *acordo* traduz-se, como sublinha Castro Mendes, em o declaratário assumir inequivocamente o risco de ser falsa a informação que motiva a decisão do declarante – João de Castro Mendes, *Direito Civil...*, Vol. II, *cit.*, p. 98. Segundo Carlos Mota Pinto, o acordo haveria de assumir o «sentido de a validade do negócio ficar condicionada à verificação da circunstância cuja falsa representação foi o motivo do negócio» – Carlos Mota Pinto, "Observações...", *cit.*, p. 14 (cfr., igualmente, Paulo Mota Pinto, *Declaração Tácita...*, *cit.*, pp. 354 e 357). Quanto à natureza do acordo, entende Paulo Mota Pinto – contra o que vem sendo o entendimento dominante na doutrina – que não se trata de uma dupla declaração de ciência (o mero reconhecimento da essencialidade), mas um encontro de declarações de vontade: «o acordo pelo qual se reconhece a essencialidade de um motivo e se torna a validade do negócio dependente de uma circunstância é constituído por verdadeiras declarações modificativas do conteúdo do negócio, isto é, que o especificam, mesmo que seja um acordo formado autonomamente» – Paulo Mota Pinto, *Declaração Tácita...*, *cit.*, p. 359, n. 366. Pela nossa parte, cremos ser esta a perspectiva que melhor traduz os efeitos do acordo.

[737] Está, assim, em causa, nas palavras de Pais Vasconcelos, o erro sobre «circunstâncias subjectiva e consensualmente previstas pelas partes como essenciais à decisão de contratar» – Pedro Pais Vasconcelos, *Teoria Geral...*, *cit.*, p. 669. Ainda assim, entende alguma doutrina que, mesmo na falta de acordo quanto à essencialidade, o negócio poderá ser anulável se, no quadro de um sistema

este artigo. Note-se, em qualquer caso, que, inexistindo o regime da declaração do risco, o enquadramento das omissões ou inexactidões do proponente de um contrato de seguro, em sede de vício da vontade, recairia neste preceito, já que, não constituindo o risco o objecto do contrato, como vimos (*supra*, II.2.3), o erro do segurador haveria de ser abrangido pela previsão normativa do nº 1 do artigo 252º e não pelo artigo 251º do CC[738].

V. É questionável o interesse dogmático e prático da identificação de requisitos comuns ao erro-vício (abstraindo dos específicos do erro sobre a base do negócio – nº 2 do artigo 252º do CC)[739]. No presente caso, porém, a identificação desses requisitos permitir-nos-á estabelecer uma base comparativa face aos requisitos do regime da declaração do risco, domínio onde adquirem inquestionável relevância.

Entre tais requisitos, evidencia-se a *essencialidade* ou *causalidade* do erro, que se reporta à relevância deste, enquanto *conditio sine qua non* da vontade negocial. Assim, sem a ocorrência do erro, o declarante não teria emitido *aquela* declaração negocial, não teria celebrado *aquele* negócio. O erro pode relevar, portanto, quer como motivo – exclusivo ou em conjunto com outros – determinante da decisão de contratar (erro *essencial*), quer como motivo determinante da vontade de contratar nos termos e condições acordadas (erro *incidental*)[740]. Para aferir da essencialidade do erro haverá, em qualquer caso, que reconstituir probabilisticamente a vontade conjectural do *errans* ao tempo da formação do negócio[741].

---

móvel, não houver uma situação de legítima confiança que requeira a tutela do Direito – Diogo Costa Gonçalves, "Erro-obstáculo...", *cit.*, p. 360.

[738] Neste sentido, António Menezes Cordeiro, *Direito dos Seguros*, *cit.*, p. 561. Como afirma Haymann, «o erro do segurador sobre tais circunstâncias que influenciam o risco, não respeita, portanto, ao conteúdo da sua promessa, nem à essência ou às qualidades do objecto que deve prestar, mas apenas aos motivos que o induzem a contrair a sua obrigação em dinheiro, a qual depende do sinistro para a respectiva determinação e cumprimento» – Franz Haymann, "Le disposizioni...", *cit.*, p. 339 (trad. nossa).

[739] Cfr., sobre a matéria, Carlos Mota Pinto, *Teoria Geral...*, *cit.*, pp. 508 ss.; Luís Carvalho Fernandes, *Teoria Geral...*, Vol. II, *cit.*, pp. 205 ss.; Heinrich Ewald Hörster, *A Parte Geral...*, *cit.*, p. 575; João de Castro Mendes, *Direito Civil...*, Vol. II, *cit.*, pp. 79 ss.

[740] Rui de Alarcão, "Breve motivação...", *cit.*, pp. 86-87; Diogo Costa Gonçalves, "Erro-obstáculo...", *cit.*, pp. 347 ss.; José Alberto Vieira, *Negócio Jurídico...*, *cit.*, p. 65. Quanto ao erro incidental, porém, defende a doutrina que a solução da anulabilidade total só deverá prevalecer quando não possa haver lugar à redução do negócio, nos termos do artigo 292º do CC, o mesmo sucedendo quando o erro apenas tiver atingido parte e não a totalidade do negócio – Carlos Mota Pinto, *Teoria Geral...*, *cit.*, p. 510; Heinrich Ewald Hörster, *A Parte Geral...*, *cit.*, p. 575; João de Castro Mendes, *Direito Civil...*, Vol. II, *cit.*, p. 83; Pedro Pais Vasconcelos, *Teoria Geral...*, *cit.*, p. 661.

[741] José de Oliveira Ascensão, *Direito Civil...*, Vol. II, *cit.*, p. 124.

Por outro lado, o CC exige igualmente, quanto ao declaratário, que o mesmo *assuma* a essencialidade do motivo – seja através de um reconhecimento por acordo (nº 1 do artigo 252º), ou mediante um requisito de conhecimento ou cognoscibilidade (artigo 247º *ex vi* do 251º) – como forma de protecção da confiança do declaratário na declaração, bem como de tutela da segurança e certeza do tráfego jurídico[742].

Requisito relevante será também a *propriedade* do erro, isto é, o facto de este não incidir sobre uma circunstância que constitua um requisito *legal* de validade do negócio. Alguma doutrina considera, porém, que o negócio também será anulável por erro (impróprio), mas que este não é invocável quando a anulabilidade seja absorvida por cominação mais severa do outro vício (a nulidade). Sendo a cominação do outro vício também a anulabilidade, então o erro será relevante e invocável[743].

Perante o actual regime civil do erro – e numa nota que o distingue do regime da declaração do risco na LCS – a desculpabilidade não constitui um requisito do erro. Assim, também o *erro grosseiro* (*error intolerabilis*), indesculpável, resultante de negligência do declarante, constitui um vício da vontade relevante e invalidante do negócio jurídico, sem prejuízo de eventual recurso às figuras do abuso do direito ou, subsidiariamente, da *culpa in contrahendo* por lesão danosa dos interesses do declaratário[744].

---

[742] Luís Carvalho Fernandes, *Teoria Geral...*, Vol. II, *cit.*, pp. 213 ss.; Pedro Pais Vasconcelos, *Teoria Geral...*, *cit.*, p. 660. Na verdade, como nota Rui de Alarcão, «não basta a essencialidade do erro. Isso bem conviria ao declarante, mas seria desproteger inadmissivelmente os interesses do declaratário e dos respectivos terceiros, assim como os interesses gerais do comércio jurídico» – Rui de Alarcão, "Breve motivação...", *cit.*, p. 87. Porém, sustenta alguma doutrina que, mesmo verificado tal conhecimento, ou cognoscibilidade, a impugnabilidade do contrato dependerá da ponderação dos requisitos da tutela da confiança, sendo a anulabilidade afastada, designadamente, quando haja um significativo investimento de confiança por parte do declaratário (mesmo que ciente da referida essencialidade) – Diogo Costa Gonçalves, "Erro-obstáculo...", *cit.*, p. 333. Como refere o autor, «quando em causa está a articulação entre dois princípios basilares do nosso direito civil, a sua concretização exige mais do que a mera verificação formal dos requisitos da lei. Se assim não fosse [...] estaríamos a permitir que uma realidade formal ou factual se sobrepusesse à realização concreta dos valores do sistema» – *idem*, p. 334. Reflexamente, nesta perspectiva, mesmo inexistindo conhecimento ou cognoscibilidade da essencialidade, seria admissível a anulabilidade do contrato quando não existisse um investimento de confiança por parte do declaratário – *ibidem*.

[743] Cfr. Luís Carvalho Fernandes, *Teoria Geral...*, Vol. II, *cit.*, p. 210; João de Castro Mendes, *Direito Civil...*, Vol. II, *cit.*, pp. 89-90. Cfr. igualmente Diogo Costa Gonçalves, "Erro-obstáculo...", *cit.*, pp. 352-353.

[744] Rui de Alarcão, "Breve motivação...", *cit.*, p. 89; José de Oliveira Ascensão, *Direito Civil...*, Vol. II, *cit.*, p. 119; Carlos Mota Pinto, *Teoria Geral...*, *cit.*, pp. 511-512; Luís Carvalho Fernandes, *Teoria Geral...*, Vol. II, *cit.*, p. 211; João de Castro Mendes, *Direito Civil...*, Vol. II, *cit.*, p. 92. Aliás, como nota alguma doutrina, o erro indesculpável será, em regra, fonte da justificação da confiança do declaratário,

VI. O erro induzido por outrem (*deceptor*) – *erro qualificado por dolo* ou *erro provocado* – correspondente à figura do *dolus malus* no Direito romano[745], assume a qualificação de *dolo*, não constituindo, em si mesmo, um vício do negócio jurídico, mas antes uma causa ou pressuposto do erro-vício, comportando um regime específico como instituto especial na teoria do erro[746]. Assim, enquanto no erro o vício não é imputável ao declaratário (ao menos, a título de dolo), consistindo num mero estado psicológico – a desconformidade entre o real e a representação que deste é formulada –, o dolo consiste num erro provocado, decorrendo de um comportamento intencionalmente enganador (*animus decipiendi*). Assim, na ausência de um regime específico de declaração do risco, uma parte significativa das omissões ou inexactidões dolosas do proponente ficaria abrangida pelo regime do dolo.

Como resulta do nº 1 do artigo 253º do CC, constitui dolo qualquer sugestão ou artifício que alguém empregue com a intenção ou consciência de induzir ou manter em erro o autor da declaração (*dolo positivo* ou *comissivo*), bem como a dissimulação, pelo declaratário ou terceiro, do erro do declarante (*dolo negativo, omissivo* ou *de consciência*)[747]. O preceito comporta, assim, um *elemento objectivo* (a conduta do *deceptor* – sugestão, artifício ou dissimulação), um *elemento subjectivo* (a intenção ou consciência) e um *elemento finalista* (induzir ou manter em erro)[748].

---

podendo determinar um exercício inadmissível do direito de anulação – Diogo Costa Gonçalves, "Erro-obstáculo...", *cit.*, p. 355; e Pedro Nunes de Carvalho, "Considerações acerca do erro em sede de patologia de declaração negocial", *ROA*, Ano 52, 1992, p. 177. Quanto ao entendimento dominante na vigência do Código de Seabra, cfr. Manuel Domingues de Andrade, *Teoria Geral...*, Vol. II, *cit.*, p. 239.

[745] O *dolus malus* – que designava as maquinações fraudulentas com o propósito de obter uma declaração negocial alheia – foi, como referimos, o instituto na base do reconhecimento da relevância jurídica do erro. O remédio então proporcionado pelo sistema jurídico consistia, não na anulabilidade do negócio, mas na *exceptio doli* (que proporcionava ao *deceptus* uma defesa, permitindo-lhe deter o negócio viciado por dolo) e na *actio doli* (que, caso o negócio tivesse já sido executado, proporcionava ao lesado um ressarcimento) – António Menezes Cordeiro, "Dolo...", *cit.*, pp. 167-168; António Menezes Cordeiro, *Tratado...*, I, Tomo I, *cit.*, p. 836. Assim, o instituto do dolo foi historicamente (e é-o ainda, embora já não de forma exclusiva) o meio eficaz para sancionar a violação intencional de deveres pré-contratuais de informação – Giuseppe Grisi, *L'Obbligo...*, *cit.*, p. 4; Josep Llobet i Aguado, *El Deber...*, *cit.*, p. 189.

[746] Rui de Alarcão, "Breve motivação...", *cit.*, p. 95; Luís Carvalho Fernandes, *Teoria Geral...*, Vol. II, *cit.*, p. 204; Ana Prata, *Notas...*, *cit.*, p. 113.

[747] Como demonstra Qiñonero Cervantes, já os antecedentes dogmáticos do Código Napoleão admitiam o dolo omissivo – Enrique Quiñonero Cervantes, "El dolo omisivo", *RDP*, Jan. 1979, p. 347.

[748] Pedro Pais Vasconcelos, *Teoria Geral...*, *cit.*, p. 675. Cfr., sobre os regimes francês e espanhol, respectivamente, Jean-François Romain, *Théorie Critique...*, *cit.*, pp. 283 ss.; e Josep Llobet i Aguado, *El Deber...*, *cit.*, p. 139.

A doutrina assinala alguns requisitos do dolo invalidante do contrato, na falta dos quais este apenas poderá ser impugnado com fundamento em erro, verificados os respectivos requisitos[749]. Desde logo, o *elemento objectivo* pode traduzir-se em qualquer comportamento intencionalmente enganador (ainda que não consubstancie maquinações insidiosas[750]), por acção ou omissão: o emprego de artifícios; o embuste; a mentira; o recurso a sugestões; a criação de uma aparência ilusória; a adulteração fraudulenta de factos; a ocultação, destruição ou sonegação de dados; a prestação de informações incompletas; o simples silêncio perante o erro da contraparte; etc[751]. Quanto ao *dolo omissivo*, e como esclarece (*a contrario*) a 2ª parte do nº 2 do artigo 253º do CC, o mesmo não se verifica sempre que há um silêncio ou reticência, mas apenas quando existe um especial dever de agir: dever de elucidar resultante da lei, de estipulação negocial ou das concepções dominantes do comércio jurídico (de outra forma, estar-se-á perante uma actuação lícita, de *dolus bonus*)[752].

Por outro lado, requer-se um *dolus malus*, sendo de assinalar a inexistência de um critério *material* que o distinga do *dolus bonus*[753]. A respectiva fronteira é traçada pelo nº 2 do artigo 253º do CC, e traduz-se na (in)existência de um dever –

---

[749] Carlos Mota Pinto, *Teoria Geral...*, *cit.*, pp. 521 ss.; Luís Carvalho Fernandes, *Teoria Geral...*, Vol. II, *cit.*, pp. 222-223.

[750] Parecendo exigir a existência de maquinações no dolo comissivo, Paulo Mota Pinto, *Declaração Tácita...*, *cit.*, p. 313.

[751] Carlos Mota Pinto, *Teoria Geral...*, *cit.*, p. 519.

[752] Carlos Mota Pinto, *ibidem*. Neste sentido, quanto ao ordenamento espanhol, Josep Llobet i Aguado, *El Deber...*, *cit.*, p. 142.

[753] O *dolus bonus*, já admitido no Direito romano, pode ser definido como «qualquer comportamento ligeiramente artificioso que não manifesta uma verdadeira vontade de enganar outrem mas concretiza um certo excesso no comportamento ou na argumentação tendente a fazer contratar ou não contratar» – Jean-François Romain, *Théorie Critique...*, *cit.*, p. 299 (trad. nossa). Está, assim, em causa a exaltação exagerada das qualidades de produtos ou serviços – nomeadamente sob a forma de publicidade – em termos que, tomados literalmente, seriam enganosos, mas cujo carácter usual no comércio e alcance subentendido não dão normalmente lugar ao erro do destinatário (Josep Llobet i Aguado, *El Deber...*, *cit.*, p. 131) ou, em síntese, um "dolo lícito" (Heinrich Ewald Hörster, *A Parte Geral...*, *cit.*, p. 583). Contra a fórmula legal manifesta-se, aliás, Castro Mendes, reprovando que o Direito se conforme a práticas contratuais moralmente questionáveis, em vez de as corrigir pela imposição de uma pauta de conduta assente em parâmetros de correcção axiológica – João de Castro Mendes, *Direito Civil...*, Vol. II, *cit.*, p. 112. Em qualquer caso, nos Direitos continentais a admissibilidade do *dolus bonus* tem um âmbito bem mais restrito do que o princípio *caveat emptor* na *common law*. Por outro lado, é entendimento dominante na doutrina que, atento o carácter *uberrima fides* do contrato de seguro, o *dolus bonus* não é aí admissível – Ferdinand Bricard, *Les Réticences...*, *cit.*, p. 46; Yvonne Lambert-Faivre, *Droit des Assurances*, *cit.*, p. 243; Arnaldo Oliveira, "Artigo 25º – Anotação", *in* Pedro Romano Martinez *et al.*, *LCS Anotada*, *cit.*, p. 157; Alberto Parrella, "La reticenza...", *cit.*, p. 756; Maria Elisabete Ramos, *O Seguro...*, *cit.*, p. 446; Vittorio Salandra, "Le dichiarazioni...", *cit.*, p. 3.

legal[754], negocial ou decorrente das concepções dominantes do comércio jurídico (entendidas num sentido normativo e aferidas por referência à boa fé objectiva) – de elucidar o declarante[755]. Ora, a verdade é que o recurso ao artigo 227º ou à boa fé objectiva coloca no julgador/aplicador da lei uma ampla margem de discricionariedade na apreciação do caso concreto. Assim, enquanto alguma doutrina proclama o carácter excepcional dos deveres pré-contratuais de informação em nome de um ónus de auto-informação das partes[756], outra tendência sustenta a crescente amplitude dos deveres legais de conduta sob a égide da tutela da confiança e da protecção do consumidor, esvaziando o âmbito da admissibilidade do *dolus bonus*[757]. Na verdade, a amplitude interpretativa da lei (civil e criminal) dá azo neste domínio a soluções muito díspares, com grave prejuízo para a justiça e para a certeza e segurança jurídicas[758].

Deverá igualmente verificar-se um requisito de *dupla causalidade*, no sentido de que haja uma relação de causalidade entre a acção ou omissão dolosa e o erro, por um lado, e uma relação causal entre o erro e a vontade contratual manifestada numa declaração negocial[759].

---

[754] Segundo defende Eva Moreira da Silva, o dever legal não resultará apenas de preceito especial, mas também do próprio artigo 227º do CC. Eva Moreira da Silva, *As Relações Entre a Responsabilidade Pré-Contratual por Informações e os Vícios da Vontade (Erro e Dolo): O Caso da Indução Negligente em Erro*, Coimbra, Almedina, 2010, pp. 94-95.

[755] Neste quadro, haverá que apelar para o dever de boa fé pré-contratual (artigo 227º do CC) e para os bons costumes – Pedro Pais Vasconcelos, *Teoria Geral...*, *cit.*, p. 676. Por outro lado, ao delimitar o *dolus malus* em função da existência de um dever de informação, o artigo 253º está, na verdade, a configurar o dolo como uma regra de comportamento e a sua cominação como uma consequência do desvalor jurídico da conduta do *deceptor* – Eva Moreira da Silva, *As Relações...*, *cit.*, p. 100.

[756] Cfr., p. ex., Eva Moreira da Silva, *As Relações...*, *cit.*, pp. 94-95, para quem o reconhecimento de um dever pré-contratual de informação no quadro do artigo 227º é uma situação de excepção e não a situação-regra.

[757] José de Oliveira Ascensão, *Direito Civil...*, Vol. II, *cit.*, p. 139; Luís Carvalho Fernandes, *Teoria Geral...*, Vol. II, *cit.*, p. 225; Josep Llobet i Aguado, *El Deber...*, *cit.*, pp. 132 ss.; José Alberto Vieira, *Negócio Jurídico...*, *cit.*, p. 68.

[758] Assim, p. ex., quem vende um automóvel omitindo que o mesmo sofreu um anterior acidente grave poderá estar a actuar, tanto na esfera do dolo social, moral e juridicamente tolerado, como no quadro da própria ilicitude criminal (burla), dependendo das circunstâncias concretas do caso e dos pré-entendimentos valorativos do julgador.

[759] Luís Carvalho Fernandes, *Teoria Geral...*, Vol. II, *cit.*, p. 226; José Alberto Vieira, *Negócio Jurídico...*, *cit.*, p. 69. Cfr. também Marcos Bernardes de Mello, *Teoria...*, *cit.*, p. 132 – o autor refere igualmente como requisitos a anterioridade do dolo relativamente à data da conclusão do negócio jurídico, bem como que o dolo seja desconhecido do *deceptus* à mesma data (*idem*, pp. 132-133). Pensamos, porém, que estes requisitos não são autonomizáveis relativamente ao da causalidade, já que esta implica necessariamente a verificação daqueles. Por outro lado, a causalidade entre o dolo e a emissão da declaração negocial deve ser aferida em concreto, atendendo à situação subjectiva do declarante, e não em termos médios ou abstractos – Josep Llobet i Aguado, *El Deber...*, *cit.*, pp. 157 ss.

Neste quadro, poder-se-á igualmente referir a *relevância* (ou *essencialidade*) do dolo, no sentido de que o mesmo haja determinado a vontade do *deceptus*. Por seu turno, o dolo relevante poderá ser *essencial* (quando o erro seja determinante da decisão de contratar – *dolus causam dans contractui*) ou *incidental* (quando determine apenas a decisão de contratar em determinadas circunstâncias – *dolus incidens*)[760]. Por outro lado, sendo o declaratário o *deceptor*, e atendendo à gravidade e censurabilidade da respectiva conduta, prescinde-se do conhecimento (ou cognoscibilidade), por este, da essencialidade do erro.

Um outro requisito centra-se no elemento subjectivo: a *intenção* ou *consciência* de induzir ou manter em erro (*animus decipiendi* ou mero intuito enganatório), mas não necessariamente de prejudicar (*animus nocendi* ou *dolo fraudulento*)[761]. Assim, o n.º 1 do artigo 253.º equipara a intenção de enganar à consciência do resultado enganoso, ou seja, ao «conhecimento da provável relação entre o comportamento e o erro, bastando, aliás, um dolo eventual»[762]. O estado subjectivo do *deceptor* terá de consubstanciar, assim, o dolo: o erro causado negligentemente segue o regime do erro-vício, sem prejuízo de eventual *culpa in contrahendo*[763]. Por seu turno, no dolo omissivo é irrelevante a forma como se *gerou* o erro do declarante, bastando que o declaratário tenha consciência de que o declarante se encontra em erro

---

[760] Neste último caso, verificar-se-á, em princípio, uma anulação parcial (apenas da parte sobre que tenha incidido o vício), só ocorrendo uma anulação de todo o negócio quando a redução do contrato não seja exequível nos termos do artigo 292.º do CC – Heinrich Ewald Hörster, *A Parte Geral...*, *cit.*, p. 584; Carlos Mota Pinto, *Teoria Geral...*, *cit.*, p. 521. Segundo Ana Prata, ainda que se entenda que o dolo incidental não fundamenta a anulabilidade do contrato, de acordo com uma interpretação literal do artigo 253.º do CC, sempre haverá que reconhecer-lhe relevância em sede de responsabilidade pré-contratual. Neste domínio, a forma reparatória mais adequada traduzir-se-á na reparação *in natura*, operando-se a modificação dos termos negociais para aqueles que o *deceptus* teria aceite na ausência de dolo – Ana Prata, *Notas...*, *cit.*, pp. 113-114, n. 258.

[761] A distinção não assumirá, porém, relevância legal, já que os mesmos efeitos são associados a ambas as situações – Manuel Domingues de Andrade, *Teoria Geral...*, Vol. II, *cit.*, p. 260; Carlos Mota Pinto, "Apontamentos...", *cit.*, p. 126; Carlos Mota Pinto, *Teoria Geral...*, *cit.*, p. 520; Paulo Mota Pinto, *Declaração Tácita...*, *cit.*, pp. 314-315, n. 288, e p. 326. Cfr. também Marcos Bernardes de Mello, *Teoria...*, *cit.*, p. 132. Quanto à distinção, embora legalmente irrelevante, entre a intenção (ou consciência) de enganar e a de prejudicar, cumpre precisar que esta última, em regra, se verifica, no duplo sentido de que o *deceptor* tem a intenção de que a contraparte preste uma declaração negocial que, de outra forma, não prestaria, e a consciência de que tal declaração normalmente envolve, para a mesma, um prejuízo (traduzido, pelo menos, na celebração do contrato contra a vontade real do declarante). Deste modo, o dolo enganatório abrange tendencialmente a intenção de obter uma vantagem e, reflexamente, a intenção (ou, pelo menos, a consciência) de causar um prejuízo à contraparte – também neste sentido, Josep Llobet i Aguado, *El Deber...*, *cit.*, pp. 144-145 e 169.

[762] Paulo Mota Pinto, *Declaração Tácita...*, *cit.*, p. 314.

[763] José de Oliveira Ascensão, *Direito Civil...*, Vol. II, *cit.*, p. 137. Em sentido diverso, Ana Prata, para quem o estado subjectivo do *deceptor* não corresponde necessariamente ao dolo – Ana Prata, *Notas...*, *cit.*, p. 113, n. 256.

e que mantenha o mesmo nesta situação (ausência de esclarecimento). O dolo omissivo não se confunde, assim, com a indução negligente em erro, caso em que este é culposamente (ainda que sem intenção) *provocado* pelo declaratário[764]. De resto, atendendo a que o dolo omissivo se caracteriza, fundamentalmente, pelo estado subjectivo do *deceptor* (atenta a ausência de uma actividade material), será de entender que a negligência grosseira do *deceptus* afasta a cominação do dolo[765].

O dolo pode ser *unilateral* ou *bilateral* (neste caso, cada uma das partes pode invocar a anulabilidade com fundamento no erro induzido pelo dolo da contraparte). O negócio é, então, duplamente anulável, visando-se uma absoluta tutela da autodeterminação das partes[766]. Finalmente, o erro do *deceptus* não está subordinado a um requisito de desculpabilidade, por maioria de razão, aliás, com o que sucede no regime geral do erro-vício.

Quanto aos efeitos do dolo, eles podem consistir na anulação do contrato; na responsabilidade civil pré-contratual, verificados os seus pressupostos (a qual é independente da anulação do contrato); ou até na responsabilidade criminal (crime de burla)[767].

Já quanto ao fundamento jurídico da cominação do dolo – a invalidade do contrato – defende, em regra, a doutrina que o mesmo assenta no vício da vontade do *deceptus* (erro), e não na reparação do prejuízo sofrido pelo mesmo, o qual fundamenta, sim, o regime da responsabilidade civil (*culpa in contrahendo*)[768].

---

[764] Eva Moreira da Silva, *As Relações...*, *cit.*, p. 46. A autora afasta, por outro lado – e bem, segundo pensamos –, a leitura segundo a qual a consciência de induzir em erro daria cobertura à regulação, como dolo, do erro induzido com negligência consciente – *idem*, pp. 338 ss. Na verdade, cremos que a negligência consciente se poderá traduzir na consciência *da possibilidade de induzir em erro* (confiando, no entanto, que tal não sucederá), mas não já na consciência *de se induzir efectivamente em erro*, o que implica, pelo menos, a aceitação desse resultado (senão como necessário, pelo menos como eventual), isto é, a vontade da respectiva produção nas modalidades do dolo directo, necessário ou eventual. Por outras palavras, na negligência consciente o declaratário *não se apercebe do erro* do declarante, apenas se apercebe *da possibilidade* de que o mesmo incorra em erro (embora confiando que tal não se verificará).

[765] Neste sentido, Enrique Quiñonero Cervantes, "El dolo omisivo", *cit.*, p. 352. Ao mesmo resultado se poderia chegar através do abuso do direito, quando a falta de diligência do *deceptus* haja dado causa ao engano.

[766] Rui de Alarcão, "Breve motivação...", *cit.*, p. 96; Heinrich Ewald Hörster, *A Parte Geral...*, *cit.*, p. 584.

[767] João de Castro Mendes, *Direito Civil...*, Vol. II, *cit.*, pp. 113 ss.

[768] Manuel Domingues de Andrade, *Teoria Geral...*, Vol. II, *cit.*, p. 265; Carlos Mota Pinto, *Teoria Geral...*, *cit.*, pp. 523-524. No mesmo sentido afirma Paulo Mota Pinto que, «apesar de o dolo ser também um facto ilícito, esta ilicitude não explicaria, nem a relevância do dolo bilateral, nem o facto de tal sanção atingir igualmente pessoas (terceiros ou destinatário da declaração) que não o praticaram, apenas devendo ter conhecimento das maquinações enganatórias (isto é, não estando de boa fé)» – Paulo Mota Pinto, *Declaração Tácita...*, *cit.*, pp. 324-325. Relativamente ao dolo bilateral,

VII. No confronto entre o erro e o dolo verifica-se que aquele obedece a requisitos mais apertados[769], o que resulta da tutela da confiança do declaratário, da segurança do tráfego jurídico e de o dolo resultar de uma conduta ilícita, merecedora de reprovação do Direito[770]. Assim, no dolo o declaratário é indigno de tal tutela, exigindo-se então, já não o conhecimento ou cognoscibilidade da essencialidade do erro, mas apenas o requisito da dupla causalidade[771].

III.4.3. Incumprimento do dever de declaração do risco e tutela da vontade

I. Na tradição dos primeiros preceitos reguladores do dever de declaração do risco, na esteira do artigo 348º do CCom francês, a doutrina e a jurisprudência assumiram as respectivas soluções normativas como um regime especial sobre vícios do consentimento no quadro do contrato de seguro, em derrogação do regime geral sobre a matéria[772]. Mesmo no actual quadro do *Code des Assurances*

nota o autor que, se o regime do dolo tivesse por fundamento a ilicitude do comportamento, então a bilateralidade implicaria uma compensação de dolos, com a sua neutralização recíproca – *idem*, p. 324, n. 305. Carlos Ferreira de Almeida, diversamente, assimila o regime e os fundamentos do dolo aos da coacção e da usura, considerando que, no caso do dolo, a anulabilidade não resulta do engano ou ludíbrio, mas de um juízo de reprovação ética e jurídica (eventualmente, até, no foro criminal) quanto aos factos praticados – Carlos Ferreira de Almeida, *Texto...*, Vol. I, *cit.*, p. 102. Cremos, porém, que a equiparação da cominação do dolo com a do erro simples, e a possibilidade de cumular a anulabilidade com uma indemnização por responsabilidade pré-contratual desmentem esta perspectiva. Se a anulabilidade fosse o remédio legal para o desvalor do comportamento do *deceptor*, então não haveria cabimento para o concurso do regime da *culpa in contrahendo*.

[769] Em sentido diverso, comparando os requisitos do dolo com os do erro sobre a pessoa ou sobre o objecto do negócio, considera Paulo Mota Pinto que aqueles são mais exigentes: «é que a cognoscibilidade da "essencialidade do elemento sobre que incidiu o erro" parece ser *menos* do que os artifícios que constituem o dolo, e que têm de ser provados. O que, mesmo nestes casos, poderá, eventualmente, ser mais exigente em relação à prova do dolo, é a *prova do próprio erro* (e não, provado este, daquele seu requisito de atendibilidade)» – Paulo Mota Pinto, *Declaração Tácita...*, *cit.*, p. 317, n. 291. Já neste sentido se pronunciava Carlos Mota Pinto, "Apontamentos...", *cit.*, pp. 128-129.

[770] Cfr. José de Oliveira Ascensão, *Direito Civil...*, Vol. II, *cit.*, p. 137. Segundo Paulo Mota Pinto, os requisitos do dolo denotam também uma preocupação prioritária com a tutela da confiança do declaratário e da segurança do comércio jurídico – Paulo Mota Pinto, *Declaração Tácita...*, *cit.*, p. 313.

[771] Como refere Carvalho Fernandes, «a conduta ilícita deste [declaratário] afasta a justificação da maior relevância do seu interesse na subsistência do negócio, passando a sobrelevar o interesse do enganado na sua destruição» – Luís Carvalho Fernandes, *Teoria Geral...*, Vol. II, *cit.*, p. 230.

[772] Felipe F. Aguirre, "Reticenza...", *cit.*, p. 158; M. Renaux, *De la Réticence...*, *cit.*, p. 38; Angela Solimando, "Disciplina...", *cit.*, pp. 27-28; Giovanna Visintini, *La Reticenza nella Formazione...*, *cit.*, p. 40. Os trabalhos preparatórios do *Code de Commerce* são, de resto, elucidativos sobre o fundamento em que assentou o regime do artigo 348º: «desde logo, o consentimento recíproco, só ele capaz de animar o contrato, viria a faltar. O consentimento do segurado assentaria sobre um objecto e o do segurador sobre outro; as duas vontades, caminhando em sentidos divergentes, não se encontrariam, e não há senão a reunião de vontades para poder constituir o contrato» – Cfr. *Exposé des Motifs*, de M. Corvetto, ao artigo 348º, em Jean-Guillaume Locré, *La Législation...*, Tomo XVIII, *cit.*,

francês, parte da doutrina classifica a declaração do risco como um regime especial em matéria de vícios do consentimento, superando as insuficiências do regime geral na regulação das especificidades do contrato de seguro[773].

Também para grande parte da doutrina italiana o fundamento jurídico do regime da declaração pré-contratual do risco assenta no princípio geral do erro como vício do consentimento – do qual constitui uma aplicação – devidamente adaptado às especificidades do contrato de seguro[774]. Deste prisma, o conceito de *erro* não diverge no contrato de seguro relativamente aos outros contratos, apenas a susceptibilidade de a simples declaração do proponente ser suficiente para viciar a vontade do segurador, que nela assenta[775].

Para parte da doutrina espanhola o regime da declaração do risco visa igualmente evitar que o segurador caia em erro na apreciação do risco, ficando a sua vontade contratual viciada por uma incorrecta representação do mesmo, fundamento tão válido para a actual LCS (de 1980) como o era para o do CCom de 1885[776].

pp. 457-458 (trad. nossa). Também Danjon identifica a problemática do erro (e a inerente tutela do consentimento do segurador) como o fundamento do dever de declaração do risco: «é porque o segurador não pôde apreciar e medir os riscos das coisas seguras que o seu consentimento é considerado viciado e que o contrato é declarado anulável, e não para punir o segurado pela sua forma de agir» – Daniel Danjon, *Traité...*, Tomo IV, *cit.*, p. 511 (trad. nossa). De resto, como assinala Renaux, «pouco importa que se trate de um facto positivo ou negativo, é preciso ver o resultado desse facto, que nos dois casos consiste em induzir a companhia em erro» – M. Renaux, *De la Réticence...*, *cit.*, p. 30 (trad. nossa).

[773] Maurice Picard e André Besson, *Les Assurances...*, *cit.*, p. 119; Jérôme Kullmann, "La déclaration...", *cit.*, pp. 668 e 727. De resto, e com base na letra do artigo L. 113-8 deste código, quer a jurisprudência da *Cour de Cassation*, quer a doutrina admitem que o segurador possa invocar, em alternativa, o regime do incumprimento intencional da declaração do risco ou o regime geral dos vícios da vontade (dolo) – Jérôme Kullmann, "La déclaration...", *cit.*, p. 740.

[774] Cfr., p. ex., Giovanni Criscuoli, "Comportamento ingannevole e misura della responsabilità delle parti nella stipula del contratto d'assicurazione", *RTDPC*, Ano XLVIII, nº 3 (Set. 1994), p. 1190; Nicola Gasperoni, "La clausola di incontestabilità inserita nelle polizze di assicurazione in relazione alla nuova disciplina legislativa delle dichiarazioni inesatte o reticenti del contraente", *Assicurazioni*, Ano XI, nºs 4-5-6 (Jul.-Dez. 1944), p. 103. Sobre o eco desta posição na jurisprudência italiana, cfr. Gaetano Castellano, "Le dichiarazioni"..., *cit.*, p. 134.

[775] Cesare Vivante, "Articolo 429.", *cit.*, p. 176. Porém, a comparação entre o regime geral dos vícios da vontade e o do contrato de seguro, empreendida por alguma doutrina nos vários ordenamentos, revela frequentemente divergências sensíveis. Neste quadro, alguns autores recusam que o regime da declaração do risco constitua uma simples aplicação do princípio geral dos vícios da vontade – Antigono Donati, *Trattato...*, Vol. II, *cit.*, p. 300.

[776] Miguel Ruiz Muñoz, *La Nulidad...*, *cit.*, p. 216. Como afirma o autor, o dever «não tem outra finalidade senão a de evitar que a contraparte (o segurador) caia num erro de apreciação do risco, e, portanto, realize um contrato não querido; ou, o que é o mesmo, sob condições não queridas» – *idem*, p. 24 (trad. nossa).

A protecção da vontade livre do segurador é também a *ratio* do *duty of disclosure* inglês, visando o dever de declaração do risco rectificar o desequilíbrio de informação existente na fase pré-contratual e garantir um consentimento informado do segurador[777].

Em Portugal são igualmente comuns as vozes que, em tema de fundamento da declaração do risco, remetem para a doutrina dos vícios da vontade. Assim, como nota Moitinho de Almeida, as especificidades do contrato de seguro e o equilíbrio dos interesses envolvidos justificou o estabelecimento de um regime especial relativamente ao disposto na lei civil quanto aos vícios da vontade[778]. É também abundante a jurisprudência dos tribunais superiores que se refere ao regime da declaração do risco como "um caso de erro-vício"[779].

---

[777] Howard N. Bennett, "The duty to disclose in insurance law", *LQR*, Vol. 109, Out. 1993, p. 514.

[778] José Carlos Moitinho de Almeida, *O Contrato de Seguro no Direito...*, *cit.*, p. 74. No mesmo sentido, cfr., p. ex., Luiz Cunha Gonçalves, *Comentário...*, Vol. II, *cit.*, pp. 527 e 540; Pedro Romano Martinez, "Artigo 24º – Comentários complementares", *in* Pedro Romano Martinez *et al.*, *LCS Anotada*, *cit.*, p. 151; Filipe Albuquerque Matos, "As declarações reticentes...", *cit.*, p. 497; e Arnaldo Pinheiro Torres, *Ensaio...*, *cit.*, pp. 104-105. Cfr. igualmente José Alberto Vieira, "O dever de informação...", *cit.*, p. 1007, sublinhando que o regime especial da declaração do risco derroga do regime geral do CC sobre vícios da vontade.

[779] Cfr., a título de exemplo, Ac. STJ de 02/12/2008 – Proc. 08A3737 (Sebastião Póvoas); Ac. TRP de 09/12/2008 – Proc. nº 0856436 (Anabela Luna de Carvalho); Ac. TRL de 26/03/2009 – Proc. nº 171/06.2TJOPRT.L1-6 (Fátima Galante); Ac. TRL de 17/09/2009 – Proc. nº 5890/05.8TVLSB.L1-6 (Fátima Galante); Ac. TRP de 29/09/2009 – Proc. nº 4473/03.1TBMAI.P1 (Cândido Lemos); Ac. STJ de 22/10/2009 – Proc. nº 1146/05.3TBABF.S1 (Serra Baptista); Ac. TRL de 24/11/2009 – Proc. nº 1165/07.6YXLSB.L1-7 (Ana Resende); Ac. TRL de 15/04/2010 – Proc. nº 421/07.8TCFUN.L1-6 (Granja da Fonseca); Ac. TRL de 23/09/2010 – Proc. nº 1295/04.6TBMFR-6 (José Eduardo Sapateiro); Ac. TRP de 04/10/2010 – Proc. nº 1793/09.5TJPRT.P1 (Maria Adelaide Domingos); Ac. TRP de 19/10/2010 – Proc. nº 2328/05.4TBSTS.P1 (Maria Cecília Agante); Ac. TRC de 16/11/2010 – Proc. nº 2617/03.2TBAVR.C1 (Jaime Carlos Ferreira); Ac. TRL de 21/06/2011 – Proc. nº 2044/07.2TBAMD.L1-1 (Pedro Brighton); Ac. STJ de 06/07/2011 – Proc. nº 2617/03.2TBAVR.C1.S1 (Alves Velho); Ac. TRG de 22/11/2011 – Proc. nº 2732/09.9TBBRG-G1 (Purificação Carvalho). Como nota comum, constata-se a aproximação da declaração do risco ao artigo 251º do CC (e não ao nº 1 do artigo 252º): «deparamos com uma omissão na declaração que induziu em erro o segurador [...]. Tal omissão configura o erro-motivo ou erro-vício, que atinge os motivos determinantes da vontade de negociar, que o art. 251º do Código Civil prevê e cujo tratamento jurídico é o do regime da anulabilidade, nos termos previstos no art. 247º do mesmo Código» – Ac. STJ de 08/06/2010 – Proc. nº 90/2002. G1.S1 (Barreto Nunes). Noutros casos, censuravelmente, leva-se mais longe a aproximação ao regime geral do erro-vício, fazendo letra morta da disciplina da declaração do risco e aplicando directamente os pressupostos do erro-vício: «constituindo o artigo 429º do Código Comercial um afloramento do erro vício da vontade, é mister que tal erro seja essencial e ambas as partes tenham aceite e reconhecido essa essencialidade. [...] Ora, a Ré não logrou provar (nem sequer alegou) o conhecimento pela candidata ao seguro, da essencialidade para ela do elemento sobre que incidiu o erro. No caso vertente, afigura-se-nos não se verificarem os pressupostos enunciados no artº 251º» – Ac. TRG de 10/07/2008 – Proc. nº 1120/08-2 (Amílcar Andrade).

II. Entre os argumentos que suportam um fundamento jurídico assente nos vícios da vontade encontra-se, desde logo, a *ratio* do dever de declaração do risco, visando a tutela da vontade contratual livre do segurador (que não aceitaria contratar nas mesmas circunstâncias se conhecesse o risco real). Por outro lado, é igualmente invocável a natureza da cominação estabelecida para as omissões ou inexactidões do proponente – quando aquela se traduza na anulabilidade do contrato – a remeter para um vício na formação do mesmo, concretamente para o erro-vício (ou dolo) do segurador[780]. Finalmente, é possível invocar, em cada regime, o paralelismo de alguns requisitos exigidos para o reconhecimento do erro ou do dolo invalidantes, a apreciar em concreto.

III. Várias são igualmente as críticas dirigidas contra a perspectiva em análise. Assim, alguma doutrina contesta que o *vício da vontade* seja fundamento do regime da declaração do risco, sob o argumento de que a descrição do risco não pode ser impugnada por vício do consentimento em virtude de a mesma não ser uma declaração de vontade, mas uma declaração recipienda de ciência (*supra*, II.1.3)[781].

Porém, o que está em causa não é a *impugnação da declaração do risco* por vício do consentimento do declarante (proponente). Estará em causa, sim, a *impugnação do próprio contrato de seguro* por vício do consentimento do declarante (segurador) motivado por uma errada representação do risco induzida, por seu turno, pela referida declaração de conhecimento ou de ciência do proponente. Ou seja, o facto de a declaração do risco ser uma declaração de ciência não obsta a que a mesma vicie a vontade contratual do segurador, invalidando o contrato. Não cremos, portanto, que o argumento ponha, de alguma forma, em causa – pelo contrário – que o regime da declaração do risco tenha por fundamento, entre outros, a tutela da vontade contratual livre do segurador[782].

Garrigues utiliza o mesmo argumento contra a perspectiva que filia o fundamento da declaração do risco na doutrina dos vícios da vontade, sustentando que o que o regime da declaração do risco «decide não é o possível erro motivado pela declaração, mas o facto de que sejam objectivos ou verdadeiros os dados da

---

[780] Cfr., p. ex., Andrés Ordóñez Ordóñez, *Las Obligaciones...*, *cit.*, pp. 24 ss. Como se diz no Ac. TRP de 23/02/2012 – Proc. nº 6833/09.5TBVNG.P1 (Maria Adelaide Domingos), «a sanção da anulabilidade [...] não é mais do que o reconhecimento da existência do erro como vício de vontade».

[781] Entre outros, cfr. Antigono Donati, *Trattato...*, Vol. II, *cit.*, p. 306; Juan Bataller Grau, *El Deber...*, *cit.*, p. 13; Fernando Sánchez Calero, "Artículo 10...", *cit.*, p. 236; Juan Félix Morandi, "La reticencia y la falsa declaración precontratual en el seguro de vida y la incontestabilidad del contrato en la legislación argentina", *in* AIDA, *Studi in Onore di Antigono Donati*, Tomo I (Diritto delle Assicurazioni – Sezioni Straniere), Roma, Rivista Assicurazioni, 1970, p. 373. Entre nós, Francisco Guerra da Mota, *O Contrato...*, *cit.*, p. 388.

[782] No sentido que aqui defendemos, cfr. Josefa Brenes Cortés, "Algunas cuestiones...", *cit.*, p. 1783.

declaração»[783]. Não podemos concordar com o argumento, já que o carácter verdadeiro ou falso dos dados da declaração seria juridicamente irrelevante se não viciasse o consentimento do segurador: é precisamente em virtude desse vício que o Direito reage estabelecendo uma dura cominação para o efeito[784].

Entre alguma doutrina italiana verifica-se frequentemente, como consequência da comparação entre o regime geral dos vícios da vontade e o regime da declaração do risco no contrato de seguro, e da aferição das respectivas divergências, a conclusão de que o regime atinente ao contrato de seguro não é enquadrável no âmbito da teoria geral dos vícios da vontade (nomeadamente no que respeita às figuras do erro essencial e do dolo)[785]. Esta observação parece, porém, confundir a *teoria dos vícios da vontade* e o *princípio geral de tutela da vontade contratual livre*, com o regime geral dos vícios da vontade estabelecido na Lei Civil. Não se questiona que este regime assente naquela teoria nem que seja manifestação daquele princípio. Sustenta-se, sim, que a referida teoria e princípio não se esgotam no mencionado regime. Em qualquer caso, o regime especial da declaração do risco não exclui a aplicação do regime geral dos vícios da vontade à relação jurídica de seguro, nomeadamente no que concerne a tutela da vontade do tomador do seguro.

Uma outra crítica por vezes dirigida à perspectiva do vício da vontade como fundamento do regime da declaração do risco é a de que este regime apenas respeitaria aos vícios da vontade do segurador e não aos do tomador do seguro[786]. Porém, os próprios defensores daquela perspectiva admitem que o regime especial da declaração do risco só parcialmente derroga o regime geral dos vícios da vontade: este seria, assim, aplicável a todas as situações de erro do tomador do seguro (espontâneo ou provocado por dolo); ao erro do segurador não provocado por omissões ou inexactidões do tomador do seguro; e ao erro de ambas as partes não incidente sobre o risco[787].

Outra posição crítica sustenta que, diversamente da disciplina da declaração do risco, o regime do erro não atende ao estado subjectivo do proponente (censu-

---

[783] Joaquín Garrigues, *Contrato...*, *cit.*, p. 89 (trad. nossa).

[784] O autor não é, em qualquer caso, consistente na posição que sustenta, já que, noutra passagem da mesma obra, afirma: «a reticência é também causa do erro no contratante a quem se ocultam factos ou circunstâncias que teriam podido influir na celebração do contrato». Joaquín Garrigues, *Contrato...*, *cit.*, p. 94 (trad. nossa). O autor acrescenta que a diferença entre o erro em sentido estrito e o decorrente do incumprimento do dever de declaração é que aqui pressupõe-se a culpa do declarante. *Ibidem*.

[785] Cfr., p. ex., Matteo Mandó, "Dichiarazioni...", *cit.*, pp. 796-797; Nicola Gasperoni, "Contratto di assicurazione (in generale)", *in* AAVV, *Novissimo Digesto Italiano*, Vol. IV, Torino, UTET, 1957, p. 597.

[786] Antigono Donati, "Dell'Assicurazione", *cit.*, p. 238.

[787] Gianguido Scalfi, *Manuale...*, *cit.*, p. 96.

rabilidade da sua conduta)[788]. Ora, esta crítica cai perante a análise da diferença entre o regime civil do erro e do dolo. Neste último, é precisamente valorado o estado subjectivo do *deceptor*, não propriamente no estabelecimento de uma cominação diferenciada (a anulabilidade), mas no estabelecimento de pressupostos menos exigentes do que os do erro simples.

Finalmente, algumas vozes, em virtude da existência de um regime comum entre as omissões ou inexactidões com dolo e com culpa grave no ordenamento italiano, sustentam que o mesmo colide com o regime geral, que apenas prevê o erro, o dolo e a coacção[789]. Porém, cremos que o argumento não procede. Desde logo, porque no regime da declaração do risco, quer o dolo, quer a culpa grave, são entendidos como graus de culpabilidade, não se confundindo, em qualquer dos casos, com o instituto do *dolus malus*. Desta forma, no caso das omissões ou inexactidões com dolo ou com culpa grave, o vício da vontade que está em causa é o erro, e não o dolo (*dolus malus*). O regime da declaração do risco limita-se a ponderar o grau de culpabilidade do contraente faltoso na indução em erro da contraparte para efeito de graduação da cominação aplicável. Trata-se, assim, de um regime especial, mas que não colide nem se afasta em substância do regime geral.

A linha crítica que vimos referindo conduz a entender-se, como o faz Rubio Vicente, que o regime da declaração do risco é «uma regulação especial do Direito dos seguros; uma solução própria e autónoma [...]»[790]. Esta perspectiva sustenta, porém – o que configura uma incoerência argumentativa – que o referido regime *substitui* o regime geral dos vícios da vontade, que se aplicará, apenas, às situações que aquele não regule especialmente[791]. Ora, ao admitir que o regime geral sobre vícios da vontade seria (parcialmente) afastado pelo regime da declaração do risco, assumindo, portanto, uma posição de *subsidiariedade*, esta perspectiva configura, na realidade, este último como um *regime especial* sobre vícios da vontade e, nessa medida, uma manifestação do instituto dos vícios do consentimento.

IV. Alguns autores defendem que o instituto da declaração do risco constitui uma aplicação específica e autónoma da teoria dos vícios do consentimento (tendo por efeito a derrogação do regime geral)[792], enquanto outros defendem que o mesmo consubstancia uma adaptação do regime geral às particularidades do contrato de seguro[793]. Não cremos que se trate, em rigor, de posições subs-

---

[788] Luca Buttaro, "In tema...", *cit.*, p. 735.

[789] Giovanna Visintini, "La reticenza nel contratto di assicurazione", *RDC*, Ano XVII (1971), I, p. 432; Angela Solimando, "Disciplina...", *cit.*, p. 31.

[790] Pedro Rubio Vicente, *El Deber...*, *cit.*, p. 43 (trad. nossa).

[791] Pedro Rubio Vicente, *ibidem*.

[792] Franz Haymann, "Le disposizioni...", *cit.*, p. 340.

[793] Cfr., estabelecendo esta distinção, Virginia Bado Cardozo, *El Riesgo...*, *cit.*, p. 43.

tancialmente distintas, comportando ambas a aceitação de que estamos perante um regime especial que derroga o regime geral do erro-vício da vontade e que, portanto, mantém com este uma relação de especialidade.

Admitida uma relação regra geral / regra especial, importa, não obstante, precisar o âmbito da derrogação em causa, concretamente, se toda e qualquer situação de erro do segurador (simples ou dolosamente provocado) apenas beneficia da tutela do regime da declaração do risco, ou se, onde o âmbito dos preceitos não implique uma sobreposição, poderá apelar à protecção do regime geral do erro e do dolo. Desde logo, cumpre afastar a hipótese de aplicação cumulativa dos dois regimes, perspectiva que não encontra defensores na doutrina. Também não nos parece de sustentar que, atentas as especificidades que historicamente foram consagrando um regime de especial protecção do segurador, ele se visse privado, afinal, da protecção que o regime geral do erro e do dolo concede a todos os contratantes. Assim, por exemplo, verificando-se os pressupostos do artigo 251º ou do 252º do CC, mas não os do artigo 24º da LCS – por se estar fora do âmbito da declaração do risco – não cremos defensável a perspectiva de que ficaria o segurador privado da tutela que a lei civil concede a qualquer contratante (singular ou colectivo, consumidor ou profissional)[794].

Em suma, pensamos que a especialidade do regime do contrato de seguro tem um âmbito material: ela derroga o regime geral do erro e do dolo apenas no quadro da *declaração do risco*, o que implica que apenas discipline o erro de uma das partes (o segurador) e que permita a tutela do regime geral no quadro de situações de erro não incidentes sobre o risco.

III.4.4. Regras de validade *versus* regras de conduta

I. Como tivemos já oportunidade de referir, o regime geral do incumprimento de deveres pré-contratuais de informação convoca frequentemente, em simultâneo, duas tutelas autónomas, com escopos e fundamentos não coincidentes, mas intimamente relacionadas: a que visa assegurar a autonomia da vontade, incidindo sobre a validade do negócio (dolo vício do consentimento); e a que se reporta à violação de um dever de conduta conforme à boa fé e à reparação dos

---

[794] Andrés Ordóñez Ordóñez defende a aplicação ao contrato de seguro, quer do regime geral civil em matéria de vícios da vontade diversos do erro (como no caso da coacção), quer do regime civil do erro quando este seja espontâneo e não induzido pelo proponente (*Las Obligaciones...*, *cit.*, p. 26). Nesta última parte, porém, não acompanhamos o autor. De facto, sendo o regime especial da declaração do risco mais exigente do que o regime geral do erro, não faria sentido – segundo um argumento de maioria de razão – que o legislador restringisse a tutela em situações de erro induzido comparativamente com as de erro espontâneo. Em consequência, o erro espontâneo do segurador em matéria de declaração do risco será juridicamente irrelevante.

danos daí resultantes[795]. A articulação entre as regras de validade e as de comportamento ou responsabilidade pode suscitar questões de ordem diversa, que importa analisar.

II. Desde logo, a articulação entre os requisitos do dolo e os da responsabilidade pré-contratual não é incontroversa. Na verdade, para alguma doutrina as concepções dominantes no comércio jurídico (n.º 2 do artigo 253.º do CC) poderão não corresponder necessariamente às regras da boa fé de que fala n.º 1 do artigo 227.º do mesmo código, pelo que são configuráveis situações de *dolus bonus* em que se verifique, em contrapartida, *culpa in contrahendo*[796]. Não cremos ser esta a posição mais correcta, em virtude de a coerência reguladora do sistema impor, por via do elemento sistemático da interpretação, a articulação harmoniosa de disposições. Por outro lado, a normatividade do Direito impõe que as *concepções dominantes no comércio jurídico* devam ser entendidas de um prisma axiológico (como "as normas que devem ser observadas no comércio jurídico") e não de um mero prisma ontológico (como "as práticas seguidas no comércio jurídico"). Desta forma, as referidas "concepções dominantes" não haverão de ser outras senão as próprias regras da boa fé ou, indo para além destas, não poderão, todavia, contrariá-las. Em suma, verificando-se uma situação de *dolus bonus* dificilmente se configura a ocorrência de *culpa in contrahendo*[797].

III. Por outro lado, quanto às cominações, a acentuada autonomia entre as regras de comportamento e as de validade assume várias dimensões. Desde logo, uma perspectiva assinala que cada um dos regimes em análise coloca o enfoque sobre uma das partes da relação contratual[798]. Assim, a disciplina dos vícios do consentimento foca-se no lesado – o declarante cuja vontade haja sido viciada – actuando mediante a verificação dos requisitos do dolo ou do erro. A *culpa in contrahendo*, por seu turno, concentra-se no infractor, valorando a censurabilidade do seu comportamento em função do desvio relativamente aos padrões da

---

[795] Giuseppe Grisi, *L'Obbligo...*, *cit.*, p. 269. Essa dupla tutela tem origens históricas no próprio Direito romano, entre as *actiones* que permitiam a *restitutio* e a indemnização resultante dos *bonae fidei iudicia* – Paulo Mota Pinto, *Interesse Contratual...*, Vol. II, *cit.*, p. 1400. Neste domínio, considera Grisi que o âmbito específico e próprio da tutela contra o incumprimento do dever pré-contratual de informação é assegurado pelas regras de responsabilidade civil autonomamente consideradas (*op. cit.*, p. 274). Isso mesmo resulta evidente nos casos em que sejam inaplicáveis regras de validade, seja porque o contrato não chegue a celebrar-se, seja nos casos de *dolus incidens*, em que a responsabilidade civil se traduz na indemnização pelo interesse contratual positivo.

[796] Ana Prata, *Notas...*, *cit.*, p. 99.

[797] Neste sentido, embora sem fundamentar, Eva Moreira da Silva, *Da Responsabilidade...*, *cit.*, p. 226.

[798] Michel de Juglart, "L'obligation...", *cit.*, p. 5; Jorge Sinde Monteiro, *Responsabilidade por Conselhos...*, *cit.*, p. 376.

boa fé e sancionando-o em conformidade; sob este prisma, a violação constitui uma fonte de responsabilidade civil, domínio onde se tenta colmatar as insuficiências que resultariam de uma regulação estritamente no âmbito dos vícios do consentimento, designadamente por nem sempre estarem reunidos os pressupostos de aplicação deste regime.

Por outro lado, enquanto as regras de validade se caracterizam pela sua rigidez e tipicidade, incidindo na estrutura do contrato e estabelecendo as condições em que o mesmo é vinculativo para as partes, as regras de conduta, visando a correcção da actuação das partes, são marcadas por uma elevada flexibilidade, permitindo integrar lacunas do sistema e garantir a justiça material do caso concreto[799].

Para além disso, os regimes distinguem-se igualmente pelo objecto da tutela que conferem e pelo distinto escopo que prosseguem. Assim, enquanto as regras de validade protegem a liberdade contratual e a livre formação da vontade, visando a certeza do tráfico (e só mediatamente a justiça), as de conduta protegem o património e têm por fim a justiça substancial[800].

Embora actualmente vão sendo apontadas várias perspectivas de superação do princípio de autonomia entre as referidas regras[801], uma das tradicionais excepções a tal princípio é precisamente o instituto da declaração do risco, onde tais regras se fundem.

IV. Os dois remédios operam autonomamente, verificados os respectivos pressupostos[802], importando definir em que termos os mesmos se articulam. Assim, em caso de dolo – exemplo típico de situação que convoca dois tipos de regras distintas[803] – o *deceptus* poderá lançar mão da responsabilidade civil *ou* da

---

[799] Giovanni D'Amico, "Regole di validità e regole di comportamento nella formazione del contratto", *RDC*, Ano XLVIII, nº 1 (Jan.-Fev. 2002), pp. 41 ss. Como refere Meruzzi, «a invalidação do acto constitui de facto um remédio que, na sua rigidez operativa, não permite graduar a sanção decorrente da violação das regras de conduta, como frequentemente imporia uma tutela mais efectiva dos interesses subjacentes à relação contratual» – Giovanni Meruzzi, "La responsabilità...", *cit.*, p. 955 (trad. nossa).

[800] Francesco Benatti, "Culpa...", *cit.*, p. 302; Manuel Carneiro da Frada, *Uma "Terceira Via"...*, *cit.*, p. 15; Eva Moreira da Silva, *Da Responsabilidade...*, *cit.*, p. 87; Giovanna Visintini, *La Reticenza nella Formazione...*, *cit.*, p. 112.

[801] Giovanni D'Amico, "Regole...", *cit.*, pp. 42 ss.

[802] Rui de Alarcão, "Breve motivação...", *cit.*, p. 97; Ana Prata, *Notas...*, *cit.*, p. 113 e n. 257. Cfr. também Giuseppe Grisi, *L'Obbligo...*, *cit.*, pp. 272-273.

[803] Pedro Pais Vasconcelos, *Teoria Geral...*, *cit.*, p. 495. Quanto à natureza da responsabilidade civil decorrente do dolo, para alguns autores está em causa a responsabilidade pré-contratual, nos termos do artigo 227º do CC – Carlos Mota Pinto, *Teoria Geral...*, *cit.*, p. 521; Pedro Pais Vasconcelos, *Teoria Geral...*, *cit.*, pp. 491-492 e 495. Para outros autores, tratar-se-á de responsabilidade aquiliana do *deceptor*, já que, como resulta *a contrario* do nº 2 do artigo 253º do CC, o dolo traduz-se num acto ilícito – Luís Carvalho Fernandes, *Teoria Geral...*, Vol. II, *cit.*, p. 229. Paulo Mota Pinto,

invalidade do contrato, *ou* de ambas conjuntamente. Com efeito, a indemnização pode ser *substitutiva* da anulação (seja como sucedâneo, quando haja havido opção pela manutenção do contrato, seja numa verdadeira substituição, por falta de requisitos do direito à anulação) ou *complementar* da mesma[804].

Estando preenchidos os requisitos dos vícios do consentimento, serão, portanto, *cumulativamente* aplicáveis as regras sobre responsabilidade pré-contratual[805]. Porém, mesmo quando não estejam preenchidos aqueles requisitos (casos de vícios não invalidantes do consentimento) e, portanto, o contrato tenha sido validamente concluído, será passível de aplicação o regime da *culpa in contrahendo*, com requisitos menos apertados[806].

A convergência dos dois remédios afigura-se mais evidente nos casos em que, verificados os requisitos dos vícios da vontade, a celebração de um contrato indesejado – sobretudo quando o mesmo se revelar inútil para o lesado – consubstancie o próprio dano. Neste caso, a solução da invalidade do contrato corresponde

por seu turno, aponta a controversa recondução do fundamento da ressarcibilidade dos danos resultantes de dolo civil, quer à *culpa in contrahendo* (artigo 227º do CC), quer à responsabilidade extra-contratual (nº 1 do artigo 483º do CC). Esta segunda alternativa colocar-se-á, segundo o autor, «na medida em que a conduta dolosa viola a liberdade de decisão jurídico-negocial, isto é, um "direito de outrem", que é o direito à liberdade, o que pode ser particularmente útil nas hipóteses em que o lesante seja um terceiro em relação à contraparte (dolo de terceiro)» – *Interesse Contratual...*, Vol. II, *cit.*, pp. 1368-1369.

[804] Paulo Mota Pinto, *Interesse Contratual...*, Vol. II, *cit.*, pp. 1389 ss. Numa perspectiva diversa, o regime do dolo (vício da vontade) e a respectiva cominação – a invalidade do contrato – comportariam já a reparação de um eventual dano da parte cuja vontade haja sido viciada. Por outro lado, a responsabilidade pré-contratual teria o seu campo de aplicação privilegiado nos casos em que o contrato não chegasse sequer a formar-se. Deste prisma – que não subscrevemos – o âmbito de aplicação dos dois regimes seria tendencialmente distinto, nenhum caso requerendo a sua aplicação simultânea.

[805] Jean-François Romain, *Théorie Critique...*, *cit.*, pp. 306 ss. Como refere Menezes Cordeiro, «a vítima do dolo, além da anulação do negócio, pode pedir também uma indemnização pelos danos sofridos» – António Menezes Cordeiro, "Dolo...", *cit.*, pp. 164-165. Assim, para além do reconhecimento do direito à anulação pelo *errans*, poderá este ter de indemnizar a contraparte, se o erro for culposo, ou ser indemnizado por esta se o erro era do conhecimento dela e a mesma não tiver cumprido o dever de informação que lhe competia – Francesco Benatti, *La Responsabilità...*, *cit.*, pp. 81-82. Em qualquer caso, porém, a serem exercidas cumulativamente, as pretensões deverão ser coerentes de modo a que o lesado não saia enriquecido. Assim, como nota Benatti, o conteúdo do ressarcimento depende da anulação ou da manutenção do contrato: naquele caso, o lesado pode ser ressarcido pelo interesse contratual negativo, sendo indemnizado dos danos resultantes de ter confiado na validade do contrato e sendo, portanto, colocado na situação em que estaria se nunca tivesse ocorrido aquela confiança; no segundo caso, em contrapartida, o lesado apenas poderá ver reparados os prejuízos resultantes da celebração de um negócio em condições mais desfavoráveis do que as que teria aceite se fosse conhecedor das circunstâncias reais – Francesco Benatti, *idem*, p. 84.

[806] Paolo Gallo, "Asimmetrie...", *cit.*, pp. 666-667.

à própria reparação natural do dano culposamente causado pela contraparte, embora seja cumulável e independente de uma indemnização pelos danos sofridos (cominação da violação da boa fé contratual). Mesmo não optando – ou não podendo já optar – pelo direito à anulação, o lesado poderá ser ressarcido de outros danos em que haja incorrido em virtude da actuação do *deceptor*[807].

V. Mais frequentemente descurada, quer pela doutrina, quer pela própria legislação, é a situação do erro provocado por negligência da contraparte – mormente quando sobre esta recaia um dever de informação (resultante da lei, de estipulação negocial ou das concepções dominantes no comércio jurídico – nº 2 do artigo 253º do CC) – quer o erro resulte da prestação negligente de informações inexactas, quer da omissão culposa de informações, não existindo intenção ou consciência de se enganar a contraparte. Também aqui, sendo o vício da vontade provocado culposamente – e não espontâneo – se verifica uma pretensão de aplicação de dois regimes, embora a sua articulação suscite problemas mais complexos[808].

Assim, verificando-se cumulativamente os pressupostos do erro e da responsabilidade pré-contratual, pode o lesado, como titular do direito potestativo à anulação do contrato, cumulá-la com um pedido de indemnização, ou optar por esta e pela manutenção do contrato (sendo, porém, a medida do dano diversa nas duas situações)[809].

Não obstante, segundo alguma doutrina, o facto de existir uma tipicidade legal de causas de anulação, inerente às regras de validade do contrato, não impedirá que – no âmbito da duplicidade de mecanismos de protecção do lesado e atenta a existência de uma conexão funcional entre a responsabilidade pré-contratual e o regime dos vícios da vontade – se configure a possibilidade de revogação, desvinculação ou distrate do contrato como reconstituição *in natura* (artigo 562º do CC) com fundamento em *culpa in contrahendo*, sobretudo nos casos em que o contrato não seja de todo apto à satisfação dos interesses do *errans* (erro essencial) e consubstancie, portanto, o próprio dano[810]. No mesmo caso, mas tratando-se

---

[807] Eva Moreira da Silva, *Da Responsabilidade...*, *cit.*, pp. 88 e 223 ss.

[808] Na verdade, estas situações poderão não dar lugar à anulabilidade do contrato (por falta de verificação dos respectivos pressupostos), mas darão lugar, verificada a existência de um prejuízo, a responsabilidade pré-contratual por violação do dever de informação, por parte do lesante – Paulo Mota Pinto, *Interesse Contratual...*, Vol. II, *cit.*, pp. 1379 ss.; Eva Moreira da Silva, *Da Responsabilidade...*, *cit.*, p. 110.

[809] Carlos Ferreira de Almeida, *Contratos*, Vol. I, *cit.*, p. 212.

[810] Cfr. Jorge Sinde Monteiro, *Responsabilidade por Conselhos...*, *cit.*, p. 370 e n. 100; Jorge Sinde Monteiro, "Culpa *in contrahendo*...", *cit.*, p. 10; Eva Moreira da Silva, *Da Responsabilidade...*, *cit.*, pp. 230 ss.; Dário Moura Vicente, *Da Responsabilidade...*, *cit.*, p. 264. Como afirma Eva Moreira da Silva,

agora de um mero erro incidental, e na impossibilidade de aplicação de um remédio de anulação parcial (por não estarem preenchidos os requisitos dos vícios da vontade) considera alguma doutrina que a reparação natural poderia consistir na adaptação do contrato ao conteúdo que o mesmo teria tido na ausência de erro, equivalendo a indemnização a uma redução da prestação do lesado[811].

Numa reflexão mais recente, com base no carácter exógeno (provocado) do erro negligentemente induzido – que assumiria uma natureza diferente do erro espontâneo – e na inexistência de regime específico em sede de disciplina dos vícios da vontade, considera Eva Moreira da Silva existir uma lacuna da lei[812],

«a reconstituição natural de um dano como a celebração de um contrato desvantajoso não será nada mais nada menos do que a sua "destratação"» – *idem*, p. 236. Esta teria como efeito a cessação retroactiva do contrato, sem prejudicar os direitos constituídos por terceiros na decorrência do contrato (*idem*, p. 240). Neste quadro, porém, considerando que a lei prevê um prazo de 1 ano para o exercício da faculdade anulatória por dolo (nº 1 do artigo 287º do CC) e um prazo de prescrição de 3 anos para o exercício do direito à indemnização, verificar-se-ia que um comportamento menos censurável (negligência) conferiria ao lesado um prazo mais alargado de exercício de uma cominação equivalente à estabelecida para um comportamento mais censurável (o dolo). Perante esta contradição de regimes, considera Sinde Monteiro «dever admitir-se, por redução teleológica, a existência de uma lacuna no nº 2 do art. 227, o qual não terá previsto esta hipótese, lacuna essa a preencher por aplicação do prazo do art. 287» – Jorge Sinde Monteiro, *Responsabilidade por Conselhos..., cit.*, p. 381. No mesmo sentido, Eva Moreira da Silva, *Da Responsabilidade..., cit.*, p. 239. Paulo Mota Pinto, por seu turno, considera a solução aplicável tanto nos casos em que se verifiquem os pressupostos de anulação por vício da vontade, como naqueles em que não se verifiquem esses pressupostos, e mesmo depois de esgotado o prazo para a anulação – Paulo Mota Pinto, *Interesse Contratual..., Vol. II, cit.*, pp. 1395 ss. Assim, considera o autor (seguindo a orientação da doutrina e jurisprudência alemãs) a razoabilidade de aplicação do prazo de prescrição previsto no nº 2 do artigo 227º e artigo 498º do CC, mesmo que se tenha já esgotado o prazo de anulação previsto no nº 1 do artigo 287º do CC – Paulo Mota Pinto, *Declaração Tácita..., cit.*, p. 325, n. 306. Pela nossa parte, pensamos que não se trata de uma lacuna (a situação é indiscutivelmente regulada pelo artigo 227º do CC), mas de uma contradição de regimes que impõe as maiores reservas à solução de distrate. O erro negligentemente induzido – a não preencher os requisitos do erro-vício ou do próprio dolo, caso em que se aplicaria o respectivo regime – será, assim, passível de reparação através de uma indemnização pecuniária, mas não de restauração natural por distrate. De outra forma, sempre haveria uma contradição entre o prazo "analogicamente" aplicável ao distrate (1 ano) e aplicável à indemnização pecuniária (3 anos).

[811] Jorge Sinde Monteiro, *Responsabilidade por Conselhos..., cit.*, p. 370. Cfr. igualmente Eva Moreira da Silva, *Da Responsabilidade..., cit.*, p. 242. Neste caso, o prazo de exercício da pretensão indemnizatória seria, por analogia com o nº 1 do artigo 287º do CC, 1 ano. Jorge Sinde Monteiro, *idem*, p. 382; Eva Moreira da Silva, *ibidem*.

[812] A submissão do erro negligentemente induzido aos apertados requisitos do erro sobre os motivos torná-lo-ia, na prática, segundo a autora, irrelevante. Por outro lado, não se compreenderia que a lei pretendesse aplicar uma solução de desvinculação por via indemnizatória (por *culpa in contrahendo*) quando a negava em sede própria (a desvinculação anulatória prevista para o *dolus malus*) – Eva Moreira da Silva, *As Relações..., cit.*, pp. 106 ss. e 369. O recurso a uma dupla redução

perante a qual haveria que ponderar a aplicabilidade do regime da *culpa in contrahendo* (desvinculação indemnizatória) ou o do dolo civil (desvinculação anulatória). Ponderando as soluções em causa[813], conclui a autora que tal lacuna haveria de ser preenchida por recurso à aplicação analógica do regime do dolo civil, tendo por consequência a desvinculação anulatória – que não meramente indemnizatória – do *errans*[814]. Cremos, porém, que o legislador terá considerado que o grau de culpabilidade envolvido na negligência não mereceria uma reprovação tão severa do Direito como a prevista para o dolo. Não tendo o *"deceptor"* negligente tido consciência do engano (caso em estaríamos perante um dolo omissivo), haveria a sua confiança de ser tutelada na mesma medida em que o seria nos casos de erro espontâneo da contraparte, garantindo-se a segurança do tráfego jurídico. Não se trata, portanto, de uma lacuna, mas de uma intenção clara de regular o problema conferindo-lhe a solução considerada adequada. Isto, claro está, sem prejuízo de recurso, em sede própria, às regras da responsabilidade pré-contratual pela negligência verificada, bem como, sendo caso disso, da aferição, em concreto, dos requisitos da tutela da confiança ou da convocação do instituto do abuso do direito.

Não haverá, portanto, razão para se excluir, no caso do erro negligentemente provocado, a dualidade complementar de regimes, naturezas e fundamentos entre

---

teleológica (do nº 1 do artigo 252º e do artigo 227º, ambos do CC, para afastar das respectivas esferas regulatórias o erro negligentemente induzido), para logo reclamar a existência de lacuna, afigura-se, porém, uma solução peculiar: «os casos de indução negligente em erro não são juridicamente irrelevantes e, para além disso, a lei não quis afastá-los do regime dos vícios da vontade. A lei, simplesmente, não os previu» (*ibidem*). Ora, pergunta-se, se a lei *não quis* afastá-los, como é que *não os previu*? A solução legal existe e é bem outra: o que é irrelevante, no quadro do regime dos vícios da vontade, não é o *erro* (negligentemente induzido), é a *culpabilidade* (não dolosa) do declaratário. Esta é valorada em sede própria: a *culpa in contrahendo*. Não se compreende também como pretender afastar o regime da responsabilidade pré-contratual, quando no respectivo núcleo se encontra reconhecidamente o incumprimento culposo (designadamente, negligente) de deveres pré-contratuais de informação, potencialmente gerador de um vício da vontade da contraparte. Não há, portanto, lacuna, mas apenas uma solução legal que, em sede de vícios da vontade, equipara a negligência do declaratário ao erro espontâneo (e não ao dolosamente provocado) e que sanciona a negligência ao nível da *culpa in contrahendo*, numa articulação de regimes que não merece reparo.
[813] Neste quadro, considera a autora: que a solução proporcionada pela responsabilidade pré-contratual protege menos o *errans* no que concerne aos efeitos em relação a terceiros; que o prazo de prescrição de três anos proporcionado pelo artigo 227º do CC é incoerente com o prazo de caducidade de um ano estabelecido para o dolo (não podendo o *deceptus* beneficiar de um prazo maior em consequência de uma ofensa menos grave); e que em termos processuais a cominação anulatória é mais favorável ao enganado – Eva Moreira da Silva, *As Relações...*, cit., pp. 376 ss. Perante a comparação de regimes empreendida, conclui a autora que o regime do dolo é «o mais adequado aos casos de indução negligente em erro». *Idem*, p. 382.
[814] Eva Moreira da Silva, *As Relações...*, cit., pp. 337 ss.

as regras de validade e as de conduta, bem patente na indução dolosa em erro. A *indução negligente em erro* por violação de deveres de informação é uma das situações que, de resto, encontra disciplina expressa em sede de contrato de seguro (actualmente, no artigo 26º da LCS).

VI. Se no plano das normas gerais não foi ainda superada a autonomia entre as regras de validade e de comportamento, essa superação é conseguida com sucesso ao nível das normas especiais sobre declaração do risco no contrato de seguro. Aí, a cominação do incumprimento, na sua complexidade, prossegue cumulativamente o duplo desiderato, fornecendo um remédio equilibrado, atenta a ponderação das posições das partes.

Por outro lado, e como referimos já, se não fará sentido a aplicação cumulativa do regime da declaração do risco com as regras gerais sobre vícios da vontade, nada parece opor-se à articulação entre aquele e o regime da responsabilidade pré-contratual, quando comprovadamente a lesão do segurador não fique ressarcida por efeito da aplicação da disciplina da declaração do risco[815].

III.5. BALANÇO: ESBOÇO DE UM MODELO DE ANÁLISE

I. Traçada uma panorâmica histórica sobre o processo de institucionalização da declaração do risco, tivemos oportunidade de delimitar conceptualmente o nosso objecto de estudo numa dupla vertente: a *declaração* de ciência, como etapa do *iter* formativo do contrato de seguro; e o *risco*, elemento fundamental do seguro como tipo contratual.

Foi depois tempo de analisarmos os fundamentos da disciplina da declaração do risco, tal como vêm sendo apontados pela doutrina no contexto dos regimes positivados nos vários ordenamentos[816]. Houve então lugar à distinção entre fundamentos materiais – ou pressupostos de facto da disciplina da declaração do risco – e fundamentos normativos. Entre os primeiros, cumpre reiterar que a incontornável assimetria informativa – decorrente da natureza dos factos relevantes para a formação da vontade negocial do segurador, na esfera do conhecimento do proponente – se encontra na base da emergência de uma relação de confiança entre as partes no contrato de seguro.

---

[815] No quadro do ordenamento belga, p. ex., é entendimento pacífico que a invalidade do contrato por incumprimento do dever de declaração do risco não exclui a responsabilidade aquiliana por danos causados, verificados os respectivos pressupostos – Comité Européen des Assurances, "8ème Colloque...", *cit.*, p. 278 (cfr. igualmente Giovanni E. Longo, "La dichiarazione del rischio all'origine ed in corso di contratto: consequenze e sanzioni", *Assicurazioni*, Ano XLV (1978), Parte I, p. 53).

[816] Em regra, nas breves incursões doutrinárias na matéria dos fundamento legais do regime da declaração do risco, os vários fundamentos surgem, numa perspectiva sincrética, profundamente interligados, raramente se assistindo ao esforço analítico de os abordar isoladamente.

Quer a assimetria informativa, quer a relação de confiança, assumem especial relevância face ao carácter aleatório do contrato de seguro. A necessidade de equilíbrio das posições das partes e o perigo da selecção adversa, directamente condicionados pela partilha de informação, permitem entrever a *alea* contratual como fundamento objectivo – tendencialmente inerente à própria natureza do contrato de seguro – da declaração do risco.

Por seu turno, a referida relação de confiança permite qualificar o seguro como contrato *uberrima fides*, exigindo, portanto, a observância de um padrão de conduta na formação e execução do negócio, de acordo com parâmetros de boa fé especialmente severos. A censurabilidade da conduta do proponente na fase pré-contratual, nomeadamente no incumprimento dos deveres de informação impostos pela boa fé, revela-se ambivalente. Por um lado, releva ao nível do próprio incumprimento dos deveres pré-contratuais de conduta e dos danos daí resultantes para a contraparte (o segurador), tendo por remédio o dever de indemnizar. Por outro lado, releva ao nível do vício do consentimento do segurador, tendo por remédio a invalidade do contrato. Neste quadro, também a boa fé e a autonomia da vontade se assumem como fundamentos normativos do dever de declaração do risco.

Em suma, é em virtude de o contrato de seguro ser aleatório que se impõe a uma das partes (a que não é afectada pela assimetria informativa) um especial dever de actuação conforme a boa fé, com particular relevo para a observância do dever de informação, de modo a que a vontade da parte contrária não seja viciada por erro[817]. Aqui se fundem os três fundamentos normativos do dever de declaração do risco que autonomamente analisámos: *alea*, boa fé e autonomia da vontade. É na respectiva intersecção que podemos representar o instituto da declaração do risco:

Fig. 1 – Fundamentos do dever de declaração do risco

---

[817] Franco Carresi, "Introduzione ad uno studio sistematico degli oneri e degli obblighi delle parti nel processo di formazione del negozio giuridico", *RTDPC*, Ano III (1949), p. 829.

II. Numa perspectiva processual, os fundamentos acima referidos podem ser representados sequencialmente, já que se vão manifestar de forma mais predominante em momentos sucessivos do processo de formação do contrato, de acordo com o esquema seguinte:

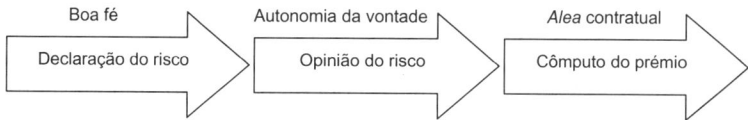

Fig. 2 – Preponderância sequencial dos fundamentos

Assim, se é certo que a declaração do risco determina a avaliação que do mesmo fará o segurador (opinião do risco), esta, por seu turno, será a base do cálculo do prémio. Ora o dever pré-contratual de informação suscita-se precisamente quanto ao *momento* da declaração do risco, que ao mesmo dá cumprimento. Por seu turno, o eventual vício da vontade do segurador dá-se no *momento* seguinte, o da formulação da opinião do risco. Finalmente, a *alea* contratual surge em evidência a propósito da tarifação do risco e do cálculo do prémio, em função da tendencial correspondência entre o risco e o prémio. O esquema apresentado poderia, de resto, assumir uma forma circular, já que, como referimos, é a assimetria informativa no contexto dessa *alea* contratual que impõe o dever de informação fundado na boa fé. A *alea* encontra-se, assim, no início e no termo da sequência de momentos referida.

III. Até ao momento, cremos ter demonstrado, em abstracto, a relevância dos três fundamentos apontados no domínio da declaração do risco. Porém, os mesmos não se manifestam de forma idêntica nem com a mesma preponderância e intensidade em cada regime positivado. Na verdade, é o peso relativo de cada um daqueles fundamentos que condiciona a configuração concreta que as soluções de cada regime assumem no contexto do respectivo sistema jurídico.

O que vimos de afirmar não será especialmente evidente quanto à *alea* contratual, fundamento objectivo que tendencialmente acompanha a própria natureza do contrato e que, portanto, atento o carácter universalmente sedimentado do seguro (em moldes muito semelhantes), marca igualmente presença, de forma similar, nos vários ordenamentos.

Porém, já não é este o caso relativamente aos fundamentos subjectivos – que assim designamos porque reportados aos sujeitos do contrato – da declaração do risco: a boa fé objectiva, traduzida em deveres de conduta (mormente, no dever de informação pré-contratual que incide sobre um dos sujeitos), e a autonomia da vontade, tutelando o vício do consentimento que afecta o outro sujeito.

Assim, nos regimes da declaração do risco marcados por uma elevada rigidez de soluções, onde é irrelevante o grau de censurabilidade da conduta do proponente faltoso e que apontam para um remédio invalidante, assume maior preponderância fundamentadora a autonomia da vontade e a teoria dos vícios do consentimento. Diversamente, nos casos em que a disciplina da declaração do risco reflecte soluções de grande flexibilidade, com remédios diferenciados em função da gravidade e da censurabilidade do comportamento do proponente, procurando moldá-los às circunstâncias concretas do caso, denota-se um predomínio fundamentador das regras da boa fé.

A preponderância de cada um dos dois fundamentos varia, por outro lado, em cada contexto histórico e cultural, sendo certo – como melhor veremos adiante – que nos regimes novecentistas é mais evidente a dominância da autonomia da vontade, enquanto os regimes recentes estão mais fortemente marcados pelo princípio da boa fé[818]. Em suma, a configuração que, em concreto, denota a disciplina da declaração do risco em cada ordenamento jurídico reflecte a relevância que cada um dos fundamentos enunciados assume no respectivo contexto histórico e cultural e a preponderância relativa desse fundamento face aos demais.

IV. Aqui chegados, importa passar de um plano fundamentalmente teórico para o domínio mais analítico do Direito positivo. Nesse trajecto, começaremos por traçar uma panorâmica dos regimes vigentes numa selecção de ordenamentos de referência, identificando sucintamente as principais problemáticas controvertidas, sem esquecer um prévio encadeamento histórico dos regimes que os antecederam. Desta análise a efectuar no âmbito do Direito comparado emergirá a correlação de influências e a preponderância de cada um dos fundamentos considerados.

Das soluções consagradas em outros ordenamentos, passaremos por uma indispensável referência ao Direito da UE, colocando depois o enfoque no nosso sistema jurídico. Nessa fase, percorreremos primeiro as soluções dos CCom novecentistas, empreendendo posteriormente uma análise desenvolvida às recentes soluções da LCS.

---

[818] Neste quadro, assume mesmo um peso especial a tutela da confiança, domínio onde se procura um delicado equilíbrio entre a protecção da posição do segurador (que formou a sua vontade negocial confiando numa configuração da realidade transmitida pelo proponente) e a do tomador do seguro (que eventualmente confiou que o segurador não impugnaria o contrato e que este se teria já consolidado pelo decurso do tempo).

IV
A Declaração do Risco em Ordenamentos Estrangeiros

IV.1. ANÁLISE DA ALTERIDADE NORMATIVA, ETAPA DO MÉTODO COMPARATIVO

O Direito comparado constitui um instrumento indiscutível de aprofundamento da ciência do Direito[819]. Em particular, potencia o conhecimento do Direito de além-fronteiras, contribuindo igualmente para a compreensão do Direito nacional, tanto pelo contraste de soluções consagradas[820], quanto pelo evidenciar de influências recíprocas[821]. De resto, o Direito comparado assume relevância fundamental como instrumento de suporte de reformas legislativas[822], como foi o recente caso da reforma do Direito material de seguros português, inspirada em soluções já consagradas noutros sistemas jurídicos.

Ora – considerando a análise efectuada sobre os fundamentos da declaração inicial do risco e o conflito de interesses que a mesma tenta conciliar – reveste-se de central importância o estudo dos diferentes meios técnico-jurídicos de que lançam mão os vários ordenamentos no sentido de regularem aquele conflito e

---

[819] Sobre as principais funções do Direito comparado, cfr. Dário Moura Vicente, *Direito Comparado*, Vol. I, Coimbra, Almedina, 2008, pp. 22 ss.

[820] Neste contexto, o método comparativo fornece um conhecimento amplo do leque de soluções possíveis para determinados problemas jurídicos, permitindo aprofundar competências analíticas e metodológicas com maior rigor epistemológico. Cfr. Peter de Cruz, *Comparative Law in a Changing World*, 2ª Ed., London, Cavendish Publishing, 1999, p. 19.

[821] Neste âmbito, o método comparativo evidencia a interacção dos sistemas jurídicos, nomeadamente no processo histórico de formação de soluções normativas. Peter de Cruz, *Comparative...*, *cit.*, p. 19.

[822] René David, *Les Grands Systèmes de Droit Contemporains*, 7ª Ed., Paris, Dalloz, 1978 – trad. port., *Os Grandes Sistemas do Direito Contemporâneo (Direito Comparado)*, Lisboa, Meridiano, 1978, p. 30; H. Patrick Glenn, "Aims of comparative law", *in* Jan M. Smits (Ed.), *Elgar Encyclopedia of Comparative Law*, Cheltenham (UK), Edward Elgar Publishing, 2006, p. 61.

de solucionarem um problema jurídico que decorre, aliás, da própria natureza do contrato de seguro[823].

Porém, como resulta da etimologia da palavra *comparar*, o método comparativo não deverá assentar numa sucessão de estudos autónomos e paralelos de Direitos estrangeiros[824]. A valia da comparação – no plano micro[825] e instrumental[826] que ora nos ocupa – coloca-se na aproximação, na ordenação racional e sistemática de semelhanças e diferenças[827] entre soluções normativas ou institutos jurídicos funcionalmente equivalentes de sistemas jurídicos distintos[828]. Não obstante, a comparação pressupõe uma fase analítica prévia: o conhecimento de cada regime normativo em causa, no seu contexto jurídico-cultural e institucional, e na sua coerência histórica e sistémica[829].

Propomo-nos, assim, empreender a abordagem comparativa em várias etapas. Desde logo, no presente capítulo, pretendemos analisar e caracterizar sumariamente[830]

---

[823] Reimer Schmidt, "L'influenza...", *cit.*, p. 449. Como faz notar Pinheiro Torres, a natureza do contrato de seguro como contrato de boa fé fundamenta, em todos os sistemas normativos, o mesmo grau de desvalor jurídico e o mesmo rigor sancionatório da inexacta ou reticente declaração do risco pelo segurado – Arnaldo Pinheiro Torres, *Ensaio...*, *cit.*, p. 104.

[824] Léontin-Jean Constantinesco, *Traité de Droit Comparé*, Vol. II – La Méthode Comparative, Paris, LGDJ, 1974, p. 238; H. Patrick Glenn, "Aims...", *cit.*, p. 63; René Rodière, *Introduction au Droit Comparé*, Paris, Dalloz, 1979, p. 147.

[825] Carlos Ferreira de Almeida, *Introdução...*, *cit.*, pp. 10-11; e Dário Moura Vicente, *Direito Comparado*, *cit.*, p. 21.

[826] João de Castro Mendes, *Direito Comparado*, Lisboa, AAFDL, 1983, p. 24.

[827] Léontin-Jean Constantinesco, *Traité...*, Vol. II, *cit.*, p. 240.

[828] Cfr. Konrad Zweigert e Hein Kötz, *Einführung in die Rechtsvergleichung auf dem Gebiete des Privatrechts*, 2ª Ed., Tübingen, 1984 – trad. inglesa, *Introduction to Comparative Law*, Oxford, Clarendon Press, 1992, p. 31; A. Esin Örücü, "Methodology of comparative law", *in* Jan M. Smits (Ed.), *cit.*, p. 443; H. C. Gutteridge, *Comparative Law. An Introduction to the Comparative Method of Legal Study and Research*, Cambridge, 1946 – trad. espanhola, *El Derecho Comparado: Introducción al Método Comparativo en la Investigación y en el Estudio del Derecho*, Barcelona, Instituto de Derecho Comparado, 1954, pp. 118 ss.; Dário Moura Vicente, *Direito Comparado*, *cit.*, p. 44; e Rui Pinto Duarte, "Uma introdução ao Direito Comparado", *O Direito*, Ano 138º (2006), nº 4, p. 780.

[829] Cfr. René Rodière, *Introduction...*, *cit.*, pp. 139-140, que recomenda um método de investigação histórico-cultural. Cfr. igualmente A. Esin Örücü, "Methodology...", *cit.*, p. 445; René David, *Les Grands...*, *cit.*, pp. 39-40; Peter de Cruz, *Comparative...*, *cit.*, pp. 3 ss.; Carlos Ferreira de Almeida, *Introdução...*, *cit.*, p. 28 ; e Dário Moura Vicente, *Direito Comparado*, *cit.*, pp. 20 e 42.

[830] Tratar-se-á, não de uma mera descrição de cada regime legal em causa, mas, tanto quanto possível, de uma caracterização da *law in action*, atribuindo a devida relevância, nomeadamente, à doutrina e à jurisprudência. Por outro lado, entre uma exposição simultânea (relativamente a cada parâmetro objecto de comparação) ou sucessiva (considerando autonomamente cada ordem jurídica seleccionada, cujo sentido pleno apenas se evidencia na coerência do seu encadeamento histórico, dogmático e sistemático), optámos por esta última abordagem, a qual propicia uma maior clareza expositiva e uma melhor contextualização de cada regime considerado. Cfr. Léontin-Jean Constantinesco, *Traité...*, Vol. II, *cit.*, p. 283.

alguns dos mais relevantes regimes[831] em tema de declaração do risco ou institutos afins. Numa fase posterior, e a propósito da análise do regime positivo consagrado em Portugal, procuraremos convocar, para cada solução normativa concreta, os regimes estrangeiros que aí mais fizeram sentir a sua influência. As conclusões deste trabalho comportarão, finalmente, uma síntese comparativa[832], que culminará a análise de Direito comparado efectuada.

Por outro lado, consideramos imprescindível uma referência sucinta à evolução que os vários sistemas paralelamente experimentaram ao longo dos dois últimos séculos, com claras influências recíprocas. De modo a aligeirar a exposição que se segue, o corpo do texto contempla os aspectos essenciais de cada regime, relegando-se para nota de rodapé, sempre que se justifique, o aprofundamento de qualquer questão ou a referência às mais relevantes controvérsias doutrinárias ou jurisprudenciais que os referidos regimes suscitam.

IV.2. SISTEMAS JURÍDICOS CONSIDERADOS

IV.2.1. Inglaterra: *non-disclosure* e *misrepresentation*

I. O dever pré-contratual de declaração do risco, fundado na boa fé, e o seu incumprimento reconduzem-se fundamentalmente a dois institutos do Direito inglês: a *misrepresentation* (que tutela o erro do declaratário provocado por declarações inexactas da contraparte) e a *non-disclosure* (que regula a omissão de informação quando o Direito impõe o dever de informar). Se a *misrepresentation* é aplicável à generalidade dos contratos, a *non-disclosure*, assente na *uberrima fides*, é apenas aplicável aos contratos de máxima boa fé, de que é exemplo típico o de seguro[833].

---

[831] Considerando o escopo do presente estudo, a selecção das ordens jurídicas consideradas assentou em vários critérios. Por um lado, figuram aquelas cujas soluções apresentam evidentes afinidades e até uma influência clara relativamente a diversos aspectos do recente regime português (tal é o caso dos sistemas jurídicos francês, alemão, belga, brasileiro, italiano e espanhol) – cfr. a *nota explicativa do projecto* de LCS, Pedro Romano Martinez, "Novo Regime...", *cit.*, p. 32. Por outro lado, o sistema de referência da família da *common law* (Direito inglês), cuja relevância se assume mais sob o prisma do contraste com o nosso regime e do recurso a institutos jurídicos distintos, ainda que funcionalmente equivalentes. Finalmente, o sistema suíço constitui igualmente referência incontornável de Direito comparado, pela singularidade das soluções consagradas. Sobre os critérios de selecção das ordens jurídicas em Direito Comparado, cfr. Carlos Ferreira de Almeida, *Introdução...*, *cit.*, pp. 28 ss.; e Dário Moura Vicente, *Direito Comparado, cit.*, p. 46.

[832] Léontin-Jean Constantinesco, *Traité...*, Vol. II, *cit.*, pp. 240-241; Dário Moura Vicente, *Direito Comparado, cit.*, pp. 48 ss.

[833] P. S. Atiyah, *An Introduction...*, *cit.*, pp. 220 ss.; Alberto Monti, *Buona Fede e Assicurazione, cit.*, pp. 126 ss. A distinção conceptual entre as inexactidões e as omissões do tomador do seguro inadimplente assume, assim, no Direito inglês, uma relevância que não tem nos sistemas jurídicos da Europa continental (onde o incumprimento do dever de declaração do risco, específico do contrato

Começando pelo *duty of disclosure*, cujo incumprimento torna o contrato inválido, o mesmo foi estabelecido pela jurisprudência inglesa a partir do caso *Carter v. Boehm*, que o ancorou no princípio da *uberrima fides*[834]. Assim, de acordo com a jurisprudência aí firmada o proponente deveria revelar ao segurador, antes da conclusão do contrato, todos os factos da sua *exclusiva* esfera de conhecimento, quer os mesmos se lhe afigurassem como relevantes para a apreciação do risco ou não[835].

O âmbito restritivo do princípio, tal como resultava do caso *Carter*, veio a ser progressivamente alargado no séc. XIX[836]. Entretanto, o MIA, de 1906 (Secções 17[837] e 18[838]), consagrou por via legislativa o princípio para o seguro marítimo, embora – em virtude de o diploma em causa ser reconhecidamente uma codificação da *common law* – o mesmo seja de aplicação pacífica a todos os ramos de seguro[839].

de seguro, abrange tanto as omissões como as inexactidões). Assim, a limitação da declaração do risco a um dever de resposta (ao questionário formulado pelo segurador), teria um alcance muito mais profundo no Direito inglês do que nos continentais, correspondendo, na prática, ao esvaziamento do *duty of disclosure*, passando a cair o contrato de seguro, como os demais, apenas na esfera de aplicação do instituto da *misrepresentation*.

[834] (1766) 3 Burr. 1905. Embora inicialmente o tipo de invalidade considerado fosse a nulidade (*void*), o desenvolvimento jurisprudencial posterior conduziu a que o tipo de invalidade em causa fosse reconduzido à anulabilidade (*voidable*) – Peter MacDonald Eggers *et al.*, *Good Faith...*, cit., p. 50 e n. 131 e pp. 437 ss. O *remedy* aplicável é, porém, indiferentemente qualificado por alguma doutrina e jurisprudência como resolução (*rescission*) – Malcolm Clarke, *Policies...*, cit., p. 79; Julie-Anne Tarr, *Disclosure and Concealment...*, cit., p. 54. Por outro lado, a natureza jurídica do dever de *utmost good faith* permanece controversa, oscilando a jurisprudência entre o reconhecimento de um termo contratual implícito e de um *general equitable duty* – Alberto Monti, *Buona Fede e Assicurazione*, cit., p. 131.
[835] Francis Achampong, "*Uberrima fides...*", cit., p. 330.
[836] John Lowry e Philip Rawlings, *Insurance Law – Doctrines...*, cit., p. 74; e John Birds e Norma Hird, *Birds'...*, cit., p. 103. Assim, no caso *Lindenau v. Desborough* – (1828) 8 B. & C. 586 – ficou assente que o segurador deveria ser informado de todas as circunstâncias objectivamente relevantes conhecidas do proponente, ainda que o mesmo não as reconhecesse como relevantes. Esse alargamento foi, de resto, reforçado no caso *Bates v. Hewitt* – (1867) L.R. 2 Q.B. 595 – onde se estabeleceu que mesmo os factos notórios deviam ser informados pelo proponente. Cfr. Francis Achampong, "*Uberrima fides...*", cit., pp. 331-333.
[837] Nos termos do preceito, «um contrato de seguro marítimo é um contrato baseado na máxima boa fé e, se a máxima boa fé não for observada por uma das partes, o contrato pode ser anulado pela outra» (trad. nossa).
[838] A Secção 18(1) estabelece que «o segurado deve revelar ao segurador, antes da conclusão do contrato, todas as circunstâncias relevantes que conheça, presumindo-se que conhece todas as circunstâncias que, normalmente (*in the ordinary course of business*), deverão ser por ele conhecidas. Se o segurado não revelar essa informação o segurador pode anular o contrato» (trad. nossa). Por seu turno, a Secção 18(2) define os termos do critério de relevância (*materiality test*), estabelecendo que «é relevante toda a circunstância que influenciaria o juízo de um segurador prudente na determinação do prémio, ou na decisão de aceitar o risco» (trad. nossa).
[839] Semin Park, *The Duty...*, cit., pp. 17 e 72; Peter MacDonald Eggers *et al.*, *Good Faith...*, cit., pp. 11-12. Francis Achampong critica a generalização jurisprudencial a todos os contratos de seguro, já que

A jurisprudência inglesa actual segue os termos que resultam da tradição descrita. Assim, exige-se que *todos* os factos relevantes *(material)*[840], que um segurador prudente espere que lhe sejam revelados *('prudent insurer' test)*[841] e que o proponente conheça[842] ou não deva ignorar *(constructive knowledge)*[843], devem ser

a decisão do caso Carter foi tomada no contexto do seguro marítimo, caracterizado pela vincada argúcia do tomador do seguro contra uma particular fragilidade do segurador (especialmente desconhecedor das condições do navio e da respectivas carga), justificando uma ímpar tutela deste. *"Uberrima fides...", cit.*, p. 338.

[840] O *duty of disclosure* incide, assim, sobre declarações de facto, não de opinião. As declarações inexactas que consubstanciem opiniões do proponente *(statements of opinion)* só são impugnáveis se não forem prestadas de boa fé – cfr. John Birds e Norma Hird, *Birds'..., cit.*, p. 103. Porém, as opiniões de terceiros conhecidas do proponente são consideradas *factos* que devem ser revelados (p. ex., a opinião de um médico quanto ao estado de saúde do segurado) – Malcolm Clarke, *Policies..., cit.*, p. 86. Quanto à relevância da informação, a mesma constitui matéria de facto. Os factos relevantes respeitam a riscos físicos *(physical hazard)* atinentes ao objecto do seguro e a riscos morais *(moral hazard)* relativos ao proponente (nomeadamente a existência de seguros anteriores recusados, de sinistros anteriores, ou de um passado criminal, contra-ordenacional ou "desonesto" do proponente). Cfr. exemplos controvertidos de factos relevantes em Peter MacDonald Eggers *et al.*, *Good Faith..., cit.*, pp. 387 ss.; e John Lowry e Philip Rawlings, *Insurance Law – Cases..., cit.*, pp. 157 ss.; e John Birds e Norma Hird, *Birds'..., cit.*, pp. 114 ss.

[841] Os termos *prudent insurer* e *reasonable insurer* são equivalents – cfr. John Lowry e Philip Rawlings, *Insurance Law – Doctrines..., cit.*, p. 77; Anthony A. Tarr e Julie-Anne Tarr, "The insured's...", *cit.*, p. 581; e Julie-Anne Tarr, *Disclosure and Concealment..., cit.*, p. 42. Em termos do *materiality test* a jurisprudência basta-se com a *susceptibilidade* de a circunstância omitida ou inexactamente declarada influenciar a avaliação do risco, isto é, com uma apreciação objectiva e *em abstracto* da essencialidade daquela circunstância, independentemente da *relevância concreta* que a mesma teria tido para o segurador em causa (que poderá não ser *prudente* nem *razoável*). Assim, de quatro critérios distintos – o *particular insured test*, o *prudent insurer test*, o *reasonable insured test* e o *particular insurer test* – a *common law* adoptou o segundo. A injustiça do *prudent insurer test* – decorrente de o proponente não estar, em regra, familiarizado com a actividade do segurador, sendo-lhe difícil decidir que factos este considerará relevantes – tem sido alvo de crítica dogmática e jurisprudencial. Cfr. P. M. North, "Certain aspects of the declaration of the risk and its consequences in comparative law. Examination of 'warranty' and 'obliegenheit': An English view", *in* AAVV, *L'Harmonisation du Droit du Contrat d'Assurance dans la C.E.E.*, Bruxelles, Bruylant, 1981, p. 283; Semin Park, *The Duty..., cit.*, p. 31; Malcolm Clarke, *Policies..., cit.*, pp. 85 ss. Sobre a evolução dos critérios do *test of materiality*, cfr. Peter MacDonald Eggers *et al.*, *Good Faith..., cit.*, pp. 346 ss. e Semin Park, *The Duty..., cit.*, pp. 68 ss.

[842] Caso o agente ou comissário *(agent)* do proponente conheça ou deva conhecer um facto relevante, o seu conhecimento é considerado extensível ao próprio proponente – John Birds e Norma Hird, *Birds'..., cit.*, p. 106; Malcolm Clarke, *Policies..., cit.*, p. 88. O mesmo princípio se aplica quanto ao conhecimento do corretor do proponente – Semin Park, *The Duty..., cit.*, p. 11.

[843] Segundo Semin Park, a admissibilidade do *constructive knowledge* (ou conhecimento presumido) – firmada com o caso *Joel v. Law Union and Crown Insurance* [(1908) 2 K.B. 863] e implicando que o proponente deva revelar factos que, efectivamente, *não conhece* – não é pacífica para os seguros terrestres – Semin Park, *The Duty..., cit.*, p. 15. Na verdade, e apesar de alguma controvérsia jurisprudencial, existem exemplos recentes de jurisprudência que defendem que o *duty of disclosure*

informados ao segurador. Porém, o segurador só poderá impugnar o contrato se se demonstrar que foi efectivamente influenciado (requisito do *actual inducement*) na sua decisão de contratar – pelo menos, nos termos acordados – pela omissão (*non-disclosure*) de um facto[844]. De acordo com Semin Park, a influência é constituída por dois factores, de verificação cumulativa – a *intenção* de influenciar (do proponente); e o *efeito* da influência, ou seja, a alteração da posição do segurador[845] – os quais são matéria de facto cujo ónus probatório cabe ao segurador[846]. O Direito inglês presume, não obstante, que, sendo o facto não informado relevante (*material*), o mesmo influenciou a decisão de contratar; verifica-se, assim, uma inversão do ónus da prova que em muito reforça a posição do segurador[847].

O *duty of disclosure* está estabelecido na *common law* em regime de reciprocidade e igualdade, embora, na prática, seja empregue apenas para tutela da posição do segurador. Em qualquer caso, há exemplos pontuais de jurispru-

está confinado aos factos efectivamente conhecidos – cfr. John Birds e Norma Hird, *Birds'...*, *cit.*, p. 105 – sendo a presunção de conhecimento reservada aos seguros celebrados por não consumidores (cfr. Nicholas Legh-Jones *et al.* (Eds.), *MacGillivray...*, *cit.*, p. 414).

[844] Para o reconhecimento do requisito do *actual inducement* do segurador concreto em causa, muito contribuiu a jurisprudência do caso *Pan Atlantic Insurance Co. Ltd.* v. *Pine Top Insurance Co. Ltd.* [1994] 3 W.L.R. 677 – cfr. Howard N. Bennett, "Utmost good faith in the House of Lords", *LQR*, Vol. 111, Abr. 1995, pp. 181-186; Howard N. Bennett, "The duty...", *cit.*; Dexter Morse e Lynne Skajaa, *Tackling Insurance Fraud: Law and Practice*, London, LLP, 2004, p. 24; Julie-Anne Tarr, *Disclosure and Concealment...*, *cit.*, p. 42. Porém, o grau de influência requerido pelo Direito inglês é muito amplo. Assim, reconhece-se a influência do segurador ainda que este tivesse contratado nas mesmas condições se o *duty of disclosure* houvesse sido cumprido, bastando que tivesse reconhecido significado ao facto como *importante para a análise* do risco; ou que *pudesse* ter contratado em condições diferentes; ou que o facto em causa *fosse tendente* a provocar a recusa do risco ou a contratação em condições diversas; ou que *tivesse desejado ter sido informado* do facto; ou que o *tivesse tomado em consideração* na análise do risco – cfr. Howard N. Bennett, "Utmost...", *cit.*; e Howard N. Bennett, "The duty...", *cit.*, pp. 515 ss. Criticando a excessiva amplitude do critério, considera Semin Park que «o factor chave para determinar a relevância deveria ser se um segurador prudente teria sido *realmente afectado* pela informação ao estabelecer o prémio ou decidir se ele teria aceite o risco» – Semin Park, *The Duty...*, *cit.*, p. 116 (trad. nossa). A verificação cumulativa do *materiality test* e do *actual inducement test*, como dois requisitos autónomos do direito à anulação do contrato, corresponde, assim, a uma dupla verificação (*double-check* ou *dual limb test*) – cfr. Howard N. Bennett, "The duty...", *cit.*, p. 515. Cfr. também Anthony A. Tarr e Julie-Anne Tarr, "The insured's...", *cit.*, p. 582.

[845] Semin Park, *The Duty...*, *cit.*, pp. 132 ss. Esta é, portanto, aferida, não em abstracto (considerando o critério do segurador prudente, como no *materiality test*), mas em função do segurador em concreto – *idem*, p. 143.

[846] Ao segurador compete igualmente provar a omissão de informação; a relevância do facto omitido; e o conhecimento do mesmo pelo proponente. Alberto Monti, *Buona Fede e Assicurazione*, *cit.*, p. 129; Malcolm Clarke, *Policies...*, *cit.*, pp. 83-84.

[847] Cfr. Howard N. Bennett, "Utmost...", *cit.*, p. 185; Peter MacDonald Eggers *et al.*, *Good Faith...*, *cit.*, pp. 343 e 379; e Semin Park, *The Duty...*, *cit.*, pp. 80; 136 e 144 ss.

dência que reconhece o *duty of disclosure* do segurador em termos semelhantes ao do tomador[848].

Embora a *common law* consagre um dever espontâneo de declaração, não existe dever de informação, nomeadamente, quanto aos factos do conhecimento do segurador, que o mesmo devesse conhecer no âmbito normal da sua actividade, ou do domínio comum (factos notórios); factos que o proponente desconheça e que não devam ter-se por conhecidos do mesmo; factos que diminuam o risco; factos cobertos por uma garantia específica ou afastados por uma condição; e factos cuja informação seja dispensada pelo segurador[849].

O incumprimento do dever de declaração do risco apenas confere ao segurador o direito de anular o contrato com efeito retroactivo (*avoid ab initio*), não sendo devidos quaisquer capitais ou indemnizações por sinistro[850]. Desta forma, conserva o segurador o direito à repetição dos montantes que haja anteriormente pago, estando, não obstante – excepto em caso de *fraud* – obrigado à restituição dos prémios que haja recebido desde o início do contrato[851]. A anulabilidade deverá ser arguida pelo segurador num prazo razoável a contar do conhecimento do vício, sob pena de o negócio se ter por confirmado, ficando precludido o direito à anulação[852]. De resto, encontrando-se o dever de declaração delimitado pelo *test of materiality* dos factos em causa, não se exige qualquer requisito de causalidade entre o facto não declarado e um eventual sinistro[853].

Quanto ao ónus da prova, compete ao segurador que pretende prevalecer-se da invalidade do contrato provar o incumprimento do dever de declaração, nomeadamente que o tomador do seguro conhecia ou devia conhecer o facto não declarado, e que o mesmo facto era relevante para um segurador prudente[854],

---

[848] Semin Park, *The Duty...*, *cit.*, pp. 24 e 180 ss. Na verdade, se o segurador tiver conhecimento particular de circunstâncias relevantes sobre o risco a segurar, deve igualmente revelá-las ao proponente. Este cenário será, porém, de difícil verificação (sendo apenas conjecturável em meras hipóteses académicas), já que a assimetria de informação sobre o risco é claramente desfavorável ao segurador.

[849] P. M. North, "Certain aspects...", *cit.*, p. 280; Semin Park, *The Duty...*, *cit.*, p. 11; Malcolm Clarke, *Policies...*, *cit.*, p. 84; Nicholas Legh-Jones *et al.* (Eds.), *MacGillivray...*, *cit.*, pp. 442 ss.

[850] P. M. North, "Certain aspects...", *cit.*, p. 281. Não existe, na verdade, outro *remedy* para a *non-disclosure* – Nicholas Legh-Jones *et al.* (Eds.), *MacGillivray...*, *cit.*, p. 422. A anulação coloca, assim, as partes no *statu quo ante*, implicando a devolução do que houver sido recebido na vigência do contrato – John Lowry e Philip Rawlings, *Insurance Law – Doctrines...*, *cit.*, p. 79. Tratando-se de contratos renováveis, a anulabilidade respeita, não apenas ao contrato vigente, mas igualmente a todos os precedentes – Semin Park, *The Duty...*, *cit.*, p. 12.

[851] Peter MacDonald Eggers *et al.*, *Good Faith...*, *cit.*, pp. 449 ss.; Semin Park, *The Duty...*, *cit.*, p. 12; Nicholas Legh-Jones *et al.* (Eds.), *MacGillivray...*, *cit.*, p. 422.

[852] Semin Park, *The Duty...*, *cit.*, p. 12.

[853] Peter MacDonald Eggers *et al.*, *Good Faith...*, *cit.*, p. 34; Semin Park, *The Duty...*, *cit.*, p. 78.

[854] Esta matéria pode ser provada através de peritos (pessoas ligadas à actividade seguradora, colaborando com outros seguradores no mesmo ramo de seguro), sendo a intervenção dos mesmos

presumindo-se a relevância dos factos expressamente perguntados pelo segurador (embora não se presumindo a irrelevância dos que o não sejam)[855].

II. Conforme já referido, o dever de declaração do risco reflecte-se tanto no instituto da *non-disclosure* (omissão de um facto relevante) como no da *misrepresentation*[856]. Esta consiste numa declaração inexacta de um facto[857] relevante (no caso do contrato de seguro o mesmo terá sido, em regra, questionado pelo segurador), que o proponente saiba ou deva saber ser falso[858], produzida com ou sem culpa[859], e que influencia (*induces*) a decisão de contratar[860], não constituindo, porém, uma condição contratual[861]. Em caso de *misrepresentation* produzida pelo proponente ou pelo seu agente, o segurador poderá anular o contrato[862]. Para

essencial para a determinação dos padrões e práticas do *segurador prudente* conceptualizado. Anthony A. Tarr e Julie-Anne Tarr, "The insured's...", *cit.*, p. 589; e Semin Park, *The Duty...*, *cit.*, p. 80. Todavia, esta prova "pericial" apenas auxilia o julgador na aferição do *materiality test*, não sendo vinculativa para o tribunal – cfr. John Birds e Norma Hird, *Birds'...*, *cit.*, p. 114; e John Lowry e Philip Rawlings, *Insurance Law – Doctrines...*, *cit.*, p. 79.

[855] Semin Park, *The Duty...*, *cit.*, p. 79. Quando necessária, a prova sobre a relevância de determinado facto é, em regra, de carácter pericial, sendo prestada por técnicos de seguros – Nicholas Legh-Jones *et al.* (Eds.), *MacGillivray...*, *cit.*, p. 427.

[856] Na verdade, como nota Semin Park, o incumprimento do *duty of disclosure* reflectir-se-á na *misrepresentation* da contraparte. Tendo ambos os institutos uma *ratio* semelhante, o segurador poderá, na prática, invocar qualquer deles (ou mesmo ambos) para impugnar o contrato em caso de omissão ou inexactidão do proponente na descrição do risco – Semin Park, *The Duty...*, *cit.*, p. 18.

[857] A matéria deverá ser da esfera de informação, conhecimento ou experiência do declarante – Malcolm Clarke, *Policies...*, *cit.*, p. 79. As declarações do proponente poderão incidir sobre factos (*representations of fact*) ou opiniões (*representations of opinion*). Relativamente a estas, estabelece a Secção 20(5) do MIA, de 1906, que «uma declaração respeitante a uma expectativa ou convicção é verdadeira se for feita de boa fé» (trad. nossa). Por outro lado, a declaração sobre Direito não é susceptível de ser impugnada por *misrepresentation*, excepto se intencional – Nicholas Legh-Jones *et al.* (Eds.), *MacGillivray...*, *cit.*, pp. 388 ss. Sobre as declarações de ciência, cfr. John Birds e Norma Hird, *Birds'...*, *cit.*, pp. 98 ss.

[858] Julie-Anne Tarr, *Disclosure and Concealment...*, *cit.*, p. 54.

[859] Cfr. John Birds e Norma Hird, *Birds'...*, *cit.*, p. 97; Malcolm Clarke, *Policies...*, *cit.*, p. 79; Nicholas Legh-Jones *et al.* (Eds.), *MacGillivray...*, *cit.*, pp. 385 ss.

[860] Malcolm Clarke, *Policies...*, *cit.*, p. 79. A Secção 20(2) do MIA, estabelece o critério de relevância (*materiality test*) do facto inexactamente declarado: «uma representação é relevante quando influenciaria o juízo de um segurador prudente na determinação do prémio, ou na decisão de aceitar o risco» (trad. nossa), seguindo os mesmos termos da *non-disclosure* – Julie-Anne Tarr, *Disclosure and Concealment...*, *cit.*, p. 55. Cabe ao segurador o ónus da prova – cuja dificuldade tem vindo a ser evidenciada pela doutrina – de que foi efectivamente influenciado pela inexactidão – John Birds e Norma Hird, *Birds'...*, *cit.*, p. 97.

[861] John Lowry e Philip Rawlings, *Insurance Law – Doctrines...*, *cit.*, p. 92.

[862] O *remedy* aplicável consiste, assim, na anulação (*avoidance*) ou resolução (*rescission*), implicando a colocação das partes na situação em que estariam se não tivessem contratado – Malcolm Clarke,

além do regime especificamente aplicável ao contrato de seguro, o segurador pode ainda beneficiar do regime geral da *misrepresentation* (aplicável à generalidade dos contratos)[863]. Em virtude do recurso pelo segurador a questionários sobre as circunstâncias do risco, o incumprimento do dever de declaração assume, em regra, actualmente, a forma de *misrepresentation*[864], sendo a *non-disclosure* estatisticamente residual[865].

Embora para o regime inglês pouco releve o estado subjectivo ou grau de censurabilidade da conduta do proponente – ficando o contrato viciado tanto pelas omissões ou inexactidões fraudulentas como pelas inocentes – as situações de *fraud* (correspondentes ao dolo directo) ocorrem predominantemente no caso da *misrepresentation*, implicando a perda, a favor do segurador, do prémio pago[866].

III. Para além do dever de declaração de factos relevantes para a apreciação do risco (*misrepresentation* e *duty of disclosure*), um outro princípio assume, no Direito inglês, relevância análoga, reforçando a tutela da posição do segurador. Trata-se da cláusula "base do contrato" (*basis of the contract clause*) e da quebra de garantia (*breach of warranty*) pelo tomador do seguro.

A *basis of the contract clause* é um mecanismo jurídico que permite converter as declarações do proponente (*representations*) em garantias contratuais (*warranties*)[867]. Assim, se o segurador incluir no formulário da proposta uma declaração, nos termos da qual o proponente garante o rigor de todas as suas respostas como formando a *base do contrato* de seguro, o efeito da cláusula *basis of the contract*

Policies..., *cit.*, p. 79; Nicholas Legh-Jones *et al.* (Eds.), *MacGillivray*..., *cit.*, p. 384; Julie-Anne Tarr, *Disclosure and Concealment*..., *cit.*, pp. 54 e 58.

[863] Trata-se de um regime complexo, que prevê, nomeadamente, a indemnização por danos em caso de *misrepresentation* com dolo ou mera culpa. The Law Commission, *Insurance*..., *cit.*, p. 12.

[864] Só recentemente, porém, o instituto da *misrepresentation* adquiriu importância significativa no contrato de seguro. Tradicionalmente, as declarações inexactas prestadas pelo proponente eram consideradas no âmbito do instituto das *basis of the contract clauses* (cfr., *infra*, IV.2.1.III) que, desta forma, esvaziava a relevância da *misrepresentation* no contrato de seguro. John Birds e Norma Hird, *Birds'*..., *cit.*, p. 98.

[865] The Law Commission, *Insurance*..., *cit.*, p. 8.

[866] Peter MacDonald Eggers *et al.*, *Good Faith*..., *cit.*, p. 129. Em Direito escocês, a *misrepresentation* decorre da existência de uma falsa declaração de facto (incluindo a declaração de intenções futuras), feita pelo proponente (ou por alguém por sua conta), que tenha influenciado o contrato. Admite-se que a declaração inexacta possa ser feita com dolo, negligência ou sem culpa. Em qualquer caso, confere à contraparte o direito à resolução do contrato, podendo ainda dar lugar a indemnização por danos incorridos. Actualmente, a *Law Commission* escocesa trabalha em conjunto com a inglesa no sentido da preparação da reforma do Direito material dos seguros, que será, assim, aplicável a todo o Reino Unido. Cfr. The Law Commission, *Insurance*..., *cit.* Sobre o contrato de seguro no Direito escocês, cfr. A. D. M. Forte, "Good faith...", *cit.*, pp. 77 ss.

[867] The Law Commission, *Insurance*..., *cit.*, p. 16.

é o de que todas as respostas constantes da proposta são incorporadas no contrato como garantias do proponente (*warranties*)[868]. Assim, se alguma dessas respostas for inexacta, o segurador pode resolver o contrato[869] com o fundamento em quebra da garantia (*breach of warranty*), independentemente de o facto em causa ser ou não relevante (*material*) para a apreciação do risco, de o facto ser ou não do conhecimento do proponente e de a declaração ter sido feita de boa ou má fé[870].

Esta instrumentalização do regime da *law of warranties* quanto a factos presentes e passados constitui, assim, uma solução bastante mais iníqua e desfavorável ao tomador do que o regime inglês do *duty of disclosure*, o que tem motivado críticas de amplos sectores da doutrina e da jurisprudência[871]. A ilegalidade da cláusula foi mesmo reconhecida em sistemas jurídicos como o australiano e o neozelandês[872].

IV. Como referimos, o sistema inglês consagra um amplo dever de declaração do risco pelo tomador do seguro, cujo âmbito e requisitos têm vindo a ser alvo de duras críticas por parte da doutrina. Esta tem-se manifestado igualmente contra a identidade de regimes entre o seguro marítimo (onde o tomador do seguro não tem a natureza de *consumidor* e onde o controlo do risco pelo segurador é, em regra, inviável) e os outros ramos de seguro (onde domina a contratação massificada, tendo os proponentes, geralmente, a natureza de *consumidores*, e onde o segurador poderá controlar mais facilmente a declaração do risco)[873].

Segundo alguma doutrina, o enviesamento do regime inglês a favor do segurador, embora teoricamente assente na máxima boa fé, parece ter ultrapassado os limites da mesma[874]. A perspectiva conservadora da *common law* – no que é qualificável como uma injustamente excessiva tutela do segurador – tem vindo a suscitar reacções no sentido da alteração regulatória. Essas reacções têm-se feito sentir em dois planos: o da intervenção legislativa do Estado, por um lado; e o da auto-regulação do sector segurador, por outro.

---

[868] Estão em causa, não as garantias assumidas pelo segurador – isto é, as coberturas contratuais que delimitam o risco assumido pelo segurador (*descriptive warranties*) – mas "garantias" assumidas pelo proponente de que determinados factos são verdadeiros ou de que o mesmo se vincula a prosseguir ou a abster-se de uma dada conduta futura (*promissory warranty*) – Peter MacDonald Eggers *et al.*, *Good Faith...*, *cit.*, pp. 57 e 207.

[869] O remédio para a quebra da garantia é frequentemente configurado como *anulabilidade* – Peter MacDonald Eggers *et al.*, *Good Faith...*, *cit.*, p. 216.

[870] P. M. North, "Certain aspects...", *cit.*, pp. 290 ss.; e Anthony A. Tarr e Julie-Anne Tarr, "The insured's...", *cit.*, pp. 590-591.

[871] P. M. North, "Certain aspects...", *cit.*, pp. 292 ss.

[872] The Law Commission, *Insurance...*, *cit.*, p. 17.

[873] Semin Park, *The Duty...*, *cit.*, pp. 32 ss.

[874] Semin Park, *The Duty...*, *cit.*, p. 236.

No plano legislativo, várias têm sido as iniciativas do poder público no sentido de estudar uma alteração do Direito do contrato de seguro[875]. O processo de reforma legislativa encontra-se actualmente ainda em curso, envolvendo igualmente o Direito escocês. Num documento de 2006, o grupo de trabalho das *Law Commissions* inglesa e escocesa que prepara a reforma do regime do contrato de seguro submeteu a discussão pública várias propostas de relevo, separando as soluções aplicáveis a consumidores (que implicam alterações mais profundas ao regime vigente) das aplicáveis a profissionais (*businesses*)[876].

---

[875] Desde logo, em 1957, o 5º Relatório do *Law Reform Committee* (sob o título *Conditions and Exceptions in Insurance Policies*, Cmnd. 62) expressou o entendimento de que o regime vigente tendia a favorecer abusos dos seguradores, e efectuou várias recomendações visando uma maior equidade de soluções. Por seu turno, em 1979 a *Law Commission* publicou o *Working Paper* nº 73, sob o título *Insurance Law – Non Disclosure and Breach of Warranty*, que surgia em resposta a uma proposta de Directiva do Conselho, de 1979 (*Jornal Oficial da União Europeia* nº C 190, de 28/07/1979). Após um processo de discussão pública, a *English Law Commission* publicou em 1980 um relatório final sobre o regime da declaração do risco (*Law Com. Nº 104, Insurance Law, Non-Disclosure and Breach of Warranty*), ao qual anexou uma proposta de lei (*Draft Bill*), nunca implementada, mais favorável ao tomador do seguro, embora pecando por alguma timidez das reformas propostas – Semin Park, *The Duty...*, *cit.*, p. 244; Bernard Rudden, "Disclosure...", *cit.*, p. 9.

[876] Entre essas soluções, e relativamente aos contratos celebrados com consumidores, prevê-se a delimitação do dever de declaração mediante: a aplicação de um *materiality test* comum à *misrepresentation* e à *non-disclosure*; a necessária prova, pelo segurador, de que o incumprimento do proponente influenciou a decisão de contratar ou os termos do contrato (*actual inducement*); a prova, pelo segurador, de que o proponente estava ciente da relevância do facto omitido para o segurador, ou, alternativamente, de que um segurado razoável, nas mesmas circunstâncias, estaria ciente dessa relevância; a consideração, pelo tribunal, na aferição do critério do *segurado razoável*, do tipo de seguro em causa, da forma como foi publicitado e contratado, e das características normais dos consumidores no mercado – The Law Commission, *Insurance...*, *cit.*, p. 57. Por outro lado, relativamente às consequências do incumprimento (*remedies*), é proposto que as mesmas variem em função da censurabilidade da conduta do segurado. Assim, o dolo (*fraud*) provocaria a anulabilidade do contrato. Em caso de negligência (*negligence*), procurar-se-ia colocar as partes na situação em que estariam caso não tivesse havido incumprimento do dever de declaração (ou seja, em caso de sinistro haveria recurso a uma solução de proporcionalidade ou à resolução do contrato). Finalmente, o comportamento não culposo (*innocent*) não teria consequências – *idem*, pp. 58 ss. Outras medidas são ainda de destacar relativamente aos seguros celebrados com consumidores: a de que o regime da declaração do risco só poderia ser alterado em sentido mais favorável ao tomador do seguro; a de que, aquando da renovação do contrato, o segurador só poderia esperar o cumprimento do dever de declaração se fornecesse ao tomador do seguro cópia das declarações por ele anteriormente prestadas; a ineficácia das cláusulas *basis of the contract* quando transformem respostas do segurado em garantias (*warranties*). Finalmente, quanto aos seguros de profissionais (*businesses*, incluindo o seguro marítimo, aéreo e o de transportes) prevêem-se algumas alterações de regime, mas sem carácter imperativo. Entre elas, a adopção do *reasonable insured test of materiality*; a limitação da anulabilidade do contrato apenas aos casos de incumprimento culposo do dever de declaração do risco; e, à semelhança dos seguros contratados por consumidores, a ineficácia das cláusulas *basis of the contract* que transformem respostas do proponente em *warranties* – *idem*, pp. 77 ss.

Em resultado de tal processo de consulta e discussão pública, as *Commissions* elaboraram, em 2009, um relatório final contendo recomendações legislativas (*draft Bill*) – aplicáveis apenas a contratos celebrados com consumidores – com especial enfoque na matéria da declaração do risco, considerada das mais problemáticas e mais carentes de reforma[877]. O referido relatório foi submetido ao Parlamento em Dezembro de 2009 e aguarda implementação do poder legislativo.

V. Perante a persistência das posições da jurisprudência, muito arreigadas à defesa do segurador, e a falta de adopção de soluções diversas por via legislativa, algumas medidas de auto-regulação entre seguradores e consumidores – conhecidas por *Statements of Insurance Practise* – foram implementadas, constituindo um argumento do sector segurador no sentido de conter reformas legislativas mais amplas[878].

Não obstante, os referidos códigos de conduta são apenas aplicáveis a seguros subscritos por consumidores. Por outro lado, não são legalmente vinculativos para os membros da ABI e da Lloyd's, que, segundo apreciação da *Law Commission* de 1980, pouco teriam mudado as suas práticas contratuais[879]. Em virtude do referido relatório da *Law Commission*, os dois *Statements of Insurance Practice* foram posteriormente revistos, em 1986, acolhendo as respectivas recomendações[880].

Não constituindo um meio de auto-regulação, mas antes um organismo independente de conciliação e arbitragem, o *Insurance Ombudsman Bureau* (IOB) foi fundado em 1981 por três seguradores, vindo a contar com a adesão da generalidade dos demais. O IOB tem alertado para a necessidade de reforma do Direito material dos seguros[881].

---

[877] The Law Commission, *Consumer Insurance Law: Pre-contract Disclosure and Misrepresentation*, 2009, http://www.justice.gov.uk/lawcommission/docs/lc319_Consumer_Insurance_Law.pdf (consult. 12/04/2011).

[878] Desta forma, a *Association of British Insurers* (ABI) – com ampla representatividade entre os seguradores britânicos – e a Lloyd's, por um lado; e a Life Offices' Association (actualmente membro da ABI), por outro, publicaram em 1977 dois códigos de conduta – respectivamente, o *Statement of General Insurance Practice* (SGIP, revisto em 1995) e o *Statement of Long Term Insurance Practice* (SLIP) – que regulam o dever de declaração do risco pelo proponente e limitam o direito do segurador à anulação do contrato em caso de incumprimento daquele dever.

[879] Semin Park, *The Duty...*, *cit.*, pp. 3, 251 e 257.

[880] Entre as soluções então consagradas nos *Statements*, destaca-se a adopção do *reasonable insured test* (em vez do *prudent insurer test*) e a consagração da validade do contrato em caso de incumprimento não culposo do dever de declaração. O SGIP manteve-se em vigor até 14 de Janeiro de 2005, sendo então substituído pela introdução do *statutory conduct of business regulation for general insurance*. Cfr. The Law Commission, *Insurance...*, *cit.*, p. 25.

[881] Nos relatórios de 1989 e 1990 defendia a adopção da solução de proporcionalidade consagrada no regime francês – que considera justa e razoável – em substituição da solução do "tudo ou nada" – Semin Park, *The Duty...*, *cit.*, pp. 241 e 258 ss.

Em suma, o quadro regulador britânico sobre contrato de seguro revela-se actualmente pouco acessível e complexo face à multiplicidade de normas e critérios, englobando o Direito inglês e escocês, e incluindo vários níveis de normas de carácter legal, de *common law*, de auto-regulação, e *case law* arbitral do *ombudsman*. Finalmente, os tribunais – cuja orientação pouco mudou, quer face às recomendações de intervenção legislativa, quer perante os instrumentos de auto-regulação referidos – são crescentemente evitados pelos consumidores, que com vantagem se dirigem ao *ombudsman* para resolução de litígios[882] [883].

IV.2.2. Direito francês: do *Code de Commerce* ao *Code des Assurances*

I. A França foi um país pioneiro na regulação legal do dever de declaração do risco no contrato de seguro. Na verdade, seguindo concepções doutrinárias dominantes, como as que resultavam do *Guidon de la Mer*, da *Ordonnance de la Marine*, ou de Émerigon[884], o artigo 348º do CCom, de 1807[885], consagrou um relevante regime legal sobre a matéria, dispondo – na interpretação consagrada da doutrina e da jurisprudência – que qualquer reticência ou falsa declaração do segurado, quer prestada na ignorância da verdade, quer com intuitos fraudulentos, desde que afectasse a opinião do risco do segurador (mesmo sem gravidade), importava a nulidade do contrato, sendo indiferente a prévia ocorrência do sinistro ou a existência de causalidade entre o facto não declarado e este[886].

---

[882] The Law Commission, *Insurance...*, *cit.*, p. 50.

[883] A versão original do presente texto continha uma análise autónoma do ordenamento norte-americano. Porém, revelando-se extremamente complexo o quadro regulador do contrato de seguro – em virtude de, desde logo, todos os Estados manterem uma regulação autónoma e muito diferenciada da matéria, para além da existência de legislação federal sobre riscos específicos – foi a referida análise suprimida da versão que agora se publica. Entre os aspectos mais relevantes, e quanto ao *duty of disclosure*, refira-se que, em regra, o Direito norte-americano estabelece um regime diferente para o seguro marítimo e terrestre. Naquele, e à semelhança do Direito inglês, o proponente tem um amplo dever de informação sobre os factos relevantes por si conhecidos ou razoavelmente cognoscíveis, sob cominação anulatória. Já quanto ao seguro terrestre, em que o tomador corresponde, em regra, à noção de *consumidor*, o dever de declaração surge muito atenuado e encontra limites de vária ordem. Quanto ao incumprimento do dever de declaração do risco por inexactidões, o mesmo reconduz-se, como no Direito inglês, ao instituto da *misrepresentation*, podendo a respectiva regulação – dependendo do Estado federado em causa – resultar da *common law* ou de via legislativa.

[884] Antonio La Torre, *L'Assicurazione...*, *cit.*, p. 138.

[885] O preceito foi estabelecido no quadro do seguro marítimo, o que terá resultado, como refere Renaux, de, à data do Código, apenas os seguros marítimos se evidenciarem na actividade seguradora – M. Renaux, *De la Réticence...*, *cit.*, p. 42. Porém, a jurisprudência e a doutrina francesas aplicavam o preceito a todos os tipos de seguro. *Idem*, p. 37; Ferdinand Bricard, *Les Réticences...*, *cit.*, p. 40; J. Lefort, «Des réticences...», *cit.*, p. 163; e Maurice Picard e André Besson, *Les Assurances...*, *cit.*, p. 55.

[886] M. Renaux, *De la Réticence...*, *cit.*, pp. 39-40. A jurisprudência extraía do preceito, não só o dever pré-contratual de declaração do risco, mas um dever contratual de comunicação das circunstâncias agravantes do risco contratado. Cfr. J. Lefort, «Des réticences...», *cit.*

O preceito era perspectivado pela doutrina e jurisprudência como um regime especial sobre vícios da vontade, que derrogava o regime comum aplicável à generalidade dos contratos[887].

Assim, irrelevava o estado subjectivo do declarante, não se distinguindo as situações de fraude daquelas em que o próprio segurado estava (erroneamente) na convicção de dizer a verdade. Neste quadro, o segurado cometia uma reticência se, mesmo sem dolo ou fraude, omitia informações do seu conhecimento e que o segurador tivesse interesse em conhecer para a apreciação do risco, e prestava falsas declarações se enganasse o segurador indicando-lhe factos contrários à verdade[888]. Nesta perspectiva, o regime revelava-se draconiano para o segurado, incapaz de garantir a verdade e completude integral das suas declarações e, portanto, permanentemente sujeito a que o segurador viesse impugnar o contrato[889].

Quanto à cominação para o incumprimento, tinha a natureza de nulidade relativa (ou anulabilidade), em virtude de estar em causa uma imperfeição do contrato resultante de um vício do consentimento[890]. Em qualquer caso, seguindo o regime da invalidade, o efeito retroactivo da mesma implicava que o segurador restituísse a totalidade dos prémios que houvesse recebido desde o início do contrato[891].

O regime do artigo 348º veio a ser revogado pela Lei nº 67-522, de 3 de Julho de 1967, sobre os seguros marítimos, que introduziu, para este ramo, uma solução semelhante à estabelecida, para os seguros terrestres, pela Lei de 13 de Julho de 1930.

II. No início do séc. XX as insuficiências regulatórias do *Code de Commerce* e a limitação literal do seu âmbito de aplicação ao seguro marítimo reclamavam um diploma regulador para o contrato de seguro terrestre. Entretanto, em 1904, foi depositado na Câmara dos Deputados um projecto de reforma da regulação do

---

[887] Ferdinand Bricard, *Les Réticences...*, cit., p. 42; e M. Renaux, *De la Réticence...*, cit., p. 38. Cfr. igualmente as remissões deste autor para os trabalhos preparatórios do *Code de Commerce*, idem, p. 40, n. 1.

[888] M. Renaux, *De la Réticence...*, cit., pp. 29-30. Como refere Renaux, reportando-se ao entendimento do preceito consagrado na doutrina e na jurisprudência, «quer esteja de boa ou de má fé, o segurado verá o seu contrato ferido de nulidade, se fez uma reticência ou uma falsa declaração, mesmo sem gravidade, desde que ela possa ter alterado a opinião do risco» – idem, p. 40 (trad. nossa). Contra a opinião à época consolidada, entendia, porém, Renaux que o preceito deveria ser interpretado como sendo aplicável apenas às situações de actuação fraudulenta do segurado, na falta da qual se deveria seguir o regime geral do erro – M. Renaux, *De la Réticence...*, cit., pp. 42 ss.

[889] Ferdinand Bricard, *Les Réticences...*, cit., p. 44.

[890] Ferdinand Bricard, *Les Réticences...*, cit., pp. 87 ss. Referindo-se sempre a *nulidade* em sentido próprio, cfr. Maurice Picard e André Besson, *Les Assurances...*, cit., p. 145.

[891] Maurice Picard e André Besson, *Les Assurances...*, cit., p. 145.

contrato de seguro (projecto de M. Trouillot), propondo importantes modificações ao regime vigente[892]. Anos mais tarde, já sob a influência das leis alemã e suíça, o projecto foi retomado por uma nova comissão presidida por Henri Capitant, vindo a dar origem à Lei de 13 de Julho de 1930, reguladora do contrato de seguro terrestre[893].

Desde logo, o n.º 2 do artigo 15.º da Lei estabelecia que entre as obrigações do segurado figurava a de declarar exactamente, aquando da conclusão do contrato, todas as circunstâncias por si conhecidas[894] que fossem de natureza a fazer apreciar pelo segurador os riscos que ele tomasse a seu cargo[895].

Considerando injusto aplicar o mesmo regime aos casos de incumprimento do dever de declaração independentemente da censurabilidade da conduta, a lei veio estabelecer, nos seus artigos 21.º e 22.º, soluções diferenciadas em função do grau de culpa[896]. Assim, desde logo, dispunha o artigo 21.º que independentemente das causas ordinárias de nulidade[897], estabelecidas no artigo 81.º, o contrato de seguro seria nulo[898] em caso de reticência ou de falsa declaração

---

[892] Desde logo, o artigo 36.º do projecto restringia o incumprimento do dever de declaração do risco às omissões e inexactidões culposas (com dolo ou negligência), excluindo, portanto, a actuação de boa fé. Por outro lado, propunham as alíneas 5 e 6 do artigo 39.º que, não tendo ocorrido o sinistro, poderia o segurador resolver o contrato ou propor um aumento do prémio ao segurado. Em caso de constatação do incumprimento após a ocorrência de sinistro, diversamente, a indemnização seria proporcionalmente reduzida de acordo com a diferença entre os prémios pagos e os que teriam sido cobrados em função do risco corrido. Sobre as soluções contidas no projecto – às quais, em regra, adere – cfr. M. Renaux, *De la Réticence...*, *cit.*, pp. 84 ss.

[893] Sobre o processo legislativo, cfr. Maurice Picard e André Besson, *Les Assurances...*, *cit.*, p. 55.

[894] Como admitiam a doutrina e a jurisprudência, o segurado deveria mostrar iniciativa e diligência no sentido de se informar sobre as circunstâncias em causa. Desta forma, o dever de declaração incidia, não só sobre as circunstâncias do conhecimento efectivo do segurado, mas igualmente sobre aquelas que o mesmo devesse conhecer. Cfr. Maurice Picard e André Besson, *Les Assurances...*, *cit.*, p. 123.

[895] O preceito configurava, portanto, um dever espontâneo de declaração do risco, cabendo ao proponente, quer a iniciativa de prestar a informação, quer a determinação dos factos relevantes. Assim, mesmo em caso de apresentação de um questionário pelo segurador, o dever de informação do proponente não se encontrava confinado à resposta às questões ali formuladas – Maurice Picard e André Besson, *Les Assurances...*, *cit.*, p. 123.

[896] Perante a severidade do regime do CCom, os próprios seguradores, na apólice uniforme de seguro de incêndio, de 1913, consagraram cominações distintas perante o estado subjectivo do declarante, reservando a nulidade do contrato para as situações de incumprimento intencional do dever de declaração do risco – Jérôme Kullmann, "La déclaration...", *cit.*, p. 668.

[897] Entre elas, a nulidade por dolo, em sede de regime geral de vícios da vontade, como admite a doutrina francesa e a jurisprudência da *Cour de Cassation*. Cfr. Jérôme Kullmann, "La déclaration...", *cit.*, p. 740.

[898] Trata-se de uma verdadeira nulidade, cominação, aliás, que segue o regime geral dos vícios do consentimento. A nulidade do contrato importa a devolução de todos os valores recebidos do

intencional[899] da parte do segurado, quando essa reticência ou essa falsa declaração alterasse o objecto do risco ou diminuísse a opinião do segurador sobre o mesmo, ainda que o risco omitido ou deturpado pelo segurado não tivesse tido influência sobre o sinistro. Acrescentava-se que os prémios pagos ficavam adquiridos pelo segurador[900], que teria direito ao pagamento de todos os prémios vencidos a título de danos e juros[901].

Por seu turno, o artigo 22º, reportando-se às situações em que não se verificasse a má fé do segurado, dispunha que a omissão ou a declaração inexacta[902] da parte do segurado cuja má fé não tivesse sido estabelecida[903] não provocava

segurador para regularização de sinistros anteriores – Jérôme Kullmann, "La déclaration...", *cit.*, p. 741; e Yvonne Lambert-Faivre, *Droit des Assurances, cit.*, p. 255. Tal restituição é devida mesmo quando a indemnização tenha sido judicialmente atribuída, não podendo o segurado invocar excepção de caso julgado – Maurice Picard e André Besson, *Les Assurances..., cit.*, p. 149.

[899] Está em causa a intenção de enganar o segurador, mas não necessariamente a de lhe causar um prejuízo – Jérôme Kullmann, "La déclaration...", *cit.*, p. 739.

[900] No que diz respeito aos seguros de vida, dispõe actualmente o artigo L. 132-18 do Código dos Seguros que o segurador deverá devolver o valor da provisão matemática inerente ao contrato (parcela do prémio que não corresponde ao risco já incorrido, mas a uma acumulação destinada a cobrir um risco futuro, no caso dos seguros em caso de morte, ou um pagamento em vida, no caso dos seguros em caso de vida ou mistos).

[901] Se o prémio estiver vencido mas ainda não pago, tem o segurador direito ao seu integral pagamento. A perda do prémio corresponde, por outro lado, ao ressarcimento de um dano presumido, embora, para Picard e Besson, a referência a "danos e juros" traduza um artifício jurídico – Maurice Picard e André Besson, *Les Assurances..., cit.*, p. 150. Os autores salientam o carácter original da sanção, na medida em que a obrigação de garantia do segurador cessa retroactivamente, mas não o direito aos prémios pagos e vencidos. Assim, segundo os autores, «mais do que uma nulidade, há, a título de pena privada sobre o segurado culpado de fraude, destruição unilateral do contrato». *Idem*, p. 148 (trad. nossa).

[902] O legislador estabelecia, assim, uma distinção conceptual entre, por um lado, a *reticência* e a *falsa declaração*, relativas à actuação dolosa, e, por outro, a *omissão* e a *inexactidão*, atinentes à actuação sem dolo.

[903] Uma das características do regime francês, de que o mesmo foi uma referência pioneira, consiste na aplicação, em caso de incumprimento do dever de declaração do risco, de um leque gradual de sanções em função da censurabilidade da conduta do proponente – Claude J. Berr, "La déclaration...", *cit.*, p. 339. O artigo 2268º do *Code Civil* estabelece uma presunção de boa fé, pelo que o artigo 22º, em referência, se aplicava às situações em que o segurador não ilidisse essa presunção, demonstrando a má fé do tomador. Por outro lado, a doutrina francesa reporta geralmente o regime do artigo 22º às situações que qualifica de "incumprimento de boa fé", distinguindo estas, quer do incumprimento de má fé, quer dos casos em que nem sequer estão reunidos os requisitos do incumprimento do dever de declaração do risco (p. ex., a falta de conhecimento da circunstância omitida ou inexactamente declarada, ou os casos de omissões ou inexactidões por motivos de força maior) – cfr. Maurice Picard e André Besson, *Les Assurances..., cit.*, p. 151. Na prática francesa, é frequente o segurador invocar o incumprimento intencional e, subsidiariamente – para o caso de o tribunal não considerar provada a má fé – o regime do artigo 22º (actualmente, artigo L. 113-9 do

a nulidade do seguro[904]. Se ela fosse constatada antes de qualquer sinistro[905] o segurador teria o direito, ou de manter o contrato mediante um aumento de prémio aceite pelo segurado[906], ou de resolver o contrato dez dias após notificação dirigida ao segurado por carta registada, restituindo-lhe então a parte do prémio pago pelo tempo em que o seguro já não vigorasse[907]. No caso em que a constatação só tivesse lugar após um sinistro[908], a indemnização seria reduzida na proporção da taxa dos prémios pagos em relação à taxa dos prémios que teriam sido devidos se os riscos tivessem sido completa e exactamente declarados[909].

Code des Assurances) – Yvonne Lambert-Faivre, *Droit des Assurances*, *cit.*, p. 256. Suscita-se, porém, a questão de saber se, invocando apenas o segurador o incumprimento doloso, o juiz pode, na falta de prova da má fé, determinar a aplicação do regime do incumprimento sem dolo. Embora alguma jurisprudência negue essa possibilidade, ela parece, porém, decorrer da lei processual francesa, bem como da relação de complementaridade entre os dois regimes – Bernard Beignier, *Droit du Contrat...*, *cit.*, p. 106.

[904] Desta forma, a solução legal evita a aplicação subsidiária de uma sanção de nulidade por recurso ao regime geral dos vícios do consentimento, onde se prevê essa cominação para o erro. Jérôme Kullmann, "La déclaration...", *cit.*, p. 733.

[905] Neste caso cabem as situações de *retractação*, isto é, os casos em que, durante a vigência do contrato e antes da ocorrência de sinistro, o tomador corrige omissões ou inexactidões ocorridas na fase pré-contratual. Por efeito da retractação restabelece-se a boa fé do tomador, sendo aplicáveis as consequências previstas no artigo 22º (reajustamento do prémio ou resolução do contrato). Yvonne Lambert-Faivre, *Droit des Assurances*, *cit.*, p. 260.

[906] Segundo Picard e Besson, o sobreprémio apenas é devido a partir do acordo do tomador, já que, até aí, o risco estava coberto por aplicação da solução de proporcionalidade. Maurice Picard e André Besson, *Les Assurances...*, *cit.*, p. 152. Segundo Jérôme Kullmann, a falta de acordo importa a resolução do contrato – Jérôme Kullmann, "La déclaration...", *cit.*, p. 733. Em sentido diverso, defendem Picard e Besson que a recusa do segurado não implica necessariamente a cessação do contrato, já que o segurador sempre poderá fazer uma nova proposta ou manter o contrato nas mesmas condições. Assim, para os autores, a resolução não será automática, mas dependerá de uma nova comunicação dirigida pelo segurador ao tomador – Maurice Picard e André Besson, *Les Assurances...*, *cit.*, p. 153.

[907] Se o prémio estiver vencido mas não estiver ainda pago, o segurador só poderá exigir o pagamento do *pro rata* correspondente à vigência do seguro – Maurice Picard e André Besson, *Les Assurances...*, *cit.*, p. 153.

[908] Ou mesmo que tenha lugar antes do sinistro mas este sobrevenha antes de o segurador ter proposto o aumento do prémio ou ter resolvido o contrato, de acordo com jurisprudência da *Cour de Cassation* de 1948 – Jérôme Kullmann, "La déclaration...", *cit.*, p. 734; Maurice Picard e André Besson, *Les Assurances...*, *cit.*, p. 152. Como no caso do incumprimento de má fé do dever de declaração do risco, também o incumprimento "de boa fé" é apreciado independentemente de qualquer relação de causalidade entre o facto não revelado e o eventual sinistro (ou independentemente mesmo da ocorrência de um sinistro).

[909] Neste caso, como nota Kullmann, do cumprimento da prestação pecuniária pelo segurador nada resulta quanto ao futuro do contrato. Quanto a este aspecto, haverá que recorrer à primeira parte do preceito: ou a manutenção do contrato com o reajustamento do prémio (no caso de o

Numa orientação que encontra apoio na doutrina e na jurisprudência francesas, o regime dos citados artigos 21º e 22º considera-se aplicável, quer à declaração pré-contratual do risco, quer, com as necessárias adaptações, à comunicação de agravamento do risco na fase de execução do contrato[910].

III. A aprovação do *Code des Assurances*, em 1976, veio incorporar em grande parte o regime anterior. Neste quadro, o dever de declaração do risco é previsto na alínea 2ª do artigo L. 113-2 do *Code*, segundo a qual – e em virtude das alterações introduzidas pela Lei nº 89-1014, de 31 de Dezembro de 1989, sobre a redacção originária do artigo 15º da Lei de 13 de Julho de 1930 – o segurado é obrigado[911] a responder exactamente às questões colocadas pelo segurador[912], nomeadamente no formulário de declaração do risco através do qual o segurador o interroga aquando da conclusão do contrato, sobre as circunstâncias que são de natureza a fazer apreciar pelo segurador os riscos que toma a seu cargo[913].

---

sinistro não ter provocado a destruição total do bem seguro); ou a respectiva resolução – Jérôme Kullmann, "La déclaration...", *cit.*, p. 739. Também defendendo, *a fortiori*, o direito de resolução do segurador, Maurice Picard e André Besson, *Les Assurances...*, *cit.*, p. 156. O regime previsto nesta Lei veio, assim, introduzir a solução da proporcionalidade para a ocorrência de sinistro em caso de incumprimento não doloso – solução que veio a influenciar os regimes de vários outros ordenamentos. Entre eles, a Lei do Contrato de Seguro dinamarquesa, de 1930 (nº 2 do artigo 16º), a Lei dos Seguros finlandesa, de 1994 (artigos 24º e 25º) e o normativo do Ontário, de 1980, para além da LCS portuguesa – Cfr. Malcolm Clarke, *Policies...*, *cit.*, p. 103.

[910] Jérôme Kullmann, "La déclaration...", *cit.*, p. 729; Maurice Picard e André Besson, *Les Assurances...*, *cit.*, p. 148.

[911] É entendimento de parte da doutrina que o dever de declaração apenas incide sobre os factos ou circunstâncias conhecidos pelo declarante, embora a actual redacção do preceito o não refira expressamente – Yvonne Lambert-Faivre, *Droit des Assurances, cit.*, p. 245; e Luc Mayaux, "L'ignorance du risque", *RGDA*, 1999, nº 3, p. 733. Porém, como nota Kullmann, o requisito do *conhecimento* efectivo não pode ser tomado isoladamente: para além de conhecer o facto, o proponente deverá ter consciência de que o mesmo corresponde à questão colocada pelo segurador e interpretar correctamente o questionário. Em contrapartida, perante as questões suscitadas, o proponente deverá informar-se sobre as respectivas matérias de modo a poder informar o segurador – Jérôme Kullmann, "La déclaration...", *cit.*, p. 675.

[912] Embora não haja entendimento jurisprudencial uniforme na matéria, entende a perspectiva dominante que o proponente não fica exonerado do dever de declaração, mesmo quando o segurador já tivesse conhecimento do caso ou, em particular, quando o mesmo fosse notório – Cfr. Jérôme Kullmann, "La déclaration...", *cit.*, p. 679. Também a jurisprudência vai no sentido de que mesmo os factos mais sensíveis ou melindrosos para a pessoa segura devem ser declarados – *idem*, pp. 673-674.

[913] A expressão final do preceito traduz o critério de relevância dos factos objecto do dever de declaração. Como tem sublinhado a doutrina, o dever compreende tanto os factos que relevam na decisão de contratar do segurador, como os que relevam na determinação das condições aplicáveis ao contrato – Jérôme Kullmann, "La déclaration...", *cit.*, p. 682. Por outro lado, o dever só incide sobre questões relevantes, não havendo incumprimento em caso de omissão de resposta a uma

Por seu turno, o artigo L. 112-3 do *Code* dispõe que, se o segurador colocou questões por escrito ao segurado, nomeadamente através de um formulário de declaração do risco ou de qualquer outro meio, não pode prevalecer-se do facto de uma questão redigida em termos genéricos ter recebido uma resposta imprecisa[914]. Assim, a apreciação de uma inexactidão depende da clareza e da precisão da pergunta formulada pelo segurador[915]. Como nota a generalidade da doutrina francesa[916], a actual redacção da alínea 2ª do artigo L. 113-2 é da maior relevância, tendo transformado um dever espontâneo de declaração num mero dever de resposta ou sistema de questionário fechado[917]. Por outras palavras, num quadro normativo com preocupações de protecção do consumidor, o proponente perdeu o papel activo de selecção da informação relevante e passou a ter um mero papel passivo de resposta ao que lhe é perguntado. Assim, a declaração do risco passou a seguir duas etapas: a escolha e formulação das questões pelo segurador; e a resposta às mesmas pelo proponente[918]. Por outro lado, apesar do sistema

questão irrelevante para a apreciação do risco – Luc Mayaux, "L'ignorance...", *cit.*, p. 734. Segundo a posição presentemente dominante na doutrina e na jurisprudência, o dever de declaração também incide sobre factos relevantes relativamente a riscos excluídos contratualmente, e não apenas sobre os que o segurador literalmente assume. Jérôme Kullmann, *op. cit.*, p. 683.

[914] Segundo refere Lambert-Faivre, a jurisprudência francesa assimila o questionário incompleto a um questionário ambíguo – Yvonne Lambert-Faivre, *Droit des Assurances, cit.*, p. 245.

[915] Jérôme Kullmann, "La déclaration...", *cit.*, p. 695.

[916] Yvonne Lambert-Faivre, *Droit des Assurances, cit.*, p. 244; Jérôme Kullmann, "La déclaration...", *cit.*, p. 671; Bernard Beignier, *Droit du Contrat..., cit.*, p. 106; Luc Mayaux, "L'ignorance...", *cit.*, p. 733; André Favre Rochex e Guy Courtieu, *Le Droit..., cit.*, p. 114.

[917] Sobre o processo doutrinário e jurisprudencial que conduziu à alteração do regime, cfr. Bernard Beignier, *Droit du Contrat..., cit.*, pp. 103 ss. O dever de declaração do proponente fica, assim, limitado ao âmbito do questionário – Yvonne Lambert-Faivre, *Droit des Assurances, cit.*, p. 244, pelo que, como afirma Tiffreau relativamente ao questionário, «onde este não fala, o segurado pode guardar silêncio» – Pascal Tiffreau, "Le silence...", *cit.*, p. 769 (trad. nossa). Groutel *et al.* consideram, no entanto, que, na prática, o dever espontâneo de declaração não desapareceu, na medida em que, se o segurador se recusar a segurar sem qualquer informação mas não apresentar qualquer questionário, sempre o potencial tomador terá o ónus de descrever o risco de modo a garantir a celebração do contrato, ficando então obrigado a declarar de forma completa e exacta as circunstâncias do risco – Hubert Groutel *et al.*, *Traité du Contrat d'Assurance Terrestre*, Paris, LexisNexis, 2008, pp. 146-147. Assim, não obstante a solução legal, é admissível que, para além da resposta ao questionário, o proponente declare por sua iniciativa determinados factos, ficando então, também quanto a estes, sujeito ao regime do incumprimento por inexactidões – cfr. Jérôme Kullmann, "La déclaration...", *cit.*, p. 701. Por outro lado, há jurisprudência pontual no sentido de se manter o dever de declaração espontâneo – Bernard Beignier, *Droit du Contrat..., cit.*, p. 110. Em qualquer caso, e como refere Beignier, «o questionário aquando da declaração do risco coloca tantos problemas como os que resolve» – Bernard Beignier, "Tribunal..." [coment.], *cit.*, p. 58 (trad. nossa).

[918] Jérôme Kullmann, "La déclaration...", *cit.*, p. 691. Segundo Beignier, o regime da reforma de 1989, assente em princípios do Direito do consumo, veio favorecer o proponente faltoso de má

de questionário fechado que o Código consagra, é orientação da jurisprudência francesa que a relevância das circunstâncias omitidas ou falseadas não se presume, devendo ser provada pelo segurador[919].

Por outro lado, o artigo L. 113-8 do Código reproduz o teor do artigo 21º da Lei de 13 de Julho de 1930, acrescentando apenas, numa oração final, que as disposições da segunda alínea desse artigo não são aplicáveis aos seguros de vida. De resto, o artigo L. 113-9 reproduz textualmente o teor do artigo 22º da Lei de 1930. Quer o artigo L. 113-8, quer o L. 113-9, têm carácter imperativo, não podendo ser derrogados por vontade das partes, excepto no que respeita às cláusulas de incontestabilidade.

Neste âmbito, o estado subjectivo do proponente (intencionalidade) só terá de ser provado pelo segurador se este pretender prevalecer-se do regime do incumprimento doloso (artigo L. 113-8)[920]. De outra forma, sempre poderá o segurador invocar o incumprimento nos termos do artigo L. 113-9, sendo então irrelevante a censurabilidade da conduta do declarante (que poderá mesmo ter agido de boa fé, na errónea convicção de dizer a verdade).

Como balanço geral, poder-se-á afirmar que o Direito francês é um dos mais favoráveis ao tomador do seguro no que se refere ao sistema de sanções em caso de violação do dever de declaração do risco. Porém, como nota Claude Berr, a complexidade do regime e a pluralidade de modalidades de incumprimento podem revelar-se adversas ao tomador e suscitar alguma incerteza[921].

IV.2.3. O sistema alemão: a VVG e a sua recente reforma

I. Na motivação do projecto, de 1903, da Lei do Contrato de Seguro alemã (*Versicherungsvertragsgesetz – VVG*), aprovada em 30 de Maio de 1908, referia-se que a obrigação de declaração do risco era já, em geral, reconhecida[922], vindo

---

fé – Bernard Beignier, *Droit du Contrat...*, *cit.*, p. 109.

[919] A prova poderá ser feita em *abstracto* (relevância para um segurador representativo do mercado) ou em *concreto* (relevância aferida pelas práticas do segurador em causa) – cfr. Jérôme Kullmann, "La déclaration...", *cit.*, p. 688. Segundo o autor, alguma doutrina propõe que se devesse seguir o *critério abstracto* quando o segurador sustenta que não teria contratado se tivesse tido conhecimento do risco real, e o *critério concreto* quando afirma que teria contratado em condições diversas. *Ibidem*.

[920] Jérôme Kullmann, "La déclaration...", *cit.*, p. 731. Da formulação do artigo L. 113-9 («cuja má fé não tenha sido estabelecida») resulta, assim, que o mesmo é um complemento necessário do artigo L. 113-8. O regime francês presume, com base no citado artigo 2268º do *Code Civil*, a boa fé do tomador do seguro, cabendo àquele que invoca a má fé o respectivo ónus da prova – Claude J. Berr, "La déclaration...", *cit.*, pp. 339-340. Desta forma, a boa fé traduz-se na situação-regra em que não é demonstrada a má fé do tomador, pesando os riscos de incerteza – e o ónus da prova – sobre o segurador.

[921] Claude J. Berr, "La déclaration...", *cit.*, p. 325.

[922] Cfr. Reichstag 12. Legislaturperiode, I Session, 1907, Nr 364 zu §§ 16-22 (p. 91 do anexo II), *apud* M. E. Steindorff, "Certains aspects...", *cit.*, p. 262, n. 33.

a ser consagrada na alínea 1 do § 16º da VVG. Desta disposição decorria que o dever de declaração incidia sobre os factos efectivamente conhecidos do proponente[923] e relevantes para a apreciação do risco, sendo esse juízo de relevância aferido pelos critérios do segurador em concreto[924] e presumindo-se, em qualquer caso, a relevância dos factos enquadráveis em questionário apresentado pelo segurador. Por outro lado, a VVG estabelecia um dever espontâneo de declaração, não limitado, portanto, à mera resposta às questões colocadas pelo segurador[925].

Relativamente à diferenciação das consequências do incumprimento do dever de declaração em função do grau de culpa do proponente, a VVG consagrava soluções pioneiras. Na verdade, o segurador só podia fazer cessar o contrato[926] se o tomador tivesse actuado com dolo ou mera culpa, como decorria das alíneas 1 e 3 do § 16º e 2 do § 17º[927]. Ocorrendo um incumprimento não culposo, a alínea 1 do § 41º apenas permitia ao segurador o aumento do prémio ou – caso ele não tivesse aceite o contrato se tivesse tido conhecimento da circunstância não declarada – a denúncia do mesmo (alínea 2 do § 41º). Relativamente à ocorrência de fraude (dolo civil) por parte do proponente, estabelecia o § 22º a salvaguarda do direito do segurador de impugnar o contrato[928] em virtude de informações fraudulentas sobre as circunstâncias do risco.

---

[923] Não obstante, a alínea 2 do § 16º conferia ao segurador o direito de se desvincular do contrato se o proponente se tivesse fraudulentamente abstido de tomar conhecimento de um facto relevante.

[924] Giesela Rühl, "Common law, civil law, and the single European market for insurances", *ICLQ*, Vol. 55, Parte 4 (Out. 2006), p. 890. Porém, não se exigia uma relação de causalidade entre a omissão de um facto e a decisão de contratar nas condições acordadas, isto é, o segurador poderia sempre anular o contrato mesmo que tivesse aceite contratar nos mesmos termos na ausência de incumprimento do dever de declaração. *Idem*, p. 896.

[925] Não obstante, de acordo com o regime alemão, o proponente não era obrigado a declarar factos notórios, ou relativos a riscos excluídos ou que reduzissem o risco seguro. Cfr. Giesela Rühl, "Common...", *cit.*, pp. 892-893. Por, outro lado, nos termos da alínea 3 do § 16º, se o segurador conhecesse ou devesse conhecer um facto não correctamente declarado, ficaria precludido o seu direito de impugnar o contrato.

[926] O contrato cessaria por resolução – Cfr. Reimer Schmidt, "L'influenza...", *cit.*, p. 463. O direito de resolução deveria ser exercido no prazo de um mês após o conhecimento da omissão ou inexactidão, mediante declaração dirigida ao tomador do seguro, tendo os efeitos previstos na lei geral para a resolução (§ 20º), excepto quanto ao direito de o segurador conservar os prémios (§ 40º).

[927] Estaria, portanto, em causa, qualquer comportamento culposo: *vorsätzlich e (auch leicht) fahrlässig* – cfr. Reimer Schmidt, "L'influenza...", *cit.*, p. 463. Em caso de cessação do contrato, o segurador conservava o direito aos prémios, nos termos da alínea 1 do § 40.º VVG, enquanto o segurado mantinha o direito às indemnizações recebidas em caso de sinistros que não tivessem sido provocados pelo facto não declarado (§ 21.º VVG), excepto se se verificasse o incumprimento fraudulento do dever de declaração, em que o segurado deveria devolver todas as indemnizações recebidas, nos termos do § 142.º do BGB.

[928] Está em causa a anulabilidade do contrato – Júlio Gomes, "O dever de informação do tomador...", *cit.*, p. 80.

Por outro lado, a VVG permitia ao segurador fazer cessar o contrato mesmo que o facto não declarado correctamente não tivesse provocado qualquer sinistro[929]. Porém, de acordo com o § 21º, no caso de prévia ocorrência do sinistro, o segurador estaria obrigado a suportá-lo, excepto se o facto omitido ou inexactamente declarado tivesse influenciado a ocorrência do mesmo ou a dimensão dos danos dele resultantes (requisito de causalidade)[930].

II. A VVG alemã, que vigorou durante um século, foi recentemente revogada pela Lei de Reforma do Direito do Contrato de Seguro (*Gesetz zur Reform des Versicherungsvertragsrechts*), que entrou em vigor em 1 de Janeiro de 2008[931]. O novo diploma, aprovado pelo *Bundestag* alemão, alterou a regulação do contrato de seguro de acordo com as actuais preocupações de protecção do consumidor, assumindo, entre muitas outras medidas: o reforço dos deveres pré-contratuais de informação e conselho a cargo do segurador; o abandono do princípio do "tudo ou nada"; o estabelecimento de um direito de reclamação directa do terceiro lesado junto do segurador nos seguros obrigatórios; o abandono do princípio da indivisibilidade do prémio; e a uniformização do direito de renúncia. No que concerne ao nosso objecto de análise, o novo regime introduz soluções inovadoras e da maior relevância quanto ao dever de declaração inicial do risco.

O dever de declaração do risco (*Anzeigepflicht*) surge agora regulado no § 19º da nova Lei. Desde logo, a alínea 1 consagra o dever de o proponente declarar, durante a formação do contrato, as circunstâncias que conheça e que sejam relevantes para a apreciação do risco pelo segurador[932]. Porém, no que constitui uma inovação relativamente à VVG, o dever de declaração do risco fica agora limitado, nos termos da mesma disposição, às questões expressamente colocadas pelo segurador, quer no formulário que constitui a proposta, quer, adicionalmente, até à conclusão do contrato[933]. Desta forma, o novo regime consagra um mero dever

---

[929] Giesela Rühl, "Common...", *cit.*, p. 897.

[930] Reimer Schmidt, "L'influenza...", *cit.*, p. 466.

[931] A intenção do Governo federal de proceder à reforma do regime do contrato de seguro foi anunciada em 2000, tendo sido criada, para o efeito, uma comissão (*Kommission zur Reform des Versicherungsvertragsrechts*) que produziu um relatório final em Abril de 2004. Este relatório esteve na origem do Projecto de Lei de Reforma do Direito do Contrato de Seguro, de 13 de Março de 2006, que, com algumas alterações, veio a ser aprovado pelo *Bundestag* em 5 de Julho de 2007. Cfr. Giesela Rühl, "Common...", *cit.*, p. 888.

[932] Se o contrato tiver sido celebrado por um representante do tomador, relevam, para a aplicação do regime da declaração inicial do risco, tanto o conhecimento e o dolo do tomador como os do seu representante. Por outro lado, a ausência de dolo ou negligência grave no incumprimento do dever de declaração só pode ser invocada pelo tomador do seguro se nem ele nem o seu representante tiverem agido com esses graus de culpa, como resulta do § 20º.

[933] O então § 21º do Projecto de Lei de Reforma do Direito do Contrato de Seguro, de 13 de Março de 2006, preceito que veio a constituir o § 19º da versão final aprovada pelo Bundestag, continha

de resposta ao questionário, tendo deixado de pesar sobre o proponente o juízo de relevância dos factos que devem ser declarados; em contrapartida, presume-se que todos os factos e circunstâncias enquadráveis em questões colocadas pelo segurador são relevantes para a apreciação do risco.

Por outro lado, nos termos das disposições conjugadas das alíneas 2 e 3 do § 19º, em caso de incumprimento do dever de declaração com dolo ou negligência grave, o segurador poderá resolver (*zurüktreten*) o contrato. Na ausência de dolo ou negligência grave, apenas poderá denunciá-lo, respeitando um pré-aviso de um mês. A alínea 4, por seu turno, afasta o direito à denúncia ou à resolução (apenas decorrente, neste caso, de incumprimento do proponente com negligência grave), estabelecidos na alínea precedente, se o segurador, tendo tido conhecimento das circunstâncias não declaradas pelo proponente, houvesse aceite o contrato, ainda que mediante outras condições[934]. Neste caso, são essas condições retroactivamente aplicáveis ao contrato, a pedido do segurador, desde o início do período contratual em causa[935].

Por outro lado, os direitos resultantes das alíneas 2 a 4 do § 19º devem ser invocados pelo segurador, por escrito – com indicação das circunstâncias em que se fundamenta – no prazo de um mês a contar da data em que tome conhecimento da violação do dever de declaração inicial do risco (alínea 1 do § 21º).

A alínea 5 do mesmo § condiciona os direitos conferidos ao segurador nas alíneas anteriores, à prestação pré-contratual de uma informação escrita ao tomador quanto às consequências do incumprimento do dever de declaração do risco. Por outro lado, o mesmo preceito exclui os referidos direitos quando os factos não declarados pelo proponente fossem do conhecimento do segurador.

Dispõe ainda a alínea 2 do § 21º que, caso o segurador pretenda resolver o contrato, nos termos da alínea 2 do § 19º, após a ocorrência do sinistro, fica, porém, obrigado a efectuar a sua prestação indemnizatória, excepto se existir causalidade entre a circunstância não correctamente declarada pelo proponente e a verificação do sinistro ou a extensão dos danos decorrentes do mesmo, ou em qualquer caso, se tiver ocorrido fraude no incumprimento do dever de declaração do risco.

---

um nº 5, nos termos do qual, se o proponente tivesse conhecimento de circunstâncias de risco significativas mas não expressamente questionadas pelo segurador, a não declaração dolosa dessas circunstâncias conferia ao segurador os mesmos direitos que teria se as tivesse questionado expressamente. Esta disposição, que consagrava um verdadeiro dever espontâneo de declaração, foi abandonada na versão final do diploma.

[934] Neste caso, o segurador apenas conserva o direito à resolução por incumprimento doloso do proponente.

[935] Não obstante, a alínea 6 do § 19º estabelece que, se a aplicação de novas condições ao contrato, pelo segurador, nos termos da alínea 4, implicar um aumento do prémio em mais de 10% ou a exclusão da garantia sobre a circunstância omitida ou inexactamente declarada, o tomador pode denunciar o contrato, sem pré-aviso, no prazo de um mês após a recepção da notificação do segurador, a qual deverá informar o tomador deste direito.

Por fim, estabelece-se um prazo de 5 anos (que será de 10 anos em caso de incumprimento doloso ou fraudulento do dever de declaração do risco) a contar da conclusão do contrato, findo o qual se extinguem os direitos conferidos ao segurador nas alíneas 2 a 4 do § 19º, excepto em caso de ocorrência do sinistro antes do termo do prazo (alínea 3 do § 21º). De resto, o § 22º, sob a epígrafe 'informações fraudulentas' (*Arglistige Täuschung*), estabelece que não é afectado o direito de o segurador impugnar o contrato em caso de declaração fraudulenta do proponente.

Em suma, o novo regime, para além de limitar o âmbito do dever de declaração a um mero dever de resposta, consagra uma gradação das sanções aplicáveis ao proponente faltoso em função da censurabilidade da sua conduta e atendendo aos efeitos que o cumprimento teria tido na esfera do segurador. Por outro lado, onera o segurador com deveres de informação e transparência para com o tomador. Destaca-se ainda, na sequência do regime da VVG, a adopção de um requisito de causalidade – entre a circunstância não declarada, por erro ou mera negligência, e a ocorrência do sinistro – para desobrigar o segurador de efectuar a sua prestação pecuniária, solução que foi, aliás, seguida na LCS portuguesa. Finalmente, adopta a solução inovadora – fora dos seguros de vida – de fazer sanar os efeitos do incumprimento do dever de declaração do risco após o decurso de um prazo.

IV.2.4. Ordenamento italiano: o *Codice di Commercio* e o *Codice Civile*

I. Em Itália, o CCom de 1865 apenas regulava o seguro marítimo. O seguro terrestre, por seu turno, só viria a ser legalmente regulado com o CCom de 1882, cujo artigo 429º – seguindo o modelo francês estabelecido no artigo 348º do CCom, de 1807, e o modelo belga do artigo 9º da Lei de 1874 – regulava o dever de declaração inicial do risco.

Nos termos do primeiro parágrafo da referida disposição, qualquer declaração falsa ou errónea[936], e qualquer reticência de circunstâncias conhecidas do segurado, era causa de nulidade (*rectius*, anulabilidade[937]) do seguro, quando a declaração ou a reticência fosse de molde a que o segurador não tivesse celebrado o contrato ou o tivesse celebrado em condições diversas se tivesse conhecido a realidade[938]. O parágrafo seguinte estabelecia que o seguro era nulo (anulável)

---

[936] Relativamente à declaração falsa ou errónea, a lei bastava-se com a desconformidade objectiva entre o risco declarado e o real, não exigindo que o declarante conhecesse o risco real ou que actuasse com culpa. Cfr. Luca Buttaro, "Assicurazione sulla vita", *in* AAVV, *Enciclopedia del Diritto*, Vol. III, Varese, Giuffrè Ed., 1958, p. 635, n. 106; Vittorio Salandra, "Le dichiarazioni...", *cit.*, p. 5.

[937] Luca Buttaro, "Assicurazione (contratto di)", *cit.*, p. 484; e Antigono Donati, "Dell'Assicurazione", *cit.*, p. 240; Nicola Gasperoni, "La clausola...", *cit.*, p. 99.

[938] A aferição da relevância ou *essencialidade* das circunstâncias fazia-se, assim, atendendo ao segurador em concreto, cabendo-lhe a prova dessa essencialidade (bem como do *conhecimento* da circunstância pelo proponente). Cesare Vivante, "Articolo 429.", *cit.*, p. 177.

mesmo que a declaração ou a reticência respeitassem a circunstâncias que não tivessem influído no dano ou na perda da coisa segura. Finalmente, o terceiro parágrafo dispunha que, havendo má fé[939] do segurado, o segurador tinha direito ao prémio, o que, segundo alguma doutrina, assumia natureza compensatória[940].

O artigo 429º do CCom estabelecia, portanto, a invalidade do contrato viciado por omissões ou inexactidões do segurado. Entendia então a doutrina que o preceito impunha um *dever de declaração das circunstâncias conhecidas* do proponente (cujo incumprimento correspondia a uma reticência), e um *dever de declaração exacta* daquelas circunstâncias (cujo incumprimento constituía uma declaração falsa ou errónea)[941]. Em qualquer caso, o segurador podia impugnar o contrato desde que os factos não declarados tivessem influenciado a sua vontade contratual, independentemente do grau de culpa do proponente[942].

II. Mais tarde, a regulação do contrato de seguro passou a integrar o CC de 1942, no Capítulo XX (*Dell'assicurazione*) do Título III (*Dei singoli contratti*) do Livro IV (*Delle obbligazioni*). O dever de declaração inicial do risco é regulado, respectivamente, nos artigos 1892º (declarações inexactas e reticentes com dolo ou culpa grave[943]) e 1893º (declarações inexactas e reticentes sem dolo ou culpa grave), inspirados nos artigos 21º e 22º da LCS francesa de 1930, e nos § 17 a 22 e 41 da VVG alemã[944].

Dispõe o primeiro parágrafo do artigo 1892º que as declarações inexactas e as reticências[945] do contraente, relativas a circunstâncias tais que o segurador não

---

[939] Segundo Parrella, tanto a declaração falsa como a reticência consciente comportariam sempre má fé do segurado, apenas se verificando a boa fé no caso de declaração errónea. Alberto Parrella, "La reticenza...", *cit.*, pp. 756 757.

[940] Luca Buttaro, "Assicurazione (contratto di)", *cit.*, p. 484.

[941] Cesare Vivante, "Articolo 429.", *cit.*, p. 176. A referência legal a "declaração errónea" poderá estar, não obstante, ligada ao sentido atribuído pela doutrina francesa a *falsa declaração* como sinónimo de *inexactidão dolosa*. A *declaração errónea* constituiria, assim, uma *inexactidão não dolosa*. Cfr. Giovanna Visintini, *La Reticenza nella Formazione...*, *cit.*, p. 49.

[942] Octacílio Alecrim, "La clausula...", *cit.*, p. 51. A doutrina tradicional fundamentava, assim, o regime numa manifestação do princípio geral dos vícios da vontade – Antigono Donati, *Trattato...*, Vol. II, *cit.*, p. 299.

[943] Sobre o processo de equiparação da culpa grave ao dolo, cfr. Giovanna Visintini, *La Reticenza nella Formazione...*, *cit.*, pp. 52 ss.

[944] Vittorio Salandra, "Dell'Assicurazione", *cit.*, p. 213.

[945] A relevância do dolo omissivo assume, no Direito italiano, carácter excepcional, limitado aos negócios em que se verifique um dever especial de informação decorrente de função própria do negócio, como é o caso do contrato de seguro – Francesco Santoro-Passarelli, *Dottrine...*, *cit.*, p. 139. No que concerne os riscos de massa – e não obstante a ausência de uma previsão legal nesse sentido – alguma jurisprudência italiana tem sublinhado a existência de um verdadeiro dever de o segurador recorrer a um questionário para delimitar o âmbito do dever de informação do proponente,

teria dado o seu acordo, ou não o teria dado nas mesmas condições, se tivesse tido conhecimento da realidade, são causa de anulação do contrato quando o contraente tenha agido com dolo ou culpa grave[946]. O referido direito de anulação caduca, porém, nos termos do segundo parágrafo do mesmo artigo, se não for exercido pelo segurador no prazo de três meses a contar da data em que tome conhecimento da omissão ou inexactidão[947].

Por outro lado, e embora a anulação produza efeitos *ex tunc*, estabelece o terceiro parágrafo do mesmo artigo que o segurador tem direito aos prémios relativos ao período do seguro em curso no momento em que anula o contrato (prémios vencidos)[948] e, em qualquer caso, ao prémio correspondente ao primeiro ano, não

tipicizando os factos abstractamente idóneos a influenciarem o risco e fornecendo-lhe, assim, para o efeito, um orientador "quadro de referência" – Marino Bin, "Informazione e contratto di assicurazione", *RTDPC*, Ano XLVII, nº 3 (Set. 1993), p. 730; e Roberto Weigmann, "L'importanza del questionario per valutare le reticenze dell'assicurato", *GI*, Ano 143 (1991), Parte I (Giurisprudenza Civile e Commerciale), cls. 1031-1032. Porém, prevê igualmente uma presunção de relevância das matérias incluídas no questionário – Marino Bin, "Informazione...", *cit.*, p. 731; e Matteo Mandó, "Dichiarazioni...", *cit.*, p. 807.

[946] Embora a lei o não preveja expressamente, é entendimento da doutrina e da jurisprudência que o regime pressupõe o conhecimento pelo declarante da circunstância não informada – Claudio Bazzano, *L'Assicurazione...*, *cit.*, p. 125; e Cristina Cavaliere, "Le dichiarazioni...", *cit.*, p. 329. Perante a perspectiva de outro entendimento, nota Tedeschi que «parece-nos absurdo que o *segurado* deva tornar-se *segurador do segurador* sobre a insubsistência de circunstâncias que lhe são desconhecidas» – Guido Tedeschi, "«Misrepresentation»...", *cit.*, p. 488. Por outro lado, é igualmente orientação jurisprudencial consolidada que o proponente não está obrigado à declaração dos factos que sejam do conhecimento do segurador, nomeadamente os factos notórios – Cristina Cavaliere, "Le dichiarazioni...", *cit.*, pp. 332 ss.

[947] O segurador não é obrigado a promover judicialmente a anulação do contrato no referido prazo, mas apenas a fazer uma declaração nesse sentido – Vittorio Salandra, "Dell'Assicurazione", *cit.*, p. 217. No mesmo sentido, Antigono Donati e Giovanna Volpe Putzolu, *Manuale...*, *cit.*, p. 127, para quem o segurador deve declarar ao tomador, no referido prazo, a intenção de interpor acção judicial de anulação do contrato. Por seu turno, a acção deverá ser interposta no prazo de 5 anos a contar do conhecimento da omissão ou inexactidão sob pena de prescrição (artigo 1442º do CC) – Nicola Gasperoni, "Appunti sulla clausola di incontestabilità", *Assicurazioni*, Ano XXXIII (1966), Parte I, p. 131; Marco Rossetti, "Dichiarazioni inesatte e reticenze con dolo o colpa grave", *in* Antonio La Torre (Dir.), *Le Assicurazioni – L'Assicurazione nei Codici, Le Assicurazioni Obbligatorie, L'Intermediazione Assicurativa*, 2ª Ed., Milano, Giuffrè Ed., 2007, p. 92. Por fim – e numa manifestação do princípio *utile per inutile non vitiatur* – nos termos do quarto parágrafo do artigo 1892º, se o seguro respeitar a várias pessoas ou várias coisas, o contrato é válido para aquelas a que não se refira a declaração inexacta ou reticente. Segundo Donati, embora a disposição se reporte ao incumprimento com dolo ou culpa grave, a mesma será também aplicável, por maioria de razão, ao incumprimento sem dolo nem culpa grave. Sustenta ainda o autor que a disposição se aplicará, não só a seguros respeitantes a várias pessoas ou coisas, mas igualmente a seguros sobre vários riscos – Antigono Donati, *Trattato...*, Vol. II, *cit.*, pp. 318-319.

[948] Esta solução é uma manifestação do princípio, consagrado no Direito italiano, da indivisibilidade do prémio. Cfr. Nicola Gasperoni, "La clausola...", *cit.*, p. 100; Vittorio Salandra, "Dell'Assicurazione", *cit.*, p. 214.

sendo obrigado a pagar o montante seguro se o sinistro ocorrer antes do termo do referido prazo de três meses[949].

Por seu turno, de acordo com o primeiro parágrafo do artigo 1893º, se o contraente tiver agido sem dolo ou culpa grave[950], as omissões ou inexactidões não são causa de anulação, mas o segurador pode resolver o contrato (*recedere*)[951], mediante declaração (unilateral) dirigida ao tomador no prazo de três meses a contar da data em que tome conhecimento da omissão ou inexactidão[952]. Embora o preceito o não refira, o mesmo não exclui a possibilidade de o segurador propor novas condições ao tomador do seguro (nomeadamente um aumento do prémio), mantendo o contrato em vigor nessas condições[953].

Finalmente, e como resulta do segundo parágrafo do mesmo artigo, se se verificar o sinistro antes de o segurador tomar conhecimento da reticência ou inexactidão, ou antes de este ter feito cessar o contrato, o montante da indemnização ou capital é reduzido na proporção da diferença entre o prémio acordado e o que seria devido se o segurador tivesse conhecido a realidade não declarada, nos termos do segundo parágrafo do artigo 1893º[954]. O regime italiano não exige

---

[949] Como notam Donati e Putzolu, é jurisprudência constante que, se o segurador vier a conhecer a omissão ou inexactidão após a ocorrência de um sinistro, pode recusar o pagamento da sua prestação pecuniária mesmo sem propor acção de anulação – Antigono Donati e Giovanna Volpe Putzolu, *Manuale...*, *cit.*, p. 128; Nicola Gasperoni, "Appunti...", *cit.*, p. 131. Se o conhecimento da omissão ou inexactidão for posterior à própria regularização do sinistro, pode o segurador exigir a repetição da sua prestação – Marco Rossetti, "Dichiarazioni inesatte e reticenze con...", *cit.*, p. 93.

[950] Embora com vozes divergentes, entende a doutrina dominante que o preceito se aplica, não só havendo culpa leve, mas mesmo nos casos em que não haja culpa do proponente – Vittorio Salandra, "Le dichiarazioni...", *cit.*, p. 7. A disposição tem, assim, por escopo a preservação do equilíbrio do sinalagma contratual e não propriamente a sanção da negligência do proponente. Desta forma, o risco da falta de correspondência entre o risco real e o declarado corre por conta do declarante, o que acentua uma imposição de diligência na investigação cognoscitiva do risco – cfr. Aldo Durante, "Assicurazione (contrato di)", *cit.*, p. 460. Posição divergente é a de Cupis, para quem o artigo 1893º pressupõe, pelo menos, a ignorância culposa, ou um juízo culposo de irrelevância do facto omitido – Adriano de Cupis, "Precisazione...", *cit.*, p. 627.

[951] Francesco Santoro-Passarelli, *Dottrine...*, *cit.*, p. 139.

[952] A declaração deverá ser clara, explícita e inequívoca, produzindo efeitos *ex nunc*. Desta forma, os prémios vencidos e, em particular, o do período em curso, são perdidos a favor do segurador, que tem, em qualquer caso, direito ao prémio da primeira anuidade, por analogia com o artigo 1892º. Cfr. Marco Rossetti, "Dichiarazioni inesatte e reticenze senza dolo o colpa grave", *in* Antonio La Torre (Dir.), *Le Assicurazioni – L'Assicurazione nei Codici, Le Assicurazioni Obbligatorie, L'Intermediazione Assicurativa*, 2ª Ed., Milano, Giuffrè Ed., 2007, p. 100.

[953] Vittorio Salandra, "Dell'Assicurazione", *cit.*, p. 215; Vittorio Salandra, "Le dichiarazioni...", *cit.*, p. 7.

[954] Este parágrafo refere se, como sublinha a doutrina, ao erro incidental do segurador (caso em que o mesmo, se tivesse conhecido o risco real, teria aceite contratar em condições diversas). Na falta de previsão específica sobre a hipótese de o segurador não ter aceite contratar se tivesse tido conhecimento da realidade não declarada, alguma doutrina extrai do preceito a solução através de

qualquer relação de causalidade entre a circunstância não declarada e a eventual ocorrência de um sinistro[955]. Desta forma, o preceito não encerra, segundo Salandra, natureza sancionatória, antes visando o restabelecimento do equilíbrio contratual[956].

Atendendo ao carácter residual do artigo 1893º (apenas aplicável aos casos de culpa leve e de ausência de culpa) e às dificuldades de prova relativamente à culpa do proponente (que resultam numa presunção de dolo sempre que a relevância da circunstância não declarada seja evidente), o referido artigo é de escassa aplicação prática[957].

Relativamente aos fundamentos do actual regime italiano, enquanto a posição doutrinária tradicional o reconduzia à teoria dos vícios da vontade (argumentando, sobretudo, com o teor do artigo 1892º do CC, herdeiro do regime do artigo 429º do CCom), a posição actualmente dominante fundamenta o regime na violação de um ónus ou de um dever[958].

IV.2.5. O quadro legislativo belga

I. A declaração do risco foi inicialmente regulada pelo artigo 9º da lei belga de 11 de Junho de 1874 – que continha os Títulos X e XI do Livro I do *Code de Commerce* (Dos seguros em geral – De alguns seguros terrestres em particular)[959].

uma regra lógica: se este prevê a aplicação, na liquidação do sinistro, da proporção entre o prémio pago e o prémio devido, então, se o segurador não tivesse aceite o seguro, nenhum prémio seria devido, pelo que também o segurador nada deve liquidar. Cfr. Claudio Bazzano, *L'Assicurazione...*, *cit.*, p. 131; Luca Buttaro, "Assicurazione (contratto di)", *cit.*, p. 485; Giovanna Visintini, *La Reticenza nella Formazione...*, *cit.*, p. 63; Antigono Donati, *Trattato...*, Vol. II, *cit.*, p. 318; Antigono Donati e Giovanna Volpe Putzolu, *Manuale...*, *cit.*, p. 128; Nicola Gasperoni, "Contratto...", *cit.*, p. 599.

[955] Claudio Bazzano, *L'Assicurazione...*, *cit.*, p. 128; Nicola Gasperoni, "Appunti...", *cit.*, p. 128. Luca Buttaro entende, porém, sem fundamentar, que a causalidade seria exigida para os sinistros em que tivesse havido omissão ou inexactidão sem dolo nem culpa grave – Luca Buttaro, "Assicurazione (contratto di)", *cit.*, p. 488.

[956] Vittorio Salandra, "Dell'Assicurazione", *cit.*, p. 215.

[957] Cristina Cavaliere, "Le dichiarazioni...", *cit.*, p. 323. Por outro lado, as razões da secundarização do artigo 1893º face ao artigo 1892º, prender-se-ão também, curiosamente, com dificuldades práticas de aplicação, nomeadamente com uma menor simplicidade do regime, implicando maiores dificuldades probatórias, necessidade de recurso a peritos e uma maior lentidão processual – Giovanna Visintini, *La Reticenza nella Formazione...*, *cit.*, p. 59.

[958] Sobre a problemática em Itália, cfr. Giovanna Visintini, *La Reticenza nella Formazione...*, *cit.*, pp. 75 ss.; e Cristina Cavaliere, "Le dichiarazioni...", *cit.*, pp. 318 ss. Não obstante a posição da doutrina maioritária, refere Visintini que nada impede de identificar no artigo 1892º «a violação de uma obrigação de boa fé, mas [que] o requisito ulterior exigido pela disposição, e consistente no propósito de induzir em erro o outro contraente, indica que a razão da ilicitude [...] está no engano» – *idem*, p. 119 (trad. nossa).

[959] Esta lei influenciou o regime italiano do CCom de 1882 – Antigono Donati, *Trattato...*, Vol. II, *cit.*, p. 300.

De acordo com o referido artigo, «toda a reticência, toda a falsa declaração da parte do segurado, mesmo sem má fé, tornam o seguro nulo quando diminuem a opinião do risco, isto é, fazem pensar que o risco é menor do que o é na realidade, ou alteram o objecto, de tal modo que o segurador, se tivesse tido conhecimento integral da verdade, não teria contratado nas mesmas condições»[960]. Por seu turno, o artigo 11º cominava a má fé do segurado com a perda de prémios a favor do segurador.

O regime, com evidentes semelhanças com o regime geral dos vícios da vontade[961], revelava-se, assim, muito severo para com o proponente, impondo-lhe um dever espontâneo de declaração cujo incumprimento era sancionado com a nulidade, mesmo em caso de omissões ou inexactidões de boa fé (desde que com conhecimento do facto não revelado)[962].

II. De modo a suprir as lacunas e insuficiências regulatórias da lei de 1874, impôs-se a necessidade de reforma do Direito material de seguros, a qual veio a concretizar-se na Lei sobre o contrato de seguro terrestre, de 25 de Junho de 1992. Esta inspirou-se na Lei francesa de 1930, mas igualmente num contemporâneo projecto holandês e na proposta de Directiva do Conselho de harmonização do Direito sobre contrato de seguro, incorporando também soluções que vinham a ser consagradas pela jurisprudência belga[963].

O artigo 5º da referida lei regula o dever de declaração do risco, em termos que foram percepcionados pela doutrina como um claro progresso face ao regime precedente[964]. Nos termos desta disposição, o tomador do seguro tem a obrigação de declarar exactamente, aquando da conclusão do contrato, todas as circunstâncias[965] por si conhecidas[966] e que deva razoavelmente considerar como

---

[960] Trad. nossa.

[961] Marcel Fontaine, *Droit des Assurances*, cit., p. 167.

[962] Marcel Fontaine, "La loi belge du 25 juin 1992 sur le contrat d'assurance terrestre", *RGAT*, Ano 64 (1993), nº 4, p. 735.

[963] Marcel Fontaine, "La loi...", *cit.*, p. 731.

[964] Herman Cousy, "Le droit des assurances...", *cit.*, p. 320. O autor lamenta, porém, a não adopção de uma solução de *dever de resposta* ou de um requisito de *causalidade*. *Ibidem*.

[965] Trata-se, assim, de um dever espontâneo de declaração, como sucedia já, aliás, com o regime precedente. Cfr. Marie-Anne Crijns, *Le Droit du Contrat d'Assurance*, Bruxelles, Creadif, 1996, p. 37; Jean-Luc Fagnart, "Dispositions communes: Formation et exécution du contrat", *in* Marcel Fontaine e Jean-Marc Binon (Eds.), *La Loi du 25 Juin 1992 sur le Contrat d'Assurance Terrestre*, Louvain-la-Neuve/Bruxelles, Academia/Bruylant, 1993, p. 58. A solução foi, não obstante, objecto de controvérsia nos trabalhos preparatórios do diploma – Jean-Luc Fagnart, *Traité...*, *cit.*, p. 65.

[966] À semelhança da interpretação prevalecente sobre o regime revogado de 1874, a Lei continua a exigir o conhecimento efectivo da circunstância não revelada para que se verifique o incumprimento, irrelevando, portanto, a ignorância culposa – Marcel Fontaine, *Droit des Assurances*, cit., p. 169.

constituindo para o segurador elementos de apreciação do risco[967]. Todavia, não deve declarar ao segurador circunstâncias já conhecidas por este ou que este devesse razoavelmente conhecer[968], bem como dados genéticos. Por outro lado, se o tomador não tiver respondido a certas questões escritas do segurador e se este, ainda assim, tiver concluído o contrato, não poderá o mesmo, excepto em caso de fraude, prevalecer-se posteriormente dessa omissão[969].

Por seu turno, quanto às consequências do incumprimento, estabelece o artigo 6º que, se a omissão ou inexactidão intencionais[970] na declaração induzirem o segurador em erro sobre os elementos de apreciação do risco[971], o contrato de seguro é nulo[972], acrescentando que os prémios emitidos até ao momento em que o segurador tenha tido conhecimento da omissão ou da inexactidão intencionais são-lhe devidos.

Relativamente ao incumprimento não intencional, dispõe o § 1º do artigo 7º[973] que, se a omissão ou inexactidão na declaração não forem intencionais, o contrato não é nulo. Neste caso, o segurador propõe, no prazo de um mês a contar

---

[967] O critério de relevância adoptado é do maior interesse, apresentando analogias com o consagrado na *section* 21(1) do *ICA* australiano, de 1984 – Malcolm Clarke, *Policies...*, *cit.*, p. 98. Assim, quanto às circunstâncias do risco menos evidentes para o proponente, compete ao segurador referi-las expressamente, incluindo-as, p. ex., num questionário – cfr. Marcel Fontaine, *Droit des Assurances*, *cit.*, p. 169. Segundo parece sustentar este autor, a fórmula legal consagraria um duplo requisito de relevância, a ser cumulativamente provado pelo segurador: por um lado a circunstância não exactamente declarada terá de ser um factor de apreciação do risco para o segurador concreto; por outro lado, o tomador deveria razoavelmente considerá-la como tal – *idem*, p. 175. Em sentido convergente, Marie-Anne Crijns, *Le Droit...*, *cit.*, p. 38.

[968] Assim, quer o conhecimento efectivo da circunstância, quer a sua ignorância negligente pelo segurador relevam para efeito de delimitação do dever de declaração do proponente. O preceito segue, aliás, uma tendência jurisprudencial dominante no âmbito do anterior regime – Jean-Luc Fagnart, "Dispositions...", *cit.*, p. 60.

[969] Como nota Fontaine, esta ressalva, na linha de jurisprudência belga anterior, não põe em causa a solução de declaração espontânea consagrada – Marcel Fontaine, *Droit des Assurances*, *cit.*, p. 174. O § 3º do artigo 10º estabelece o dever de o segurador entregar ao proponente, até à conclusão do contrato, cópia das informações que este haja comunicado por escrito sobre o risco a cobrir. Só neste caso o segurador adquire o direito de posteriormente opor esses dados ao proponente – Marie-Anne Crijns, *Le Droit...*, *cit.*, p. 38.

[970] Isto é, *voluntárias*. Por outro lado, a prova da intencionalidade cabe ao segurador. Cfr. Marie-Anne Crijns, *Le Droit...*, *cit.*, p. 39; Claude Devoet, *Les Assurances...*, *cit.*, p. 162.

[971] É, assim, irrelevante se se verificou qualquer sinistro e se a circunstância não exactamente declarada esteve na origem do mesmo. Jean-Luc Fagnart, "Dispositions...", *cit.*, p. 64.

[972] Como sublinha a doutrina belga, trata-se de uma nulidade relativa. Por seu turno, a mesma importa a restituição de quaisquer indemnizações que hajam sido pagas pelo segurador – Marie-Anne Crijns, *Le Droit...*, *cit.*, p. 39, e Marcel Fontaine, *Droit des Assurances*, *cit.*, p. 176.

[973] Esta disposição não é aplicável aos seguros de vida em virtude do previsto no artigo 99.º da mesma lei (incontestabilidade imediata). Cfr. Claude Devoet, *Les Assurances...*, *cit.*, p. 162.

do dia em que tenha conhecimento da omissão ou da inexactidão, a modificação do contrato com efeito no dia em que tenha conhecimento da omissão ou da inexactidão[974]. Se o segurador fizer prova de que não teria em caso algum segurado o risco, pode resolver o contrato no mesmo prazo[975]. Se a proposta de modificação for recusada pelo tomador ou se, no termo do prazo de um mês a contar da recepção dessa proposta, a mesma não for aceite, o segurador pode resolver o contrato em quinze dias. De resto, o segurador que não tenha resolvido o contrato nem proposto a sua modificação nos prazos atrás indicados já não poderá prevalecer-se no futuro dos factos que conhece.

Por seu turno, o § 2º do mesmo artigo preceitua que, se a omissão ou a declaração inexacta não puder ser censurada[976] ao tomador do seguro e se sobrevier um sinistro antes de a modificação do contrato ou a resolução terem tomado efeito, o segurador deve efectuar a prestação convencionada. O § 3º estabelece que, se a omissão ou a declaração inexacta puder ser censurada[977] ao tomador e se sobrevier um sinistro antes de a modificação do contrato ou a resolução terem tomado efeito, o segurador apenas é obrigado a efectuar uma prestação de acordo com a relação entre o prémio pago e o prémio que o tomador do seguro deveria ter pago se tivesse declarado regularmente o risco[978]. Porém, se aquando do sinistro o segurador demonstrar que não teria em nenhum caso segurado o risco cuja natureza real é revelada pelo sinistro, a sua prestação fica limitada ao reembolso da totalidade dos prémios pagos.

---

[974] Está em causa a adaptação do contrato às condições reais do risco, nomeadamente (mas não necessariamente) através de um aumento de prémio. Desta forma, se o tomador aceitar a modificação, o vício do contrato fica sanado, prosseguindo este a sua vigência. Porém, como nota Fagnart, relativamente ao passado subsiste o desequilíbrio entre o prémio pago e o risco coberto – Jean-Luc Fagnart, "Dispositions...", *cit.*, p. 65.

[975] A exigência de prova é, do ponto de vista de Fagnart, insólita, não só do prisma da justiça da solução (considerando que a decisão de aceitação do risco resulta de um acto discricionário do segurador e, portanto, insusceptível de prova), mas igualmente pelo reduzido eco que encontra noutros ordenamentos. Jean-Luc Fagnart, "Dispositions...", *cit.*, p. 65.

[976] No original: *ne peut être reprochée*. A disposição reporta-se, assim, a um incumprimento não culposo: «*si le manquement [...] n'est pas fautif*», na expressão de Fontaine – cfr. Marcel Fontaine, *Droit des Assurances*, *cit.*, p. 178 e n. 185. Estará em causa, nomeadamente, a ignorância não voluntária nem decorrente de uma falta de diligência culposa – Jean-Luc Fagnart, "Dispositions...", *cit.*, p. 67.

[977] Tratar-se-á, assim, de uma actuação culposa, ainda que não intencional. O estado subjectivo do declarante corresponderá, pois, à negligência.

[978] A solução consiste, portanto, na aplicação da regra proporcional do prémio. O legislador prescindiu de um requisito de causalidade entre o facto não regularmente declarado e o sinistro, em virtude de, como refere Fagnart, o preceito ter por fundamento o equilíbrio entre o risco assumido e o prémio pago (equilíbrio que é independente da causa do sinistro e que é restabelecido com a aplicação da regra proporcional). Jean-Luc Fagnart, "Dispositions...", *cit.*, p. 66.

Finalmente, quanto aos factos de conhecimento superveniente, dispõe o § 4º que, se uma circunstância desconhecida das duas partes aquando da conclusão do contrato vier a ser conhecida durante a execução do mesmo, aplica-se o regime da diminuição ou do agravamento do risco seguro, consoante o caso[979].

IV.2.6. Espanha: do *Código de Comercio* à *Ley* 50/1980

I. O regime que precedeu o vigente resultava do artigo 381º do *Código de Comercio*, de 1885, inspirado no artigo 348º do CCom francês. Dispunha o referido artigo 381º que eram causa de nulidade do contrato de seguro: a má fé provada de alguma das partes ao celebrar o contrato[980]; a inexacta declaração do segurado, ainda que feita de boa fé, sempre que pudesse influir na avaliação dos riscos; e a omissão ou ocultação, pelo segurado, de factos ou circunstâncias que tivessem podido influir na celebração do contrato[981].

Embora não se referisse expressamente a existência de um dever de declaração do risco, o mesmo resultava implicitamente da regulação dos efeitos do respectivo incumprimento. Desta forma, o preceito contemplava um amplo – e, em certa medida, indeterminado[982] – dever de declaração espontânea do risco, dispensando a colaboração do segurador e atribuindo ao proponente a delimitação do conteúdo da informação devida (nomeadamente endossando-lhe a aferição das circunstâncias relevantes)[983].

Por outro lado, o regime do incumprimento bastava-se com a desconformidade objectiva entre o risco declarado e o real, não estatuindo soluções diferenciadas em função da censurabilidade da conduta do proponente[984] (atribuindo, portanto, os mesmos efeitos a uma actuação fraudulenta e a outra de boa fé). Ainda assim, alguma doutrina, ponderando a severidade do regime, interpre-

---

[979] Como refere Fagnart, os §§ 2º e 4º reportam-se à mesma situação de fundo: o incumprimento não culposo. Jean-Luc Fagnart, "Dispositions...", *cit.*, p. 67.

[980] Como refere Ruiz Salas, esta circunstância raramente se poderia produzir de forma isolada, já que, em regra, a sua ocorrência reconduzir-se-ia a uma das outras duas circunstâncias: a produção de inexactidões ou omissões. José Ruiz Salas, "Conceptos afines al seguro. – El contrato de seguro y su contenido: ... interpretación; las declaraciones del asegurado", *RDP*, Ano XXVIII, nº 330 (Set. 1944), p. 690.

[981] Não se exigia qualquer nexo de causalidade entre os factos não declarados e a eventual produção de um sinistro, apenas se tutelando o livre consentimento do segurador. José Ruiz Salas, "Conceptos...", *cit.*, p. 690.

[982] Pedro Rubio Vicente, *El Deber...*, *cit.*, p. 28.

[983] Ainda assim, e mesmo sem base legal expressa, alguma doutrina cedo sublinhou a relevância do questionário na delimitação do dever de declaração. José Ruiz Salas, "Conceptos...", *cit.*, p. 691.

[984] O dever de declaração abrangia, não só o que o proponente efectivamente conhecia, mas também o que devia conhecer. Miguel Ruiz Muñoz, "Deber...", *cit.*, p. 15.

tava-o restritivamente, admitindo que, em caso de boa fé do tomador e de uma declaração do risco deficiente incidindo sobre matéria com pouca relevância na determinação do risco e do prémio, bastaria, por recurso ao regime geral do CC, um reajustamento do prémio de modo a reequilibrar as prestações das partes[985].

De resto, o regime estabelecia uma cominação pesada para o incumprimento – a nulidade[986] – não prevendo qualquer solução de equidade, nomeadamente em função da (eventual) prévia ocorrência do sinistro. Neste quadro, o rigor e a inflexibilidade do regime do CCom sujeitaram-no à crítica da doutrina e a uma ampla produção jurisprudencial, vindo a impor-se uma reforma do Direito material dos seguros.

II. O contrato de seguro é actualmente regulado pela Ley 50/1980, de 8 de Outubro, com aditamento da Ley nº 21/1990, de 19 de Dezembro. Neste contexto, a profunda modificação do regime da declaração do risco passou, fundamentalmente, não só pela adopção de uma diferente concepção quanto às consequências do incumprimento do dever declarativo, mas também pela substituição de um dever espontâneo de informação por um mero dever de resposta (sistema de questionário fechado), por inspiração no Direito suíço[987].

---

[985] José Ruiz Salas, "Conceptos...", *cit.*, p. 691.

[986] Apesar do teor literal do preceito, e de a jurisprudência o interpretar, em regra, como uma efectiva sanção de nulidade, a doutrina maioritária interpretava-a correctamente como uma situação de mera anulabilidade (nulidade relativa), atendendo a que se tratava da cominação de um vício do consentimento – cfr. Fernando Sánchez Calero, "Artículo 10...", *cit.*, pp. 241-2; Manuel Broseta Pont, *Manual de Derecho Mercantil*, Madrid, Tecnos, 1972 (reimpr.), p. 429; Pedro Rubio Vicente, *El Deber...*, *cit.*, p. 31; Miguel Ruiz Muñoz, "Deber...", *cit.*, p. 19. Por outro lado, a invalidade comportava a perda, a favor do segurador, dos prémios pagos, de acordo com o princípio da equivalência entre o prémio pago e o risco incorrido – Luis Lugo y Reymundo, *Tratado...*, Vol. I, *cit.*, p. 413. Ruiz Muñoz invoca, a favor da mesma solução, os princípios da indivisibilidade do prémio e do pagamento antecipado do mesmo – Miguel Ruiz Muñoz, "Deber...", *cit.*, p. 20.

[987] Joaquín Garrigues, *Contrato...*, *cit.*, p. 89; Nuria Latorre Chiner, *La Agravación del Riesgo en el Derecho de Seguros*, Granada, Editorial Comares, 2000, p. 145; Víctor Moreno Velasco, "La configuración del deber de declaración del riesgo en la Ley 50/1980, de 8 de octubre, de Contrato de Seguro. Artículos 10 y 89", *La Ley*, 2005, nº 2, p. 1812; Miguel Ruiz Muñoz, *La Nulidad...*, *cit.*, p. 216; Francisco Vicent Chuliá, *Compendio...*, *cit.*, p. 491. Cfr. igualmente Fernando Sánchez Calero, "Artículo 10...", *cit.*, p. 230. Como afirma este autor, «a configuração do dever de declaração como dever de responder implica que se o segurador não faz as perguntas oportunas ao tomador do seguro este encontra-se liberado das consequências desse dever» – *idem*, p. 237 (trad. nossa). Já no âmbito do CCom, porém, alguma doutrina defendia que o segurador não poderia invocar a invalidade do contrato se o proponente se tivesse limitado a responder de forma exacta e completa ao questionário do segurador – Manuel Broseta Pont, *Manual...*, *cit.*, p. 430.

No domínio da declaração do risco, estabelece o artigo 10º do referido diploma que o tomador do seguro tem o dever[988], antes da conclusão do contrato[989], de declarar ao segurador[990], de acordo com o questionário que este lhe submeta, todas as circunstâncias por ele conhecidas[991] que possam influir na avaliação do risco[992]. Acrescenta o preceito que o tomador ficará exonerado de tal dever se o

---

[988] Segundo Bataller Grau, o dever será extensível ao segurado quando o mesmo não coincida com o tomador do seguro. Juan Bataller Grau, *El Deber...*, *cit.*, p. 13.

[989] A aferição do incumprimento do dever de declaração do risco faz-se em função da divergência entre o risco declarado e o real antes da formação do contrato, sendo irrelevante, para o efeito, se sobrevém ou não um sinistro e, em caso afirmativo, se o facto omitido ou inexactamente declarado tem alguma relação causal com a produção do sinistro. Pedro Rubio Vicente, *El Deber...*, *cit.*, p. 93.

[990] Como refere Bataller Grau, também o mediador pode ser destinatário, nos termos da *Ley de Mediación en Seguros Privados*, da declaração do risco, tendo a declaração os mesmos efeitos como se fosse feita ao segurador. Juan Bataller Grau, *El Deber...*, *cit.*, p. 13.

[991] Tratando-se de uma declaração de ciência, o preceito apenas exige a declaração dos factos que o proponente conheça efectivamente – Juan Bataller Grau, *El Deber...*, *cit.*, p. 16. Em sentido diverso, Rubio Vicente considera que «apesar do silêncio legal, e tendo em conta o princípio da máxima boa fé que rege este contrato, há que entender que o dever de declaração também compreende as circunstâncias que teria tido de conhecer usando uma diligência ordinária, normal ou socialmente exigível». Pedro Rubio Vicente, *El Deber...*, *cit.*, p. 76 (trad. nossa). Também neste sentido, Fernando Sánchez Calero, "Artículo 10...", *cit.*, p. 240, acrescentando ainda que o proponente tem o dever de desenvolver diligências no sentido de se informar sobre as questões que lhe são colocadas pelo segurador. Cfr. igualmente Miguel Ruiz Muñoz, "Deber...", *cit.*, p. 26. Sobre os limites do dever de declaração, alguns autores entendem que o mesmo não se estende às circunstâncias já conhecidas pelo segurador, nem às que o mesmo não devesse ignorar, casos em que a irregularidade da declaração deverá ter-se por irrelevante, quer quanto à decisão de contratar, quer quanto à determinação das condições aplicáveis, tendo o segurador renunciado a conhecer essas circunstâncias. De outra forma, haveria que reconhecer uma falta de diligência do segurador, também censurável no quadro da máxima boa fé, no sentido de se informar devidamente sobre o risco proposto. Neste sentido, Pedro Rubio Vicente, *El Deber...*, *cit.*, p. 78.

[992] Embora o preceito não estabeleça um critério de aferição da relevância das circunstâncias que devem ser declaradas – e pese embora, também, o facto de o sistema de questionário fechado adoptado pelo diploma retirar grande parte do interesse prático à questão – entende Rubio Vicente que a aferição da relevância se há-de fazer segundo um critério objectivo, mas atendendo à essencialidade dos factos para o segurador concreto. Assim, segundo o autor, serão indicadores dessa relevância a experiência passada do segurador, a sua política comercial, a sua prática em casos semelhantes, ou mesmo os critérios e práticas da actividade seguradora para o mesmo ramo de seguro – Pedro Rubio Vicente, *El Deber...*, *cit.*, p. 91; cfr. também Fernando Calbacho Losada *et al.*, "El deber de declaración del riesgo en la Ley de Contrato de Seguro", *RDM*, nºs 183-184 (Jan.-Jun. 1987), pp. 143-144. Em qualquer caso, presumir-se-á (presunção ilidível) que todas as matérias contempladas no questionário influem na avaliação do risco – Joaquín Garrigues, *Contrato...*, *cit.*, p. 95; Juan Bataller Grau, *El Deber...*, *cit.*, p. 16; J. Nicolás Martí Sánchez, "La protección del asegurador en la Ley del Contrato de Seguro, de 8 de octubre de 1980", *in* Evelio Verdera y Tuells (Ed.), *Comentarios a la Ley de Contrato de Seguro*, Vol. I, Madrid, Colegio Universitario de Estudios Financieros, 1982, p. 477; e Pedro Rubio Vicente, *El Deber...*, *cit.*, p. 88. Ora, embora o

segurador não lhe submeter o questionário[993] ou, ainda que lho submeta, quando se trate de circunstâncias que possam influir na avaliação do risco mas que não estejam ali contempladas[994].

proponente fique exonerado de fornecer informações sobre matérias que não sejam relevantes, ainda que incluídas no questionário (cfr. Fernando Sánchez Calero, "Artículo 10...", *cit.*, p. 239), em termos práticos, porém, ou o segurador aceita a proposta com as referidas omissões (caso em que admite implicitamente que a circunstância não é relevante, ficando precludido o seu direito de impugnar o contrato); ou recusa a proposta no âmbito da autonomia contratual. Em qualquer dos casos, não será necessário que o proponente faça prova de que a questão incluída no questionário era irrelevante para a análise do risco.

[993] Aditamento da Ley nº 21/1990, de 19 de Dezembro. O questionário circunscreve, portanto, os limites do dever de informação do proponente – Víctor Moreno Velasco, "La configuración...", *cit.*, p. 1812. Como refere Rubio Vicente, «o questionário vem assim a ser configurado como um elemento que fixa de maneira absoluta e inamovível o conteúdo, extensão e limites da declaração» – Pedro Rubio Vicente, *El Deber...*, *cit.*, p. 63 (trad. nossa). Acrescenta o autor que «já não se trata, perante o questionário, de dizer tudo o que se sabe sobre o risco, mas de responder com exactidão unicamente a tudo o que se pergunta e se conheça que pode influir na sua valoração». *Ibidem* (trad. nossa). Não obstante, o autor defende uma interpretação correctiva do preceito, estendendo o incumprimento do dever de declaração às circunstâncias imprevisíveis para o segurador e também as que, embora resultando de uma formulação negligente, sejam dolosamente ocultadas pelo proponente – *idem*, p. 73. A questão de saber se, na ausência de questionário, o proponente continuava obrigado à declaração do risco não era pacífica antes da presente redacção. Assim, alguns autores entendiam, em nome do princípio de *uberrimae fidei*, que o proponente não ficava exonerado do dever de descrever o risco nem, em caso de incumprimento deste dever, deveria o segurador ficar privado de protecção legal. Cfr. Francisco Tirado Suárez, "Anotaciones...", *cit.*, pp. 135 ss.; Fernando Calbacho Losada *et al.*, "El deber...", *cit.*, p. 142; Luis Reglero Campos, "Declaración del riesgo y clausula de indisputabilidad en el seguro de vida", *CDC*, nº 22, 1997, p. 183. Apesar do teor literal do preceito, não existe ainda actualmente unanimidade na doutrina espanhola quanto ao âmbito do dever de declaração, defendendo alguns autores que, atento o princípio da boa fé, o dever ultrapassaria a mera resposta a um questionário. Sobre a problemática, cfr. Juan Bataller Grau, *El Deber...*, *cit.*, pp. 14 ss.; Josefa Brenes Cortés, "Algunas cuestiones...", *cit.*, p. 1782; e Nuria Latorre Chiner, "El riesgo y su agravación en el seguro de vida", *RES*, nº 93 (Jan.-Mar. 1998), pp. 148 ss.

[994] A jurisprudência espanhola exige, neste domínio, que as perguntas sejam concretamente formuladas no questionário. Por outro lado, alguma jurisprudência do STJ espanhol equipara a circunstância de o questionário não ser materialmente preenchido pelo tomador do seguro à *falta de apresentação do questionário*. Esta perspectiva poderá levar a que, com base num argumento meramente formal, o segurado se possa furtar ao cumprimento do dever de declaração. Por outro lado, a perspectiva revela-se igualmente injusta se considerarmos que o preenchimento do questionário pelo mediador de seguros constitui um serviço que este presta ao proponente, sendo feito com as informações fornecidas por este, em seu benefício (e no seu interesse). De resto, o questionário é assinado pelo proponente, que, desta forma, assume a sua concordância e conhecimento relativamente ao conteúdo do mesmo. Sobre a questão, cfr. Begoña Arquillo Colet, "Declaración...", *cit.*, p. 4; e Nuria Latorre Chiner, "El Riesgo...", *cit.*, p. 148. Como refere Latorre Chiner, são vários os exemplos «da doutrina jurisprudencial, abundante nos últimos anos, que se caracteriza por presumir na figura do segurador um dever de diligência desmesurado em comparação com a enorme

O segundo parágrafo do mesmo artigo, por seu turno, dispõe que o segurador *poderá*[995] resolver[996] o contrato mediante declaração dirigida ao tomador do seguro, no prazo de um mês[997] a contar do conhecimento da reserva ou inexactidão do tomador do seguro[998], sendo devidos ao segurador os prémios relativos ao período em curso[999] no momento em que faça esta declaração, salvo se con-

negligência permitida ao tomador» – *idem*, p. 150 (trad. nossa). Em sentido convergente, entendem Calbacho Losada *et al.* que «a sanção ao segurado por ocultação maliciosa deve prevalecer sobre a sanção ao segurador por não ter elaborado um questionário exaustivo» – Fernando Calbacho Losada *et al.*, "El deber...", *cit.*, p. 143 (trad. nossa).

[995] Com base nesta expressão, salienta alguma doutrina o carácter facultativo da opção do segurador e, perante o argumento de que *quem pode o mais pode o menos*, a possibilidade de opção por outras medidas não legalmente especificadas. Assim, a resolução (*rescisión*) apenas surgiria associada às situações em que o segurador tivesse recusado a proposta se tivesse conhecido o risco real. Diversamente, nos casos em que o segurador tivesse exigido outras condições, o incumprimento requereria a modificação do contrato em nome do princípio do equilíbrio das prestações. Neste caso, e na falta de previsão específica desta solução, entende Rubio Vicente que a proposta de modificação deveria ser enviada no prazo de um mês a contar do conhecimento dos factos (nos termos do previsto para o exercício da faculdade de resolução), sendo os termos ulteriores regulados – de acordo com uma interpretação literal, sistemática e teleológica – pelo artigo da LCS espanhola Pedro Rubio Vicente, *El Deber...*, *cit.*, pp. 110 ss. Neste sentido, Fernando Calbacho Losada *et al.*, "El deber...", *cit.*, p. 145.

[996] *Rescisión*, no original castelhano. O recurso a esta figura – solução que Rubio Vicente contesta – teria como objectivo distanciar o novo regime do revogado artigo 381º do CCom: Pedro Rubio Vicente, *El Deber...*, *cit.*, pp. 110 ss. Assim, enquanto a cominação de nulidade (*rectius*, anulabilidade) prevista no CCom pressupunha a existência de um vício do contrato, a resolução (*rescisión*) aplica-se aos contratos validamente celebrados mas que importam consequências lesivas para uma das partes – cfr. Fernando Sánchez Calero, "Artículo 10...", *cit.*, p. 243. A natureza da figura não é, porém, incontroversa, podendo falar-se, no contexto do Direito espanhol, de uma faculdade de *denuncia*, *desistimiento* ou *receso* – *ibidem*. Já Ruiz Muñoz entende não estarem preenchidos os requisidos destas figuras, entendendo antes estar-se, apesar da letra da lei, perante um caso de anulabilidade por vício da vontade do segurador – Miguel Ruiz Muñoz, *La Nulidad...*, *cit.*, pp. 220 ss. e Miguel Ruiz Muñoz, "Deber...", *cit.*, pp. 27 ss. Também neste sentido, Josefa Brenes Cortés, "Algunas cuestiones...", *cit.*, p. 1787.

[997] Findo este prazo, e conhecendo o segurador a dimensão das omissões ou inexactidões, a faculdade resolutiva extingue-se, entendendo-se que o segurador não atribuiu relevância ao incumprimento. Juan Bataller Grau, *El Deber...*, *cit.*, p. 19. Por outro lado, como nota Rubio Vicente, evita-se que o segurador mantenha o contrato em vigor, continuando a cobrar prémios, só vindo a invocar o incumprimento do dever de declaração em caso de ocorrência de sinistro. O prazo é, assim, de caducidade – Pedro Rubio Vicente, *El Deber...*, *cit.*, pp. 114-115.

[998] Importará que o segurador conheça, não apenas a existência de uma disparidade entre o risco declarado e o real, mas a própria dimensão e alcance dessa disparidade. Fernando Sánchez Calero, "Artículo 10...", *cit.*, p. 244.

[999] Este regime especial quanto ao destino dos prémios assenta nos princípios do pagamento antecipado do prémio e da indivisibilidade do mesmo. Apesar do teor literal do preceito, Ruiz Muñoz entende que a perda dos prémios a favor do segurador só deverá ocorrer se o comportamento

correr dolo ou culpa grave da sua parte[1000]. Como nota Sánchez Calero, a declaração tornará o contrato ineficaz com efeito a partir da própria data da declaração (*ex nunc*) ou de data posterior indicada pelo segurador, exonerando este da sua prestação[1001].

De resto, o terceiro parágrafo do mesmo artigo preceitua que, se sobrevier o sinistro antes de o segurador fazer a declaração a que se refere o parágrafo anterior[1002], a prestação deste reduzir-se-á proporcionalmente[1003] à diferença entre o prémio convencionado e o que teria sido aplicado se tivesse conhecido a realidade do risco[1004], salvo se tiver ocorrido dolo ou culpa grave do tomador do

do proponente tiver sido culposo (pelo menos, negligente) – Miguel Ruiz Muñoz, "Deber...", *cit.*, pp. 35-37. No mesmo sentido, Fernando Calbacho Losada *et al.*, "El deber...", *cit.*, p. 144; e Víctor Moreno Velasco, "La configuración...", *cit.*, p. 1814.

[1000] Assim, como resulta literalmente do preceito, em caso de concurso de dolo ou culpa grave do segurador, não lhe será devido o prémio do período em curso (sem prejuízo dos prémios anteriores) – Juan Bataller Grau, *El Deber...*, *cit.*, p. 20. Por outro lado, como sustenta Rubio Vicente, ao dolo ou culpa grave do segurador são equiparáveis os dos seus trabalhadores e agentes – Pedro Rubio Vicente, *El Deber...*, *cit.*, p. 118.

[1001] Fernando Sánchez Calero, "Artículo 10...", *cit.*, p. 244.

[1002] A disposição reporta-se, pois, tanto aos casos em que o segurador só tenha conhecido o incumprimento após o sinistro, como àqueles em que, tendo-o conhecido antes, não tenha ainda resolvido o contrato nem haja decorrido mais de um mês entre aquele conhecimento e o sinistro.

[1003] Esta é a solução aplicável aos casos de incumprimento com culpa leve do dever de declaração, a qual procura restabelecer o equilíbrio das prestações das partes. Pedro Rubio Vicente, *El Deber...*, *cit.*, p. 121. Trata-se, na verdade, da solução de equidade preconizada pelo regime francês de 1930 e pelo CC italiano. Porém, revela-se injusta – violando o princípio da liberdade contratual – quando o segurador não tivesse celebrado o contrato. Neste caso, como refere Rubio Vicente, tratando-se «de um risco não segurável, também não se pode explicar a existência de indemnização» (prestação pecuniária do segurador). Pedro Rubio Vicente, *El Deber...*, *cit.*, p. 123 (trad. nossa). Perante semelhante dificuldade (nº 2 do artigo 1893º do CC italiano), entende a doutrina dominante em Itália, através de uma regra lógica de interpretação, que, resultando a proporção a aplicar à prestação pecuniária do segurador do prémio que o mesmo teria aplicado se tivesse conhecido o risco, então se o risco não fosse segurável, o prémio seria de € 0,00, sendo também esse o valor da prestação do segurador. A doutrina espanhola não segue esta solução interpretativa, embora algumas vozes – sem fundamentarem – entendam que o segurador poderia recusar a prestação (como se o incumprimento resultasse de dolo ou culpa grave) – Fernando Calbacho Losada *et al.*, "El deber...", *cit.*, p. 143. Diversamente, Ruiz Muñoz considera a solução legal coerente com o regime, defendendo que o incumprimento não doloso do tomador impõe um nível de diligência do segurador que não terá sido, por este, respeitado, razão porque a solução não o exonera da sua prestação – Miguel Ruiz Muñoz, *La Nulidad...*, *cit.*, p. 226. O argumento não nos parece correcto, sobretudo num sistema de questionário fechado, tanto mais que a actuação não diligente do segurador não pode presumir-se (nem decorrer da ausência de prova do dolo do tomador), havendo de aferir-se em concreto.

[1004] Não cessando o contrato com a ocorrência do sinistro, e nada dispondo o preceito sobre a matéria, o segurador terá de, sem prejuízo de suportar a sua prestação pecuniária, resolver o seguro[1005], caso em que o segurador fica exonerado do pagamento da sua prestação pecuniária[1006].

A solução legal adoptada (dever de resposta) constitui, assim, para alguns autores, uma medida de protecção do tomador do seguro não profissional (*consumidor*) que, de outra forma, poderia não conseguir discernir quais os factos que deveriam ser informados ao segurador, e um modo de envolver este na declaração do risco, no quadro da cooperação exigida pelo recíproco dever de boa fé[1007]. A solução, ao endossar ao segurador o ónus[1008] da identificação das circunstâncias relevantes, afigura-se, porém, questionável para alguma doutrina, não sendo expectável nem exequível que o segurador consiga colocar num formulário *todas* as circunstâncias potencialmente relevantes[1009], e revelando-se, simultaneamente, injusto – e contrário ao princípio da materialidade subjacente, corolário da boa fé – que o proponente fique desonerado de declarar uma circunstância que o mesmo saiba inequivocamente ser relevante[1010] só porque o segurador o não ques-

contrato nos termos em que poderia fazê-lo na ausência de sinistro (declaração à contraparte no prazo de um mês a contar do conhecimento, nos termos do artigo 10.2). Neste sentido, Pedro Rubio Vicente, *El Deber...*, *cit.*, p. 126.

[1005] Recai sobre o segurador o ónus da prova do dolo ou culpa grave, cumprindo-lhe igualmente provar que só tomou conhecimento das omissões ou inexactidões na sequência do sinistro (ou menos de um mês antes da ocorrência deste). Josefa Brenes Cortés, "Algunas cuestiones...", *cit.*, p. 1789.

[1006] Para Rubio Vicente, este regime de *tudo ou nada* – total supressão da garantia – consagra uma verdadeira sanção do tomador faltoso em virtude do insolúvel desequilíbrio contratual provocado pela anti-juridicidade da sua conduta. Pedro Rubio Vicente, *El Deber...*, *cit.*, pp. 127-128. Por outro lado, segundo o autor, a exoneração do segurador quanto ao pagamento da sua prestação pecuniária não importa, por si, a extinção do contrato, sendo necessário que o segurador tome a iniciativa de invocar a resolução (ou a modificação) do contrato. *Idem*, p. 129.

[1007] Luís Velasco San Pedro, "Prólogo", *cit.*, pp. XIV-XV; Fernando Sánchez Calero, "Artículo 10...", *cit.*, p. 231; Pedro Rubio Vicente, *El Deber...*, *cit.*, p. 61. Desta forma, como nota Ruiz Muñoz, o regime reflecte a colaboração necessária entre o especialista na análise do risco (o segurador) e o conhecedor das circunstâncias materiais do mesmo (o proponente) – Miguel Ruiz Muñoz, *La Nulidad...*, *cit.*, p. 216. No mesmo sentido, José Domingo Monforte, "Seguros de vida: declaración del riesgo. ¿Dolo del tomador o desidia rentable del asegurador?", *Diario La Ley*, Ano XXIX, nº 6908 (20/03/2008), Sección Doctrina, p. 1.

[1008] Perante o Direito espanhol, a clara e exaustiva elaboração do questionário constitui um ónus do segurador, garantindo-lhe que o dever de declaração do risco possa, no interesse do mesmo, ser cumprido pelo proponente.

[1009] Reconhecendo esta fragilidade do sistema, Pedro Rubio Vicente, *El Deber...*, *cit.*, p. 37, que, no entanto, manifesta confiança na experiência acumulada do segurador quanto ao aperfeiçoamento do questionário.

[1010] Na verdade, Rubio Vicente considera que a fórmula do *dever de resposta* pode dar cobertura a situações de dolo ou culpa grave do tomador – Pedro Rubio Vicente, *El Deber...*, *cit.*, p. 67. Também Latorre Chiner sustenta que, não sendo objectivo do regime dar cobertura às omissões fraudulentas,

tionou especificamente sobre a matéria[1011] ou que o dever de declaração não nasça sequer na esfera do proponente por falta do seu pressuposto formal: a apresentação do questionário[1012].

Segundo alguma doutrina, o incumprimento pressupõe a culpa (pelo menos, a negligência) do proponente[1013], sendo, por outro lado, à semelhança do regime italiano, os efeitos do dolo equiparados aos da culpa grave. Alguns autores, porém, entendem que o incumprimento não requer a culpa do proponente: «é indiferente que a inexactidão ou reserva sejam ou não imputáveis ao tomador. Basta que se tenham produzido»[1014]. Por outro lado, para que se verifique o incumprimento, a diferença entre o declarado e a realidade haverá de ser significativa (ou seja, relevante)[1015], como decorre do princípio da materialidade subjacente. De resto, a declaração deverá ser interpretada no seu conjunto e não no quadro de cada quesito isolado, já que as respostas se podem complementar em quesitos diversos. Finalmente, e embora o regime nada disponha expressamente na matéria, o segurador deverá controlar a completude e coerência das respostas, devendo devolver o questionário sempre que detecte ausências de resposta[1016].

IV.2.7. A VVG suíça

A disciplina do contrato de seguro foi estabelecida pela Lei federal suíça de 2 de Abril de 1908 (Lei sobre o Contrato de Seguro – LCA ou VVG), tendo

---

mas apenas repartir o dever de declaração por ambas as partes, a concepção de um limitado *dever de resposta* deveria excepcionar os casos de má fé do proponente. Nuria Latorre Chiner, *La Agravación...*, *cit.*, p. 148.

[1011] Como refere Rubio Vicente, «com esta exoneração geral prescrita para as hipóteses de questionários incompletos, instaura-se uma presunção absoluta de falta de diligência do segurador, que nem sempre corresponde à realidade do contrato de seguro». Pedro Rubio Vicente, *El Deber...*, *cit.*, p. 67 (trad. nossa). Por outro lado, como nota o autor, mesmo em caso de falta de diligência do segurador, não se afigura justo que a lei descure, por considerar irrelevante, o eventual dolo ou culpa grave do proponente.

[1012] Em sentido crítico face ao que considera um excesso consumerista do regime, demasiado distanciado do princípio da máxima boa fé, Rafael Illescas, "Experiencias en la aplicación de las disposiciones generales de la Ley", *RES*, nºs 123-124 (2006), pp. 515-516.

[1013] Juan Bataller Grau, *El Deber...*, *cit.*, p. 16; Josefa Brenes Cortés, "Algunas cuestiones...", *cit.*, p. 1782 e 1787; e Pedro Rubio Vicente, *El Deber...*, *cit.*, p. 99. Como refere Rubio Vicente, «se não se declara o que se sabe, ou isto se faz de forma voluntária, ou nem sequer se desenvolve a diligência necessária para perceber que é relevante» – *idem*, p. 100 (trad. nossa).

[1014] J. Nicolás Martí Sánchez, "La protección...", *cit.*, p. 477 (trad. nossa). Cremos que as duas posições não são substancialmente divergentes, na medida em que, num sistema de questionário fechado, será difícil configurar situações em que haja omissões ou inexactidões não culposas.

[1015] Juan Bataller Grau, *El Deber...*, *cit.*, p. 18. Assim, uma divergência meramente formal, insignificante, não consubstancia incumprimento.

[1016] Juan Bataller Grau, *El Deber...*, *cit.*, p. 18.

entrado em vigor em 1 de Janeiro de 1910. Constituindo uma referência à época em que foi elaborada[1017] e tendo provado a sua maturidade durante cerca de um século, a lei foi recentemente revista pelo Conselho federal suíço – com reflexo na matéria da declaração do risco – tendo as alterações entrado em vigor em 1 de Janeiro de 2006.

Nos termos do nº 1 do artigo 4º da referida lei, o proponente deve declarar por escrito ao segurador, seguindo um questionário ou em resposta a quaisquer outras questões escritas, todos os factos que são importantes para a apreciação do risco, tal como os conheça ou deva conhecer aquando da conclusão do contrato[1018]. Por outro lado, o nº 2 esclarece que se consideram importantes todos os factos cuja natureza influa sobre a determinação do segurador a concluir o contrato ou a conclui-lo nas condições acordadas[1019], acrescentando o nº 3 que se presumem importantes os factos sobre os quais o segurador tenha colocado por escrito questões precisas e não equívocas[1020].

Por seu turno, o nº 1 do artigo 5º dispõe que devem ser declarados, se o contrato for concluído por um representante, todos os factos que sejam ou devam ser conhecidos, tanto pelo representado como pelo representante. Relativamente aos seguros por conta de outrem, estipula o nº 2 do mesmo artigo que devem igualmente ser declarados os factos importantes que sejam ou devam ser conhecidos pelo próprio segurado ou pelo seu intermediário, excepto se o contrato for concluído sem o conhecimento dos mesmos ou se não for possível avisar o proponente em tempo útil[1021].

[1017] Ferdinand Bricard, *Les Réticences..., cit.*

[1018] Diversamente de outros ordenamentos, a Lei helvética requer a forma escrita para a declaração do risco, limitando o âmbito desta à resposta a um questionário. A consagração de um mero dever de resposta constituiu, aliás, uma inovação da Lei suíça, sendo mencionada por alguns autores como *Swiss rule*. Malcolm Clarke, *Policies..., cit.*, pp. 99 ss.; Arnaldo Oliveira, "Artigo 24º – Anotação", *in* Pedro Romano Martinez *et al.*, *LCS Anotada, cit.*, p. 132.

[1019] De acordo com a orientação da jurisprudência suíça, o critério de relevância adoptado é subjectivo (na óptica do segurador), levando em consideração as circunstâncias específicas que rodeiam a conclusão do contrato, o concreto segurador e o risco em causa (pelo que cabe ao proponente demonstrar que o segurador teria celebrado o contrato nas mesmas condições se o facto em causa tivesse sido declarado) – Comité Européen des Assurances, "8ème Colloque...", *cit.*, pp. 263 e 309.

[1020] Desta forma, a inclusão de um facto ou circunstância no questionário escrito, mediante perguntas precisas (e não equívocas) e reportadas claramente aos elementos do risco, faz presumir (presunção ilidível) a relevância do mesmo. Cfr. Comité Européen des Assurances, "8ème Colloque...", *cit.*, pp. 264-265 (cfr. igualmente Giovanni E. Longo, "La dichiarazione...", *cit.*, pp. 36-37).

[1021] Perante o ordenamento suíço, se um mediador de seguros se encontra mandatado pelo segurador para recolher a proposta, considera-se que o proponente se encontra coberto no caso de ter declarado com exactidão as circunstâncias do risco e de o referido intermediário as ter

Quanto à cominação do incumprimento do dever, dispõe o n.º 1 do artigo 6.º que, se aquele que tinha a obrigação de declarar, tiver, aquando da conclusão do contrato, omitido ou declarado inexactamente[1022] um facto importante que conhecesse ou devesse conhecer, e sobre o qual tenha sido questionado por escrito[1023], o segurador tem o direito de resolver (*résilier*) o contrato, devendo fazê-lo por escrito e tomando a resolução efeito logo que seja recebida pelo tomador do seguro[1024]. O n.º 2, por outro lado, dispõe que o direito de resolução se extingue quatro semanas após o conhecimento da omissão ou inexactidão pelo segurador.

Por seu turno, o n.º 3 do artigo 6.º estipula que, se o contrato for resolvido nos termos do n.º 1, a obrigação do segurador de efectuar a sua prestação extingue-se igualmente para os sinistros já ocorridos desde que o facto omitido ou inexactamente declarado tenha influenciado a ocorrência ou dimensão do sinistro[1025], acrescentando-se que, se o segurador tiver já efectuado a sua prestação, tem direito ao reembolso da mesma. Relativamente aos seguros de vida passíveis de resgate, estabelece o n.º 4 do mesmo artigo que, em caso de resolução, o segurador deve efectuar a prestação prevista em caso de resgate[1026].

O artigo 7.º da mesma lei estabelece a possibilidade de redução do contrato. Assim, se este respeitar a várias coisas ou pessoas e as omissões ou inexactidões não afectarem senão algumas delas, o seguro permanece em vigor para as demais, se resultar das circunstâncias do caso que o segurador as teria segurado autonomamente nas mesmas condições.

Finalmente, o artigo 8.º enumera as circunstâncias em que, apesar das omissões ou inexactidões, o segurador não pode resolver o contrato, a saber: se o facto objecto de omissão ou inexactidão tiver deixado de existir antes do sinistro; se a omissão ou inexactidão tiver sido provocada pelo segurador; se o segurador

---

transmitido incorrectamente. Comité Européen des Assurances, "8ème Colloque...", *cit.*, p. 276 (cfr. igualmente Giovanni E. Longo, "La dichiarazione...", *cit.*, p. 50).

[1022] A lei suíça designa como *réticence* tanto as omissões como as inexactidões (n.º 1 do artigo 6.º).

[1023] Um dos traços distintivos do regime helvético traduz-se na irrelevância do estado subjectivo do declarante.

[1024] As alterações introduzidas à lei em 2006 são, neste domínio, de grande relevância. Na verdade, no normativo original o princípio da indivisibilidade do prémio implicava que o prémio pelo período em curso era devido ao segurador. Actualmente, a consagração de um novo princípio da *divisibilidade do prémio* faz com que este apenas seja devido até ao momento da resolução do contrato.

[1025] A consagração de um requisito de *causalidade* entre a omissão ou inexactidão e o sinistro foi outra das inovações – aliás, a mais relevante em matéria de declaração do risco – da recente reforma legislativa. Desta forma, faltando a causalidade, o segurador terá de efectuar a sua prestação (capital convencionado ou indemnização) mesmo que se tenham verificado omissões ou inexactidões.

[1026] Trata-se, aqui, de um resgate de pleno direito, que decorre directamente da cessação do contrato e não do exercício, pelo tomador do seguro, do direito ao mesmo. Cfr. Luís Poças, *Estudos...*, *cit.*, p. 25.

conhecia ou devia conhecer o facto não declarado; se o segurador tiver renunciado ao direito de resolver o contrato; se aquele que devia efectuar a declaração não tiver respondido a uma das questões colocadas e, ainda assim, o segurador tiver concluído o contrato (ficando, porém, expressamente ressalvados os casos em que, de acordo com outras comunicações do declarante, a questão deva ser considerada como tendo recebido uma resposta num determinado sentido e que essa resposta surja como uma omissão ou inexactidão sobre um facto importante que o declarante conhecesse ou devesse conhecer).

Relativamente às consequências e sanções do incumprimento, o Direito suíço distingue o *estado do conhecimento* do *estado da declaração*. Quanto ao primeiro, a ignorância sem culpa do proponente não comporta qualquer sanção. Quanto ao segundo, porém, se o proponente tiver mentido ou omitido um facto relevante que conheça ou deva conhecer está sujeito às sanções legais, mesmo tendo agido sem culpa[1027].

O regime helvético poderá, assim, caracterizar-se pela simplicidade de soluções, por um notável e precoce equilíbrio na tutela dos interesses em presença, e pela subtil resolução, no plano do Direito material, de dois problemas que, noutros ordenamentos, são susceptíveis de desvirtuar o regime consagrado: a concessão de uma ampla margem de discricionariedade ao julgador (nomeadamente pelo recurso a conceitos indeterminados); e uma iníqua distribuição do ónus da prova.

IV.2.8. O ordenamento brasileiro: tempo de reforma

I. Até 2002, o dever de declaração do risco foi regulado nos artigos 1.443º e, sobretudo, artigo 1.444º do CC de 1916 (Lei 3.071, de 1 de Janeiro de 1916)[1028]. Dispunha o primeiro dos preceitos – numa referência ímpar relativamente a outros contratos[1029] – que o segurado e o segurador eram obrigados a guardar, no contrato, a mais estrita boa fé e veracidade, tanto a respeito do objeto, como das circunstâncias e declarações a ele concernentes. Por seu turno, estabelecia o artigo 1.444º que, se o segurado não fizesse declarações verdadeiras e completas, omitindo circunstâncias que pudessem influir na aceitação da proposta ou na taxa do prémio, perderia o direito ao valor do seguro, e pagaria o prémio

---

[1027] Comité Européen des Assurances, "8ème Colloque...", *cit.*, p. 282 (cfr. igualmente Giovanni E. Longo, "La dichiarazione...", *cit.*, p. 58).

[1028] O diploma entrou em vigor em 1917, após 15 anos de discussão no Congresso brasileiro. Quanto ao seguro marítimo, o mesmo permanece regulado, ainda hoje, pelo CCom de 1850. Sobre a evolução da legislação de seguros no Brasil, cfr. Walter António Polido, "Sistemas jurídicos: Codificação específica do contrato de seguro. Da necessidade ou não da positivação de microsistema para o Direito securitário brasileiro", *Revista dos Tribunais*, Ano 96, Vol. 864 (Out. 2007), pp. 45-63.

[1029] Sérgio Cavalieri Filho, "Visão...", *cit.*, p. 12.

vencido. Assim, a fórmula legal não explicitava, embora tivesse pressuposto, um dever de informação a cargo do proponente[1030].

O referido preceito não terá suscitado uma particular atenção da doutrina, tendo, por outro lado, a sua aplicação jurisprudencial dado azo a decisões contraditórias e controversas[1031]. Em qualquer caso, é um exemplo de regime que não distingue o incumprimento de boa ou má fé, estabelecendo as mesmas consequências para ambos os casos. Ainda assim, a jurisprudência terá matizado a aplicação do regime em função do grau de censurabilidade da conduta do proponente[1032].

Quanto à natureza da cominação legal, estará em causa, não a anulabilidade do contrato, mas a susceptibilidade de resolução ou, segundo alguns, de denúncia, pelo segurador[1033]. Por outro lado, a perda, pelo segurado, do direito de receber a indemnização ou capital convencionados para o caso de sinistro ou, por outras palavras, a extinção da obrigação do segurador, consubstanciaria uma sanção pelo incumprimento de um ónus[1034], configurando, segundo Harten, «uma caducidade, com abstracção de prazo, do direito à prestação do seguro»[1035]. Do teor do preceito decorre ainda que o prémio pago é perdido a favor do segurador, que tem também direito ao prémio vencido e ainda não liquidado.

II. O contrato de seguro[1036] é actualmente regulado no Capítulo XV do CC de 2002[1037] (artigos 757º a 802º), determinando o artigo 765º – na senda de dispo-

---

[1030] Christoph Fabian, *O Dever...*, *cit.*, p. 115.

[1031] Carlos Harten, *El Deber...*, *cit.*, p. 20.

[1032] Bruno Cavalcanti, *Princípio da Boa-Fé e os Contratos de Seguro*, Recife, Nossa Livraria, 2000, pp. 45-46; Carlos Harten, *El Deber...*, *cit.*, p. 109, n. 274. Como refere este autor, em alguns casos, e para obviar ao rigor da estatuição legal, o julgador considerava, perante um caso de boa fé ou culpa leve, não se ter verificado qualquer incumprimento, o que introduziu insegurança na determinação do âmbito do dever de declaração do risco. *Idem*, p. 116, n. 290. Por outro lado, tendo o âmbito de aplicação do regime ficado praticamente confinada às situações de dolo, e em virtude da dificuldade de prova do mesmo, grande parte dos casos de incumprimento do dever não era sancionada. *Idem*, pp. 116-117.

[1033] Christoph Fabian, *O Dever...*, *cit.*, pp. 115-116.

[1034] Carlos Harten, *El Deber...*, *cit.*, p. 119.

[1035] Carlos Harten, *El Deber...*, *cit.*, p. 119 (trad. nossa). Verificar se ia, assim, segundo o autor, a extinção da obrigação pecuniária do segurador, mas não a extinção do contrato, pelo que subsistiria a obrigação do tomador de pagamento do prémio vencido. Só mediante o cumprimento deste se extinguiria o contrato (causa de extinção atípica, que operaria *ipso iure*) – *idem*, pp. 119 124.

[1036] Sobre os elementos essenciais do contrato de seguro resultantes do novo regime, cfr. Ernesto Tzirulnik e Flávio Queiroz Cavalcanti, "Gli elementi...", *cit.*, pp. 803-823.

[1037] O actual CC brasileiro (Lei 10.406, de 10 de Janeiro de 2002, em vigor desde 11 de Janeiro de 2003) resulta do projecto de uma comissão coordenada por Miguel Reale. Tendo sido publicado em 1973, o projecto foi posteriormente retomado pelo Congresso brasileiro e aprovado em 2002.

sição semelhante do artigo 1443º do Código de 1916 – que o segurado e o segurador são obrigados a guardar na conclusão e na execução do contrato a mais estrita boa fé e veracidade, tanto a respeito do objecto como das circunstâncias e declarações a ele concernentes[1038].

Por seu turno, a declaração do risco é objecto do artigo 766º, o qual dispõe que, se o segurado, por si ou por seu representante, fizer declarações inexactas ou omitir circunstâncias que possam influir na aceitação da proposta ou na taxa do prémio, perderá o direito à garantia, além de ficar obrigado ao prémio vencido. O parágrafo único acrescenta que, se a inexatidão ou omissão nas declarações não resultar de má-fé do segurado, o segurador terá direito a resolver o contrato, ou a cobrar, mesmo após o sinistro, a diferença do prémio.

O actual preceito não constitui, propriamente, um novo regime, já que, quer as soluções previstas, quer a própria redacção, seguem de perto os termos do preceito homólogo do CC anterior. Por outro lado, não se consagra explicitamente um dever específico de declaração do risco fora do quadro do dever de boa fé nas declarações (artigo 765º). Também na falta de qualquer referência legal à forma da declaração do risco, cremos ser entendimento pacífico que ao regime subjaz um dever de declaração espontâneo.

Os requisitos do dever de declaração e os critérios da respectiva aferição não surgem clarificados no artigo 766º do CC brasileiro. Assim, do preceito nada resulta quanto a exigir-se o conhecimento das circunstâncias (e se o mesmo deverá ser efectivo ou abranger os factos que o declarante deveria razoavelmente conhecer mas não conhece efectivamente) ou quanto ao juízo de relevância ou essencialidade dos factos[1039] (designadamente se é adoptado um critério objectivo ou subjectivo e se releva o juízo do proponente ou do segurador)[1040]. Porém, na perspectiva de Carlos Harten, o conhecimento dos factos não exactamente declarados é um elemento das noções de *inexactidão* e de *omissão*, pelo que o preceito se reportaria apenas à não declaração de factos conhecidos pelo

---

[1038] Sobre a análise do preceito, cfr. José Augusto Delgado, "O contrato de seguro e o princípio da boa-fé", *in* Mário Luiz Delgado; e Jones Figueiredo Alves (Coords.), *Questões Controvertidas no Novo Código Civil*, São Paulo, Ed. Método, 2004, pp. 123-143; Sérgio Barroso de Mello, "Nuevo Código Civil Brasileño y su Capítulo XV (del seguro)", *in* AIDA – Sección Uruguaya, Actas de *IV Jornadas de Derecho de Seguros*, Montevideo, 2004 – http://www.aidauruguay.org.uy/iv_jrns.htm (consult. 10/05/2010), p. 9.

[1039] Assim, como refere Alberto Monti, da literalidade da norma resultam deveres gravosos para o proponente. Alberto Monti, "Buona fede, trasparenza...", *cit.*, p. 1162.

[1040] Apesar do silêncio da lei, Carlos Harten entende, sem fundamentar a sua interpretação, que o preceito se reporta tanto ao conhecimento efectivo como aos factos que o proponente devesse razoavelmente conhecer – Carlos Harten, *El Deber...*, *cit.*, p. 67. Por outro lado, quanto à relevância, entende que a mesma se afere pelo juízo objectivo do segurador médio – *idem*, p. 69.

proponente[1041]. Embora o teor literal do preceito não prime pela clareza, o corpo do artigo reporta-se às omissões e inexactidões de má fé, enquanto o parágrafo único respeita às praticadas na ausência de má fé[1042]. Relativamente à actuação de má fé, estabelece o corpo do artigo que o tomador do seguro perde o direito à garantia, ficando ainda obrigado ao pagamento do prémio vencido. Trata-se de um regime em tudo idêntico ao que resultava do artigo 1.444º do CC de 1916, para todas as situações (independentemente da censurabilidade da conduta do agente). Assim, na perspectiva de Carlos Harten, a cominação do incumprimento corresponde, não à invalidade do contrato, mas à «simples extinção da obrigação do segurador» com perda dos prémios pagos a favor do mesmo, sendo ainda devido o prémio vencido e não liquidado[1043].

Já relativamente à actuação na ausência de má fé[1044], estabelece o parágrafo único um regime diferenciado em função da prévia ocorrência (ou não) do sinistro. Nesta perspectiva, o segurador poderia, antes da ocorrência do sinistro, *resolver*[1045] o contrato – caso a manutenção do mesmo não fosse do seu interesse – ou exigir a diferença do prémio[1046], no caso contrário[1047]. Porém, verificado o

---

[1041] Cfr. Carlos Harten, *El Deber...*, *cit.*, pp. 109-110. Não concordamos com esta perspectiva, que, de resto, não encontra suporte legal no regime brasileiro. Assim, na falta de qualquer referência ao requisito do conhecimento, dever-se-á entender que o regime brasileiro prescinde do requisito do conhecimento efectivo da realidade pelo declarante, bastando-se com a mera cognoscibilidade.

[1042] Como resulta, a *contrario sensu*, do parágrafo único do artigo. Assumindo a má fé, normalmente, o sentido de dolo, o parágrafo único, cujo âmbito de aplicação é definido pela negativa, abrangerá um amplo espectro de atitudes subjectivas do proponente, que vai da negligência grave à actuação inocente ou de boa fé.

[1043] Carlos Harten, *El Deber...*, *cit.*, p. 55 (trad. nossa), e pp. 126-127. No mesmo sentido, Sérgio Barroso de Mello, "Nuevo...", *cit.*, p. 11.

[1044] Segundo Carlos Harten, tratar-se-ia de uma actuação *de boa fé*, recondutível «ao comportamento meramente negligente, de culpa leve». Carlos Harten, *El Deber...*, *cit.*, p. 131 (trad. nossa).

[1045] A extinção produzir-se-ia através de uma declaração recipienda dirigida ao tomador do seguro que, não se conformando com o respectivo teor, poderia contestá-la através de uma notificação extra-judicial. Segundo Harten, a resolução poderia ser invocada a todo o tempo, e sem sujeição a qualquer prazo, desde que o sinistro não houvesse ocorrido. Cfr. Carlos Harten, *El Deber...*, *cit.*, p. 129.

[1046] Esta opção do segurador assenta no princípio da conservação dos negócios e visa o restabelecimento do equilíbrio das prestações. Trata-se, assim, de uma solução adequada às situações em que, a ter-se verificado o cumprimento do dever de declaração, o segurador não tivesse recusado a proposta, tendo antes aplicado ao contrato um prémio agravado. A solução descura, porém, as situações em que o segurador teria aplicado condições diversas (exclusão, franquia, etc.), pecando, assim, por excessiva rigidez.

[1047] Segundo Carlos Harten, a solução seguiria um processo semelhante à resolução (notificação do tomador para pagar a diferença de prémio, podendo o mesmo, na falta de acordo, solicitar a extinção do contrato). Por outro lado, acrescenta o autor que, salvo o caso de prescrição, o direito do segurador poderá ser exercido a todo o tempo, mesmo após o termo do contrato sem que tivesse ocorrido o sinistro. Finalmente, sublinha que a diferença de prémio será sempre devida pelo

sinistro[1048], o segurador apenas poderia exigir a diferença do prémio[1049], sem prejuízo de poder, alternativa ou cumulativamente, *denunciar* o contrato, mas sem efeito retroactivo[1050]. Não nos parece, no entanto, ter esta perspectiva suporte na letra da lei. De facto, o parágrafo único dispõe que o segurador terá direito a resolver o contrato, *ou* a cobrar, *mesmo após o sinistro*[1051], a diferença do prémio. Do teor literal do preceito não resulta que o segurador só possa resolver o contrato antes do sinistro; apenas se enfatiza que, mesmo após este, também poderá optar por cobrar a diferença do prémio. Ou seja, a opção entre a resolução do contrato e a cobrança da diferença do prémio poderá ocorrer antes do sinistro *ou mesmo após* este[1052]. Desta forma, a referência ao sinistro tem por objectivo esclarecer que as medidas de que o segurador pode lançar mão não ficam precludidas (nem a própria opção por qualquer delas) pela prévia ocorrência do sinistro. Tais medidas revelam-se, em qualquer caso, coerentes (embora a opção por qualquer delas não devesse depender da discricionariedade do segurador): nos casos em que o segurador tivesse recusado o risco (se o proponente o tivesse informado com exactidão), poderá o segurador resolver o contrato e não ficar injustamente

tomador do seguro quando se reporte ao período já coberto pelo segurador (período decorrido desde o início do contrato até ao presente), constituindo o crédito do segurador um título executivo extra-judicial, segundo o CPC brasileiro. Cfr. Carlos Harten, *El Deber...*, *cit.*, pp. 129-130.

[1048] No quadro da lei brasileira é irrelevante a existência de qualquer relação de causalidade entre a circunstância não declarada e o (eventual) sinistro. O Superior Tribunal de Justiça brasileiro segue, porém, orientação contrária. Cfr. Carlos Harten, *El Deber...*, *cit.*, p. 111, n. 278.

[1049] Carlos Harten, *El Deber...*, *cit.*, pp. 109 e 131 ss. O autor configura, porém, a *exigência da diferença do prémio* como uma *redução proporcional da prestação pecuniária do segurador*: «a disposição analisada, na realidade, pese a sua literalidade, contempla hipóteses de redução proporcional da indemnização, segundo o prémio pago e o devido para o risco real» – *idem*, p. 133 (trad. nossa). O autor invoca, para o efeito, a aplicação analógica do artigo 783º do CC brasileiro, que estabelece a regra proporcional para o caso de infrasseguro (*idem*, p. 134). Haveria, porém, que considerar que a aplicação analógica está reservada às situações de existência de lacuna. Ora, no caso em análise, o artigo 766º estabelece uma regra precisa, pelo que não se afigura margem para o reconhecimento de uma lacuna. Por outro lado, é duvidosa a analogia entre as situações.

[1050] Carlos Harten, *El Deber...*, *cit.*, pp. 130-131. A denúncia operaria apenas em caso de sinistro parcial, já que o sinistro com perda total do objecto seguro importaria a extinção do contrato. Em qualquer caso, o direito de denúncia pelo segurador em caso de sinistro seria sempre independente do incumprimento do dever de declaração do risco, podendo ser exercido em qualquer situação – *idem*, p. 131.

[1051] Se o segurador tem direito a cobrar a diferença do prémio *mesmo após o sinistro*, isso significa, por maioria de razão, que o pode fazer antes da ocorrência do sinistro.

[1052] Também no sentido que se nos afigura mais correcto, Alberto Monti, "Buona fede, trasparenza...", *cit.*, p. 1165. O autor nota, porém, que «não sendo estabelecido nenhum prazo, logo, o segurador poderá sentir-se legitimado a exigir a resolução do contrato mesmo após a ocorrência do sinistro, libertando-se assim integralmente da obrigação de corresponder à indemnização estabelecida [...]» (trad. nossa). *Ibidem*.

onerado com uma prestação por sinistro; nos casos em que tivesse aplicado um prémio agravado, diversamente, deverá suportar a sua prestação patrimonial por sinistro, ficando, não obstante, com um crédito pelo valor da diferença do prémio. Em suma, e independentemente da questionável bondade da solução de *iure condito* e da duvidosa clareza da formulação adoptada, não cremos que a argumentação de Harten permita contornar a literalidade do preceito, onde a interpretação do mesmo há-de ancorar-se.

Face ao exposto, várias são as críticas passíveis de serem dirigidas ao actual regime brasileiro. Desde logo, o carácter lacunar da sua formulação simplificada e a falta de clareza do preceito, que deixam ampla margem de discricionariedade ao julgador, introduzindo incerteza e insegurança no sistema jurídico.

III. Após a aprovação do novo CC, foi promovida a elaboração de um Projecto de LCS (Projecto n. 3555/2004). Contendo 153 artigos, a iniciativa visava a reforma do regime do contrato de seguro, procurando superar insuficiências das soluções contidas no referido Código, invocando a necessidade de um maior equilíbrio da relação contratual e de uma maior proeminência da função social do seguro[1053]. O referido projecto foi, entretanto, incorporado e desenvolvido no Projecto n. 8034/2010[1054]. Na formulação actual, o parágrafo único do artigo 6º do Projecto prevê que as partes, os beneficiários e os intervenientes devem agir segundo os princípios de probidade e boa fé, desde os actos pré-contratuais até à fase pós-contratual.

Por seu turno, de acordo com o artigo 51º, o *proponente* é obrigado[1055] a fornecer as informações necessárias para a aceitação do contrato e fixação da taxa para cálculo do valor do prémio, de acordo com o questionário que lhe submeta o segurador[1056]. O § 1º acrescenta que o incumprimento doloso do dever de informação importa a perda da garantia[1057], salvo se for provado que o segurador, conhe-

---

[1053] Sobre a necessidade da reforma, cfr. Walter António Polido, "Sistemas...", *cit.*, pp. 45-63. Sobre o projecto original, cfr. Aurelio Candian, "Il progetto...", *cit.*, pp. 1121 ss.; Alberto Monti, "Buona fede, trasparenza...", *cit.*, pp. 1153 ss.; e José Carlos Moitinho de Almeida, *Contrato de Seguro – Estudos*, *cit.*, pp. 225 ss.

[1054] A situação do Projecto pode ser acompanhada no *site* do Instituto Brasileiro do Direito do Seguro, em http://www.ibds.com.br/index2.htm (consult. em 08/01/2012).

[1055] A fórmula parece estabelecer, assim, um autêntico *dever legal* de informação que recai sobre o proponente.

[1056] O dever de informação ficaria, assim, aparentemente confinado a um dever de resposta, deixando de se colocar a questão da relevância dos factos a declarar. Porém, os artigos 52º e 53º parecem apontar para um verdadeiro dever espontâneo de declaração.

[1057] A solução segue a tradição brasileira das formulações do artigo 1444º do CC de 1916 e do artigo 766º do CC de 2002. Porém, a proposta omite qualquer referência ao destino dos prémios, quer os já pagos, quer os vencidos e não pagos. O regime da perda da garantia – se entendido como

cendo as reais circunstâncias, teria celebrado o contrato nos mesmos termos. O § 2º determina que, em caso de incumprimento culposo, a garantia será reduzida proporcionalmente[1058] à diferença entre o prémio pago e o que seria devido de as informações tivessem sido prestadas com exactidão[1059]. Por fim, o § 3º estabelece que, nos seguros colectivos sobre a vida e a integridade física, a perda da garantia só ocorrerá em caso de dolo do segurado, que tenha influenciado a aceitação do seguro ou a fixação do prémio pelo segurador[1060].

O artigo 52º, por outro lado, estabelece que as partes e os terceiros intervenientes[1061] no contrato devem informar tudo o que souberem de relevante, bem

extinção da obrigação pecuniária do segurador, na perspectiva defendida, designadamente, por Carlos Harten – levaria, em qualquer caso, a que fossem perdidos, a favor do segurador, os prémios pagos e devidos os vencidos. Ainda assim, como nota Monti, seria desejável que o novo regime não deixasse margem para dúvidas interpretativas. Alberto Monti, "Buona fede, trasparenza...", cit., p. 1164. Por outro lado, segundo o mesmo autor, seria igualmente desejável que a norma precisasse melhor – por razões de certeza e segurança jurídicas – as consequências do incumprimento e a natureza da sanção – idem, p. 1165. Por seu turno, Moitinho de Almeida entende que o preceito deveria reconhecer expressamente ao segurador a faculdade de resolver o contrato provando que, se conhecesse a circunstância omitida ou inexactamente declarada, não teria aceite o risco – José Carlos Moitinho de Almeida, Contrato de Seguro – Estudos, cit., p. 230. Em vez disso, o preceito concentra-se apenas na censurabilidade do incumprimento presumindo a relevância dos factos compreendidos no questionário.

[1058] Como nota Alberto Monti, verifica-se uma alteração substancial de regime face ao do actual CC, em que o segurador sempre se poderia furtar ao cumprimento da sua obrigação pecuniária, mesmo após a ocorrência do sinistro. Alberto Monti, "Buona fede, trasparenza...", cit., p. 1165.

[1059] A solução não contempla as situações em que o segurador teria aceite o contrato, mas por aplicação de uma exclusão parcial, de uma franquia, de uma limitação do capital, etc. Por outro lado, a solução também pressupõe a prévia ocorrência do sinistro. Assim, nada é definido quanto à circunstância de o segurador tomar conhecimento, antes da eventual ocorrência de um sinistro, do incumprimento – nomeadamente quanto aos trâmites a seguir tendo em vista a modificação do contrato. Tratar-se-á, assim, na perspectiva de Alberto Monti, de uma verdadeira lacuna da norma – Alberto Monti, "Buona fede, trasparenza...", cit., p. 1165.

[1060] Cremos que a formulação é infeliz, na medida em que, reportando-se apenas à perda da garantia, o seu alcance resultaria já do corpo do artigo e do § 1º. Por outro lado, a formulação adoptada não afasta a aplicabilidade do § 2º (incumprimento culposo). Relativamente à generalidade dos seguros de vida, estabelece o artigo 120º que a garantia pode ser excluída em caso de omissão voluntária de estado patológico pré-existente, o que, segundo Moitinho de Almeida, configura uma consagração limitada do princípio da incontestabilidade – José Carlos Moitinho de Almeida, Contrato de Seguro – Estudos, cit., p. 254.

[1061] Segundo Monti, a expressão refere-se aos mediadores de seguros – Alberto Monti, "Buona fede, trasparenza...", cit., p. 1162. Por seu turno, Moitinho de Almeida nota a relevância da disposição quanto à intervenção de um representante do tomador do seguro, mas lamenta que a letra do preceito não abranja, no seguro por conta de outrem, os conhecimentos do segurado (que não é parte nem interveniente no contrato) – José Carlos Moitinho de Almeida, Contrato de Seguro – Estudos, cit., p. 230.

como aquilo que que deveriam saber, a respeito do interesse e do risco a serem garantidos, de acordo com as regras ordinárias do conhecimento.

O artigo 53º estabelece ainda o dever do segurador de alertar o proponente sobre as informações relevantes a serem prestadas para a aceitação e a formação do contrato, esclarecendo nos seus impressos e questionários as consequências do incumprimento, pelo proponente, deste dever. Por outro lado, o parágrafo único do mesmo artigo preceitua que o segurador que dispensar as informações relevantes, que não as exija de forma clara, completa e inequívoca, ou que não alertar sobre as consequências do incumprimento do dever de informação do proponente, não pode aplicar sanções com base em infracção contratual[1062], salvo conduta dolosa do proponente ou do seu representante.

A conjugação dos artigos 51º a 53º permite configurar o dever de declaração como um *dever espontâneo limitado*[1063]. Não obstante, a exigência de declaração dos factos que o proponente *deveria conhecer* impõe-lhe um razoável dever adicional de investigação.

IV.3. BALANÇO COMPARATIVO PRELIMINAR

I. Como referimos, o método comparativo não se basta com a análise, paralela ou isolada, de institutos de sistemas jurídicos diferentes. Esta análise constitui apenas uma etapa, que tem por propósito satisfazer o próprio fim desse método: a *síntese comparativa*. No quadro do presente trabalho, embora as análises que antecedem reclamem desde já a inerente comparação, esta só fará sentido se abranger também o instituto da declaração do risco no Direito português – cuja análise ocupa a parte subsequente deste texto – ficando, portanto, relegada para momento posterior (*infra*, XIII).

II. Não obstante, os dados recolhidos permitem-nos já identificar grandes tendências de regulação, as quais, conjugadas com a análise empreendida a propósito dos fundamentos do instituto da declaração do risco, serão de grande utilidade para a contextualização e estudo do Direito positivo português. Desde já, perante a análise efectuada, evidenciam-se duas grandes clivagens entre as soluções regulatórias observadas. Uma primeira demarca:

[1062] O preceito parece atribuir ao dever de declaração do risco do proponente o carácter de dever contratual, e não de dever pré-contratual assente no princípio da boa fé.

[1063] Em sentido convergente, Alberto Monti, "Buona fede, trasparenza...", *cit.*, p. 1163, ainda que admitindo alguma incoerência entre o artigo 52º e o 53º. Embora, nos termos do corpo do artigo 53º, o dever seja orientado objectivamente pelas circunstâncias indicadas pelo segurador, o § único do mesmo artigo implica que o dever de informação ultrapasse mesmo essas circunstâncias, sempre que o proponente tenha consciência da relevância de uma circunstância não questionada. Neste caso, a omissão ou inexactidão, seria, para Monti, dolosa. *Ibidem*.

a) Por um lado, um paradigma regulatório novecentista, herdeiro do CCom francês, de 1807; assumindo por principal fundamento a teoria dos vícios da vontade; que se basta com a desconformidade objectiva entre o risco declarado e o real; que desconsidera, em grande medida, o grau de censurabilidade da conduta do proponente; que comporta uma solução de "tudo ou nada", assente num remédio invalidante do contrato; e que consagra, por tudo isso, uma tutela vincada do segurador. A este quadro de referência regulatório chamaremos *paradigma da invalidade*.

b) Por outro lado, um outro paradigma de regulação que veio a afirmar-se ao longo do séc. XX na generalidade dos ordenamentos; assumindo como importante núcleo de fundamentação (ainda que não exclusivo) o princípio geral da boa fé e o princípio mediador da tutela da confiança; que pondera, em primeiro plano, o grau de censurabilidade da conduta do proponente; que deixa para um plano secundário a mera desconformidade objectiva entre o risco declarado e o real; que busca soluções gradativas, numa aproximação à equidade, que ponderem e satisfaçam uma composição justa dos interesses em presença e atendam ao princípio da conservação dos negócios jurídicos; e que tende a dispensar, portanto, uma tutela significativa ao tomador/segurado. Designaremos este quadro regulatório de referência por *paradigma da culpa*.

Uma segunda clivagem, transversal à anteriormente referida, demarca dois modelos:

a) Por um lado, os regimes que consagram um *dever espontâneo* de informação, assentando no pressuposto de que o proponente é o "dono do risco" e que, tendo um conhecimento privilegiado sobre ele, está em posição de revelar ao segurador as características do mesmo que mais relevam para a avaliação do risco, para a aceitação do contrato e para o cálculo do prémio; atribuindo uma posição activa ao proponente e passiva ao segurador; colocando um especial dever de diligência (traduzido, designadamente, num dever de auto-informação) na esfera do proponente; não circunscrevendo as circunstâncias do risco a serem declaradas; e consagrando, portanto, uma maior tutela ao segurador.

b) Por outro lado, os regimes que consagram um *dever de resposta* a um questionário, assentando no pressuposto de que o segurador é o perito, conhecedor das categorias de circunstâncias relevantes para a aferição (e tarifação) do risco, determinando a decisão de contratar e o cômputo do prémio; atribuindo uma posição activa ao segurador e passiva ao proponente; colocando um especial ónus de diligência (traduzido numa elaboração clara, rigorosa e exaustiva do questionário) na esfera do segurador;

circunscrevendo as circunstâncias do risco a serem declaradas; e consagrando, portanto, uma maior tutela ao tomador/segurado.

Enquanto a segunda clivagem se reporta à delimitação do âmbito do dever de declaração do risco – o que deve ser declarado e em que termos – a primeira respeita, sobretudo, às consequências cominatórias do incumprimento de tal dever e aos respectivos pressupostos. No seu conjunto, e como melhor veremos, os referidos paradigmas regulatórios e modelos de delimitação do dever permitem sistematizar e caracterizar qualquer regime de declaração do risco.

III. É certo que outros parâmetros contribuem para definir cada um dos regimes analisados, mas assumem, do nosso ponto de vista, carácter secundário na sistematização das grandes tendências regulatórias, resultando de opções pontuais do legislador. Entre eles, podemos destacar: o critério de relevância dos factos ou circunstâncias que devem ser declarados; os graus de culpa do proponente eventualmente considerados; as cominações concretas para as omissões ou inexactidões; a exigência ou não de causalidade entre os factos omitidos ou inexactamente declarados e o eventual sinistro; etc. No lugar próprio identificaremos os parâmetros comparativos a considerar e procuraremos sistematizar e caracterizar as tendências regulatórias identificadas.

Nesta fase, e antes de prosseguirmos com a análise do Direito português, importa fazer uma incontornável referência ao Direito da UE, cuja relevância se manifesta também em sede de declaração do risco.

V
O Direito da União Europeia

I. A missão assumida pela União Europeia, expressa no artigo 3º do Tratado da União Europeia (TUE), implica o desenvolvimento de um mercado comum de seguros – assente na livre prestação de serviços e na livre circulação de capitais (artigos 56º ss., nº 2 do artigo 58º e artigos 63º ss. do Tratado Sobre o Funcionamento da União Europeia – TFUE) – o que justifica e legitima o recurso à harmonização das legislações dos Estados-Membros como meio instrumental privilegiado de realização daquele objectivo.

Como resulta do nº 4 do artigo 8º da CRP, as normas emanadas das instituições da UE são aplicáveis na ordem interna, nos termos definidos pelo Direito da União, com respeito pelos princípios fundamentais do Estado de direito democrático. Por outro turno, dispõe o artigo 288º do TFUE que a *directiva* vincula o Estado-Membro destinatário quanto ao resultado a alcançar, deixando, no entanto, às instâncias nacionais a competência quanto à forma e aos meios. A directiva constitui, assim, um instrumento flexível de aproximação das legislações dos Estados-Membros[1064].

As iniciativas da UE no sentido da harmonização das legislações nacionais em matéria de seguros restringem-se, sobretudo, à regulação da vertente insti-

---

[1064] Cfr. João Mota Campos, *Direito Comunitário*, Vol. II, Lisboa, FCG, 2ª Ed., 1988, pp. 111-122; João Mota Campos, *Manual de Direito Comunitário*, Lisboa, FCG, 2000, pp. 307-314 e Fausto de Quadros, *Direito da União Europeia*, Coimbra, Almedina, 2008 (Reimp.), pp. 358 ss.

tucional da actividade seguradora[1065] – e não à do contrato de seguro[1066] – o que tem condicionado, segundo alguns, o desenvolvimento do mercado único dos seguros no espaço europeu[1067].

[1065] Assim, no quadro do Direito institucional, a harmonização das legislações nacionais foi prosseguida através de três gerações de directivas. Desde logo, as chamadas directivas de primeira geração – sobretudo a 73/239/CEE do Conselho, de 24 de Julho de 1973, relativa à coordenação das disposições legislativas, regulamentares e administrativas respeitantes ao acesso à actividade de seguro directo "Não Vida" e ao seu exercício e a 79/267/CEE do Conselho, de 5 de Março de 1979, relativa à coordenação das disposições legislativas, regulamentares e administrativas respeitantes ao acesso à actividade de seguro directo "Vida" e ao seu exercício – visaram conciliar o direito de estabelecimento com a harmonização dos procedimentos de controlo e supervisão prudencial. Posteriormente, as chamadas directivas de segunda geração – Directiva 88/357/CEE, de 22 de Junho de 1988, que estabeleceu as condições de exercício da actividade seguradora nos ramos "Não Vida" em livre prestação de serviços, e a Directiva 90/619/CEE, de 8 de Novembro de 1990, sobre as condições de exercício da actividade seguradora no ramo "Vida" em livre prestação de serviços – assumiram como objecto a realização da Livre Prestação de Serviços no mercado comum, aspecto negligenciado nas directivas de primeira geração. Por fim, as chamadas directivas de terceira geração – sobretudo a Directiva 92/49/CEE do Conselho, de 18 de Junho de 1992, relativa à coordenação das disposições legislativas, regulamentares e administrativas respeitantes ao seguro directo "Não Vida" e a Directiva 92/96/CEE do Conselho, de 10 de Novembro de 1992, que regula a coordenação das disposições legislativas, regulamentares e administrativas relativas ao seguro directo "Vida" – estabelecem a coordenação das principais regras sobre a supervisão prudencial e financeira das seguradoras, atendendo à necessidade de protecção do tomador do seguro e de estabilidade dos mercados financeiros, e acolhendo o princípio do *passaporte comunitário* (traduzido na autorização única) e da supervisão pelo país de origem. Sobre a matéria, cfr. José Caramelo Gomes, "Direito comunitário dos seguros", *Lusíada (Série de Direito)*, nº 1 e 2, 1999, pp. 545-558; José Caramelo Gomes, *Direito dos Seguros*, Lisboa, 1997 – www.isp.pt/winlib/cgi/winlibimg.exe?key=&doc=12990&img=893 (consult. 15/09/2007); José Caramelo Gomes, "Direito comunitário dos seguros", *in* António Moreira, e M. Costa Martins (Coords.), *I Congresso Nacional de Direito dos Seguros – Memórias*, Coimbra, Almedina, 2000, pp. 205-218; José Vasques, *Direito dos Seguros – Regime Jurídico da Actividade Seguradora*, Coimbra, Coimbra Ed., 2005, pp. 32 ss.; Luís D. S. Morais, "Droit des assurances – L'intégration juridique dans l'espace de l'Union Européenne en matière d'assurances", *RFDUL*, XLII, nº 1, 2001, pp. 201-228; Maria Elisabete Ramos, *O Seguro...*, *cit.*, pp. 384-385; Rita Ferreira da Silva, *Do Contrato de Seguro de Responsabilidade Civil Geral – Seu Enquadramento e Aspectos Jurídicos Essenciais*, Coimbra, Coimbra Ed., 2007, pp. 56 s.; Giesela Rühl, "Common...", *cit.*, pp. 879 ss.; e Antigono Donati e Giovanna Volpe Putzolu, *Manuale...*, *cit.*, pp. 10 ss.; Andreas Th. Müller, "Vers un droit européen du contrat d'assurance. Le 'Project Group Restatement of European Insurance Contract Law'", *ERPL*, Vol. 15, nº 1-2007, pp. 65 ss.

[1066] Cfr. Andreas Th. Müller, "Vers...", *cit.*, pp. 63 ss., que classifica o Direito europeu de seguros como um *Direito da empresa* e não um *Direito do contrato* (*idem*, p. 71). Neste quadro, só parcelarmente e em matérias restritas o Direito da UE se reflecte na regulação do contrato de seguro, encontrando eco na recente LCS portuguesa – cfr. Eduarda Ribeiro, *A Lei do Contrato de Seguro e o Direito Comunitário*, Lisboa, 2008, http://www.fd.ul.pt/ institutos/idc/docs/leicon.pdf, p. 2 (consult. em 15/07/2008).

[1067] Cfr. Giesela Rühl, "Common...", *cit.*, pp. 879 ss.; e Fritz Reichert-Facilides, "Synopsis of the colloquy and prospects for international insurance contract legislation within the EC", *in* Fritz

II. Embora o único esforço de harmonização legislativa no domínio do contrato de seguro – visando a integração do sector segurador no espaço europeu[1068] – se tenha saldado num impasse, as soluções previstas, da maior relevância quanto à declaração do risco, são merecedoras de análise. Este processo de harmonização legislativa foi marcado pela formulação da proposta de Directiva do Conselho visando a coordenação das disposições legislativas, regulamentares e administrativas que regulam o contrato de seguro[1069], tendo sido apresentado pela Comissão ao Conselho em 10/07/1979. Entre os considerandos da proposta constava, como um dos problemas essenciais colocados pela legislação do contrato de seguro, o das consequências do incumprimento do dever de declaração do risco (considerando 5º).

A referida proposta, aplicável aos ramos "Não Vida" referidos no seu artigo 1º, continha disposições da maior relevância sobre a declaração do risco. Assim – de um total de 15 artigos –, o artigo 3º regulava extensivamente o dever de declaração inicial do risco; o artigo 4º era consagrado ao dever de comunicação do agravamento do risco; o artigo 5º estabelecia o carácter reembolsável dos montantes indevidamente pagos no âmbito dos dois artigos precedentes; e o artigo 6º era dedicado à diminuição sensível e duradoura do risco.

Reichert-Facilides e Hans D'Oliveira (Eds.), *International Insurance Contract Law in the EC: Proceedings of a Comparative Law Conference held at the European University Institute, Florence, May 23-24, 1991, cit.*, p. 192. Perspectiva contrária encontra-se vertida no Considerando 18 da Directiva 92/49/CEE, de 18 de Junho de 1992.

[1068] Michel Romnicianu, "Comment se pose le problème de l'harmonisation du droit du contrat d'assurance dans le Marché Commun", *RGAT*, Ano 47 (1976), nº 3, pp. 446 ss.; e Patrick Pearson, "Opening address", *cit.* O objectivo consistia no aprofundamento da liberdade de serviços e da concorrência plena, nomeadamente pela consagração da liberdade de escolha do Direito aplicável ao contrato (o que levaria o segurador a impor como condição contratual a lei do seu próprio Estado). Esta tendência levaria à concorrência entre as legislações dos Estados, favorecendo os seguradores que actuassem no âmbito de sistemas jurídicos menos protectores do consumidor. Na verdade, entre os factores que limitam a liberdade dos preços encontra-se a diversidade de disposições nacionais reguladoras do contrato de seguro que, impondo diferentes obrigações ao segurador (e, portanto, uma determinada configuração do próprio "produto" de seguros), implicam custos diversos da respectiva actividade e, logo, uma diversidade de preços (prémios) em contrapartida da cobertura de riscos extra-contratuais semelhantes. Em termos práticos, uma disciplina legal do contrato de seguro que, ao nível da declaração do risco, proporcione uma forte tutela do segurador, na tradição novecentista, permite a prática de prémios mais baixos do que um regime que protege mais o consumidor de seguros e que, portanto, aumenta a probabilidade de o segurador cobrir o sinistro e de suportar uma indemnização mais avultada. Nesta medida, os Estados com maiores preocupações de protecção do consumidor visaram, através da tentativa de harmonização, simultaneamente proteger os seus consumidores e o seu sector segurador.

[1069] *Jornal Oficial da União Europeia* nº C 190, de 28/07/1979.

A proposta foi sujeita a debate público, que suscitou questões como a da oportunidade da intervenção e dos custos de segurabilidade dos riscos[1070]. Por outro lado, as razões inerentes à proposta mereceram veemente contestação de alguma doutrina[1071], recomendando prudência por parte das instâncias da UE numa matéria onde a aproximação entre as legislações nacionais é problemática, atendendo à diversidade de soluções consagradas.

A proposta de Directiva, na sequência de parecer do Comité Económico e Social Europeu e de uma resolução do Parlamento Europeu, foi posteriormente revista, sendo a respectiva modificação apresentada pela Comissão ao Conselho em 30/12/1980[1072]. O processo foi posteriormente suspenso e, por fim, abandonado por falta de consenso entre os Estados-Membros quanto às soluções a adoptar.

As soluções previstas na proposta, após revisão, sobre a declaração inicial do risco – inspiradas no regime francês[1073] – assentavam num dever espontâneo de declaração[1074] pelo proponente de todas as circunstâncias que devessem razoavelmente ser do mesmo conhecidas (ou do seu representante, tratando-se de sociedade) e que devesse considerar susceptíveis de influenciarem a apreciação e aceitação do risco por um segurador prudente, não sendo, porém, obrigado a declarar circunstâncias que o segurador já conhecesse por ter já coberto o mesmo risco (nº 1 do artigo 3º). Por outro lado, estabelecia a mesma disposição que todas as circunstâncias sobre as quais o segurador houvesse formulado, por

---

[1070] Isto é, em que medida a introdução de novas regras teria impacto na alteração das tarifas e, portanto, no custo final do seguro para os consumidores. M. E. Steindorff, "Certains aspects...", *cit.*, p. 195.

[1071] M. E. Steindorff, "Certains aspects...", *cit.*, pp. 196 ss. O autor salienta, desde logo, que a harmonização (parcial) das legislações nacionais não elimina as necessárias diferenças entre os ordenamentos dos Estados-Membros. Por outro lado, desenvolve vários argumentos contra a livre escolha do Direito aplicável (na prática, traduzida na imposição pelo segurador, com sede num Estado, ao consumidor com domicílio noutro Estado, do Direito nacional do segurador), a qual seria tendente a dificultar a composição judicial dos litígios (aplicação pelos tribunais de Direito estrangeiro) e a prejudicar a parte mais fraca do contrato – o consumidor – com menor capacidade de acesso e aconselhamento sobre um ordenamento estrangeiro. Defende ainda o autor que a comparabilidade da oferta, mesmo no quadro da livre prestação de serviços, só é plenamente exequível se ao consumidor residente num Estado forem apresentados serviços regulados pela mesma lei (a desse Estado), mesmo que provenientes de seguradores com sede noutro Estado: «só a aplicabilidade do Direito do tomador do seguro é de molde a evitar que a livre escolha do Direito constitua um elemento da concorrência. Só ela permite estabelecer um equilíbrio entre as partes do contrato de seguro e de evitar completar indevidamente a tarefa dos tribunais» – *idem*, p. 250 (trad. nossa).

[1072] *Jornal Oficial da União Europeia* nº C 355, de 31/12/1980.

[1073] Claude J. Berr, "La déclaration...", *cit.*, p. 340.

[1074] Neste domínio, Steindorff defende a adopção de um *dever de resposta* a questões formuladas pelo segurador, que deveriam consistir em perguntas específicas, seguidas de uma pergunta genérica e de uma advertência sobre as cominações do incumprimento do dever de informação. M. E. Steindorff, "Certains aspects...", *cit.*, pp. 215 ss.

escrito, questões precisas se presumiam (presunção ilidível) relevantes para a apreciação e aceitação do risco.

Por seu turno, se uma circunstância, desconhecida das partes aquando da celebração do contrato, fosse posteriormente conhecida (ou, bem assim, se o proponente houvesse omitido uma circunstância que conhecesse mas que considerasse não ser susceptível de influenciar a apreciação do risco por um segurador prudente), o segurador ou o tomador poderia, no prazo de dois meses a contar do dia em que houvesse tomado conhecimento da mesma, propor uma modificação ao contrato ou optar pela sua resolução (alínea a) do n.º 2 do artigo 3.º)[1075]. Por outro lado, a alínea b) do n.º 2 do mesmo artigo dispunha que, em caso de resolução do contrato, o segurador devia restituir ao tomador o *pro rata* do prémio correspondente ao período não garantido. De resto, a alínea c) acrescentava que, em caso de ocorrência de um sinistro antes da modificação do contrato ou da data de efeito da resolução, o segurador deveria efectuar a prestação pecuniária convencionada[1076].

Em caso de incumprimento não doloso do dever de declaração do risco, dispunha o n.º 3 do referido artigo 3.º que o segurador poderia, no prazo de dois meses a contar do respectivo conhecimento, propor a modificação do contrato ou resolvê-lo[1077], devendo, neste caso, restituir ao tomador o *pro rata* do prémio correspondente ao período não garantido. Por seu turno, em caso de superveniência de um sinistro até à modificação do contrato ou à data de efeito da resolução, o segurador deveria pagar ao tomador uma proporção[1078] da indemnização

---

[1075] Ainda de acordo com o estabelecido no mesmo preceito, logo que uma das partes propusesse uma modificação do contrato, o segurador disporia de um prazo de 15 dias e o tomador do seguro de um mês para a aceitar ou recusar (em caso de recusa ou de ausência de resposta no termo do prazo, a parte que houvesse proposto a modificação poderia resolver o contrato no prazo de oito dias, tomando a resolução efeito ao fim do prazo de 15 dias após a notificação à contraparte). Se, em lugar da proposta de modificação, estivesse em causa a opção pela resolução do contrato, a mesma só tomaria efeito no termo de um prazo de 15 dias a contar da notificação ao segurador ou ao tomador do seguro (sendo, neste caso, o prazo de um mês se o risco coberto não estivesse ligado a uma actividade comercial ou industrial do tomador).

[1076] A revisão da proposta seguiu, no que respeita ao n.º 2 do artigo 3.º, o regime preconizado por M. E. Steindorff, "Certains aspects...", *cit.*, pp. 235 ss.

[1077] Ainda conforme estabelecido no mesmo preceito, se o segurador propusesse uma modificação do contrato, o tomador disporia de um prazo de um mês a contar da recepção da proposta para a aceitar ou recusar (em caso de recusa ou de ausência de resposta no termo do prazo, o segurador poderia resolver o contrato no prazo de oito dias, tomando a resolução efeito ao fim do prazo de 15 dias após a notificação ao tomador). Se o segurador optasse pela resolução do contrato, a mesma só tomaria efeito no termo de um prazo de 15 dias a contar da notificação ao tomador do seguro.

[1078] A proporção seria correspondente à diferença entre o prémio efectivamente estipulado e o que teria sido fixado por um segurador prudente se o proponente tivesse cumprido o dever de declaração do risco.

que seria devida na ausência do incumprimento do proponente[1079]. Porém, se o segurador demonstrasse que em nenhum caso qualquer segurador prudente teria aceite o risco, ou que só o teria aceite em certas condições, não ficaria obrigado a pagar qualquer indemnização.

O nº 4 do mesmo artigo, por outro lado, estabelecia que, se o tomador tivesse incumprido dolosamente o dever de declaração do risco, o segurador poderia pôr fim ao contrato no prazo de 2 meses a contar do conhecimento do incumprimento, pertencendo os prémios pagos ao segurador como compensação por danos e juros, e sendo-lhe ainda devidos todos os prémios emitidos, sem prejuízo de compensação eventual de danos e juros por perdas adicionais que houvessem resultado da intenção fraudulenta do tomador. Em caso de ocorrência de sinistro, o segurador não seria obrigado a efectuar qualquer prestação[1080]. Finalmente, o ónus da prova, quer do incumprimento do dever de declaração do risco, quer da intenção de enganar o segurador, competiria a este nos termos do nº 5 do artigo 3º.

Não obstante o desenvolvimento de debates e de intensas negociações entre os Estados-Membros quanto à versão final do diploma, a falta de acordo fez gorar a tentativa de harmonização das legislações nacionais, tendo a Comissão Europeia retirado a proposta em 1993[1081]. São várias as razões apontadas para o fracasso desta iniciativa[1082]: as diferenças marcadas entre as tradições jurídicas dos Estados-Membros (sobretudo, das divergências que separam os Direitos continentais da *common law*)[1083]; a íntima relação, no âmbito de cada sistema jurídico, entre o

---

[1079] Steindorff critica esta solução inspirada no Direito francês, alegando consideráveis dificuldades de aplicação prática, em particular nos contratos de âmbito transfronteiriço. M. E. Steindorff, "Certains aspects...", *cit.*, pp. 241 ss. North, por seu turno, reconhece à regra da proporcionalidade um carácter mais equitativo do que a solução de "tudo ou nada" do Direito inglês, embora lhe aponte igualmente limitações de ordem prática. P. M. North, "Certain aspects...", *cit.*, p. 288.

[1080] Steindorff manifesta-se contra a gravidade da sanção prevista no nº 4, que adopta uma perspectiva de "tudo ou nada". O autor recusa, nomeadamente, que todo o prémio seja perdido a favor do segurador e que o segurador não suporte a indemnização do sinistro mesmo quando não se verifique a relação de causalidade entre a circunstância não declarada e o sinistro. M. E. Steindorff, "Certains aspects...", *cit.*, pp. 211 ss.

[1081] Cfr. *Jornal Oficial da União Europeia* nº C 228, de 24 de Agosto de 1993, p. 14.

[1082] Andreas Th. Müller, "Vers...", *cit.*, pp. 73 ss.; Patrick Pearson, "Opening address", *cit.*, pp. 4-5; Anton K. Schnyder, "Observations from a third country on the development of international insurance contract law within the EC", *in* Fritz Reichert-Facilides e Hans D'Oliveira (Eds.), *International Insurance Contract Law in the EC: Proceedings of a Comparative Law Conference held at the European University Institute, Florence, May 23-24, 1991, cit.*, pp. 172-173.

[1083] A título de exemplo, a *English Law Commission* reagiu desfavoravelmente à proposta de Directiva – que implicaria profundas alterações ao regime britânico sobre contrato de seguro (e, em particular, sobre a declaração do risco) – suscitando múltiplas questões sobre as soluções ali contidas e sustentando ser indesejável e impraticável a adopção da mesma no Reino Unido – Semin Park, *The Duty...*, *cit.*, p. 242.

regime legal do contrato de seguro e as normas e princípios do Direito civil (o que implicaria a necessidade de estender a harmonização a este domínio)[1084]; a ausência de um trabalho preparatório de Direito comparado que servisse de base à visada harmonização; os custos de adaptação dos contratos existentes ao novo contexto de regulação[1085]; e a divergência de interesses políticos dos Estados-Membros[1086].

Desta forma, actualmente, a regulação legal do contrato de seguro permanece um domínio do Direito interno dos Estados-Membros[1087], tendo-se a acção harmonizadora do Direito da UE limitado a aspectos selectivos do Direito material dos seguros e ao Direito internacional privado[1088], em qualquer caso sem incidência na declaração inicial do risco.

III. Goradas as várias tentativas de harmonização legislativa da disciplina do contrato de seguro – insucesso, aliás, lamentado por várias instâncias europeias, e responsável por um fraco desenvolvimento do mercado transfronteiriço de seguros de riscos de massa[1089] – desenvolveu-se uma nova estratégia de abordagem no seio da UE. Tendo por origem duas comunicações da Comissão Europeia – respectivamente, de 11/07/2001, ao Conselho e ao Parlamento Europeu,

---

[1084] Exemplos dessas dificuldades são dados em M. E. Steindorff, "Certains aspects...", *cit.*, pp. 193 ss. e em P. M. North, "Certain aspects...", *cit.*, pp. 278 ss. Também numa perspectiva comparativa, mas defendendo a proximidade entre as soluções dos vários ordenamentos, cfr. Giesela Rühl, "Common...", *cit.*, pp. 879 ss.

[1085] Maria Elisabete Ramos, *O Seguro...*, *cit.*, p. 28.

[1086] Para além destes factores, outras explicações têm sido aduzidas: nomeadamente, a de que a harmonização não resolveria a necessidade de existência de normas de conflitos; o argumento de que a possibilidade de escolha do Direito aplicável ao contrato de seguro levaria automaticamente à harmonização dos Direitos; ou de que a abordagem europeia da *máxima protecção* do consumidor teria deparado com maior oposição de alguns Estados. Cfr. Helmut Heiss, "First discussion report of 23 May 1991", *in* Fritz Reichert-Facilides; e Hans D'Oliveira (Eds.), *International Insurance Contract Law in the EC: Proceedings of a Comparative Law Conference held at the European University Institute, Florence, May 23-24, 1991*, *cit.*, pp. 53-54.

[1087] Ainda assim, o aprofundamento do Mercado Único dos seguros parece ter regressado à agenda da UE, não estando afastado, como medida viabilizadora desse objectivo, nomeadamente, o relançar de um processo de harmonização do Direito material dos seguros – cfr. Giesela Rühl, "Common...", *cit.*, pp. 884 ss.

[1088] Andreas Th. Müller, "Vers...", *cit.*, p. 76. Em causa está a Convenção de Roma de 19 de Junho de 1980, sobre a lei aplicável às obrigações contratuais, posteriormente substituída pelo Regulamento (CE) nº 593/2008, do Parlamento Europeu e do Conselho, de 17 de Junho de 2008, sobre a lei aplicável às obrigações contratuais (Roma I). Cfr. também Herman Cousy, "Vers...", *cit.*, p. 94.

[1089] Herman Cousy, "Vers...", *cit.*, p. 95. Na verdade, o nº 3 do artigo 7º do Regulamento (CE) nº 593/2008 (Roma I) estabelecendo como lei tendencialmente aplicável aos contratos de seguro de riscos de massa a da localização do risco ou a da residência habitual do tomador, desencoraja o segurador a submeter o contrato a uma disciplina que não domina.

sobre o Direito contratual europeu [COM(2001)398], e de 12/02/2003, ao Conselho e ao Parlamento Europeu, estabelecendo um plano de acção para um Direito contratual europeu mais coerente [COM(2003)68] – constituíram-se vários grupos de trabalho no âmbito do CoPECL (*Joint Network on European Private Law*), estabelecido em 01/05/2005, um dos quais, de base universitária, consagrado à disciplina do contrato de seguro, desenvolve o Projecto *Restatement of European Insurance Contract Law*[1090].

O Projecto *Restatement* assumiu como objectivo, considerando as dificuldades de harmonização apontadas, criar um regime opcional ou facultativo de referência que possa funcionar como alternativa à aplicação do Direito nacional dos Estados-Membros[1091]. Neste quadro, a progressiva difusão do regime opcional, tendente a torná-lo familiar aos agentes económicos (seguradores e tomadores do seguro) – e, logo, afastando os riscos jurídicos de opção pelo regime de um ordenamento estrangeiro, que se não domina – propiciará que o mesmo venha a ser de uso corrente no espaço europeu, constituindo, como é igualmente seu propósito, um incontornável quadro de referência nesse espaço. O grupo de trabalho apresentou, em Dezembro de 2007, como Princípios de Direito Europeu do Contrato de Seguro (PDECS), um conjunto de disposições comuns aplicáveis ao contrato[1092]. Entre elas, a secção I (dever de informação pré-contratual do contraente) do capítulo II da primeira parte, compreendendo os artigos 2:101 a 2:105, regula o dever de declaração do risco.

Desde logo, o artigo 2:101, sob a epígrafe dever de informação, impõe ao proponente um dever de resposta às questões formuladas pelo segurador sobre circunstâncias que sejam ou devam ser do seu conhecimento ou do conhecimento do segurado/pessoa a segurar[1093]. O desconhecimento culposo é, portanto, assi-

---

[1090] Herman Cousy, "Vers...", *cit.*, pp. 95 ss.; Andreas Th. Müller, "Vers...", *cit.*; Bernhard Rudisch, "Second discussion report of 23 May 1991", *in* Fritz Reichert-Facilides; e Hans D'Oliveira (Eds.), *International Insurance Contract Law in the EC: Proceedings of a Comparative Law Conference held at the European University Institute, Florence, May 23-24, 1991, cit.*, p. 95.

[1091] Maria Elisabete Ramos, *O Seguro..., cit.*, pp. 386-387. O carácter opcional do regime é consagrado pelo artigo 1:102 dos PDECS. Porém, nos termos do mesmo artigo, escolhido o regime, o mesmo torna-se aplicável no seu conjunto, sem possibilidade de derrogação por outras disposições específicas ou de recurso ao Direito nacional dos Estados-Membros para restringir ou complementar os PDECS (artigo 1:105). Por outro lado, relativamente aos riscos de massa o Projecto contempla normas relativamente imperativas, apenas podendo ser derrogadas em sentido mais favorável ao tomador do seguro.

[1092] Cfr. http://www.restatement.info/ (consult. 09/01/2012). Prosseguem actualmente os trabalhos relativamente aos ramos Vida e Responsabilidade Civil, bem como ao seguro de grupo.

[1093] Nos termos do § 1 do artigo, «no momento da celebração do contrato, o contraente deverá informar o segurador sobre as circunstâncias de que tenha ou deva ter conhecimento e que sejam objecto de perguntas claras e precisas que lhe sejam formuladas pelo segurador», acrescentando o

milado ao conhecimento efectivo, exigindo-se ao proponente que verifique qualquer registo que possua sobre as matérias questionadas[1094].

Por seu turno, o artigo 2:102 estabelece as cominações para o incumprimento *negligente* ou *inocente* do dever referido: o segurador poderá, no prazo de um mês sobre o conhecimento (efectivo ou presumido) da violação, comunicar por escrito à contraparte a sua intenção de resolver o contrato, ou propor-lhe uma "modificação razoável" do mesmo, informando as consequências da sua decisão (§ 1). No caso de proposta de modificação, o tomador poderá rejeitá-la por escrito no prazo de um mês (sem o que a mesma se terá por aceite)[1095], deferindo ao segurador a faculdade de, por seu turno e no mesmo prazo, resolver o contrato (§ 2)[1096]; no caso de resolução, esta produz efeitos um mês após a recepção da respectiva comunicação (§ 4). Finalmente, o § 5, prevendo a ocorrência do sinistro antes de a resolução ou modificação produzir efeitos, introduz um requisito de causalidade em caso de incumprimento negligente[1097]: se o facto não declarado

§ 2 que «as circunstâncias mencionadas no parágrafo 1 incluem aquelas de que a pessoa a segurar tenha ou deva ter tido conhecimento». A clareza e precisão das questões formuladas pelo segurador visam impedir que o sistema de questionário consagrado seja, afinal, desvirtuado, na medida em que uma questão demasiado genérica reenvia, na prática, o proponente para um sistema de dever espontâneo. Assim, não sendo a questão clara nem precisa, não é o contrato impugnável pelas omissões ou inexactidões resultantes – Herman Cousy, "The Principles of European Insurance Contract Law: the Duty of Disclosure and the Aggravation of Risk", *ERA-Forum*, Vol. 9 (Set. 2008), p. 126.

[1094] Jürgen Basedow *et al.*, *Principles of European Insurance Contract Law (PEICL)*, Munich, Sellier, 2009, p. 79.

[1095] O referido prazo de um mês permite ao tomador procurar, junto de outros seguradores, melhores condições contratuais do que as propostas. A aceitação da proposta, em qualquer caso, só produz efeitos para o futuro. Jürgen Basedow *et al.*, *Principles...*, *cit.*, p. 82.

[1096] Nos termos do artigo 9:305, a cessação não produz efeito retroactivo. Por outro lado, o § 3 adianta, na versão portuguesa, que o direito de resolução pelo segurador não se verifica quando «o tomador desconhecer ter violado o artigo 2:101», o que pareceria abranger, quer a circunstância de o tomador ignorar o dever de declaração do risco disposto neste artigo (atribuindo-se, portanto, ao segurador um ónus de informação), quer os casos em que o tomador estivesse ciente do dever, mas não de não o ter cumprido (falta da consciência da ilicitude). Adianta, porém, a segunda parte do § 3 que a resolução será sempre possível se o segurador provar que não teria celebrado o contrato se tivesse tido conhecimento da circunstância omitida (essencialidade do erro quanto a risco não segurável). A versão inglesa afigura-se, porém, mais clarificadora: sendo o incumprimento inocente ou de boa fé (*innocent breach*), a resolução do contrato deverá ficar reservada aos casos em que o facto não declarado seja de tal forma relevante que o segurador não teria aceite o risco se tivesse sido devidamente informado (logo, *a contrario*, sendo o incumprimento negligente, poderá o segurador, em qualquer caso, resolver o contrato) – Jürgen Basedow *et al.*, *Principles...*, *cit.*, pp. 82 e 89; Herman Cousy, "The Principles...", *cit.*, p. 128.

[1097] O requisito de causalidade haverá de cumular-se com o da actuação *negligente* do proponente, como decorre da formulação (não muito feliz, nesta parte) do § 5. Assim, sendo a omissão ou inexactidão *inocente* e tendo ocorrido o sinistro, o segurador não poderá recusar-se a efectuar a sua

não estiver na origem do sinistro, o segurador efectua a sua prestação; se se veri-ficar a causalidade mas se concluir que o segurador, estando ciente do facto, não teria celebrado o contrato, pode o mesmo recusar a sua prestação; se ocorrer a causalidade e se concluir que o segurador, estando ciente do facto, teria cele-brado o contrato em condições diversas, serão estas aplicadas (recorrendo-se a uma solução de proporcionalidade caso aquelas condições se traduzissem num sobreprémio).

O regime do artigo 2:102 é, porém, excluído, nos termos do artigo 2:103 nos seguintes casos: quando haja omissão de resposta a perguntas do questionário; quando seja evidente a incompletude ou incorrecção das respostas; quanto a fac-tos irrelevantes para a formação da vontade do segurador razoável[1098]; quanto a factos que o proponente tenha sido induzido a crer que não teriam de ser decla-rados[1099]; e quanto a factos que o segurador conhecesse ou devesse conhecer. Nestes casos, o segurador não poderá impugnar o contrato com fundamento no facto não declarado.

Relativamente ao incumprimento *doloso* do dever de declaração do risco («vio-lação fraudulenta»)[1100], o artigo 2:104 confere ao segurador a faculdade de anu-lar o contrato, mantendo o direito aos prémios devidos (vencidos, ainda que não liquidados)[1101], devendo, para tanto, comunicar por escrito, à contraparte, a sua intenção, no prazo de dois meses após o conhecimento da fraude[1102].

---

prestação na totalidade, mesmo que haja causalidade e mesmo que o segurador não tivesse aceite o contrato se estivesse ciente dos factos não declarados. Cfr. Jürgen Basedow *et al.*, *Principles...*, *cit.*, pp. 83 e 85; Herman Cousy, "The Principles...", *cit.*, p. 128.

[1098] O critério de relevância refere-se, não às circunstâncias que meramente *interessem* ao segurador para a apreciação do risco, mas que influenciem efectivamente a sua decisão de contratar ou os termos em que decide fazê-lo. Em qualquer caso, presume-se que as questões formuladas são relevantes para a apreciação do risco – Jürgen Basedow *et al.*, *Principles...*, *cit.*, p. 86; Herman Cousy, "The Principles...", *cit.*, p. 129.

[1099] Visam-se aqui os casos em que o proponente é aconselhado por um trabalhador ou representante do segurador a não declarar certos factos e confie nesse conselho – Jürgen Basedow *et al.*, *Principles...*, *cit.*, p. 87.

[1100] A fraude (*fraudulent breach*) é entendida, no quadro dos PDECS, como um engano deliberadamente provocado (*deliberate deception*), isto é, como dolo. Jürgen Basedow *et al.*, *Principles...*, *cit.*, p. 89.

[1101] A anulação tem efeito retroactivo, conferindo ao segurador o direito a reclamar a devolução das prestações que indevidamente haja liquidado, sem prejuízo de poder reter os prémios vencidos. Herman Cousy, "The Principles...", *cit.*, p. 130.

[1102] Esta faculdade não impede que o segurador proponha, em alternativa, uma modificação ao contrato (como decorre, aliás da parte inicial do artigo 2:104). Porém, a coerência sistémica entre os dois preceitos, bem como o princípio da conservação dos contratos impõe – ainda que sem apoio na letra da lei – que, em caso de dolo, o prazo para propor a modificação do contrato seja igual ao prazo de anulação (2 meses). Jürgen Basedow *et al.*, *Principles...*, *cit.*, p. 91.

Numa disposição ímpar, o artigo 2:105 estabelece que as cominações dos artigos 2:102 a 2:104 são «também aplicáveis a qualquer outra informação prestada pelo tomador ao tempo da conclusão do contrato, para além do previsto no artigo 2:101». O âmbito de aplicação do preceito estender-se-á aos casos em que o proponente não se limita a responder ao que lhe é perguntado, mas aduz, por sua iniciativa, informações inexactas que induzem o segurador a contratar (ou a fazê-lo em determinadas condições), bem como aqueles em que fornece informação falsa em resposta a questões que não são claras ou precisas[1103].

[1103] Jürgen Basedow *et al.*, *Principles...*, *cit.*, p. 91.

VI
O Direito Português – Regimes Antecedentes

VI.1. O CÓDIGO COMERCIAL DE FERREIRA BORGES (1833)

Sem prejuízo de limitadas intervenções legislativas que, em Portugal, pontuaram, desde a transição para o séc. XIV, a regulação da actividade seguradora[1104], a disciplina legal do contrato de seguro foi sendo progressivamente desenhada, vindo a culminar, na primeira metade do séc. XIX – à semelhança, aliás, de codificações equivalentes em grande parte dos outros ordenamentos jurídicos –, no CCom de Ferreira Borges[1105]. Assim, na vigência do CCom de 1833, para além de referências dispersas e incidentais ao contrato de seguro[1106] – aflorando, nomeadamente, nos artigos 35º, 42º, 84º a 86º, 98º, 130º, 669º e 858º – o mesmo surgia sistematicamente regulado no Livro Único da Parte II, quer no Título XIII (contratos de risco), quer, sobretudo, no Título XIV, no que respeita aos contratos de seguro de risco (artigos 1672º a 1812º).

[1104] Cfr. Eduardo Vera-Cruz Pinto, "Os seguros...", *cit.*, pp. 264 ss., referindo uma instituição de matriz mutualista, dos mercadores da cidade do Porto, confirmada por Carta de Lei de D. Dinis, de 1293, e destacando também, no reinado de D. Fernando, em 1370, a instituição de um seguro obrigatório para navios de cinquenta ou mais toneladas. Cfr. igualmente, p. ex., José Alves de Brito, *Seguro...*, *cit.*, p. 13.

[1105] Sobre a evolução da disciplina legal, cfr. Pedro Romano Martinez, "Modificações...", *cit.*, pp. 2-3. A título de exemplo, à data em que se iniciou a vigência do CCom regia a Nova Regulação da Casa dos Seguros da Praça de Lisboa, aprovada em 30/08/1820, cuja disciplina se estendia por quatro dezenas de artigos. Na matéria que nos tange, dispunha o artigo XV que «toda a falsa allegação da parte do segurado, ou occultação de circunstancias, que influirão na opinião a respeito do risco anulla o contracto», numa formulação de grande simplicidade, clareza e alcance normativo. Cfr. comentário em José Ferreira Borges, *Commentários...*, *cit.*, pp. 129 ss.

[1106] Cfr. Inocêncio Sousa Duarte, *Diccionario de Direito Commercial*, Lisboa, Empreza Litteraria de Lisboa, 1881, pp. 427 ss.

Sem prejuízo do disposto no artigo 1676º – segundo o qual, a má fé de uma ou outra das partes ao tempo da celebração do contrato torna o seguro nulo –, relativamente à declaração do risco relevam fundamentalmente as disposições dos artigos 1677º e 1678º. Nos termos do primeiro desses artigos, «toda a falsa declaração, ainda que feita de boa fé, que possa influir na apreciação dos riscos, torna o seguro nulo». Por seu turno, resultava do artigo 1678º que «o contrato de seguro é nulo pela reticência de factos e circunstâncias, conhecidos pelo segurado, que teriam podido influir, no dizer d'expertos[1107], sobre a existência do contrato, ou sobre a quota do prémio»[1108].

Assim, quanto às inexactidões, e independentemente de quaisquer considerações sobre a censurabilidade da conduta do declarante – nomeadamente se o mesmo tinha conhecimento das circunstâncias reais do risco e se agiu com dolo ou culpa – o preceito comina a falsa declaração com a nulidade do contrato, ainda que a mesma houvesse sido feita de boa fé. Só quanto às omissões (ou reticências) relevam, ainda que de forma muito ténue, considerações sobre a censurabilidade da actuação do declarante: o requisito de que o mesmo tivesse conhecimento do facto ou circunstância omitidos. Quanto ao mais – e que é, na verdade, o essen-

---

[1107] A aferição pericial da essencialidade («*no dizer d'expertos*»), requerida pelo artigo 1678º do CCom veio a influenciar os ainda vigentes artigo 5º da Lei argentina 17.418, de 30 de Agosto de 1967, e artigo 640º do CCom uruguaio, de 1866, cujo texto é sensivelmente idêntico. Aí se refere que «toda a declaração falsa ou toda a reticência de circunstâncias conhecidas do segurado, ainda que feita de boa fé, que a juízo de peritos houvesse impedido o contrato ou modificado as suas condições, se o segurador tivesse sido informado do verdadeiro estado do risco, faz nulo o seguro» – trad. nossa). Não se trata de um acaso, já que, como nota Schiavo, é inegável (ainda que não inteiramente documentada) a influência do costume, legislação e doutrina mercantil portuguesa (a par da espanhola) sobre o Direito comercial argentino do séc. XIX. Carlos A. Schiavo, *Contrato de Seguro...*, *cit.*, pp. 68-69, n. 23. De resto, como nota o autor, o artigo 498º do CCom argentino de 1862 (fonte exclusiva do preceito vigente – *idem*, p. 185, n. 215) teve, por seu turno, por fonte os artigos 1677º e 1678º do CCom português de 1833 (*idem*, p. 74, n. 41). O próprio autor – bem como a restante doutrina argentina – parece, porém, ignorar a origem lusa do recurso ao "juízo de peritos", que considera uma peculiaridade ímpar e sem precedentes noutros ordenamentos (*idem*, pp. 179 e 184-185; e Juan Félix Morandi, "La reticencia...", *cit.*, pp. 379 ss.). A influência do Código de Ferreira Borges sobre o Código argentino é, em qualquer caso, notada por alguma doutrina nacional (p. ex., Marcelo Caetano, "Valor da minuta...", *cit.*, p. 40). Quanto ao preceito uruguaio, de 1866, teve por fonte o referido artigo 498º do CCom argentino.

[1108] Não se verifica, assim, uma formulação expressa do dever de declaração do risco, que apenas resulta implicitamente das consequências associadas ao facto do respectivo incumprimento. Diversamente, o *Projecto de Seis Títulos Para o Código de Comércio Marítimo*, de 1821, da autoria de Ferreira Borges, continha, no artigo 69º, uma disposição que previa expressamente um dever de declaração do risco, estabelecendo que «é a primeira obrigação do segurado o fazer saber ao segurador todas as circunstâncias que importam saber-se para obrigar-se com conhecimento de causa» – cfr. José Ferreira Borges, *Commentários...*, *cit.*, p. 136.

cial – é irrelevante a boa ou má fé do declarante, bastando-se o preceito com a objectividade da "reticência" para sancionar o contrato com a nulidade.

Quanto ao requisito de essencialidade – a relevância da verdade não declarada para a opinião do risco – pensamos que, de acordo com os elementos sistemático e teleológico da interpretação, e atenta a unidade e coerência do sistema normativo, a literalidade do critério referido no artigo 1677º deverá ser extensivamente interpretada, de acordo com o critério mais elaborado do artigo 1678º. Assim, em ambos os casos, é irrelevante se, para aquele segurador em concreto e naquele contrato em concreto, a verdade não declarada influenciou (ou teria influenciado) a existência ou condições do contrato. Ao legislador basta a potencial influência – isto é, a possibilidade de, em abstracto, exercer essa influência – a qual não teria de ser concretamente demonstrada pelo segurador, mas resultaria de prova pericial (o *dizer d'expertos*), subtraída à livre apreciação do juiz. Também se afigura que ao legislador bastaria qualquer essencialidade mínima, qualquer susceptibilidade marginal de influência sobre o prémio, à margem de um critério de razoabilidade.

Pela literalidade das formulações consagradas e pelo conteúdo das soluções, o CCom de 1888 é, em grande medida, como veremos, tributário do de Ferreira Borges[1109].

VI.2. O CÓDIGO COMERCIAL DE VEIGA BEIRÃO (1888)

I. O regime da declaração inicial do risco consagrado no artigo 429º do CCom – que haveria de vigorar por 120 anos – não pode ser inteiramente interpretado e compreendido fora do contexto da época em que foi estabelecido, considerando o contributo da dogmática jurídica de então, a influência de ordenamentos coevos, o sentido de justiça dominante e o ideário que envolveu o próprio Código. Quanto a este aspecto, o liberalismo novecentista atribuía ao Estado uma função pouco interventora, limitando-se a assegurar aos particulares as condições de livre iniciativa. Este contexto doutrinário dava primazia à autonomia contratual – e à igualdade formal – das partes, tendo o regime do contrato de seguro estabelecido no CCom um carácter pouco exaustivo e, em regra, supletivo[1110].

A verdade, porém, é que a análise do artigo 429º envolve duas realidades distintas. Por um lado, a que resulta da interpretação literal do preceito, que revela o seu sentido e coerência com o auxílio do elemento histórico da hermenêutica jurídica, e de onde transparecem soluções que quase poderiam ser rotuladas de

---

[1109] Sublinhando esta correspondência de regime e terminologia, cfr. a *nota explicativa do projecto* de LCS, Pedro Romano Martinez, "Novo Regime...", *cit.*, p. 26.

[1110] Pedro Romano Martinez, "Novo Regime...", *cit.*, p. 28. Cfr. também Arnaldo Oliveira, *A Declaração...*, *cit.*, p. 3; e Arnaldo Oliveira e Eduarda Ribeiro, "Novo regime...", *cit.*, p. 11.

peças de arqueologia jurídica. Por outro lado, a realidade que resulta de mais de um século de labor doutrinário e jurisprudencial a qual, por via da interpretação e aplicação da norma, procurou conformá-la ao devir histórico. Encontramos, assim, um preceito que teve de resistir ao tempo e, quer à pressão das mudanças sociais e económicas, quer à evolução da dogmática jurídica, e cujo sentido normativo se foi adaptando à própria transformação do sentido de justiça. Nesta medida, o intérprete veio a extrair da fórmula legal – ao abrigo de uma exegese de carácter actualista e da invocação do elemento teleológico da interpretação – sentidos alheios ao seu espírito original e que, em muitos casos, colidem até com a letra da mesma[1111].

II. Nos termos do corpo do artigo 429º, «toda a declaração inexacta, assim como toda a reticência de factos ou circunstâncias conhecidas pelo segurado ou por quem fez o seguro, e que teriam podido influir sobre a existência ou condições do contrato tornam o seguro nulo». Por outro lado, acrescenta o § único do preceito que, «se da parte de quem fez as declarações tiver havido má fé o segurador terá direito ao prémio». Desde logo, cumpre referir que o dever de declaração do risco não surge expressamente formulado, por opção legislativa, embora, como assinala a doutrina, subjaza ao preceito[1112]. No seu sentido mais literal, o regime coloca o enfoque na objectividade dos factos praticados pelo proponente, pouco relevando o grau de culpa do mesmo, e no potencial vício da vontade do segurador. Nesta medida, o regime, enquadrável no que designámos por *paradigma da invalidade*, descurava a efectiva desigualdade material das partes, tendendo a favorecer o segurador. Por outro lado, a fórmula sintética e já carecida de actualização, suscitava numerosas dúvidas interpretativas, conferindo à jurisprudência ampla margem de discricionariedade na sua aplicação aos casos concretos em litígio.

III. Os pressupostos objectivos do preceito em análise referem-se à acção ou omissão do proponente, cumprindo aí distinguir as *declarações inexactas* das *reticências*[1113]. Enquanto as primeiras traduzem a prestação de uma informação

---

[1111] Dando conta desta duplicidade, Júlio Gomes, "O dever de informação do tomador...", *cit.*, p. 102.

[1112] Manuel Domingues de Andrade, *Teoria Geral...*, Vol. II, *cit.*, p. 259. Como refere Ferreira Rubio dando como exemplo a estrutura das normas penais, o facto de uma norma determinar que "quem matar outrem será punido com pena de prisão de *n* anos" implica (e tem subjacente) o dever de respeito pela vida alheia – Delia Ferreira Rubio, *La Buena Fé...*, *cit.*, p. 150.

[1113] A expressão *reticência*, aplicada ao contexto da declaração do risco, terá tido a sua origem no Direito francês, a partir do qual foi exportada para uma pluralidade de outros ordenamentos onde subsiste ainda – Virginia Bado Cardozo, *El Riesgo...*, *cit.*, p. 35, n. 156. Segundo a doutrina dominante em Itália, a reticência implica a consciência de se silenciar um facto, pressupondo,

desconforme à realidade, as *reticências* reportam-se à pura e simples omissão, sonegação, ocultação ou à incompletude de uma informação[1114], podendo igualmente considerar-se que a reticência abrange as situações em que a declaração do risco é obscura, com recurso a palavras equívocas[1115]. Assim, quando dolosas, as declarações inexactas correspondem, no domínio das regras gerais dos vícios da vontade, ao *dolo positivo* (ou comissivo), enquanto as reticências traduzem um *dolo negativo* (ou omissivo)[1116]. Embora, em tese, a distinção pareça linear, na prática a mesma é, por vezes, difícil de traçar e de nenhuma utilidade, já que as duas situações partilham do mesmo regime[1117].

IV. Embora o artigo 429º fosse omisso quanto à necessidade de existência de um questionário e quanto à relevância deste, alguma doutrina sublinha o papel central do questionário no cumprimento do dever de declaração do risco, ancorando este naquele instrumento (ainda que sem o configurar como mero *dever de resposta*)[1118]. Embora o recurso ao questionário tenha vindo a desenvolver-se progressivamente na prática dos seguradores, certo é, porém, que, no quadro do CCom, o dever de declaração do risco, a cargo do proponente assumia carác-

---

portanto, necessariamente, a voluntariedade e o conhecimento do facto omitido ou parcialmente ocultado – Enrico Altavilla, "Errore...", *cit.*, p. 156; Nicola Gasperoni, "Appunti...", *cit.*, p. 128; Camillo Viterbo, "Le dichiarazioni...", *cit.*, col. 66.

[1114] Cfr., p. ex., Luiz Cunha Gonçalves, *Comentário...*, Vol. II, *cit.*, p. 541; Filipe Albuquerque Matos, "As declarações reticentes...", *cit.*, pp. 461-462; José Vasques, *Contrato de Seguro – Notas...*, *cit.*, p. 222. Entre a jurisprudência, cfr., p. ex., Ac. TRP de 31/01/1978 – Proc. 12362 (Costa e Sá); Ac. TRP de 10/11/1999 – Proc. 9910763 (Nazaré Saraiva); Ac. TRL de 31/05/2001 – Proc. 38438 (Gonçalves Rodrigues); Ac. TRP de 25/03/2004 – Proc. 430103 (Fernando Baptista). Segundo Arnaldo Pinheiro Torres, as declarações inexactas seriam designadas por *falsas declarações* se feitas de má fé; por seu turno, a reticência corresponderia a uma omissão feita de má fé – Arnaldo Pinheiro Torres, *Ensaio...*, *cit.*, p. 102. No mesmo sentido, Rafael Rodrigues da Silva, *Os Seguros...*, *cit.*, p. 56. Esta perspectiva, que transplanta uma distinção feita pela doutrina francesa, carece, entre nós, de utilidade e de fundamento legal, já que, não só o artigo 429º do CCom não estabelece qualquer distinção entre declarações falsas e inexactas, mas do teor do seu § único resulta, *a contrario*, que as reticências podem decorrer ou não de má fé.

[1115] Angela Solimando, "Disciplina...", *cit.*, p. 36.

[1116] Manuel Domingues de Andrade, *Teoria Geral...*, Vol. II, *cit.*, p. 258. Bado Cardozo, em sentido diverso, embora sem desenvolver, demarca a reticência do dolo omissivo – Virginia Bado Cardozo, *El Riesgo...*, *cit.*, p.37.

[1117] Na verdade, como nota Danjon, toda a inexactidão tem subjacente a sonegação de uma realidade: «a falsa declaração implica necessariamente uma reticência, pois é preciso calar a verdade para dizer o contrário da verdade; de modo que a falsa declaração não é de algum modo senão uma reticência agravada» – Daniel Danjon, *Traité...*, Tomo IV, *cit.*, p. 512 (trad. nossa).

[1118] Como refere Filipe Albuquerque Matos, «ao segurado cabe fundamentalmente responder com correcção ao quadro de questões formuladas no questionário elaborado pela seguradora» – Filipe Albuquerque Matos, "As declarações reticentes...", *cit.*, p. 474.

ter espontâneo, não ficando confinado às questões colocadas no eventual questionário[1119].

V. Como vimos, são passíveis de anular o contrato, verificados os outros requisitos do artigo 429º: (a) toda a *declaração inexacta*; (b) toda a *reticência* de factos ou circunstâncias *conhecidas* pelo segurado ou por quem fez o seguro. Neste registo interpretativo, o legislador teria estabelecido uma clara dualidade de critérios quanto ao requisito do *conhecimento*, pelo segurado, *da realidade não declarada*. Assim, enquanto toda a declaração inexacta seria susceptível de invalidar o contrato, mesmo que o segurado *desconhecesse* essa realidade, no caso das reticências estas só invalidariam o contrato se incidissem sobre a realidade *conhecida* pelo segurado[1120]. Porém, a generalidade da doutrina e da jurisprudência interpreta o referido preceito no sentido de que o requisito do conhecimento se reporta tanto às omissões como às declarações inexactas[1121]. Efectivamente, não faz sentido, do nosso ponto de vista, a diferenciação de pressupostos entre a inexactidão e a reticência, sobretudo na medida em que aquela não poderá ser entendida como pressupondo aquele conhecimento[1122].

A referência ao "conhecimento", na sua fórmula literal, parece apontar para um requisito de *conhecimento efectivo*: faltando este, não haveria um incumprimento do dever de declaração[1123]. No entanto, para além do conhecimento

---

[1119] José Carlos Moitinho de Almeida, *O Contrato de Seguro no Direito...*, *cit.*, p. 81. Como também refere Arnaldo Pinheiro Torres, «deve o segurado referir-se a todas as circunstâncias, mesmo àquelas por que não sejam perguntados pelo segurador ou seu representante, e desde que seja evidente a sua necessidade ou simplesmente aconselhável o seu conhecimento para determinação do risco» (*Ensaio...*, *cit.*, p. 103).

[1120] Neste sentido, Luiz Cunha Gonçalves, *Comentário...*, Vol. II, *cit.*, p. 541. Como refere o autor, tal incongruência não se verificava na lei belga da época, que declarava nulo o seguro mesmo que a reticência incidisse sobre factos ignorados pelo segurado. No normativo português, porém, terá entendido o legislador que os factos omitidos ignorados pelo segurado cairiam na categoria de casos fortuitos ou de força maior, cabendo, portanto, na esfera do risco aceite pelo segurador – *ibidem*. Relativamente às inexactidões (*misrepresentation*) é indiferente se o proponente conhecia ou não a realidade.

[1121] Ver, por todos, José Vasques, *Contrato de Seguro – Notas...*, *cit.*, p. 223.

[1122] Embora a pontuação do preceito, que intercala a segunda oração, não seja inócua – «toda a declaração inexacta, *assim como toda a reticência de factos ou circunstâncias conhecidas pelo segurado* [...]» – o texto legal daria amparo literal a esta interpretação, na medida em que (abstraindo da pontuação), quer o requisito do conhecimento, quer o da relevância terão de reportar-se a qualquer das duas modalidades de incumprimento. Em moldes actualistas, cremos que o elemento teleológico da interpretação impõe este entendimento.

[1123] Neste sentido, cfr., p. ex., José Carlos Moitinho de Almeida, *O Contrato de Seguro no Direito...*, *cit.*, p. 79; e José Alberto Vieira, "O dever de informação...", *cit.*, pp. 1003-1004. Entre a jurisprudência, aplicando pressuposto do conhecimento efectivo, tanto às inexactidões como às reticências, cfr.,

efectivo, alguma doutrina vinha reclamando que a fórmula do artigo 429º deveria ser interpretada no sentido de incluir, não apenas as circunstâncias conhecidas do declarante, mas igualmente aqueles que o mesmo devesse razoavelmente, conhecer (ou seja, cujo desconhecimento fosse culposo)[1124].

VI. Como é apanágio do *paradigma da invalidade*, assentando o respectivo fundamento principal na teoria dos vícios da vontade, é irrelevante, em grande medida, o estado subjectivo – ou, mais propriamente, o grau de censurabilidade da conduta – do proponente. Neste quadro, que caracteriza o artigo 429º, poder-se-á distinguir, entre as declarações inexactas, as *falsas*, isto é, feitas de má fé, ou com dolo; das *erróneas* ou involuntárias, em que o segurado está de boa fé mas explicita – justificadamente ou não – uma representação incorrecta da realidade[1125]. Em qualquer dos casos, como nota Cunha Gonçalves, a boa ou má fé do segurado – quer quanto às declarações inexactas, quer quanto às reticências – é indiferente, porque a declaração (ou omissão) determina o vício do consentimento do segurador, não impedindo que o risco aceite por este seja distinto do verdadeiro[1126].

Assim, a estatuição invalidante estabelecida pelo preceito não depende do dolo ou má fé do proponente. Na verdade, não só os termos do corpo do artigo

p. ex., Ac. STJ de 20/06/1967 – Proc. 61756 (Bogarim Guedes); Ac. TRP de 27/02/1984 – Proc. 2886 (Mendes Pinto); Ac. TRP de 06/06/2000 – Proc. 9920373 (Marques de Castilho); Ac. TRC de 12/12/2000 – Proc. 1768/2000 (Araújo Ferreira); Ac. TRC de 16/01/2001 – Proc. 2765/2000 (Serra Baptista); Ac. STJ de 04/03/2004 – Proc. 3B3631 (Santos Bernardino); Ac. TRL de 17/02/2005 – Proc. 10357/2004-6 (Fátima Galante); Ac. STJ de 22/06/2005 – Proc. 5B1490 (Oliveira Barros); Ac. STJ de 17/11/2005 – Proc. 5B3403 (Salvador da Costa); Ac. TRL de 16/11/2006 – Proc. 81638/2006-2 (Francisco Magueijo); Ac. TRP de 06/11/2007 – Proc. 0724884 (Guerra Banha); Ac. TRP de 10/12/2009 – Proc. nº 976/06.4TBOAZ.P1 (Teixeira Ribeiro).

[1124] António Menezes Cordeiro, *Manual de Direito Comercial*, Vol. I, *cit.*, p. 581; António Menezes Cordeiro, "Contrato de seguro e seguro de crédito", *in* António Moreira e M. Costa Martins (Coords.), *II Congresso Nacional de Direito dos Seguros – Memórias*, Coimbra, Almedina, 2001, p. 41. Cfr. igualmente José Vasques, *Contrato de Seguro – Notas...*, *cit.*, p. 224. Nalguns casos, a jurisprudência prescinde do conhecimento *efectivo*: «pressuposto desse ónus [de declarar a verdade], é o conhecimento pelo segurado do facto ou circunstância ou, não os conhecendo, que os devesse razoavelmente, conhecer» – Ac. STJ de 02/07/1992 – Proc. 82187 (Roger Lopes). No mesmo sentido, Ac. TRL de 08/03/2007 – Proc. 10323/06-2 (Maria José Mouro). Assim, «o tomador do seguro, qual *bonus pater familiae*, tem a obrigação de declarar o que deve conhecer, em termos de normalidade de vida» – Ac. STJ de 08/06/2010 – Proc. nº 90/2002.G1.S1 (Barreto Nunes). Porém, está em causa, não só uma presunção de conhecimento, de acordo com os padrões de normalidade, mas a própria introdução de um requisito de diligência, equiparando os efeitos do desconhecimento culposo aos do conhecimento efectivo – Ac. TRP de 28/01/2010 – Proc. nº 1407/06.5TBOAZ.P1 (Maria Catarina Gonçalves). A questão será retomada e aprofundada a propósito do artigo 24º da LCS.

[1125] Luiz Cunha Gonçalves, *Comentário...*, Vol. II, *cit.*, p. 541.

[1126] Luiz Cunha Gonçalves, *ibidem*.

429º omitem qualquer referência ao grau de censurabilidade da conduta, mas o próprio § único, interpretado *a contrario*, é indicador seguro de que, para a invalidade do contrato, é indiferente se o declarante actuou de boa ou má fé[1127]. A única consequência específica da má fé do proponente consiste na perda do prémio a favor do segurador (§ único do artigo 429º)[1128].

[1127] Neste sentido, cfr. José Carlos Moitinho de Almeida, *O Contrato de Seguro no Direito...*, *cit.*, p. 79; José Bento, *Direito de Seguros*, *cit.*, p. 160; Júlio Gomes, "O dever de informação do tomador...", *cit.*, p. 86; Luiz Cunha Gonçalves, *Comentário...*, Vol. II, *cit.*, p. 541; F. C. Ortigão e Maria Manuel Busto, *Itinerário...*, *cit.*, p. 23. O reconhecimento de que o artigo 429.º não exige o dolo (ou a má fé) para a anulação do contrato é relativamente pacífica na jurisprudência. Cfr., p. ex., Ac. STJ de 20/06/1967 – Proc. 61756 (Bogarim Guedes); Ac. TRP de 14/06/1988 – Proc. 5986 (Martins da Costa); Ac. STJ de 21/11/2001 – Proc. 33313/2000 – José António Mesquita (Jurisprudência n.º 10/2001 – publicado no DR de 27/12/2001); Ac. STJ de 06/06/2002 – Proc. 2B1747 (Abel Freire); Ac. TRP de 05/02/2004 – Proc. 336805 (João Bernardo); Ac. STJ de 04/03/2004 – Proc. 3B3631 (Santos Bernardino); Ac. TRP de 25/03/2004 – Proc. 430103 (Fernando Baptista); Ac. TRP de 15/06/2004 – Proc. 422701 (Alziro Cardoso); Ac. STJ de 17/11/2005 – Proc. 5B3403 (Salvador da Costa); Ac. TRL de 02/02/2006 – Proc. 11945/2005 6 (Fátima Galante); Ac. TRC de 14/03/2006 – Proc. 3711/05 (Alexandrina Ferreira); Ac. TRP de 20/06/2006 – Proc. 621062 (Luís Antas de Barros); Ac. TRL de 08/02/2007 – Proc. 10077/2006 6 (Granja da Fonseca); Ac. STJ de 02/12/2008 – Proc. 08A3737 (Sebastião Póvoas); Ac. TRL de 12/03/2009 – Proc. n.º 9551/2008 1 (Rui Vouga); Ac. TRL de 19/03/2009 – Proc. n.º 3507/08 8 (Octávia Viegas); Ac. STJ de 08/06/2010 – Proc. n.º 90/2002.G1.S1 (Barreto Nunes). Cite-se, a título de exemplo, o Ac. TRP de 06/11/2007 – Proc. 0724884 (Guerra Banha): «[...] desinteressa conhecer da intenção do segurado, da sua actuação de boa ou má fé, pois o que se exige é que as suas declarações revistam aquelas inexactidão ou reticência que influam sobre a existência ou condições do contrato"». Posição contrária, no sentido de que o preceito exigiria o dolo, encontra também apoio em alguma jurisprudência minoritária: Ac. TRP de 04/03/1991 – Proc. 124295 (Manuel Fernandes); Ac. TRC de 16/04/2002 – Proc. 1896/00 (Hélder Almeida). Refere-se, p. ex., no Ac. TRC de 25/05/2000 – Proc. 973/2000 (Fernandes da Silva): «não basta que a inobservância desse princípio [da boa fé] se manifeste por qualquer forma, impondo-se a demonstração de que o segurado, ao emitir declarações enquadráveis em tal previsão, agiu com intenção clara de defraudar a seguradora, induzindo a em erro relativamente à intensidade do risco e visando, com essa conduta, conscientemente, subtrair-se ao pagamento do prémio devido». Outros arestos ainda insistem em que a previsão normativa requereria, pelo menos, a negligência (qualificando como tal o conhecimento da circunstância não declarada): Ac. TRP de 27/02/1984 – Proc. 2886 (Mendes Pinto); Ac. TRL de 21/05/1991 – Proc. 42661 (Palha da Silveira); Ac. TRP de 10/11/1999 – Proc. 9910763 (Nazaré Saraiva); Ac. TRL de 31/05/2007 – Proc. 1635/2007-2 (Ezaguy Martins); Ac. STJ de 30/10/2007 – Proc. 7A2961 (Alves Velho); Ac. TRL de 15/04/2010 – Proc. n.º 421/07.8TCFUN.L1-6 (Granja da Fonseca); Ac. TRP de 04/10/2010 – Proc. n.º 1793/09.5TJPRT.P1 (Maria Adelaide Domingos); Ac. TRP de 18/01/2011 – Proc. n.º 5901/05.7TB-VNG.P1 (Maria da Graça Mira).

[1128] Numa posição sem o menor fundamento perante o normativo então vigente – e decerto inspirado pelo regime francês – Rafael Rodrigues da Silva estabelece uma distinção de regime entre as omissões e inexactidões intencionais e não intencionais. Havendo intenção fraudulenta do proponente/tomador, o contrato seria sempre inválido mesmo após a ocorrência de sinistro. Não havendo intenção fraudulenta, haveria que distinguir: se a revelação da verdade ocorresse

VII. Igualmente importante para a presente análise é o critério de relevância dos factos omitidos ou inexactamente declarados, quanto ao seu efeito invalidante. Na verdade, como refere Cunha Gonçalves num trecho muito citado pela jurisprudência, «as simples inexactidões anódinas não produzem a consequência jurídica de anular o contrato»[1129]. Ora, como referimos, o artigo 429º alude a tal critério como as circunstâncias «*que teriam podido influir* sobre a existência ou condições do contrato». Assim, enquanto no âmbito do CCom de 1833 resultava claro que a relevância do facto omitido ou inexactamente declarado para a opinião do risco era aferida objectivamente e em abstracto («*teriam podido influir, no dizer d'expertos*») no quadro do CCom de 1888 a questão não era já líquida[1130]. Por exemplo, Moitinho de Almeida aponta o carácter infeliz da formulação do preceito, já que, segundo o autor, o mesmo sugere que toda a declaração inexacta é causa de invalidade, «quer seja susceptível de influir ou não na existência ou condições do contrato»[1131].

Perante a referida formulação, várias têm sido as interpretações da doutrina e da jurisprudência. Uma perspectiva defende que as omissões ou inexactidões só têm um efeito invalidante se tiverem tido uma influência efectiva, real, sobre a decisão de contratar ou sobre as condições acordadas, isto é, se tiverem escondido uma realidade que, a ser do conhecimento do segurador, o teria levado, respectivamente, a não contratar ou a contratar em condições diversas[1132]. Também para alguma jurisprudência – minoritária – os factos não declarados haveriam de necessariamente influir sobre a existência ou condições do contrato, apelando a critérios subjectivos de aferição da vontade hipotética ou virtual do segurador[1133].

antes do sinistro, o segurador poderia propor ao tomador a correcção do prémio em função do risco real e, na falta de acordo, anular o contrato; se aquela revelação se desse após o sinistro, a indemnização a pagar pelo segurador seria proporcionalmente reduzida em função da relação entre o risco declarado e o real (*Os Seguros...*, *cit.*, pp. 56-7). Segundo o autor, tratar-se-ia de «disposições imperativas que nem o segurado nem o segurador podem contratualmente derrogar» (*sic*) – *idem*, p. 57.

[1129] Luiz Cunha Gonçalves, Comentário..., Vol. II, cit., p. 541.

[1130] Na verdade, suscitava-se a questão sobre se a relevância do facto omitido ou inexactamente declarado para a opinião do risco haveria de aferir-se em abstracto (apelando às noções de *segurador médio* ou de *segurador prudente*) ou em concreto (atendendo aos critérios do segurador em causa) – Júlio Gomes, "O dever de informação do tomador...", *cit.*, p. 91.

[1131] José Carlos Moitinho de Almeida, *O Contrato de Seguro no Direito...*, *cit.*, p. 82.

[1132] Neste sentido, Luiz Cunha Gonçalves, *Comentário...*, Vol. II, *cit.*, p. 541.

[1133] Criticamente, Filipe Albuquerque Matos, "As declarações reticentes...", *cit.*, p. 493. Cfr., como exemplo desta tendência jurisprudencial: Ac. STJ de 10/07/1995 – Proc. 96S049 (Almeida Deveza): «é indispensável que tal inexactidão influa na existência e condições do contrato, de sorte que o segurador, ou não contrataria, ou teria contratado em diversas condições». No mesmo sentido, Ac. STJ de 18/03/2004 – Proc. 4B295 (Ferreira de Almeida); Ac. STJ de 18/11/2004 – Proc. 4B3374 (Araújo Barros); Ac. TRL de 17/02/2005 – Proc. 10357/2004-6 (Fátima Galante); Ac. TRC de 18/10/2005

Outra perspectiva, de que partilhamos, surge mais solidamente firmada nos elementos literal e histórico do texto, apontando para a mera susceptibilidade ou possibilidade de influência, sobre a opinião do risco, prescindindo, portanto, de um juízo de certeza quanto à referida influência[1134]. Neste quadro, a redacção do preceito, nos termos amplos em que está formulada, permite sustentar que a relevância se afere subjectivamente e em concreto (vontade hipotética ou

– Proc. 1552/05 (Távora Vítor); Ac. STJ de 17/11/2005 – Proc. 5B3403 (Salvador da Costa); Ac. STJ de 23/11/2005 – Proc. 4B2618 (Pereira da Silva); Ac. STJ de 06/08/2006 – Proc. 6A1435 (Azevedo Ramos); Ac. STJ de 06/11/2007 – Proc. 07A3447 (Nuno Cameira); Ac. TRL de 02/02/2006 – Proc. 11945/2005-6 (Fátima Galante); Ac. TRL de 12/03/2009 – Proc. nº 9551/2008-1 (Rui Vouga); Ac. STJ de 22/10/2009 – Proc. nº 1146/05.3TBABF.S1 (Serra Baptista); Ac. STJ de 08/06/2010 – Proc. nº 90/2002.G1.S1 (Barreto Nunes); e Ac. TRL de 21/06/2011 – Proc. nº 2044/07.2TBAMD.L1-1 (Pedro Brighton).

[1134] Neste sentido, Nuno Trigo dos Reis, *Os Deveres...*, *cit.*, p. 58. Alguns Acórdãos – expressão da tendência maioritária – bastam-se também com a possibilidade de a omissão ter influenciado a apreciação do risco. A título de exemplo, cfr. Ac. STJ de 20/06/1967 – Proc. 61756 (Bogarim Guedes); Ac. TRL de 10/01/1985 – Proc. 21790 (António Poças); Ac. STJ de 19/12/1985 – Proc. 73263 (Campos Costa); Ac. TRP de 11/03/1996 – Proc. 9550954 (Azevedo Ramos); Ac. TRP de 07/05/2001 – Proc. 150336 (Paiva Gonçalves); Ac. TRC de 28/06/2005 – Proc. 1564/05 (Alexandrina Ferreira); Ac. TRC de 22/11/2005 – Proc. 3203/05 (Ferreira de Barros); Ac. TRL de 16/11/2006 – Proc. 81638/2006-2 (Francisco Magueijo); Ac. STJ de 21/11/2006 – Proc. 6A3600 (Azevedo Ramos); Ac. TRL de 31/05/2007 – Proc. 1635/2007-2 (Ezaguy Martins); Ac. TRL de 20/09/2007 – Proc. 5151/2007-2 (Farinha Alves); Ac. STJ de 30/10/2007 – Proc. 7A2961 (Alves Velho); Ac. TRP de 06/11/2007 – Proc. 0724884 (Guerra Banha); Ac. TRL de 13/12/2007 – Proc. 7449/2007-1 (João Aveiro Pereira); Ac. TRL de 17/04/2008 – Proc. 8700/2007-8 (Pedro Lima Gonçalves); Ac. STJ de 27/05/2008 – Proc. nº 08A1373 (Moreira Camilo); Ac. TRP de 09/12/2008 – Proc. nº 0856436 (Anabela Luna de Carvalho); Ac. STJ de 09/09/2010 – Proc. nº 3139/06.5TBBCL.G1.S1 (Oliveira Vasconcelos); Ac. TRL de 15/04/2010 – Proc. nº 421/07.8TCFUN.L1-6 (Granja da Fonseca); Ac. TRL de 23/09/2010 – Proc. nº 1295/04.6TBMFR-6 (José Eduardo Sapateiro); Ac. TRC de 16/11/2010 – Proc. nº 2617/03.2TBAVR.C1 (Jaime Carlos Ferreira); Ac. STJ de 06/07/2011 – Proc. nº 2617/03.2TBAVR.C1.S1 (Alves Velho); e Ac. TRP de 23/02/2012 – Proc. nº 6833/09.5TBVNG.P1 (Maria Adelaide Domingos). Como se refere no Ac. STJ de 24/04/2007 – Proc. 7S851 (Silva Salazar), «não exige, porém, aquele artº 429º, que, para haver anulabilidade, os factos ou circunstâncias constantes incorrectamente de tais declarações inexactas ou omitidos nas reticentes, se fossem conhecidos pela seguradora, teriam efectivamente determinado a celebração do contrato em termos diferentes daqueles em que o foi: ao dizer "teriam podido influir", e não "teriam influído", ou "tenham influído", contenta-se com a susceptibilidade de as declarações, factos ou circunstâncias em causa, influírem sobre a existência ou condições do contrato, sem exigir que efectivamente as influam, ou seja, considera suficiente que as declarações possam influir, não exigindo que forçosamente influam, até porque não chegou a haver formação de vontade da seguradora com base nesses factos ou circunstâncias desconhecidos por não declarados ou incorrectamente declarados. Aqui se consagra, pois, um critério objectivo, que impõe apenas a análise dessas declarações a fim de se determinar se, interpretadas por um declaratário normal colocado na situação do declaratário real que é a ré seguradora, dispõem de tal susceptibilidade». Por outras palavras, neste registo interpretativo, o erro efectivo do segurador releva menos do que a abstracta potencialidade do erro.

conjectural do segurador)[1135]. Porém, do nosso ponto de vista, a apreciação da *susceptibilidade* de influência sobre a existência ou condições do contrato assenta em critérios objectivos, remetendo para um modelo de segurador abstracto[1136].

Quanto à eventual presunção de relevância das matérias incluídas no questionário formulado pelo segurador, defende Moitinho de Almeida que do CCom estava arredada qualquer presunção de relevância[1137]. Embora, de facto, essa presunção não possa extrair-se do texto legal, não pode igualmente ignorar-se o peso do questionário como importante indicador de relevância assumido pelo segurador[1138].

VIII.   Questão que não se prende já com o requisito de relevância dos factos omitidos ou inexactamente declarados é a discussão em torno da existência de um requisito de causalidade, segundo o qual, tendo-se produzido um sinistro antes de o segurador suscitar a invalidade do contrato, o incumprimento do dever de declaração do risco só seria invalidante se se verificasse uma relação causal entre aquele facto e o sinistro.

A questão foi objecto de controvérsia há cerca de um século entre os dois grandes comentadores do CCom. Assim, para Adriano Anthero, o regime do artigo 429º implicava que, após a verificação do sinistro, a seguradora só poderia invocar a nulidade do contrato – e, com isso, escusar-se a indemnizar o segurado (ou a liquidar o capital seguro, no caso dos seguros de vida) – se a declaração inexacta ou reticente «tivesse influído no dano»[1139].

[1135] Neste sentido, Nuno Trigo dos Reis, *Os Deveres...*, *cit.*, p. 58. No plano *de iure condendo*, porém, o autor manifesta-se contra a solução, afirmando que «a cognoscibilidade da relevância do facto deve ser considerada condição da própria exigibilidade do cumprimento do dever de informação. O Direito não pode exigir o que os destinatários das normas de conduta não podem cumprir» (*ibidem*, n. 169). Assim, atenta a repartição do ónus da prova, cumpriria ao segurador demonstrar que, para si, considerando as suas políticas de avaliação e aceitação do risco, os referidos factos eram relevantes.

[1136] Como refere Filipe Albuquerque Matos, «impõe-se um apelo às regras normais da experiência e da vida, ou seja, a padrões objectivos, para determinar se um certo tipo de facto é idóneo para influir sobre a existência ou sobre as condições de um contrato de seguro» – Filipe Albuquerque Matos, "As declarações reticentes...", *cit.*, p. 494. Na verdade, se fosse propósito do legislador uma aferição de acordo com o segurador concreto certamente o critério de relevância assentaria na *efectiva* influência da vontade, e não numa abstracta *susceptibilidade* de influência.

[1137] José Carlos Moitinho de Almeida, *O Contrato de Seguro no Direito...*, *cit.*, p. 81.

[1138] Essa relevância encontra, por vezes, eco na jurisprudência. Assim, lê-se no Ac. STJ de 27/05/2008 – Proc. nº 08A1373 (Moreira Camilo), «é elemento decisivo para a celebração do contrato o questionário apresentado ao potencial segurado, na medida em que se presume que não são feitas aí perguntas inúteis e, através dele, é o próprio segurador que indica ao tomador quais as circunstâncias que julga terem influência no contrato a celebrar». Neste sentido, cfr., p. ex., Ac. STJ de 06/07/2011 – Proc. nº 2617/03.2TBAVR.C1.S1 (Alves Velho).

[1139] Adriano Anthero, *Comentário...*, Vol. II, *cit.*, p. 152.

Perspectiva contrária foi defendida por Cunha Gonçalves, para quem a invalidade do contrato, de acordo com os requisitos do artigo 429º, haveria de aferir-se no momento da formação do mesmo, resultando de uma desproporção entre o risco real e o prémio cobrado. Perante a invalidade do contrato, seria irrelevante qualquer evento posterior, nomeadamente a ocorrência (ou não) de um sinistro e a respectiva causa. Como referia o autor, «o evento posterior não pode ter efeito retroactivo de modo a validar um consenso nulamente prestado»[1140]. Nesta perspectiva, ainda que o sinistro não haja ocorrido – ou que fique a dever-se a uma causa diferente dos factos não declarados – o que releva é que o mesmo *poderia ter ocorrido* em virtude desses factos: releva, portanto, a *potencialidade do dano*, e não a sua efectividade[1141].

Se, entre a doutrina, só a voz isolada de Adriano Anthero pugnava pelo reconhecimento do requisito de causalidade, também entre a jurisprudência é circunscrito o leque de decisões nesse sentido[1142]. Quanto à fundamentação das decisões, a mesma, ou é omissa, ou recorre a argumentos pouco convincentes[1143],

---

[1140] Luiz Cunha Gonçalves, *Comentário...*, Vol. II, *cit.*, p. 542. Também a propósito do agravamento (superveniente) do risco, refere Cunha Gonçalves que é indiferente, quanto à validade do contrato, se o agravamento determinou ou não o sinistro – o que é relevante, para o autor, é se em algum momento se quebrou a relação de equivalência entre o risco e o prémio – *idem*, p. 531.

[1141] No mesmo sentido, José Carlos Moitinho de Almeida, *O Contrato de Seguro no Direito...*, *cit.*, p. 81; Francisco Guerra da Mota, *O Contrato...*, *cit.*, p. 374; Joana Galvão Teles, "Deveres...", *cit.*, p. 252. Partilhando da mesma perspectiva no plano estrito do Direito constituído, José Vasques, *Contrato de Seguro – Notas...*, *cit.*, p. 227. Também Filipe Albuquerque Matos considera que determinante será o facto de o segurador ter coberto, sem adequada contrapartida, um risco que lhe fora ocultado (verificando-se, portanto, a falta de equilíbrio das prestações) e de, ponderando a vontade hipotética ou conjectural do segurador reportada ao momento da conclusão do contrato, o mesmo não estar disposto a vincular-se naquelas circunstâncias. Assim, defende o autor que a impugnação do contrato pelo segurador, na falta de nexo de causalidade entre o facto não declarado e o sinistro, não constitui abuso do direito ("As declarações reticentes...", *cit.*, pp. 489 ss.).

[1142] Assim, defende-se no Ac. TRP de 27/02/1984 – Proc. 2886 (Mendes Pinto) que «depois do sinistro, para que a reticência possa anular o contrato para o efeito de não pagamento da indemnização, necessário é que ela tenha influído no dano». No mesmo sentido, Ac. TRP de 20/05/2002 – Proc. 250115 (Couto Pereira); Ac. TRG de 27/04/2005 – Proc. 758/05 (Vieira e Cunha); Ac. STJ de 20/10/2005 – Proc. 5B2347 (Oliveira Barros); Ac. TRL de 02/02/2006 – Proc. 11945/2005-6 (Fátima Galante); Ac. TRG de 10/07/2008 – Proc. nº 1120/08-2 (Amílcar Andrade); Ac. STJ de 08/01/2009 – Proc. nº 08B3903 (Alberto Sobrinho); Ac. TRG de 12/02/2009 – Proc. nº 63/08.0TCGMR-A.G1 (Gouveia Barros); Ac. STJ de 08/06/2010 – Proc. nº 90/2002.G1.S1 (Barreto Nunes); Ac. TRG de 16/11/2010 – Proc. nº 5721/06.1TBBRG.G1 (Ana Cristina Duarte); Ac. TRE de 17/03/2011 – Proc. nº 14/09.5TBVVC.E1 (Bernardo Domingos). De uma pesquisa que cremos exaustiva, é este o leque de decisões nesse sentido disponíveis em www.dgsi.pt até Março de 2012. De notar que, dos 11 arestos, 4 provêm do Tribunal da Relação de Guimarães (relativamente ao qual não encontrámos qualquer decisão em sentido diverso).

[1143] Escreve-se, p. ex., no Ac. TRG de 16/11/2010 – Proc. nº 5721/06.1TBBRG.G1 (Ana Cristina Duarte): «[...] terá de haver nexo de causalidade entre as alegadas declarações inexactas ou factos

designadamente a uma subjacente preocupação de equidade ou um vago apelo à Justiça e à ética, ainda que sem suporte numa consistente argumentação técnico-jurídica[1144].

Inquestionável, em qualquer caso, é que o artigo 429º não estabelece, de forma expressa ou sequer implícita, qualquer requisito de causalidade. E na ausência de tal requisito, não é legítimo ao intérprete/aplicador que desrespeite a disposição legal e, com ela, também os nºs 2 e 3 do artigo 9º do CC. Mas também esse requisito não se coadunaria com o principal fundamento em que assenta o preceito (a teoria dos vícios da vontade). É que, na verdade, o vício do consentimento do segurador reporta-se à data da conclusão do contrato, pelo que o seu efeito invalidante não deverá ficar dependente de uma eventual ocorrência do sinistro ou do referido requisito de causalidade. Isto mesmo é reconhecido pela doutrina e pela jurisprudência, esta claramente maioritária[1145].

omitidos e a verificação do risco coberto pelo contrato de seguro, para que haja lugar à consideração da invalidade do contrato. O nexo de causalidade entre o facto e o dano não é dispensado na omissão, conforme resulta da conjugação dos arts. 486º e 563º do C. Civil. Significa isto, no dizer de Pires de Lima e Antunes Varela, que existe nexo de causalidade adequada entre o acto omissivo e o dano, quando se prove que este "provavelmente não se teria verificado, se não fosse a omissão". Mas se assim é, torna-se claro que, no caso dos autos, impendia sobre a ré o ónus de alegação e prova que, se não fosse o descrito comportamento omissivo da autora haveria um grau de probabilidade razoável, da não ocorrência do furto, factos que a mesma não alegou e que, por isso, ficou impedida de provar. [...] Ora, no caso dos autos, a causa do sinistro – furto do veículo – nenhuma relação tem com o facto não declarado de o veículo ter sido uma perda total (salvado) antes de ter sido reparado». Como resulta evidente, o acórdão confunde o requisito de causalidade entre o facto (comissivo ou omissivo) do lesante e o dano, em sede de responsabilidade civil – para o que invoca a autoridade da doutrina –, com o nexo de causalidade entre um facto naturalístico e o sinistro. Ora, não é a omissão ou inexactidão declarativa do proponente que é causa do sinistro: a mesma só será *causa do vício da vontade do segurador*. Mas essa relação é traduzida pelo requisito de relevância do facto omitido ou inexactamente declarado (e não pelo requisito de causalidade, no sentido que ora nos ocupa). Em suma, o facto de se defender que o contrato só seja anulável se o sinistro for causado por um facto que o proponente tenha silenciado, não estabelece nem implica a exigência de uma relação de causalidade entre o silêncio (omissão) e o sinistro. O dano que resulta do silêncio é o vício da vontade, e não o sinistro.

[1144] Assim, no Ac. STJ de 08/01/2009 – Proc. nº 08B3903 (Alberto Sobrinho) diz-se: «ainda que não seja pacífica a questão de saber se é imprescindível à invalidade do contrato a existência de nexo de causalidade entre a inexactidão e/ou omissão de elementos essenciais e o sinistro, afigura-se-nos *mais defensável a resposta positiva, já que seria de todo desproporcionado sancionar com o vício da anulabilidade o seguro em que o evento que despoletou o pagamento do risco assumido seja completamente alheio aos elementos inexactos ou omitidos*» (sublinhado nosso). No Ac. TRG de 12/02/2009 – Proc. nº 63/08.0TCGMR-A. G1 (Gouveia Barros) afirma-se: «cremos que uma dimensão ética do Direito legitima uma leitura restritiva do artigo 429º do Código Comercial, implicando o nexo causal na decisão sobre a *nulidade* nele versada».

[1145] É, assim, manifestamente dominante a tendência jurisprudencial que nega a existência de um qualquer requisito de causalidade: Ac. STJ de 27/11/1997 – Proc. 96B947 (Sampaio da Nóvoa);

Em suma, os exemplos, quer na doutrina quer na jurisprudência nacionais, que requerem a causalidade entre a omissão ou inexactidão e o sinistro são, assim, pontuais e não demonstrativos de uma tendência. No mesmo sentido iam, aliás, as soluções coevas. No quadro do Direito italiano, p. ex., o segundo parágrafo do artigo 429º do CCom de 1882 (na origem do homólogo português), excluía expressamente o requisito da causalidade entre o facto não declarado e o

---

Ac. TRP de 05/02/2004 – Proc. 336805 (João Bernardo); Ac. TRP de 20/12/2005 – Proc. 526237 (Emídio Costa); Ac. STJ de 17/10/2006 – Proc. 6A2852 (Urbano Dias); Ac. TRL de 16/11/2006 – Proc. 81638/2006-2 (Francisco Magueijo); Ac. STJ de 24/04/2007 – Proc. 7S851 (Silva Salazar); Ac. TRL de 20/09/2007 – Proc. 5151/2007-2 (Farinha Alves); Ac. STJ de 30/10/2007 – Proc. 7A2961 (Alves Velho); Ac. TRP de 06/11/2007 – Proc. nº 0724884 (Guerra Banha); Ac. STJ de 02/12/2008 – Proc. 08A3737 (Sebastião Póvoas); Ac. TRP de 12/10/2009 – Proc. nº 0856741 (Anabela Luna de Carvalho); Ac. TRL de 24/11/2009 – Proc. nº 1165/07.6YXLSB.L1-7 (Ana Resende); Ac. TRP de 28/01/2010 – Proc. nº 1407/06.5TBOAZ.P1 (Maria Catarina Gonçalves); Ac. TRL de 15/04/2010 – Proc. nº 421/07.8TCFUN.L1-6 (Granja da Fonseca); Ac. STJ de 09/09/2010 – Proc. nº 3139/06.5TBBCL.G1.S1 (Oliveira Vasconcelos); Ac. TRC de 16/11/2010 – Proc. nº 2617/03.2TBAVR. C1 (Jaime Carlos Ferreira); Ac. TRC de 21/12/2010 – Proc. nº 1638/07.0TBMGR.C1 (Teles Pereira); Ac. STJ de 06/07/2011 – Proc. nº 2617/03.2TBAVR.C1.S1 (Alves Velho). A título de exemplo, escreve-se no Ac. TRL de 12/03/2009 – Proc. nº 9551/2008-1 (Rui Vouga): «no caso de inexactidão ou de reticência conhecidos após o sinistro e, provada a essencialidade do facto inverídico ou omitido, para influenciar a formação da vontade do segurador, não é exigível o nexo causal entre o sinistro e o facto omitido, pois o único requisito, quer do artigo 429º do Código Comercial, quer do regime geral do erro vício é a existência de omissões ou reticências condicionantes da declaração negocial e não o nexo entre aquelas e o evento desencadeador da obrigação resultante do contrato de seguro». Refira-se também a argumentação expendida no Ac. TRL de 23/09/2010 – Proc. nº 1295/04.6TBMFR-6 (José Eduardo Sapateiro): «o nexo de causalidade entre o erro e o sinistro não é reclamado pelo artigo 429º do Código Comercial. [...] Conhecemos a doutrina e jurisprudência minoritária que defende, para efeitos de aplicação do regime constante do artigo 429º do Código Comercial, a necessidade de existir um nexo causal entre as declarações viciadas e a causa da morte ou da doença incapacitante, mas, por mais que compreendamos a generosidade dessa posição, certo é que tal elo de causalidade não é (não pode ser) reclamado pela disposição em causa, que se situa no momento inicial do negócio (melhor dizendo, nas fases pré-contratual e de celebração/consolidação do contrato de seguro de vida), em que a aceitação deste último por parte da Seguradora depende das informações verdadeiras, completas e fidedignas do segurado ou tomador do seguro, prestadas naquela altura, e da sua posterior avaliação do risco envolvido, de acordo com as suas tabelas, previsões e expectativas comerciais, não podendo ser, nessa medida, considerada em tal equação a subsequente causa da morte ou invalidez, na relação (negativa ou positiva) eventual que venha a ter com as referidas inexactidões, reticências ou omissões. Também não nos parece que a circunstância de ser exigida a prova do nexo de causalidade entre o sinistro e a condução sob a influência do álcool, p. ex., para efeitos de accionamento do direito de regresso da Seguradora sobre o seu segurado nos contratos de seguro de responsabilidade civil automóvel, possa servir como argumento (por maioria de razão) ou fundamento para defender a dita causalidade nos contratos de seguros de vida, pois os negócios jurídicos, os riscos em presença e as situações em questão não são similares ou sequer equiparáveis».

sinistro[1146] (como sucedia, de resto, com o preceito-matriz das soluções novecentistas, o artigo 348º do CCom francês, de 1807).

IX. Quanto à cominação do incumprimento do dever de declaração, o artigo 429º refere a *nulidade* do contrato e, no seu § único, a perda do prémio a favor do segurador. Desde logo, quanto à natureza da cominação de invalidade (como uma verdadeira nulidade ou uma anulabilidade), o preceito tem sido rodeado de ampla controvérsia, de que importa dar conta.

Como é sabido, a *nulidade* caracteriza-se, no quadro do regime civil em vigor, por[1147]: assumir um carácter predominante de ordem pública, surgindo associada a vícios estruturais ou nucleares do negócio; ser insanável, quer pelo decurso do tempo, quer por confirmação[1148]; operar de forma automática (*ipso iure*), não carecendo de invocação judicial; ser de conhecimento oficioso; ser invocável por qualquer pessoa interessada, não decorrendo de um direito potestativo[1149]; o acto não produzir efeitos *ab initio*; o reconhecimento judicial da nulidade não assumir carácter constitutivo (o tribunal apenas *declara* nulo um acto)[1150]. Diversamente, a *anulabilidade* é caracterizada por[1151]: tutelar interesses eminentemente particu-

---

[1146] Camillo Viterbo, "Le dichiarazioni...", *cit.*, col. 61. Cfr. também Marco Rossetti, "Dichiarazioni inesatte e reticenze con...", *cit.*, pp. 88-89. Segundo Viterbo, a solução, tecnicamente irrepreensível, resultava de, no âmbito da teoria dos vícios da vontade, haver que apurar do erro do segurador no momento da conclusão do contrato, e não no da respectiva execução – *op. cit., ibidem*. É certo, não obstante, que o autor questiona a solução no plano da equidade. Como afirma, «há decerto algo de perturbador na ideia de que, por exemplo, no seguro de vida o segurador possa subtrair-se à obrigação de pagar o capital porque o segurado, que morreu atropelado, omitiu a seu tempo que o pai sofria de tuberculose» – *ibidem* (trad. nossa).

[1147] Cfr., p. ex., Carlos Mota Pinto, *Teoria Geral...*, *cit.*, pp. 611 ss.; Carlos Gómez de la Escalera, *La Nulidad Parcial del Contrato*, Madrid, Actualidad Ed., 1995, pp. 26 ss. Como nota Menezes Cordeiro, a partir da análise dos preceitos do CC que consagram a cominação de nulidade, esta tem por fundamento dois conjuntos de situações: a falta de um elemento nuclear do negócio (como o objecto ou a vontade de, pelo menos, uma das partes); e a violação de norma imperativa. Nesta perspectiva, e diversamente do sustentado por alguma doutrina, não pode generalizar-se o entendimento de que a nulidade cominaria os vícios mais graves do negócio, nomeadamente aqueles em que esteja em causa um interesse público – a demonstrá-lo refira-se o exemplo da nulidade por vício de forma. Por outro lado, como acrescenta o autor, trata-se do tipo residual – diríamos, da modalidade-regra, como resulta do artigo 294º do CC – da ineficácia, aplicável, na falta de outra cominação legal expressa, aos vícios do negócio – António Menezes Cordeiro, *Tratado...*, I, Tomo I, *cit.*, p. 860.

[1148] Sobre a admissibilidade da confirmação de actos nulos, cfr. José de Oliveira Ascensão, *Direito Civil...*, Vol. II, *cit.*, p. 451 ss.

[1149] António Menezes Cordeiro, *Tratado...*, I, Tomo I, *cit.*, p. 861.

[1150] Rui de Alarcão, *Sobre a Invalidade do Negócio Jurídico* (Separata do número especial do BFDUC – "Estudos de Homenagem ao Prof. Doutor José Joaquim Teixeira Ribeiro"), Coimbra, FDUC, 1981, p. 16.

[1151] Carlos Gómez de la Escalera, *La Nulidad...*, *cit.*, pp. 29 ss.; Carlos Mota Pinto, *Teoria Geral...*, *cit.*, pp. 612 ss.

lares, surgindo associada a vícios genéticos do negócio; requerer alegação, não operando de forma automática nem podendo ser declarada *ex officio*; carecer de impugnação judicial através de uma acção de anulação ou por via de excepção (artigo 287º do CC)[1152]; só poder ser invocada por quem tenha legitimidade para o efeito (o titular de um direito potestativo à impugnação do contrato)[1153]; ser sanável pelo decurso do tempo ou mediante confirmação, expressa ou tácita; o acto produzir efeitos enquanto não for anulado, consolidando-se esses efeitos em virtude da convalidação; a sentença de anulação judicial ser constitutiva[1154]. Em suma, dir-se-á que, nas suas configurações típicas, enquanto a nulidade é automática, absoluta e insanável, a anulabilidade é não automática, relativa e sanável[1155].

A consideração de que a consequência do incumprimento do dever de declaração inicial do risco, formulada no artigo 429º do CCom, é a *nulidade* do contrato, como literalmente resulta do preceito, constitui hoje uma posição minoritária na doutrina e na jurisprudência. Entre os defensores de tal posição encontram-se Guerra da Mota, que a assume como uma asserção não problemática – «a necessidade de "verdade" é imposta pelo artigo 429 do Código Comercial, sob pena de nulidade»[1156] – e Filipe Albuquerque Matos, sustentando que a mesma «resulta *expressis verbis* da lei»[1157]. Mais desenvolvidamente, José Alberto Vieira sustenta a perspectiva da nulidade com base em vários argumentos. Desde logo, o literal, que não considera posto em causa pelo facto de, à data do CCom, não ser feita a distinção entre a nulidade e a anulabilidade. Porém, em termos mais substanciais, considera o autor que o artigo 429º constitui um regime especial de erro-vício, comportando um desvalor agravado decorrente de duas ordens de razões: o desequilíbrio das prestações das partes resultante da viciação da análise do risco; e o interesse público na conservação da solvabilidade dos

---

[1152] Porém, o nº 1 do artigo 291º do CC admite o acordo entre as partes sobre a invalidade do negócio, produzindo os efeitos da sentença de anulação – José de Oliveira Ascensão, *Direito Civil...*, Vol. II, *cit.*, p. 319.

[1153] António Menezes Cordeiro, *Tratado...*, I, Tomo I, *cit.*, p. 861.

[1154] Rui de Alarcão, *Sobre a Invalidade...*, *cit.*, p. 16.

[1155] Rui de Alarcão, *Sobre a Invalidade...*, *cit.*, p. 14.

[1156] Francisco Guerra da Mota, *O Contrato...*, *cit.*, p. 388.

[1157] Filipe Albuquerque Matos, "O contrato de seguro obrigatório de responsabilidade civil automóvel. Alguns aspectos do seu regime jurídico", *BFDUC*, Ano LXXVIII (2002), p. 346, n. 26. Cfr. também, do mesmo autor, "O contrato de seguro obrigatório de responsabilidade civil automóvel: Breves considerações", *in* Júlio Gomes (Coord.), *Estudos Dedicados ao Prof. Doutor Mário Júlio de Almeida Costa*, Lisboa, UCP, 2002, p. 615 (sem desvendar argumentos). Noutro escrito, porém, considera o autor que os interesses protegidos pelo artigo 429º do CCom são de carácter particular – associados à problemática dos vícios do consentimento (concretamente, do erro e do dolo) do segurador – pelo que a invalidade constitui uma anulabilidade – Filipe Albuquerque Matos, "As declarações reticentes...", *cit.*, pp. 495 ss.

seguradores[1158]. Do nosso ponto de vista, porém, não resulta claro da argumentação do autor em que medida a solução da anulabilidade não salvaguarda já suficientemente os valores referidos. É certo – invoca o autor – que a anulabilidade permite a convalidação, mas esta sempre decorre da vontade convalidatória do segurador, que só se verificará quando o interesse contratual deste a justifique. Por outro lado, como também insiste o autor, estabelecendo a lei a inoponibilidade do negócio anulável, a solução da nulidade salvaguardá-lo-ia. Ora, quanto a este argumento, sempre se dirá que a questão das inoponibilidades – de resto, colocada apenas relativamente aos seguros obrigatórios (*infra*, IX) – terá de ser analisada e interpretada em si mesma, no contexto do regime que a acolhe e da justiça das soluções que do mesmo resultam, não devendo condicionar, a montante, a interpretação das normas que são pressuposto desse regime. Assim, atenta a ampla consagração doutrinária e jurisprudencial de que goza a perspectiva da anulabilidade, cremos que, se o legislador pretendesse salvaguardar a oponibilidade das omissões ou inexactidões pré-contratuais em matéria de declaração do risco, não deixaria de o fazer expressamente[1159].

Como defende a generalidade da doutrina actual[1160] – e é também voz quase unânime na jurisprudência[1161] – a invalidade que comina o contrato viciado por

---

[1158] José Alberto Vieira, "O dever de informação...", *cit.*, pp. 1009 ss.

[1159] Em casos pontuais, outras vozes isoladas identificam no artigo 429º a cominação de nulidade do contrato. Cfr., p. ex., João Valente Martins, *Notas Práticas...*, 1ª Ed., *cit.*, p. 48 (de acordo com a literalidade do preceito); Alexandra Almeida Mota, *Seguro de Acidentes de Trabalho*, Relatório de Mestrado, Lisboa, FDL, 1998, p. 56; e Florbela Almeida Pires, *Seguro de Acidentes de Trabalho*, Relatório de Mestrado, Lisboa, FDL, 1997, p. 68 e n. 183, caucionada pela literalidade da cominação. É também o caso de Inês Domingos, *Declarações...*, *cit.*, pp. 37 ss., onde encontramos uma replicação dos considerandos expendidos por José Alberto Vieira, já analisados, numa perspectiva que não explica, porém, de que forma a anulabilidade do negócio impediria «que as empresas de seguros conservem a sua solvabilidade financeira» (*idem*, p. 40). Já entre a jurisprudência, os exemplos são raros: Ac. STJ de 20/06/1967 – Proc. 61756 (Bogarim Guedes).

[1160] Cfr., por todos, José Carlos Moitinho de Almeida, *O Contrato de Seguro no Direito...*, *cit.*, pp. 77 e 79; José Bento, *Direito de Seguros*, *cit.*, p. 160; Luís Filipe Caldas, "Direitos...", *cit.*, pp. 285 ss. (sustentando uma interpretação restritiva do preceito, embora sem precisar em que termos); Pedro Romano Martinez, *Direito dos Seguros – Apontamentos*, *cit.*, p. 71; M. Costa Martins, "Contributo...", *cit.*, p. 183; João Calvão da Silva, "Tribunal..." [coment.], *cit.*, p. 221 (o autor refere-se igualmente a uma *"nulidade atípica"*); José Vasques, *Contrato de Seguro – Notas...*, *cit.*, p. 379.

[1161] Cfr., p. ex., Ac. TRL de 06/07/1993 – Proc. 68866 (Silva Salazar); Ac. STJ de 19/10/1993 – Proc. 83857 (Cardona Ferreira); Ac. STJ de 11/03/1999 – Proc. 99A009 (Martins da Costa); Ac. TC nº 524/99 (publicado no D.R., II série, de 17/03/2000); Ac. TRP de 05/04/2001 – Proc. 130163 (Camilo Camilo); Ac. TRC de 16/04/2002 – Proc. 1896/00 (Hélder Almeida); Ac. TRP de 18/11/2004 – Proc. 435704 (Pinto de Almeida); Ac. STJ de 07/04/2005 – Proc. 5B205 (Oliveira Barros); Ac. STJ de 17/11/2005 – Proc. 5B3403 (Salvador da Costa); Ac. STJ de 24/04/2007 – Proc. 7S851 (Silva Salazar); Ac. STJ de 11/06/2007 – Proc. 07A3447 (Nuno Cameira); Ac. STJ de 02/10/2007 – Proc. 7A2728 (Mário Cruz); Ac. STJ de 30/10/2007 – Proc. 7A2961 (Alves Velho); Ac. STJ de 06/11/2007 – Proc.

uma declaração de risco com omissões ou inexactidões é a anulabilidade. Vários são, de resto, os argumentos nesse sentido. Desde logo, como refere Menezes Cordeiro, a dogmática coeva do CCom não diferenciava ainda a nulidade da anulabilidade: «tudo era reconduzido à nulidade embora, progressivamente, se viessem a distinguir as nulidades absolutas e relativas»[1162], pelo que a sanção prevista no artigo 429º deverá ser objecto de uma interpretação actualista, que aí identifica a mera anulabilidade[1163]. Por outro lado, constituindo o regime especial do artigo

07A3447 (Nuno Cameira); Ac. TRL de 13/12/2007 – Proc. 7449/2007-1 (João Aveiro Pereira); Ac. TRP de 12/02/2008 – Proc. nº 0725975 (Guerra Banha); Ac. TRL de 28/02/2008 – Proc. 869/2008-6 (Fátima Galante); Ac. TRG de 10/04/2008 – Proc. nº 480/08-2 (Augusto Carvalho); Ac. TRL de 17/04/2008 – Proc. 8700/2007-8 (Pedro Lima Gonçalves); Ac. TRP de 18/06/2008 – Proc. nº 0833208 (Teles de Menezes); Ac. TRG de 10/07/2008 – Proc. nº 1120/08-2 (Amílcar Andrade); Ac. STJ de 02/12/2008 – Proc. 08A3737 (Sebastião Póvoas); Ac. TRP de 02/12/2008 – Proc. nº 0854261 (Maria José Simões); Ac. TRP de 09/12/2008 – Proc. nº 0856436 (Anabela Luna Carvalho); Ac. STJ de 18/12/2008 – Proc. 08B3307 (Bettencourt de Faria); Ac. STJ de 08/01/2009 – Proc. nº 08B3903 (Alberto Sobrinho); Ac. STJ de 19/03/2009 – Proc. nº 09A0334 (Fonseca Ramos); Ac. TRL de 26/03/2009 – Proc. nº 171/06.2TJOPRT.L1-6 (Fátima Galante); Ac. TRC de 02/06/2009 – Proc. nº 442/04.2TBANS.C1 (Távora Vítor); Ac. TRL de 17/09/2009 – Proc. nº 5890/05.8TVLSB.L1-6 (Fátima Galante); Ac. TRP de 29/09/2009 – Proc. nº 4473/03.1TBMAI.P1 (Cândido Lemos); Ac. TRP de 12/10/2009 – Proc. nº 0856741 (Anabela Luna Carvalho); Ac. STJ de 22/10/2009 – Proc. nº 1146/05.3TBABF.S1 (Serra Baptista); Ac. TRP de 12/11/2009 – Proc. nº 651/04.4TBETR.P1 (Deolinda Varão); Ac. TRL de 24/11/2009 – Proc. nº 1165/07.6YXLSB.L1-7 (Ana Resende); Ac. STJ de 14/01/2010 – Proc. nº 621/09.6YFLSB (Alberto Sobrinho); Ac. TRP de 10/12/2009 – Proc. nº 976/06.4TBOAZ.P1 (Teixeira Ribeiro); Ac. STJ de 20/01/2010 – Proc. nº 471/2002.G1.S1 (Alberto Sobrinho); Ac. TRL de 04/02/2010 – Proc. nº 3214/06.6TVLSB.L1-6 (Manuel Gonçalves); Ac. TRP de 22/02/2010 – Proc. nº 190/07.1TBCHV.P1 (Sampaio Gomes); Ac. STJ de 27/05/2010 – Proc. nº 976/06.4TBOAZ.P1.S1 (Oliveira Vasconcelos); Ac. STJ de 08/06/2010 – Proc. nº 90/2002.G1.S1 (Barreto Nunes); Ac. TRL de 23/09/2010 – Proc. nº 1295/04.6TBMFR-6 (José Eduardo Sapateiro); Ac. TRP de 04/10/2010 – Proc. nº 1793/09.5TJPRT.P1 (Maria Adelaide Domingos); Ac. TRP de 19/10/2010 – Proc. nº 2328/05.4TBSTS.P1 (Maria Cecília Agante); Ac. TRG de 19/10/2010 – Proc. nº 715/06.0TBVLN.G1 (Rosa Tching); Ac. TRL de 17/03/2011 – Proc. nº 2360/08.6YXLSB.L1-2 (Maria José Mouro); Ac. TRL de 21/06/2011 – Proc. nº 2044/07.2TBAMD.L1-1 (Pedro Brighton); Ac. TRP de 23/02/2012 – Proc. nº 6833/09.5TBVNG.P1 (Maria Adelaide Domingos).

[1162] António Menezes Cordeiro, *Manual de Direito Comercial*, Vol. I, *cit.*, p. 581. Cfr. também do autor, *Da Confirmação no Direito Civil*, Coimbra, Almedina, 2008, p. 84. Neste quadro, já em 1911 Emygdio Silva qualificava a cominação do artigo 429º como uma *anulabilidade* ou *nulidade relativa* – Fernando Emygdio Silva, *Seguros Mútuos, cit.*, p. 562. Como afirma o autor, «a linguagem dos nossos códigos civil e comercial, escritos em tempos em que a teoria das nulidades não estava rigorosamente estabelecida, é sempre imprecisa e defeituosa» – *idem*, p. 566.

[1163] António Menezes Cordeiro, *Manual de Direito Comercial*, Vol. I, *cit.*, p. 581. Embora sustente que uma interpretação histórica poderia conduzir ao reconhecimento de uma verdadeira nulidade, Júlio Gomes propende para uma interpretação actualizadora, desvalorizando, por um lado, o elemento literal da interpretação (já que no século XIX não se falava de anulabilidade, distinguindo-se antes as nulidades absolutas das relativas), e alegando, por outro lado, que o próprio CCom peca por falta de rigor terminológico, confundindo, p. ex., a "anulação" com o direito de resolução (§ 2º

429º do CCom um afloramento do erro vício da vontade, não se afiguraria justificado que o artigo 429º previsse uma sanção mais gravosa do que a resultante do regime-regra do erro e do dolo, que, mesmo nas situações mais graves, é sancionado com a simples anulabilidade[1164]. Finalmente, um argumento que encontra eco na jurisprudência é o de que os interesses particulares subjacentes à problemática apenas justificariam uma sanção de anulabilidade[1165].

X. Relativamente ao prazo de arguição da anulabilidade previsto no previsto no nº 1 do artigo 287º do CC e aos efeitos do decurso do mesmo sem que o segurador haja invocado a invalidade do contrato, tem entendido alguma jurisprudência que, não tendo o segurador efectuado a sua prestação pecuniária (indemnização ou capital por sinistro), não se tem o contrato por cumprido, pelo que o segurador pode, a todo o tempo, invocar a anulabilidade, nos termos do nº 2 do artigo 287º do CC[1166]. A questão era especialmente relevante à luz do regime do CCom, considerando que o segurador, em regra, se bastava com a invocação extra-judicial da anulabilidade, por declaração enviada à contraparte, não promovendo uma acção judicial de anulação do contrato. Ora, não seriam raros os casos em que a invocação judicial da anulabilidade, pelo segurador, por via de excepção, ocorria já após o decurso do prazo de caducidade de um ano a contar da cessação do vício (considerando o entendimento dominante de que a anulabilidade teria de ser suscitada judicialmente).

do artigo 446º) – Júlio Gomes, "O dever de informação do tomador...", *cit.*, p. 103. Cfr. igualmente Rui de Alarcão, *Sobre a Invalidade...*, *cit.*, pp. 7 ss.

[1164] Cfr. António Menezes Cordeiro, *Manual de Direito Comercial*, Vol. I, *cit.*, p. 581; Júlio Gomes, "O dever de informação do tomador...", *cit.*, p. 103; João Calvão da Silva, "Tribunal..." [coment.], *cit.*, pp. 221-222; e José Vasques, *Contrato de Seguro – Notas...*, *cit.*, p. 380. Em qualquer caso, sempre as consequências da aplicação do regime da nulidade se afigurariam excessivas, como resulta do facto de não ser sanável, de ser de conhecimento oficioso e de a inalegabilidade estar dependente da verificação do abuso do direito – Nuno Trigo dos Reis, *Os Deveres...*, *cit.*, p. 68. De resto, num argumento que não acompanhamos – pela rigidez que, apesar de tudo, a anulabilidade encerra – refere José Vasques que só o regime da anulabilidade se compatibiliza com o diverso grau de culpa do agente (dolo ou boa fé) ou com o amplo leque de gravidade das declarações *que teriam podido influir* sobre a existência ou condições do contrato – José Vasques, *Contrato de Seguro – Notas...*, *cit.*, p. 379.

[1165] «Não obstante a literalidade do artigo 429 do Código Comercial, este normativo prescreve a simples anulabilidade do contrato de seguro, por via de declaração inexacta ou de reticência de factos ou circunstâncias pelo segurado: é que são interesses particulares os visados por esta disposição, e o regime mais severo das nulidades encontra o seu fundamento em motivos de interesse público» – Ac. TRP de 03/11/1994 – Proc. 9340162 (Manuel Ramalho). A questão, porém, está longe de ser pacífica. Castro Mendes, entre outros autores, considera que a distinção entre a nulidade e a anulabilidade não tem por base a distinção entre vícios de interesse público e vícios de interesse particular – João de Castro Mendes, *Direito Civil...*, Vol. II, *cit.*, p. 294.

[1166] Cfr., p. ex., Ac. TRL de 26/03/2009 – Proc. nº 171/06.2TJOPRT.L1-6 (Fátima Galante); e Ac. TRG de 19/10/2010 – Proc. nº 715/06.0TBVLN.G1 (Rosa Tching).

XI. A anulação do contrato assume, nos termos do artigo 289º do CC, efeito retroactivo, importando a devolução de tudo o que tiver sido prestado. Assim, embora, como vimos, a aplicabilidade do regime do artigo 429º do CCom seja independente da prévia ocorrência ou não de um sinistro, bem como de a descoberta da omissão ou inexactidão ser anterior ou posterior à ocorrência de um sinistro, poder-se-á dar o caso de tal ocorrência se ter já verificado e de o segurador ter já efectuado uma ou várias prestações indemnizatórias. Em tal situação, ditam os efeitos retroactivos da anulabilidade (de resto, coincidentes com os da nulidade) a repetição de tais prestações.

XII. A consideração que acaba de ser tecida a propósito da devolução, pelo segurado, das indemnizações recebidas, teria o seu reverso na obrigação de devolução, pelo segurador, dos prémios por si recebidos. Porém, como referimos, dispõe o § único do artigo 429º do CCom que o segurador tem direito ao prémio em caso de má fé do declarante[1167].

Ora, esta solução suscita várias questões, de que importa dar conta, começando pela determinação do "prémio" em causa. Para Arnaldo Pinheiro Torres, o segurador tem direito a todo o prémio correspondente ao período contratado, mesmo que ainda não vencido[1168]. Esta posição não se nos afigura razoável, senão vejamos: num seguro de vida contratado por 20 anos, o segurador que invocasse a invalidade do contrato na terceira anuidade teria direito aos prémios vincendos das 17 anuidades seguintes – podendo exigi-los judicialmente – ainda que o seguro não estivesse já em vigor. É posição de que em absoluto discordamos[1169].

Já para Adriano Anthero, em perspectiva de que partilhamos, o prémio a que se reporta o preceito é, não só o prémio *pago*, ou recebido pelo segurador, mas igualmente o *devido*, ou seja, o já vencido, mesmo quando se convencione o pagamento do prémio em anuidades antecipadas ou quando o prémio seja integralmente pago no início do seguro[1170]. Em sentido convergente, Cunha Gonçalves

---

[1167] Alinhada com o que então dispunha o § único do artigo 663º do CC (Código de Seabra), a noção de má fé presente na disposição corresponderá à dissimulação do erro do outro contraente depois de conhecido. Para o Ac. TRL de 05/03/1996 – Proc. 10851 (André dos Santos), a má fé corresponde ao conhecimento dos «factos ou circunstâncias [omitidos] que poderiam influir sobre a formação do contrato e as cláusulas do mesmo».

[1168] Como refere o autor, «o segurado usando de má fé, pretendeu que o segurador respondesse por ele durante *certo período que é o do contrato*. A esse período corresponde um prémio. A ele tem direito o segurador» – Arnaldo Pinheiro Torres, *Ensaio...*, *cit.*, p. 106.

[1169] Também em sentido crítico, cfr. José Carlos Moitinho de Almeida, *O Contrato de Seguro no Direito...*, *cit.*, p. 81, e Adriano Anthero, que considera a solução iníqua – Adriano Anthero, *Comentário...*, Vol. II, *cit.*, p. 156.

[1170] Adriano Anthero, *Comentário...*, Vol. II, *cit.*, pp. 154-156. No mesmo sentido, cfr. José Carlos Moitinho de Almeida, *O Contrato de Seguro no Direito...*, *cit.*, p. 81; Francisco Guerra da Mota, *O*

sustenta que o segurador tem direito ao prémio, pago ou em dívida, respeitante ao período de tempo em que o risco se encontrou seguro. Porém, tratando-se de seguro por período superior a um ano, ou celebrado por um ano renovável, e sendo o prémio devido no início de cada anuidade, entende o autor que o segurador tem direito ao prémio da anuidade em curso[1171].

Embora do regime do § único do artigo 429º decorra a obrigatória restituição do prémio ao segurado, no caso de ser decretada a invalidade do contrato por conduta meramente negligente deste, Cunha Gonçalves entende que é válida a disposição contratual que preveja, também nestes casos, a perda do prémio a favor do segurador[1172]. Posição diversa é a sustentada por Moitinho de Almeida, para quem a perda do prémio em caso de dolo tem carácter excepcional, como resulta do efeito retroactivo do regime geral da invalidade, que impõe a obrigatoriedade de restituição de tudo o que tiver sido prestado[1173]. Não exclui, porém, o autor a possibilidade de existência de responsabilidade pré-contratual, nos termos do artigo 227º do CC, caso em que o tomador do seguro haveria de responder pelos danos causados ao segurador (despesas e gastos administrativos)[1174].

Quanto à natureza jurídica da especial cominação de perda do prémio a favor do segurador, defende Cunha Gonçalves que a mesma «é uma indemnização do dano eventual que este suportaria se, não descobrindo a falsidade da declaração, houvesse de indemnizar o sinistro»[1175]. Porém, a perspectiva do autor carece de alguma coerência, já que, a ser este o caso, não se compreende que o legislador não estabelecesse qualquer indemnização para as situações em que o segurado tivesse agido com negligência ou por simples erro, já que o dano eventual do segurador não seria menor nestes casos. Assim, afigura-se mais correcto considerar que a perda do prémio corresponde a uma autêntica sanção que se destina a punir o segurado pelo desvalor jurídico da sua conduta e a, simultaneamente, compensar o segurador dos custos pelo mesmo incorridos, nomeadamente de eventual resseguro. Voltaremos mais desenvolvidamente à matéria a propósito da LCS (*infra*, VII.6.3).

XIII. Importa ainda abordar o âmbito temporal das declarações a que se reporta o artigo 429º – designadamente se o mesmo se esgota na fase pré-con-

---

Contrato..., *cit.*, p. 393; e José Bento, *Direito de Seguros*, *cit.*, p. 163.

[1171] Luiz Cunha Gonçalves, *Comentário...*, Vol. II, *cit.*, p. 544.

[1172] Luiz Cunha Gonçalves, *Comentário...*, Vol. II, *cit.*, p. 544.

[1173] José Carlos Moitinho de Almeida, *O Contrato de Seguro no Direito...*, *cit.*, p. 82. Cfr. Ac. TRL de 31/05/2007 – Proc. 1635/2007-2 (Ezaguy Martins).

[1174] José Carlos Moitinho de Almeida, *O Contrato de Seguro no Direito...*, *cit.*, p. 82. No mesmo sentido, José Bento, *Direito de Seguros*, *cit.*, p. 163.

[1175] Luiz Cunha Gonçalves, *Comentário...*, Vol. II, *cit.*, p. 543. No mesmo sentido, Francisco Guerra da Mota, *O Contrato...*, *cit.*, p. 392.

tratual ou se igualmente se refere à execução do contrato – e a controvérsia doutrinária e jurisprudencial em torno da questão. Assim, para Cunha Gonçalves, o do artigo 429º reporta-se às declarações efectuadas na fase negocial ou pré-contratual, e não posteriormente à formação do contrato[1176].

Assumindo perspectiva diversa, para os casos em que se verifica um agravamento superveniente do risco, entende Adriano Anthero que – salvo o caso do regime específico do § 1º do artº 446º do CCom, respeitante ao seguro de incêndio – no silêncio da lei, «se o segurado não der parte daqueles factos ao segurador, há nulidade do seguro, de harmonia com este artigo [429º]. E, se der parte, o segurador pode não continuar com o seguro nas condições em que estava»[1177].

[1176] Como refere o autor, «é preciso que a reticência se tenha dado no momento da celebração do contrato, ou seja, da assinatura da minuta» – Luiz Cunha Gonçalves, Comentário..., Vol. II, cit., p. 541. Entre a jurisprudência, sustentando que o artigo 429º é aplicável apenas às inexactidões ou omissões pré-contratuais, Ac. STJ de 14/04/1999 – Proc. 99S067 (Almeida Deveza); Ac. STJ de 09/12/1999 – Proc. 99S165 (Sousa Lamas); Ac. TRC de 16/05/2002 – Proc. 460/2002 (Bordalo Lema); Ac. STJ de 08/07/2003 – Proc. 3A2264 (Silva Salazar); Ac. STJ de 13/07/2004 – Proc. 4B2331 (Oliveira Barros); Ac. TRC de 23/11/2004 – Proc. 2568/04 (Regina Rosa); Ac. TRL de 17/02/2005 – Proc. 10357/2004-6 (Fátima Galante); Ac. STJ de 17/11/2005 – Proc. 5B3403 (Salvador da Costa); Ac. TRC de 30/05/2006 – Proc. 185/06 (Barateiro Martins); Ac. TRL de 18/05/2006 – Proc. 3022/2006-6 (Fátima Galante); Ac. TRP de 14/07/2008 – Proc. nº 0842036 (Paula Leal de Carvalho).

[1177] Adriano Anthero, Comentário..., Vol. II, cit., pp. 153-154. Também segundo Filipe Albuquerque Matos, o âmbito temporal de aplicação do artigo 429.º abrange, não só as declarações pré-contratuais, mas igualmente declarações a serem prestadas em fase de execução do contrato «estando em causa um seguro para cuja renovação se exija não apenas o pagamento do prémio, mas ainda a prestação de declarações actualizadas quanto aos elementos tidos como essenciais para a celebração do evento contratual» – Filipe Albuquerque Matos, "As declarações reticentes...", cit., pp. 463-464. Não cremos que esta posição seja sustentável, não só porque os contratos renováveis são tidos como um único contrato (e não como contratos sucessivos, como sucede na common law) mas também porque o agravamento do risco suscita a participação imediata do facto ao segurador (e não aquando da renovação do contrato), como resulta do § 1.º do artigo 446.º do CCom. Defendendo a aplicabilidade do artigo 429.º a factos supervenientes à formação do contrato, cfr. Ac. TRP de 27/02/1984 – Proc. 2886 (Mendes Pinto); Ac. TRP de 08/04/1991 – Proc. 123457 (João Gonçalves); Ac. TRP de 14/03/1995 – Proc. 9420632 (Almeida e Silva); Ac. TRP de 14/01/1997 – Proc. 9620728 (Araújo Barros); Ac. TRC de 10/10/2000 – Proc. 1898/2000 (Joaquim Cravo). A título de exemplo, refere se no Ac. TRL de 08/02/2007 – Proc. 10077/2006-6 (Granja da Fonseca): «se a leitura apressada deste artigo 429º pode fazer supor que apenas abrange as declarações a prestar pelo segurado ou proponente na altura da celebração do contrato, certo é dever entender se que, "sempre que se verifique qualquer modificação que aumente o risco, seja em que ramo for, deve o segurado, logo que a conheça ou que dela se aperceba, correr a declará-la, sob pena de nulidade do seguro, nos termos do artigo 429º"». E também no Ac. STJ de 21/11/2001 – Proc. 33313/2000 – José António Mesquita (Jurisprudência n.º 10/2001 – publicado no DR de 27/12/2001): «não obstante se poder concluir, da simples leitura do supra referido preceito, que a relevância das declarações para efeitos de validade do acordo opera apenas no momento da celebração do negócio, quer a

Na verdade, porém, como defende Cunha Gonçalves, o *agravamento do risco* é regulado, não pelo artigo 429º, mas por um princípio geral que decorre de várias disposições (artigos 446º, 459º e 608º do CCom)[1178]. Os elementos literal, histórico e sistemático da interpretação desmentem, aliás, a orientação de Anthero e da jurisprudência referida.

XIV. Para além do instituto do agravamento do risco, que acabamos de referir, também o da *inexistência do risco* apresenta afinidades com o nosso objecto de análise. Este instituto, expressão do princípio da nulidade do negócio cujo objecto seja física ou legalmente impossível (nº 1 do artigo 280º do CC) encontra-se reflectido em várias disposições do CCom, parcialmente sobrepostas entre si (artigo 436º, nº 1 do artigo 437º e artigo 461º do CCom). Como nota Cunha Gonçalves, «a nulidade do seguro por falta de risco verifica-se de pleno direito, no interesse de ambas as partes»[1179], podendo ser invocada, quer por acção, quer por excepção. Embora, para autores como Adriano Anthero, o instituto em causa seja é uma decorrência do artigo 429º do CCom[1180], do nosso ponto de vista o mesmo reporta-se à *possibilidade* do objecto do contrato (*rectius*, ao *conhecimento* dessa possibilidade).

XV. Outro instituto de manifesta afinidade com o da declaração do risco é o do vício próprio da coisa segura, que encontra expressão no nº 2 e no § 2º do artigo 437º e no nº 3 do artigo 443º do CCom[1181]. Está em causa, no fundo, o conhecimento *superveniente* à formação do contrato[1182] (e anterior à produção do sinistro)[1183], pelo tomador do seguro ou segurado, de uma característica (vício)

---

jurisprudência quer a doutrina têm vindo a defender a aplicabilidade de tal regime sempre que se verifique qualquer modificação que altere (aumente) o risco, ou seja, sempre que estiverem em causa circunstâncias ou elementos relevantes para a determinação do conteúdo concreto do contrato, no caso da sua permanente actualização».

[1178] Neste sentido, Luiz Cunha Gonçalves, *Comentário...*, Vol. II, *cit.*, p. 530. Júlio Gomes refere, a propósito da relação entre o regime do agravamento do risco e o da declaração inicial do risco, que aquele se reporta à actualização de factos já incluídos no dever de declaração inicial do risco, isto é, a factos já relevantes para a opinião do risco em sede de formação contratual, e cuja modificação superveniente veio a representar um agravamento do risco contratado – Júlio Gomes, "O dever de informação do tomador...", *cit.*, p. 108.

[1179] Luiz Cunha Gonçalves, *Comentário...*, Vol. II, *cit.*, p. 529.

[1180] Adriano Anthero, *Comentário...*, Vol. II, *cit.*, p. 173.

[1181] Na LCS o art. 124º – vícios próprios da coisa segura – remete para o regime da declaração inicial do risco, o que também traduz a analogia de institutos.

[1182] No que o âmbito de aplicação se distingue do artigo 429º do CCom.

[1183] Como refere Adriano Anthero, se à data do sinistro o vício não for conhecido do segurado esse vício integrará o risco seguro, não havendo quaisquer implicações sobre a validade ou eficácia do contrato. Adriano Anthero, *Comentário...*, Vol. II, *cit.*, p. 176.

da coisa segura *já existente* à data da conclusão do contrato[1184] que afecte a probabilidade de produção do sinistro ou as consequências deste[1185]. A noção de *vício próprio* da coisa segura não é por si evidente[1186].

A *ratio* dos preceitos, como refere José Bento, assentaria na natureza e âmbito do contrato de seguro, que apenas contemplaria – pelo menos, de forma tendencial – a origem externa da verificação do risco e não a proveniente da própria coisa segura[1187]. Pela nossa parte, pensamos que o âmbito do preceito transcende a noção estrita de "vício intrínseco", abrangendo todas as circunstâncias da coisa segura passíveis de influenciar o risco, e que a *ratio* assenta numa extensão do artigo 429º, na linha defendida por Adriano Anthero[1188].

Relativamente ao § 2º do artigo 437º, a faculdade de o segurador *declarar sem efeito* o seguro corresponderá ao exercício do direito à resolução (ou rescisão) do contrato[1189], diversamente da invalidade prevista no artigo 429º. Em qualquer caso, segundo Cunha Gonçalves, não se poderá afirmar, em rigor, relativamente ao nº 2 do artigo 437º, que o seguro fica sem efeito, mas antes que o segurador não é, nesse caso, responsável pelo sinistro (não se excluindo que o seja – e que, portanto, o contrato mantenha a sua plena eficácia – quanto a sinistros em que o referido vício não integre o nexo causal), caso em que a indemnização (só) não será exigível quando o dano resulte de vício próprio da coisa segurada, do conhecimento do segurado e não abrangido pelo âmbito do risco contratado[1190].

[1184] No que o instituto se distingue do agravamento do risco.

[1185] Como notam José Bento, *Direito de Seguros, cit.*, p. 206; e Cunha Gonçalves, *Comentário...*, Vol. II, *cit.*, p. 566, o segurado haverá, não só de conhecer o vício, mas de o conhecer como potencialmente causador do sinistro. Quanto ao ónus de alegação e prova do conhecimento, competirá o mesmo ao segurador.

[1186] Adriano Anthero dá como exemplos: «se o feno ou a palha segurados estavam em tal efervescência que podiam facilmente incendiar-se, e de facto se incendiaram; se o vinho seguro já azedava; se a cevada segura já começava a germinar» (*Comentário...*, Vol. II, *cit.*, p. 177). Cunha Gonçalves dá igualmente como exemplos a fermentação ou combustão espontânea da coisa segura, ou o derramamento ou escoamento de um líquido por defeito do contentor em que é transportado (*Comentário...*, Vol. II, *cit.*, p. 565).

[1187] José Bento, *Direito de Seguros, cit.*, p. 204.

[1188] Adriano Anthero, *Comentário...*, Vol. II, *cit.*, p. 177.

[1189] Luiz Cunha Gonçalves, *Comentário...*, Vol. II, *cit.*, p. 566.

[1190] Luiz Cunha Gonçalves, *Comentário...*, Vol. II, *cit.*, pp. 565-6. Também neste sentido, José Bento, *Direito de Seguros, cit.*, p. 204. Defende José Bento que, se o sinistro ocorrer dentro do prazo de oito dias a contar do conhecimento do vício, sem que o tomador o haja comunicado, o segurador poderá legitimamente recusar a sua prestação pecuniária – *idem*, p. 205 (segundo o autor, o segurador deveria então declarar sem efeito o seguro no prazo de cinco dias previsto na alínea c) do nº 1 do artigo 228º do CC). Se, porém, o sinistro ocorrer após a referida comunicação atempada, já o segurador não poderá recusar-se a indemnizar – *idem*, p. 206. A disposição do nº 2 poderá parecer redundante face ao que já resulta do § 2º (o vício próprio conhecido e não declarado ao segurador

Também quanto ao prémio são diversas as cominações previstas nos § único do artigo 429º e 2º do artigo 437º. No primeiro caso, atenta a má fé do segurado, o segurador ganha direito a todo o prémio já vencido. No segundo, o segurador apenas tem direito ao prémio correspondente ao período já decorrido e a metade do *pro-rata* correspondente ao período não decorrido do último prémio pago[1191].

XVI. O regime consagrado pelo artigo 429º, embora surja na continuidade do que resultava do CCom precedente, denota algumas divergências de que importa dar conta. Desde logo, o regime surge formalmente unificado, num único artigo, para as omissões e inexactidões, importando, em qualquer dos casos, a anulabilidade do contrato. Porém, uma análise literal ao preceito revela que, à semelhança do que ocorria com o CCom de 1833, só relativamente às "reticências" se exige o conhecimento (da realidade omitida) por parte do proponente.

Também quanto ao critério de aferição da essencialidade da circunstância inexacta ou omitida, o artigo 429º não se afasta dos artigos 1677º e 1678º do anterior CCom: o preceito basta-se com a *susceptibilidade de influência* sobre a existência ou condições do contrato, ou seja, com essa potencial influência, aferida em abstracto, irrelevando se, no caso concreto, aquela circunstância afectou, de facto, a opinião do risco.

A principal demarcação do regime do Código de Ferreira Borges, porém, surge da ténue ponderação que passa a atribuir-se à censurabilidade da conduta do proponente. Embora o incumprimento comporte sempre a invalidade do contrato, a má fé do proponente surge como objecto de um particular desvalor jurídico, sendo cominada com a perda do prémio a favor do segurador. Esta ponderação da culpa do proponente, ainda que de efeitos reduzidos, revela a tímida emergência de fundamentos diversos na base do regime: uma modulação da *ratio legis*, que deixa de assentar exclusivamente na tutela da vontade do segu-

---

no prazo de oito dias importará sempre a possibilidade de resolução do contrato); porém, o nº 2 terá o seu efeito útil nos casos em que o sinistro ocorra dentro do prazo dos 8 dias referidos, caso em que a possibilidade de resolução não resultava ainda do § 2º. Por outro lado, e por maioria de razão, entendemos que, no âmbito do nº 2, à exoneração do segurador pela indemnização do dano acresce o direito à resolução do contrato. Ou seja, se, participado o vício (nos termos do § 2º) o segurador pode resolver o contrato, por maioria de razão o poderá fazer se o segurado não tiver feito essa participação e o referido vício só vier ao conhecimento do segurador na sequência de um sinistro. Neste último caso, poderá mesmo o segurador que já haja liquidado o sinistro exigir a devolução do montante da indemnização paga; se, pelo contrário, o segurador tem conhecimento do vício e mantém o contrato em vigor nos mesmos termos, continuando a cobrar prémios, deixará de poder escusar-se ao pagamento da indemnização – cfr. Luiz Cunha Gonçalves, *Comentário...*, Vol. II, *cit.*, p. 566.

[1191] Será este o sentido útil da expressão «metade do prémio não vencido» – Adriano Anthero, *Comentário...*, Vol. II, *cit.*, p. 177; Arnaldo Pinheiro Torres, *Ensaio...*, *cit.*, p. 159.

rador, passando a ser também permeável a considerações de censurabilidade da conduta inadimplente[1192].

A aplicação recente do CCom traduzia-se em orientações jurisprudenciais díspares e contraditórias, entre si e perante o regime legal em causa. Mais do que um Direito judicial *praeter legem*[1193] disseminou-se uma constelação de decisões *contra legem*. Não se tratou, na generalidade dos casos, do desenvolvimento do Direito a partir de princípios gerais complementadores da lei, mas antes de uma incorrecta interpretação e aplicação da norma, de uma incapacidade de compreensão do seu fundamento, significado e alcance, de um alheamento do julgador face ao universo coerente do contrato de seguro[1194]. Em qualquer caso, o peso dos anos do CCom fazia sentir a necessidade de reforma, várias vezes ensaiada, do Direito material de seguros.

[1192] Na verdade, o regime do artigo 429º espelha de forma clara, nas cominações ali estabelecidas, um dúplice fundamento. Em primeiro plano, ao nível da tutela do consentimento do segurador, estabelecia a invalidade do contrato qualquer que fosse o estado subjectivo do proponente. Secundariamente, ao nível da boa fé e dos deveres pré-contratuais de conduta, estabelecia uma cominação ressarcitória e punitiva que atendia já à censurabilidade da conduta do proponente (a perda do prémio a favor do segurador).

[1193] Luís Diez-Picazo, "Prólogo", *cit.*, p. 17.

[1194] Não se manifestam, portanto, semelhanças com a jurisprudência *praeter* e *contra legem* desenvolvida na Alemanha, com base no § 242 BGB, como criação judicial inovadora (Franz Wieacker, *Zur rechtstheoretischen...*, *cit.*, p. 51), resultante de exigências de justiça material e assente numa cláusula geral (boa fé), operando «rupturas historicamente duradouras que coloquem a experiência ético-jurídica sobre um novo plano» (*idem*, p. 80 – trad. nossa).

VII
A Lei do Contrato de Seguro – Perspectiva Sistemática

VII.1. ASPECTOS GERAIS DA DECLARAÇÃO DO RISCO NA LCS

VII.1.1. A reforma do Direito material dos seguros

I. A sobrevivência, até aos nossos dias, do regime do CCom de 1888, terá resultado da conjugação de vários factores. Por um lado, o carácter supletivo daquele regime facilitou a sua adaptação à evolução do mercado de seguros e da prática seguradora. Por outro lado, nos aspectos onde urgia uma intervenção normativa mais imediata, o Estado foi actuando através da regulação específica de vários aspectos do contrato de seguro, designadamente através da proliferação de legislação avulsa ou do poder regulamentar da entidade reguladora dos seguros (actualmente o ISP[1195]).

Porém, é incontornável o peso histórico das soluções consagradas no CCom – que se evidencia tanto numa perspectiva ideológica como técnico-jurídica – e que hoje contrasta com as tendências seguidas pela generalidade dos ordenamentos estrangeiros de referência e com o próprio sentido dominante de justiça (o que, aliás, transparece de forma paradigmática na regulação da declaração do risco, onde o artigo 429º se revelava quase insólito, dando azo, internamente, ao desenvolvimento da já referida jurisprudência *contra legem*). Por outro lado, a falta de unidade regulatória da disciplina do contrato de seguro – pela dispersão de fontes e consequente falta de harmonia e de coerência entre elas – bem como

---

[1195] Sobre a evolução e o papel da entidade de supervisão de seguros em Portugal, cfr. a síntese de Carlos Costa Pina, "A estrutura do sistema financeiro português", *in* António Menezes Cordeiro; Luís Menezes Leitão e Januário Costa Gomes (Coords.), *Estudos em Homenagem ao Professor Doutor Inocêncio Galvão Telles*, Vol. II, Coimbra, Almedina, 2002, pp. 639 ss.

a existência de lacunas nunca inteiramente superadas, há muito vinham reclamando a reforma do Direito material dos seguros.

Neste contexto, a necessidade de reforma do regime do contrato de seguro vinha sendo, de há muito, apontada pela doutrina e por alguns sectores do tecido social. Na verdade, já no início do séc. XX, Emygdio Silva reclamava a regulação especial do contrato de seguro em diploma autónomo – à semelhança dos exemplos suíço, alemão e francês – em virtude, nomeadamente, de a declaração do risco reclamar soluções específicas[1196]. Várias foram também as iniciativas governamentais goradas, desde 1929, de reforma do regime do contrato de seguro[1197], visando a sua autonomização relativamente ao CCom.

Neste quadro, há a apontar a elaboração de três projectos de disciplina do contrato de seguro que ficariam, todos eles, por implementar: o de Moitinho de Almeida, em 1971; o de Mário Raposo, de 1991 (revisto em 1996); e o de Menezes Cordeiro, de 1999[1198]. Posteriormente, foi criada, através do Despacho nº

[1196] Fernando Emygdio Silva, *Seguros Mútuos, cit.*, p. 563.

[1197] Sobre os antecedentes do actual processo de reforma do direito material de seguros, cfr. José Carlos Moitinho de Almeida, "Lei do contrato de seguro", *SPAIDA – Boletim Informativo*, nº 3, Setembro 2004, pp. 5-7; José Carlos Moitinho de Almeida, "Para um novo Direito dos Seguros", *in* AAVV, *Actas do I Congresso Nacional de Seguros*, Lisboa, Grémio dos Seguradores, 1971, pp. 340-347; António Menezes Cordeiro, "A reforma do direito material dos seguros: o anteprojecto de 1999", *RFDUL*, XLII, nº 1, 2001, pp. 481-531; António Menezes Cordeiro, "Da reforma do direito dos seguros", *in* António Moreira e M. Costa Martins (Coords.), *III Congresso Nacional de Direito dos Seguros – Memórias*, Coimbra, Almedina, 2003, pp. 15-23; António Menezes Cordeiro, "Direito dos seguros – Perspectivas de reforma", *in* António Moreira, e M. Costa Martins (Coords.), *I Congresso Nacional de Direito dos Seguros – Memórias*, Coimbra, Almedina, 2000, pp. 19-29; ISP, "Reformulação da lei do contrato de seguro", *Fórum*, nº 14 (Jan. 2002), pp. 7-30; Pedro Romano Martinez, "Modificações...", *cit.*, pp. 8 ss.; Pedro Romano Martinez, "Novo Regime...", *cit.*, p. 31; M. Costa Martins, "Reforma da legislação de seguros", *Lusíada (Série de Direito)*, nº 1 e 2, 1999, pp. 559-570; Mário Raposo, "Regulação legislativa do contrato de seguro. Uma nota sumária", *ROA*, Ano 56, Vol. III (Dez. 1996), pp. 815-836.

[1198] Impõe-se uma palavra prévia sobre este processo de reforma e sobre o Anteprojecto de Regime Geral do Seguro que dele emergiu. Assim, em 1998 foi constituída, no âmbito do Conselho Superior de Finanças do Ministério das Finanças, a Comissão de Reforma do Contrato de Seguro, presidida por António Menezes Cordeiro e cujo Anteprojecto iria ficar sem seguimento. No que de mais relevante concerne o nosso objecto de estudo, o Anteprojecto consagra, no artigo 5º, um dever geral de boa fé vinculando ambas as partes e, no nº 1 do artigo 18º, dispõe-se que «o tomador deve agir com lealdade, prestando as informações legal ou contratualmente exigidas e não agravando dolosamente o risco assumido pelo segurador». Maior destaque é devido, porém, aos artigos 26º a 28º. Na primeira destas disposições prescreve-se que «cabe, em especial, ao tomador, prestar, ao segurador, as informações seguintes: a) aspectos contratualmente relevantes para a avaliação do risco transferido; b) circunstâncias extraordinárias, do seu conhecimento, que possam agravá-lo». Por seu turno, dispõe o nº 1 do artigo 27º que «a não prestação culposa das informações exigíveis ao tomador permite, nos termos contratuais, a redução do risco seguro, na parte atingida», acrescentando o nº 2 que «o ónus da prova corre pelo segurador». Finalmente, em matéria de seguro

22409/2006, de 22 de Setembro, do Secretário de Estado do Tesouro e Finanças, a Comissão de Revisão do Regime Jurídico do Contrato de Seguro, sob a coordenação de Pedro Romano Martinez, a qual produziu um Anteprojecto de Lei do Contrato de Seguro que, após uma fase de discussão pública[1199] veio a ser entregue ao Governo com algumas alterações[1200], vindo a dar origem ao Regime Jurídico do Contrato de Seguro (LCS), aprovado com o DL 72/2008, de 16 de Abril, e que entrou em vigor em 1 de Janeiro de 2009, nos termos do artigo 7º deste diploma[1201].

II. Embora adaptando, actualizando e articulando algumas soluções já vigentes – domínio onde não é operada uma ruptura com os antecedentes legislativos – a LCS assenta em princípios ideológicos claramente diferenciados dos que envolviam o CCom, buscando uma igualdade material entre as partes (atendendo a que uma delas, quando recondutível à noção de "consumidor", se encontra numa posição mais vulnerável e carente de tutela legal) e balizando a autonomia contratual através de limites de ordem pública, traduzidos no estabelecimento de normas imperativas[1202].

Por outro lado, a LCS veio unificar, num único diploma, as normas legais reguladoras do contrato de seguro, alargando o âmbito e detalhe do seu quadro regulador. Desta forma, introduziu um incremento da certeza e segurança jurídicas, aumentando a acessibilidade à norma e potenciando, quer uma maior tutela dos direitos das partes, quer o aumento da segurabilidade dos riscos[1203].

No que concerne à declaração inicial do risco, o novo diploma visou reduzir a margem de incerteza que resultava do artigo 429º do CCom[1204] e assegurar um

por conta de outrem, estabelece o nº 2 do artigo 28º que «a boa fé do tomador não aproveita ao segurado de má fé, sendo irrelevante a interposição fictícia daquele».

[1199] O Ministério das Finanças, através do ISP, colocou, em 26 de Julho de 2007 e até 30 de Setembro de 2007, em consulta pública (Consulta Pública nº 8/2007), o Anteprojecto.

[1200] Cfr. Pedro Romano Martinez, "Novo Regime...", *cit.*, pp. 23-117.

[1201] A LCS não revogou integralmente o regime do CCom aplicável ao contrato de seguro. Com efeito, o seguro marítimo (seguro contra riscos de mar), regulado nos artigos 595º a 615º do CCom, ficou intocado, permanecendo em vigor. Importa referir que o artigo 595º do CCom dispõe que, aos seguros contra riscos de mar, são aplicáveis as regras dos artigos 425º ss. (disposições gerais dos seguros) e 432º ss. (disposições gerais dos seguros contra riscos). Estes artigos foram expressamente (e sem reserva) revogados pela LCS (alínea a) do nº 2 do artigo 6º do DL 72/2008, de 16 de Abril). Assim, a remissão feita no artigo 595º do CCom para as disposições gerais haverá de ter-se por feita para o regime que as veio substituir (LCS).

[1202] Cfr. o Preâmbulo do DL 72/2008, de 16 de Abril; e Arnaldo Oliveira e Eduarda Ribeiro, "Novo regime...", *cit.*, pp. 13 ss., que extraem da LCS dois princípios orientadores: o *princípio da imperatividade* e o *princípio da protecção da parte fraca*.

[1203] Arnaldo Oliveira e Eduarda Ribeiro, "Novo regime...", *cit.*, pp. 11 ss.

[1204] Cfr. o Preâmbulo do DL 72/2008, de 16 de Abril; e a nota explicativa do projecto, Pedro Romano Martinez, "Novo Regime...", *cit.*, p. 37.

equilíbrio substancial entre as partes, considerando que o tomador do seguro em seguros de riscos de massa se encontra numa posição mais vulnerável do que o segurador[1205]. Foi, assim, introduzido um regime bastante mais complexo, com soluções diferenciadas em função da censurabilidade da conduta do proponente na violação do dever de informação pré-contratual, e que, como veremos em detalhe, envolve activamente o segurador no cumprimento daquele dever[1206].

VII.1.2. Aplicação no tempo e imperatividade

I. A aplicação no tempo da LCS – particularmente no que concerne o regime da declaração do risco e do seu incumprimento – suscita a questão da aplicabilidade do novo regime aos contratos de seguro em curso à data em que a nova lei inicia vigência.

Sobre a matéria, cumpre, antes de mais, analisar o artigo 12º do CC, preceito que corporiza uma regra geral aplicável a toda a ordem jurídica. Para além da consagração, no nº 1 do citado artigo, do princípio da irretroactividade da lei, o nº 2 distingue os casos em que a lei dispõe sobre as condições de validade formal ou substancial de quaisquer factos ou sobre os seus efeitos[1207] (caso em que a nova lei se aplica apenas aos factos novos) daqueles em que a lei dispõe directamente sobre o conteúdo de certas relações jurídicas, abstraindo dos factos que lhes tenham dado origem[1208] (caso em que a nova lei abrange as relações já constituídas, que subsistam à data da sua entrada em vigor)[1209]. Ora, no regime da declaração do risco a LCS estabelece condições de validade substancial (artigo 25º) e de plena eficácia (artigo 26º) do contrato de seguro, pelo que, desde logo,

---

[1205] Neste sentido, Arnaldo Oliveira e Eduarda Ribeiro, "Novo regime...", *cit.*, p. 22.

[1206] O novo regime não tem, porém, escapado a algumas críticas, quer pela sua complexidade, quer por ser, alegadamente, demasiado favorável ao segurador – Júlio Gomes, "O dever de informação do (candidato a) tomador...", *cit.*, p. 387.

[1207] Sempre que, como resulta, *a contrario*, da segunda parte do preceito, se verifica uma ligação íntima entre os efeitos e os factos geradores dos mesmos, ou, nas palavras de Marcelo Rebelo de Sousa e Sofia Galvão, sempre que esses efeitos «não possam ou não devam ser destacados ou separados dos factos que os geraram». Marcelo Rebelo de Sousa e Sofia Galvão, *Introdução ao Estudo do Direito*, 5ª Ed., Lisboa, Lex, 2000, p. 94.

[1208] É certo que, como nota Oliveira Ascensão, «o próprio conteúdo de situações jurídicas pode ser sempre considerado *efeito* de um facto, pois todas as situações jurídicas resultam de factos» (José de Oliveira Ascensão, *O Direito...*, *cit.*, p. 560), pelo que o critério decisivo de aplicação da lei no tempo será frequentemente o da segunda parte do nº 2.

[1209] Como refere Menezes Cordeiro, a primeira parte do nº 2 refere-se aos casos em que a nova lei visa disciplinar os próprios factos jurídicos, atendo-se à validade formal ou substancial destes, e aplicando-se apenas aos factos novos. Já na segunda parte do preceito, a lei nova pretende regular situações jurídicas, aplicando-se às que subsistirem, mesmo quando tenham sido formadas no quadro da lei antiga. Cfr. António Menezes Cordeiro, "Da aplicação da Lei no tempo e das disposições transitórias", *Legislação: Cadernos de Ciência de Legislação*, nº 7 (Abr.-Jun. 1993), p. 22.

perante a regra geral do nº 2 do artigo 12º do CC, os preceitos sobre declaração do risco da LCS haveriam de se aplicar apenas aos factos novos, isto é, aos contratos concluídos após a sua entrada em vigor[1210].

Porém, a própria LCS consagra regras especiais de direito transitório formal, de que importa dar conta. Assim, o nº 1 do artigo 2º do DL 72/2008 estabelece que o novo regime se aplica aos contratos de seguro celebrados após a data de entrada em vigor da lei, bem como *ao conteúdo* dos contratos celebrados anteriormente e que subsistam à data da entrada em vigor da mesma. O preceito segue, assim, a regra geral do artigo 12º do CC[1211], pelo que o novo regime da declaração pré-contratual do risco deverá aplicar-se, como já referido, apenas aos contratos celebrados após a data de entrada em vigor da LCS. Mesmo que subsistissem dúvidas quanto aos preceitos da LCS que não se reportam à regulação do conteúdo do contrato, mas antes à formação do mesmo – e que, portanto, haverão de aplicar-se *apenas aos contratos novos* – o nº 1 do artigo 3º do mesmo diploma[1212] apresenta uma enumeração exemplificativa dos referidos preceitos, neles incluindo expressamente os artigos 24º a 26º (que mais directamente concernem o regime da declaração inicial do risco)[1213].

II. Diferente poderia ter sido, porém, o critério legal adoptado no regime transitório da LCS quanto ao regime da declaração do risco, atendendo às especificidades deste regime. Na verdade, a *ratio* do direito transitório assenta, do nosso ponto de vista, em primeira linha, numa solução de compromisso entre dois conjuntos de preocupações conflituantes. Por um lado, a da salvaguarda da *certeza* e *segurança* jurídicas, a que acrescem um imperativo de *previsibilidade* dos

---

[1210] Referindo expressamente que a nova lei reguladora de vícios do consentimento se aplica apenas aos factos posteriores ao seu início de vigência, Pires de Lima e Antunes Varela, *Código Civil Anotado*, Vol. I, 4ª Ed., Coimbra, Coimbra Ed., 1987, p. 61. Quanto às regras sobre responsabilidade civil, refere Abreu Mota que «a norma está a desvalorar directamente o acto, o qual deve ser regido pela lei à data em que foi praticado» – Sérgio de Abreu Mota, "Da aplicação de leis no tempo", *RJ*, nº 21 (Jun. 1997), p. 191.

[1211] Pedro Romano Martinez, "Artigo 2º – Anotação", *in* Pedro Romano Martinez *et al.*, *LCS Anotada*, *cit.*, p. 25.

[1212] Nos termos desta disposição, nos contratos de seguro com renovação periódica, o novo regime aplica-se apenas a partir da primeira renovação posterior à data da entrada em vigor da LCS, com excepção das regras respeitantes à formação do contrato (passando a enumerar-se exemplificativamente algumas delas).

[1213] Reconhecendo correctamente o âmbito temporal do novo regime da declaração do risco, cfr. Ac. TRL de 23/09/2010 – Proc. nº 1295/04.6TBMFR-6 (José Eduardo Sapateiro); Ac. TRP de 04/10/2010 – Proc. nº 1793/09.5TJPRT.P1 (Maria Adelaide Domingos); e também o Ac. TRC de 21/09/2010 – Proc. nº 337/08.0TBALB.C1 (Teles Pereira), embora aqui com base na data do sinistro (2005), e não da formação do contrato. Cfr. também João Valente Martins, *Notas Práticas...*, 2ª Ed., *cit.*, p. 58.

efeitos jurídicos associados às condutas humanas e uma orientação no quadro do *princípio da igualdade*[1214]. Por outro lado, a de que a actualidade da nova lei aconselha a sua aplicação imediata ao universo das situações subsistentes, considerando que esta lei encerra, em princípio, um regime tecnicamente mais aperfeiçoado (atenta a evolução da ciência do Direito) e que comporta soluções mais justas, atendendo aos valores dominantes à data da sua elaboração.

Neste quadro, e no que respeita à matéria da declaração do risco, o regime da LCS comporta um sentido geral de restrição dos direitos do segurador (quanto à amplitude do direito de impugnação do contrato e às consequências da mesma) e, em certa medida, dos deveres do proponente. Ora, as situações em que pode estar em causa a pretensão de aplicação do regime das omissões ou inexactidões são precisamente casos em que se tenha verificado um incumprimento, pelo proponente, do dever de declaração do risco, mas em que esse incumprimento seja ainda desconhecido do segurador (que terá confiado na lealdade do proponente). Assim, as situações de contratos vigentes que enfermem de omissões ou inexactidões quanto à declaração do risco (ainda ignoradas pelo segurador), são precisamente casos em que o conflito acima referido não se verificaria, isto é, em que a aplicação imediata da lei nova não poria em causa a certeza, segurança, previsibilidade e igualdade[1215]. Nesta perspectiva, os únicos aspectos que a lei nova deveria salvaguardar em nome das referidas certeza, segurança e previsibilidade, reconduzem-se ao preceituado nos nºs 3 e 4 do artigo 24º da LCS – disposições inovadoras cujo cumprimento o segurador nunca poderia retroactivamente assegurar – bem como a parte final do nº 4 do artigo 25º.

Acresce que as cominações do incumprimento do proponente assumem, pelo menos em parte, como veremos, carácter eminentemente sancionatório (reprovação do Direito por uma conduta axiologicamente desvaliosa), pelo que a atenuação dessas cominações sempre poderia merecer um tratamento análogo aos princípios que regem a aplicação no tempo da lei penal (aplicação do regime que, em concreto, se revela mais favorável ao agente).

Finalmente, há a considerar, por um lado, a tendencialmente longa duração dos contratos de seguro (que, nos seguros de vida, pode estender-se por prazos contratuais superiores a 30 anos e, nos outros ramos, ainda que com renovações

---

[1214] Quanto à relevância deste princípio em direito transitório, cfr. António Menezes Cordeiro, "Da aplicação...", *cit.*, p. 27; e Marcelo Rebelo de Sousa e Sofia Galvão, *Introdução...*, *cit.*, pp. 95-96.

[1215] Solução diversa, nesta perspectiva, seria a do caso em que a nova lei ampliasse o dever do proponente ou agravasse a cominação do mesmo. Neste caso, ao impor-lhe retroactivamente um regime mais severo, a nova lei violaria os princípios da certeza, previsibilidade e segurança (que tutelam a posição de quem confiou no Direito). Tal não seria, porém, o caso do segurador: se este decidiu contratar em certas condições tarifárias foi por confiar na verdade das informações prestadas pelo proponente, e não por confiar que, em caso de incumprimento, por este, do dever declarativo, poderia contar com uma repressão legal severa daquele incumprimento.

periódicas, podem atingir períodos excedendo em muito a década); por outro lado, o facto de as inexactidões ou omissões só serem normalmente descobertas pelo segurador na sequência das investigações subsequentes à ocorrência do sinistro. Desta forma, continuará a vigorar o regime da declaração do risco do artigo 429º do CCom, para os contratos concluídos antes da entrada em vigor da LCS, durante um período tendencialmente longo[1216].

III. Nos termos do nº 1 do artigo 13º da LCS, o regime da declaração pré-contratual do risco (artigos 24º a 26º do mesmo diploma) encontra-se entre as normas relativamente imperativas, isto é, aquelas para as quais pode ser estabelecido um regime mais favorável ao tomador do seguro, ao segurado ou ao beneficiário[1217].

Importará suscitar a questão, atenta a complexidade do regime, sobre se só será admissível um regime convencional que não seja *em nenhum aspecto* menos favorável, ou se, pelo contrário, é admissível um regime convencional *globalmente* mais favorável. Por razões de certeza e segurança jurídica, tendemos para a primeira alternativa, tendo em conta a dificuldade de comparar globalmente dois regimes muito díspares e de avaliar qual é mais favorável no seu conjunto. Assim, tomando o regime legal como base, só serão admissíveis disposições convencionais derrogatórias *na medida* em que se apresentem mais favoráveis e *só* quanto aos aspectos pontualmente mais favoráveis ao tomador, segurado ou beneficiário.

Importa, porém, referir que nos seguros de grandes riscos, e nos termos do nº 2 do artigo 13º da LCS, o regime da declaração do risco não é imperativo, mas

---

[1216] Contra os argumentos expendidos sempre se poderá invocar que não é indiferente, para o segurador – considerando as condições tarifárias que o mesmo aplica aos contratos – que o regime da declaração do risco lhe confira uma tutela mais generosa ou, pelo contrário, adopte uma posição mais protectora do proponente. A aplicação do regime da declaração do risco da LCS aos contratos em curso à data da entrada em vigor da lei comprometeria, nessa medida, a certeza e segurança em que deve assentar o sistema jurídico, na medida em que imporia uma alteração de um dos elementos do risco assumido pelo segurador (uma das variáveis – o regime jurídico – que influenciam a probabilidade de o segurador ter de suportar um sinistro e a dimensão do seu custo) sem que o segurador tivesse a possibilidade contratual de corrigir o prémio aplicável.

[1217] Ainda no âmbito do regime do CCom, salientava José Vasques que a cominação legal para o incumprimento do dever de declaração do risco não poderia ser agravada pelo segurador, atento o seu carácter de ordem pública. Porém, nos casos em que se verificasse a boa fé do tomador do seguro, nada obstaria a que o segurador aplicasse uma cominação menos severa – José Vasques, *Contrato de Seguro – Notas...*, *cit.*, p. 226 – ou, poder-se-ia acrescentar, que o próprio contrato estabelecesse uma sanção menos gravosa. A ideia de imperatividade relativa encontra-se, aliás, consagrada em outros diplomas reguladores do contrato de seguro. Assim, p. ex., a citada proposta de Directiva do Conselho, modificada em 30 de Dezembro de 1980, estabelecia, no seu artigo 12º, que as partes podiam derrogar as disposições de implementação da directiva, mas apenas em sentido mais favorável ao tomador, ao segurado ou ao terceiro lesado. Disposição semelhante, abrangendo a matéria da declaração inicial do risco, consta também, p. ex., do artigo 1932º do CC italiano.

apenas supletivo. Assim, alguma doutrina admite mesmo, nestes casos, a licitude de uma sanção convencional para as omissões ou inexactidões que corresponda à própria nulidade do contrato[1218].

VII.1.3. Generalidades

I. Sobre o regime da declaração do risco na LCS, importa, desde logo, louvar a respectiva estrutura: assim, o artigo 24º determina o âmbito da vinculação informativa que incide sobre o proponente ou o segurado, enquanto os artigos 25º e 26º definem as cominações para o respectivo incumprimento. A clara identificação de um dever legal de declaração do risco segue a tendência de outros ordenamentos, em oposição ao que resultava do CCom ou de outros sistemas jurídicos, onde o dever de conduta é um mero *pressuposto* nunca explicitado, e onde a lei se limita a regular as consequências do incumprimento. Foi, assim, evitada uma "estrutura punitiva", frequente na lei penal e que, em matéria de declaração do risco, tanta controvérsia doutrinária tem potenciado em outros ordenamentos (o italiano, por exemplo), designadamente quanto à natureza da vinculação do proponente[1219].

II. A regra geral sobre o dever de declaração do risco, tal como resulta do artigo 24º da LCS, envolve ambas as partes da relação negocial, numa procura de cooperação que já foi traduzida pela metáfora de um *tandem*[1220]. Desde logo, o nº 1 do referido artigo busca um critério objectivo e equitativo de definição da *relevância* dos factos ou circunstâncias omitidos ou inexactamente declarados. Por outro lado, o nº 2 do mesmo preceito mantém o sistema de declaração espontânea (já consagrado no CCom), responsabilizando o proponente, em primeira linha, pelo cumprimento de tal dever. Em contrapartida, porém, o nº 3 envolve o segurador no controlo do referido cumprimento, impedindo-o de se prevalecer, em certas circunstâncias em que haja negligenciado tal controlo, da invocação da declaração inexacta ou omissão. Finalmente, o nº 4 incumbe ao segurador o dever de informação do proponente sobre as consequências do incumprimento do dever de declaração do risco. A conjugação das referidas normas tenta, portanto, distribuir e equilibrar o dever de declaração do risco.

Relativamente ao regime do CCom, a solução da LCS apresenta-se, assim, mais equilibrada e conforme aos princípios da colaboração das partes e da reciprocidade da máxima boa fé. A incerteza anteriormente associada ao dever de declaração – resultante da sua elevada amplitude e da dificuldade, em muitos casos, de formulação, pelo proponente, de um juízo de relevância das informações a prestar – surge agora atenuada. Também as consequências do incumprimento

---

[1218] Maria Elisabete Ramos, *O Seguro...*, *cit.*, p. 450.
[1219] Carlos A. Schiavo, *Contrato de Seguro...*, *cit.*, pp. 116-117.
[1220] Arnaldo Oliveira, *A Declaração...*, *cit.*, p. 6.

surgem aligeiradas, deixando transparecer preocupações de equidade, de equilíbrio dos interesses e prestações em causa, de conservação do contrato, e de ajustamento à censurabilidade da conduta do proponente.

III. Sobre o aspecto que vimos de referir – ou seja, a atribuição de efeitos diversos, em função da culpa do declarante, às suas omissões ou declarações inexactas – a solução consagrada na LCS era já preconizada, numa perspectiva de *iure condendo*, por alguma doutrina[1221], tendo por base, aliás, soluções semelhantes de Direitos estrangeiros, e contrapõe-se à do CCom, onde as próprias omissões ou inexactidões de boa fé eram sancionadas[1222].

Assim, a cominação do incumprimento depende – diversamente do que é regra no Direito civil – não apenas da culpa do lesante, mas do próprio grau de culpabilidade do mesmo: se, em sede de responsabilidade civil, o lesante responde tanto por dolo como por negligência – apenas cumprindo ao tribunal atender ao grau de culpabilidade na determinação do quantitativo da indemnização[1223] – ao nível da declaração do risco, na LCS, as consequências para o dolo e a negligência são, como veremos, claramente diferenciadas.

VII.2. REQUISITOS DO DEVER DE INFORMAÇÃO (Nº 1 DO ARTº 24º)

VII.2.1. Âmbito temporal

I. Refere o nº 1 do artigo 24º da LCS que a declaração do risco deve ser efectuada *antes da celebração do contrato*[1224]. Assim, como vimos a propósito do *iter* negocial, a declaração do risco precede a conclusão do contrato, devendo, portanto, ocorrer na sua fase genética ou de formação e ainda que o contrato não venha, efectivamente, a ser celebrado. Em qualquer caso, constitui um pressuposto ou requisito prévio à formação do mesmo[1225].

Desta forma, como refere Danjon, é em função do momento da conclusão do contrato que se afere se foi cumprido o dever de declaração do risco[1226], pelo que

---

[1221] José Carlos Moitinho de Almeida, *O Contrato de Seguro no Direito...*, cit., pp. 77-78; José Vasques, "Declaração...", cit., p. 6.

[1222] Quanto à substituição da terminologia tradicional, que distinguia a *boa* da *má fé*, pelo recurso ao *grau de culpa* do declarante, defende Nuno Reis, com toda a pertinência, a opção legislativa da LCS, argumentando que esta é «mais adequada à adopção do "dever" como categoria analítica de base, numa linguagem estranha à época do legislador do Código Comercial e mesmo do Código Civil» – Nuno Trigo dos Reis, *Os Deveres...*, cit., p. 64.

[1223] Adriano Vaz Serra, "Culpa...", cit., p. 79.

[1224] Sobre o momento em que se deverá ter o contrato por celebrado, cfr. *supra*, II.1.4.

[1225] Pedro Rubio Vicente, *El Deber...*, cit., p. 55.

[1226] Daniel Danjon, *Traité...*, Tomo IV, cit., p. 533. Desta forma, não devem ser declaradas as circunstâncias que hajam cessado *irreversivelmente* à data da declaração do risco – Virginia Bado Cardozo, *El Riesgo...*, cit., p. 121.

o cumprimento do dever não se esgota no preenchimento do eventual questionário que acompanha a proposta ou com a entrega desta. Ele acompanha toda a fase de formação do contrato e o seu cumprimento terá de aferir-se pelas circunstâncias que venham ao conhecimento do proponente *até à conclusão* do contrato (aceitação da proposta, ainda que pelo silêncio do segurador)[1227].

II. Mesmo perante a circunstância de o contrato de seguro poder abranger riscos anteriores à sua data de celebração, nos termos do nº 2 do artigo 42º da LCS, o que releva, para efeito de aferição do cumprimento do dever de declaração do risco, é se à data da conclusão do contrato, o proponente tem conhecimento dos factos relevantes e se os mesmos subsistem. Pouco importa, portanto, que os efeitos do contrato retroajam a uma data anterior à desse conhecimento, ou à da própria emergência dos mesmos factos[1228].

III. Desta forma, qualquer informação relevante que venha ao conhecimento do tomador do seguro após a conclusão do contrato, ou qualquer agravamento posterior das condições do risco, não estão, por definição, abrangidos pelo dever pré-contratual de descrição do risco, sem prejuízo de serem objecto de um dever contratual de comunicação em sede de execução do contrato (regime do agravamento do risco)[1229].

O mesmo enquadramento deverá merecer o caso em que *não seja materialmente possível* fazer chegar ao conhecimento do segurador, antes da conclusão do contrato, a informação actualizada[1230]. Esta situação, cuja regulação a LCS (à semelhança do que ocorre noutros ordenamentos) não previu, configura uma lacuna, a ser integrada por aplicação analógica, com as necessárias adaptações, do regime do agravamento do risco[1231].

[1227] Cfr., p. ex., Hubert Groutel *et al.*, *Traité...*, *cit.*, p. 149; e Cesare Vivante, "Articolo 429.", *cit.*, p. 183. Particular interesse neste domínio tem o caso decidido pelo Ac. TRL de 17/09/2009 – Proc. nº 5890/05.8TVLSB.L1-6 (Fátima Galante), em que a fase pré-contratual de um contrato de seguro de vida se prolongou por mais de 2 anos. No início desse período, o estado de saúde do candidato era aceitável para o segurador (ainda que com sobreprémio), mas veio a agravar-se em moldes que, a serem conhecidos do segurador, teriam determinado a sua recusa em contratar. Como se diz no acórdão, o candidato, «quando aceitou o agravamento do prémio de seguro, omitiu que a sua situação de saúde se havia alterado substancialmente, isto é, que tinha uma doença do foro oncológico e havia sido operado em consequência desta», incumprindo, desta forma, o dever de informação a que estava vinculado.
[1228] Neste sentido, Júlio Gomes, "O dever de informação do (candidato a) tomador...", *cit.*, p. 404.
[1229] Cfr. *infra*, VIII.8.1. Do mesmo modo, considerando que algumas circunstâncias, irrelevantes à data da declaração do risco, possam posteriormente vir a adquirir relevância, a apreciação da relevância deve reportar-se à data da declaração do risco – Virginia Bado Cardozo, *El Riesgo...*, *cit.*, p. 121.
[1230] Hubert Groutel *et al.*, *Traité...*, *cit.*, p. 150.
[1231] A interpretação literal dos artigos 24º a 26º da LCS não determinaria quaisquer consequências para o caso em apreço, até pela ausência de culpa do proponente. Também a interpretação literal

IV. No Direito inglês – relativamente aos "contratos renováveis" – há necessidade, sempre que o contrato é renovado, de dar cumprimento ao dever de declaração, informando novas circunstâncias relevantes e actualizando as anteriormente comunicadas, já que, nesse sistema, a renovação de um contrato é considerada como a conclusão de um novo contrato[1232].

Esse não é, porém, o caso no Direito português. Entre nós, e como resulta dos nºs 1 e 3 do artigo 41º da LCS, o contrato celebrado pelo período inicial de um ano prorroga-se sucessivamente, no termo do prazo, por iguais períodos de tempo, sendo considerado como *um único contrato*. Assim, entre nós, a emergência de novas circunstâncias susceptíveis de agravarem o risco inicialmente descrito deverão ser participadas ao segurador, não como cumprimento do dever de declaração inicial do risco aquando da (eventual) prorrogação do prazo, mas como agravamento do risco, logo que conhecidas do tomador do seguro.

V. Questão igualmente pertinente é a de saber se o dever de declaração abrange situações hipotéticas – ainda não verificadas à data da conclusão do contrato, mas cuja probabilidade de verificação é do conhecimento do proponente – e intenções actuais sobre acções futuras. Quanto a estas intenções, contemporâneas da formação do contrato mas reportadas a uma conduta futura – por exemplo, a intenção de suicídio, num seguro de vida, ou de vir a armazenar materiais combustíveis na habitação segura contra incêndio – as mesmas estão na *common law* sujeitas ao dever de declaração do risco[1233].

---

do regime do agravamento do risco não ditaria qualquer disciplina para a situação, em virtude de o conhecimento ser anterior à conclusão do contrato (e de, portanto, em rigor, não se ter verificado um agravamento do risco na vigência do contrato, mas anteriormente a esta). Perante a lacuna da lei, cremos que a analogia com o regime do agravamento do risco será incontroversa, propiciando uma regulação equilibrada e justa, na coerência do sistema, para o caso em análise.

[1232] Cfr. Peter MacDonald Eggers *et al.*, *Good Faith...*, *cit.*, pp. 59 e 243 ss.; Semin Park, *The Duty...*, *cit.*, p. 62. A excepção corresponde aos seguros de vida, celebrados por um longo prazo.

[1233] Peter MacDonald Eggers *et al.*, *Good Faith...*, *cit.*, pp. 147 ss. Nos regimes de matriz da *common law*, os questionários sobre declaração do risco contêm, aliás, frequentemente, perguntas sobre as actuais intenções do proponente visando o futuro. Como referem Legh-Jones *et al.*, as declarações quanto ao futuro constituem promessas ou declarações de intenções, as quais são, em rigor, não uma declaração quanto ao futuro, mas quanto à intenção *actual*, consubstanciando inexactidões (apenas) quando se demonstre que o proponente não tinha a intenção que declarou ter (mas já não quando as suas intenções honestamente declaradas venham a alterar-se) – Nicholas Legh-Jones *et al.* (Eds.), *MacGillivray...*, *cit.*, pp. 399-400. Assim, as declarações relativas a intenções são consideradas verdadeiras declarações de facto, que devem respeitar o princípio da boa fé e cuja falsidade é fundamento de impugnação do contrato pelo segurador – Edwin W. Patterson, "Le dichiarazioni...", *cit.*, p. 525.

Perante os critérios do nº 1 do artigo 24º da LCS, embora a questão não seja incontroversa[1234], pensamos que, quer as intenções do proponente (p. ex., de vir a habitar num território especialmente perigoso), quer o seu conhecimento sobre factos que ainda não se produziram (p. ex., a projectada construção de uma estação de combustível junto à moradia segura) deverão ser declaradas se, de acordo com o conhecimento e a avaliação do proponente, existir um grau de probabilidade significativo de verificação da situação em causa. Em suma, o facto de a circunstância não se ter (ainda) concretizado não obsta a que a mesma seja da maior relevância para a apreciação do risco pelo segurador, que poderá, por exemplo, aplicar ao contrato uma exclusão de cobertura relativamente a sinistros decorrentes dessa circunstância (exclusão, aliás, inócua se a circunstância não chegar a verificar-se).

Em qualquer caso, o facto de o proponente declarar (ou não) uma intenção não condiciona o seu comportamento futuro: a eventual omissão ou inexactidão terá de aferir-se pela *intenção actual* e não pela decisão futura (que poderá ser ou não conforme à intenção actual). Finalmente, as omissões ou inexactidões respeitantes a intenções suscitam problemas probatórios significativos: estando em causa um estado subjectivo do proponente, a dificuldade para o segurador será a demonstração da divergência entre a intenção real e a declarada, o que terá de assentar em indícios objectivos[1235].

VI. Como temos sublinhado, o cumprimento do dever afere-se à data da conclusão do contrato, incluindo, não só as circunstâncias verificadas à data da declaração, mas igualmente as que venham a verificar-se até à perfeição daquele. Assim, pouco importa que, após a conclusão do contrato, o facto não exactamente declarado deixe de subsistir. Na falta de declaração atempada, a boa fé na

---

[1234] Carlos Harten, p. ex., entende que as intenções sobre acções futuras não deverão ser declaradas enquanto não se concretizarem, sendo-o então, se posteriores à conclusão do contrato, em sede de agravamento do risco – Carlos Harten, *El Deber...*, *cit.*, p. 65.

[1235] P. ex., o proponente que tivesse reservado bilhetes de avião para um país de alto risco estaria a cometer uma declaração inexacta se afirmasse não ter intenção de viajar para o estrangeiro. Sem prejuízo, porém, do enquadramento que definimos, e que consideramos ser o mais correcto, a relevância prática da questão é relativa, na medida em que o regime do agravamento do risco oferece já uma solução para a alteração superveniente do mesmo, quer ela seja pré-determinada pelo tomador do seguro ou não. Na verdade, qualquer que fosse a declaração de intenções na fase pré-contratual, a tomada futura de uma decisão que viesse a agravar o risco assumido pelo segurador sempre importaria a comunicação do agravamento e a eventual adaptação do contrato. Também o regime específico do suicídio solucionaria a questão no quadro do seguro de vida. Finalmente, tal solução superaria também de forma pragmática a dificuldade de prova quanto à intenção do proponente.

formação do contrato terá sido irremediavelmente desrespeitada, a conduta do proponente estará irreversivelmente marcada pela censura do Direito, e terá sido definitivamente viciada a vontade contratual do segurador.

Sem deixar de atender às circunstâncias concretas do caso – designadamente a questão de saber se na origem das omissões ou inexactidões do proponente terá estado o seu conhecimento de que os factos em causa deixariam de subsistir num curto espaço de tempo – circunstâncias que relevarão ao nível da culpa, cremos que o incumprimento não poderá deixar de merecer as cominações que o regime da LCS ditar em função dessa culpa[1236].

VII.2.2. O objecto do dever

I. Perante a fórmula legal – "declarar com exactidão *todas as circunstâncias (...) significativas para a apreciação do risco pelo segurador*" – suscita-se a questão de saber qual o âmbito material de tal dever de declaração. Desde logo, quanto ao alcance a atribuir ao termo "circunstâncias", confere-lhe Donati uma elevada amplitude, referindo que as mesmas devem abranger «sejam as passadas, sejam as presentes, sejam as relevantes isoladamente, sejam as relevantes conjuntamente com outras, sejam as normais ou as anormais, sejam as relativas ao risco, sejam as relativas – intrínsecas ou extrínsecas – ao interesse, sejam as relativas ao tempo, sejam as relativas ao espaço. Quanto mais aperfeiçoada é a técnica do ramo, mais detalhada deve ser a descrição»[1237].

A declaração do risco traduz-se num autêntico dever de verdade material[1238], quadro em que o princípio da materialidade subjacente obriga o proponente, não apenas a declarar meros factos em si mesmos pouco significativos quando descontextualizados ou tomados isoladamente, mas a comunicar as próprias inferências que desses factos se devem extrair[1239].

Por outro lado, as circunstâncias que devem ser declaradas abrangem quaisquer informações possuídas, desde que relevantes, e mesmo os próprios rumores,

---

[1236] Sendo o incumprimento negligente e não subsistindo o facto à data do eventual sinistro (de modo a que seja outra a causa deste) aplicar-se-á o nº 3 do artigo 26º e o segurador será obrigado a cumprir a sua prestação. Por outro lado, mesmo que o comportamento do proponente haja sido doloso, se os factos em causa tiverem deixado de subsistir à data em que o segurador toma deles conhecimento, sempre o segurador poderá considerar que, estando, afinal, o risco ajustado ao prémio, não haverá já uma razão económica para a impugnação do contrato, caso em que o mesmo ficará convalidado.

[1237] Antigono Donati, *Trattato...*, Vol. II, *cit.*, p. 307 (trad. nossa).

[1238] Como exemplifica Sinde Monteiro, uma declaração pode ser literalmente verdadeira, mas globalmente enganadora e conducente a uma impressão falsa da realidade (*Responsabilidade por Conselhos..., cit.*, p. 156).

[1239] Seguindo orientação diversa, Peter MacDonald Eggers *et al.*, *Good Faith..., cit.*, p. 147.

quando minimamente fundamentados[1240]. De resto – e atentos os fundamentos do dever de declaração do risco – pouco relevará a origem e a forma (lícita ou ilícita) como o proponente obteve conhecimento das informações relevantes, devendo comunicá-las desde que as conheça[1241].

II. Poder-se-á questionar também se o alcance da expressão *circunstâncias* se refere exclusivamente a *factos materiais* ou igualmente aos chamados *factos mentais (mental facts)*[1242], isto é, às opiniões, convicções, sentimentos, circunstâncias virtuais representadas e juízos subjectivos que o proponente formula em função dos indicadores objectivos que conhece como gestor privilegiado do risco, e que podem constituir elementos significativos para a respectiva avaliação global. Neste domínio, alguma doutrina internacional assinala desde há muito a exclusão do dever de declaração relativamente a opiniões e apreensões do proponente, sobretudo se o mesmo não for sobre elas questionado[1243]. Em sentido diverso, a jurisprudência inglesa vem considerando que também as opiniões devem ser declaradas se forem justificadas, isto é, se não forem puramente especulativas ou fruto de superstição[1244].

Que dizer? Pensamos que, em regra, o "facto mental" deverá ser declarado. Desde logo, a fronteira entre os factos e as opiniões nem sempre será evidente, já que, no limite, o conhecimento do proponente poderá não ser absoluto quanto a alguns dos factos caracterizadores do risco, assentando a sua declaração sobre juízos de ciência: o proponente de boa fé declara o que efectivamente *conhece* e o que *julga* sinceramente *conhecer*. Por vezes é o próprio segurador que apela para aquelas opiniões ao formular questões como "sente-se em boa condição física?" ou "o objecto seguro encontra-se em bom estado de conservação?". Noutros casos, a natureza do facto mental resulta da forma como este é formulado pelo proponente, recorrendo a expressões como "penso que", "julgo", "creio", etc.

Em virtude de a descrição do risco constituir uma declaração de ciência, as opiniões do proponente devem ser analisadas nesse contexto. Desta forma, para se aferir do incumprimento do dever de declaração do risco, importa apurar se a declaração assenta em afirmações meramente especulativas, levianas e infun-

---

[1240] Assim, o rumor de que alguém pretende matar a pessoa segura ou incendiar uma casa segura, quando mereça um mínimo de credibilidade, deverá ser declarado.

[1241] Peter MacDonald Eggers *et al.*, *Good Faith...*, *cit.*, p. 161.

[1242] Edwin W. Patterson, "Le dichiarazioni...", *cit.*, p. 525. As intenções – referidas a propósito do âmbito temporal do dever de declaração (*supra*, VII.2.1.V) – são frequentemente classificadas como facto mental.

[1243] Como já referia Danjon, «o segurado pode guardar para si as suas apreensões, bastando que declare os factos que as motivam» – (*Traité...*, Tomo IV, *cit.*, p. 522 – trad. nossa).

[1244] Peter MacDonald Eggers *et al.*, *Good Faith...*, *cit.*, pp. 145 ss.

dadas, ou, diversamente, em crenças genuínas, sinceras e formuladas em plena boa fé. Ou seja, as inexactidões ou omissões terão de resultar de uma incoerência, analisada à luz do princípio da boa fé, entre o que o proponente *conhece* e a *opinião* que expressa. Assim, na declaração de um facto mental, a inexactidão não resulta de uma mera desconformidade do mesmo à realidade, mas da sua desconformidade às representações do proponente, as quais se presumirão consentâneas com o conhecimento empírico que este tem da realidade, não como especialista técnico ou científico, mas como observador privilegiado da mesma. Em particular, no que diz respeito às convicções, o que releva é se as mesmas assentam em qualquer base objectiva, que deve ser declarada para que o segurador forme a sua própria convicção esclarecida sobre o risco[1245].

III. Questão que tem sido negligenciada pela doutrina é a da abrangência do dever de declaração do risco sobre os habituais indicadores de risco moral (*moral hazard*), que, como referimos (*supra*, II.2.4.III), se reporta à caracterização do perfil moral do tomador ou segurado[1246]. No contexto português não existe, na prática seguradora, a tendência para atribuir ao risco moral a relevância nem a amplitude de que o mesmo se reveste na tradição da *common law*. Em qualquer caso, a abrangência do risco moral pelo dever de declaração do risco suscita problemas de diversa natureza.

Por um lado, os factos que se assumem tradicionalmente como indicadores de risco moral só em alguns casos traduzem uma maior probabilidade de ocorrência do sinistro, seja em virtude de uma menor diligência do tomador do seguro ou segurado na gestão e controlo do risco extra-contratual, seja mesmo em virtude de um intuito fraudulento na celebração do contrato de seguro. Assim, p. ex., se o segurado num seguro de incêndio ou de roubo apresenta um historial de sinistros, nestes tipos de risco, injustificadamente superior à normal probabilidade estatística, poder-se-á equacionar mesmo um risco de fraude[1247].

Porém, se o tomador do seguro apresenta um historial de anteriores contratos de seguro resolvidos por falta de pagamento de prémios, essa circunstância em nada influencia a probabilidade de ocorrência do sinistro nem a possível ampli-

---

[1245] Neste quadro, é defensável que a transmissão de valorações erradas não deverá, por si só, constituir um incumprimento do dever de declaração do risco: este terá de resultar de omissões ou inexactidões de factos, e não das referidas valorações – Júlio Gomes, "O dever de informação do (candidato a) tomador...", *cit.*, p. 407, n. 40.

[1246] Alguma doutrina distingue, neste quadro, as *circunstâncias objectivas*, que afectam o próprio risco seguro, das *circunstâncias subjectivas*, atinentes ao risco moral – Virginia Bado Cardozo, *El Riesgo...*, *cit.*, p. 116.

[1247] Poderia igualmente estar em causa um risco psicológico ou motivacional (*morale hazard*) – *supra*, II.2.4.III.

tude do mesmo, sendo, portanto, irrelevante para a apreciação do risco pelo segurador. Este caso envolve o *risco contratual* de incumprimento do pagamento do prémio, mas não o *risco extra-contratual* a que está associada a prestação pecuniária do segurador. Aliás, considerando o regime do artigo 59º da LCS quanto ao pagamento de prémios – *no premium, no cover* – a eventualidade de o tomador não vir a cumprir a sua prestação em nada aumenta o risco assumido pelo segurador.

Desta forma, quando não se verifique qualquer relação objectiva entre o risco moral e a probabilidade (aleatória) de ocorrência do sinistro, é de recusar que o dever de declaração do risco abranja indicadores de risco moral. De facto, o nº 1 do artigo 24º da LCS limita o dever de declaração às circunstâncias (...) significativas *para a apreciação do risco pelo segurador*. Não sendo o caso, as omissões ou inexactidões não poderão ser invocadas pelo segurador para impugnar o contrato nos termos dos artigos 25º ou 26º da LCS[1248].

VII.2.3. O conhecimento das circunstâncias

I. O nº 1 do artigo 24º da LCS limita o dever de declaração do risco às *circunstâncias conhecidas* do proponente, em formulação semelhante à de vários outros regimes jurídicos, como o belga (artigo 5º), o espanhol (artigo 10º), o francês (artigo L.113-2) ou o australiano (*Section* 21-1 do ICA de 1984).

Conforme sublinha Raúl Guichard Alves, o *conhecimento* – fenómeno psíquico que traduz uma representação (necessariamente subjectiva) da realidade – constitui, na medida em que o Direito lhe atribui relevância, um facto jurídico. A subjectividade (nem sempre evidente) que rodeia o juízo intelectivo de conhecimento assume particular destaque nas situações em que a fronteira entre conhecer e

---

[1248] Assim, sem prejuízo de, no domínio da autonomia da vontade, o segurador poder requerer informações sobre os tradicionais indicadores de risco moral, designadamente sobre apólices anteriores resolvidas por falta de pagamento do prémio – e poder recusar propostas em função da resposta obtida (ou que omitam a resposta às questões formuladas) – as omissões ou inexactidões quanto a tais factos não são invocáveis no quadro dos artigos 24º ss. da LCS. Neste caso, pensamos que – estando tais factos fora do âmbito do dever de declaração do risco – as omissões ou inexactidões sobre os mesmos haveriam de aferir-se pelas normas gerais, de aplicação subsidiária, de Direito civil, podendo, consoante o caso concreto, convocar institutos como o *dolus bonus*, o erro ou dolo, ou a própria *culpa in contrahendo*. Também neste sentido, Franz Haymann, "La colpa...", *cit.*, pp. 158-159. Por outro lado, muitas das questões que, na tradição da *common law*, são consideradas indicadores de risco moral (designadamente respeitantes à nacionalidade, "raça", etc.) são inquestionavelmente discriminatórias e, nessa medida, não só injustas, mas legalmente inadmissíveis. De igual modo, é discriminatória a valoração de condenações passadas, após o cumprimento da pena. No próprio quadro do ordenamento inglês, a *Rehabilitation of Offenders Act*, de 1974, prevê que, após o período de reabilitação (variável em função do crime cometido), a condenação seja considerada cumprida (*spent*) e tratada como se nunca tivesse existido – Nicholas Legh-Jones *et al.* (Eds.), *MacGillivray...*, *cit.*, p. 435.

ignorar se apresenta pouco definida, numa zona cinzenta caracterizada por um *estado de dúvida* mais ou menos razoável ou justificado[1249].

II. Num registo estritamente literal do nº 1 do artigo 24º da LCS, a lei parece requerer o conhecimento efectivo de um facto relevante como requisito do respectivo dever de declaração. Não parece fazer, aliás, sentido que o dever de informação incida sobre factos desconhecidos de quem está vinculado por tal dever. Como refere Júlio Gomes, «o tomador do seguro só deve declarar exactamente aquilo que sabe e ninguém pode ser obrigado por lei a declarar factos que ignora»[1250]. Deste prisma, não será legalmente relevante se o proponente deveria ou não conhecer determinados factos, mas apenas se efectivamente os conhecia[1251].

O critério do *conhecimento efectivo* – critério objectivo e estritamente gnoseológico – assumirá, segundo alguns, propósitos de maior certeza jurídica, fundando a solução num argumento de *justiça* ou, mais propriamente, de *necessidade de tutela* jurídica, na medida «em que o sujeito que conhece não "merece" a protecção concedida a quem desconhece [...]»[1252]. Neste quadro, e tratando-se de uma problemática controversa e muito debatida em Direitos estrangeiros, a (aparente) opção literal do legislador português pelo conhecimento efectivo poderá ser entendida, não como uma expressão deficiente da intenção regulatória, mas como uma opção clara pelo requisito do conhecimento efectivo[1253].

III. O tratamento da questão, no entanto, não se esgota na abordagem que vimos de referir, de uma lógica, aliás, irrepreensível. Como declaração de ciência, a descrição do risco pressupõe o conhecimento pelo proponente das circunstâncias objecto da declaração, afigurando-se justo que ao proponente *de boa fé*

[1249] Raúl Guichard Alves, *Da Relevância...*, *cit.*, pp. 10 e 24 ss.

[1250] Júlio Gomes, "O dever de informação do tomador...", *cit.*, p. 89. Cabe, a propósito, reproduzir a expressão do juiz inglês Fletcher Moulton no caso *Joel* v. *Law Union and Crown Insurance*: «o dever é um dever de declaração e não se pode declarar o que não se conhece. A obrigação de declarar depende, portanto, necessariamente, do conhecimento que se possui» – [1908] 2 K.B. 863, 884, *apud* Nicholas Legh-Jones *et al.* (Eds.), *MacGillivray...*, *cit.*, p. 413 (trad. nossa). Neste sentido, Christoph Fabian, *O Dever...*, *cit.*, p. 157.

[1251] Segundo Júlio Gomes, o artigo 24º restringe o dever de declaração às circunstâncias efectivamente conhecidas do proponente, excluindo as cognoscíveis ou aquelas que o mesmo devesse conhecer – Júlio Gomes, "O dever de informação do (candidato a) tomador...", *cit.*, p. 405. Cfr. também, António Dâmaso Bentinho, *Os Deveres...*, *cit.*, p. 36; Marco Silva Garrinhas, *Os Deveres...*, *cit.*, p. 67. No mesmo sentido, reportando-se aos ordenamentos uruguaio e espanhol, Virginia Bado Cardozo, *El Riesgo...*, *cit.*, p. 123 (assinalando, embora, a existência de responsabilidade civil do declarante quanto a factos que tinha o dever de conhecer – *idem*, p. 124).

[1252] Raúl Guichard Alves, *Da Relevância...*, *cit.*, pp. 90-91 (cfr. também, pp. 52-52).

[1253] Neste sentido, Margarida Lima Rego, *Contrato...*, *cit.*, p. 104 e n. 203.

não seja exigível que declare o que não conhece. Porém, considere-se o caso de alguém que recebe os resultados de um exame clínico, que suspeita conterem más notícias, mas não toma deliberadamente conhecimento do respectivo conteúdo antes da conclusão de um contrato de seguro de vida, de modo a evitar incumprir o dever de declaração do risco[1254]. Será *justo* considerar-se que a conduta é juridicamente irrelevante e que não houve incumprimento do dever de declaração do risco?

Desde logo, o princípio da máxima boa fé impõe ao proponente um básico dever de indagação ou investigação, ainda que sumária, sobre as circunstâncias relevantes que não sejam do seu conhecimento, inteirando-se diligentemente das mesmas para poder declará-las[1255]. Ora, a valoração jurídica do incumprimento de tal dever de indagação traduz-se precisamente em considerar-se que o obrigado não cumpriu culposamente o dever de informação que tinha a indagação por pressuposto. Por outras palavras, o incumprimento de tal dever de indagação, demarcando os limites da actuação de boa fé, constitui uma justa bitola no sentido de se equiparar, numa ficção legal, o desconhecimento culposo ao conhecimento efectivo: é que, quem se coloca culposamente na situação de ignorância não merece a protecção que o Direito consagra a quem desconhece sem culpa, isto é, de boa fé.

Esta consideração conduz-nos, na verdade, ao próprio sentido da boa fé subjectiva. Como refere Menezes Cordeiro com base numa interpretação sistemática da lei civil, «a boa fé subjectiva é, entre nós, sempre ética: só pode invocar boa fé quem, sem culpa, desconheça certa ocorrência»[1256]. O autor aduz ainda três argumentos a favor da posição que sustenta: o do sentido normativo e disciplinador de condutas sociais do Direito, orientando-as para a adopção de deveres de diligência; o da justiça do critério acolhido, na medida em que a adopção de um sentido psicológico penalizaria os diligentes e premiaria os ignorantes incautos; o da exequibilidade da solução, atenta a dificuldade de averiguação e prova do mero estado psicológico de conhecimento, quando, em contrapartida, é já praticável demonstrar que o agente, pelo menos, *devia saber* determinado facto[1257].

[1254] Como afirma Gasperoni, «a ignorância do segurado pode atribuir-se à sua culpa grave, quando ele tenha, com injustificável negligência, fechado os olhos para não ver e os ouvidos para não ouvir» (Nicola Gasperoni, "Assicurazione sulla vita", *cit.*, p. 507 – trad. nossa). Cfr. também Danjon: «seria de facto demasiado cómodo para o segurado fechar os olhos e tapar os ouvidos para nada saber dos perigos que correm as coisas que ele quer segurar, e ficar assim dispensado de dar ao segurador as informações que tornariam o seguro mais difícil e mais dispendioso» – Daniel Danjon, *Traité...*, Tomo IV, *cit.*, p. 517 (trad. nossa). No mesmo sentido, Herman Cousy, "The Principles...", *cit.*, p. 126.

[1255] Pedro Rubio Vicente, *El Deber...*, *cit.*, p. 76.

[1256] António Menezes Cordeiro, *Tratado...*, I, Tomo I, *cit.*, p. 407.

[1257] António Menezes Cordeiro, *Tratado...*, I, Tomo I, *cit.*, pp. 406-407. Cfr. também António Menezes Cordeiro, *Da Boa Fé...*, *cit.*, p. 513. Como observa o autor, o sujeito «ou sabe, ou deve saber, sendo certo que apenas o último termo é susceptível de apreciação e de controlo» – *idem*, p. 515.

A equiparação do "dever de conhecer" ao conhecimento efectivo corresponde, na verdade, a uma *presunção de conhecimento* de determinados factos – à semelhança do *constructive knowledge* da *common law* – aliando a justiça material da solução à superação pragmática das dificuldades colocadas pela distribuição do ónus da prova.

Esta perspectiva tem merecido – ao menos, de *iure condendo*, no quadro do anterior regime – o apoio de vários sectores da doutrina e da jurisprudência[1258]. Mesmo perante a literalidade do nº 1 do artigo 24º da LCS, sustenta alguma doutrina que o preceito contempla, não só as circunstâncias que o proponente conheça, mas igualmente aquelas que razoavelmente deva conhecer (adoptando padrões normais de cuidado e diligência)[1259], ou, pelo menos, as que delibera damente ignore[1260].

Parece-nos, é certo, exagerado – e, nessa medida, injusto – que o conhecimento efectivo seja equiparado à mera *possibilidade de conhecer*, mesmo admitindo alguma margem subjectiva para a apreciação judicial do conhecimento em caso de litígio[1261]. Assim, por exemplo, se o proponente já tiver tido a ciência de um

---

[1258] José Carlos Moitinho de Almeida, *O Contrato de Seguro no Direito...*, *cit.*, pp. 75 e 82. No mesmo sentido, António Menezes Cordeiro, *Manual de Direito Comercial*, Vol. I, *cit.*, p. 581; M. Costa Martins, "Contributo...", *cit.*, p. 182; e Nuno Trigo dos Reis, *Os Deveres...*, *cit.*, p. 60. Este entendimento encontra igualmente amplo eco na doutrina a propósito da *culpa in contrahendo* por violação do dever de informação. Cfr., p. ex., Francesco Benatti, *La Responsabilità...*, *cit.*, p. 59; Ana Prata, *Notas...*, *cit.*, p. 90; Eva Moreira da Silva, *Da Responsabilidade...*, *cit.*, p. 135; Rubén Stiglitz e Gabriel Stiglitz, *Responsabilidad...*, *cit.*, p. 71. A referida posição é também defendida por José Vasques no quadro do contrato de seguro, invocando a analogia do artigo 247º do CC (José Vasques, *Contrato de Seguro – Notas...*, *cit.*, p. 224); porém, ainda que se aceitassem outros pressupostos dessa analogia, a verdade é que se exige, no artigo 247º, que o declaratário conhecesse ou não devesse ignorar a *essencialidade*, para o declarante, do elemento sobre que incidiu o erro (e não que o declarante conhecesse ou não devesse ignorar *os factos* que omite na declaração), pelo que a invocação de tal analogia nos suscita as maiores reservas. Entre a jurisprudência, cite-se o Ac. TRC de 30/05/2006 – Proc. 185/06 (Barateiro Martins): «a obrigação de declarar do tomador do seguro também compreende [...] todos os factos e circunstâncias dele conhecidas (*ou que não devesse desconhecer*) e cuja relevância para a formação do contrato esteja ao alcance dum segurado diligente e com capacidade normal. Dito de outro modo, o tomador de seguro deve declarar todas as circunstâncias *de que ele deverá razoavelmente ter conhecimento* e que deva esperar que influenciem a avaliação, aceitação e manutenção do risco por um segurador prudente» (sublinhado nosso).

[1259] Arnaldo Oliveira, *A Declaração...*, *cit.*, p. 7. Noutro escrito, perante a questão da abrangência, no preceito, do desconhecimento culposo (factos que o proponente devesse razoavelmente conhecer), nomeadamente para efeitos de determinação de um incumprimento negligente (artigo 26º) sustenta o autor que «pode ser dada relevância ao desconhecimento *com negligência grosseira*» – Arnaldo Oliveira, "Artigo 24º – Anotação", *in* Pedro Romano Martinez *et al.*, *LCS Anotada*, *cit.*, p. 143.

[1260] Pedro Romano Martinez, "Artigo 24º – Comentários complementares", *in* Pedro Romano Martinez *et al.*, *LCS Anotada*, *cit.*, p. 149.

[1261] Neste sentido, Carlos Harten, *El Deber...*, *cit.*, pp. 66 ss.

facto no passado mas se tiver esquecido do mesmo sem culpa, esse conhecimento não deverá poder ser-lhe assacado. Idêntica solução mereceu o caso apreciado pelo Ac. STJ de 18/12/2008 – Proc. 08B3307 (Bettencourt de Faria), em que a pessoa segura, sofrendo de esquizofrenia paranóide, omite ao segurador a referida doença[1262]. Neste caso, também se considerou não ter havido um incumprimento faltoso do dever de declaração do risco.

Mas não será já o caso quando o proponente, de forma deliberada (dolo), ou por incúria (negligência)[1263], deixe de tomar conhecimento dos factos cuja declaração ao segurador lhe é imposta. Neste caso, haverá que apurar, perante as circunstâncias concretas – os factos em causa, a sua relevância, a existência de questionário que verse sobre os mesmos, etc. – se será razoavelmente de imputar ao proponente esse conhecimento, valorando, designadamente, o nível sócio-cultural e as qualificações profissionais do mesmo.

Face às considerações tecidas, pensamos que o reconhecimento da prevalência, em Direito civil, do sentido ético da boa fé subjectiva[1264] – inerente ao âmbito do *conhecimento* a que aludem disposições como a do nº 1 do artigo 24º da LCS – dispensará a necessidade de recurso a uma interpretação extensiva deste preceito de modo a abranger aí os casos de desconhecimento culposo[1265]. O sentido literal inerente ao "conhecimento" comporta, portanto, a omissão culposa de ciência, pelo que a mera interpretação declarativa lata dá já suporte ao entendimento subscrito.

IV. O requisito do conhecimento em sede de delimitação do dever de declaração do risco parece pressupor que todas as omissões ou inexactidões de factos efectivamente conhecidos impliquem, pelo menos, a negligência do proponente. Na verdade, como se refere no Ac. STJ de 27/05/2008 – Proc. nº 08A1373 (Moreira

---

[1262] Escreve-se no aresto: «num seguro que tem como objecto a morte ou a invalidez do respectivo tomador, sofrendo este, ao tempo da celebração do contrato, de esquizofrenia paranóide, em que um dos sintomas é a negação da própria doença, não prestou ele declarações inexactas para os efeitos do artº 429º do C. Comercial, ao não referir essa patologia». Como se adianta, «a doença em causa [esquizofrenia paranóide] não era conhecida da autora e este desconhecimento não é devido a uma qualquer falta de cuidado da sua parte, dado que resulta da própria doença [negação do estrado clínico]. Logo, declarou com verdade aquilo que lhe competia declarar. Deste modo, não ocorre qualquer nulidade derivada do preceituado no artº 429º do C. Comercial».

[1263] A aferir de acordo com a diligência de um *bonus pater famílias* (nº 2 do artigo 487º do CC).

[1264] António Menezes Cordeiro, *Da Boa Fé...*, *cit.*, p. 513.

[1265] É também o princípio da primazia da materialidade subjacente que impõe este entendimento, já que não é sensível a diferença substantiva entre o conhecimento e o desconhecimento culposo. Negar relevância a este seria premiar a culpa daquele que, deliberadamente ou por incúria, se coloca na situação de não saber para, aproveitando-se de uma mera fórmula textual da lei, poder incumprir impunemente um dever de boa fé – *rectius*, de *máxima* boa fé – a que está vinculado.

Camilo), «a lei [...] pressupõe que o declarante conheça os factos ou as circunstâncias passíveis de influir sobre a aceitação ou as condições do contrato, ou seja, que haja negligência». Porém, pensamos que tal requisito não permite extrair esta conclusão, já que a omissão (ou inexactidão) poderá resultar de outros factores, como, p. ex., de uma valoração não culposa do facto como não sendo relevante, de uma interpretação errónea do sentido de uma questão colocada pelo segurador, etc.

V. Em tema de *conhecimento*, suscita-se a questão sobre qual o conhecimento imputável às pessoas colectivas – nomeadamente uma empresa ou grupo de empresas, quando seja o proponente do seguro – atendendo a que as mesmas, constituindo uma abstracção, uma personificação jurídica sem substrato biológico, são, por natureza, incapazes de conhecer.

É certo que na celebração do contrato de seguro a pessoa colectiva é vinculada pela intervenção de uma ou várias pessoas singulares, por efeito da designada "representação orgânica". Se quem intervém para o efeito conhecer e omitir determinados factos relevantes, é fora de causa que se verifica um incumprimento do dever de declaração do risco.

Quid iuris, porém, se o representante que intervém na celebração do seguro ignora factos que são do conhecimento de outros trabalhadores ou dirigentes? Por um lado seria injusto que se determinasse o conhecimento da pessoa colectiva pelo de *qualquer um* dos seus membros (trabalhadores e dirigentes), no sentido em que, conhecendo qualquer um deles um facto relevante, se considerasse ser esse facto do conhecimento da pessoa colectiva[1266]. Por outro lado, será igualmente injusto – e potenciador de fraudes – que se afira o conhecimento da pessoa colectiva estritamente pelo do(s) colaborador(es) a quem compete a responsabilidade pela celebração do contrato em representação da mesma.

Nesta matéria, a jurisprudência dominante na *common law* considera que o conhecimento da pessoa colectiva se reconduz ao daqueles que representam o "pensamento" e a "vontade" da mesma, vinculando-a e controlando a sua actividade, ainda que em virtude de delegação de poderes e mesmo que não sejam directamente responsáveis pela contratação do seguro em causa. Assim, entre as pessoas cujo conhecimento é normalmente imputado à empresa tomadora do seguro estão os respectivos dirigentes, as pessoas suficientemente envolvidas na contratação do seguro ou na operação ou actividade objecto do mesmo

---

[1266] Bastará pensar nas organizações complexas, com dezenas ou centenas de colaboradores que, mesmo conhecendo individualmente determinados factos relevantes para a apreciação do risco, poderão nem sequer saber que a pessoa colectiva assume a posição de proponente num contrato de seguro ou, sabendo-o, poderá estar fora da esfera das suas competências a intervenção na declaração do risco.

(relacionada com o interesse seguro), incluindo os corretores com poderes de representação, desde que esse conhecimento lhes advenha no decurso normal da actividade da pessoa colectiva (e não no quadro da vida privada dos mesmos)[1267].

Do nosso ponto de vista, o conhecimento terá de pautar-se cumulativamente pelo de dois grupos de membros da organização: os decisores e dirigentes que a vinculam (a *mens*)[1268]; e os colaboradores que estão materialmente envolvidos na celebração do contrato (a *manu*). Haverá, porém, que ponderar a amplitude da estrutura da pessoa colectiva[1269] e o âmbito do próprio seguro na economia da actividade da mesma, de modo a não desvirtuar o princípio orientador da solução proposta. O princípio da boa fé exigirá, assim, que os colaboradores e dirigentes a quem mais directamente compete a celebração do contrato ajam com a necessária diligência no sentido de se inteirarem das circunstâncias relevantes, de modo a assegurarem o cumprimento do dever de declaração do risco, assumindo o desconhecimento culposo os efeitos já apontados relativamente às pessoas singulares.

VI. Quanto à intervenção, na celebração do contrato, de um representante do tomador do seguro – e sem prejuízo de um desenvolvimento, mais adiante, desta problemática – adiante-se, desde já, que, nos termos do nº 1 do artigo 17º da LCS, são oponíveis ao tomador do seguro, não só os seus próprios conhecimentos mas também os do representante.

[1267] Peter MacDonald Eggers *et al.*, *Good Faith...*, *cit.*, pp. 162 e 169; e Nicholas Legh-Jones *et al.* (Eds.), *MacGillivray...*, *cit.*, pp. 413-415. A Secção 18(1) do MIA, de 1906, aplicável a todos os ramos de seguros, prevê, neste domínio, que se presume que o segurado conhece todas as circunstâncias que, no curso normal do seu negócio (*in the ordinary course of business*) deviam ser por si conhecidos. Esta disposição é, por outro lado, interpretada restritivamente pela jurisprudência, no sentido de que se presume que o segurado conheça apenas aquilo que é expectável conhecer no âmbito do seu próprio negócio, com tolerância para com as imperfeições da sua organização concreta – Nicholas Legh-Jones *et al.* (Eds.), *idem*, p. 414.

[1268] O gestor de topo de uma empresa é normalmente considerado como o *alter ego* da mesma, no sentido em que, sendo esta uma pessoa colectiva, é naquele que deverão verificar-se os atributos ou circunstâncias que a lei requer das pessoas físicas (entre eles, o *conhecimento* de determinados factos) – Jürgen Basedow *et al.*, *Principles...*, *cit.*, p. 78. Porém, dependendo da dimensão da empresa, essa qualificação de matriz social poderá disseminar-se por múltiplas pessoas, havendo que aferir, em concreto, quem, no contexto da situação em causa, vincula a pessoa colectiva na celebração do contrato de seguro.

[1269] Seria injusto invocar o conhecimento do presidente de uma multinacional relativamente a um seguro multirriscos de um estabelecimento regional secundário, contratado directamente pelo dirigente desse estabelecimento.

VII.2.4. Juízo de relevância

I. O juízo sobre a relevância de um facto para efeitos de declaração do risco suscita, desde logo, um dilema de assimetria informativa: enquanto o proponente conhece as circunstâncias do risco mas, por falta de conhecimentos técnicos, poderá não saber quais as que são relevantes para o segurador, este consegue formular esse juízo de relevância mas desconhece todas as circunstâncias – estando, portanto, impedido de seleccionar as relevantes para formar a sua opinião do risco[1270].

Há a considerar ainda que, se a relevância de algumas circunstâncias dificilmente escapará ao proponente (p. ex., no seguro automóvel, a antiguidade do veículo, bem como a idade e a experiência do condutor), noutros casos – quando é elevada a complexidade do risco, envolvendo variáveis de carácter marcadamente técnico (seguros de riscos industriais, p. ex.) ou jurídico (seguros de responsabilidade civil de administradores, p. ex.)[1271], ou implicando um leque extenso e diversificado de circunstâncias potencialmente relevantes (seguros multirriscos habitação, p. ex.) – tal não se verifica.

Esta circunstância tem justificado, em alguns sistemas, o obrigatório envolvimento colaborativo do segurador no sentido de indicar ao proponente – através do recurso a um questionário fechado – todos os elementos para si relevantes para a apreciação do risco. Noutros casos, porém, o ordenamento tenta solucionar o problema através da definição de um critério de relevância, delimitando, dessa forma, o dever de declaração do proponente.

II. Em Inglaterra, a determinação do critério de relevância (*materiality test*) assume importância fundamental na delimitação do dever de declaração, sendo uma das matérias mais controversas e mais exaustivamente debatidas em sede de reforma do Direito do contrato de seguro[1272]. Vários são, neste quadro, os tipos de critérios a considerar.

Os critérios de essencialidade podem assentar numa perspectiva *subjectiva*, assumindo como relevante o que o for para um dos concretos contraentes da relação negocial, ou numa perspectiva *objectiva*, tomando como referência um padrão abstracto de relevância (seja na óptica de um tomador representativo do universo dos tomadores, seja na de um segurador representativo do mercado). Se os critérios concretos se preocupam em tutelar as peculiaridades de um dos

---

[1270] Pierre Catala e J. A. Weir, "La déclaration...", *cit.*, pp. 453-454; Bernard Rudden, "Disclosure...", *cit.*, p. 5.

[1271] Maria Elisabete Ramos, *O Seguro...*, *cit.*, pp. 436 ss.

[1272] The Law Commission, *Insurance...*, *cit.*, pp. 54 ss. A procura da formulação mais justa e equilibrada – onde as nuances semânticas não são descuradas – tem merecido uma atenção muito especial à *Law Commission*.

contratantes (susceptíveis de escaparem às expectativas da contraparte), os abstractos remetem para um ideal, um padrão que facilmente pudesse corresponder às expectativas da parte contrária. Esse ideal abstracto pode, por seu turno, convocar adjectivos como *médio, prudente, razoável, diligente*, etc.

Na medida em que o regime da declaração do risco tutela a vontade contratual do segurador, afigurar-se-á, à primeira vista, justo que o critério de relevância se deva pautar pelo *juízo do segurador singular* cuja vontade negocial seja viciada: haveria então que saber se, tendo tido conhecimento do facto real, não declarado, aquele segurador concreto teria aceite contratar nas mesmas condições. Porém, tal critério revelar-se-á injusto sempre que a prática do segurador concreto se afaste da prática dos outros seguradores e seja, portanto, insusceptível de ser conhecida mesmo pelo proponente especialmente diligente que se haja informado sobre as práticas de mercado. De resto, competindo ao segurador a prova da relevância, através, nomeadamente, do testemunho dos seus trabalhadores e colaboradores, ficaria a contraparte à mercê dessa prova, sem possibilidade séria de contradita[1273].

Já o critério do *segurador abstracto* (qualificado pelos adjectivos "prudente" ou "razoável") visa suprir as limitações do respeitante ao segurador concreto, visando introduzir objectividade na aferição da relevância e, seguindo as práticas normais do mercado segurador, fornecer ao juiz e ao tomador do seguro um critério mais definido de essencialidade. Em termos probatórios, este critério permite ainda a substituição do depoimento testemunhal (de trabalhadores ou colaboradores do segurador concreto) por depoimentos de peritos[1274]. De resto, ele favorece a estabilidade dos contratos de seguro e a protecção da confiança do tomador e do segurado, colocando-os ao abrigo do arbítrio do segurador. Porém, a própria determinação do que seja um segurador prudente ou razoável carece de contornos sólidos: vários seguradores podem ser igualmente prudentes e razoáveis e, não obstante, adoptarem critérios diversos na avaliação do risco. Por outro lado, o segurador concreto – cuja vontade negocial haja sido, efectivamente, viciada – poderá adoptar critérios mais prudentes ou restritivos de análise e aceitação de risco do que outros congéneres, em contrapartida da prática de prémios mais baixos; neste caso, afigura-se injusta a imposição ao mesmo de uma

---

[1273] Edwin W. Patterson, "Le dichiarazioni...", *cit.*, pp. 527-528. O autor admite, porém, como possível, a seguinte prova em contrário: a de que o segurador concreto já aceitou contratar em casos similares; ou a de que as práticas de seguradores similares mediante propostas similares (não viciadas por omissões ou inexactidões) seriam de aplicar as mesmas condições.

[1274] Como refere Patterson, a questão a colocar às testemunhas, no âmbito deste critério, poderia ser assim formulada: «pode afirmar, pelo seu conhecimento das práticas e dos usos das companhias de seguros em geral, que o conhecimento deste facto teria dado lugar a um aumento do prémio ou teria conduzido à recusa do risco?». Edwin W. Patterson, "Le dichiarazioni...", *cit.*, p. 528 (trad. nossa).

bitola de relevância alheia, abstraindo da necessária equivalência entre o risco e o prémio[1275].

Afastada a aferição da relevância pelo critério do segurador (injusta para o proponente, para quem esse critério não é evidente), haveria que considerar a aferição pelo juízo do proponente, cumprindo então optar por uma formulação subjectiva (o proponente concreto) ou objectiva (um padrão abstracto de proponente). Como refere Semin Park[1276], o critério do *proponente concreto*, estando mais próximo do princípio da boa fé, revela-se demasiado subjectivo e favorável ao proponente, dependendo das idiossincrasias e representações particulares do mesmo. Esta circunstância comportaria, assim, um elemento de incerteza nas relações jurídicas de seguro, trazendo evidentes dificuldades probatórias ao segurador.

Já o critério do *proponente abstracto* ("segurado razoável") parece não padecer das debilidades do critério do proponente concreto. Este critério traduz-se pela questão de saber se «um homem razoável na posição do segurado, e com o conhecimento dos factos alegadamente relevantes, deveria ter-se apercebido da relevância dos mesmos para o risco»[1277]. Sendo um critério mais justo para com o proponente do que, por exemplo, o do "segurador prudente" (que vigora no Direito inglês), é também mais justo para o segurador do que o do "proponente concreto". Por outro lado, possibilita, pela sua objectividade, uma aferição relativamente fácil do *juízo de relevância* pelo julgador, não onerando excessivamente o segurador em termos probatórios.

[1275] Critério ímpar quanto ao juízo de relevância é o que resulta do artigo 5º da Lei argentina 17.418, de 30 de Agosto de 1967, bem como do artigo 640º do CCom uruguaio, de 1866 (cfr., respectivamente, Carlos Harten, *El Deber...*, *cit.*, p. 78, n. 205; e Virginia Bado Cardozo, *El Riesgo...*, *cit.*, p. 107, n. 438), que remete, em ambos os casos, para a apreciação de peritos o juízo de relevância de um facto não exactamente declarado. Esta solução, que, como referimos, tem por fonte o CCom português de 1833 (*supra*, VI.1) – autêntica excepção ao princípio da livre apreciação dos meios de prova pelo juiz – leva mais longe o habitual recurso dos tribunais britânicos ao depoimento de peritos na mesma matéria, embora aí sem carácter vinculativo. Nos regimes argentino e uruguaio o depoimento dos peritos é, assim, obrigatório e vinculativo para o juiz – Virginia Bado Cardozo, *El Riesgo...*, *cit.*, pp. 149 ss.; Carlos Harten, *El Deber...*, *cit.*, p. 78; Sergio Sotgia, "Considerazioni...", *cit.*, p. 99. Estão em causa técnicos especialistas em seguros, médicos, actuários, analistas de risco, etc. O fundamento do recurso à perícia consiste, assim, no facto de não estarem em causa matérias do foro estritamente jurídico – cfr. Virginia Bado Cardozo, *El Riesgo...*, *cit.*, p. 150; Reimer Schmidt, "L'influenza...", *cit.*, p. 453.

[1276] Semin Park, *The Duty...*, *cit.*, pp. 73-74.

[1277] Semin Park, *The Duty...*, *cit.*, pp. 85-86 (trad. nossa).

Os vários critérios de relevância podem ser representados pelo seguinte gráfico:

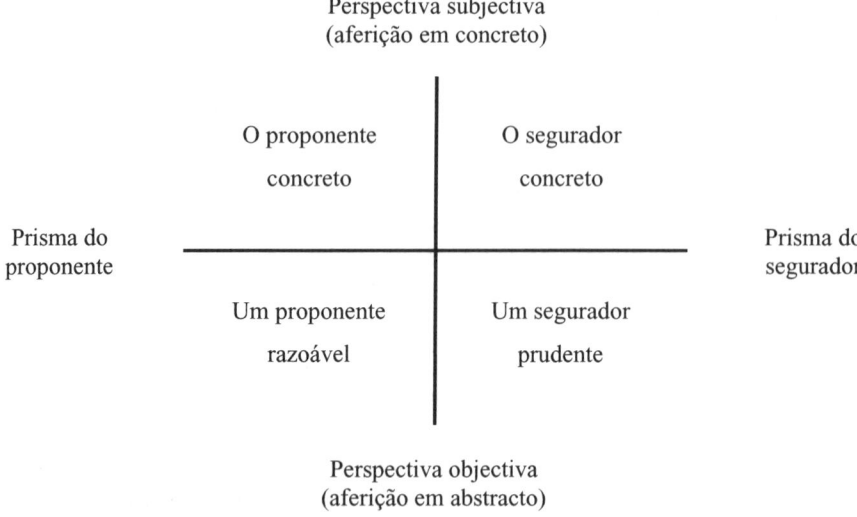

Fig. 3 – Os critérios legais de relevância

Em termos de política legislativa, o equilíbrio revela-se difícil de obter. Se se afigura injusto submeter o proponente aos padrões do segurador (concreto ou abstracto) quanto à aferição da relevância, por outro lado, é igualmente duro para o segurador que a aferição seja feita segundo o juízo do proponente concreto, já que não é expectável que o segurador conheça as particularidades de todos os seus clientes[1278].

III. Relativamente ao artigo 24º da LCS, considerando a referida dificuldade de o proponente aferir quais os factos ou circunstâncias que está obrigado a declarar, o novo regime não optou por um sistema de questionário fechado, mas, mantendo um regime de declaração espontânea, solucionou o problema por via da definição do critério de relevância e da delimitação, a esse nível, do dever de declaração do risco.

Por outro lado, superando-se algumas das críticas apontadas ao anterior regime[1279], a relevância deixa de ser aferida na LCS pelos critérios do segurador,

---

[1278] The Law Commission, *Insurance...*, *cit.*, p. 54. Perante estas considerações, a orientação da *Law Commission* tem sido para a aferição pelo critério objectivo de um proponente abstracto (*reasonable insured test*).

[1279] Como vimos, no artigo 429º do CCom não se requeria que o proponente formulasse um juízo de relevância das circunstâncias em causa, para a formação da vontade negocial do segurador,

passando a sê-lo em função dos critérios representados *pelo proponente concreto*: o dever incide sobre as circunstâncias que o *tomador do seguro ou o segurado* conheça e *razoavelmente deva ter por significativas para a apreciação do risco pelo segurador*[1280]. A clareza da redacção do preceito remete, assim, para o quadro das representações subjectivas do proponente concreto, ainda que moderada ou mitigada por um elemento de objectividade (critério de razoabilidade), que afastará a relevância das idiossincrasias mais peculiares do proponente[1281].

Atender-se-á, assim, às circunstâncias pessoais inerentes ao proponente concreto, como a sua condição sócio-cultural; o seu nível de escolaridade e literacia[1282]; a sua idade; a sua experiência relativamente à técnica seguradora, aos contratos de seguro em geral e à modalidade concretamente contratada; a sua

bastando-se o preceito com a *possibilidade* (objectiva e abstracta) *de influência* daquelas circunstâncias sobre a existência ou condições do contrato. Neste contexto, vários sectores da doutrina se manifestavam no sentido de a aferição da relevância dever ser feita sob o prisma do proponente, segundo um critério de razoabilidade, criticando a injusta rigidez e formalismo da solução do artigo 429º. Cfr. Júlio Gomes, "O dever de informação do tomador...", *cit.*, p. 87; José Vasques, *Contrato de Seguro – Notas...*, *cit.*, p. 224; e José Vasques, "Declaração...", *cit.*, p. 6.

[1280] O critério de relevância adoptado pela LCS revela a influência de outros ordenamentos, seguindo de perto a solução consagrada no artigo 5º da Lei belga. Solução próxima é igualmente a da *section* 21(1) do *ICA* australiano, de 1984, segundo a qual o proponente deve revelar os factos que *sabe serem relevantes* para a decisão de contratar do segurador, ou que *uma pessoa razoável nas mesmas circunstâncias deva saber serem relevantes* – cfr. Anthony A. Tarr e Julie-Anne Tarr, "The insured's...", *cit.*, pp. 593 ss. Entre os ordenamentos que consagram igualmente uma formulação subjectiva do juízo de relevância (aferição do proponente *concreto*) encontra-se o norueguês – The Law Commission, *Insurance...*, *cit.*, p. 137. Por seu turno, a adopção do *reasonable insured test* foi recomendada pelo 5º Relatório da Law Reform Committee (1957) e da Law Commission (1980) como uma solução mais justa para o Direito inglês.

[1281] Perspectiva diversa é defendida por Pedro Romano Martinez, para quem a lei consagra um critério de normalidade, que abstrai das concretas características do proponente – Pedro Romano Martinez, "Artigo 24º – Comentários complementares", *in* Pedro Romano Martinez *et al.*, *LCS Anotada*, *cit.*, p. 149. Também segundo Francisco Alves, a fórmula legal obrigaria a recorrer «ao conceito corrente de homem médio para aferir sobre o que é necessário conhecer e declarar» – Francisco Luís Alves, "O regime...", *cit.*, p. 15, n. 34. Discordamos desta perspectiva. A fórmula legal não diz "que *um* proponente (razoável, médio, prudente, diligente, etc.)...". Ela refere-se *ao* tomador ou segurado obrigado, e não a uma abstracção de tomador ou segurado. O artigo definido "*o*" é, nessa medida, inequívoco. O critério assenta, pois, do nosso ponto de vista, na perspectiva do proponente *concreto*, temperando-a, no entanto, com um elemento de objectividade (traduzido pelo advérbio de modo "*razoavelmente*"). Nesta medida, carece de fundamento a observação de João Valente Martins de que a expressão legal «é vaga e imprecisa e será, sem dúvida, dada a múltiplas interpretações [...] porque um *homem médio* terá um entendimento sobre a declaração do risco muito menos esclarecida do que um analista de risco de um segurador» – João Valente Martins, *Notas Práticas...*, 2ª Ed., *cit.*, p. 59.

[1282] Cfr. Ana Benavente (Coord.), *A Literacia em Portugal – Resultados de uma Pesquisa Extensiva e Monográfica*, Lisboa, FCG, 1996.

experiência pessoal e profissional quanto às características do risco em causa e às variáveis que o influenciam; o modo como o seguro haja sido apresentado e contratado, etc.[1283]. Porém, a razoabilidade impõe-se como um padrão objectivo que caracteriza o *juízo de relevância*, de onde decorre o seu carácter normativo[1284].

Segundo alguma doutrina, a expressão "razoavelmente" comportaria o sentido de ao declarante ser «exigível uma diligência média no sentido de figurar a essencialidade para o segurador do facto a declarar»[1285]. Não podemos concordar com esta perspectiva. Na verdade, se quanto ao conhecimento – isto é, à apreensão de uma situação objectiva – um sujeito pode agir com maior ou menor diligência, podendo negligenciar aquela apreensão ou evitá-la dolosamente, tal já não é configurável relativamente a um juízo, isto é, a uma operação puramente mental[1286]. Por outras palavras, o juízo (subjectivo) de relevância de um facto pode ser (ou não) razoável – isto é, ser normalmente partilhado pela generalidade dos indivíduos – mas não será nunca *negligente* ou *doloso*, na medida em que uma operação mental traduzida num juízo de facto, mesmo desrazoável, não traduz *culpa*.

A fórmula do nº 1 do artigo 24º da LCS exige ainda que as circunstâncias se tenham por significativas *para a apreciação do risco pelo segurador*. Segundo resulta da letra do preceito, estará em causa a apreciação *por aquele segurador em concreto*, no quadro específico da relação negocial em causa. Decorrendo o juízo de relevância das representações (razoáveis) do proponente concreto, afigura-se justo que essas representações reflictam a imagem projectada *pelo segurador concreto*

[1283] Cfr. Júlio Gomes, "O dever de informação do (candidato a) tomador...", *cit.*, p. 408. É esta a orientação de alguma jurisprudência norte-americana – Robert Keeton e Alan Widiss, *Insurance Law...*, *cit.*, pp. 577-578.

[1284] Carece, pois, de sentido a perspectiva segundo a qual a fórmula legal estaria eivada de subjectivismo, permitindo ao tomador «facilmente defender-se alegando que, para ele, a referida circunstância não é *razoavelmente* significativa» – António Dâmaso Bentinho, *Os Deveres...*, *cit.*, p. 37. Como se refere no Ac. TRP de 10/12/2009 – Proc. nº 976/06.4TBOAZ.P1 (Teixeira Ribeiro), quanto ao artigo 24º/1 da LCS, «exige-se sempre, com efeito, que quanto às declarações e informações que preste ao segurador, o segurado ou tomador conheça a sua verdadeira dimensão e relevância em termos do que, razoavelmente, se lhe possa exigir que preveja como sendo significativas para apreciação do risco pelo segurador».

[1285] Arnaldo Oliveira, "Artigo 24.º Anotação", in Pedro Romano Martinez *et al.*, *LCS Anotada*, *cit.*, p. 143. Para o autor, trata-se apenas da exigência da «diligência média de um homem médio, não de um profissional de seguros médio». *Idem*, p. 144.

[1286] P. ex., é possível que um indivíduo se recuse a visitar uma moradia que adquiriu num leilão de modo a não tomar conhecimento da existência de contiguidades perigosas e a não lhe ser imputável a omissão de declaração das mesmas ao segurador (já que, efectivamente, as desconhece); mas já não é correcto dizer-se que, conhecendo a proximidade de uma fábrica de pirotecnia, o proponente, *culposamente, não a considerou significativa* para a apreciação do risco pelo segurador. Do mesmo modo, será incorrecto afirmar-se que uma *opinião* é *culposa*.

(que pode ser *mais* ou *menos* prudente do que um segurador médio abstracto)[1287]. Por outro lado, circunstâncias *significativas para a apreciação do risco* serão aquelas que *influenciam* essa apreciação. Na falta de um maior rigor do preceito quanto ao *grau de influência*[1288] requerido para que uma circunstância se tenha por significativa, e perante a necessidade de estabelecer critérios objectivos, podemos socorrer-nos, quer das soluções que decorriam dos regimes portugueses anteriores na matéria, quer de soluções de ordenamentos estrangeiros. Assim, do nosso ponto de vista, uma circunstância só será significativa quando o segurador não houvesse contratado, ou houvesse contratado em condições diversas, se tivesse tido atempado conhecimento da mesma.

Em suma, se o proponente conhecer determinados factos, mas não os tiver razoavelmente por significativos para a apreciação do risco pelo segurador – e, logo, não os informar a este – falta um dos requisitos da ilicitude, pelo que nem sequer há incumprimento do dever de declaração. Por outras palavras, nem sequer há uma acção anti-jurídica do proponente, dispensando-se a aferição da (ausência de) culpa[1289].

[1287] É, assim, ponderada a prática do segurador concreto em questão, igualmente considerada em preceitos como o nº 4 do artigo 27º e a alínea b) do nº 4 do artigo 26º da LCS – Júlio Gomes, "O dever de informação do (candidato a) tomador...", *cit.*, p. 408. Sublinhe-se, porém, como resulta do nº 1 do artigo 24º, que o incumprimento do dever de declaração do risco se afere pelo *juízo de relevância do proponente* e não pelas práticas efectivas do segurador, que só relevam na medida em que sejam razoavelmente apreensíveis por aquele.

[1288] Como nota alguma doutrina britânica – em orientação que não merece reparo – a relevância é uma questão de grau – Peter MacDonald Eggers *et al.*, *Good Faith...*, *cit.*, p. 344.

[1289] Perspectiva diversa é defendida por Pedro Romano Martinez, para quem – identificando no artigo 25º da LCS um caso de erro qualificado por dolo, a que seriam subsidiariamente aplicáveis as regras do artigo 253º do CC – o incumprimento doloso prescinde do requisito de relevância do nº 1 do artigo 24º, bastando-se com a intenção mentirosa e com o erro do segurador (*actual inducement*): «quando o tomador faz afirmações falsas com vista à celebração do contrato, mesmo que não referentes a circunstâncias "que razoavelmente deva ter por significativas para a apreciação do risco" [...] há dolo negocial, valendo o regime do art. 25º e o regime civil subsidiário» – Pedro Romano Martinez, "Artigo 25º – Comentários complementares", *in* Pedro Romano Martinez *et al.*, *LCS Anotada*, *cit.*, p. 163. Cremos, porém, que tal solução conduziria à punição do proponente pelo resultado gerado (o erro do segurador), mas não pela censurabilidade da sua actuação, já que a intenção de mentir sobre um facto que não deva razoavelmente ter-se por relevante para o segurador (e que só o seja em virtude de uma idiossincrasia deste) não será, do nosso ponto de vista, censurável a título de negligência e menos ainda de dolo. Faltará, por assim dizer, um nexo de causalidade adequada entre a omissão/inexactidão e o erro dela resultante, de modo que o proponente não poderia razoavelmente esperar que a sua mentira – visando apenas, p. ex., ocultar um facto embaraçoso tido por inócuo (o proponente ter furtado uma maçã há 20 anos, para usar um exemplo da jurisprudência inglesa) – tivesse por efeito influenciar a vontade contratual do segurador. Por outro lado, a utilização de um duplo critério de relevância – o do segurador concreto no caso do incumprimento doloso, e o do proponente concreto (objectivado por um requisito adicional de

IV. Referimos já de que forma a definição de um critério de relevância assente no prisma do proponente concreto (ou abstracto) constitui uma alternativa ao sistema de questionário fechado na superação da assimetria informativa, desfavorável ao proponente, quanto aos factos que deve declarar. A relação próxima entre o critério de relevância e o questionário não se esgota, porém, aqui.

É no quadro do juízo de relevância – e do critério que o traduz – que se pode fundar a existência de um ónus do segurador no sentido de orientar a declaração do risco do proponente, transmitindo-lhe indicadores de relevância, designadamente através do fornecimento de um questionário ou um guião, ainda que meramente exemplificativo[1290]. Porém, outros factores concorrem para o juízo do proponente, de acordo com o padrão de razoabilidade que a lei traça. Muitas vezes, aliás, é precisamente a representação, pelo proponente, de que um facto constitui um risco significativo que o leva a contratar o seguro: ora, a circunstância de o segurador não antever a existência desse facto não deverá servir de pretexto para que o proponente o não declare. A razoabilidade (no quadro da cláusula geral da boa fé e do princípio operatório da materialidade subjacente) joga aqui um papel central.

Desde logo, perante o critério de relevância definido no artigo 24º da LCS, cumpre perguntar se deverá presumir-se a relevância das matérias que sejam objecto de eventual questionário formulado pelo segurador[1291]. Embora a questão seja controversa no actual contexto português[1292], algumas vozes extraem do nº 3

razoabilidade) no caso do incumprimento negligente – equivaleria a uma dupla bitola valorativa, sancionando com a "cominação dura" situações menos censuráveis e com a "cominação branda" outras mais reprováveis, o que pensamos ser de recusar.

[1290] Referindo tal ónus, cfr. José Alberto Vieira, "O dever de informação...", *cit.*, pp. 1002-1003. Como refere Filipe Albuquerque Matos, «na verdade, se nem de modo implícito, a seguradora pretendeu averiguar do conteúdo e características de certas questões, então é de supor, de acordo com as regras da experiência que tais problemas não devem considerar-se relevantes» – Filipe Albuquerque Matos, *Uma Outra Abordagem...*, *cit.*, p. 620. Note-se que a questão não é meramente teórica. Assim, o candidato a pessoa segura num seguro de vida certamente terá consciência de que deve informar o segurador de que é portador de doença oncológica. Também é habitualmente conhecida a relevância da antiguidade da licença de condução ou as características do veículo relativamente ao seguro automóvel (Maria Manuela Chichorro, *O Contrato de Seguro Obrigatório de Responsabilidade Civil Automóvel*, Coimbra, Coimbra Editora, 2010, pp. 83-84). Mas já não será evidente, para o proponente de um seguro multirriscos, se deve declarar a altura dos muros de uma moradia ou a existência de um aeródromo a 2 quilómetros do imóvel a segurar.

[1291] A jurisprudência de vários sistemas jurídicos considera que, na falta de disposição legal expressa, se presume essa relevância. Cfr., quanto à jurisprudência italiana, Antigono Donati, *Trattato...*, Vol. II, *cit.*, p. 308, e, quanto à norte-americana, Edwin W. Patterson, "Le dichiarazioni...", *cit.*, pp. 534-535.

[1292] Considera, p. ex., Júlio Gomes, "O dever de informação do (candidato a) tomador...", *cit.*, p. 411, que a LCS «não consagrou em parte alguma, nem directa, nem indirectamente [...] a presunção de as questões que constam do questionário são relevantes [...] para a apreciação do risco pelo segurador».

do artigo 24º uma presunção de essencialidade dos factos cuja declaração é suscitada em questionário[1293]. Pela nossa parte, não cremos correcta a inferência de tal entendimento a partir do referido preceito, sobretudo considerando o critério de relevância consagrado no nº 1. A questão, do nosso ponto de vista, traduz-se em saber se o proponente poderá *razoavelmente* deixar de ter por significativas para a apreciação do risco pelo segurador concreto circunstâncias sobre as quais versa o questionário por este elaborado. Não se trata aí, propriamente, de uma presunção legal de relevância automaticamente associada ao próprio questionário e muito menos filiada no nº 3 do artigo 24º. Trata-se, sim – e sem prejuízo de a circunstância em causa poder revelar-se notoriamente significativa, ainda que não abrangida pelo questionário – de o enquadramento de um facto numa pergunta colocada pelo segurador dever constituir para o declarante um *indicador certo* da relevância do mesmo para o segurador, de modo que o proponente *o deverá razoavelmente ter por significativo*.

Ainda que estivesse convicto da respectiva irrelevância (por exemplo, no caso de o proponente ser um experiente técnico de seguros), a máxima boa fé inerente ao contrato imporia, pelo menos, que o proponente questionasse essa irrelevância, mas nunca que fornecesse uma resposta inexacta (ou que omitisse o facto em causa). Afigura-se, portanto, pertinente que o julgador presuma (presunção judicial) a relevância, de acordo com o critério do nº 1 do artigo 24º da LCS, de matérias que o segurador concreto manifestamente reclama como significativas para a apreciação do risco, pedindo para ser sobre elas informado[1294].

[1293] Arnaldo Oliveira, "Artigo 24º – Anotação", *in* Pedro Romano Martinez *et al.*, *LCS Anotada*, *cit.*, p. 140.

[1294] A questão afigura-se, de resto, meramente académica, já que imperativos de mercado (concorrência, competitividade, proactividade comercial) impõem ao segurador que minimize a informação solicitada e que reduza o questionário ao essencial (o que será, de resto, tanto mais evidente quanto, em virtude do sistema de declaração espontânea implementado, a análise do risco não depende sequer da apresentação de um questionário). Não se compreendem, assim, os perigos de oportunismo, por parte dos seguradores, a que se refere Júlio Gomes, "O dever de informação do (candidato a) tomador...", *cit.*, p. 412. Nem se compreende que haja uma qualquer contradição entre a consagração de um dever espontâneo de informação e a presunção de relevância do que é perguntado. Também não repugna a consideração de uma presunção (judicial) de dolo por parte do proponente que, perante uma questão clara formulada pelo segurador, mente na resposta. No sentido que defendemos, cfr. o Ac. TRL de 17/09/2009 – Proc. nº 5890/05.8TVLSB.L1-6 (Fátima Galante), onde se afirma que o proponente «estava obrigado a efectuar essa comunicação [do risco], porquanto a boa fé negocial [...] impunha que todos os factos ou circunstâncias por si conhecidas e susceptíveis de influir na celebração ou no conteúdo do contrato fossem dadas a conhecer à seguradora – o que E... *não poderia ignorar perante as sucessivas perguntas sobre o seu estado de saúde que esse aspecto seria relevante* [...]».

V. Numa interpretação estritamente apoiada no elemento literal, o critério de relevância formulado no nº 1 do artigo 24º tem um alcance mais abrangente do que comporta o espírito e a teleologia da norma. Na verdade, dessa fórmula decorre o dever de informação sobre factos... *significativos para a apreciação do risco* pelo segurador. Porém, como reconhece, em regra[1295], a doutrina e a jurisprudência (ou a própria lei[1296]) nos vários ordenamentos, a relevância deve entender-se como respeitante apenas às situações em que a declaração exacta do risco houvesse levado à não celebração do contrato ou à celebração em condições mais gravosas para o tomador[1297]. Por outras palavras, o dever de declaração não deverá abranger os factos susceptíveis de revelarem um risco inferior e de, portanto, permitirem a celebração do contrato em condições mais vantajosas para o tomador (p. ex., pela estipulação de um prémio mais baixo), sendo inadmissível que o segurador pudesse prevalecer-se da omissão ou inexactidão de tais factos para impugnar o contrato. Posição contrária pecaria, aliás, por um injusto e insólito formalismo, inteiramente avesso à teleologia da norma[1298], pelo que esta deverá ser objecto, nesta matéria, de uma interpretação restritiva.

Questão diversa é a do enquadramento da referida problemática: se à luz do nº 1 ou do nº 3 do artigo 24º. Cremos que a solução haverá de colocar-se a montante, em sede de delimitação negativa do dever de declaração do risco (que não haverá sequer de incidir sobre factos cuja comunicação favorece o proponente ou lhe é indiferente), e não a jusante (onde, reconhecendo-se embora o incumprimento, ficaria o segurador impedido de impugnar o contrato com base nos factos omitidos). Assim, a omissão de factos como os descritos não deverá sequer ser valorada como incumprimento do dever de declaração do risco[1299].

[1295] Estranhamente, a questão não é pacífica e essa interpretação literal mereceu já o apoio da doutrina noutros ordenamentos. Cfr. a referência de Daniel Danjon, *Traité...*, Tomo IV, *cit.*, p. 518, quanto ao ordenamento belga.

[1296] P. ex., no quadro da *common law* – e obtendo consagração expressa na secção 18(3) do MIA, de 1906 – as circunstâncias que se reflectem numa diminuição do risco normal, embora relevantes para a apreciação do mesmo, não são de declaração obrigatória. Para mais desenvolvimentos, cfr. Peter MacDonald Eggers *et al.*, *Good Faith...*, *cit.*, pp. 181 ss.

[1297] Júlio Gomes, "O dever de informação do tomador...", *cit.*, p. 90; Júlio Gomes, "O dever de informação do (candidato a) tomador...", *cit.*, p. 419.

[1298] Sendo a consagração do dever de declaração do risco um regime cujo sentido geral é o da tutela da vontade do segurador no respeito pela boa fé, seria absurdo sancionar uma conduta do proponente que até foi economicamente indiferente ou desfavorável a este. Do mesmo modo, não há incumprimento do dever de declaração quando o proponente presta uma declaração inexacta que gera uma representação do risco mais grave do que, na realidade, é – Antigono Donati, *Trattato...*, Vol. II, *cit.*, p. 312.

[1299] O Ac. TRL de 30/11/2006 – Proc. 8135/2006-2 (Ana Paula Boularot) suscita a questão de saber se se verifica o incumprimento do dever de declaração quando são omitidos factos (doença pré-existente) que traduzem um risco contratualmente excluído. Não cabendo aprofundar os

VI. O critério de relevância assente na perspectiva do proponente concreto e segundo a fórmula do nº 1 do artigo 24º da LCS adopta igualmente um sentido demasiado abrangente ao descurar a efectiva essencialidade do facto para o segurador (o requisito adicional do *actual inducement* a que se reporta a *common law*)[1300]. Se o dever se encontra assim definido, então, em termos de lógica formal, para o respectivo incumprimento será indiferente se as circunstâncias omitidas ou inexactamente declaradas são significativas para o segurador e se, em concreto, influenciaram a decisão de contratar ou as condições aplicáveis ao contrato[1301]. Por exemplo, da fórmula legal resultaria o incumprimento do dever de declaração se o proponente de um seguro de vida omitisse dolosamente que a sua carta astrológica previa uma morte prematura, convicto de que esse facto era da maior relevância para o segurador.

Ora, da teleologia da norma resulta que o dever não abrange todos os factos que o proponente deva ter por significativos (ainda que, efectivamente, não o sejam), mas apenas aqueles que sejam significativos (para o segurador) *e* que, *cumulativamente*, o proponente razoavelmente considere como tais[1302]. De outra forma, o proponente seria sancionado apenas pela censurabilidade da sua atitude subjectiva ainda que a mesma fosse objectivamente irrelevante para o segurador. Em suma, a formulação do preceito peca por apenas subentender a essencialidade efectiva dos factos omitidos ou inexactamente declarados, não a exigindo

pormenores da situação de facto *sub iudice*, a verdade é que não faz sentido a impugnação de um contrato por omissões ou inexactidões quando o risco inerente às mesmas está à partida excluído do contrato. Verificando-se essa exclusão contratual, tais factos em nada afectariam o risco, sendo, portanto, irrelevantes para a apreciação do mesmo. A delimitação negativa do dever de informação relativamente a circunstâncias atinentes a um risco que o segurador não garante, quer porque a cláusula de garantia nem sequer o contemple (p. ex., a garantia de roubo num simples seguro de incêndio), ou porque seja objecto de uma cláusula de exclusão, resulta expressamente de outros ordenamentos, designadamente, no caso do Direito inglês, da secção 18(3) do MIA.

[1300] Edwin W. Patterson, "Le dichiarazioni...", *cit.*, p. 531. Na verdade, como o autor reconhece, trata-se de aspectos diversos do mesmo princípio. *Idem*, p. 533.

[1301] A fórmula legal terá assentado no pressuposto de que todas as circunstâncias que o proponente *razoavelmente deva ter por significativas* para a apreciação do risco o são, de facto, para o segurador (mas de que nem todas as circunstâncias relevantes para o segurador deverão razoavelmente ser tidas como tal para o proponente). Ora, tal pressuposto não é necessariamente verdadeiro, pelo que a fórmula legal haveria de definir um duplo critério de essencialidade: esta verificar-se-ia quando a circunstância em causa fosse significativa para a apreciação do risco pelo segurador e o proponente razoavelmente devesse tê-la como tal.

[1302] Neste sentido, Júlio Gomes, "O dever de informação do (candidato a) tomador...", *cit.*, pp. 398-399 e 418. Não nos merece, em contrapartida, concordância a perspectiva de Arnaldo Oliveira, que enquadra a matéria, não ao nível da delimitação do dever de declaração do risco (sob o critério da relevância), mas ali reconhece um caso de preclusão da faculdade de impugnação do contrato (nº 3 do artigo 24º da LCS). Arnaldo Oliveira, "Artigo 24º – Anotação", *in* Pedro Romano Martinez *et al.*, *LCS Anotada, cit.*, p. 134.

expressamente. Haverá, portanto, que operar uma interpretação restritiva da norma, no sentido de só considerar relevantes os factos que o sejam efectivamente para o segurador concreto.

A efectiva essencialidade implica o erro do segurador e um requisito de causalidade entre a omissão ou inexactidão e aquele vício na formação da vontade. O reconhecimento de tal requisito, que julgamos implícito à *ratio* do nº 1 do artigo 24º da LCS, revela-se, em qualquer caso, contraditório com a regra – que parece resultar literalmente das alíneas d) e e) do nº 3 do artigo 24º – segundo a qual o segurador, sendo conhecedor do facto omitido ou inexactamente declarado (e, portanto, não tendo sido induzido a contratar em virtude dessa omissão ou inexactidão) poderá, ainda assim, impugnar o contrato desde que o proponente tenha agido com dolo com o propósito de obter uma vantagem[1303].

VII. Cumpre assinalar a dispersão, pela LCS, de deveres de declaração do risco autónomos, para além do que resulta da regra geral do nº 1 do artigo 24º. Tal é o caso, respectivamente, do nº 1 do artigo 124º (*infra*, VIII.8.3); do nº 1 do artigo 133º (*infra*, VIII.5.2); do nº 1 do artigo 151º (*infra*, VII.3.1); e do nº 3 do artigo 180º (*infra*, VIII.5.2), disposições às quais consagraremos, no lugar próprio, a nossa análise. Caberá, por ora, reter que, na matéria que agora nos ocupa, os citados preceitos estabelecem uma *presunção legal inilidível* de relevância (ou essencialidade) das circunstâncias a que os mesmos aludem, derrogando, quanto a elas, o critério de relevância definido na parte final do nº 1 do artigo 24º.

VII.3. A FORMA, A NATUREZA E A INTERPRETAÇÃO DA DECLARAÇÃO DO RISCO

VII.3.1. Inexigência de forma escrita?

I. O sistema jurídico português nada parece referir quanto à exigência de forma especial para a declaração do risco, diversamente de outros ordenamentos, que exigem a forma escrita e, em alguns casos, o obrigatório recurso a um questionário[1304]. Já no quadro do artigo 429º do CCom alguma doutrina sublinhava a inexistência de qualquer requisito de forma para a declaração do risco, admitindo-se, portanto, que a mesma fosse feita oralmente[1305]. Por seu turno,

---

[1303] A apontada contradição não deverá, porém, ser empolada. É que, ainda que – como veremos – seja contestável a solução das alíneas d) e e) do nº 3 do artigo 24º, o remédio estritamente punitivo aí contemplado justifica-se pela especial censurabilidade do comportamento do proponente, circunstância que já não se verifica quando o proponente omite uma circunstância inócua na convicção de que a mesma é relevante.

[1304] Como é o caso, p. ex., do artigo 4º da LCS suíça, do artigo 10º da espanhola e do artigo 8º da mexicana.

[1305] José Alberto Vieira, "O dever de informação...", *cit.*, p. 1003. Em qualquer caso, a prestação oral de informações, recolhidas a escrito por outrem e depois assinadas pelo declarante, não deixará

também no âmbito da LCS os artigos 24º a 26º nada referem quanto à exigência de forma específica para essa declaração, o que parece implicar a admissibilidade de cumprimento meramente oral do dever de declaração do risco.

II. *Quid iuris*, porém, face ao nº 1 do artigo 120º da LCS, segundo o qual as comunicações previstas nesse mesmo diploma *devem revestir forma escrita ou ser prestadas por outro meio de que fique registo duradouro*? É certo que a letra do artigo 120º acolhe a admissibilidade, tanto das comunicações escritas como das não escritas: ponto é que o respectivo suporte material permita o registo duradouro. Para Romano Martinez, o propósito do artigo 120º seria o de reduzir o peso formal do contrato e dos documentos relacionados com a respectiva execução, visando o progressivo recurso aos meios de comunicação electrónicos[1306]. Em termos práticos, porém, o preceito afasta a admissibilidade das comunicações orais (ou por outra via) de que não fique registo duradouro.

Quanto à aplicabilidade do preceito à declaração do risco, José Morgado – ainda que sem fundamentar – parece excluí-la[1307]. Júlio Gomes rejeita também que a declaração do risco houvesse necessariamente de ser feita por escrito, recorrendo a vários argumentos: desde logo, a omissão do requisito nos artigos 24º ss. da LCS, conjugada com o facto de as disposições referidas terem carácter relativamente imperativo – só podendo ser derrogadas em sentido mais favorável ao proponente. O autor reforça, por outro lado, o argumento com o disposto no nº 1 do artigo 32º da LCS – segundo o qual a validade do contrato não depende da observância de forma especial – considerando que a declaração do risco se insere no processo de formação do contrato de seguro. Finalmente, invoca o autor o disposto no nº 1 do artigo 31º, que alude a "comunicações" *e* a "prestação de informações", permitindo acolher a perspectiva de que se trata de realidades diversas e de que, portanto, o artigo 120º, aplicável às comunicações, não o seria à prestação de informações[1308].

Cremos, porém, que os argumentos não são intransponíveis. Desde logo, a omissão do requisito nos artigos 24º ss. seria justificada pela sua transferência

---

de configurar uma declaração escrita. Como resulta do Ac. TRP de 12/10/2009 – Proc. nº 0856741 (Anabela Luna de Carvalho), «houve [...] declarações inexactas e omissão de elementos essenciais para apreciação do risco [...]. Irrelevante é que tais declarações tenham sido prestadas verbalmente uma vez que o Apelante se vinculou às mesmas pela sua assinatura».

[1306] Pedro Romano Martinez, "Artigo 120º – Comentários complementares", *in* Pedro Romano Martinez *et al.*, *LCS Anotada*, *cit.*, p. 418.

[1307] José Pereira Morgado, "Artigo 120º – Anotação", *in* Pedro Romano Martinez *et al.*, *LCS Anotada*, *cit.*, p. 417.

[1308] Júlio Gomes, "O dever de informação do (candidato a) tomador...", *cit.*, p. 407, n. 39 e p. 423, n. 63.

para uma disposição de aplicação genérica: o artigo 120º. O carácter genérico desta disposição permite, aliás, assumi-la como *regra*, não se afigurando razões que levem a excepcionar a sua aplicação em sede de declaração do risco. Ela permite igualmente invocar um argumento de maioria de razão: se a exigência de registo duradouro abrange situações de menor relevância, como o dever de informação anual sobre o montante da participação nos resultados distribuída (nº 2 do artigo 205º da LCS)[1309], forçosamente há-de abranger a declaração do risco. Se abrange igualmente a comunicação do agravamento do risco[1310], não vemos como afastá-la relativamente à declaração inicial do risco. Também o carácter relativamente imperativo dos artigos 24º ss. não se afigura um argumento convincente: é que, por um lado, não está em causa uma derrogação contratual do regime, mas a sua própria definição em sede legal. E, por outro lado, porque a formalização da declaração do risco não é mais desfavorável ao tomador; pelo contrário, tendo o proponente cumprido o dever de declaração que o vincula, essa formalização permite-lhe demonstrar isso mesmo, afastando a possibilidade de o segurador invocar infundadamente a existência de omissões ou inexactidões. Também a invocação do nº 1 do artigo 32º não se afigura pertinente, já que a inexigência de forma legal para a validade do contrato não impede que, pelo menos, a proposta (onde, em regra, se integra materialmente a declaração do risco) deva ser feita por escrito, como resulta do nº 5 do artigo 21º e do nº 1 do artigo 27º da LCS. Quanto ao argumento assente no nº 1 do artigo 31º, cremos que é de um pendor excessivamente formal: na verdade, as comunicações não se distinguem das informações, mas abrangem-nas, na medida em que se pode comunicar, por exemplo, uma informação, uma opinião ou uma vontade. Daí que seja adequada a amplitude da expressão utilizada no nº 1 do artigo 120º[1311].

Em suma, pensamos que o referido dever de declaração se cumpre através de uma comunicação, pelo que não se verifica qualquer fundamento que exclua a aplicação do citado artigo 120º. Aliás, a teleologia do preceito requer exigências de formalização que garantam a certeza e segurança das relações jurídicas de seguro e que não há razão para não aplicar à declaração do risco. De resto, a própria letra do nº 1 do artigo 120º comporta a aplicabilidade do preceito, quer às comunicações feitas pelo segurador, quer às feitas pelo tomador, desde que *previstas na LCS* (o que é o caso da declaração do risco). Finalmente, razões de ordem probatória impõem que, no interesse de qualquer das partes, seja respeitada forma que facilite a ulterior prova do conteúdo da declaração e que a pró-

---

[1309] Neste sentido, José Pereira Morgado, "Artigo 120º – Anotação", *in* Pedro Romano Martinez *et al.*, *LCS Anotada, cit.*, p. 418.

[1310] Neste sentido, José Pereira Morgado, *idem*, p. 417.

[1311] Incluindo várias situações de prestação de informações entre as *comunicações* a que alude o nº 1 do artigo 120º, José Pereira Morgado, *idem*, pp. 417-418.

pria autoria da mesma possa ser estabelecida, designadamente pelo tradicional recurso à assinatura.

III. O seguro de incêndio assume entre nós, no quadro da LCS, um regime peculiar no que concerne a definição das circunstâncias do risco. Na verdade, o artigo 151º requer que algumas das circunstâncias que devem ser objecto da declaração inicial do risco sejam formalizadas na própria apólice (condições particulares). Assim, nos termos do preceito citado, a apólice de seguro de incêndio deve precisar, para além da necessária determinação do bem seguro, circunstâncias de mera caracterização do risco contratualizado, nomeadamente: o material de construção do bem seguro e o estado em que se encontra (alínea *a*) do artigo 151º)[1312]; a natureza e o uso dos edifícios adjacentes, sempre que essas circunstâncias puderem influir no risco (alínea *c*) do mesmo artigo)[1313].

Perante esta formalização, na apólice, de circunstâncias caracterizadoras do risco – que, em qualquer caso, sempre constituiriam objecto do dever de declaração pré-contratual do risco – sem paralelo em outras modalidades de seguro, importa apurar se da mesma deverá resultar um regime especial em caso de inexactidões ou omissões. Na verdade, o artigo 151º denota semelhanças com o instituto da *common law* das cláusulas "base do contrato" (*basis of the contract*), em que as informações do proponente são incorporadas no contrato como garantias (*warranties*), assistindo ao segurador, em caso de inexactidão, o direito de resolver o contrato com fundamento em quebra da garantia (*breach of warranty*) – *supra*, IV.2.1.III.

Porém, as semelhanças com o referido instituto ficam-se pela incorporação no contrato das informações pré-contratuais, já que, quanto ao mais, o ordenamento português não permite suportar regime semelhante ao da *breach of warranty*. Assim, a referida incorporação contratual das condições do risco declarado em nada tolhe a aplicabilidade do regime geral da declaração pré-contratual do risco (artigos 24º segs. da LCS). Se, portanto, em dado momento, se apurar que as reais condições do risco são diversas das formalizadas no contrato, haverá que saber se estamos perante um incumprimento do dever de declaração inicial do risco – caso em que será aplicável o disposto no artigo 25º ou 26º, consoante o estado subjectivo do proponente – ou, diversamente, uma situação de agravamento ou de diminuição do risco (para o que serão convocados os artigos 92º, 93º ou 94º, consoante o caso)[1314].

[1312] Esta é matéria em que a LCS inovou relativamente à disposição correspondente do CCom (artigo 442º).
[1313] Trata-se fundamentalmente de circunstâncias já previstas no nº 3 do artigo 442º do CCom.
[1314] Cfr. *infra*, VIII.8.1.

Um reparo, porém, impõe-se. É que, se a própria lei *exige* que a apólice precise as referidas condições do risco, então a relevância (ou essencialidade) das circunstâncias em causa encontra-se legalmente estabelecida. Desta forma, fica derrogado, quanto às circunstâncias referidas, o critério de relevância definido na parte final do nº 1 do artigo 24º. O proponente terá, pois, de declarar com exactidão, antes da conclusão do contrato, o material de construção do bem seguro, o estado em que este se encontra, e – quando estas circunstâncias puderem influir no risco – a natureza e o uso dos edifícios adjacentes, mesmo que, razoavelmente, não devesse ter esses factos por significativos para a apreciação do risco pelo segurador.

Desta forma, o artigo 151º encerra, em substância, uma *presunção legal inilidível* de relevância das circunstâncias do risco cuja formalização na apólice é ali requerida. Por outro lado, estando em causa um incumprimento do dever de declaração inicial do risco, a relevância objectiva do facto em causa poderá, por si só, fornecer ao julgador indícios do dolo do proponente faltoso. Fora este caso – e excepto elementos pontuais de identificação da coisa ou pessoa segura que constituam também factores de avaliação do risco (a morada, num seguro de incêndio, ou a data de nascimento, num seguro de vida) – as respostas ao questionário ou, em geral, a declaração do risco, não integram as condições contratuais[1315].

VII.3.2. Declaração espontânea *v.* questionário fechado

I. Várias foram já as considerações tecidas ao longo deste trabalho sobre a relevância, em sede de declaração do risco, do questionário facultado pelo segurador[1316]. Cumpre agora rememorar, com maior detenimento, as problemáticas que o tema convoca.

Perante a formulação do dever de declaração do risco, colocar-se-iam duas alternativas ao segurador: assumir uma posição passiva, deixando ao proponente a iniciativa de prestar todas as informações que ao mesmo se afigurassem pertinentes; ou orientar essa prestação de informação, facultando ao proponente um questionário ou formulário onde constassem os tópicos mais relevantes para a apreciação do risco, caso em que, no limite, o próprio dever de declaração do risco poderia ser confinado a um mero dever de resposta às perguntas formuladas. Ora, quer no quadro dos sistemas de dever espontâneo, quer nos de dever

---

[1315] Angela Solimando, "Disciplina...", *cit.*, pp. 51-52.

[1316] Alguns autores utilizam indistintamente as expressões inquérito e questionário – em torno do rigor técnico da expressão, cfr. Filipe Albuquerque Matos, "As declarações reticentes...", *cit.*, p. 466, n. 22. As expressões, porém, não são sinónimas, na medida em que a inquirição pode ocorrer por recurso à técnica de questionário ou de entrevista – cfr. Rodolphe Ghiglione e Benjamin Matalon, *Les Enquêtes Sociologiques: Théories et Pratique*, 2ª Ed., Paris, Armand Colin, 1985 – trad. port., *O Inquérito – Teoria e Prática*, Oeiras, Celta, 1997, pp. 63 ss.

de resposta, o recurso ao questionário assumiu-se, ao longo dos anos, como um instrumento de importância fundamental[1317], contribuindo para a redução significativa das omissões negligentes ou de boa fé[1318] e alargando o espectro das informações que vêm ao conhecimento do segurador[1319].

Na verdade, a relevância do questionário quanto ao dever de declaração do risco pode assumir uma dupla vertente. Assim, o questionário pode *limitar* efectivamente o dever do proponente, que ficará circunscrito às circunstâncias perguntadas, caso em que estaremos perante um mero *dever de resposta* (sistemas de *questionário fechado*). Noutra perspectiva, porém, o questionário pode apenas *orientar* o cumprimento do dever pelo proponente, facilitando aquele cumprimento mas não exonerando o proponente de declarar outras circunstâncias relevantes que não estejam formalmente questionadas (sistemas de *declaração espontânea*, que contemplam um amplo *dever de informação*). Os dois sistemas marcam, enfim, o carácter fracturante do âmbito do dever de declaração do risco[1320].

Muito se tem debatido sobre as vantagens e a justiça de cada um dos sistemas, em torno de vários tópicos: a distribuição da assimetria informativa; o envolvimento cooperativo das partes na declaração do risco; a boa fé objectiva; questões de exequibilidade prática; a repartição do ónus da prova; a distribuição do dever de diligência, numa articulação sensível entre institutos como os da *culpa in contrahendo* e do abuso do direito; etc. Cumpre dar sucintamente conta dos principais argumentos em tal debate.

[1317] A jurisprudência dá precisamente conta da relevância do questionário. Cfr., p. ex., Ac. TRC de 18/10/2005 – Proc. 1552/05 (Távora Vítor); Ac. TRL de 13/03/2007 – Proc. 10766/2006-1 (Rui Vouga); Ac. STJ de 30/10/2007 – Proc. 7A2961 (Alves Velho).

[1318] Nas palavras de Labbé reproduzidas por Danjon, «a reticência perde todo o terreno que ganha o questionário» – Daniel Danjon, *Traité...*, Tomo IV, *cit.*, p. 529 (trad. nossa). Na verdade, perante um questionário de formulação clara e precisa, difícil será que o proponente de boa fé (ou que empregue uma diligência mediana) cometa omissões ou inexactidões. Daí também ser legítimo inferir, casuisticamente, que as inexactidões prestadas em tais circunstâncias sejam dolosas ou fraudulentas. Desta forma, não poderá o proponente vir a alegar que não lhe ocorreu declarar a matéria perguntada ou que a mesma lhe pareceu irrelevante ou invocar ter-se esquecido de investigar ou esclarecer qualquer aspecto para si duvidoso. Ou seja, colocado perante um questionário, as omissões ou inexactidões na resposta ao mesmo traduzem um comportamento susceptível de indiciar o dolo do declarante. Cfr., na jurisprudência, o Ac. TRL de 23/09/2010 – Proc. n.º 1295/04.6TBMFR-6 (José Eduardo Sapateiro).

[1319] Na verdade, como refere Viterbo, muitas seriam as matérias que o proponente não poderia razoavelmente considerar relevantes para a apreciação do risco, pelo que, na ausência do questionário, os dados respeitantes às mesmas permaneceriam desconhecidos do segurador sem que este pudesse imputar essa falta ao proponente – Camillo Viterbo, "Le dichiarazioni...", *cit.*, col. 67.

[1320] Jean-Luc Fagnart, "Dispositions...", *cit.*, p. 59.

II. O sistema de declaração espontânea assumiu historicamente carácter precursor, e domina ainda na maior parte dos ordenamentos[1321]. Assenta na ideia de que o proponente, como gestor do risco seguro, detém um conhecimento privilegiado ou exclusivo das circunstâncias que afectam esse risco, cabendo-lhe, portanto, a iniciativa de declará-las ao segurador. Neste contexto, e considerando que a assimetria informativa é unilateral e favorável ao proponente, o dever de declaração deste abrangerá todas as circunstâncias que o mesmo conheça e se assumam significativas para a formação da opinião do risco pelo segurador. Não nega esta perspectiva que o segurador conhece, melhor que ninguém, as circunstâncias de avaliação do risco que, em abstracto, considera relevantes, embora sublinhe ser, para o mesmo, difícil enumerá-las exaustivamente. Deste prisma, será mais fácil ao proponente identificar e informar, entre os factos que conhece, os que influenciam o risco.

O sistema de declaração espontânea não rejeita o recurso facultativo ao questionário, mas sempre com carácter limitado e não suprindo nunca o dever de informação do proponente em matérias sobre as quais o mesmo não seja inquirido. Nesta perspectiva, os factos devem ser declarados, quer constem ou não de eventual questionário. Este enquadra a declaração, mas o dever de informação transcende-o, reportando-se aos conhecimentos do declarante que se lhe afigurem relevantes no princípio da máxima boa fé: o dever do proponente será, pois, independente do questionário, que, no limite, poderá nem existir. Desta forma, o questionário não alterará o carácter espontâneo da declaração[1322], que proporcionará uma solução equilibrada, justa e coerente com o princípio da máxima boa fé e com a prevenção da fraude.

Quando exista, o questionário converte-se num guia auxiliar da declaração do risco, que coadjuva o proponente no cumprimento do seu dever de declaração e permite ao segurador recolher um leque mínimo significativo de informação relevante[1323]. Desde logo, as questões formuladas avivam a memória do respondente, incitando-o a investigar a matéria e a responder com maior rigor[1324]. Por outro lado, o questionário estabelece um quadro de referência, meramente

---

[1321] A solução de declaração espontânea, adoptada pela LCS, segue opção similar consagrada, designadamente, na Áustria, Bélgica, Grécia, Itália, Irlanda, Noruega, Holanda, Reino Unido, Suécia e Québec – cfr. Arnaldo Oliveira, "Artigo 24º – Anotação", in Pedro Romano Martinez et al., *LCS Anotada, cit.*, p. 132, n. 176.

[1322] Claude J. Berr, "La déclaration...", *cit.*, p. 330.

[1323] O questionário constitui, assim, nas palavras de Filipe Albuquerque Matos, «um meio privilegiado para reduzir o espaço de incerteza e de indeterminação quanto a um conjunto de circunstâncias consideradas relevantes para a individualização do risco a assumir» ("As declarações reticentes...", *cit.*, p. 470).

[1324] Luc Mayaux, "L'ignorance...", *cit.*, p. 735.

exemplificativo, sobre as questões relevantes que devem ser informadas ao segurador[1325], fornecendo indicadores ou padrões de relevância que transcendem as próprias perguntas especificamente formuladas e que suscitam a declaração de outros factos, que, por evidente analogia com as constantes do questionário, não poderão deixar de se afigurar como relevantes ao proponente. A jurisprudência italiana tem, aliás, salientado a importância do questionário enquanto "quadro de referência" claro e preciso que orienta o proponente na selecção das circunstâncias relevantes para a aferição do risco[1326].

Mesmo nos regimes de declaração espontânea, o recurso ao questionário pelo segurador pode, de algum modo, limitar o dever de declaração, na medida em que das questões formuladas resulte expressamente que o segurador assume determinadas matérias como irrelevantes e que, portanto, manifesta desinteresse pelas mesmas. Assim, se o segurador pergunta se o candidato a pessoa segura num seguro de vida esteve internado nos últimos cinco anos, então assume como irrelevante que a pessoa tenha estado internada antes desse período, prescindindo dessa informação[1327].

Razões de ordem prática também abonam a favor das soluções de declaração espontânea. Na verdade – argumenta-se – se o dever de declaração do risco ficasse legalmente confinado às matérias constantes do questionário, isso levaria os seguradores a tornar o questionário de tal forma exaustivo que daí resultariam sérias dificuldades de preenchimento[1328], sem conseguirem, ainda assim, prever *todas* as circunstâncias passíveis de afectar um risco[1329]. Por outro lado, a declaração espontânea, para além de reflectir a personalidade do declarante, é flexível e adapta-se a todas as modalidades de seguro[1330].

[1325] Pedro Rubio Vicente, *El Deber...*, *cit.*, p. 62.

[1326] Marino Bin, "Informazione...", *cit.*, p. 730.

[1327] Cfr. Malcolm Clarke, *Policies...*, *cit.*, p. 94.

[1328] José Carlos Moitinho de Almeida, *O Contrato de Seguro no Direito...*, *cit.*, p. 74. Neste sentido, Nuno Trigo dos Reis, *Os Deveres...*, *cit.*, p. 59. Este facto deixaria adivinhar evidentes dificuldades no tráfego jurídico.

[1329] Como referem Groutel *et al.*, «o número de circunstâncias susceptíveis de influir sobre a realização de um risco é infinito, e o segurador não poderia visá-las todas num questionário» – Hubert Groutel *et al.*, *Traité...*, *cit.*, p. 145 (trad. nossa). Virginia Bado Cardozo aponta precisamente a dificuldade de construção de questionários exaustivos: «nenhum questionário, por mais completo que seja, pode contemplar todas as vicissitudes que pode sofrer uma pessoa ou uma coisa. Os factos superam toda a imaginação [...]» (*El Riesgo...*, *cit.*, p. 28 – trad. nossa). É por esta razão que, nos sistemas de declaração espontânea, a resposta ao questionário constitui um patamar mínimo de cumprimento do dever de declaração do risco, não se prescindindo da informação de outras circunstâncias que, aos olhos do proponente, se assumam igualmente como relevantes.

[1330] Virginia Bado Cardozo, *El Riesgo...*, *cit.*, pp. 78-79.

De resto, contra as presunções de irrelevância quanto às matérias não incluídas no questionário, ergue-se um argumento de justiça, já que o segurador veria
funcionar contra si um instrumento auxiliar que coloca ao serviço do proponente.
Como refere Moitinho de Almeida, «o questionário traduz-se numa facilitação
concedida pelo segurador ao segurado e não parece justo, assim, que possa redundar em prejuízo daquele»[1331].

Por outro lado, dir-se-á, se o dever do declarante se restringisse à resposta ao
que lhe é perguntado, tratar-se-ia de um mero dever formal – que repugnaria ao
princípio da materialidade subjacente, corolário do princípio geral da boa fé – para
além de consubstanciar uma solução rígida, pouco adaptável à diversidade de
configurações que os riscos podem assumir em concreto[1332]. Finalmente, o sistema de questionário fechado poderia suscitar a viciação da *alea* contratual pelo
proponente, na medida em que este, ao responder *apenas* ao perguntado, visse
legitimada a omissão de factos não previstos no questionário[1333].

III. Como referimos já, a assimetria informativa é, de algum modo, ambivalente: se é certo que o proponente conhece de forma privilegiada as circunstâncias que caracterizam o risco, é igualmente incontestável que o conhecimento
das variáveis relevantes para a avaliação do risco pertence ao segurador. É precisamente em virtude da dificuldade, colocada ao proponente, em descrever exaustivamente todas as circunstâncias relevantes ou em discernir, em concreto, quais
as que terão relevância para o segurador, que se generalizou na prática seguradora
o fornecimento por este de um questionário. Por seu turno, esta generalização
levou à adopção, por alguns ordenamentos – como o suíço, o alemão, o espanhol,
o francês e o finlandês[1334] – do sistema de questionário fechado[1335].

[1331] José Carlos Moitinho de Almeida, *O Contrato de Seguro no Direito...*, *cit.*, p. 74. Contra, Júlio
Gomes, "O dever de informação do tomador...", *cit.*, p. 98, para quem o questionário constitui um
ónus imposto pela boa fé ao segurador, como parte que possui os conhecimentos técnicos sobre a
avaliação do risco, de colaborar com o proponente para que o mesmo cumpra o dever de declaração
do risco a que está obrigado.

[1332] Júlio Gomes, "O dever de informação do tomador...", *cit.*, p. 98. Como refere o autor, «muito embora
o sistema de questionário fechado parta, segundo cremos, da premissa correcta, a saber, a de que o
segurador tem o ónus de colaborar com o tomador do seguro informando-o de quais as circunstâncias
e factos que considera relevantes para a apreciação do risco, parece-nos adequado impor ao tomador
do seguro que ele tenha, também, o dever de revelar ao segurador aquelas circunstâncias anómalas
que, ainda que não referidas no questionário, influem notoriamente no risco» – *idem*, p. 101.

[1333] The Law Commission, *Insurance...*, *cit.*, p. 68.

[1334] Arnaldo Oliveira, "Artigo 24º – Anotação", *in* Pedro Romano Martinez *et al.*, *LCS Anotada*,
cit., p. 132.

[1335] A solução era, desde há mais de um século, defendida por alguma doutrina – cfr., p. ex.,
Ferdinand Bricard, *Les Réticences...*, *cit.*, pp. 51 ss. – vindo a ser consagrada, de forma pioneira, na
VVG suíça.

Nesta perspectiva, o âmbito do dever de declaração do risco deve ser delimitado pelo segurador – em virtude de ser ele o conhecedor das circunstâncias para si relevantes quanto à avaliação do risco – sendo o instrumento apropriado, precisamente, o questionário. Nesta medida, o dever de declaração do proponente restringe-se a um mero dever de resposta ao que é perguntado pelo segurador: se este não faz perguntas, então não espera respostas[1336].

Vários são os argumentos em abono deste sistema. Desde logo, o da tecnicidade da avaliação do risco, que colocaria fora do alcance de um normal declarante a identificação das circunstâncias relevantes. Só os conhecimentos técnicos do segurador permitiriam, por recurso a um questionário exaustivo, obter uma caracterização científica do risco, entendendo-se, na falta do questionário, que o segurador prescindiu de uma avaliação aprofundada daquele risco concreto, regendo-se apenas pelos padrões estatísticos normais[1337].

A solução decorrerá, por outro lado, não só da necessidade de fornecer ao proponente um critério objectivo sobre os factos relevantes, mas igualmente do propósito de envolver cooperativamente o segurador na declaração do risco, devendo cada uma das partes informar a outra sobre a matéria que domina[1338]. Neste quadro, o dever de declaração do risco assumirá alguma bilateralidade, vinculando o segurador ao ónus de perguntar e o proponente ao dever de responder. Este exercício de cooperação – que implicará o alongamento do questionário e a maior morosidade do processo de contratação – terá a grande virtualidade de introduzir uma maior certeza e segurança no comércio: o segurador beneficiará de mais e de melhor informação, podendo avaliar os riscos com maior rigor; o segurado, tendo sido diligente na resposta, terá maior confiança de que o contrato não será impugnado e de que, portanto, à segurança contratual se adicionará a segurança psicológica da inimpugnabilidade[1339].

No âmbito de um sistema de questionário fechado, o dever de diligência do respondente começa precisamente onde termina o dever de diligência do segurador (na elaboração do questionário)[1340]. Evita-se, em suma, que, num contrato

---

[1336] Cfr. Malcolm Clarke, *Policies...*, cit., p. 94. Neste sentido, segundo Cunha Gonçalves, «se a declaração inexacta ou a reticência [...] recaiu sobre factos excluídos do questionário, deve concluir-se que eles eram supérfluos ou não eram essenciais: o segurador não pode pretender o contrário, em relação a factos ou circunstâncias a que ele próprio mostrou não ligar importância» – Luiz Cunha Gonçalves, *Comentário...*, Vol. II, cit., p. 542.

[1337] M. Costa Martins, "Contributo...", cit., pp. 178-180.

[1338] Pedro Rubio Vicente, *El Deber...*, cit., p. 61.

[1339] Virginia Bado Cardozo, *El Riesgo...*, cit., p. 80; Herman Cousy, "The Principles...", cit., p. 126.

[1340] Em caso de omissões ou inexactidões, cumpre, assim, apurar se há um incumprimento imputável ao tomador do seguro ou falta de diligência do segurador na formulação do questionário – José Domingo Monforte, "Seguros...", cit., p. 2. Por seu turno, segundo Giovanni Criscuoli, «o questionário deve ser formulado com a normal diligência profissional do segurador, enquanto às

cuja função é a de garantir segurança ao contratante, sobre este penda, afinal, uma dupla espada de Dâmocles: a da produção do sinistro; e a de, verificado este, o segurador recusar a sua prestação alegando omissões ou inexactidões com as quais o segurado não contava. O envolvimento do segurador – subtraído, assim, a uma mera posição passiva – coloca-o igualmente sob a alçada do abuso do direito, limitando as circunstâncias de impugnabilidade do contrato: o segurador fica vinculado ao que foi perguntado, ao que o não foi, e ao que foi mal perguntado[1341].

Neste quadro, o sistema resolve, de forma justa a questão das "matérias embaraçosas" (p. ex., o suicídio, o consumo de álcool ou estupefacientes, etc.). Um segurador poderá sentir-se, por razões comerciais, constrangido a não perguntar, por exemplo, se a pessoa segura já tentou suicidar-se no passado ou se tenciona vir a suicidar-se. Também para o proponente será embaraçoso, num sistema de dever espontâneo de declaração do risco, "confessar" ter já no passado tentado suicidar-se. Porém, o sistema de questionário revela-se mais justo neste domínio: o risco do "embaraço" deverá ser assumido pelo segurador, caso pretenda ser informado do facto e prevalecer-se de qualquer omissão ou inexactidão quanto ao mesmo. Se o segurador pretender evitar o "embaraço" da pergunta, deverá assumir que prescinde da informação respectiva.

Em contrapartida, a solução supera igualmente algumas dificuldades probatórias, ao propiciar o reconhecimento de uma presunção de relevância de todas as matérias perguntadas[1342] e de uma presunção de dolo relativamente a omissões ou inexactidões reportadas à resposta a questões claras e precisas, já que, perante estas, dificilmente poderá o proponente invocar ter-se esquecido ou não ter atribuído relevância ao facto questionado[1343].

O sistema de questionário fechado afigura-se especialmente apropriado aos riscos de massa, quer em virtude de preocupações de defesa do consumidor, quer de a simplificação da subscrição de seguros – nomeadamente, por via telefónica, electrónica, ou automaticamente com a aquisição de um produto ou serviço –

suas perguntas o segurado deve responder com a máxima diligência, a qual lhe impõe que não se limite a uma passiva consideração literal do seu conteúdo, mas de responder a quanto [...] possa razoavelmente reter-se implícito ou subentendido nas próprias perguntas, e em qualquer caso reconduzível à sua finalidade» ("Comportamento...", cit., p. 1195 – trad. nossa).

[1341] Virginia Bado Cardozo, El Riesgo..., cit., p. 82.

[1342] Num domínio onde a prova não é fácil, afigura-se justo que o segurador, tendo tido a diligência de formular um questionário no sentido de orientar o proponente no cumprimento do seu dever de informação, beneficie da presunção de que as matérias sobre as quais se procurou inteirar são, para si, relevantes.

[1343] Como convergentemente afirma Andrés Ordóñez Ordóñez, «quando existe questionário [...] basta ver as respostas concretas às perguntas concretas para deduzir a culpa ou o dolo do segurado na sua declaração» (Las Obligaciones..., cit., p. 33 – tradução nossa).

por vezes, com total supressão do questionário, servir sobretudo os interesses comerciais do segurador que, portanto, deverá assumir as consequências da sua falta de diligência na recolha da informação pertinente[1344].

Porém, o sistema de questionário fechado não está isento de críticas[1345]. Desde logo, a de que a própria existência do dever parece depender da apresentação do questionário. Ora, tratando-se de um dever de resposta (ao que for perguntado), não vemos nenhum óbice que tal dever dependa do pressuposto material da própria existência do questionário. Quanto à crítica de que a limitação do dever de declaração do risco a uma mera resposta se compatibilizaria pouco com o princípio da boa fé e, nomeadamente, com o princípio da materialidade subjacente, cremos que a mesma não é justa: é precisamente o princípio da boa fé que requer a cooperação activa do segurador; por outro lado, o dever de resposta não pode alhear-se do princípio da materialidade subjacente, exigindo do inquirido, não o formalismo de uma resposta, mas a informação material suscitada por cada pergunta.

Por outro lado, contra o argumento prático de que os questionários tenderão a tornar-se muito mais extensos, exaustivos e complexos, aumentando os custos de transacção para ambas as partes (leitura e preenchimento para o proponente; elaboração, análise e processamento para o segurador)[1346], cumpre contra-argumentar que o custo de transacção se traduz num ganho de certeza e segurança, sobretudo para o proponente, e num ganho de rigor e de uniformização dos dados avaliados, com vantagens qualitativas na mensuração do risco. Por outro lado, não só tenderão a reduzir-se (ou a desaparecer) as situações de incumprimento negligente do dever de declaração do risco, mas será mais clara a demarcação da responsabilidade das partes: ou o segurador não perguntou, caso em que terá de efectuar a sua prestação, ou o proponente não respondeu exactamente, caso em que não poderá reclamar a prestação do segurador. Desta forma, tenderá a reduzir-se a litigância, o que se traduz num ganho para o próprio comércio e para a sociedade[1347].

Quanto ao argumento de que o questionário apenas é passível de abranger as matérias *standard* que envolvem o risco, e nunca *todas* as matérias[1348], sempre se dirá que o segurador pode, não só alargar o âmbito do questionário, mas recorrer a questionários complementares para aprofundar as matérias suscitadas no

---

[1344] Neste sentido, M. E. Steindorff, "Certains aspects...", *cit.*, pp. 222 ss.

[1345] Pedro Rubio Vicente, *El Deber...*, *cit.*, p. 62.

[1346] Malcolm Clarke, *Policies...*, *cit.*, p. 101; Mário Raposo, "Regulação...", *cit.*, p. 822.

[1347] Jürgen Basedow *et al.*, *Principles...*, *cit.*, p. 78. Os autores defendem mesmo que o sistema de questionário fechado se traduz numa redução dos custos de transacção.

[1348] Malcolm Clarke, *Policies...*, *cit.*, p. 101.

questionário-base[1349]. Pelas razões apontadas, manifestamos, numa perspectiva de *iure condendo*, uma clara preferência pelo sistema de questionário fechado[1350].

IV. A distinção entre o *dever espontâneo* de informação e o *dever de resposta* ao questionário assume carácter verdadeiramente fracturante, moldando profundamente a caracterização do dever[1351]. Assim, o *dever espontâneo* caracteriza-se por ser *autonomamente determinado* (na medida em que cumpre ao obrigado definir as informações a prestar); e por possuir *conteúdo indeterminado* (insusceptível de pré-determinação, como sucede na generalidade das informações *in contrahendo*) e *substancial* (na medida em que o proponente deve comunicar a verdade que conhece sem dependência de uma fórmula rígida). Diversamente, no *dever de resposta* a *determinação é heterónoma* (cabe ao destinatário da informação a configuração do dever); e o dever assume um *conteúdo preciso* (previamente determinado pelo segurador) e *formal* (na medida em que, tratando-se de questionário de resposta múltipla, a informação segue a formulação rígida do mesmo).

Segundo alguma doutrina[1352], o regime de declaração espontânea seria mais adequado para os seguros de grandes riscos, cujas especificidades o segurador desconhece e relativamente aos quais o contrato será tendencialmente desenhado "à medida". Por seu turno, o regime de questionário fechado seria o mais indicado para os seguros de riscos de massa, cujos contratos correspondem mais a uma lógica de "pronto a vestir", contemplando riscos mais padronizados, e relativamente aos quais o questionário é susceptível de fornecer ao segurador todas as informações pertinentes, orientando o proponente na declaração destas.

Acrescentar-se-á, corroborando essa perspectiva, que nos seguros de grandes riscos o proponente será geralmente um *profissional* (mais conhecedor do

---

[1349] É essa, aliás, a prática seguida mesmo em sistemas de declaração espontânea. P. ex., num seguro de vida, tendo o proponente afirmado, num questionário base, que pratica automobilismo, o segurador submete-lhe, em regra, um questionário complementar sobre esta prática – perguntando o tipo de veículos utilizados, se o proponente entra em competições, se o faz como amador ou profissional, com que frequência, etc.

[1350] No mesmo sentido, Júlio Gomes defende o sistema de questionário fechado como modelo de referência actual em outros ordenamentos e solução de *iure condendo*. Invoca, para tanto, o argumento de que o sistema de declaração espontânea corresponde a um momento histórico em que a técnica de seguros estava longe dos padrões de evolução actuais, sendo então difícil ao segurador saber o que devia questionar. Por outro lado, e em virtude desse apuramento técnico, o tomador do seguro terá hoje uma dificuldade acrescida em reconhecer o que constituirão circunstâncias relevantes para a apreciação do risco pelo segurador – Júlio Gomes, "O dever de informação do (candidato a) tomador...", *cit.*, pp. 400 ss.

[1351] Seguimos os parâmetros propostos em António Menezes Cordeiro, *Direito Bancário...*, *cit.*, pp. 136-137.

[1352] Jean-Luc Fagnart, "Dispositions...", *cit.*, p. 60.

âmbito do dever de declaração e das consequências do seu incumprimento ou, pelo menos, mais susceptível de beneficiar de apoio jurídico e técnico na matéria, nomeadamente através da intervenção de um corretor de seguros), enquanto nos seguros de riscos de massa o proponente será, em regra, um *consumidor*, menos ciente do âmbito do seu dever de informação e das circunstâncias relevantes para a apreciação do risco pelo segurador e, portanto, requerendo orientação quanto às matérias sobre as quais deverá declarar o risco.

A clivagem entre os dois sistemas é, em suma, profunda, condicionando decisivamente uma pluralidade de aspectos de cada regime legal de declaração do risco. Isso mesmo resulta da análise de Direitos estrangeiros empreendida, constituindo – como veremos na síntese comparativa final – um critério classificatório estruturante dos vários regimes jurídicos.

VII.3.3. O papel do questionário: nº 2 do artigo 24º

I. O recurso ao questionário – quer no quadro dos sistemas de dever de informação, quer nos de dever de resposta – implica, para o segurador, alguns constrangimentos. Por um lado, o ónus legal de elaboração de um questionário, quando exista, ou os requisitos a que deve obedecer essa elaboração, colocam em evidência os deveres de colaboração, diligência e transparência a que está sujeito o segurador em matéria de declaração do risco, designadamente quanto à delimitação e transmissão à contraparte das circunstâncias sobre as quais o mesmo espera ser informado[1353]. Neste quadro, a diligência do segurador deve transparecer da formulação do questionário, cujas perguntas devem ser, de acordo com critérios de razoabilidade, redigidas de forma clara, precisa, coerente e completa, sem ambiguidades e sem recurso a crípticas expressões técnicas[1354].

O questionário materializa, aliás, uma iniciativa indagatória do segurador – quanto ao cumprimento, pelo proponente, do dever de declaração do risco – que não é alheia ao princípio da boa fé. O questionário deverá, assim, cumprir a função de auxiliar o proponente a descrever de forma completa e exacta o risco a segurar, e nunca – sem flagrante violação do princípio da boa fé – induzir o proponente a cometer inexactidões ou omissões.

Quer a falta de diligência na elaboração do questionário ou na análise das respectivas respostas, quer a prática pelo segurador de condutas susceptíveis de colisão com a boa fé, podem configurar situações de abuso do direito, suscitando a censura do ordenamento. A matéria encontra disciplina no nº 3 do artigo 24º da LCS, que abaixo analisaremos.

[1353] Illa Sabbatelli, "Informazioni...", *cit.*, p. 406.
[1354] Virginia Bado Cardozo, *El Riesgo...*, *cit.*, p. 83; Filipe Albuquerque Matos, "As declarações reticentes...", *cit.*, pp. 477 ss.; Filipe Albuquerque Matos, *Uma Outra Abordagem...*, *cit.*, pp. 623 ss.

II. Quanto ao tratamento que as problemáticas associadas ao questionário assumem na LCS, releva especialmente o disposto no nº 2 do artigo 24º, nos termos do qual o disposto no nº 1 (definição do dever de declaração) é *igualmente* aplicável a circunstâncias cuja menção não seja solicitada em questionário *eventualmente* fornecido pelo segurador para o efeito. Ora, a referência ao questionário *eventualmente* fornecido logo denota a inexistência de uma vinculação do segurador no sentido de recorrer ao mesmo. Assim, a aplicação do dever declarativo (nº 1 do artigo 24º), quer aos factos solicitados em questionário, quer aos que o não sejam, permite-nos classificar o regime legal como de *declaração espontânea*[1355].

Quanto à relação entre a fórmula do nº 2 do artigo 24º e a do nº 1 do mesmo artigo, Arnaldo Oliveira parece entrever ali uma bipartição do dever de declaração, sendo o nº 1 aplicável na ausência de questionário (dever espontâneo de declaração) e o nº 2 «caso o processo de declaração inclua um questionário»[1356] (definindo que, *neste caso*, o dever subsistiria *apesar de a circunstância em causa não estar incluída no questionário*)[1357]. Não cremos que assista razão a esta perspectiva de articulação entre o nº 1 e o nº 2 nem que este último acrescente àquele mais do que uma mera clarificação. Do nosso ponto de vista, o dever de declaração é integral e unitariamente formulado no nº 1, limitando-se o nº 2 a esclarecer que o dever não se confina à resposta a um eventual questionário[1358]. Desta forma, do

---

[1355] Para a manutenção entre nós da solução de declaração espontânea na LCS terão contribuído razões de ordem prática, bem como de continuidade relativamente ao regime anterior (artigo 429º do CCom) – Arnaldo Oliveira, "Artigo 24º – Anotação", *in* Pedro Romano Martinez *et al.*, *LCS Anotada, cit.*, p. 132. Moitinho de Almeida insurge-se, no entanto, contra o teor do nº 2 do artigo 24º, já que, na opinião do autor, se trata de uma solução contrária à tendência mais recente entre os ordenamentos europeus, que consagram um sistema de questionário fechado – José Carlos Moitinho de Almeida, *Contrato de Seguro – Estudos, cit.*, p. 13.

[1356] Arnaldo Oliveira, "Artigo 24.º Anotação", *in* Pedro Romano Martinez *et al.*, *LCS Anotada, cit.*, p. 145.

[1357] Esta perspectiva, se bem a interpretamos, parece defender que, se o legislador houvesse suprimido o nº 2, a apresentação de um questionário pelo segurador converteria o dever espontâneo num dever de resposta. Ou seja, na ausência do referido nº 2, o segurador apenas poderia contar com duas alternativas: ou não apresentar um questionário (beneficiando do dever de declaração espontâneo consagrado no nº 1) ou ter de apresentar um questionário exaustivo, já que, nesse caso, não poderia exigir do proponente qualquer informação que não constasse especificamente do questionário.

[1358] Na verdade, o nº 1, que formula o dever de declaração do risco, sempre haveria de incluir, *pelo menos*, um dever de resposta, que comporta um âmbito mais reduzido – o núcleo central – do dever de declaração do risco. Porém, da fórmula utilizada retira-se claramente que o dever não é configurado como *mero dever de resposta*, mas que o seu âmbito é bem mais vasto e consubstancia um verdadeiro *dever espontâneo de declaração* (abrangendo mesmo matérias que o segurador não haja questionado, seja por falta de questionário, seja porque este as não tenha contemplado). Afiguram-se, neste contexto, incompreensíveis as críticas de João Valente Martins ao teor do nº 2 do

nosso ponto de vista, se o legislador houvesse suprimido o nº 2 nada de substancialmente diferente resultaria sobre o dever de declaração do risco, quer existisse ou não questionário[1359].

Se do nº 2 do artigo 24º resulta claramente que o proponente não se há-de ater a responder ao que lhe for perguntado – devendo oferecer toda a informação relevante – poderá resultar do questionário uma delimitação precisa da informação que o segurador pretende que lhe seja fornecida. Tal é o caso quanto a perguntas expressamente formuladas e cujo âmbito é inequivocamente recortado pelo segurador, designadamente ao nível temporal[1360]. Em qualquer caso, a declaração do risco com base na resposta ao eventual questionário deve respeitar escrupulosamente o princípio da boa fé, em particular na vertente do princípio da primazia da materialidade subjacente. De outra forma, resultaria subvertido o princípio consagrado no nº 2 do artigo 24º, induzindo mesmo o segurador a abandonar o recurso ao questionário e a exigir apenas a declaração espontânea.

III. Embora a LCS siga, quanto ao questionário, a solução que já resultava implicitamente do artigo 429º do CCom, acolhe uma disciplina mais equilibrada, na medida em que o dever declarativo que pesa sobre o proponente (nºs 1 e 2 do artigo 24º da LCS) assume por contraponto o facto de alguns comportamentos concludentes do segurador – nomeadamente quanto à aceitação de omissões de resposta e contradições nas respostas dadas ao questionário por si formulado – fazerem precludir o direito de invocação, por este, da declaração inexacta ou omissa, como resulta do nº 3 do mesmo artigo.

O regime actual revela-se, assim, equilibrado, requerendo o envolvimento e a cooperação de ambas as partes no cumprimento do dever de declaração, mate-

---

artigo 24º: «dado que não estão tipificadas as situações que traduzem o conceito de circunstâncias atendíveis, estamos de novo perante um conjunto de situações vagas e imprecisas e ainda susceptíveis de inúmeras interpretações, consoante os seus agentes, o que naturalmente irá provocar um aumento da litigiosidade [...]» (*sic*) – João Valente Martins, *Notas Práticas...*, 2ª Ed., *cit.*, p. 59.

[1359] Perante o nº 2 do artigo 24º dir-se-á, com Romano Martinez, que o dever de declaração prevalece sobre o ónus de questionação do segurador – Pedro Romano Martinez, "Modificações...", *cit.*, p. 17.

[1360] John Birds e Norma Hird, *Birds'...*, *cit.*, p. 108; Nicholas Legh-Jones *et al.* (Eds.), *MacGillivray...*, *cit.*, p. 416. Quando pergunta "quantos acidentes sofreu nos últimos cinco anos?" o segurador demonstra que são para si irrelevantes quaisquer acidentes ocorridos antes desse período. Esta conclusão – que resulta da aplicação de uma regra de interpretação *a contrario sensu* – deve ser, porém, retirada com as maiores cautelas, já que nem todas as formulações a permitem. Assim, se o segurador pergunta "consome bebidas alcoólicas? Indique a quantidade média diária" não está a demonstrar indiferença por consumos não explicitamente questionados, como o de estupefacientes. Pelo contrário, está a fornecer ao proponente um indicador, de elevado alcance heurístico, de que o consumo excessivo do álcool – mormente o alcoolismo, como variante da toxicomania – é para si relevante para a aferição do risco, permitindo supor que as outras formas de toxicomania o sejam igualmente.

rializando a reciprocidade do princípio da máxima boa fé[1361]. De facto, o segurador fica envolvido na elaboração clara e rigorosa do questionário – que não só precisa circunstâncias relevantes, mas fornece igualmente um quadro de referência relativamente a outras questões ali não contempladas – bem como no controlo da completude e coerência das respostas. O tomador ou o segurado, por seu turno, orientado pelo questionário, deve responder-lhe com exactidão e verdade, completando quaisquer circunstâncias ali não referidas cuja relevância se evidencie.

IV. Embora, do nosso ponto de vista, o regime vigente seja enquadrável na classificação de *declaração espontânea* – na medida em que prescinde da existência de questionário e, quando este exista, não limita o dever de declaração à resposta ao mesmo – a consideração do equilíbrio que vimos de referir (quando haja recurso ao questionário), configurável como uma solução de compromisso, tem levado alguma doutrina a classificar o regime actual como um *sistema de declaração espontânea impura*[1362]; um *sistema matizado de declaração espontânea*[1363] ou como um sistema de *questionário aberto*[1364].

A admissibilidade de uma categoria *questionário aberto*, utilizada também por alguma doutrina além-fronteiras[1365], suscita-nos sérias reservas. Ela parece assentar numa tripartição de sistemas em que, para além dos de declaração espontânea e de questionário fechado, haveria uma outra categoria, caracterizada pela existência de um questionário, mas em que o proponente seria obrigado a declarar mesmo os factos não perguntados. A ser assim, porém, logo cumpre perguntar se o recurso a tal questionário seria obrigatório para o segurador. Não o sendo, não vemos em que é que tal categoria se distingue da de declaração espontânea, onde o questionário é igualmente facultativo. Sendo obrigatório, mas não havendo um mero dever de resposta, o questionário seria, afinal, uma mera formalidade, podendo o segurador, no limite, apresentar uma única questão: "quais os factos relevantes para a apreciação do risco?". Não vemos, também aqui, o que distinguiria tal sistema do de declaração espontânea.

[1361] Já relativamente ao CCom alguma jurisprudência atribuía essa configuração ao regime – cfr., p. ex., o Ac. TRL de 05/02/1982 – Proc. 14886 (Prazeres Pais): «o artigo 429 do Código Comercial equipara e responsabiliza ambas as partes pelas informações inexactas ou pelas reticências na declaração inicial do risco».

[1362] Arnaldo Oliveira, "Artigo 24º – Anotação", *in* Pedro Romano Martinez *et al.*, *LCS Anotada*, *cit.*, p. 133.

[1363] Maria Elisabete Ramos, *O Seguro...*, *cit.*, p. 444.

[1364] Júlio Gomes, "O dever de informação do (candidato a) tomador...", *cit.*, p. 408. Também neste sentido, António Dâmaso Bentinho, *Os Deveres...*, *cit.*, pp. 38 e 47.

[1365] P. ex., Luc Mayaux, "L'ignorance...", *cit.*, p. 734.

Assim, na distinção entre os sistemas de questionário fechado e os de declaração espontânea, há que apontar o carácter residual deste último: são sistemas de declaração espontânea todos aqueles em que o dever de declaração do risco não fica limitado à mera resposta ao questionário submetido pelo segurador. Fora dos sistemas de questionário fechado, pouco releva, portanto, se o segurador recorre ou não a um questionário, já que o recurso ao mesmo não será obrigatório nem o seu preenchimento esgota o dever de informação do proponente. Esse carácter residual impede, assim, a identificação de uma terceira categoria (o sistema de questionário aberto).

Assim, em casos como o da LCS, o recurso ao questionário pelo segurador é meramente facultativo. O facto de o nº 2 do artigo 24º se referir a um *eventual* questionário *não obriga* ao seu uso (nem a omissão dessa referência o impediria), ficando essa utilização meramente dependente do arbítrio do segurador. De resto, poder-se-á sustentar que o regime que verte, sobretudo, do nº 3 do artigo 24º constitui um autêntico desincentivo à utilização, pelo segurador, de questionários de risco. Na verdade, na estrita perspectiva dos meios de defesa de que dispõe o segurador em caso de omissões ou inexactidões do segurado, o mesmo terá melhores possibilidades de sucesso judicial na ausência de questionário, não lhe sendo oponível a falta de diligência na elaboração ou apreciação do mesmo. Em suma, o "sistema de questionário aberto" não traduz, do nosso ponto de vista, uma opção do legislador, mas uma prática do mercado segurador: a do recurso facultativo ao questionário, com maior ou menor amplitude, como auxiliar de orientação do proponente na declaração do risco.

VII.3.4. Natureza jurídica da declaração

I. Nesta fase do presente estudo estamos já em condições de discutir a natureza da *declaração* do risco. Desde logo, cumpre caracterizar a participação do risco, pelo proponente, como *declaração*, consubstanciando uma *acção voluntária* do candidato a tomador do seguro e não um mero facto. Poder-se-ia, é certo, considerar que a declaração do risco não é um acto voluntário (no sentido de resultar do exercício de uma posição jurídica activa ou de uma esfera de liberdade material de actuação) mas um acto *vinculado*, na medida em que resulta do cumprimento de um dever. Ainda assim, porém, a actuação de conformidade com essa vinculação é voluntária, na medida em que qualquer comportamento livre, positiva ou negativamente valorado pelo Direito é um acto voluntário[1366]. Por outro lado, a descrição do risco corresponde a um *acto de comunicação*, isto é, à

[1366] Nesta medida, são actos voluntários quer a violação de uma norma, quer o cumprimento de um dever (p. ex., um dever de informação – Pedro Pais Vasconcelos, *Teoria Geral...*, *cit.*, p. 405).

exteriorização de um conteúdo intelectivo do declarante[1367]. Finalmente, trata-se de uma declaração recipienda, porque se dirige a um destinatário (declaratário), no caso, o segurador[1368].

II. Demos já conta da dupla perspectiva em que pode ser vista a declaração do risco relativamente à proposta contratual (*supra*, II.1.3): um prisma *holista*, que destaca a vertente funcional e nega a autonomia da declaração do risco relativamente à proposta[1369]; um prisma *atomista*, com um enfoque analítico, que autonomiza a declaração do risco (enquanto declaração de ciência) da proposta (declaração de vontade, com natureza negocial)[1370]. Dissemos então que imperativos de rigor analítico, associados à emancipação institucional da declaração do risco nos levavam a defender a autonomia das duas declarações. Neste quadro, a descrição do risco é uma *declaração de ciência* (e não de vontade): o proponente revela o seu conhecimento de certos factos, mas não afirma a vontade de se vincular negocialmente.

III. Não consubstanciando uma declaração negocial, a descrição do risco assumirá a natureza de um *acto jurídico* ou de um *mero acto material*, juridicamente irrelevante? Seguindo o entendimento dominante, o acto jurídico simples (ou *stricto sensu*) consiste no acto humano que resulta de uma vontade dirigida

---

[1367] António Menezes Cordeiro, *Tratado...*, I, Tomo I, *cit.*, pp. 540-541.

[1368] Heinrich Ewald Hörster, "Sobre a formação...", *cit.*, p. 133.

[1369] Esta é uma perspectiva minoritária (cfr. Virginia Bado Cardozo, *El Riesgo...*, *cit.*, p. 75, n. 334). Segundo esta perspectiva, a declaração do risco, instrumental e funcionalmente dirigida à regularidade e completude do processo de formação do contrato, dificilmente seria autonomizável do *iter* negocial em que se insere. Caso não se inserisse num processo negocial, a declaração de ciência sobre as circunstâncias de um dado risco seria um mero acto material, juridicamente irrelevante. Neste quadro, a mesma configura-se como um acto preparatório do contrato. Na verdade, na noção apresentada por Menezes Cordeiro, são actos preparatórios «todos aqueles que, inserindo-se pelo seu objectivo no processo de formação do contrato, não possam reconduzir-se à proposta, à aceitação ou à rejeição» – António Menezes Cordeiro, *Tratado...*, I, Tomo I, *cit.*, p. 525. Assim, a completude da proposta do contrato de seguro implica necessariamente a determinação do risco proposto. Ora, este carácter não autonomizável da declaração do risco faria da mesma um elemento integrante da declaração de vontade consubstanciada na proposta. Sem determinação do risco, o projecto contratual não estaria completo. Não teríamos, então, uma verdadeira proposta contratual, mas um mero convite a contratar.

[1370] Cfr. Luís Carvalho Fernandes, *Teoria Geral...*, Vol. II, *cit.*, p. 278. A declaração do risco é, de facto, autonomizável: uma coisa é a determinação do risco (no seguro de vida, corresponde à vida ou incapacidade da pessoa segura), outra é a caracterização desse risco, que não impede a aceitação da proposta nem a conclusão do contrato. Os efeitos da falta de declaração do risco são, assim, não a indeterminação do objecto, mas podem ser os previstos no nº 3 do artigo 24º ou nos artigos 25º e 26º da LCS, consoante o caso.

ao próprio acto (independentemente de qualquer intencionalidade quanto aos efeitos que a lei automaticamente lhe associa)[1371], pelo que é aí muito reduzido o papel da autonomia privada[1372]. Ora, à declaração – voluntária – do risco são, de facto, automaticamente associados efeitos jurídicos (entre nós, os que resultam, designadamente, dos artigos 24º a 26º da LCS), pelo que não se afigura correcto afirmar a irrelevância jurídica da mesma.

A doutrina distingue frequentemente – de entre os actos jurídicos *stricto sensu* – os *actos jurídicos declarativos* ou *declarações* (que são dirigidos a outrem, comportando um conteúdo comunicativo[1373], e que implicam a vontade e consciência da própria declaração) e as *operações jurídicas* ou *actos reais* (aos quais falta o conteúdo comunicativo e que se traduzem, nas palavras de Carlos Mota Pinto, «na efectivação ou realização de um resultado material ou factual a que a lei liga determinados efeitos jurídicos»[1374]). Por seu turno, entre os *actos jurídicos declarativos*, importa distinguir, em função do conteúdo comunicado, as *declarações de vontade* (cujo conteúdo exprime uma intenção, independentemente da vontade quanto aos efeitos jurídicos resultantes da declaração) e as *declarações de ciência* (cujo conteúdo exprime um conhecimento, um juízo de realidade ou, por outras palavras, uma asserção quanto à verdade ou falsidade de algo)[1375].

Como afirma Castro Mendes, «nas declarações de ciência deve haver vontade da acção e da declaração, e aceitação dos efeitos que a lei ligue à declaração»[1376].

[1371] Ou seja, para a perfeição do *acto jurídico simples*, o Direito apenas requer que o agente tenha querido a conduta, independentemente de ter também querido o resultado jurídico que da mesma decorre. Se o efeito jurídico se produzisse independentemente mesmo de qualquer conduta do agente estaríamos perante um mero facto jurídico. Se, diversamente, aquele efeito dependesse, não só de uma vontade dirigida à conduta, mas mesmo de uma vontade reportada aos efeitos, tratar-se-ia de um acto jurídico negocial – João de Castro Mendes, *Direito Civil...*, Vol. II, *cit.*, pp. 19 ss. Desta forma no acto jurídico simples basta que o agente queira a conduta, à qual a lei associa certas consequências de direito, independentemente de a vontade do agente se dirigir ou não a estas – Luís Carvalho Fernandes, *Teoria Geral...*, Vol. II, *cit.*, p. 27. Por seu turno, Lehmann define, pela negativa, os actos jurídicos *stricto sensu* como todos os actos jurídicos permitidos que não sejam negócios jurídicos (isto é, todos aqueles que não traduzam uma declaração de vontade), produzindo efeitos jurídicos independentemente da vontade do agente – Heinrich Lehmann, *Allgemeiner Teil...*, *cit.*, p. 481. Cfr. também Eduardo Santos Júnior, *Direito das Obrigações...*, *cit.*, p. 27. José Alberto Vieira, por seu turno, faz residir a distinção entre actos jurídicos e negócios jurídicos, no facto de estes últimos terem carácter declarativo (o que levaria a qualificar as declarações de ciência como negócios jurídicos) – José Alberto Vieira, *Negócio Jurídico...*, *cit.*, p. 124.

[1372] Pedro Pais Vasconcelos, *Teoria Geral...*, *cit.*, p. 405.

[1373] Pedro Pais Vasconcelos, *ibidem*.

[1374] Carlos Mota Pinto, *Teoria Geral...*, *cit.*, p. 356.

[1375] Pedro Pais Vasconcelos, *Teoria Geral...*, *cit.*, pp. 407-408.

[1376] João de Castro Mendes, *Direito Civil...*, Vol. II, cit., p. 74. Nesta perspectiva, a natureza jurídica das declarações de ciência não será líquida, dependendo, segundo o autor, de a lei assumir como

A verdade é que o ordenamento atribui efeitos jurídicos específicos à descrição do risco – quer pela positiva (o cumprimento de um dever pré-contratual, requisito, entre outros, do regular processo de formação do contrato), quer pela negativa (na medida em que o incumprimento de tal dever constitui um acto ilícito sancionado com severas cominações)[1377] – pelo que cremos ser pertinente a respectiva qualificação como um *acto jurídico simples* (*acto declarativo*)[1378].

Esta qualificação não é, de resto, um mero exercício taxiológico, na medida em que o artigo 295º do CC estabelece a aplicabilidade aos actos jurídicos não negociais, sempre que a analogia de situações o justifique, das disposições do capítulo antecedente (artigos 217º ss.)[1379]. Não obstante, como nota Pais Vasconcelos, o artigo 295º não pode ter por alcance a exclusão da aplicabilidade do artigo 10º do CC e, logo, do alargamento da analogia a todos os preceitos pertinentes[1380]. Entre as disposições analogicamente aplicáveis – com especial relevância para o presente tema – estão, como sublinha Lehmann, as relativas à capacidade do declarante, à transmissão e recepção das declarações negociais, e à representação[1381].

VII.3.5. A interpretação da declaração

I. A caracterização do risco feita pelo proponente requer uma interpretação, isto é, uma operação hermenêutica destinada a fixar o sentido e alcance jurídico-normativo de um conteúdo intelectivo objectivamente exteriorizado ou, na fórmula de Oliveira Ascensão, a «determinação do sentido juridicamente relevante da manifestação das partes»[1382]. Trata-se de uma operação intelectual com relevância jurídica, não só porque está disciplinada por normas jurídicas,

---

essencial – ou, pelo contrário, como *indiferente* – a aceitação pelo declarante, dos efeitos jurídicos decorrentes dessa declaração. Verificando-se essa essencialidade (como no caso da confissão) a declaração de ciência será um *negócio jurídico*. Sendo, porém, juridicamente indiferente a determinação do declarante por aqueles efeitos (como no caso da perfilhação), tratar-se-á de um *acto jurídico simples – idem*, pp. 74-75.

[1377] Sublinhando a relevância dos actos jurídicos ilícitos, António Menezes Cordeiro, *Tratado...*, I, Tomo I, *cit.*, pp. 443-444.

[1378] No mesmo sentido parece ir Castro Mendes, ao qualificar a declaração de ciência do declarante, inerente ao nº 1 do artigo 252º (informação sobre a essencialidade do motivo), como não tendo natureza negocial (*simples acto jurídico*) – João de Castro Mendes, *Direito Civil...*, Vol. II, *cit.*, pp. 98-99.

[1379] Assim, como sublinha Oliveira Ascensão, serão tendencialmente aplicáveis às declarações recipiendas (de vontade ou de ciência) – sempre que não esteja em causa a própria vontade dos efeitos – as disposições reguladoras das declarações recipiendas no âmbito dos negócios jurídicos – José Oliveira Ascensão, *Direito Civil...*, Vol. II, *cit.*, p. 13.

[1380] Pedro Pais Vasconcelos, *Teoria Geral...*, *cit.*, pp. 408-409.

[1381] Heinrich Lehmann, *Allgemeiner Teil...*, *cit.*, p. 483.

[1382] José de Oliveira Ascensão, *Direito Civil...*, Vol. II, *cit.*, p. 156.

mas igualmente porque o seu resultado – determinação do sentido de uma declaração – produz efeitos no plano jurídico[1383].

II. A propósito da interpretação das declarações negociais – e sem prejuízo do incontornável recurso «ao senso natural e à experiência do intérprete»[1384] – são vários os meios ou elementos interpretativos a considerar, não se colocando qualquer impedimento a que os mesmos sejam igualmente utilizados para a interpretação de declarações de ciência.

Desde logo, assegurando a objectividade hermenêutica, cumpre destacar o sentido literal da declaração, valorizando, designadamente, o significado técnico das expressões utilizadas, já que essa utilização denota familiaridade com o significante e um domínio do significado decorrente da experiência pessoal de vida do declarante[1385].

[1383] A qualificação, como matéria de facto ou de Direito, da interpretação das declarações negociais, tem vindo a sofrer uma relevante evolução entre a jurisprudência e a doutrina nacionais (sobre essa evolução jurisprudencial, cfr. António Menezes Cordeiro, *Tratado...*, I, Tomo I, *cit.*, pp. 743 ss.). Se até recentemente prevalecia a orientação segundo a qual a interpretação só seria questão de Direito quando envolvesse a aplicação de normas jurídicas sobre interpretação (neste sentido, Luís Carvalho Fernandes, *Teoria Geral...*, Vol. II, *cit.*, p. 445), actualmente acentua-se a tendência para qualificar a interpretação das declarações negociais como matéria de Direito. O argumento fundamental desta posição é o de que a interpretação jurídica não comporta uma função estritamente hermenêutica – a determinação de um sentido – mas uma função normativa, de determinação do sentido (pleno de juridicidade) da regulação de uma relação negocial – António Menezes Cordeiro, *Tratado...*, I, Tomo I, *cit.*, p. 748. É pertinente questionar se a mesma qualificação pode ser atribuída à interpretação de um acto jurídico em sentido estrito, como é a declaração do risco. É que, apesar da inegável relevância jurídica do acto, o seu conteúdo não comporta já natureza normativa, mas meramente factual: a relevância da declaração resulta de a mesma ser ou não conforme à realidade conhecida pelo declarante. Como declaração de ciência, a mesma não traduz senão a vontade de declarar. A interpretação assenta, assim, fundamentalmente, numa hermenêutica do texto (ou do discurso declarativo), mas não já na constituição de um tecido regulador. O critério argumentativo que sustenta a qualificação, como questão de Direito, da interpretação das declarações negociais, não parece ter aqui cabimento. A interpretação da declaração do risco será, assim, matéria de facto, excepto quando esteja em causa a aplicação de regras jurídicas sobre interpretação. Em suma, no quadro da interpretação de uma declaração de ciência, estamos claramente no domínio de um problema hermenêutico ou analítico-linguístico, e não no de um problema normativo: não estando em causa a determinação do sentido de normas de conduta, não há que apelar a critérios de interpretação jurídico-valorativa. Cfr. António Castanheira Neves, *O Actual Problema Metodológico da Interpretação Jurídica – I*, Coimbra, Coimbra Editora, 2003, pp. 343 ss.

[1384] Rui de Alarcão, "Interpretação e integração dos negócios jurídicos – Anteprojecto para o novo Código Civil", *BMJ*, n.º 84 (Mar. 1959), p. 329.

[1385] Tal é o caso do recurso a expressões de ordem clínica (referência a patologias pré-existentes, a intervenções cirúrgicas sofridas, a tratamentos efectuados, medicamentação seguida, etc.); à descrição técnica de profissões e actividades desenvolvidas (domínio onde a Classificação Nacional de Profissões pode ser um precioso auxiliar interpretativo); etc. No entanto, como nota Donati,

Releva igualmente o elemento contextual e sistemático: o sentido do conjunto da declaração, na sua coerência interna, para o qual concorrem elementos auxiliares da mesma, designadamente documentos anexos, o comportamento do declarante, etc.[1386]. Neste quadro, há que tomar em consideração que, geralmente, a declaração do risco é feita, no todo ou em parte, em resposta a um questionário. Assim, a declaração de ciência do proponente surge no contexto de um autêntico diálogo escrito em que os factos mencionados são tanto mais significativos quanto é relevante o contexto em que os mesmos são propiciados e em que se encontram inseridos. O sentido de uma resposta é, assim, incindível do sentido e do contexto da pergunta, podendo ser igualmente relevante a sequência das perguntas precedentes[1387].

Desta forma, se a declaração do risco for clara e inequívoca, não é imputável ao declarante a deficiente interpretação que o segurador dela faça[1388]. De resto, esta interpretação haverá de respeitar o princípio da boa fé, mormente – no âmbito do princípio mediador da primazia da materialidade subjacente – a prevalência da substância sobre a forma[1389].

Finalmente, a autenticidade da declaração e a sua autoria material hão-de ser atestadas pela subscrição da mesma através da aposição da assinatura do declarante. Pouco releva, neste contexto, que, por exemplo, a resposta a um questionário tenha sido manuscrita por um mediador de seguros, desde que o proponente dê o seu acordo expresso ao conteúdo das respostas. Claro que a fecundidade hermenêutica é maior quando as respostas são dadas pelo punho do proponente, mas a assinatura revela a adesão ao conteúdo das respostas dadas. Na prática francesa,

a interpretação não deve ater-se à literalidade de palavras isoladas, mas, como refere o autor, «ao espírito das expressões usadas, tendo em conta também o grau de cultura do declarante» – Antigono Donati, *Trattato...*, Vol. II, *cit.*, p. 310 (trad. nossa).

[1386] Eduardo dos Santos Júnior, *Sobre a Teoria da Interpretação dos Negócios Jurídicos – Estudo de Direito Privado*, Lisboa, AAFDL, 1988, pp. 188-197.

[1387] Como referem alguns autores, a declaração do risco deve ser interpretada no seu conjunto, quer para aferição do sentido a atribuir a certas respostas, quer para avaliação da completude ou exactidão das respostas (considerando que uma resposta isolada, aparentemente inexacta, pode ser esclarecida ou completada por outra resposta) – Antigono Donati, *Trattato...*, Vol. II, *cit.*, p. 310; Júlio Gomes, "O dever de informação do (candidato a) tomador...", *cit.*, p. 418; Fernando Sánchez Calero, "Artículo 10...", *cit.*, p. 241.

[1388] Como afirma Cunha Gonçalves, o contrato é válido se a declaração do segurado era clara mas o segurador interpretou erradamente o seu sentido – Luiz Cunha Gonçalves, *Comentário...*, Vol. II, *cit.*, p. 541.

[1389] Cfr., a propósito, o Ac. TRP de 10/12/2009 – Proc. nº 976/06.4TBOAZ.P1 (Teixeira Ribeiro): «[O segurador] extrair das declarações que prestou [o segurado] aquando da celebração do contrato ilações irrazoáveis e oportunistas [...] quanto ao sentido e verdadeiro propósito com que foram prestadas, serão condutas que a boa fé, enquanto enunciadora da lealdade, sinceridade e honestidade de procedimentos, claramente reprova – Artºs 227º, nº1, e 762º, nº2, do Código Civil».

a assinatura é normalmente precedida da expressão "lido e aprovado", embora, como nota Kullmann, esta seja inútil quanto à validade do acto jurídico[1390].

III. Não obstante a relevância dos referidos elementos da interpretação, mesmo recorrendo a eles pode o sentido da declaração suscitar uma dúvida insanável ao intérprete. Cumpre então apelar a critérios normativos que permitam superar a dificuldade, equacionando-se pontuais tentativas de superação do problema, tendo em consideração as especificidades da declaração do risco.

Assim, sustentava Ferreira Borges que é contra o segurado «que devem ser interpretadas toda a reticência, toda a omissão, e toda a falsa declaração»[1391]. Estando em causa a proposta de uma regra específica sobre a interpretação da declaração do risco (segundo o princípio *in dubio contra proferentem*), não é claro, porém, qual o alcance da regra proposta, designadamente se a interpretação nestes termos deveria ocorrer para determinar o âmbito de tais inexactidões ou reticências. Esta perspectiva tenderia a alargar esse âmbito, penalizando injustamente o proponente e comprometendo o princípio da conservação do negócio. Por outro lado, o referido princípio interpretativo apenas é acolhido em matéria de cláusulas contratuais gerais (nº 2 do artigo 11º da LCCG), não fazendo sentido a sua aplicação à declaração do risco.

Perspectiva inversa consistiria no recurso ao princípio da conservação do negócio como critério de resolução da dúvida, considerando a interpretação que mais favorecesse a validade do contrato[1392]. Na prática, porém, estar-se-ia a optar pela interpretação que afastasse o incumprimento do dever de declaração do risco e, logo, a mais favorável ao proponente, penalizando injustamente o segurador que houvesse confiado em interpretação diversa.

IV. Porém, a declaração pode ser clara quanto ao respectivo teor literal – não suscitando dúvidas interpretativas no segurador – mas não fiel à realidade descrita. Ora, para se apurar se ocorreu um incumprimento do dever de descrição do risco, importa fixar o sentido da declaração formulada, definindo os critérios de tal interpretação. Importa, assim, determinar se deverá prevalecer o *sentido subjectivo* representado pelo autor da declaração (relevante para a apreciação da censurabilidade da sua conduta) ou o *sentido objectivo* que da mesma se exterioriza (relevante para determinar o vício do consentimento do segurador)[1393].

[1390] Jérôme Kullmann, "La déclaration...", *cit.*, p. 694.

[1391] José Ferreira Borges, *Commentários...*, *cit.*, p. 129.

[1392] Rui de Alarcão, "Interpretação...", *cit.*, p. 335.

[1393] Enquanto o subjectivismo tutela a vontade (declarativa) do declarante, o objectivismo tutela a legítima confiança do declaratário e a segurança do tráfego jurídico – Manuel Domingues de Andrade, *Teoria Geral...*, Vol. II, *cit.*, p. 312. Atendendo ao *iter* negocial normal do contrato de se-

Na medida em que a declaração do risco constitui um acto jurídico simples, estabelece o artigo 295º do CC a aplicabilidade das disposições do capítulo antecedente, sempre que a analogia das situações o justifique. Tal será o caso, precisamente, com as necessárias adaptações, do regime da interpretação da declaração negocial[1394].

Relativamente à interpretação das declarações recipiendas de vontade materializadas numa declaração negocial, o artigo 236º do CC estabelece regras interpretativas que, na orientação de compromisso entre objectivismo e subjectivismo que o caracteriza[1395], se aproximam da chamada *teoria da impressão do destinatário*[1396]. Estabelece, no seu nº 1, que a declaração negocial assume o sentido que um declaratário (segurador) abstracto, normalmente (medianamente) diligente, instruído, experiente e perspicaz, na posição do segurador concreto[1397] – atendendo às circunstâncias que o mesmo conhecia e podia conhecer – lhe atribui-

guro – preenchimento pelo candidato a tomador do seguro de um formulário pré-elaborado pelo segurador, consubstanciador da proposta contratual – entende Pedro Romano Martinez não se suscitarem dúvidas interpretativas que justifiquem a aplicação dos critérios definidos no artigo 236º do CC, pelo que, quanto à declaração de vontade do proponente, haverá que recorrer apenas a uma interpretação objectiva, incidindo na vontade formalmente objectivada – Pedro Romano Martinez, "Conteúdo do contrato...", *cit.*, p. 67; e Pedro Romano Martinez, "Cláusulas...", *cit.*, p. 250. Porém, do nosso ponto de vista, estas considerações não são transponíveis para a declaração do risco, onde, apesar de poder estar em causa a resposta a um questionário pré-elaborado, as questões abertas propiciam respostas susceptíveis de colocarem problemas interpretativos.

[1394] A analogia entre a interpretação do que o declarante quer (vontade) e o que o declarante sabe (ciência) resulta de, em ambos os casos, estarmos perante declarações recipiendas de uma parte, e de, em ambos os casos, elas afectarem a vontade contratual da contraparte. Neste domínio, não obstante, é sustentável que a interpretação deva obedecer a um pendor mais objectivista, partindo da posição do destinatário – referindo a posição de Larenz na matéria, cfr. José de Oliveira Ascensão, *Direito Civil...*, Vol. II, *cit.*, p. 13.

[1395] Pedro Pais Vasconcelos, *Teoria Geral...*, *cit.*, p. 546. Outros autores, como Oliveira Ascensão, evidenciam uma preponderância do subjectivismo – José de Oliveira Ascensão, *Direito Civil...*, Vol. II, *cit.*, p. 167. Outros ainda, a do objectivismo, no sentido preconizado por Ferrer Correia, *Erro e Interpretação na Teoria do Negócio Jurídico*, Coimbra, 1939 – 3ª Reimpr., Coimbra, Almedina, 1985, p. 308; Rui de Alarcão, "Interpretação...", *cit.*, p. 332.

[1396] Carvalho Fernandes, não obstante, evidencia os traços voluntaristas – na formulação mitigada da teoria da responsabilidade – consagrados no artigo 236º, sublinhando, quer o teor do nº 2 do preceito (que configura como regra geral), quer o da parte final do nº 1 (que fixa os limites da interpretação objectiva). Como refere o autor, «torna-se necessário que o declarante, actuando com a diligência imposta pelo ónus de adequada declaração, devesse contar com a possibilidade de ao seu comportamento declarativo ser atribuído aquele sentido objectivo» – Luís Carvalho Fernandes, *Teoria Geral...*, Vol. II, *cit.*, p. 449.

[1397] Como nota Oliveira Ascensão, «o destinatário real só interessa para dar o enquadramento objectivo, no qual situaríamos o destinatário médio». José de Oliveira Ascensão, *Direito Civil...*, Vol. II, *cit.*, p. 161. Cfr. também Eduardo dos Santos Júnior, *Sobre a Teoria...*, *cit.*, p. 142.

ria, excepto se o declarante não puder razoavelmente contar com aquele sentido (ou seja, se esse sentido lhe não for imputável)[1398]. Quanto ao critério de imputabilidade do sentido da declaração ao declarante, é de entender que o declarante real pode razoavelmente contar com um determinado sentido quando com ele puder contar um declarante normal, colocado na posição concreta do real declarante[1399]. Em suma, o objecto da interpretação será a declaração (de vontade ou de ciência) objectivada num dado meio de exteriorização, e não propriamente a reconstituição do conteúdo intelectivo que o declarante subjectivamente visava exteriorizar; porém, a interpretação não se atém ao sentido objectivo, sendo este preterido quando o declarante não o tenha previsto[1400].

Por outro lado, resulta do nº 2 do artigo 236º que, se o declaratário conhecer a vontade real do declarante, é esse o sentido atribuído à declaração emitida (consagração da regra *falsa demonstratio non nocet*)[1401]. É desnecessária a aplicação analógica deste preceito à declaração do risco, já que o conhecimento das circunstâncias reais pelo segurador releva, não ao nível da interpretação da declaração do risco (para aferição do eventual incumprimento do dever declarativo), mas da inoponibilidade da omissão ou inexactidão ao tomador do seguro (alínea e) do nº 3 do artigo 24º da LCS)[1402].

[1398] José de Oliveira Ascensão, *Direito Civil...*, Vol. II, *cit.*, p. 164; Carlos Mota Pinto, *Teoria Geral...*, *cit.*, pp. 447 ss. Segundo o Ac. STJ de 05/03/2008 – Proc. 07S3789 (Sousa Grandão), «por norma, nas cláusulas de um contrato de seguro, a regra interpretativa é a de que a declaração negocial vale com o sentido que um declaratário normal, colocado na posição do real declaratário, possa deduzir do comportamento do declarante. [...] Mas, em sede de interpretação da vontade dos outorgantes, no âmbito de um contrato de seguro, podem relevar várias circunstâncias, nomeadamente os termos da apólice e da lei aplicável, as prévias negociações entre as partes, a qualidade profissional das mesmas, a terminologia técnico-jurídica utilizada no sector e a conduta prosseguida na execução do contrato».

[1399] Eduardo dos Santos Júnior, *Sobre a Teoria...*, *cit.*, p. 143.

[1400] O nº 1 do artigo 236º do CC tutela, assim, quer a expectativa do declarante, considerando a sua vontade real exteriorizada, quer a legítima confiança do destinatário, cuja protecção é assegurada pelo recurso a critérios objectivos (sentido atribuído por um *declaratário normal*, considerando a posição do *declaratário real*), garantindo igualmente uma maior justiça e segurança do tráfego jurídico. Com toda a pertinência, comenta, não obstante, Menezes Cordeiro que «não se vê, porém, como sacrificar o declaratário normal, em nome do que razoavelmente se possa imputar ao declarante: não será razoável imputar-lhe tudo quanto a pessoa normal depreenda do que ele, livremente, diga?» – António Menezes Cordeiro, *Tratado...*, I, Tomo I, *cit.*, p. 762.

[1401] Cfr. Pedro Romano Martinez, "Conteúdo do contrato...", *cit.*, p. 66. O artigo 236º do CC evidencia, assim, a prevalência da compreensão pelo declaratário sobre a intenção comunicativa do declarante: «o "comportamento do declarante" e a "vontade real do declarante" não são apreciados directamente pelo intérprete, mas através de quanto o declaratário podia ter deduzido ou efectivamente sabia acerca desse comportamento ou dessa vontade» – Carlos Ferreira de Almeida, *Texto...*, Vol. I, *cit.*, p. 187.

[1402] A aplicabilidade da norma não seria afastada pelo facto de não estar em causa uma declaração de vontade. A aplicação coerente do artigo 236º às declarações de ciência requer, sem desvirtuar

V. A aplicação analógica do artigo 237º do CC carece, por seu turno, de sentido útil. Na verdade, as alíneas a) a c) do nº 3 do artigo 24º da LCS impõem ao segurador um dever de diligência na primeira interpretação da declaração do risco, fazendo pesar sobre o mesmo as consequências da sua negligência. Neste caso, enquanto na interpretação das declarações negociais haverá que lançar mão da regra do artigo 237º do CC, não faz sentido convocá-la para a interpretação da declaração do risco[1403]. Assim, se, perante o teor literal da declaração, emergirem dúvidas interpretativas, e o segurador a tiver aceite sem suscitar o respectivo esclarecimento, a sua falta de diligência impedi-lo-á de vir a prevalecer-se da mesma para efeito de impugnação do contrato, nos termos do nº 3 do artigo 24º da LCS.

Relativamente ao artigo 238º, também não parece ser defensável a respectiva aplicação à declaração do risco, não só por esta não integrar formalmente o contrato, mas também porque ele é actualmente um negócio consensual (nº 1 do artigo 32º da LCS)[1404]. Finalmente, o artigo 239º do CC versa sobre a integração da declaração negocial, isto é, sobre o suprimento das lacunas da regulação negocial estabelecida pelas partes. Também esta regra não nos parece passível de aplicação à declaração do risco, já que, não estando em causa uma declaração de vontade, as omissões de informação são insusceptíveis de integração, constituindo verdadeiras situações de incumprimento do dever de declaração do risco.

VI. Como já deixámos entrever, pensamos que, em tema de interpretação da declaração do risco, a orientação deverá ser bem outra, na medida em que das alíneas a) a c) do nº 3 do artigo 24º da LCS verte já um critério seguro. Desde logo, sendo a declaração objectivamente clara e unívoca, é esse o sentido que deve resultar da interpretação: o risco da desconformidade entre o que o proponente sabia e aquilo que declarou corre por conta do próprio proponente (sem prejuízo da necessária avaliação do seu estado subjectivo para determinar a cominação aplicável); e o risco de uma interpretação transviada e leviana corre por conta do declaratário (o segurador).

Por outro lado, como decorre do citado nº 3 do artigo 24º, tendo a declaração um sentido dúbio, obscuro, equívoco, ambíguo, contraditório, manifestamente lacunar, etc. – isto é, se o seu sentido suscita uma dúvida insanável – e se o segurador a aceitou nesses termos, sem pedir esclarecimentos, gerando no proponente a legítima confiança de que o contrato não viria a ser impugnado com base na referida declaração, então a matéria sobre a qual versa o trecho dúbio haverá de

---

o sentido da disposição legal (pelo contrário), que a referência à "vontade real do declarante" seja entendida como *vontade declarativa* (ou intenção de expressar um dado conteúdo comunicativo) e não como *vontade negocial* (isto é, como vontade de se vincular num dado sentido).

[1403] Assim como nenhum sentido faz configurar-se a possibilidade de integração da declaração do risco.

[1404] Pedro Romano Martinez, "Artigo 32º – Comentários complementares", *in* Pedro Romano Martinez *et al.*, *LCS Anotada, cit.*, p. 219.

ter-se por irrelevante para a apreciação do risco pelo segurador, caso em que, nos termos da disposição citada, o contrato só poderá ser anulado em caso de dolo do proponente com o propósito de obter uma vantagem[1405]. Noutra perspectiva – mas confluindo para a mesma solução – atento o dever de diligência que vincula o segurador, o risco da incerteza daquele sentido repercute-se sobre este, que deveria, antes da conclusão do contrato, ter exigido do proponente os necessários esclarecimentos ou a aclaração do sentido.

Assim, a regra de interpretação – conciliando os interesses do declarante e do declaratário na determinação do sentido da vontade manifestada (segurança do tráfego jurídico *versus* legítimas expectativas do declaratário) e distribuindo o risco de uma interpretação errada[1406] – traduz-se em que, havendo dúvida insanável sobre o sentido (de parte) da declaração, considerar-se-á que é irrelevante apurar esse sentido: qualquer que ele seja (e admitindo, portanto, que seja o mais desfavorável ao segurador que encontre suporte na letra da declaração), não produzirá nenhum efeito que afecte o contrato.

VII.4. LIMITES À IMPUGNABILIDADE DO CONTRATO

VII.4.1. Em tema de abuso do direito

I. O nº 3 do artigo 24º da LCS estabelece um conjunto de circunstâncias que: ou traduzem um incumprimento do dever de declaração do risco, mas são, ainda assim, insusceptíveis de serem invocadas pelo segurador como fundamento do direito de impugnação do contrato; ou são configuráveis como um verdadeiro recorte negativo do dever de declaração do risco (isto é, como limitações ao âmbito deste dever, tal como resulta do nº 1 do mesmo artigo). Como melhor veremos, a disciplina que verte do nº 3 do artigo 24º constitui uma emanação do instituto do abuso do direito. Importa, portanto, previamente à análise problemática do preceito, enquadrar, em termos gerais, o referido instituto.

II. O instituto do abuso do direito[1407] encontra consagração legal no artigo 334º do CC, onde se prescreve que é ilegítimo o exercício de um direito (em

---

[1405] O que significa que, não tendo o segurador reagido pedindo um esclarecimento sobre o sentido da declaração, o mesmo terá aceite que qualquer dos sentidos possíveis o satisfazia em termos de análise do risco e que, portanto, as divergências entre os sentidos possíveis não eram, para ele, relevantes. Perante estas considerações, e sendo possível interpretar a declaração em sentidos diversos, dever-se-á interpretá-la no sentido mais desfavorável ao segurador, que necessariamente terá assumido esse sentido como possível e que o terá aceite na apreciação que fez do risco e na subsequente aceitação da proposta e tarifação do prémio.

[1406] Heinrich Ewald Hörster, *A Parte Geral...*, *cit.*, p. 509 e 511-512.

[1407] Sobre a construção jus-científica do instituto do abuso do direito, Fernando Cunha de Sá, *Abuso do Direito*, Coimbra, Almedina, 1973 (Reimpr. 1997), pp. 239 ss. Sobre o abuso do direito, ver

rigor, de quaisquer situações[1408]) quando o titular exceda manifestamente os limites impostos pela boa fé, pelos bons costumes ou pelo fim social ou económico desse direito[1409].

O *abuso do direito* traduz-se, portanto, no exercício inadmissível, face aos valores fundamentais do sistema (nomeadamente aos ditames da boa fé objectiva[1410]) de posições jurídicas[1411], exercício que é perspectivável como disfuncional[1412]. O instituto assenta na consideração de que o direito subjectivo se encontra limitado no seu conteúdo por vinculações imanentes ao próprio direito subjectivo, e que, portanto, não deve ser exercido de modo que – não obstante uma conformidade formal desse exercício com a lei – o mesmo colida com a ideia de justiça[1413] ou

também Rui Lopes Amendoeira, *O Abuso do Direito*, Relatório de Mestrado, Lisboa, FDL, 1992; e Maria Cláudia Góes, *Breves Considerações Sobre a Doutrina do Abuso do Direito*, Relatório de Mestrado, Lisboa, FDL, 2003.

[1408] Entende, em regra, a doutrina – com base num argumento de maioria de razão – que o instituto do abuso do direito é aplicável, não só ao exercício de direitos, mas igualmente de outras posições jurídicas activas ou mesmo de situações passivas ou de quaisquer comportamentos materiais que não se qualifiquem sequer como tal – Jorge Coutinho de Abreu, *Do Abuso de Direito – Ensaio de Um Critério em Direito Civil e nas Deliberações Sociais*, Coimbra, Almedina, 1983, p. 62, n. 125, e p. 67; António Menezes Cordeiro, *Da Boa Fé...*, *cit.*, p. 898; António Menezes Cordeiro, *Tratado...*, V, *cit.*, p. 242 e 372; Mário Almeida Costa, *Direito das Obrigações*, *cit.*, p. 87; Luís Carvalho Fernandes, *Teoria Geral...*, Vol. II, *cit.*, p. 631; Luís Menezes Leitão, *Direito das Obrigações*, Vol. I, *cit.*, p. 308; Jorge Sinde Monteiro, "Responsabilidade delitual. Da ilicitude", *in* FDUC (Org.), *Comemorações dos 35 Anos do Código Civil e dos 25 Anos da Reforma de 1977*, Vol. III – Direito das Obrigações, Coimbra, Coimbra Ed., 2007, p. 460; Fernando Cunha de Sá, *Abuso...*, *cit.*, pp. 574 ss. Contra, Heinrich Ewald Hörster, *A Parte Geral...*, *cit.*, p. 287 e Manuel Carneiro da Frada, *Uma "Terceira Via"...*, *cit.*, pp. 61 ss. (que recusa a abrangência da liberdade genérica de agir). Por outro lado, será igualmente aplicável, não só ao exercício abusivo do direito, mas igualmente à inércia ou omissão abusiva de exercício, desde que verificados os requisitos do preceito – Mário Almeida Costa, *Direito das Obrigações*, *cit.*, p. 87.

[1409] Sobre o sentido do preceito, Fernando Cunha de Sá, *Abuso...*, *cit.*, pp. 103 ss.

[1410] Menezes Cordeiro, "A boa fé nos finais...", *cit.*, p. 892. Segundo Paulo Mota Pinto, a boa fé seria mesmo mais apta a fundamentar directamente a proibição do *venire contra factum proprium* do que através da mediação do abuso do direito – Paulo Mota Pinto, "Sobre a proibição do comportamento contraditório (*venire contra factum proprium*) no direito civil", *BFDUC*, Volume Comemorativo do 75º Tomo (2003), p. 322.

[1411] Como nota alguma doutrina, a designação que consagra o instituto implica, de certo modo, uma contradição entre termos, na medida em que o exercício abusivo excede já os limites do próprio direito – Giovanni Cattaneo, "Buona fede obbiettiva e abuso del diritto", *RTDPC*, Ano XXV (1971), p. 616. Entre nós, cfr., p. ex., António Castanheira Neves, *Questão-de-Facto – Questão-de-Direito ou o Problema Metodológico da Juridicidade (Ensaio de Uma Reposição Crítica)*, Coimbra, Almedina, 1967, p. 513 ss.

[1412] Neste sentido – remetendo para a perspectiva estrutural-funcionalista da Teoria da Acção Social, de Talcott Parsons – António Menezes Cordeiro, *Da Boa Fé...*, *cit.*, pp. 880 ss.; António Menezes Cordeiro, *Tratado...*, V, *cit.*, p. 367. Cfr. igualmente Pedro de Albuquerque, *A Representação...*, *cit.*, p. 747.

[1413] Heinrich Ewald Hörster, *A Parte Geral...*, *cit.*, pp. 281 e 284.

prossiga fins desconformes aos visados pela ordem jurídica ao estabelecer esse direito, decorrendo de um princípio geral que dispensaria mesmo a consagração legal[1414]. Por outro lado, a aferição do abuso do direito é, em primeira linha, objectiva, avaliando o acto (eventualmente abusivo) em si, e não a intenção subjectiva (*animus nocendi*) do titular do direito[1415].

Como referimos, o artigo 334º remete para a boa fé, para os bons costumes e para o fim social ou económico do direito como limites ao exercício do direito subjectivo. Quanto ao princípio da boa fé – traduzido numa actuação honesta, no exercício de acordo com o *princípio do mínimo dano*, na proibição dos comportamentos contraditórios e da consequente frustração da confiança, nomeadamente do *venire contra factum proprium* – constitui, entre nós, um critério de relevância central (mas não exclusiva) de aferição do abuso do direito[1416].

A referência legal aos bons costumes – cláusula geral de base moral, mais ampla do que a da boa fé – apela fundamentalmente a valorações éticas, reportando-se a uma conduta socialmente esperada como devida, de acordo com os padrões morais dominantes na consciência social, designadamente no domínio das condutas sexual e familiar, bem como de actuação deontológica[1417]. Num sentido mais amplo, serão ainda de considerar valorações jurídicas decorrentes de normas dispersas, entendendo-se os bons costumes como costumes de uma conduta honesta, num patamar ético-jurídico mínimo socialmente exigível[1418].

[1414] Paulo Mota Pinto, "Sobre a proibição...", *cit.*, p. 313.

[1415] José de Oliveira Ascensão, *Direito Civil...*, Vol. III, *cit.*, p. 277; José Oliveira Ascensão, "O 'abuso do direito' e o art. 334 do código civil: uma recepção transviada", *in* AAVV, *Estudos em Homenagem ao Professor Doutor Marcello Caetano – No Centenário do Seu Nascimento*, Vol. 1, Coimbra, Coimbra Ed., 2006, pp. 607 ss.; António Menezes Cordeiro, "Do abuso...", *cit.*, p. 381; Jorge Ribeiro de Faria, *Direito das Obrigações*, Vol. I, *cit.*, p. 428; Luís Carvalho Fernandes, *Teoria Geral...*, Vol. II, *cit.*, p. 624; João de Castro Mendes, *Direito Civil...*, Vol. I, *cit.*, p. 362; João Antunes Varela, *Das Obrigações...*, Vol. I, *cit.*, p. 554.

[1416] Paulo Mota Pinto, "Sobre a proibição...", *cit.*, pp. 319 ss.; Pedro Pais Vasconcelos, *Teoria Geral...*, *cit.*, pp. 266 ss. Segundo nota Oliveira Ascensão, no domínio da boa fé objectiva autonomizou-se o princípio segundo o qual o exercício do direito tem por limite a grave desproporção entre o benefício auferido e o sacrifício imposto a outrem – José de Oliveira Ascensão, *Direito Civil...*, Vol. III, *cit.*, p. 287.

[1417] António Menezes Cordeiro, *Tratado...*, V, *cit.*, p. 241; Mário Almeida Costa, *Direito das Obrigações*, *cit.*, p. 88; Jorge Sinde Monteiro, "Responsabilidade delitual...", *cit.*, p. 464; Paulo Mota Pinto, "Sobre a proibição...", *cit.*, p. 316. Os bons costumes são, assim, entendidos numa perspectiva eminentemente *sociológica* – enquanto padrões normativos éticos institucionalizados no meio social (um dever-ser moral socialmente sedimentado) – e não de um prisma *idealista*, enquanto ideal filosófico ou religioso, imutável, que transcende cada contexto histórico e cultural (Jorge Coutinho de Abreu, *Do Abuso...*, *cit.*, p. 63), nem de um prisma *psicológico* ou individual (o estalão ético do agente) – Jorge Sinde Monteiro, "Responsabilidade delitual...", *cit.*, p. 464.

[1418] Manuel Carneiro da Frada, *Uma "Terceira Via"...*, *cit.*, pp. 56 ss. Segundo refere Sinde Monteiro, o artigo 334º contém uma regra de ilicitude, a par das previstas no nº 1 do artigo 483º: «a conduta do

Por seu turno, o fim económico *ou* social do direito, como limite ao exercício deste, remete para a necessária interpretação do preceito que consagra o direito em causa, determinando a respectiva função *objectiva* e visando que não sejam desvirtuadas, na prossecução do fim pessoal do titular, as utilidades sociais e económicas que hajam norteado o reconhecimento desse direito[1419]. A aplicação deste critério depende, assim, da funcionalização da posição jurídica em causa[1420].

Em suma, nas palavras de Castanheira Neves, o abuso do direito «traduz a contradição entre o cumprimento da estrutura formalmente definidora de um direito e a violação concreta do fundamento que material-normativamente constitui esse mesmo direito»[1421].

III. São várias as categorias doutrinais que agrupam exemplos de exercício abusivo do direito, tal como resultam historicamente da casuística jurisprudencial (sobretudo, de matriz germânica), configurando regulações típicas de condutas abusivas[1422]. Desde logo, cumpre destacar a *exceptio doli*[1423], que consiste no poder de deter a pretensão de alguém que tente prevalecer-se da sua própria actuação dolosa (entendido o dolo como *dolus malus*). Por outras palavras, consubstancia a oposição ao titular de um direito subjectivo em virtude da desonestidade, má fé ou intuito fraudulento com que o adquiriu ou pretende exercê-lo. Fundamentando-se na violação da boa fé e dos bons costumes, e abrangendo no seu âmbito o *venire contra factum proprium* e o *tu quoque*, trata-se de uma excepção de Direito material, não tendo por efeito a supressão do direito da contraparte, mas apenas a respectiva paralisação através do exercício de uma faculdade potestativa.

---

agente será ilícita quando, de uma forma ofensiva para os bons costumes, se causem dolosamente danos a outrem» – Jorge Sinde Monteiro, "Responsabilidade delitual...", *cit.*, p. 463. Segundo o autor, deverá verificar-se, assim, inerentemente à exigência de um "excesso manifesto" – e apesar de a lei o não referir expressamente – o dolo de lesão. *Ibidem.*

[1419] Luís Menezes Leitão, *Direito das Obrigações*, Vol. I, *cit.*, p. 308; Pedro Pais Vasconcelos, *Teoria Geral...*, *cit.*, pp. 270-271. Chamando a atenção para a imprecisão da fórmula resultante da disjuntiva *ou*, Jorge Coutinho de Abreu, *Do Abuso...*, *cit.*, p. 67.

[1420] Jorge Sinde Monteiro, "Responsabilidade delitual...", *cit.*, p. 463.

[1421] António Castanheira Neves, *Questão-de-Facto...*, *cit*, pp. 524-525. Na formulação de Antunes Varela, o abuso do direito decorre de «uma contradição entre o *modo* ou o *fim* com que o titular exerce o direito e o *interesse* ou *interesses* a que o *poder* nele consubstanciado se encontra adstrito» – João Antunes Varela, *Das Obrigações...*, Vol. I, *cit.*, p. 546.

[1422] António Menezes Cordeiro, *Da Boa Fé...*, *cit.*, p. 718.

[1423] António Menezes Cordeiro, *Da Boa Fé...*, *cit.*, pp. 719 ss.; António Menezes Cordeiro, *Tratado...*, V, *cit.*, pp. 265 ss.; Luís Diez-Picazo, "Prólogo", *cit.*, p. 20; Pedro Pais Vasconcelos, *Teoria Geral...*, *cit.*, p. 272; Franz Wieacker, *Zur rechtstheoretischen...*, *cit.*, pp. 59 ss.

Por seu turno, o *venire contra factum proprium*[1424] consiste no exercício abusivo de uma posição jurídica (*venire*) em contradição com outra conduta anterior do agente (*factum proprium*), sendo ambas as condutas lícitas se tomadas isoladamente[1425]. Assente na reprovação dos comportamentos contraditórios, a figura encontra o seu fundamento nuclear na boa fé e na tutela da confiança[1426]: o *venire* é proibido na medida em que contunda de forma inadmissível com a confiança criada pelo *factum proprium*. Em termos éticos, condena-se o exercício do direito em contradição com o comportamento anterior, por vezes reiterado, gerador de legítimas expectativas na contraparte. No plano negocial, o desvalor decorre – sobretudo nas relações prolongadas – da consolidação de um consenso tácito sobre o conteúdo do direito e da relação em causa, o qual vem a ser frustrado[1427].

Por outro lado, relevam igualmente as *inalegabilidades formais*[1428], que se traduzem na insusceptibilidade de invocação da nulidade, por vício de forma, de um negócio, por quem tenha provocado intencionalmente esse vício ou participado na ocorrência do mesmo. Este instituto pode configurar-se igualmente – embora não necessariamente – como um caso específico de *venire contra factum proprium* ou como *exceptio doli*. Em qualquer caso, a inalegabilidade só deverá ocorrer verificados os requisitos da tutela da confiança[1429].

Quanto à *suppressio* e à *surrectio*[1430] – trata-se de duas figuras, aparentemente configuráveis como modalidades do *venire contra factum proprium*, traduzidas no

---

[1424] António Menezes Cordeiro, *Da Boa Fé...*, *cit.*, pp. 742 ss.; António Menezes Cordeiro, *Tratado...*, V, *cit.*, pp. 275 ss.; Pedro Pais Vasconcelos, *Teoria Geral...*, *cit.*, pp. 268-269 e 273-274; Franz Wieacker, *Zur rechtstheoretischen...*, *cit.*, pp. 60 ss.

[1425] António Menezes Cordeiro, *Tratado...*, V, *cit.*, p. 278; Giovanni Cattaneo, "Buona fede...", *cit.*, p. 641.

[1426] Giovanni Cattaneo, "Buona fede...", *cit.*, p. 639. Nesta medida, é necessária a verificação dos pressupostos da tutela da confiança – António Menezes Cordeiro, *Tratado...*, V, *cit.*, pp. 292 ss.; Baptista Machado, "Tutela...", *cit.* Em sentido convergente, embora defendendo a autonomia dogmática da teoria da confiança, Manuel Carneiro da Frada, *Teoria da Confiança...*, *cit.*, pp. 402 ss.

[1427] António Menezes Cordeiro, "Do abuso...", *cit.*, pp. 348 ss.

[1428] António Menezes Cordeiro, *Da Boa Fé...*, *cit.*, pp. 771 ss.; António Menezes Cordeiro, *Tratado...*, V, *cit.*, pp. 299 ss.; Pedro Pais Vasconcelos, *Teoria Geral...*, *cit.*, p. 274.

[1429] António Menezes Cordeiro, *Tratado...*, V, *cit.*, p. 311. Por outro lado, atento o regime do vício de forma (artigos 220º e 286º do CC), o acto abusivo assumirá, entre nós, não o efeito de uma verdadeira inalegabilidade – consagrando eficácia ao acto nulo – mas antes a responsabilidade civil pelo interesse positivo ou outro casuisticamente determinado em função das circunstâncias concretas. Como afirma Menezes Cordeiro, «o titular exercente, em abuso, incorre em previsões de indemnização ou outras, consoante os efeitos práticos a ponderar. Não podem, à face do Direito português, manter-se, por via directa da boa fé, os efeitos falhadamente procurados pelo acto nulo». António Menezes Cordeiro, *Da Boa Fé...*, *cit.*, p. 795.

[1430] António Menezes Cordeiro, *Da Boa Fé...*, *cit.*, pp. 797 ss.; António Menezes Cordeiro, *Tratado...*, V, *cit.*, pp. 313 ss.; Pedro Pais Vasconcelos, *Teoria Geral...*, *cit.*, p. 274.

comportamento do titular do direito que vem exercê-lo após uma longa abstenção (geradora de expectativas de renúncia ao mesmo e, portanto, de estabilidade da relação negocial ou outra, frustrando a fundada confiança criada). A *suppressio* (ou neutralização de posições jurídicas) refere-se à posição jurídica que, não tendo sido exercida durante um determinado período, deixe – em consideração pela boa fé – de o poder ser (o *factum proprium* consistiria, assim, na prolongada abstenção de agir, geradora de uma legítima confiança)[1431]. Desta forma, surge, por via da boa fé e da tutela da confiança, uma nova posição jurídica (*surrectio*), incompatível com um posterior exercício da posição com ela conflituante.

Relativamente ao *tu quoque*[1432], o mesmo engloba uma multiplicidade de situações, traduzindo-se na adopção de uma dupla bitola valorativa pelo agente que, tendo desrespeitado um comando, vem posteriormente exigir a outrem a sua observância. Desta forma, o aproveitamento ou invocação de um acto ilícito por quem o haja praticado ou fomentado assume-se abusiva e intolerável[1433].

Finalmente, o *exercício em desequilíbrio*[1434] constitui uma categoria residual, em que se verifica uma desproporção intolerável entre o valor jurídico subjacente ao exercício do direito e o desvalor ético dos seus efeitos, lesivos de outrem. Pode consubstanciar quatro modalidades: (1) *exercício emulativo* (quando a única intenção do titular é prejudicar outrem); (2) *exercício danoso inútil ou injustificado* (quando o sacrifício imposto a outrem não comporta qualquer vantagem para o titular); (3) *exigência de uma coisa que deva ser restituída de imediato*; e (4) *desproporção no exercício* (casos em que o prejuízo causado é desproporcionado relativamente ao benefício próprio do titular do direito exercido).

[1431] Para além da verificação do longo período de não-exercício, é ainda necessário que se verifiquem os requisitos da tutela da confiança. Para Menezes Cordeiro a figura não é recondutível ao *venire contra factum proprium* em virtude de o *factum proprium* ser, por definição, uma actuação positiva, objectivamente determinada, e não uma abstenção de agir. António Menezes Cordeiro, *Tratado...*, V, *cit.*, p. 323. Evidenciando o fundamento da figura na tutela da confiança (embora sufragando a autonomia dogmática desta), Manuel Carneiro da Frada, *Teoria da Confiança...*, *cit.*, pp. 402 ss.

[1432] José de Oliveira Ascensão, *Direito Civil...*, Vol. III, *cit.*, pp. 289 ss.; António Menezes Cordeiro, *Da Boa Fé...*, *cit.*, pp. 837 ss.; António Menezes Cordeiro, *Tratado...*, V, *cit.*, pp. 327 ss.; Pedro Pais Vasconcelos, *Teoria Geral...*, *cit.*, p. 275; Franz Wieacker, *Zur rechtstheoretischen...*, *cit.*, pp. 66 ss.

[1433] O fundamento do carácter abusivo do *tu quoque* não se reconduz, como nota Menezes Cordeiro, à compensação de culpas, já que, não está em causa a repartição da imputação de um mesmo dano (concurso de culpas), mas da imputação de um dano distinto a cada uma das partes – António Menezes Cordeiro, *Da Boa Fé...*, *cit.*, p. 842; António Menezes Cordeiro, *Tratado...*, V, *cit.*, p. 332. Por outro lado, o *tu quoque* não assenta em primeira linha numa necessidade de tutela da confiança de uma das partes. O fundamento assentará, assim, na primazia da materialidade subjacente como princípio mediador da boa fé – António Menezes Cordeiro, *Tratado...*, V, *cit.*, p. 337.

[1434] António Menezes Cordeiro, *Da Boa Fé...*, *cit.*, pp. 853 ss.; António Menezes Cordeiro, *Tratado...*, V, *cit.*, pp. 341 ss.; Pedro Pais Vasconcelos, *Teoria Geral...*, *cit.*, pp. 275-276.

IV. Quanto à cominação do abuso do direito – ou regime do acto abusivo – o CC é omisso. Sendo "ilegítimo" o referido acto – e, portanto, anti-jurídico, proibido ou ilícito o exercício do direito em causa[1435] – sempre será convocável o regime da responsabilidade civil aquiliana, quando se verifiquem os respectivos pressupostos. Não obstante – e sem prejuízo do direito de legítima defesa, acção directa, etc.[1436] – a sanção do acto abusivo haverá de determinar-se casuisticamente, de acordo com as circunstâncias concretas da situação em causa e considerando as medidas mais adequadas à reposição da justiça entre os sujeitos[1437], nomeadamente: a reparação específica (reposição da situação anterior ao abuso), a invalidade, resolubilidade ou supressão de acto praticado (por exemplo, um negócio jurídico), a convalidação de actos ou negócios conexos; a própria supressão do direito (caso da *suppressio*)[1438]; o fim do exercício abusivo, sem que o direito seja afectado; o dever de restituição; etc.[1439]. Outra cominação possível corresponde, como melhor veremos, à adoptada pelo nº 3 do artigo 24º da LCS: a constituição, a favor do lesado, de uma inoponibilidade do comportamento alheio – a impugnabilidade do contrato por omissões ou inexactidões – e de paralisação de alguns efeitos jurídicos[1440].

Embora alguma doutrina e jurisprudência refiram a insindicância, em sede de abuso do direito, dos direitos potestativos – entre os quais o direito de impugnar o contrato invocando a respectiva anulabilidade ou o direito de resolução de um

---

[1435] O artigo utiliza a expressão "ilegítimo" em sentido não técnico, como sinónimo de anti-jurídico (ou juridicamente desvalioso) – Jorge Coutinho de Abreu, *Do Abuso...*, *cit.*, p. 68; José de Oliveira Ascensão, *Direito Civil...*, Vol. III, *cit.*, p. 279. Assim, o abuso do direito constitui, como nota Sinde Monteiro, uma importante fonte de ilicitude delitual – Jorge Sinde Monteiro, "Responsabilidade delitual...", *cit.*, p. 454.

[1436] José de Oliveira Ascensão, *Direito Civil...*, Vol. III, *cit.*, p. 279.

[1437] Cfr. António Menezes Cordeiro, "Do abuso...", *cit.*, p. 381; Mário Almeida Costa, *Direito das Obrigações*, *cit.*, p. 90; Jorge Ribeiro de Faria, *Direito das Obrigações*, Vol. I, *cit.*, pp. 430 ss.; Fernando Cunha Sá, *Abuso...*, *cit.*, pp. 647 ss.

[1438] Em situações deste tipo estamos perante soluções de protecção positiva da confiança: o confiante é reconduzido à posição substantiva correspondente à expectativa justificadamente gerada. Manuel Carneiro da Frada, *Teoria da Confiança...*, *cit.*, pp. 61 ss.

[1439] Jorge Coutinho de Abreu, *Do Abuso...*, *cit.*, p. 77; António Menezes Cordeiro, *Tratado...*, V, *cit.*, pp. 373-374; Mário Almeida Costa, *Direito das Obrigações*, *cit.*, p. 90; Luís Carvalho Fernandes, *Teoria Geral...*, Vol. II, *cit.*, pp. 633-634.

[1440] Mário Almeida Costa, *Direito das Obrigações*, *cit.*, p. 90; Luís Carvalho Fernandes, *Teoria Geral...*, Vol. II, *cit.*, p. 634; Paulo Mota Pinto, "Sobre a proibição...", *cit.*, p. 316. Quanto à posição da jurisprudência, a mesma, em regra, sem negar a existência do direito, denega a pretensão resultante do seu exercício abusivo (reconhecendo, quando seja o caso, a invalidade do acto abusivo), sem prejuízo de eventual responsabilidade civil pelos danos já causados ou de outras medidas que o tribunal entenda adequadas face às circunstâncias do caso – Pedro Pais Vasconcelos, *Teoria Geral...*, *cit.*, p. 277.

contrato[1441] – essa conclusão não pode ser generalizada[1442], como, aliás, verte do regime do nº 3 do artigo 24º da LCS. Haverá, assim, que analisar em concreto o direito potestativo em causa e a forma como é exercido.

Finalmente, o abuso do direito é de conhecimento oficioso, desde que os respectivos pressupostos tenham sido alegados e provados e que o pedido formulado compreenda as consequências cominatórias do acto abusivo[1443].

V. Como nota alguma doutrina, o regime da declaração do risco a segurar disciplina a protecção e o equilíbrio entre duas posições conflituantes: por um lado, o direito do segurador a conhecer o risco real cuja transferência lhe é proposta e a contratar livremente com base nesse conhecimento; por outro, a tutela da expectativa e da confiança do tomador do seguro relativamente à estabilidade do contrato e ao efectivo cumprimento, pelo segurador, da sua prestação pecuniária em caso de ocorrência do sinistro[1444].

É neste contexto que a invocação da invalidade do contrato pelo segurador – com base em omissões ou inexactidões do tomador do seguro – pode ser entrevista como um abuso do direito quando o segurador tenha dado causa ou contribuído, de algum modo, para tais omissões ou inexactidões, ou, mormente, quando tenha tido conhecimento dos factos e só tenha agido na sequência da participação do sinistro. Esse contributo para as omissões ou inexactidões pode advir, de resto, de um comportamento meramente culposo do segurador, por não observar o dever de diligência que decorre do princípio da boa fé[1445].

[1441] Cfr., neste sentido, o Ac. TRP de 31/01/1978 – Proc. 12362 (Costa e Sá): «se o segurador invoca a nulidade do contrato, com base em declarações inexactas ou reticentes que pressupõem má fé ou negligência do segurado, não pode este, presuntivamente culpado, obstar a tal invocação com fundamento em abuso de direito». Cfr. igualmente Ac. TRP de 05/02/2004 – Proc. 336805 (João Bernardo): «não se pode considerar, porém, que abuse do direito uma seguradora que pretende anular o contrato de seguro de vida feito com uma pessoa que lhe escondeu internamento por sete dias nos Serviços de Cardiologia dum Hospital [...]. Mesmo que ele venha a falecer de causa que não teve a ver com a moléstia que justificou a intervenção hospitalar».

[1442] Jorge Coutinho de Abreu, *Do Abuso...*, *cit.*, pp. 71 ss.

[1443] António Menezes Cordeiro, *Tratado...*, V, *cit.*, p. 373.

[1444] Robert Keeton e Alan Widiss, *Insurance Law...*, *cit.*, p. 567. Neste quadro, como referimos já, o dever de boa fé na declaração do risco é mútuo, vinculando reciprocamente os dois contraentes. Como referem Eggers *et al.*, «a boa fé é "uma estrada de dois sentidos" e se uma das partes espera a boa fé da outra, deve estar igualmente em posição de, ele próprio, a manifestar» – Peter MacDonald Eggers *et al.*, *Good Faith...*, *cit.*, p. 71 (trad. nossa).

[1445] Cfr. o Ac. STJ de 30/01/1992 – Proc. 81044 (Cabral de Andrade): «o artigo 429 do Código Comercial [...] não deixa de responsabilizar ambas as partes pelas informações inexactas e pelas reticências na declaração inicial do risco». No mesmo sentido, Ac. TRC de 12/12/2000 – Proc. 1768/2000 (Araújo Ferreira). Assim, p. ex., verifica-se um erro culposo do segurador quando

Com efeito, entende em geral a doutrina que também ao segurador é exigível diligência na declaração do risco, a qual se reflecte: na elaboração do questionário; na explicação das questões (quando necessária); na advertência sobre o dever de declaração e sobre as consequências do respectivo incumprimento; na exigência de assinatura do questionário; na análise das respostas e na verificação da respectiva completude e coerência[1446]. Este dever de diligência traduz-se, assim, de certa forma, na colaboração do segurador em sede de descrição do risco. Na falta de observância do mesmo, poder-se-á verificar, dependendo das circunstâncias concretas, um *factum proprium* que retirará legitimidade ao exercício do direito à impugnação do contrato (*venire*).

VII.4.2. O regime do nº 3 do artigo 24º da LCS

I. O nº 3 do artigo 24º define um conjunto de circunstâncias de que o segurador não pode prevalecer-se se tiver aceite a proposta contratual, excepcionando o caso de ter havido dolo do tomador do seguro ou do segurado com o propósito de obter uma vantagem[1447]. Refira-se, desde já, que esse leque de circunstâncias – adiante analisado em detalhe – pode ser dividido em duas categorias: as que surgem associadas a possíveis faltas do segurador na apreciação das respostas ao eventual questionário (alíneas a) a c)); e as que se referem ao conhecimento de certos factos pelo segurador ou pelo seu representante (alíneas d) e e)).

As circunstâncias referidas no citado nº 3 seguem disposições consagradas em ordenamentos jurídicos próximos, bem como entendimentos já assinalados por alguma doutrina e por parte da jurisprudência no quadro do artigo 429º do CCom[1448].

---

o mesmo suspeita ou tem dúvidas sobre a realidade de um facto e não procura esclarecer essas dúvidas – Enrico Altavilla, "Errore...", *cit.*, p. 150.

[1446] Virginia Bado Cardozo, *El Riesgo...*, *cit.*, p. 126.

[1447] O preceito, com fundamento no abuso do direito, consagra, na verdade, *inoponibilidades* (e não propriamente, como defende Arnaldo Oliveira, motivos de *preclusão* do direito de impugnação do contrato – Arnaldo Oliveira, "Artigo 24º – Anotação", *in* Pedro Romano Martinez *et al.*, *LCS Anotada*, *cit.*, pp. 133 ss.). O preceito elenca circunstâncias que, aceites pelo segurador, passarão a ser inoponíveis ao tomador do seguro depois de concluído o contrato. Já a *preclusão* resultaria da ocorrência de uma circunstância futura – como seria o caso do decurso de um prazo de caducidade – que extinguiria (ou tornaria inoperante) um direito já constituído (António Menezes Cordeiro, *Tratado...*, V, *cit.*, p. 222); ora, o direito potestativo de impugnação (anulabilidade) só se constitui com a conclusão do contrato, pelo que não fica "precludido" pela ocorrência de uma circunstância posterior (a declaração do risco é anterior à constituição daquele direito potestativo). Aliás, o termo *preclusão* é frequentemente utilizado como sinónimo de *caducidade* (cfr., p. ex., Mário Almeida Costa, *Direito das Obrigações*, cit., p. 1122), enquanto efeito do decurso do tempo sobre certas posições jurídicas.

[1448] Arnaldo Oliveira, "Artigo 24º – Anotação", *in* Pedro Romano Martinez *et al.*, *LCS Anotada*, *cit.*, pp. 135 ss. Mesmo fora do âmbito do contrato de seguro o Direito francês proporciona uma solução

II. O nº 3 do artigo 24º suscita algumas dificuldades interpretativas. Elas decorrem, desde logo, de o preceito poder aplicar-se a situações radicalmente distintas. Por um lado, aquelas em que o segurador tenha sido diligente na apreciação do questionário e tenha presentes determinados factos do seu conhecimento, caso em que a solução do nº 3 decorreria de as omissões ou inexactidões serem irrelevantes para a avaliação do risco. Por outro lado, aquelas em que o segurador tenha sido negligente na apreciação do questionário ou na falta de valoração dos seus conhecimentos (ou de representação actual dos mesmos), ou até, por analogia, em caso de desconhecimento culposo, situações em que o regime do nº 3 teria (pelo menos, em parte), um propósito sancionador dessa negligência.

Na verdade, a *ratio* do preceito é fundamental para a interpretação de algumas das suas alíneas. Ora, em virtude da disparidade de situações contempladas e do regime associado, essa *ratio* é difícil de apurar. Numa perspectiva, ela decorrerá da ideia de que o segurador, conscientemente (e, portanto, empregando a diligência que lhe era exigível), aceitou a declaração com vícios que conhecia ou não podia ignorar – sem colocar novas questões ou solicitar esclarecimentos – o que equivale à admissão de que as circunstâncias notoriamente omitidas ou inexactas são irrelevantes para a apreciação do risco. Neste sentido, afirma Arnaldo Oliveira que «a ideia central [do nº 3] é a da não-essencialidade dos factos para o segurador, por ter aceite o risco com tais contornos ou circunstâncias»[1449].

Nesta perspectiva, o nº 3 assentaria numa presunção de irrelevância dos factos em causa para o segurador. A ser assim, porém, haveria de ser juridicamente irrelevante o estado subjectivo do proponente: sendo o facto omitido totalmente irrelevante para o segurador, pouco importaria que o proponente tivesse agido de boa fé ou com intuito fraudulento; essa irrelevância objectiva sempre haveria de sobrepor-se a tal estado subjectivo, impedindo o segurador de impugnar, em qualquer caso, o contrato. Reversamente, relevaria o estado subjectivo do segu-

semelhante: assim, no caso de existência de culpa da parte cuja vontade haja sido viciada (p. ex., na situação de erro indesculpável), em vez de se permitir a anulação do contrato e o ressarcimento da contraparte pelo dano resultante dessa anulação, admite a jurisprudência, como solução mais equilibrada, a recusa ao *errans* do remédio anulatório – Joanna Schmidt, "La sanction...", *cit.*, pp. 66 ss. No quadro da *common law* algumas das circunstâncias enumeradas no nº 3 do artigo 24º seriam qualificáveis como *promissory estoppel*, instituto que contempla os casos em que o segurador "promete", expressa ou tacitamente, que não impugnará o contrato, e o tomador age, ou abstém-se de agir, confiando nessa posição do segurador, caso em que o segurador fica impedido de exercer os seus direitos de forma inconsistente com a referida "promessa" – Peter MacDonald Eggers *et al.*, *Good Faith...*, *cit.*, pp. 522 ss.

[1449] Arnaldo Oliveira, "Artigo 24º – Anotação", *in* Pedro Romano Martinez *et al.*, *LCS Anotada*, *cit.*, p. 135. O argumento replica idêntica perspectiva sustentada em anterior doutrina: José Carlos Moitinho de Almeida, *O Contrato de Seguro no Direito...*, *cit.*, pp. 80-81; José Bento, *Direito de Seguros*, *cit.*, p. 162.

rador: se o mesmo, por falta de diligência (mormente, em caso de culpa leve) tivesse descurado a análise do questionário ou não tivesse tido presente o conhecimento de um facto, então poderia ser ilidida aquela presunção de irrelevância, com o que o contrato seria, afinal, susceptível de impugnação.

Em qualquer dos casos, o teor do n° 3 nem permite ao segurador demonstrar que o facto em causa era, afinal, relevante, nem deixa de valorar o estado subjectivo do proponente (afastando a inimpugnabilidade quando este tenha agido com dolo com o propósito de obter uma vantagem). Logo, o regime do n° 3 é incompatível com este entendimento.

III. Perspectiva diversa é a de que do princípio geral da boa fé decorrem deveres de cooperação que envolvem ambas as partes, impondo-lhes diligência na declaração e análise do risco[1450]. Nesta perspectiva, o segurador não poderia exigir a diligência do segurado na declaração do risco quando ele próprio não fosse diligente na sua apreciação[1451]. A *ratio* prender-se-ia, aqui, com o abuso do direito do segurador (*venire contra factum proprium*), relevando a valoração do estado subjectivo, tanto do proponente como deste. Aliás, embora tal não decorra *expressis verbis* do preceito, o regime pressuporá precisamente a actuação *culposa* do segurador. Conexa com esta perspectiva está a do concurso de culpa do lesado *in contrahendo*, caso em que o n° 3 do artigo 24° faz prevalecer a posição do tomador, excepto se, da sua parte, houver dolo com o propósito de obter uma vantagem[1452].

Na perspectiva em análise – que se afigura a mais coerente com a letra e o espírito do n° 3 do artigo 24° e que encontra eco em alguma doutrina[1453] – o fun-

---

[1450] Este dever de diligência confina com o dever de boa fé que incide sobre a contraparte, de modo que um termina onde começa o outro. Como refere Carresi, «os deveres de boa fé a cargo de cada parte são complementares aos ónus de diligência a cargo da outra, pelo que só o legislador pode estabelecer, com base num critério de natureza estritamente política, a fronteira entre uns e outros» – Franco Carresi, "Introduzione...", *cit.*, p. 828 (trad. nossa). De qualquer modo, como adianta o autor, nos contratos aleatórios (como é o caso do seguro) verifica-se uma restrição do ónus de diligência, dispensando-se a parte afectada pela assimetria informativa de investigar as circunstâncias em que assenta a *alea* – *idem*, p. 829.

[1451] A boa fé e diligência na apreciação das respostas ao questionário, de que trata, em boa parte, o n° 3 do artigo 24° da LCS, não se confunde com as exigências de boa fé na elaboração do próprio questionário – questão que precede aquela e à qual fizemos já anteriormente referência.

[1452] Deste prisma – e em sede do regime geral do CC – será admissível, em articulação com o instituto do abuso do direito (Ana Prata, *Notas...*, *cit.*, p. 194), o reconhecimento de uma violação da boa fé pré-contratual (concurso de culpa do lesado, traduzido no incumprimento de deveres de diligência por parte do segurador), assumindo por cominação a inoponibilidade do vício ao tomador ou, nas palavras de Ana Prata, a «preclusão do exercício do direito» (*ibidem*), configurando, segundo a autora, «uma sanção preventivo-reparatória dos danos que para o lesado [o tomador] resultariam da declaração da [...] invalidade» (*ibidem*).

[1453] P. ex., Filipe Albuquerque Matos, *Uma Outra Abordagem...*, *cit.*, p. 623.

damento do preceito assenta no abuso do direito e, em particular, no *venire contra factum proprium*. Por um lado, existe um comportamento contraditório do segurador, que – por falta de diligência na apreciação da declaração do proponente ou na representação dos factos que conhece – contribui para o carácter inexacto ou omisso da descrição do risco, vindo depois a invocar essa inexactidão ou omissão para impugnar o contrato. Por outro lado, ao aceitar a declaração do risco sem a contestar ou sem pedir esclarecimentos ou informações adicionais (tendo elementos que lhe permitiriam fazê-lo) o segurador gera no tomador do seguro a expectativa de que o contrato não será impugnado e, portanto, a confiança de que, em caso de sinistro, o segurador satisfará a sua prestação pecuniária[1454].

Porém, o fundamento do regime no *venire* não é isento de dificuldades. É que, como vimos, este instituto repousa, por seu turno, sobre o princípio da tutela da confiança, requerendo, a verificação cumulativa dos pressupostos deste princípio: (1) uma *situação de confiança*, assente na boa fé subjectiva do confiante; (2) a *justificação da confiança*, resultante de elementos objectivos susceptíveis de fundamentar essa confiança; (3) o *investimento de confiança*; (4) e a *imputação da situação de confiança* (*supra*, III.3.1.III). Ora, no caso do contrato de seguro, onde o dever de boa fé é reforçado (*uberrima fides*) e onde – atentos os pressupostos do dever de declaração do risco – o respectivo incumprimento implica uma actuação censurável (pelo menos, a título de negligência) do proponente, não são facilmente configuráveis as situações em que este possa invocar uma situação de *legítima confiança*. Compreender-se-á, portanto, que um proponente que não tenha razões para duvidar seriamente que respondeu com verdade ao questionário, possa confiar, no quadro da boa fé, que tal questionário não será posteriormente impugnado com base em factos que eram já aparentes aquando da submissão de tal questionário ao segurador. Não se compreende, porém, que um proponente que haja actuado com negligência grosseira ou mesmo dolosamente possa escudar-se na invocação de uma confiança legítima (o que igualmente configuraria abuso do direito do proponente). Por outras palavras, não se afigura justificado que o interesse do proponente doloso haja de prevalecer sobre o do segurador negligente, ou, noutra formulação ainda, que se deva acolher sob a protecção do princípio da boa fé quem actua de má fé. Nestas situações, parece faltar a base valorativa que fundamenta a aplicação do regime.

[1454] Entre os exemplos académicos que configuram um *venire contra factum proprium* está o de o sujeito ter criado a convicção de que não invocaria uma invalidade e vir depois a invocá-la – António Menezes Cordeiro, *Tratado...*, V, *cit.*, p. 282. É uma situação deste tipo que está em causa no nº 3 do artigo 24º da LCS. Trata-se, neste caso, de um *venire* positivo. Em contrapartida, haverá *venire* negativo quando o sujeito cria a convicção de que irá adoptar uma conduta e vem posteriormente a recusá-la. *Idem*, p. 280.

Porém, a ressalva feita no corpo do nº 3 (salvo havendo dolo do tomador do seguro ou do segurado com o propósito de obter uma vantagem) permite, *a contrario*, que mesmo o proponente que actue com intenção de enganar (embora não de "obter uma vantagem") possa invocar o nº 3 do artigo 24º e beneficiar impunemente de um contrato assente numa vontade viciada. Assim, o nº 3 do artigo 24º pune (duramente) a mera negligência do segurador, não necessariamente para tutela de uma confiança justificada, mas dando mesmo guarida ao próprio dolo simples do proponente. Se compararmos a solução repressiva da negligência do segurador com a tolerância perante a negligência do proponente, patente no artigo 26º, constatamos a existência de uma dualidade injustificada de critérios[1455].

IV. Como referimos já, o regime do nº 3 do artigo 24º não é aplicável aos casos em que haja *dolo do tomador do seguro ou do segurado com o propósito de obter uma vantagem*. Sem prejuízo de um ulterior desenvolvimento desta matéria, podemos, desde já, dar por assente que a expressão se reporta a um *dolo especialmente grave*, equivalente à fraude (distinguindo-se, assim, do dolo simples)[1456].

Esta excepção às consequências do abuso do direito do segurador (na modalidade *venire contra factum proprium*) constituirá, afinal, um afloramento do abuso do direito (na modalidade *exceptio doli*) do tomador: porque agiu com dolo agravado, não poderá o tomador prevalecer-se da negligência do segurador[1457]. Esta

---

[1455] As situações a que nos vimos reportando divergem aquelas que se prendem com o *conhecimento da verdade* pelo segurador, elencadas nas alíneas d) e e) do nº 3, que podem consubstanciar a própria ausência de culpa do proponente, na medida em que, se este souber (ou tiver a genuína convicção) que um facto é do pleno e actual conhecimento do segurador, poderá ter a legítima confiança de que o mesmo não é significativo para a apreciação do risco e de que, portanto, está dispensado de o declarar. Neste caso, porém, estaríamos no âmbito do nº 1 do artigo 24º (recorte do dever de declaração do risco), não se suscitando sequer a questão do incumprimento do dever de declaração e da consequente impugnabilidade do contrato.

[1456] Arnaldo Oliveira, "Artigo 24º – Anotação", *in* Pedro Romano Martinez *et al.*, *LCS Anotada, cit.*, p. 133. No anteprojecto da LCS referia-se "fraude", expressão que foi depois abandonada.

[1457] Simplesmente, como notam Basedow *et al.*, a *exceptio doli* referida só faz sentido quando estejam em causa situações de negligência do segurador na elaboração ou na apreciação do questionário (Jürgen Basedow *et al.*, *Principles..., cit.*, p. 88), mas já não relativamente aos factos que o segurador ou o seu representante conheça. Neste caso – em que a inimpugnabilidade do contrato decorre não da falta de diligência do segurador na investigação do risco proposto (dever de se informar), mas na irrelevância do facto não declarado (o qual, sendo conhecido do segurador não poderá ter deixado de ser por este valorado) – não fará sentido que se penalize o proponente por uma viciação inexistente da opinião do risco. Estar-se-ia tão-somente a punir um estado subjectivo, uma intenção. Como adiantam Basedow *et al.*, «a fraude que não tenha efeito sobre a decisão do segurador de concluir o contrato, quer porque a falsa informação era irrelevante, quer porque o segurador estava ciente de que a informação era falsa, não comporta consequências desfavoráveis para o tomador». E acrescentam que «o papel principal da lei do contrato de seguro não é o de

ressalva representa um aperfeiçoamento relativamente a sistemas como o francês, onde a inimpugnabilidade do contrato, pelo segurador, não atende ao grau de censurabilidade da actuação do proponente, repugnando à doutrina que a fraude do tomador fique sanada por uma mera falta de diligência do segurador: como refere Kullmann, «é dar um belo presente à má fé do declarante»[1458].

Porém, a ponderação dos graus de censurabilidade envolvidos na conduta do proponente e do segurador não deixa de suscitar reparos. Na verdade, como nota alguma doutrina, deverá ser irrelevante a falta de diligência do credor de informação quando a contraparte lhe forneça informações falsas, já que, neste caso, a culpa de uma parte não é comparável à gravidade do dolo da outra nem pode ser por ele compensada[1459]. Nesta medida, não se compreende que uma conduta *dolosa*, intencionalmente enganadora, do proponente seja protegida pelo Direito em virtude de uma mera actuação negligente do segurador. Assim, o nº 3 do artigo 24º deveria bastar-se com o dolo simples do proponente (e não exigir um dolo qualificado) para manter a faculdade de impugnação do contrato pelo segurador[1460].

O regime do nº 3 do artigo 24º comporta, assim, um desvio relativamente à regra do nº 1 do artigo 254º do CC. Embora, do nosso ponto de vista, resulte claro da letra do nº 3 do artigo 24º – ainda que se nos afigure uma solução injusta – que a inimpugnabilidade ocorre mesmo no caso de tanto o tomador como o segurador actuarem com dolo (simples), Arnaldo Oliveira considera haver aí uma lacuna, a ser integrada por aplicação analógica da segunda parte do nº 4 do artigo 25º. Assim, para o autor, a concorrência do dolo do segurador ou do seu representante «elimina o dolo do tomador do seguro e do segurado para os efeitos do previsto no nº 3 em causa»[1461]. Do nosso ponto de vista, não divisamos qualquer lacuna (na medida em que o nº 3 do artigo 24º nada refere quanto ao estado subjectivo do segurador, embora pareça pressupor uma actuação culposa – *no mínimo*, negligente). O argumento do autor só teria cabimento nos casos em

---

apoiar a moralidade social com regras punitivas» – *idem*, p. 90 (trad. nossa). Porém, no registo interpretativo que adoptamos (e que referimos já) as alíneas d) e e) do nº 3 não se reportam ao puro e simples *conhecimento* dos factos: o segurador conhece-os mas, por incúria, não tem presente esse conhecimento, ou seja, não tem culposamente consciência actual desse conhecimento.

[1458] Jérôme Kullmann, "Débat", *in* Luc Mayaux, "L'ignorance...", *cit.*, p. 749 (trad. nossa). No mesmo sentido, sublinha Beignier que o questionário deve ser um meio para prosseguir a máxima boa fé e a perfeita lealdade que norteiam o contrato de seguro, e não para as iludir – Bernard Beignier, "Tribunal..." [coment.], *cit.*, p. 60.

[1459] Josep Llobet i Aguado, *El Deber...*, *cit.*, pp. 111 e 146.

[1460] No sentido de que a negligência do segurador não deverá, em caso algum, desculpar o dolo do proponente, Andrés Ordóñez Ordóñez, *Las Obligaciones...*, *cit.*, pp. 41 ss.

[1461] Arnaldo Oliveira, *A Declaração...*, *cit.*, p. 7 (cfr. também Arnaldo Oliveira, "Artigo 24º – Anotação", *in* Pedro Romano Martinez *et al.*, *LCS Anotada*, *cit.*, p. 134).

que o proponente e o segurador tivessem agido com grau de dolo equivalente e especialmente grave (*dolo com o propósito de obter uma vantagem*), o que não se antevê que possa ocorrer na prática quanto ao segurador (já que o propósito de obter uma vantagem – a contratação a um prémio inferior ao do risco real – se verifica apenas na esfera do tomador ou do segurado). Para além disso, uma actuação com dolo especialmente grave por parte do segurador (induzindo o tomador a falsear as suas declarações) necessariamente atenuaria a censurabilidade da conduta deste, pelo que o nº 3 conduziria já à referida inimpugnabilidade. De resto – para além de não nos parecer sustentável a invocação do elemento teleológico da interpretação (já que parece ser bem outra a teleologia da norma) – não se vê o alcance da invocação da aplicação analógica do nº 4 do artigo 25º. Para além da inexistência de lacuna, não encontramos qualquer analogia no nº 4 do artigo 25º, porque neste preceito o dolo ou negligência grosseira do segurador não afasta a anulabilidade do contrato, mas apenas a perda do prémio a seu favor. Esta disposição é, aliás, derrogada pela verificação de dolo especialmente grave do tomador ou do segurado – ainda que com concurso de dolo ou negligência grosseira do segurador – a qual implica que o prémio seja devido até ao final do contrato (nº 5 do artigo 25º)[1462].

O corpo do nº 3 refere-se ao dolo do tomador do seguro *ou* do segurado com o propósito de obter uma vantagem, podendo suscitar-se a questão sobre o regime a seguir no caso de esse grau de dolo se verificar apenas quanto a um deles. Sobre esta matéria, Arnaldo Oliveira sugere uma interpretação teleológica e casuística da fórmula, sustentando que relevará «a má fé de uma só dessas partes se for suficiente para a incorrecta tarifação do risco – por aplicação [...] da ideia de essencialidade inscrita [...] no nº 1 do artigo 24º, disposição matricial do tratamento do risco no RJCS»[1463]. Não podemos, porém, concordar com esta posição. Desde logo, porque o critério de relevância (essencialidade) acolhido é aferido pelo prisma subjectivo do declarante (ainda que mitigado por um requisito adicional de razoabilidade). Por outro lado, o que se revelará essencial (ou não) para a incorrecta tarifação do risco são *os factos omitidos ou inexactamente declarados* e

---

[1462] Desta forma, fora do âmbito das alíneas do nº 3 do artigo 24º, a bilateralidade do dolo não afasta a impugnabilidade do contrato (anulabilidade), como resulta, não só da regra geral do nº 1 do artigo 254º do CC, mas igualmente – no que ao contrato de seguro especialmente respeita – do próprio artigo 25º da LCS (mormente, do respectivo nº 4). Não se compreende, assim, o argumento de Arnaldo Oliveira de que o artigo 254º não seria ao caso aplicável por não acolher propósitos de protecção do consumidor (Arnaldo Oliveira, "Artigo 24º – Anotação", *in* Pedro Romano Martinez *et al.*, *LCS Anotada, cit.*, p. 134). É que a mesma solução resulta do artigo 25º da LCS, que indiscutivelmente prossegue os referidos propósitos.

[1463] Arnaldo Oliveira, "Artigo 24.º – Anotação", *in* Pedro Romano Martinez *et al.*, *LCS Anotada, cit.*, p. 134.

não a atitude subjectiva do declarante. Esta apenas releva para a aferição das consequências (cominação legal) resultantes do incumprimento. Assim, do nosso ponto de vista, relevará necessariamente o dolo, quer do tomador do seguro, quer do segurado (isto é, bastará que um deles[1464] aja com dolo especialmente grave para que o segurador possa anular o contrato).

V. Perante o acima exposto, estamos já em condições de apreciar se ao nº 3 do artigo 24º está subjacente uma vinculação do segurador e, em caso afirmativo, de apreciar a respectiva natureza jurídica. Para tanto, caberá recordar o que acima dissemos quanto à *ratio* do preceito. Sustentámos então que esta *ratio* não se prendia com a consideração de que os factos omitidos ou inexactamente declarados seriam irrelevantes para a apreciação do risco (caso em que ao preceito não estaria subjacente um juízo de censura contra o segurador)[1465].

Diversamente, essa *ratio* está associada à existência de deveres de cooperação e boa fé que incidem sobre o segurador e que requerem diligência no respectivo acatamento, verificando-se um juízo de reprovação sobre o incumprimento de tais deveres e sobre a abusiva invocação da anulabilidade do contrato (abuso do direito). Será essa, portanto, a *vinculação* do segurador, correspondendo, não a um ónus, mas a um verdadeiro dever. É que, para o Direito, não é normativa e axiologicamente indiferente se o segurador é ou não diligente na apreciação da declaração do risco, e se o mesmo suscita ou não as circunstâncias enumeradas no referido nº 3. A cooperação do segurador não é requerida no seu interesse exclusivo: ela é-lhe imposta pelo princípio da boa fé. Assim, a cominação – inoponibilidade da anulabilidade – corresponde a uma verdadeira sanção pelo incumprimento de um dever[1466].

VI. Matéria de notória relevância é a da classificação – como taxativa ou enunciativa – da enumeração de casos elencados no nº 3 do artigo 24º. Ora, do nosso

---

[1464] Assim se previnem as situações em que o segurado tenha conhecimento de um incumprimento inocente (erróneo) por parte do candidato a tomador do seguro e dolosamente não intervenha para corrigir a declaração do risco. As inversas serão, em certa medida, a situação-regra, já que o candidato a tomador do seguro será o declarante material, podendo o segurado desconhecer mesmo a existência da proposta de seguro.

[1465] Se fosse essa a *ratio* do preceito, haveria que reconhecer a inexistência de qualquer vinculação do segurador.

[1466] Como refere Arnaldo Oliveira, do nº 3 do artigo 24º resulta um dever «*de verificação do declarado cujo teor e circunstâncias sejam de molde a razoavelmente levantar suspeitas de inexactidão ou falsidade a um profissional medianamente diligente*, sem prejuízo, naturalmente, do dever do tomador do seguro e do segurado de cumprimento diligente da declaração inicial do risco» – Arnaldo Oliveira, "Artigo 24º – Anotação", *in* Pedro Romano Martinez *et al.*, *LCS Anotada, cit.*, p. 138 (cfr. também Arnaldo Oliveira, *A Declaração..., cit.*, p. 11).

ponto de vista estamos perante uma enumeração enunciativa, por várias razões[1467]. Desde logo, a de que a letra do preceito não nos induz no sentido da taxatividade, devendo, consequentemente, prevalecer a regra, aceite pela doutrina, do carácter enunciativo das tipologias legais[1468]. Por outro lado, porque as várias alíneas constituem *exemplos*, mais ou menos detalhados, de uma regra que encontra o seu fundamento na cláusula geral da boa fé e no instituto do abuso do direito, não se afigurando pertinente restringi-la às cinco situações ali enunciadas (que, aliás, como veremos, poderiam ser reduzidas a duas – respectivamente, as alíneas a), b) e c), por um lado, e as alíneas d) e e), por outro – ou ampliadas a outras situações ainda). O preceito não configura sequer uma excepção à regra definida nos nºs 1 e 2 do artigo 24º, já que as situações de inimpugnabilidade previstas no nº 3 pressupõem, em termos lógicos e cronológicos, que o proponente haja sido convocado a cumprir aquele dever e que o segurador haja aceite a declaração do risco nos termos em que foi prestada.

Assim, o grande mérito do nº 3 terá sido o de explicitar um conjunto de circunstâncias que, em parte, já resultavam de princípios gerais do Direito português, nomeadamente os da boa fé e do abuso do direito – verificados os respectivos pressupostos – e já vinham, em grande medida, a ser, enquanto tal, reconhecidas pela doutrina e pela jurisprudência[1469], não apresentando, portanto, carácter excepcional nem sendo, consequentemente, insusceptíveis de aplicação analógica a situações semelhantes, nos termos do artigo 11º do CC.

VII.4.3. Omissão de resposta a pergunta do questionário

I. A alínea a) do nº 3 do artigo 24º alude à inimpugnabilidade do contrato por omissão de resposta a uma pergunta do questionário quando o segurador haja aceite o contrato nessas condições. Assim, se o proponente nada responder a uma questão (quaisquer que sejam os motivos da omissão), caberá ao segurador insistir, podendo até solicitar esclarecimentos adicionais na matéria. Se nada fizer, não poderá mais tarde vir a prevalecer-se da omissão.

O preceito segue solução idêntica consagrada no artigo 5º da Lei Belga e na Secção 21(3)(a) do ICA australiano, de 1984[1470], bem como no Direito

---

[1467] Em sentido contrário, sem desenvolver, Maria Manuela Chichorro, *O Contrato...*, *cit.*, p. 85.

[1468] Na verdade, como lapidarmente refere Oliveira Ascensão, «em princípio deve até concluir-se pelo carácter enunciativo das tipologias legais, só se lhes devendo atribuir outra natureza quando razões especiais nos convençam nesse sentido» – José de Oliveira Ascensão, *O Direito...*, *cit.*, p. 454.

[1469] Júlio Gomes, "O dever de informação do (candidato a) tomador...", *cit.*, p. 414; Arnaldo Oliveira, *A Declaração...*, *cit.*, p. 4; Arnaldo Oliveira, "Artigo 24º – Anotação", *in* Pedro Romano Martinez *et al.*, *LCS Anotada*, *cit.*, p. 133.

[1470] Cfr. Anthony A. Tarr e Julie-Anne Tarr, "The insured's...", *cit.*, p. 596.

norte-americano[1471]. Recomendação no mesmo sentido é feita pela *Law Commission* inglesa[1472], seguindo, aliás, orientação actual da jurisprudência[1473]. Por seu turno, também a doutrina e a jurisprudência alemãs consagram particular atenção a um ónus do segurador de controlar as respostas dadas ao questionário, aferindo da completude do mesmo[1474].

Em Portugal, já na vigência do artigo 429º do CCom alguma doutrina se manifestava a favor da solução agora consagrada[1475]. Assim, na formulação, muito citada, de José Vasques, a seguradora «não pode abandonar-se totalmente às declarações do proponente com o fundamento de que a sanção legal a protegerá das declarações erróneas, devendo entender-se que sobre ela impende, no mínimo, o dever de sindicar as respostas que o tomador deu ao questionário ou o seu não preenchimento, não podendo arguir a omissão se não reagiu à entrega de um questionário não preenchido ou incompleto»[1476].

Relativamente à jurisprudência, Menezes Cordeiro refere uma tendência no mesmo sentido[1477]. A orientação resulta de acórdãos como o Ac. TRL de 05/02/1982 – Proc. 14886 (Prazeres Pais); Ac. TRC de 10/10/2000 – Proc. 1898/2000 (Joaquim Cravo); Ac. TRC de 12/12/2000 – Proc. 1768/2000 (Araújo Ferreira); Ac. TRC de 03/05/2005 – Proc. 317/05 (Távora Vítor); Ac. TRC de 22/11/2005 – Proc. 3203/05 (Ferreira de Barros); Ac. TRC de 14/03/2006 – Proc. 3711/05 (Alexandrina Ferreira)[1478].

[1471] Julie-Anne Tarr, *Disclosure and Concealment...*, *cit.*, p. 106.

[1472] The Law Commission, *Insurance...*, *cit.*, p. 75.

[1473] Nicholas Legh-Jones *et al.* (Eds.), *MacGillivray...*, *cit.*, p. 447-448. Na *common law* entende-se que a ausência de resposta no questionário, não tendo dado lugar a qualquer diligência de investigação pelo segurador, corresponde a uma renúncia deste à invocação posterior da omissão, excepto se resultar evidente que o proponente assumia a ausência de resposta como uma resposta negativa – Peter MacDonald Eggers *et al.*, *Good Faith...*, *cit.*, pp. 199 ss.; Nicholas Legh-Jones *et al.* (Eds.), *MacGillivray...*, *cit.*, pp. 395-396.

[1474] Júlio Gomes, "O dever de informação do tomador...", *cit.*, p. 104.

[1475] José Carlos Moitinho de Almeida, *O Contrato de Seguro no Direito...*, *cit.*, pp. 80-81. No mesmo sentido, José Bento, *Direito de Seguros*, *cit.*, p. 162.

[1476] José Vasques, *Contrato de Seguro – Notas...*, *cit.*, p. 221.

[1477] António Menezes Cordeiro, *Manual de Direito Comercial*, Vol. I, *cit.*, p. 582.

[1478] Da problemática dá bem conta o Ac. TRC de 14/03/2006 – Proc. 3711/05 (Alexandrina Ferreira): «[...] A apelante foi lesta em aceitar uma proposta de seguro, consubstanciada por um seu formulário que, obviamente foi entregue à proponente, sem se assegurar que dados essenciais lhe fossem fornecidos. Com efeito, ficou por preencher o espaço reservado à qualidade de quem propõe o seguro, e o referente à identidade do condutor habitual. Mas, foi igualmente lesta a invocar aquelas omissões, quando lhe foi exigido que respondesse pelos danos decorrentes do sinistro. O princípio da boa fé é recíproco. E sobre as seguradoras recai um especial dever de informação. Certamente que, se a proponente tivesse sido alertada para a falta de preenchimento de espaços essenciais do formulário, teria dado a devida relevância aos dados omitidos».

II. Embora aparentemente não suscite dúvidas, a disposição impõe que se precise o seu sentido e delimite o seu âmbito. Segundo uma explicação para o preceito, se o segurador não valoriza o silêncio do proponente, aceitando a omissão de resposta, é porque considerou que a mesma não é importante para a análise do risco[1479]. Assim, por exemplo, Filipe Albuquerque Matos entende que o preceito se reporta a «omissões nas respostas dos tomadores, quando se revela manifesto que tais incompletudes não se reportavam a aspectos nucleares, pois de outro modo nunca aquelas [seguradoras] teriam aceitado concluir o contrato de seguro»[1480]. Ora, como referimos já, pensamos que não está em causa se a pergunta (e o facto omitido) é ou não relevante para a apreciação do risco (em regra, aliás, *todas* as perguntas constantes do questionário o serão tendencialmente), mas sim se o segurador foi negligente na apreciação das respostas, gerando confiança na contraparte de que o contrato não seria impugnado com base naquela omissão, atitude que, a verificar-se, consubstanciaria abuso do direito[1481].

Porém, estando em causa a omissão de resposta a uma questão cuja relevância o proponente não poderá razoavelmente deixar de presumir, a mesma haverá de ser considerada dolosa, caso em que não se compreende que a desonestidade intencional do proponente mereça mais consideração do ordenamento do que a mera falta de diligência do segurador[1482].

O sentido do preceito está confinado aos casos em que o silêncio do proponente corresponde a uma omissão de resposta, mas não àqueles em que o questionário atribui a esse silêncio um sentido preciso. Por exemplo, perante uma questão formulada da seguinte forma – «caso tenha sido submetido a uma ou várias intervenções cirúrgicas, indique quais» – a não resposta indicaria ao segurador que o proponente não teria sido submetido a qualquer intervenção cirúrgica[1483]. Nesse caso, a impugnação será possível na medida em que tenha por fundamento a *inexactidão* do sentido do silêncio (e não a *omissão* de resposta).

Equiparados à omissão de resposta – ao menos, por interpretação extensiva do preceito – em virtude de se tratar de situações materialmente idênticas, serão os casos em que formalmente tenha havido uma resposta, mas o respectivo conteúdo nada esclareça quanto à pergunta efectuada[1484]; ou quando a

---

[1479] De facto, perante uma situação concreta algumas perguntas do questionário podem revelar-se de escassa relevância, sendo indiferentes para a apreciação do risco – Jürgen Basedow *et al.*, *Principles...*, *cit.*, p. 86.

[1480] Filipe Albuquerque Matos, *Uma Outra Abordagem...*, *cit.*, p. 625.

[1481] Neste sentido, Vittorio Salandra, "Le dichiarazioni...", *cit.*, p. 13.

[1482] Hubert Groutel *et al.*, *Traité...*, *cit.*, p. 175, reportando as críticas ao sistema francês, com uma disposição semelhante à portuguesa.

[1483] Tal será também o caso, p. ex., se a questão for formulada da seguinte forma: «indique todas as doenças de que padeceu nos últimos 12 meses».

[1484] P. ex., se, perante a pergunta «fuma? Especifique a quantidade diária», se verificar a resposta «não tenho problemas respiratórios», estamos perante uma omissão material de resposta. Neste

resposta seja ilegível ou ininteligível; ou ainda quando a mesma seja visivelmente incompleta[1485]. Todas estas situações, por serem notórias, suscitam controlos e reparos por parte do segurador. Outra situação também abrangível por via de interpretação extensiva é a de o questionário não vir assinado pelo proponente sem que o segurador tenha suscitado o problema. Assim, caso o tomador alegue não serem as omissões ou inexactidões da sua autoria, não poderá o segurador prevalecer-se delas judicialmente[1486].

A propósito da contratação à distância ou por meios automatizados, referimos já a existência de situações em que, não só não existe um questionário que oriente o proponente na descrição do risco, mas não existe mesmo a possibilidade processual de descrição do risco por parte deste. Assim ocorre quando a aquisição de um produto ou a adesão a um serviço[1487] colocam imediatamente o adquirente ou aderente na posição de tomador de um seguro individual ou aderente a um seguro de grupo. O automatismo desta contratação implica que o segurador prescinda, para a aceitação do contrato, do conhecimento concreto do risco. Este caso é passível de recondução à situação de *omissão de resposta a uma pergunta do questionário* mediante uma operação de interpretação extensiva do preceito em análise[1488].

VII.4.4. Resposta imprecisa a questão demasiado genérica

I. A alínea b) do n.º 3 do artigo 24.º estabelece a inimpugnabilidade do contrato por invocação de uma resposta imprecisa a uma questão a questão formulada em termos demasiado genéricos. Esta alínea segue solução consagrada no artigo L. 112-3 do *Code des Assurances* francês, não se afastando igualmente de idêntica solução

---

quadro, à ausência de resposta é comparada a resposta sem conteúdo útil como «não posso precisar», «dados ainda por apurar» ou «elementos a serem posteriormente fornecidos».

[1485] Neste sentido, escreve-se no Ac. TRC de 12/12/2000 – Proc. 1768/2000 (Araújo Ferreira): «se para a Seguradora era essencial o conhecimento do tipo de doença de que padecia a segurada à data da proposta do seguro, era sobre si própria que impendia o dever de melhor se esclarecer, nomeadamente, através de solicitação de esclarecimentos complementares à própria proponente».

[1486] Virginia Bado Cardozo, *El Riesgo...*, *cit.*, p. 87.

[1487] São os casos típicos dos seguros de viagem associados, p. ex. à contratação de uma excursão (pacote de transporte e estadia) junto a um agente de viagens; dos seguros escolares associados à inscrição num estabelecimento de ensino; de alguns seguros de acidentes pessoais associados à inscrição numa modalidade desportiva; ou dos seguros incluídos na contratação de um cartão de crédito.

[1488] Quer o elemento teleológico da interpretação, quer a regra lógica de que "quem proíbe o menos, proíbe o mais" dariam suporte a esta posição. Em qualquer caso, em termos mais rigorosos, cremos que a solução se há-de buscar a montante: é que, inexistindo a possibilidade material de declaração do risco, com o aval do segurador, as omissões ou inexactidões nem sequer configuram um incumprimento (para mais, culposo) do dever de declaração do risco. A situação seria, portanto, de enquadrar no próprio n.º 1 do artigo 24.º da LCS.

do Direito norte-americano[1489], bem como da Secção 21(3)(b) do *ICA* australiano, de 1984, que refere as *respostas cuja incompletude ou irrelevância são evidentes*[1490].

No contexto do ordenamento italiano, alguma doutrina, seguindo a orientação jurisprudencial de um *leading-case*[1491], tem acentuado a importância recíproca da boa fé na fase pré-contratual, defendendo que a inexacta ou tecnicamente deficiente formulação de um questionário pelo segurador deve responsabilizá-lo na mesma medida em que o segurado seria responsável por uma resposta inexacta[1492]. Neste sentido, à diligência do segurado na resposta às perguntas do questionário deve corresponder a diligência profissional do segurador na prévia elaboração (e na posterior análise) do mesmo[1493]. Às mesmas considerações é sensível, de resto, alguma doutrina espanhola[1494]. Na *common law*, por seu turno, a problemática é deslocada para a matéria da interpretação da questão formulada e da coerência da resposta face à mesma. Assim, se se verificar a ambiguidade das questões formuladas – e uma resposta consentânea com um dos sentidos possíveis – a interpretação da pergunta é feita contra o segurador, admitindo-se não haver então uma inexactidão ou omissão na resposta[1495].

[1489] Julie-Anne Tarr, *Disclosure and Concealment...*, *cit.*, p. 106. Arnaldo Oliveira alude igualmente a uma tendência da jurisprudência portuguesa neste sentido, embora não refira exemplos que versem concretamente sobre a matéria do preceito – Arnaldo Oliveira, *A Declaração...*, *cit.*, p. 8; e Arnaldo Oliveira, "Artigo 24º – Anotação", in Pedro Romano Martinez *et al.*, *LCS Anotada*, *cit.*, p. 135. Na nossa investigação, não encontrámos igualmente exemplos neste domínio.

[1490] Cfr. Anthony A. Tarr e Julie-Anne Tarr, "The insured's...", *cit.*, p. 596. A Secção 23 da referida lei estabelece ainda que o sentido que deve ser atribuído a uma questão ambígua é aquele que resultar da interpretação de um declaratário razoável.

[1491] Cass. 20/11/1990, n. 11206, *Giurisprudenza Italiana*, Ano 143 (1991), Parte I (Giurisprudenza Civile e Commerciale), cls. 1029-1037. Cfr. comentário de Roberto Weigmann, "L'importanza...", *cit.*, cls. 1029-1032; e Cristina Cavaliere, "Le dichiarazioni...", *cit.*, pp. 354 ss.

[1492] Roberto Weigmann, "L'importanza...", *cit.*, cl. 1031.

[1493] Cristina Cavaliere, "Le dichiarazioni...", *cit.*, p. 358.

[1494] Assim, refere Rubio Vicente que o dever de declaração do risco não teria lugar «quando o motivo causador da equívoca representação do risco se deva principalmente à inoperância do segurador na interpretação e valoração dos dados fornecidos ou à ambígua formulação das perguntas do questionário apresentado, susceptível por esse motivo de gerar respostas vagas ou parciais» – Pedro Rubio Vicente, *El Deber...*, *cit.*, p. 97 (trad. nossa).

[1495] Peter MacDonald Eggers *et al.*, *Good Faith...*, *cit.*, p. 155. Esta solução, de carácter algo formalista, verifica-se apenas no quadro da *misrepresentation*, não eliminando o amplo dever espontâneo de informação suscitado pelo *duty of disclosure*. Em sentido diverso, defendem Nicholas Legh-Jones *et al.* que, verificando-se a ambiguidade, entende-se que o segurador não poderá invocar a inexactidão se a resposta for verdadeira considerando a interpretação que uma pessoa razoável assumiria e que o declarante, de facto, assumiu (regra da *fair construction*) – Nicholas Legh-Jones *et al.* (Eds.), *MacGillivray...*, *cit.*, pp. 393 ss. Em qualquer caso, depois de assumir uma determinada interpretação, deverá o segurado permanecer coerente com essa interpretação ao longo do questionário – *idem*, p. 395.

Igualmente entre a doutrina portuguesa algumas vozes pugnavam por uma solução nos moldes da adoptada pela LCS. Entre elas, Moitinho de Almeida defendia a inoponibilidade das omissões ou inexactidões que resultassem de facto do segurador, «designadamente formulando perguntas pouco claras ou informando erradamente o segurado sobre a extensão das declarações»[1496]. Por seu turno, Júlio Gomes manifestava-se contra a extensão do dever de informação de modo abranger situações em que se exigisse do proponente que desse respostas precisas a questões formuladas pelo segurador em moldes genéricos ou ambíguos[1497].

II. Quanto à interpretação e delimitação do âmbito do preceito algumas questões há a considerar. Desde logo, as perspectivas, que já rebatemos, de que, se o segurador formula uma questão em termos demasiado genéricos, a precisão da resposta é-lhe indiferente para a análise do risco[1498]; ou de que, se o segurador, confrontado com uma declaração manifestamente equívoca, não pediu esclarecimentos, dever-se-á concluir que não considerou a circunstância em causa relevante[1499]. Como já referimos, cremos que o nº 3 do artigo 24º valora a violação culposa de um dever pelo segurador e não estabelece a mera presunção de irrelevância dos factos não declarados.

No que diz respeito à *elaboração* do questionário pelo segurador, faz todo o sentido que, *em sistemas de questionário fechado*, a disciplina legal do contrato de seguro sancione de algum modo a formulação de questões demasiado genéricas[1500], que sempre constituiria uma forma de subversão do sistema pelo segurador.

[1496] José Carlos Moitinho de Almeida, *O Contrato de Seguro no Direito...*, *cit.*, p. 81.

[1497] Júlio Gomes, "O dever de informação do tomador...", *cit.*, p. 89. De facto, como refere o autor, nos países que adoptam um sistema de questionário fechado (onde o âmbito do dever de informação está confinado à resposta às questões incluídas no questionário), como a Espanha e a França, a doutrina e a jurisprudência têm-se manifestado no sentido de exigir que as perguntas sejam colocadas de forma clara e precisa, reportando-se a factos relevantes quanto ao risco coberto: «as respostas incompletas, ou mesmo evasivas, a questões ambíguas ou equívocas não devem ser imputadas ao tomador do seguro, mas ao próprio segurador, em razão da defeituosa redacção do questionário» – *idem*, p. 100.

[1498] Roberto Weigmann, "L'importanza...", *cit.*, cl. 1031.

[1499] Antigono Donati, *Trattato...*, Vol. II, *cit.*, p. 310. Numa perspectiva diversa, considera Salandra que, se o proponente for interpelado de modo não claro, no questionário, sobre determinada circunstância, e não informar correctamente o segurador, não deverá incorrer em dolo nem em culpa grave – Vittorio Salandra, "Dell'Assicurazione", *cit.*, p. 221.

[1500] Exemplos de questão genérica seriam os das fórmulas "encontra-se de boa saúde?" ou "sofre actualmente de qualquer afecção?", perante as quais a omissão de sintomas recentes ainda não diagnosticados não seria de considerar como inexactidão ou omissão (os exemplos são retirados da jurisprudência francesa – cfr. Jérôme Kullmann, "La déclaration...", *cit.*, p. 696). A questão haveria, porém, de ser apreciada casuisticamente, sem ignorar, em qualquer caso, o princípio da materialidade subjacente inerente ao princípio da boa fé. Também a questão "de que doenças já

Admitir-se que o segurador perguntasse – "conhece alguma circunstância relevante para a apreciação do risco pelo segurador? Especifique" – e pudesse prevalecer-se de qualquer omissão ou inexactidão seria, afinal, a negação do próprio sistema de questionário fechado. No limite, uma pergunta genérica poderia equivaler a nada perguntar[1501]. Perante o recurso a noções vagas ("boa saúde" ou "emprego estável", por exemplo)[1502], funciona, de algum modo, uma regra de *interpretatio contra stipulatorem*: quem formula uma questão deve cuidar de que a mesma seja perceptível, clara e objectiva para a contraparte, sob pena de não poder opor a esta a má interpretação a que a primeira dê causa.

Já nos sistemas de declaração espontânea o reparo não faz, do nosso ponto de vista, sentido. Se o segurador pode optar por nada perguntar, porquê vedar-lhe a formulação de perguntas genéricas? Aliás, ponderando a utilidade de algumas questões genéricas – nomeadamente a de dar oportunidade ao proponente para declarar uma circunstância que o segurador não previra nem perguntara especificamente, mas que o proponente reconhece como relevante – a *Law Commission* recomenda que as questões genéricas sejam permitidas, devendo, não obstante, o tribunal ponderar se um consumidor razoável compreenderia o alcance da questão relativamente a uma informação concreta[1503]. Desta forma, no caso do regime português não parece fazer sentido colocar qualquer restrição – em sede de *elaboração do questionário* – à formulação de questões genéricas, na medida em que o recurso a questionário não é sequer obrigatório.

Ora, do nosso ponto de vista, o sentido do preceito é bem outro. Ele exige a diligência do segurador, não na elaboração do questionário, mas *na análise das respectivas respostas*. Assim, qualquer resposta imprecisa – quer se reporte a uma pergunta "demasiado genérica", quer a uma pergunta muito precisa – deverá ser identificada pelo segurador, que à mesma deverá reagir, pedindo esclarecimentos, antes da conclusão do contrato, sob cominação de não o poder vir a fazer posteriormente. Desta forma, o enfoque não deverá estar na pergunta, mas na resposta. Por outras palavras, se a pergunta for "demasiado genérica" mas a resposta for precisa, não deixará o segurador de poder invocar as omissões

---

sofreu?" é um bom exemplo de uma pergunta genérica – Marco Rossetti, "Dichiarazioni inesatte e reticenze con...", *cit.*, p. 90.

[1501] Como refere Viterbo, «as perguntas genéricas não cumprem a sua função porque deixam o segurado, o qual naturalmente não pode indicar todas as infinitas circunstâncias que a pergunta genérica compreende, na incerteza sobre quais sejam as circunstâncias influentes sobre o risco de todas aquelas a que a pergunta genérica se refere. Assim, a pergunta "de que doenças sofreu?" não clarifica sobre a obrigação de o segurado declarar também as gripes periódicas a que esteve sujeito» – Camillo Viterbo, "Le dichiarazioni...", *cit.*, col. 67. Por outro lado, a pergunta genérica sempre daria ao segurador um injusto porto seguro para, em caso de sinistro, poder invocar qualquer omissão que considerasse relevante – *idem*, col. 68 (trad. nossa).

[1502] Luc Mayaux, "L'ignorance...", *cit.*, p. 735.

[1503] The Law Commission, *Insurance...*, *cit.*, p. 70.

havidas[1504]. Inversamente, se a pergunta for precisa, mas a resposta for imprecisa e aceite pelo segurador, não poderá este mais tarde vir a impugnar o contrato com base nessa resposta. Daí poder afirmar-se, com alguma doutrina, a redundância da alínea b) do nº 3 relativamente à precedente[1505]. Em suma, o preceito exige a diligência do segurador no controlo das respostas ao questionário, tendo subjacente um objectivo de protecção da confiança do respondente.

Sem prejuízo do que vimos de referir, é de sublinhar a existência de incumprimento do dever de declaração quando o proponente intencionalmente omite elementos que o questionário evidencia insuficientemente[1506]. Desta forma, o proponente também não poderá prevalecer-se da formulação genérica de uma questão para dolosamente ocultar uma circunstância que o mesmo sabe ser relevante, sobretudo quando – como é o caso português – o dever de declaração não está confinado a um mero dever de resposta[1507].

Groutel *et al.* criticam o recurso à expressão "resposta imprecisa", na medida em que, o que eventualmente poderia servir de argumento ao segurador para impugnar o contrato será a ocorrência de omissões ou inexactidões. Ora, a resposta pode ser imprecisa mas exacta e completa, enquanto uma resposta precisa pode ser inexacta ou eivada de omissões[1508]. Não cremos que seja, em substância, pertinente a crítica destes autores. Naturalmente que o que fundamentaria a impugnação do contrato seriam as omissões ou inexactidões do proponente. Simplesmente, o preceito impede o segurador de as invocar quando a imprecisão da resposta seja notória, requerendo a diligência de um pedido de esclarecimentos.

VII.4.5. Contradição em respostas ao questionário

I. Na mesma senda das alíneas anteriores – e pouco lhes acrescentando, em substância – a alínea c) do nº 3 do artigo 24º consagra a inimpugnabilidade do contrato por incoerência ou contradição evidentes nas respostas ao questionário.

[1504] Concretizando, no exemplo de pergunta genérica – "diga quais as circunstâncias que conhece e que sejam relevantes para a apreciação do risco pelo segurador" – se o proponente responder "várias" e o segurador aceitar a resposta sem reagir, não poderá vir a impugnar o contrato. Se, pelo contrário, o proponente disser "nenhumas" está a dar uma resposta precisa e, omitindo factos relevantes, o segurador conserva o seu direito de impugnação.

[1505] Arnaldo Oliveira, "Artigo 24º – Anotação", *in* Pedro Romano Martinez *et al.*, *LCS Anotada*, *cit.*, p. 133.

[1506] Bernard Beignier, "Tribunal..." [coment.], *cit.*, p. 60.

[1507] Criticando a solução da LCS, considera Marco Garrinhas que «a uma pergunta excessivamente genérica deve o tomador do seguro assegurar-se que responde à mesma nos termos correctos e atendendo que é a ele que incumbe declarar com exactidão todas as circunstâncias que conheça e razoavelmente deva ter por significativas para a apreciação do risco pelo segurador» – Marco Silva Garrinhas, *Os Deveres...*, *cit.*, p. 71.

[1508] Hubert Groutel *et al.*, *Traité...*, *cit.*, p. 148.

A disposição segue a orientação de jurisprudência francesa da *Cour de Cassation*, no sentido de que o segurador (ou o próprio mediador de seguros, quando dotado de poderes de representação) deve, não propriamente investigar a veracidade das declarações, mas aferir da respectiva coerência interna e completude[1509]. No mesmo sentido vai a orientação de alguma jurisprudência inglesa e da própria *Law Commission*[1510], bem como a doutrina e jurisprudência alemãs[1511]. Esta alínea segue ainda alguma jurisprudência nacional[1512]. A título paradigmático, veja-se o Ac. TRC de 10/10/2000 – Proc. 1898/2000 (Joaquim Cravo); Ac. TRE de 18/06/2009 – Proc. nº 973/07.2TBPTG.E1 (Bernardo Domingos); Ac. TRL de 13/03/2007 – Proc. 10766/2006-1 (Rui Vouga)[1513].

II. O preceito reporta-se, por exemplo, às situações em que o proponente dá duas ou mais respostas contraditórias entre si a outras tantas perguntas do questionário, verificando-se negligência do segurador na análise dessas respostas. Valem, portanto, as considerações tecidas a propósito das alíneas a) e b). Atendendo aos traços comuns entre elas, ter-se-ia, aliás, justificado a fusão das mesmas num preceito único que aludisse a *falhas manifestas* na declaração do risco, tais como incoerências; contradições; imprecisões; referências ilegíveis ou incompreensíveis; omissões de resposta; etc.

Não haverá, por outro lado, fundamento para limitar essas falhas manifestas às situações de resposta a um questionário, já que, atenta a consagração de um sistema de declaração espontânea, as mesmas podem afectar a própria declaração

---

[1509] Jérôme Kullmann, "La déclaration...", *cit.*, pp. 698-699.

[1510] The Law Commission, *Insurance...*, *cit.*, p. 75. Na *common law*, se as respostas a um questionário são incoerentes entre si e essa incoerência resulta evidente para o segurador, considera-se que o mesmo, tendo aceite a incoerência e emitido o contrato sem qualquer investigação, renunciou implicitamente ao direito de impugnar o contrato por inexactidões ou omissões – Peter MacDonald Eggers *et al.*, *Good Faith...*, *cit.*, pp. 199 ss.; Nicholas Legh-Jones *et al.* (Eds.), *MacGillivray...*, *cit.*, p. 395.

[1511] Júlio Gomes, "O dever de informação do tomador...", *cit.*, p. 104.

[1512] Arnaldo Oliveira, *A Declaração...*, *cit.*, p. 8.

[1513] No último dos citados acórdãos pode ler-se: «havendo dissonâncias entre a proposta de seguro propriamente dita e o questionário fornecido pela seguradora para ser preenchido pelo tomador do seguro juntamente com aquela, quanto aos antecedentes clínicos do tomador do seguro, nomeadamente quanto à sujeição ou não do mesmo a tratamento duma doença do aparelho cardiovascular, a seguradora não está dispensada de procurar averiguar qual das respostas antagónicas corresponde à verdade. [...] Por isso, se ela se desinteressa de todo de esclarecer tal divergência, não reagindo à entrega duma proposta de seguro e dum questionário contendo respostas antagónicas acerca dos antecedentes clínicos do tomador do seguro, integra abuso de direito a invocação, por parte da seguradora, da nulidade ou anulabilidade do contrato de seguro, com base em declarações inexactas prestadas pelo tomador aquando da celebração do contrato, ex vi do art. 429º do Cód. Comercial, feita apenas quando confrontada, já depois de verificado o sinistro, com a exigência, por parte do segurado, do pagamento da indemnização estipulada».

do risco na ausência do questionário – por exemplo, no caso de uma declaração escrita assinada pelo proponente – ou no que vá para além dele. A referida limitação constitui, aliás, um incentivo para que o segurador prescinda do recurso a questionários.

VII.4.6. Factos do conhecimento do representante do segurador

I. Num plano que, como vimos, diverge claramente das alíneas que a precedem, a alínea d) do nº 3 do artigo 24º da LCS estabelece a inoponibilidade, pelo segurador, de facto que o seu representante, aquando da celebração do contrato, saiba ser inexacto ou, tendo sido omitido, conheça. Já não está, portanto, em causa, a diligência do segurador na apreciação do questionário, mas na consciência actual dos factos conhecidos pelo seu representante[1514].

A solução segue a perspectiva casuística de alguma jurisprudência nacional, bem como, entre os ordenamentos estrangeiros, as orientações da vigente VVG alemã[1515]. No caso francês, a jurisprudência assimila o conhecimento do representante (mandato com representação) do segurador ao próprio conhecimento deste[1516]. Também à luz do Direito italiano a equiparação depende da existência de efectivos poderes de representação; na falta destes, o conhecimento por parte de um "colaborador" do segurador é irrelevante[1517].

A doutrina portuguesa reclamava igualmente uma solução na matéria. Na verdade, já Cunha Gonçalves apontava a controvérsia em torno da questão de saber se o segurador poderia invocar a invalidade do contrato por declarações inexactas ou reticentes tendo-se verificado a intervenção de representante seu. Para o autor, ainda que o segurado não ficasse, desta forma, exonerado do dever de declaração do risco, não poderia o segurador, todavia, invocar o desconhecimento do mesmo se o tivesse analisado através dos seus agentes e representantes[1518]. Por seu turno, também no quadro legal anterior à LCS, defendia Júlio

---

[1514] A presente problemática será retomada mais detidamente a propósito da intervenção de terceiros na análise e declaração do risco (*infra*, VIII.2 e VIII.3).

[1515] Arnaldo Oliveira, *A Declaração...*, *cit.*, p. 9; e Arnaldo Oliveira, "Artigo 24º – Anotação", *in* Pedro Romano Martinez *et al.*, *LCS Anotada*, *cit.*, p. 136. O princípio vinha já do anterior regime alemão (§ 44), estando confinado aos mediadores com poderes de celebração do contrato – cfr. Comité Européen des Assurances, "8ème Colloque...", *cit.*, p. 262, n. 6.

[1516] Jérôme Kullmann, "La déclaration...", *cit.*, pp. 700-701. Porém, como nota Kullmann, esta circunstância não abrange o conluio fraudulento entre o mediador e o proponente, caso em que o segurador poderá impugnar a validade do contrato, sem prejuízo de outras medidas que possa tomar contra o mediador – *idem*, p. 701.

[1517] Mario Rosario Ciancio, "La conclusione del contratto", *in* ALPA, Guido (Org.), *Le Assicurazioni Private*, Tomo I, Torino, UTET, 2006, p. 899.

[1518] Em consequência, e como nota Cunha Gonçalves, «se estes não foram nisso assaz diligentes, o segurador deve suportar as inerentes consequências, salvo se não era fácil essa verificação» – Luiz

Gomes a vinculação do segurador pelo conhecimento das circunstâncias do risco por parte de um mediador – decorrentes da intervenção na análise do risco ou no preenchimento da proposta – quer o mesmo tivesse ou não poderes de representação (para aceitar riscos e celebrar contratos em nome e por conta do segurador), bem como de outros colaboradores (ainda que não fossem trabalhadores subordinados, como alguns peritos e médicos)[1519].

II. O alcance do preceito em análise assenta na questão fulcral de se determinar se o mesmo se refere a *representação* sem rigor jurídico (caso em que seria necessário apurar qual o sentido e âmbito da expressão), ou se a referência é feita em sentido próprio. Ora, tratando-se de uma expressão plena de conteúdo jurídico – apelando indubitavelmente para o instituto da *representação* – não se afigura qualquer razão pertinente para afastar este sentido.

Neste contexto, verifica-se a representação quando alguém age legitimamente em nome e por conta de outrem[1520]. Assim, e desde logo, a representação requer um escopo de prática, pelo representante, de negócios jurídicos (contratos ou negócios unilaterais)[1521]. Na verdade, a mera gestão material dos interesses de outrem não constitui verdadeira representação em sentido técnico[1522]. Assim, o negócio representativo (realizado pelo representante em nome do representado) assenta na legitimação daquele.

Cunha Gonçalves, *Comentário...*, Vol. II, *cit.*, p. 543.

[1519] Júlio Gomes, "O dever de informação do tomador...", *cit.*, pp. 94-5.

[1520] Sobre os elementos da noção, cfr. p. ex., Raúl Guichard Alves, "O instituto da representação voluntária no Código Civil de 1966", *DJ*, Vol. XVIII, Tomo I (2004), pp. 202 ss.; José de Oliveira Ascensão, *Direito Civil...*, Vol. II, *cit.*, p. 212 ss.; Luís Carvalho Fernandes, *Teoria Geral...*, Vol. II, *cit.*, pp. 256 ss.; João de Castro Mendes, *Direito Civil...*, Vol. II, *cit.*, p. 275 ss.; Rui Pinto, *Falta e Abuso de Poderes na Representação Voluntária*, Lisboa, AAFDL, 1994, pp. 14 ss.; Pedro Pais Vasconcelos, *Teoria Geral...*, *cit.*, pp. 319 ss.

[1521] José Alberto Vieira, *Negócio Jurídico...*, *cit.*, p. 74. Fora do domínio privativo dos negócios jurídicos, pode haver a vinculação de um sujeito pela actuação de outro, mas no âmbito de outros institutos (a responsabilidade do comitente por acto ilícito do comissário, p. ex.) – Raúl Guichard Alves, "O instituto...", *cit.*, p. 202. Do nosso ponto de vista, porém, não haverá razão para excluirmos a aplicação do regime da representação à prática de simples actos jurídicos sempre que a analogia das situações o permita, nos termos do art. 295º do CC.

[1522] José de Oliveira Ascensão, *Direito Civil...*, Vol. II, *cit.*, p. 212. Como refere Pedro de Albuquerque, «em todos aqueles casos nos quais o cooperador apenas ajuda materialmente o *dominus*, desenvolvendo em conjunto com ele, ou em seu lugar, uma actividade que o principal não pode ou não deseja levar a cabo por si, mas não importa na criação de relações jurídicas, não estamos na presença do fenómeno representativo» – Pedro de Albuquerque, *A Representação...*, *cit.*, p. 498, n. 7. Adiante-se, portanto, desde já, que, no caso da mediação de seguros, a entrega do formulário de proposta, o preenchimento do questionário, o aconselhamento sobre a modalidade de seguro, etc., são *actos materiais*, não jurídicos. Só haverá representação, verificados os outros requisitos, em caso concessão de poderes para a celebração de contratos em nome e por conta do segurador.

A representação assenta ainda numa actuação em nome de outrem (*nomine alieno, contemplatio domini*)[1523]: o acto é do representante, embora – em virtude da invocação, por este, dos poderes de representação aquando da prática do acto – a respectiva autoria jurídica seja do representado e os seus efeitos se produzam na esfera deste (artigo 258º do CC)[1524]. Há, assim, uma divergência entre o declarante (representante) e o contraente (representado).

Por outro lado, a representação apresenta um fundamento jurídico (legitimidade), decorrente da atribuição de poderes representativos (artigo 258º CC)[1525]. Assim, enquanto na representação legal a legitimidade do representante resulta da lei, na representação voluntária – resultante de negócio unilateral do representado – resulta de uma *procuração* (nº 1 do artigo 262º do CC). O poder representativo consubstancia uma posição jurídica activa na esfera do representante, legitimado a afectar a esfera do representado mediante a prática de um negócio jurídico em nome deste[1526]. A atribuição voluntária de poderes é, de resto, autónoma relativamente ao negócio jurídico subjacente (a relação fundamental ou substancial, que pode assentar num mandato, num contrato de trabalho, de agência, de sociedade, de mediação de seguros, etc.)[1527]. Em termos de forma, a

---

[1523] Pedro de Albuquerque, *A Representação...*, *cit.*, pp. 499 ss., n. 8.

[1524] Como afirma Oertmann, este requisito refere-se à actuação do representante, de forma cognoscível, *como tal*, sendo, porém, indiferente que o representante declare *expressamente* actuar em nome do representado ou que isso decorra notoriamente das circunstâncias do caso – Paul Oertmann, *Bürgerliches Gesetzbuch Erstes Buch Allgemeiner Teil*, Berlin, 1908 (trad. espanhola, *Introducción al Derecho Civil*, Barcelona, Labor, 1933), p. 315. Poder-se-á falar, portanto, de um princípio de *exigência de notoriedade da representação* – Raúl Guichard Alves, "O instituto...", *cit.*, p. 203. Se a representação não resultar expressa ou tacitamente do contexto ou das circunstâncias do caso, considera-se o negócio celebrado em nome próprio, verificando-se (no caso de actuação por conta de outrem), mandato sem representação.

[1525] Pedro de Albuquerque, *A Representação...*, *cit.*, pp. 499 ss. e 504 ss. Na ausência deste fenómeno de legitimação estaríamos perante o instituto da gestão de negócios. Este requisito está relacionado com o anterior, já que, como nota Oertmann, «a actuação em nome de outrem exige, pois, sem excepção, um *poder representativo*» – Paul Oertmann, *Bürgerliches...*, *cit.*, p. 309 (trad. nossa).

[1526] Rui Pinto, *Falta...*, *cit.*, p. 16. Conforme sublinha Maria Helena Brito, «a relação representante-outra parte só pode repercutir-se na relação representado-outra parte, se existir uma relação entre o representado e representante que o permita – a vinculação do representado depende, pois, da existência do poder de representação» – Maria Helena Brito, "A representação sem poderes – Um caso de efeito reflexo das obrigações", *RJ*, nº 9-10 (Jan.-Jun. 1987), p. 75.

[1527] Ainda assim, a extinção da relação jurídica substancial (assente no negócio jurídico de base) determina a extinção da procuração, nos termos do nº 1 do artigo 265º do CC, excepto se for diversa a vontade do representado (resultante da procuração ou do negócio de base). Por outro lado, a faculdade de o representante se fazer substituir por outrem só é admitida, designadamente, se resultar do negócio de base (nº 1 do artigo 264º do CC). Para além de constituir a causa da representação, o negócio subjacente permite interpretar melhor a procuração, os interesses e os fins prosseguidos pelo *dominus*, bem como determinar a extensão dos poderes.

lei apenas exige que a procuração siga a forma requerida para o negócio que o procurador deverá realizar (nº 2 do artigo 262º do CC)[1528]. A existência de poderes é, portanto, um verdadeiro pressuposto da representação, e não um mero requisito de eficácia da mesma[1529].

Por seu turno, a representação pressupõe igualmente uma actuação no interesse de outrem (isto é, que consubstancie uma utilidade para o representado). Trata-se de um requisito de verificação meramente tendencial, já que – para além de a lei admitir que a procuração possa ser passada *também* no interesse do representante ou de terceiro (nº 3 do artigo 265º do CC) – nada impede, no quadro da autonomia da vontade, que a procuração seja passada no interesse exclusivo do procurador ou de terceiro[1530]. Desta forma, a representação é instrumental perante os fins jurídicos, económicos e sociais visados pelo *dominus*[1531].

Finalmente, importa referir a autonomia relativa do representante, sem a qual estamos perante a figura do núncio – mero instrumento material de transmissão da vontade negocial do *dominus negotii*, e não autor da declaração[1532]. O poder de

---

[1528] A procuração constitui um negócio jurídico unilateral, que tem o representante (procurador) por destinatário e do qual resultam os poderes atribuídos: estes podem ser concedidos apenas para um dado negócio (procuração especial) ou para vários negócios (procuração geral) – José Alberto Vieira, *Negócio Jurídico...*, *cit.*, p. 74.

[1529] Raúl Guichard Alves, "Notas sobre a falta e limites do poder de representação", *RDES*, Ano XXXVII (X da 2ª Série), nºs 1-3 (Jan.-Set. 1995), p. 5, n. 3. Como melhor veremos adiante, no caso da mediação de seguros não há fundamento jurídico, título de legitimação ou poderes de representação que resultem necessariamente, por inerência, da relação fundamental, dependendo, portanto, de uma concessão autónoma e expressa. Quanto à delimitação dos poderes de representação através de instruções *a latere*, de natureza secreta ou não, no quadro da relação de base, entende Pedro de Albuquerque – no contexto, que defende, da natureza causal (não abstracta) da procuração – que essas instruções integram, em conjunto com a própria procuração, um processo de interpretação unitário tendente a determinar o sentido do poder de representação – Pedro de Albuquerque, *A Representação...*, *cit.*, p. 885. Neste quadro, o conteúdo e o alcance dos poderes de representação hão-de apurar-se por interpretação, quer da procuração, quer do negócio subjacente. Como afirma o autor, «a relação causal, sempre que ao alcance do destinatário da procuração, não pode deixar de ser por este expressamente considerada» – *idem*, p. 906. Na perspectiva do autor, «o poder de representação corresponde a um poder potestativo, dependente de uma relação jurídica base que o justifica e concretiza. Trata-se, pois, de um poder funcional e vinculado, colocado ao serviço dos fins definidos pelo negócio-base» – *idem*, p. 1219.

[1530] Neste sentido, Carlos Mota Pinto, *Teoria Geral...*, *cit.*, p. 537, invocando a procuração *in rem suam* (no interesse do procurador); Heinrich Ewald Hörster, *A Parte Geral...*, *cit.*, p. 479; Pedro Pais Vasconcelos, *Teoria Geral...*, *cit.*, p. 323; José Alberto Vieira, *Negócio Jurídico...*, *cit.*, p. 74. Contra, Rui Pinto, *Falta...*, *cit.*, pp. 21-22, recorrendo a um argumento *a contrario* perante o nº 3 do artigo 265º do CC.

[1531] Em qualquer caso, o interesse em causa há-de resultar do contexto do negócio-base – Pedro Pais Vasconcelos, *Teoria Geral...*, *cit.*, p. 324.

[1532] José de Oliveira Ascensão, *Direito Civil...*, Vol. II, *cit.*, pp. 216-217.

representação é, assim, de exercício livre e (pelo menos, relativamente) discricionário, dependendo, em parte, da vontade do representante.

Desta forma, por via da representação, os efeitos do acto jurídico praticado pelo representante são imputados à esfera do representado, vinculando-o, de forma *directa* ou *automática* (isto é, independentemente de quaisquer outros actos ou eventos ou de qualquer outro negócio) e *imediata*[1533].

III. Da autonomia da vontade decorre um *princípio de coincidência* entre o autor da declaração negocial e o titular do interesse que a mesma visa regular, e que se traduz no pressuposto da *legitimidade* para a prática de acto jurídico[1534]. O instituto da representação constitui precisamente uma excepção a esse princípio, a qual tem por fundamento, quer uma disposição legal (representação legal), quer a vontade do titular do interesse objecto de regulação (representação voluntária). Em qualquer dos casos, porém, como resulta do artigo 258º do CC, a representação só produz efeitos *nos limites dos poderes de representação*.

Relativamente à representação legal, esta constitui um mecanismo de suprimento da incapacidade que se destina a integrar os incapazes no tráfego jurídico negocial, prescindindo-se, por desnecessária e insusceptível de ser prestada, da vontade do representado[1535]. Para tanto, considerando a função do instituto, a lei atribui ao representante poderes funcionais cuja delimitação atende aos interesses do incapaz[1536]. O âmbito da representação legal encontra-se, assim, definido pelas normas jurídicas que a prevêem[1537].

A representação voluntária é a que decorre da vontade do representado, manifestada através da procuração, mediante a qual o representado atribui ao representante poderes de representação para praticar negócios jurídicos em nome e no interesse do primeiro (artigo 262º do CC). Nesta medida, a *legitimidade indirecta* do representante tem por fonte a legitimidade directa do representado (*dominus*)[1538].

[1533] Justus Wilhelm Hedemann, *Schuldrecht...*, *cit.*, p. 41; Paul Oertmann, *Bürgerliches...*, *cit.*, p. 307. Por outras palavras, verifica-se a legitimação do acto praticado por uma pessoa diferente daquela em cuja esfera se projectam os respectivos efeitos jurídicos. Nesta dissociação subjectiva entre o representante e o representado relevam a falta ou vícios da vontade, bem como do estado subjectivo do representante, sem prejuízo de má fé do representado não beneficiar da boa fé do representante (nºs 1 e 2 do artigo 259º do CC).

[1534] Pedro de Albuquerque, *A Representação...*, *cit.*, p. 579; Rui Pinto, *Falta...*, *cit.*, pp. 9-11.

[1535] Rui Pinto, *Falta...*, *cit.*, p. 8.

[1536] Heinrich Ewald Hörster, *A Parte Geral...*, *cit.*, pp. 477-478. Como refere Menezes Cordeiro, «a "representação" legal pretende a protecção patrimonial e pessoal dos jovens seres humanos ou de certos deficientes» – António Menezes Cordeiro, *Tratado...*, V, *cit.*, p. 46.

[1537] Luís Carvalho Fernandes, *Teoria Geral...*, Vol. II, *cit.*, p. 262.

[1538] Rui Pinto, *Falta...*, *cit.*, p. 19.

Neste contexto, os *representantes do segurador*, para os efeitos da alínea d) do nº 3 do artigo 24º da LCS serão, fundamentalmente, as pessoas dotadas de poderes específicos para, em nome e por conta do segurador, aceitarem riscos a ele propostos e, desta forma, concluírem o contrato de seguro vinculando directa e imediatamente o segurador. Importa aferir, em consequência, quais as categorias de pessoas susceptíveis de assumirem a qualidade de representante e, em particular, apurar se – e em que medida – os mediadores de seguros podem (ou devem) qualificar-se como tal.

IV. Relativamente à representação do segurador, o nº 1 do artigo 163º do CC determina que a representação da pessoa colectiva cabe a quem os estatutos determinarem ou, na falta de disposição estatutária, à administração ou a quem por ela for designado. Concentrando-nos na primeira parte do preceito (bem como nos artigos 192º, 260º e 408º do CSC), logo nos encontramos perante a impropriamente chamada "representação orgânica"[1539], atinente à forma como as pessoas colectivas – personificações jurídicas – são vinculadas pelos actos externos dos titulares dos respectivos órgãos, nos termos do pacto social. Está aí em causa, portanto, uma legitimidade primária, e não secundária: enquanto na representação o acto é do representante e os seus efeitos se produzem na esfera do representado, na "representação orgânica" o acto é, desde início, do "representado"[1540]. Se a parte inicial do nº 1 do artigo 163º do CC não traduz uma verdadeira situação de representação, a parte final alude à representação voluntária.

Ora, como vimos, uma das relações jurídicas fundamentais em que assenta a atribuição de poderes de representação decorre do negócio base *contrato de trabalho*. Segundo o artigo 11º do Código do Trabalho (CT), aprovado pela Lei nº 7/2009, de 12 de Fevereiro, contrato de trabalho é aquele pelo qual uma pessoa singular se obriga, mediante retribuição, a prestar a sua actividade a outra ou outras pessoas, no âmbito de organização e sob a autoridade destas. Por outro lado, nos termos do nº 3 do artigo 115º do CT, quando a natureza da actividade envolver a prática de negócios jurídicos, considera-se que o contrato de trabalho concede ao trabalhador os necessários poderes, salvo se a lei exigir instrumento

---

[1539] Na verdade, a pretensa recondução desta *relação de organicidade* ao instituto da representação tem sido, justamente, posta em causa pela doutrina. Cfr. José de Oliveira Ascensão, *Direito Civil...*, Vol. II, *cit.*, pp. 229 ss.; António Menezes Cordeiro, *Tratado...*, V, *cit.*, p. 45; Pedro Pais Vasconcelos, *Teoria Geral...*, *cit.*, pp. 328-329.

[1540] José de Oliveira Ascensão e Manuel Carneiro da Frada, "Contrato...", *cit.*, p. 46, n. 3. Como refere Guichard Alves, «não existe em rigor a dissociação, que parece co-natural à representação, entre representante e representado, pois os órgãos e os seus titulares integram, fazem parte da própria pessoa colectiva» – Raúl Guichard Alves, "O instituto...", *cit.*, p. 201.

especial[1541]. Neste caso, estamos perante uma situação de representação voluntária em que os poderes são inerentes ao negócio (contrato de trabalho), sendo automaticamente reconhecidos a uma das partes[1542].

Assim, a atribuição tácita de poderes representativos decorre da natureza da actividade que o trabalhador se obriga a prestar no âmbito do seu contrato de trabalho[1543]. No caso que nos prende – a nomeação de um trabalhador para o desempenho de funções de apreciação do risco e de decisão quanto à aceitação do mesmo e quanto às condições tarifárias a aplicar-lhe (ou, simplificando, a designação do trabalhador para a aceitação ou recusa de propostas contratuais de seguro) – implica a concessão de poderes para vincular contratualmente o segurador através da celebração, em seu nome, de contratos de seguro. Verifica-se, assim, uma concludência da nomeação para o desempenho das referidas funções, que permite inferir, em condições de normalidade e segundo as habituais concepções do tráfico, a atribuição tácita de poderes de representação tidos como inerentes a essas funções[1544].

É neste contexto que, já anteriormente à LCS, a doutrina defendia que o conhecimento das circunstâncias do risco por parte de um trabalhador dependente do segurador – nomeadamente por um perito que haja examinado o local de risco e preenchido a proposta de conformidade com as suas observações – era equiparável ao conhecimento directo deste[1545].

[1541] O preceito tem a sua origem remota no nº 3 do artigo 5º do revogado DL 49.408, de 24 de Novembro de 1969 (Lei do Contrato de Trabalho), onde se definia que, quando a natureza da actividade do trabalhador envolver a prática de negócios jurídicos, o contrato de trabalho implica a concessão àquele dos necessários poderes, salvo nos casos em que a lei expressamente exigir procuração especial. A *ratio* do preceito parece assentar, como sublinham Mário Pinto *et al.*, na tutela de terceiros que contratem com a entidade patronal. Cfr. Mário Pinto, Pedro Furtado Martins e António Nunes de Carvalho, *Comentário às Leis do Trabalho*, Vol. I, Lisboa, Lex, 1994, p. 44.

[1542] Luís Carvalho Fernandes, *Teoria Geral...*, Vol. II, *cit.*, p. 267. Carlos Mota Pinto, por seu turno, apresenta o contrato de trabalho como exemplo de representação voluntária sem mandato – Carlos Mota Pinto, *Teoria Geral...*, *cit.*, p. 538.

[1543] Como referem Oliveira Ascensão e Carneiro da Frada, «no campo do direito das empresas, reconhece-se que se alguém foi legitimado para o desempenho de determinada função no âmbito de uma empresa, essa legitimação abrange poderes de representação para os negócios e actos jurídicos próprios dessa função» – José de Oliveira Ascensão e Manuel Carneiro da Frada, "Contrato...", *cit.*, p. 48.

[1544] José de Oliveira Ascensão e Manuel Carneiro da Frada, "Contrato...", *cit.*, pp. 49-50. Como notam os autores, a solução apontada encontra igualmente apoio no regime do mandato comercial (artigos 231º ss., em especial 249º, do CCom) – *idem*, pp. 51 ss. Trata-se, por outras palavras, de uma situação de representação implícita, específica do contrato de trabalho e justificada pela tutela de terceiros que se inter-relacionam com a empresa através dos respectivos trabalhadores – Pedro Romano Martinez, *Direito do Trabalho*, 5ª Ed., Coimbra, Almedina, 2010, p. 344.

[1545] Júlio Gomes, "O dever de informação do tomador...", *cit.*, p. 94.

V. Se a questão se afigura líquida quanto aos trabalhadores do segurador cujas funções envolvem a aceitação dos riscos, ela é bem mais controvertida relativamente aos mediadores de seguros. Uma breve referência aos ordenamentos estrangeiros é, desde já, pertinente.

Assim, em Itália, a *vexata questio* sobre se o conhecimento da situação do risco, pelo mediador, deverá ser imputado ao segurador é, em regra, solucionada por recurso ao esquema lógico da identificação de um poder de representação em sentido técnico[1546]. Idêntica perspectiva é seguida em França, onde, segundo Picard e Besson, «quando o agente é o mandatário do segurador, isto é, tem o poder de concluir ele próprio o contrato, ele representa o segurador e o conhecimento que ele tem dos factos omitidos ou inexactamente declarados é reputado, por efeito da representação, conhecimento do segurador e as sanções legais são então inaplicáveis, se houve uma atitude implicando consentimento ou renúncia»[1547].

Também em Espanha, Rubio Vicente entende que a actuação do mediador constitui um prolongamento do segurador[1548], mas – excepto em caso de representação aparente – apenas na medida em que o agente tenha poderes de representação do segurador para a análise do risco (e consequente aceitação de contratos em nome e por conta do segurador): só neste caso o conhecimento de um facto pelo mediador se considerará extensível ao segurador[1549]. Igualmente no quadro argentino, para Félix Morandi, o conhecimento do mediador só pode ser equiparado ao do segurador quando o mediador tenha poderes para celebrar o contrato ou para receber a declaração[1550]. Por outro lado, como acrescenta o autor, a

---

[1546] Carlo Angelici, "L'accertamento dell'effettivo stato di salute dell'assicurando e le sue dichiarazioni nel questionario e all'atto della visita medica", *DPA*, Ano XXIV (1982), p. 439. Assim, a jurisprudência italiana segue a orientação de que o conhecimento de um agente *com poderes de representação* (para a subscrição de contratos em nome do segurador) equivale ao conhecimento do próprio segurador, seja directamente, seja por via da representação – cfr. Cass. Civ., 17 Jun. 1971, n. 1843, *apud* Matteo Mandó, "Dichiarazioni...", *cit.*, p. 825.

[1547] Maurice Picard e André Besson, *Les Assurances...*, *cit.*, p. 161 (trad. nossa). Criticamente, Bernard Beignier, *Droit des Assurances*, Paris, Montchrestien, 2011, p. 206. Por seu turno, como refere Mayaux, a inexistência de um verdadeiro vínculo de representação entre segurador e mediador releva a outros níveis. Assim, se o proponente apresentou formalmente uma declaração de risco ao segurador mas informa o mediador das reais circunstâncias do risco, não se deverá ter o segurador por conhecedor dessas circunstâncias, nomeadamente para efeito de cômputo do prazo de impugnação e, consequentemente, de convalidação do contrato Luc Mayaux, "L'ignorance...", *cit.*, pp. 743-744.

[1548] Pedro Rubio Vicente, *El Deber...*, *cit.*, p. 53.

[1549] Pedro Rubio Vicente, *El Deber...*, *cit.*, p. 81.

[1550] Esta última ressalva não se afigura pertinente. Na verdade, o mediador é em regra o elemento de ligação entre o proponente e o segurador, pelo que normalmente será ele o portador da proposta e será ele a remetê-la ao segurador. Tais funções envolvem uma simples actividade material, não implicando a concessão de quaisquer *poderes* especiais nem sendo de molde a criar no proponente a convicção de que o contrato se encontra celebrado (pelo contrário, a impressão criada será a de uma mera função de "caixa de correio").

par da verdadeira representação há que verificar o preenchimento dos requisitos da representação aparente[1551].

No caso da *common law*, a questão é regulada pelo instituto da *agency*. Neste domínio, encontra-se estabelecido o *princípio da imputação do conhecimento*, segundo o qual o conhecimento, relacionado com o seguro, adquirido pelo *agent*, é tratado como o conhecimento possuído pelo *principal* que lhe confiou essa incumbência. Por outro lado, o mediador de seguros pode actuar como *agent*, tanto do tomador do seguro como do segurador, desde que possua poderes de representação para o efeito[1552].

VI. No nosso ordenamento, para aferirmos se – e em que medida – o mediador de seguros é um representante do segurador impõe-se uma incursão, ainda que breve, pelo regime da mediação de seguros (LMS)[1553]. Esta, descrevendo,

---

[1551] Juan Félix Morandi, "La reticencia...", *cit.*, p. 391, n. 79.

[1552] Nicholas Legh-Jones *et al.* (Eds.), *MacGillivray...*, *cit.*, pp. 458 ss. De resto, relevam, para efeito da questão em análise – vinculação do segurador pela actuação do mediador – tanto os poderes efectivos como os aparentes e a extensão dos mesmos – *idem*, p. 468. Não obstante, a presunção de que o segurador conhece os factos da esfera de conhecimento do mediador depende da concorrência de três requisitos: (a) que a pessoa actuando como agente seja, de facto, agente do segurador; (b) que tenha adquirido conhecimento dos factos em causa no desempenho normal dos seus deveres de agente; e (c) que o agente não estivesse agindo na prossecução de fins próprios, defraudando princípios de actuação. Este último requisito é de importância fundamental. Como dizem Legh-Jones *et al.*, «se o agente deliberadamente deixa de transmitir ao segurador um facto relevante que lhe foi revelado pelo proponente ou deliberadamente inscreve uma resposta errónea no questionário, provavelmente para obter a comissão resultante da aceitação da proposta, e se for demonstrada a sua fraude ao segurador, então o seu conhecimento dos factos verdadeiros não deve ser imputado a este». E acrescentam: «se o segurado defrauda o segurador, e se o agente deste sabe disso e não o revela, então o segurado não pode defender-se alegando que o segurador não se pode queixar [...]» – *idem*, p. 470 (trad. nossa).

[1553] Para maiores desenvolvimentos, cfr. Luís Poças, *Estudos...*, *cit.*, pp. 133 ss.; José Vasques, *Novo Regime Jurídico da Mediação de Seguros*, Coimbra, Coimbra Ed., 2006, pp. 15 ss. A diversificação e heterogeneidade de funções e vínculos inerentes à mediação de seguros propiciaram, ao longo do séc. XX, a identificação de múltiplas categorias de mediadores, requerendo uma disciplina legal a que vieram a dar resposta, sucessivamente, o DL 145/79, de 23 de Maio; o DL 336/85, de 21 de Agosto e, mais tarde, o DL 388/91, de 10 de Outubro – cfr. Laurentino da Silva Araújo, "Distinção entre 'agente' e 'angariador' de seguros", *SI*, Tomo XVIII (1969), p. 530; Narciso Arié, "A profissão de agente de seguros", *in* AAVV, *Actas do I Congresso Nacional de Seguros*, Lisboa, Grémio dos Seguradores, 1971, p. 48; J. Bastos Monteiro, *Através do Seguro de Vida*, Porto, Tipografia Sequeira, 1927. Este processo culminou – por necessidade de implementação, no direito interno, da Directiva 2002/92/CE, do Parlamento Europeu e do Conselho, de 9 de Dezembro de 2002 – com a LMS. Sobre esta directiva, cfr. Paula Alves, *Intermediação de Seguros e Seguro de Grupo – Estudos de Direito dos Seguros*, Coimbra, Almedina, 2007, pp. 57-61 e 83-85; Anna Maria Ambroselli, "La direttiva del Parlamento europeo e del Consiglio sulla intermediazione assicurativa", *DEA*, 2003, nº 1, pp. 161-184; Catherine Dufrêne *et al.*, "Directive sur l'intermédiation – Le décret qui menace les courna alínea e) do artigo 5º, o *mediador de seguros* como qualquer pessoa singular ou colectiva que *inicie* ou *exerça*, mediante *remuneração*, a *actividade de mediação de seguros*, identifica três categorias de mediadores em função da maior ou menor proximidade ou grau de dependência ou de vinculação às empresas de seguros[1554]:

a) O *mediador de seguros ligado*, que, nos termos legais, exerce a sua actividade «em nome e por conta» de um segurador ou, com autorização deste, de vários seguradores (desde que os produtos que promova não sejam concorrentes) – ou que exerce a actividade de seguros em complemento da sua actividade profissional, sempre que o seguro seja acessório aos bens ou serviços fornecidos no âmbito dessa actividade principal – não recebendo, em qualquer caso, prémios ou somas destinados aos tomadores, segurados ou beneficiários[1555] e actuando «sob inteira responsabilidade» desse ou desses seguradores, no que se refere à mediação dos respectivos produtos (alínea a) do artigo 8º da LMS)[1556].

b) O *agente de seguros*, que, nos termos da alínea b) do artigo 8º da LMS, exerce a actividade de mediação «em nome e por conta» de um ou vários seguradores ou de outro mediador de seguros, nos termos do ou dos contratos que celebre com essas entidades, podendo receber prémios ou somas destinados aos tomadores, segurados ou beneficiários[1557].

tiers", *L'Argus de l'Assurance*, nº 6968 (10/03/2006), pp. 9-10; José Pereira Morgado, "A mediação de seguros – A Directiva 2002/92/CE, relativa à mediação de seguros", *Boletim Informativo APS*, nº 108 (Março 2003), pp. 4-9; Luís Poças, *Estudos...*, *cit.*, pp. 125-131; Giovanna Volpe Putzolu, "L'attuazione della direttiva sulla intermediazione assicurativa. Doveri e responsabilità degli intermediari", *Assicurazioni*, Ano LXXI, nº 3 (Jul.-Set. 2004), pp. 329-338; Eduarda Ribeiro, "O mediador de seguros 'exclusivo' – algumas soluções de direito comparado", *SPAIDA – Boletim Informativo*, nº 2 (Abr. 2004), pp. 8-11; José Passos de Sousa, "Directiva relativa à mediação de seguros", *in* António Moreira, e M. Costa Martins (Coords.), *III Congresso Nacional de Direito dos Seguros – Memórias*, Coimbra, Almedina, 2003, pp. 215-232; José Vasques, *Novo Regime...*, *cit.*, pp. 12 ss.; José Vasques, *Direito...*, *cit.*, pp. 53 ss.; e José Vasques, "Da distribuição para a mediação de seguros", www.spaida. pt/ficheiros/aida_med_04052006.pdf. (consult. 21/08/2007). Criticamente, quanto à transposição da directiva, José Carlos Moitinho de Almeida, *Contrato de Seguro – Estudos*, *cit.*, p. 155.

[1554] A LMS assume a dupla função de, ao nível do Direito institucional, regular o acesso e o exercício de uma actividade económica (mediação de seguros), e de, no plano do Direito privado, disciplinar a relação contratual que dá suporte jurídico a essa actividade económica (a qual tem por base o *contrato de mediação de seguros*).

[1555] Cfr. nº 1 do artigo 42º da LMS.

[1556] Em virtude dessa responsabilidade directa do segurador, não há obrigatoriedade de celebração de um seguro de responsabilidade civil profissional tendo o mediador por segurado.

[1557] Nos termos da alínea c) do nº 1 do artigo 17º da LMS, o *agente* deve, designadamente, dispor de um *seguro de responsabilidade civil profissional* que abranja todo o território da UE, excepto se a cobertura estiver incluída em seguro fornecido pelo ou pelos seguradores "em nome e por conta" do qual ou dos quais vai actuar. Quanto às regras de movimentação de fundos relativos ao contrato

c) O *corretor de seguros*, que exerce a actividade de mediação de forma independente face ao segurador, baseando a sua actividade numa análise imparcial de um número suficiente de contratos de seguro disponíveis no mercado que lhe permita aconselhar o cliente tendo em conta as suas necessidades específicas (alínea c) do artigo 8º da LMS)[1558].

Celebrado entre o segurador e o mediador de seguros ligado ou o agente de seguros[1559], o contrato de mediação de seguros obedece à forma escrita (nº 1 do artigo 15º e alínea a) do nº 1 do artigo 17º da LMS) e deve respeitar o conteúdo mínimo estabelecido, respectivamente, nos artigos 4º e 8º da Norma Regulamentar nº 17/2006-R, do ISP, de 29 de Dezembro de 2006[1560]. Face à descrição do tipo legal contratual resultante da alínea c) do artigo 5º da LMS, o contrato de mediação de seguros assume um conteúdo de elevada heterogeneidade e amplitude temporal e funcional. Enquanto a prestação do mediador se traduz nas actividades descritas naquele preceito, a da contraparte consiste no pagamento da remuneração. Por outro lado, os direitos e deveres das partes decorrem, em

de seguro, dispõe o nº 2 do artigo 42º da LMS que o agente de seguros só pode receber prémios com vista a serem transferidos para as empresas de seguros se tal for convencionado, por escrito, com as respectivas empresas de seguros. Neste caso, e como resulta do nº 3 do mesmo artigo, os prémios entregues pelo tomador do seguro ao agente são considerados como se tivessem sido pagos ao segurador, e os montantes entregues por este ao agente só são tratados como tendo sido pagos ao tomador, segurado ou beneficiário depois de este ter recebido efectivamente esses montantes.

[1558] Nos termos da alínea c) do nº 1 do artigo 19º da LMS, e para além de outros requisitos, o corretor deve dispor de um seguro de responsabilidade civil profissional que abranja todo o território da UE. Quanto às regras de movimentação de fundos relativos ao contrato de seguro, os corretores de seguros encontram-se autorizados a efectuá-las, considerando-se, nos termos do nº 4 do artigo 42º da LMS, os prémios entregues pelo tomador do seguro ao corretor como se tivessem sido pagos ao segurador se o corretor entregar simultaneamente ao tomador o recibo de prémio emitido pelo segurador. Não obstante, o corretor deve dispor de seguro de caução ou garantia bancária, de modo a cobrir o pagamento de créditos dos tomadores, segurados ou beneficiários face ao corretor e que respeitem aos fundos movimentados que não se incluam no âmbito do nº 4 do artigo 42º (alínea d) do artigo 19º da LMS). Por fim, diversamente do que ocorre com as outras duas categorias de mediadores, o processo de inscrição no registo na categoria de corretor é promovido pelo próprio candidato (nº 1 do artigo 20º da LMS).

[1559] Já no caso da categoria de corretor de seguros, a independência perante o segurador configura o contrato de mediação de seguros como uma relação contratual entre o corretor e o potencial tomador do seguro, relação em que o segurador não é parte. A lei não exige qualquer requisito de forma ou conteúdo mínimo, podendo o contrato visar a intermediação de um ou de uma pluralidade de contratos de seguro.

[1560] Sobre o contrato de mediação de seguros, cfr., desenvolvidamente, Sheila Camoesas, *O Contrato de Mediação de Seguros*, Relatório de Mestrado, Lisboa, FDL, 2006; Sheila Camoesas, *Mediação de Seguros – A Perspectiva Contratual*, Dissertação de Mestrado, Lisboa, FDL, 2008; Luís Poças, *Estudos...*, *cit.*, pp. 145 ss.

grande medida, da LMS (mormente dos artigos 28º ss.), cujas disposições (não obstante o interesse público da respectiva disciplina, no quadro do Direito institucional dos seguros), são configuráveis como regras injuntivas inerentes ao tipo legal contratual de mediação de seguros.

O contrato de mediação de seguros caracteriza-se, em suma, pelo seu carácter nominado, típico, formal, oneroso, comutativo[1561], sinalagmático e obrigacional[1562]. No quadro comum da distribuição comercial e da intermediação, a *mediação de seguros* apresenta afinidades relevantes com outras modalidades contratuais, como a agência[1563] e a mediação em geral[1564], distinguindo-se de outros contratos de

---

[1561] Discordamos, assim, da perspectiva de Carlos Lacerda Barata, "Contrato de Mediação", *in* Luís Menezes Leitão (Coord.), *Estudos do Instituto de Direito do Consumo*, Vol. I, Coimbra, Almedina, 2002, p. 209 (quanto ao contrato de mediação em geral).

[1562] Cfr., para maior desenvolvimento, Luís Poças, *Estudos...*, *cit.*, pp. 163 ss. Em sentido diverso, Sheila Camoesas, *O Contrato...*, *cit.*, pp. 14 ss.

[1563] O nº 1 do artigo 1º do DL 178/86, de 3 de Julho (LCA), descreve o contrato de agência como aquele pelo qual uma das partes (agente) se obriga a promover por conta da outra (principal) a celebração de contratos, de modo autónomo e estável e mediante retribuição, podendo ser-lhe atribuída certa zona ou determinado círculo de clientes. Sobre os elementos fundamentais, tipificadores do contrato, cfr. António Pinto Monteiro, *Contratos de Distribuição Comercial*, Coimbra, Almedina, 2002, pp. 78 ss.; António Pinto Monteiro, "Contratos de agência, de concessão e de franquia (*franchising*)", *in* AAVV, *Estudos em Homenagem ao Prof. Doutor Eduardo Correia*, III, Número especial do BFDUC, Coimbra, 1989, pp. 309 ss.; António Pinto Monteiro, *Contrato de Agência: Anotação ao Decreto-Lei nº 178/86, de 3 de Julho*, 7ª Ed., Coimbra, Almedina, 2010, pp. 50 ss.; Maria Helena Brito, "Contrato de Agência", *in* AAVV, *Novas Perspectivas do Direito Comercial*, Coimbra, Almedina, 1988, pp. 114 ss.; Pedro Romano Martinez, *Contratos em Especial*, Lisboa, Universidade Católica Ed., 1996, pp. 323 ss.; e Sebastião Nóbrega Pizarro e Margarida Mendes Calixto, *Contratos Financeiros*, 2ª Ed., Coimbra, Almedina, 1995, pp. 73 ss. A agência traduz-se, assim, numa *actividade material* prospectiva e preparatória da celebração de contratos; *por conta de outrem* (relação de cooperação com o principal); *com autonomia* (ausência de subordinação jurídica); *estabilidade* (relação contratual duradoura, e não ocasional); e mediante *retribuição*. Desta forma, os traços típicos do contrato de agência – promoção da celebração de contratos, por conta de outrem, de modo autónomo e estável, e mediante retribuição – permitem a identificação da natureza jurídica do contrato de mediação de seguros, nas categorias mediador de seguros ligado e agente de seguros, com o contrato de agência. A própria designação "agente de seguros" induz essa identificação. Acresce que, como no contrato de agência, estas duas categorias de mediação de seguros beneficiam igualmente do direito a uma indemnização de clientela em caso de cessação desse contrato, para além de que, em regra, as mesmas operam contratualmente pela atribuição de uma área territorial definida.

[1564] Sendo um contrato socialmente típico, a mediação em geral constitui uma modalidade legalmente atípica do contrato de prestação de serviços (artigo 1154º do CC), estando sujeito ao regime do mandato, com as necessárias adaptações, nos termos do artigo 1156º do CC (Isabel Baptista Garcias, *A Aplicação do Regime do Mandato a Outros Contratos de Prestação de Serviços*, Relatório de Mestrado, Lisboa, FDL, 1994). Na formulação de Carlos Lacerda Barata, o contrato de mediação é aquele «pelo qual uma das partes se obriga a promover, de modo imparcial, a aproximação de duas ou mais pessoas, com vista à celebração de certo negócio, mediante retribuição» – Carlos Lacerda

distribuição comercial como a concessão comercial ou a franquia[1565]. Quanto à natureza do contrato de mediação de seguros, as divergências irreconciliáveis

Barata, "Contrato de Mediação", *cit.*, p. 192 (em sentido convergente, embora sem assumir uma definição própria, Manuel Salvador, *Contrato de Mediação*, Lisboa, s.n., 1964, pp. 30 ss.). Assim, na sua actividade de cooperação material para a celebração de um contrato em que não figura como parte, o mediador actua com neutralidade – fora de qualquer vínculo de colaboração, de dependência ou de representação – no sentido de aproximar potenciais contraentes. É esta, aliás, a noção acolhida, p. ex., no artigo 1754º do CC Italiano: é mediador aquele que põe em contacto duas ou mais partes para a conclusão de um negócio, sem estar ligado a qualquer delas por um laço de colaboração, de dependência ou de representação (cfr. Umberto Azzolina, *La Mediazione*, Torino, UTET, 1943, pp. 16 ss.; e Oreste Cagnasso e Gastone Cottino, *Contratti Commerciali*, Padova, CEDAM, 2000, p. 187), verificando-se aí, não obstante, uma diferença de regime entre o exercício profissional e o exercício ocasional da mediação (cfr. Oreste Cagnasso e Gastone Cottino, *idem*, pp. 187 ss.; e Alessio Zaccaria, *La Mediazione*, Padova, CEDAM, 1992). Ora, diferentemente do mediador em geral, o *mediador de seguros*, nas categorias de mediador ligado e de agente de seguros, carece de imparcialidade na sua actuação, agindo por conta e no interesse do segurador e conforme as directrizes (comerciais) recebidas do mesmo – sobre a diferença entre a imparcialidade (do mediador) e a autonomia (do agente), Luigi Carraro, *La Mediazione*, Padova, CEDAM, 1960, pp. 73 ss. Além disso, e também, sobretudo, no caso dos mediadores ligados e dos agentes de seguros, os mesmos têm um vínculo (e desenvolvem uma actividade) *estável* e tendencialmente duradoura perante uma seguradora, frequentemente em regime de exclusividade, não se verificando o carácter de *ocasionalidade* da actuação do mediador em geral. Finalmente, se, como refere Januário Gomes, podemos dizer que «pela mediação uma pessoa (o mediador) aproxima aquele que oferece daquele que procura, terminando aí a função nuclear» (Januário Costa Gomes, *Contrato de Mandato*, Lisboa, AAFDL, 1990, p. 47), a verdade é que na mediação de seguros a actividade do mediador se prolonga muito para além da celebração do contrato, tendendo a acompanhar, de modo efectivo ou potencial, toda a duração do mesmo. Será esta, aliás, a razão que justifica a possibilidade legal de o tomador de um seguro poder nomear, como mediador de um contrato há muito em vigor, alguém que tenha sido alheio à respectiva celebração. Em qualquer caso, os traços socialmente típicos da mediação (em geral) são reconhecíveis na categoria de corretor de seguros.

[1565] Desde logo, a mediação de seguros distingue-se claramente do contrato de concessão comercial, contrato inominado e legalmente atípico (embora socialmente típico – Maria Helena Brito, *O Contrato de Concessão Comercial*, Coimbra, Almedina, 1990, pp. 155 ss.), nos termos do qual o concessionário compra produtos ao concedente e os revende a terceiros, por sua conta e de modo estável numa determinada circunscrição (cfr. António Menezes Cordeiro, "Do contrato de concessão comercial", *ROA*, Ano 60, II, Set. 2000, p. 600). Sobre os elementos qualificantes do tipo (social) contratual, cfr. José Alberto Vieira, *O Contrato de Concessão Comercial*, Coimbra, Coimbra Ed., 1991 (Reimpr. 2006), pp. 24 ss. (salientando o dever de revenda, Sofia Tomé D'Alte, *O Contrato de Concessão Comercial*, Separata da RFDUL, Vol. XLII, nº 2, 2001, p. 1396). Também a franquia não se confunde com a mediação de seguros. Na verdade, a *franquia* é o contrato em que uma pessoa (o franquiador ou licenciador) concede a outra (o franquiado ou licenciado), mediante contrapartidas, a utilização, dentro de certa área, de marcas, nomes e/ou insígnias comerciais, processos de fabrico e técnicas empresariais e comerciais, fornecendo-lhe a assistência técnica e *know-how*, bem como as fórmulas de organização e *marketing* que aquela comercialização requer. O objecto do contrato será, assim, a própria técnica, imagem ou ideia empresarial (José Oliveira Ascensão, *Direito Comercial*, Vol. II, Lisboa, s.n., 1988, p. 311; Carlos Olavo, "Contrato de *Franchising*", in AAVV,

entre as três categorias de mediadores legalmente reguladas impedem-nos de reconhecer ali uma natureza unitária[1566]. Identificamos antes uma dualidade fracturante[1567] entre, por um lado, os mediadores de seguros ligados e os agentes de seguros (que entre si apresentam uma diferença de grau, e não de espécie), relativamente aos quais o contrato de mediação de seguros apresenta a natureza de *contrato de agência*; e, por outro lado, os corretores de seguros, para os quais o contrato assume a natureza de *contrato de mediação (em geral)*[1568].

Novas Perspectivas do Direito Comercial, Coimbra, Almedina, 1988, p. 161). Em função do objecto deste esquema contratual legalmente atípico (embora socialmente típico) a doutrina distingue a franquia de *produção*, de *distribuição*, de *serviços*, ou a própria *franquia financeira* – Maria de Fátima Ribeiro, *O Contrato de Franquia (Franchising)*, Coimbra, Almedina, 2001, pp. 224 ss. Sobre a noção de franquia (*franchising*), cfr. António Pinto Monteiro, *Contratos de Distribuição...*, *cit.*, pp. 122-123; António Pinto Monteiro, "Contratos de agência...", *cit.*, pp. 320 ss.; António Menezes Cordeiro, *Manual de Direito Comercial*, Vol. I, *cit.*, pp. 515 ss.; José Oliveira Ascensão, *Direito Comercial*, Vol. II, *cit.*, pp. 311 ss.; Carlos Olavo, "Contrato de *Franchising*", *cit.*, pp. 161 ss.; Pedro Romano Martinez, *Contratos em Especial*, *cit.*, pp. 315-316; Sebastião Nóbrega Pizarro e Margarida Mendes Calixto, *Contratos Financeiros*, *cit.*, p. 115. Embora a organização de uma rede de mediação de seguros – para as categorias de mediador de seguros ligado e de agente de seguros – possa seguir os contornos do contrato de franquia, este distingue-se da mediação de seguros, designadamente, na medida em que o franquiado actua por conta própria, embora com um nível de autonomia mais reduzido do que o do mediador de seguros. Assim, enquanto o mediador de seguros promove a celebração de contratos em que o mesmo não é parte, na franquia os contratos são directamente celebrados pelo franquiado.

[1566] Em sentido divergente, Pedro Romano Martinez, *Direito dos Seguros – Apontamentos*, *cit.*, p. 55; e Sheila Camoesas, *O Contrato...*, *cit.*, p. 32.

[1567] A dicotomia entre *mediadores independentes* e *agentes* encontra tradicionalmente reflexo, no quadro da intermediação de seguros em vários ordenamentos estrangeiros. Cfr. Eduarda Ribeiro, "O mediador...", *cit.*, p. 8. Quanto à dicotomia, no contexto norte-americano e do Reino Unido, em particular, entre os *agents*, que actuam por conta do segurador, e os *brokers*, que o fazem por conta do cliente, cfr. Keneth S. Abraham, *Insurance Law and Regulation – Cases and Materials*, New York, The Foundation Press, 1995, pp. 59 ss.

[1568] Esta qualificação atende aos elementos caracterizadores dos tipos contratuais de referência. Nada obsta, porém, a que, p. ex., relativamente ao corretor de seguros, e acessoriamente (ou mesmo autonomamente) da sua prestação no quadro estrito da mediação, o mesmo venha a prestar outros tipos de serviços ao tomador do seguro, os quais poderão reconduzir-se, em concreto, a uma natureza de prestação de serviço (nomeadamente, cálculos actuariais, estudos de mercado, ou mesmo serviços prestados durante a execução do contrato de seguro). Esta circunstância não será, por si, suficiente para descaracterizar a qualificação efectuada nem para alterar a natureza do contrato quanto aos seus elementos fundamentais. Importa reter, porém, que o contrato de mediação de seguros não se limita aos elementos fundamentais referidos, comportando uma actividade heterogénea e duradoura do mediador mesmo na fase de execução do contrato. O facto de, após a cessação da mediação, o tomador do seguro poder nomear um novo mediador é significativo. Implica que a "mediação" (e respectiva remuneração) não tenham a ver exclusivamente com o processo conducente à celebração do contrato de seguro, podendo comportar a prática de actos materiais durante a própria execução do mesmo. Implica também que, pelo menos em parte, a

Importa muito especialmente distinguir a mediação de seguros do contrato de mandato. Desde logo, pelo contrato de mandato o mandatário obriga-se a desenvolver uma actividade jurídica por conta do mandante[1569], não envolvendo necessariamente poderes de representação[1570]. O acto jurídico que o mandatário se obriga a praticar é celebrado sempre *por conta do mandante* (isto é, no interesse do mesmo)[1571] embora possa sê-lo em nome deste (mandato com representação) ou em nome próprio (mandato sem representação)[1572], caso em que o mandatário deverá transferir para o mandante os direitos adquiridos. Ora, enquanto o mandatário se obriga à prática de *actos jurídicos*, o mediador de seguros obriga-se fundamentalmente à prática de *actos materiais*. Embora o mandatário *possa* praticar actos materiais e o mediador actos jurídicos (pode celebrar contratos de seguro, mas *apenas* quando tiver poderes para o efeito), o que releva é a actividade típica e preponderante do contrato[1573]. Assim, se pode haver mediação de

"mediação" seja exercida no interesse do tomador e que possa configurar-se, em concreto e em parte, como uma prestação de serviço. Mais desenvolvidamente, Luís Poças, *Estudos..., cit.*, pp. 189 ss. Defendendo que o o contrato entre corretor e o "interessado" tem a natureza de contrato de prestação de serviços, José Carlos Moitinho de Almeida, "O mediador na conclusão e execução do contrato de seguro", *SI*, Tomo LV, nº 305 (Jan.-Mar. 2006), p. 30 (posição já revista em *Contrato de Seguro – Estudos, cit.*, p. 159, n. 16).

[1569] Cfr. o artigo 1157º do CC. Sobre a noção legal e os elementos caracterizadores do contrato, Januário da Costa Gomes, *Contrato de Mandato, cit.*, pp. 10 ss.

[1570] Há *mandato sem representação* quando o mandatário actua por conta do mandante mas em nome próprio (artigos 1180º ss. do CC). Diversa é a situação no mandato comercial. Na verdade, nos termos do artigo 231º do CCom, existe mandato comercial quando alguma pessoa se encarrega de praticar um ou mais actos de comércio por mandato de outrem, devendo o mandatário, nos termos do artigo 242º do mesmo código, exibir o título que lhe confere os poderes. Assim, no quadro do nosso direito comercial, de tradição napoleónica, o mandato implica *sempre* poderes de representação (o mandato sem representação diz-se *comissão*). Cfr. Jorge Coutinho de Abreu, *Curso de Direito Comercial*, Vol. I, 5ª Ed., Coimbra, Almedina, 2004, pp. 130 ss. Na medida em que pratica actos de comércio em nome próprio (embora por conta de outrem), agindo profissionalmente, o comissário é comerciante – Miguel Pupo Correia, *Direito Comercial – Direito da Empresa*, 12ª Ed., Lisboa, Ediforum, 2011, p. 527 (em sentido diverso, Jorge Coutinho de Abreu, *ibidem*).

[1571] O sentido de "actuação por conta de outrem" corresponde, em regra, «à actuação com o intuito de produzir directamente na esfera de outrem, ou de transferir para outrem, os efeitos jurídicos de uma dada actuação, ou parte deles, ou somente de projectar ou repercutir na esfera de outrem o resultado económico dessa actuação – mormente a celebração de um contrato» – Margarida Lima Rego, *Contrato..., cit.*, p. 691. Porém, como nota a autora, a expressão *por conta* assume vários sentidos no nosso CC, designadamente os de "à custa de", "imputável a", e "pertencente a" – *idem*, p. 692, n. 1909.

[1572] Sobre a distinção, Fernando Pessoa Jorge, *O Mandato sem Representação*, Lisboa, 1961 (Reimpr., Coimbra, Almedina, 2001), pp. 20 ss. e 367-368; e Januário da Costa Gomes, *Contrato de Mandato, cit.*, pp. 35 ss.

[1573] Neste critério assenta igualmente a distinção entre o contrato de mandato e o de agência, já que neste a actividade jurídica é acessória ou instrumental – Januário Costa Gomes, *Contrato de*

seguros sem a prática de actos jurídicos (elemento acessório do contrato), tal não é concebível no mandato.

VII. Visto de relance o presente contexto legal, importa situar a posição da doutrina e da jurisprudência. Quanto à primeira, várias são as posições a considerar. Desde logo, a de Júlio Gomes – escrevendo, embora, ainda no âmbito da vigência do CCom – no sentido de que o conhecimento das circunstâncias do risco pelo mediador deve ser equiparado ao conhecimento directo pelo segurador, *quer o mediador tenha ou não poderes* para celebrar contratos de seguro em representação do segurador[1574].

Outra perspectiva, que identifica a "representação comercial" com o instituto da representação, defende que este é *inerente à mediação* (exceptuado o caso dos corretores). Como afirma Eduarda Ribeiro, «os mediadores de seguros integrados nas categorias de mediador de seguros ligado ou de agente de seguros, actuam, *ex lege*, enquanto representantes dos seguradores aos quais estão vinculados por via contratual»[1575]. Também Arnaldo Oliveira segue a interpretação de que o preceito seria aplicável aos "representantes" do segurador no sentido impróprio

---

Mandato, cit., p. 47; Carlos Lacerda Barata, *Sobre o Contrato de Agência*, Coimbra, Almedina, 1991, p 105. No mesmo sentido, António Pinto Monteiro, *Contrato de Agência...*, *cit.*, p. 52; e Maria Helena Brito, "Contrato de Agência", *cit.*, p. 122, a qual considera que «não são os actos, individualmente considerados, mas a actividade, como um todo, que caracterizam o agente comercial e constituem o núcleo essencial do contrato de agência».

[1574] Júlio Gomes, "O dever de informação do tomador...", *cit.*, p. 94. Esta posição assenta em dois argumentos. Desde logo, o de que a informação fornecida pelo tomador é uma declaração de ciência, e não de vontade (*idem*, p. 95). Trata-se de um argumento cujo alcance não acompanhamos. Na verdade, o que estará em causa é que se o segurador conhece o risco e aceita o contrato sem agravamentos não pode vir a prevalecer-se do incumprimento do dever de declaração; ora, se o mediador não pode vincular o segurador na aceitação do contrato, porque não tem poderes para o efeito, não se compreende qual o fundamento para a "transmissibilidade" do seu conhecimento do risco ao segurador. Por outro lado, invoca o autor a extensão do regime da responsabilidade por auxiliares (prescindindo-se da existência de um contrato de trabalho subordinado ou de uma situação de representação) na execução do contrato, à própria fase pré-contratual e em sede de responsabilidade pré-contratual, entendendo, à semelhança do regime alemão "olhos e ouvidos", serem do conhecimento do segurador todas as informações que tenham chegado ao conhecimento do mediador (*ibidem*). Quanto a este aspecto – e não estando em causa uma situação de responsabilidade civil (nem vindo, portanto, à colação a aplicabilidade analógica do nº 1 do artigo 800º do CC à responsabilidade pré-contratual), sempre se dirá que o regime "olhos e ouvidos" tem por equivalente próximo, na LCS, o nº 2 do artigo 31º, que expressamente assenta no requisito de que o mediador tenha poderes de representação do segurador.

[1575] Eduarda Ribeiro, "Artigo 30.º – Anotação", in Pedro Romano Martinez et al., LCS *Anotada*, *cit.*, p. 199. Ora, como veremos, não só não há cabimento dogmático para a referida "representação *ex lege*" (representação legal?), mas sempre a mesma teria de assentar numa definição legal da extensão dos poderes em causa. Finalmente, se os mediadores estão "vinculados por via contratual",

(e pouco rigoroso) utilizado pela LMS, como um atributo inerente aos mediadores de seguros "não independentes"[1576].

Outra posição – que, como veremos, nos parece a mais correcta – nega que os mediadores sejam, por inerência, representantes do segurador. Neste sentido, admite José Vasques que a actuação do mediador possa ser limitada à prática de actos materiais (o que decorrerá do contrato de mediação de seguros que celebrar)[1577]. Outras posições são mais hesitantes, considerando que o mediador possa não ser um representante, em sentido técnico, do segurador[1578]. Mais assertivamente, Marco Garrinhas entende que o mediador só deverá ser considerado representante do segurador quando efectivamente lhe tenham sido concedidos poderes de representação[1579]. No mesmo sentido, Moitinho de Almeida entende que a alínea d) do nº 3 do artigo 24º se refere à representação em sentido técnico-jurídico e critica-a por não incluir, a par dos representantes do segurador, os mediadores de seguros, obrigando, quanto a estes, ao recurso a regras gerais para obter o mesmo efeito jurídico (solução que implica, segundo o autor, um sacrifício de transparência e escusado contencioso)[1580].

---

então a fonte dos eventuais poderes de representação sempre terá de ser o contrato de mediação de seguros (representação voluntária) e não a lei.

[1576] Arnaldo Oliveira, "Artigo 24º – Anotação", *in* Pedro Romano Martinez *et al.*, *LCS Anotada, cit.*, p. 136. Também a propósito do regime do nº 4 do artigo 54º do DL 291/2007, de 21 Agosto (LSORCA), e embora sem desenvolver, o autor entende que os mediadores de seguros "não independentes" deverão considerar-se "representantes" do segurador para efeitos do nº 3 do artigo 24º da LCS, o que tornaria *redundante* a referida disposição (que estabelece a responsabilidade subsidiária pelo reembolso ao Fundo de Garantia Automóvel (FGA) dos que tenham contribuído para o erro ou vício determinante da anulabilidade ou nulidade do contrato de seguro, e que, segundo o autor, visaria precisamente os mediadores de seguros) – Arnaldo Oliveira, *Seguro Obrigatório de Responsabilidade Civil Automóvel – Síntese das Alterações de 2007 (DL 291/2007, 21 Ago.)*, Coimbra, Almedina, 2008, p. 100, n. 187. De notar que o autor refere contraditoriamente a palavra "representante" entre aspas, sugerindo não se tratar, afinal, de verdadeira representação. Ora, do nosso ponto de vista, a aludida redundância não se verifica. Pelo contrário, a responsabilidade subsidiária *do mediador* (e não do segurador) só faz sentido se o mesmo não for considerado um representante do segurador, caso em que a responsabilidade recairia sobre este. Assumindo que a concessão de poderes de representação é inerente à mediação de seguros, mesmo para a categoria de corretor de seguros, Inês Domingos, *Direitos e Deveres dos Mediadores de Seguros*, Dissertação de Mestrado, Lisboa, FDL, 2009, p. ex., pp. 203 ss.

[1577] José Vasques, *Novo Regime... cit.*, pp. 59 e 72-75.

[1578] Sheila Camoesas, *Mediação... cit.*, pp. 70 ss. Não se demarcando totalmente da perspectiva de que o mediador seria, por inerência, representante do segurador, Helena Tapp Barroso sublinha que a extensão dos poderes de representação (designadamente, a existência de poderes para a celebração de contratos em nome do segurador) há-de resultar, em concreto, de procuração ["Representação", *in* Margarida Lima Rego (Coord.), *Temas de Direito dos Seguros – A Propósito da Nova Lei do Contrato de Seguro*, Coimbra, Almedina, 2012, pp. 167-174].

[1579] Marco Silva Garrinhas, *Os Deveres... cit.*, p. 62.

[1580] José Carlos Moitinho de Almeida, *Contrato de Seguro – Estudos, cit.*, p. 14.

Quanto à jurisprudência, vária é a que, em matéria de declaração do risco, imputa ao segurador os conhecimentos do mediador. Em causa estão, porém, acórdãos ainda no âmbito do regime do CCom, que em regra pecam por alguma falta de rigor e que descuram a questão central de saber se o mediador é representante do segurador. Veja-se, por exemplo, Ac. TRP de 22/02/2010 – Proc. nº 190/07.1TBCHV.P1 (Sampaio Gomes) ou o Ac. TRG de 16/11/2010 – Proc. nº 5721/06.1TBBRG.G1 (Ana Cristina Duarte). Neste caso, por exemplo, considerou o tribunal que o mediador tinha poderes de representação, embora, na verdade, estivesse em causa um corretor (e não um agente ou mediador ligado) e a proposta tivesse sido aceite (e a apólice emitida) pelo segurador. De relevante, cite-se o Ac. TRE de 18/06/2009 – Proc. nº 973/07.2TBPTG.E1 (Bernardo Domingos) que, embora reportando-se ao quadro legal anterior, afirma que a regra é a inexistência de representação na actividade de mediação de seguros, a menos que expressamente acordado[1581].

VIII. Perante a breve análise empreendida sobre o regime da mediação de seguros, estamos já em condições de aferir se o mediador de seguros é por inerência um representante do segurador. Ora, uma primeira leitura da LMS logo suscita diversas perplexidades[1582]: desde logo, a expressa referência de que, quer o mediador de seguros ligado, quer o agente de seguros, exercem a respectiva actividade *em nome e por conta do segurador* (alíneas a) e b) do artigo 8º da LMS), o que logo parece convocar o instituto da *representação*. A expressão resulta, aliás, também de outros preceitos da LMS, como as alíneas a) e c) do artigo 17º, ou a alínea b) do nº 1 do artigo 101º. E, na verdade, o próprio termo "representação" verte do texto da LMS: veja-se a alínea a) do artigo 17º, onde, aliás, se diz igualmente que o segurador *mandata* o agente para exercer a actividade de mediação.

Ora, como decorre do instituto da representação, esta tem por pressupostos, designadamente, o escopo de realização de actos ou negócios jurídicos (e não de meros actos materiais) e a existência de poderes de representação que hão-de delimitar o âmbito de actuação do representante. Neste contexto, de duas uma: ou a LMS configuraria uma situação especial de representação legal (em que, sendo a própria lei a fonte de atribuição dos poderes de representação, não estivesse em causa a necessidade de assegurar aos incapazes a participação no tráfico jurídico, mas um qualquer outro fundamento sem precedentes no nosso ordenamento)[1583]; ou, diversamente, estaríamos no âmbito da representação

---

[1581] Recusando também que o mediador seja, por inerência, representante do segurador, Ac. TRL de 09/02/2012 – Proc. nº 960/07.0YXLSB.L1-2 (Sousa Pinto).

[1582] Em geral, elas provêm da própria directiva (Directiva nº 2002/92/CE, do Parlamento Europeu e do Conselho, de 9 de Dezembro de 2002) que o diploma transpõe.

[1583] Porém, a LMS não delimita o âmbito dos alegados poderes, nem sequer consagra expressamente qualquer vínculo de representação (veja-se, por contraste, a consagração de poderes de

voluntária, caso em que, quer a atribuição de poderes, quer a respectiva extensão sempre haveriam de decorrer da autonomia da vontade do representado. A ser assim, porém, não poderá a LMS afirmar categoricamente que o mediador actua em nome e por conta do segurador (e que é, portanto, um representante deste) sem curar de saber se, numa etapa prévia, o segurador lhe atribuiu poderes de representação[1584].

Neste domínio, a própria LMS é (contraditoriamente) esclarecedora. Se atentarmos na alínea c) do artigo 5º, a mesma define a mediação de seguros como *qualquer* actividade que consista em apresentar *ou* propor[1585] um contrato de seguro *ou* praticar outro acto preparatório da sua celebração, em *celebrar o contrato de seguro, ou* em apoiar a gestão e execução desse contrato, em especial em caso de sinistro. Para além do âmbito lato (e algo impreciso) da descrição legal, e do carácter alternativo das várias actividades susceptíveis de integrar a noção apresentada, importa sublinhar a referência à celebração do contrato de seguro como actividade *passível de* integrar a mediação de seguros (mas que, como resulta claramente do preceito, não a integra necessariamente). Impõe-se ainda sublinhar que, com excepção da celebração de contratos de seguro, as restantes actividades descritas têm um conteúdo essencialmente material, e não jurídico.

Por outro lado, nos termos do artigo 15º da LMS, constitui condição específica de acesso à categoria de *mediador de seguros ligado* a celebração de um contrato escrito com uma ou com várias empresas de seguros (contrato de mediação de seguros), cujo conteúdo mínimo é estipulado pelo artigo 4º da Norma Regulamentar nº 17/2006-R, do ISP, de 29 de Dezembro de 2006, aí figurando, entre outros elementos, a *referência à outorga, ou não, de poderes para celebrar contratos de seguro em nome da empresa de seguros* (alínea d) do nº 1). Também a alínea a) do artigo 17º da LMS esclarece, relativamente aos agentes de seguros, que o contrato escrito (*contrato de mediação de seguros*) a celebrar entre o mediador e o segurador *delimita*

---

representação legal no nº 1 do artigo 1878º; artigo 1881º; artigo 124º; nº 1 do artigo 1901º; artigo 1921º; artigos 139º e 145º, todos do CC – pais, tutor, administrador de bens e curador). Desta forma, decorrendo, aliás, a mediação de seguros de um contrato, estamos claramente fora do âmbito da representação legal, cuja relação subjacente se reconduz ao poder paternal ou à tutela – Pedro Pais Vasconcelos, *Teoria Geral...*, cit., pp. 327-328.

[1584] Inexistindo poderes de representação, a actuação em nome e por conta de outrem consubstancia, na verdade, um caso de gestão de negócios (artigo 464º do CC) – João de Castro Mendes, *Direito Civil...*, Vol. II, cit., p. 276.

[1585] A expressão surge aqui em sentido impróprio, já que, como vimos, a proposta é dirigida pelo potencial tomador do seguro ao segurador e não por este àquele. Trata-se aqui, não de emitir uma declaração de vontade consubstanciando uma proposta contratual, mas de sugerir, aconselhar, suscitar o interesse pela celebração de um contrato de seguro de certa modalidade (para o que o potencial interessado terá, ele sim, de dirigir ao segurador uma *proposta contratual* em sentido próprio).

os termos do exercício da actividade de mediação de seguros, devendo respeitar o conteúdo mínimo definido no artigo 8º da citada Norma Regulamentar, aí figurando, por remissão para o artigo 4º, a *menção à outorga, ou não, de poderes para celebrar contratos de seguro em nome da empresa de seguros*[1586]. De resto, a alínea a) do artigo 29º da LMS é igualmente inequívoca ao estabelecer que é dever geral do mediador de seguros a celebração de contratos de seguro em nome do segurador *apenas quando este lhe tenha conferido, por escrito, os necessários poderes.*

Em suma, no âmbito da representação voluntária o segurador *pode*, se o desejar, atribuir ao mediador de seguros poderes para, em seu nome, celebrar contratos de seguro, especificando, designadamente, quais os riscos, modalidades contratuais, valores, condições de aceitação do risco, condições tarifárias, etc., a que a actuação do mediador estará confinada. Tal não decorre, porém, da lei, mas da autonomia da vontade do segurador[1587].

Aliás, como refere a doutrina relativamente ao contrato de agência, a expressão *representação comercial*, que, por vezes, designa também a *agência*, não se confunde com a atribuição, pelo principal, de poderes de representação para a prática de negócios jurídicos em seu nome[1588]. A eventual atribuição de tais poderes – que, sendo acidental ao contrato, não constitui um elemento caracterizador do mesmo – terá de ser formalmente efectuada[1589].

[1586] Assim, quer no caso dos mediadores de seguros ligados, quer no dos agentes de seguros, os poderes para celebrar contratos de seguro em nome e por conta do segurador parecem resultar apenas do negócio gestório (o contrato de mediação de seguros) e não de um instrumento materialmente autónomo (uma *procuração*).

[1587] O fundamento da representação voluntária reside precisamente, como referimos, na autonomia privada. Como observa Hörster, «está inteiramente de acordo com os princípios da autonomia privada e da autodeterminação do homem que o sujeito, em vez de agir ele próprio, possa autorizar outrem para encontrar um resultado ou negociar um efeito que deve valer juridicamente» – Heinrich Ewald Hörster, *A Parte Geral...*, *cit.*, p. 477. Ora, não estando, como vimos, em causa um mecanismo de representação legal, também nenhum sentido faria que a lei "impusesse" ao segurador um vínculo de representação voluntária que escapasse à vontade deste. De resto, não se pode pretender que a referência da LCS, a propósito da mediação, a "poderes de representação", diga respeito a poderes para receber propostas, para prestar informações, etc., actos meramente materiais: o instituto da representação respeita à celebração de negócios jurídicos – não quaisquer uns, mas, *in casu*, contratos de seguro – em nome e por conta do segurador.

[1588] Maria Helena Brito, "Contrato de Agência", *cit.*, p. 115; Fernando Pessoa Jorge, *O Mandato...*, *cit.*, p. 238. Refere este último autor a prática corrente de os contratos de representação comercial declararem expressamente que o agente não pode assumir obrigações de qualquer natureza em nome do principal – *ibidem*, n. 20.

[1589] Relevante nesta matéria é a cláusula 31ª da parte uniforme das condições gerais da apólice de seguro obrigatório de acidentes de trabalho para trabalhadores por conta de outrem (apólice uniforme), aprovada pela Norma Regulamentar nº 1/2009-R, de 8 de Janeiro, do ISP, onde, sob a epígrafe *intervenção do mediador de seguros*, se estabelece, no respectivo nº 1, que nenhum mediador

A demonstração de que a actividade de mediação de seguros não comporta, de forma automática, a concessão de poderes de representação é igualmente corroborada pela letra do nº 1 do artigo 30º, bem como, *a contrario*, do nº 2 do artigo 31º, ambos da LCS.

Assim, na LMS as expressões "em nome e por conta", "mandata", e "em representação", não estão – lamentavelmente, para um texto legal – empregues em sentido técnico-jurídico, mas em sentido económico (como "representação comercial")[1590]. Em conclusão, o mediador de seguros pode actuar como um representante do segurador, mas – diversamente do que a LMS parece sugerir – tal não ocorre de forma necessária (longe disso).

IX. Para além do exposto, a questão não se esgota em saber se o mediador é, em abstracto, representante do segurador. É que o mediador pode ter poderes de representação do segurador, por exemplo, para adquirir material de escritório, ou para tomar de arrendamento um determinado imóvel, mas isso (fazendo dele um representante do segurador) será irrelevante para a extensão ao segurador dos conhecimentos do mesmo quanto às circunstâncias reais de um risco proposto. Também se o mediador tem poderes para celebrar contratos de seguro automóvel para veículos com menos de 5 anos e condutores com mais de 25 anos de idade, tal é irrelevante quanto aos conhecimentos que tenha de um risco de seguro de vida proposto ao segurador.

Assim, para efeitos da alínea d) do nº 3 do artigo 24º da LCS, relevará apenas a qualidade de representante que faz do mediador uma extensão negocial do segurador. A inoponibilidade só fará, portanto, sentido, quando o mediador de seguros tenha poderes para vincular o segurador na celebração de um dado contrato (precisamente aquele sobre cujo risco incide o seu conhecimento). Os poderes para a celebração do contrato incluem poderes para a análise do risco e, portanto, para a formação da vontade negocial do segurador. Se este delega esses poderes num mediador de seguros, habilita-o, por via da representação, a proceder à análise do risco e à celebração do contrato em nome e por conta do

---

de seguros se presume autorizado a, em nome do segurador, celebrar ou extinguir contratos de seguro, a contrair ou alterar as obrigações deles emergentes ou a validar declarações adicionais, salvo o disposto nos números seguintes. Por outro lado, acrescenta o nº 2 que pode celebrar contratos de seguro, contrair ou alterar as obrigações deles emergentes ou validar declarações adicionais, em nome do segurador, o mediador de seguros ao qual o segurador tenha conferido, por escrito, os necessários poderes. Embora de teor meramente regulamentar e confinado ao âmbito do seguro de acidentes de trabalho para trabalhadores por conta de outrem, o diploma referido deixa transparecer uma leitura correcta e rigorosa dos limites de intervenção do mediador de seguros. [1590] Na total falta de um sentido jurídico útil para as incongruências citadas, é configurável a respectiva interpretação ab-rogante lógica.

segurador. Assim, e em virtude do instituto da representação, o conhecimento do mediador quanto às circunstâncias concretas do risco equivale ao conhecimento do próprio segurador.

Se o mediador está legitimado, não pode o segurador vir posteriormente invocar o desconhecimento do facto. E se o contrato é celebrado nessas condições, a tutela da confiança do tomador impede igualmente que o mesmo venha a ser impugnado por uma falta que, na verdade, ocorreu na esfera do segurador.

Cremos que a orientação que perfilhamos sobre o enquadramento da mediação na alínea d) do nº 3 do artigo 24º da LCS, para além de ser a que mais amparo encontra nos elementos literal, sistemático e teleológico da interpretação, reflecte igualmente a orientação dominante em outros ordenamentos.

X. Detivemo-nos, a propósito da alínea d), em análise, na situação dos trabalhadores do segurador e, em especial, dos mediadores de seguros com poderes de representação para a celebração do contrato de seguro. Com estas referências esgotamos as situações mais frequentes de representantes do segurador com relevo para o preceito[1591].

XI. O nº 1 do artigo 17º da LCS constitui a disposição simétrica da alínea d) do nº 3 do artigo 24º da LCS. Daquela disposição (aliás, reflexo do regime estabelecido no artigo 259º do CC) decorre inequivocamente que o significante "representação" é aqui empregue em sentido técnico-jurídico (poderes para celebrar o contrato em nome do tomador).

Desta forma, a alínea d) do nº 3 do artigo 24º da LCS constitui também uma decorrência da regra geral estabelecida no nº 1 do artigo 259º do CC. Assim, exceptuados os elementos em que tenha sido decisiva a vontade do representado, é na pessoa do representante que deve verificar-se, para efeitos da invalidade da declaração, a falta ou vício da vontade, bem como o conhecimento ou ignorância dos factos que podem influir nos efeitos do negócio. No quadro do regime geral, só é, portanto, relevante o vício da vontade se se reportar à pessoa que, em concreto, tenha autonomia para determinar a acção: o representante, sempre que detenha poderes de decisão na matéria em causa, ou o representado,

---

[1591] É certo que várias pessoas poderão ser representantes do segurador nos mais diversos contextos (p. ex., os mandatários judiciais), mas só haverá relevância da representação, no contexto do preceito em apreço, quando a actuação do representante se traduzir na celebração de um contrato de seguro com base no (ou a despeito do) conhecimento do facto omitido ou inexactamente declarado, isto é, só relevam os poderes para celebrar contratos de seguro em nome do segurador. Assim, sem prejuízo da possibilidade de o segurador mandatar outrem (que não um trabalhador nem um mediador) para aceitar, em sua representação, propostas contratuais de seguro, o âmbito do preceito limitar-se-á àquelas duas categorias.

se tiver limitado os poderes do representante na matéria (caso em que este age como um núncio)[1592].

VII.4.7. Circunstâncias conhecidas do segurador

I. Intimamente ligada à alínea que a precede, a alínea e) do nº 3 do artigo 24º da LCS alude às *circunstâncias conhecidas do segurador, em especial quando são públicas e notórias*. Como bem assinala Filipe Albuquerque Matos, parece não haver razão para autonomizar as alíneas d) e e) do nº 3 do artigo 24º, já que o conhecimento do representante dificilmente poderá deixar de ser imputado ao representado e, por outro lado, o "conhecimento do segurador" – pessoa colectiva, sem existência física – não é outro, afinal, senão o conhecimento dos seus representantes[1593].

O "conhecimento do segurador" poderia, assim, ser tratado numa única alínea, cuja redacção poderia ser: "o segurador [...] não pode prevalecer-se: [...] d) de facto que, aquando da celebração do contrato, saiba ser inexacto ou, tendo sido omitido, conheça". Embora algumas das problemáticas tratadas neste texto quanto à alínea d) e quanto à e) sejam, na verdade, comuns – sendo extensíveis a ambas as considerações, a propósito, tecidas – preferimos, por razões de ordem sistemática, manter a separação e a ordenação que resulta do preceito legal, autonomizando a análise problemática de cada uma.

II. Solução semelhante à consagrada na alínea e) decorre de outros ordenamentos. É o caso, p. ex., da VVG alemã (alínea 5 do § 19º) e do ICA australiano – Secção 21(2)(b)(c). Porém, o preceito terá tido por fontes, quer a proposta de Directiva do Conselho (*supra*, V.II), quer alguma doutrina e jurisprudência nacionais[1594]. Com efeito, no quadro do CCom já a doutrina, em geral, preconizava que, quer os factos do conhecimento directo do segurador, quer os factos notórios, que não tivessem sido declarados pelo proponente, não poderiam fundamentar a impugnação do contrato pelo segurador, situação que configuraria abuso do direito[1595].

[1592] Pedro Pais Vasconcelos, *Teoria Geral...*, *cit.*, p. 332.

[1593] Filipe Albuquerque Matos, *Uma Outra Abordagem...*, *cit.*, p. 625. Como refere de Cupis, em caso de representação o acto de terceiro (representante) é equiparado ao da parte – Adriano de Cupis, "Precisazione...", *cit.*, p. 628. Carece, portanto, de sentido útil autonomizar o conhecimento do representante relativamente ao do segurador. Ciente, aliás, da dificuldade, Arnaldo Oliveira apresenta exemplos de conhecimento de factos pelo segurador, que não reconduz às alíneas d) ou e) do nº 3, antes considerando que a regulação dos mesmos resultará de uma interpretação teleológica do nº 3 do artigo 24º, na sua totalidade – Arnaldo Oliveira, "Artigo 24º – Anotação", *in* Pedro Romano Martinez *et al.*, *LCS Anotada*, *cit.*, pp. 138-139.

[1594] Arnaldo Oliveira, "Artigo 24º – Anotação", *in* Pedro Romano Martinez *et al.*, *LCS Anotada*, *cit.*, pp. 136-137.

[1595] José Carlos Moitinho de Almeida, *O Contrato de Seguro no Direito...*, *cit.*, p. 76; Adriano Anthero, *Comentário...*, Vol. II, *cit.*, p. 153; José Bento, *Direito de Seguros*, *cit.*, p. 161; Luiz Cunha Gonçalves, *Comentário...*, Vol. II, *cit.*, pp. 542-543; José Vasques, *Contrato de Seguro – Notas...*, *cit.*, p. 221.

Abundantes são também os exemplos de jurisprudência no sentido da solução consagrada. Assim, no Ac. STJ de 11/03/1999 – Proc. 99A009 (Martins da Costa) afirma-se: «integra abuso de direito a invocação, pela seguradora, de invalidade prevista nesse artigo 429, por "declaração inexacta" da profissão do segurado, se aquele teve conhecimento desde a data da celebração do contrato, da efectiva actividade profissional exercida pelo segurado e só invocou a invalidade depois de decorridos cerca de 5 anos e da participação do sinistro»[1596].

III. As circunstâncias conhecidas pelo segurador podem ser consideradas, em sede de declaração do risco, sob duas perspectivas. Assim, entre nós, no âmbito do CCom, alguns autores entendiam que o dever de declaração do tomador não abrangia os factos que fossem (ou devessem ser) do conhecimento do segurador[1597]. É esta, aliás, a solução consagrada na *common law* – secção 18(3) do MIA inglês – onde não é obrigatória a declaração de factos que o segurador conheça ou que deva conhecer, abrangendo-se, neste caso, as circunstâncias notórias ou do conhecimento comum, bem como aquelas que o segurador deve conhecer no âmbito normal da sua actividade (*in the ordinary course of his business*)[1598].

Perspectiva diversa, porém, é a que resulta, entre nós, da conjugação dos nºs 1 a 3 do artigo 24º da LCS, que se afigura, do nosso ponto de vista, mais rigorosa. Assim, o dever de informação pré-contratual não exclui os factos ou circunstâncias que são do conhecimento do segurador. No entanto, este, tendo aceite a proposta, simplesmente não poderá prevalecer-se, para impugnar o contrato, da omissão de facto que conhecesse.

[1596] Cfr., no mesmo sentido, p. ex.: Ac. STJ de 18/03/2003 – Proc. 3A592 (Afonso Correia); Ac. TRG de 12/07/2006 – Proc. 1357/06-1 (Rosa Tching); Ac. TRG de 15/06/2010 – Proc. nº 678/05.9TBFLG.G (Rosa Tching); Ac. TRG de 19/10/2010 – Proc. nº 715/06.0TBVLN.G1 (Rosa Tching).

[1597] Cfr., p. ex., Azevedo Matos, *Princípios de Direito Marítimo*, Vol. IV, *cit.*, p. 136; José Vasques, *Contrato de Seguro – Notas...*, *cit.*, p. 225. Os fundamentos para a solução seriam de vária ordem. Desde logo, sendo o facto do conhecimento do segurador, a informação do risco pelo proponente seria desnecessária. Por outro lado, sendo a circunstância conhecida do segurador e não a reflectindo este na apreciação do risco, haveria que concluir que o mesmo consideraria a circunstância irrelevante e que renunciaria tacitamente a aprofundar o seu conhecimento sobre ela. De resto, *considerando o proponente* que o segurador conhecia a circunstância em causa, poderia sentir-se desobrigado de a declarar – caso em que a omissão seria feita de boa fé. Neste quadro, é de toda a pertinência a orientação da *Corte di Cassazione* italiana, que alarga a noção de conhecimento do segurador, não só às circunstâncias que efectivamente conheça, mas igualmente àquelas *que o contraente devesse razoavelmente supor serem conhecidas do segurador* – Matteo Mandó, "Dichiarazioni...", *cit.*, p. 822.

[1598] Cfr. Peter MacDonald Eggers *et al.*, *Good Faith...*, *cit.*, pp. 204 ss. No âmbito da *common law*, diversamente do que ocorre em Itália, a invocação do conhecimento dos factos pelo segurador deve demonstrar que os factos não revelados estavam presentes no espírito do segurador ao tempo da aceitação do risco – *idem*, p. 183; e Nicholas Legh-Jones *et al.* (Eds.), *MacGillivray...*, *cit.*, p. 443. Entre a nossa jurisprudência, cfr., no mesmo sentido, Ac. TRP de 04/10/2010 – Proc. nº 1793/09.5TJPRT. P1 (Maria Adelaide Domingos).

IV. O preceito em análise comporta, porém, dificuldades de vária ordem. Desde logo a de se saber o que seja a esfera de conhecimento de uma pessoa colectiva[1599]. Neste domínio, a empresa de seguros é, em regra, da titularidade de uma sociedade anónima (artigo 7º do RGAS), representada pelos respectivos órgãos sociais. Poderá, assim, o preceito em análise reportar-se à chamada (impropriamente) representação orgânica, isto é, à vinculação da empresa pelos titulares dos órgãos sociais que, nos termos do respectivo pacto social, estão habilitados a agir por ela[1600]. Se fosse este o caso, só os factos do conhecimento dos titulares dos órgãos sociais estariam compreendidos no preceito, entendimento demasiado restritivo, atendendo à complexidade organizacional que o segurador assume[1601].

A verdade, porém, é que o segurador não é apenas vinculado pelos titulares dos órgãos de gestão, atendendo a que outras pessoas na respectiva estrutura possuem, para o efeito, legitimidade indirecta, em virtude de um mecanismo de representação voluntária. Seria, assim, considerado do conhecimento do segurador o facto do conhecimento de quem, em sua representação, estivesse legitimado para aferir do risco que esse facto representa e aceitar a celebração do contrato, vinculando o segurador. Este sentido, porém, logo nos suscita uma perplexidade: é que se reporta aos conhecimentos do *representante do segurador* – na esfera de aplicação, portanto, da alínea d) do nº 3 do artigo 24º, e não da alínea e).

Num sentido mais lato, poderiam estar em causa conhecimentos de quaisquer trabalhadores dependentes do segurador (ainda que sem poderes de representação). Cremos, porém, que este sentido carece de pertinência, considerando a estrutura complexa do segurador[1602]. Poderá estar ainda em causa uma outra

---

[1599] Como refere Claude Berr, «quem é especificamente o segurador? Trata-se da companhia, entidade abstracta e pessoa jurídica, ou das pessoas físicas que agem por sua conta? Toda a dificuldade está aí» – Claude J. Berr, "La déclaration...", *cit.*, p. 344 (trad. nossa).

[1600] No caso das sociedades anónimas, os poderes de representação pertencem ao conselho de administração (nº 2 do artigo 405º do CSC), ficando a sociedade vinculada pelos respectivos administradores (nº 1 do artigo 408º e nº 1 do artigo 409º do CSC), mediante a assinatura dos mesmos, com a indicação dessa qualidade (nº 4 deste último artigo).

[1601] Assim, poderia dar-se o caso de um facto relevante ser do conhecimento do departamento que analisa o risco (e que não o valora devidamente), mas não será provável que a administração o conheça ou que deva conhecê-lo. Ou pode um membro do conselho de administração conhecer um facto (por respeitar, p. ex., a um vizinho seu), mas desconhecer que este propôs ao segurador a celebração de um seguro. Não parece, portanto, pertinente, que se restrinja o preceito aos factos do conhecimento dos titulares dos órgãos sociais.

[1602] O recepcionista do segurador poderá saber que um candidato a pessoa segura pratica pára-quedismo; poderá mesmo saber que o mesmo pretende celebrar um seguro de vida, mas desconhecerá – e não lhe será razoavelmente exigível que se preocupe com tal matéria – se o referido candidato declarou ou não exactamente o risco proposto nem qual a decisão que, em consequência, o analista de risco tomará.

noção, mais ampla e abstracta: o conhecimento *da própria organização*[1603]. Porém, o problema persiste: como pode um facto considerar-se do conhecimento de uma organização se não se demonstra que fosse conhecido de qualquer pessoa funcionalmente associada à apreciação do risco concreto em causa?

Importa trazer à colação as considerações feitas a propósito do conhecimento do proponente (quando pessoa colectiva) como requisito do dever de declaração do risco (*supra*, VII.2.3.V). Neste domínio, deverá relevar apenas a esfera de conhecimento de quem tem a seu cargo a aceitação da proposta e a emissão do contrato concreto em causa, isto é, quem vincula o segurador na aceitação do negócio (*mens*) – analistas de risco, responsáveis de subscrição, etc. – e quem, complementarmente, promove a emissão da apólice e o seu tratamento administrativo (*manus*), quando estas funções impliquem algum controlo sobre o processo de subscrição. Em qualquer caso, relevarão os colaboradores do segurador integrados na sua estrutura organizacional interna – embora não necessariamente com vínculo de subordinação jurídica, no quadro de um contrato de trabalho – envolvidos funcionalmente no processo de avaliação do risco, de aceitação da proposta e de emissão do contrato em causa[1604]. O sentido útil do preceito parece, pois, redundar numa parcial sobreposição com a alínea d) do nº 3.

Assim, por exemplo, no caso de um médico consultor do segurador, que mantenha um vínculo jurídico estável para com este, o mesmo age como uma extensão do segurador[1605]. Se o médico não transmitir ao segurador uma circunstância que lhe tenha sido comunicada pelo proponente ou candidato a segurado, ou não

---

[1603] Este sentido poderia decorrer da noção de "culpa da organização", que justifica a responsabilidade civil contratual de uma empresa (não obstante não se demonstrar a culpa de qualquer colaborador em concreto), que vai encontrando acolhimento na jurisprudência de diversos países, designadamente na Alemanha – Maria Victória Rocha, "A imputação objectiva na responsabilidade contratual. Algumas considerações", *RDE*, Ano XV (1989), p. 77. Entre nós, veja-se a aplicação de noção similar (*culpa do serviço*), por alguma doutrina e pela jurisprudência do Tribunal dos Conflitos – por influência da jurisprudência administrativa francesa – à responsabilidade civil de base subjectiva da Administração Pública, quando não seja possível demonstrar a autoria de dano anónimo por um ou mais agentes – cfr. Marcelo Rebelo de Sousa, "Responsabilidade dos estabelecimentos públicos de saúde: Culpa do agente ou culpa da organização", *in* António Marques dos Santos *et al.*, *Direito da Saúde e Bioética*, Lisboa, AAFDL, 1996, pp. 151 ss. Porém, se a noção é operacionalizável no campo da responsabilidade civil, ela atinge contornos demasiado amplos e fluidos quanto ao *conhecimento*.

[1604] Raramente a jurisprudência é sensível a uma delimitação restrita do "conhecimento do segurador". No caso do Ac. STJ de 11/03/1999 – Proc. 99A009 (Martins da Costa), p. ex., atendendo a que na empresa de seguros trabalham dezenas ou centenas de pessoas com funções diferenciadas, gerindo milhares de contratos, não parece razoável que da visita de um colaborador do segurador às instalações do segurado se possa inferir que o segurador toma conhecimento de que a profissão da pessoa segura é diferente da que foi declarada na proposta.

[1605] Pedro Rubio Vicente, *El Deber...*, *cit.*, pp. 53-54.

atribuir relevância à mesma, tudo se passa como se tivesse feito essa transmissão ao segurador, equiparando-se o conhecimento deste ao daquele[1606]. Em suma, a interposição de um comissário ou trabalhador ao serviço do segurador no processo de declaração do risco não exonera o proponente de declarar toda a verdade relevante para a apreciação do risco. Mas as informações que o mesmo transmita com verdade ao comissário ou trabalhador do segurador considerar-se-ão do conhecimento deste.

V. O conhecimento directo – portanto, independente da declaração do risco – de factos pode advir ao segurador de fontes diversas. O mesmo pode resultar, nomeadamente, de fontes de informação próprias, alheias ao segurado; do serviço prestado por empresas de serviços de informação (designadamente de carácter financeiro); da consulta de dados partilhados por várias seguradoras; da análise directa do risco pela intervenção de um analista de risco, médico ou outro perito ao serviço da seguradora.

Quanto aos limites da *cognoscibilidade* da informação, a questão haverá, do nosso ponto de vista, de analisar-se casuisticamente. Num exemplo simples, reportado a um seguro de vida com exame clínico, o médico não pode ignorar a cegueira do segurado, a amputação de um membro ou qualquer patologia por si evidente ou que claramente resulte de análises clínicas examinadas. Mas não se lhe pode exigir que detecte uma patologia oculta e cujos indícios não se evidenciem nas referidas análises ou exames efectuados[1607]. Do mesmo modo, a intervenção de um analista de risco na formação de um seguro de riscos industriais não desculpará ao segurador a ignorância de algumas circunstâncias essenciais do risco seguro, mas não permite presumir-se que o mesmo conheça *tão bem como o segurado* todos os pormenores que envolvem o risco seguro nem desobriga o segurado do dever de informação.

Por seu turno, Júlio Gomes sustenta não existir incumprimento do dever de declaração do risco se o segurador tem conhecimento directo de determinadas circunstâncias em virtude de lhe terem sido comunicadas pelo tomador do seguro num contrato anterior[1608]. A observação merece, porém, sérias cautelas,

---

[1606] Sobre a intervenção do médico na declaração do risco, cfr., desenvolvidamente, *infra*, VIII.3.

[1607] Neste sentido, Luiz Cunha Gonçalves, *Comentário...*, Vol. II, *cit.*, p. 543. Como refere o autor, «o médico só é chamado a examinar as aparências de saúde do proponente; o seu exame só é um suplemento de precauções tomadas pelo segurador; e os seus erros não podem aproveitar ao segurado» – *ibidem*. No mesmo sentido, Francisco Guerra da Mota, *O Contrato...*, *cit.*, p. 376. Quanto à intervenção de um médico ao serviço do segurador (médico fiduciário, na expressão de alguns autores – Matteo Mandó, "Dichiarazioni...", *cit.*, p. 811), é orientação da jurisprudência italiana, p. ex., que se consideram do conhecimento do segurador as doenças que o médico teria facilmente podido diagnosticar usando de ordinária diligência profissional – *idem*, p. 809.

[1608] Júlio Gomes, "O dever de informação do tomador...", *cit.*, p. 91.

que advêm do carácter complexo da estrutura do segurador. Haverá, desde logo, uma divisão estrutural entre os ramos "Não Vida" e o ramo "Vida", que levará a que os respectivos contratos sejam cobertos por dois seguradores diversos (cfr. artigo 9º do RGAS), com estruturas orgânicas autónomas, ainda que pertencentes ao mesmo grupo económico. Assim, será inteiramente desrazoável esperar-se que o segurador "Vida" possa ter conhecimento ou acesso, aquando da análise de uma proposta contratual, a um processo documentado de sinistro ocorrido com o mesmo cliente mas no âmbito de um seguro de doença, pertencente aos ramos "Não Vida". O mesmo poderá passar-se, em concreto, quanto a seguros de ramos diversos, ainda que pertencentes à orgânica do mesmo segurador, e mesmo relativamente a seguros do mesmo ramo, mas obedecendo a estruturas orgânicas diversas e com autonomia organizativa (p. ex., os serviços do ramo "Vida" respeitantes aos seguros individuais relativamente aos seguros de grupo)[1609]. Na verdade, como sublinha o Comité Europeu de Seguros, o segurador deverá ser informado do risco na subscrição de cada novo contrato, em virtude «da dispersão dos centros de decisão no seio de uma companhia, do número de contratos existentes, da complexidade dos negócios, e também do dever de discrição, mesmo entre serviços do mesmo organismo segurador»[1610].

Também a mera presença de informações nos ficheiros – em papel ou informáticos – do segurador não pode ser, sem mais, equiparada ao conhecimento dos factos que deles constam. Como referem Eggers et al., «se o segurador é uma empresa e possui muitos dados nos seus ficheiros ou sistemas informáticos, poderá não ser justo tratar um item particular de informação como sendo

---

[1609] Pelo exposto, não se afigura que o próprio proponente se considere desobrigado de declarar determinadas circunstâncias pelo facto de as ter já declarado num contrato anterior, sobretudo quando razoavelmente deva tê-las por significativas para a apreciação do risco pelo segurador. Como referimos já, e em consonância com o princípio da materialidade subjacente e com o espírito de colaboração entre as partes que deve nortear a análise do risco, o dever de declaração do proponente não tem um conteúdo meramente formal: assim, será, pelo menos exigível que o proponente esclareça que as circunstâncias daquele risco foram já integralmente declaradas no contrato x (não se tendo verificado a alteração das mesmas) ou que determinados factos se encontram documentados num processo de sinistro do contrato z. Como afirmam MacDonald Eggers et al., «não pode seriamente sugerir-se que o que é do conhecimento de um empregado do departamento de análise de risco de seguros terrestres seja também do conhecimento efectivo de um empregado do departamento de sinistros de seguros marítimos, sobretudo se não houver uma referência cruzada que possa ligar as duas fontes de informação» – Peter MacDonald Eggers et al., Good Faith..., cit., p. 183 (trad. nossa). Em sentido diverso, considera Marcel Fontaine que o segurador não poderá prevalecer-se de insuficiências da organização interna da empresa seguradora – nomeadamente o facto de os gestores dos dois contratos serem diferentes – para invocar o desconhecimento da informação. Como diz o autor, «é com o segurador pessoa moral que o tomador contrata, e o mesmo foi informado» – Marcel Fontaine, Droit des Assurances, cit., p. 170, n. 159 (trad. nossa).

[1610] Comité Européen des Assurances, "8ème Colloque...", cit., p. 308 (trad. nossa).

do conhecimento do segurador, porque dada a elevada dimensão deste repositório de dados, nem todos eles podem ser considerados como estando constantemente presentes na mente do segurador»[1611]. Mais do que a posse de informação, o critério relevante deverá ser a acessibilidade (designadamente, informática) da mesma[1612], sendo certo, em qualquer caso, que as potencialidades da informática e das telecomunicações não deverão servir de álibi a omissões ou inexactidões dolosas do proponente[1613].

Reitere-se que o segurador assenta, em regra, numa organização complexa, com dezenas ou centenas de trabalhadores com funções especializadas, com uma rede comercial extremamente descentralizada e dispersa por todo o país, onde a relação com a clientela não é personalizada mas sobretudo documental, onde a informação é massificada e processada tomando como unidade a apólice (e não o cliente ou o local de risco). Nestas circunstâncias, exigir ao segurador a omnisciência de todos os factos relevantes não se afigura razoável do ponto de vista do Direito nem das expectativas do segurado. Essa exigibilidade corresponderia, na prática, à exigência de diligências investigatórias (internas e externas) sobre as circunstâncias do risco, o que equivaleria à própria negação do dever espontâneo de declaração do risco no quadro da máxima boa fé. Em qualquer caso, a esfera do conhecimento pelo segurador não poderá alhear-se da materialidade do princípio da boa fé, devendo ser colocada e resolvida no quadro da boa ou da má fé do segurador[1614].

VI. A fórmula literal da alínea e) do nº 3 do artigo 24º alude às circunstâncias conhecidas do segurador, *em especial* quando são públicas e notórias. O preceito parece retirar, afinal, toda a relevância aos factos notórios, ao subordiná-los ao pressuposto do seu efectivo conhecimento pelo segurador. Na verdade, só relevariam aí as circunstâncias *conhecidas do segurador*, quer fossem, afinal, públicas e notórias ou não: ou seja, sendo uma circunstância pública e notória mas desconhecida do segurador, a mesma não relevaria[1615].

Nos vários ordenamentos, a problemática associada aos *factos notórios* em sede de declaração do risco prende-se, em regra, com uma presunção de conhecimento[1616], pelo segurador, desses factos, considerando-se o proponente dispensado de os declarar[1617] ou impedindo o segurador de invocar a sua omissão. Ora,

---

[1611] Peter MacDonald Eggers *et al.*, *Good Faith...*, *cit.*, p. 183 (trad. nossa).

[1612] Jürgen Basedow *et al.*, *Principles...*, *cit.*, p. 87.

[1613] Comité Européen des Assurances, "8ème Colloque...", *cit.*, p. 308.

[1614] Comité Européen des Assurances, "8ème Colloque...", *cit.*, p. 308.

[1615] Contestando a fórmula legal, Júlio Gomes, "O dever de informação do (candidato a) tomador...", *cit.*, p. 415.

[1616] Raúl Guichard Alves, *Da Relevância...*, *cit.*, p. 31.

[1617] Daniel Danjon, *Traité...*, Tomo IV, *cit.*, p. 525.

a interpretação sistemática de todo o nº 3 do artigo 24º e a *ratio* que lhe subjaz reforça precisamente o entendimento segundo o qual o que releva, afinal, não é o conhecimento efectivo mas a falta de diligência na realização, na consciência actual, desse conhecimento (ou, se se quiser, na aferição da *cognoscibilidade* razoável do facto). A alínea e) do nº 3 acolhe, afinal, uma formulação equívoca: melhor teria sido, pensamos, a fórmula "circunstâncias que devam razoavelmente considerar-se conhecidas do segurador, em especial quando são públicas e notórias", admitindo-se que o segurador deva conhecê-las, usando de normal diligência, mas que possa não as conhecer efectivamente.

Embora, nos termos do nº 1 do artigo 24º o proponente esteja obrigado a declarar factos notórios, a impossibilidade de o segurador se prevalecer da omissão dos mesmos para impugnar o contrato (excepto, sublinhe-se, se aquele actuar com dolo com o propósito de obter uma vantagem) retira efeito prático àquele dever. A solução assume uma dupla vertente. Desde logo, a que decorre, no plano probatório, da dispensa de alegação e prova de factos notórios: a respectiva desnecessidade. Na verdade, se um facto é do incontroverso conhecimento público, não há necessidade de sobrecarregar o processo com uma prova sem efeito útil. Também na declaração do risco, não faria sentido que o proponente se visse onerado com a necessidade de informar um facto que para o segurador fosse evidente. E esta vertente conduz-nos à segunda: é que, sendo um facto notório, poderá o proponente confiar, no quadro da boa fé objectiva, que o segurador o conhece, que não espera ser sobre o mesmo informado e, logo, manter a legítima expectativa de que o contrato não virá nunca a ser impugnado com base na omissão do mesmo.

VII. As duas vertentes referidas deverão constituir, do nosso ponto de vista, os critérios de qualificação de um facto como "notório": ao objectivo conhecimento público de um facto (que deverá ser reconhecível, para o segurador, mediante a simples análise da proposta), haverá de adicionar-se a subjectiva confiança legítima do proponente de que esse conhecimento se verifique. Segundo Cunha Gonçalves, a pública notoriedade obedece a alguns requisitos, devendo ser «segura, certa, ampla, derivada de preceitos legais, regulamentares ou policiais, ou de usos constantes, gerais ou locais, ou de exigências técnicas de um certo risco»[1618]. Não será, assim, razoável, para o autor, que um facto ou circunstância publicado em jornais assuma pública notoriedade, já que não é exigível ao segurador que leia todos os jornais e relacione as respectivas notícias com toda a sua carteira de seguros[1619].

[1618] Luiz Cunha Gonçalves, *Comentário...*, Vol. II, *cit.*, p. 542.
[1619] Relativamente a este ponto, sustenta Júlio Gomes que a observação de Cunha Gonçalves teria perdido parte do seu alcance no actual contexto da sociedade da informação – Júlio Gomes,

É certo que sempre se deverão considerar do domínio comum – e, em particular, do conhecimento do segurador como especialista na análise do risco seguro – determinados fenómenos, que largamente ultrapassam a esfera pessoal do proponente: assim, fenómenos naturais (como os vulcânicos, sísmicos, as tempestades, etc.), de actualidade político-económica (as sanções comerciais, a guerra, o terrorismo, as desordens civis, a criminalidade, etc.), geográficos, de cultura geral, etc. Trata-se de factos de ordem global, cumprindo ao segurador conhecê-los e analisá-los como especialista de risco[1620].

Kullmann critica a excessiva abertura da jurisprudência francesa ao reconhecimento de factos notórios – na sequência da jurisprudência Didier Pironi[1621] – sustentando que «aquando da subscrição, há uma presunção de ignorância do segurador, senão não se imporia ao subscritor uma obrigação de declaração acompanhada de temíveis sanções»[1622].

Em suma, se, por um lado, é injusto imputar ao segurador um conhecimento que não deverá razoavelmente esperar-se que o mesmo possua, por outro lado não o é menos censurar ao proponente a omissão de um facto que o mesmo confiaria justamente ser conhecido pelo segurador. Convocando, pois, o princípio

---

"O dever de informação do tomador...", *cit.*, p. 92. Pela nossa parte, pensamos que a circunstância de um dado facto ser objecto de notícias e sobre ele existir informação, designadamente na *internet* não deve, por si só, permitir qualificá-lo como "notório". Na verdade, no actual contexto da *sociedade da informação* esta abunda de tal forma que se tornou impossível de ser apreendida e assimilada. A abundância de informação apenas significa que a mesma está disponível, não que é notória e, menos ainda, conhecida do segurador.

[1620] Para além desses, existe uma outra categoria de factos com a maior relevância para a análise do risco e que respeitam directamente à actividade do segurador. O conhecimento de estatísticas sobre a probabilidade de verificação de um dado risco, p. ex., compete directamente à actividade do segurador, não sendo objecto do dever de declaração do risco. A *common law* prevê expressamente estes casos na secção 18(3) do MIA, de 1906. Cfr. Peter MacDonald Eggers *et al.*, *Good Faith...*, *cit.*, pp. 185 ss.

[1621] Caso de um automobilista, figura pública, que na declaração de risco de um contrato de seguro de vida, não informou o segurador que praticava motonáutica. O tribunal reconheceu que o segurador não poderia ignorar essa circunstância em virtude de se tratar de um facto notório.

[1622] Jérôme Kullmann, "Débat", *in* Luc Mayaux, "L'ignorance...", *cit.*, p. 747 (trad. nossa). Assim, a notoriedade de um facto pode assumir amplitudes diversas. Tomando p. ex. um seguro de pessoas, se os nomes do Presidente da República ou do Primeiro Ministro são suficientemente notórios para poderem ser facilmente reconhecidos, já o nome completo da generalidade dos políticos, desportistas ou artistas (muitas vezes conhecidos por nomes abreviados ou por pseudónimos) poderá torná-los irreconhecíveis. Noutro exemplo, também num seguro de vida, se a potencial pessoa segura vai trabalhar por um ano para o interior de um determinado país do hemisfério sul, deve esperar que o segurador esteja em condições de avaliar o risco (de segurança, sanitário, etc.) que a estada representa. Porém, se o candidato, sendo médico, souber que vai combater um surto de uma doença de alto contágio recentemente surgida, deverá esperar que a mesma não seja (ainda) do conhecimento do segurador.

da boa fé e da tutela da confiança – e recordando, em qualquer caso, que estão em causa situações em que o proponente *não informou* o segurador de todas as circunstâncias relevantes, ainda que expressamente perguntadas – poder-se-á esboçar como critério de definição da notoriedade de um facto a seguinte questão: "será razoável que o proponente confie ser a declaração de um facto totalmente supérflua para a análise do risco, em virtude de ter por certo o seu conhecimento pelo segurador?".

VIII. Defendemos já a existência de uma *ratio* unitária para o nº 3 do artigo 24º (*supra*, VII.4.2), assente na cláusula geral da boa fé e, mais concretamente, no instituto do abuso do direito (na modalidade de *venire contra factum proprium*) e no princípio da tutela da confiança. Neste quadro, entendemos que as alíneas d) e e) do preceito não assentam no pressuposto de que um facto efectivamente conhecido pelo segurador e aceite pelo mesmo se tem por irrelevante para a apreciação do risco[1623], *mas sim* no pressuposto de uma actuação negligente do segurador (ou, o que é o mesmo, do seu representante).

Essa actuação negligente pode redundar em várias situações: a falta de valoração de factos conhecidos; a falta de realização actual de circunstâncias conhecidas, mas cujo conhecimento não se encontrava presente na consciência de quem vincula o segurador; a falta de transmissão de conhecimentos entre pessoas que, na esfera do segurador, estão envolvidas no processo de aceitação do risco, vinculando o segurador (será o caso de incumprimento culposo, pelo mediador de seguros que seja um representante do segurador e que, portanto, o vincule na conclusão do contrato de seguro, do dever de o informar sobre as particularidades do risco a cobrir, nos termos da alínea a) do artigo 30º da LMS); ou, em suma, o desconhecimento culposo.

Por seu turno, e quanto às alíneas d) e e) do nº 3, a tutela da confiança haverá de reportar-se à legítima confiança do proponente de que o facto não declarado era do conhecimento efectivo do segurador e de que, portanto, tal declaração seria desnecessária e, em qualquer caso, de que tal facto teria sido considerado na aceitação do risco e que o contrato não seria passível de impugnação com base em incumprimento do dever de declaração. Não obstante, sempre será necessário convocar os pressupostos da protecção da confiança[1624].

[1623] Esta posição é defendida, p. ex., por Arnaldo Oliveira, "Artigo 24º – Anotação", *in* Pedro Romano Martinez *et al.*, *LCS Anotada*, *cit.*, p. 137.

[1624] Afigura-se, todavia, desrazoável que o proponente – sobretudo quando perguntado especificamente por um facto – o omita, vindo depois invocar ter confiado que o mesmo era já do conhecimento do segurador.

IX. O entendimento que subscrevemos, embora colidindo com a estrita literalidade da lei, permite superar as incongruências e dificuldades interpretativas que a mesma coloca. Na verdade, a formulação das alíneas d) e e) do nº 3 do artigo 24º suscita um conjunto de incoerências – se se tiver presente a excepção feita no corpo do nº 3 quando haja dolo do tomador do seguro ou do segurado com o propósito de obter uma vantagem – na respectiva articulação com o regime da declaração do risco na sua globalidade, como nota Júlio Gomes. Desde logo, verificando-se o conhecimento efectivo do segurador, e aceitando este o risco, livre e conscientemente, nessas circunstâncias, não se compreende que o preceito lhe permita (*a contrario*) vir posteriormente a impugnar o contrato com base em dolo do tomador do seguro ou do segurado com o propósito de obter uma vantagem[1625]. A ser assim, por outro lado, essa possibilidade não se compatibilizaria com o regime da impugnação consagrado no nº 2 do artigo 25º, nos termos do qual o segurador deve enviar declaração anulatória nos três meses subsequentes ao *conhecimento* do incumprimento. De resto, o facto de o nº 3 do artigo 25º impor ao segurador a aceitação do sinistro ocorrido após o decurso do prazo de três meses referido no número anterior retiraria conteúdo útil à alínea e) do nº 3 do artigo 24º[1626]. Desta forma, a solução violaria a regra do abuso do direito na modalidade de *tu quoque*, assentando numa perspectiva deslocada, iníqua, «puramente punitiva e moralista»[1627].

A pertinência das observações de Júlio Gomes resulta dos respectivos pressupostos (que, de resto, decorrem da própria letra do preceito). Se este se reportar ao *conhecimento efectivo* (consciente) por parte do segurador, verificar-se-á uma mera tentativa – e, portanto, um acto que não chegaria a consumar um ilícito civil – de induzir o segurador em erro, caso em que a respectiva sanção corresponderá à punição de um mero estado subjectivo, de uma mera intenção, a qual, por mais merecedora de censura no plano moral, não seria de molde a gerar uma reacção do Direito, para mais com a gravidade que resulta do regime. Cremos, portanto, que, sendo outra a *ratio* das alíneas d) e e) do nº 3 do

---

[1625] Na verdade, se o facto é conhecido do segurador (e, logo, irrelevante para a aceitação do risco), pouco importa que o proponente tenha agido dolosamente com o propósito de obter uma vantagem. Permitir ao segurador que intencionalmente invoque a omissão de um facto irrelevante para impugnar um contrato – conseguindo com sucesso a anulação do mesmo e evitando efectuar a sua prestação em caso de sinistro – será punir injustificadamente o mero estado subjectivo do proponente, a intenção enganatória, qualificada ou não.

[1626] Na verdade, a conjugação das várias disposições implicaria que o segurador se pudesse prevalecer de inexactidões ou omissões de factos por si já conhecidos, havendo dolo do proponente com o propósito de obter uma vantagem, mas apenas nos três meses seguintes à recepção da proposta.

[1627] Júlio Gomes, "O dever de informação do (candidato a) tomador...", *cit.*, pp. 414-415, n. 54 e p. 426.

artigo 24º, a própria argumentação de Júlio Gomes dá alento à perspectiva que subscrevemos[1628].

X. Pelas várias razões já aduzidas, pensamos que as alíneas d) e e) do nº 3 se reportam à mera *cognoscibilidade*, pelo segurador, de determinados factos ou circunstâncias, e não ao *conhecimento efectivo* dos mesmos. Para além de a própria *ratio* das alíneas d) e e) do nº 3 para lá nos encaminhar, como vimos, tendo implícita uma actuação culposa do segurador – precisamente o desconhecimento (ou a falta de presença actual desse conhecimento) censurável[1629] – cumpre adicionar outros argumentos. Desde logo, um imperativo de coerência para com as considerações tecidas sobre o conhecimento como requisito do dever de declaração do risco: de acordo com o sentido ético da boa fé subjectiva, o desconhecimento culposo haverá de equiparar-se ao conhecimento efectivo. De resto, como vimos também, a exigir-se o conhecimento efectivo, ficaria sem sentido útil a referência, na alínea e), aos factos públicos e notórios[1630].

Ora, a equiparação do desconhecimento culposo ao conhecimento efectivo – e, no caso que ora nos toca, a consideração de que a *ratio* das alíneas d) e e) do nº 3 pressupõe uma actuação culposa do segurador – implica o reconhecimento do dever de cooperação a que já aludimos[1631]. Este, porém, deverá ser configurado mais como um dever de *representação actual dos próprios conhecimentos*, de *reminiscência* ou de *atenção*, do que propriamente como um *dever de indagação* (atento

---

[1628] Obviando às críticas de Júlio Gomes quanto aos efeitos da ressalva do nº 3 do artigo 24º (dolo com o propósito de obter uma vantagem) em matéria de conhecimento, pelo segurador ou pelo seu representante, do facto não declarado, Pedro Romano Martinez defende uma interpretação restritiva do preceito. Assim, na alínea d) do nº 3 a referida ressalva seria aplicável apenas aos casos de conluio com o – ou de negligência do – representante do segurador, enquanto na alínea e) do nº 3 a ressalva respeitaria apenas aos casos em que o segurador desconhecesse um facto notório – Pedro Romano Martinez, "Artigo 24º – Comentários complementares", *in* Pedro Romano Martinez *et al.*, *LCS Anotada*, *cit.*, pp. 152-153.

[1629] Defendendo a assimilação do desconhecimento culposo ao conhecimento efectivo no âmbito deste preceito, Filipe Albuquerque Matos, *Uma Outra Abordagem...*, *cit.*, p. 625, n. 26.

[1630] Segundo Pedro Romano Martinez, o preceito consagra uma presunção inilidível de conhecimento dos factos notórios, de modo que, mesmo que o segurador os desconheça efectivamente, não poderá prevalecer-se da respectiva omissão pelo proponente – Pedro Romano Martinez, "Artigo 24º – Comentários complementares", *in* Pedro Romano Martinez *et al.*, *LCS Anotada*, *cit.*, pp. 150-151.

[1631] Raúl Guichard Alves rejeita, em abstracto, a configuração de deveres – ou sequer de ónus – de conhecimento, com o argumento de que o conhecimento é um estado subjectivo e não um comportamento (*Da Relevância...*, *cit.*, pp. 39 ss.). Ora, cremos que nada obsta à configuração de um dever de cooperação, no sentido em que a pessoa por ele obrigada deverá envidar esforços no sentido de inteirar-se de determinados factos da sua esfera de cognoscibilidade básica ou de tornar presentes certos factos que conhece.

o dever espontâneo de declaração que incumbe ao proponente no quadro da máxima boa fé)[1632]. Por outro lado, tal dever deverá assumir contornos de razoabilidade, tendo em consideração os constrangimentos de que depende a cognoscibilidade dos factos em causa.

VII.4.8. Outros casos de inimpugnabilidade

I. Referimos atrás que, do nosso ponto de vista, o nº 3 do artigo 24º da LCS constitui uma concretização da cláusula geral da boa fé e do instituto do abuso do direito, contemplando uma enumeração enunciativa. Não fechando o leque de situações elencadas, o preceito permite, portanto, a aplicação da regra nele contida a outros casos, seja por via de interpretação extensiva, seja de aplicação analógica. É neste contexto que importa considerar outras situações, não expressamente ali referidas, mas que deverão comportar o mesmo efeito, impedindo o segurador de impugnar o contrato após a aceitação do risco.

II. A primeira situação que se nos coloca é a da renúncia do segurador ao direito de ser informado sobre as circunstâncias do risco. Para além da hipótese – mais académica do que reflectida nas práticas da actividade seguradora – de o segurador poder renunciar expressamente a ser informado sobre o risco[1633], são, porém, sobretudo as situações de renúncia tácita que merecem uma especial atenção.

Estas verificam-se fundamentalmente nas situações em que as exigências de rapidez do tráfego jurídico, o elevado volume de contratações, a dispersão do risco por um vasto leque de segurados, a baixa probabilidade (em abstracto) de

---

[1632] Cfr. Josep Llobet i Aguado, *El Deber...*, *cit.*, pp. 111 e 116. Assim, sem prejuízo dos deveres de diligência que vertem do nº 3 do artigo 24º da LCS, mantêm actualidade as observações de José Alberto Vieira no sentido de que «a seguradora não está obrigada a investigar o risco cuja cobertura lhe é proposta, nem a veracidade ou compleição da informação a si prestada por aquele que pretende fazer o seguro» (José Alberto Vieira, "O dever de informação...", *cit.*, p. 1001), pelo que, cabendo (apenas) ao proponente a declaração exacta e completa do risco, não pode ser invocada contra o segurador a inalegabilidade da invalidade do contrato com o fundamento de que o mesmo não controlou a exactidão e completude da declaração do risco – *idem*, p. 1002. Defendendo a existência de um autêntico dever de indagação (exigência de suporte documental para comprovação de alguns factos declarados), cfr. , p. ex., Ac. TRC de 02/06/2009 – Proc. nº 442/04.2TBANS.C1 (Távora Vítor). No sentido contrário, cfr., p. ex., Ac. TRP de 20/12/2005 – Proc. 526237 (Emídio Costa); e Ac. TRP de 15/06/2004 – Proc. 422701 (Alziro Cardoso): «não faz [...] sentido que ao segurador incumba o dever de averiguar se quem lhe propõe a celebração de um contrato está a falar verdade ou a omitir informação relevante».

[1633] A renúncia expressa poderá resultar, p. ex., de uma cláusula em que o segurador afirma conhecer todas as circunstâncias que influenciam o risco seguro. Cfr. Comité Européen des Assurances, "8ème Colloque...", *cit.*, p. 258 (cfr. igualmente Giovanni E. Longo, "La dichiarazione...", *cit.*, p. 29).

ocorrência do sinistro, a padronização das características do risco (que pouco variam em cada contrato), o baixo valor das indemnizações ou capitais potencialmente em causa, e uma avaliação custo-benefício, por parte do segurador, quanto à importância de análise em concreto do risco, lhe permitem renunciar ao direito de informação que lhe assiste e dispensar, assim, a descrição do risco.

Desde logo, em regimes estrangeiros (como o espanhol[1634]), em que o dever de descrição do risco está confinado a um mero dever de resposta, a renúncia decorrerá, nomeadamente, da falta de apresentação do questionário pelo segurador. No caso português, porém, em que o dever de declaração do risco subsiste como dever espontâneo, os casos de renúncia do segurador hão-de aferir-se com prudência, não bastando a ausência de questionário para se poder reconhecer um caso de renúncia tácita. Aliás, como refere Paulo Mota Pinto, é orientação consagrada, designadamente entre a jurisprudência francesa, que a renúncia não deve presumir-se, mas extrair-se de um comportamento que manifeste inequivocamente a vontade de renunciar a um direito[1635].

Noutros casos, o processo de contratação pode condicionar o modo como é cumprido o dever de declaração do risco. Assim, o carácter tácito da renúncia poderá decorrer de o meio proporcionado e aceite pelo segurador para a conclusão do contrato não dar a possibilidade material ou processual, ao potencial tomador do seguro, de descrever o risco, mesmo querendo fazê-lo. Tal poderá ser o caso, nomeadamente, da contratação através de máquinas automáticas[1636] ou por meios electrónicos[1637] ou mesmo telefónicos[1638], em que o proponente apenas poderá limitar-se a responder honestamente ao que lhe for perguntado[1639].

[1634] Fernando Sánchez Calero, "Artículo 10...", *cit.*, p. 238.

[1635] Paulo Mota Pinto, *Declaração Tácita..., cit.*, p. 119, n. 119.

[1636] Fernando Sánchez Calero, "Artículo 10...", *cit.*, p. 238; e Rafael García Villaverde, "Contenido...", *cit.*, p. 1020.

[1637] Paula Alves dá como exemplo perguntar-se se o risco já esteve seguro noutra seguradora e em qual, mas disponibilizar-se apenas um campo para resposta, impossibilitando que o contratante indique todas as seguradoras que já seguraram o risco. Como bem nota a autora, cair-se-á no âmbito de aplicação do nº 3 do artigo 24º da LCS, ficando o segurador impossibilitado de se prevalecer de omissões ou inexactidões decorrentes das circunstâncias referidas. Cfr. Paula Alves, *Contrato..., cit.*, pp. 172-174.

[1638] A contratação rápida e massificada, descurando a análise do risco, constituirá, assim, característica tendencial da contratação telefónica e electrónica: «[...] o segurador directo oferece ao proponente o que este quer, seguros rápidos e baratos com um mínimo de confusão. Mas o segurador também ganha o que pretende, mais clientes» – Malcolm Clarke, *Policies..., cit.*, p. 95 (trad. nossa).

[1639] Júlio Gomes, "O dever de informação do (candidato a) tomador...", *cit.*, p. 395; Pedro Romano Martinez, "Artigo 24º – Comentários complementares", *in* Pedro Romano Martinez *et al.*, *LCS Anotada, cit.*, p. 150.

A renúncia verifica-se igualmente quando a contratação do seguro é de tal forma automatizada que o tomador do seguro (ou aderente a um seguro de grupo) não chega a emitir uma declaração de vontade autónoma à contratação do seguro, surgindo esta automaticamente associada à contratação de um serviço ou à aquisição de um bem (por vezes, sem que o contratante tome consciência do facto). Tal é o caso dos seguros associados à contratação de um cartão de crédito; à contratação de viagens organizadas junto de um agente de viagens ou operador turístico; à inscrição num estabelecimento de ensino; ao aluguer de automóvel; ou à simples aquisição de um bem[1640].

Pode igualmente verificar-se a renúncia tácita nas situações de riscos transferidos de anteriores contratos, oriundos do mesmo ou de outros seguradores. Em situações deste tipo, verificáveis em alguns seguros de grupo ou em certos casos de seguros de vida individuais, o segurador pode aceitar o risco nas condições em que o mesmo havia sido declarado no contrato de origem, dispensando, portanto, uma nova declaração do risco.

Tal será igualmente o caso, a que já aludimos, se o segurador recorrer a um questionário e a formulação de algumas perguntas remeter para um período temporal (por exemplo, "sofreu algum acidente nos últimos cinco anos?"). Neste caso, o proponente poderá concluir que o segurador renunciou a conhecer factos situados fora desse período temporal. Os próprios termos em que o questionário esteja estruturado e formulado podem indiciar a renúncia tácita do segurador quanto às matérias não inquiridas. Assim, se o segurador dá ao questionário a formulação de um questionário fechado, não deixando ao proponente espaço para fornecer quaisquer dados para além dos expressamente perguntados, poder-se-á entender, segundo as circunstâncias do caso concreto, que o segurador renunciou ao conhecimento de quaisquer circunstâncias não expressamente inquiridas.

Finalmente, poderá ser o caso quando, tendo o proponente dado ao segurador uma informação relevante, clara e precisa, ainda que sintética, o segurador prescinda de informação adicional[1641]. Sobre a matéria, o princípio da boa fé e o princípio mediador da primazia da materialidade subjacente serão critério seguro

---

[1640] Cfr. outros exemplos em Malcolm Clarke, *Policies...*, *cit.*, p. 94.

[1641] Assim, se num seguro de vida, o proponente refere que sofre de diabetes tipo 2 e lhe comunica a medicação que toma para o efeito, cumpre o seu dever de declaração do risco, não sendo necessário que comunique em detalhe todo o seu historial clínico pormenorizado sobre a diabetes, designadamente todos os resultados de consultas, exames e análises que tenha efectuado. Caberá ao segurador, se pretender complementar a informação, colocar mais questões sobre a matéria ou solicitar a realização de formalidades clínicas. Se o não fizer, entende-se que renunciou ao conhecimento dessas matérias, não podendo vir a impugnar o contrato por incumprimento do dever de declaração do risco. Quanto à matéria na *common law*, cfr. Peter MacDonald Eggers *et al.*, *Good Faith...*, *cit.*, pp. 201 ss.

de aferição, em concreto, do cumprimento do dever de declaração do risco, e da renúncia do segurador ao conhecimento.

Se, noutros ordenamentos, a renúncia do segurador ao conhecimento corresponde a um recorte negativo do dever de declaração do risco[1642], cremos que, entre nós, a solução há-de ser a que resulta do nº 3 do artigo 24º da LCS. Tal é a solução mais conforme, aliás, à configuração do dever de declaração do risco como um dever espontâneo, bem como à coerência sistémica da LCS, atendendo à analogia entre a situação em apreço e as enunciadas no nº 3 do artigo 24º. De resto, no presente caso a inimpugnabilidade decorre, não da renúncia em si mesma, mas (como nos casos elencados no nº 3 do artigo 24º) do princípio da boa fé e do instituto do abuso do direito na modalidade *venire contra factum proprium*: ao renunciar ao conhecimento do risco, o segurador gera no tomador do seguro a legítima confiança sobre a estabilidade do contrato, ficando impedido de vir a adoptar um comportamento contraditório.

III. As alíneas a) a c) do nº 3 do artigo 24º da LCS, enunciando deficiências na apreciação das respostas ao questionário, não cobrem outras falhas que possam decorrer da própria construção do questionário. Entre elas, podem contar-se as perguntas que deixam ao declarante um espaço muito reduzido para fornecer a resposta, dando-lhe a ideia de que ao segurador interessa apenas uma informação sumária e que dispensa os detalhes, sobretudo se de factos já antigos[1643]. A própria jurisprudência dá conta de algumas dessas deficiências, que no contexto legal vigente apelam para a aplicação do regime do nº 3 do artigo 24º[1644].

[1642] Na *common law*, p. ex., e com consagração na secção 18(3) do MIA, prevê-se que o proponente não se encontra sequer obrigado à declaração de factos a cujo conhecimento o segurador tenha renunciado – Peter MacDonald Eggers *et al.*, *Good Faith...*, *cit.*, pp. 194 ss.

[1643] Marco Rossetti, "Dichiarazioni inesatte e reticenze con...", *cit.*, p. 90.

[1644] Matéria que tem merecido alguma atenção dos tribunais superiores é a formulação de questionários que limitam as opções de resposta e induzem o proponente a, escolhendo a opção mais próxima da realidade, fornecer uma informação incompleta ou inexacta: «[...] provou-se que, em 29 de Março de 2001, o A. preencheu e subscreveu o impresso denominado "proposta de seguro" [...], e, na parte relativa a "Sistemas de Prevenção/Protecção contra Roubo", assinalou com um "x" na quadrícula "Grades (janelas e acessos)". E conforme se vê desta proposta, a mesma contém apenas opções. Ou se preenche com um "x" esta quadrícula, para indicar que o edifício tem grades nas janelas e acessos, ou deixa-se por preencher esta quadrícula, caso o edifício não disponha de grades nas janelas e acessos, não existindo campo para assinalar qualquer outra realidade, designadamente que a oficina de reparação de automóveis objecto do seguro grades apenas tinha nas janelas situadas ao nível do rés-do-chão, não as tendo nas janelas situadas a cerca de 4 metros de altura do solo (janelas de ventilação/arejamento com altura de cerca de 80 centímetros e a largura cerca de 1,80 metros umas e cerca de 3 metros outras)» – Ac. TRG de 19/10/2010 – Proc. nº 715/06.0TBVLN.G1 (Rosa Tching). Cfr., sobre idêntica matéria, Ac. TRG de 16/11/2010 – Proc. nº 5721/06.1TBBRG.G1 (Ana Cristina Duarte).

IV. Como decorre, aliás, das regras gerais do Direito, após a confirmação do contrato, subsequente ao conhecimento da ocorrência de omissões ou inexactidões, não pode o segurador tentar prevalecer-se das mesmas sem incorrer em abuso do direito (*venire contra factum proprium*)[1645]. Na verdade, convalidado o contrato por um acto unilateral do segurador, expressão da respectiva vontade, não pode este vir posteriormente impugná-lo[1646].

Conforme decorre do regime estabelecido no nº 2 do artigo 288º do CC, a confirmação depende da prévia cessação do vício que fundamenta a anulabilidade, bem como do conhecimento, pelo confirmante, do vício e do direito à anulação[1647]. Por outro lado, como resulta do nº 3 do citado artigo 288º, a confirmação pode ser expressa ou tácita, não dependendo de forma especial[1648]. No caso da confirmação tácita, a mesma poderá decorrer de actos que, com toda a probabilidade, evidenciam a intenção de convalidar o negócio, ou de um comportamento concludente nesse sentido, fundamentando a legítima confiança do tomador do seguro[1649]. O significado atribuído a este comportamento deverá, porém, ser inequívoco, requerendo-se que o mesmo não resulte de um mero automatismo administrativo ou informático do segurador, mas de uma manifestação de vontade de confirmar o contrato.

Esse comportamento inequívoco, poderá ser inferido de vários indicadores, atentas as circunstâncias concretas do caso. Assim, alguns autores apresentam

---

[1645] Neste sentido, António Menezes Cordeiro, *Da Confirmação...*, cit., p. 20.

[1646] Como a define Rui de Alarcão, a confirmação é «o acto pelo qual um negócio anulável é declarado sanado pela pessoa ou pelas pessoas a quem compete o direito de o anular» – Rui de Alarcão, *A Confirmação dos Negócios Anuláveis*, Vol. I, Coimbra, Atlântida, 1971, p. 91. Nas palavras de Oertmann, a confirmação «consiste no consentimento de quem, tendo emitido uma declaração afectada por algum vício jurídico, se propõe posteriormente, dessa maneira, eliminar o vício» – Paul Oertmann, *Bürgerliches...*, cit., p. 189 (trad. nossa). Cfr. também António Menezes Cordeiro, *Da Confirmação...*, cit., pp. 13 e 131-132.

[1647] Trata-se, como aponta Menezes Cordeiro, de requisitos de validade da confirmação, na falta dos quais a mesma será nula. António Menezes Cordeiro, *Da Confirmação...*, cit., p. 123.

[1648] A confirmação ocorrerá, em regra, por razões de ordem comercial, de reputação ou de competitividade no mercado segurador – Carlos Harten, *El Deber...*, cit., pp. 136 ss.

[1649] António Menezes Cordeiro, *Da Confirmação...*, cit., p. 123. Porém, como nota o autor, «a natureza tácita da confirmação não dispensa o conjunto dos seus elementos objectivos e subjectivos: cessação do vício e conhecimento quer do vício, quer do direito à anulação. Tudo isso deverá inferir-se seja dos próprios factos que "com toda a probabilidade", revelem a vontade tácita, seja de elementos circundantes razoáveis» – *idem*, p. 124. A mera renúncia ao direito de invocar a anulabilidade do contrato será igualmente relevante, em termos análogos, embora não se confunda, em rigor, com a confirmação – cfr. Rui de Alarcão, *A Confirmação...*, cit., pp. 87 ss.; 103 ss. A situação mais frequente de renúncia – ainda que sujeita a um termo suspensivo – é a que ocorre com a estipulação de uma cláusula de incontestabilidade, mediante a qual, findo um certo prazo, o contrato deixará de ser impugnável pelo segurador – José Bento, *Direito de Seguros, cit.*, p. 161. Para lá remetemos (*infra*, X.3), aí se traçando a diferença entre a confirmação e a renúncia ao direito de impugnação.

como exemplo de confirmação tácita o facto de o segurador, conhecendo o incumprimento, continuar a cobrar prémios de seguro, o que faria precludir a faculdade de impugnação do contrato[1650]. Ora, do nosso ponto de vista, este entendimento não merece acolhimento perante o regime da LCS por duas ordens de razões. Desde logo, atendendo à complexidade organizacional e técnica da actividade do segurador, no âmbito da qual a cobrança de prémios é o resultado de rotinas informáticas, não é possível inferir-se, sem mais, que a continuidade da cobrança dos prémios tenha o efeito da confirmação tácita. Assim, o facto de um departamento manter a análise do processo e dever tomar uma decisão na matéria não suspende, por si, a continuidade das rotinas administrativas e informáticas que corporizam a gestão corrente dos contratos de seguro, afigurando-se injusto penalizar o segurador por o conhecimento de uma pessoa ou sector não se repercutir de forma imediata e automatizada em toda a organização (não sendo, aliás, credível que o tomador do seguro tenha essa expectativa).

Por outro lado, quer o n.º 2 do artigo 25.º, quer o n.º 1 do 26.º da LCS conferem ao segurador o prazo de três meses a contar do conhecimento das omissões ou inexactidões para reagir às mesmas, ficando essa faculdade precludida após aquele prazo. Ora, porque não faria sentido a suspensão da cobrança de prémios durante esse prazo – na medida em que o risco permanece coberto – essa cobrança não pode assumir outro significado senão o de que o segurador *ainda não tomou uma decisão* quanto ao exercício das faculdades que a lei lhe confere. A ser atribuída à cobrança de prémios o sentido de confirmação do contrato, ficaria sem efeito o referido prazo de caducidade, o que o legislador manifestamente não quis.

No ordenamento francês, a confirmação tácita é reconhecida quando o segurador, tendo conhecimento das omissões ou inexactidões, regulariza o sinistro[1651]. Ora, esta situação não traduz *necessariamente* uma confirmação tácita do

---

[1650] Na vigência do artigo 429.º do CCom era entendimento dominante da doutrina e jurisprudência que a emissão de prémios após o conhecimento do vício importava a confirmação tácita do contrato – cfr. Azevedo Matos, *Princípios de Direito Marítimo*, Vol. IV, *cit.*, p. 142. Assim, segundo Luiz Cunha Gonçalves, o contrato fica sanado quando o segurador vem a tomar conhecimento da circunstância não declarada e não invoca a invalidade do contrato, continuando a cobrar os prémios: «é inadmissível e contrário à boa fé que o segurador receba em tal caso os prémios, tendo o propósito de alegar a nulidade do seguro em caso de sinistro e deixando o segurado na pia convicção de que a indemnização lhe seria paga» (*Comentário...*, Vol. II, *cit.*, p. 543). Neste sentido, Francisco Guerra da Mota, *O Contrato...*, *cit.*, p. 376; Sergio Sotgia, "Considerazioni...", *cit.*, p. 112.

[1651] Cfr. o artigo L. 113-4 do *Code des Assurances* francês, nos termos do qual o segurador renuncia tacitamente à impugnação do contrato se, conhecendo o agravamento, continua a receber prémios ou regulariza um sinistro. O preceito reporta-se ao agravamento do risco, mas a doutrina francesa entende que a solução é analogamente aplicável à declaração inicial do risco – Luc Mayaux, "L'ignorance...", *cit.*, p. 741. Em qualquer caso, como nota Beignier, «renúncia tácita não é renúncia presumida» – Bernard Beignier, *Droit du Contrat...*, *cit.*, p. 134 (trad. nossa) – implicando sempre

contrato, sobretudo em modalidades de seguro que apresentem sinistros regulares e de liquidação, em grande medida, automatizada. Também neste caso, o estabelecimento do prazo de três meses (nº 2 do artigo 25º e nº 1 do artigo 26º da LCS) – considerado pelo legislador como necessário e suficiente para que o segurador possa analisar e decidir a questão – ficaria prejudicado. É que, num seguro (p. ex., de doença) com frequentes sinistros, o decurso desse prazo não poderia, sem injustificado prejuízo para o segurado, levar à suspensão da regularização de sinistros[1652].

Vários são os casos pontuais de confirmação reconhecidos, justamente, pela jurisprudência nacional[1653]. Para além dos indicadores acima analisados, outros

---

um acto de vontade do segurador. Sobre a questão, cfr. também Maurice Picard e André Besson, *Les Assurances...*, *cit.*, p. 160; Yvonne Lambert-Faivre, *Droit des Assurances*, *cit.*, p. 249; e James Landel, *Fausses Déclarations...*, *cit.*, pp. 45 ss. Neste sentido, cfr. o Ac. TRL de 13/03/2007 – Proc. 10766/2006-1 (Rui Vouga), que reconhece haver confirmação «[...] quando a seguradora emite o recibo de pagamento, através do qual reconhece a contraparte como beneficiária do mesmo, numa altura em que já tem conhecimento do teor do relatório elaborado pelo médico assistente do segurado».

[1652] Reconhecendo a confirmação tácita por regularização do sinistro, veja-se o Ac. TRC de 19/02/2004 – Proc. 3587/03 (Jorge Arcanjo): «não obstante saber, à data do acidente, que o contrato era nulo, a Ré procedeu ao pagamento de parte das despesas do Autor, e entregou-lhe até, por conta da indemnização a pagar a final, a quantia de 180.000$00, suportando também as despesas do outro sinistrado, o que significa que assumiu a responsabilidade, com base no contrato de seguro, actuando de modo a criar a convicção de que não seria invocada a tal nulidade. [...] Perante os elementos factuais disponíveis, há que afrontar o problema em sede da *tutela da confiança* e do *venire contra factum proprium*, como uma das manifestações do abuso de direito. [...] Sendo assim, ao vir arguir a nulidade dois anos depois, apenas quando confrontada com a acção judicial, revela um comportamento obviamente contraditório com a posição anteriormente assumida, e com flagrante violação do princípio da boa fé, sendo, por isso, manifestamente abusivo o seu direito (art. 334º do CC)».

[1653] Cfr, p. ex., o Ac. TRP de 19/10/2010 – Proc. nº 2328/05.4TBSTS.P1 (Maria Cecília Agante): «[...] em 20-06-2001, o H dirigiu à ré uma carta em que comunicava que o autor B, com a conta nº ... e com seguro de vida associado ao crédito hipotecário apólice nº ..., solicitava o accionamento do seguro por via da atribuição pela Autoridade Regional de Saúde do Norte de uma incapacidade para o trabalho de 80%, por padecer de um adenocarcinoma do recto e das trompas uterinas, com a menção de seguirem em anexo documentos [...]. A seguradora, a essa comunicação, respondeu do seguinte modo: "Acusamos a recepção da documentação enviada aos nossos serviços, cujo conteúdo mereceu a nossa melhor atenção. Após apreciação pelo nosso Director Clínico, cumpre-nos informar V.Exªs que a situação clínica foi considerada pré-existente à data da contratação da Ap. nº ...., que teve o seu início em 1 de Setembro de 2000. Neste sentido e ao abrigo da Condição 3ª, nº 1, das Condições Gerais da referida apólice, que anexamos, não haverá lugar ao pagamento da respectiva indemnização. Assim, vamos dar por encerrado o processo, mantendo a apólice em vigor apenas para a Cobertura Morte". [...] A comunicação da seguradora é uma clara manifestação no sentido de que, apesar de conhecer o estado de saúde da segurada, essa circunstância não influía nas condições contratuais pré-definidas. Tendo a seguradora constatado a inexactidão/

poderão ser, de resto, considerados: a emissão da apólice, o exercício de direitos resultantes da apólice, a efectivação de alterações ao contrato, etc.[1654]. Em qualquer dos casos, porém, sempre haverá que aferir se a intenção convalidatória é inequívoca.

V. Por vezes é configurado como abuso do direito ou, pelo, menos, como um comportamento oportunista[1655], o facto de o segurador só vir invocar o incumprimento do dever de declaração do risco quando confrontado com a ocorrência do sinistro. Nesta perspectiva, o facto de o segurador não investigar a declaração pré-contratual do proponente e de cobrar paulatinamente os prémios configuraria um *factum proprium* gerador de legítima confiança na contraparte, a qual viria ser posta em causa com o *venire* consubstanciado na impugnação do contrato subsequente à participação do sinistro[1656].

Não cremos que, em regra, esta perspectiva proceda. É que o fundamento do dever de declaração do risco decorre precisamente da assimetria informativa, em que o segurador é deficitário. Não faria sentido, por outro lado, estabelecer

---

reticência da declaração antes da materialização do sinistro, poderia ter imposto novas condições para o seguro ou declarar a sua anulação. [...] De todo o modo, o comportamento confirmativo da manutenção do contrato não se restringe ao conteúdo declarativo. A seguradora continuou a cobrar e, consequentemente, o autor e a esposa a pagar, o prémio de seguro relativo à apólice [...]. Ante o exposto, entendemos que, após a cessação do vício, a conduta da seguradora, a quem pertencia o direito de anular o negócio, conhecedora do vício que o enfermava, das suas consequências e do seu direito de anulação, é reveladora da confirmação do contrato de seguro que de anulável passou a definitivamente válido para o passado e para o futuro». O acórdão reconheceu ainda que a posterior invocação da invalidade do contrato, em contradição com a anterior confirmação, constituía abuso do direito.

[1654] Sobre a problemática na *common law*, cfr. Peter MacDonald Eggers *et al.*, *Good Faith...*, *cit.*, pp. 514 ss.

[1655] Júlio Gomes, "O dever de informação do (candidato a) tomador...", *cit.*, p. 391.

[1656] A problemática surge, por vezes, reflectida na jurisprudência. Veja-se, p. ex., o Ac. STJ de 06/11/2007 – Proc. 07A3447 (Nuno Cameira): «no âmbito da aplicação da norma do artigo 429º do Código Comercial deve entender-se que a seguradora está vinculada a certos deveres, designadamente o de controlar a exactidão das respostas do tomador do seguro envolvendo a extensão dos riscos a cobrir e a propriedade das coisas objecto do seguro. [...]». Neste sentido, cfr. o Ac. TRE de 07/07/2011 – Proc. nº 1576/09.2TBPTM.E1 (António Cardoso): «não se entende como é que a seguradora aceita celebrar um contrato de seguro sem se certificar da correcção das informações constantes na proposta relativamente ao risco que assume». Em sentido diverso, cfr. o Ac. TRL de 15/04/2010 – Proc. nº 421/07.8TCFUN.L1-6 (Granja da Fonseca): «uma das características essenciais do contrato de seguro é ser um contrato de boa fé [...]. Esta característica não visa reforçar a necessidade das partes actuarem, tanto nos preliminares, como na formação do contrato, de boa fé (artigo 227º, nº 1, 1ª parte CC) mas sim realçar a necessidade de o tomador de seguro (e o segurado) actuar com absoluta lealdade, uma vez que a empresa de seguros não controla a veracidade destas [declarações] no momento da subscrição».

um ónus de investigação a cargo do segurador em simultâneo com um dever de informação a cargo do proponente. E é precisamente porque o contrato de seguro é qualificável como de *uberrima fides* que o segurador deve poder confiar na declaração do proponente, não tendo de testar a respectiva veracidade[1657]. É, assim, natural que só na sequência da participação do sinistro e da investigação das respectivas circunstâncias o segurador se aperceba de que a declaração do risco padecia, afinal, de omissões ou inexactidões[1658], não se reconhecendo a existência de um dever de investigação pelo segurador, ou sequer de verificação da veracidade das informações do proponente quando a incoerência ou inverosimilhança não resultem das mesmas[1659].

VII.5. DEVER DE ESCLARECIMENTO DO SEGURADOR (Nº 4 DO ARTº 24º)

I. Numa disposição saudada por alguma doutrina[1660], na perspectiva da defesa do tomador, estabelece o nº 4 do artigo 24º da LCS que o segurador, antes da celebração do contrato, deve esclarecer o eventual tomador do seguro ou o segurado acerca do dever de declaração do risco, bem como do regime do seu incumprimento, sob pena de incorrer em responsabilidade civil, nos termos gerais[1661].

[1657] A facilidade de confirmação da exactidão das respostas é um falso argumento. Na verdade, essa "facilidade" sempre será uma questão de grau, e não de espécie. Todas as respostas são mais ou menos fáceis (ou mais ou menos difíceis) de conferir.

[1658] Como refere Viterbo, no contrato de seguro, o carácter de *máxima boa fé* do contrato impõe ao proponente um dever de lealdade susceptível de fundar a confiança do segurador, sem que possa ser assacada a este a falta de controlo sobre as informações prestadas – Camillo Viterbo, "Le dichiarazioni...", *cit.*, cols. 63-64. E acrescenta: «isso significa que ao segurador não incumbe de qualquer forma o dever de controlar pelos seus próprios meios a exactidão das declarações que lhe faz o segurado, e que o erro em que o segurador incorre em consequência delas é para ele sempre um erro desculpável» – *idem*, col. 64 (trad. nossa).

[1659] Virginia Bado Cardozo, *El Riesgo...*, *cit.*, p. 129. Francisco Salavessa fala, a propósito do nº 3 do artigo 24º, de um «dever de averiguação da veracidade dos factos declarados e que, em função do seu teor e enquadramento, sejam susceptíveis de causar dúvidas a um segurador medianamente diligente» – Francisco Salavessa, *Formação...*, *cit.*, p. 25. Porém, não está aqui em causa a descoberta da verdade, mas tão só o esclarecimento das incongruências, imprecisões e lacunas manifestas. Garantido esse esclarecimento, continuará o proponente a responder pela realidade dos factos que haja declarado sem que se configure a existência de um dever de indagação na esfera do segurador.

[1660] Júlio Gomes, "O dever de informação do (candidato a) tomador...", *cit.*, pp. 420 ss.

[1661] Arnaldo Oliveira estabelece um reparo à fórmula do preceito no sentido de que a mesma se deveria reportar, não apenas ao nº 1 do artigo 24º, mas igualmente ao respectivo nº 2 «caso o processo de declaração inclua um questionário» – Arnaldo Oliveira, "Artigo 24º – Anotação", *in* Pedro Romano Martinez *et al.*, *LCS Anotada*, *cit.*, p. 145. Esta perspectiva parece assentar numa bipartição do dever de declaração – que divisa o nº 1 como aplicável aos casos em que não exista questionário e o nº 2 àqueles em que o segurador o apresente – defendendo, portanto, que o nº 2 tem um âmbito de aplicação e um alcance normativo substancialmente diverso do nº 1. Como oportunamente referimos, discordamos desta posição, entendendo que o nº 1 define unitária e

Há exemplos de semelhantes deveres de informação em outros ordenamentos, como a alínea 5 do § 19º da VVG alemã vigente; ou a Secção 22(1) do ICA australiano[1662]. Como precedente legislativo, entre nós, poder-se-á citar o dever de informação do cliente de seguro obrigatório de responsabilidade civil automóvel sobre o direito de regresso do segurador (nº 2 do artigo 27º da LSORCA)[1663].

II. Alguma doutrina defende que a maioria dos tomadores desconhece a existência do dever de declaração do risco e, consequentemente, as consequências do respectivo incumprimento[1664]. Não sendo os mesmos evidentes – sobretudo em contexto de contratação massificada, automatizada ou à distância – o estabelecimento do dever informativo, a cargo do segurador, sobre a necessidade de declaração pré-contratual do risco, mesmo quando a informação haja sido prestada em contratos anteriores, revela-se particularmente justificado[1665]. A solução afigura-se também especialmente pertinente nos casos em que não existe um questionário ou uma pergunta genérica sobre a declaração do risco no formulário da proposta de seguro, podendo criar a convicção de que o contrato ficará automática e validamente celebrado sem necessidade de quaisquer declarações adicionais[1666]. O fundamento do dever imposto ao segurador assenta, assim, na boa fé, como princípio que vincula ambas as partes no contrato de seguro, e num imperativo de cooperação do segurador no sentido de auxiliar o proponente a, por seu turno, cumprir o seu dever de declaração do risco[1667].

III. O dever consagrado constitui uma curiosa excepção ao princípio *ignorantia iuris non excusat*. Na verdade, tem ampla aceitação na doutrina e jurisprudência a regra geral, segundo a qual, não existe um dever pré-contratual de informação

integralmente o dever de declaração – quer exista ou não questionário – e que o nº 2 comporta uma mera clarificação sem um alcance regulador autonomizável. Será, aliás, essa a razão porque o nº 4 do mesmo artigo apenas faz incidir o dever de esclarecimento do segurador sobre o dever formulado no nº 1 (sem qualquer referência, por desnecessária, ao nº 2).

[1662] Cfr. Anthony A. Tarr e Julie-Anne Tarr, "The insured's...", *cit.*, pp. 599 ss.; e Bernard Rudden, "Disclosure...", *cit.*, p. 6.

[1663] Arnaldo Oliveira, "Artigo 24º – Anotação", *in* Pedro Romano Martinez *et al.*, *LCS Anotada*, *cit.*, p. 145.

[1664] M. E. Steindorff, "Certains aspects...", *cit.*, pp. 221-222.

[1665] Comité Européen des Assurances, "8ème Colloque...", *cit.*, p. 308.

[1666] Já quando existe questionário, a advertência do segurador quanto à necessidade de lhe responder com verdade afigura-se redundante, como verte do Ac. STJ de 06/07/2011 – Proc. nº 2617/03.2TBAVR.C1.S1 (Alves Velho).

[1667] Carlos Harten, *El Deber...*, *cit.*, p. 95. Arnaldo Oliveira alude igualmente a um «propósito de incremento do cumprimento de deveres dos tomadores de seguro e segurados» – Arnaldo Oliveira, "Artigo 24º – Anotação", *in* Pedro Romano Martinez *et al.*, *LCS Anotada*, *cit.*, p. 145.

que incida sobre o conteúdo de normas imperativas[1668], já que, como resulta do artigo 6º do CC, a ignorância ou má interpretação da lei não justifica a falta do seu cumprimento nem isenta as pessoas das sanções nela estabelecidas[1669].

Não obstante, como nota Ana Prata, encontra-se hoje posta em causa a perspectiva da irrelevância do erro de Direito – ou, noutro prisma, a de que a *ignorantia iuris* é sempre indesculpável – devendo a diligência dos sujeitos ser apreciada em concreto, atendendo, designadamente, ao seu nível cultural e de literacia[1670]. Para além do dever de uma das partes de inteirar-se das normas aplicáveis, refere a autora o dever, a cargo da outra, de «avisar a contraparte da necessidade de observar dada conduta ou de preencher certo requisito, imposto legalmente»[1671]. O incumprimento deste dever de informação importaria, assim, a responsabilidade pré-contratual do obrigado, nos termos do referido artigo 227º do CC. Ora, o nº 4 do artigo 24º comporta, precisamente uma regra especial neste domínio, impondo ao segurador um dever de informação sobre o âmbito do dever legal a cargo da contraparte e onerando-o com o risco da ignorância, pelo proponente, de norma legal imperativa, constituindo, em certa medida, um desvio ao princípio consagrado no artigo 6º do CC.

A solução legal, porém, não é incontestável. É que, desde logo, o requisito de relevância previsto no nº 1 do artigo 24º parece pressupor a consciência do dever de declarar o risco. Quem, razoavelmente, *deva ter* determinadas circunstâncias *por significativas para a apreciação do risco pelo segurador* não poderá deixar de representar o dever de as informar a este. Por outro lado, sobretudo quando haja um questionário, a resposta inexacta ao mesmo ou a omissão de dados especificamente perguntados não pode deixar de ser entendida como representando, para qualquer respondente, um comportamento reprovável e, não só anti-ético, mas mesmo anti-jurídico: dificilmente poderá o proponente alhear-se do dever de responder com exactidão e justificar o incumprimento com a falta de consciência

---

[1668] Paolo Gallo, "Asimmetrie...", *cit.*, p. 678.

[1669] No âmbito de vigência do CCom, considerou o Ac. TRP de 06/11/2007 – Proc. 0724884 – Guerra Banha: «[...] A questão da nulidade do contrato aqui em causa tem que ser apreciada [não no âmbito das cláusulas contratuais, mas] apenas à luz do preceito do art. 429º do Código Comercial, cujo desconhecimento, neste caso, já não pode ser invocado pelos segurados para justificar o seu eventual incumprimento, como resulta do disposto no art. 6º do Código Civil».

[1670] Ana Prata, *Notas...*, *cit.*, pp. 105-107.

[1671] Ana Prata, *Notas...*, *cit.*, p. 107. Este dever, decorrente da regra geral do artigo 227º do CC, seria, de resto, equacionado em função da condição concreta das partes: «a existência do dever de conhecimento do direito e da obrigação de informação e esclarecimento da outra parte depende em grande medida da verificação de que um dos contraentes – pela sua natureza profissional, experiência negocial ou preparação cultural – está particularmente habilitado tecnicamente quanto ao contrato em causa, enquanto o outro – por carência daquelas qualidades – se encontra especialmente exposto a cometer erros por desconhecimento do direito» – *idem*, p. 107.

da ilicitude. Neste contexto, o imperativo axiológico-normativo de declaração exacta impõe-se por si, não relevando, para efeitos de exculpação, o conhecimento da cominação do incumprimento[1672].

A solução consagrada no nº 4 do artigo 24º não é, em qualquer caso, assimilável à perspectiva de que o desconhecimento do dever de declaração do risco e das consequências do respectivo incumprimento corresponderia, de algum modo, a um afastamento da culpa do proponente por falta de consciência da ilicitude. De facto, como nota Vaz Serra, a falta de conhecimento, pelo lesante, da anti-juridicidade de uma conduta «só em casos especiais é desculpável, pois, se há dúvida acerca do direito, tem o agente o dever de se esclarecer com diligência particular»[1673]. De outra forma, a consequência da falta de esclarecimento por parte do segurador seria considerar-se existir um incumprimento *não culposo* do dever de declaração do risco, inoponível ao tomador do seguro nos termos da LCS. Voltaremos a esta questão a propósito da cominação do nº 4 do artigo 24º.

IV. Relativamente ao seguro de grupo, a LCS não define claramente se o dever constante do nº 4 do artigo 24º incide sobre o segurador ou sobre o tomador do seguro, nada se estabelecendo, para o efeito, no nº 1 do artigo 78º. Arnaldo Oliveira entende que, por acordo entre segurador e tomador do seguro, pode ser deferido a este o cumprimento daquele dever informativo, embora a sanção pelo incumprimento deva recair sempre sobre o segurador (ainda que com direito de regresso contra o tomador do seguro)[1674].

Atento o teor literal do nº 4 do artigo 24º – e no silêncio do artigo 78º – cremos que, efectivamente, o dever recai sobre o segurador, assim como as consequências do incumprimento, sem prejuízo de o cumprimento ser contratualmente deferido a outrem (no caso, ao tomador). Em termos práticos, o segurador poderá cumprir o dever inserindo a informação no eventual questionário que os candidatos a segurados (pessoas seguras, nos seguros de pessoas) haverão de preencher para possibilitarem a análise do risco. Desta forma, garante o segurador o cumprimento do dever – e a prova desse cumprimento – ainda que sem contacto directo com aqueles candidatos.

[1672] Na verdade, um dos requisitos do dolo em sede de responsabilidade civil (ou criminal) é a consciência da ilicitude do comportamento do agente, o que não implica o conhecimento, por este, dos exactos termos da norma violada ou da cominação prevista para o incumprimento do dever – Adriano Vaz Serra, "Culpa...", *cit.*, p. 75.

[1673] Adriano Vaz Serra, "Culpa...", *cit.*, p. 63. Em Direito penal, a falta de consciência da ilicitude afasta o dolo, mas a possibilidade de tomar conhecimento do desvalor da acção implica negligência Manuel Cavaleiro de Ferreira, *Lições...*, Vol. I, *cit.*, p. 203.

[1674] Arnaldo Oliveira, "Artigo 24º – Anotação", *in* Pedro Romano Martinez *et al.*, *LCS Anotada*, *cit.*, p. 144, n. 213.

V. Sendo o contrato celebrado com intervenção de mediador de seguros, incumbirá ao mediador o dever previsto no nº 4 do artigo 24º da LCS, nos termos da alínea e) do artigo 29º e da alínea a) do artigo 31º, ambos da LMS. Esta última disposição consagra, aliás, o dever de o mediador informar o proponente dos direitos e deveres que decorrem da celebração do contrato, importando o incumprimento de tal dever, para além de eventual responsabilidade civil, a responsabilidade contra-ordenacional por prática de contra-ordenação grave (alínea h) do artigo 77º do referido diploma)[1675].

Sempre poderá defender-se, é certo, que o dever que incide sobre o mediador se reporta à informação sobre os direitos e deveres contratuais (os que, como refere a alínea a) do artigo 31º, *decorrem da celebração de contratos de seguro*), o que não seria o caso do dever de declaração do risco. Desde logo, porque se trataria de um *dever pré-contratual*, não decorrendo da celebração do contrato, mas colocando-se em momento anterior (e independentemente) da efectiva conclusão do contrato. Por outro lado, porque constituiria um *dever legal*, não resultando, portanto da celebração do contrato. Em qualquer caso, afigura-se uma argumentação de um inconsequente formalismo literal.

De resto, nos termos do artigo 29º da LCS, quando o contrato de seguro seja celebrado com intervenção de um mediador de seguros, para além dos deveres de informação específicos estabelecidos na LMS, está este também obrigado aos deveres de informação que onerem o segurador, constantes da Secção II do Capítulo II do Título I da LCS (artigos 18º a 26º). Entre eles encontra-se, portanto, o dever de informação decorrente do nº 4 do artigo 24º.

Finalmente, dir-se-á, a cominação para o nº 4 do artigo 24º da LCS (responsabilidade civil do segurador) sempre estará dependente do desconhecimento, pelo proponente, do seu dever de informação e das consequências do respectivo incumprimento. Isto implica, por seu turno, que aquela informação, apreendida directamente pelo proponente ou prestada por outrem, ainda que não no cumprimento de um dever, tornam inaplicável a cominação estabelecida no nº 4 do artigo 24º, já que, em caso algum poderia então o tomador do seguro vir invocar um dano decorrente daquele desconhecimento[1676].

[1675] Assim, entende Arnaldo Oliveira que, em caso de cumprimento do dever informativo pelo mediador, estaria dispensado o seu cumprimento pelo segurador – Arnaldo Oliveira, "Artigo 24º – Anotação", *in* Pedro Romano Martinez *et al.*, *LCS Anotada, cit.*, p. 145. Por seu turno, considera Júlio Gomes que o dever que incide sobre o segurador só poderá ser cumprido pelo mediador que, nos termos do nº 2 do artigo 31º da LCS, tenha poderes de representação para o efeito – Júlio Gomes, "O dever de informação do (candidato a) tomador...", *cit.*, p. 421.

[1676] Também neste sentido, Júlio Gomes, "O dever de informação do (candidato a) tomador...", *cit.*, p. 421.

Por seu turno, verificando-se a representação, legal ou voluntária, do candidato a tomador do seguro, a informação requerida pelo nº 4 do artigo 24º haverá de ser prestada ao representante, e não ao representado[1677].

VI.   Arnaldo Oliveira considera que, nos termos das alíneas a) e b) do nº 3 do artigo 37º da LCS, sendo o dever de declaração do risco expressamente referido no texto da apólice, o mesmo deverá constar em caracteres destacados e de maior dimensão do que os demais[1678]. Pela nossa parte, não partilhamos desta perspectiva, considerando que a *ratio* do nº 3 do artigo 37º consiste na necessidade de alertar especialmente o tomador do seguro para cláusulas de maior relevância na definição dos direitos e deveres *que resultam do contrato*. Ora, o dever de declaração do risco emerge da lei (e não de uma cláusula contratual) e vigora independentemente da sua transposição para o contrato (que, a ocorrer, não lhe confere, por isso, carácter convencional). Por outro lado, como temos vindo a referir, trata-se de um dever pré-contratual – cujo cumprimento terá, portanto, de se verificar antes da conclusão do contrato – pelo que sempre será irrelevante que, posteriormente, o contrato, formalizado e titulado pela apólice, contenha qualquer referência a tal dever. Ora, como a referência contratual a esse dever é, não só facultativa, mas desnecessária ou até inútil, não parece fazer sentido que se requeira a sua inscrição em caracteres destacados e de maior dimensão. Seria até contraditório que, simultaneamente, se prescindisse da transcrição do dever pelo segurador mas, optando este por efectuá-la, se exigisse então que fosse feita em caracteres destacados.

VII.   As consequências do incumprimento divergem nos Direitos estrangeiros. Enquanto no ordenamento australiano, por exemplo, o incumprimento do segurador é causa de inimpugnabilidade do contrato por incumprimento do dever de descrição do risco (excepto se este incumprimento for doloso), no caso português o incumprimento do segurador dá lugar a responsabilidade civil, nos termos gerais[1679].

A actual remissão para as regras da responsabilidade civil, sem deixar de envolver e responsabilizar o segurador no que concerne a declaração inicial do

---

[1677] Neste sentido, Helena Tapp Barroso, "Representação", *cit.*, pp. 151-152.

[1678] Arnaldo Oliveira, "Artigo 24º – Anotação", *in* Pedro Romano Martinez *et al.*, *LCS Anotada*, *cit.*, p. 146.

[1679] Da versão do projecto sujeita a consulta pública a partir de Julho de 2007 constava, como consequência do incumprimento do dever informativo constante do nº 4, em análise, o mesmo regime que decorre do nº 3: a inimpugnabilidade do contrato pelo segurador. Da versão final aprovada consta já, como consequência do incumprimento, a responsabilidade civil do segurador, nos termos gerais.

risco, supera algumas limitações da solução referida. Desde logo, não faz depender a aplicabilidade do regime da declaração do risco (artigos 24º a 26º da LCS) do cumprimento do nº 4 do artigo 24º. Por outro lado, convoca cumulativamente vários requisitos para a penalização do segurador pela falta de esclarecimento, nomeadamente a existência de um dano e de uma relação de causalidade entre a omissão de esclarecimento e esse dano (implicando, portanto, que o tomador do seguro ou segurado inadimplente efectivamente desconhecesse o regime legal).

A solução adoptada pelo regime português – mais coerente e justa do que a da inimpugnabilidade[1680] – remetendo para o regime geral da responsabilidade civil e deixando ao tomador faltoso o ónus da prova dos pressupostos da mesma, limita, em grande medida, o alcance prático do preceito, considerando igualmente a complexidade das questões técnico-jurídicas envolvidas e a difícil compatibilização do cumprimento do dever com o carácter massificado do processo de contratação[1681]. As apontadas dificuldades decorrem, muito especialmente, da aferição do dano e do nexo de causalidade entre a falta de esclarecimento e esse dano. Em qualquer caso, a cominação estabelecida para o incumprimento, pelo segurador, do dever de esclarecimento definido – que já resultaria do nº 1 do artigo 23º (literalmente aplicável ao «incumprimento dos deveres de informação e de esclarecimento previstos no presente regime») – reveste-se de alguma redundância.

Finalmente, cumpre também referir que a responsabilidade civil, *nos termos gerais*, em que incorre o segurador – considerando que está em causa um dever de informação pré-contratual – deve acompanhar os pressupostos da *culpa in contrahendo*[1682]. Embora esteja em causa um regime especial, o recurso ao artigo 227º do CC sempre poderá verificar-se, quer como auxiliar de interpretação, quer em termos de complementação[1683].

VIII. Como referimos, a solução adoptada na LCS – remetendo para as regras da responsabilidade civil geral – não é isenta de dificuldades. Elas entrecruzam-se em duas vertentes problemáticas: a quantificação do dano e a determinação do nexo de causalidade, a que acresce a problemática da culpa do lesado. Desde logo,

---

[1680] Esta poder-se-ia revelar extremamente iníqua, penalizando o segurador, não pela ignorância *substancial* da lei por parte do tomador do seguro ou segurado, mas pela mera falta *processual* de esclarecimento (independentemente, até, de o tomador do seguro ou segurado ser um profundo conhecedor do regime legal), dando facilmente guarida a situações de fraude.

[1681] Filipe Albuquerque Matos, *Uma Outra Abordagem...*, *cit.*, pp. 620-621.

[1682] Franz Haymann, "La colpa...", *cit.*, p. 159-160; Pedro Romano Martinez, "Artigo 24º – Comentários complementares", *in* Pedro Romano Martinez *et al.*, *LCS Anotada*, *cit.*, p. 154.

[1683] Neste sentido, embora reportando-se a outros deveres pré-contratuais do segurador, António Menezes Cordeiro, *Tratado...*, I, Tomo I, *cit.*, p. 524.

somos confrontados com algumas perplexidades no apuramento do dano (a determinar por comparação entre a situação patrimonial real do lesado e a situação hipotética que existiria se não se tivesse verificado o facto que obriga à reparação – artigo 562º do CC). Assim, da simples ausência de esclarecimento sem que o proponente haja incumprido o dever de declaração do risco não parece resultar qualquer dano, tal como sucederá no caso em que o proponente tenha incumprido tal dever mas o segurador não tenha impugnado o contrato. Considere-se ainda o caso em que tal incumprimento tenha ocorrido e em que o segurador o haja invocado sem que o sinistro se tenha produzido. Mesmo em tal caso, nenhum dano há a registar no quadro da alínea a) do nº 1 do artigo 26º da LCS. Só no caso da alínea b) do mesmo nº, ou no dos nºs 1 e 2 do artigo 25º, haverá que apelar para a teoria da *culpa in contrahendo*, no quadro da qual importa determinar qual o dano ressarcível (indemnização pelo interesse contratual negativo ou positivo). Aqui caberá questionar se a indemnização deverá consistir na devolução dos prémios pagos (interesse contratual negativo) – o que descura o benefício imaterial, mas quantificável, correspondente à segurança auferida, equivalente, precisamente, ao valor do prémio – ou se a mesma se traduzirá na reparação *in natura*, correspondente à manutenção do contrato (interesse contratual positivo)[1684].

Consideremos a situação – talvez mais frequente – em que tenha ocorrido o sinistro (cujas circunstâncias sejam reveladoras das omissões ou inexactidões) e em que o segurador pretenda prevalecer-se destas para impugnar o contrato. Para quem defenda a ressarcibilidade apenas do interesse contratual negativo (dano de confiança), a perda da garantia traduz-se no cômputo dos danos emergentes (e lucros cessantes) que o tomador do seguro não teria tido se não tivesse contratado. Limitar-se-ão, afinal, em regra, à mera devolução dos prémios. Será esta, aliás, a medida do dano no caso em que o segurador jamais houvesse aceitado o risco real, se o tivesse conhecido. Para quem defenda, como é o nosso caso, que também possa haver indemnização pelo interesse contratual positivo (interesse no cumprimento), tratar-se-á de colocar o lesado na situação em que estaria se não tivesse produzido declarações com inexactidões ou omissões. Reconhecer-se-á, aqui, a ressarcibilidade dos sinistros ocorridos, mas tendo por contrapartida o reajustamento do prémio para o montante que houvesse de resultar do conhecimento, pelo segurador, do risco real. Numa perspectiva pragmática, e visando a unidade e coerência do sistema, defendemos a aplicação analógica da solução que resulta, afinal, da alínea a) do nº 4 do artigo 26º da LCS[1685].

[1684] A esta solução se chegaria invocando as regras do abuso do direito: perante a impugnação do contrato pelo segurador, poderia o tomador excepcionar com o abuso do direito e pedir a manutenção do contrato.

[1685] Pedro Romano Martinez remete, no cômputo do dano, para a comparação entre o resultado da não cobertura do sinistro e o que existiria se o tomador tivesse declarado exactamente o risco.

Em suma, quanto ao requisito do dano, constatamos que o mesmo é, em certos casos, inexistente (ausência de um "dano de ignorância"), e que, nos demais, se evidenciam as dificuldades de apuramento do respectivo valor e, muito parti-

Se esta declaração houvesse conduzido à aplicação de um sobreprémio, o dano seria a diferença entre a prestação por sinistro devida pelo segurador e os sobreprémios devidos pelo tomador. Se a referida declaração exacta do risco houvesse conduzido à recusa do risco por qualquer segurador, o dano corresponderia ao valor dos prémios pagos – Pedro Romano Martinez, "Artigo 24º – Comentários complementares", *in* Pedro Romano Martinez *et al.*, *LCS Anotada, cit.*, pp. 154-155. Fazendo eco deste prisma, Joana Galvão Teles, "Deveres...", *cit.*, p. 266. Perspectiva diversa é defendida por Júlio Gomes. Relativamente aos casos em que tenham ocorrido omissões ou inexactidões negligentes e em que tenha havido um sinistro, o *dano* resultaria, segundo o autor, da diferença entre a prestação por sinistro contratualmente prevista e a prestação proporcional calculada nos termos da alínea a) do nº 4 do artigo 26º da LCS – Júlio Gomes, "O dever de informação do (candidato a) tomador...", *cit.*, p. 422. Não acompanhamos aqui o autor, já que, se a declaração do risco tivesse sido exactamente cumprida, o prémio cobrado pelo segurador teria sido mais elevado. Ora, essa proporção – reportada à prestação por sinistro – é já consagrada na solução prevista na alínea a) do nº 4 do artigo 26º. Quando muito, o purismo aritmético poderia impor a diferença entre a prestação contratual e a legal, acima referidas, deduzida dos sobreprémios que o segurador teria cobrado se conhecesse o risco real – solução que, dependendo da antiguidade do contrato à data do sinistro, poderia ser até mais gravosa para o tomador do que a que já resulta da alínea a) do nº 4 do artigo 26º. Ainda segundo o autor, na situação em que o segurador em caso algum tivesse celebrado o contrato se tivesse tido conhecimento do risco real (alínea b) do nº 4 do artigo 26º) e se houvesse outro segurador disposto a fazê-lo, o dano consistiria na diferença entre a prestação por sinistro contratualmente prevista e a soma dos sobreprémios que o outro segurador teria cobrado por aquela cobertura, pelo período decorrido até à ocorrência do sinistro – *ibidem*. Neste caso, que consideramos de difícil verificação (atenta a uniformidade das práticas de avaliação do risco e tarifação no mercado segurador), há que considerar que o sobreprémio a cobrar pelo outro segurador poderia ser de tal monta – próximo do próprio capital seguro – que não houvesse dano a considerar. Finalmente, se o segurador em caso algum tivesse celebrado o contrato se tivesse tido conhecimento do risco real e não houvesse outro segurador disposto a fazê-lo, não existiria dano (considerando a obrigação de devolução dos prémios prevista na alínea b) do nº 4 do artigo 26º da LCS) – *ibidem*. Já relativamente ao caso das omissões ou inexactidões dolosas em que o contrato seja impugnado e se verifique a ocorrência do sinistro, o dano haveria de corresponder à cobertura integral do sinistro, o que nos coloca perante um paradoxo: é que, sendo mais reprovável a conduta do proponente (o que determina precisamente uma sanção mais severa do ordenamento), não faz sentido que o tomador saia mais beneficiado do que estaria se a sua culpa se situasse ao nível da mera negligência. Por outras palavras, não faz sentido que a sanção consagrada pelo ordenamento à conduta do proponente seja, afinal, suportada pela parte directamente lesada por esse comportamento (o segurador). Decerto ciente deste paradoxo, refere Júlio Gomes, relacionando o problema com a questão do nexo de causalidade, que «caso haja dolo do tomador do seguro, mormente dolo com o propósito de obter uma vantagem, o cálculo do dano sofrido em virtude de o segurador não ter cumprido o seu dever de informação torna-se uma operação ainda mais divinatória porquanto não é fácil prever, quanto a nós, como é que se teria comportado quem agiu com a intenção de prejudicar a seguradora se soubesse quais as consequências legais da sua conduta, o que, no fim de contas, é questionar qual a própria eficácia preventiva da lei» – *idem*, p. 31.

cularmente, de prova (a cargo do lesado). A questão, porém, não fica resolvida ao nível deste requisito. Mais importante do que apurar a existência de um dano é determinar em que medida o mesmo resulta – e é, portanto, imputável – à omissão de informação do segurador.

IX. Ainda que se consiga determinar a existência de um dano e o seu valor, logo se colocam dificuldades quanto à identificação de um nexo de causalidade entre a falta do dever de esclarecimento do segurador e o eventual dano do proponente que haja, por seu turno, incumprido o dever de declaração do risco. Não faltam, aliás, vozes na doutrina que neguem a existência de tal nexo[1686]. Consideremos, para o efeito, a seguinte sequência de eventos: o segurador não esclarece o proponente quanto ao dever consagrado no nº 1 do artigo 24º da LCS nem quanto ao regime do seu incumprimento; o proponente pratica omissões ou inexactidões relevantes; o contrato é concluído; ocorre um sinistro; o segurador descobre as omissões ou inexactidões; o segurador impugna o contrato; o dano resultante do sinistro não é indemnizado pelo segurador. Ora, é certo que existe uma aparente linha causal entre a falta de esclarecimento, pelo segurador, e a lesão patrimonial do segurado.

No quadro da *doutrina da causalidade adequada* dir-se-á que, nas palavras de Almeida Costa, «considera-se causa de um prejuízo a condição que, em abstracto, se mostra adequada a produzi-lo»[1687], isto é, a que, de acordo com o normal curso dos factos, tende a produzi-lo. Nos termos da fórmula do artigo 563º do CC – que acolhe esta doutrina[1688] – a obrigação de indemnização só existe em relação aos danos que o lesado *provavelmente* não teria sofrido se não fosse a lesão[1689]. A adequação terá de ser aferida, assim, segundo um juízo de *prognose póstuma*, incluindo, não só as circunstâncias normalmente adequadas a produzirem o resultado, mas também as anormais que fossem conhecidas ou cognoscíveis do agente[1690].

Neste quadro, a responsabilidade civil do segurador depende de um duplo nexo causal, de verificação pouco exequível. Assim, de acordo com o *primeiro*

[1686] Cfr., p. ex., Luc Mayaux, "L'ignorance...", *cit.*, p. 743.

[1687] Mário Almeida Costa, *Direito das Obrigações*, *cit.*, p. 763.

[1688] Mário Almeida Costa, *Direito das Obrigações*, *cit.*, pp. 766 ss.; Jorge Ribeiro de Faria, *Direito das Obrigações*, Vol. I, *cit.*, p. 505.

[1689] O teste da *adequação* pode ser efectuado a partir das condições que concorrem para a produção do dano (*conditio sine qua non*), excluindo-se as que, como afirma Almeida Costa, «de acordo com a experiência comum e dadas as circunstâncias do caso, não se possa afirmar, em termos de probabilidade, que o facto originaria normalmente o dano» – Mário Almeida Costa, *Direito das Obrigações*, *cit.*, p. 763.

[1690] Luís Menezes Leitão, *Direito das Obrigações*, Vol. I, *cit.*, p. 361.

nexo, o incumprimento do dever do segurador terá de ter sido causa adequada do incumprimento do dever de declaração do risco. Ora, não cremos *normal* nem *provável* que qualquer proponente ignore em absoluto o dever de declarar o risco ou que, ignorando-o *a priori*, o não depreenda claramente do contexto em que é contratado o seguro, designadamente da análise do formulário de proposta contratual, de conversa com o mediador de seguros ou com o funcionário do segurador, etc.[1691].

Porém, um *segundo nexo causal* teria ainda de ser verificado: as omissões ou inexactidões teriam de ser causa do dano sofrido pelo tomador do seguro. Aqui – pese embora uma perplexidade imediata – dificuldade de divisar um nexo causal entre uma falta pré-contratual (omissões ou inexactidões) e um eventual dano extra-contratual, decorrente de um sinistro[1692], cremos que a dificuldade é, aí, meramente aparente. É que o dano há-de buscar-se no próprio contrato, e não fora dele, e a respectiva fonte consiste, afinal, na perda da garantia. O evento gerador de um dano extra-contratual constitui o pressuposto (sinistro) de accionamento da garantia, por seu turno apta a indemnizá-lo. Logo, as omissões ou inexactidões, fundamento da impugnação do contrato, são causa da falta de consecução do objecto contratual e, portanto, da falta de reparação de tal dano extra-contratual. Assim, o nexo causal deverá estabelecer-se entre as omissões ou inexactidões e a perda de garantia (decorrente da impugnação do contrato).

Se o segundo nexo causal se revela, do nosso ponto de vista, menos problemático, cremos que o primeiro quebra, à partida, a cadeia causal que conduziria à efectivação da responsabilidade civil. Na verdade, o mesmo implicaria que,

---

[1691] Se no quadro normal da responsabilidade pré-contratual por violação de deveres de informação se desvenda facilmente o nexo de causalidade entre a ausência de informações e os danos produzidos na esfera do lesado – este, nas palavras de Eva Moreira da Silva, «sofre danos por crer que a informação de que dispunha era verdadeira e completa, adequada para lhe permitir prosseguir os seus interesses na disputa contratual» (*Da Responsabilidade...*, *cit.*, p. 87) – tal não ocorre na matéria em análise. Se naquele caso se poderá considerar a omissão ou inexactidão de informação a *causa* de uma decisão lícita mas danosa (porque assente em pressupostos errados), no caso vertente a falta de informação do segurador dificilmente será causa de uma decisão em si mesmo *ilícita* (a decisão de omitir ou transmitir inexactamente informações relevantes que, por seu turno, viciam a vontade contratual do próprio segurador) e que se revela, em primeira linha, danosa *para o próprio segurador* (na exacta medida em que comporta *uma vantagem* – ilícita, repita-se – para o proponente). A referida decisão só será potencialmente "danosa" para o proponente na medida em que, por ser ilícita, é merecedora de reprovação do Direito e, portanto, sujeita a cominações legais, o que, em qualquer caso, só ocorrerá, se as omissões ou inexactidões vierem a ser descobertas (circunstância em cuja não verificação o proponente incumpridor normalmente aposta).

[1692] Na verdade, nada permite ligar o dano primário (o que se produz no património do segurado em consequência do sinistro e que o contrato de seguro visa reparar) à conduta do segurador, pelo que aí falta o nexo de imputação objectiva (para não mencionar os restantes requisitos da responsabilidade civil, mormente a culpa).

em termos de normalidade, a falta de esclarecimento pelo segurador conduzisse à produção de omissões ou inexactidões pelo proponente. Ora, tal relação causal implicaria, desde logo, que o proponente nada soubesse do dever legal de declarar o risco, sem que esse conhecimento lhe adviesse directamente da lei, de informação prestada por outrem, da cultura geral ou da experiência de vida (designadamente, de experiência anterior na contratação de seguros). Por outro lado, implicaria que o proponente não depreendesse nem intuísse das circunstâncias da contratação a existência de tal dever[1693]. Ora, *pelo menos* nos casos – que serão a regra – em que seja apresentado um questionário ao proponente, nunca poderá este afirmar, atento o princípio da boa fé, desconhecer que teria de lhe responder com completude e exactidão. Também o incumprimento por inexactidões não seria nunca inocente (na medida em que a mentira raramente o é). Isso implicaria, portanto, que ao proponente não tivesse sido fornecido um questionário nem qualquer solicitação de declaração do risco[1694]. Tal cenário, a verificar-se, configuraria uma circunstância em que o segurador houvesse renunciado ao conhecimento do risco (aceitando a proposta sem reagir), pelo que, nos termos do nº 3 do artigo 24º, sempre seria inoponível ao tomador qualquer omissão por parte deste. Por outro lado, em tal caso não se teria verificado culpa do proponente: a ser assim, também o segurador não poderia impugnar o contrato,

---

[1693] Da maior relevância são as considerações tecidas no Ac. TRL de 23/09/2010 – Proc. nº 1295/04.6TBMFR-6 (José Eduardo Sapateiro). Embora a questão tenha sido suscitada no quadro da LCCG, os recorrentes autores alegaram que «a Ré deverá provar não só que se verificaram por parte do falecido omissões, inexactidões e falsidades, mas também que ao mesmo lhe foi explicado, com a antecedência e o alcance que a importância dum contrato desta natureza merecia, que tais incorrecções determinariam a nulidade do contrato [...]». Nesse domínio, considerou o Acórdão: «a defesa do consumidor não pode ir tão longe que tudo lhe tenha de ser explicado, como se fosse uma criança grande e inapta, mesmo aquilo que é simples, óbvio e não tem carácter técnico, criando-se, dessa maneira, uma insegurança jurídica inversa, em que tudo é juridicamente impugnável e nada é definitivo no quadro deste tipo de contratos massificados. Apesar de sermos particularmente sensíveis aos direitos e garantias do vulgar cidadão, que surgem, as mais das vezes, numa posição fragilizada, desequilibrada e com uma nula ou reduzida capacidade negocial, certo é que também não podemos infantilizar e desresponsabilizar tais contraentes, tratando-os como pessoas de pouco tino, sem a mínima capacidade de entendimento e sentido crítico, sob pena de diminuirmos ou minimizarmos artificialmente, de forma irrealista e para além do razoável o seu papel, contribuição e vontade».

[1694] De resto, a consciência do dever de declaração do risco – que sempre elementarmente decorre do princípio da boa fé e que, portanto, se impõe axiologicamente como um imperativo categórico – dispensa o conhecimento das consequências do respectivo incumprimento, que só relevariam se fosse admissível uma avaliação economicista de custo/benefício, por parte do proponente, sobre se a cominação do incumprimento seria suficientemente dissuasora ou se, independentemente da mesma, seriam compensadoras as omissões ou inexactidões perante o *risco* de as mesmas virem a ser descobertas pelo segurador.

já que o regime da declaração do risco pressupõe sempre, pelo menos, a negligência (artigo 26º da LCS)[1695].

Face ao exposto, não se compreende como possa a falta de informação do segurador ser causa adequada de um comportamento que não é axiologicamente neutro, mas que merece, em si mesmo – e independentemente dessa ausência de informação – a reprovação do Direito, quer a título de negligência, quer de dolo (ou até de dolo com o propósito de obter uma vantagem)[1696]. No essencial, portanto, a perda da garantia decorre de facto do proponente (omissões ou inexactidões), que só indirecta, remota e parcialmente poderá ser influenciado pela falta de esclarecimento do segurador[1697]. Em qualquer caso, a prova do nexo de causalidade cabe ao lesado, admitindo-se, não obstante, que o julgador tome em consideração a experiência da vida e o "curso normal das coisas" (*normal course of events*)[1698].

X. Ainda que o tomador do seguro lesado esteja em condições de provar o dano e o nexo de causalidade, a questão não se esgota aí. Na verdade, o incumprimento *de boa fé* do dever de declaração do risco é irrelevante para o Direito, o que significa que o incumprimento cominado pela LCS será necessariamente doloso ou negligente. Ou seja, a responsabilidade civil em causa no nº 4 do artigo 24º sempre configura uma situação de culpa do lesado.

[1695] Imagine-se um proponente com um baixo nível de instrução, sem experiência anterior em seguros, colocado perante um formulário de proposta contratual que não contém sequer um questionário, não sendo advertido do dever de declaração espontânea que sobre si impende, em circunstâncias que lhe criam a convicção de que nada deve declarar, e que omite circunstâncias que não são por si evidentes para a apreciação do risco. Em situações deste calibre, porém, não estaremos perante verdadeiros casos de incumprimento culposo do dever de declaração do risco, sendo então irrelevante a cominação do nº 4 do artigo 24º.

[1696] Como refere Joana Galvão Teles, «nada garante que o cumprimento pelo segurador do dever de informação [...] conduziria ao cumprimento do dever de declaração inicial do risco pelo tomador do seguro ou segurado, mesmo nos casos em que estes o violaram dolosamente e, principalmente, quando o tenham violado dolosamente com o propósito de obter uma vantagem à custa do segurador» ("Deveres...", *cit.*, p. 266).

[1697] Sobre situação análoga, compara Beignier a responsabilização do segurador à responsabilização de um polícia que, tendo estado ausente de um cruzamento onde existe um sinal de "stop", não tenha imposto, com a sua presença, o respeito pelo sinal, evitando, assim, um acidente. Acrescenta o autor: «a "causalidade indirecta" sempre permitiu imputar a Adão todas as faltas da humanidade: a demonstração jurídica da falta original, poder-se-á dizer. Mas afinal a dita falta deixa a cada indivíduo o seu livre arbítrio» – Bernard Beignier, "Le contrat d'assurance: contrat de bonne foi", *Recueil Dalloz*, 2000, nº 27, p. 574 (trad. nossa). Sobre a referida solução jurídica, acrescenta o autor: «é o direito da responsabilidade dos irresponsáveis, desejosos de carregar sobre outrem o peso da sua inconsequência». *Ibidem* (trad. nossa).

[1698] Jorge Sinde Monteiro, *Responsabilidade por Conselhos...*, *cit.*, p. 472.

Começando pelo caso de dolo do proponente, é entendimento pacífico entre a melhor doutrina que a falta de consciência do dever jurídico infringido exclui a responsabilidade a título de dolo (mas não a título de negligência, quando o agente tivesse podido conhecer o dever empregando normal diligência)[1699]. Logo, em caso de dolo do proponente, faltará, como é evidente, o nexo causal entre a ausência de esclarecimento pelo segurador (irrelevante, na medida em que se verificava a consciência da ilicitude) e o dano, que se fica a dever *exclusivamente* ao dolo do "lesado" (proponente).

Mesmo no caso de a culpa do lesado se situar ao nível da negligência, cremos que a ponderação da gravidade das culpas de ambas as partes e das inerentes consequências sempre levaria à exclusão de qualquer indemnização a cargo do segurador (artigo 570º do CC). É que, como afirma Sinde Monteiro, «se é cognoscível que uma informação é pedida (ou, de qualquer forma, dada) para servir como base ou elemento para uma decisão de carácter patrimonial (e é a regra na vida comercial), há um mínimo de cuidado exigível no tráfico»[1700]. Ora, quer a consciência de se estar a omitir dados ou a transmitir informações inexactas (implícita, pelo menos, quando o segurador recorra a um questionário), quer a indiferença pela exactidão do que se transmite, quer a própria falta de diligência no sentido de indagar sobre a existência e contornos do dever de declaração do risco, não poderão deixar de suscitar a censura do ordenamento, militando a favor da exclusão da indemnização[1701]. Neste sentido, verificando-se o concurso de culpa do tomador do seguro, será de aplicar o artigo 570º do CC[1702], tanto mais que, como refere Filipe Albuquerque Matos, o dever de esclarecimento do segurador «tende a ser considerado como uma obrigação de segundo grau, cuja causa determinante da sua emergência radica naqueloutra do tomador declarar com exactidão as circunstâncias relevantes para a apreciação do risco»[1703].

[1699] Como afirma Medicus, «no cumprimento dos deveres jurídico-civis [...] uma infracção contra eles apenas merece o severo juízo de desvalor do "dolo" quando o agente conhecia o dever». Dieter Medicus, *Schuldrecht...*, *cit.*, p. 150 (trad. nossa).

[1700] Jorge Sinde Monteiro, *Responsabilidade por Conselhos...*, *cit.*, pp. 564-565.

[1701] Atenda-se à regra geral do artigo 6º do CC, aplicável, segundo a melhor doutrina, às normas imperativas, como é o caso – Pires de Lima e Antunes Varela, *CC Anotado*, Vol. I, *cit.*, p. 56.

[1702] Filipe Albuquerque Matos, *Uma Outra Abordagem...*, *cit.*, pp. 621-622. O autor sublinha a necessária verificação dos pressupostos da unilateralidade do dano, do concurso causal efectivo das condutas de lesante e lesado e da culpa de ambos os comportamentos. Porém, decorrendo o dano do tomador do seu próprio incumprimento do dever de declaração do risco (que será necessariamente culposo, pelo menos a título de negligência) logo teremos por verificados os três pressupostos.

[1703] Filipe Albuquerque Matos, *Uma Outra Abordagem...*, *cit.*, p. 622. Desta forma, como defende o autor, mesmo em caso de equivalência das culpas, haverá que considerar uma redução – senão exclusão – da indemnização a cargo do segurador. *Ibidem*.

De resto, se o segurado ou tomador do seguro mente, ou esconde a verdade perante o que lhe é perguntado, sendo patente o fim a que se destina a informação e as consequências da sua conduta para a contraparte – caso em que é ele, em primeira linha, a parte faltosa – não se afigura admissível que possa prevalecer-se desse facto, manifestamente atentatório do princípio da boa fé, para exercer uma pretensão indemnizatória contra o segurador. Estar-se-ia perante um abuso do direito, na modalidade *tu quoque*.

VII.6. O INCUMPRIMENTO DO DEVER DE DECLARAÇÃO DO RISCO

VII.6.1. O incumprimento: modalidades objectivas

Os artigos 25º e 26º da LCS prevêem duas modalidades de incumprimento do dever de declaração do risco: as inexactidões e as omissões, casos em que o incumprimento se dá, respectivamente, por acção ou por omissão, ou, mais propriamente, em que o mesmo configura, respectivamente, uma mentira ou um silêncio[1704].

Assim, a *inexactidão* corresponde ao vício da declaração que é falsa, desconforme à verdade, à realidade objectiva conhecida. Corresponde, assim, a uma alteração do facto ou da circunstância, não revelando ao destinatário a realidade do mesmo. Por vezes, a inexactidão surge designada em regimes estrangeiros como *falsa declaração*, embora esta expressão se reporte, em alguns casos, à inexactidão *intencional*.

Por seu turno, a *omissão* é o vício da declaração que silencia uma circunstância relevante, não a revelando total ou parcialmente. Como refere Beignier, corresponde «à arte de se calar»[1705]. Em alguns regimes, nomeadamente o do CCom de 1888 e outros, de Direitos estrangeiros, as omissões surgem designadas por *reticências*[1706]; noutros casos, como o do sistema espanhol, são designados por *reservas*. Equiparada à pura omissão encontra-se a omissão parcial, a informação incompleta ou equívoca (declaração confusa, contraditória, ininteligível, ambígua ou evasiva, cujo conteúdo seja assimilável ao silêncio)[1707].

Por vezes, é difícil distinguir a inexactidão da omissão, já que em ambos os casos existem factos dissimulados, não revelados: o declarante ao mentir, simultaneamente oculta a verdade. Perante a pergunta – "alguma vez foi hospitalizado?"

[1704] No essencial, aludimos já à distinção, a propósito do artigo 429º do CCom, entre inexactidões e reticências (*supra*, VI.2.III).

[1705] Bernard Beignier, *Droit du Contrat...*, *cit.*, p. 120 (trad. nossa).

[1706] Os dois termos nem sempre serão equivalentes. Na tradição francesa, p. ex., as *reticências* designam as omissões *intencionais*. Cfr. Bernard Beignier, *Droit du Contrat...*, *cit.*, p. 129.

[1707] Virginia Bado Cardozo, *El Riesgo...*, *cit.*, pp. 38 e 56; Claudio Bazzano, *L'Assicurazione...*, *cit.*, p. 126; Antigono Donati, *Trattato...*, Vol. II, *cit.*, p. 310; e Juan Félix Morandi, "La reticencia...", *cit.*, p. 375; Carlos Harten, *El Deber...*, *cit.*, p. 106; Andrés Ordóñez Ordóñez, *Las Obligaciones...*, *cit.*, p. 21.

– o segurado que responda "não", tendo sido hospitalizado em duas ocasiões, simultaneamente comete uma inexactidão, mentindo na sua resposta, e uma omissão, escondendo as duas hospitalizações. Tanto nas omissões como nas inexactidões a declaração do risco consubstancia uma mensagem que traduz uma representação – desconforme com a realidade conhecida – sobre o risco a segurar. Assim, em substância, não existe, ao nível da declaração do risco, uma diferença conceptual entre as duas realidades. Por outro lado, a distinção tem pouca ou nenhuma relevância prática, já que o regime do incumprimento não varia em função da mesma.

Os contornos de distinção das duas figuras surgem, assim, mais claramente traçados na *common law*, onde as omissões (*non-disclosure*) e as inexactidões (*misrepresentation*) são conceptualmente distintas e recondutíveis a institutos e regimes diversos: enquanto a *misrepresentation* se reporta fundamentalmente à resposta inexacta a questões colocadas pelo segurador[1708], a *non-disclosure* respeita a factos não revelados no âmbito da resposta a perguntas abertas, ou do dever espontâneo de declaração relativamente a factos não recondutíveis a nenhuma pergunta específica do segurador[1709].

Finalmente, refira-se que a LCS segue a terminologia belga, em que as expressões omissão e inexactidão são neutras quanto ao estado subjectivo do declarante, isto é, nada revelam quanto ao seu grau de censurabilidade, a qual é qualificada pela junção do adjectivo *doloso* ou *negligente*[1710].

[1708] Na *common law*, as falsas sugestões (*suggestio falsi*) são assimiladas às inexactidões (*misrepresentations*). Essa solução, que nos parece de toda a pertinência também relativamente aos sistemas jurídicos continentais e, em particular, ao nosso, constitui uma decorrência do princípio geral da boa fé, como verte do seu corolário, o princípio da materialidade subjacente. Na verdade, como refere Lord Halsbury, «[...] tudo considerado, houve uma falsa representação? Não importa por que meios foi transmitida, por que truque ou dispositivo ou linguagem ambígua, tudo isso são expedientes pelos quais as pessoas fraudulentas parecem pensar que escapam da real substância da transacção. Se, com diversas declarações, se transmite intencionalmente uma falsa impressão, e se induz uma pessoa a agir de conformidade, isso não é menos falso, apesar de, tomada cada declaração isoladamente, poder haver dificuldade em demonstrar que a declaração específica é falsa» – Cfr. *Aarons Reefs v. Twiss* [1896] A.C. 273, 281, *apud* Nicholas Legh-Jones *et al.* (Eds.), *MacGillivray...*, *cit.*, p. 391 (trad. nossa).

[1709] Robert Jerry II, *Understanding...*, *cit.*, p. 697. Ainda assim, mesmo neste contexto, as respostas incompletas (*suppressio veri*), relativamente às quais o proponente conta uma parte da verdade e omite outra parte – criando uma falsa impressão da realidade – reconduzem-se simultaneamente ao instituto da *misrepresentation* e ao da *non-disclosure* – Nicholas Legh-Jones *et al.* (Eds.), *MacGillivray...*, *cit.*, p. 392.

[1710] Diversamente, noutras latitudes alguma doutrina distingue, por um lado, as inexactidões – onde não existe uma intenção enganatória – das falsas declarações, onde está presente aquela intenção (Virginia Bado Cardozo, *El Riesgo...*, *cit.*, p. 40), e por outro lado, a omissão involuntária (também

VII.6.2. Modalidades subjectivas do incumprimento: a culpabilidade

I. Um dos aspectos mais significativos em que a LCS comportou uma alteração substancial do regime da declaração do risco consistiu na valoração da censurabilidade da conduta do proponente e na decorrente gradação da cominação aplicável. Neste quadro, a relevância da culpa assume carácter pedagógico e fomenta o reforço da diligência[1711].

O apuramento da censurabilidade da conduta do declarante não pode ignorar a própria personalidade do mesmo, a sua experiência em seguros, o seu nível de escolaridade e literacia, bem como a sua capacidade de compreensão e expressão[1712]. Por outro lado, a culpabilidade será tanto maior quanto a própria gravidade e manifesta relevância dos factos não declarados, ou o próprio número de factos omitidos ou inexactamente declarados.

II. Note-se que a disciplina da LCS pressupõe *sempre* a actuação culposa do proponente, prevendo um regime marcadamente sancionatório em caso de dolo ("cominação dura") e de adaptação do contrato em caso de negligência ("cominação branda"). A título de exemplo, o regime italiano consagra igualmente duas disciplinas diferenciadas em função da censurabilidade da actuação do proponente, mas reserva-as para faixas mais alargadas de estados subjectivos: assim, a "cominação dura" é consequência do dolo ou culpa grave, enquanto a "cominação branda" é destinada à culpa leve, à levíssima e à ausência de culpa[1713].

Diversamente, o regime da LCS assenta em quatro estados subjectivos ou graus de culpabilidade a que correspondem remédios distintos: o dolo qualificado ("com o propósito de obter uma vantagem"); o dolo; a negligência; a ausên-

---

designada por reserva ou reticência de boa fé) da omissão intencional (também denominada reserva ou reticência de má fé) – *idem*, p. 189.

[1711] Adriano Vaz Serra, "Culpa...", *cit.*, p. 15.

[1712] Tais considerações são seguidas, em particular, pela jurisprudência francesa – cfr. Jérôme Kullmann, "La déclaration...", *cit.*, p. 697. Assim, na resposta a um questionário o nível de literacia do respondente (ou o domínio da própria língua, no caso de estrangeiros) pode determinar a diferença entre o dolo, a negligência ou a própria ausência de culpa.

[1713] Vittorio Salandra, "Le dichiarazioni...", *cit.*, p. 7. A distinção precisamente operada no regime italiano assenta, segundo Parrella, numa clivagem ético-jurídica a que são associados diferentes efeitos económicos, correspondendo à transposição, para uma terminologia tecnicamente mais rigorosa e actual, do velho dualismo entre a má fé (que abrangeria o dolo e a culpa grave) e a boa fé (equivalente, pela negativa, à ausência de dolo ou culpa grave) – Alberto Parrella, "Dichiarazioni false, erronee o reticenti dell'assicurato nella nuova disciplina delle assicurazioni", *Assicurazioni*, Ano VIII (1941), Parte I, pp. 174, 177 e 179-180. Cfr. também Nino Gazzara, "Contratto di assicurazione e dichiarazioni inesatte", *Giurisprudenza di Merito*, Ano VI (1974), Parte I, p. 51. Em termos práticos, o ordenamento italiano estabelece uma cominação dura para um comportamento censurável ou fraudulento e uma cominação branda para um comportamento não censurável ou inocente.

cia de culpa. Aos primeiros dois casos corresponde uma cominação dura, com pequenas diferenças entre si. Ao terceiro, a cominação branda (que segue um espectro de soluções que vão da cessação do contrato à respectiva modificação ou mesmo até à irrelevância do comportamento do proponente, ficando o segurador obrigado à realização da sua prestação[1714]). Ao quarto, não corresponde qualquer cominação[1715]. Deste ponto de vista, o nosso regime favorece a negligência, revelando-se mais complacente com os segurados faltosos do que outros, como o citado exemplo italiano.

Um dos aspectos da LCS mais susceptíveis de crítica é a dificuldade prática de distinção entre o dolo e a negligência e a consequente relevância do ónus da prova[1716]. Neste contexto, a aplicação do regime do incumprimento doloso do dever de declaração do risco ou do incumprimento negligente depende, mais do que da substancial censurabilidade da conduta do proponente, da capacidade de demonstração processual dessa censurabilidade pelo segurador. Assim, não se provando o dolo, o regime aplicável será o da negligência[1717].

Aludimos já, a propósito dos fundamentos do dever de declaração do risco, à relevância da culpa na generalidade dos modernos regimes além-fronteiras, no que é classificável como *paradigma da culpa*. Observe-se agora como a problemática encontra reflexo na LCS.

III. O artigo 25º da LCS refere-se ao incumprimento doloso do dever de declaração do risco, importando determinar o sentido preciso do *dolo* referido no nº 1, sobretudo por oposição à fórmula *dolo com o propósito de obter uma vantagem*, mencionada no nº 5 do mesmo artigo e no nº 3 do artigo 24º. Ora, como observa

---

[1714] Referimo-nos aos casos previstos no nº 4 do artigo 26º da LCS quando não se verifique o requisito da causalidade.

[1715] Como salienta Moitinho de Almeida, as omissões ou inexactidões prestadas sem que se verifique, pelo menos, a negligência do proponente, não comportam qualquer censura da LCS – José Carlos Moitinho de Almeida, *Contrato de Seguro – Estudos, cit.*, p. 14.

[1716] Da dificuldade prática de distinção entre o dolo e a negligência nos dá conta o Ac. STJ de 30/10/2007 – Proc. 7A2961 (Alves Velho): «[...] sendo indiscutível que o pai dos Autores sabia padecer de asma, sendo ele engenheiro civil e tendo aposto a sua assinatura após as declarações impressas e as manuscritas pelo Chamado, omitindo, quando sobre esse facto questionado pelo médico com vista à elaboração da resposta, a "asma" como doença de que sofria, não podem restar dúvidas de que o então Candidato agiu, pelo menos, com desleixo ou incúria e imprevidência, ora faltando à verdade, ora desprezando as advertências constantes das declarações que assinava. Se não houve intenção de enganar a Seguradora, a leviandade ou incúria que o comportamento verificado evidencia surge como evidente omissão da diligência exigível e merecedor de reprovação. Numa palavra, a negligência, como modalidade de culpa, é incontornável».

[1717] Arnaldo Oliveira, "Artigo 25º – Anotação", in Pedro Romano Martinez et al., *LCS Anotada, cit.*, p. 157.

Menezes Cordeiro[1718], o termo *dolo* comporta, no nosso ordenamento, dois senti-dos distintos: o comportamento ardiloso, com recurso a sugestões ou artifícios, destinado a induzir outrem em erro e, desta forma, obter do mesmo uma decla-ração negocial (n° 1 do artigo 253° do CC); e a modalidade mais grave de culpa, por oposição à negligência ou mera culpa[1719].

Neste quadro, a doutrina dominante[1720] reconduz o dolo a que se reporta o artigo 25° da LCS ao instituto do dolo civil (*dolus malus*), cuja noção resulta do n° 1 do artigo 253° do CC. Ora, como referem Pires de Lima e Antunes Varela, o preceito legal comporta três requisitos: (a) que se verifique erro do declarante; (b) que o mesmo tenha sido provocado ou dissimulado pelo declaratário ou por terceiro; e (c) que, para o efeito, o declaratário ou o terceiro tenha recorrido a sugestões, artifícios ou embustes[1721]. Porém, a ser esta a noção de dolo acolhida na LCS, resultariam da mesma importantes conclusões. Desde logo, a de que se trataria de um *dolo relacional*, isto é, que não é aferido em função da mera censura-bilidade da actuação de uma das partes, antes implicando que a contraparte fosse induzida ou mantida em erro. Por outras palavras, implicaria que a outra parte estivesse de boa fé (ao menos, sobre as circunstâncias ou factos em que assenta o seu erro). Daí decorreria uma outra consequência: a impossibilidade lógica do concurso de dolo de ambas as partes, bem como de concorrer dolo de uma com negligência grosseira de outra. Ora essa possibilidade é expressamente prevista – num texto de sentido inequívoco – na segunda parte do n° 4 do artigo 25°, o que implica que não seja esse o sentido do dolo a que se reporta o artigo 25°.

Assim, do nosso ponto de vista, o sentido de dolo presente no artigo 25° da LCS decorre da contraposição com o de negligência, referido no artigo 26°. Trata-se do mero estado subjectivo do proponente ou da censurabilidade da sua

---

[1718] António Menezes Cordeiro, "Dolo...", *cit.*, p. 168; António Menezes Cordeiro, *Tratado...*, I, Tomo I, *cit.*, p. 836.

[1719] O *dolo* enquanto estado subjectivo ou grau de censurabilidade de uma conduta (contrapondo-se, portanto, à noção de negligência ou mera culpa), encontra reflexo em múltiplas disposições do CC (em grande parte associadas ao instituto da responsabilidade civil), com destaque, nomeadamente, para o n° 1 do artigo 483°; o artigo 899°; o n° 4 do artigo 1323° ou o n° 1 do artigo 1945°.

[1720] Arnaldo Oliveira, "Artigo 25° – Anotação", *idem*, pp. 156-157; António Dâmaso Bentinho, *Os Deveres...*, *cit.*, p. 48. Também Maria Elisabete Ramos assume o sentido de *dolo* como sinónimo do *dolus malus* a que se reporta o artigo 253° do CC, associando-lhe os seguintes requisitos: intenção de enganar (induzir em erro) o segurador, embora não necessariamente de o prejudicar; o recurso a maquinações (forma artificiosa); e a prestação de uma falsa declaração – Maria Elisabete Ramos, *O Seguro...*, *cit.*, p. 446. A autora dá como exemplo a apresentação de documentos de prestação de contas com informação falsa (*ibidem*).

[1721] Pires de Lima e Antunes Varela, *CC Anotado*, Vol. I, *cit.*, p. 237. Nos termos da disposição em causa, entende-se por dolo qualquer sugestão ou artifício que alguém empregue com a intenção ou consciência de induzir ou manter em erro o autor da declaração – no caso, o segurador – bem como a dissimulação, pelo declaratário ou terceiro, do erro do declarante.

conduta, pelo que poderão não estar reunidos os requisitos do *dolus malus*, nomeadamente: poderá o segurador não estar em erro (quando tenha concorrido dolo ou negligência grosseira da sua parte); poderá o proponente não ter recorrido a sugestões, artifícios ou embustes, limitando-se, por exemplo, a omitir informações relevantes; ou poderá o proponente ter tido a intenção de mentir, mas não para induzir em erro o segurador. Se o sentido de dolo acolhido no artigo 25º fosse o de *dolus malus* (sentido mais restrito do que o de modalidade da culpa), então careceriam de previsão normativa as omissões ou inexactidões efectuadas com dolo mas sem os requisitos adicionais do artigo 253º do CC[1722]. De resto, os requisitos do ilícito civil em causa são os estabelecidos no artigo 24º da LCS – limitando-se os artigos 25º e 26º a definir as cominações aplicáveis em função do grau de censurabilidade da conduta – e não no artigo 253º do CC[1723].

Em suma, a diferença entre o *dolus malus* e o dolo no incumprimento do dever de declaração do risco está em que, neste caso, o dolo está orientado para a prestação de omissões ou inexactidões, mas não necessariamente para o engano. Ou seja, o proponente incumpre dolosamente quando *quer mentir* ou *omitir* relativamente a um facto que sabe ser relevante, mesmo que o seu propósito não seja enganar o segurador (no sentido de conseguir dele uma declaração negocial contra a sua vontade) mas apenas, por exemplo, esconder um facto embaraçoso, ou reflectir uma imagem mais positiva de si próprio. O dolo não é, portanto, um *animus decipiendi*, mas apenas a consciência e a vontade dirigida aos elementos do tipo de ilícito civil, isto é, a intenção de preencher a previsão normativa[1724]. Na verdade, o que importa no artigo 25º é o dolo (intenção) do proponente perante as omissões ou inexactidões: vontade e consciência de mentir ou omitir, independentemente de qualquer propósito de, dessa forma, prejudicar o segurador ou obter reflexamente uma vantagem (só assim, aliás, se compreende a diferença de regime estabelecida no nº 5 do artigo 25º)[1725].

[1722] Neste caso, a actuação do proponente não estaria coberta nem pelo artigo 25º da LCS (por ausência de artifícios, etc.) nem pelo artigo 26º (negligência), o que não é aceitável.

[1723] Com efeito, o Direito civil só seria (subsidiariamente) aplicável se e na medida em que a LCS não proporcionasse uma solução normativa para o caso. Cfr. António Menezes Cordeiro, *Direito dos Seguros*, cit., pp. 432 ss.

[1724] Neste sentido, a *common law* define a *fraud* como a prestação de informações que se sabe serem falsas (voluntariedade da comunicação e consciência da falsidade) ou a omissão temerária (*reckless*) de factos com indiferença pela sua veracidade ou falsidade (consciência e voluntariedade da omissão), orientação que se encontra reflectida, designadamente na *Section* 28(2) do ICA australiano, de 1984, e na *Section* 4 da *Insurance Law Reform Act* neozelandesa, de 1977 – Julie-Anne Tarr, *Disclosure and Concealment...*, cit., p. 70 e 81.

[1725] No sentido que defendemos, Pedro Romano Martinez, "Artigo 25º – Comentários complementares", *in* Pedro Romano Martinez *et al.*, *LCS Anotada*, cit., pp. 161 ss., embora reconhecendo no artigo 25º da LCS uma situação de erro qualificado por dolo (dolo negocial). Cfr. igualmente Francisco Salavessa, *Formação...*, cit., p. 26, n. 88.

Traduzindo-se sempre o dolo, no nosso caso, na intenção de mentir ou omitir um facto relevante, é algo artificiosa a distinção entre o dolo directo, o necessário e o eventual[1726]. Quando muito, poder-se-á qualificar como *dolo directo* aquele que se dirige à própria omissão ou inexactidão (porque se pretende, por exemplo, ocultar um facto pessoal)[1727] e como *dolo necessário* o que se dirige à celebração do contrato de seguro, da qual a declaração do risco é instrumental[1728]. Já o *dolo eventual* poderá consistir no caso, por exemplo, de o proponente pretender celebrar o seguro e, para tanto, preencher o questionário sem se certificar que os dados que declarava correspondiam à realidade, não confiando que correspondessem[1729].

No dolo eventual verifica-se uma subsistência, ainda que enfraquecida, do dolo, a qual pode assumir diversas amplitudes, tanto ao nível do seu elemento intelectual ou cognitivo (admitindo-se a representação da mera possibilidade ou probabilidade variável de existência dos requisitos do facto ilícito, mas não a certeza do mesmo), como do volitivo (admitindo-se a mera aceitação da possibilidade do resultado, mas não a determinação a realizá-lo)[1730].

É fundamental, para traçar os limites da intencionalidade do agente – e, logo, o regime da LCS aplicável – a distinção entre o dolo eventual e a negligência

---

[1726] Sobre o sentido do dolo que qualifica a declaração do risco, entende Schiavo, como também defendemos, que o mesmo se reporta apenas à própria inexactidão ou omissão: «a lei não requer que o proponente actue de maneira que seja evidente que a sua acção ou omissão foi para conseguir a celebração do contrato, somente se requer que quem "conhece" não diga o que conhece ou diga algo distinto do que conhece, sem importar com que intenção, desejo ou finalidade o faz» – Carlos A. Schiavo, *Contrato de Seguro...*, *cit.*, p. 178 (trad. nossa). Como acrescenta o autor, a lei «não exige que tenha por finalidade conseguir a celebração do contrato, tão-somente que, conhecendo o estado do risco e conhecendo que devia dizer quanto sabia, não o faz». *Ibidem*.

[1727] Não concordamos em absoluto com as reservas apresentadas por Filipe Albuquerque Matos quanto à admissibilidade da configuração de hipóteses de dolo directo em matéria de declaração do risco, e sobretudo com o argumento de que «a ocorrência deste tipo de hipóteses implicaria necessariamente uma prévia valoração ou individualização dos riscos pelo tomador do seguro. Ora, não se afigura muito verosímil que o segurado detenha a competência técnica necessária para levar a cabo uma tal tarefa de individualização dos riscos a assumir contratualmente pelas partes» – Filipe Albuquerque Matos, "As declarações reticentes...", *cit.*, p. 483.

[1728] Quanto a este último caso, pouco importa se o proponente mentiu (ou omitiu) porque teve receio que, de outra forma, o seguro fosse recusado, ou para evitar pagar um prémio mais elevado; pouco importa que o fim visado se limitasse à própria celebração do contrato de seguro ou se dirigisse, p. ex., à aquisição de uma habitação com crédito bancário, por seu turno dependente da celebração do seguro. O dolo também pode abarcar as situações em que, deliberadamente (dolosamente), o devedor da informação se furta a tomar conhecimento dela de modo a não ter de a informar ao segurador.

[1729] Assim, no dolo eventual, estará em causa a *aceitação* ou *conformação* com a possibilidade de os dados transmitidos serem inexactos ou estarem incompletos. Em sentido convergente, embora por referência ao crime de burla, cfr. Maria Fernanda Palma e Rui Carlos Pereira, "O crime de burla no Código Penal de 1982-95", *RFDUL*, Vol. XXXV, nº 2 (1994), p. 331.

[1730] Manuel Cavaleiro de Ferreira, *Lições...*, Vol. I, *cit.*, p. 211; Adriano Vaz Serra, "Culpa...", *cit.*, p. 74.

consciente. Esta é também matéria de extrema dificuldade e rodeada de bastante controvérsia[1731]. Em virtude da relevância criminal da distinção, a dogmática penalista tem colocado um especial enfoque na matéria[1732], havendo a considerar, como critério de distinção relevante, as chamadas *fórmulas de Frank*. Assim, de acordo com a *fórmula hipotética de Frank*, haveria dolo eventual se se demonstrasse que o agente teria actuado mesmo que tivesse a certeza de que o resultado ilícito se verificaria[1733]. Já de acordo com a *fórmula positiva de Frank*, age

---

[1731] Como refere Welzel, «delimitar o dolo eventual da culpa (consciente) é um dos problemas mais difíceis e discutidos do Direito penal. A razão desta dificuldade está em que o querer é um fenómeno anímico originário-último, que não pode ser reduzido a outros processos anímicos – nem emocionais nem intelectuais – e que por isso só pode ser circunscrito mas não propriamente definido». Hans Welzel, *Das deutsche...*, *cit.*, pp. 101-102 (trad. nossa).

[1732] No quadro da *teoria da representação*, bastaria a mera representação da possibilidade do resultado para a existência de dolo eventual – Martinho Gerlack Neto, *Dicionário...*, *cit.*, p. 81. De acordo com a perspectiva *intelectualista* da teoria da *probabilidade* ou da *verosimilhança*, se uma pessoa prevê como altamente provável um dado resultado mas não abdica de agir como quer, age com dolo eventual. Requer-se, portanto, um grau de probabilidade elevado de produção do resultado – Teresa Beleza, *Direito Penal*, Vol. II, *cit.*, pp. 211 ss.; Jorge Figueiredo Dias, *Direito Penal...*, Tomo I, *cit.*, p. 369; Maria Fernanda Palma, "A vontade...", *cit.*, pp. 797-798; Hans Welzel, *Das deutsche...*, *cit.*, p. 102. Quanto às críticas a esta teoria, ela depara-se, sobretudo, com dificuldades operativas de mensuração da probabilidade de ocorrência do resultado. O seu mérito, porém, poderá encontrar-se no domínio prático da prova. É que, como refere Cavaleiro de Ferreira, perante a dificuldade de prova dos factos psíquicos, obrigando a recorrer a ilações, a intensidade do elemento intelectivo do dolo será indiciadora da intensidade do elemento volitivo. Como refere o autor, «um juízo de grande probabilidade é dificilmente conciliável com a ausência do elemento volitivo, ou seja com a falta de anuência da vontade à realização do crime; a mera suspeita de que eventualmente possa advir a realização de um crime exigirá uma prova mais segura da conformação da vontade com essa realização» – Manuel Cavaleiro de Ferreira, *Lições...*, Vol. I, *cit.*, p. 214. No âmbito da *teoria do sentimento*, o dolo eventual comportaria – comparativamente com a negligência consciente – um maior grau de indiferença perante o bem jurídico ou perante a própria ordem jurídica – Martinho Gerlack Neto, *Dicionário...*, *cit.*, p. 81; Hans Welzel, *Das deutsche...*, *cit.*, p. 102. Finalmente, segundo a perspectiva *volitiva* da teoria da *aceitação*, do *consentimento* ou da *conformação*, para além de ser previsível a possibilidade do resultado, é necessário que o agente o tenha aceite ou tenha intimamente nele consentido. Na falta dessa aceitação, dessa anuência, sobre o risco de produção do resultado – ou seja, havendo a convicção de que o resultado não se produzirá – estar-se-á perante uma situação de negligência consciente – Teresa Beleza, *Direito Penal*, Vol. II, *cit.*, pp. 211 ss.; Jorge Figueiredo Dias, *Direito Penal...*, Tomo I, *cit.*, pp. 371 ss.; Maria Fernanda Palma, "A vontade...", *cit.*, p. 798. Embora dominante na doutrina e na jurisprudência nacionais e em outros ordenamentos, esta perspectiva debate-se igualmente com problemas de operacionalização (a verificação e prova de que houve ou não aceitação íntima do resultado).

[1733] Maria Fernanda Palma, "A vontade...", *cit.*, p. 798. O critério, essencialmente cognitivo, assenta na resposta à questão: "se o agente tivesse previsto como certo o resultado, teria ou não actuado?". Porém, a exclusão do dolo eventual em casos como o dos mendigos russos ou o da menina da barraca de tiro repugna à consagração deste critério (Teresa Beleza, *Direito Penal*, Vol. II, *cit.*, pp. 216 ss.) que apela, aliás, a uma avaliação da personalidade do agente.

com dolo eventual quem, prevendo um dado resultado como possível, persiste em agir[1734].

IV. A expressão *dolo com o propósito de obter uma vantagem* (nº 3 do artigo 24º e nº 5 do artigo 25º da LCS) não encontra equivalente em Direito civil. A valoração de uma *intenção* – ainda assim, entendida no sentido de dolo directo – surge apenas, no CC, em casos isolados como o do nº 2 do artigo 485º. Mas a figura agora em análise logo se distingue por conter a adição de dois elementos subjectivos: o *dolo* e o *propósito de obter uma vantagem*.

O *propósito de obter uma vantagem* refere-se a uma vontade, a uma intenção, de enriquecimento ilícito. Tratando-se de uma expressão incomum no nosso ordenamento, há que qualificá-la juridicamente. Assim, porque o contrato de seguro, embora aleatório, expressa um sinalagma, a vantagem que o agente visa obter não poderá deixar de se traduzir numa lesão para o segurador (em rigor, para a massa de segurados), pelo que o *propósito de obter uma vantagem* parece corresponder, numa primeira análise, a um dolo de lesão.

Em geral, a doutrina vem fazendo corresponder a figura a um dolo agravado, traduzindo uma especial censurabilidade da conduta. Assim, Júlio Gomes refere-se-lhe como «dolo "qualificado"»[1735], enquanto Arnaldo Oliveira alude a um nível de dolo especialmente grave, traduzindo uma especial censurabilidade[1736], Francisco Salavessa a um dolo grave[1737] e Pedro Romano Martinez e Margarida Lima Rego a *fraude*[1738]. Já para Maria Manuela Chichorro está em causa um dolo especial, análogo ao *dolus malus* (253º do CC)[1739].

[1734] Releva aqui a indiferença ou aceitação íntima do resultado possível – portanto, um critério eminentemente volitivo – a qual permitiria já qualificar como dolo eventual os casos dos mendigos russos e da menina da barraca de tiro – Teresa Beleza, *Direito Penal*, Vol. II, *cit.*, p. 220; Maria Fernanda Palma, "A vontade...", *cit.*, p. 798. Para circunscrever o domínio do dolo eventual, Welzel refere dois grupos de casos. Se o agente considera que a produção do resultado ilícito depende do seu modo de actuar, não haverá dolo eventual se o mesmo age com a confiança de que poderá evitar o resultado (em virtude da sua prudência, perícia, etc.). Por outro lado, se o agente considera que a produção do resultado ilícito não depende do seu modo de actuar, só haverá dolo se o mesmo contar com a produção do resultado – Hans Welzel, *Das deutsche...*, *cit.*, pp. 100-101.

[1735] Júlio Gomes, "O dever de informação do (candidato a) tomador...", *cit.*, pp. 426 e 427.

[1736] Arnaldo Oliveira, *A Declaração...*, *cit.*, p. 7.

[1737] Francisco Salavessa, *Formação...*, *cit.*, p. 27.

[1738] Pedro Romano Martinez, "Artigo 24º – Comentários complementares", *in* Pedro Romano Martinez *et al.*, *LCS Anotada*, *cit.*, p. 152; Margarida Lima Rego, *Contrato...*, *cit.*, p. 465. Note-se que na versão final do Projecto da LCS, submetida a consulta pública em 2007, a expressão correspondente utilizada era precisamente *fraude* (cfr. nº 3 do artigo 23º e nº 5 do artigo 24º do Projecto).

[1739] Maria Manuela Chichorro, *O Contrato...*, *cit.*, p. 86. No sentido da orientação da autora sublinha Llobet i Aguado, a propósito do regime geral do dolo vício do consentimento, que o elemento subjectivo (*animus decipiendi*) deste instituto importa o *deliberado propósito de obter um benefício ou*

Vejamos. No dolo, a vontade deve dirigir-se ao facto que a previsão normativa tipifica como ilícito (resultado anti-jurídico), e não ao próprio dano consequente[1740]. Porém, no caso do *dolo com o propósito de obter uma vantagem*, a vontade dirige-se a ambos. Na falta de um quadro teórico de referência em Direito civil, e perante a necessidade de determinar o sentido e a natureza da figura em apreço, importa buscar auxílio na dogmática penal, onde a produção teórica sobre figuras análogas se encontra sedimentada[1741].

Tradicionalmente, referia-se a doutrina penalista a esta *intenção* – que acresce ao dolo de realização da acção típica – como *dolo específico*, por oposição ao dolo genérico, encontrando a expressão acolhimento em numerosos estudos[1742]. Assim, a doutrina fala em *dolo genérico* – comum aos vários tipos de crime – relativa-

---

vantagem e, só de forma reflexa, a intenção ou consciência de, consequentemente, provocar um inerente prejuízo à contraparte – Josep Llobet i Aguado, *El Deber...*, *cit.*, p. 144. Porém, quanto a esta problemática, nota Carvalho Fernandes que o regime civil do erro qualificado por dolo (artigos 253º e 254º do CC) exige a intenção de enganar (*animus decipiendi*), mas não a intenção de prejudicar (*animus nocendi*). Ora, as duas intenções não são sinónimas, já que o *deceptor* pode determinar a outra parte a celebrar um negócio que a mesma, se não estivesse em erro, não faria, mas cujo conteúdo e termos podem ser até justos e equilibrados (e, como tal, não prejudiciais ao património desta) – Luís Carvalho Fernandes, *Teoria Geral...*, Vol. II, *cit.*, p. 228. Assim, embora no contrato de seguro o engano do segurador se traduza, em regra, num prejuízo, não será inteiramente rigorosa a perspectiva de Maria Manuela Chichorro, para além de que, como vimos, o artigo 253º do CC obedece a requisitos que não têm paralelo na LCS.

[1740] Como refere Vaz Serra, «quem quer o resultado anti-jurídico (*v.g.*, a afirmação de um facto contrário à verdade) procede dolosamente, embora não tenha querido o dano que daí resulta para a outra parte» – Adriano Vaz Serra, "Culpa...", *cit.*, p. 67.

[1741] Assim, embora o tipo de crime de burla, tal como resultava do artigo 451º do CP de 1886 o não referisse expressamente, mencionava alguma doutrina e jurisprudência, como requisito do mesmo, o *propósito*, ou ânimo, *de obtenção de uma vantagem*, elemento que permitia distinguir este tipo de crime do de dano – José Beleza dos Santos, "A burla prevista no artigo 451º do Código Penal e a fraude punida pelo artigo 456º do mesmo Código", *RLJ*, Ano 76º (1943-1944), nº 2763, p. 327. O autor refere como exemplos de jurisprudência nesse sentido o Acórdão do STJ de 29 de Março de 1932 (*Revista de Justiça*, Ano 17º, pp. 164-165) e o Acórdão do TRL de 3 de Abril de 1937 (*Revista de Justiça*, Ano 22º, p. 150). Considerando as raízes comuns entre este ilícito penal e a fraude civil – a que adiante aludiremos – podemos buscar na doutrina penal contributos para a clarificação da natureza deste elemento subjectivo.

[1742] Cfr., p. ex., a propósito da *burla*, A. Lopes de Almeida *et al.*, *Crimes Contra o Património em Geral – Notas ao Código Penal, Artigos 313º a 333º*, Lisboa, Rei dos Livros, 1983, p. 21; José António Barreiros, *Crimes Contra o Património*, Lisboa, Universidade Lusíada, 1996, pp. 152-153; José Beleza dos Santos, "A burla...", *cit.*, nº 2761, p. 292. A propósito da falsificação de documentos, cfr. Helena Moniz, *O Crime de Falsificação de Documentos – Da Falsificação Intelectual e da Falsidade em Documento*, Coimbra, Coimbra Ed., 1993 (Reimpr., Coimbra, Coimbra Ed., 1999), pp. 31 ss. Em alguns casos, porém, a distinção entre o dolo genérico e o específico não transparece, surgindo ambos referidos como elementos do dolo – cfr., p. ex., Carlos Alegre, *Crimes Contra o Património – Notas ao Código Penal*, Lisboa, Minerva, 1988, pp. 106-107.

mente ao conhecimento e vontade de praticar o facto típico (realização do tipo legalmente descrito), esgotando-se aí a relevância da intenção do agente. Diversamente, fala de *dolo específico* quando se exige, *adicionalmente* ao dolo genérico, um dolo especialmente dirigido a um fim[1743] especial visado pelo agente, ulterior, especificamente previsto na lei como próprio de um tipo de crime (permitindo, portanto, distinguir tipos de crime cujos elementos objectivos são comuns)[1744]. Neste caso, o fim subjectivo visado pelo agente especifica o dolo, situando-se para além do facto ilícito[1745]. Este sentido encontra reflexo no domínio da declaração do risco, onde Criscuoli distingue os sentidos que o *dolo* pode assumir[1746]: identifica, assim, um *dolo genérico*, que concerne à consciência e vontade de mentir ou de omitir um facto, ainda que sem intenção de enganar o segurador ou de lhe causar um prejuízo; e um *dolo específico*, que se refere à consciência e vontade de enganar o segurador[1747].

Por seu turno, Roxin alude a *elementos subjectivos* específicos de alguns tipos de crime, e pertencentes à *previsão subjectiva do tipo*. Tal será o caso da *intenção de enriquecimento* no crime de burla[1748]. Estão em causa, assim, elementos subjectivos

---

[1743] Como refere Beleza dos Santos, «*fim* é o *porquê*, a razão que determinou o agente a produzir o facto que constitui o crime», diversamente dos motivos, que são «*em sentido geral*, os fenómenos intelectuais ou afectivo-activos que produzem ou tendem a produzir uma acção voluntária» – José Beleza dos Santos, "Crimes de moeda falsa", *RLJ*, Ano 67º (1934-1935), nº 2523, p. 225, n. 1.

[1744] Cfr., p. ex., Manuel Cavaleiro de Ferreira, *Direito Penal Português*, Vol. I, Lisboa, Verbo, 1981, pp. 484 ss.; Manuel Cavaleiro de Ferreira, *Lições...*, Vol. I, *cit.*, p. 215; Martinho Gerlack Neto, *Dicionário...*, *cit.*, pp. 80-81.

[1745] Manuel Cavaleiro de Ferreira, *Direito...*, Vol. I, *cit.*, pp. 485-486. Como refere Gerlack Neto, «trata-se de uma violação dirigida a um resultado que se acha fora dos actos externos de execução do delito» – Martinho Gerlack Neto, *Dicionário...*, *cit.*, p. 80. Beleza dos Santos distingue, por outro lado, as situações em que o dolo específico determina o tipo de crime aplicável (diferenciando uma infracção de outra ou outras) daquelas em que ele determina a própria punibilidade (ou seja, em que a ausência do dolo específico torna o facto não punível) – José Beleza dos Santos, "Crimes...", *cit.*, pp. 225 ss.

[1746] Giovanni Criscuoli, "Comportamento...", *cit.*, pp. 1185-1186.

[1747] Na verdade, o autor identifica três sentidos, distinguindo a simples intenção de enganar o segurador da intenção de lhe provocar uma errada representação da realidade. Do nosso ponto de vista, os dois sentidos reconduzem-se a um único, já que o engano que se visa provocar não é outro (nem é concebível que o proponente o entenda como outro) senão o de suscitar ao segurador uma incorrecta opinião do risco. Giovanni Criscuoli, "Comportamento...", *cit.*, pp. 1185-1186.

[1748] Claus Roxin, "Strafrecht...", *cit.*, p. 11. Como refere Eduardo Correia, o tipo legal comporta a valoração jurídico-criminal expressa pelo juízo de ilicitude. Ora, esta valoração pode incidir, não só sobre comportamentos exteriores, mas igualmente sobre atitudes interiores ou factos psíquicos do agente, designadamente a intenção do mesmo, «não como elementos da culpa, mas como factos subjectivos que interessam à valoração objectiva que o tipo legal traduz, isto é, como elementos subjectivos da ilicitude» – Eduardo Correia, *Direito Criminal*, Vol. I, Coimbra, Almedina, 1963 (Reimpr., Coimbra, Almedina, 1968), p. 282. Contra a perspectiva finalista, porém, nega o autor que o dolo seja um

especificamente previstos (ou meramente implícitos) na fórmula legal de alguns tipos de crime doloso[1749], evidenciando-se em expressões como "com o fim de", "com a intenção de", "com o propósito de", "com o intuito de", "com o escopo", ou do emprego da preposição "para"[1750]. Fernanda Palma e Rui Pereira, a propósito do crime de burla (intenção de obter enriquecimento ilegítimo), recusam a designação de *dolo específico*: «não se trata, na realidade, de dolo – no sentido do artigo 14º do Código Penal –, mas sim de um elemento subjectivo especial da ilicitude, que acresce ao dolo e que não tem qualquer correspondência ao nível dos elementos objectivos do tipo»[1751]. Porém, em termos estruturais e impressionistas, acrescentam os autores que a referida *intenção* traduz uma orientação da vontade correspondente ao dolo directo, sendo insuficiente, portanto, que o enriquecimento seja previsto como consequência necessária (ou aceite como consequência possível) da conduta do agente[1752]. Finalmente, sublinham os autores a autonomia dos dois elementos subjectivos do tipo (dolo e intenção), cuja dissociação – actuação dolosa destinada a causar um prejuízo patrimonial mas sem intenção de obter um enriquecimento ilegítimo *ou*, diversamente, actuação com o fito de obter um enriquecimento ilegítimo mas não prevendo nem querendo o prejuízo patrimonial da vítima (intenção sem dolo) – tornará a conduta não punível[1753].

elemento do tipo nos crimes dolosos, transcendendo-o e configurando-se antes como um elemento da culpa – *ibidem*. Daniela Marques reporta-se a *elementos subjectivos do injusto* (sinónimo de "elementos subjectivos do tipo"), que considera «elementos do campo psíquico-espiritual do agente, traduzidos em especiais tendências, intenções ou propósitos (*fim especial de agir*), que condicionam ou que fundamentam o juízo de ilicitude do comportamento» – Daniela Freitas Marques, *Elementos Subjetivos do Injusto*, Belo Horizonte, Del Rey, 2001, p. 119. A autora rejeita a expressão *dolo específico* (por contraposição ao dolo genérico, considerando ambos como elementos constitutivos do tipo), bem como a de *dolo motivado* (que alude à integração do motivo no dolo), configurando antes o referido "fim especial de agir" como um elemento subjectivo do tipo distinto do dolo (entendido aqui como ciência e vontade de realização do elemento objectivo do tipo, requisito comum a todos os tipos dolosos) – *idem*, pp. 123 ss.

[1749] Na verdade, os tipos negligentes não são compatíveis com a existência de um "fim especial de agir".

[1750] Martinho Gerlack Neto, *Dicionário...*, *cit.*, p. 80; Daniela Freitas Marques, *Elementos...*, *cit.*, p. 120.

[1751] Maria Fernanda Palma e Rui Carlos Pereira, "O crime...", *cit.*, p. 331.

[1752] Maria Fernanda Palma e Rui Carlos Pereira, "O crime...", *cit.*, p. 332. Em sentido diverso – sustentando que a *intenção* corresponde a uma orientação dolosa da vontade e, portanto, admitindo que a mesma revista, pelo menos, o modo de dolo eventual – José de Sousa e Brito, "A burla do artigo 451º do Código Penal – Tentativa de sistematização", *SI*, Tomo XXXII, nº 181-183 (Jan.-Jun. 1983), p. 160.

[1753] Maria Fernanda Palma e Rui Carlos Pereira, "O crime...", *cit.*, p. 332. Outras formulações poderiam ser consideradas. Assim, Teresa Beleza, no quadro dos crimes contra a propriedade, designadamente no que concerne, p. ex., ao crime de furto (intenção de apropriação) ou ao tipo de usurpação de coisa imóvel (intenção de exercer direito de propriedade, posse, uso ou servidão, não tutelados por lei, sentença ou acto administrativo) refere-se a *elementos subjectivos da ilicitude*,

Por outro lado, os referidos elementos subjectivos do tipo cumprem uma dupla função: em certos casos, asseguram uma *função selectiva*, permitindo delimitar o desvalor jurídico de condutas que, na ausência dos referidos elementos, seriam lícitas; em outros, desempenham uma *função especializante*, permitindo, com a sua verificação, distinguir um tipo legal de crime de outro (aos quais poderão, aliás, subjazer bens jurídicos diversos)[1754]. A estas funções, podemos acrescentar uma *função agravante*, sempre que a verificação do elemento subjectivo se traduz, não propriamente no preenchimento de uma previsão normativa diversa (reportada a um distinto bem jurídico), mas a um agravamento do desvalor jurídico da conduta do agente e, portanto, a um agravamento da cominação jurídica correspondente. Com base na referida dissociação entre os dois elementos subjectivos do tipo (o dolo do tipo e o elemento subjectivo especial da ilicitude, ou, na terminologia tradicional, entre o dolo genérico e o dolo específico) podem os tipos de crime em causa ser classificados como *de intenção* ou *de resultado cortado ou parcial*[1755].

Fazendo a ponte para a LCS, importante será considerarmos se o *propósito de obter uma vantagem* traduz um elemento subjectivo da previsão normativa, que se distinguiria (e acresceria) ao dolo orientado para a realização dos elementos objectivos daquela previsão. Ora, do nosso ponto de vista, a técnica legislativa não favorece esta perspectiva, já que a previsão normativa é a constante do nº 1

caracterizadores da «vontade numa certa e especial direcção, sem correspondência nos elementos do tipo objectivo» – Teresa Beleza, "Os crimes contra a propriedade no Código Penal de 1982 (sumários desenvolvidos)", *in* Augusto Silva Dias *et al.*, *Colectânea de Textos sobre a Parte Especial do Direito Penal – Materiais para o Estudo da Parte Especial do Direito Penal*, Lisboa, AAFDL, 2008, p. 143 (cfr. igualmente, p. 157). Numa outra perspectiva, a propósito do tipo de crime de envenenamento, defende Curado Neves que o elemento subjectivo "intenção de prejudicar a saúde física ou psíquica do ofendido" não constitui um dolo de ofensas corporais. Essa específica *intenção* e o *dolo* inerente à realização dos elementos objectivos do tipo traduzem uma dualidade da "vontade": «uma vontade "teleológica", e uma vontade a que chamaria "relacional", que significa meramente que um acto que é praticado é querido pelo seu autor» – João Curado Neves, *Intenção e Dolo no Envenenamento*, Coimbra, Almedina, 1984, p. 101. Para o autor, essa *intenção* constitui um *objectivo* do agente não compreendido no tipo legal, pelo que «assume assim um carácter diferente do que se pode atribuir à vontade do dolo, uma vez que não está em causa a posição (de os querer ou não) do agente em relação à realização de certos factos, mas a intenção com que lhes dá causa, que a eles pode ser inteiramente exterior» – *ibidem*. O autor demarca-se, no entanto, da perspectiva de que estaria em causa um *dolo específico*, entendido como especial elemento subjectivo do tipo, já que configura a *intenção* como elemento subjectivo exterior ao tipo. *Ibidem.*

[1754] Daniela Freitas Marques, *Elementos...*, *cit.*, pp. 126 ss.

[1755] Cfr., p. ex., A. M. Almeida Costa, "Artigo 217º – Anotação", *in* Jorge de Figueiredo Dias (Dir.), *Comentário Conimbricense do Código Penal*, Parte Especial – Tomo II, Coimbra, Coimbra Ed., 1999, p. 309; ou António Correia Saraiva, "O tipo legal de crime de burla: do erro ocasionado não *expressis verbis* mas através de actos concludentes", *RPDC*, nº 52 (Dez. 2007), p. 29.

do artigo 24º da LCS, aí se esgotando o juízo de ilicitude (que não inclui o elemento subjectivo *propósito de obter uma vantagem*). Este surge, no nº 3 do artigo 24º e no nº 5 do artigo 25º, como um elemento subjectivo qualificativo do dolo, que lhe acresce e que torna mais censurável o comportamento do agente. É, porém, um elemento subjectivo distinto do dolo, que o transcende (está para além do conhecimento e vontade de realização da conduta ilícita), mas que se situa, ainda assim, estruturalmente, entre os elementos da culpa. Trata-se, assim, do nosso ponto de vista, de um *elemento subjectivo especial da culpa, qualificante da mesma*. Desta forma, no quadro da LCS não é possível reflectir os desenvolvimentos dogmáticos da doutrina penalista. O referido elemento subjectivo, associado ao dolo, consubstancia uma modalidade autónoma de culpa – precisamente a mais censurável – correspondente a um *dolo qualificado*. As modalidades da culpa ligadas ao incumprimento do dever de declaração do risco são, assim, três: a negligência, o dolo, e o dolo com o propósito de obter uma vantagem[1756].

Em termos práticos, porém, cremos que a construção legal é algo artificiosa e redundante, na medida em que dificilmente são configuráveis hipóteses – ainda que meramente académicas – em que o proponente aja com dolo de mentir ou de omitir factos mas sem o propósito de obter uma vantagem[1757]. É que não se vislumbra, como regra, que outra intenção possa motivar o incumprimento do dever de declaração do risco senão precisamente a de obter uma vantagem[1758]. Esta consideração implica, porém, o esvaziamento das situações de "dolo simples"

[1756] Não se trata, porém, segundo cremos, de uma mera fórmula, já que o "propósito de obter uma vantagem" é um elemento subjectivo que se adiciona ao dolo de incumprimento. Está em causa, portanto, a censurabilidade, quer da conduta (dolo), quer do fim subjectivo que a mesma visa atingir. Esse fim (*propósito*, na expressão legal) corresponderá, segundo pensamos, a uma orientação da vontade similar à do dolo directo.

[1757] Pretendendo-se utilizar a expressão como sinónimo de fraude, teria sido preferível aludir, não à intenção ou propósito do proponente mas à própria actuação objectiva, com recurso a artifícios enganadores. Em qualquer caso, estes não seriam de verificação frequente – já que o processo de declaração do risco (normalmente, a resposta a um questionário) o não propicia – mas apenas ocorreriam em situações pontuais, como, p. ex., na falsificação de documentos.

[1758] Sendo a declaração do risco instrumental da celebração do contrato de seguro, qualquer situação de dolo orientada para a declaração do risco envolve o fim mediato de conseguir a celebração do contrato de seguro (ou de consegui-la em condições mais vantajosas, mediante um prémio mais baixo ou com garantias mais amplas do que resultaria da declaração da verdade) através da viciação pré-determinada da vontade contratual do segurador. Será *sempre* essa a *vantagem* visada (mesmo que essa celebração seja ela própria instrumental, p. ex., da concessão de um mútuo bancário) e terá a mesma *sempre* como reverso um correspondente *dano* do segurador. Pedro Romano Martinez apresenta precisamente como exemplos da *vantagem* visada a obtenção de prémio mais baixo ou da própria celebração do contrato – Pedro Romano Martinez, "Artigo 24º – Comentários complementares", *in* Pedro Romano Martinez *et al.*, *LCS Anotada, cit.*, p. 151.

e, com ele, a transformação em *regra* de disposições formuladas como *excepcionais* (ressalvas no nº 3 do artigo 24º e no nº 5 do artigo 25º da LCS)[1759].

V. A negligência – como modalidade do incumprimento do dever de declaração do risco – implica a omissão de um dever de cuidado e diligência no sentido de comunicar uma informação verdadeira e completa. Por outro lado, essa omissão de cuidado pode surgir concretamente associada a um ou vários dos pressupostos do dever de declaração do risco.

Desde logo, a mesma pode verificar-se no *processo de pesquisa de informações*, admitindo-se um dever acessório de indagação no sentido de poder satisfazer o dever principal de informação. Em tal caso, a negligência verifica-se quando o obrigado não pergunta, não lê, não observa, não se informa devidamente sobre as circunstâncias do risco, ou quando revela indiferença por tal dever de indagação, ou não procura sequer recordar-se de factos relevantes do seu conhecimento mas pouco presentes na sua memória.

A negligência poderá verificar-se igualmente no *processo cognitivo*, isto é, na tomada de consciência ou conhecimento do que é perguntado pelo segurador,

---

[1759] Mesmo fora do contexto do ordenamento português, alguns autores assimilam o dolo (simples) ao propósito de obter uma vantagem. Assim, Bado Cardozo afirma que «o declarante actua com dolo quando engana o segurador, expondo-lhe um risco distinto daquele em que incorre realmente, com o objectivo de obter um benefício económico [...] certo de não pagar o prémio correspondente» – Virginia Bado Cardozo, *El Riesgo...*, *cit.*, p. 33. Relativamente às disposições da LCS em análise, Pedro Romano Martinez refere que o dolo simples seria uma situação pouco usual: «por via de regra, o comportamento doloso de um contraente – no caso o tomador do seguro – seria com o propósito de obter uma vantagem» – Pedro Romano Martinez, "Artigo 25º – Comentários complementares", *in* Pedro Romano Martinez *et al.*, *LCS Anotada, cit.*, p. 161. No mesmo sentido, Maria Manuela Chichorro, *O Contrato..., cit.*, pp. 89-90. Também neste sentido, afirma Júlio Gomes que «[...] considerando que o dolo do tomador do seguro ou segurado inclui sempre, quanto a nós, a consciência da sua parte de que a circunstância omitida ou inexactamente declarada é relevante para a apreciação do risco pelo segurador e para a decisão deste de contratar ou, pelo menos, de contratar naquelas condições, então parece-nos poder afirmar-se que na grande, ou até esmagadora, maioria dos casos o dolo irá acompanhado daquela intenção de obter uma vantagem (que consiste, precisamente, em obter a celebração de um contrato que de outro modo não ocorreria ou condições contratuais mais favoráveis, designadamente prémios mais baixos). Em suma, afigura-se-nos que a distinção não só se revelará muito delicada, importando a análise de subtis cambiantes psicológicas, como os casos de dolo simples serão, porventura, algo académicos: pense-se no tomador do seguro que mente quanto ao recheio de uma casa para fazer alarde de uma fortuna que na verdade não tem» – Júlio Gomes, "O dever de informação do (candidato a) tomador...", *cit.*, p. 427. Em outro texto, refere o autor como exemplo raro e académico de dolo simples, o do mentiroso compulsivo – Júlio Gomes, "Seguro de acidentes de trabalho: Para uma interpretação restritiva – ou mesmo a revisão – do Acórdão Uniformizador de Jurisprudência nº 10/2001, de 21 de Novembro de 2001", *RMP*, Ano XXIX, nº 116 (Out.-Dez. 2008), p. 24, n. 40. No mesmo sentido, Pedro Romano Martinez, "Artigo 24º – Comentários complementares", *in* Pedro Romano Martinez *et al.*, *LCS Anotada, cit.*, p. 152.

ou dos tipos de factos ou circunstâncias que devem ser informados. Neste caso, o obrigado não reflecte sequer sobre quais as informações relevantes para o segurador; não lê atentamente o questionário; está desatento; percebe mal; pensa que um facto não é importante (quando razoavelmente devia tê-lo como tal); descura, apesar de esclarecido, a declaração do que não lhe é perguntado; ou, por exemplo, responde ao questionário em estado de alcoolismo (ou sob o efeito de estupefacientes) em que se colocou voluntariamente[1760].

Poderá igualmente ocorrer negligência no *processo de exteriorização do conhecimento*, caso em que o obrigado: redige mal; escolhe palavras que deturpam ou distorcem a materialidade que deve ser informada; responde apressadamente sem se certificar de que a sua resposta traduz o que sabe sobre o que lhe é perguntado; diz "sim" quando pretendia dizer "não"; incorre num erro mecânico quanto ao que escreve (*error linguae*); engana-se; troca factos (por exemplo, troca o nome de duas doenças, troca datas); omite dados; não revê as suas respostas; assina sem ler o questionário preenchido por outrem, etc.

Não se verificando a violação de um dever de diligência ou cuidado, não haverá um incumprimento culposo do dever de declaração do risco, sendo a conduta será juridicamente irrelevante. De entre os exemplos citados, verifica-se *negligência inconsciente* quando, por exemplo, o proponente não se recordou (ou esqueceu-se) de um facto que conhecia; ou interpretou incorrectamente uma pergunta do questionário; ou não atribuiu relevância a um facto cuja importância não é manifesta. Já a *negligência consciente* poderá consistir, por exemplo, na situação em que o proponente, pretendendo celebrar o seguro, e tendo pressa, preenche o questionário, colocando cruzes, sem ler devidamente as questões e sem se certificar que declara a verdade, confiando, todavia, que sim[1761].

VI. A LCS apenas estabelece cominações para o incumprimento doloso ou negligente do dever de declaração do risco, mas não para um "incumprimento de boa fé". É certo que, inexistindo uma vontade do proponente dirigida à omissão

---

[1760] Dieter Medicus, *Schuldrecht...*, cit., p. 149.

[1761] A LCS não reconhece uma modalidade de *negligência com o propósito de obter uma vantagem*, pelo que esta situação subjectiva apenas é susceptível de qualificar o dolo. Sinde Monteiro parece admitir que a consciência da importância de uma informação para o destinatário, acompanhada de uma actuação negligente na transmissão (inexacta ou incompleta) dessa informação permite reconhecer a intenção de causar danos (dolo directo de lesão) ou, pelo menos a sua aceitação (dolo eventual de lesão) – Jorge Sinde Monteiro, *Responsabilidade por Conselhos...*, cit., p. 570. Não cremos que assim seja, na medida em que assumamos que os indivíduos adoptam determinadas condutas que instrumentalmente servem decisões racionais. Ora, a decisão de lesar (dolo de lesão) implica um comportamento apto a atingir esse resultado, pelo que esse comportamento decorre de uma vontade a ele dirigida (dolo), e não de uma mera indiferença negligente.

de factos relevantes ou à declaração de dados inexactos, e inexistindo também uma violação do dever de diligência e cuidado na descrição das circunstâncias do risco a segurar, nenhum comportamento, activo ou omissivo, merece a reprovação do Direito[1762].

Mas a questão poderá estar resolvida a montante, ao nível da delimitação do dever de declaração e, portanto, da própria ilicitude. Assim, se o proponente desconhece uma qualquer circunstância ou razoavelmente não deve tê-la por significativa para a apreciação do risco pelo segurador, então nem sequer se verificam os requisitos do dever de declaração.

Relativamente a outros regimes, alguma doutrina tem sustentado que, verificando-se um "incumprimento inocente" do dever de declaração do risco – isto é, omissões ou inexactidões de boa fé – a consequência, na falta de disposição especial, deveria assentar na aplicação do regime geral do erro, verificados os respectivos pressupostos, ou, noutra perspectiva, no recurso ao regime da resolução por incumprimento de uma obrigação[1763]. Não cremos, porém, que qualquer das soluções seja correcta nem aplicável no caso da LCS. Por um lado, sendo o regime da declaração do risco *lex specialis* face ao regime geral do erro, e tendo pretendido o legislador salvaguardar a inimpugnabilidade das situações de omissões ou inexactidões de boa fé, não se afigura admissível recorrer ao regime geral para obviar à sua própria derrogação[1764]. Também o recurso à resolução não se afigura correcto, desde logo por não ter sequer havido violação de um dever.

VII.6.3. O regime em caso de omissões ou inexactidões dolosas

I. Verificando-se o incumprimento do dever de declaração do risco, estabelece o nº 1 do artigo 25º da LCS a anulabilidade do contrato. Esta solução, que segue o regime consagrado em múltiplos sistemas jurídicos[1765], era já pacífica na doutrina e jurisprudência nacionais ficando, desta feita, limitada aos casos de incumprimento doloso. A diferenciação de regimes (entre uma cominação dura e uma cominação branda) em função da culpabilidade do proponente, e a asso-

---

[1762] Júlio Gomes, "O dever de informação do (candidato a) tomador...", *cit.*, p. 397.

[1763] Virginia Bado Cardozo, *El Riesgo...*, *cit.*, pp. 155-156.

[1764] No mesmo sentido, Júlio Gomes, "O dever de informação do (candidato a) tomador...", *cit.*, p. 397 e n. 21.

[1765] Cite-se, a título meramente exemplificativo, o primeiro parágrafo do artigo 1892º do CC italiano; ou a alínea 2 do § 19º da VVG alemã. Note-se, porém, que mesmo actualmente alguns ordenamentos consagram soluções de nulidade para as omissões ou inexactidões dolosas. Nesta linha, o artigo 23º do Decreto com força de lei nº 1505, de 30/10/2001, da Venezuela, determina que as falsidades e reticências de má fé por parte do tomador, do segurado ou do beneficiário, devidamente provadas, serão causa de nulidade absoluta do contrato se de tal natureza que o segurador, tendo-as conhecido, não teria contratado ou tê-lo-ia feito em outras condições. Cfr. José Augusto Delgado, "O contrato...", *cit.*, p. 137.

ciação da anulabilidade apenas às situações mais censuráveis (má fé ou dolo) era já defendida, de resto, por alguma doutrina nacional[1766].

A anulabilidade encontra fundamento, quer na tutela da autonomia da vontade, quer na teoria dos vícios do consentimento – um dos fundamentos do regime da declaração do risco – e assume uma dupla função: o "remédio" de uma situação que era injustamente penalizante para uma das partes; e a sanção ao comportamento ilícito da parte faltosa[1767].

II. O regime da anulabilidade previsto no nº 1 do artigo 25º afasta-se, em vários aspectos, do regime geral do CC. Desde logo, enquanto do artigo 287º do CC parece resultar, como é entendimento dominante na doutrina, a necessária arguição judicial da anulabilidade (quer por via de acção, quer de excepção)[1768], o

---

[1766] Cfr., p. ex., Júlio Gomes, "O dever de informação do tomador...", *cit.,* p. 112.

[1767] Carlos Gómez de la Escalera, *La Nulidad...*, *cit.,* p. 21; Marcos Bernardes de Mello, *Teoria...*, *cit.,* pp. 43 ss.

[1768] O anteprojecto de Rui de Alarcão quanto à parte do CC respeitante à Invalidade do Negócio Jurídico, previa uma disposição segundo a qual a anulabilidade poderia ser exercida por declaração à contraparte. Embora tal disposição não tenha transitado para a versão final do Código, sublinha Castro Mendes a possibilidade de exercício extra-judicial da anulabilidade *desde que haja acordo entre as partes* – João de Castro Mendes, *Direito Civil...*, Vol. II, *cit.,* p. 300. Por seu turno, Menezes Cordeiro entende que nada resulta expressamente da letra do CC no sentido da exigência de arguição judicial das invalidades – remetendo o disposto no nº 1 do artigo 291º para o contexto específico da inoponibilidade da nulidade e da anulação em caso de aquisição, a título oneroso, de direitos sobre bens imóveis ou bens móveis sujeitos a registo por terceiro de boa fé – e concluindo que «a lei é omissa quanto ao regime geral da invocação das invalidades, o que depõe no sentido da desformalização» – António Menezes Cordeiro, *Tratado...*, I, Tomo I, *cit.,* p. 863. Pela nossa parte, cremos que não deve ser menosprezada a relevância dos trabalhos preparatórios do Código como elemento de interpretação, denotando-se aí uma clara intenção do legislador de afastar qualquer referência à possibilidade de invocação extra-judicial da anulabilidade. Por outro lado, pensamos que a própria referência expressa à *arguição* da anulabilidade e, sobretudo, à *arguição por via de acção ou de excepção* (nº 2 do artigo 287º) remete necessariamente para o domínio da invocação judicial, não deixando margem para a admissibilidade da extra-judicial. Para além disso, a ser admissível a invocação extra-judicial, seria necessário que o Código definisse, ainda que de forma sucinta, os termos da respectiva admissibilidade, como sucede, aliás, com o artigo 25º da LCS. Face ao exposto, pensamos, com a doutrina dominante, que o CC apenas admite a invocação judicial da anulabilidade. É decerto admissível – como defendem Castro Mendes e Menezes Cordeiro – o acordo das partes no sentido de extinguir o negócio na sequência da invocação extra-judicial de um vício por uma delas. Porém, o que, do nosso ponto de vista, estará aí em causa é o exercício da soberania da vontade (o instituto da revogação como forma de cessação do contrato), e não, propriamente, a cominação do vício invocado. Na falta de acordo revogatório – e, portanto, verificado o litígio – a apreciação judicial da anulabilidade será, assim, "constitutiva". De notar ainda que a solução acolhida na LCS se afasta mesmo da tradição dos Direitos latinos, que requerem a arguição judicial. Segue, assim, a tendência, mais pragmática, do Direito alemão, da admissibilidade de anulação

nº 1 do artigo 25º da LCS prevê o seu exercício mediante *simples declaração* enviada pelo segurador ao tomador do seguro[1769].

O facto de a anulação decorrer de uma declaração do segurador (e não de decisão judicial) é da maior relevância. Desde logo – e porque a cominação do incumprimento depende do grau de culpabilidade do proponente – coloca-se na esfera do segurador a apreciação (sem meios investigatórios que permitam aferi-lo com exactidão) daquele grau de culpabilidade. É o segurador que terá de avaliar se terá havido dolo (caso em que pode enviar a declaração anulatória) ou negligência (caso em que terá de recorrer às medidas previstas pelo artigo 26º da LCS). É certo, porém, que, não se conformando o tomador do seguro com o teor da declaração anulatória, observar-se-á um litígio, devendo então o tribunal apreciar se a anulação operou devidamente[1770].

Quanto ao mais, a anulação opera imediatamente – sem dilações – e destrói retroactivamente os efeitos do contrato (*ex tunc*), não sendo o segurador obrigado a suportar o sinistro e tendo direito à repetição das prestações por sinistro já anteriormente regularizadas[1771]. O efeito retroactivo não obsta, no entanto, à perda do prémio a favor do segurador prevista nos nºs 4 e 5 do artigo 25º.

---

mediante a simples declaração extra-judicial remetida à contraparte – António Menezes Cordeiro, *Tratado...*, I, Tomo I, *cit.*, p. 862; António Menezes Cordeiro, *Da Confirmação...*, *cit.*, pp. 95 ss.

[1769] Cfr. Júlio Gomes, "O dever de informação do (candidato a) tomador...", *cit.*, p. 423. Arnaldo Oliveira aponta, como uma das características distintivas do regime da LCS, a «unilateralidade da invocação» (Arnaldo Oliveira, *A Declaração...*, *cit.*, p. 13; e Arnaldo Oliveira, "Artigo 25º – Anotação", *in* Pedro Romano Martinez *et al.*, *LCS Anotada, cit.*, p. 158). Do nosso ponto de vista, afigurar-se-ia mais correcta a referência a uma *invocação extra-judicial*, e não tanto ao carácter unilateral da mesma, já que também nos termos do regime geral da anulabilidade (nº 1 do artigo 287º do CC) a mesma só é (unilateralmente) invocável pelas pessoas em cujo interesse a lei a estabelece: daí a mesma resultar de um direito potestativo. Filipe Albuquerque Matos qualifica a invalidade do artigo 25º como uma anulabilidade *sui generis*, atendendo ao tempo e ao modo de invocação prevista (a mera comunicação à contraparte, num prazo reduzido face ao regime regra do nº 1 do artigo 287º do CC) – Filipe Albuquerque Matos, *Uma Outra Abordagem...*, *cit.*, pp. 628 ss. Contra o teor do texto do nº 1 do artigo 25º insurge-se Francisco Salavessa, argumentando que do seu teor literal resulta que o contrato só é *tornado anulável* (mas não fica anulado) mediante o envio da declaração ali referida, sendo até então válido. Por outro lado, revela o autor incompreensão pela possibilidade de anulação extra-judicial, considerando, finalmente, que o modo de cessação em causa haveria de assumir a natureza da resolução – Francisco Salavessa, *Formação...*, *cit.*, p. 26, n. 88. Não cremos que as questões suscitadas sejam pertinentes: a referência à *anulabilidade* significa tão-somente que o contrato é *susceptível de ser anulado* mediante declaração a enviar à contraparte. O efeito dessa declaração não é outro, portanto, senão a *própria anulação*. De resto, não se compreende que o zelo literal do autor possa ignorar a cominação que inequivocamente verte do regime – a anulabilidade – que já parte da doutrina defendia, face ao regime civil, poder ser activada extra-judicialmente.

[1770] António Menezes Cordeiro, *Da Confirmação...*, *cit.*, p. 96.

[1771] Júlio Gomes, "O dever de informação do (candidato a) tomador...", *cit.*, p. 425. Solução semelhante resulta do *Code des Assurances* francês. Neste quadro, a doutrina e a jurisprudência têm evi-

III. Não tendo ocorrido sinistro, a declaração anulatória deve ser enviada no prazo de três meses a contar do conhecimento do incumprimento da declaração do risco (nº 2 do artigo 25º da LCS)[1772], prazo que o legislador reputou suficiente para o segurador analisar a situação, reflectir e decidir pela manutenção do contrato ou pela sua impugnação[1773]. O decurso desse prazo sem que o segurador envie a mencionada declaração tem, assim, por efeito a convalidação do contrato pelo decurso de um prazo de caducidade[1774] sem que o direito potestativo à anulação tenha sido exercido, o que configura uma situação de sanação por caducidade do direito de impugnação[1775] ou, noutras palavras, por *convalescença*[1776]. Não está em causa a sanação da invalidade (e convalidação do contrato) por *confirmação tácita* do segurador (nº 3 do artigo 288º do CC), já que esta implica sempre um comportamento inequívoco no sentido da resignação com o negócio viciado e da intenção de o convalidar[1777].

O prazo tem por objectivo garantir a certeza e segurança jurídicas na relação contratual e, por outro lado, evitar que o segurador mantenha o contrato em

denciado o risco de insolvência do segurado. Por outro lado, é orientação da jurisprudência francesa que, no caso de indemnizações pagas a um terceiro lesado, o direito à repetição dos montantes em causa é exercido pelo segurador contra o segurado, que verdadeiramente terá beneficiado do pagamento indevido – Jérôme Kullmann, "La déclaration...", *cit.*, p. 742.

[1772] Esta solução segue o regime consagrado no segundo parágrafo do artigo 1892º do CC italiano, nomeadamente quanto à própria duração do prazo.

[1773] Arnaldo Oliveira, "Artigo 25º – Anotação", in Pedro Romano Martinez *et al.*, *LCS Anotada*, *cit.*, p. 158.

[1774] Trata-se de um prazo de caducidade (à semelhança, aliás, do prazo de cessação do nº 1 do artigo 26º da LCS) atentos, designadamente, os interesses que estão em jogo – a certeza do tráfego jurídico e a protecção do tomador. Cfr. Carlos Alberto Ghersi, *Contrato...*, *cit.*, p. 131; Miguel Ruiz Muñoz, "Deber...", *cit.*, pp. 44-45.

[1775] António Menezes Cordeiro, *Da Confirmação...*, *cit.*, p. 119.

[1776] A convalidação traduz, nas palavras de Oliveira Ascensão, «o efeito amplo de passar a ser válido o que era inválido» – José de Oliveira Ascensão, *Direito Civil...*, Vol. II, *cit.*, p. 343. Por seu turno, a convalescença reporta-se à modalidade de convalidação do acto anulável que o torna insusceptível de impugnação em virtude do decurso de um prazo (*idem*, p. 344). Como exemplo de convalescença temos, assim o prazo de exercício do direito potestativo de anulação, contado da cessação do vício (implicando o respectivo conhecimento, bem como o conhecimento do direito à anulação), a que se reporta o regime geral estabelecido no nº 1 do artigo 287º do CC, bem como o regime especial do nº 2 do artigo 25º da LCS.

[1777] Rui de Alarcão, *A Confirmação...*, *cit.*, pp. 111 ss.; António Menezes Cordeiro, *Da Confirmação...*, *cit.*, pp. 129-130. Na confirmação, estamos perante uma convalidação subjectiva, decorrente de um acto unilateral, isto é, de uma expressão da autonomia da vontade, manifestada no exercício de um direito. A convalidação ou sanação pelo decurso do tempo, diversamente, constitui uma convalidação objectiva: opera independentemente da vontade, tendo por base um mero facto objectivo: o decurso de um prazo sem que o direito seja exercido. Assim, como refere Rui de Alarcão, «a convalescença pelo decurso do prazo de anulação não constitui, nem sequer a título presuntivo, uma confirmação tácita» – Rui de Alarcão, *A Confirmação...*, *cit.*, p. 117.

vigor durante um período alargado, continuando a cobrar prémios e conservando a possibilidade de, a qualquer momento, invocar as omissões ou inexactidões e exonerar-se de liquidar o eventual sinistro[1778].

IV. *Quid iuris*, porém, se o segurador só tomar conhecimento do incumprimento após a ocorrência do sinistro (ou em simultâneo com esta)? Em tal caso, considera Filipe Albuquerque Matos que o segurador deve comunicar *de imediato* à contraparte a declaração de anulação[1779]. Não cremos, porém – apesar de uma interpretação *a contrario* da parte inicial do nº 2 do artigo 25º o poder indiciar[1780] – que esse sentido decorra dos nºs 2 e 3 do artigo 25º. Do nosso ponto de vista, e apesar de a letra dos nºs 2 e 3 do artigo 25º se prestar a equívocos interpretativos, naquele caso (e, bem assim, se o sinistro ocorrer no decurso do prazo previsto no nº 1 do artigo 25º) manter-se-á o regime dos nºs 1 e 2 do mesmo artigo[1781].

V. Na perspectiva de alguma doutrina de além-fronteiras, a recusa, pelo segurador, em efectuar a sua prestação em caso de sinistro, ainda que fundamentada na existência de omissões ou inexactidões, não o exonera da necessidade de anular o contrato, em termos análogos aos do nº 1 do artigo 25º da LCS, sem prejuízo

---

[1778] Vittorio Salandra, "Le dichiarazioni...", *cit.*, p. 9.

[1779] Filipe Albuquerque Matos, *Uma Outra Abordagem...*, *cit.*, p. 630.

[1780] Na verdade, o que tal interpretação indicia é precisamente o oposto, isto é, que, tendo ocorrido o sinistro, não fica a invocação da anulabilidade dependente de qualquer prazo.

[1781] A ressalva, na parte inicial do nº 2 do artigo 25º, induz à interpretação de que o prazo de três meses é aplicável apenas «não tendo ocorrido o sinistro». Neste caso, o sentido útil, no nº 3 do mesmo artigo, da expressão «seguindo-se o regime geral da anulabilidade» seria o da remissão para o prazo de exercício do direito de anulação de um ano a contar da cessação do vício (nº 1 do artigo 287º do CC). A dúvida interpretativa seria legítima, já que, como refere Júlio Gomes, a remissão para o regime geral da anulabilidade não teria, perante o nº 1 do mesmo artigo, o alcance de exigir, nos casos previstos nesse nº 3, o recurso a uma acção judicial de anulação – Júlio Gomes, "O dever de informação do (candidato a) tomador...", *cit.*, pp. 423-424. Para Arnaldo Oliveira, a remissão para o regime geral da anulabilidade poderá comportar uma dupla interpretação: (1) a literal, no sentido da aplicação do prazo e da necessidade de arguição judicial previstos no artigo 287º do CC (embora, no caso de o sinistro ocorrer durante o prazo do nº 1 do artigo 25º, este se devesse prolongar até um ano, descontando o período já decorrido); ou (2) a teleológica, no sentido da manutenção do prazo e forma de arguição do regime da LCS, mas da aplicação de efeitos previstos no artigo 289º do CC (efeito retroactivo, com repetição das prestações que o segurador haja efectuado) – Arnaldo Oliveira, "Artigo 25º – Anotação", *in* Pedro Romano Martinez *et al.*, *LCS Anotada*, *cit.*, p. 158. No sentido de que a remissão para o regime geral da anulabilidade apenas pretende, afinal, reforçar a regra que já decorre do nº 1 e do nº 2 do artigo 25º, Pedro Romano Martinez, "Artigo 25º – Comentários complementares", *idem*, p. 168. Sendo este, com efeito, o sentido que parece transparecer da teleologia da norma, teria sido preferível a eliminação da ressalva inicial do nº 2 do artigo 25º (o qual é, afinal, aplicável, tendo ou não ocorrido o sinistro) e da parte final do nº 3, que nada acrescenta ao texto que a antecede.

de um mesmo acto poder servir aquele duplo propósito[1782]. Relativamente ao regime da LCS, pensamos que a exoneração do segurador relativamente à sua prestação tem por único fundamento a anulabilidade do contrato, pelo que não poderá o segurador invocar aquela sem esta.

Em qualquer caso, o nº 3 do artigo 25º conferiu ao segurador a *faculdade* de não cobrir o sinistro, não se assumindo automaticamente que este nunca seria coberto[1783]. Na verdade, até por razões de ordem comercial, poderá o segurador ter interesse na cobertura do sinistro e na eventual manutenção em vigor do contrato[1784].

VI. Como referimos, a anulabilidade opera automaticamente através de uma declaração unilateral e recipienda enviada pelo segurador ao tomador do seguro. Dos termos da letra do nº 2 do artigo 25º ("declaração enviada"), da necessidade de prova do cumprimento do prazo e do disposto no artigo 120º da LCS decorre que a declaração deve assumir a *forma escrita* – ou ser prestada por meio de que fique registo duradouro – e que os respectivos efeitos se produzem sem necessidade de aceitação do destinatário ou de intervenção judicial (sem prejuízo da faculdade de impugnação judicial da anulação)[1785]. Assim, a declaração de anulação segue o regime geral da eficácia da declaração negocial, produzindo

---

[1782] Pedro Rubio Vicente, *El Deber...*, *cit.*, p. 129; Carlos A. Schiavo, *Contrato de Seguro...*, *cit.*, pp. 228 ss.

[1783] Arnaldo Oliveira, "Artigo 25º – Anotação", *in* Pedro Romano Martinez *et al.*, *LCS Anotada*, *cit.*, p. 158.

[1784] Arnaldo Oliveira sustenta que um dos aspectos em que o regime do incumprimento doloso se revela particularmente severo consiste no facto de o segurador não estar obrigado a cobrir o sinistro. Na verdade, segundo o autor, esta solução «diverge do regime geral da anulação, pois que aplica os efeitos desta antes mesmo da existência de declaração unilateral de anulação» (Arnaldo Oliveira, "Artigo 25º – Anotação", *in* Pedro Romano Martinez *et al.*, *LCS Anotada*, *cit.*, p. 159), perspectivando aí «um efeito "pré-anulação" da anulabilidade prevista no nº 1 do artigo 25º, uma como "anulação *ex lege*" – sendo então uma concessão que o legislador português efectuou ao regime típico da nulidade (que opera *ipso iure*)» (*ibidem*). Neste domínio, não podemos acompanhar o autor. Desde logo, porque aquilo que é designado por "efeito pré-anulação" não é mais, afinal, do que o efeito retroactivo normal que caracteriza o regime geral da anulabilidade. Por outro lado, o que o nº 3 do artigo 25º estabelece não é a exclusão da cobertura do sinistro, mas sim que o segurador *não está obrigado* a cobri-lo (embora *possa* fazê-lo). Porém, ainda que a não cobertura do sinistro (e a repetição das prestações por sinistro já liquidadas) surjam *necessariamente* associadas à anulação do contrato, esta anulação sempre será um direito potestativo do segurador, que o mesmo pode não exercer, convalidando o contrato. Portanto, não há uma anulação *ex lege*, mas *ex voluntate* (como também sucede no regime geral da anulabilidade). Assim, o desvio à regra geral da anulabilidade não se coloca ao nível da não cobertura do sinistro – consequência normal da anulabilidade – mas ao nível da perda do prémio a favor do segurador.

[1785] Júlio Gomes, "O dever de informação do (candidato a) tomador...", *cit.*, p. 423.

efeitos logo que chega ao poder do destinatário ou é dele conhecida (n.º 1 do artigo 224.º do CC)[1786].

De resto, nos termos do n.º 1 do artigo 25.º a declaração apenas tem de ser enviada ao tomador, dispensando-se o envio também ao segurado (se diverso) ou ao beneficiário, mesmo nos casos de beneficiário irrevogável de contrato de seguro de vida (em solução pouco conciliável com a tutela dispensada no artigo 204.º da LCS)[1787]. Finalmente, a comunicação considera-se validamente efectuada se remetida para o endereço do tomador constante da apólice, correndo o ónus de actualização por conta deste (n.º 2 do artigo 120.º).

VII. É discutível qual seja o fundamento da *anulabilidade* do contrato. De acordo com uma perspectiva, tratar-se-á de uma decorrência do regime dos vícios da vontade, que assumiria uma configuração especial no contrato de seguro. Seria, assim, uma consequência conforme ao regime geral do erro e do dolo, que no caso do contrato de seguro consubstanciariam um regime próprio com requisitos específicos. Porém, este prisma apresenta como debilidade o facto de a lei só associar esta consequência ao incumprimento doloso, o que não é consentâneo com o regime do erro. Aliás, sendo a essencialidade do facto sobre o qual haja incidido o erro conhecida (ou cognoscível) do declaratário, como é o caso (n.º 1 do artigo 24.º da LCS), o contrato haveria de ser anulável mesmo em caso de incumprimento não culposo do proponente.

Noutra perspectiva, alguma doutrina sustenta que as cominações pelo incumprimento do dever de declaração do risco constituiriam, não uma sanção pelo comportamento desleal do proponente, mas um *meio de salvaguarda da posição do segurador*, a quem seria concedida a possibilidade de unilateralmente fazer cessar a relação contratual[1788]. Ora, esta perspectiva parece não tomar em consi-

---

[1786] Neste sentido, Arnaldo Oliveira, "Artigo 25.º – Anotação", *in* Pedro Romano Martinez *et al.*, *LCS Anotada, cit.*, p. 159. Esta solução contrasta com a respeitante ao incumprimento negligente do dever de declaração do risco, onde, ao prazo de envio da declaração pelo segurador, acresce um prazo de dilação de eficácia da mesma, o qual permite ao tomador do seguro, querendo, efectuar novo contrato junto de outro segurador, garantindo a continuidade de cobertura do risco. Embora o autor entenda que, no caso do incumprimento doloso, o grau de desvalor do comportamento do tomador não terá merecido a atribuição de um tal prazo de dilação pelo legislador (*ibidem*), a diferença de soluções prende-se, do nosso ponto de vista, com a eficácia retroactiva inerente à anulabilidade, que sempre retiraria qualquer efeito útil à referida dilação.

[1787] Júlio Gomes, "O dever de informação do (candidato a) tomador...", *cit.*, p. 423 e n. 64. Ainda que sem apoio na letra do n.º 1 do artigo 25.º, Sofia Martins parece defender que a declaração anulatória deverá ser dirigida ao tomador do seguro e ao segurado – Sofia Martins, *Guia Sobre o Novo Regime Jurídico do Contrato de Seguro*, Lisboa, Uría Menéndez, s.d., p. 33.

[1788] Giuseppe Grisi, *L'Obbligo..., cit.*, p. 261. Para o autor, o dolo ou culpa grave do proponente influenciam «a medida de atribuição de relevância jurídica, mas não constituem fundamento de tal

deração a diferenciação de cominações em função da culpa do proponente[1789]. Tudo repousa, enfim, na culpa do proponente: na ausência desta, não há lugar à aplicação de qualquer cominação, pelo que também a posição do segurador não é salvaguardada, ainda que na esfera do mesmo se tenha verificado um vício do consentimento.

Outro prisma aponta como um dos remédios da assimetria informativa, para além do estabelecimento de deveres de informação, a constituição de *deveres de garantia*, traduzidos, no caso de um contrato de compra e venda, na obrigação contratual de reparar a coisa vendida pelos defeitos que a mesma apresentar[1790]. Nesta linha – e à semelhança do que sucede com a *breach of warranty* da *common law* – as cominações do incumprimento do dever de declaração são configuráveis como o exercício pelo segurador de garantias prestadas pelo tomador do seguro quanto à exactidão e completude das informações dadas, fazendo correr sobre este o risco das inexactidões e omissões. Contra esta perspectiva dir-se-á que a mesma coloca o problema no campo da neutralidade axiológica, irrelevando a censurabilidade da conduta do proponente. Por outro lado, carece de base legal, já que não há fundamento na lei para o reconhecimento de uma *warranty* sobre as informações prestadas.

Finalmente, uma outra perspectiva reconhece na anulabilidade uma sanção jurídica pelo incumprimento de um dever legal, associada ao desvalor da conduta do proponente[1791]. A lei seria, assim, soberana na estipulação dos deveres que devem incumbir às partes (nomeadamente na fase de formação dos contratos),

---

atribuição: fundamento que em qualquer caso se busca na objectiva adequação do comportamento a comprometer o equilíbrio contratual originariamente acordado, de modo a alterar gravemente – em substância – os termos do sinalagma negocial». *Idem*, pp. 262-263 (trad. nossa).

[1789] Se nos regimes dominantes durante o séc. XIX estava em causa, de facto, a tutela incontroversa da posição do segurador, já as soluções emergentes ao longo do séc. XX asseguram essa tutela através de medidas diferenciadas: é o desvalor jurídico associado à conduta do proponente – através da censurabilidade da mesma – que determina a cominação aplicável. Desta forma, também a tutela do segurador é diferentemente assegurada.

[1790] Paolo Gallo, "Asimmetrie...", *cit.*, p. 651.

[1791] Castro Mendes define *sanção jurídica* como a «consequência normativa decorrente de um acto ilícito, em virtude dessa ilicitude (sentido restrito), ou a consequência normativa decorrente de um acto ilícito, ilegal ou não preenchedor do perfeito modelo legal, em virtude das referidas características (sentido lato)» – João de Castro Mendes, *Direito Civil...*, Vol. II, *cit.*, p. 338. Ora, uma das mais importantes sanções jurídicas corresponde ao desvalor do negócio jurídico (nomeadamente, a respectiva invalidade) – *idem*, p. 339. Diversamente, para Oliveira Ascensão, a invalidade de um acto jurídico não constitui uma sanção, já que a mesma surge associada à eficácia e não à reprovação do acto – José de Oliveira Ascensão, *Direito Civil...*, Vol. II, *cit.*, p. 347. Na perspectiva do autor, o acto inválido não constitui por si um acto ilícito (este, sim, merecedor de uma sanção). Pela nossa parte, embora concordemos que um acto inválido não corresponde necessariamente a um acto ilícito (ou vice-versa), cremos que nada obsta a que a lei defina a invalidade como consequência

bem como na determinação das sanções aplicáveis ao incumprimento. Esta perspectiva é também coerente com o facto de a gravidade da consequência ser associada a um comportamento censurável por parte do proponente (o dolo)[1792]. É esta, de resto, a posição com mais apoio na doutrina do Direito dos seguros[1793].

Neste quadro, julgamos relevante traçar uma comparação com o artigo 26º da LCS e com a ausência, no artigo 25º de uma disposição que procure (como sucede na alínea a) do nº 1 do artigo 26º) a conservação do negócio mediante a respectiva alteração face às circunstâncias reais do risco. A ausência de tal preceito permite também configurar a anulabilidade como uma verdadeira sanção.

Para além disso, como nota Júlio Gomes, a própria *tentativa de fraude* – caso em que se verifica o incumprimento doloso do tomador com o propósito de obter uma vantagem, relativamente a factos já do conhecimento do segurador e, portanto, insusceptíveis de o induzir em erro – é sancionada com a anulabilidade do contrato, como resulta do nº 3 do artigo 24º da LCS, o que igualmente acentua o carácter punitivo da solução[1794].

VIII. Embora o artigo 25º o não preveja expressamente, o incumprimento doloso não comporta como únicas alternativas a anulação do contrato ou a convalidação do mesmo. Na verdade, o segurador poderá propor modificações ao contrato, nos mesmos termos previstos na alínea a) do nº 1 do artigo 26º da LCS, sobretudo quando, a não se ter verificado o incumprimento, o segurador tivesse aceite o contrato em condições mais onerosas, mas não o tivesse recusado. Neste âmbito, a falta de uma disposição como a referida não tolhe a possibilidade de, no quadro da autonomia da vontade, as partes convencionarem a alteração do contrato. De facto, com base no argumento lógico de que *quem pode o mais pode o menos*, e com base no princípio da conservação dos negócios jurídicos[1795], será de considerar a faculdade de o segurador propor a modificação do contrato desde o seu início e condicionar a anulação à não aceitação, num dado prazo, de tal

---

da ilicitude de um acto: tal será, p. ex., o caso expresso no nº 1 do artigo 280º do CC (nulidade do negócio cujo objecto é contrário à lei); será também o caso do nº 1 do artigo 25º da LCS.

[1792] Como reconhece a *Law Commission*, que preconiza medida semelhante, «onde o segurado tenha actuado dolosamente, é justo que lhe seja imposta uma sanção pesada, mesmo a ponto de compensar largamente o segurador pela perda que haja sofrido» – The Law Commission, *Insurance...*, cit., p. 58 (trad. nossa).

[1793] Cfr. Michel de Juglart, "L'obligation...", cit., pp. 17-18, para quem a invalidade assume a natureza de uma *pena privada*. Cfr. igualmente Alberto Monti, *Buona Fede e Assicurazione*, cit., pp. 200-201; Pedro Rubio Vicente, *El Deber...*, cit., pp. 127 ss.; Joanna Schmidt, "La sanction...", cit., p. 69. Entre nós, Júlio Gomes, "O dever de informação do (candidato a) tomador...", cit., p. 398.

[1794] Júlio Gomes, "O dever de informação do (candidato a) tomador...", cit., p. 399.

[1795] Heinrich Ewald Hörster, *A Parte Geral...*, cit., p. 595.

proposta[1796]. Como refere Arnaldo Oliveira, está aí em causa uma alteração *ex voluntate*, que não se confunde, portanto, com a do artigo 26º, não obstante poderem ser seguidos os trâmites deste artigo[1797].

IX. Como já referido, da conjugação do nº 3 do artigo 24º com o artigo 25º resulta que, havendo dolo do proponente com o propósito de obter uma vantagem, não é afectado o direito potestativo à anulação, mesmo que haja concorrido dolo ou negligência grosseira do segurador. Como resulta do nº 4 do artigo 25º, a única consequência em caso de concurso de dolo do tomador e do segurador é a que aí se estabelece.

X. Diversamente do que se sugere no Preâmbulo da LCS, o nº 3 do artigo 25º da LCS não exige qualquer nexo de causalidade entre o facto omitido ou inexactamente declarado e a ocorrência do sinistro, ou sequer esta ocorrência (no que o preceito se distingue do regime do nº 4 do artigo 26º)[1798]. Aliás, como referimos já, no CCom o entendimento jurisprudencial no sentido de acolher o requisito da causalidade era minoritário.

XI. Nas situações de seguros que abranjam várias pessoas, coisas ou riscos, e em que a omissão ou declaração inexacta respeite apenas a alguma ou a algum deles, pode suscitar-se a questão da invalidade parcial do negócio e da consequente redução do mesmo[1799]. A doutrina admite esta possibilidade como aplicação do princípio *utile per inutile non vitiatur*[1800] e com fundamento no artigo

---

[1796] Defendendo a mesma solução, Júlio Gomes, "O dever de informação do (candidato a) tomador...", *cit.*, p. 424.

[1797] Arnaldo Oliveira, "Artigo 25º – Anotação", *in* Pedro Romano Martinez *et al.*, *LCS Anotada*, *cit.*, p. 160.

[1798] Segundo Criscuoli, esta circunstância demonstra que o regime «tutela o segurador só pelo facto do seu engano e não pelo do seu prejuízo económico» – Giovanni Criscuoli, "Comportamento...", *cit.*, p. 1194 (trad. nossa). A observação do autor não é, porém rigorosa, já que o prejuízo económico do segurador não advém apenas da ocorrência do sinistro, mas do simples desequilíbrio das prestações efectivas (o prémio recebido e o efeito de segurança atribuído). Uma subavaliação do risco comporta, assim, por si só, um prejuízo decorrente do subfinanciamento da massa de seguros garantidos (mutualidade).

[1799] O instituto da redução depende da verificação do requisito da divisibilidade do negócio, isto é, da susceptibilidade de separação do negócio entre uma parte inválida e outra válida. Segundo Carlos Mota Pinto, estabelece-se uma presunção de que a vontade das partes se orienta para a divisibilidade ou separabilidade do negócio – Carlos Mota Pinto, *Teoria Geral...*, *cit.*, p. 627. Na dúvida, ou na falta de prova de que era outra a vontade de, pelo menos, uma das partes, opera a redução, numa manifestação do princípio da conservação dos negócios jurídicos.

[1800] A redução dos negócios exprime o princípio do *favor negotii*. Como refere Pais Vasconcelos, «o *favor negotii* orienta a interpretação e a concretização no sentido de evitar a invalidade e de

292º do CC, ficando o negócio reduzido às pessoas, coisas ou riscos não afecta-dos pela omissão ou inexactidão, excepto demonstrando-se que o segurador não teria concluído o negócio sem a parte viciada[1801].

Já quanto à conversão do negócio, a admissibilidade da mesma, nos termos do artigo 293º do CC reconduziria, na prática, à modificação do contrato inválido nos termos em que a mesma é prevista na alínea a) do nº 1 do artigo 26º da LCS. A solução seria sempre aliciante para o tomador do seguro faltoso: se as omis-sões ou inexactidões dolosas não fossem descobertas beneficiaria do contrato de seguro em condições mais vantajosas do que as que resultariam do cumprimento da lei; se as mesmas viessem a ser descobertas, o tomador ficaria na mesma situ-ação em que estaria se tivesse cumprido o dever de declaração do risco e sem qualquer sanção. Ora, tal solução – em que o tomador inadimplente nada teria a perder – repugna ao princípio da boa fé, pelo que será de afastar liminarmente[1802].

XII. Nos termos do nº 4 do artigo 25º da LCS, o segurador tem direito ao *prémio devido* até ao final do prazo referido no nº 2[1803]. A cominação da perda do prémio a favor do segurador é uma nota distintiva que tradicionalmente acom-panha o incumprimento da declaração do risco. Na verdade, já no âmbito do artigo 348º do *Code de Commerce* francês, era entendimento de parte da doutrina e da jurisprudência que, para além da invalidade do contrato, tinha o segurador

---

aproveitar o que for possível do acto e do negócio jurídico, sempre que possível e nos limites do possível» – Pedro Pais Vasconcelos, *Teoria Geral...*, *cit.*, p. 756.

[1801] José Carlos Moitinho de Almeida, *O Contrato de Seguro no Direito...*, *cit.*, p. 78; Pedro Romano Martinez, "Artigo 25º – Comentários complementares", in Pedro Romano Martinez *et al.*, *LCS Anotada*, *cit.*, p. 169.

[1802] A solução é, portanto, recusada pela jurisprudência. Cfr., p. ex., o Ac. TRP de 11/07/2005 – Proc. 453858 (Caimoto Jácome): «se tivesse sido declarado na proposta de seguro que o veículo pertencia à autora e que esta tinha menos de 25 anos de idade e carta de condução há menos de dois anos, o prémio de seguro teria sido agravado em 50%. Ora, desde logo, não se demonstra que, na referida situação de prémio de seguro agravado em 50%, seja provável a vontade hipotética do segurado C.......... em celebrar o contrato de seguro com aquele prémio. [...] Converter o contrato celebrado nos termos em que se faz na decisão recorrida seria, a nosso ver, premiar, de modo irrazoável e desproporcionado, um comportamento inadequado, do ponto de vista ético-jurídico, de um dos contraentes em prejuízo do outro. De todo o modo, os factos apurados não permitem afirmar, sem margem para dúvidas, que a vontade hipotética ou conjectural das partes contratantes, designa-damente da seguradora, seria no sentido de celebrar o negócio com o segurado, com o conteúdo indicado na sentença recorrida ou outro [...]. A nosso ver, a conversão não é possível no caso em apreço, além do mais, na medida em que admiti-la constituiria um atropelo ao princípio da boa fé negocial». No mesmo sentido, Ac. STJ de 30/10/2007 – Proc. 7A3428 (João Camilo).

[1803] O nº 4 do artigo 25º da LCS segue de perto a solução do segundo parágrafo do artigo 10º da Lei espanhola, encontrando parcial paralelo noutros regimes, p. ex., no terceiro parágrafo do artigo 1892º do CC italiano.

– atenta a *faute*, mais ou menos grave, do segurado – direito a uma indemnização pelo valor dos danos concretamente sofridos, apurada nos termos gerais de Direito[1804]. Alguma doutrina francesa, porém, manifestava-se por uma graduação dessa indemnização em função da culpabilidade do segurado, apelando para a analogia com outras disposições do *Code*: a indemnização seria fixa (*a forfait*), consistindo na perda total do prémio, em caso de fraude, e na perda de 0,5% do valor seguro, em caso de negligência[1805].

Uma parte da doutrina sublinha o carácter excepcional da perda dos prémios a favor do segurador, constituindo um desvio, quanto a uma das partes, relativamente ao regime geral da anulabilidade (efeito retroactivo e devolução de tudo o que tiver sido recebido da contraparte)[1806]. Mas constituirá a perda do prémio a favor do segurador uma verdadeira excepção à retroactividade da anulabilidade? Quer a nulidade, quer a anulabilidade têm efeito retroactivo, implicando a restituição de tudo o que tiver sido prestado ou, não sendo possível a restituição em espécie, o valor correspondente[1807]. Carlos Mota Pinto refere, como exemplo, o da anulação de um contrato de arrendamento, caso em que o senhorio deve restituir as rendas recebidas e o inquilino o valor objectivo do uso e fruição do prédio, *compensando-se os deveres de restituição*[1808]. Além do arrendamento, Castro Mendes estende a solução ao contrato de compra e venda de uma coisa consumível (e entretanto consumida): neste caso, o dever de restituição do preço seria compensado com o de restituição do valor da coisa (equivalente ao preço)[1809]. Também Menezes Cordeiro sustenta igual solução nos contratos de execução continuada em que uma das partes beneficia do gozo de uma coisa (o exemplo clássico do arrendamento) ou *de um serviço* (casos da empreitada, do mandato, do depósito ou do contrato de trabalho, que expressamente beneficia de regime específico),

---

[1804] Daniel Danjon, *Traité...*, Tomo IV, *cit.*, pp. 547 e 549.

[1805] Criticamente, Daniel Danjon, *Traité...*, Tomo IV, *cit.*, p. 547. Outros regimes novecentistas, simplificando a solução, definiram como valor indemnizatório fixo o do prémio já liquidado, que reverteria para o segurador. Entre eles, contava-se o do § único do artigo 429º do CCom de 1888, que assim sancionava a má fé do segurado.

[1806] Cfr., p. ex., Giuseppe Grisi, "L'omessa...", *cit.*, p. 756; Maurice Picard e André Besson, *Les Assurances...*, *cit.*, p. 150. Entre nós, cfr. Júlio Gomes, "O dever de informação do tomador...", *cit.*, p. 106; Pedro Romano Martinez, "Artigo 25º – Comentários complementares", *in* Pedro Romano Martinez *et al.*, *LCS Anotada*, *cit.*, p. 168.

[1807] Ora, como nota Hörster, a regra geral foi «concebida em função de relações de troca cujos objectos ainda existem» – Heinrich Ewald Hörster, *A Parte Geral...*, *cit.*, p. 589. Não sendo, porém, este o caso, há que proceder à devolução do valor correspondente.

[1808] Carlos Mota Pinto, *Teoria Geral...*, *cit.*, p. 616, n. 2.

[1809] João de Castro Mendes, *Direito Civil...*, Vol. II, *cit.*, pp. 296 ss. Na compra e venda, a compensação seria parcial se o preço acordado fosse superior ou inferior ao valor da coisa, o mesmo se passando no arrendamento se a renda não coincidisse com o valor do locado. *Ibidem*.

casos em que, nas palavras do autor, «haverá que restituir o valor correspondente, o qual, por expressa convenção das partes, não poderá deixar de ser o da contra-prestação acordada»[1810]. Desta forma, verificar-se-á a extinção, por compensação, das prestações restitutórias das partes – «tudo funcionando, afinal, como se não houvesse eficácia retroactiva»[1811]. Esta solução, decorrente do nº 1 do artigo 289º do CC, harmoniza-se igualmente com o regime do enriquecimento sem causa (nº 1 do artigo 473º do CC) e com os mais elementares princípios de justiça[1812].

Tal será, no entanto, também o caso da anulação de um contrato de seguro[1813], tal como o mesmo resulta das regras gerais: devendo o segurador restituir o pré-mio recebido e o tomador do seguro o preço do risco suportado pelo segurador (correspondente ao valor daqueles prémios), então deverá operar a compensa-ção entre os dois valores.

Contra esta perspectiva não se afirme que o segurado não beneficiou de qual-quer atribuição patrimonial do segurador. É que, como tivemos oportunidade de observar (*supra*, II.2.2), a condição suspensiva de que depende a prestação pecu-niária do segurador tem por efeito uma atribuição patrimonial de segurança. Mesmo admitindo, como Margarida Lima Rego, que a suportação do risco não é uma prestação – mas um estado de vinculação – este constitui, no quadro do sinalagma contratual, a atribuição da qual o prémio é contrapartida[1814].

Não se argumente tampouco que, sendo o contrato inválido, nenhuma efectiva prestação de segurança terá ocorrido e que essa segurança seria meramente apa-rente ou virtual porque emergente de um negócio viciado[1815]. Do nosso ponto de vista o argumento não colhe porque – conhecendo o tomador as consequências

---

[1810] António Menezes Cordeiro, *Tratado...*, I, Tomo I, *cit.*, p. 874.

[1811] António Menezes Cordeiro, *Tratado...*, I, Tomo I, *cit.*, p. 874. Cfr. igualmente António Menezes Cordeiro, *Da Confirmação...*, *cit.*, p. 98.

[1812] João de Castro Mendes, *Direito Civil...*, Vol. II, *cit.*, p. 298.

[1813] Também ele um contrato de execução continuada ou de trato sucessivo – cfr. Joaquín Garrigues, *Contrato...*, *cit.*, pp. 45-46. Como refere o autor, «assim como o contrato de sociedade engendra uma 'situação de sociedade' (o 'estar em sociedade'), assim o seguro engendra a relação de seguro (o 'estar segurado'), como vínculo contínuo entre as partes por um período mais ou menos longo». *Idem*, p. 46.

[1814] Como afirma a autora quanto ao sentido da disposição legal (restituição do que tiver sido *pres-tado*), «o preceito em causa deverá ser extensivamente interpretado, para abranger, não somente o que as partes houverem prestado, mas também o que tiverem atribuído uma à outra em virtude do contrato. [...] A isto acresce que, nos contratos sinalagmáticos, a relação de interdependência a ter em conta em caso de impossibilidade total ou parcial de restituição não respeita só a pres-tações, mas também, quando for o caso, a outras atribuições das partes». Margarida Lima Rego, *Contrato...*, *cit.*, pp. 343-344.

[1815] Neste sentido, Júlio Gomes, "O dever de informação do tomador...", *cit.*, p. 107. Em sentido diverso, sublinha Bricard que o contrato terá produzido efeitos no passado, ou seja, o risco terá sido efectivamente incorrido pelo segurador: «o segurador garantiu o segurado contra um risco

das suas omissões ou inexactidões quanto à declaração do risco (artigo 6º do CC e dever de informação do segurador – nº 4 do artigo 24º da LCS) – o seu incumprimento do dever de declaração do risco decorre, não de um absurdo lógico (estar na disposição de suportar um prémio sabendo de antemão que o contrato é inválido e que, portanto, não garante qualquer prestação do segurador), mas da *expectativa* de que o segurador *não venha a conhecer o vício* e de que, portanto, o segurado beneficiará, na verdade, da prestação do segurador, mas a um custo (prémio) mais baixo do que o risco por este assumido. É essa a lógica contratual do tomador faltoso, para quem o diferencial de prémio é compensador do risco de o segurador vir a descobrir as omissões ou inexactidões[1816].

Vários exemplos demonstram, aliás, que o tomador ou o segurado tem um efectivo benefício com o contrato de seguro que transcende a própria atribuição de segurança do segurador. Tal é o caso nos seguros obrigatórios (designadamente nos seguros de responsabilidade civil automóvel, de responsabilidade civil profissional ou de acidentes de trabalho), em que o contrato de seguro representa mais do que a prestação a cargo do segurador, dele dependendo o próprio cumprimento de um dever legal, sem o qual o segurado não pode actuar licitamente. Também nos seguros (de vida e de incêndio ou multirriscos) que constituem garantias associadas a um mútuo bancário, a contratação do seguro é requisito convencional da contratação do mútuo, comportando, para o segurado, um benefício efectivo (embora colateral) que claramente transcende o próprio valor das prestações do segurador.

Finalmente, a não restituição do prémio nem sequer se afigura uma compensação equitativa. É que as omissões ou inexactidões levam o segurador a estipular um prémio inferior ao valor do risco incorrido. Assim, a compensação entre a restituição do prémio e a do valor do risco assumido é meramente parcial.

---

durante um período anterior à resolução do contrato» – Ferdinand Bricard, *Les Réticences...*, *cit.*, p. 90 (trad. nossa).

[1816] E, na verdade, não será eventualmente elevada a probabilidade de o segurador vir a tomar conhecimento das omissões ou inexactidões do proponente. Tal só ocorrerá se se verificar o sinistro e se este ocorrer em circunstâncias tais que suscitem uma investigação por parte do segurador tendente a revelá-las. P. ex., num seguro de vida em que o proponente omita dados relevantes quanto à sua saúde mas venha a falecer de acidente, a eventual investigação do segurador será dirigida às circunstâncias do acidente e poderá nada revelar quanto aos dados omitidos ou inexactamente declarados. Por outro lado, tal investigação, a ocorrer (uma presunção de boa fé e necessária celeridade do tráfego jurídico levarão a que se prescinda, na generalidade dos sinistros, de qualquer investigação), será sempre tendencialmente limitada aos dados acessíveis ao segurador, os quais, para além de materialmente inacessíveis, podem ser também juridicamente intangíveis (a invocação do sigilo profissional, da confidencialidade dos dados em causa, do direito à intimidade da vida privada, da tutela da CNPD, são, neste domínio, porto seguro para a fraude).

As considerações que vimos de efectuar, porém, são desvirtuadas pela circunstância de, como referimos, tendo havido lugar ao pagamento de prestações indemnizatórias pelo segurador, as mesmas serem repetíveis (nº 3 do artigo 25º da LCS). Em tais casos, o efeito retroactivo da anulação do contrato afecta de modo diverso as duas partes, situação em que a conjugação da perda do prémio com a devolução da indemnização, ambas a favor do segurador, parece assumir um carácter punitivo que predomina sobre o efeito ressarcitório.

XIII. Relativamente à perda do prémio a favor do segurador, a mesma pode ser perspectivada – como acabamos de fazer – como um mero efeito da anulação do contrato. Porém, esse efeito apenas é passível de abranger o prémio que corresponda ao período de vigência do seguro. Ora, na medida em que o prémio devido ao segurador, em virtude do incumprimento do dever de declaração, exceda tal período de vigência, ou também no caso em que tal prémio coexista com a repetição de indemnizações por sinistro anteriormente suportadas pelo segurador (como sucede, em ambos os casos, no artigo 25º da LCS), o mesmo assume um fundamento e natureza diversos, de que importa dar conta.

Neste quadro, uma perspectiva, defendida, nomeadamente, por Matteo Mandó, considera que a perda de prémios encontra a sua *ratio* «na exigência de tutelar a operação de seguro no seu complexo»[1817]. A solução seria, assim, não uma salvaguarda da posição do segurador de boa fé relativamente ao contrato em causa, mas uma salvaguarda do conjunto de contratos englobados na mesma operação de seguro que envolveu o cálculo do prémio em causa (assente na declaração do risco)[1818].

Outros autores seguem orientações diversas. Para alguns, a perda do prémio é uma decorrência do *princípio da indivisibilidade do prémio* (a que surge igualmente associado o do pagamento antecipado do prémio)[1819]. Neste sentido, dir-se-á com Rubio Vivente que «o prémio pago em antecipação à cobertura dos riscos entende-se adquirido pela Companhia de seguros de forma irreivindicável, ainda que cesse a sua obrigação antes da conclusão do período de vigência do contrato, e salvo disposição legal em contrário»[1820].

[1817] Matteo Mandó, "Dichiarazioni...", *cit.*, p. 831 (trad. nossa).

[1818] A medida consistiria, assim, numa espécie «de "esterilização" dos efeitos negativos que a declaração reticente prestada no contrato singular teriam sobre a determinação total dos prémios de todos os contratos envolvidos na operação de seguro» – Matteo Mandó, "Dichiarazioni...", *cit.*, p. 831 (trad. nossa).

[1819] Neste sentido, Carlos Harten, *El Deber...*, *cit.*, p. 124; Pedro Rubio Vicente, *El Deber...*, *cit.*, p. 33.

[1820] Pedro Rubio Vicente, *El Deber...*, *cit.*, p. 33 (trad. nossa). No caso da LCS o princípio da indivisibilidade do prémio decorre do nº 3 do artigo 52º, enquanto o princípio do pagamento antecipado resulta do nº 1 do artigo 53º. O nº 3 do artigo 52º comporta uma redacção infeliz. Referindo-se ao período que serve de unidade de referência do prémio – a anuidade – o preceito afirma que o

Para outros autores ainda, está em causa uma consequência do princípio do equilíbrio das prestações, considerando que o segurador suportou o risco até à cessação do contrato[1821].

Uma posição com larga aceitação na doutrina italiana identifica na perda do prémio uma *natureza indemnizatória*. Nesta perspectiva, a solução cumpriria uma função compensatória, segundo a qual a cominação seria uma reparação do segurador por um valor presumido de danos e perdas (indemnização *a forfait* – isto é, determinada em abstracto – pelas despesas, designadamente administrativas, incorridas), sem prejuízo do cômputo de um valor superior, a ser indemnizado pelo tomador faltoso[1822]. Convoque-se, a propósito, a posição dominante na doutrina, que reconhece prioritariamente à responsabilidade civil uma função *reparadora* ou *compensatória*, orientada para o ressarcimento do dano causado[1823].

prémio corresponde ao período de duração do contrato, admitindo, portanto, que os contratos possam ser celebrados por períodos mais curtos, mas esquecendo que – nomeadamente no ramo "Vida", os contratos podem ser celebrados por longos períodos de tempo (podendo atingir várias décadas). Ora, a unidade de tempo a que se reporta o princípio da indivisibilidade do prémio não é a duração do contrato: é a anuidade (ou, apenas se inferior, a da duração do contrato). O princípio da *indivisibilidade do prémio* assenta em argumentos de vária ordem. Desde logo, o de que o próprio risco, aferido por uma determinada unidade de tempo (à qual se reporta o prémio) é indivisível. Esse princípio assenta numa relação normativa entre o prémio e o período técnico do seguro (reportado, por seu turno, à unidade estatística em que assenta o cálculo actuarial subjacente à tarifa) – Agostino Gambino, "La neutralizzazione...", *cit.*, p. 211 (o período de referência tecnicamente necessário à homogeneização dos riscos individuais assume, assim, um elevado relevo funcional na disciplina do prémio – *idem*, p. 215). Por outro lado, relevam exigências de carácter técnico e de organização do segurador. Como refere Latorre Chiner, o segurador tem necessidade de considerar «períodos fixos, normalmente anuais, para estabelecer estatísticas, comparar resultados, balanços de prémios e sinistros e conhecer, atendendo ao total de prémios fixado no princípio do ano, as somas de que dispõe para pagar os sinistros. Se os seguradores tiveram de devolver parte dos prémios, os cálculos efectuados estariam incorrectos, com o conseguinte efeito negativo para a comunidade de riscos; a devolução de prémios prejudicaria o resto dos segurados» – Nuria Latorre Chiner, *La Agravación...*, *cit.*, p. 195 (trad. nossa).

[1821] Contra esta perspectiva observa Júlio Gomes que, sendo o contrato inválido, o segurado não teve nunca direito à prestação patrimonial do segurador – Júlio Gomes, "O dever de informação do tomador...", *cit.*, p. 107.

[1822] Cfr. Adriano Fiorentino, "La descrizione...", *cit.*, p. 137. O reconhecimento do carácter indemnizatório da perda do prémio representará a reparação do interesse contratual negativo, colocando o segurador na situação em que estaria se não tivesse confiado na representação do risco que lhe foi transmitida pelo proponente. A indemnização deverá, assim, cobrir as despesas – administrativas, clínicas, de peritagens, de resseguro, etc. – que o segurador haja feito tendo em vista a celebração do contrato, mas não pode, por impossibilidade material, visar colocar o segurador na situação em que estaria se o risco real correspondesse ao declarado – neste sentido, relativamente a situações análogas, Manuel Carneiro da Frada, *Teoria da Confiança...*, *cit.*, p. 494 ss., n. 527.

[1823] Júlio Gomes, "Uma função punitiva para a responsabilidade civil e uma função reparatória para a responsabilidade penal?", *RDE*, Ano XV (1989), p. 105; João de Castro Mendes, *Direito*

Perspectiva diversa é a que atribui à perda do prémio a natureza de medida punitiva legal (acessória face à sanção principal de anulação do contrato) contra o comportamento ilícito e culposo do tomador do seguro, cumprindo uma *função eminentemente sancionatória* ou *punitivo-preventiva*[1824]. Estaria em causa, nesta perspectiva, não só uma sanção contra o dolo do tomador, mas uma medida profiláctica e dissuasora da atitude de apostador do proponente faltoso, confiante na possibilidade de não ser descoberto[1825]. No próprio quadro do instituto da responsabilidade civil, é-lhe actualmente reconhecida, ainda que secundariamente, uma função *preventivo-punitiva* ou *sancionatória*[1826]. A *função punitiva* decorre da ponderação do desvalor da acção praticada, isto é, da respectiva censurabilidade, na determinação do *quantum* indemnizatório[1827]. Já a *função preventiva* resulta, desde

---

Civil..., Vol. II, *cit.*, p. 340. Tal decorre, entre nós, do *princípio da compensação* (artigo 562º do CC); do necessário pressuposto da existência de um dano; e do disposto no nº 2 do artigo 566º do CC (teoria da diferença, aplicada à determinação da indemnização) – Fernando Pessoa Jorge, *Lições...*, *cit.*, pp. 575 ss.; Paulo Mota Pinto, *Interesse Contratual...*, Vol. I, *cit.*, pp. 819 ss. Porém, a função reparatória pura teria de se ater apenas ao dano causado, independentemente da culpa do lesante, sendo assimilável a uma *função de garantia* – Boris Starck, *Essai d'une Théorie Générale de la Responsabilité Civile Considérée en sa Double Fonction de Garantie et de Peine Privée*, Paris, Rodstein, 1947, pp. 397 ss.

[1824] Cfr., p. ex., Hubert Groutel *et al.*, *Traité...*, *cit.*, p. 159; Maurice Picard e André Besson, *Les Assurances...*, *cit.*, p. 150; Giovanna Visintini, *La Reticenza nella Formazione...*, *cit.*, pp. 85 ss. Cfr. igualmente Giuseppe Grisi, "L'omessa...", *cit.*, pp. 758-9, para quem a anulabilidade e a perda do prémio constituem duas soluções autónomas, constituindo a primeira uma solução de validade destinada a tutelar o vício do consentimento e a segunda uma sanção destinada a tutelar o incumprimento do dever pré-contratual de informação. Entre a doutrina nacional, cfr. Júlio Gomes, "Seguro de acidentes...", *cit.*, p. 24; Pedro Romano Martinez, "Artigo 25º – Comentários complementares", *in* Pedro Romano Martinez *et al.*, *LCS Anotada*, *cit.*, p. 168; Filipe Albuquerque Matos, *Uma Outra Abordagem...*, *cit.*, p. 631. A função punitiva era já defendida por Paula Meira Lourenço, no âmbito § único do artigo 429º do CCom (*A Função Punitiva da Responsabilidade Civil*, Coimbra, Coimbra Ed., 2006, p. 339). Esta função resulta, em certos casos, da letra da lei, como ocorre com o artigo 1059º do CCom colombiano: «[...] o segurador terá direito a reter a totalidade do prémio a título de pena» (trad. nossa).

[1825] Bernard Beignier, *Droit du Contrat...*, *cit.*, p. 128. Segundo o autor, esta perspectiva é actualmente partilhada pela doutrina francesa.

[1826] Cfr., p. ex., Eduardo Santos Júnior, *Direito das Obrigações...*, *cit.*, p. 287. Segundo Júlio Gomes, prevenção e punição são duas faces da mesma moeda – Júlio Gomes, "Uma função...", *cit.*, p. 106. O facto, porém, de a indemnização não poder exceder, nos termos do regime geral do artigo 562º do CC, o valor do dano, relega a função punitiva (bem como a preventiva) para um plano acessório – Paulo Mota Pinto, *Interesse Contratual...*, Vol. I, *cit.*, pp. 825-826.

[1827] Fernando Pessoa Jorge, *Lições...*, *cit.*, p. 510; Paula Meira Lourenço, *A Função...*, *cit.*, pp. 247 ss.; Paulo Mota Pinto, *Interesse Contratual...*, Vol. I, *cit.*, pp. 821; João Antunes Varela, *Das Obrigações...*, Vol. I, *cit.*, pp. 579 e 895. Assim, a função punitiva evidencia-se na medida em que o montante da indemnização tenda a divergir do dano efectivamente causado e a depender da reprovação da conduta do lesante. Tal ocorre, designadamente, no caso dos danos não patrimoniais, em que o dano não é quantificável e é, portanto, insusceptível de uma reparação estritamente económica, sendo a indemnização configurável como uma pena privada – Júlio Gomes, "Uma função...", *cit.*,

logo, de o próprio conhecimento, pelo agente, da possibilidade de vir a reparar um dano, assumir eficácia preventiva, dissuadindo-o de praticar a acção danosa[1828].

Ora, no quadro do artigo 25º da LCS, a função punitiva da cominação da perda do prémio evidencia-se tanto mais quanto, desde logo, o valor a reverter para o segurador é fixo (*forfaitaire*), isto é, independente da aferição do concreto dano efectivamente suportado pelo segurador[1829]. Neste quadro, sendo o dano do segurador inferior ao valor do prémio perdido a seu favor, ao montante que excede esse dano não poderá ser reconhecida uma função reparatória, mas meramente sancionatória ou punitiva[1830]. Por outro lado, a medida do prémio devido ao segurador depende do grau de culpabilidade do proponente: em caso de dolo do proponente, o segurador tem direito ao prémio devido até ao final do prazo de três meses posteriores ao conhecimento do incumprimento do dever de declaração do risco (nº 4 do artigo 25º da LCS); e em caso de dolo com o propósito de obter uma vantagem, o prémio é devido até ao termo do contrato (nº 5 do artigo 25º da LCS). Assim, a valoração da conduta do proponente, de acordo com a sua censurabilidade, e o reflexo da mesma na determinação do montante devido ao segurador, reflectem um fim repressivo, sancionatório – e também preventivo – subjacente ao *remédio* pecuniário em causa.

Finalmente, o concurso de dolo ou negligência grosseira do segurador ou do seu representante com o dolo do proponente extingue o direito do segurador ao prémio (nº 4 do artigo 25º da LCS): trata-se aqui de valorar a conduta do segurador e de a reflectir no *quantum* que lhe é devido. Este revela-se, assim,

---

pp. 116 ss. À função punitiva pode ser associado – como sucede com a teoria tradicional dos fins das penas – um fim *retributivo*, consistente em infligir ao agente de um comportamento anti-jurídico um castigo, em reprimir a culpabilidade com uma sanção – Teresa Beleza, *Direito Penal*, Vol. I, 2ª Ed., Lisboa, AAFDL, 1985, p. 315; Manuel Cavaleiro de Ferreira, *Lições de Direito Penal*, Vol. II, Lisboa, Editorial Verbo, 1989, p. 45.

[1828] Júlio Gomes, "Uma função...", *cit.*, p. 106, n. 2. Mas, com mais propriedade, dir-se-á que a função preventiva – reveladora de uma eficácia pedagógica – resulta da criação de um *sentimento de responsabilidade* pela situação do lesado – *idem*, pp. 123 ss. Apelando para a teoria criminal dos fins das penas, dir-se-ia estarmos perante um fim de *prevenção geral*, de desincentivo ao comportamento juridicamente desvalioso – Teresa Beleza, *Direito Penal*, Vol. I, *cit.*, p. 316.

[1829] Quanto a este dano, poder-se-á assumir o axioma de que os custos administrativos de gestão de um seguro se concentram mais no início do contrato (análise do risco, correspondência, emissão e expedição da apólice, comissionamento, etc.) e que tenderão a esbater-se proporcionalmente com a respectiva maturação.

[1830] Como nota alguma doutrina, a primazia da função punitiva da responsabilidade civil levaria precisamente a que a indemnização pudesse ser fixada acima do valor do dano verificado ou independentemente deste – Paulo Mota Pinto, *Interesse Contratual...*, Vol. I, *cit.*, pp. 825-826. Assim, refere Juglart: «há [para o segurador] uma vantagem certa da qual beneficia em detrimento do segurado de má fé, e essa vantagem é certamente superior ao dano que possa ter sofrido; a sanção é realmente uma pena privada» – Michel de Juglart, "L'obligation...", *cit.*, p. 19 (trad. nossa).

sancionatório, quer da conduta do proponente, quer da do segurador, esbatendo a relevância do eventual dano havido[1831].

Face à argumentação que antecede, do nosso ponto de vista a perda do pré-mio – na parte em que excede a solução que resulta dos efeitos da anulabilidade do contrato – assume a natureza de uma cominação eminentemente punitiva, desempenhando uma função sancionatória e preventiva[1832].

XIV. Como referimos, dispõe a primeira parte do nº 4 do artigo 25º que o segurador *tem direito* ao *prémio devido* até ao *final do prazo* referido no nº 2. Ora, esta fórmula pouco feliz suscita várias dúvidas interpretativas, já que dizer-se que o segurador *tem direito* ao *prémio devido*, para além de encerrar uma aparente redundância, pouco esclarece sobre o que deva considerar-se o "prémio devido": o vencido? O já liquidado? O correspondente ao risco incorrido pelo segurador nesse período? O vincendo? Para a interpretação desta fórmula haverá que trazer à colação, para além do elemento literal, pouco esclarecedor, o elemento sistemá-tico e o teleológico, que impõem a consideração da coerência do sistema, aten-tas as cominações previstas no nº 5 do artigo 25º e no nº 3 do artigo 26º da LCS.

Refira-se, antes de mais, as considerações tecidas pela doutrina. Assim, segundo Júlio Gomes, a cominação do nº 4 do artigo 25º dá ao segurador o direito de exigir os prémios devidos até ao final do prazo de três meses previsto no nº 2 do mesmo artigo «mesmo que, porventura, tenha anulado o contrato anteriormente, sem esperar pelo fim do referido prazo»[1833]. Por seu turno, Margarida Lima Rego, sem desenvolver, afirma que o sentido do nº 4 do artigo 25º é o de que o segurador tem direito a mais três meses de prémio[1834]. Finalmente, Sofia Martins parece susten-tar a interpretação de que «o segurador tem direito ao prémio correspondente» ao período de três meses referido no nº 2 do artigo 25º, isto é, se bem entendemos, ao *pro rata* pelo período decorrido até ao termo daquele prazo[1835].

[1831] Sustentando que o regime equivalente do artigo 570º do CC – possibilidade de redução ou exclusão da indemnização em caso de concurso de culpa do lesado – constitui um indicador da função punitiva da responsabilidade civil, Paula Meira Lourenço, *A Função...*, *cit.*, pp. 261 ss.

[1832] A perspectiva punitiva é, não obstante, conciliável com a indemnizatória, caso em que a perda do prémio configura simultaneamente uma sanção e uma compensação do segurador pelos custos incorridos, designadamente com a própria conclusão do contrato – cfr., p. ex., Vittorio Salandra, "Le dichiarazioni...", *cit.*, p. 7. Entre nós, Margarida Lima Rego, *Contrato...*, *cit.*, p. 465.

[1833] Júlio Gomes, "O dever de informação do (candidato a) tomador...", *cit.*, p. 429.

[1834] Margarida Lima Rego, *Contrato...*, *cit.*, p. 465, n. 1237. A autora nada esclarece quanto às dúvidas que ora nos prendem. A que prémio se refere: ao *pro rata*, correspondente ao período de três meses, do prémio já vencido? Ao vincendo até ao termo dos três meses (independentemente do período a que tal prémio se reporte)?

[1835] Sofia Martins, *Guia...*, *cit.*, p. 33. Esta interpretação, porém, aproxima-se demasiado da prevista no nº 3 do artigo 26º, o que colide com a adequação das cominações ao grau de censurabilidade da conduta do proponente.

Quanto ao prazo considerado, Arnaldo Oliveira extrai da primeira parte do nº 4, ainda que sem apoio na letra do preceito, a referência a um duplo prazo. Assim, o segurador teria direito aos prémios «devidos até ao final dos 3 meses, no caso da anulação anterior à ocorrência do sinistro (nº 4, 1ª parte), ou até à data da anulação posterior, por aplicação do nº 1 do art. 287º do CC, *ex vi* nº 3 do art. 25º»[1836].

Quid iuris? A questão em apreço suscita-nos várias considerações prévias. Haverá, desde logo, que considerar o princípio da indivisibilidade do prémio, consignado no nº 3 do artigo 52º da LCS[1837]. Por outro lado, este terá de ser conjugado com o princípio da anuidade contratual, como período de referência do prémio, que verte da conjugação dos artigos 40º; nº 1 do artigo 41º; nº 2 do artigo 53º; nº 2 e alínea a) do nº 3 do artigo 61º da LCS e que vem proclamado no próprio preâmbulo do diploma.

Por outro lado, considerando o diferente grau de censurabilidade da conduta do proponente e a diversidade de formulações, podemos assumir que a solução do nº 4 do artigo 25º se afasta da acolhida no nº 3 do artigo 26º da LCS. Isto é, o prémio (vencido ou vincendo, anual ou fraccionado) não será "devido" *pro rata temporis apenas* até ao termo do prazo de três meses nem – reportando-se a um período seguro posterior ao termo daquele prazo – será objecto de estorno parcial.

Quanto ao sentido de "prémio devido" (a que tem direito o segurador), entendem Groutel *et al.*, no contexto francês, que aí se incluem, não só os prémios já pagos, mas igualmente os vencidos e ainda não liquidados[1838]. Esta perspectiva é também plenamente consentânea com a letra do nº 4 do artigo 25º da LCS. O segurador terá direito ao prémio que se tenha vencido (e que tenha sido pago) antes mesmo do conhecimento ou da anulação do contrato (quer tal prémio se reporte a um período que fique aquém ou que ultrapasse o referido prazo de três meses). Para além daquele, será devido o prémio (ou a fracção deste) *que venha a vencer-se* até ao final do prazo de três meses (mesmo que o segurador tenha anulado o contrato antes do fim desse prazo), ainda que o referido prémio se reporte a um período em que o contrato não estará já em vigor (e que não será, em qualquer

---

[1836] Arnaldo Oliveira, "Artigo 25.º Anotação", *in* Pedro Romano Martinez *et al.*, *LCS Anotada*, *cit.*, p. 159.

[1837] É certo que tal princípio é expressamente derrogado pela solução de estorno do prémio, *pro rata temporis*, em caso de cessação antecipada do contrato (nºs 1 e 2 do artigo 107º da LCS). Porém, esta solução, aplicável às causas gerais de cessação previstas nos artigos 105º ss., não será já aplicável aos efeitos da invalidade do contrato. O confronto da letra do nº 3 do artigo 26º com a do nº 4 do artigo 25º é, a propósito, esclarecedor.

[1838] Hubert Groutel *et al.*, *Traité...*, *cit.*, p. 159. Assim, o "prémio devido" não se confunde com o "prémio pago". Devido é o prémio que *deve ser pago* (mesmo que, efectivamente, o não tenha ainda sido) isto é, o que se vence na pendência do contrato, como resulta claramente do nº 2 do artigo 53º da LCS.

caso, superior a uma anuidade), atento o princípio, que o preceito não afasta, da indivisibilidade do prémio[1839].

Sendo a esta interpretação que nos conduzem os elementos literal e sistemático, não deixa de ser contestável, *de iure condendo*, que o segurador haja de ter direito a um prémio vencido depois de o contrato se encontrar já anulado, já que, por definição, com a anulação o contrato cessa todos os seus efeitos, devendo cessar o próprio vencimento de prémios.

XV. O nº 4 do artigo 25º da LCS ressalva o concurso de dolo ou negligência grosseira do segurador ou do seu representante[1840], caso em que o contrato permanecerá anulável (nºs 1 e 2 do artigo 25º), mantendo-se o direito de recusar a cobertura do sinistro (nº 3 do artigo 25º), mas haverá lugar à devolução do prémio pelo segurador[1841]. Embora a solução pareça clara, também nesta parte o preceito suscita questões de que importa dar conta.

[1839] Também neste sentido, Júlio Gomes, "O dever de informação do (candidato a) tomador...", *cit.*, p. 429. O pagamento deste prémio *pode ser exigido*, judicial ou extra-judicialmente, pelo segurador. O princípio *no premium, no cover* – perda da cobertura como efeito automático da falta de pagamento do prémio – não será aqui aplicável. De outra forma, o tomador do seguro inadimplente poderia exonerar-se da cominação estabelecida nos nºs 4 e 5 do artigo 25º mediante a simples falta de pagamento do prémio.

[1840] O preceito buscou inspiração no segundo parágrafo do artigo 10º da LCS espanhola, que se refere apenas ao dolo ou culpa grave do segurador. Porém, diversamente daquele preceito, o nº 4 do artigo 25º equipara, como vinha fazendo a doutrina espanhola (p. ex., Pedro Rubio Vicente, *El Deber...*, *cit.*, p. 118; Francisco Tirado Suárez, "Anotaciones...", *cit.*, p. 130, n. 8) o dolo ou negligência grosseira do segurador ao do seu representante. A "representação" haverá, neste quadro, de assumir o sentido técnico-jurídico a que aludimos já (*supra*, VII.4.6).

[1841] O regime da LCS constitui, de algum modo, um reflexo das regras gerais sobre o concurso da culpa do lesado na responsabilidade civil. Assim, tanto no campo da responsabilidade aquiliana como no da contratual – e como manifestação da vertente sancionatória da responsabilidade civil (Luís Menezes Leitão, *Direito das Obrigações*, Vol. I, *cit.*, p. 342) – o concurso "culposo" da actuação do lesado para a produção ou para a extensão dos danos levará à graduação das culpas das partes, com reflexo no cômputo da indemnização a conceder (artigo 570º do CC). Porém, como nota Galvão Telles, a qualificação não é rigorosa relativamente à actuação do lesado, já que se reporta à imputação de um acto ilícito ao seu autor, e a actuação do lesado não configura, precisamente, um acto ilícito – Inocêncio Galvão Telles, *Direito das Obrigações*, *cit.*, p. 353. Ora, quanto ao requisito da "culpa" do lesado, é necessário que «o facto do prejudicado apresente as características que o tornariam responsável, caso o dano tivesse atingido um terceiro» – Mário Almeida Costa, *Direito das Obrigações*, *cit.*, p. 783 – ou, na perspectiva de Menezes Leitão, essa "culpa" será entendida, no quadro do nº 2 do artigo 487º do CC, «como a omissão da diligência que teria levado um bom pai de família, nas circunstâncias do caso, a evitar ou reduzir os danos sofridos» (Luís Menezes Leitão, *Direito das Obrigações*, Vol. I, *cit.*, p. 341). Por outro lado, o dolo do lesante não será de molde a excluir a ponderação do concurso de culpa do lesado, como resulta do artigo 570º, por comparação com o 494º (neste sentido, Jorge Ribeiro de Faria, *Direito das Obrigações*, Vol. I, *cit.*, p. 524, e Luís Menezes Leitão, *Direito das Obrigações*, Vol. I, *cit.*, p. 343). De resto, à culpa do lesado é equiparada a dos representantes ou auxiliares do lesado (artigo 571º do CC).

A *ratio* da disposição prender-se-ia, segundo uma perspectiva, com o evitar de situações em que o segurador pudesse ter percepcionado, desde início, o incumprimento doloso do dever de declaração mas tivesse continuado a cobrar prémios, sabendo que, a todo o tempo, poderia invocar a anulabilidade do contrato[1842]. A ser assim, porém, nem sequer haveria um incumprimento do nº 1 do artigo 24º, por ausência de erro do segurador. Ainda que se considerasse existir um incumprimento, o preceito seria desnecessário, face ao prazo de invocação da anulabilidade estabelecido no nº 2 do artigo 25º.

Noutra perspectiva, assumindo como exemplo de aplicação da segunda parte do nº 4 do artigo 25º a situação em que, num seguro de responsabilidade civil automóvel, o representante do segurador soubesse que o condutor habitual de um veículo era B (filho) e não A (pai) e tivesse aceitado como verdadeira declaração contrária[1843], estaríamos no âmbito da previsão da alínea d) do nº 3 do artigo 24º, pelo que o segurador nem sequer poderia suscitar a anulabilidade do contrato. Neste quadro, face ao teor do nº 3 do artigo 24º não se descortinam sequer situações – mesmo no campo das hipóteses académicas – em que haja margem de aplicação do nº 4 do artigo 25º[1844]. É que, implicando o dolo do segurador ou do seu representante o conhecimento das circunstâncias omitidas ou inexactamente declaradas, sempre a situação seria enquadrada nas alíneas d) e e) do nº 3 do artigo 24º, não sendo então possível ao segurador a anulação do contrato nos termos do artigo 25º. Mesmo nos casos em que o proponente haja actuado com *dolo com o propósito de obter uma vantagem* e em que, portanto, não haja lugar à aplicação do nº 3 do artigo 24º, sempre a situação ficaria fora do âmbito do nº 4 do artigo 25º, já que, para esses casos, rege o nº 5 deste artigo[1845].

[1842] Joana Galvão Teles, "Deveres...", *cit.*, p. 271.

[1843] Cfr. Arnaldo Oliveira, "Artigo 25º – Anotação", *in* Pedro Romano Martinez *et al.*, *LCS Anotada*, *cit.*, p. 159.

[1844] Neste contexto, questiona Filipe Albuquerque Matos se o dolo ou negligência grosseira se devem «aferir em relação a outros aspectos da contratação que não são, em abstracto, elementos essenciais para a apreciação do risco mencionados no nº 1 do artigo 24º apesar de decisivos, in concreto, para a conclusão do evento contratual, ou se não se reportará antes àquelas circunstâncias específicas que fizeram desencadear o efeito anulatório (arts. 24º e 25º, nº 1)» – Filipe Albuquerque Matos, *Uma Outra Abordagem...*, *cit.*, p. 632. Para o primeiro conjunto de casos, considera o autor ajustada a sanção prevista (perda da possibilidade de retenção do prémio), dada a censurabilidade da conduta do segurador; já para o segundo grupo de situações, não concebe o autor que as mesmas possam colocar-se fora do quadro do nº 3 do artigo 24º, caso em que o segurador nem sequer poderia impugnar o contrato, ficando prejudicada a questão das consequências dessa virtual anulação (*ibidem*). Pela nossa parte, mantém-se a dificuldade de identificar situações reconductíveis ao primeiro conjunto de casos.

[1845] Não se compreende, assim, que a ressalva do concurso de culpa do segurador se coloque relativamente ao nº 4 do artigo 25º (onde a mesma, por força do nº 3 do artigo 24º, não terá relevância

Nesta linha, aliás, sendo as omissões ou inexactidões lesivas do segurador – razão porque o regime da declaração do risco tutela, em primeiro plano, a posição deste, não se compreenderá que o mesmo possa agir com dolo. Mesmo configurando uma hipótese de "dolo de auto-lesão", estaríamos fora do campo dos actos ilícitos, não merecendo a conduta do segurador a reprovação do ordenamento (e, portanto, a qualificação de *dolosa*). Estar-se-ia, mais propriamente, no domínio do consentimento do lesado. Em qualquer caso, sempre escaparia à compreensão a admissibilidade legal da anulação do contrato pelo segurador[1846].

Perspectiva diversa é defendida por Pedro Romano Martinez, para quem o dolo ou negligência grosseira se reportam, não à formação do contrato, mas à sua execução, traduzindo graus de censurabilidade na violação da boa fé na execução do contrato (nº 2 do artigo 762º do CC). Esse "dolo-abuso" revelar-se-ia, p. ex., no caso de o segurador protelar injustificadamente a impugnação do contrato para o final do prazo de três meses que o nº 2 do artigo 24º lhe concede[1847]. Pela nossa parte, atendendo à curta amplitude do referido prazo de três meses (se comparado com o prazo de um ano do nº 1 do artigo 287º do CC), não se configura fácil a distinção – e prova – entre uma actuação do segurador nos limites da boa fé e uma outra em violação da mesma. Acresce que o referido "dolo-abuso" não é conciliável com o instituto do abuso do direito, já que, por um lado, não se afigura que o exercício do direito de anulação dentro de um prazo relativamente curto consubstancie um *excesso manifesto* dos limites impostos pela boa fé, e, por outro lado, a consequente *ilegitimidade do exercício* do direito (artigo 334º do CC) poderia implicar, afinal, a inimpugnabilidade do contrato, o que não é o caso no nº 4 do artigo 25º. Assim, na ausência dos pressupostos do abuso do direito, temos dificuldade em divisar no nº 4 do artigo 25º uma situação de "dolo-abuso" de contornos pouco claros e que se compaginasse, afinal, com um exercício *legítimo* do direito de anulação.

Face às dificuldades interpretativas acima enunciadas, pensamos que o sentido útil do preceito poderá radicar apenas em situações de conluio fraudulento, por exemplo, entre o tomador do seguro e o mediador com poderes de representação (*infra*, VIII.2).

---

prática), mas já não quanto ao nº 5 do artigo 25º, onde poderia encontrar alguma pertinência – Júlio Gomes, "O dever de informação do (candidato a) tomador...", *cit.*, pp. 430-431.

[1846] Cfr. Júlio Gomes, "O dever de informação do (candidato a) tomador...", *cit.*, p. 431. Interpretação carecida de suporte legal, e que, portanto, nos limitamos a registar como fruto da imaginação do intérprete, é aquela segundo a qual, verificando-se dolo ou negligência grosseira do segurador ou do seu representante, haveria que distinguir: «o segurador deverá ter direito ao prémio calculado *pro rata temporis* se tiver havido mera negligência e perderá o referido direito se tiver actuado com dolo» – Maria Manuela Chichorro, *O Contrato..., cit.*, p. 87.

[1847] Pedro Romano Martinez, "Artigo 25º – Comentários complementares", *in* Pedro Romano Martinez *et al.*, *LCS Anotada, cit.*, p. 169.

XVI. Em caso de dolo do tomador do seguro ou do segurado com o propósito de obter uma vantagem, o prémio é devido *até ao termo do contrato* (nº 5 do artigo 25º da LCS)[1848]. Ora, o preceito suscita dúvidas de interpretação – ligadas, aliás, à redacção impressa ao nº 3 do artigo 52º – importando saber a que prémio se reporta (apenas o vencido, o vencido e não pago, ou o vincendo) e, sobretudo, o que se entende por "termo do contrato": a data convencionada para a cessação do mesmo? A data de termo da anuidade em curso (correspondente ao período de referência considerado no princípio da indivisibilidade do prémio)? Ou a data de cessação efectiva, na sequência da declaração de anulação?

Observemos o que diz a doutrina. Segundo Maria Elisabete Ramos, o nº 5 do artigo 25º estabelece que «o segurador tem direito à totalidade do prémio devido»[1849], redundância cujo significado não se descortina. Se o prémio é devido, então o segurador tem direito a ele: a questão é qual o prémio que é devido. Por seu turno, Júlio Gomes interpreta o preceito no sentido de abranger os prémios vincendos, durante todo o prazo contratual convencionado[1850].

Embora a letra da disposição nos induza neste sentido[1851], não cremos que seja sustentável, em nome dos valores em que assenta a ordem jurídica, tal interpretação literal. É que, se é certo que, fora do ramo "Vida", os contratos de seguro são, em regra, celebrados por um ano[1852], sendo renováveis por iguais períodos, tal não é a regra nos seguros do ramo "Vida", em que os contratos obedecem a prazos muito longos (por norma, não inferiores a duas décadas, podendo perdurar

---

[1848] Solução mais feliz adoptou o artigo 10º da LCS espanhola ao estabelecer que são perdidos a favor do segurador *os prémios relativos ao período em curso*. Como esclarece Moreno Velasco, o «período em curso (normalmente de um ano) seria uma das unidades em que se divide a duração do contrato e que se têm em conta para fixar o prémio» – Víctor Moreno Velasco, "La configuración...", *cit.*, p. 1814 (trad. nossa). Neste sentido, o princípio da indivisibilidade do prémio resulta na impossibilidade de fraccionar o prémio do período em curso, isto é, de fazer corresponder uma fracção do prémio a uma fracção de tempo do período em curso (*ibidem*).

[1849] Maria Elisabete Ramos, *O Seguro...*, *cit.*, p. 447.

[1850] Como afirma o autor, «pense-se em um contrato de seguro celebrado pelo período de vigência de cinco anos em que imediatamente a seguir ao contrato o segurador tomou conhecimento do dolo do tomador do seguro ou segurado, tendo procedido à sua anulação – terá mesmo assim direito, e sem necessidade de qualquer cláusula penal contratual nesse sentido, a sessenta meses de prémios!» – Júlio Gomes, "O dever de informação do (candidato a) tomador...", *cit.*, pp. 428-429. O autor admite, porém, que «a lei terá partido do prazo supletivo de um ano» – *idem*, p. 429.

[1851] Na verdade, não cremos que o "termo do contrato" possa literalmente corresponder à "data de cessação efectiva, na sequência da declaração de anulação", o que logo implicaria uma cominação menos grave do que a do nº 4 do artigo 25º. Também a correspondência à "data de termo da anuidade em curso" parece não encontrar, numa primeira análise, acolhimento na própria literalidade do preceito.

[1852] Sendo essa a regra supletiva do artigo 40º da LCS e também a prática do mercado segurador, nada impede, nos termos do mesmo artigo, a estipulação de um prazo mais longo.

vitaliciamente). Ora, se não repugna que, num seguro de incêndio, o tomador que haja agido com dolo (com o propósito de obter uma vantagem) deva suportar os prémios até ao termo da anuidade em curso (ainda que, se pagos com fraccionamento mensal, nos termos do nº 4 do artigo 52º da LCS, não se tenham, todos eles, vencido)[1853], seria uma solução absurda obrigar o tomador de um seguro de vida da modalidade *vida inteira* a suportar vitaliciamente, sem qualquer contrapartida, prémios de um contrato anulado pelo segurador[1854]. A iniquidade e falta de fundamento de tal solução seriam tão flagrantes e gravosas face aos princípios gerais de Direito, que logo se impõe uma interpretação restritiva do preceito.

A solução – a única que se nos afigura razoável – será, em nome da coerência do sistema (apelando, designadamente, para o prazo anual supletivo de vigência do contrato e o princípio da anualidade do prémio), e atenta a teleologia da norma, aplicar a mesma solução que seria aplicável se se tratasse de um contrato anual renovável[1855]. De acordo com este entendimento, será devido *o prémio anual vencido*, ou, sendo o mesmo fraccionado, *as fracções vincendas até ao termo da anuidade contratual em curso* (isto é, todo o prémio destinado a cobrir o risco correspondente à anuidade no decurso da qual o contrato cessa)[1856].

Mas logo esta interpretação nos coloca perante uma perplexidade: é que, em alguns casos, a cominação que resulta do nº 5 do artigo 25º poderá ser menos gravosa do que a que resulta do nº 4. Por exemplo, imagine-se uma apólice em que

[1853] A unidade temporal de referência do prémio é a anuidade, como resulta do nº 2 do artigo 53º, e do nº 2 e alínea a) do nº 3 do artigo 61º, ambos da LCS.

[1854] Esta solução, insustentável no plano dos valores, seria também inaplicável por razões de ordem prática. E não apenas porque a organização administrativa e contabilística do segurador não permita dar suporte à emissão continuada de prémios relativamente a um contrato que cessou vigência. É que, como veremos oportunamente, também a cessação, por omissões ou inexactidões, de um seguro de vida que preveja o resgate, deve dar lugar à prestação do valor da provisão matemática correspondente ao valor de resgate (cfr. nº 3 do artigo 106º da LCS, aplicável analogicamente à anulação por incumprimento do dever de declaração do risco). Ora, não faria sentido a continuidade do pagamento dos prémios e do reforço de uma provisão matemática cujo propósito seria fazer face a um risco (no caso, inexistente) e que, na parte que consubstancia o valor de resgate, deveria ter sido liquidada aquando da cessação do contrato (*resgate de pleno direito*, na gíria seguradora).

[1855] A solução proposta assenta ainda num outro argumento: o de que, tal como se encontra literalmente formulado, o preceito conduziria a penalizar o tomador do seguro em função, não da gravidade da sua actuação, mas do prazo contratual convencionado, estabelecendo uma distinção artificial entre duas situações que não são substancialmente diversas (já que um contrato anualmente renovável pode, em termos práticos, vigorar por um período equivalente ao de um contrato celebrado por um prazo longo).

[1856] Esta mesma perspectiva parece ser defendida por Arnaldo Oliveira a propósito da alínea c) do nº 1 do artigo 94º: «os prémios vencidos a que o segurador [...] terá direito [...] são *em princípio* os relativos à totalidade da duração do contrato, mesmo as fracções não pagas, dada a indivisibilidade dos prémios supletivamente prevista no nº 3 do art. 52º» – Arnaldo Oliveira, "Artigo 94º – Anotação", *in* Pedro Romano Martinez *et al.*, *LCS Anotada, cit.*, pp. 363-364.

o prémio é pago anualmente, sem fraccionamento, vencendo-se em 1 de Feve-reiro de cada ano. Se o segurador descobrir o incumprimento em 1 de Janeiro e anular de imediato o contrato, então, segundo o nº 4 do artigo 25º terá direito ao prémio vincendo de Fevereiro (já que este se vence até ao termo do prazo de três meses previsto no nº 2 desse artigo); mas segundo o nº 5 do mesmo artigo só terá direito ao prémio já vencido, que cobre o risco em curso até ao termo do contrato.

Ora, em plena coerência com o enquadramento histórico da solução, com a harmonia valorativa subjacente ao sistema e com a teleologia da norma, impõe-se, portanto, uma interpretação no sentido em que a cominação da perda do prémio há-de ser proporcional à culpabilidade do proponente, devendo, portanto, cor-responder ao nº 5 do artigo 25º uma sanção especialmente mais grave do que a estabelecida no nº 4 do mesmo artigo.

Porém, perante as dificuldades interpretativas e de conciliação das duas dis-posições[1857] – insuperáveis, do nosso ponto de vista – não encontramos margem interpretativa que acolha aquela distinção. Restará ao segurador, em caso de dolo da contraparte com o propósito de obter uma vantagem (situação-regra de incumprimento culposo, como vimos) optar pela solução que, em concreto se revelar mais vantajosa: a do nº 4 ou a do nº 5 do artigo 25º.

XVII. Ainda sobre o nº 5 suscita Arnaldo Oliveira a questão de saber qual a solução aplicável em caso de concurso de *dolo* do segurador. Entende o autor que, verificando-se dolo simples deste ou do seu representante, manteria o mesmo o direito ao prémio na totalidade, considerando o elemento sistemático da inter-pretação e o facto de o nº 5 suceder ao nº 4[1858].

Porém, havendo dolo do segurador (ou do seu representante) *com o propósito de obter uma vantagem* considera o autor não haver já direito à totalidade do pré-mio, procedendo-se «à aplicação do previsto na 2ª parte do art. 24º por analo-gia (aplicação portanto desta 2ª parte também à previsão do nº 5)»[1859]. Embora o trecho não seja claro – não referindo, nomeadamente, qual o nº do artigo 24º cuja segunda parte seria analogicamente aplicável – cremos, na verdade, que se refere à segunda parte do nº 4 do próprio artigo 25º[1860].

[1857] Tanto no caso do nº 4 como no do nº 5 do artigo 25º teria sido preferível que o legislador tivesse adoptado fórmulas como as do nº 3 do artigo 26º (prémio devido *pro rata temporis* atendendo à cobertura havida) ou alínea c) do nº 1 do artigo 94º (manutenção do direito aos prémios vencidos).

[1858] Arnaldo Oliveira, "Artigo 25º – Anotação", *in* Pedro Romano Martinez *et al.*, *LCS Anotada*, *cit.*, p. 160.

[1859] *Ibidem*.

[1860] Assim, havendo concurso de dolo grave do segurador e do proponente, não seria aplicável o nº 5 do artigo 25º, por analogia com o nº 4 do mesmo artigo – Arnaldo Oliveira, *A Declaração...*, *cit.*, p. 13. No mesmo sentido, Joana Galvão Teles, "Deveres...", *cit.*, pp. 265 e 271.

A perspectiva do autor merece-nos, porém, as mais sérias reservas. Desde logo, como dissemos (*supra*, VII.6.3.XV) não vemos em que medida pudesse o segurador (ou o seu representante) agir com *dolo com o propósito de obter uma vantagem* (nem qual a vantagem em causa). Por outro lado, não nos parece existir qualquer lacuna no nº 5 do artigo 25º: antes daí decorre que o grau de censurabilidade associado ao comportamento do proponente é de molde a justificar a sanção em causa, *qualquer que seja o estado subjectivo do segurador*. Aliás, se fosse outra a intenção do legislador, teria estabelecido para o nº 5 a mesma ressalva que fixou para o nº 4, dizendo então «salvo se tiver igualmente concorrido dolo do segurador ou do seu representante com o propósito de obter uma vantagem»; não o tendo feito, ficou clara a intenção de penalizar incondicionalmente o dolo especialmente grave do proponente. Finalmente, o nº 3 do artigo 24º constitui precisamente um argumento contra a perspectiva que o autor sustenta. É que este preceito penaliza o segurador por uma actuação culposa (pelo menos, por falta de diligência na apreciação do risco), exceptuando o caso de haver dolo do tomador do seguro ou do segurado com o propósito de obter uma vantagem. Ou seja, qualquer que fosse o grau de culpa do segurador (mesmo um dolo especialmente grave), sempre a aplicabilidade do nº 3 ficaria afastada em virtude do dolo especialmente grave do proponente.

Aponte-se, a título conclusivo, a extrema complexidade e incerteza que rodeia o regime da perda do prémio a favor do segurador definido no artigo 25º, marcado por dúvidas e incongruências às quais a interpretação da lei tem dificuldade em dar solução[1861].

VII.6.4. A disciplina do incumprimento negligente

I. Tendo tomado conhecimento de que se verificou o incumprimento negligente do dever de declaração do risco, o segurador pode, nos termos da alínea a) do nº 1 do artigo 26º da LCS, e mediante declaração a enviar ao tomador do seguro no prazo de três meses a contar daquele conhecimento, propor uma alteração do contrato, fixando um prazo, não inferior a 14 dias, para o envio da aceitação ou, caso a admita, da contraproposta. Acrescenta o nº 2 do mesmo artigo que o contrato cessa os seus efeitos 20 dias após a recepção pelo tomador do seguro da proposta de alteração, caso este nada responda ou a rejeite.

O regime encontra-se reflectido em alguns ordenamentos estrangeiros – designadamente do artigo L. 113-9 do *Code des Assurances* francês, bem como a alínea 4 do § 19º da VVG alemã vigente – sendo já defendido, *de iure condendo*, por alguma doutrina portuguesa, no âmbito do CCom[1862]. Trata-se de uma solução

---

[1861] Cfr. Júlio Gomes, "O dever de informação do (candidato a) tomador...", *cit.*, pp. 427 ss.
[1862] Cfr., p. ex., Júlio Gomes, "O dever de informação do tomador...", *cit.*, p. 113.

caracterizada pela procura do reequilíbrio das prestações das partes[1863], em moldes que – como melhor veremos – não diferem substancialmente do instituto do agravamento do risco (alínea a) do nº 2 do artigo 93º da LCS).

Quanto aos tipos de alterações passíveis de serem propostas ao tomador do seguro, o regime admitirá todas aquelas que se revelem adequadas ao fim visado: o reequilíbrio das prestações. Assim, estará em causa, por norma, o reajustamento do prémio; a formulação de exclusões parciais; o reajustamento de capitais; a aplicação de franquias; a alteração do prazo; etc. Igualmente possível será, se o seguro tiver por objecto um conjunto de pessoas ou de coisas, a exclusão daquelas sobre as quais tenha incidido a omissão ou declaração inexacta.

Relativamente ao *iter* a ser seguido, os termos da alteração devem ser formulados e propostos pelo segurador ao tomador[1864], que poderá aceitar expressamente a proposta, assumindo o silêncio o valor negocial de rejeição (artigo 218º do CC e nº 2 do artigo 26º da LCS). Porém, como verte da alínea a) do nº 1 do artigo 26º da LCS, o segurador pode admitir a apresentação de uma contraproposta, sujeita ao direito potestativo de aceitação.

Já quanto aos prazos, notamos algumas incongruências do artigo 26º. Nada havendo a dizer relativamente ao prazo de três meses previsto no nº 1 (consentâneo com idêntico prazo definido no nº 2 do artigo 25º), estabelecido em benefício do segurador – para que o mesmo possa avaliar o incumprimento e tomar uma decisão – já o prazo de 14 e de 20 dias estabelecidos, respectivamente, na alínea a) do nº 1 e no nº 2, são pouco compatíveis entre si. Assim, se o segurador fixar um prazo de resposta de 14 dias para o envio da aceitação[1865] e se o tomador não a remeter em tempo, a cessação do contrato será já irreversível, mas ficará suspensa até se completarem 20 dias após a recepção pelo tomador da proposta de alteração.

Quanto à posição activa do segurador, considera Arnaldo Oliveira que o regime lhe confere um direito potestativo à alteração do contrato[1866]. Ora, do nosso ponto de vista, não se trata de um direito potestativo, já que a alteração do contrato não pode ser unilateralmente imposta à outra parte, que não fica à

[1863] Matteo Mandó, "Dichiarazioni...", *cit.*, p. 795.

[1864] Embora sem apoio na letra dos nºs 1 e 2 do artigo 26º, parece sustentar Sofia Martins que a proposta de alteração deverá ser dirigida ao tomador do seguro e ao segurado – Sofia Martins, *Guia...*, *cit.*, p. 33.

[1865] Filipe Albuquerque Matos nota que «a estatuição de um prazo para o tomador se pronunciar sobre os termos da proposta de alteração efectuada pela seguradora, pode ser vista como uma medida de protecção da parte contratualmente mais fraca (o tomador do seguro), não obstante a atitude culposa (negligente) por si adoptada)» – Filipe Albuquerque Matos, *Uma Outra Abordagem...*, *cit.*, pp. 631-632, n. 40.

[1866] Arnaldo Oliveira, *A Declaração...*, *cit.*, p. 14.

mesma sujeita[1867]. O segurador apenas tem a faculdade de propor à outra parte a alteração do contrato, cabendo a esta aceitá-la ou recusá-la (na verdade, perante a proposta é o tomador do seguro que fica investido num direito potestativo).

A proposta de modificação encontra-se legalmente prevista, mas o conteúdo concreto da alteração está sujeito à negociação, no âmbito da autonomia da vontade das partes (nº 1 do artigo 406º do CC). Não está, por outro lado, em causa uma novação objectiva do negócio, mas uma verdadeira alteração ao contrato original, que passará a vigorar nos novos termos.

Relativamente aos efeitos da alteração do contrato – designadamente, por aumento do prémio – a mesma só produz efeitos para o futuro[1868]. Assim, a ter ocorrido previamente um sinistro que não representasse a extinção do risco, o mesmo cairia na esfera de aplicação do nº 4 do artigo 26º da LCS, estando coberto nos termos ali enunciados.

Quanto à natureza da cessação, prevista na segunda parte do nº 2 do artigo 26º da LCS, resultante do silêncio do tomador ou da rejeição da proposta de alteração, a mesma é qualificável de *resolução-modificação*, resultando de uma declaração de resolução sujeita à condição suspensiva da não aceitação da proposta de modificação do contrato[1869]. Não deverá prejudicar a qualificação o facto de o artigo 26º diferir os efeitos da resolução, de modo a permitir ao segurado a transferência atempada da cobertura para outro segurador. Na verdade, o refe-

---

[1867] António Menezes Cordeiro, *Tratado...*, I, Tomo I, *cit.*, p. 335; Luís Carvalho Fernandes, *Teoria Geral...*, Vol. II, *cit.*, p. 585; Carlos Mota Pinto, *Teoria Geral...*, *cit.*, p. 169.

[1868] Neste sentido, Maurice Picard e André Besson, *Les Assurances...*, *cit.*, p. 152.

[1869] Nos casos em que o fundamento da cessação decorre do princípio da não vinculação perpétua – ainda que o direito à cessação surja associado a uma proposta de alteração do contrato – a causa de cessação é qualificável de denúncia, ou *denúncia-modificação (Änderungskündigung)*. Como refere Romano Martinez, «por vezes a denúncia resulta de uma proposta de alteração do contrato; se uma das partes envia à outra uma declaração, afirmando que o contrato só pode manter-se se for alterado determinado aspecto, p. ex. o valor da contraprestação, a recusa do destinatário quanto a tal modificação leva a concluir que a proposta de alteração contratual vale como denúncia» – Pedro Romano Martinez, *Da Cessação do Contrato*, 2ª Ed., Coimbra, Almedina, 2006, p. 117. Na verdade, a declaração de denúncia pode ser expressa ou tácita (artigo 217º do CC), podendo igualmente ser condicionada na medida em que essa condição dependa apenas da vontade do destinatário – João Baptista Machado, «'Denúncia-Modificação' de um contrato de agência», *RLJ*, Ano 120º (1987-1988), nº 3759, p. 187. Assim, a proposta de alteração ao contrato (caso não admita contraproposta) terá ainda o sentido, expresso ou tácito, de, caso a proposta não seja aceite, fazer cessar o contrato, ou seja, trata-se de uma declaração de denúncia subordinada à condição suspensiva de não aceitação da proposta de alteração (*idem*, p. 188). As considerações tecidas a propósito da denúncia-modificação valem igualmente para a figura equivalente de *resolução-modificação (idem*, pp. 190 ss.). Na verdade, no caso vertente, o fundamento que subjaz à solução legal do artigo 26º prende-se, não já com a problemática da não vinculação perpétua, mas com a da alteração das circunstâncias, em que é admissível a modificação do contrato ou a respectiva *resolução*.

rido prazo legal de dilação não constitui um pré-aviso (de denúncia), mas apenas um diferimento legal dos efeitos da resolução, que não é incompatível com o regime da resolução nem impede a qualificação como resolução-modificação. Essa qualificação também não é comprometida pela circunstância de o regime legal não impor a abertura de negociações (sequência de propostas e contrapropostas), mas determinar logo a cessação do contrato como consequência da rejeição da proposta de modificação ou do silêncio do tomador.

Finalmente, como refere Júlio Gomes, a faculdade de propor uma alteração ao contrato confere, na prática, ao segurador, a possibilidade de, dando cumprimento formal à alínea a) do nº 1 do artigo 26º, propor condições de tal modo inaceitáveis que inviabilize a vigência do contrato sem que o tomador possa impugnar eficazmente os termos de tal proposta[1870]. Do nosso ponto de vista, porém, sendo o risco inaceitável para o segurador, sempre o mesmo poderia invocar a alínea b) do nº 1 do artigo 26º; não o sendo, não haverá razões económicas para que o segurador não esteja disposto a aceitá-lo em determinadas condições (precisamente aquelas que deverá propor ao tomador do seguro). A ocorrer – por razões que não se divisam facilmente – a instrumentalização do regime legal a que se refere Júlio Gomes, estaríamos, segundo pensamos, perante *abuso do direito* por parte do segurador, na medida em que excederia manifestamente os limites impostos pela boa fé (no quadro do princípio da primazia da materialidade subjacente) e pelo fim social e económico do direito.

À solução de adaptação do contrato pode ser reconhecida natureza ressarcitória – sendo a mesma configurável como uma indemnização pelo interesse contratual positivo (via restauração natural) – embora, na verdade, ela opere mesmo que o interesse do segurador se dirigisse à cessação do contrato[1871].

II. Nos termos da alínea b) do nº 1 do artigo 26º da LCS, o segurador poderá, mediante declaração a enviar ao tomador do seguro, no prazo de três meses após ter notícia do incumprimento negligente, *fazer cessar* o contrato, demonstrando que, em caso algum, celebra contratos para a cobertura de riscos relacionados com o facto omitido ou declarado inexactamente. Por outro lado, nos termos do nº 2 do mesmo artigo, o contrato cessa os seus efeitos 30 dias após o envio da declaração de cessação.

A solução, adoptada pela LCS, de diferenciação de cominações em função do grau de culpa e, relativamente ao incumprimento negligente, a consideração de que o mesmo não é causa de invalidade do contrato – antes conferindo ao segu-

---

[1870] Júlio Gomes, "O dever de informação do (candidato a) tomador...", *cit.*, pp. 431-432, n. 80.
[1871] Recusando esta solução face ao artigo 227º do CC, Manuel Carneiro da Frada, *Teoria da Confiança...*, *cit.*, p. 501.

rador um direito potestativo à respectiva cessação – encontra amplo reflexo em ordenamentos estrangeiros próximos. Entre eles, há a destacar: o artigo L. 113-9 do *Code des Assurances* francês; a alínea 4 do § 19º da VVG alemã; o primeiro parágrafo do artigo 1893º do CC italiano; o artigo 10º da LCS espanhola; e o artigo 7º da LCS belga[1872]. Neste contexto, importa explicitar algumas notas do regime da referida cessação. Desde logo, a de que o direito potestativo de fazer cessar o contrato está sujeito a um prazo de caducidade de três meses a contar do conhecimento das omissões ou inexactidões, pelo que o seu não exercício atempado extingue tal direito[1873].

A cessação opera automaticamente 30 dias após o envio pelo segurador da declaração de vontade recipienda ao tomador[1874]. Trata-se, assim, de um acto unilateral, que não requer a aceitação da contraparte ou a intervenção judicial. Da letra do preceito – "envio da declaração" – e da necessidade de prova do cumprimento do prazo, resulta que a declaração deve ter forma escrita, como, de resto, igualmente decorre do nº 1 do artigo 120º da LCS.

Júlio Gomes, com toda a pertinência, questiona a eficácia e justiça do prazo de dilação de 30 dias, cujo propósito – conceder ao tomador um período em que a cobertura ainda se mantivesse em vigor, proporcionando-lhe o tempo necessário para segurar o risco junto de outro segurador – só em alguns casos se realizará. Assim, tratando-se de uma situação em que o segurador, em caso algum, teria celebrado o contrato se tivesse conhecido o facto omitido ou declarado inexactamente, a dilação de trinta dias não proporciona qualquer cobertura relativamente a sinistros cuja verificação ou consequências tenham sido influenciados pelo facto omitido ou inexactamente declarado, não obstante ser devido o prémio, *pro rata temporis*, até ao termo daquele prazo[1875].

[1872] A bondade da solução, porém, está longe de ser pacífica entre a doutrina nacional. Assim, Júlio Gomes considera que a mesma, na ponderação entre os interesses do segurado e os do segurador, propende excessivamente em favor deste, pelo que «cria alguns paradoxos e potencia até um certo oportunismo dos seguradores» – Júlio Gomes, "O dever de informação do (candidato a) tomador...", *cit.*, p. 433.

[1873] Pedro Rubio Vicente, *El Deber...*, *cit.*, pp. 114-115.

[1874] Júlio Gomes contesta que a declaração deva produzir efeitos em função do seu *envio*, isto é, mesmo que não chegue ao poder do destinatário – Júlio Gomes, "O dever de informação do (candidato a) tomador...", *cit.*, p. 434. Haverá, é certo, que considerar o ónus de actualização do domicílio que impende sobre o tomador do seguro, considerando que se têm por validamente efectuadas as comunicações remetidas para o endereço constante da apólice (nº 2 do artigo 120º da LCS). Em qualquer caso, embora a solução legal seja compreensível – até por razões de ordem prática – a verdade é que, numa situação de ausência prolongada (por férias, p. ex.), o tomador poderá não ter conhecimento em tempo útil da cessação do contrato.

[1875] Júlio Gomes, "O dever de informação do (candidato a) tomador...", *cit.*, pp. 434 ss. De facto, não ocorrendo o sinistro causalmente provocado pelo facto inexacto ou omisso, o tomador perde

III. A alínea b) do nº 1 do artigo 26º da LCS alude a «fazer cessar o contrato» sem explicitar qual a causa de cessação ali envolvida. Ora, apesar da relativamente reduzida produção doutrinária sobre a LCS, a qualificação de tal causa de cessação é já das matérias mais controversas no âmbito da declaração do risco.

Desde logo, alguma doutrina identifica ali o efeito de uma invalidade (anulabilidade). Assim, Filipe Albuquerque Matos considera «um tal regime [invalidade prevista no artigo 25º da LCS] também se dever considerar extensivo para os casos de comportamentos negligentes dos tomadores»[1876]. O fundamento desta posição filia-se na problemática subjacente dos vícios do consentimento e no remédio decorrente do respectivo regime geral[1877]. Neste quadro, estabelece o autor uma diferenciação entre as situações de *erro incidental* e as de *erro essencial* do segurador, só estas conferindo o direito a fazer cessar o contrato. Ora, quanto à natureza desta cessação, considera o autor que, atendendo ao fundamento da mesma – o vício na formação da vontade (no caso, a essencialidade do erro-vício, patente na referência da alínea b) do nº 1 e, sobretudo, na alínea b) do nº 4, ambos do artigo 26º, à vontade hipotética ou conjectural do segurador) – «não podemos convocar a este propósito outras figuras conducentes à cessação dos efeitos negociais como é a resolução, a revogação, a caducidade ou a denúncia»[1878]. Assim, se bem compreendemos a perspectiva do autor, defende que, mesmo quanto às omissões ou inexactidões negligentes, verificar-se-á o «acolhimento no art. 26º do regime da anulabilidade»[1879] (por erro-vício do segurador), a qual se assumirá como invalidade parcial, apelando ao instituto da redução, em caso de erro incidental; e como anulabilidade total no caso do erro essencial[1880].

Esta posição encontra igualmente adeptos em Espanha, não obstante a referência literal do artigo 10º da LCS de 1980 à faculdade de *rescindir*. Neste quadro, Ruiz Muñoz[1881] entende tratar-se de um caso de anulabilidade, em virtude, fundamentalmente, de estar em causa uma patologia do contrato reconductível a um vício da vontade e que o erro – vício genético, e não superveniente, do con-

---

o direito ao prémio até à cessação do contrato (nº 3 do artigo 26º). Ocorrendo tal sinistro, o mesmo não está coberto, apenas sendo devida pelo segurador a devolução do prémio (alínea b) do nº 4 do mesmo artigo).

[1876] Filipe Albuquerque Matos, *Uma Outra Abordagem...*, *cit.*, p. 626. Cfr. também Filipe Albuquerque Matos, "As declarações reticentes...", *cit.*, p. 457, nota.

[1877] Filipe Albuquerque Matos, *Uma Outra Abordagem...*, *cit.*, p. 627.

[1878] Filipe Albuquerque Matos, *Uma Outra Abordagem...*, *cit.*, p. 634.

[1879] Filipe Albuquerque Matos, *idem*, p. 635.

[1880] Filipe Albuquerque Matos, *idem*, pp. 634-635. No mesmo sentido, embora sem desenvolver, Menezes Cordeiro defende tratar-se de uma anulabilidade *sui generis* – António Menezes Cordeiro, *Direito dos Seguros*, *cit.*, p. 586. Apontando também para uma invalidade, ainda que sem fundamentação de suporte, António Dâmaso Bentinho, *Os Deveres...*, *cit.*, pp. 33-34.

[1881] Miguel Ruiz Muñoz, "Deber...", *cit.*, pp. 27 ss.

trato – é independente do estado subjectivo do proponente. No mesmo contexto, Brenes Cortés, considerando a aproximação do artigo 10º ao regime geral do erro conclui que se está no âmbito da regulação do mesmo vício do consentimento e, portanto, que o regime de cessação do artigo 10º é o da anulabilidade[1882]. A perspectiva da anulabilidade encontra igualmente algum eco na pouca jurisprudência portuguesa que abordou a matéria[1883].

Ora, do nosso ponto de vista, esta perspectiva colide, desde logo, com um argumento literal: as diferentes fórmulas utilizadas, respectivamente, pelo nº 1 do artigo 25º, e pela alínea b) do nº 1 do artigo 26º, logo denotando ser diversa a natureza das duas soluções. Por outro lado, a própria expressão "fazer cessar o contrato" tem por pressuposto, precisamente, a validade do negócio[1884]. Para além disso, a tratar-se de anulabilidade, a mesma não deveria ser condicionada (designadamente, à existência de uma relação de causalidade entre o facto em causa e o eventual sinistro). De resto, o prisma da anulabilidade não reconhece a autonomia dogmática e de regime do instituto da declaração do risco, pecando por um excessivo enfeudamento face à teoria geral dos vícios da vontade[1885]. É certo, dir-se-á, que as omissões ou inexactidões consubstanciam um vício da vontade do segurador, afectando o negócio *ab initio* e suscitando, de acordo com o regime geral do erro-vício, a questão da validade do contrato[1886]. Porém, o regime do artigo 26º da LCS não nos remete para a problemática dos vícios do consentimento, mas antes para a do *conhecimento superveniente* de que são outras as circunstâncias caracterizadoras do risco, ou, por outras palavras, para o instituto do agravamento do risco. Sendo uma solução de discutível rigor técnico – na medida em que assenta na ficção de que uma circunstância viciante originária

---

[1882] Josefa Brenes Cortés, "Algunas cuestiones...", *cit.*, p. 1787.

[1883] Cfr., p. ex., Ac. TRP de 19/10/2010 – Proc. nº 2328/05.4TBSTS.P1 (Maria Cecília Agante) e Ac. STJ de 02/12/2008 – Proc. 08A3737 (Sebastião Póvoas). Pode ler-se neste último aresto: «será [...] *anulável* o contrato, mas num prazo restrito, ou convalidado ou alterado por declaração do segurador se o incumprimento for negligente (artigo 26º, nº 1), tendo este, se entretanto ocorrer o sinistro a faculdade de reduzir a cobertura ou de pedir a anulação, devolvendo o prémio (nº 4 do artigo 26º)».

[1884] De facto, como refere Romano Martinez, «em sentido técnico, a extinção dos efeitos de um contrato pressupõe a sua validade, pelo que a declaração de invalidade não se inclui entre os meios de cessação do contrato» – Pedro Romano Martinez, *Da Cessação...*, *cit.*, p. 25.

[1885] Como temos já aflorado, o instituto da declaração do risco não é um mero regime especial do erro: é um instituto com autonomia dogmática e cujos fundamentos radicam, não só na teoria dos vícios da vontade, mas igualmente na da responsabilidade pré-contratual, sem descurar a relevância específica da aleatoriedade do contrato.

[1886] De facto, enquanto na invalidade – nas modalidades *nulidade* ou *anulabilidade* – estamos perante negócios atingidos por um *vício genético*, isto é, por um defeito ou desconformidade face ao modelo normativo, que os afecta desde a respectiva formação, a resolução, denúncia e revogação constituem formas de cessação da relação contratual por fundamentos supervenientes à formação da mesma – Rui de Alarcão, *Sobre a Invalidade...*, *cit.*, p. 16; Mário Almeida Costa, *Direito das Obrigações, cit.*, p. 318.

só surge supervenientemente – é inegável que a mesma busca um compromisso visando um equilíbrio justo dos interesses em presença e que, portanto, se afasta de um remédio invalidante, que a LCS expressamente reservou para as omissões ou inexactidões dolosas (artigo 25º).

Outras são as vozes que, embora prescindindo da necessária fundamentação, qualificam como *denúncia* a causa de cessação do contrato em apreço[1887]. Ora, a denúncia constitui a faculdade, de que é titular uma das partes, de, mediante uma simples declaração unilateral recipienda[1888], dirigida à contraparte e respeitando um determinado prazo de pré-aviso (em obediência ao princípio da boa fé), fazer extinguir o contrato de prestações duradouras ou continuadas a que está vinculada. Trata-se, assim, de uma causa potestativa e discricionária de extinção dos contratos por tempo indeterminado, em que a denunciabilidade *ad nutum* tem por fundamento a tutela da liberdade contratual dos sujeitos – isto é, a liberdade de desvinculação relativamente a relações contratuais duradouras e sem termo definido[1889] (no que se distingue, quanto aos contratos de renovação automática, da *oposição à renovação*)[1890].

Ora, no caso em apreço, nem nos encontramos perante uma causa de cessação discricionária (já que se impõe a demonstração dos factos previstos na alínea b)

[1887] Arnaldo Oliveira, *A Declaração...*, *cit.*, p. 13; Alexandra Polido, *Seguro de Acidentes de Trabalho*, Relatório de Mestrado, Lisboa, FDL, 2008, p. 49.

[1888] A denúncia pode ser configurada como o resultado de um negócio jurídico unilateral. Luís Menezes Leitão, *Direito das Obrigações*, Vol. II, 8ª Ed., Coimbra, Almedina, 2011, p. 107; João Baptista Machado, "'Denúncia-Modificação'...", *cit.*, p. 187.

[1889] José de Oliveira Ascensão, *Direito Civil...*, Vol. III, *cit.*, p. 335; Carlos Mota Pinto, *Teoria Geral...*, *cit.*, pp. 622 ss.; José Brandão Proença, *A Resolução do Contrato no Direito Civil. Do Enquadramento e do Regime*, (Separata do Vol. XXII do Supl. ao *BFDUC*), Coimbra, FDUC, 1982, p. 39. Romano Martinez fundamenta a denúncia no princípio da não vinculação perpétua – Pedro Romano Martinez, *Da Cessação...*, *cit.*, pp. 229 ss.

[1890] Como refere alguma doutrina, há que distinguir a denúncia da oposição à renovação de contratos sujeitos a regime de renovação automática – cfr., p. ex., Fernando Pessoa Jorge, *Lições...*, *cit.*, p. 213. Como sublinha Luís Menezes Leitão, a oposição à renovação assume uma natureza mista, entre a denúncia e a caducidade. Assim, como a denúncia, a oposição à renovação requer uma declaração unilateral, de exercício discricionário, que impede a renovação do contrato – Luís Menezes Leitão, *Direito das Obrigações*, Vol. II, *cit.*, p. 109. Como nota Menezes Cordeiro, «na oposição à renovação não se verifica, logicamente, a supressão de um contrato com a consequente extinção de obrigações, mas tão só a não constituição de idênticas situações obrigacionais» – António Menezes Cordeiro, *Direito das Obrigações*, Vol. II, *cit.*, p. 166. Em sentido diverso, entendendo que a denúncia engloba a oposição à renovação, José de Oliveira Ascensão, *Direito Civil...*, Vol. III, *cit.*, p. 334; Mário Almeida Costa, *Direito das Obrigações*, *cit.*, p. 322; Pedro Romano Martinez, *Da Cessação...*, *cit.*, pp. 59 e 62 ss.; João Antunes Varela, *Das Obrigações...*, Vol. II, *cit.*, p. 280. Em qualquer caso, reconhece Romano Martinez que na oposição à renovação a denúncia só indirectamente faz cessar o contrato, por desencadear a caducidade – Pedro Romano Martinez, *Da Cessação...*, *cit.*, p. 121.

do nº 1 e na alínea b) do nº 4 do artigo 26º) nem a mesma tem por propósito, em nome do princípio da não vinculação perpétua, extinguir um contrato por tempo indeterminado. Com excepção do facto de a denúncia não ter efeito retroactivo, não vemos, portanto, qualquer argumento que sustente a atribuição desta qualificação à causa de cessação em análise.

Mais prudente é a perspectiva dos autores que apenas falam em *cessação do contrato*, sem adiantarem uma qualificação. Assim, José Engrácia Antunes refere-se à causa de cessação como *mero direito potestativo de o segurador provocar a cessação do contrato*[1891], Maria Elisabete Ramos como «"direito potestativo" de pôr termo ao contrato»[1892] e Joana Galvão Teles como *direito potestativo à cessação do contrato*[1893]. Esta posição, não se comprometendo com qualquer qualificação, dá conta das dificuldades que o problema em apreço suscita, não contribuindo, porém, para o resolver.

Finalmente, uma outra perspectiva qualifica esta causa de cessação como resolução. É a posição de Júlio Gomes, embora admitindo que essa natureza não é inteiramente clara[1894].

Que dizer? A resolução é uma causa potestativa, de exercício tendencialmente vinculado, de extinção de um contrato, resultando de uma declaração unilateral recipienda, dirigida à contraparte[1895]. Assim, nos termos do nº 1 do artigo 432º do CC, só é admitida quando fundada em motivo definido na lei ou em convenção entre as partes (cláusula resolutiva), podendo mesmo configurar-se como uma sanção[1896]. A consagração legal da resolução ocorre em situações diversificadas, resultando, não de um vício na formação do contrato, mas de um facto superveniente que põe em causa uma legítima expectativa de uma das partes, quer o mesmo resulte da contraparte, de um facto naturalístico ou de terceiro[1897].

[1891] José Engrácia Antunes, *Direito dos Contratos...*, *cit.*, pp. 696-697; José Engrácia Antunes, "O contrato de seguro...", *cit.*, p. 833.

[1892] Maria Elisabete Ramos, *O Seguro...*, *cit.*, p. 448. Cfr. posição semelhante em Maria Manuela Chichorro, *O Contrato...*, *cit.*, p. 92.

[1893] Joana Galvão Teles, "Deveres...", *cit.*, p. 271.

[1894] Júlio Gomes, "O dever de informação do (candidato a) tomador...", *cit.*, p. 424 e 432.

[1895] Esta declaração tem, assim, eficácia constitutiva – João Antunes Varela, *Das Obrigações...*, Vol. II, *cit.*, p. 278. A resolução é, aliás, configurável como um negócio jurídico unilateral – Luís Menezes Leitão, *Direito das Obrigações*, Vol. II, *cit.*, p. 105; Adriano Vaz Serra, "Resolução do contrato", *BMJ*, nº 68 (Jul. 1957), p. 235.

[1896] José de Oliveira Ascensão, *Direito Civil...*, Vol. III, *cit.*, p. 338.

[1897] Carlos Mota Pinto, *Teoria Geral...*, *cit.*, p. 619; Luís Carvalho Fernandes, *Teoria Geral...*, Vol. II, *cit.*, pp. 480-481; João Antunes Varela, *Das Obrigações...*, Vol. II, *cit.*, pp. 275 ss. Relativamente à resolução de base legal, é possível autonomizar os seguintes fundamentos: o incumprimento do contrato (causa subjectiva); a quebra intolerável do equilíbrio contratual, designadamente no caso da alteração das circunstâncias (causa objectiva); e outros casos de excepção (p. ex., os casos de

Poder-se-á, em suma, afirmar, com Brandão Proença, que a resolução é, em regra, o modo de extinção unilateral «de uma relação contratual, total ou parcialmente "alterada" ou "perturbada"»[1898], tendo, diversamente da denúncia, uma função de *remédio* para essa alteração ou perturbação. Por outro lado, quanto aos efeitos, cumpre sublinhar que, supletivamente, nos contratos de execução instantânea, a resolução tem efeito retroactivo (*ex tunc*) entre as partes, excepto se esse efeito contrariar a vontade das mesmas ou a finalidade concretamente associada à resolução[1899]. Diversamente, nos contratos de execução continuada ou periódica, a resolução tem eficácia *ex nunc*, não abrangendo as prestações já efectuadas antes da extinção do contrato[1900], excepto se entre estas e a causa da resolução houver um vínculo que legitime a resolução de todas elas[1901].

De relevante, temos então que a causa de cessação prevista na alínea b) do nº 1 e b) do nº 4, ambos do artigo 26º da LCS, assenta num direito potestativo de exercício vinculado; que o respectivo fundamento é originário, e não superve-

revogação unilateral que seguem o regime da resolução, correspondendo, portanto, a uma resolução *ad nutum*, imotivada e atípica) – Pedro Romano Martinez, *Da Cessação...*, *cit.*, pp. 68 ss. Traçando uma distinção clara entre a resolução por incumprimento (nas obrigações instantâneas) e a resolução por justa causa (nas obrigações duradouras), João Baptista Machado, "'Denúncia-Modificação'...", *cit.*, p. 186, n. 10.

[1898] José Brandão Proença, *A Resolução...*, *cit.*, p. 38.

[1899] Adriano Vaz Serra, "Resolução...", *cit.*, pp. 197 ss. e 210. Como nota o autor, «a retroactividade da resolução só é aplicável até onde a finalidade da resolução o justifique. As coisas não devem passar-se totalmente como se nunca tivesse existido o contrato. É um facto que este existiu, que dele podem ter nascido obrigações que a razão de ser da resolução não abranja e que, por isso, devem manter-se» – *idem*, p. 211, n. 94. Por outro lado, mesmo quando opere a retroactividade, se alguma parte tiver tirado proveito de coisas ou serviços que não possa devolver, deverá restituir o respectivo valor: «a fim de restabelecer, na medida do possível a situação anterior, deve a parte, que assim tirou vantagem de serviços ou objectos, pagar à outra o valor corrente dos serviços ou da utilização ao tempo em que foram prestados aqueles ou feita esta; do mesmo modo, deve pagar à outra o valor de quaisquer outras prestações que, por sua natureza, não possam ser restituídas» – *idem*, p. 220. Mormente, se a parte não puder restituir a própria coisa prestada: «se a coisa restituenda não pode ser restituída (porque, p. ex., foi destruída, confundida com outras ou alienada), deverá restituir-se, naturalmente, o seu valor» – *idem*, p. 224.

[1900] Nos contratos de prestação continuada, como o de seguro, a prestação caracteriza-se por uma ininterrupta continuidade, enquanto nos de execução periódica cada prestação sucessiva tem a sua autonomia relativa e utilidade própria. O princípio, em qualquer caso, é o de que a resolução não abrange as prestações já efectuadas – Adriano Vaz Serra, "Resolução...", *cit.*, pp. 211-212, n. 95, e p. 213, n. 99. A solução resulta, quer da *razão de ser* da resolução (*idem*, p. 212), quer, pelo menos em parte, da dificuldade ou impossibilidade de restituição das prestações, sobretudo quando as mesmas se traduzam em prestações de facto ou no gozo de um bem – Pedro Romano Martinez, *Da Cessação...*, *cit.*, p. 239.

[1901] Cfr. o artigo 434º do CC, disposição com carácter supletivo – António Menezes Cordeiro, *Direito das Obrigações*, Vol. II, *cit.*, p. 165.

niente; que os efeitos não são retroactivos no caso da alínea b) do nº 1 do artigo 26º e são-no no caso da alínea b) do nº 4 do mesmo artigo; que o legislador pretendeu ressalvar a validade do contrato, adoptando uma fórmula diversa da do artigo 25º; e que o sentido geral de todo o artigo 26º é o do reequilíbrio de uma relação perturbada, surgindo a cessação como um remédio extremo, aplicável quando a conservação do contrato não é exequível e tendo subjacente um sentido de equidade que determina os casos em que a cessação tem (ou não) efeito retroactivo. Perante estas notas caracterizadoras, não se suscitam dúvidas ou impedimentos de substância na qualificação da causa de cessação como *resolução*. A tal não obstará, designadamente, o facto de o fundamento da cessação ser originário, já que, como refere Oliveira Ascensão, a resolução pode resultar de facto contemporâneo do contrato[1902]. Também a tanto não obstará o efeito – à vez, retroactivo ou não retroactivo – da cessação, aspecto onde a resolução apresenta uma flexibilidade de regime adequada à finalidade da solução[1903].

Assim, no artigo 26º da LCS a cessação (*resolução*) surge mais associada a uma solução de equidade – inviabilidade de manutenção do negócio sem que se verifique um prejuízo inaceitável para o segurador – do que a uma reacção pelo incumprimento culposo do dever de declaração do risco. É certo que no contrato de seguro o incumprimento deste dever (ainda que originário) pode configurar-se como justa causa de resolução. No entanto, a resolução não se fundamenta *apenas* no incumprimento negligente: ela requer *adicionalmente* que o segurador em caso algum tivesse aceite o risco. Ou seja, o fundamento determinante parece ser a quebra do equilíbrio contratual, ainda que originária[1904].

Trata-se, por isso, de uma solução em tudo – até na redacção – análoga à estabelecida na alínea b) do nº 2 do artigo 93º (agravamento do risco). Ora, esta disposição assume expressamente a qualificação do modo de cessação como *resolução* («o segurador pode... *resolver* o contrato»). Não se compreende, por isso, a ambiguidade da expressão utilizada na alínea b) do nº 1 do artigo 26º («o segurador pode... fazer cessar o contrato»). De resto, o artigo 26º assimila a negligência do proponente à ausência de culpa: as soluções aí consagradas visam repor o equilíbrio contratual, como se de um agravamento do risco se tratasse. Também a

---

[1902] Como afirma o autor, «a distinção da invalidade não está no carácter superveniente ou não da causa, mas no facto de acarretar ou não a destruição do título» – José de Oliveira Ascensão, *Direito Civil...*, Vol. III, *cit.*, p. 338.

[1903] A cessação por resolução é igualmente acolhida em outros ordenamentos analisados, como no caso da França, Itália, Alemanha, Bélgica, Espanha, Suiça e Brasil.

[1904] Precisamente, a resolução não assume uma função ressarcitória nem sancionatória, mas antes uma função de correcção do sinalagma contratual perdido – cfr. Pedro Romano Martinez, *Da Cessação...*, *cit.*, pp. 226-227.

analogia com o regime geral da alteração das circunstâncias permite qualificar a causa de cessação como resolução (nº 1 do artigo 437º do CC)[1905].

Assim, estando em causa no artigo 26º da LCS uma forma de extinção unilateral motivada do contrato, cujos termos em tudo se coadunam com o regime da resolução, não se vê fundamento para afastar essa qualificação para a referida causa de cessação ou sequer para invocar a sua *atipicidade* ou carácter *sui generis*.

IV. Como vimos, o fundamento da resolução prevista no artigo 26º assenta no facto de o segurador, em caso algum, celebrar contratos para a cobertura de riscos relacionados com o facto omitido ou inexactamente declarado, devendo tal facto ser, pelo mesmo, demonstrado.

Na versão do projecto de LCS de Julho de 2007, constava, como requisito do direito à cessação do contrato, que *a justificação para não celebrar o contrato se baseasse em dados cuja declaração tivesse sido requerida pelo segurador na documentação de subscrição ou de formação do contrato*. Este requisito – pouco compatível com um sistema de declaração espontânea – reduzia o âmbito do direito do segurador e foi retirado da versão final da Lei[1906].

A *demonstração* de que, em caso algum, o segurador celebra contratos, etc., suscita problemas diversos. Desde logo – e tendo em conta que a prova de todos os pressupostos constitutivos do direito de resolução competem ao segurador – o de se saber como, quando e perante quem deve a demonstração ser feita e quem deve aferir da mesma.

Júlio Gomes manifesta-se crítico quanto à ampla margem de manobra que, segundo o autor, a disposição confere ao segurador, já que, perante as dificuldades de contraprova por parte do tomador, permitiria ao segurador a manutenção do contrato em vigor com a cobrança continuada de prémios e, em caso de sinistro, a invocação de que só então teria tomado conhecimento da omissão ou inexactidão e de que em caso algum teria celebrado o contrato[1907]. Neste contexto, defende o autor que a jurisprudência deverá ser exigente com a demonstração de que o segurador *em caso algum* teria celebrado o contrato, recorrendo-se, para tanto, às condições gerais e especiais das apólices; a instruções dadas a media-

---

[1905] Aliás, como refere Romano Martinez, «por via de regra, as hipóteses de comportamento não culposo que faculta à outra parte o exercício do direito de resolução correspondem a concretizações do instituto da alteração das circunstâncias» – Pedro Romano Martinez, *Da Cessação..., cit.*, p. 159.

[1906] O respectivo propósito, como nota Arnaldo Oliveira, terá sido o de limitar aquele âmbito às situações em que a não aceitação do risco resultasse já objectivamente de elementos requeridos pelo segurador na fase pré-contratual, embora o autor admita que o regime final consagra uma solução «mais prudente» – Arnaldo Oliveira, "Artigo 26º – Anotação", *in* Pedro Romano Martinez *et al.*, *LCS Anotada, cit.*, p. 172.

[1907] Júlio Gomes, "O dever de informação do (candidato a) tomador...", *cit.*, p. 435. Cremos que esta perspectiva está longe de caracterizar as práticas do mercado segurador, ao menos em Portugal.

dores (relevantes quando estes tenham poderes para apreciarem o risco e concluírem o contrato); e à prova de recusas anteriores de contratos com as mesmas características[1908]. A estes elementos de prova acrescentaríamos o depoimento de analistas de risco, médicos ou estatistas, ou a apresentação dos manuais de selecção do risco do ressegurador.

Perspectiva oposta é a defendida por Fagnart – reportando-se ao ordenamento belga, onde a solução portuguesa se terá inspirado – para quem a própria exigência de prova é contestável do ponto de vista da justiça, já que, resultando a decisão de aceitação do risco de um acto discricionário do segurador, a mesma será insusceptível de demonstração[1909].

Pela nossa parte, entendemos que, assentando a resolução numa declaração dirigida ao tomador, a mesma é insusceptível de comportar mais do que *a mera invocação* de que, em caso algum, o segurador celebra contratos para a cobertura de riscos relacionados com o facto não declarado[1910]. Só no caso de a resolução ser judicialmente impugnada pelo tomador terá o segurador de fazer prova dos pressupostos da resolução, podendo então lançar mão dos meios de prova a que acima aludimos. Considerando os valores e os interesses em confronto num tal litígio, cremos que a prova daqueles pressupostos será indispensável, caso em que a discricionariedade da decisão do segurador não poderá redundar numa arbitrariedade: inexistindo um fundamento objectivo demonstrável, carecerá a resolução de fundamento.

E esta questão traz-nos a uma outra: *quid iuris* se o segurador resolver o contrato sem que se verifiquem os pressupostos da alínea b) dos nºs 1 e 4 do artigo

---

[1908] Júlio Gomes, "O dever de informação do (candidato a) tomador...", *cit.*, pp. 435-436.

[1909] Jean-Luc Fagnart, "Dispositions...", *cit.*, p. 65. Na verdade, como sublinha o autor, a decisão do segurador de aceitação do risco é discricionária e de acordo com uma análise subjectiva, pelo que mesmo um risco de baixa probabilidade pode ser recusado por razões que se prendem, p. ex., com exigências de diversificação da carteira de riscos. Considerando que o juiz não poderá exigir, nestas situações (que, para mais, versam sobre um facto negativo), uma prova absoluta – bastando-se com a verosimilhança do facto alegado – remata o autor: «como pode o segurador fornecer a prova de que 'não teria em caso algum segurado o risco', quando a sua decisão depende unicamente da sua apreciação discricionária?» – *idem*, p. 66 (trad. nossa). Cfr. igualmente Jean-Luc Fagnart, *Traité...*, *cit.*, p. 72.

[1910] De facto, a apresentação de documentos, a análise de manuais de procedimentos ou de dados estatísticos, a inquirição de peritos, etc., são insusceptíveis de inclusão em tal declaração. Desta forma, a letra, quer da alínea b) do nº 1 do artigo 26º, quer da alínea b) do nº 4 do mesmo artigo, é pouco rigorosa: dever-se-ia dizer "fazer cessar o contrato desde que, em caso algum, celebre...". O fundamento é esse – o *facto* de não celebrar, em caso algum, contratos... – e não a *demonstração* da realidade desse facto. Esta – a prova dos factos constitutivos do direito de resolução – constitui um ónus do segurador (nº 1 do artigo 342º do CC), termos em que não será substancialmente diferente da prova de quaisquer outros factos constitutivos de direitos. Contesta-se, portanto, a identificação entre o facto constitutivo do direito e a sua prova (que, em si, não é constitutiva de tal direito).

26º, designadamente, sem que demonstre (ou sequer alegue) que em caso algum celebra contratos para a cobertura do risco a que se reporta o facto não declarado? Atenta a qualificação que atribuímos à causa de cessação do contrato em apreço, estaremos então perante uma resolução ilícita (ou ilegal), a qual não deixa, por esse facto, de produzir o seu efeito típico: a cessação do contrato[1911]. Ora, embora a resolução assuma, numa perspectiva atomística, a natureza de negócio jurídico unilateral, a mesma não é autonomizável relativamente à relação obrigacional complexa que visa fazer cessar, pelo que a referida ilicitude haverá de determinar, não a invalidade da resolução, mas o incumprimento do contrato[1912]. Neste quadro, poderá o tomador reagir judicialmente. Reconhecendo o tribunal a falta de fundamento da resolução, o incumprimento do contrato dará origem à responsabilidade obrigacional, a qual, atentos os princípios vertentes do artigo 562º e do nº 1 do artigo 566º do CC, se traduzirá, afinal, na reconstituição da situação anterior ao incumprimento, ou seja, na manutenção dos vínculos contratuais, sem prejuízo do ressarcimento de outros prejuízos eventualmente incorridos[1913]. Assim, tendo entretanto ocorrido o sinistro, terá o segurador de efectuar a sua prestação.

V. Como referimos, perante a descoberta de omissões ou inexactidões, o artigo 26º da LCS confere ao segurador três possibilidades: a faculdade de propor uma adaptação do contrato; o direito potestativo de o fazer cessar; ou a faculdade de *nada fazer* no prazo de três meses estabelecido no nº 1 do artigo. Analisámos já as duas primeiras possibilidades. Resta debruçarmo-nos sobre a terceira.

Neste caso, não se verifica uma convalidação pelo decurso do prazo, em virtude de o contrato não estar afectado de invalidade. Segundo Júlio Gomes, «a circunstância omitida ou inexactamente declarada deverá ter-se por irrelevante e o contrato manter-se-á com o conteúdo acordado entre as partes»[1914]. Porém, este efeito haverá de decorrer da natureza do prazo acima referido, qualificável de *prazo de caducidade* do exercício do direito à resolução e que visa reforçar a certeza e segurança jurídicas[1915]. Decorrido tal prazo sem que o direito seja exercido, extinguir-se-á este por caducidade, sem que o contrato seja afectado.

[1911] Cfr. Pedro Romano Martinez, *Da Cessação...*, *cit.*, p. 221, cuja orientação acompanhamos.

[1912] Pedro Romano Martinez, *ibidem*. Sobre a natureza da resolução, sustenta o autor que a mesma «é um acto jurídico com uma finalidade específica: dissolver um vínculo contratual, e corresponde ao exercício de um direito potestativo emergente do contrato» – *idem*, p. 225.

[1913] Pedro Romano Martinez, *Da Cessação...*, *cit.*, p. 222.

[1914] Júlio Gomes, "O dever de informação do (candidato a) tomador...", *cit.*, p. 437.

[1915] Pedro Rubio Vicente, *El Deber...*, *cit.*, pp. 1114-115.

VI. O nº 4 do artigo 26º da LCS assenta num requisito de *causalidade* entre o *facto* relativamente ao qual tenha havido omissões ou inexactidões negligentes, por um lado, e a verificação ou consequências de um *sinistro*, por outro. De tal requisito depende a aplicação do regime do referido nº 4, a saber: a cobertura proporcional do sinistro (alínea *a)*) ou a não cobertura do sinistro e devolução do prémio (alínea *b)*). Em contrapartida, não se verificando tal requisito, pouco importa que o segurador tenha suportado um risco muito superior ao prémio pago, ou mesmo que, em caso algum, tivesse celebrado o contrato se tivesse conhecido o facto omitido ou declarado inexactamente: se ocorrer um sinistro que em nada esteja relacionado com aquela circunstância, terá de o suportar integralmente.

A referida solução de causalidade encontra-se reflectida, designadamente, na alínea 2 do § 21º da VVG alemã vigente, no nº 3 do artigo 6º da LCS suíça, no novo CC holandês (entrado em vigor em 1 de Janeiro de 2006)[1916], e no Direito norueguês (quanto ao seguro marítimo)[1917]. A solução encontrava ainda apoio em alguma doutrina nacional[1918], seguindo uma orientação jurisprudencial minoritária (e sem base legal), embora com algum eco no sentir social[1919]. Algumas vozes invocam igualmente precedentes legislativos no nosso ordenamento[1920].

[1916] Herman Cousy, "Le droit des assurances...", *cit.*, p. 320.

[1917] Aí, porém, a solução não assenta necessariamente na proporcionalidade da indemnização, mas na solução que o segurador teria aplicado ao contrato se tivesse tido conhecimento dos factos não revelados. The Law Commission, *Insurance...*, *cit.*, p. 139.

[1918] José Vasques parecia subscrever esta perspectiva no plano do Direito a constituir, invocando que a invalidade do contrato constituía «uma sanção desproporcionada, que deve reservar-se para os casos em que exista um nexo de causalidade entre a inexactidão ou omissão e o sinistro» – José Vasques, *Contrato de Seguro – Notas...*, *cit.*, p. 228.

[1919] Arnaldo Oliveira, *A Declaração...*, *cit.*, pp. 5 e 15; Arnaldo Oliveira, "Artigo 26º – Anotação", *in* Pedro Romano Martinez *et al.*, *LCS Anotada*, *cit.*, p. 174; e Arnaldo Oliveira e Eduarda Ribeiro, "Novo regime...", *cit.*, p. 23. Como vimos, a doutrina da *irrelevância do nexo causal* era a consagrada no artigo 429º do CCom, tal como resultava do seu teor literal e era entendimento da jurisprudência e da doutrina dominantes (*supra*, VI.2.VIII) – José Carlos Moitinho de Almeida, *O Contrato de Seguro no Direito...*, *cit.*, p. 76; Luiz Cunha Gonçalves, *Comentário...*, Vol. II, *cit.*, p. 542.

[1920] Assim, para Arnaldo Oliveira – Arnaldo Oliveira, *A Declaração...*, *cit.*, p. 17; e Arnaldo Oliveira, "Artigo 26º – Anotação", *in* Pedro Romano Martinez *et al.*, *LCS Anotada*, *cit.*, p. 177 – o regime da causalidade teria como antecedente legislativo as alíneas h) e i) do nº 1 do artigo 27º da LSORCA, disposições que eliminaram o direito de regresso do segurador quando o facto em que se fundamenta tal direito não haja provocado ou agravado o sinistro (estão, concretamente, em causa, por um lado, os direitos contra o responsável civil por danos causados a terceiros em virtude de utilização ou condução de veículos que não cumpram as obrigações legais de carácter técnico relativamente ao estado e condições de segurança do veículo; e, por outro lado, os direitos contra o responsável pela apresentação do veículo a inspecção periódica). De resto, o autor invoca igualmente um precedente no entendimento jurisprudencial que exclui o direito de regresso contra o condutor sob influência do álcool na ausência de causalidade entre esta conduta e a produção do sinistro (não obstante a redacção da alínea c) do nº 1 do artigo 27º da LSORCA). Não cremos, porém, que

A matéria, porém, é de há muito objecto de controvérsia na doutrina do Direito dos seguros. Quer o artigo 384º do CCom francês, de 1807, quer o artigo 429º do CCom italiano, de 1882, previam expressamente a cominação de nulidade das omissões ou inexactidões do proponente *ainda que os factos omitidos ou inexactamente declarados não tivessem influído sobre o dano inerente ao sinistro*[1921]. A omissão de tal ressalva em outros regimes deu azo à interpretação, ou de que a mesma seria uma desnecessária redundância – por decorrer da *ratio* e fundamentos do regime da declaração do risco – ou de que o legislador teria pretendido precisamente exigir, para a impugnação do contrato após o sinistro, um requisito de causalidade entre os factos omitidos (ou inexactamente declarados) e este.

Vários são os argumentos esgrimidos a favor e contra a adopção do requisito de causalidade. A perspectiva favorável a tal solução, porém, apenas dispõe de um modesto arsenal argumentativo. Desde logo, invoca o receio de abusos por parte do segurador, que, confrontado com a participação de um sinistro, viesse alegar a existência de omissões ou inexactidões de factos que em nada se relacionassem com tal sinistro[1922]. Um outro argumento assenta na irrelevância positiva da causa virtual em sede de responsabilidade civil: pouco importará, assim, que o proponente tenha omitido dados (e que o segurador não tenha constituído provisões em função dos mesmos) quando o sinistro não se verifique em resultado

---

possam divisar-se nos casos citados verdadeiros precedentes legislativos. Na verdade, embora os mesmos consubstanciem situações em que a lei requer a existência de um nexo de causalidade, este não se reporta a circunstâncias omitidas ou inexactamente declaradas aquando da declaração do risco. Está em causa, sim, a causalidade entre um comportamento culposo do condutor ou possuidor do veículo e um dano sobre o qual o segurador é chamado a responder, entendendo-se (no quadro, aliás, dos princípios gerais sobre responsabilidade civil) que, na ausência de tal nexo de causalidade, os danos não são imputáveis à conduta ilícita e culposa do referido condutor ou possuidor, não cabendo, portanto, ao segurador direito de regresso sobre qualquer daqueles. Em suma, a causalidade em questão é requerida no quadro do regime da responsabilidade civil e não no que ora nos ocupa.

[1921] Embora o artigo 348º do CCom francês estabelecesse que «o seguro é nulo mesmo no caso em que a reticência, a falsa declaração, ou a diferença não tivessem influído sobre o dano ou perda do objecto segurado», o legislador não escondeu então a controvérsia jurisprudencial a que procurou pôr termo, denotando que a solução estava, até aí, longe do consenso – Cfr. o *Exposé des Motifs*, de M. Corvetto, em Jean-Guillaume Locré, *La Législation...*, Tomo XVIII, *cit.*, p. 457. Como fundamento para a solução adoptada, invoca-se o argumento de que, tendo o consentimento do segurador sido viciado, e incidindo o mesmo sobre uma configuração do risco que, verdadeiramente, não correspondia à realidade conhecida da contraparte, a invalidade do contrato opera *ab initio*, sendo então indiferente que o sinistro se tenha produzido e qual a respectiva causa: como refere M. Corvetto, «o segurador estaria sempre autorizado a responder que não segurou um tal risco, e que esse risco não existiu» – *idem*, p. 458 (trad. nossa).

[1922] P. ex., quando, em seguros de vida, o segurador invoca a omissão de uma doença e a morte se produz por acidente – Carlos A. Schiavo, *Contrato de Seguro...*, *cit.*, p. 234.

deles[1923]. Outro argumento ainda é reproduzido por Bado Cardoso: o de que, num seguro de vida, «se o antecedente ocultado não tem relação com a causa determinante da morte, não pode argumentar-se que essa circunstância afecte o contrato, pois a indemnização que deve cumprir o segurador reconhece como causa o sinistro e não o facto ocultado»[1924]. Finalmente, cumpre aludir ao *sentir social*, traduzido na relação próxima, em termos lógicos, entre o incumprimento (omissão ou inexactidão) e a efectiva perda do segurador (liquidação da indemnização ou do capital seguro)[1925].

Por seu turno, a perspectiva adversa à relevância da causalidade convoca mais sólida argumentação. Vejamos: na parte inicial deste trabalho apontámos como fundamentos do instituto da declaração do risco a aleatoriedade do contrato; a responsabilidade pré-contratual; e os vícios da vontade. Comecemos pela *aleatoriedade* e pelo equilíbrio entre as prestações das partes. Neste domínio, não subsistem dúvidas de que as omissões ou inexactidões são relevantes na medida em que afectem a *alea* contratual e o equilíbrio entre o risco incorrido pelo segurador e o prémio pago, apreciação que abstrai completamente da existência ou não do sinistro e da sua causa concreta[1926].

[1923] Este argumento não nos parece aceitável. Desde logo, porque se reporta aos requisitos da responsabilidade civil, que parte do dano para as respectivas causas. Se o argumento fosse válido, implicaria que, na ausência de sinistro, todo o prémio haveria de ser estornado. Desta forma, o equilíbrio entre o risco e o prémio não pode ser aferido *a posteriori*, em função do sinistro, mas *a priori*, em função da probabilidade deste. O argumento parece, assim, fundar-se numa incompreensão pela natureza do seguro, consubstanciando a própria negação deste.

[1924] Virginia Bado Cardozo, *El Riesgo...*, *cit.*, p. 111 (trad. nossa). Quanto a este argumento, cuja lógica nos escapa, dir-se-á ser certo que a indemnização tem por causa o sinistro e não o facto ocultado. Mas essa não é a questão. É que o seguro é contratado para cobrir todas as potenciais causas do sinistro contratualmente garantidas, e o prémio deve ser proporcional a esse risco. Ora, é nesta medida que um facto ocultado afecta o contrato, o que é indiferente à circunstancia de o sinistro se produzir ou não e de qual seja a respectiva causa.

[1925] Arnaldo Oliveira, "Artigo 26º – Anotação", *in* Pedro Romano Martinez *et al.*, *LCS Anotada*, *cit.*, pp. 174 ss. Esta abordagem, porém, carecendo de sustentação dogmática, suscita, de algum modo, a problemática epistemológica em que se funda o imperativo científico de ruptura com os pré-entendimentos inerentes ao conhecimento corrente – cfr., p. ex., Augusto Santos Silva, "A ruptura...", *cit.*, pp. 29-53. Retorquir-se-ia, aliás, com Parrella, que a irrelevância da causalidade entre o facto não declarado e o eventual sinistro assenta numa perspectiva teórica reflectida «nas mais antigas legislações e que responde a um irrecusável axioma de toda a técnica seguradora» – Alberto Parrella, "Dichiarazioni...", *cit.*, p. 175 (trad. nossa).

[1926] O necessário equilíbrio de prestações reporta-se, portanto, à relação entre o prémio e o risco conhecido do proponente *à data da conclusão* do contrato, e não à relação entre um prémio e um dano. À relação de seguro é, portanto, estranha a efectiva ocorrência do sinistro ou a sua causa concreta. De outra forma, o prémio só seria devido se o sinistro viesse a verificar-se: mas então corresponderia a uma certeza, e não a uma probabilidade, pelo que o valor do prémio seria, afinal, igual ao dano. Neste caso, porém, o contrato de seguro não seria aleatório, sendo desprovido de qualquer utilidade

Um outro fundamento referido assenta na boa fé e na responsabilidade pré-contratual por incumprimento de um dever de informação. Deste ponto de vista, o incumprimento do referido dever merece a censura do Direito, que deve reagir, numa perspectiva simultaneamente ressarcitória e punitiva/preventiva, independentemente da ocorrência de qualquer sinistro ou da sua causa efectiva.

Finalmente, quanto ao fundamento baseado na autonomia da vontade e na doutrina dos vícios do consentimento, dir-se-á que as omissões ou inexactidões relevantes viciam, de facto, o consentimento do segurador, o que impõe a invalidade do negócio, quer venha ou não a ocorrer qualquer sinistro e qualquer que seja a sua causa. Assim, o vício da vontade é aferido pelo momento da conclusão do contrato, e não pelo da ocorrência (ou não) do sinistro. Neste quadro, o único requisito de causalidade que se coloca é entre a declaração do risco e a formação da vontade do segurador, e não entre o facto não declarado e o eventual sinistro[1927].

Outros argumentos, porém, podem ser aduzidos. Desde logo, o da (in)justiça da solução. Assim, imagine-se dois proponentes de um seguro de vida que sofrem de uma doença grave. O primeiro declara-a ao segurador e este recusa-se a contratar. O segundo omite-a e o contrato é aceite. Se ambos morrerem de acidente de viação o primeiro não terá conseguido salvaguardar a posição de determinados beneficiários, enquanto a incúria ou desonestidade do segundo será premiada com o cumprimento da prestação pecuniária pelo segurador[1928]. Também num seguro de vida, o proponente que omita uma doença fatal, sempre poderá, para evitar que se verifique a causalidade entre a omissão e o sinistro, obviar à produção do nexo causal, interrompendo-o *in limine* mediante o suicídio (coberto após a primeira anuidade contratual, nos termos do nº 1 do artigo 191º da LCS). Em qualquer caso, sempre será injustamente favorecido o segurado negligente, que pode beneficiar da cobertura do sinistro tendo suportado um prémio inferior ao que o risco real exigiria[1929].

social ou económica. Em suma, as omissões ou inexactidões hão-de reportar-se ao momento em que são produzidas, independentemente da superveniência de qualquer sinistro. O que importa, assim, é se existe equivalência entre o risco declarado (e aceite pelo segurador) e o prémio pago, de acordo com a tarifa aplicável – Carlos A. Schiavo, *Contrato de Seguro...*, *cit.*, pp. 233-234.

[1927] Luigi Letta, "Dichiarazioni inesatte e reticenze dell'assicurato nell'assicurazione privata 'malattie'", *RCP*, Vol. LXII (1997), p. 87, reproduzindo a posição dominante entre a doutrina e a jurisprudência italianas; e Virginia Bado Cardozo, *El Riesgo...*, *cit.*, pp. 111-112. Como sustenta esta autora, «o problema deve centrar-se na relevância da informação omitida e não tanto na oportunidade do seu descobrimento» – *idem*, p. 192 (trad. nossa).

[1928] Cfr., sobre o exemplo, Robert Jerry II, *Understanding...*, *cit.*, p. 694.

[1929] José Carlos Moitinho de Almeida, *O Contrato de Seguro no Direito...*, *cit.*, p. 76. No mesmo sentido, Júlio Gomes, "O dever de informação do tomador...", *cit.*, p. 80; Nuno Trigo dos Reis, *Os Deveres...*, *cit.*, p. 67; e Bernard Rudden, "Disclosure...", *cit.*, p. 7.

Neste contexto, o argumento de justiça traz-nos a um outro, de política legislativa: é que o requisito de causalidade constitui um incentivo, pelo menos, à negligência do proponente, senão mesmo à fraude (sempre beneficiando de uma presunção e de um ónus da prova favorável). Este último aspecto, aliás, não deve ser menosprezado. É que a inexequível prova do dolo, pelo segurador, deixará para situações meramente residuais (decerto em proporção muito inferior à realidade) os casos de incumprimento comprovadamente doloso. De resto, como a proporção mais significativa de situações de incumprimento só é conhecida do segurador após o sinistro (na sequência da investigação que rodeia o mesmo), o regime da causalidade transformar-se-á na solução-regra para o incumprimento do dever de declaração.

Ainda em tema de requisito de causalidade, suscitam-se questões complexas e de difícil solução, como a de saber qual o critério de aferição da causalidade a que haverá de lançar mão. Na ausência de um critério expressamente desenhado pela LCS, haverá, do nosso ponto de vista, que recorrer à aplicação analógica do critério legal acolhido em sede de responsabilidade civil: o da causalidade adequada, consagrado no artigo 563º do CC[1930].

Posição singular no domínio da causalidade é a de Filipe Albuquerque Matos, que estende o requisito da causalidade, quer às omissões ou inexactidões negligentes, quer às dolosas[1931]. Neste sentido, considera o autor parecer «claro, face à formulação dos nºs 1 dos arts. 25º e 26º» que o regime ali previsto (anulabilidade ou manutenção do contrato com alterações) decorreria da prévia verificação do sinistro[1932]. Em abono desta interpretação invoca o autor um excerto do preâm-

[1930] No domínio dos factos, porém, a questão é mais complexa. P. ex., o proponente de um seguro multirriscos informa, por incúria, que o seu apartamento de férias tem uma fechadura de alta segurança (quando, na verdade, tem uma fechadura normal). Algum tempo depois, vem a ocorrer um incêndio no local. Aparentemente, nenhuma relação existe entre as medidas de segurança (reportadas à cobertura de roubo) e o sinistro (incêndio). Na verdade, porém, a falta de medidas de segurança terá facilitado a entrada de marginais que, fazendo um uso descuidado e danoso do local, terão acabado por lhe atear fogo. Também nos seguros de pessoas, certas patologias (a diabetes, p. ex., que o proponente pode ocultar, ainda que apenas negligentemente), podem surgir associadas a outras doenças posteriores, as quais constituem, por seu turno, elas sim, a causa directa da morte ou invalidez. Mesmo com apoio no critério da causalidade adequada nem sempre é simples aferir da relação causal.

[1931] Como refere o autor, «uma análise atenta do regime estatuído nos arts. 25º e 26º, leva-nos a considerar que foi propósito do legislador dos seguros estabelecer a exigibilidade de um nexo causal entre o facto inexacto ou omitido na declaração inicial do risco e o sinistro, para ser possível desencadear os efeitos previstos naqueles preceitos» – Filipe Albuquerque Matos, *Uma Outra Abordagem...*, *cit.*, p. 636.

[1932] Filipe Albuquerque Matos, *Uma Outra Abordagem...*, *cit.*, p. 636. Confessamos não encontrar na formulação dos preceitos base literal que suporte a interpretação do autor. Aliás, tal interpretação é desmentida pelo nº 4 do artigo 26º, cuja a previsão – «se, antes da cessação ou da alteração do

bulo do diploma que, não encontrando qualquer apoio na disciplina do contrato, induz, de facto, a uma interpretação equívoca[1933].

VII. Para os casos em que ocorra o sinistro antes da cessação ou da alteração do contrato e se verifique o referido requisito da causalidade, dispõe a alínea a) do nº 4 do artigo 26º da LCS que o segurador cobre o sinistro na proporção da diferença entre o prémio pago e o prémio que seria devido, caso, aquando da celebração do contrato, tivesse conhecido o facto omitido ou declarado inexactamente. Adopta-se, assim, a solução de proporcionalidade francesa (artigo L. 113-9 do *Code des Assurances*) – já preconizada, no fundamental, por Valin, no séc. XVIII – também acolhida noutros ordenamentos, como o belga (artigo 7º da respectiva Lei); o espanhol (artigo 10º da LCS) e o italiano (2º parágrafo do artigo 1893º do CC) – e na proposta de Directiva sobre o contrato de seguro (artigo 3º)[1934].

[1933] contrato, ocorrer um sinistro...» – cobre precisamente os casos em que o conhecimento seja anterior (ou, aí sim, contemporâneo) do sinistro. Ora, o nº 4 tem precisamente um âmbito de aplicação distinto do nº 1 do artigo 26º: enquanto neste o conhecimento precede *sempre* o sinistro, naquele o sinistro é a fonte do conhecimento ou, não o sendo, pelo menos, ocorre antes de se produzirem os efeitos previstos no nº 1. Se o nº 1 tivesse por pressuposto a prévia ocorrência do sinistro, então o seu âmbito de aplicação coincidiria com o do nº 4, numa inexplicável sobreposição de regimes. Não cabe, pensamos, argumentar que o nº 1 se aplicaria aos casos em que o facto não declarado não fosse causa adequada do sinistro, enquanto o nº 4 se aplicaria aos demais. É que tal entendimento resultaria absurdo, favorecendo mais os casos em que faltasse a causalidade do que aqueles em que a mesma se verificasse. Mas essa interpretação não é mesmo possível face ao teor da alínea a) do nº 1: é que, se o sinistro já tiver ocorrido (p. ex., a morte num seguro de vida), que sentido faria que o segurador propusesse uma alteração ao contrato, fixando um prazo para o envio da aceitação? E se a questão parece límpida face ao artigo 26º, mais o será face ao 25º, que em nada deixa transparecer a existência de um requisito de causalidade ou a existência de um pressuposto de prévia ocorrência do sinistro.

[1933] Cfr. Filipe Albuquerque Matos, *Uma Outra Abordagem...*, *cit.*, p. 637. É o seguinte o excerto citado do preâmbulo: «[...] cabe ainda realçar a introdução do parâmetro da causalidade para aferir a invalidade do contrato de seguro [...]. Quanto à causalidade, importa a sua verificação para ser invocado pelo segurador o regime da inexactidão na declaração inicial de risco e a consequente invalidade do contrato de seguro».

[1934] Em Inglaterra, tem sido prática do *Insurance Ombudsman* a aplicação da solução de proporcionalidade nos processos arbitrais que lhe são submetidos – cfr., p. ex., John Birds e Norma Hird, *Birds'...*, *cit.*, p. 127. Por outro lado, o actual grupo de trabalho da *Law Commission* recomenda igualmente uma solução análoga para o incumprimento negligente do dever de declaração (The Law Commission, *Insurance...*, *cit.*, p. 66), à semelhança da solução consagrada na Secção 28(3) do ICA australiano, de 1984. Trata-se aqui, porém, de uma solução mais aperfeiçoada do que a simples regra da proporcionalidade. Assim, prevê-se que o segurador seja colocado na situação em que estaria se não tivesse ocorrido o incumprimento do dever de declaração do risco, o que contempla, não só uma solução de proporcionalidade, mas igualmente a aplicação de uma exclusão, franquia, limite de capital, ou a própria recusa do risco. Na Colômbia, finalmente, o regime da proporcionalidade está reservado aos casos de erro desculpável do tomador (artigo 1058º do CCom).

Entre nós, sustenta Arnaldo Oliveira que a solução de proporcionalidade resultava já do regime do CCom de 1888, na conjugação do artigo 429º com o regime do subseguro (artigo 433º)[1935]. Sobre esta matéria, estamos, porém, em completo desacordo. Desde logo, a doutrina distingue a solução de proporcionalidade no caso de omissões ou inexactidões não dolosas – que designa por *regra proporcional do prémio*[1936] – da decorrente de situações de subseguro, a que se refere como *regra proporcional do valor*[1937]. Assim, a primeira resulta de o tomador do seguro (em virtude de omissões ou inexactidões negligentes) ter conduzido a que o prémio fosse inferior ao risco incorrido pelo segurador. Neste caso, verificado o sinistro, a prestação do segurador corresponderá à proporção entre o prémio pago e o que seria devido na ausência das omissões ou inexactidões. Já a regra proporcional do valor, inerente ao subseguro, resulta de, num seguro de coisas contra danos (submetido ao princípio indemnizatório), o tomador do seguro ter atribuído aos bens seguros um valor inferior ao real[1938]. Neste caso, se à data do sinistro se verificar essa discrepância de valores, a indemnização não deverá corresponder à totalidade do dano, mas à aplicação a este da proporção entre o valor declarado e o valor real do bem seguro.

Assim, embora se trate, em ambos os casos, da aplicação de uma regra proporcional, as duas situações são substancialmente distintas, divergindo quanto aos respectivos pressupostos, âmbito e natureza[1939], para além das diferenças que a própria regra evidencia. Ora, a solução de proporcionalidade apenas era consagrada no CCom para as situações de subseguro, como corolário do princípio

---

[1935] Arnaldo Oliveira, "Artigo 26º – Anotação", *in* Pedro Romano Martinez *et al.*, *LCS Anotada*, *cit.*, p. 173.

[1936] A solução é também designada como *redução proporcional do prémio ou do risco* (Hubert Groutel *et al.*, *Traité...*, *cit.*, p. 162) ou como *regra de equidade* (Francisco Tirado Suárez, "Anotaciones...", *cit.*, p. 131, n. 9).

[1937] Cfr., p. ex., Bernard Beignier, *Droit du Contrat...*, *cit.*, pp. 129 ss.

[1938] Cfr. Pedro Romano Martinez, "Contrato de seguro: Âmbito...", *cit.*, p. 159. Essa atribuição pode resultar de erro ou ser intencional. Neste último caso, entende-se que o tomador do seguro apenas pretendeu segurar-se parcialmente, assumindo, em auto-seguro, o risco sobre parte do valor do bem. Desta forma, verifica-se uma analogia com as regras do co-seguro, sendo o tomador do seguro entendido como um segurador quanto à fracção do valor do bem não abrangida pelo contrato de seguro. Por outro lado, esta solução de proporcionalidade resulta igualmente da impossibilidade de se discriminar, numa pluralidade de bens seguros, quais os que ficariam abrangidos pelo contrato. Para além disso, a solução visa incentivar a diligência do segurado na avaliação dos bens e constitui, finalmente, um corolário do princípio indemnizatório, impedindo que o segurado retire um proveito do sinistro (o qual resultaria da percepção de um valor indemnizatório superior à proporção do prémio suportado). Sobre os fundamentos do regime, cfr. José Bento, *Direito de Seguros*, *cit.*, pp. 222 ss.

[1939] Jérôme Kullmann, "La déclaration...", *cit.*, p. 736; e Fernando Sánchez Calero, "Artículo 10...", *cit.*, p. 246.

indemnizatório (artigo 433º). Do artigo 429º do CCom, nada resultava que permitisse sustentar uma solução de proporcionalidade de prémio nem tampouco a analogia com o artigo 433º (já que, nem se verificava lacuna a requerer integração, nem a analogia seria possível por se tratar de soluções claramente distintas)[1940]. Em suma, consideramos indefensável – por destituído de suporte legal – o entendimento de que já do regime do CCom resultava a aplicabilidade de uma solução de proporcionalidade.

A solução de proporcionalidade (*regra proporcional do prémio*) não é matéria isenta de controvérsia. Quanto aos argumentos favoráveis, perfila-se, desde logo, o carácter equitativo da solução, conforme com o propósito de restabelecer a relação sinalagmática do contrato de seguro – equilíbrio das prestações das partes – e apto a evitar uma alternativa de "tudo ou nada"[1941]. Por outro lado, é uma solução de mais simples aplicação do que outras possíveis soluções de equidade[1942]. De resto, e em concreto, o nº 4 do artigo 26º da LCS revela-se equilibrado e mais justo do que outros regimes que igualmente consagram a regra proporcional, mas que a impõem sempre ao segurador, mesmo nos casos em que o risco não fosse, na perspectiva deste, segurável[1943].

Em contrapartida, várias são as críticas apontadas à solução. Em primeiro lugar, a da sua complexidade e dificuldade de aplicação prática, que introduziriam incerteza na regulação das relações contratuais. Essa dificuldade será tanto maior quanto não existem práticas uniformes de avaliação do risco nem de tarifação – verificando-se frequentemente uma ausência de critérios objectivos de determinação do prémio para certos tipos de risco agravado (apreciação casuística pelo segurador) –, pelo que não existirá forma de garantir um preciso cálculo aritmético da indemnização ou capital devidos pelo segurador[1944]. Aliás, a

---

[1940] Sempre seria – é certo – defensável que, podendo o segurador, perante um incumprimento do dever de declaração do risco, anular o contrato, por maioria de razão poderia – como medida mais favorável ao proponente – aceitar a cobertura do sinistro mediante uma redução proporcional da indemnização ou capital (como resulta do elemento lógico da interpretação, *quem pode o mais, pode o menos*). Ainda assim, sempre o segurador arriscaria que o tomador do seguro, inconformado com a solução aplicada, viesse a impugná-la (matéria que é tanto mais pertinente quanto o mesmo poderia socorrer-se da tentativa do segurador para regularizar o sinistro para invocar a confirmação tácita do contrato).

[1941] Desta forma, na perspectiva de Beignier, a regra proporcional do prémio constitui uma forma de consolidação retroactiva do contrato de seguro – Bernard Beignier, *Droit du Contrat...*, *cit.*, p. 130.

[1942] Entre elas, p. ex., o pagamento integral da indemnização pelo segurador, tendo como contrapartida o pagamento de um complemento de prémio pelo tomador (de modo a repor, desde o início, o equilíbrio contratual) – Jérôme Kullmann, "La déclaration...", *cit.*, p. 736.

[1943] Tal solução – que, na interpretação da doutrina espanhola, ofende o princípio da liberdade contratual – evidencia-se no artigo 10º da LCS espanhola – cfr. Pedro Rubio Vicente, *El Deber...*, *cit.*, p. 125.

[1944] Como reconhecem Picard e Besson, essa difícil tarefa «arrisca-se a ser teórica, arbitrária, e a não corresponder à realidade dos factos» – Maurice Picard e André Besson, *Les Assurances...*,

solução vem introduzir um elemento adicional de complexidade na regularização do sinistro no caso dos seguros de danos, já que, por exemplo, em caso de subseguro e, simultaneamente, de omissões ou inexactidões com negligência[1945], a ocorrência de um sinistro poderá suscitar a dificuldade adicional de aplicação cumulativa da regra proporcional relativamente ao valor seguro e relativamente ao prémio[1946]. Entre as dificuldades associadas à solução encontram-se igualmente as de carácter probatório[1947]. Por outro lado, importa considerar que o segurador poderia ter aceite o contrato (se tivesse conhecido o verdadeiro risco) mas em condições que nada tivessem a ver com o agravamento do prémio – por exemplo, mediante a aplicação de exclusões, franquias, recurso a co-seguro, à redução das garantias ou do capital seguro[1948]. A proporcionalidade é, assim, uma alternativa muito discutível à regra do "tudo ou nada"[1949].

---

cit., p. 155 (trad. nossa). Cfr. também Semin Park, *The Duty...*, *cit.*, p. 240; Vittorio Salandra, "Le dichiarazioni...", *cit.*, p. 9; Fernando Sánchez Calero, "Artículo 10...", *cit.*, p. 246. Assim, na determinação da proporcionalidade, a jurisprudência francesa – no exemplo do sistema que há mais tempo consagra a solução – depara-se com dificuldades frequentes no apuramento do prémio que teria sido aplicado ao risco real (denominador da fracção), ou na determinação da proporção em caso de seguros multirriscos em que a omissão ou inexactidão é relevante apenas em relação a um (ou alguns) desses riscos – Jérôme Kullmann, "La déclaration...", *cit.*, p. 737. Relativamente aos seguros multirriscos, a jurisprudência francesa não aplica a regra proporcional quando a omissão ou inexactidão incide sobre um risco que, por seu turno, não corresponde ao do sinistro ocorrido (atenta a exigência de causalidade do nº 4 do artigo 26º da LCS, tal solução resulta igualmente do regime português).

[1945] Em si mesmo, o subseguro (isto é, a atribuição, pelo segurado, de um valor ao bem seguro inferior ao real) não influencia, em regra, a probabilidade de ocorrência do sinistro ou a sua intensidade – excepto, p. ex., no caso de um seguro de roubo, em que a subavaliação dos bens seguros pode esconder uma maior probabilidade de sinistro, já que os bens de maior valor são um alvo mais apetecível de subtracção ilícita –, pelo que o mesmo não configura um incumprimento do dever de declaração do risco.

[1946] De facto, nos seguros de danos, como refere Sánchez Calero, «às variáveis do valor do interesse, valor do dano e montante seguro, há-de somar-se a insuficiência do prémio relativamente ao risco real» – Fernando Sánchez Calero, "Artículo 10...", *cit.*, p. 247 (trad. nossa).

[1947] Vittorio Salandra, "Le dichiarazioni...", *cit.*, p. 9.

[1948] Desta forma, segundo Bernard Rudden, a fragilidade da solução decorre de uma sobrevalorização do prémio – Bernard Rudden, "Disclosure...", *cit.*, p. 8. Cfr. também, p. ex., Júlio Gomes, "O dever de informação do (candidato a) tomador...", *cit.*, p. 437; P. M. North, "Certain aspects...", *cit.*, p. 287. Como nota, aliás, Letta a propósito da realidade italiana, em matéria de seguro de doença os seguradores não recorrem, por sistema, ao agravamento do prémio em função do risco proposto, mas antes à pura e simples recusa da proposta ou à exclusão parcial da garantia relativamente a certas patologias de ocorrência mais provável – Luigi Letta, "Dichiarazioni...", *cit.*, pp. 180-181.

[1949] The Law Commission, *Insurance...*, *cit.*, p. 12. Nos referidos casos, a *ratio* do preceito pareceria ditar uma outra solução equitativa: a aplicação ao contrato das mesmas condições que o segurador teria aplicado se tivesse conhecido a verdade não declarada.

Finalmente, o mero reequilíbrio contratual é uma solução de equidade axiologicamente neutra. Ela toma em consideração o equilíbrio das prestações das partes como se o desequilíbrio de partida fosse produto de um facto naturalístico, independente da vontade de qualquer das partes e, portanto, ao abrigo de qualquer juízo de censura. Porém, não é assim. Está em causa um facto culposo de uma das partes, que deve ser passível de reprovação do ordenamento e que, portanto, deve ser sancionado e prevenido[1950].

De resto, para o inadimplente *doloso* a solução pode afigurar-se compensadora: se o sinistro não ocorrer, terá estado seguro por um prémio inferior ao devido; se o sinistro ocorrer, poderá beneficiar do facto de o segurador não conseguir detectar as omissões ou inexactidões; se as detectar, beneficiará provavelmente do facto de o segurador não conseguir provar o dolo e verá compensada a sua actuação, a todos os títulos censurável, com uma indemnização proporcional ao prémio pago. Numa lógica – também ela axiologicamente neutra – de pura racionalidade económica, uma fria avaliação custo/benefício tenderá a incentivar proponentes pouco escrupulosos à viciação da *alea* contratual. Ora, o contrato de seguro requer um nível de prevenção substancialmente mais elevado do que outras áreas de Direito dos contratos para dissuadir os potenciais tomadores de omitirem informação relevante[1951], domínio onde a solução de proporcionalidade revela muitas insuficiências.

Independentemente do carácter muito discutível – e discutido – da solução de proporcionalidade, numa perspectiva de *iure condendo*, alguns aspectos da própria alínea a) do nº 4 do artigo 26º da LCS requerem uma análise clarificadora. Assim, sendo certo que o preceito é aplicável, tanto ao caso de ocorrência do sinistro na pendência do processo de alteração ou cessação, como nas situações em que a omissão ou inexactidão negligente só é conhecida após a ocorrência do sinistro[1952], pensamos que esta segunda situação abrangerá os casos em que a prestação do segurador se encontre mesmo já liquidada, caso em que poderá haver lugar à repetição do indevido (nº 1 do artigo 476º do CC). Por outro lado, nos casos em que a ocorrência do sinistro não extinga o risco (sinistro total), pondo fim ao contrato, o segurador terá de, não obstante suportar proporcionalmente

---

[1950] Mais: em virtude de uma distribuição do ónus da prova que lança sobre o segurador a *probatio diabolica* do dolo do proponente, a ausência dessa prova fará com que larga parte das actuações dolosas sejam reguladas por uma bitola que se abstém de reprovar as inexactidões ou omissões. Nos antípodas de uma solução preventiva (e punitiva), a proporcionalidade constitui mesmo um estímulo ao incumprimento do dever de declaração do risco.

[1951] Julie-Anne Tarr, *Disclosure and Concealment...*, *cit.*, p. 33. Nas palavras da autora, «o desencorajamento eficaz depende de a sanção esperada ser pelo menos equivalente aos ganhos esperados de uma infracção» – *idem*, pp. 33-34 (trad. nossa).

[1952] Arnaldo Oliveira, *A Declaração...*, *cit.*, p. 14.

o sinistro, propor, para o futuro, a modificação do contrato, nos termos da alínea a) do nº 1 do artigo 26º da LCS. De outra forma, caducará a faculdade de propor a modificação do contrato, consolidando-se este sem que, em sinistros futuros, o segurador possa socorrer-se de novo da solução proporcional[1953].

VIII. É devida uma palavra sobre a articulação entre a solução de causalidade e a de proporcionalidade, que surgem conjugadas na alínea a) do nº 4 do artigo 26º da LCS. Na verdade, estas soluções reflectem as duas principais alternativas técnicas do segurador perante a declaração inicial de um risco agravado. Tendo tido informação pré-contratual de que o risco proposto é superior aos parâmetros normais, reflectidos na tarifa, o segurador pode:

a) Propor a aplicação de um sobreprémio, caso em ao prémio resultante da tarifa é agravado, de modo a reflectir o risco declarado.

b) Propor a exclusão contratual da cobertura relativamente à circunstância do risco na origem do agravamento (por exemplo, num seguro de acidentes pessoais, o segurador pode propor a exclusão dos acidentes decorrentes da prática desportiva de motociclismo).

Ora, as referidas soluções – proporcionalidade e causalidade – procuram remediar retroactivamente, segundo a mesma lógica, a omissão/inexactidão de um risco agravado. No primeiro caso (sobreprémio) a solução de proporcionalidade procura recuperar o rácio devido entre o prémio e o risco real incorrido, aplicando esse rácio à prestação indemnizatória do segurador. No segundo caso (exclusão) a solução de causalidade aplica o mesmo remédio que o segurador teria proposto *ab initio*: exclui a cobertura sobre o sinistro causalmente provocado pela circunstância agravante omitida ou inexactamente declarada (no exemplo dado, verificando-se um acidente mortal numa prova de motociclismo, o segurador ficaria desobrigado da sua prestação).

Assim, como resulta evidente, as mencionadas soluções técnicas (sobreprémio e exclusão) são insusceptíveis de aplicação cumulativa: excluindo-se a cobertura de um risco agravado, não há como aplicar-lhe um sobreprémio. Em coerência, também os remédios de proporcionalidade e de causalidade haveriam de ser de aplicação alternativa, e não cumulativa. Essa tem sido, aliás, a prática em Direito comparado: entre os ordenamentos analisados, os que adoptam o remédio de causalidade (Alemanha e Suiça) recusam a regra proporcional e vice-versa. A LCS surge, neste contexto, como um regime peculiar. A aplicação cumulativa dos dois remédios, não só padece da apontada incongruência técnica, mas, no

---

[1953] Neste sentido, embora no contexto do regime espanhol, Pedro Rubio Vicente, *El Deber...*, *cit.*, p. 126.

plano material, consubstancia uma solução incompreensivelmente benéfica para com o proponente faltoso.

IX. As considerações que atrás tecemos a propósito da natureza da cessação do contrato (*supra*, VII.6.4.III), são igualmente aplicáveis às situações previstas na alínea b) do nº 4 do artigo 26º da LCS. Também aqui o contrato cessará por resolução, apenas divergindo os efeitos da cessação. De facto, neste caso, os efeitos são retroactivos, a saber: os prémios, desde o início do contrato, são integralmente devolvidos ao tomador. Por outro lado, não é devida a prestação por sinistro, sendo repetíveis as indemnizações por sinistro já liquidadas.

Também neste caso, a bondade da solução não é isenta de controvérsia. Assim, vem sendo assinalado por alguma doutrina que, atento o carácter aleatório do seguro, a cessação do contrato, *após o sinistro*, com efeitos retroactivos quanto à perda da cobertura, comporta consequências bastante gravosas para o segurado[1954]. Neste quadro, ponderando sobre quem haveria de recair o "risco da existência de omissões ou inexactidões negligentes" – isto é, quem haveria de suportar as consequências económicas daquelas omissões ou inexactidões –considera Foley que o mesmo não deverá incidir sobre a parte que tem aversão ao risco (o segurado) mas sobre aquela para quem o risco é indiferente (o segurador)[1955].

Em defesa da solução legal, sempre se dirá que o comportamento do tomador ou do segurado não é isento de censura, pelo que a bondade da solução não pode ser aferida no mero plano da distribuição do risco. Em causa está, portanto, uma actuação reprovável a título de negligência (que poderá até ser grosseira – *culpa lata*), a merecer cominação legal. Por outro lado, poder-se-á argumentar,

---

[1954] Na verdade, o mesmo não poderá, em caso algum, ser reconduzido à situação em que estaria antes da conclusão do contrato (quando o sinistro não se havia ainda produzido) nem àquela em que estaria se não tivesse contratado com aquele segurador (caso em que poderia ter obtido junto de outro a cobertura para o mesmo risco ou ter, de outra forma, prevenido o risco) ou se não tivesse contratado com o mesmo segurador mas noutras condições (caso em que teria pago um prémio mais elevado mas não lhe teria sido recusada a cobertura) – Thomas R. Foley, "Insurers'...", *cit.*, pp. 662 ss. Na expressão de Rudden, «antes de o contrato ser concluído o segurado não tinha sofrido um sinistro: agora já sofreu» – Bernard Rudden, "Disclosure...", *cit.*, p. 7 (trad. nossa).

[1955] Thomas R. Foley, "Insurers'...", *cit.*, p. 673. Na verdade, segundo o autor, a generalidade dos segurados estaria disposta a subscrever um "seguro de omissões ou inexactidões negligentes", isto é, a ver afastado, mediante o pagamento de um determinado prémio adicional, o risco de o segurador vir a invocar a existência de omissões ou inexactidões negligentes – *idem*, pp. 675-676. Sem questionar que assim seja, sempre se dirá que não serão *esses* segurados os incumpridores negligentes. Na verdade, cremos que a perspectiva do autor peca por confundir o risco contratual com o "risco da existência de omissões ou inexactidões negligentes", relativamente ao qual não se verifica uma aversão por parte do segurado inadimplente (pelo contrário, atendendo ao carácter negligente da sua conduta) nem uma indiferença por parte do segurador (pelo contrário, já que este risco está fora da *alea* contratualmente suportada pelo segurador).

também numa perspectiva económica e de política legislativa, que uma cominação demasiado branda para as omissões ou inexactidões negligentes tenderá a reduzir o incentivo para a diligência na pesquisa e transmissão da informação relevante, constituindo um factor de *morale hazard*[1956]. Em qualquer caso – articulando a solução com o requisito de causalidade – dir-se-á que o legislador procurou uma ponderação da disciplina material a aplicar, em termos que denotam um equilíbrio entre as partes. Sem querer penalizar injustamente o segurador por uma falta que foi, afinal, da contraparte, evitou impor-lhe uma cominação que – no contexto de um contrato aleatório – se afigurava injustamente gravosa.

X. Embora já objecto de referências ao longo dos parágrafos que antecedem, é ainda devida menção, no quadro do artigo 26º da LCS, ao destino dos prémios por efeito da cessação do contrato. Assim, o artigo 26º alberga uma dualidade de soluções, em função do efeito retroactivo da cessação: no caso da alínea b) do nº 1 o prémio é devolvido *pro rata temporis* atendendo à cobertura havida (nº 3 do mesmo artigo); no caso da alínea b) do nº 4, dispõe-se que o segurador «fica apenas vinculado à devolução do prémio».

A regra da devolução do prémio *pro rata temporis* (em função da cobertura havida), seguindo de perto a consagrada no artigo L. 113-9 do *Code des Assurances* francês, é consequência do efeito não retroactivo da solução, sendo, de resto, consentânea com o disposto nos nºs 1 e 2 do artigo 107º da LCS[1957], embora conflituante com os princípios do pagamento antecipado do prémio e, sobretudo, com o da indivisibilidade do mesmo. A regra nem sempre implicará um estorno: assim, caso esteja em dívida um prémio vencido, o segurador (apenas) poderá exigir o pagamento do *pro rata* correspondente ao período de vigência efectiva do contrato[1958].

[1956] Thomas R. Foley, "Insurers'...", *cit.*, pp. 677 ss. O autor demarca-se desta perspectiva, mas com argumentos pouco consistentes.

[1957] Porém, segundo Arnaldo Oliveira, não fica afastada a derrogabilidade do estorno por vontade das partes, nos termos do nº 3 do artigo 107º: «excepção ao princípio da estornabilidade pro rata dos prémios em razão de previsão contratual que especificamente acautele a separação técnica entre a tarifação dos seguros anuais e a dos seguros temporários, ou valor de razoabilidade semelhante» – Arnaldo Oliveira, "Artigo 26º – Anotação", *in* Pedro Romano Martinez *et al.*, *LCS Anotada*, *cit.*, p. 172. Cfr. também Arnaldo Oliveira, *A Declaração...*, *cit.*, p. 14. Embora o autor não o refira expressamente, a sua argumentação é igualmente válida quanto ao afastamento da aplicação do nº 3 do artigo 26º aos seguros de vida, às operações de capitalização e aos seguros de doença de longa duração, já que o nº 5 do artigo 107º excepciona precisamente a aplicabilidade a estes subtipos contratuais do regime geral dos nºs 1 e 2 do artigo 107º (quanto à noção de subtipo, cfr. Isabel Ribeiro Parreira, "Algumas reflexões...", *cit.*, p. 998).

[1958] Maurice Picard e André Besson, *Les Assurances...*, *cit.*, p. 153.

Já a regra da alínea b) do n.º 4 do artigo 26.º parece suscitar interpretações diversas. Assim, por exemplo, Arnaldo Oliveira parece apontar igualmente para uma devolução *pro rata temporis*, reportando-a ao período contratual não coberto[1959], à semelhança, aliás, do estabelecido no n.º 3 do mesmo artigo e da regra resultante dos n.ºs 1 e 2 do artigo 107.º. No mesmo sentido, considera Maria Elisabete Ramos que aí está em causa uma devolução *pro rata* pelo período de cobertura havida[1960]. Não cremos que assista razão aos autores. Desde logo, atente-se na redacção do n.º 3, cuja pretensão de aplicação é apenas relativamente ao n.º 2 (e não ao n.º 4). Por outro lado, o regime dos n.ºs 1 e 2 do artigo 107.º reporta-se aos casos em que houve uma efectiva cobertura até uma determinada data, vindo a operar-se uma cessação antecipada. Ora, no caso da alínea b) do n.º 4 do artigo 26.º a "cobertura" terá sido meramente virtual face ao sinistro ocorrido (embora tenha havido uma cobertura efectiva para outras causas de sinistro, já que, por força do requisito da causalidade, o segurador teria efectuado a sua prestação caso o sinistro tivesse sido provocado por causa diversa da omitida ou inexactamente declarada). Finalmente – e sobretudo – a não cobertura do sinistro explicita o próprio efeito retroactivo da cessação, o qual, como consequência do baixo grau de culpabilidade do proponente (e por contraste com o regime do n.º 4 do artigo 25.º) implica a devolução integral do prémio. Desta forma também, obtém-se o efeito de equidade possível: não ficando o segurado indemnizado, será, ao menos, reembolsado no valor dos prémios[1961].

XI. Como vimos (*supra*, VII.6.3), as soluções legais para o incumprimento doloso do dever de declaração do risco constituem autênticas sanções legais, exprimindo o desvalor jurídico da conduta do proponente no desrespeito por um dever legal. Diversamente, as soluções associadas ao incumprimento negligente apenas visam o reequilíbrio das prestações das partes através de um reajustamento do prémio ao risco efectivamente assumido pelo segurador (de acordo com as circunstâncias conhecidas do proponente e não reveladas aquando da

---

[1959] Arnaldo Oliveira, "Artigo 94.º – Anotação", *in* Pedro Romano Martinez *et al.*, *LCS Anotada*, *cit.*, p. 364.

[1960] Maria Elisabete Ramos, *O Seguro...*, *cit.*, p. 449.

[1961] Filipe Albuquerque Matos considera que o regime da perda do prémio a favor do segurador, consagrado no n.º 4 do artigo 25.º para as omissões ou inexactidões dolosas (e justificado, no plano legal, pelo elevado grau de censurabilidade desta conduta), deveria ser igualmente aplicável às negligentes (n.º 3 e alínea b) do n.º 4 do artigo 26.º): «julgamos, porém, que a perda do prémio a favor da seguradora até ao final do prazo previsto no n.º 2 do artigo 26.º seria a solução mais defensável e justa» – Filipe Albuquerque Matos, *Uma Outra Abordagem...*, *cit.*, p. 631. Não concordamos com esta posição, atendendo à clara separação dos regimes, suportados, aliás, por disposições legais de conteúdo bem díspar.

formação do contrato). As soluções legalmente acolhidas pretendem, assim, sem favorecer ou compensar o segurador, colocá-lo na posição em que estaria se o risco tivesse sido correctamente declarado[1962], logrando a consolidação retroactiva do contrato[1963].

Uma comparação do regime do incumprimento negligente com o do agravamento do risco revela semelhanças inescapáveis (como, de resto, ocorre face ao regime geral da alteração das circunstâncias e do erro sobre a base do negócio – respectivamente, artigo 437º e nº 2 do artigo 252º, ambos do CC), o que denota a irrelevância atribuída pelo legislador à negligência (ou ao dolo não provado) do proponente. A preocupação do regime não é, pois, sancionatória, mas busca a equidade contratual, a conservação do contrato, o reequilíbrio das prestações[1964]. Essa analogia de regimes implica, porém, equiparar o que não é equiparável. Ela implica, para as omissões ou inexactidões negligentes, branquear o desvalor jurídico da conduta do proponente, apesar da censurabilidade que merece, em geral, ao Direito, a actuação negligente (que se estende, aliás, à própria negligência grosseira, ou culpa grave). No fundo, busca-se uma recomposição equitativa do contrato num plano axiologicamente neutro (porque não suscita uma intervenção sancionatória por parte do Direito) quando a valoração da conduta de uma das partes no plano ético-jurídico é bem diversa[1965]. Assim, embora esteja em causa o incumprimento censurável de um dever imposto pela máxima boa fé, o Direito equipara esse incumprimento a uma actuação não culposa.

Esta solução favorece de forma vítrea o segurado inadimplente. Na verdade, pode o mesmo descurar negligentemente a declaração do risco, apostando que o sinistro não ocorrerá durante a vigência do contrato, e sabendo, em qualquer caso, que, se o mesmo ocorrer mas não for provocado pelo facto não declarado, terá sempre direito à prestação do segurador. E mesmo que o sinistro ocorra em consequência do facto não declarado, sempre poderá o segurador não descobrir o incumprimento do dever de declaração. E, finalmente, mesmo que o descubra, o segurado acabará por receber uma proporção da indemnização ou capital.

[1962] The Law Commission, *Insurance...*, *cit.*, p. 62.

[1963] Bernard Beignier, *Droit du Contrat...*, *cit.*, p. 130.

[1964] Neste sentido, quanto ao Direito italiano (com soluções análogas às do português), Vittorio Salandra, "Dell'Assicurazione", *cit.*, p. 215. Parafraseando Romano Martinez a propósito da alteração das circunstâncias, dir-se-á que temos no regime das omissões ou inexactidões negligentes um confronto – diríamos uma tensão ou mesmo uma busca de compromisso – entre a estabilidade do contrato (ou segurança jurídica) e a justiça comutativa – Pedro Romano Martinez, *Da Cessação...*, *cit.*, p. 157.

[1965] Notando que o regime não revela uma preocupação de censura pela conduta do tomador, Filipe Albuquerque Matos, *Uma Outra Abordagem...*, *cit.*, p. 632, n. 40.

Ora, as cominações legais devem revelar-se eficazes no plano da prevenção do comportamento ilícito – isto é, devem ser tais que, numa perspectiva estritamente economicista e abstraindo valorações de carácter axiológico – a relação entre o benefício provável e o prejuízo provável do agente seja desincentivadora da acção ilícita[1966]. Assim, como refere Starck, «um incumprimento [*faute*] não deve nunca poder beneficiar aquele que o cometeu, sendo até desavisado decidir que ele se traduzirá numa simples ausência de benefício para o culpado»[1967].

Em suma, o conjunto de soluções da LCS para o incumprimento negligente parece mesmo – numa avaliação utilitarista e economicista que pese a probabilidade de ganho e de perda – não dissuadir mas até *incentivar* o incumprimento. O regime implementado é adequado ao "incumprimento inocente", mas não, do nosso ponto de vista, ao negligente. O alcance do regime é, porém, ainda outro. É que, como veremos, o ónus da prova sobre o dolo do proponente pertence ao segurador (e, como veremos também, trata-se de matéria em que a prova é de extrema dificuldade), pelo que muitas situações de incumprimento doloso beneficiarão do regime do incumprimento negligente, isto é, da tolerância do sistema jurídico.

[1966] A título de exemplo refere Starck o seguinte caso: se a ocupação de lugares em primeira classe, num dado transporte, por quem apenas tenha bilhetes de segunda classe, só for sancionada com a diferença de preço entre um bilhete de segunda e um bilhete de primeira classe, então essa sanção – atenta a possibilidade de o infractor não ser descoberto – é largamente compensadora: na pior das hipóteses o infractor apenas teria de desembolsar o mesmo montante que lhe custaria o cumprimento do preceito legal – Boris Starck, *Essai...*, *cit.*, p. 419. Assim, se o bilhete de primeira classe custar € 100,00 e o de segunda classe € 50,00, e se a probabilidade de o passageiro faltoso ser descoberto for de ½, então só quando a cominação ultrapassar os € 200,00 é que a probabilidade de perda (½ x € 200,00 = € 100,00) suplantará a de ganho e será suficientemente desincentivadora para assumir eficácia preventiva: € 200,00 x ½ = € 100,00.

[1967] Boris Starck, *Essai...*, *cit.*, p. 420 (trad. nossa).

VIII
O Regime Vigente de um Prisma Analítico

VIII.1. OS SUJEITOS DO DEVER DE DECLARAÇÃO DO RISCO

VIII.1.1. Aspectos gerais

I. Tivemos oportunidade de qualificar a declaração do risco como um *simples acto jurídico*, de carácter declarativo (*supra*, VII.3.4), o que implica, nos termos do artigo 295º do CC, a aplicabilidade analógica de outras disposições, como – para além das expressamente referidas no preceito (artigos 217º ss. do CC, designadamente as respeitantes a vícios da vontade) – as relativas à capacidade do declarante e à representação[1968].

Assim, em matéria específica de declaração do risco – e embora não esteja em causa uma declaração de vontade – terão de verificar-se os pressupostos da capacidade do declarante, devendo a incapacidade ser suprida pelos meios legalmente previstos.

Quanto à disciplina da falta ou vícios da vontade, o regime da declaração do risco contém soluções que, pelo menos em parte, fazem prescindir do recurso à respectiva aplicação analógica. De facto, o regime da declaração do risco – por via, designadamente, dos requisitos do conhecimento e do juízo de relevância, ou da própria valoração da culpa do proponente – fornece o remédio para uma diversidade de situações que podem suscitar-se: aquelas em que o proponente declara circunstâncias que crê erradamente serem verdadeiras (erro-vício); ou em que se verifica uma divergência mecânica entre o que é sabido e o que é declarado (erro-obstáculo); ou em que o proponente produz uma declaração não séria (p. ex., o segurado com obesidade mórbida que declara ironicamente praticar ginástica acrobática); ou em que o proponente é vítima de coacção moral de terceiro para declarar inexactidões ou omitir dados.

[1968] Heinrich Lehmann, *Allgemeiner Teil...*, *cit.*, p. 483.

II. No âmbito do CCom, embora não se formulasse expressamente a existência de um dever – que decorria, implicitamente, da determinação das consequências do seu incumprimento – o artigo 429º referia-se às circunstâncias conhecidas pelo segurado ou por quem fez o seguro (o tomador). Suscitava-se então a questão de saber em que medida o dever de declaração do risco vinculava apenas o proponente ou também o segurado.

Actualmente, o nº 1 do artigo 24º da LCS refere como obrigados ao dever de declaração o tomador e o segurado. Importa, porém, desde logo, distinguir com rigor estas duas figuras, e analisar se – e em que termos – cada uma delas está adstrita a tal dever. Por outro lado, há que determinar se o mesmo dever impende, e a que título, sobre outros sujeitos que, não assumindo a posição de partes no contrato, estão de algum modo, relacionados com ele, embora assumindo a posição de terceiros face à respectiva estrutura. Sendo este o caso, impõe-se discutir qual o fundamento da incidência da vinculação sobre esses terceiros.

VIII.1.2. O tomador do seguro

I. O tomador do seguro é, na formulação de Pedro Romano Martinez, «o sujeito que transfere o risco para a seguradora mediante a obrigação de pagamento de um prémio»[1969]. Trata-se da contraparte negocial do segurador, sobre a qual incide (independentemente de outras obrigações e direitos que resultem do contrato) a obrigação de pagamento do prémio.

Na fase pré-contratual, quando deve ser cumprido o dever de declaração do risco, não existe ainda, em rigor, tomador do seguro: o (candidato a) tomador é o proponente ou declarante, que assume a posição de contraparte negocial do segurador. Havendo lugar a representação voluntária, o tomador será o representado, pessoa em nome de quem o negócio é concluído, como tal identificado da apólice (alínea b) do nº 2 do artigo 37º da LCS).

II. Atentemos na fórmula legal do nº 1 do artigo 24º da LCS: «o tomador do seguro *ou* o segurado está obrigado...». Sendo certo que só releva a posição do segurado quando o mesmo não coincida com o tomador, *quid iuris* se forem pessoas diferentes? É que "*ou*" consubstancia uma disjunção lógica. Numa primeira análise, pareceria assumir o significado "o tomador ou, *quando o segurado não coincida com o tomador*, o segurado". Esta interpretação, porém, levaria a supor que, sendo o segurado diverso do tomador, o dever incidiria *apenas* (ou em primeira linha) sobre o segurado. Ora essa interpretação seria causadora de duas perplexidades: a primeira, de ordem prática, é de que o segurado poderia até desconhecer a contratação do seguro. A segunda é que, sendo o tomador a parte no contrato, é sobre ele que devem incidir os direitos e obrigações inerentes ao seguro.

[1969] Pedro Romano Martinez, *Direito dos Seguros – Apontamentos, cit.*, p. 53.

Cremos, assim, que o sentido do preceito é bem outro. Quando a lei refere que o *tomador do seguro ou o segurado* está obrigado significa que, tratando-se de pessoas distintas, a obrigação incide sobre *qualquer deles*, indiferentemente. Por outras palavras, se *qualquer deles* está vinculado à declaração do risco, então a vinculação incide autonomamente *sobre ambos*. Relevarão, portanto, para aplicação das cominações legais, as omissões ou inexactidões, bem como o estado subjectivo, de qualquer deles. Cremos, portanto, por uma questão de clareza, que melhor teria sido o recurso à conjunção lógica, dispondo-se que "o tomador do seguro *e* o segurado estão obrigados...".

Em qualquer caso, embora a declaração do risco possa ser prestada pelo segurado (quando diferente do tomador) será o proponente (potencial tomador do seguro) o verdadeiro sujeito passivo do dever de declaração do risco[1970]. Aliás, isto mesmo resulta do princípio, decorrente do nº 2 do artigo 48º da LCS, de subsidiariedade das obrigações contratuais incidentes sobre o segurado (ainda que, no caso da declaração do risco, não estejamos perante obrigações contratuais mas face a vinculações pré-contratuais de fonte legal). Assim, pelo menos no plano formal da estrutura contratual, as consequências do incumprimento reflectem-se, em primeira linha, sobre a esfera jurídica do tomador do seguro. Este é, assim, o principal obrigado à declaração do risco, como, aliás, resulta do regime dos artigos 24º a 26º da LCS. No caso dos seguros em nome e por conta própria, o potencial tomador é mesmo o único obrigado àquele dever de informação, já que reúne a dupla qualidade de contratante e de titular do interesse seguro[1971].

VIII.1.3. O segurado e a pessoa segura

I. Como vimos, o nº 1 do artigo 24º da LCS estende o dever de declaração do risco ao segurado quando este não coincida com o tomador, isto é, quando se trate de um seguro contratado pelo tomador por conta de um terceiro, o segurado (artigo 48º da LCS)[1972], ou seja, no caso de um seguro por conta de outrem.

A expressão *segurado* adquiriu, ao longo dos anos (e sobretudo no âmbito dos seguros de pessoas), um significado com contornos algo ambíguos e difusos: tradicionalmente, era, de forma pouco rigorosa, utilizada como sinónimo de *tomador do seguro*[1973], num sentido lato que se reporta ao centro de interesses oposto ao

---

[1970] Fernando Sánchez Calero, "Artículo 10...", *cit.*, p. 234.

[1971] Marco Rossetti, "Dichiarazioni inesatte e reticenze con...", *cit.*, p. 85.

[1972] A actuação por conta traduz-se no propósito de fazer estender a outrem os efeitos económicos – os direitos ou vantagens, no caso do seguro – do contrato. Cfr. Margarida Lima Rego, *Contrato...*, *cit.*, p. 707.

[1973] Pedro Romano Martinez, *Direito dos Seguros – Apontamentos*, *cit.*, p. 53; Margarida Lima Rego, "O contrato e a apólice...", *cit.*, p. 20, n. 13. P. ex., nos artigos 455º e 456º do CCom, a ambiguidade resultava evidente: quando era a mesma a identidade da pessoa segura e do tomador do seguro era

segurador, surgindo igualmente como sinónimo de *pessoa segura*. Ora, se a delimitação da posição de tomador é, em regra, incontroversa e assente em critérios objectivos e verificáveis, já a noção de segurado é menos clara. Para efeitos da sua delimitação, situemo-nos, para já, no domínio dos seguros de danos.

A função e utilidade da autonomização de uma figura de *segurado* nos seguros de danos decorre da própria natureza previdencial do contrato de seguro, acautelando qualquer instrumentalização especulativa. Assim, nos seguros de danos, a prevenção contra qualquer uso especulativo do contrato assenta no princípio indemnizatório, importando, para aferir da aplicação do mesmo, determinar quem, nos termos contratuais, se arroga a titularidade do direito à prestação indemnizatória do segurador: o segurado.

Se nada for indicado em sentido diverso o seguro tem-se por celebrado por conta própria, coincidindo o segurado com o tomador (nº 2 do artigo 47º da LCS). Atenta, porém, a possibilidade de celebração de contratos de seguro por conta de outrem, a identidade do segurado terá de constar da apólice precisamente para garantir que a prestação do segurador é feita ao lesado e na medida do respectivo dano (princípio indemnizatório). Desta forma, a determinação do segurado *há-de buscar-se no próprio contrato*, e não fora dele (alínea b) do nº 2 do artigo 37º da LCS). Neste quadro, a noção de segurado terá de assentar num critério formal: o segurado, identificado na apólice, é a pessoa por conta de quem o seguro é celebrado, detendo uma pretensão à prestação indemnizatória do segurador[1974]. De resto, sendo o seguro celebrado por conta de outrem, é indiferente, quer para o segurador, quer para a economia do contrato, saber-se a natureza da relação interna entre tomador e segurado[1975]. O relevante é que do contrato transpareça que se trata de um seguro por conta de outrem.

Se, porém, no quadro do princípio indemnizatório, a pessoa por conta de quem o seguro é celebrado não tiver qualquer interesse patrimonial no risco seguro (ou seja, se necessariamente não lhe advier do eventual sinistro qualquer dano), a mesma não beneficiará, *em caso algum*, da prestação do segurador. Em suma, inexistindo interesse segurável por parte do segurado, o objecto do contrato é impossível por força do princípio indemnizatório[1976]. O contrato é, então,

---

também ele o segurado (§ único do artigo 455º); quando se tratava de pessoas distintas, o segurado coincidia com o tomador e beneficiário (§ único do artigo 456º).

[1974] Segundo José Alves de Brito, numa formulação que reputamos sem reparo, o segurado é quem, na estrutura contratual «se apresenta como o titular do interesse que, pela interpretação do contrato, se conclui pretender tutelar» – José Alves de Brito, *Contrato...*, *cit.*, p. 31.

[1975] Margarida Lima Rego, *Contrato...*, *cit.*, p. 698. Como nota a autora, o contrato pode resultar de um mandato sem representação, de uma autorização legal para agir, ou de acto de gestão de negócios. *Idem*, p. 700.

[1976] O interesse no seguro terá, assim, sempre *carácter patrimonial*, distinguindo-se do interesse eventualmente apenas moral (a que a lei não atribui relevância) do tomador no seguro por conta

nulo por impossibilidade do objecto (nº 1 do artigo 280º do CC). Este requisito de validade – a possibilidade do objecto – assume no contrato de seguro uma dupla vertente, decorrendo dos *requisitos da existência do risco* e do *interesse segurável*.

É neste contexto que, por vezes, a determinação da identidade do segurado surge – indevidamente – reportada ao interesse segurável[1977]. O interesse segurável como requisito de validade do contrato decorre actualmente do nº 1 do artigo 43º da LCS, esclarecendo o nº 2 do mesmo artigo que, nos seguros de danos, o interesse respeita à conservação ou à integridade da coisa, direito ou património seguros. O titular desse interesse será, assim, nos seguros de danos, a pessoa que, na ausência de seguro, sofreria na sua esfera patrimonial os efeitos da ocorrência do risco extra-contratual (sinistro), quer o mesmo consista na perda, deterioração ou destruição de uma coisa, quer numa obrigação de indemnizar terceiros que afectasse esse património. A validade do contrato perante o critério do interesse segurável, decorre, assim, da comparação entre o risco contratual (atenta a arquitectura da apólice) e o risco extra-contratual: por efeito do seguro, o segurado beneficia, assim, da cobertura do risco, pelo segurador, e, verificado o sinistro, da sua prestação indemnizatória nos termos convencionados. Em suma, se aquele que na apólice surge como titular do interesse, assumindo a posição de segurado, não tiver, face ao risco extra-contratual, um efectivo interesse segurável, o contrato é nulo[1978].

II. Porém, nem sempre a identidade do segurado resulta da própria apólice. Na verdade, em situações delimitadas admite-se que a respectiva identidade se busque fora do contrato, a partir da aferição do interesse segurável. É o caso,

---

de outrem – José Vasques, "Artigo 43º – Anotação", *in* Pedro Romano Martinez *et al.*, *LCS Anotada*, *cit.*, p. 243.

[1977] Tal era o caso no RTS, onde se dispunha, relativamente aos seguros de danos, que *o segurado é a pessoa no interesse da qual o contrato é celebrado* (alínea c) do artigo 1º, revogado pela LCS). Ora, como vimos, se a identidade do segurado resulta do próprio contrato, já o interesse segurável há-de buscar-se fora do contrato. Daí a falta de rigor lógico da referida fórmula: o segurado *só é* a pessoa no interesse da qual o contrato é celebrado... se a mesma for a titular do interesse segurável. Se o não for, não perderá por isso a posição de segurada, mas o contrato será nulo por falta de interesse segurável (impossibilidade do objecto).

[1978] A identificação do segurado será, contudo, sempre formal, no sentido em que *o segurado é quem no contrato figura como tal*. Dizer-se, com Margarida Lima Rego, que «nos seguros de danos, o segurado é a pessoa em cuja esfera se buscam os danos» (Margarida Lima Rego, *Contrato...*, *cit.*, p. 48) será, assim, insuficiente, porquanto os danos se buscarão na esfera do efectivo interessado na conservação ou na integridade da coisa, direito ou património seguros, que poderá – nos casos em que o contrato seja nulo por falta de interesse segurável – não ser quem assume formalmente a posição contratual de segurado. É, portanto, igualmente impreciso afirmar-se que o segurado será a pessoa «que se situa na esfera de protecção directa, e não meramente reflexa, do seguro, de quem pode afirmar-se, em suma, que está "coberto" pelo seguro» (*idem*, p. 46).

designadamente, dos seguros por conta de quem pertencer (nº 6 do artigo 48º da LCS). Em regra, a circunstância resultará da própria modalidade contratual: no seguro de ocupantes, por exemplo, a posição de segurado (ocupante) é, à partida, indeterminada por natureza. É também o caso, decorrente do nº 3 do artigo 47º da LCS, em que o seguro é celebrado por conta própria mas se verifica ainda, para além do tomador-segurado, a existência de terceiros segurados.

Ainda que a identidade dos segurados não resulte formalmente do contrato (nas situações em que tal é admissível), isso não prejudica a respectiva qualidade de segurados nem a consequente abrangência pelo nº 1 do artigo 24º da LCS. Assim, a verificação, *a posteriori* (designadamente, na sequência de um sinistro), de que ocorreram omissões ou inexactidões por parte de um tal segurado, não afastará a aplicação das cominações legais.

III. Relativamente ao dever de declaração do risco que impende sobre o segurado, entendia Moitinho de Almeida – escrevendo no âmbito do CCom mas com igual pertinência no quadro da LCS – que «este dever só recai sobre o segurado se este tiver conhecimento do seguro e da omissão ou inexactidão da declaração do risco do tomador, pois de outro modo é de impossível cumprimento»[1979]. Não se discordando do autor quanto ao fundo da questão, dir-se-á, porém, que o facto de o proponente (candidato a tomador do seguro) não dar conhecimento ao segurado do contrato em formação (impossibilitando-o, portanto, de cumprir o dever de declaração do risco) não obsta à aplicabilidade das cominações previstas, em função da culpabilidade havida. Assim, incidindo o dever sobre o tomador e o segurado, a actuação (pelo menos) negligente do tomador – que, contratando à margem do conhecimento do segurado, impede que o risco seja exactamente declarado – merece a reprovação do Direito, implicando a aplicação das cominações legalmente previstas[1980].

Por seu turno, em caso de contrato por conta de outrem, defende Félix Morandi que a impugnação deverá ser dirigida contra o segurado, que terá legitimidade passiva apesar de ser um terceiro na relação contratual[1981]. No quadro da LCS, não estando em causa, quer no caso do artigo 25º, quer do artigo 26º, uma impugnação judicial, foi outra a solução legalmente acolhida. Assim, e não

---

[1979] José Carlos Moitinho de Almeida, *O Contrato de Seguro no Direito...*, *cit.*, pp. 65 e 79.

[1980] Relativamente às situações de incumprimento doloso do dever de declaração do risco por parte do segurado, Pedro Romano Martinez busca enquadramento no nº 2 do artigo 254º do CC, defendendo que, estando o tomador do seguro de boa fé, não deverá ser aplicável a cominação, de natureza punitiva, de perda do prémio a favor do segurador (nºs 4 e 5 do artigo 25º da LCS) – Pedro Romano Martinez, "Artigo 25º – Comentários complementares", *in* Pedro Romano Martinez *et al.*, *LCS Anotada*, *cit.*, p. 170.

[1981] Juan Félix Morandi, "La reticencia...", *cit.*, p. 395.

obstante o facto de também o segurado estar vinculado à declaração do risco, prevê-se o envio da declaração que tem por efeito a cessação do contrato *apenas* ao tomador do seguro (nº 1 do artigo 25º e nº 1 do artigo 26º)[1982].

IV. Como vimos, nos seguros de danos a autonomização da figura do *segurado* e a respectiva determinação cumprem uma dupla função: por um lado, a de aferir da invalidade do contrato por impossibilidade do objecto (nº 1 do artigo 280º da CC) – na medida em que, atento o princípio indemnizatório, o objecto é impossível se o segurado não for o titular do interesse seguro –; por outro lado, a de permitir identificar quem deverá beneficiar da prestação indemnizatória do segurador. Porém, não sendo o princípio indemnizatório aplicável aos seguros de capital convencionado (designadamente aos de acidentes pessoais e aos de vida)[1983], e sendo os beneficiários de tais seguros determinados por via contratual (designação beneficiária a que se reporta o artigo 198º da LCS), cumpre questionar da utilidade e função de se autonomizar aí a figura do *segurado*. Mais: independentemente daquela utilidade (ainda que reconduzida a um plano meramente classificatório) será *possível*, nos seguros de vida, autonomizar a figura de um *segurado* que não se reconduza nem à posição de tomador, nem de pessoa segura nem de beneficiário? Não o cremos.

Em qualquer caso, a questão tem relevância prática. É que, atendendo à redacção do nº 1 do artigo 24º da LCS, se se negar a existência de uma figura de *segurado* nos seguros de vida só o tomador do seguro ficará vinculado ao dever de declaração do risco. A considerar-se, pelo contrário, que a expressão *segurado* comporta um conteúdo útil também nos seguros de vida, haverá que delimitá-lo com base em critérios sólidos, claros e incontroversos, de modo, designadamente, a determinar-se, para além do tomador, sobre quem incide o dever de declaração do risco.

Alguma doutrina será tentada a buscar o critério de determinação do segurado no requisito do interesse segurável, sustentando que o mesmo é igualmente aplicável aos seguros de vida. É certo que o nº 1 do artigo 43º da LCS não restringe expressamente o seu âmbito de aplicação apenas aos seguros de danos. Porém, a estrutura do artigo, que consagra o seu nº 2 à explicitação do que seja

---

[1982] Pedro Romano Martinez defende que a declaração de anulação deva ser dirigida *também* contra o segurado, «não só porque é o segurado quem especialmente sofre os efeitos da anulação, ao perder a cobertura, mas também porque é a ele que deve ser dada a possibilidade de se opor à declaração de anulação, impugnando os seus pressupostos, que lhe dizem respeito» – Pedro Romano Martinez, "Artigo 25º – Comentários complementares", *in* Pedro Romano Martinez *et al.*, *LCS Anotada, cit.*, p. 170.

[1983] Por uma questão meramente estilística e de simplificação expositiva, passaremos, nesta e nas páginas que se seguem, a referir-nos a estas modalidades contratuais, genericamente, como "seguros de vida".

o interesse segurável nos seguros de danos, nada dispondo quanto aos seguros de vida, parece indicar que o requisito do interesse segurável não se aplique a estes. De resto, é compreensível que assim seja. É que o requisito do interesse segurável prende-se historicamente com a preservação do contrato de seguro contra o intuito especulativo das partes, demarcando-o do contrato de jogo e aposta[1984]. Ora, nos seguros de danos esse propósito é assegurado pelo princípio indemnizatório, que impede que alguém (o segurado) aufira uma prestação indemnizatória superior ao dano sofrido (artigo 128º ss. da LCS): daí que, não havendo um interesse segurável deste – e, portanto, sendo o mesmo insusceptível de sofrer qualquer dano – o contrato seja nulo (a nulidade sempre decorreria, como vimos, da impossibilidade do objecto, nos termos do nº 1 do artigo 280º da CC, na medida em que o segurador não ficaria vinculado a qualquer prestação).

Quanto aos seguros de vida, não lhes sendo aplicável o princípio indemnizatório, a preservação do contrato contra um intuito meramente especulativo veio a ser assegurada através de um expediente prático, reflectido no nº 3 do artigo 43º da LCS: a pessoa segura que não seja beneficiária do contrato deve dar o consentimento para a cobertura do risco, avalizando a legitimidade da causa subjacente ao contrato[1985].

V. Contra a posição que acabamos de referir, poder-se-á argumentar que, no caso da lei portuguesa, a expressão *ainda* (nº 3 do artigo 43º da LCS) pareceria exigir cumulativamente o interesse (do segurado) e o consentimento (da pessoa segura), constituindo um argumento literal no sentido da aplicabilidade do requisito do interesse segurável aos seguros de vida. O argumento, porém, em si mesmo, carece de substância, havendo que determinar-se, previamente, o que entender por interesse segurável neste tipo de seguros.

Para o efeito consideremos dois critérios[1986]. Um primeiro, intimamente ligado à teoria indemnizatória – e, portanto, à demanda de uma natureza indemniza-

---

[1984] Margarida Lima Rego, *Contrato...*, *cit.*, pp. 191 ss.

[1985] Nos diplomas reguladores do contrato de seguro espanhol (artigo 83º) e belga (artigo 48º), o consentimento (da *pessoa segura*, designada pela expressão, respectivamente, *segurado* e *assuré*) é precisamente um indicador do seu interesse no contrato de seguro. Aí, indiscutivelmente, o termo "segurado" designa a pessoa segura.

[1986] Um terceiro poderia ser considerado: o que Ascarelli designa por *teoria do interesse*. Segundo o autor, a mesma «pretende garantir a presença de uma comunhão de interesses entre o segurador e o segurado, de tal modo que o sinistro constitua para ambos uma ocorrência indesejável, que, por isso, ambos estão interessados em evitar; do qual ambos estão interessados em atenuar as consequências» – Tullio Ascarelli, "Elisir di lunga vita e interesse nell'assicurazione", *RTDPC*, Ano VI (1952), p. 1152 (trad. nossa). Trata-se, porém, de uma perspectiva vazia de conteúdo, já que, quer o interesse segurável tenha conteúdo patrimonial, quer não patrimonial, sempre o "segurado" teria interesse na não ocorrência do sinistro.

tória unitária para o contrato de seguro[1987] – defende que o interesse segurável assume carácter patrimonial.

Um segundo, proposto por Margarida Lima Rego[1988], baseia-se na noção civilista de interesse: relação entre um sujeito afectado por uma necessidade e o bem apto a satisfazê-la[1989]. Na esteira de Jhering, o interesse surge, assim, como fundamento do direito subjectivo, quadro em que os *direitos serão interesses juridicamente protegidos*[1990]. Neste contexto, a todos os direitos subjaz um interesse. Não serão, portanto, excepção, os direitos de personalidade nem, entre estes (e por maioria de razão), os que gozam de tutela constitucional. E entre os direitos fundamentais de maior relevância, por assentarem em valores cimeiros do ordenamento, estarão precisamente os respeitantes aos direitos de personalidade, mormente o direito à vida e o direito à integridade física (respectivamente, nº 1 do artigo 24º e nº 1 do artigo 25º, ambos da CRP). De acordo com este critério, o interesse não terá necessariamente carácter patrimonial, podendo assumir conteúdo moral.

Mencionados os dois critérios, importa testar a sua aptidão para identificar uma posição autónoma de "segurado" nos seguros de vida. Sigamos, para o efeito, o argumento literal a que fizemos referência (nº 3 do artigo 43º da LCS), o qual demonstraria que, nos seguros de vida, o titular do interesse seguro seria, afinal, *a pessoa segura* (que, para além de ter esse interesse, teria *ainda* de dar o seu consentimento...). Esta conclusão é, de resto, corroborada pela perspectiva civilista do interesse segurável: o *interesse digno de protecção legal relativamente ao risco coberto* (vida ou integridade física da pessoa segura), a que se reporta o nº 1 do artigo 43º da LCS, não poderá deixar de verificar-se, em primeira linha, no próprio titular dos direitos de personalidade que traduzem a tutela do interesse em causa: direito à vida e à integridade física. Por definição, ninguém tem maior interesse na vida ou integridade física de uma pessoa do que esta mesma[1991]. Nesta óptica, o segurado será necessariamente *a pessoa segura*, titular do interesse que é, não só *digno* de protecção legal, mas efectivamente tutelado ao mais alto nível normativo. Porém, sendo o interesse segurável inerente à posição de *pessoa segura*, não haverá fundamento para a *autonomização* de uma noção de "segurado" em seguros de vida[1992].

[1987] Cfr. Tullio Ascarelli, "Elisir...", *cit.*, p. 1151, que identifica o *interesse* como pressuposto da teoria indemnizatória. Pela nossa parte tivemos já oportunidade de recusar a natureza unitária do contrato de seguro, mormente se fundada na teoria indemnizatória – cfr. Luís Poças, *Estudos...*, *cit.*, pp. 62 ss.

[1988] Margarida Lima Rego, *Contrato...*, *cit.*, pp. 186 ss.

[1989] António Menezes Cordeiro, *Tratado...*, I, Tomo I, *cit.*, p. 316.

[1990] *Ibidem*.

[1991] Na verdade, como reconhece José Vasques, «presume-se o *interesse* do segurado na sua própria vida» – José Vasques, "Artigo 43º – Anotação", *in* Pedro Romano Martinez *et al.*, *LCS Anotada*, *cit.*, p. 243.

[1992] Em contrapartida, para a perspectiva do interesse (patrimonial) seguro, a pessoa segura não seria já o segurado, na medida em que, num seguro de vida em caso de morte, faltaria o interesse

Por outro lado, sendo o propósito do requisito do interesse segurável, como ficou dito, evitar que o seguro de vida assumisse (como historicamente aconteceu) um carácter especulativo e semelhante ao contrato de jogo e aposta, a exigência de um interesse segurável nos seguros de vida haveria de recair sobre quem contrata, isto é, o tomador do seguro. Na verdade, sempre será reconhecível um qualquer interesse (ainda que meramente moral) na esfera do tomador do seguro, não só porque o exige a qualidade, que assume, de estipulante num contrato a favor de terceiro (nº 1 do artigo 443º do CC), mas porque, redundantemente e em regra, todo o contratante contrata porque tem nisso um qualquer interesse. Assim, se se exigisse ao tomador de um seguro de vida um *interesse digno de protecção legal* o tomador assumiria *sempre* a posição de segurado, mas não haveria então necessidade de consentimento por parte da pessoa segura. Desta forma, também seria possível identificar a posição de "segurado" com a de tomador do seguro, excepto se a noção de interesse segurável assumisse carácter patrimonial, caso em que o tomador só seria segurado se viesse a beneficiar da prestação do segurador em caso de sinistro.

Com efeito, o critério patrimonial do interesse segurável apontaria como segurado(s) a(s) pessoa(s) que viesse(m) a sofrer um dano com a morte da pessoa segura e que, portanto, viesse(m) a beneficiar da prestação do segurador: o(s) beneficiário(s). Porém, também este critério suscita vários problemas. Desde logo, o problema do dano: é que a vida ou integridade física, em si mesmas, constituem valores insusceptíveis de avaliação patrimonial[1993]. Por outro lado, a lei não requer que o beneficiário tenha qualquer dano com a morte da pessoa segura nem há qualquer relação necessária entre o valor de um eventual dano (do beneficiário) e o capital convencionado num seguro de vida. Os beneficiários, por outro lado, poderão ter um interesse maior ou menor, patrimonial ou meramente afectivo, na não produção do sinistro, ou ter até um interesse patrimonial importante em que o mesmo se produza (embora possam ou não desejá-lo): por exemplo, os herdeiros da pessoa segura (e beneficiários do seguro) poderão não ser afectados por um dano, mas ser até beneficiados, no plano patrimonial, por um duplo proveito decorrente do sinistro: a herança e o capital seguro. Em suma, o beneficiário poderá não ter qualquer dano com a morte da pessoa segura, ou ter um dano muito inferior ao capital seguro, ou registar até um proveito. Ora, a posição de segurado não poderá depender da contingência de uma avaliação patrimonial

segurável da pessoa segura na sua própria vida: não só não lhe adviria um prejuízo da sua própria morte, como não auferiria a prestação do segurador em caso de sinistro.

[1993] Ainda que se objectasse que essa avaliação se reportaria à capacidade de ganho (danos patrimoniais decorrentes da morte), o critério patrimonial implicaria que só fosse admissível a contratação de seguros sobre a vida de pessoas com capacidade de ganho, o que está longe de ser o caso.

que a lei, de resto, não impõe. Em qualquer caso, reconduzindo-se o interesse segurável (desta vez, no plano patrimonial) à identificação de quem é o destinatário da prestação do segurador, então o que relevaria, afinal, seria a posição de beneficiário (e não de segurado)[1994].

Partindo da noção de "esfera protegida", e não obstante outros trechos em sentido diverso[1995], Margarida Lima Rego acaba por apresentar um critério objectivo de determinação do segurado nos seguros de vida: o segurado será o *titular do direito de estipulação da cláusula beneficiária*[1996]. Porém, esse critério não encontra qualquer apoio na lei. Na verdade, nos termos do nº 1 do artigo 198º da LCS, o direito de designação do beneficiário cabe, não a quem ocupe a posição de segurado, mas *ao tomador do seguro, nessa qualidade* (ou quem este indique para o efeito), excepto no caso dos seguros de grupo, em que esse direito pertence à pessoa segura, também nessa qualidade. De resto, sempre se suscitariam dúvidas nos casos em que o contrato regule, em termos rígidos, a determinação do beneficiário (herdeiros legais, cônjuge, filhos, ou uma instituição de crédito, por exemplo)[1997]. Ou quando, havendo aceitação do benefício, o beneficiário

---

[1994] O debate acaba por reconduzir-se à inaplicabilidade do princípio indemnizatório aos seguros de vida e à insusceptibilidade de a teoria indemnizatória fundamentar uma natureza unitária do contrato de seguro. Cfr. a análise que fizemos noutro escrito: Luís Poças, *Estudos...*, *cit.*, pp. 70 ss., principalmente n. 210. Na distinção entre segurado e pessoa segura não colhe o exemplo do seguro do tipo *homem-chave*, seguro sobre a vida de terceiro em que, p. ex., uma empresa contrata um seguro a seu favor em caso de morte do administrador, ou um clube desportivo contrata a seu favor um seguro sobre a vida de um atleta (cfr., p. ex., Maria Inês Oliveira Martins, *O Seguro...*, *cit.*, pp. 29-30), casos em que tanto a empresa como o clube são, afinal, *beneficiários*.

[1995] A autora afirma, em certo passo, que o segurado, num seguro de vida, será «o sujeito exposto ao risco [...] de sofrimento de um impacto económico negativo com a morte ou a sobrevivência da pessoa segura» (Margarida Lima Rego, *Contrato...*, *cit.*, pp. 50-51), vindo a identificá-lo com o beneficiário designado (*idem*, pp. 56 e 60, n. 85). Ora, esta perspectiva não se coaduna com várias disposições da LCS, onde as duas figuras surgem claramente autonomizadas (p. ex., os artigos 100º ss.). Ao distinguir, em disposições como o nº 1 do artigo 13º da LCS, o tomador do seguro, o segurado e o beneficiário da prestação do segurador, este diploma afasta a identificação do segurado com o beneficiário.

[1996] Segundo a autora, «uma vez identificada a pessoa a quem foi atribuído o direito de designar o beneficiário, essa pessoa deverá qualificar-se, com toda a probabilidade, como o segurado» – Margarida Lima Rego, *Contrato...*, *cit.*, p. 596. Cfr., desenvolvidamente, pp. 599 ss.

[1997] Para estes casos, adopta a autora a fórmula «o segurado é a pessoa em cuja esfera se buscam os beneficiários» – Margarida Lima Rego, *Contrato...*, *cit.*, p. 607. Também esta fórmula é imprecisa. No caso de o beneficiário ser injuntivamente uma instituição de crédito, seria esta a segurada ou o devedor no contrato de mútuo garantido pela apólice? E no caso de um seguro em que o tomador determina que os beneficiários são os herdeiros da pessoa segura, o segurado seria o tomador (porque tem o direito de estipular os beneficiários) ou a pessoa segura (porque é na sua esfera que estes se buscam)? E no caso inverso, de a designação beneficiária caber à pessoa segura e esta definir como beneficiários os filhos do tomador? Para além de gerador de incerteza, cremos que é

transmita a outrem a sua posição, perdendo então o "segurado" o poder sobre aquela determinação.

Outros critérios poderiam ainda ser testados, mas sem melhor sucesso[1998]. Quer a dúvida sobre qual a noção prevalecente de interesse segurável (patrimonial ou moral), quer a verificação desse interesse numa pluralidade de pessoas, introduzem uma insuperável incerteza que põe em causa, aliás, a utilidade do esforço classificatório. De resto, um breve excurso por algumas disposições de ordenamentos estrangeiros[1999], que referem o interesse como requisito de validade do seguro de vida, revela que o "interesse" assume vários sentidos e que se reporta a pessoas diversas (o tomador, a pessoa segura e o beneficiário). Ora, a segurança e a certeza do tráfico (atentas as vinculações que a LCS atribui ao segurado, designadamente em matéria de declaração do risco) não podem ficar comprometidas com a indeterminação de critérios para a identificação desta figura[2000].

Imagine-se um indivíduo, sem família e sem património significativo, que, para o seu bem-estar espiritual, contratasse um seguro de vida em caso de morte, nomeando como beneficiária a Santa Casa da Misericórdia e expressando na respectiva designação o desejo de que a beneficiária, semanalmente e pelo prazo de dez anos subsequentes à morte, diligenciasse para que fosse rezada uma missa pela sua alma[2001]. Quem seria o segurado? O tomador e pessoa segura, com um

um critério excessivamente formalista, que descura a substância dos interesses em presença (que, em regra, ultrapassam largamente o plano estritamente patrimonial).

[1998] Assim, se procurarmos identificar a posição do segurado com base no critério da titularidade de direitos do contrato, como propõe José Vasques (José Vasques, *Contrato de Seguro – Notas..., cit.*, p. 171), teremos também instalada, no caso dos seguros de vida, a incerteza. Imagine-se um seguro de vida misto do tipo *universal life*, contratado por A sobre a vida de B e em que C é beneficiário em caso de morte – cfr. Luís Poças, *Estudos..., cit.*, p. 35. A, tomador do seguro, detendo o direito de alterar a designação beneficiária, o direito de resgate, de adiantamento e de redução, seria *segurado*; B, pessoa segura, detendo, no termo do prazo contratual, o direito à prestação de capital do segurador em caso de vida, seria também *segurado*; C, beneficiário em caso de morte, detendo, nesse caso, o direito à prestação de capital do segurador, seria também *segurado*. Mas sê-lo-iam todos igualmente? Em que medida e com base em que critério inequívoco poderíamos dizer que um deles é *mais segurado* do que os outros? Teríamos de buscar resposta fora do contrato, na relação entre A, B e C (dizendo, então que será substancialmente diferente o caso em que A seja o empregador de B e este o cônjuge de C, do caso em que A seja pai de B e amigo de C)?

[1999] Cfr. Maria Inês Oliveira Martins, *O Seguro..., cit.*, pp. 290 ss.

[2000] A título de exemplo, o § único do artigo 456.º do CCom referia que, não coincidindo o tomador do seguro com a pessoa segura, o *segurado* era «a pessoa em cujo benefício se estipula o seguro e quem paga o prémio». Ou seja, pressupunha-se que o beneficiário do contrato coincidia com o tomador, o que está longe de se verificar como regra. Ora, não coincidindo eles, quem haveria de ser o segurado? O tomador? O beneficiário? Ambos? E se fossem vários os beneficiários? Todos eles?

[2001] A prática é vulgar quanto a legados, nada impedindo que se verifique também quanto a seguros de vida.

mero interesse espiritual? A beneficiária, que não tinha qualquer interesse (patrimonial ou outro) na pessoa segura fora do próprio contrato de seguro? Considere-se ainda outro caso (aliás, de uma banalidade quotidiana): uma pessoa, única titular de rendimentos numa família, pretende prevenir a eventualidade de, por sua morte, esta deixar de ter possibilidade de pagar ao banco as prestações de um mútuo para aquisição da habitação familiar e de, em virtude disso, a hipoteca vir a ser executada e a família desalojada. Sendo pessoa segura num seguro de vida-grupo não contributivo na empresa onde trabalha, solicita a alteração da respectiva designação beneficiária a favor do banco. Ora, a depender a identificação do *segurado*, nos seguros de vida, de um vago critério de "interesse segurável", quem seria o segurado? A empresa (tomadora do seguro), porque sabe que o benefício inerente ao seguro melhorará a satisfação do trabalhador, o seu desempenho e fidelização? O trabalhador (pessoa segura) porque ganha tranquilidade e bem-estar moral e psicológico contra as consequências da eventualidade que porá fim ao seu bem mais precioso (a vida)? O banco (beneficiário designado), porque reforçou as suas garantias para a eventualidade de morte do mutuário, evitando as incertezas, custos e delongas que resultariam da execução de uma hipoteca? A família, inteiramente estranha ao contrato, mas que verá, em caso de sinistro, liquidada uma dívida que de outra forma não teria condições de suportar, e assegurada a sua habitação? Todos eles? A relevância da determinação da posição de *segurado* – atentos os deveres e ónus que sobre ele incidem – não poderia, como se compreenderá, depender da contingência e discricionariedade (arbítrio, mesmo) do julgador[2002]. O critério terá de ser objectivo e inequívoco[2003].

[2002] Tomemos outro exemplo. Imagine-se a situação em que um indivíduo, fiador de uma dívida do filho, contrata, por exigência do respectivo credor, um seguro sobre a vida do filho (devedor principal) em que o credor é designado beneficiário. Não há dúvida sobre quem é o tomador (o pai, fiador), a pessoa segura (o filho, devedor) ou o beneficiário (o credor). Mas quem seria o segurado? O credor, que exigiu a contratação do seguro e tem óbvio interesse na prestação do segurador? O filho, que tem evidente interesse na própria vida e que, em caso de morte, terá os herdeiros liberados do pagamento da sua dívida? O pai, que para além do interesse moral na vida do filho tem também o interesse patrimonial de não sofrer a activação da fiança? E qual a relevância de todo este exercício classificatório? A necessidade de identificar o segurado com base no critério do interesse poderá convocar fórmulas confusas e impraticáveis. Assim, segundo Inês Oliveira Martins, *«não sendo a pessoa segura o tomador ou a pessoa por conta da qual o contrato é celebrado*, é na esfera do *beneficiário da prestação do segurador* que o interesse se deve aferir» (Maria Inês Oliveira Martins, *O Seguro..., cit.*, p. 269). Perante o exemplo que acabamos de dar, o que podemos concluir desta fórmula? O seguro terá sido celebrado por conta própria? Não o sendo, terá sido celebrado por conta da pessoa segura ou do beneficiário? Na verdade, nada se esclarece sobre quem seria o segurado.

[2003] A incerteza – diríamos, confusão – perpassa, por vezes, na jurisprudência. Cfr., a título de exemplo, Ac. TRC de 21/09/2010 – Proc. nº 337/08.0TBALB.C1 (Teles Pereira) e Ac. TRP de 19/10/2010 – Proc. nº 2328/05.4TBSTS.P1 (Maria Cecília Agante).

A diversidade dos seguros de vida e as vicissitudes que podem afectar esses contratos adensam as dificuldades. Na verdade, quer o tomador, quer os beneficiários podem alterar-se durante a vigência do contrato (respectivamente, artigos 197º e nº 1 do artigo 199º da LCS). Por outro lado, para quem tenda a identificar o segurado com o(s) beneficiário(s), importa considerar: que os contratos mistos contemplam beneficiários em caso de vida e em caso de morte (que podem não coincidir); que existem cláusulas beneficiárias complexas, conjugando beneficiários nominativamente designados com outros genéricos e indeterminados; que a cláusula beneficiária pode designar várias classes de beneficiários, de chamamento sucessivo, na falta da classe anterior; etc. Quando e como aferir, então, o interesse segurável?

Mas as dificuldades não se atêm à eventual identificação do "segurado". Elas estendem-se às próprias consequências da falta do "interesse segurável". Com efeito, e se, sendo o tomador diferente da pessoa segura, na cláusula beneficiária for designado o irmão da pessoa segura como beneficiário de 30% do capital; uma personalidade pública (que desconhece a pessoa segura) como beneficiária de 40% do capital; e uma associação de luta pela causa ambiental como beneficiária dos restantes 30%? Serão, todos eles, segurados (ou nenhum, afinal)? E – considerando-se que o são – o que sucede se o "interesse seguro" se verificar só relativamente a um deles? Fará sentido considerar-se o contrato nulo?

Em suma, o "interesse" inerente ao seguro de vida é, em regra, moral e difuso, no sentido em que é partilhado pela pessoa segura, pelo tomador, pelos beneficiários e até por terceiros. Também por esta via cremos redundante e ociosa a exigência de um requisito de interesse segurável nos seguros de vida. Pensamos, assim, que nos seguros de vida não se verifica o requisito do interesse segurável, razão porque não poderá o segurado ser determinado em função da titularidade desse interesse. Revela-se portanto irrelevante e inútil procurar autonomizar a figura de um *segurado* (entendido como titular do interesse seguro) relativamente às de tomador, pessoa segura e beneficiário, figuras de verificação incontroversa e objectiva e que esgotam o leque de posições possíveis no contrato.

VI. Como decorre do que vimos de afirmar, do nosso ponto de vista, diversamente do que sucede nos seguros de danos o segurado não corresponde, nos seguros de vida, a uma *posição autónoma* em relação ao tomador, à pessoa segura ou aos beneficiários. Porém, o sentido da expressão – relevante como é no contexto do nº 1 do artigo 24º da LCS – há que buscá-lo no ordenamento e nas práticas contratuais sedimentadas.

No regime que precedeu a LCS, o termo *segurado* assumia um duplo sentido, que encontrava expressão na alínea c) do artigo 1º do RTS, reportando-se, quanto aos seguros de danos, *à pessoa no interesse da qual o contrato é celebrado* e, nos seguros de pessoas, *à pessoa (pessoa segura) cuja vida, saúde ou integridade física se segura.*

Embora revogado o referido preceito, nos termos do artigo 6º do DL 72/2008, de 16 de Abril, o duplo sentido ali consagrado – já enraizado, aliás, no nosso sistema jurídico[2004] – mantém-se no ordenamento. Na verdade, o DL 384/2007, de 19 de Novembro[2005], mantém o uso da expressão *segurado* por referência à pessoa cuja vida ou integridade física constitui o risco seguro (*pessoa segura*). É esse, portanto, no nosso ordenamento – à semelhança de outros[2006] – o sentido da expressão *segurado* em matéria de seguros de vida, como transparece, aliás, igualmente, da terminologia consagrada entre a nossa doutrina[2007] e jurisprudência[2008], e sedimentada na actividade seguradora[2009].

Na LCS, por seu turno, no âmbito dos seguros de pessoas, utiliza-se indistintamente, como sinónimas, as expressões *segurado* e *pessoa segura*[2010]. Veja-se, como exemplo paradigmático, o nº 1 do artigo 177º, onde – ao que cremos, por razões meramente estilísticas, insusceptíveis de fundamentar outras ilações – se dispõe que, sem prejuízo dos deveres de informação a cumprir *pelo segurado*, a celebração do contrato pode depender de declaração sobre o estado de saúde e de exames médicos a realizar *à pessoa segura* que tenham em vista a avaliação do risco. Ora, como decorre do preceito, as declarações sobre as circunstâncias do risco, sejam elas de ordem clínica ou versando sobre a profissão, deslocações e estadias, ou sobre as práticas de desporto, consumo ou lazer, apenas podem ser efectuadas por quem conhece essas circunstâncias (a *pessoa segura*)[2011]. Por outro lado, sendo indubitável que a identificação da pessoa segura deverá necessariamente cons-

---

[2004] José Vasques, *Contrato de Seguro – Notas...*, *cit.*, p. 171.

[2005] Diploma que cria o dever de informação do segurador ao beneficiário dos contratos de seguros de vida, de acidentes pessoais e das operações de capitalização com beneficiário em caso de morte, respectivamente, do *segurado* ou do subscritor.

[2006] A Lei belga de 25 de Junho de 1992 sobre o Contrato de Seguro Terrestre, p. ex., estabelece, na letra B do artigo 1º que se entende por *segurado*: nos seguros de danos, a pessoa garantida pelo seguro contra as perdas patrimoniais; e nos seguros de pessoas, a pessoa sobre cuja cabeça repousa o risco de ocorrência do evento seguro.

[2007] A título de exemplo, cfr. José Carlos Moitinho de Almeida, *O Contrato de Seguro no Direito...*, *cit.*, pp. 341 ss.; Filipe Albuquerque Matos, "As declarações reticentes...", *cit.*, p. 458, n. 1; Mário Raposo, "Regulação...", *cit.*, p. 822, n. 11.

[2008] Também na jurisprudência se verifica essa identificação, como se constata, p. ex., no Ac. TRL de 26/03/2009 – Proc. nº 171/06.2TJOPRT.L1-6 (Fátima Galante).

[2009] ISP, *Guia de Seguros e Fundos de Pensões*, *cit.*, p. 25.

[2010] A discutível dicotomia entre segurado e pessoa segura – onde se admite que possam ser pessoas distintas – sobressai, porém, de disposições como as dos nºs 3 e 5 do artigo 178º

[2011] O recurso, no artigo 177º, a dois significantes para expressar o mesmo significado é, assim, passível de suscitar dificuldades interpretativas e, nessa medida, revela-se uma opção questionável. José Alves de Brito critica, aliás, a fórmula do texto, que aparenta afastar-se da sinonímia acolhida no citado artigo 1º do RTS – José Alves de Brito, "Artigo 177º – Anotação", *in* Pedro Romano Martinez *et al.*, *LCS Anotada*, *cit.*, p. 530.

tar da apólice de seguro de vida, a verdade é que essa menção não surge referida no artigo 187º da LCS: a razão é o artigo 37º já se lhe referir ao exigir a identificação *do segurado* (alínea *b*) do nº 2). Neste contexto, o nº 1 do artigo 24º atribui o dever de declaração do risco ao tomador ou ao segurado (mas não *também* à pessoa segura, o que seria uma redundância).

Na expressão *pessoa segura* (aquela sobre cuja vida, integridade física ou saúde incide o risco), apenas aplicável aos seguros de pessoas, ela surge, de alguma forma, como o objecto do risco (como o bem seguro o é nos seguros de danos)[2012]. Na verdade, como refere José Vasques, «em rigor, no seguro de vida em caso de morte, parece impróprio falar de segurado, no sentido de titular de direitos do contrato, já que sendo a pessoa segura exposta ao risco, antes assume a posição de *objecto* do contrato»[2013]. A observação não põe em causa (pelo contrário) a identificação entre segurado e pessoa segura, mas constata que o mesmo significante assume, entre os seguros de vida e os de danos, significados diferentes, reflexo, aliás, do dualismo fracturante que separa os (sub)tipos de contrato em causa[2014].

Em qualquer caso, dir-se-á que as práticas contratuais no âmbito dos seguros de vida não autonomizam as figuras do segurado e da pessoa segura: quer da proposta contratual, quer da apólice, resulta clara e objectivamente quem é o tomador do seguro, a pessoa segura, os beneficiários, mas não há qualquer referência autónoma ao segurado, diversamente do que sucede nos seguros de danos por conta de outrem. Mais: essas práticas, já sedimentadas, identificam o segurado com a pessoa segura, referindo-se-lhes indistintamente.

Finalmente, a sustentar-se uma autonomização de noções entre *segurado* e *pessoa segura* isso implicaria que o dever de declaração do risco (formulado no nº 1 do artigo 24º) não abrangeria a pessoa segura. Isso seria tanto mais estranho quanto, nos seguros de danos, esse dever onera, não só o proponente formal (candidato a tomador do seguro), mas, sendo diferentes, o próprio gestor do risco (o segurado), conhecedor privilegiado do mesmo. Ora, nos seguros de pessoas o gestor do risco não poderá deixar de ser a pessoa segura[2015]. O que dizemos é validado, de

---

[2012] Diversamente da pespectiva que subscrevemos, e que não encontra acolhimento em alguns ordenamentos estrangeiros, alguma doutrina além fronteiras distingue claramente o segurado da pessoa segura, referindo-se a esta como o *terceiro sobre o qual incide o risco* (surgindo, portanto, qualificado como *objecto do risco*). Nicola Gasperoni, "La rilevanza...", *cit.*, p. 89.

[2013] José Vasques, *Contrato de Seguro – Notas..., cit.*, pp. 171-172.

[2014] Luís Poças, *Estudos..., cit.*, pp. 73-74. Cfr. também Octacílio Alecrim, "Naturaleza...", *cit.*, pp. 25 ss.

[2015] Neste contexto, se o critério de identificação do *segurado* corresponder ao *portador do risco* (Piergiacomo Gambella, *Le Dichiarazioni Inesatte..., cit.*, p. 6) – isto é, àquele em cuja esfera patrimonial (seguros de danos) ou pessoal (seguros de pessoas) o sinistro é passível de se produzir – então o segurado será, nos seguros de danos, o potencial lesado, titular do interesse patrimonial segurável, e, nos seguros de vida, a pessoa segura.

resto, pelo nº 1 do artigo 24º: se não identificássemos o "segurado" com a pessoa segura, a quem incumbiria a declaração do risco, para além do tomador? Sendo o *segurado* o beneficiário designado, como exigir a este a declaração do risco se a cláusula beneficiária lhe é, frequentemente, desconhecida? Que sentido faria exigir-se a declaração do risco (relativa à saúde e hábitos de vida da pessoa segura) a um beneficiário que poderá nada saber a respeito, e não à pessoa segura, que é quem estará mais apto a fornecer a informação?

VII. Em suma, a prevenção contra uma instrumentalização especulativa do contrato de seguro de vida assenta no consentimento da pessoa segura para a cobertura do risco (nº 3 do artigo 43º da LCS), indício seguro de que se verifica, entre esta e o tomador, uma relação (familiar, moral, contratual ou afectiva) justificativa da celebração do contrato e que faz presumir um fim previdencial. Ainda que se defenda a configuração de uma posição *autónoma* de segurado nos seguros de vida, assente na existência de um interesse segurável (nº 1 do artigo 43º da LCS), não há um critério claro, objectivo e inequívoco de determinação desse interesse segurável[2016]. Os vários critérios conduzem à identificação da posição de segurado com a pessoa segura, o tomador do seguro ou o beneficiário, comprometendo a *autonomização* daquela posição. Contesta-se, assim, a existência, em substância, de uma figura autónoma de segurado nos seguros de vida, devendo a referência a "segurado" ser assumida como sinónimo de *pessoa segura*, no que traduz uma imprecisão sedimentada no nosso ordenamento e nas práticas do mercado segurador.

VIII.1.4. O representante e o auxiliar do proponente

I. Poder-se-á discutir se a declaração do risco poderá ser feita através de representante. Nesta matéria, não deverá tolher-nos o raciocínio o facto de estar em causa (autonomamente considerada) uma declaração de ciência, e não de vontade. É que, na prática, essa autonomia não se verifica, atenta a instrumentalidade (ou acessoriedade) da declaração do risco face à declaração de vontade cuja apreciação pela contraparte daquela depende. Nesta medida, será de entender que quem detém poderes de representação para dirigir ao segurador uma proposta de seguro em nome do candidato a tomador tem implicitamente também – excepto se o contrário decorrer da procuração – poderes para declarar o risco inerente. Toda a actuação é feita em nome (e, portanto, em representação) do *dominus* (candidato a tomador).

[2016] Como nota Ascarelli, não é possível, quanto aos seguros de vida, aferir do interesse dos beneficiários, nem da dimensão e natureza desse interesse ou da adequação entre esse ele e o capital seguro – Tullio Ascarelli, "Elisir...", *cit.*, p. 1153.

Cumpre questionar, porém, se será concebível a atribuição de poderes apenas para efeitos de declaração do risco. Em termos de qualificação, é duvidoso que estejamos perante o instituto da representação, já que o propósito da concessão de poderes não é a formulação de uma declaração negocial. Porém, sendo a declaração do risco, como vimos, um acto jurídico *stricto sensu* (declarativo) ser-lhe-ão analogicamente aplicáveis as regras sobre declarações negociais, designadamente em matéria de representação[2017]. O que vimos de dizer sobre a representação voluntária é igualmente aplicável à representação legal. Assim, em caso de incapacidade do potencial tomador ou segurado caberá ao seu representante legal suprir essa incapacidade e assegurar, nessa qualidade, o cumprimento do dever de declaração do risco[2018].

II. Já na ausência de poderes, concedidos para o efeito, falta a legitimação do declarante. Agindo este em nome próprio, não só o segurador não deverá atribuir credibilidade ao conteúdo da declaração de ciência – na medida em que a mesma não é prestada pelo conhecedor privilegiado do risco – mas, sobretudo, a ausência de um elo representativo entre o declarante e o potencial tomador (ou segurado) impede que o segurador possa imputar-lhe a autoria das eventuais inexactidões[2019], sem prejuízo das omissões a que o silêncio e passividade do próprio tomador (ou segurado) dê lugar, atento o dever espontâneo que sobre si impende. Não obstante, e exceptuado o caso de uma actuação (ou omissão de agir) do próprio tomador ou segurado com o propósito de obter uma vantagem, as inexactidões prestadas por um auxiliar não habilitado do proponente, sendo aceites pelo segurador[2020], não poderão ser opostas ao tomador, nos termos do nº 3 do artigo 24º da LCS (e ainda que sem previsão expressa na tipologia enunciativa do referido preceito).

Se, porém, o declarante agir em nome do proponente estamos perante uma situação de representação sem poderes. Neste caso, resulta do regime geral do artigo 268º do CC que a eficácia da declaração perante o "representado" (e, portanto, a oponibilidade a este, pelo segurador, das omissões ou inexactidões dela constantes) dependerá da ratificação pelo mesmo, no prazo fixado pelo segurador[2021].

[2017] Heinrich Lehmann, *Allgemeiner Teil...*, *cit.*, p. 483.

[2018] Segundo Carlos Harten, «em princípio, o dever de declaração do risco não é pessoalíssimo, pelo que pode assim ser realizado por pessoa diferente do interessado [...]» (*El Deber...*, *cit.*, p. 59, n. 146 – trad. nossa).

[2019] Ficaria, naturalmente, exceptuado o caso de o proponente vir a aprovar a declaração do "gestor de negócios", por analogia com o regime que verte do artigo 469º do CC.

[2020] O segurador revelará negligência ao não confirmar a identidade, assinatura e legitimidade do declarante.

[2021] No que respeita à declaração negocial, estabelece o nº 2 do artigo 17º da LCS que, sendo o contrato celebrado por representante sem poderes, o tomador do seguro ou o seu representante

Sendo notória para o segurador a falta de poderes, não deverá este aceitar a proposta contratual sem que a declaração do risco seja ratificada pelo *dominus negotii*, sem prejuízo da possibilidade de o tomador corrigir ou aditar quaisquer dados que sejam relevantes para a apreciação do risco. Aceitando-a o segurador sem tal ratificação, ou verificando-se negligência deste no controlo da legitimidade do falsus procurator, será também aplicável, do nosso ponto de vista, o nº 3 do artigo 24º (inoponibilidade das omissões ou inexactidões).

III. Relativamente às situações em que a declaração do risco seja efectuada através do representante, resultaria do nº 1 do artigo 259º do CC ser na pessoa do representante que deve verificar-se, para efeitos de anulabilidade da declaração negocial (impugnabilidade do contrato), *o conhecimento ou ignorância dos factos que podem influir nos efeitos do negócio*. Isto é, o que releva é o conhecimento de quem efectua, ainda que em nome de outrem, a declaração do risco ou, noutras palavras, o comportamento declarativo e o estado subjectivo do agente da declaração (o representante)[2022]. Acrescenta, por outro lado, o nº 2 do mesmo artigo que ao representado de má fé não aproveita a boa fé do representante, isto é, ainda que quem efectua a declaração do risco ignore determinados factos, releva para efeito da impugnabilidade do contrato o conhecimento do próprio representado.

Em termos formulados de modo mais simples, relevaria, para efeitos de impugnação do contrato pelo segurador, a má fé (conhecimento do facto omitido ou

com poderes pode ratificá-lo mesmo após o sinistro, salvo: se houver dolo do tomador do seguro, do representante, do segurado ou do beneficiário, caso em que a ratificação e, por conseguinte, o próprio contrato, é ineficaz (Pedro Romano Martinez, "Artigo 17º – Anotação", *in* Pedro Romano Martinez *et al.*, *LCS Anotada, cit.*, pp. 98-99); ou quando tenha já decorrido um prazo para a ratificação, não inferior a cinco dias, determinado pelo segurador antes da verificação do sinistro. O referido prazo de ratificação pode resultar do próprio contrato ou, se este for omisso, ser determinado *ad hoc* pelo segurador (nº 3 do artigo 268º do CC). O prazo mínimo de 5 dias é análogo ao definido para o contrato para pessoa a nomear (artigo 453º do CC). Acrescenta o nº 3 do artigo 17º da LCS que, quando o segurador desconheça a falta de poderes de representação, o "representante" fica obrigado ao pagamento do prémio calculado *pro rata temporis* até ao momento em que o segurador receba ou tenha conhecimento da recusa de ratificação. Assim, embora o contrato seja ineficaz, a actuação culposa in contrahendo do *falsus procurator* (ao ocultar a falta de poderes de representação) responsabiliza-o perante o segurador pelo pagamento do prémio *pro rata temporis*, considerado adequado à compensação do segurador pelos danos em que haja incorrido. Trata-se de uma concretização do instituto da responsabilidade pré-contratual, consagrando soluções que não seriam líquidas face ao regime geral do artigo 227º do CC – cfr. Pedro Romano Martinez, *ibidem*. Note-se que a possibilidade de celebração de contratos de seguro por conta de outrem (artigo 48º da LCS), a que acresce a possibilidade de transmissão da posição contratual (artigo 95º da LCS), limitará as situações de representação sem poderes, retirando interesse prático à regulação das mesmas.

[2022] José Alberto Vieira, *Negócio Jurídico..., cit.*, p. 75.

inexactamente declarado), quer do representante, quer do representado, independentemente do estado subjectivo do outro[2023]. De outra forma, estaria aberta a porta à fraude[2024]. Assim, no caso de substituição de procuração durante a fase pré-contratual, a declaração deve reflectir simultaneamente o conhecimento do representado, do antigo e do novo representante[2025].

Como decorrência do regime da representação (artigos 258º ss. do CC), mormente do citado artigo 259º, estabelece o nº 1 do artigo 17º da LCS que, sendo o contrato de seguro celebrado por representante do proponente (candidato a tomador do seguro)[2026], são oponíveis a este não só os seus próprios conhecimentos mas também os do representante[2027]. Ou seja, para efeito da aferição do incumprimento do nº 1 do artigo 24º da LCS, designadamente do requisito do conhecimento, ali estabelecido, relevam, tanto os conhecimentos do proponente (e do segurado) como os do representante daquele[2028]. Trata-se de uma disposição cujos efeitos são simétricos aos da alínea d) do nº 3 do artigo 24º da LCS[2029].

Um caso possível de contratação através de representante é o do contrato celebrado por corretor munido de procuração do tomador do seguro. Neste caso, as

---

[2023] Idêntico regime é seguido no BGB alemão – cfr. Paul Oertmann, *Bürgerliches...*, *cit.*, p. 319.

[2024] Carlos Harten, *El Deber...*, *cit.*, p. 58.

[2025] Carlos Harten, *El Deber...*, *idem* e n. 142.

[2026] Em causa está, como sublinha Romano Martinez, a representação em sentido técnico-jurídico (actuação de um terceiro procurador em nome e por conta do tomador), e não o característico seguro por conta de outrem, em que o tomador contrata em nome próprio, "representando" o segurado – Pedro Romano Martinez, "Artigo 17º – Anotação", *in* Pedro Romano Martinez *et al.*, *LCS Anotada*, *cit.*, p. 97.

[2027] Embora com uma formulação aparentemente mais ampla do que a do artigo 259º do CC, o nº 1 do artigo 17º da LCS tem, na prática, o mesmo alcance – Helena Tapp Barroso, "Representação", *cit.*, p.150 e n. 22; Pedro Romano Martinez, "Artigo 17º – Anotação", *in* Pedro Romano Martinez *et al.*, *LCS Anotada*, *cit.*, pp. 97-98.

[2028] Assim, a actuação de um representante não prejudica que o representado intervenha directamente no sentido de completar ou corrigir as declarações prestadas pelo representante – Juan Félix Morandi, "La reticencia...", *cit.*, p. 377, n. 18. Como nota o autor, «as duas vontades, a do mandante e a do mandatário, fundem-se numa só ante o segurador» – *ibidem* (trad. nossa).

[2029] Atenta a susceptibilidade de cumulação entre as cominações dos artigos 24º ss. da LCS e a do artigo 227º do CC, é de notar que, verificando-se a representação voluntária, a responsabilidade directa *in contrahendo* do representante decorre de se considerar que este é parte na relação pré-contratual (ainda que o não seja da futura relação contratual inerente ao contrato projectado) em virtude de a mesma se estabelecer entre a outra parte e o próprio representante. Este entendimento assenta na autonomização do comportamento do representante face ao representado – atento o grau de discricionariedade que este lhe confira – e no facto de, sendo a relação pré-contratual uma relação de confiança, a mesma ser estabelecida entre o representante e a contraparte – Ana Prata, *Notas...*, *cit.*, pp. 184 ss. Desta forma, e em virtude do disposto no artigo 800º do CC, entende Ana Prata que «poderão ser responsáveis in contrahendo tanto o representante como o representado, sendo a responsabilidade do primeiro subjectiva e a do segundo objectiva» – *idem*, p. 187.

eventuais omissões ou inexactidões por parte do corretor vinculam o proponente, sem prejuízo da responsabilidade civil do corretor perante este por incumprimento do mandato[2030].

IV. Embora o n.º 1 do artigo 17.º da LCS se atenha à determinação dos conhecimentos relevantes para efeito do cumprimento do dever de declaração do risco, consideramos que o mesmo deverá ser objeto de interpretação extensiva no sentido de abranger igualmente o grau de culpabilidade do representante e do representado. Do nosso ponto de vista, relevará, para efeito da determinação do regime do incumprimento a aplicar (artigos 25.º ou 26.º da LCS) o grau de censurabilidade mais grave que se verificar.

Assim, se o representado agir negligentemente (por exemplo, esquecendo-se de comunicar ao representante dados relevantes para que este os transmita ao segurador) e o representante dolosamente (omitindo intencionalmente outros factos que conhece), relevará, para efeito do regime aplicável, o dolo do representante.

V. Não são invulgares os casos em que a declaração do risco, por resposta a questionário, é preenchida por auxiliar do proponente e subscrita por este. Ora, quando a declaração seja assinada pelo proponente ou segurado, o signatário assume a responsabilidade pelo respectivo conteúdo, sendo então irrelevante quem procedeu ao seu preenchimento. Sendo certo que tal preenchimento é, em regra, efectuado no interesse do declarante, este não poderá invocar ser alheio ao conteúdo da declaração sem que isso implique, pelo menos, a negligência grave da sua conduta ao tê-la subscrito sem se inteirar do seu conteúdo. A solução, que, à primeira vista, aparenta ser incontroversa, não encontra, porém, consenso na jurisprudência[2031].

[2030] Pedro Rubio Vicente, *El Deber...*, *cit.*, p. 54.

[2031] Cfr., no sentido que defendemos, o Ac. STJ de 08/01/2009 – Proc. n.º 08B3903 (Alberto Sobrinho), onde se lê: «da proposta de adesão do contrato de seguro vida fazia parte um questionário clínico que foi preenchido por um cunhado dos proponentes e por estes assinado. [...] O familiar dos segurados, ao preencher o questionário clínico, limitou-se a auxiliá-los na prática de um acto material, a pedido destes, feito na sua presença. Verdadeiramente o acto foi praticado pelos próprios segurados». Em sentido diverso, cfr. o Ac. TRG de 10/07/2008 – Proc. n.º 1120/08-2 (Amílcar Andrade), reportado também a um caso em que o questionário foi preenchido por um cunhado das pessoas seguras, a pedido das mesmas, e só posteriormente assinado por elas sem que a tenham previamente lido. Considerou o tribunal que «no caso em apreço, a candidata ao seguro Manuela C... limitou-se a apor a sua assinatura na proposta de adesão preenchida por outrem, proposta essa que nem sequer leu. E, efectivamente *não se prova que a segurada Manuela C... tenha, pelo menos, conscientemente, faltado à verdade, quando assinou a proposta de adesão, relativamente à sua situação clínica*, nem sequer que tivesse consciência de que sofria ou sofreu de alguma doença relevante para a

VIII.1.5. O terceiro beneficiário de um seguro de vida ou de acidentes pessoais

I. Reportamo-nos ao terceiro beneficiário de um seguro de prestações convencionadas, determinado (ou determinável) através de uma designação beneficiária, no quadro de um contrato de seguro que constitua, simultaneamente, um contrato a favor de terceiro: tal será o caso típico dos seguros de vida em caso de morte e, no que respeita à cobertura de morte, dos seguros de acidentes pessoais[2032]. Coloca-se, neste contexto, a questão da relevância dos conhecimentos dos beneficiários, relativamente a circunstâncias do risco e, nomeadamente, se os mesmos estão sujeitos ao dever de declaração do risco ou se o segurador poderá impugnar o contrato em virtude de conhecimentos que aqueles possuíssem e não houvessem declarado antes da formação do contrato.

A questão não é meramente académica, tendo já sido apreciada judicialmente. Num exemplo citado por Reglero Campos, o Tribunal Supremo espanhol pronunciou-se sobre um caso em que, cerca de uma semana antes da conclusão de um seguro de vida, um hospital comunicou aos familiares do segurado, beneficiários do referido contrato de seguro, que fora diagnosticado ao segurado carcinoma do cólon com metástases hepáticas[2033].

Desde logo, há que considerar que o nº 1 do artigo 24º da LCS não impõe qualquer dever de declaração ao beneficiário, o que, de resto, bem se compreende, atenta a sua qualidade de terceiro face à estrutura do contrato[2034]. Acrescente-se que o beneficiário poderá, em regra, desconhecer que está em formação um contrato de seguro e que ele próprio ali consta como beneficiário. Por outro lado, a cláusula beneficiária é alterável a todo o tempo, pelo que a posição de beneficiário não se encontra consolidada, excepto em caso renúncia à faculdade de

---

avaliação do risco pela seguradora» (sublinhado nosso). A conclusão parece-nos inadmissível. De outra forma, premiar-se-ia a negligência do proponente no preenchimento do questionário e encontrar-se-ia porto seguro para a fraude. Não lendo o questionário, nunca o candidato faltaria conscientemente à verdade. Voltaremos a esta questão a propósito da intervenção do mediador de seguros, *infra*, VIII.2.5.III.

[2032] O beneficiário, no caso dos seguros de vida – ramo onde esta categoria adquire particular relevância, em virtude de os seguros de vida em caso de morte constituírem contratos a favor de terceiro – não é parte no contrato. Por outro lado, tivemos a oportunidade de refutar a perspectiva segundo a qual, nos seguros de vida, o beneficiário em caso de morte assume a qualidade de segurado. Se outros argumentos não relevassem, a clara distinção, operada pela LCS, entre o segurado e o beneficiário, assim o comprova.

[2033] STS de 18 de Maio de 1993 (RJ 1993, 3567) *apud* Luis Reglero Campos, "Declaración...", *cit.*, p. 182. O Tribunal decidiu contra o segurador sob o argumento de que o mesmo não tinha apresentado um questionário ao segurado, o que, nos termos do artigo 10º da LCS espanhola, torna inimpugnável o contrato.

[2034] Carlos Harten, *El Deber...*, *cit.*, p. 60. O argumento não será, em qualquer caso, inultrapassável, como decorre da atribuição de tal dever ao segurado, também *terceiro*.

revogação da cláusula ou, no seguro de sobrevivência, havendo adesão do beneficiário (nº 1 do artigo 199º da LCS). Finalmente, não sendo a iniciativa contratual do beneficiário nem detendo este qualquer controlo sobre o decurso do processo negocial, não se afigura justo ou razoável que sobre o mesmo pesasse qualquer dever de declaração[2035].

II. Será, porém, de ponderar o disposto na segunda parte do nº 2 do artigo 254º do CC, em cujos termos, verificando-se erro viciado por dolo, se o *deceptor* for um terceiro (por exemplo, o beneficiário do contrato), então o negócio só é anulável se o declaratário (o tomador do seguro) tinha ou devia ter conhecimento do dolo[2036]. Será, não obstante, anulável (apenas) *relativamente a um terceiro beneficiário do contrato* (anulabilidade relativa) que tenha adquirido directamente algum direito por virtude da declaração viciada, se for ele o *deceptor*[2037] ou se conhecia ou devia conhecer o dolo do terceiro[2038].

Em causa está, como resulta do preceito, uma anulabilidade *parcial* e *relativa* ao terceiro beneficiário. Como nota Margarida Lima Rego, da disposição resulta a figura da anulação "em relação ao beneficiário", traduzida na possibilidade de «desfazer ex tunc a extensão da força normativa do contrato ao terceiro, tudo se passando como se o contrato nunca se houvesse celebrado a favor de terceiro»[2039]. Ora, na perspectiva da autora, isso implicará, em alguns casos, a anulação parcial do contrato (anulação da cláusula a favor de terceiro), e noutros, como o do seguro de vida em que o tomador seja igualmente pessoa segura, que o contrato *possa* ser integralmente anulado[2040]. No mesmo sentido, sustenta Paulo Mota

---

[2035] Sempre haveria, aliás, forma de contornar uma tal extensão do dever legal: bastaria que o contrato fosse concluído sem indicação de qualquer beneficiário, sendo o mesmo designado logo após a respectiva formação.

[2036] Neste caso, o dolo de terceiro consubstanciará igualmente dolo (omissivo) do declaratário quando este seja cúmplice ou mero conhecedor da actuação do terceiro, sendo, portanto, o negócio anulável – Rui de Alarcão, "Breve motivação...", *cit.*, p. 97; Carlos Mota Pinto, *Teoria Geral...*, *cit.*, p. 520. Não obstante, o preceito basta-se com a mera recognoscibilidade do dolo, que não pressupõe necessariamente a má fé do declaratário – José de Oliveira Ascensão, *Direito Civil...*, Vol. II, *cit.*, p. 143.

[2037] Como sublinha Carlos Mota Pinto, o nº 1 do artigo 253º reconhece expressamente a relevância de dolo omissivo de terceiro. Porém, como resulta do nº 2 do mesmo artigo, este só se verificará se existir um dever de elucidar por parte do terceiro *deceptor*. Carlos Mota Pinto, "Apontamentos...", *cit.*, p. 126.

[2038] Cfr., sobre o preceito, José de Oliveira Ascensão, *Direito Civil...*, Vol. II, *cit.*, p. 143; e Luís Carvalho Fernandes, *Teoria Geral...*, Vol. II, *cit.*, pp. 227-228.

[2039] Margarida Lima Rego, *Contrato...*, *cit.*, p. 531.

[2040] Margarida Lima Rego, *idem*, p. 532. A autora não refere em que circunstâncias considera que a anulação deva ser total, designadamente se tal deva ocorrer em virtude da impossibilidade de designação de outro beneficiário (por se ter já verificado a morte da pessoa segura). A questão não é despicienda e prende-se com a *ratio* do preceito. Se o mesmo visar primordialmente salvaguardar

Pinto que, «se a eficácia do negócio se resume à aquisição do direito, *rectius* ao benefício, do terceiro, então, e salvas sempre pretensões indemnizatórias, o negócio deverá ser todo anulado. É o caso, por ex., de um contrato de seguro a favor de terceiro, com dolo do beneficiário»[2041]. Também neste sentido, afirma Carlos Mota Pinto que, verificando-se dolo do beneficiário de um seguro de vida, *todo o negócio* será anulável[2042].

Que dizer? Desde logo, atenta a especificidade da declaração do risco, não são facilmente configuráveis situações em que um beneficiário de um seguro (de vida ou de acidentes pessoais) possa intervir na declaração do risco ou, de algum modo, influenciá-la. Em qualquer caso, mesmo na situação em que, por exemplo, o beneficiário de um seguro houvesse intervindo no preenchimento de um questionário, de seguida assinado pelo proponente, ainda assim este sempre deveria ter conhecimento do dolo por dever inteirar-se do conteúdo do documento que subscreve. Neste caso, a intervenção do beneficiário sempre seria irrelevante, já que o incumprimento seria do proponente.

Não estando o regime do dolo de terceiros coberto pela LCS – excepto no que toca aos segurados – nada parece opor-se à aplicação subsidiária da disposição do CC, de resto admissível à luz do artigo 4º da LCS. Não cremos, porém, haver margem de aplicação prática da disposição em análise à casuística da declaração do risco. No campo das hipóteses académicas, poder-se-á, é certo, conjecturar o caso em que tenha havido dolo do segurado (que simultaneamente é um terceiro, face à estrutura do contrato, mas que se encontra vinculado à declaração do risco) e que esse dolo seja conhecido (ou cognoscível) do beneficiário. Neste caso, porém, as omissões ou inexactidões do segurado sempre seguirão o regime dos artigos 24º ss. da LCS, sendo, para o efeito, irrelevante se o beneficiário conhecia ou não devia ignorar o incumprimento do dever de declaração do risco[2043].

---

a autonomia da vontade do promitente (segurador), todo o contrato haveria de resultar anulado. Se, diversamente, a disposição tiver por escopo a sanção do comportamento do terceiro, já faria sentido a mera anulação da cláusula beneficiária, conservando-se o contrato válido relativamente a outro beneficiário a determinar.

[2041] Paulo Mota Pinto, *Declaração Tácita...*, *cit.*, pp. 322-323, n. 301.

[2042] Carlos Mota Pinto, *Teoria Geral...*, *cit.*, p. 523, n. 1. Em sentido antagónico – sustentando a anulação apenas da cláusula beneficiária – refere José Alberto Vieira que, «se A faz crer a B que é seu filho, quando sabe que não é, para obter a sua nomeação como beneficiário de um seguro de vida, a declaração de benefício pode ser anulada, sem prejuízo da subsistência do contrato de seguro celebrado entre B e a seguradora» (José Alberto Vieira, *Negócio Jurídico...*, *cit.*, p. 69). Este exemplo, porém, afasta-se da nossa problemática, já que, o que está aqui em causa é o erro do tomador (e não do segurador).

[2043] Sendo configurável uma situação de dolo do beneficiário que não implicasse um incumprimento do dever de declaração do risco do tomador ou do segurado, sempre haverá que considerar que a cláusula beneficiária apenas atribui ao beneficiário uma expectativa à percepção do capital *em*

VIII.2. A INTERVENÇÃO DO MEDIADOR DE SEGUROS

VIII.2.1. Da casuística à problemática

I. Para além das situações analisadas no capítulo anterior, pode o processo de declaração do risco ser perturbado (*maxime*, viciado) pela intervenção de terceiros – isto é, de pessoas que, relativamente a um dado contrato de seguro, não são partes do negócio[2044]. Neste contexto, importa averiguar em que medida essa intervenção afecta o contrato e, mormente, se – e em que medida – a mesma haverá de ser imputável a alguma das partes.

Como decorre dos artigos 24º e seguintes da LCS e igualmente resulta do nº 2 do artigo 254º do CC (cfr. *supra*, VIII.1.5.II), em regra, as omissões ou inexactidões produzidas por quem não é parte num contrato, nem representante ou auxiliar de qualquer das partes[2045], não afectam a validade desse contrato, sem prejuízo de eventual responsabilidade civil[2046].

Porém, não podemos bastar-nos com tal regra, impondo-se uma análise mais aprofundada das soluções providenciadas pelo ordenamento. Neste propósito, e não sendo exequível (ou sequer útil) empreender uma abordagem exaustiva de *todas* as situações de intervenção de terceiros susceptíveis de influenciar ou de perturbar o processo de declaração do risco, importa que nos concentremos nas mais relevantes, atenta a sua complexidade, a frequente litigância que suscitam e a controvérsia que as rodeia: a intervenção do mediador de seguros e, nos seguros de pessoas, a do médico que analisa o risco clínico[2047].

II. Foi já abordada a questão de saber em que medida o conhecimento do mediador sobre as reais circunstâncias do risco deve considerar-se extensível ao segurador, no âmbito da alínea d) do nº 3 do artigo 24º da LCS (cfr. *supra*, VII.4.6). Porém, esta questão não esgota a vasta problemática da intervenção do mediador na declaração do risco. Ao nível da declaração do risco (como em outros domínios) o mediador de seguros assume um papel crucial, podendo resultar de

caso de sinistro. Neste caso, pensamos que os efeitos da anulabilidade parcial e relativa se traduzirão em que a prestação reverta, não para o próprio segurador, mas para quem, nos termos da cláusula beneficiária, devesse beneficiar da prestação na falta do beneficiário designado. Nada se tendo estipulado, dever-se-ão seguir os termos do nº 2 do artigo 198º da LCS.

[2044] Luís Carvalho Fernandes, *Teoria Geral...*, Vol. II, *cit.*, p. 145; João de Castro Mendes, *Direito Civil...*, Vol. II, *cit.*, p. 273.

[2045] Heinrich Ewald Hörster, *A Parte Geral...*, *cit.*, p. 585.

[2046] Solução equivalente resulta da *common law* – Nicholas Legh-Jones *et al.* (Eds.), *MacGillivray...*, *cit.*, p. 457.

[2047] Poder-se-ia igualmente aludir à intervenção de trabalhadores do segurador no processo de declaração do risco. Porém, não só não estaríamos propriamente a falar de terceiros, mas as problemáticas relacionadas com aquela intervenção esgotam-se praticamente na esfera reguladora das alíneas d) e e) do nº 3 do artigo 24º da LCS, já analisadas (cfr. *supra*, VII.4.6 e VII.4.7).

qualquer actuação culposa da sua parte danos consideráveis para o segurado ou para o segurador[2048]. Assim, são várias as situações em que o mediador de seguros pode intervir e, através da sua acção, viciar ou contribuir para a viciação da declaração do risco e da apreciação do mesmo pelo segurador. Poder-se-á dar o caso de lhe ser transmitida informação ou documentação sobre a declaração do risco, pelo proponente, que o mediador não transmite ao segurador; pode o próprio mediador induzir o proponente a prestar ou omitir determinadas informações de modo a facilitar a conclusão do contrato ou a assegurar ao proponente condições mais vantajosas e garantir a sua própria comissão; pode interpretar incorrectamente determinadas perguntas do questionário e induzir o proponente a responder em determinado sentido incorrecto; pode ele próprio preencher o questionário e traduzir incorrectamente a escrito informações exactas prestadas pelo proponente[2049]; pode ser conivente com o proponente no sentido de cometer uma fraude contra o segurador; etc.

III. Situada exemplificativamente a casuística que, na sua diversidade, pode colocar-se quanto à intervenção do mediador de seguros em sede de declaração do risco, importa contextualizar a problemática jurídica para que aquela remete. Ora, o problema central com que nos deparamos é o de saber se a actuação do mediador (pelo menos, nas modalidades de mediador de seguros ligado ou de agente de seguros) deve ser *automaticamente* imputável ao segurador por conta de quem o mesmo actua, isto é, se (ou em que medida) a mesma deve ser considerada como *actuação do segurador*.

Fizemos já uma breve alusão ao regime vigente da mediação de seguros e à natureza do contrato de mediação de seguros, tendo igualmente analisado se – e em que medida – se poderá entender que o mediador de seguros é um representante do segurador. Importa agora aduzir outros aspectos pertinentes. Assim, a *mediação de seguros* remete-nos para os domínios mais latos da *intermediação* (isto é, da interposição de um terceiro, estranho ao contrato, no processo de formação e execução do mesmo)[2050] ou, noutra perspectiva, da *distribuição comercial* – ou seja da disciplina contratual que regula as relações entre o produtor do bem ou serviço (no caso, o segurador) e o distribuidor, entidade que procede à comercialização do contrato de seguro (no caso, o mediador)[2051].

[2048] James Landel, *Fausses Déclarations...*, *cit.*, p. 55.

[2049] Cfr., p. ex., o Ac. TRC de 14/02/2006 – Proc. 4034/05 (Hélder Almeida).

[2050] Na noção apresentada por Januário Costa Gomes, intermediário é a entidade que «encontrando-se no trajecto do bem, não tem, com o "titular" da etapa anterior ou posterior, uma relação de subordinação». Januário Costa Gomes, "Da qualidade de comerciante do agente comercial", *BMJ*, nº 313 (Fev. 1982), p. 18.

[2051] A distribuição comercial traduz alguma intervenção e controlo do produtor no processo de distribuição, com baixos custos e riscos económicos; por seu turno, o distribuidor anui às directrizes

Este cenário convoca perspectivas antagónicas de *iure condendo*. Segundo uma delas, o mediador constitui uma extensão da actividade do segurador. Deste prisma – segundo o qual o mediador será uma *longa manus* do segurador – poderá argumentar-se que o mediador (ao menos o ligado ou o agente de seguros) está integrado na estrutura de distribuição do segurador, está sujeito a directrizes deste, actua por conta (e no interesse) dele. Na verdade, os mediadores são seleccionados e formados pelos seguradores – que promovem a sua inscrição no registo de mediadores junto do ISP – e obedecem a directrizes destes. No fundo, é o segurador que lhes proporciona os meios materiais de actuação e que retira desta o proveito inerente. A consagração na LMS da indemnização de clientela (artigo 45º) demonstrará precisamente que o mediador actua por conta e no interesse económico do segurador. Ele não seria, afinal, mais do que um auxiliar do segurador na fase pré-contratual.

Numa perspectiva contrária, poder-se-á sustentar que, na relação de seguro, o mediador constitui um terceiro com autonomia de actuação e interesses próprios. Desde logo, e diversamente do que sucede no contrato de trabalho, o mediador de seguros não está juridicamente subordinado à autoridade e direcção do segurador, actuando com relativa autonomia face a ele. Por outro lado, no contrato de seguro o mediador intervém prosseguindo interesses próprios[2052], dirigidos à percepção da remuneração, a qual, por seu turno, depende da conclusão do contrato e do próprio pagamento do prémio[2053]. Para além disso (e diversamente do que

---

do produtor em contrapartida da concessão de condições privilegiadas de comercialização, beneficiando da notoriedade da marca e da integração numa rede de distribuição. António Pinto Monteiro, *Contratos de Distribuição...*, *cit.*, p. 64. Sobre a temática, ver igualmente Maria Helena Brito, *O Contrato de Concessão...*, *cit.*, pp. 2 ss.; e António Pinto Monteiro, "Do regime jurídico dos contratos de distribuição comercial", *in* António Menezes Cordeiro, Luís Menezes Leitão e Januário Costa Gomes (Orgs.), *Estudos em Homenagem ao Prof. Doutor Inocêncio Galvão Telles*, Vol. I, Coimbra, Almedina, 2002, pp. 565-577.

[2052] Paula Alves, *Intermediação...*, *cit.*, p. 73, embora acentuando que os interesses próprios do mediador se harmonizam com os das partes na celebração do contrato de seguro.

[2053] Por seu turno, o proponente terá interesse em que o contrato cubra o risco mais amplo (extensão das coberturas e redução das exclusões) mediante o prémio mais reduzido, enquanto o segurador terá interesse em que o risco contratualmente assumido seja avaliado com exactidão, de modo a fazer-lhe corresponder condições contratuais ajustadas (quer ao nível da determinação do prémio, quer da aplicação de eventuais exclusões ou limitações de cobertura). Desta forma, o mediador tem um interesse pessoal convergente com o do proponente: facilitar a conclusão do contrato, evitando que a respectiva recusa pelo segurador coloque em causa a percepção da comissão e evitando que, se as condições tarifárias aplicáveis não forem satisfatórias para o proponente, este obtenha melhores condições através de outro mediador (junto de outro segurador). Em suma, o interesse económico do mediador é, pois, orientado para a facilitação do processo de formação do contrato, e não para o rigor na análise do risco. Este rigor compromete, por vezes a conclusão do contrato, seja porque o proponente não esteja disposto a submeter-se a processos morosos, incómodos

sucede com a agência ou, mormente, com a franquia), a autonomia económica do mediador decorre de, no mercado segurador – onde estão em causa serviços com um elevado grau de abstracção – serem mais relevantes, como pólo de atracção da clientela, as qualidades pessoais do mediador, a confiança que inspira, do que o prestígio da marca do segurador[2054]. Aliás, essa especial relação de confiança

(caso do exame médico), seja porque o segurador poderá inviabilizar a contratação, propondo um agravamento do prémio ou das condições contratuais, ou recusando mesmo a proposta contratual. Nesta medida, o interesse do mediador situa-se nos antípodas da declaração do risco (e em grande medida, também, nos antípodas do próprio interesse do segurador) – Cfr. Isabelle Hoarau, "Le modèle «Principal – Agent»", *Risques*, nº 24 (Out.-Dez. 1995), pp. 85-91.

[2054] Na verdade, e diversamente do que ocorre na generalidade dos contratos de distribuição comercial, a identidade do intermediário não é indiferente para o cliente. Entre o mediador de seguros e o cliente (tomador do seguro) existe uma ligação de confiança que faz com que – sobretudo, mas não só, em meios rurais – a celebração do contrato de seguro resulte, não do *selling power* da imagem de marca do segurador, mas, bem diversamente, do *selling power* da imagem pessoal, capacidade de persuasão e capital de confiança suscitados pelo mediador. São fundamentalmente essas qualidades pessoais o principal elemento fixador da clientela. É essa autêntica relação de confiança que faz com que, cessando o contrato de mediação entre o mediador e o segurador (e iniciando-se uma nova colaboração entre aquele e outro segurador), os clientes tendam frequentemente a seguir o *seu* mediador e a "transferir" os contratos de seguro para o novo segurador. Esta questão suscita, aliás, outra problemática. É que a cessação do contrato de mediação de seguros comporta, nos termos do artigo 45º da LMS, quer a passagem dos contratos de seguro a directos (operando-se a respectiva transmissão automática a favor do segurador), quer a concessão de uma indemnização de clientela ao mediador ligado ou ao agente de seguros, desde que tenham angariado novos clientes para o segurador ou aumentado substancialmente o volume de negócios com clientela já existente e o segurador venha a beneficiar, após a cessação do contrato, da actividade por si desenvolvida. Os pressupostos materiais da atribuição da indemnização de clientela seguem, assim, os definidos para o contrato de agência – Luís Menezes Leitão, *A Indemnização de Clientela no Contrato de Agência*, Coimbra, Almedina, 2006, pp. 45 ss. Sobre a indemnização de clientela, cfr. também Carolina Cunha, *A Indemnização de Clientela do Agente Comercial*, Coimbra, Coimbra Ed., 2003; Rui Pinto Duarte, *A Jurisprudência Portuguesa Sobre a Aplicação da Indemnização de Clientela ao Contrato de Concessão Comercial*, Separata Themis, Ano II, nº 3, Lisboa, 2001; Helena Magalhães Bolina, "O direito à indemnização de clientela no contrato de franquia", *RJ*, nº 21 (Jun. 1997), pp. 205-222; Maria Helena Brito, "Contrato de Agência", *cit.*, pp. 131 ss. Ora, a atribuição da indemnização de clientela e o respectivo valor (conforme o nº 4 do artigo 45º da LMS, a mesma é fixada em termos equitativos, mas não pode ser inferior ao dobro da remuneração média anual do mediador nos últimos cinco anos, ou do período de tempo em que o contrato esteve em vigor, se inferior) parecem descurar a natureza da distribuição em seguros. É que, quer se considere que a indemnização de clientela constitui uma resposta normativa do sistema ao "paradigma do desequilíbrio" – traduzido no facto de o principal transferir para o agente riscos económicos de prospecção do mercado e captação de clientela, mantendo, não obstante, o controlo da distribuição comercial e beneficiando igualmente da marca como pólo fixador de clientela (Carolina Cunha, *A Indemnização...*, *cit.*, p. 418) – quer se sustente que a figura desempenha uma função compensatória pelo enriquecimento sem causa (por prestação) obtido pelo principal com a cessação do contrato de distribuição (continuando a beneficiar da estabilidade das relações contratuais com os clientes

entre o mediador e o cliente reflecte-se no facto de ser legalmente conferida ao tomador a faculdade de escolher livremente o mediador de seguros para os seus contratos – podendo ainda nomear, dispensar ou substituir o mesmo na data aniversária do contrato ou, nos contratos renováveis, na data da sua renovação (nºs 1, 3 e 4 do artigo 40º da LMS)[2055] – e de a remuneração do mediador, constituindo uma parcela do prémio, ser suportada, no plano económico, pelo tomador (embora o respectivo pagamento ao mediador seja feito pelo segurador)[2056]. Daí que, se o mediador ligado ou agente de seguros deveria actuar por conta e no interesse do segurador, a verdade é que, frequentemente, actuará no seu próprio interesse ou no do cliente[2057].

A solução, do nosso ponto de vista, deve decorrer de uma *media via* entre as duas posições apontadas. A actuação do mediador não deve ser automática ou inerentemente imputada ao segurador, mas deverá poder sê-lo em determinadas circunstâncias em que o mediador seja, de facto, uma extensão – não meramente material ou económica, mas jurídica – do segurador. Foi este, como veremos, o caminho trilhado pela LCS.

---

sem ter de suportar o comissionamento que, de outra forma, seria devido ao agente – Luís Menezes Leitão, *A Indemnização...*, *cit.*, pp. 95 ss.), a verdade é que, em regra, o fundamento não é transponível para a distribuição de seguros. Na verdade, a especial configuração da mediação de seguros – onde o mediador granjeia um especial laço de confiança com o cliente (mercê da proximidade física, do conhecimento pessoal e dos serviços prestados no âmbito da mediação) e onde a marca do segurador constitui um elemento menos relevante de fixação de clientela – justifica menos esta solução legal do que no contrato de agência. Na verdade, como nota José Vasques, após o pagamento da indemnização de clientela, pode o mediador de seguros induzir junto do cliente a transferência do contrato de seguro para outro segurador ou pode o próprio cliente nomear outro mediador para o seu contrato (José Vasques, *Novo Regime...*, *cit.*, p. 96). Cremos que a bondade da solução legal é, portanto, no mínimo, discutível. Cfr. Luís Poças, *Estudos...*, *cit.*, pp. 158 ss.

[2055] Este direito concedido ao tomador quebra a lógica de regulação que perspectiva o mediador de seguros como uma extensão comercial do segurador. Eduarda Ribeiro fundamenta o direito de livre escolha do mediador, pelo tomador, num «princípio de liberdade contratual» – Eduarda Ribeiro, "Artigo 28º – Anotação", *in* Pedro Romano Martinez *et al.*, *LCS Anotada*, *cit.*, p. 189. Contra a perspectiva da autora, porém, sempre se dirá que – com a excepção da categoria do corretor de seguros – o contrato de mediação de seguros é celebrado entre o mediador e o segurador, pelo que o tomador não é parte nesse contrato.

[2056] Da relação de confiança entre mediador e cliente resultará o conluio de ambos – frequentemente assinalado pela jurisprudência – na declaração do risco, atenta a convergência de interesses e estratégias entre eles.

[2057] Assim, se o mediador sugerir ao cliente uma viciação da análise do risco para lhe proporcionar condições contratuais mais vantajosas (facto que o cliente *culposamente* aceite) será insustentável o entendimento de que o agente está a actuar por conta e no interesse do segurador. Também quando a proposta e questionário são preenchidos pelo punho do agente, ele está a actuar *por conta do cliente* – cfr. alguma jurisprudência francesa em James Landel, *Fausses Déclarations...*, *cit.*, p. 49.

Neste quadro, porém, a problemática suscita um duplo ângulo de análise. Por um lado, temos a *imputação de uma declaração negocial*, que é incindível do princípio da autonomia privada e cujo efeito é a *vinculação negocial* do segurador, isto é, a emergência na esfera deste de um dever de prestar. Ora, só no quadro do instituto da representação esse efeito se produz pela imputação de um comportamento (declarativo) de terceiro (o representante)[2058].

Questão diversa é a *imputação de um dano*, que assenta no instituto da responsabilidade civil e que tem por efeito a emergência, na esfera do segurador, de um dever de indemnizar. A nossa análise tomará em consideração esta dupla perspectiva.

IV. Refiramos, de forma breve, as soluções encontradas noutros ordenamentos, situando os critérios e soluções acolhidos actualmente entre nós. Assim, nos sistemas de matriz anglo-saxónica o proponente faz-se frequentemente representar pelo mediador de seguros, verificando-se entre ambos uma relação *principal-agent*. Há, assim, a considerar várias situações[2059]. Desde logo, o *agent* (corretor ou não) do proponente pode ser autorizado a negociar o contrato em representação do *principal*, devendo, para tanto, dar cumprimento à declaração do risco. Neste domínio, o *agent* (do proponente ou do segurador) com poderes de representação, mesmo actuando com dolo, vincula contratualmente o *principal*. Por outro lado, o *agent* pode também ser autorizado a receber informação em representação do *principal*, caso em que a informação prestada ao *agent* se considera, para todos os efeitos, prestada ao *principal*[2060]. De resto, o corretor (*broker*) – *agent* do proponente – é sujeito a um dever de declaração do risco independente e específico, relativamente a todas as circunstâncias relevantes do seu conhecimento (quer as mesmas sejam do conhecimento do proponente ou não), para além das do conhecimento do proponente[2061]. Se, por exemplo, o mediador preencheu o

---

[2058] Foi sob este ângulo que analisámos anteriormente a intervenção do mediador em sede de declaração do risco e, mais concretamente, a propósito da alínea d) do nº 3 do artigo 24º da LCS (cfr. *supra*, VII.4.6).

[2059] Peter MacDonald Eggers *et al.*, *Good Faith...*, *cit.*, pp. 320 ss.; Nicholas Legh-Jones *et al.* (Eds.), *MacGillivray...*, *cit.*, pp. 459 ss.

[2060] Peter MacDonald Eggers *et al.*, *Good Faith...*, *cit.*, pp. 325 ss.

[2061] O incumprimento de tal dever confere ao segurador o direito de anulação do contrato. Como referem Eggers *et al.*, o fundamento do dever resulta do facto «de que o segurado contrata o corretor para apresentar o risco ao segurador, e se o corretor incumpre o seu dever de declaração do risco, dos dois inocentes – o segurado e o segurador – é o primeiro que deve suportar as consequências decorrentes do incumprimento, já que o corretor representa os interesses do segurado, e não os do segurador» – Peter MacDonald Eggers *et al.*, *Good Faith...*, *cit.*, p. 335 (trad. nossa). Por outro lado, pelas omissões ou inexactidões do corretor, é o mesmo responsável perante o proponente (*principal*) – *idem*, pp. 329 ss.; John L. Powell e Roger Stewart (Eds.), *Jackson & Powell on Professional Negligence*, 5ª Ed., Sweet & Maxwell, 2002, pp. 1043 ss.

questionário, depois assinado pelo proponente, entende-se na *common law* que, aquando do preenchimento, o mediador está a agir como agente ou secretário do proponente (e não do segurador), já que «um homem não pode contratar consigo próprio e, portanto, a pessoa que preenche a proposta não pode ser o agente, nessa altura, da pessoa a quem a proposta está a ser dirigida»[2062]. Assim, os erros de preenchimento, mesmo contra a indicação do proponente, são imputáveis a este, bem como a situação em que o proponente assina o questionário em branco e confia ao mediador o respectivo preenchimento[2063].

Quanto ao sistema jurídico francês, tem sido orientação da *Cour de Cassation* considerar que, em virtude do princípio de *representação* do segurador, este fica vinculado pelos conhecimentos obtidos pelos agentes, designadamente quanto às inexactidões e omissões constantes da proposta contratual[2064]. Neste quadro, há, porém, que distinguir os casos em que o mediador (*agent*), ciente de que a declaração do risco contém omissões ou inexactidões, se limita a *participar* na mesma – designadamente preenchendo o questionário que o candidato a tomador subscreve –, daqueles outros casos em que essa participação assume um carácter mais censurável (*fautif*), designadamente quando o agente falseia a declaração do risco, alterando dados fornecidos pelo proponente, ou quando o instiga a mentir ou a omitir informações relevantes. No primeiro grupo de casos, haverá que indagar da extensão dos poderes de representação do mediador para a celebração de contratos de seguro em nome do segurador, ficando este vinculado pelo conhecimento do mediador sempre que tais poderes resultem do contrato de mediação de seguros[2065]. Já no segundo grupo de casos, a *faute* do

---

[2062] Cfr. *Newsholme Bros.v. Road Transport and General Insurance Co.*(1929) 2 K.B. 356, *apud* Nicholas Legh-Jones *et al.* (Eds.), *MacGillivray...*, *cit.*, p. 470 (trad. nossa).

[2063] Acrescem os argumentos de que a descrita actuação do mediador, não só viola os poderes de que foi investido pelo segurador e os deveres de diligência que tem para com este, mas manifesta uma elevada negligência ou mesmo intenção dirigida a assegurar a aceitação do contrato e o ganho da respectiva comissão. Por outro lado, ao assinar o questionário, o proponente responsabiliza-se pelo respectivo conteúdo, fazendo sua a autoria das informações nele contidas – Nicholas Legh-Jones *et al.* (Eds.), *MacGillivray...*, *cit.*, pp. 471 ss.

[2064] A solução tem, portanto, como pressuposto a existência de um vínculo de representação – Françoise Chapuisat, "La participation de l'agent général d'assurance a la déclaration du risque imposée a l'assuré: a propos d'un arrêt de la Cour de Cassation, première Chambre civile du 2 avril 1974", *SJ*, Doctrine, Ano 50 (1975), 2719; e Hubert Groutel, "La connaissance par l'agent général d'assurances d'une déclaration inexacte du risque", *RCA*, Ano 12, nº 9 (Set. 1999), pp. 10-11. Cfr. também, sobre a intervenção do mediador no contexto francês, Jean Bigot e Daniel Langé, *Traité de Droit des Assurances – Tome 2 (La Distribution de l'Assurance)*, Paris, LGDJ, 1999, pp. 171 ss.; Françoise Chapuisat, *Le Droit des Assurances*, *cit.*, pp. 21 ss.; Jean Roussel, "Les intermédiaires d'assurance au regard de l'immunité des préposés", *RGDA*, nº 3-2002, pp. 559-567.

[2065] Françoise Chapuisat, "La participation...", *cit.*, nºs 8 ss. A regra, consolidada pela jurisprudência francesa na falta de disposição específica sobre a matéria, comporta, porém, uma extensão: a

mediador implica, numa ficção legal, a responsabilidade civil objectiva do segurador, como comitente, pela actuação do seu preposto (ainda que, na verdade, não se verifiquem os requisitos normais da relação de comissão) – responsabilidade traduzida na inimpugnabilidade do contrato[2066] – sem prejuízo do exercício de direito de regresso do segurador contra o mediador (artigo L. 511-1 do *Code des Assurances*)[2067]. Em qualquer caso, o critério relevante para a aferição da existência de representação é a atribuição de poderes ao mediador para celebrar contratos de seguro em nome do segurador[2068].

Relativamente ao direito italiano, e nos termos do nº 1 do artigo 1745º do CC, apenas se consideram feitas ao segurador as declarações do tomador, prestadas ao agente, que respeitem à execução do contrato e as reclamações atinentes ao incumprimento do mesmo – e não as declarações pré-contratuais e informações prestadas ao agente, excepto se este tiver poderes para a celebração do contrato[2069]. Relativamente aos casos em que o mediador de seguros não se limita a preencher o questionário com as informações do proponente, mas contribui com

---

aplicação da teoria da aparência, verificados os pressupostos da representação aparente – *idem*, nºs 17 ss.

[2066] Hubert Groutel *et al.*, *Traité...*, *cit.*, p. 189.

[2067] Assim, não existindo um mandato que confira poderes para celebrar o contrato em nome e por conta do segurador, este só responderia, em virtude do regime jurídico da mediação, se o agente tivesse, «por actos ou afirmações, enganado o segurado, ou lhe tivesse feito crer que a sua declaração era regular, caso em que o segurador deve suportar as consequências da falta do seu agente» – Maurice Picard e André Besson, *Les Assurances...*, *cit.*, p. 161 (trad. nossa). Cfr. também Françoise Chapuisat, "La participation...", *cit.*, nºs 21 ss. Porém, numa construção falha de rigor, convertia a jurisprudência a obrigação de indemnizar em obrigação de prestar, sustentando que o segurador civilmente responsável pela *faute* do mediador não podia prevalecer-se da invalidade do contrato decorrente de reticências ou falsas declarações intencionais do segurado quando o mediador tivesse tido conhecimento das mesmas – Hubert Groutel, "La connaissance...", *cit.*, p. 10. Quanto a esta vinculação do segurador por faltas cometidas pelo mediador, em sede de declaração do risco, afirma Mayaux que, «na realidade, a representação não é senão uma ficção. O segurador ignora por completo o carácter mentiroso da declaração feita pelo segurado com a cumplicidade do agente» – Luc Mayaux, "L'ignorance...", *cit.*, p. 743 (trad. nossa).

[2068] Françoise Chapuisat, "La participation...", *cit.*, nº 33.

[2069] Por outro lado, não é oponível ao segurador a participação de sinistro perante mediador de seguros que não tenha poderes para a conclusão do contrato, nos termos do artigo 1913º do mesmo Código. Cfr. José Carlos Moitinho de Almeida, *Contrato de Seguro – Estudos*, *cit.*, p. 165; Alfredo Gregorio e Giuseppe Fanelli, *Diritto delle Assicurazioni*, Vol II, Milano, Giuffrè Ed., 1987, pp. 33 ss.; Eduarda Ribeiro, "Artigo 31º – Anotação", *in* Pedro Romano Martinez *et al.*, *LCS Anotada*, *cit.*, p. 213. Quanto à actuação do corretor, o mesmo é configurado como auxiliar do proponente e, em regra, mas não necessariamente, um seu representante voluntário. Neste quadro, por um lado, não são oponíveis ao segurador as informações pré-contratuais sobre o risco transmitidas pelo proponente ao corretor (e que este não tenha comunicado ao segurador); e, por outro, o segurador poderá opor ao tomador o estado subjectivo do corretor, designadamente, as omissões ou inexac-

conselhos ao preenchimento, a jurisprudência italiana dominante entende que o segurador deve responder pela actuação culposa do agente (seu comissário), não podendo, portanto prevalecer-se da inexactidão ou omissão[2070].

No Direito alemão o § 69 da actual VVG habilita o mediador de seguros a praticar diversos actos materiais por conta do segurador, entre os quais a recepção da proposta de seguro e da declaração pré-contratual do risco (cabendo ao proponente o ónus da prova desta entrega)[2071]. Com base na disposição equivalente da anterior VVG (§ 43) desenvolveu-se a jurisprudência "olhos e ouvidos" (*Auge und Ohr*) a partir de uma decisão do BGH, de 1987, nos termos da qual todos os factos que chegam ao conhecimento do agente, mesmo que comunicados oralmente, no âmbito da sua actividade, consideram-se conhecidos pelo segurador (que não pode restringir os poderes conferidos por lei ao agente). Por outro lado, caberá ao tomador o ónus de *alegar* ter prestado todas as informações relevantes, competindo ao segurador a *prova* do inverso. Esta jurisprudência não tem aplicação em caso de erro ou omissão manifestos ou em caso de fraude por conluio entre o tomador e o agente[2072].

Finalmente, no nº 1 do artigo 12º da lei espanhola que regula a mediação de seguros (Ley 26/2006, de 17 de Julho), acolhe-se a regra segundo a qual as comu-

---

tidões quanto a informações que o corretor possuísse – Marino Bin, "Broker di assicurazione", *in* Francesco Galgano (Dir.), *CI*, 2, Padova, CEDAM, 1985, pp. 543-544.

[2070] Vittorio Salandra, "Dell'Assicurazione", *cit.*, p. 223. Porém, como nota o autor, o preenchimento do questionário não faz parte das incumbências dadas ao agente pelo segurador, embora, na perspectiva do segurado, o agente deva tutelar os interesses do segurado. Assim, para o autor, «o segurador deve suportar as consequências das erróneas explicações e sugestões feitas pelo agente; mas não de um conluio deste com o segurado na formulação de declarações inexactas ou reticentes» – *ibidem* (trad. nossa). No mesmo sentido, Alberto Parrella, "Dichiarazioni...", *cit.*, p. 180. Salandra exceptua ainda o caso de o proponente subscrever uma cláusula em que assume a total responsabilidade pelas informações e declarações transcritas na proposta, ainda que não pelo seu próprio punho. *Ibidem.*

[2071] Não se trata, na verdade, de verdadeiros poderes de representação, como equivocamente refere alguma doutrina (p. ex., José Carlos Moitinho de Almeida, *Contrato de Seguro – Estudos*, *cit.*, p. 162). Na verdade, como resulta do nº 1 do § 69, o mediador apenas fica habilitado a receber, do tomador, documentos, comunicações e informações, bem como a entregar-lhe a apólice. Esta função de "caixa de correio" – que, nos termos do nº 2 do preceito, poderá estender-se ao recebimento de prémios de seguro – consentânea com a qualificação de *auxiliar* do segurador, não comporta verdadeiros poderes para a prática, em nome do segurador, de actos ou negócios jurídicos que, em virtude de tais poderes, produzam efeitos directa e imediatamente na esfera deste. Estamos, pois, no quadro da "representação comercial" (agência), mas não do instituto da representação.

[2072] A lei austríaca acolhe desde 1994 uma disposição (§ 44 da VVG) segundo a qual o que é conhecido pelo agente tem-se por conhecido pelo segurador na medida em que o agente esteja habilitado para a prática dos actos referidos no § 43 (os mesmos que actualmente constam do § 69 da VVG alemã). José Carlos Moitinho de Almeida, *Contrato de Seguro – Estudos*, *cit.*, p. 163.

nicações efectuadas pelo tomador ao mediador do contrato produzem efeitos como se fossem feitas directamente ao segurador. Já relativamente ao corretor de seguros, e nos termos do artigo 21º da Ley 50/1980, de 8 de Outubro, as comunicações efectuadas por aquele, em nome do tomador, ao segurador, consideram-se feitas pelo próprio tomador, salvo indicação em contrário deste.

V. Após esta breve digressão por ordenamentos jurídicos próximos, é tempo para um sucinto ponto de situação. Assim, para os casos em que o mediador possua verdadeiros poderes de representação do segurador para celebrar em seu nome o contrato de seguro, a situação cairá na esfera da alínea d) do nº 3 do artigo 24º da LCS: os factos que sejam do conhecimento do mediador de seguros não poderão ser invocados pelo segurador para impugnar o contrato. Por outras palavras, o segurador ficará vinculado pelo conhecimento do mediador, exceptuando-se, como resulta do preceito, a situação de dolo do proponente com o propósito de obter uma vantagem, caso em que o contrato é impugnável.

A questão permanece, porém, relativamente aos casos em que o mediador não tenha poderes de representação mas contribua culposamente para as omissões ou inexactidões em sede de declaração do risco. Neste campo, analisaremos primeiro os deveres que incidem sobre o próprio mediador em sede de declaração do risco e a medida em que o mesmo poderá ser pessoal e autonomamente responsabilizado pelo incumprimento culposo de tais deveres ou de outros deveres pré-contratuais decorrentes da boa fé (artigo 227º do CC). Num segundo momento, importa ponderar se – e em que medida – a actuação culposa do mediador na declaração do risco pode ser imputável ao segurador e quais as consequências daí decorrentes.

VIII.2.2 – A responsabilidade pessoal *in contrahendo* do mediador

I. Embora a LCS contenha disposições específicas relativas à mediação de seguros, o artigo 28º ressalva a aplicabilidade, ao contrato de seguro celebrado com a intervenção de um mediador, da LMS. Neste contexto, e atento o relevante papel desempenhado pelo mediador na formação do seguro, passível de influenciar a declaração do risco, este diploma vincula-o à observância de vários deveres *próprios*, sancionando severamente o seu incumprimento.

Desde logo, como resulta da alínea e) do artigo 29º da LMS, é dever geral do mediador *diligenciar no sentido da prevenção de declarações inexactas ou incompletas pelo tomador do seguro* e de situações que violem ou constituam fraude à lei ou que indiciem situações de branqueamento de capitais[2073]. Quanto aos deveres

---

[2073] O incumprimento deste dever constitui contra-ordenação grave, sendo punível com coima de € 750,00 a € 50.000,00 ou de € 1.500,00 a € 250.000,00, consoante seja aplicada a pessoa singular

do mediador para com o segurador, evidenciam-se os de *informar sobre riscos a cobrir e suas particularidades*; informar sobre alterações aos riscos já cobertos de que tenha conhecimento e que possam influir nas condições do contrato; actuar com lealdade; e informar sobre todos os factos de que tenha conhecimento e que possam influir na regularização de sinistros (respectivamente, alíneas *a)*, *b)*, *d)* e *e)* do artigo 30º da LMS)[2074]. Relativamente aos deveres do mediador para com o tomador, relevam em especial o de informar, nos termos fixados por lei e respectiva regulamentação, dos direitos e deveres que decorrem da celebração de contratos de seguro; e transmitir ao segurador, em tempo útil, todas as informações, no âmbito do seguro, que o tomador solicite (respectivamente, alíneas *a)* e *d)* do artigo 31º da LMS)[2075].

Note-se que, nos termos da alínea a) do nº 2 do artigo 68º da LMS, *a contrario*, as sanções decorrentes do incumprimento dos deveres acima referidos incidem apenas sobre o mediador, e não sobre o segurador por conta de quem ele actue. Porém, para além daquelas consequências contra-ordenacionais, importa analisar que outras consequências impendem directamente sobre o mediador, mormente a questão da sua eventual responsabilidade civil.

II. Desde logo, impõe-se a análise da eventual responsabilidade autónoma e directa do mediador, como terceiro interveniente na formação do contrato – inexistindo, portanto, um vínculo de representação com qualquer das partes – pela confiança gerada.

Trata-se de uma das matérias candentes da doutrina da confiança, de resto bastante debatida pela doutrina e jurisprudência além-Reno. Nesse contexto, relativamente à intervenção de profissionais especializados – designadamente consultores fiscais, contabilistas, auditores, mediadores imobiliários ou de seguros – no processo de formação de um contrato, agindo junto de uma das partes e suscitando a confiança da contraparte, reconhece-se a existência, relativamente a

---

ou colectiva (alínea g) do artigo 77º). A negligência é punível, nos termos do nº 1 do artigo 79º, sendo os limites máximo e mínimo da coima reduzidos a metade (nº 5 do mesmo artigo). Por outro lado, para além da coima, são igualmente aplicáveis as sanções acessórias definidas no artigo 80º.

[2074] O incumprimento dos deveres consagrados nas alíneas a), b) e e) do artigo 30º constitui contra-ordenação grave, sendo punível com coima de € 750,00 a € 50.000,00 ou de € 1.500,00 a € 250.000,00, consoante seja aplicada a pessoa singular ou colectiva (alínea g) do artigo 77º); e constitui contra-ordenação leve, punível com coima de € 250,00 a € 15.000,00 ou de € 750,00 a € 75.000,00, consoante seja aplicada a pessoa singular ou colectiva, o incumprimento do dever estabelecido na alínea d) do artigo 30º (alínea j) do artigo 76º).

[2075] O incumprimento destes deveres constitui contra-ordenação grave, sendo punível com coima de € 750,00 a € 50.000,00 ou de € 1.500,00 a € 250.000,00, consoante seja aplicada a pessoa singular ou colectiva (alínea h) do artigo 77º).

esta, de uma relação específica entre sujeitos determinados, designada por *relação obrigacional sem deveres primários de prestação*[2076].

A responsabilidade pré-contratual de terceiro assenta, nesta perspectiva, em vários critérios, cumulativos ou independentes[2077]. Por um lado, decorre do reconhecimento de que o terceiro (no caso, o mediador), pela sua intervenção *in contrahendo*, gera numa das partes uma situação de confiança que vem a frustrar-se[2078]. Por outro lado, repousa igualmente no reconhecimento de que esse terceiro tem um interesse económico próprio na conclusão do contrato, retirando do mesmo um proveito pessoal (no caso, a remuneração – comissão –, que se efectiva apenas com a conclusão do contrato)[2079].

[2076] Manuel Carneiro da Frada, *Uma "Terceira Via"...*, *cit.*, pp. 100-101. Segundo Ana Prata, a responsabilidade directa de terceiro perante o lesado apenas se poderá fundar na verificação dos pressupostos da responsabilidade aquiliana, solidariamente extensível ao comitente nos termos do artigo 500º do CC – Ana Prata, *Notas...*, *cit.*, p. 184. Porém, considerando situações como as do mediador, entende a autora ser de aceitar a responsabilização deste terceiro por conduta pré-contratual ilícita quando a sua intervenção pré-negocial «ocorrer em termos tais que o sujeito do negócio é levado a confiar fundamente na pessoa do terceiro, designadamente em função de características, circunstâncias ou motivos que são próprios desse terceiro; ou seja, sempre que o terceiro, [...] porque é ele que conduz o processo negociatório ou conclusivo do negócio, se possa considerar parte na relação pré-negocial, a responsabilidade in contrahendo eventualmente emergente de ilícitos por ele culposamente praticados sobre ele impende» – *idem*, p. 188.

[2077] Francesco Benatti, *La Responsabilità...*, *cit.*, p. 160; Dieter Strauch, "A respeito da responsabilidade profissional por conselhos, informações e pareceres com base no BGB", *RDE*, Ano XV (1989), pp. 15 ss. Entre nós, Manuel Carneiro da Frada, *Teoria da Confiança...*, *cit.*, pp. 118 ss.; Jorge Sinde Monteiro, *Responsabilidade por Conselhos...*, *cit.*, p. 53.

[2078] Haverá então que constatar se se verificam os pressupostos da protecção da confiança: uma situação de confiança; uma justificação desta confiança; um investimento de confiança e a imputação da confiança ao lesante – Manuel Carneiro da Frada, *Uma "Terceira Via"...*, *cit.*, pp. 103-104; Manuel Carneiro da Frada, *Teoria da Confiança...*, *cit.*, pp. 118 ss. Já a imputação do dano ao lesante poderá ser feita a título de culpa ou pelo risco – Manuel Carneiro da Frada, *Uma "Terceira Via"...*, *cit.*, p. 106.

[2079] Manuel Carneiro da Frada, *Teoria da Confiança...*, *cit.*, pp. 118 ss. Neste quadro, a jurisprudência alemã tende a responsabilizar por *culpa in contrahendo* o terceiro quando, p. ex., num contrato de compra e venda, o mesmo surge formalmente como um representante do vendedor, actuando, portanto, formalmente em nome alheio mas prosseguindo, em substância, um interesse próprio (*actuação em nome alheio por conta própria*). Tal é o caso dos comerciantes de automóveis usados – que estabelecem um preço com o proprietário original e retêm a receita da venda, recorrendo ao instituto da representação como forma de fuga ao imposto de transacções – ou, em geral, de todas as situações em que a actuação em nome alheio constitui uma forma de disfarçar a prossecução de fins pessoais – Claus-Wilhelm Canaris, "Autoria...", *cit.*, p. 32. Para além da actuação em nome alheio por conta própria, exige-se que o domínio do facto (violação culposa do dever pré-contratual) pertença ao terceiro, e não à parte que este "representa". Já se o domínio do facto, designadamente em caso de instruções transmitidas ao terceiro, pertencer à parte "representada", será esta directamente responsável – *ibidem*. Exige-se igualmente que o terceiro suporte riscos inerentes à venda (p. ex., o risco de não lograr efectuar a venda pelo preço acordado com o alienante, obtido, em

Ainda neste âmbito – e reportando-se embora ao contexto do revogado DL 388/91, de 10 de Outubro – refere Carneiro da Frada, quanto à responsabilidade civil dos mediadores de seguros, a existência de deveres pré-contratuais de informação no interesse do potencial tomador do seguro e independentemente da existência de um vínculo contratual com este (alínea a) do artigo 8º)[2080] e de um regime expresso de responsabilidade civil para com os tomadores, segurados, beneficiários e seguradores (artigo 9º). Este regime poderia, aliás, estender-se à fase contratual, atento o dever, consagrado na alínea b) do artigo 8º[2081], de prestar assistência ao tomador durante a vigência do contrato[2082].

Tratar-se-á, como referido, não de uma responsabilidade contratual entre contratantes (que se depararia, quanto à intervenção do terceiro, com a dificuldade colocada pelo nº 2 do artigo 406º do CC), ou sequer de uma responsabilidade delitual, mas de uma responsabilidade pela confiança, manifestação da "terceira via" da responsabilidade civil[2083].

Ora, relativamente ao mediador de seguros parecem verificar-se os vários requisitos referidos. Desde logo, o domínio do facto pertence ao mediador de seguros: é ele que contacta o potencial tomador do seguro, é ele que o alicia a contratar e que, para o efeito, o persuade com a argumentação comercial[2084]. Por outro lado, a relação de confiança assenta no trato pessoal, na proximidade e no conhecimento recíproco entre o candidato a tomador e o mediador que angaria o contrato. De resto, evidencia-se o interesse económico próprio do mediador na conclusão do contrato de seguro.

---

contrapartida, um proveito próprio quando a venda é efectuada por um valor superior) e em que assumam, portanto, a *alea* contratual típica do contrato de compra e venda – Manuel Carneiro da Frada, *Teoria da Confiança...*, *cit.*, p. 120, n. 101.

[2080] Esta disposição corresponde, actualmente, às alíneas a) e b) do artigo 31º da LMS.

[2081] Cfr., actualmente, as alíneas c) a e) do artigo 31º da LMS.

[2082] Manuel Carneiro da Frada, *Teoria da Confiança...*, *cit.*, p. 129, n. 105. A existência de regime legal específico supera as dificuldades de recondução da responsabilidade *in contrahendo* ao regime do artigo 227º do CC. Em qualquer caso, defende o autor que este dispositivo legal sempre acolheria a responsabilidade de terceiros, senão na própria letra do preceito, ao menos por via de interpretação extensiva, de interpretação teleológica ou mesmo considerando um possível desenvolvimento do Direito nesse sentido – *idem*, pp. 154-155; e Manuel Carneiro da Frada, *Uma "Terceira Via"...*, *cit.*, pp. 101-102. Na verdade, como refere, «a culpa pré-negocial realiza e concretiza princípios fundamentais da ordem jurídica [pelo que] sobre as suas exigências se moldam depois os concretos deveres impostos aos sujeitos (em nome da boa fé)» – Manuel Carneiro da Frada, *Teoria da Confiança...*, *cit.*, p. 154.

[2083] Manuel Carneiro da Frada, *Teoria da Confiança...*, *cit.*, pp. 115 ss.

[2084] Não faria, aliás, sentido que o segurador induzisse o mediador a práticas pré-contratuais que afectassem, em primeira linha, o próprio segurador. Nem sequer será defensável que o segurador conheça, na generalidade dos casos, as negociações em curso nem que tenha a possibilidade de interferir nelas.

III. Configurando-se a fase pré-contratual, no quadro da noção de relação obrigacional complexa, como uma relação obrigacional sem deveres primários de prestação (ou *relação obrigacional de negociações contratuais*)[2085], os deveres laterais de conduta colocam-se *às partes* dessa relação. Ora, inexistindo poderes de representação, a contraparte do potencial tomador é, não o segurador (que ainda não intervém), mas o mediador[2086].

Neste caso, quando o mediador sugira, aconselhe ou instigue o proponente a omitir ou falsear dados de modo a obter condições contratuais mais vantajosas, apresentando essa actuação como legítima, verifica-se uma acção passível de responsabilidade civil pré-contratual. Também quando o mediador, sem o conhecimento do proponente, ou beneficiando da confiança no mesmo gerada (nomeadamente quando este tenha um baixo nível de instrução escolar, uma idade elevada ou quaisquer outras circunstâncias que o tornem especialmente dependente ou confiante no mediador) altere, adite, rasure ou omita dados relevantes na proposta de seguro e respectivo questionário, designadamente após a assinatura do cliente, será o mesmo pessoalmente responsável perante este.

IV. Uma grande dificuldade – a que já aludimos noutro contexto – quanto à responsabilidade civil do mediador, perante o tomador do seguro, pelas omissões ou inexactidões a que tenha dado causa, consiste no estabelecimento de um nexo de causalidade entre a actuação do mediador e o dano (lesão extra-contratual que o segurado deixará de ver ressarcido em virtude da invocação, pelo segurador, dessas omissões ou inexactidões). Remetemos, a propósito, para as considerações já tecidas na matéria (*supra*, VII.5.IX).

V. Como referimos, a responsabilidade pela confiança *in contrahendo* depende de se verificarem os requisitos da tutela da confiança, designadamente da existência de uma situação de legítima confiança do lesado. Porém, logo este requisito nos suscita uma perplexidade: é que não se divisam, mesmo no plano das

---

[2085] Jorge Sinde Monteiro, "Responsabilidade por informações...", *cit.*, pp. 46 ss.
[2086] Da maior relevância nesta matéria é a posição assumida pelo Ac. STJ de 13/05/2003 – Proc. nº 03A1048 (Reis Figueira). Defende o aresto que, sendo a proposta de seguro recusada pela seguradora, o mediador tem o dever, legal e contratual, de comunicar ao candidato a tomador a recusa do risco: «o dever de comunicar a não aceitação ao candidato a tomador de seguro não cabia à seguradora, na medida em que ela nenhum contacto chegou a ter ou contrato chegou a celebrar com aquele: foi o mediador (intermediário no projectado contrato) quem agiu, quem lhe enviou a proposta de seguro, pelo que a recusa de aceitação linearmente tinha ser feita apenas ao mediador». Sublinha igualmente que o mediador age com grave negligência, não comunicando ao proponente a não aceitação do seguro em que ele era mediador e, nessa medida, também interessado e responsável perante o candidato a tomador. Nestas circunstâncias, o tribunal condenou o mediador por *culpa in contrahendo*, nos termos do nº 1 do artigo 227º e artigo 486º do CC.

hipóteses académicas, situações em que haja uma fundada confiança do lesado e, simultaneamente, uma actuação culposa deste. Por outras palavras, a situação de confiança haverá de pressupor a ausência de culpa.

Porém, inexistindo culpa do proponente, o incumprimento do dever de declaração do risco não comporta qualquer cominação legal (artigos 25º e 26º da LCS, *a contrario*), pelo que o segurador não poderá impugnar o contrato, ficando vinculado pelo mesmo. Desta forma, não se configura facilmente a existência de qualquer dano na esfera do tomador passível de ser indemnizado pelo mediador de seguros.

VI. O âmbito da responsabilidade do mediador pela actuação culposa em sede de declaração do risco pode não se confinar ao tomador do seguro[2087]. Assim, a LSORCA prevê que, no caso de o responsável civil por acidente de viação não ter seguro válido (designadamente em consequência de omissões ou inexactidões pré-contratuais), caberá ao FGA a indemnização do terceiro lesado, ficando sub-rogado nos direitos deste contra o responsável civil e, subsidiariamente, contra «os que tenham contribuído para o erro ou vício determinante da anulabilidade ou nulidade do contrato de seguro», sem prejuízo do direito de regresso destes contra «outros responsáveis» (nºs 3 e 4 do artigo 54º da LSORCA). Trata-se, como nota Arnaldo Oliveira, de uma medida que visa precisamente o mediador de seguros[2088].

VII. Sem prejuízo do que fica dito, importa referir – para o caso em que se estabeleça a responsabilidade do mediador – em que termos a mesma se efectiva. Assim, enquanto o artigo 9º do DL 388/91, de 10 de Outubro, previa a responsabilidade do mediador de seguros «perante o tomador de seguro, os segurados, as pessoas seguras, os beneficiários e as seguradoras pelos factos que lhe sejam imputáveis e que se reflictam no contrato em que interveio, determinando alteração nos seus efeitos tal como pretendidos pela vontade expressa dos contratantes», já a actual LMS estabelece que, relativamente à categoria de mediador de seguros ligado, o mesmo actua «sob inteira responsabilidade» do segurador no que se refere à mediação dos respectivos produtos (alínea a) do artigo 8º e nº 1 do artigo 15º da LMS). Não obstante a falta de rigor terminológico da LMS – a que já aludimos – e não obstante a mesma utilizar repetidamente a expressão "responsabilidade" nos mais diversos sentidos, o citado preceito consagra, não a

---

[2087] Desde logo, poderá verificar-se a responsabilidade civil contratual do mediador, perante o segurador, pelos danos que este vier a sofrer em virtude da viciação da análise do risco que aquele haja culposamente praticado. Em causa estará a violação de deveres inerentes ao contrato de mediação de seguros (ainda que com fonte na LMS) – cfr. *supra*, VIII.2.2.I.

[2088] Arnaldo Oliveira, *Seguro Obrigatório...*, *cit.*, p. 100.

irresponsabilidade civil do mediador de seguros ligado, mas um sistema *sui generis* de responsabilidade objectiva que incide sobre o segurador (e que não obstará ao exercício por este do direito de regresso contra o mediador, nos termos gerais[2089]).

Quanto às categorias de agente de seguros e de corretor de seguros, prevê a LMS a celebração de um seguro de responsabilidade civil profissional que abranja todo o território da UE (respectivamente, alínea c) do n.º 1 do artigo 17.º e alínea c) do n.º 1 do artigo 19.º da LMS). Daí decorre, desde logo, a potencial emergência, na esfera própria dos mesmos, de obrigações indemnizatórias cuja efectividade o legislador entendeu assegurar através da respectiva transferência por via de contrato de seguro de responsabilidade civil[2090].

VIII.2.3. Responsabilidade objectiva do segurador?

I. Vimos em que termos o mediador de seguros pode ser civilmente responsabilizado pela sua actuação culposa na fase pré-contratual. Importa ver, não obstante, se – e em que medida – o seu comportamento pode ser imputável ao segurador em sede de responsabilidade civil. Nesta matéria, importa analisar se será admissível a extensão do regime da responsabilidade civil contratual do devedor pela actuação dos seus auxiliares ao domínio pré-contratual; e se, sendo-o, poderemos considerar o mediador como auxiliar do segurador.

Quanto à primeira questão, alguma doutrina entende, como vimos (*supra*, III.3.4.III) que a responsabilidade pré-contratual obedece aos princípios e às regras da responsabilidade contratual. Nesta perspectiva, uma das consequências da qualificação da *culpa in contrahendo* como responsabilidade obrigacional será a aplicação do regime da responsabilidade do devedor por culpa dos auxiliares (artigo 800.º do CC)[2091].

Nesta linha, defende Larenz que, tal como o devedor responde pelos auxiliares que utilize no cumprimento, também deve responder pelos auxiliares que utilize nos preliminares, quer eles tenham poderes para concluir o contrato, quer apenas os tenham para cooperar na preparação da conclusão do contrato[2092]. Por outro

---

[2089] Jorge Ribeiro de Faria, *Direito das Obrigações*, Vol. II, Coimbra, Almedina, 1990 (Reimpr. 2001), p. 410, e n. 2; Adriano Vaz Serra, "Responsabilidade do devedor pelos factos dos auxiliares, dos representantes legais ou dos substitutos", *BMJ*, n.º 72 (Jan. 1958), pp. 285-286.

[2090] Sempre que intervenha mais do que um mediador (agente ou corretor) na mediação de um contrato, estabelece-se, no n.º 1 do artigo 39.º da LMS, a responsabilidade solidária de todos eles perante os segurados, os tomadores de seguro e as empresas de seguros pelos actos de intermediação praticados.

[2091] Carlos Mota Pinto, *Cessão...*, *cit.*, p. 352.

[2092] Karl Larenz, *Lehrbuch...*, Vol. I, *cit.*, p. 110. Assim, segundo o autor, «cada parte suporta a culpa pelas pessoas de que se sirva para a preparação da conclusão e para o cumprimento dos deveres "pré-contratuais" que na dita preparação o afectam, respondendo por eles [...] tal como pela sua própria culpa» – *ibidem* (trad. nossa). No mesmo sentido, refere Carlos Mota Pinto ser indiferente

lado, o autor apresenta alguns argumentos em defesa da responsabilidade civil do vinculado a deveres pré-contratuais, por incumprimento culposo dos auxiliares que haja escolhido para o efeito[2093]. Desde logo, o de que, a não ocorrer a responsabilização do devedor, ficaria fragilizada a posição do credor, eventualmente incapaz de obter uma indemnização do auxiliar em causa. Por outro lado, o de que o auxiliar actua no âmbito da esfera do devedor, só devendo responder pelo seu próprio acto ilícito. Finalmente, como refere o autor, o credor «confia na probidade e na reputação negocial daquele com quem contrata, e espera, razoavelmente, que este seja responsável pela normal execução do acordado, quer o realize pessoalmente ou por meio de auxiliares»[2094]. Em suma, sustenta que deve ser entendida em sentido lato a responsabilidade do devedor por actos dos auxiliares que empregue no cumprimento da obrigação, abrangendo os deveres preparatórios do contrato, bem como os de protecção e os de conservação[2095].

Vários são os autores na nossa doutrina que, não se alongando na matéria, subscrevem a existência de responsabilidade pré-contratual pela actuação de auxiliares[2096]. Não existe, porém, consenso na matéria[2097]. Luís Menezes Leitão,

---

que se trate «de representantes legitimados para a conclusão do contrato ou de auxiliares nas negociações de outro tipo» – Carlos Mota Pinto, *Cessão...*, *cit.*, p. 352.

[2093] Karl Larenz, *Lehrbuch...*, Vol. I, *cit.*, p. 293.

[2094] Karl Larenz, *Lehrbuch...*, Vol. I, *cit.*, p. 294 (trad. nossa). Nesta perspectiva, o fundamento da responsabilidade por actuação dos auxiliares não assenta na culpa própria do devedor (*culpa in eligendo, in vigilando*, etc.), mas no facto de o auxiliar actuar por incumbência – ou por conta – do devedor, no exercício de uma actividade deste e para o cumprimento de um dever que ao mesmo incumbia ou, por outras palavras, na «ampliação da esfera de actividade do devedor mediante a utilização de auxiliares cuja actuação redunda economicamente em seu proveito» – *idem*, p. 296.

[2095] Karl Larenz, *Lehrbuch...*, Vol. I, *cit.*, p. 297. Como afirma o autor, «ao lado dos auxiliares no cumprimento estão os *auxiliares nas negociações preliminares e na conclusão do contrato*, dos quais se serve o contratante para a preparação e celebração daquele e para a sua perfeição» – *idem*, p. 298 (trad. nossa).

[2096] Entre eles, Manuel Carneiro da Frada, *Uma "Terceira Via"...*, *cit.*, p. 98, n. 80; Carlos Mota Pinto, *Cessão...*, *cit.*, p. 352; Ana Prata, *Notas...*, *cit.*, p. 155; João Antunes Varela, *Das Obrigações...*, Vol. I, *cit.*, p. 267. Oliveira Ascensão e Carneiro da Frada admitem esta possibilidade na medida em que «a atitude do representado se puder configurar para ele como *risco da empresa* (risco da participação da empresa no tráfico jurídico)» – José Oliveira Ascensão e Manuel Carneiro da Frada, "Contrato...", *cit.*, p. 70. Porém, haveria de verificar-se o requisito de que o facto danoso do auxiliar se desse «no exercício de funções que lhe foram cometidas na empresa» (*idem*, p. 71), embora não no estrito quadro da incumbência especificamente ordenada (*idem*, p. 72).

[2097] Para Almeida Costa, p. ex., os únicos casos de responsabilidade objectiva no domínio pré-contratual resultam dos artigos 899º e 909º do CC. Mário Almeida Costa, *Direito das Obrigações*, *cit.*, p. 1039, n. 1. Referindo a controvérsia, sem assumir posição, Jorge Ribeiro de Faria, *Direito das Obrigações*, Vol. II, *cit.*, p. 406, n. 2. Defendendo que a extensão do artigo 800º à responsabilidade pré-contratual depende da posição que se assuma quanto à natureza desta – Maria Victória Rocha, "A imputação...", *cit.*, pp. 82-83.

por exemplo, considera que, caindo a violação dos deveres acessórios de conduta – entre eles, os deveres pré-contratuais – no âmbito da "terceira via da responsabilidade civil" (responsabilidade pela confiança), estar-se-ia perante uma lacuna a preencher, mediante ponderação casuística, por aplicação do artigo 500º ou do artigo 800º, consoante o que se afigurasse mais adequado ao caso.

Perante as várias perspectivas em presença, e considerando a posição já atrás assumida quanto à natureza da responsabilidade pré-contratual, não nos suscita reservas a defesa da responsabilidade pré-contratual do devedor pela actuação do auxiliar, por interpretação extensiva do nº 1 do artigo 800º do CC. Porém, a questão não se esgota aqui: para a matéria que nos prende, é essencial aferir-se se o mediador de seguros deverá considerar-se um auxiliar do segurador (pelo menos, quanto à fase que precede a formação do contrato)[2098].

II. O auxiliar é um terceiro (face à estrutura de uma obrigação) que o devedor convoca ao cumprimento, por sua conta, de uma obrigação e ao desenvolvimento das actividades de que esse cumprimento dependa, quer lhe outorgue ou não poderes de representação[2099]. Assim, o auxiliar actua, por iniciativa ou de acordo com a vontade do devedor, como um colaborador deste, em seu benefício ou sob o seu controlo, como uma *longa manus* sua[2100]. O recurso a auxiliares

---

[2098] Noutro lugar contestámos a interpretação extensiva no nº 1 do artigo 800º à esfera da responsabilidade pré-contratual – Luís Poças, *Estudos...*, *cit.*, pp. 209 ss. Hoje, consideramos que, relativamente à mediação de seguros, a questão não se traduz propriamente em saber se, em abstracto, é legítima aquela interpretação extensiva, mas antes em delimitar os casos em que o mediador de seguros actuando na fase pré-contratual pode, para aquele efeito, ser considerado um auxiliar do segurador.

[2099] Cfr. Karl Larenz, *Lehrbuch...*, Vol. I, *cit.*, p. 293. Cfr. também Francisco Jordano Fraga, *La Responsabilidad del Deudor por los Auxiliares que Utiliza en el Cumplimiento*, Madrid, Civitas, 1994, p. 45. Os contornos da noção de auxiliar não são pacíficos na doutrina. Assim, para Hedemann, os auxiliares distinguem-se dos representantes, não só por serem juridicamente dependentes da parte que os utiliza, mas também por assumirem um âmbito de actuação bastante mais amplo do que a emissão de declarações de vontade, compreendendo a realização de actividades estritamente materiais – Justus Wilhelm Hedemann, *Schuldrecht...*, *cit.*, p. 42. Por outro lado, só o devedor está adstrito a um vínculo obrigacional, e não já o auxiliar, que, atenta a relação de dependência para com o devedor, actua como um mero "instrumento" ao serviço do devedor. Daí que qualquer falta cometida pelo auxiliar no cumprimento da obrigação responsabilize contratualmente o devedor perante o credor – *ibidem*. Entre nós, distinguindo o auxiliar do representante, Inocêncio Galvão Telles, *Manual dos Contratos...*, *cit.*, p. 308.

[2100] Luís Menezes Leitão, *Direito das Obrigações*, Vol. II, *cit.*, p. 267. Importa sublinhar, porém, que, como refere a doutrina, a noção de *auxiliar* é mais ampla do que a de *comissário*, dispensando a existência de um vínculo de subordinação jurídica, ou seja, de autoridade e dependência, do auxiliar em relação ao dono do negócio – António Menezes Cordeiro, *Da Boa Fé...*, *cit.*, p. 638; Mário Almeida Costa, *Direito das Obrigações*, *cit.*, p. 545; Manuel Carneiro da Frada, *Contrato...*, *cit.*,

estende, portanto, o âmbito da actividade do devedor e permite-lhe, desta forma, beneficiar das inerentes vantagens[2101].

São exemplos de auxiliares os intermediários (entre eles, os mediadores), os trabalhadores dependentes, familiares, amigos, hóspedes, prestadores de serviços, peritos técnicos, jurisconsultos e intérpretes que actuam por conta de uma das partes, os gestores de negócios (cuja actuação seja consentida ou ratificada pelo devedor), os mandatários, os procuradores, os depositários, e, bem assim, os núncios ou até os notários, que o devedor utilize *no cumprimento da obrigação*[2102].

III. A questão que nos ocupa não dispensa, por outro lado, uma breve referência ao fundamento da responsabilidade do devedor pela actuação dos auxiliares, tal como vem sendo situado pela doutrina. Assim, este assentará na complexificação da actividade económica, associada à divisão social do trabalho e à crescente especialização que esta implica, obrigando o devedor a confiar a terceiros o cumprimento da prestação. Por outro lado, o recurso a estes permite ao devedor expandir a sua actividade negocial, pelo que o mesmo haverá de garantir o desempenho dos auxiliares de que se serve, respondendo pelos danos daí decorrentes e assumindo os riscos da amplitude daquela actividade debitória, que o devedor, pelo menos em tese, domina e controla[2103]. O fundamento do artigo 800º prender-se-á, assim, com o risco de livre introdução, pelo devedor, de um terceiro (auxiliar) no cumprimento de um dever[2104].

Em perspectiva conexa, tal fundamento decorre do facto de o devedor se ter vinculado para com o credor à realização de um certo resultado, reservando-se a escolha dos meios adequados, por cuja eficácia deverá responder. Mesmo tratando-se de uma obrigação de meios, o devedor deve responder pelos danos resultantes da falta de diligência dos auxiliares que admitiu ao cumprimento da obrigação[2105].

---

p. 213; Fernando Pessoa Jorge, *Ensaio sobre os Pressupostos da Responsabilidade Civil*, Lisboa, Centro de Estudos Fiscais, 1968 (3ª Reimpr., Coimbra, Almedina, 1999), p. 146; Pedro Ferreira Múrias, "A responsabilidade por actos de auxiliares e o entendimento dualista da responsabilidade civil", *RFDUL*, Vol. XXXVII (1996), nº 1, p. 188; Carlos Mota Pinto, *Cessão...*, *cit.*, p. 352; Maria Victória Rocha, "A imputação...", *cit.*, pp. 85 e 93; Dário Moura Vicente, *Da Responsabilidade...*, *cit.*, p. 144. Não será sequer necessário, como refere Pessoa Jorge, que o principal tenha poder de escolha ou de direcção sobre o auxiliar – Fernando Pessoa Jorge, *Ensaio...*, *cit.*, p. 147.

[2101] Karl Larenz, *Lehrbuch...*, Vol. I, *cit.*, p. 293.

[2102] Cfr., p. ex., Adriano Vaz Serra, "Responsabilidade...", *cit.*, pp. 274 ss.; Inocêncio Galvão Telles, *Manual dos Contratos...*, *cit.*, pp. 308 ss.; João Antunes Varela, *Das Obrigações...*, Vol. II, *cit.*, p. 103.

[2103] Manuel Carneiro da Frada, *Contrato...*, *cit.*, p. 212; Luís Menezes Leitão, *Direito das Obrigações*, Vol. II, *cit.*, pp. 268-269; Maria Victória Rocha, "A imputação...", *cit.*, pp. 81-82.

[2104] Pedro Ferreira Múrias, *Representação Legal e Culpa in Contrahendo*, Relatório de Mestrado, Lisboa, FDL, 1996 (polic.), p. 52.

[2105] Adriano Vaz Serra, "Responsabilidade...", *cit.*, pp. 270-271. Maria Victória Rocha adiciona ainda um outro fundamento: a necessidade de garantir ao credor uma indemnização que o mesmo

IV. A questão em análise não se traduz, porém, em saber se, em abstracto, o mediador de seguros é um auxiliar do segurador, mas sim se na sua intervenção pré-contratual, tendente a influenciar o (in)cumprimento do dever de declaração do risco, pode ser caracterizado como auxiliar do segurador. Para tanto, cumpre recordar o *iter* negocial do seguro (*supra*, II.1) e a natureza da actividade prospectiva do mediador, tomando em consideração que a iniciativa pré-contratual é do mediador e que o segurador só toma, em regra, conhecimento do contrato em formação quando lhe é submetida a proposta contratual e, com ela, a declaração do risco. Ou seja, em regra, quando o segurador toma conhecimento do negócio em gestação já se consumou o incumprimento do dever de descrição do risco. É a esta luz que importa discutir a posição de alguma doutrina, que sustenta a aplicabilidade do n.º 1 do artigo 800.º do CC à actuação do mediador na fase pré-contratual[2106].

A qualificação do mediador como auxiliar do segurador terá, portanto, de ser aferida em concreto, na medida em que este (como *principal*) tenha *introduzido* aquele numa relação obrigacional a que o mesmo é estranho para que cumpra – ou colabore no cumprimento – do dever do principal. Desta forma, o principal deverá ter *incumbido* o auxiliar do cumprimento da obrigação; deverá ter *influência* sobre a actividade deste[2107]; e deverá ter *conhecimento* e *vontade* dirigidos à actuação do auxiliar[2108].

---

dificilmente conseguiria do auxiliar ("A imputação...", *cit.*, pp. 81-82). Mais desenvolvidamente, Hedemann aponta quatro teorias que pretenderiam fundamentar a responsabilidade do devedor. Desde logo, a teoria da *assunção de garantia*, que pressupõe, inerentemente ao contrato, uma promessa do devedor no sentido de aceitar a responsabilidade pelos auxiliares. Por seu turno, a teoria da *esfera de interesses* defende que as partes de um contrato são donas das respectivas esferas de interesses, pelo que hão-de responder por tudo o que provém das mesmas ou é da sua incumbência. Por outro lado, a teoria da *ponderação de interesses* sustenta que o credor é alheio ao facto de o devedor necessitar de auxiliares – que o mesmo escolhe e a quem dá instruções – pelo que o seu interesse é predominantemente valorado e tutelado. Finalmente, a teoria do *conceito de prestação* assenta na definição objectiva da prestação, defendendo que pelo incumprimento ou cumprimento defeituoso há-de responder aquele que se vinculou a prestar – Justus Wilhelm Hedemann, *Schuldrecht...*, *cit.*, pp. 163-164.

[2106] Cfr. José Carlos Moitinho de Almeida, *Contrato de Seguro – Estudos*, *cit.*, p. 174 ss.

[2107] Adriano Vaz Serra, "Responsabilidade...", *cit.*, p. 275. O autor exclui, p. ex., a qualificação relativamente à expedição de mercadorias por correio postal e respectivo extravio. Em certa medida, o exemplo serve também para o recurso a mediadores, sobretudo quando tenham uma notória independência relativamente ao devedor.

[2108] Francisco Jordano Fraga, *La Responsabilidad...*, *cit.*, pp. 171 ss. Segundo Ana Prata, a responsabilidade pré-contratual por culpa do auxiliar, nos termos do artigo 800.º do CC, pressupõe «que o terceiro tenha intervindo no processo de preparação ou de conclusão do negócio *por iniciativa da parte*» (Ana Prata, *Notas...*, *cit.*, p. 183 – sublinhado nosso), sendo defensável que fique afastada

Por outro lado, o artigo 800º é aplicável ao cumprimento, por auxiliares do devedor, de uma obrigação pré-existente (ainda que de fonte não contratual)[2109]. Daí não se exigir no preceito um vínculo de subordinação ou dependência do auxiliar semelhante à comissão[2110]. É que – diversamente do que sucede com a responsabilidade do comitente (artigo 500º do CC)[2111] – com os auxiliares a responsabilidade resulta do incumprimento de uma obrigação prévia[2112].

Porém, não é este o caso da actividade prospectiva do mediador de seguros, em que ele próprio assume por inerência a iniciativa comercial e desenvolve uma actividade material tendente a aliciar o potencial proponente. Assim, o mediador não é introduzido pelo segurador numa relação pré-existente. Ele próprio gera uma relação obrigacional pré-contratual visando, não o cumprimento de um dever do segurador relativamente a uma relação prévia, mas a formação de uma nova relação obrigacional (no caso, o contrato de seguro). É essa, afinal, a natureza da sua actividade prospectiva[2113].

---

a responsabilidade desta pelo comportamento do terceiro quando este aja contra a vontade ou mediante o desconhecimento (não culposo) da mesma – *idem*, p. 183, n. 440.

[2109] Adriano Vaz Serra, "Responsabilidade...", *cit.*, p. 269 (cfr. *idem*, p. 265, n. 7-a).

[2110] Manuel Carneiro da Frada, *Contrato...*, *cit.*, p. 213.

[2111] Sobre a responsabilidade do comitente, cfr. Pedro Nunes de Carvalho, "A responsabilidade do comitente", *ROA*, Ano 48, Vol. I (Abr. 1988), pp. 85-120; Silvino Fernandes, *Da Responsabilidade do Comitente à Luz do Artigo 500º do Código Civil*, Relatório de Mestrado, Lisboa, FDL, 2000; Sofia Galvão, *Reflexões Acerca da Responsabilidade do Comitente no Direito Civil Português – A Propósito do Contributo Civilista para a Dogmática da Imputação*, Lisboa, AAFDL, 1990; Renato Scognamiglio, "Considerazioni sulla responsabilità dei patroni e committenti per il fatto dei domestici e commessi (art. 2049 Cod. Civ.)", *RDCDGO*, Ano LXIV (Mai.-Jun. 1966), Parte I, pp. 163-179; e Maria da Graça Trigo, "Responsabilidade civil do comitente (ou responsabilidade por facto de terceiro)", *in* FDUC (Org.), *Comemorações dos 35 Anos do Código Civil e dos 25 Anos da Reforma de 1977*, Vol. III – Direito das Obrigações, Coimbra, Coimbra Ed., 2007, pp. 153-169.

[2112] Jorge Ribeiro de Faria, *Direito das Obrigações*, Vol. II, *cit.*, p. 412. Daí não se verificar quanto a estes um requisito de dupla imputação: o comportamento do auxiliar projecta-se na pessoa do devedor, numa ficção que decorre literalmente do preceito – José Oliveira Ascensão e Manuel Carneiro da Frada, "Contrato...", *cit.*, p. 69. Manuel Carneiro da Frada, *Contrato...*, *cit.*, p. 209. Em sentido diverso, Pires de Lima e Antunes Varela, *Código Civil Anotado*, Vol. II, 3ª Ed., Coimbra, Coimbra Ed., 1986, pp. 57-58.

[2113] Ao que vimos de dizer não obsta a possibilidade de a iniciativa negocial ter partido do próprio proponente, que escolhe o mediador da sua confiança para que intermedeie a conclusão de um contrato (circunstância, de resto, plenamente consentânea com o direito de livre escolha do mediador por parte do tomador do seguro, nos termos do artigo 40º da LMS). Maria Victória Rocha não exclui a aplicabilidade do nº 1 do artigo 800º quando a escolha do auxiliar do devedor (entre os auxiliares integrados na organização deste) seja feita pelo credor – Maria Victória Rocha, "A imputação...", *cit.*, p. 88. Nesse caso, porém, pressupõe-se a prévia existência de uma relação obrigacional, que não se verifica no exemplo que demos acima.

Por outro lado, também no quadro do artigo 800º a responsabilidade do devedor só se verifica relativamente a actos (ou omissões) dos auxiliares conexos com o risco da actividade debitória, isto é, praticados *no cumprimento da obrigação* ou *em virtude do incumprimento* da obrigação daquele para com o credor, mas não *por ocasião do cumprimento*[2114]. Ora, no caso em apreço, o segurador não é (ainda) parte de uma relação obrigacional de onde emerjam, para ele, deveres. Em regra, aliás, o segurador desconhece o concreto processo negociatório em curso e, consequentemente, a existência de quaisquer deveres que do mesmo resultassem.

Assim – não se contestando que o regime do artigo 800º «assenta na ideia de que é injusto fazer recair sobre a pessoa do credor os riscos que derivam da organização, em regra empresarial, utilizada pelo devedor para cumprir aquilo a que se obrigou, considerações igualmente aplicáveis no domínio da responsabilidade pré-contratual»[2115] – perguntar-se-á, no entanto, *a que é que o devedor se obrigou* que não resulte *apenas* da própria actuação prospectiva do mediador. É que o auxiliar do devedor para o cumprimento de deveres pré-contratuais só o será, pelo menos, se o devedor conhecer a existência da relação pré-contratual e, nesse quadro, lhe atribuir a posição de auxiliar. Ora, em regra, o segurador só sabe da relação pré-contratual quando a proposta e a declaração do risco lhe são entregues, altura em que praticamente já se esgotou a intervenção pré-contratual do mediador.

Em suma, o regime em análise só faz sentido quando o principal tem algum controlo sobre a tarefa (ou conjunto de tarefas) concretas de que incumbe o auxiliar. Daí que o regime se estabeleça relativamente à execução de um contrato concreto (passível, portanto, de controlo do principal) e não relativamente a uma abstracta actividade prospectiva[2116].

V. Os argumentos contra a aplicabilidade do nº 1 do artigo 800º à intervenção pré-contratual do mediador em sede de declaração do risco não se encontram, porém, esgotados. Assim, sendo, como ficou dito, um dos pressupostos do nº 1 do artigo 800º a existência *prévia* (em termos lógicos e cronológicos) de uma relação obrigacional entre o principal e a contraparte do mesmo[2117] – e sem se

---

[2114] Cfr. Justus Wilhelm Hedemann, *Schuldrecht...*, *cit.*, p. 164; Karl Larenz, *Lehrbuch...*, Vol. I, *cit.*, pp. 297-298; e, entre nós, cfr. Mário Almeida Costa, *Direito das Obrigações*, *cit.*, p. 1038, n. 3; Manuel Carneiro da Frada, *Contrato...*, *cit.*, p. 215; e Adriano Vaz Serra, "Responsabilidade...", *cit.*, pp. 277-278.

[2115] José Carlos Moitinho de Almeida, *Contrato de Seguro Estudos*, *cit.*, p. 175.

[2116] Cfr. Luís Poças, *Estudos...*, *cit.*, p. 211.

[2117] Francisco Jordano Fraga, *La Responsabilidad...*, *cit.*, pp. 51 ss. Como afirma o autor, «compreender-se-á facilmente que a delimitação do conteúdo da obrigação do devedor seja uma tarefa *prévia* à de determinar quem são, nesse caso, os seus auxiliares de cumprimento» – *idem*, p. 172 (trad. nossa).

negar a natureza obrigacional da relação pré-contratual – repugna pensar que se verifique aquele requisito quando é o suposto auxiliar a dar início à dita relação à revelia do suposto principal. Assim, pelo menos até que o segurador seja introduzido na relação pré-contratual ou negociatória (sendo-lhe dado conhecimento da mesma), é o próprio mediador que figura como parte dessa relação (tendo o potencial tomador do seguro por contraparte), pelo que *não é então um terceiro auxiliar*, mas um negociante pessoalmente obrigado a deveres de conduta.

Por outro lado, a razão da configuração da relação pré-contratual como relação obrigacional sem deveres primários de prestação, enformada por deveres assentes no princípio da boa fé, resulta da relação de proximidade e confiança estabelecida entre dois negociadores. Ora esses negociadores são precisamente o potencial tomador do seguro e o mediador, mas não o segurador, a quem aquela relação de proximidade é estranha e até desconhecida, e sobre a qual não tem, portanto, possibilidade de agir[2118].

A existência de uma relação de confiança entre devedor e credor é igualmente pressuposto do artigo 800º do CC. Só nesta medida se compreende a inexistência de um requisito de dupla imputação (diversamente do artigo 500º) e, em vez dele, a imputação imediata da conduta do auxiliar ao principal[2119]. Em virtude dessa confiança, que atende às características pessoais do devedor, o credor espera dele um determinado comportamento, expectativa que não seria justo sair frustrada pela interposição de um auxiliar, determinada pelo devedor e alheia ao credor. Daí também que o critério de apreciação da culpa do auxiliar haja de aferir-se pelos padrões de aptidão e diligência concretos expectáveis do próprio devedor[2120]. Ademais, relativamente às relações obrigacionais complexas, Maria Victória Rocha considera que a responsabilidade objectiva do devedor quanto ao cumprimento de deveres acessórios de conduta – como é o caso em análise – depende do pressuposto da «existência de uma relação de confiança, entre o devedor e o credor, sem a qual o terceiro auxiliar não poderia sequer lesar a integridade pessoal ou patrimonial do credor»[2121].

[2118] O facto de, no nº 4 do artigo 22º da LCS se exonerar o segurador do dever especial de esclarecimento quando haja intervenção do mediador de seguros indicia precisamente que este não é uma *longa manus* do segurador, um auxiliar que cumpre os deveres pré-contratuais deste, mas antes um sujeito com intervenção autónoma e vinculado por deveres próprios (os que resultam da LMS). Ora, o mediador não teria nunca deveres próprios (nem responsabilidade própria) perante o proponente se fosse um mero auxiliar a cumprir os deveres pertencentes ao segurador.

[2119] Manuel Carneiro da Frada, *Contrato...*, *cit.*, pp. 209-210; Manuel Carneiro da Frada, "A responsabilidade objectiva por facto de outrem face à distinção entre responsabilidade obrigacional e aquiliana", *DJ*, Vol. XII (1998), Tomo I, pp. 301-302; Pedro Ferreira Múrias, "A responsabilidade...", *cit.*, p. 188.

[2120] Ana Prata, *Notas...*, *cit.*, p. 201 e n. 484; e Maria Victória Rocha, "A imputação...", *cit.*, p. 97.

[2121] Maria Victória Rocha, "A imputação...", *cit.*, p. 96.

Ora, quanto ao tema que nos ocupa a referida relação de confiança verificar-se-á entre o potencial tomador e o mediador, mas não entre aquele e o segurador. Recorde-se, aliás, que o agente pode ser nomeado pelo tomador, mas não imposto pelo segurador. De resto, como foi dito, a contratação de seguros decorre normalmente de uma relação de conhecimento e confiança pessoal entre o mediador e o tomador, e não da notoriedade do segurador ou da marca de seguros em causa. Como também dissemos, na formação do seguro há um interesse económico próprio do mediador – parcialmente justificador da sua responsabilização pré-contratual (*supra*, VIII.2.2.II) – estritamente orientado para a conclusão do contrato, enquanto o do segurador repousa numa relação adequada entre o risco e o prémio[2122].

Abstraindo da argumentação expendida, interessa questionar ainda se, quando o mediador de seguros intervém na viciação da declaração do risco, será sustentável defender-se que o mesmo actua por conta do segurador. Ora, quando o proponente pratica omissões ou inexactidões o seu propósito é beneficiar da aceitação do risco ou de condições tarifárias mais vantajosas do que as devidas (assumindo, embora, o risco de vir a ser descoberto e o contrato impugnado): age, portanto, *em prejuízo do segurador*. Logo, quando é o agente a viciar o risco, age no interesse (ilegítimo, é certo) do proponente e, reflexamente, no seu próprio interesse remuneratório. Seria, portanto, contraditório que, ao contribuir para viciar a declaração do risco, o mediador estivesse a agir como auxiliar do segurador. Ele será cúmplice no incumprimento dos deveres pré-contratuais de informação e lealdade do proponente para com o segurador, e não do segurador para com o proponente[2123]. Do mesmo modo, o mediador age por conta do proponente quando lhe preenche o formulário de proposta, ou quando lhe dá conselhos que visam que o mesmo pague um prémio mais baixo.

[2122] Cfr. Isabelle Hoarau, "Le modèle...", *cit.* Como refere Bricard, «os agentes do segurador, estando pessoalmente interessados, pelo comissionamento, em obter o maior número de adesões possível, são naturalmente levados a dar sempre informações favoráveis [sobre as circunstâncias do risco]» – Ferdinand Bricard, *Les Réticences...*, *cit.*, p. 28 (trad. nossa).

[2123] Ou seja, ao promover ou colaborar na viciação da análise do risco, o mediador está a actuar deslealmente para com o segurador e a favorecer injustamente o proponente. Seria, portanto, absurdo que o segurador fosse civilmente responsável, perante o tomador, pelos eventuais danos resultantes de um comportamento que, na verdade, visava – e era adequado a – lesar o próprio segurador. Tal solução seria, portanto, flagrantemente injusta e em tudo contrária aos valores fundamentais do Direito. Admitir a responsabilidade do segurador nos termos do nº 1 do artigo 800º do CC conduzir-nos-ia ao seguinte paradoxo: se o segurador nunca viesse a tomar conhecimento das omissões ou inexactidões, suportaria um risco superior ao prémio pago; se viesse a conhecer as mesmas, seria civilmente responsável perante o tomador. Na perspectiva oposta, o tomador estaria sempre coberto por um prémio inferior ao risco transferido e, caso o segurador viesse a descobrir a viciação da análise do risco, teria ainda de indemnizar o tomador.

Por todos os considerandos explanados, cremos ser de concluir que, na sua intervenção pré-contratual conexa com a declaração inicial do risco, o mediador de seguros não pode ser qualificado como um auxiliar do segurador, pelo que os danos, decorrentes da sua actuação, que venha a sofrer o tomador do seguro não serão imputáveis ao segurador no âmbito do regime da responsabilidade objectiva previsto no nº 1 do artigo 800º do CC[2124].

VI. Ainda que pudéssemos considerar o mediador, nas circunstâncias referidas, um auxiliar do segurador para efeitos de aplicação do regime do nº 1 do artigo 800º do CC, a pretensão reguladora do preceito sempre ficaria comprometida pela dificuldade de verificação de outros requisitos.

Desde logo, teria de se verificar um nexo de causalidade entre o facto do mediador e o dano, matéria não isenta dos problemas e dificuldades a que já fizemos referência (*supra*, VIII.2.2.IV)[2125].

Por outro lado, quanto ao requisito da culpa do mediador, sempre se cairá no seguinte dilema: se não se tiver verificado culpa (ao menos, negligência) do proponente, as omissões ou inexactidões são-lhe inoponíveis, na medida em que não há cominação prevista para o incumprimento não culposo (artigos 25º e 26º, *a contrario*). Se tiver havido culpa do proponente no incumprimento de um dever pré-contratual de informação, é de entender que a conculpabilidade das partes exclui a responsabilidade pré-contratual de qualquer delas[2126], na medida em que o concurso de culpas afasta a legítima confiança de qualquer das partes.

Por outro lado, a imputação de factos do auxiliar ao principal, em sede de responsabilidade civil, não tem por efeito a vinculação contratual do principal. Seria, assim, necessário extrair da responsabilidade pré-contratual pela actuação dos auxiliares (imputação de um dano) o efeito da vinculação do segurador

---

[2124] Como exemplos de situações de responsabilidade do segurador no quadro do nº 1 do artigo 800º, poderíamos ter o caso de o mediador se apropriar de um estorno de prémio e de não o entregar ao tomador; ou de não fazer a este a entrega atempada de uma apólice que o segurador, para o efeito, lhe tivesse confiado, provocando, assim, o cancelamento um contrato de mútuo que seria garantido pela apólice; etc.

[2125] Dificilmente, portanto, se poderá dar por demonstrado que «a omissão culposa de comunicação à seguradora de informações dadas ao agente pelo tomador do seguro nas negociações prévias à conclusão do contrato [...] tornem aquela responsável pelos prejuízos causados ao segurado, em regra consequência da não cobertura do risco» – José Carlos Moitinho de Almeida, *Contrato de Seguro – Estudos, cit.*, p. 177. E não apenas por falta de nexo de causalidade entre a falta e os danos, mas também porque tal solução – no fundo, a vinculação do segurador – corresponderia a obter-se por via da responsabilidade civil uma solução que a lei não admite, na ausência de poderes de representação, por via, designadamente, da alínea d) do nº 3 do artigo 24º (*a contrario*) e do nº 2 do artigo 31º (*a contrario*), ambos da LCS.

[2126] Neste sentido, Jorge Ribeiro de Faria, *Direito das Obrigações*, Vol. I, *cit.*, p. 131, n. 2.

(imputação de uma declaração negocial), isto é, admitir-se uma compensação *in natura* que se traduzisse na vinculação do segurador aos termos contratuais. Ora, tal está longe de ser líquido no quadro do artigo 227º do CC[2127].

Alternativamente, requerer-se-ia o recurso ao instituto do abuso do direito: o segurador ficaria impedido de alegar os "seus" factos, contra o tomador que fundadamente houvesse confiado no mediador, para impugnar o contrato. Porém, para que o instituto seja invocável pelo tomador, é necessária a verificação dos requisitos da tutela da confiança, requerendo-se que este se encontre numa posição de confiança legítima, que mereça tutela legal (o que dificilmente se verificará quando, como será a regra, haja alguma forma de conivência culposa do tomador nas omissões ou inexactidões).

Mas todo este tortuoso exercício não será, em qualquer caso, profícuo, na medida em que a própria LCS nos fornece um critério de imputação ao segurador da actuação do mediador mediante a vinculação daquele por factos deste.

VIII.2.4. O critério legal de imputação: *a representação*

I. Vimos em que medida o mediador é civilmente responsável, perante o tomador, pela sua intervenção no processo de viciação da declaração do risco, e em que medida não deverá considerar-se um auxiliar do segurador para efeito de imputação a este, em sede de responsabilidade civil pré-contratual, dos danos

---

[2127] Tal é, aliás, notório no caso da representação sem poderes, em que – mesmo quando o *falsus procurator* seja um auxiliar do "representado" – a eventual responsabilidade pré-contratual deste, pela confiança, não implica a sua vinculação (artigo 268º do CC), salvo o caso excepcional em que se admita o regime da representação aparente (como no caso da mediação de seguros) mas apenas mediante a verificação dos respectivos pressupostos. Como referem Oliveira Ascensão e Carneiro da Frada, «as regras da representação definem as condições em que se pode imputar uma determinada declaração negocial à pessoa colectiva, vinculando-a ao pontual cumprimento das promessas aí contidas. As normas da responsabilidade, designadamente as da responsabilidade por actos dos seus representantes, agentes ou mandatários procuram, por seu turno, proteger terceiros, e o tráfico jurídico em geral, perante os danos que a actividade da pessoa colectiva pode acarretar» – José de Oliveira Ascensão e Manuel Carneiro da Frada, "Contrato...", *cit.*, pp. 72-73. Ora, não sendo possível, no quadro do regime da representação, a imputação ao "representado" da declaração negocial do *falsus procurator*, o prejuízo indemnizável não poderá reportar-se ao interesse contratual positivo (correspondente ao cumprimento da obrigação), mas ao interesse contratual negativo (dano da confiança), isto é, à reparação dos prejuízos que o lesado não teria sofrido se não tivesse confiado na existência de poderes de representação – *idem*, p. 73. A indemnização não poderia, portanto, consistir na vinculação do "representado", na medida em que «não se pode dar por via indemnizatória o que se nega através da cominação da ineficácia do acto» – *ibidem*. Ora, tratando-se de contrato de seguro, a indemnização pelo interesse negativo é assegurada pela devolução dos prémios que o tomador haja pago (bem como outras eventuais despesas, como deslocações, despesas postais, formalidades clínicas ou outras que haja suportado), mas não a cobertura de um eventual sinistro que se haja produzido.

que resultem daquela intervenção na esfera do tomador do seguro. Não deverá, porém, concluir-se que não será nunca imputável ao segurador a intervenção do mediador na produção de omissões ou inexactidões em sede de descrição do risco. O critério e as consequências dessa imputação resultam, aliás, da LCS.

Assim, em vez de considerar que o mediador é *sempre* uma extensão do segurador e que a actuação daquele é por inerência imputável a este (pelo menos, nas categorias de mediador ligado e de agente de seguros), a LCS considera que o mediador só é uma extensão do segurador *se tiver poderes de representação* (para celebrar contratos em nome deste), pelo que, na ausência desses poderes, a sua intervenção culposa é irrelevante para efeito dos artigos 24º a 26º, havendo que abstrair dela para valorar a culpabilidade do tomador. Em contrapartida, verificando-se a representação, a referida imputação assume os efeitos associados a este instituto: a vinculação do representado pela actuação do representante.

O referido critério legal de imputação, assente no instituto da *representação*, resulta, designadamente, da alínea d) do nº 3 do artigo 24º; do simétrico nº 1 do artigo 17º; do nº 4 do artigo 25º; e do nº 2 do artigo 31º da LCS. Como decorre inequivocamente dos preceitos citados e é sublinhado pela doutrina, trata-se de representação em sentido técnico-jurídico (envolvendo poderes para a celebração do contrato em nome do segurador)[2128], e não da impropriamente chamada "representação comercial", que alude à interposição de um terceiro num circuito de distribuição comercial. Assim, como já resultava do regime legal anterior em matéria de mediação de seguros, dir-se-á que o mediador só funciona como uma extensão do segurador quando este lhe tenha conferido expressamente poderes de representação para o efeito (mormente, para a aceitação de riscos)[2129].

II. Alguns autores suscitam a questão de saber se são dissociáveis os poderes "de celebrar contratos" e de "decidir sobre a aceitação de riscos e a conclusão de contratos", defendendo que a concessão do primeiro não implique a do segundo (que poderá, assim, manter-se na esfera do segurador)[2130].

Não vemos, na verdade, como os dois "poderes" (com efeito, o único poder em causa é o de aceitação da proposta) possam ser dissociáveis. Na prática, o que sucede – quando haja efectiva atribuição de poderes de representação – é a

---

[2128] Pedro Romano Martinez, "Artigo 17º – Anotação", *in* Pedro Romano Martinez *et al.*, *LCS Anotada*, *cit.*, pp. 97 ss.; Helena Tapp Barroso, "Representação", *cit.*, p. 190.

[2129] Neste sentido, João Valente Martins, *Notas Práticas...*, 2ª Ed., *cit.*, pp. 55-56. Sublinhando, em regra, a falta de poderes de representação dos mediadores e a referência imprópria, também da lei colombiana, de que estes seriam "representantes" do segurador, Andrés Ordóñez Ordóñez, *Las Obligaciones...*, *cit.*, pp. 50-51.

[2130] Eduarda Ribeiro, "Artigo 30º – Anotação", *in* Pedro Romano Martinez *et al.*, *LCS Anotada*, *cit.*, p. 205; e José Vasques, *Novo Regime...*, cit., pp. 77-78.

concessão, pelo segurador, de poderes para a aceitação de determinadas propostas contratuais que cumpram parâmetros de risco pré-definidos: por exemplo, o mediador fica com poderes para, em nome do segurador, aceitar todas as propostas de seguro automóvel que respeitem a veículos com menos de 5 anos, e a condutores com mais de 25 anos de idade e com carta de condução há mais de 5 anos. Neste exemplo, o mediador deve verificar se os respectivos parâmetros se encontram preenchidos e, sendo esse o caso, *pode*, num acto de vontade própria, mas que vincula directa e imediatamente o segurador, aceitar ou recusar as propostas de seguro em nome do segurador (*contemplatio domini*). Naturalmente que a margem de discricionariedade conferida ao mediador pode ser maior ou menor, atendendo à complexidade do risco, ao valor seguro, às modalidades contratuais em causa, etc. Claro também que, se o mediador não respeitar os parâmetros definidos no contrato de mediação de seguros (ou em procuração autónoma) se verificará uma situação de abuso de representação (artigo 269º do CC).

III. A extensão do referido critério de imputação apenas é possível nas circunstâncias excepcionais em que ocorra a representação sem poderes seguida de ratificação do contrato; abuso de representação; ou aqueles em que se verifique a representação aparente.

Começando pela representação sem poderes, nos termos do nº 1 do artigo 30º da LCS – que segue o disposto no nº 1 do artigo 268º do CC e no nº 1 do artigo 22º do DL 178/86, de 3 de Julho (Lei do Contrato de Agência – LCA) – o contrato de seguro que o mediador de seguros, agindo em nome do segurador, celebre sem poderes específicos para o efeito é ineficaz em relação a este, se não for por ele ratificado, sem prejuízo do disposto no nº 3. De relevante, assinala Eduarda Ribeiro a aplicabilidade do preceito aos casos em que o mediador não estivesse de todo habilitado com poderes para celebrar contratos de seguro; em que estivesse habilitado para celebrar contratos em determinado(s) ramo(s) de seguro e viesse a celebrá-los em ramo diverso; ou em que a concessão de poderes fosse inválida (designadamente por vício de forma)[2131].

Por outro lado – numa disposição que segue a letra do nº 2 do artigo 22º da LCA, derrogando o regime do nº 3 do citado artigo 268º – considera-se o contrato de seguro ratificado se o segurador, logo que tenha conhecimento da sua celebração e conteúdo, não manifestar ao tomador de boa fé, no prazo de cinco dias a contar desse conhecimento, a sua oposição (nº 2 do artigo 30º da LCS).

[2131] Eduarda Ribeiro, "Artigo 30º – Anotação", *in* Pedro Romano Martinez *et al.*, *LCS Anotada, cit.*, pp. 205-206. A autora distingue – do nosso ponto de vista, com pertinência – a segunda situação (conclusão de contratos em ramos para os quais não tem poderes) dos casos em que os poderes concedidos assentam em determinados parâmetros de aceitação de riscos e o mediador os desrespeita. Neste caso, verificar-se-á uma situação de abuso de representação (artigo 269º do CC) – *idem*, p. 160.

Atribui-se, assim, ao silêncio do segurador o valor de declaração negocial, produzindo a ratificação do contrato (artigo 218º do CC) e onerando o segurador – para tutela do "tomador", da segurança do tráfico e do interesse subjacente à celebração do seguro – com a necessidade de comunicação da oposição ao negócio.

Quanto ao grau de conhecimento exigido para o início contagem do prazo, o mesmo haverá de corresponder, não necessariamente ao conteúdo integral, mas, na expressão de Eduarda Ribeiro, aos «elementos suficientes para a formação da vontade de aceitar ou recusar o negócio em causa»[2132]. Do nosso ponto de vista, porém, esse conhecimento haverá de contemplar a declaração do risco, sem a qual o segurador não pode conformar a sua vontade negocial, pelo que o referido prazo não haverá de ter-se por iniciado antes de a declaração do risco ser conhecida do segurador. Finalmente, como verte do preceito, só ocorrerá a ratificação por decurso do prazo previsto quando o tomador esteja de boa fé, isto é, quando ignore a ausência de poderes de representação do mediador para a conclusão do contrato.

IV. Igualmente relevante é a extensão aos casos de abuso de representação, situação de tutela da confiança de terceiro na aparência de representação[2133]. O abuso de representação encontra regulação no artigo 269º do CC, que remete para a disciplina do artigo 268º se a outra parte conhecia ou devia conhecer o abuso (de outra forma, o negócio será eficaz)[2134]. O instituto pressupõe a existência de poderes de representação e impõe a determinação, por via interpretativa, da extensão desses poderes para se apurar se a acção do *procurator* foi abusiva[2135]. Será o caso, na mediação de seguros, de o mediador ter poderes para concluir

---

[2132] Eduarda Ribeiro, "Artigo 30º – Anotação", *in* Pedro Romano Martinez *et al.*, *LCS Anotada*, *cit.*, p. 209, n. 317.

[2133] Pedro de Albuquerque, *A Representação...*, *cit.*, p. 604. Por seu turno, Menezes Cordeiro rejeita extrair do artigo 269º do CC uma manifestação autónoma de tutela da confiança na procuração. Como refere o autor, «este preceito apenas fez correr contra o representado o risco de os termos da procuração transcenderem a função para que ela foi concedida» – Menezes Cordeiro, *Manual de Direito Comercial*, Vol. I, *cit.*, p. 479.

[2134] José Alberto Vieira, *Negócio Jurídico...*, *cit.*, p. 86.

[2135] Pedro de Albuquerque, *A Representação...*, *cit.*, pp. 742-743. A interpretação deverá orientar-se pelo princípio da boa fé e pela materialidade subjacente, concedendo o primado à teleologia da declaração e aos fins visados pelo representado, designadamente no negócio de base de onde resultam os poderes ou em instruções à margem (*a latere*) da procuração. Neste quadro, como refere Pedro de Albuquerque, o «fim ou função da procuratio passa, porém, a ser, também, uma questão de interpretação do negócio de concessão do poder de representação e de delimitação da própria configuração e extensão deste» (*idem*, p. 774). No nosso caso, em causa estaria a interpretação do contrato de mediação de seguros.

contratos de seguro, tendo instruções para observar determinadas condições de risco (p. ex., seguro automóvel apenas para veículos com menos de 5 anos) e não respeitar essas instruções.

Quanto à cognoscibilidade do abuso por parte do terceiro, entende Pedro de Albuquerque que, considerando as exigências de segurança e celeridade do tráfico, o mesmo deverá poder confiar nos poderes que resultam da procuração, sem prejuízo de um ónus de investigação quando haja indícios de que os mesmos são desconformes com a vontade do representado[2136]. Os efeitos do abuso de representação, quando não conhecido nem cognoscível do terceiro – eficácia do negócio – produzem-se, assim, não por força da vontade do representado, mas de disposição legal fundada na boa fé[2137].

V. O referido critério de imputação é também extensível aos casos de representação aparente[2138]. Seguindo *ipsis verbis* o teor do nº 1 do artigo 23º da citada LCA[2139], dispõe o nº 3 do artigo 30º da LCS que o contrato de seguro que o mediador de seguros, agindo em nome do segurador, celebre sem poderes específicos para o efeito é eficaz em relação a este se tiverem existido razões ponderosas[2140], objectivamente apreciadas[2141], tendo em conta as circunstâncias do caso, que justifiquem a confiança[2142] do tomador de boa fé[2143] na legitimidade do mediador de seguros, desde que o segurador tenha igualmente contribuído para fundar a

---

[2136] Pedro de Albuquerque, *A Representação...*, *cit.*, p. 801.

[2137] Cfr., pela sua relevância, a fundamentação do Ac. TRC de 03/05/2005 – Proc. 317/05 (Távora Vítor), onde se diz que, «intervindo na formação do contrato de seguro e junto do proponente um mediador com amplos poderes de representação da Seguradora [...] não pode a seguradora eximir-se à sua responsabilidade. [...] Julgando-se esta com o direito de exigir responsabilidades terá que pedi-las em sede própria ao mediador v.g. por "abuso de representação", uma vez que o mesmo terá actuado ao arrepio das instruções recebidas da Companhia, mau grado formalmente se mantivesse dentro dos limites conferidos no contrato».

[2138] Sobre a representação aparente em Direito comparado, no domínio específico da mediação de seguros, cfr. José Carlos Moitinho de Almeida, *Contrato de Seguro – Estudos, cit.*, pp. 166 ss., denotando o reconhecimento do instituto, em termos mais ou menos amplos, em diversos ordenamentos.

[2139] Sobre os respectivos requisitos, cfr. Paulo Mota Pinto, "Aparência de poderes de representação e tutela de terceiros – Reflexões a propósito do art. 23º do DL 178/86, de 3 de Julho", *BFDUC*, Ano LXIX (1993), pp. 587-645; Mahomed Bachir, *O Problema da Representação "Aparente" no Contrato de Agência*, Relatório de Mestrado, Lisboa, FDL, 2000.

[2140] As razões terão de ser, portanto, importantes, graves, relevantes.

[2141] Trata-se de um critério de objectividade que se impõe: atendendo às consequências do regime, este não pode assentar apenas nas representações subjectivas do tomador do seguro.

[2142] A situação de confiança haverá de ancorar-se em elementos objectivos susceptíveis de, em abstracto e segundo critérios de razoabilidade, a fundamentarem.

[2143] O tomador terá de ignorar a inexistência de poderes de representação. Este requisito de boa fé subjectiva equivale, na verdade, à existência de uma *situação de confiança*.

confiança do tomador do seguro[2144]. O instituto da representação aparente encerra, assim, como nota Menezes Cordeiro, um elemento objectivo (a própria aparência de representação) e um elemento subjectivo (a negligência do "representado")[2145].

Os pressupostos referidos reproduzem, em grande medida, os próprios pressupostos da tutela jurídica da confiança, tal como vêm sendo identificados pela doutrina[2146], notando-se apenas a ausência do pressuposto do *investimento de confiança*, traduzido no efectivo desenvolvimento, decorrente da confiança criada, de uma actuação jurídica cuja reversibilidade não seja possível ou implique prejuízos inadmissíveis. No caso, a situação de confiança gera a convicção de que está em vigor um contrato de seguro plenamente válido e eficaz, não curando o regime de saber se o tomador sofreria, efectivamente, algum prejuízo com a ineficácia do contrato. Mais do que uma função ressarcitória do dano de confiança, parece subjazer ao regime uma função preventiva ou punitiva do segurador, no sentido de evitar a criação de situações de aparência de representação.

De acordo com a orientação dominante na doutrina, exceptuando qualquer previsão legal específica (como a dos artigos 23º da LCA e 30º da LCS) a protecção da aparência – colocação do confiante na posição correspondente à expectativa criada e vinculando, portanto, o "representado" aparente mediante a eficácia do negócio em causa[2147] – apresenta, no nosso ordenamento carácter excepcional[2148], só sendo assegurada através dos institutos da boa fé ou do abuso do direito[2149].

[2144] O segurador – em cuja esfera se produzem os efeitos da representação aparente – terá de *ter contribuído para fundar a confiança* do tomador. Por outras palavras, a situação de confiança haverá de ser – pelo menos, em parte – *imputável* ao segurador.

[2145] António Menezes Cordeiro, *Tratado...*, V, *cit.*, p. 103. Para harmonia do regime da procuração aparente com a regra do artigo 246º do CC, é defensável que, para além dos requisitos da disciplina da representação aparente, se configure o da necessidade de que a criação da situação aparente, pelo "representado", seja consciente (requisito da consciência da declaração) – Pedro de Albuquerque, *A Representação...*, *cit.*, pp. 1212-1213.

[2146] António Menezes Cordeiro, *Tratado...*, I, Tomo I, *cit.*, pp. 411 ss.; António Menezes Cordeiro, *Da Boa Fé...*, *cit.*, pp. 1248 ss.; João Baptista Machado, "Tutela...", *cit.*, pp. 416 ss.; e Dário Moura Vicente, *Da Responsabilidade...*, *cit.*, pp. 54 ss.

[2147] Carneiro da Frada, *Teoria da Confiança...*, *cit.*, pp. 44 ss.

[2148] José de Oliveira Ascensão, *Direito Civil: Teoria Geral*, Vol. II, *cit.*, pp. 240-241; Fernando Pessoa Jorge, *A Protecção Jurídica da Aparência no Direito Civil Português*, Lisboa, 1951, pp. 102 ss. (reportando-se, embora ao Código de Seabra, então vigente); Paulo Mota Pinto, "Aparência...", *cit.*, pp. 633-634; Rita Amaral Cabral, "A teoria da aparência e a relação jurídica cambiária", *ROA*, Ano 44, Vol. III (Dez. 1984), p. 637.

[2149] José de Oliveira Ascensão, *Direito Civil: Teoria Geral*, Vol. II, *cit.*, p. 241; António Menezes Cordeiro, *Tratado...*, V, *cit.*, p. 104; Manuel Carneiro da Frada, *Teoria da Confiança...*, *cit.*, p. 53, n. 41; João Baptista Machado, "Tutela...", *cit.*, pp. 389-391; António Pinto Monteiro, *Contrato de Agência...*, *cit.*, p. 117; Paulo Mota Pinto, "Aparência...", *cit.*, p. 635.

Assim, a confiança será tutelada sempre que, p. ex., a invocação da falta de procuração pelo "representado" constitua um abuso do direito.

É certo, não obstante, que, como referem Oliveira Ascensão e Carneiro da Frada, «a procuração aparente responde à necessidade prática de lançar sobre o detentor de uma empresa comercial (sociedade, pessoa singular, empresa pública) *o risco da organização interna da empresa e da observância efectiva da divisão interna de funções por parte das pessoas e departamentos de acordo com as suas instruções*»[2150]. Neste quadro, e a partir da consagração legal de casos de representação aparente no contrato de agência (e, actualmente, no de mediação de seguros) constrói Menezes Cordeiro a noção de *procuração institucional*: os contextos organizacional e empresarial em que são executados aqueles contratos sustentam, de um prisma sócio-cultural, a credibilidade da aparência criada[2151]. A construção, apoiada na boa fé, seria, assim, extensível às situações cujo contexto institucional implicasse, de acordo com a prática sócio-cultural, a existência de poderes de representação[2152].

Segundo José Vasques, as circunstâncias objectivas pelas quais seria aferida a existência de aparência de representação no quadro da mediação de seguros seriam, designadamente: a utilização pelo mediador de papel timbrado do segurador; a entrega de documentação relativa ao contrato de seguro; a emissão, pelo mediador, de declarações de cobertura de riscos em papel timbrado do segurador; a formulação de uma proposta de seguro; o facto de as características do escritório do mediador serem assimiláveis às de um estabelecimento do segurador; ou o recebimento pelo mediador, dos proponentes ou tomadores, de declarações negociais relativas a seguros novos ou já vigentes[2153].

[2150] José de Oliveira Ascensão e Manuel Carneiro da Frada, "Contrato...", *cit.*, p. 57.

[2151] Como afirma o autor, «a confiança é imediata, total e geral» (António Menezes Cordeiro, *Tratado...*, V, *cit.*, p. 107), acrescentando que «compete ao empregador/empresário manter a disciplina na empresa, assegurando-se da legitimidade dos seus colaboradores» – *ibidem*.

[2152] António Menezes Cordeiro, *Tratado...*, V, *cit.*, p. 107. Defendendo, noutra perspectiva, a aplicação analógica do regime da representação aparente a todos os contratos de cooperação, Carneiro da Frada, *Teoria da Confiança...*, *cit.*, p. 57, n. 41. Como refere o autor, «a *ratio* da disposição relativa ao contrato de agência não assenta tanto em especificidades deste tipo contratual quanto num pensamento de ordem mais geral, susceptível de aplicação mais vasta» – *idem*, p. 58, n. 41. Cfr. também, em sentido convergente, Pedro de Albuquerque, *A Representação...*, *cit.*, p. 1058; José de Oliveira Ascensão e Manuel Carneiro da Frada, "Contrato...", *cit.*, p. 58 e n. 30; Júlio Gomes, *A Gestão de Negócios: Um Instituto Jurídico Numa Encruzilhada*, Separata do Vol. XXXIX do Suplemento ao BFDUC, Coimbra, 1993, p. 270, n. 708; António Pinto Monteiro, *Contratos de Distribuição...*, *cit.*, p. 92, e *Contrato de Agência...*, *cit.*, p. 109. Alguma jurisprudência segue a mesma orientação, como o Ac. TRP de 06/10/1992 (*Colectânea de Jurisprudência*, XVII, IV, 1992, pp. 245 ss., citado por Carlos Lacerda Barata, *Anotações ao Novo Regime do Contrato de Agência*, Lisboa, Lex, 1994, p. 63). Porém, o carácter excepcional da norma compromete a aplicação analógica, nos termos do artigo 11º do CC.

[2153] José Vasques, *Novo Regime...*, *cit.*, p. 82.

Ainda que fundados, em parte, sobre posições de jurisprudência francesa, segundo refere o autor, os exemplos dados parecem estender a fronteira da aparência para além do razoável, considerando as práticas de mercado nacionais e a experiência quotidiana dos segurados, conscientes de que o mediador é um (mero) intermediário. Assim, a posse de papel timbrado do segurador, de documentação relativa aos contratos ou de formulários de propostas contratuais, bem como a recepção de declarações negociais, a entrega de apólices ou a cobrança de prémios são indicadores *normais* de exercício da actividade de mediação de seguros, que não evidenciam uma aparência de representação mas denotam, sim, a inerente ligação instrumental do mediador à seguradora no quadro da própria distribuição comercial[2154]. Quanto ao aspecto físico das instalações do mediador, trata-se de um indicador de especial relevância, desde que não haja sinalética indicando tratar-se do escritório de um mediador, com indicação do nome e qualidade deste. Já quanto à emissão, pelo mediador, de declarações de cobertura de riscos em nome do segurador, em papel timbrado *e* com chancela do mesmo (ou, mormente, à emissão do próprio contrato de seguro), para além da objectiva aparência criada, existem indícios manifestos de que o próprio segurador contribui para a criação dessa aparência, dotando o mediador dos meios em que a mesma assenta[2155].

VI. O artigo 31º da LCS, sob a epígrafe "comunicações através de mediador de seguros" regula os efeitos, entre as partes, de comunicações, prestação de informações e entrega de documentos por intermédio do mediador[2156]. Segundo o preceito,

---

[2154] Como nota Moitinho de Almeida, os tribunais alemães entendem não se verificar uma aparência de representação nos casos em que o agente se limita ao recebimento de prémios ou quando é designado por representante geral. Mas já haveria aparência de representação nos casos em que o agente *concede* uma cobertura provisória (devidamente documentada pela seguradora) ou alterações à apólice. Cfr. José Carlos Moitinho de Almeida, *Contrato de Seguro – Estudos, cit.*, p. 166. A jurisprudência italiana, por seu turno, exige, para o reconhecimento da representação aparente, que o segurador tenha agido com culpa.

[2155] Poder-se-á suscitar a questão de saber se – considerando que a procuração que confere poderes ao mediador para emitir contratos de seguro está sujeita a forma escrita – isso inviabiliza a tutela da representação aparente (na medida em que o tomador deveria exigir a procuração do mediador). Não havendo posições doutrinárias definidas sobre a matéria, orienta-se, porém, a jurisprudência da *Cour de Cassation* francesa no sentido da protecção de terceiros se for conforme aos usos que estes não exijam a exibição da procuração.

[2156] Já no âmbito do anterior regime, alguma doutrina e jurisprudência considerava que, se o mediador tivesse poderes de representação, a comunicação da declaração negocial ao mediador se teria por feita ao segurador – neste sentido, João Valente Martins, *Notas Práticas...*, 1ª Ed., *cit.*, pp. 44-46; Luís Poças, *Estudos...*, p. 223, n. 642. Na jurisprudência, uma questão recorrente é a de se saber se a entrega da proposta contratual ao mediador equivale à respectiva entrega ao segurador, nomeadamente para efeitos da contagem do prazo de aceitação tácita. Neste âmbito, o Ac. STJ

tendo o mediador poderes de representação de qualquer das partes (representação voluntária), considera-se o mesmo uma extensão da esfera jurídica dessa parte, para efeito das comunicações, informações ou documentos por ela dirigidas à (ou dela recebidas da) contraparte. Relativamente ao nº 2 do artigo 31º, que mais particularmente nos interessa, estabelece-se, como decorrência do instituto da representação, os termos em que se considera o mediador uma extensão do segurador, designadamente quanto ao *momento* em que se considera que uma declaração entra na esfera jurídica do segurador e *a extensão dos conhecimentos* deste.

Naturalmente que os *efeitos* que, por força do citado preceito, *resultam da existência de poderes de representação*, não consubstanciam, eles próprios, a concessão de poderes de representação *ex lege*[2157]. Estamos, como afirmámos já anteriormente, no domínio da representação voluntária, pelo que o preceito apenas estabelece os efeitos que associa à prévia atribuição – no quadro da autonomia da vontade – de poderes representativos[2158].

---

de 10/04/1996 – Proc. nº 4344 (Loureiro Pipa) considerou que o contrato de seguro só tem existência jurídica quando a respectiva proposta haja sido recebida e aprovada pelo segurador, salvo se tiver havido acordo entre ele e o mediador no sentido de aquele ficar responsabilizado a partir do momento em que a proposta, subscrita pelo segurado, seja recebida e aceite pelo mediador – cfr. também Ac. STJ de 25/10/1995 – Proc. nº 4264 (Matos Canas). Ainda sobre a relevância da entrega da proposta no mediador, considera o Ac. STJ de 03/12/2003 – Proc. nº 03S1070 (Vítor Mesquita) que os agentes ou mediadores de seguros são geralmente desprovidos de competência para obrigar o segurador – salvo quando estejam munidos de expressos poderes de representação para o efeito – e, consequentemente, para aceitar propostas de seguro. Acrescenta o Acórdão que, «se o mediador de seguros é certamente uma "peça" do circuito comercial do segurador, como afirmam os recorrentes, a verdade é que cada peça de um circuito tem a sua função própria e de modo algum é legítimo atribuir-lhe um relevo (designadamente para efeitos de dar como celebrado ou alterado determinado contrato) que a lei expressamente lhe veda». No mesmo sentido e no quadro da mesma questão de fundo, cfr. o Ac. TRP de 16/01/2003 – Proc. nº 0231764 (Sousa Leite). No que concerne à comunicação de sinistros feita pelo tomador ao mediador do contrato, considerou o Ac. STJ de 18/03/2003 – Proc. nº 03A592 (Afonso Correia) que «nada nos diz que a comunicação do sinistro na pessoa do mediador tenha chegado ao conhecimento da Ré, sendo certo que nos termos do artigo 14º das Condições Gerais (fs. 48) a comunicação do sinistro deve ser feita à Seguradora e não a outrem, ignorando-se, mesmo, a validade ou eficácia da comunicação ao mediador». Finalmente, quanto à cessação do seguro, considera o Ac. TRL de 07/06/1990 – Proc. Nº 13056 (Pires Salpico) que é válida e eficaz a denúncia verbal do contrato efectuada pelo segurado a um agente do segurador actuando como seu mediador (não foi, no caso, considerada a existência ou inexistência de poderes de representação).

[2157] Eduarda Ribeiro parece laborar neste equívoco quando afirma que «de acordo com a situação em concreto, a disposição em apreço estabelece poderes representativos mínimos, quer activos, quer passivos» – Eduarda Ribeiro, "Artigo 31º – Anotação", in Pedro Romano Martinez *et al.*, *LCS Anotada, cit.*, p. 215. Ora, o que a norma estabelece são *efeitos* dos poderes de representação que possam, eventualmente, existir.

[2158] A própria interpretação literal do preceito não suscita dúvidas: "quando o mediador de seguros actue..." não significa que o mesmo actue *sempre* em nome e com poderes de representação. Apenas

Pensamos, por outro lado, que, estando em causa, por exemplo, a declaração pré-contratual do risco (literalmente subsumível na categoria *prestação de informações*[2159]), os poderes de representação pressupostos pelo preceito, quer no caso de o representado ser o proponente, quer no caso de ser o segurador, não poderão deixar de consistir nos inerentes à *celebração do contrato de seguro* em nome do segurador[2160]. Só neste caso este atribui ao mediador poderes para o vincular contratualmente. De resto, como salientámos, é no mínimo duvidoso que a legitimação para a prática de actos materiais (designadamente os inerentes à função de "caixa postal") seja enquadrável no instituto da representação, que haverá de assumir por objecto a prática de actos negociais em nome e por conta de outrem.

VII. Perante a matéria analisada – e, designadamente, a conjugação do artigo 31º com o 30º da LCS – coloca-se a questão de saber se os efeitos que o artigo 31º associa à existência de poderes de representação são extensíveis a outras situações em que o mediador não tem poderes de representação mas que a lei equipara, para efeitos da vinculação do segurador, a essa verificação: caso da representação aparente. A mesma questão pode, aliás, suscitar-se a propósito da alínea d) do nº 3 do artigo 24º da LCS: deverá o conhecimento do aparente representante ser equiparado ao do efectivo representante?

Poder-se-á entender que o nº 3 do artigo 30º tem o âmbito (vinculação negocial do segurador) bem delimitado e que tal âmbito não deve ser estendido a outras situações (conhecimento, comunicações, prestação de informações e entrega de documentos), na falta de expressa indicação do legislador. Acresce que, como observámos, o carácter excepcional da representação aparente impediria a respectiva aplicação analógica a casos não expressamente previstos na lei. Que dizer?

Júlio Gomes defende a aplicabilidade do regime da representação aparente aos casos referidos, até por apelo a um argumento de maioria de razão: se «o contrato celebrado por um representante sem poderes é eficaz em relação ao representado, então também deverão ser relevantes as informações pré-contratuais que foram prestadas a esse representante pelo tomador do seguro ou segurado»[2161]. Do nosso ponto de vista é este, efectivamente, o entendimento correcto. Veri-

---

se diz que, *quando* tal aconteça (no quadro da atribuição voluntária de poderes pelo segurador) vários são os efeitos daí decorrentes.

[2159] Eduarda Ribeiro, "Artigo 31º – Anotação", *in* Pedro Romano Martinez *et al.*, *LCS Anotada, cit.*, p. 216.

[2160] Neste sentido, como refere Júlio Gomes, «as informações prestadas ao mediador que actue em nome de um segurador só se considerarão como equivalentes a informações prestadas directamente ao referido segurador se o mediador de seguros tiver poderes de representação para celebrar o contrato em nome do segurador» – Júlio Gomes, "O dever de informação do (candidato a) tomador...", *cit.*, pp. 417-418. No mesmo sentido, Helena Tapp Barroso, "Representação", *cit.*, p. 190.

[2161] Júlio Gomes, "O dever de informação do (candidato a) tomador...", *cit.*, p. 418.

ficando-se os requisitos da representação aparente (nº 3 do artigo 30º da LCS), pensamos que os respectivos efeitos não se atêm ao que expressamente resulta do preceito (eficácia, relativamente ao segurador, do contrato de seguro celebrado pelo mediador). E não apenas por um argumento de maioria de razão. É que o principal fundamento do regime da representação aparente – tutela da confiança do candidato a tomador – subjaz, em grande medida, quer ao nº 2 do artigo 31º, quer, sobretudo, ao nº 3 do artigo 24º. A mesma aparência (para que haja contribuído o segurador) que leva o proponente a confiar que o contrato foi concluído, justifica que este confie que um facto conhecido do mediador é igualmente conhecido do segurador, ou que uma informação prestada àquele se tenha por prestada a este. Também na perspectiva da cominação à negligência do segurador se afigura justificado que, contribuindo este para a aparência, deva suportar as consequências dessa actuação, não só ficando vinculado negocialmente, mas sendo-lhe imputáveis os conhecimentos e a recepção das comunicações que entrem na esfera do mediador[2162].

VIII.2.5. Perspectiva de síntese

I. Impondo-se uma sistematização dos considerandos que temos vindo a expender, haverá que atender a uma questão prévia: a de saber se o proponente incumpriu, ao menos a título de negligência, o dever de declaração do risco, tal como o mesmo resulta do nº 1 do artigo 24º da LCS. A título de exemplo, considere-se o caso em que, após a formalização da declaração do risco e respectiva assinatura pelo proponente, o mediador rasura ou apaga, à revelia deste, dados previamente preenchidos pelo mesmo. Sendo esse o caso, não se verifica um incumprimento do dever de declaração do risco, pelo que o contrato será inimpugnável.

Em regra, porém, dificilmente o mediador agirá com culpa estando o tomador inocente. Este terá cometido, em princípio, uma de duas faltas: ou foi autor

---

[2162] Não está, portanto, em causa, do nosso ponto de vista, uma aplicação analógica do regime da representação aparente, mas uma interpretação lógica (e teleológica) desse regime. Júlio Gomes refere ainda outras circunstâncias – para além da representação ou da representação aparente – que fundamentariam a aplicação dos efeitos previstos no nº 2 do artigo 31º da LCS. Desde logo, a possibilidade de invocação do abuso do direito, configurando-se como abusiva a recusa de ratificação do contrato pelo segurador – Júlio Gomes, "O dever de informação do (candidato a) tomador...", *cit.*, p. 418. Aqui não acompanhamos o autor, já que não estará propriamente em causa a recusa de ratificação, mas a invocação, pelo segurador, de omissões ou inexactidões, conhecidas pelo mediador, relativamente a um contrato regularmente concluído pelo segurador (e não por mediador sem poderes de representação). Refere ainda o autor a "inteira responsabilidade" do segurador pela actuação dos mediadores de seguros ligados – *ibidem*. Também aqui nos demarcamos desta posição. Na verdade a infeliz e ambígua expressão "inteira responsabilidade" remete para a responsabilidade civil do segurador por danos causados pela actuação do mediador, e não a imputação ao segurador de conhecimentos do mediador.

(ou cúmplice) quanto às omissões ou inexactidões, agindo em conluio com o mediador (caso em que terá havido dolo ou, eventualmente, negligência da sua parte); ou não verificou o questionário e a proposta antes de assinar (caso em que terá agido com negligência).

II. Passemos, assim, para as situações de actuação culposa do proponente (concorrendo com culpa do mediador). Como constatámos, os dois grandes eixos que se nos anteparam na sistematização das soluções legais perante a casuística referida são: (x) o da existência / inexistência de poderes de representação por parte do mediador; e (y) o do grau de censurabilidade (dolo / negligência) da conduta do proponente. Desta forma, o cruzamento dos dois eixos pode ser representado no seguinte gráfico (plano cartesiano):

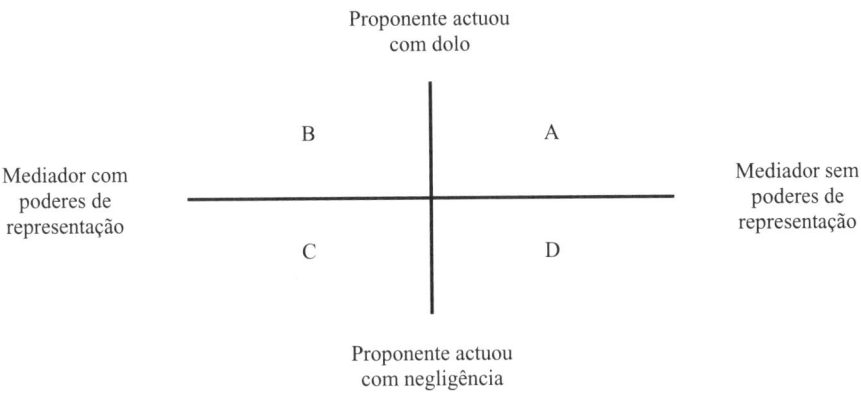

Fig. 4 – Intervenção do mediador na produção de omissões / inexactidões

Passemos a analisar os vários quadrantes. O *quadrante A* representa uma situação de conluio entre o proponente e o mediador para enganar o segurador. Neste caso, a actuação do mediador não é imputável ao segurador (pelo que é irrelevante), sendo o contrato anulável em função do incumprimento doloso do proponente (artigo 25º da LCS). Esta solução reúne, aliás, largo consenso na doutrina nacional e estrangeira[2163] e na própria jurisprudência[2164].

[2163] Entre nós, p. ex., defende Moitinho de Almeida que «a responsabilidade da seguradora é excluída se, entre o agente e o tomador existir conluio em seu prejuízo (*fraus omnia corrumpit*)» – José Carlos Moitinho de Almeida, *Contrato de Seguro – Estudos*, cit., p. 177. No mesmo sentido, Josefa Brenes Cortés, "Algunas cuestiones...", cit., p. 1780; Juan Félix Morandi, "La reticencia...", cit., p. 391.

[2164] Cfr., p. ex., o Ac. TRP de 12/12/2002 – Proc. 232311 (Oliveira Vasconcelos), onde se escreve que «o mediador em causa não representava a seguradora. Não havendo representação, é irrelevante para a questão em apreço o comportamento do medidor de seguros».

Relativamente ao *quadrante B*, embora se verifique o incumprimento doloso do dever de declaração do risco, a actuação do mediador não é alheia ao segurador, atento o vínculo representativo. O equilíbrio e a justiça da solução não é simples, embora, como nota Beignier, mesmo considerando que o mediador tem poderes de representação para aceitar o risco e celebrar o contrato, sempre repugnaria que o segurado pudesse invocar em seu benefício a sua própria fraude[2165]. Em qualquer caso, o nº 4 do artigo 25º da LCS expressamente regula esta situação: o contrato permanece ferido de invalidade (anulabilidade), embora o concurso de culpas entre o segurado e o representante do segurador determine a obrigatoriedade, para este, de devolução do prémio[2166]. Não obstante, verificando-se, por parte do segurado ou tomador (e independentemente da participação do representante do segurador), a fraude – dolo com o propósito de obter uma vantagem – não só o contrato é anulável, mas o prémio é devido até ao termo do contrato, de acordo com o nº 5 do artigo 25º da LCS[2167].

Por seu turno, o *quadrante C* reporta-se aos casos em que é menor a censurabilidade da actuação do proponente e em que, simultaneamente, o mediador é um representante do segurador. Em tais casos, o incumprimento do dever de declaração do risco é inoponível ao tomador, na medida em que o comportamento do mediador é imputável ao segurador. A solução verte da alínea d) do nº 3 do artigo 24º da LCS. O contrato vincula, portanto, o segurador, sem prejuízo da responsabilidade civil do mediador perante este[2168].

Finalmente, no *quadrante D* representam-se os casos em que, verificando-se um incumprimento negligente, o concurso do mediador para tal incumprimento não é imputável ao segurador. Consequentemente, o contrato é impugnável nos termos do artigo 26º da LCS, sem prejuízo de eventual responsabilidade civil

---

[2165] Bernard Beignier, *Droit du Contrat...*, *cit.*, p. 127.

[2166] Reafirme-se a incongruência entre esta solução e a que, para uma situação de facto equivalente (dolo simples do proponente), resulta da alínea d) do nº 3 do artigo 24º da LCS.

[2167] Era diversa a orientação jurisprudencial que vinha prevalecendo no âmbito do regime do CCom, valorando-se mais fortemente o vínculo representativo entre o mediador e o segurador do que o dolo do proponente. Assim, p. ex., o Ac. TRP de 29/11/2001 – Proc. 9921518 (Maria Rosa Tching) e o Ac. TRP de 02/12/2004 – Proc. 436044 (Fernando Baptista) defenderam a vinculação do segurador pela actuação fraudulenta do proponente em conluio com o mediador (em rigor, no segundo acórdão parece verificar-se uma actuação meramente negligente por parte do mediador). De acordo com os arestos, as consequências da actuação do mediador haveriam de ser resolvidas no quadro das relações internas entre este e o segurador de acordo com as regras da responsabilidade civil.

[2168] Cfr., p. ex., o Ac. TRC de 03/05/2005 – Proc. 317/05 (Távora Vítor): «intervindo na formação do contrato de seguro e junto do proponente um mediador com amplos poderes de representação da Seguradora [...] e tendo sido aquele intermediário que aconselhou o proponente a declarar que era proprietário da viatura, sabendo que esta iria ser conduzida e posteriormente adquirida pelo filho, não pode a seguradora eximir-se à sua responsabilidade».

pessoal do mediador perante o proponente (cfr. *supra*, VIII.2.2)[2169] – a qual poderá, não obstante, recair sobre o segurador, quer directamente (quanto aos mediadores de seguros ligados) quer por via de seguro de responsabilidade civil do mediador (no caso dos outros mediadores)[2170].

III. Como resulta da sistematização efectuada, a mesma depende, quer da questão de charneira que consiste em saber se o mediador é um terceiro exterior à estrutura do contrato ou se é um verdadeiro representante do segurador, quer do prévio apuramento da culpabilidade associada à actuação do proponente. Considere-se, p. ex., uma das situações mais recorrentes na casuística que começámos por delinear: aquela em que o proponente deixa ao mediador o preenchimento do questionário, limitando-se, ou a assinar o formulário em branco (antes do preenchimento) ou, após este, a assiná-lo sem conferir as respostas preenchidas.

Neste caso, defende a posição dominante na doutrina que as respostas ao questionário serão imputáveis ao proponente, já que o mesmo terá renunciado, quer ao conhecimento das questões formuladas, quer ao controlo das respostas dadas, por sua conta, pelo agente, aceitando-as incondicionalmente[2171]. Assim, o proponente não deverá poder prevalecer-se da sua própria negligência: tendo assinado um documento sem se inteirar do respectivo conteúdo, terá agido descuidadamente e em violação do *dever de se informar* do seu teor[2172]. Mesmo o baixo nível de literacia do tomador não desculpa a sua incúria, pois, como sublinha Malcolm

---

[2169] Perdendo o tomador o direito à prestação do segurador, poderá, de acordo com a orientação da jurisprudência italiana, obter o ressarcimento do dano por parte do mediador por indução dolosa à celebração de um contrato inválido – Marco Rossetti, "Dichiarazioni inesatte e reticenze con...", *cit.*, p. 86.

[2170] Entre a jurisprudência, defende-se, precisamente, no Ac. TRG de 12/07/2006 – Proc. 1357/06-1 (Rosa Tching), que a actuação do mediador sem poderes de representação não vincula o segurador, «[...] não obstante poder ser responsabilizado [pelo tomador do seguro] por factos que lhe sejam imputáveis e se reflictam no contrato em que interveio [...]». No mesmo sentido, pode ler-se no Ac. TRP de 14/03/1995 – Proc. 9420632 (Almeida e Silva) que «não vinculam a seguradora as instruções ou conselhos, alegadamente dados pela agente mediadora ao adquirente de veículo, no sentido de não fazer contrato de seguro novo, mas manter o existente em nome da primitiva segurada e, mais tarde, quando esse adquirente vender esse veículo, no sentido de apenas ser alterada na respectiva apólice a identificação da viatura». Cfr. também Ac. TRP de 15/11/2001 – Proc. 131666 (Coelho da Rocha).

[2171] Cfr., neste sentido, Júlio Gomes, "O dever de informação do tomador...", *cit.*, p. 97; João Valente Martins, *Notas Práticas...*, 1ª Ed., *cit.*, pp. 47-51; e José Alberto Vieira, "O dever...", *cit.* Cfr. também Juan Félix Morandi, "La reticencia...", *cit.*, p. 390; Pedro Rubio Vicente, *El Deber...*, *cit.*, p. 60. Já a posição de Virginia Bado Cardozo aponta para a apreciação casuística, atendendo, designadamente, ao carácter profissional ou consumerista do proponente e ao grau de culpabilidade do agente (*El Riesgo...*, *cit.*, pp. 86-87 e 147).

[2172] Paolo Gallo, "Asimmetrie...", *cit.*, p. 678.

Clarke, as pessoas mais vulneráveis devem, por isso mesmo, ser especialmente cautelosas[2173]. Esta orientação é relativamente pacífica na nossa jurisprudência[2174].

Pela nossa parte, cremos que, mesmo quando tenha havido um comportamento censurável do mediador – por não ter esclarecido devidamente o teor da pergunta, por ter induzido ou assumido indevidamente uma dada resposta, ou até por ter conscientemente omitido ou falseado dados que sabia não corresponderem à verdade – o facto de o proponente ter assinado sem verificar o teor das respostas manifesta falta de diligência da sua parte, a qualificar um incumprimento negligente do dever de declaração do risco. Consequentemente, tal incumprimento só será inoponível ao tomador do seguro – conforme o gráfico de sistematização apresentado – se o mediador tiver poderes para aceitar o risco e celebrar o contrato, aceitando a proposta em nome e por conta do segurador[2175].

VIII.3. A INTERVENÇÃO DO MÉDICO NA SELECÇÃO DO RISCO

I. À semelhança da análise efectuada a propósito do mediador de seguros, também o médico que observa o candidato a pessoa segura, num seguro de pessoas, pode prejudicar (ou contribuir para viciar) o processo de análise do risco,

---

[2173] Malcolm Clarke, *Policies...*, *cit.*, p. 102.

[2174] Cfr., a propósito, o Ac. STJ de 27/05/2008 – Proc. nº 08A1373 (Moreira Camilo), onde se lê que, «ao assinar o questionário já preenchido, a falecida mulher e mãe dos Autores subscreveu o conteúdo das respectivas respostas, independentemente de não ter sido ela a proceder ao seu preenchimento e não ter tido conhecimento do conteúdo das respostas, até porque, antes da data e da aposição da sua assinatura, constam declarações respeitantes à não ocultação de factos relevantes para a decisão de contratar por parte da seguradora e à exactidão e sinceridade das mesmas. [...] A incúria que o seu comportamento evidencia surge, assim, como manifesta omissão da diligência exigível e merecedor de reprovação. É, assim, completamente indiferente que haja ou não tido conhecimento do conteúdo das respostas dadas ao questionário. [De outra forma], estaria aberta a porta a que um segurado nunca pudesse ser responsabilizado pela omissão ou deturpação de factos relativos ao seu estado de saúde [...]. Bastaria demonstrar o desconhecimento daquilo que outrem escreveu nas respostas a esse questionário». No mesmo sentido, afirma-se no Ac. TRL de 19/03/2009 – Proc. nº 3507/08-8 (Octávia Viegas) que «mesmo que a pessoa que preencheu a proposta não seja o proponente, as declarações efectuadas na proposta de seguro são da sua responsabilidade, uma vez que as fez suas ao assinar a proposta de seguro que apresenta à seguradora». Cfr. também o Ac. TRG de 12/02/2009 – Proc. nº 63/08.0TCGMR-A.G1 (Gouveia Barros): «alegam os requerentes não terem sido eles quem preencheu o questionário clínico, tendo-se limitado a assinar no *sítio da cruzinha*: a ser assim, agiram negligentemente [...]». Seguindo a mesma orientação, Ac. STJ de 30/10/2007 – Proc. 7A3428 (João Camilo); e Ac. TRL de 17-04-2008 – Proc. 8700/2007-8 (Pedro Lima Gonçalves) e, quanto a formulário preenchido por empregado do segurador, Ac. TRC de 16/11/2010 – Proc. nº 2617/03.2TBAVR.C1 (Jaime Carlos Ferreira); Ac. STJ de 06/07/2011 – Proc. nº 2617/03.2TBAVR.C1.S1 (Alves Velho) e Ac. TRL de 15/12/2011 – Proc. nº 575/08.6TCFUN.L1-7 (Maria João Areias). Contra, Ac. STJ de 19/09/2002 – Proc. 2B2270 (Sousa Inês).

[2175] Também neste sentido, cfr. José Carlos Moitinho de Almeida, *Contrato de Seguro – Estudos, cit.*, p. 174 e João Valente Martins, *Notas Práticas...*, 1ª Ed., *cit.*, pp. 44-46.

importando aferir que soluções providencia o ordenamento para aquela eventualidade[2176].

Na verdade, nos seguros de pessoas (e, em particular, nos de vida) a análise do risco prende-se, em grande medida, com o estado de saúde do candidato a pessoa segura, requerendo a intervenção consultiva de um médico, que assume a função de analista de risco. Essa intervenção pode limitar-se à apreciação do questionário clínico preenchido pelo candidato ou traduzir-se num exame presencial a este, acompanhado de um questionário mais exaustivo – preenchido pelo médico, segundo as informações do candidato, e assinado por ambos – sobre o seu historial clínico, ou estender-se mesmo à análise de elementos auxiliares de diagnóstico solicitados para o efeito (análises, electrocardiogramas, radiografias, etc.)[2177].

II. Pode suscitar-se a questão prévia de saber se – e em que medida – a realização do exame médico, promovida pelo segurador, como procedimento de controlo e análise directa do risco, exonera o proponente do dever de declaração do risco e, portanto, se torna inoponíveis ao proponente as omissões ou inexactidões que este produza.

Embora possa argumentar-se que, num sistema de questionário fechado, o dever que vincula o proponente fica circunscrito à mera resposta às questões formuladas pelo médico por ocasião do exame, existe uma quase unanimidade na doutrina no sentido de que, nos sistemas de declaração espontânea, o exame médico – como mera comprovação das declarações do proponente – não o dispensa do seu dever declarativo.

O recurso ao exame médico deve, assim, ser perspectivado no quadro da colaboração recíproca que envolve o segurador na descrição do risco (nítido, igualmente, no recurso ao questionário)[2178]. Porém, haverá que considerar a inexistência de um dever, a cargo do segurador, de investigação do risco ou sequer de controlo sobre as declarações do proponente.

Neste contexto, o exame médico tende a seguir uma rotina de controlo dos aspectos mais superficiais e evidentes do estado de saúde do doente, sendo insusceptível de revelar aspectos não aparentes e só detectáveis mediante elementos

---

[2176] A análise será efectuada no plano da LCS e do CC. Não obstante, a gravidade e censurabilidade da actuação do médico pode relevar, designadamente, no domínio penal por crime de atestado falso (verificados os pressupostos do artigo 260º do CP).

[2177] Cfr. O. Mireur, "La médecine d'expertise en assurances de personnes", in Jacques Hureau e Dominique G. Poitout (Coords.), L'Expertise Médicale en Responsabilité Médicale et en Réparation d'un Préjudice Corporel, 2ª Ed., Issy les Moulineaux, Elsevier Masson Ed., 2005, pp. 117-118 e 121.

[2178] Como nota Carlo Angelici, tratar-se-á de «um perfil de colaboração entre as partes na determinação do risco, numa dialéctica que toma em consideração as suas diversas posições, e de onde resulta a sugestão que no próprio âmbito de tal dialéctica deva buscar-se o papel do médico» ("L'accertamento...", cit., p. 438 – trad. nossa).

auxiliares de diagnóstico mais dispendiosos e de morosa realização[2179]. Neste sentido, será de entender que as informações dadas ao médico poderão configurar uma situação de incumprimento do dever de declaração do risco se apresentarem omissões ou inexactidões relevantes[2180].

Em suma, o exame médico constitui uma medida cautelar do segurador, estranha ao esquema negocial, e cuja realização não exonera o proponente de cumprir o seu dever de informação. Trata-se, portanto, de um *elemento complementar* de informação que, juntamente com as declarações do proponente, fundamentará a apreciação do risco[2181]. Em certa medida, o exame médico sobrepor-se-á mesmo às declarações do proponente – sendo de molde a corrigir as eventuais omissões ou inexactidões anteriormente prestadas[2182] – e constitui, afinal, o elemento decisivo de apreciação do risco pelo segurador[2183].

III. Como veremos, o regime a aplicar à intervenção do médico no processo de declaração do risco depende, em grande medida, do próprio contexto contratual em que o médico presta a sua actividade, ou seja, a que título e perante quem. Na verdade, podemos distinguir várias situações: desde logo, podemos estar perante o perito médico, consultor clínico do segurador, integrado na sua estrutura organizacional como trabalhador dependente ou prestador de serviços avençado[2184]. Pode ainda a actuação caber a médico pontualmente indicado pelo segurador para intervenções esporádicas, que actua como profissional liberal –

[2179] Virginia Bado Cardozo, *El Riesgo...*, *cit.*, p. 102.

[2180] Carlo Angelici, "L'accertamento...", *cit.*, pp. 438 ss. Relativamente ao perfil de comportamento requerido do médico, sublinha o autor que o mesmo deverá orientar com perguntas as informações do candidato a pessoa segura, pelo que as omissões ou inexactidões transmitidas ao médico traduzem um incumprimento do dever de declaração do risco e, por outro lado, a ausência de perguntas em determinados domínios indiciam a irrelevância dos mesmos para a apreciação do risco – *idem*, p. 440.

[2181] Virginia Bado Cardozo, *El Riesgo...*, *cit.*, p. 101.

[2182] Angelici apresenta dois argumentos neste sentido: por um lado, o de que o exame médico tem precisamente por função complementar e corrigir as informações já resultantes do questionário; por outro lado, o de que seria contraditório que as informações exactas prestadas ao médico servissem para aplicar o regime do incumprimento e não para o excluir – Carlo Angelici, "L'accertamento...", *cit.*, p. 438. Porém, outro argumento – que o autor não aduz e que nos parece de maior pertinência – poderia ser convocado: o de que, precedendo o exame médico a conclusão do contrato, e fornecendo ele ao segurador informações relevantes, fica em tempo sanado o eventual erro do segurador, não padecendo, pois, a sua vontade contratual desse vício aquando da celebração do contrato. Desta forma, e como resulta da alínea e) do nº 3 do artigo 24º da LCS, não poderia o segurador prevalecer-se de circunstâncias suas conhecidas para vir a impugnar o contrato.

[2183] Virginia Bado Cardozo, *El Riesgo...*, *cit.*, p. 101.

[2184] J. Rosenblum, "Les médecins-conseils de sociétés d'assurances", *in* Jacques Hureau e Dominique G. Poitout (Coords.), *L'Expertise Médicale en Responsabilité Médicale et en Réparation d'un Préjudice Corporel*, *cit.*, pp. 124-126.

técnica, jurídica e economicamente independente – do segurador[2185], em cuja competência técnica e idoneidade deontológica este faz fé. Finalmente, pode a intervenção ser de um médico para o efeito contactado pelo candidato a pessoa segura, designadamente, o seu médico-assistente[2186], que incidentalmente intervém na análise do risco clínico, e a quem o segurador atribui credibilidade exclusivamente em virtude da sua qualidade de médico e dos deveres deontológicos a que está obrigado. Em qualquer dos casos – e independentemente de o médico se encontrar mais próximo de uma ou outra das partes no contrato de seguro – os respectivos honorários podem ser custeados, nos termos contratuais, pelo segurador ou pelo proponente (alínea c) do nº 1 do artigo 178º da LCS).

IV. Numa representação que segue de perto a efectuada a propósito dos mediadores de seguros, as soluções legais para a intervenção do médico podem ser sistematizadas em função do cruzamento de dois eixos segundo o plano cartesiano (Fig. 5). Por um lado, temos o eixo (x), que distingue se o médico é juridicamente independente e autónomo ou se, pelo contrário, tem um vínculo de subordinação jurídica ao segurador; por outro lado, o eixo (y) distingue se houve um incumprimento doloso ou negligente do dever de declaração do risco pelo proponente.

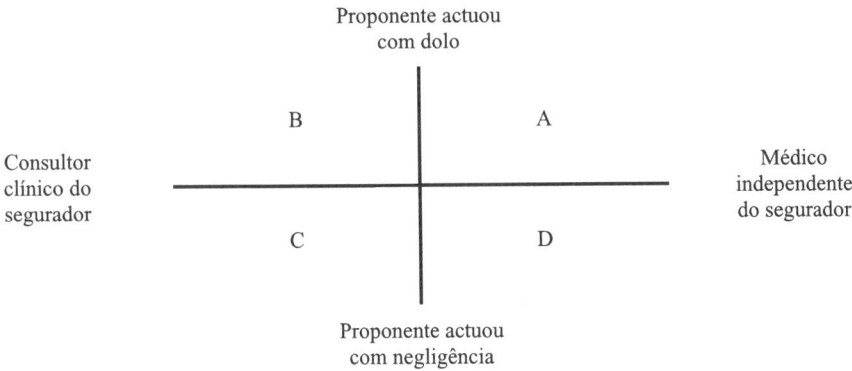

Fig. 5 – Intervenção do médico na produção de omissões / inexactidões

---

[2185] Tal poderá ocorrer em zonas geográficas onde o segurador tenha uma actividade esporádica, não se justificando a deslocação do candidato a pessoa segura à sede ou a outro local distante onde o segurador tenha estabelecimento. Os médicos em causa intervêm, assim, em casos isolados, não mantendo qualquer vínculo ou relação estável perante o segurador, limitando-se – quando os seus honorários hajam de ser suportados pelo segurador – a emitir factura em nome deste e a dirigir-lhe o relatório clínico. Na gíria seguradora portuguesa são, por vezes, designados como "médicos nomeados", enquanto na gíria francesa constituem *"médecins correspondants"*. O. Mireur, "La médecine...", *cit.*, p. 121.
[2186] Tratando-se do médico assistente do proponente, este deverá liberá-lo do dever deontológico de sigilo.

Passaremos a analisar com algum detalhe os quatro quadrantes que resultam da figura.

V. Desde logo, o quadrante das situações de *tipo A* representa o concurso de uma actuação culposa por parte do médico independente (eventualmente, o médico assistente da pessoa a segurar) com um incumprimento doloso do dever de declaração do risco. Este quadrante engloba casuística diversificada, que pode estender-se até um conluio fraudulento (passível mesmo de procedimento penal contra o segurado ou contra o médico).

Relativamente à declaração do risco, releva o facto de o comportamento do médico não ser, a nenhum título, imputável ao segurador e de o exame médico não substituir nem eliminar o dever de declaração do risco. Neste quadro, e perante a LCS, a intervenção do médico será inócua face ao comportamento do proponente, podendo sempre o segurador prevalecer-se do incumprimento, por este, do dever de declaração[2187].

[2187] Como sustenta Júlio Gomes, «o incumprimento por parte do tomador do seguro do seu dever de informação mantém-se com as suas consequências invalidantes, mesmo que o médico se devesse ter apercebido, se tivesse agido com a diligência normal, das omissões e mentiras do tomador do seguro e/ou do segurado» – Júlio Gomes, "O dever de informação do tomador...", *cit.*, p. 96. No mesmo sentido, Carlos Harten, *El Deber...*, *cit.*, p. 93. Vários são os casos recondutíveis a este *quadrante A* objecto de análise da jurisprudência, em orientação que não merece reparo. Refira-se, a título de exemplo, o Ac. TRL de 08/03/2007 – Proc. 10323/06-2 (Maria José Mouro), onde se pode ler: «[...] o falecido pai dos AA. contactou o R. Dr. J F para efeitos do «Exame Médico» [...] a apresentar à seguradora, tendo em conta a celebração do contrato de seguro, sabendo o Dr. F que o exame se destinava à celebração de um contrato de seguro. O Dr. J F sabia que o pai dos AA. sofria de asma desde a infância, mas omitiu no relatório clínico datado de 27-6-96 a menção de tal facto, dizendo-se ali que sofria de bronquite, sendo ex-fumador há mais ou menos um ano (quando a "asma" estava expressamente referenciada, como opção, no impresso da seguradora em que o relatório se materializou). Aliás, posteriormente à morte do pai dos AA. aquele médico veio a subscrever o relatório de fls. 54 no qual afirma ter sido médico do falecido desde 1992, sofrendo este de asma desde a infância com agravamento progressivo desde há cerca de cinco ou seis anos. Para mais tarde, em 27 de Maio de 1998, se ter prestado a declarar (doc. de fls. 53) com respeito à patologia do seu falecido paciente «bronquite, isto é, bronquite asmática, ou asma brônquica, termos igualmente utilizados». Da conjugação destes escritos legítimas dúvidas nos podiam assolar sobre o rigor ou a diligência do R. J F quando do preenchimento do relatório que foi entregue na R. com vista à celebração do contrato de seguro. [...] Provou[-se], igualmente, que o Dr. F respondeu ao questionário integrante do exame para entrega à seguradora, com base nos dados transmitidos pelo pai dos AA. tendo-o questionado sobre todas as doenças referidas no impresso (entre as quais, no domínio das patologias respiratórias, a asma e a bronquite), assinando ambos o escrito respectivo *e que o pai dos AA.* respondeu ao questionário dizendo ser saudável, omitindo qualquer resposta sobre o uso habitual de medicamentos e não revelando ter asma [...]. Estes factos *não nos permitem concluir que a omissão de referência à asma no relatório entregue à seguradora possa responsabilizar o R. J F pelos danos que daquela omissão adviessem aos AA., nos termos por eles pretendidos.* Sublinhe-se que estamos no

VI. No quadrante relativo às situações de *tipo B* temos os casos em que o médico mantém um vínculo jurídico estável com o segurador e se verificam omissões ou inexactidões dolosas do proponente. Alguma doutrina, sobretudo italiana, assimila estes casos aos casos de *tipo A*, prevendo as mesmas soluções. Assim, por exemplo, considera Gasperoni – de acordo, aliás, com a orientação da jurisprudência italiana – que a falta de diligência profissional ou imperícia do médico não podem ser opostas ao segurador, na medida em que o exame médico constitui uma medida facultativa de salvaguarda do segurador (um mero controlo destinado a verificar ou completar as informações da pessoa segura), não exonerando o segurado do dever de declaração sobre as suas verdadeiras condições de saúde[2188]. Desta forma, a negligência do médico (esteja ele ao serviço do segurador ou não) não excluiria a culpa (dolo ou negligência) do proponente

---

âmbito da responsabilidade civil e não de qualquer apreciação profissional ou deontológica para outros efeitos. Efectivamente, não se caracteriza uma omissão conscientemente querida apenas pelo R., nem mesmo uma falta de diligência deste – quem necessitava do relatório para outorga do contrato de seguro era o *falecido pai dos AA. cuja actuação concorreu determinantemente para que o conteúdo do relatório fosse aquele que veio a exibir. Igualmente quem contratou o seguro utilizando o relatório em causa foi o falecido pai dos AA., ciente das inexactidões que o mesmo continha.* Não lograram, pois, os AA. demonstrar que o R. Dr. J F seja o responsável por uma omissão ilícita e culposa, causadora de danos por eles sofridos (arts. 483 e 487 do CC)». O mesmo caso foi reapreciado, em sede de recurso, pelo Ac. STJ de 30/10/2007 – Proc. 7A2961 (Alves Velho), tendo concluído que «a co-autoria da omissão é manifesta: do proponente do seguro porque, perguntado, não revelou ser portador da doença; do médico examinador porque, sabendo ser falsa e omissiva a resposta à questão, a fez constar materialmente do documento. [...] Inarredável, pois, o juízo de culpa do falecido pai dos AA., a deixar preenchidos os pressupostos da nulidade do contrato [...]. [...] Ora, admitindo que a relação jurídica estabelecida entre o pai dos AA. e o Chamado configure um contrato de mandato ou prestação de serviços, certo é que não se provou, nem sequer se alegou que, do conteúdo dessa relação negocial, fizesse parte das prestações do Chamado suprir omissões ou declarações não verdadeiras do Candidato ao seguro, no seguimento das suas respostas ao questionário. Tão pouco se alegou ter sido o Chamado incumbido de tarefa diferente da que lhe era diferida pelas instruções do impresso a preencher – exarar nele as declarações do proponente do seguro. [...] Certo que, há que afirmá-lo muito claramente, o Chamado fica bem "mal na fotografia". Mas, a responsabilidade pressupõe o concurso dos requisitos que a lei estabelece e, ao menos a nosso ver, salta à vista que a omissão invocada é de todo inidónea para alicerçar pretensão indemnizatória reclamada. Com efeito, pede-se uma indemnização correspondente ao cumprimento do contrato, ao seu interesse positivo. Ora, como parece claro, uma tal pretensão pressuporia sempre a celebração válida do contrato e a susceptibilidade de o mesmo produzir os respectivos efeitos. Como está demonstrado, se no questionário tivesse sido declarada a doença "asma", a Seguradora não teria aceite o contrato. Logo, a omissão do médico só poderia ser causal da não celebração do contrato de seguro ou da sua aceitação em termos diferentes. [...] Em suma, poderá haver responsabilidade do Chamado, mas ela não corresponde ao pedido formulado enquanto fundado nos factos alegados». Neste sentido, Ac. TRC de 21/09/2010 – Proc. nº 337/08.0TBALB.C1 (Teles Pereira).

[2188] Nicola Gasperoni, "Assicurazione sulla vita", *cit.*, p. 508.

que omite informação relevante[2189]. De outra forma, premiar-se-ia o proponente faltoso por ter conseguido ludibriar o próprio médico.

Nesta perspectiva, o médico sempre será um profissional independente, encarregado de dar um parecer técnico (que, em qualquer caso, não vinculará o segurador) e que, portanto, não participa na conclusão do contrato[2190]. Assim, segundo Fannelli, o médico é «simplesmente um técnico da confiança do segurador, encarregado de uma actividade delimitada e objectiva. Não é, portanto, um representante que aja e queira em nome e por conta do representado, mas um cooperante e um prestador de serviço. Poder-se-á definir como um mandato sem representação a relação jurídica entre o segurador e o médico»[2191].

Perante a LCS, os nºs 4 e 5 do artigo 25º dão suporte ao entendimento a que nos vimos referindo, sobrevalorando a especial censurabilidade da conduta do proponente face à mera negligência do médico inserido na organização do segurador. Assim, o contrato é anulável, tendo o concurso de culpas por efeito a obrigatoriedade, para o segurador, de devolução do prémio (excepto verificando-se o dolo do proponente com o propósito de obter uma vantagem, caso em que o prémio é devido até ao termo do contrato).

VII. No quadrante respeitante às situações de *tipo C*, o médico apresenta um vínculo jurídico estável ao segurador e, simultaneamente, ocorre um incumprimento negligente do dever de declaração do risco por parte do proponente. Neste contexto, e sem recusar que o incumprimento do dever de declaração do risco assenta no comportamento do tomador, Angelici não exclui a relevância da actividade do segurador, em particular quando esta influa sobre o comportamento daquele. Distingue, assim, duas situações: (a) a de as omissões ou inexactidões do segurado serem facilmente denunciadas pelo exame diligente do médico (e de a falta de diligência deste as não identificar), caso em que o comportamento do segurado resultaria de uma decisão dolosa autónoma, não superada pela falta de diligência do médico; e (b) a de as omissões ou inexactidões do segurado serem

---

[2189] Cristina Cavaliere, "Le dichiarazioni...", *cit.*, p. 334; Juan Félix Morandi, "La reticencia...", *cit.*, p. 390; Angela Solimando, "Disciplina...", *cit.*, p. 50; Giuseppe Fanelli, "Assicurazione sulla vita (contratto di)", *in* Mariano D'Amélio (Coord.), *Nuovo Digesto Italiano*, Vol. I, Torino, UTET, 1937, p. 850. Como refere Fannelli, «o exame e o controlo do médico têm por escopo exclusivo a utilidade do segurador e não atenuam nenhum dos deveres que, por lei ou pelo contrato, incumbem ao segurado» – *ibidem*, (trad. nossa). Neste sentido, diz Carlos Harten que «a culpa do médico, que eventualmente poderia estender-se ao segurador, cairia frente à má fé do segurado por ter ocultado ou negado a circunstância que deveria declarar» (*El Deber...*, *cit.*, p. 93 – trad. nossa).

[2190] Vittorio Salandra, "Le dichiarazioni...", *cit.*, p. 16. Entre nós, Marco Garrinhas entende – sem fundamentar – que o médico (mesmo que esteja ao serviço do segurador) assume uma "posição neutra" em relação às partes – Marco Silva Garrinhas, *Os Deveres...*, *cit.*, p. 62.

[2191] Giuseppe Fanelli, "Assicurazione...", *cit.*, p. 850 (trad. nossa).

propiciadas por o médico não lhe colocar as questões pertinentes, caso em que o comportamento do segurado teria sido condicionado – sendo, por isso, explicável – pela acção do médico[2192]. Ora, se o primeiro caso haveria de cair no que designámos *quadrante B*, já o segundo seria de *tipo C*.

Para este tipo de casos, cremos que, no contexto do nosso ordenamento, a solução decorre da ligação jurídica do médico à empresa de seguros e da integração da actividade daquele na estrutura e organização desta (sem prejuízo da autonomia técnica do médico). Neste quadro, será de considerar que ao conhecimento directo do segurador é assimilável o conhecimento de um médico ao serviço do mesmo. Logo, a regulação da matéria dirige-se, não à repressão do estado subjectivo do proponente, mas à constatação da própria falta de diligência por parte do segurador, que este não poderia opor àquele sem abuso do direito. A solução assenta, assim, do nosso ponto de vista, no nº 3 do artigo 24º da LCS, mormente na respectiva alínea e), considerando que os factos omitidos ou inexactamente declarados pelo proponente eram cognoscíveis (negligência no exame médico) do segurador[2193].

Poder-se-á questionar o rigor da imputação ao segurador do conhecimento do médico. Segundo uma perspectiva, o médico a quem o segurador tenha contratualmente incumbido de receber a declaração, actuará como representante daquele[2194]. Porém, como bem nota Angelici, a problemática do exame médico não deverá assentar no debate em torno do reconhecimento no médico de um poder de representação[2195]. Na verdade, a função do médico é pronunciar-se sobre o risco clínico e não propriamente aceitar ou recusar a proposta contratual. O médico é, assim, um consultor, e não um decisor. Embora, em regra, a sua apreciação seja respeitada, tal não será necessariamente o caso. Acima de tudo, a declaração de vontade que vincula contratualmente o segurador não é proferida pelo médico.

Não se tratando de um caso de representação em sentido técnico-jurídico, será igualmente de recusar, pelas dificuldades já apontadas a propósito da intervenção do mediador, o recurso ao regime do nº 1 do artigo 800º do CC, por interpretação extensiva, aplicado à *culpa in contrahendo*[2196]. Assim, do nosso ponto de

---

[2192] Carlo Angelici, "L'accertamento...", *cit.*, p. 441.

[2193] Neste sentido, embora escrevendo ainda no quadro do CCom, José Carlos Moitinho de Almeida, *O Contrato de Seguro no Direito...*, *cit.*, p. 373. Assim, de acordo com o autor, «ainda que no caso de negligência ou incapacidade do médico, perito do segurador, será de afastar a possibilidade de quaisquer sanções por declarações inexactas ou reticência do segurado, excepto no caso de fraude deste último». *Ibidem*.

[2194] Neste sentido, refere Rubio Vicente que «os efeitos derivados da sua actuação assim permitem afirmá-lo» – Pedro Rubio Vicente, *El Deber...*, *cit.*, p. 81 (trad. nossa).

[2195] Carlo Angelici, "L'accertamento...", *cit.*, p. 439.

[2196] Entre outras dificuldades, os efeitos da imputação ao principal de um acto do auxiliar em sede de responsabilidade civil não são os mesmos da imputação ao principal de uma vontade contratual.

vista, a imputação ao segurador da cognoscibilidade do médico decorre da própria organização abstracta do segurador. No quadro desta, o segurador atribui ao médico funções *específicas* de controlo e análise directa e avaliação do risco clínico, nas quais assenta a formação da vontade contratual daquele. Há, portanto, uma ligação funcional, predeterminada pelo próprio segurador, da actividade do médico integrado na estrutura organizacional à formação da vontade negocial do segurador, de modo que os resultados a que o médico chega não poderão ter-se por irrelevantes para a organização que lhe conferiu essa atribuição nem alheios à mesma[2197]. Trata-se de uma actuação da própria empresa, como abstracção estrutural e funcional, a apelar à disciplina da alínea e) do nº 3 do artigo 24º da LCS[2198].

Não obstante, pode verificar-se a responsabilidade civil contratual do médico (ou a respectiva responsabilidade disciplinar) perante o segurador, a regular em função do vínculo existente entre ambos[2199].

VIII. Finalmente, se se trata de médico independente, com actuação culposa, e a pessoa segura incumpre com negligência o dever de declaração (situações de *tipo D*), o comportamento do médico não será imputável ao segurador, à semelhança dos casos de *tipo A*. Perante o segurador, releva, todavia, a negligência do proponente, pelo que o contrato é impugnável nos termos do artigo 26º da LCS.

IX. Questão diversa, já não abrangida pelo gráfico da Fig. 5, é aquela em que o proponente aja sem culpa, mas se verifiquem omissões ou inexactidões devidas a culpa do médico que não integre a estrutura organizacional do segurador. Neste

---

[2197] Neste sentido, Carlo Angelici, "L'accertamento...", *cit.*, p. 439; Carlos Harten, *El Deber...*, *cit.*, p. 94.

[2198] Embora não haja ainda jurisprudência disponível no quadro da LCS relativamente à situação *sub iudice*, segue a orientação para que apontámos o Ac. STJ de 17/11/2005 – Proc. 5B3403 (Salvador da Costa), onde se lê: «O autor sujeitou-se aos exames médicos solicitados pela ré e necessários à concessão do empréstimo inicialmente solicitado e ao respectivo seguro de vida, e, no exame a que se submeteu, eram visíveis os seus óculos, não deixando o médico de executar o exame que sob o ponto de vista oftalmológico considerou mais adequado. [...] A circunstância de o candidato a tomador do referido seguro não expressar, no questionário em que lhe era perguntado se nos últimos seis meses tinha tido alguma alteração importante do seu estado de saúde devida a doença ou acidente, se tinha plena capacidade de trabalho e não estava impedido por motivos de saúde do pleno desenvolvimento da sua normal e regular actividade profissional, sofrer de miopia desde antes do início daquele prazo, não constitui fundamento da anulação do contrato de seguro».

[2199] Como se lê no Ac. TRG de 15/06/2010 – Proc. nº 678/05.9TBFLG.G (Rosa Tching), «se os factos em causa podiam e deviam ser do conhecimento do segurador e só não chegaram a ser por a médica examinadora não lhe ter veiculado toda a informação, não se vê que a falta de relato das mencionadas sequelas possa ser imputada ao autor, enquanto candidato ao seguro». Cfr. também Giuseppe Fanelli, "Assicurazione...", *cit.*, p. 850.

caso, o segurador não poderá opor ao proponente o incumprimento do dever de declaração, ficando contratualmente vinculado, pelo contrato de seguro, à realização da sua prestação em caso de sinistro. Ocorrerá, assim, um dano patrimonial na esfera do segurador por acção de um terceiro (o médico), importando saber se – e em que termos – poderá o segurador ser indemnizado.

É certo que, sendo a relação contratual com o médico – a título pontual, e ressalvada a autonomia técnica e jurídico-económica deste – estabelecida pelo segurador, a questão da falta de diligência haverá de resolver-se no âmbito das relações internas entre o médico e a sua contraparte (o segurador), apelando para a responsabilidade contratual. O problema é mais complexo e controvertido se o médico for contratado pelo proponente, já que os danos se produzem na esfera de um terceiro face a essa relação: o segurador. Estamos, neste caso, perante um problema nevrálgico e dogmaticamente fracturante da civilística actual no domínio da responsabilidade por informações. Importa, portanto, analisar algumas soluções de referência em Direitos estrangeiros, bem como as que o nosso ordenamento permite albergar.

No quadro da *common law*, a jurisprudência tem vindo a mostrar abertura à responsabilidade civil de certos profissionais, perante terceiros, por danos patrimoniais resultantes de negligência profissional relacionada com a prestação de conselhos e informações, mesmo quando o terceiro lesado e o cliente do profissional em causa têm interesses antagónicos[2200]. Tal é o caso dos contabilistas, auditores, avaliadores e analistas, cujos relatórios, atentas as especiais competências e perícia inerentes à profissão, devem merecer a confiança, quer dos clientes, quer de terceiros em cujo interesse os relatórios ou informações são consabidamente produzidos, na medida em que darão suporte a uma decisão destes[2201]. Em tudo análoga às situações acima descritas é, assim, a do médico que, com dolo ou negligência, produz um relatório inexacto sobre o estado de saúde do seu cliente, candidato a pessoa segura, sabendo que o mesmo se destina à apreciação do segurador. Neste tipo de casos, reconhece a jurisprudência que o médico tem um dever de cuidado (*duty of care*) para com o destinatário da informação, sendo responsável pelos danos causados[2202].

No âmbito do Direito alemão, relativamente aos casos em que há um contrato cujo objectivo consiste na elaboração de um parecer, conselho ou informação

---

[2200] John L. Powell e Roger Stewart (Eds.), *Jackson & Powell..., cit.*, pp. 59 ss.
[2201] Cfr. a fundamentação de Denning L.J., em *Candler v. Crane* [1951] 2 K.B. 164.
[2202] John L. Powell e Roger Stewart (Eds.), *Jackson & Powell..., cit.*, pp. 771 ss. Tal será igualmente o caso em que o perito médico do segurador detecte uma doença importante do candidato a pessoa segura e não dê a este conhecimento: o dever de cuidado para com a contraparte, fundado na *confiança* que a avaliação médica merece a esta, é fundamento de uma pretensão indemnizatória – *idem*, p. 774.

(incluindo pareceres e relatórios médicos) e em que esse parecer ou informação se destina a um terceiro, que confia no respectivo conteúdo e, em virtude disso, sofre um dano, várias soluções se perfilam[2203]. Relativamente à responsabilidade delitual, entende-se, no quadro da disposição do BGB (§ 823, nº 2) equivalente à segunda parte do nº 1 do artigo 483º do CC, que são disposições legais destinadas a proteger interesses alheios, tanto os preceitos penais, como as disposições de Estatutos legais que regulam o exercício de certas profissões, estabelecendo deveres de conduta e critérios de actuação (por exemplo, o da Ordem dos Médicos e respectivo Código Deontológico)[2204]. Porém, as restrições colocadas pela doutrina e pela jurisprudência à indemnização por via delitual de danos patrimoniais dificultam esta abordagem[2205], obrigando à busca de soluções no quadro da responsabilidade contratual. Uma possibilidade de regulação resultaria do que o BGH reconhece como *contrato de informação com quem nela estiver interessado*, figura que tem por requisito a indicação manifesta, na própria informação produzida, pelo respectivo prestador, de que responde pela sua exactidão perante terceiros, obtendo-se, assim, uma eficácia geral do Direito contratual: porém, porque o referido requisito não se verifique nunca, a figura encerra apenas interesse teórico[2206]. Outra solução decorre do reconhecimento do *contrato com efeito de protecção para terceiros*: trata-se de uma extensão a terceiros, destinatários da informação, dos efeitos protectores do contrato. Assim, segundo a orientação do BGH, o prestador da informação responde perante terceiros pelos danos causados, em virtude da confiança por estes depositada nas informações ou pareceres produzidos. Para tanto, requer o Tribunal uma *delimitação objectiva* das pessoas protegidas, de modo a evitar a "eficácia geral" do Direito contratual[2207].

[2203] Dieter Strauch, "A respeito...", *cit.*, pp. 12 ss.

[2204] A responsabilidade profissional – que concerne, grossomodo, à prestação de serviços por profissionais liberais – é tendencialmente enquadrada pela doutrina alemã na esfera da responsabilidade aquiliana – Manuel Carneiro da Frada, *Teoria da Confiança...*, *cit.*, p. 330, n. 322 e p. 331, n. 323.

[2205] Dieter Strauch, "A respeito...", *cit.*, pp. 22-23.

[2206] Dieter Strauch, *idem*, pp. 13-14.

[2207] Cfr., p. ex., Dieter Medicus, *Schuldrecht...*, *cit.*, pp. 356 ss.; Dieter Strauch, "A respeito...", *cit.*, pp. 14-15. Entre nós, Jorge Sinde Monteiro, *Responsabilidade por Conselhos...*, *cit.*, pp. 74 ss. Como refere Carlos Mota Pinto, os *contratos com eficácia de protecção para terceiros* «não atribuem a certos terceiros qualquer direito a uma prestação contratual – ao contrário dos verdadeiros e próprios contratos a favor de terceiro – mas fundamentam certos deveres de protecção ou cuidado em face deles» – Carlos Mota Pinto, *Cessão...*, *cit.*, pp. 419-420. Tais deveres de protecção ou cuidado (ou, noutra terminologia, deveres laterais), identificáveis no quadro de uma concepção complexa da relação obrigacional, resultarão da cognoscibilidade, para o devedor, da estreita relação entre o terceiro lesado e o objecto do contrato – *idem*, p. 424. Como assinala Jorge Sinde Monteiro, *Responsabilidade por Conselhos...*, *cit.*, pp. 91 e 81, o instituto assenta, assim, quer na ficção de um contrato tacitamente concluído entre o prestador da informação e o terceiro destinatário final da mesma,

X. *Quid iuris*, face ao ordenamento nacional? Testemos, desde logo, a perspectiva da responsabilidade delitual do médico perante o segurador, plano em que se equaciona a responsabilidade profissional do médico, decorrente do desrespeito por deveres específicos de conduta que resultarão do seu estatuto profissional e que fundamentarão uma obrigação de ressarcimento de danos. Esta obrigação transcenderá, por outro lado, a relação contratual entre o profissional e o cliente, estendendo-se aos terceiros lesados.

É certo que, no quadro do Direito português, não existe, em princípio, no domínio delitual, responsabilidade pelos danos pura ou meramente patrimoniais (danos patrimoniais primários ou *pure economic loss*), sem que ocorra um dano físico em pessoas ou coisas[2208]. Assim, no quadro do nº 1 do artigo 483º do CC, não se verificando a violação de um direito absoluto, a reparação de danos patrimoniais puros dependerá da infracção de uma disposição legal de protecção de interesses alheios (segunda parte do nº 1 do artigo 483º do CC). Importa indagar, portanto, se, excluída a violação de um direito absoluto, a actuação do médico poderá configurar a violação de uma *disposição legal destinada a proteger interesses alheios*[2209]. Haverá, assim, que considerar normas que, protegendo interesses

por um lado, quer na ficção de uma vontade tácita de favorecimento do terceiro – *idem*, p. 81. As soluções em causa deparam-se, não obstante, com a dificuldade de identificar, numa declaração de ciência, uma declaração de vontade concludente – *idem*, p. 169.

[2208] Os danos puramente patrimoniais, são aqueles que, nas palavras de Jorge Sinde Monteiro, «uma pessoa sofre sem que tenha existido prévia violação de um direito ou bem absolutamente protegido» (*Responsabilidade por Conselhos..., cit.*, p. 187). Trata-se, assim, de um prejuízo de interesses pecuniários, que se repercutem na situação patrimonial global de uma pessoa, sem que se verifique uma prévia lesão física de pessoas ou da propriedade. Poderá estar em causa, designadamente, a responsabilidade por conselhos ou informações que vão motivar uma decisão economicamente ruinosa (p. ex., o conselho de compra de determinadas acções, ou a informação inexacta sobre o valor de um terreno que se pretende adquirir). Ora, o património não é protegido enquanto tal, na medida em que não existe um direito (real) à conservação do património ou ao acréscimo do mesmo – *idem*, pp. 190-191. Desta forma, não existe, no âmbito da cláusula geral da primeira parte do nº 1 do artigo 483º do CC, responsabilidade civil aquiliana por danos puramente patrimoniais (faltando, para tanto, o requisito da ilicitude). Porém, como refere o autor, na origem da fórmula legal terá estado (apenas) uma preocupação de certeza quanto à determinabilidade do número e âmbito das pessoas com direito a uma indemnização, e não um propósito de exclusão liminar da indemnização daqueles danos – *idem*, p. 199.

[2209] As designadas "normas de protecção" constituem, nas palavras de Menezes Leitão, «normas que, embora dirigidas à tutela de interesses particulares – quer exclusivamente, quer conjuntamente com o interesse público – não atribuem aos titulares desses interesses um verdadeiro direito subjectivo, por não lhes atribuírem em exclusivo o aproveitamento de um bem» – Luís Menezes Leitão, *Direito das Obrigações*, Vol. I, *cit.*, p. 305. Cfr. também Pires de Lima e Antunes Varela, *CC Anotado*, Vol. I, *cit.*, pp. 472-473. Por outro lado, são requisitos da responsabilidade civil decorrente desta modalidade de ilicitude que, da interpretação das normas em causa, resulte que: as mesmas visam a protecção *individual* dos interesses particulares de uma pessoa ou conjunto de pessoas (e

públicos, *visem igualmente* a tutela de certos interesses particulares, na medida em que o dano se produza na esfera destes últimos[2210].

Neste quadro, temos, desde logo, o artigo 260º do CP, que estabelece o tipo de crime de atestado falso, cujo nº 1 estabelece que «o médico [...] que passar atestado ou certificado que sabe não corresponder à verdade, sobre o estado do corpo ou da saúde física ou mental [...] de uma pessoa, destinado a fazer fé perante autoridade pública ou a prejudicar interesses de outra pessoa, é punido com pena de prisão até 2 anos ou com pena de multa até 240 dias». Acrescenta o nº 3 do preceito que o agente incorre na mesma pena se passar «atestado ou certificado ignorando se correspondem à verdade os factos deles constantes»[2211].

Igualmente relevantes, como disposições legais de protecção de interesses alheios são, do nosso ponto de vista, vários preceitos do Código Deontológico da Ordem dos Médicos (CDOM)[2212]. Assim, nos termos do nº 1 do artigo 98º do

---

não uma protecção institucional da colectividade em geral); que o dano ocorra no âmbito pessoal e material de protecção da norma; e que a lesão resulte da verificação do risco que a disposição em causa visava prevenir – Jorge Sinde Monteiro, *Responsabilidade por Conselhos...*, *cit.*, pp. 249 e 286. Relativamente aos danos patrimoniais primários, entende Sinde Monteiro, na esteira de Canaris, que, em caso de dúvida (isto é, quando não resultar da interpretação da norma), só seja reconhecida a qualidade de disposição legal de protecção relativamente a disposições penais: «salvo quando o contrário resultar com clareza da estrutura, do contexto ou dos trabalhos preparatórios de uma norma, só às disposições legais de carácter penal deve em princípio ser atribuída a natureza de leis destinadas a proteger interesses meramente patrimoniais, ou seja, a garantir a reparação dos danos patrimoniais primários, além de à própria lei penal caber um papel determinante na identificação do objecto de protecção e, desse modo, sobre a inclusão ou não do património entre os bens jurídicos protegidos» – *idem*, p. 256.

[2210] Assim, enquanto na primeira parte do nº 1 do artigo 483º do CC, quer a ilicitude quer a culpa se reportam à *violação de um direito* resultante de uma dada conduta, na segunda parte tanto a ilicitude como a culpa se referem à *própria violação da norma legal de conduta* destinada a proteger interesses alheios – Jorge Sinde Monteiro, *Responsabilidade por Conselhos...*, *cit.*, pp. 238-239 e 242 ss. Quanto ao ónus da prova da culpa, entende o autor que, nas leis de protecção, a conduta prescrita implica a observância de um dever de cuidado, pelo que o preenchimento do tipo indicia a culpa (que se presume) – *idem*, pp. 262 ss. Na violação de disposições legais de protecção, o dever de indemnizar decorre, assim, da mera causalidade adequada entre a norma violada e o dano, independentemente de este ser previsível para o lesante (*idem*, p. 240), ou seja, o comportamento ilícito e culposo, traduzido na violação de uma norma legal de protecção, será considerado causa do resultado danoso, excepto nos casos em que, se o agente tivesse adoptado outro comportamento, não violador da norma (comportamento alternativo lícito), o dano houvesse igualmente de produzir-se – *idem*, p. 287. Relativamente ao ónus da prova da causalidade, entende o autor que, provada a violação da disposição legal de protecção, se presume a conexão causal entre a conduta e o dano, cumprindo ao lesante provar que a adopção de um comportamento alternativo lícito não teria impedido o dano (*idem*, pp. 285 e 290).

[2211] A violação do preceito do CP sempre daria origem a responsabilidade por informações, nos termos da parte final do nº 2 do artigo 485º do CC.

[2212] Regulamento nº 14/2009, da Ordem dos Médicos, publicado no *DR* nº 8, II Série, de 11 de Janeiro de 2009.

diploma, o médico tem o dever de atestar, por solicitação livre, e sem qualquer coacção, do interessado ou seu legal representante, os estados de saúde ou doença que verificou durante a prestação do acto médico e que tenha registado. Por seu turno, o nº 1 do artigo 99º do CDOM determina que o médico não pode emitir atestados de complacência ou relatórios tendenciosos sobre o estado de saúde ou doença de qualquer pessoa mesmo que esta lho solicite[2213]. Perante o teor das citadas disposições – cuja força jurídica julgamos ser actualmente pouco controversa[2214] – cremos ser de reconhecer-lhes, não só a tutela de um interesse público (a defesa da idoneidade e integridade do exercício de uma profissão, pressupostos da confiança que a mesma requer), mas igualmente do interesse particular

---

[2213] É certo que o nº 1 do artigo 120º do CDOM estabelece que as funções de médico assistente e médico perito são incompatíveis, não devendo ser exercidas pela mesma pessoa. Mas logo o nº 4 do mesmo artigo acrescenta que não são consideradas perícias para efeitos do presente artigo a emissão de declarações ou atestados de doença ou saúde, bem como quaisquer declarações que resultem do normal exercício médico.

[2214] Quanto à força jurídica das normas constantes do CDOM, sustentavam Figueiredo Dias e Sinde Monteiro, perante o anterior Código, que «até o modo como foi aprovado este código (não publicado no Jornal Oficial) parece dar apoio à tese [...] *de que as normas de deontologia médica têm primariamente uma eficácia interna*, dirigida para a própria classe médica» – Jorge Figueiredo Dias e Jorge Sinde Monteiro, "Responsabilidade médica em Portugal", *BMJ*, nº 332 (1984), p. 24. Com a publicação do actual código em *Diário da República*, a questão estará, assim, ultrapassada. Aliás, como reconhecem os autores, as referidas normas «serão também um auxiliar precioso do juiz para decidir acerca da ilicitude da conduta do médico, podendo questionar-se se constituem "*disposições legais que visam proteger interesses alheios*" para os efeitos do artigo 483º, nº 1, do Código Civil (isto porque são normas em sentido material)» – *idem*, p. 25. Consideravam, porém, os autores que, visto as regras em causa terem por principais destinatários os médicos, e sendo de carácter disciplinar a natureza das respectivas cominações, não terão, *em princípio*, o carácter de normas jurídicas (*ibidem*). Para Carneiro da Frada, por seu turno, a responsabilidade delitual por violação de normas deontológicas consagradas em diploma legal (p. ex., o Estatuto da Ordem dos Médicos – EOM) depende de essas normas terem em vista a defesa de interesses patrimoniais de terceiro resultantes da infracção das mesmas – Manuel Carneiro da Frada, *Uma "Terceira Via"...*, *cit.*, p. 42. Para o autor, «contudo, tais disposições não são concludentes, via de regra, no sentido da indemnizabilidade de interesses económicos puros de terceiros» (*idem*, p. 82). Ora, do nosso ponto de vista, o facto de os preceitos em causa terem por destinatários os médicos não é, por si, relevante (o mesmo sucede, aliás, como vimos, com o artigo 260º do CP). Por outro lado, e abstraindo do facto de o CDOM ter sido publicado no jornal oficial, a sua juridicidade não é independente do próprio EOM, aprovado por uma lei em sentido formal (o DL 282/77, de 5 de Julho), cujo artigo 13º, alínea b) define como dever dos médicos *cumprir as normas deontológicas que regem o exercício da profissão médica*. O CDOM constitui, aliás, um regulamento do EOM (artigo 80º do Estatuto), tendo neste a sua fonte de juridicidade. De resto, a circunstância de a violação de tais preceitos dar origem a responsabilidade disciplinar – como resulta do nº 1 do artigo 73º do EOM – também não tolhe a respectiva juridicidade. Sobretudo, a manifesta tutela de interesses particulares que lhes subjaz (a par dos interesses públicos referidos) parece-nos justificar plenamente que a respectiva infracção seja fundamento bastante de responsabilidade civil delitual.

dos destinatários imediato e mediato da informação clínica (respectivamente, o proponente e o segurador, no caso em análise).

Para além das referidas normas do foro penal e deontológico, outros factores relevarão para a configuração de uma responsabilidade delitual do médico para com o segurador, como o facto de, pelo seu estatuto científico e profissional, o médico ser, em abstracto, credor de confiança; e o facto de o médico saber que a informação clínica que presta tem por escopo a apreciação do risco pelo segurador (conhecimento que decorre objectivamente do preenchimento de um formulário do próprio segurador que lhe é, para o efeito, apresentado pelo candidato a pessoa segura) e que o segurador *confia*, em concreto, no juízo científico e na probidade do médico. De tal sorte que este não poderá deixar de ter consciência que a falsidade do seu parecer clínico determinará uma decisão danosa para o segurador.

XI. O fundamento da responsabilidade aquiliana do médico não se esgotará, porém, na perspectiva que vimos de defender. Na verdade, relativamente à responsabilidade *delitual* face a terceiros, Sinde Monteiro segue a via do abuso do direito (artigo 334º do CC), relativamente à prática de acto ofensivo dos *bons costumes*, já que aí se configura uma «espécie de cláusula residual de ilicitude»[2215]. Os bons costumes são entendidos como uma ética supra-individual que abrange os deveres deontológicos de várias profissões, mormente daquelas cujo carácter técnico-científico e regulação por ordens profissionais constituem fonte de confiança para clientes e terceiros. Neste quadro, a produção de informações ou conselhos pelo médico com culpa qualificada (violação grosseira das *leges artis*) constituirá um acto ofensivo dos bons costumes tendente a responsabilizá-lo civilmente perante o terceiro lesado (no caso, o segurador)[2216].

[2215] Jorge Sinde Monteiro, "Responsabilidade por informações...", *cit.*, p. 44. O autor extrai, assim, do artigo 334.º do CC a regra segundo a qual, *aquele que, de uma forma ofensiva para os bons costumes, causa, intencionalmente ou com mera culpa, um dano a outrem fica obrigado a indemnizar o lesado* – Jorge Sinde Monteiro, *Responsabilidade por Conselhos...*, *cit.*, pp. 552 ss. Desta forma, segundo Carneiro da Frada, «a abrangência desta forma de imputação delitual transforma a numa cláusula *elementar e fundamental de responsabilidade delitual que se acrescenta (subsidiariamente) às duas previsões fundamentais contidas no art. 483.º n.º 1»* – Manuel Carneiro da Frada, *Uma "Terceira Via"...*, *cit.*, p. 64. Esta perspectiva encontra, aliás, amplo eco na doutrina – cfr., p. ex., Pires de Lima e Antunes Varela, *CC Anotado*, Vol. I, *cit.*, p. 474.

[2216] Jorge Sinde Monteiro, "Responsabilidade por informações...", *cit.*, p. 44. O autor sublinha, porém, que esta via de solução requer a culpa qualificada (negligência grosseira) ao nível da violação das *leges artis*, defendendo igualmente, por via interpretativa, que a responsabilidade haveria de assentar num dolo de resultado: pelo menos, o conhecimento da possibilidade – e aceitação (dolo eventual) – do dano do terceiro). *Ibidem*, n. 27. Tais requisitos constituiriam, assim, a debilidade desta solução.

Verificando-se a responsabilidade civil do médico, perante o segurador, por informações clínicas viciadas por omissões ou inexactidões, e determinado o nexo de causalidade entre a acção do lesante e o dano, a medida deste deverá seguir os critérios legais (artigo 562º do CC), podendo traduzir-se no mero diferencial entre o prémio suportado pelo tomador e aquele que teria resultado do conhecimento exacto do risco pelo segurador, ou consistir mesmo na própria prestação do segurador em caso de sinistro, deduzida do valor dos prémios pagos pelo tomador do seguro (nos casos em que o conhecimento exacto do risco pelo segurador tivesse ditado a recusa do risco)[2217].

VIII.4. DECLARAÇÃO DO RISCO E EVENTUALIDADES DO CONTRATO

VIII.4.1. Vicissitudes temporais da declaração do risco

I. São várias as situações em que a variável *tempo* afecta a configuração do dever de declaração inicial do risco ou as consequências do respectivo incumprimento. Neste contexto, o primeiro caso que se nos coloca é aquele em que tenha ocorrido um incumprimento do dever de declaração do risco, mas em que o facto relevante omitido ou inexactamente declarado se extinga antes do seu conhecimento pelo segurador. A título de exemplo, num seguro multirriscos o proponente declara falsamente que a habitação segura tem alarme e fechadura de alta segurança e,

---

[2217] Quanto à admissibilidade, entre nós, do *contrato com efeito de protecção para terceiros*, Sinde Monteiro, partindo da noção de relação obrigacional complexa, segue o trilho da *relação obrigacional sem deveres primários de prestação*, estando em causa a responsabilidade do médico, ainda que por mera culpa, na violação de um dever de conduta (dever de verdade) e não de prestação (a prestação de informação, essa, é contratualmente devida ao segurado, contraparte do médico). Neste contexto, entende o autor que, sendo legalmente admissíveis os contratos a favor de terceiro (em que ao terceiro é atribuído o direito a uma prestação), então, por maioria de razão haverão de o ser os contratos com eficácia de protecção para terceiros, em que os mesmos apenas beneficiam de deveres de conduta. Sugere o autor que a esta solução se chega, ou por via de interpretação do contrato (artigo 236º do CC) ou, reconhecendo-se uma lacuna, pela respectiva integração conforme à boa fé (artigo 239º), abraçando o terceiro no âmbito de protecção do contrato. Para que haja responsabilidade civil do prestador da informação, entende, porém, Sinde Monteiro que deverão observar-se vários requisitos, que delimitem o âmbito responsabilidade civil. Assim, o prestador deverá saber que a informação se destina a um terceiro e que influenciará uma decisão deste com expressão patrimonial; deverá saber o fim a que ela se destina, o tipo de negócio em que a mesma relevará, bem como o destinatário concreto (ou círculo delimitado de destinatários) da mesma; e o prestador da informação deverá ter uma posição de independência, geradora de confiança no terceiro, e não de subordinação – Jorge Sinde Monteiro, *Responsabilidade por Conselhos...*, *cit.*, pp. 514 ss.; 521 e 524-528; e Jorge Sinde Monteiro, "Responsabilidade por informações...", *cit.*, pp. 48 ss. Configurando a solução no quadro da responsabilidade civil por informações relativamente a operadores de *internet*, Manuel Carneiro da Frada, "Vinho novo em odres velhos? A responsabilidade civil das 'operadoras de Internet' e a doutrina comum da imputação de danos", *ROA*, Ano 59, Vol. II (Abr. 1999), p. 689.

dois anos mais tarde, antes que tenha ocorrido qualquer sinistro e que o segurador tenha conhecimento da inexactidão, instala os referidos alarme e fechadura.

Sobre esta questão dispõe o nº 1 do artigo 8º da lei suíça (SVV) que o segurador não pode resolver o contrato se o facto omitido ou inexactamente declarado tiver deixado de existir antes da verificação do sinistro. Entre nós, no entanto, a doutrina tem-se manifestado contra aquela solução. Assim, para Moitinho de Almeida, a cessação do vício previamente ao sinistro não teria obstado a que o segurador houvesse suportado um risco superior ao que avaliara[2218]. No mesmo sentido, José Bento invoca vários argumentos[2219]. Desde logo, o do desequilíbrio das prestações verificado entre a celebração do contrato e a cessação do vício. Por outro lado, o de que o vício que afecta o contrato se reporta à data da conclusão do mesmo, independentemente de o referido vício se prolongar no tempo (até à eventual ocorrência do sinistro). Finalmente, e com maior pertinência, refere que solução contrária consagraria a impunidade do tomador e/ou do segurado faltosos.

Quid iuris? Perante a LCS a questão não surge expressamente regulada. É, porém, inequívoca a verificação de um incumprimento do dever de declaração inicial do risco, como resulta do disposto nos nºs 1 e 2 do artigo 24º da LCS. Haverá, portanto, que ponderar a censurabilidade do comportamento do proponente, como critério de diferenciação do regime aplicável. Assim, a ter-se verificado dolo do declarante, afigura-se plenamente aplicável o disposto no nº 1 do artigo 25º da LCS, que não restringe o seu âmbito de aplicação aos casos em que o vício subsiste à data em que o segurador toma dele conhecimento. Desta forma, caberá ao segurador a faculdade de anular o contrato – decisão que assume uma função eminentemente sancionatória do comportamento da parte faltosa – ou de, ponderando a cessação do vício e a retoma do equilíbrio entre o prémio e o risco incorrido, deixar operar a convalidação do contrato pelo decurso do prazo do nº 2 do artigo 25º. A ter ocorrido o sinistro, o segurador não está obrigado a cobri-lo, conforme dispõe o nº 3 do artigo 25º[2220].

Já no caso da existência de omissões ou inexactidões negligentes em que o facto haja cessado antes do seu conhecimento pelo segurador, não fará sentido qualquer das alternativas resultantes do nº 1 do artigo 26º da LCS, seja a proposta de alteração do contrato (já que este estará já conforme à opinião do risco formulada inicialmente pelo segurador), seja, por maioria de razão, a faculdade de fazer

---

[2218] José Carlos Moitinho de Almeida, *O Contrato de Seguro no Direito...*, *cit.*, p. 80.

[2219] José Bento, *Direito de Seguros*, *cit.*, p. 161.

[2220] A solução pode afigurar-se injusta, na medida em que é puramente punitiva de um estado subjectivo. Porém, é esse o sentido e a teleologia do artigo 25.º, por oposição ao 26.º. Em qualquer caso, sempre será necessária a demonstração do dolo do proponente, o que não constitui tarefa fácil para o segurador.

cessar o contrato. O disposto no nº 4 do artigo 26º será igualmente inaplicável, já que, tendo cessado o facto antes da ocorrência do sinistro, faltará a relação de causalidade requerida por este preceito. Desta forma, no caso das omissões ou inexactidões negligentes, a cessação do facto constituirá, só por si, o factor de reequilíbrio das posições das partes visado pelo artigo 26º. O incumprimento inicial será, pois, irrelevante.

II. *Quid iuris* se o segurador só tiver conhecimento do vício após a cessação, por qualquer causa, do contrato? Desde logo, tendo-se produzido já, por via da cessação do contrato, os efeitos que a lei associa ao incumprimento do dever de declaração do risco, será juridicamente irrelevante que o segurador venha invocar este incumprimento[2221]. Cumpre analisar, porém, em especial o caso em que o segurador haja efectuado a sua prestação por sinistro antes da cessação. Neste caso, verificados os pressupostos do nº 3 do artigo 25º ou da alínea b) do nº 4 do artigo 26º, ambos da LCS, o segurador deverá poder pedir a repetição do indevido (valor pago ao segurado no quadro da prestação pecuniária a que o segurador está vinculado), excepto em caso de decurso do prazo prescricional (nº 2 do artigo 121º da LCS).

A situação complicar-se-á, porém, quando a prestação tenha sido efectuada a um terceiro. Aqui caberá distinguir. Estando-se fora do quadro de um contrato a favor de terceiro, mas tendo a prestação do segurador sido efectuada directamente a este (por exemplo, a liquidação de uma intervenção cirúrgica ao hospital, no quadro de um seguro de doença, ou a indemnização paga directamente a um terceiro lesado, no âmbito de um seguro de responsabilidade civil), o princípio do efeito relativo dos contratos impõe que a obrigação de restituição incida sobre a contraparte contratual do segurador (o tomador do seguro/segurado, cujo património, em qualquer dos exemplos dados, teria efectivamente beneficiado da prestação do segurador)[2222]. Em qualquer caso, a verificar-se um enriquecimento indevido de terceiro, o ressarcimento do tomador face ao montante que haja restituído ao segurador, processar-se-á na esfera das relações internas entre aqueles, estranhas ao segurador, fundando-se, em regra, no enriquecimento sem causa do terceiro[2223].

Situação diversa será a dos seguros que constituam contratos a favor de terceiro, como é exemplo paradigmático o do seguro de vida em caso de morte a favor de um beneficiário designado. Nos verdadeiros contratos a favor de terceiro, considera Luís Menezes Leitão que, tendo a prestação do segurador sido efectuada

---

[2221] Cfr., neste sentido, o Ac. STJ de 19/03/2009 – Proc. nº 09A0334 (Fonseca Ramos).
[2222] A esta solução conduz, de resto, o artigo 478º do CC.
[2223] Margarida Lima Rego, *Contrato...*, *cit.*, p. 563.

a um terceiro, haveria o segurador de intentar contra o mesmo a acção de restituição por enriquecimento sem causa[2224]. Não se verificariam, nesta perspectiva, os pressupostos do artigo 478º do CC, já que a obrigação do segurador para com terceiro, no âmbito do contrato a favor de terceiro, é uma obrigação própria, e não alheia, ainda que fundada num negócio inválido. Margarida Lima Rego defende solução convergente, mas com base em fundamentos diversos. Assim, considerando que o contrato a favor de terceiro constitui precisamente um desvio ao princípio do efeito relativo dos contratos, defende que, por força do artigo 449º do CC, será extensível ao beneficiário o regime dos artigos 289º e 290º do CC, estando o mesmo obrigado à restituição do que haja recebido do segurador[2225].

Desta forma, a acção haverá de ser exercida contra o efectivo beneficiário da atribuição patrimonial do segurador: respectivamente, o tomador/segurado nos casos que não configurem contratos a favor de terceiro; e este, nos outros casos.

VIII.4.2. A declaração *inicial* do risco em sede de *execução* do contrato

I. Para além das situações a que aludimos, outras vicissitudes podem afectar o contrato de seguro em fase de execução, com impacto, não obstante, sobre o dever de declaração do risco. Desde logo, uma questão raramente abordada pela doutrina e carecida de disciplina legal expressa é a da reposição em vigor de contratos de seguro e da eventual aplicabilidade à mesma do regime da declaração do risco.

A *reposição em vigor* reporta-se às situações em que o contrato – em regra, por falta de pagamento de prémios – cessa ou, no caso dos seguros de vida, é reduzido[2226], e em que o tomador do seguro, num curto espaço de tempo, propõe ao segurador retomar o pagamento dos prémios e repor a plena vigência do contrato, nos moldes inicialmente acordados[2227].

[2224] Luís Menezes Leitão, *O Enriquecimento sem Causa no Direito Civil – Estudo Dogmático Sobre a Viabilidade da Configuração Unitária do Instituto, Face à Contraposição Entre as Diferentes Categorias de Enriquecimento sem Causa*, Lisboa, Centro de Estudos Fiscais, 1996 – Reimpr., Coimbra, Almedina, 2005, pp. 599 ss. Como afirma o autor, «a seguradora é que determina a atribuição ao averiguar da regularidade da situação, pelo que justifica que seja ela a exercer a *conditio indebiti* contra o pretenso lesado» (*idem*, p. 604).

[2225] Margarida Lima Rego, *Contrato...*, *cit.*, p. 562. Como refere a autora, «o terceiro num contrato a favor de terceiro não deve ser tratado como terceiro mas como parte, na medida em que se lhe estendeu a força normativa do contrato» – *idem*, p. 577, n. 1569.

[2226] A figura aplica-se a alguns contratos de seguro de vida, em que as provisões matemáticas constituídas permitem manter o contrato em vigor, liberado do pagamento de prémios, mediante a redução do capital seguro. Cfr. André Favre Rochex e Guy Courtieu, *Le Droit...*, *cit.*, pp. 458 ss.; e Luís Poças, *Estudos...*, *cit.*, p. 24, n. 45.

[2227] Cfr. Claude Devoet, *Les Assurances...*, *cit.*, pp. 230 ss. A figura merece referência expressa em alguns preceitos da LCS, a saber: artigo 55º; alínea d) do nº 1 do artigo 187º e nº 2 do artigo 203º. Cumpre, porém, distinguir duas situações: os casos em que o direito de reposição em vigor surge

A proposta de reposição em vigor surge frequentemente associada a fenómenos de agravamento do risco[2228]. Desta forma, apesar de a retoma do contrato ser do interesse comercial do segurador, a mesma suscita-lhe apreensões em tudo idênticas (ou até acrescidas) às verificadas em sede pré-contratual. A assimetria informativa, a relação de confiança, a necessidade de tutela da vontade contratual do segurador, o princípio da máxima boa fé, a necessária *alea* contratual – todos estes fundamentos concorrem analogamente no sentido de impor ao tomador do seguro ou segurado um novo dever de descrição do risco.

Assim, apesar de o contrato retomar a sua vigência como se a mesma não tivesse cessado nem se tivesse sequer suspendido (ou, no caso dos seguros de vida, como se o contrato não tivesse sido reduzido) a aceitação, pelo segurador, da reposição em vigor depende normalmente de uma nova avaliação do risco (seja mediante uma nova descrição do mesmo, com ou sem questionário, seja através de outros meios, como o exame médico, no seguro de vida) ou, pelo menos, da declaração prestada pelo tomador ou segurado em como as circunstâncias do risco se mantêm idênticas às declaradas na fase pré-contratual[2229].

Embora a reposição em vigor se reporte, em rigor – e sobretudo atendendo aos seus efeitos – à fase de execução do contrato, não cremos ser de lhe aplicar o regime do agravamento do risco, cuja *ratio* se prende fundamentalmente com o desequilíbrio de prestações das partes e cujos trâmites são inaplicáveis às situações de reposição em vigor. Verifica-se, portanto, uma lacuna da lei, que deixa sem disciplina a situação em apreço.

Ora, apesar de a reposição em vigor não se confundir com a conclusão de um novo contrato, e portanto, de não estarmos perante um caso de declaração *pré-contratual* das circunstâncias do risco, afigura-se evidente a analogia de situações. A *ratio* do dever de descrição inicial do risco, bem como os fundamentos do regime dos artigos 24º ss. da LCS impõem a respectiva aplicação analógica às situações de reposição em vigor. A referida analogia ressalta igualmente da solução expressamente consagrada no nº 2 do artigo 191º da LCS. Para efeito de

---

consagrado na apólice como um *direito potestativo* do tomador do seguro (não ficando dependente, portanto, de quaisquer formalidades ou da necessidade de aceitação pelo segurador); e aqueles em que apenas está em causa a *faculdade* de o tomador do seguro *propor* ao segurador a reposição em vigor, ficando sujeito ao direito potestativo de aceitação pelo segurador. Como resulta do contexto em análise, só estas últimas situações interessam ao presente capítulo.

[2228] No exemplo de um seguro de vida, o tomador deixa resolver (ou reduzir) o contrato e, perante um súbito diagnóstico de doença grave da pessoa segura que reduz drasticamente a esperança de vida desta, as novas circunstâncias despertam um renovado interesse pelo contrato, suscitando a proposta de reposição em vigor.

[2229] A reposição dependerá igualmente do pagamento do prémio em falta. Assim, se este for posterior à ocorrência do sinistro a reposição não chega a operar-se. Claude Devoet, *Les Assurances...*, *cit.*, p. 231.

defesa do segurador contra as práticas de selecção adversa, contará o mesmo com os meios de defesa de que dispõe na formação do contrato (designadamente, uma nova declaração do risco). Desta forma, tratando-se de um seguro de vida, deverá correr um novo prazo de contestabilidade, não obstante o dolo na descrição do risco (nomeadamente das declarações prestadas aquando da reposição em vigor) ser sempre passível de impugnação pelo segurador (artigo 188º da LCS)[2230].

II. Perante a questão da aplicabilidade do dever de declaração inicial do risco às situações de "transformação" do contrato – ou seja, àqueles casos em que, por acordo das partes, se verifica uma modificação do contrato, que não se traduza numa novação, comportando o aumento do capital ou o alargamento do objecto, do prazo ou das garantias – pode suscitar-se a dúvida sobre a aplicabilidade do artigo 24º da LCS.

Designadamente no contexto da *common law* assinala-se a existência de um dever de informação, não apenas na fase pré-contratual, mas igualmente, em casos particulares, na fase de vigência do contrato[2231]. Tal ocorre quando o contrato é submetido a modificações negociadas entre as partes, nomeadamente, a alteração do objecto do risco (p. ex., num seguro automóvel, a substituição do veículo seguro por outro), o aumento do capital convencionado (p. ex., num seguro de acidentes pessoais ou de responsabilidade civil), o alargamento do prazo contratual (p. ex., num seguro de vida), o alargamento das garantias acordadas (p. ex., a contratação superveniente de coberturas complementares, ou o alargamento de um seguro de responsabilidade civil automóvel à cobertura de danos próprios), etc.

Por outro lado, e diversamente da fórmula do primeiro parágrafo do artigo 1892º do CC italiano (que permite sustentar a tese da sua aplicabilidade directa às modificações não novativas do contrato[2232]), o nº 1 do artigo 24º da LCS é peremptório quanto ao âmbito pré-contratual do dever de declaração.

Ainda assim, porque a tutela da posição do segurador nos casos de modificação do contrato não seria, de outra forma, assegurada[2233], e porque se trata de uma situação em tudo análoga à da fase de formação do contrato de seguro[2234], pensamos que a *ratio* do artigo 24º abrange também estes casos, pelo que será

[2230] Luca Buttaro, "Assicurazione sulla vita", *cit.*, p. 638.

[2231] Peter MacDonald Eggers *et al.*, *Good Faith...*, *cit.*, pp. 237 ss.

[2232] Matteo Mandó, "Dichiarazioni...", *cit.*, pp. 834-835.

[2233] Não está em causa, propriamente, uma alteração do risco, reconduzível aos artigos 91º ss. da LCS (situação em que o objecto, capital e garantias permanecem os mesmos, mas as circunstâncias que caracterizam o risco seguro se alteram).

[2234] Em ambos os casos o tomador propõe ao segurador uma determinada configuração do contrato, que este avalia e aceita (ou não), mediante uma determinada representação do risco assente nas declarações do tomador.

de lhes aplicar, por analogia, o regime do dever de declaração pré-contratual do risco[2235]. A analogia resulta igualmente do nº 2 do artigo 191º da LCS: a nova contagem do prazo de exclusão da cobertura de morte por suicídio, nos seguros de vida, em caso de aumento de capital, cumpre, afinal, a mesma função de defesa do segurador contra as práticas de selecção adversa que é assegurada pela declaração inicial do risco. Logo, se a modificação[2236] – não decorrendo do exercício de um direito potestativo de qualquer das partes, mas do acordo de ambas, nos termos do nº 1 do artigo 406º do CC – dá lugar a uma nova contagem de tal prazo, haverá de reclamar igualmente uma reapreciação, pelo segurador, das circunstâncias do risco contemporâneas da alteração, dando, portanto, lugar a uma nova declaração do risco. Caso, porém, as novas circunstâncias caracterizadoras do risco não sejam aceites pelo segurador – e caso fique, portanto, comprometida a modificação do contrato – sempre o mesmo permanecerá em vigor, nos termos iniciais, como igualmente decorre, também por analogia, da parte final do nº 2 do artigo 191º da LCS.

Entre nós, e quanto ao aumento do capital convencionado num seguro de vida – possível em certas modalidades – tem já sido defendido, aliás, que a efectivação do mesmo comporta uma actualização do dever de declaração do risco[2237]. Embora o segurador esteja vinculado pelo capital inicial, o *aumento* deverá ser sujeito a uma reapreciação do risco como se se tratasse de um novo contrato, a cumular com o já vigente[2238].

[2235] Aparentemente contra a posição aqui defendida, cfr. Ac. TRL de 23/09/2010 – Proc. nº 1295/04.6TBMFR-6 (José Eduardo Sapateiro).

[2236] O nº 2 do artigo 191º refere-se apenas ao aumento de capital, mas será extensivamente aplicável a outras modificações que comportem uma ampliação da garantia do segurador.

[2237] Neste sentido, defende Filipe Albuquerque Matos que «o reforço do capital segurado implica uma alteração significativa do conteúdo contratual, devendo configurar-se como uma modificação dos termos contratuais para a qual se exige necessariamente o consentimento esclarecido das seguradoras» – Filipe Albuquerque Matos, "As declarações reticentes...", *cit.*, p. 464. Não se nos afigura, porém, justa a solução preconizada pelo autor, no sentido de que, havendo incumprimento deste dever de declaração do risco em função do aumento do capital, ficariam os beneficiários privados *na totalidade* da prestação do segurador por sinistro, em virtude da integração do acréscimo de capital seguro no quantitativo global convencionado (*idem*, p. 465). Embora podendo suscitar dificuldades práticas na regularização do sinistro, o incumprimento superveniente do dever de declaração do risco apenas deverá afectar o evento a que se refere: o *aumento* do capital (que poderá até ser pouco expressivo face ao capital inicialmente contratado e que, pelo menos nas modalidades de seguro de vida em grupo, é passível de ser autonomamente gerido, como tratando-se de duas adesões autónomas). De outra forma, poder-se-ia defender que, não estando o segurador disposto a aceitar o novo risco, poderia o mesmo recusar, não só a proposta de aumento, mas o próprio contrato, na sua globalidade, que resultaria desse aumento (mesmo na parte que já vigorava anteriormente), o que não parece aceitável.

[2238] Questão diversa, mas que se prende com aquela, é a de acumulação de capitais, considerando o seu volume global, poder suscitar, por parte do segurador, formalidades adicionais de selecção

III. Os contratos de seguro podem ser celebrados por um prazo fixo, não reno-vável, ou – como sucede, em regra, nos seguros de danos – pode resultar do con-trato que, na falta de denúncia (*rectius*, oposição à renovação) por uma das partes, o mesmo se renovará automaticamente no termo de cada período contratual[2239]. Neste contexto, importa, desde logo, saber se cada renovação corresponde a um novo contrato ou a uma prorrogação do período de vigência do contrato inicial, designadamente para efeitos de aplicabilidade do dever de declaração do risco a cada uma das renovações contratuais.

No Direito inglês, os contratos de seguro – com excepção dos de vida (que consubstanciam *long-term agreements*) – são celebrados por um período fixo, que expira se o segurador não assentir na sua renovação por igual período. Assim, os contratos que resultam de renovação são perspectivados como contratos novos, pelo que voltam a impor um dever de declaração de eventuais circunstâncias ante-riormente omitidas e de todas as novas circunstâncias relevantes, bem como a actualização das já anteriormente declaradas[2240]. Esta particularidade do regime inglês revela-se especialmente problemática, na medida em que a iniciativa da renovação pertence ao tomador, que geralmente ignora a existência do dever de declaração das circunstâncias relevantes de que seja, entretanto, conhecedor[2241]. Por outro lado, ainda que esteja ciente do dever que sobre si impende, dificilmente o tomador terá possibilidade de confirmar os factos já por si anteriormente reve-lados para poder determinar quais os que estejam eventualmente em falta[2242].

do risco (designadamente, formalidades clínicas, nos seguros de pessoas), que poderão revelar, por seu turno, ou a existência de omissões ou inexactidões *iniciais* (susceptíveis de permitirem a impugnação do contrato, nos termos legais) ou um *risco agravado superveniente*, que o segurador poderá não estar disposto a aceitar (ou, pelo menos, não à tarifa normal). Neste último caso, será de aplicar, quando admissível, o regime do agravamento do risco (quanto ao risco já contratualmente assumido) e uma nova apreciação do risco inerente ao *acréscimo* de capital proposto (eventualmente sujeito à recusa do segurador, ou à aplicação de um sobreprémio, ou de uma exclusão parcial).

[2239] Segundo José Bento, na falta de indicação expressa na apólice, «há que entender que o contrato não se renova automaticamente porquanto o silêncio não vale como declaração negocial, tornando-se necessária uma declaração de vontade expressa de renovação, aceite pela outra parte» – José Bento, *Direito de Seguros, cit.*, p. 138. No regime da LCS, o artigo 41º estabelece supletivamente a prorrogação automática por períodos de um ano quanto a contratos celebrados pelo período inicial de um ano (nº 1) e a não prorrogação dos celebrados por um período inicial inferior ou superior a um ano (nº 2).

[2240] Cfr., p. ex., Nicholas Legh-Jones *et al.* (Eds.), *MacGillivray..., cit.*, p. 419; e Anthony A. Tarr e Julie-Anne Tarr, "The insured's...", *cit.*, p. 588. Também nos EUA a renovação é feita com base nas declarações inicialmente prestadas (excepto se for apresentada uma nova proposta contratual), pelo que quaisquer alterações relevantes às circunstâncias do risco devem ser informadas aquando da renovação – Robert Jerry II, *Understanding..., cit.*, p. 696.

[2241] Cfr. Semin Park, *The Duty..., cit.*, p. 62.

[2242] Cfr. The Law Commission, *Insurance..., cit.*, p. 16.

Diversamente da solução consagrada na *common law* – actualmente alvo de acesa controvérsia – os sistemas jurídicos de matriz romanista recusam o regime referido. Desde logo, o reconhecimento de que as partes se encontram perante o mesmo contrato (cuja susceptibilidade de renovação resulta dos próprios termos convencionados) retira sentido à exigibilidade de uma nova declaração do risco. Por outro lado, a circunstância que requer a intervenção do Direito inglês – o desequilíbrio das prestações em sede de execução do contrato – é prevenida com regra diversa nos sistemas continentais: o estabelecimento de um dever de comunicação do agravamento do risco, que se impõe ao tomador logo que este tem conhecimento do agravamento e independentemente da ocorrência de qualquer renovação do prazo contratual. De resto, na prática contratual dos sistemas continentais, a renovação do contrato de seguro não prejudica a identidade do mesmo, que, em regra, se mantém em vigor nos termos anteriores, conservando a numeração e as condições da apólice original.

Sobre a matéria, e ainda no âmbito do CCom, entendia José Bento, pertinentemente – e dando o exemplo de outros contratos de prestação continuada, como o de arrendamento – que as sucessivas renovações resultam da vontade contratual das partes, que estipularam essa renovação automática no contrato original[2243]. Hoje, a solução resulta expressamente do n.º 3 do artigo 41º da LCS, nos termos do qual se considera como único contrato aquele que seja objecto de prorrogação[2244]. Desta forma, entre nós a prorrogação do contrato não implica o ressurgimento de um dever de declaração do risco.

Tal será igualmente o caso – análogo, em substância – em que um único processo negocial dá origem a vários contratos sucessivos[2245]. Cada nova apólice será, assim, emitida pelo segurador, de forma automática e sem necessidade de um novo processo negocial. Neste quadro, e de acordo com a vontade contratual das partes, os vários contratos sucessivos, embora titulados por apólices distintas, mantêm uma unidade intrínseca. Assim, a declaração do risco ocorre apenas previamente ao primeiro contrato, valendo para todos os demais. Por outro

---

[2243] José Bento, *Direito de Seguros, cit.*, p. 139.

[2244] Sobre as particularidades de aplicação da LCS aos contratos renováveis anteriores à respectiva data de entrada em vigor, cfr. o artigo 3º do DL 72/2008, de 16 de Abril.

[2245] Cfr., p. ex., o contrato, nos termos do qual o segurador se compromete, com base na mesma proposta de seguro a, durante um prazo de 20 anos, emitir anualmente, apólices de seguro de vida da modalidade *temporário*, por um ano, com capital constante ou decrescente. Tratava-se de uma forma tradicional de evitar a aplicação ao contrato de um prémio nivelado, o que faria com que o tomador pagasse inicialmente um prémio superior ao risco (situação que se esbateria progressivamente e que só se inverteria a partir da primeira metade de vigência do contrato). Os seguros temporários por um ano constituíam, assim, uma solução mais económica para o tomador. Actualmente generalizou-se a modalidade *temporário anual renovável*, que permite a mesma operação no âmbito de um contrato unitário e por prazo alargado.

lado, também o prazo de contestabilidade corre apenas uma vez, como se de uma única apólice se tratasse[2246].

IV. Poder-se-á suscitar a questão da impugnabilidade do contrato de seguro, pelo segurador, após a cessão da posição contratual do tomador do seguro aceite por aquele, com fundamento em incumprimento (pelo tomador originário) do dever de declaração do risco.

Sobre esta matéria – embora sem desenvolver – sustenta José Bento que «o segurador não pode opor ao "novo" segurado qualquer nulidade do seguro, derivada de inexacta ou reticente declaração [...] do risco, ocorrida antes da cessão»[2247].

Não podemos concordar com esta posição. Desde logo, porque como se pode retirar da própria letra dos artigos 24º ss. da LCS, a censurabilidade da conduta do proponente afere-se na fase de formação do contrato, sendo irrelevante que posteriormente a posição de tomador seja transmitida a outrem (cessionário de boa fé). Por outro lado, o regime da declaração do risco visa preponderantemente tutelar a posição do segurador, pelo que o mesmo não obsta à impugnação do contrato mesmo contra um terceiro cessionário de boa fé (de outra forma, seria muito simples o modo de o tomador faltoso fazer sanar o vício do seu incumprimento, bastando, para tanto, transmitir a sua posição contratual). De resto, o incumprimento do dever de declaração do risco pode ter sido alheio ao tomador originário (resultando antes do comportamento do segurado ou da pessoa segura), pelo que, se já então era indiferente a boa fé do tomador originário, não há razão para considerar sanado o vício através de cessão da posição contratual. Desta forma, da cessão da posição contratual não resulta sanado o vício genético (mormente quando o contrato seja anulável), devendo, em qualquer caso, o segurador impugnar o contrato contra o tomador actual (o cessionário).

A solução, no entanto, não decorre apenas do plano dos princípios. Ela verte literalmente do artigo 427º do CC: o segurador poderá opor ao novo tomador – independentemente do estado subjectivo deste – os meios de defesa provenientes do contrato, sendo de considerar abrangido, do nosso ponto de vista, o incumprimento de deveres pré-contratuais que tenha dado origem ao vício da vontade do "contraente cedido"[2248].

Nada parece obstar, porém, a que, antes da cessão da posição contratual, o potencial cessionário se inteire, junto do segurador, das circunstâncias em que

---

[2246] Esta solução é, de resto, reconhecida, p. ex., pela jurisprudência italiana. Gaetano Castellano, "Le dichiarazioni"..., cit., p. 154.

[2247] José Bento, *Direito de Seguros, cit.*, p. 128.

[2248] Como referem Pires de Lima e Antunes Varela, são «oponíveis ao cessionário os meios de defesa integrados na posição cedida ou resultantes dela, sem prejuízo da reserva contratual de quaisquer outros» – Pires de Lima e Antunes Varela, *CC Anotado*, Vol. I, *cit.*, p. 404.

o risco tenha sido descrito e, face às mesmas, efectue algum reparo ou concretize a cessão.

VIII.5. CONFIGURAÇÕES ESPECIAIS DA ESTRUTURA CONTRATUAL

O presente capítulo visa analisar o impacto, ao nível da declaração do risco, de algumas configurações estruturais do contrato de seguro que divergem da normal relação segurador-tomador, seja em função da complexidade no plano subjectivo (resseguro, co-seguro, seguro de grupo, pluralidade de tomadores ou segurados), seja no plano objectivo (seguros de riscos múltiplos, pluralidade de seguros).

VIII.5.1. Resseguro

I. O resseguro designa um subtipo de contrato de seguro[2249], celebrado entre um segurador directo (cedente ou segurador primário) e um ressegurador (cessionário ou segurador secundário), através do qual este se obriga, contra o pagamento de um prémio, a suportar a transferência de riscos que aquele haja previamente assumido através da conclusão de um ou vários contratos de seguro[2250]. O contrato de resseguro, como forma de transferência secundária de uma parte do risco, pode ser, assim, designado por contrato de seguro de segundo grau, assumindo o ressegurador o papel de segurador do segurador[2251].

O tomador do seguro primário – bem como o segurado – são, portanto, terceiros perante a relação contratual de resseguro, não tendo quaisquer obrigações ou direitos perante o ressegurador (n.º 1 do artigo 75.º da LCS)[2252]. Nesta medida, a problemática da declaração do risco no contrato de seguro cedido em resseguro só reflexamente afecta este último.

Porém, atento o disposto no artigo 73.º da LCS, haverá que considerar a aplicação subsidiária, ao contrato de resseguro, das normas da LCS com o mesmo compatíveis. Ora, tal será o caso, com as necessárias adaptações, do dever de declaração do risco, que, desta feita, vinculará o segurador perante o ressegurador. Neste contexto, alguma doutrina assinala a especial relevância da boa fé no contrato de resseguro, obrigando, de forma mais rigorosa, o contratante

---

[2249] Neste sentido, José Bento, *Direito de Seguros, cit.*, p. 195. Sobre a noção de subtipo, Isabel Ribeiro Parreira, "Algumas reflexões...", *cit.*, p. 998.

[2250] Cfr. artigo 72.º da LCS. O ressegurador pode, por seu turno, voltar a ceder a outro ressegurador parte dos riscos que haja assumido, no que é designado por *retrocessão* (resseguro de resseguro) – cfr. Swiss Re, *Introdução...*, *cit.*, pp. 18 e 35.

[2251] A *retenção* corresponde ao valor (*pleno de retenção*) ou percentagem do risco seguro que o segurador primário não cede em resseguro, suportando directamente – Nuno Lima Bastos, "Do contrato...", *cit.*, pp. 121 ss.; João M. Picado Horta, *Resseguro – Princípios e Prática*, Porto, Vida Económica, 2001, pp. 27 ss.; Swiss Re, *Introdução...*, *cit.*, p. 35.

[2252] Swiss Re, *Introdução...*, *cit.*, p. 31.

(ressegurado) a declarar ao ressegurador as características do risco por si conhecidas[2253]. Na verdade, a interposição do segurador (ressegurado) entre o segurado primário e o ressegurador impede este de efectuar qualquer indagação ou análise directa do risco, ficando sujeito às informações que a contraparte lhe transmita[2254].

II. De relevante para o nosso objecto de análise há a assinalar a distinção entre dois tipos ou modos de resseguro: o *obrigatório* e o *facultativo*[2255]. O resseguro obrigatório ou automático (*obligatoire* ou *automatic*) é a modalidade mais relevante em termos de volume de prémios. Nos termos definidos no *tratado*, o segurador primário obriga-se a ceder toda uma carteira correspondente a um determinado ramo ou sub-ramo, obrigando-se o ressegurador a aceitar, automaticamente e em conjunto, os respectivos riscos[2256]. Neste caso, os critérios de análise do risco e a política de subscrição pertencem ao segurador primário, sendo as condições de aceitação *normais* do segurador definidas no tratado[2257].

Se, tradicionalmente, o segurador primário enviava ao ressegurador informação detalhada sobre os riscos cedidos (*bordereaux* de resseguro), as actuais exigências de celeridade, de contracção de custos administrativos e de massificação das cedências levaram a que tal informação se reduzisse ao mínimo, o que impõe uma absoluta observância da máxima boa fé na relação entre as partes. O ressegurador vê-se obrigado a confiar no rigor e prudência das políticas de análise do risco e subscrição (*underwritting*) do segurador primário[2258].

[2253] José Augusto Delgado, "O contrato...", *cit.*, pp. 138-139; Blanca Romero Matute, *El Reaseguro*, Tomo I, Bogotá, Pontifícia Universidad Javeriana, 2001, p. 201. Será, assim, frequente a prática contratual de inclusão nos tratados de resseguro de uma cláusula, nos termos da qual, havendo violação, por uma das partes, do dever de boa fé em que assenta o contrato, poderá a contraparte resolvê-lo – Blanca Romero Matute, *idem*, p. 206.

[2254] Como afirma Blanca Romero Matute, «a estimação do risco por assumir depende das declarações que efectue o (res)segurado, cuja exactidão não será normalmente comprovada pela companhia (res)seguradora, que tampouco estará em condições de examinar completamente a carteira do seu ressegurado» (*El Reaseguro*, Tomo I, *cit.*, p. 201 – trad. nossa). Nesta medida, aliás, o contrato de resseguro assume, como notam alguns autores, semelhanças com o contrato de seguro marítimo – cfr. Malcolm Clarke, *Policies...*, *cit.*, p. 97.

[2255] Sobre as várias modalidades de resseguro, cfr. José Bento, *Direito de Seguros, cit.*, pp. 191 ss.

[2256] Cfr. Nuno Lima Bastos, "Do contrato...", *cit.*, pp. 113-114; João M. Picado Horta, *Resseguro...*, *cit.*, p. 16.

[2257] Cfr. José Carlos Moitinho de Almeida, *O Contrato de Seguro no Direito..., cit.*, p. 407; João M. Picado Horta, *Resseguro..., cit.*, pp. 22-23; Swiss Re, *Introdução..., cit.*, p. 20.

[2258] Como refere João Horta, «na realidade, o ressegurador segue a fortuna do ressegurado – mas espera que este trate as suas aceitações, selecção e controlo de riscos, *pricing* e regulação de sinistros *como se não existisse resseguro*» – João M. Picado Horta, *Resseguro..., cit.*, p. 42.

Desta forma, a avaliação do risco primário é feita apenas pelo segurador em sede de formação do contrato de seguro, sem prejuízo de o ressegurador poder envolver-se nesta análise mediante a prestação ao segurador de serviços complementares (disponibilização de estatísticas, de análise pericial, de informação sistematizada sobre determinados riscos, etc.). Assim, o dever de declaração pré-contratual do risco primário recai apenas sobre o proponente, em relação ao segurador, mas não sobre este em relação ao ressegurador (que fica vinculado, nos termos do *tratado de resseguro* em causa, pela aceitação do risco efectuada pelo segurador e pelas condições que este tenha definido para o contrato)[2259].

Atentas as características do resseguro obrigatório, mais relevante do que a informação sobre as circunstâncias de cada risco (que o ressegurador está contratualmente impedido de agravar ou de recusar), é a informação sobre a política de subscrição do segurador, o perfil da sua carteira, as condições de cobertura e as tarifas praticadas, indicadores do *nível de risco* associado à carteira cedida[2260]. É esta informação que releva para a apreciação do risco incorrido pelo ressegurador. Na prática, portanto, a "declaração do risco" feita pelo segurador traduz-se num *juízo de valor* sobre o rigor da selecção do risco primário e sobre a adequação entre o prémio e este risco, juízo sobre o qual assenta a confiança do ressegurador[2261].

III. Diversamente, no resseguro facultativo (*facultative*), a modalidade mais antiga na história do resseguro, o segurador primário cede casuisticamente determinados riscos individuais ou apólices específicas – em regra, riscos de valor especialmente elevado, ou de maior probabilidade, ou sem enquadramento em resseguro obrigatório – sujeitos à livre apreciação e aceitação pelo ressegurador nos moldes em que a análise do risco é normalmente efectuada no contrato de seguro primário.

As condições da cedência são reguladas em contrato (prévio contrato-quadro que defina os termos dos contratos de resseguro facultativo futuros) ou negociadas caso a caso[2262]. Nesta situação – e na medida em que o segurador primário não queira assumir o risco sem ter garantida a cedência parcial em resseguro – a análise do risco cabe geralmente ao ressegurador, ficando, em regra, a conclusão do contrato de seguro primário sujeita à prévia aceitação do risco e tarifação pelo mesmo, que disponibiliza serviços de análise de risco com um maior nível de especialização. Assim, o segurador primário actua como um intermediário, submetendo ao proponente os questionários requeridos pelo ressegurador e

---

[2259] The Law Commission, *Insurance...*, *cit.*, p. 93.
[2260] João M. Picado Horta, *Resseguro...*, *cit.*, p. 42.
[2261] Blanca Romero Matute, *El Reaseguro*, Tomo I, *cit.*, p. 201, n. 374.
[2262] Sobre esta modalidade, cfr. José Carlos Moitinho de Almeida, *O Contrato de Seguro no Direito...*, *cit.*, p. 407; João M. Picado Horta, *Resseguro...*, *cit.*, pp. 19 ss.; Swiss Re, *Introdução...*, *cit.*, p. 20.

solicitando-lhe todos os elementos que este demande, e transmitindo-os então ao ressegurador.

No caso de resseguro facultativo contratado numa lógica casuística, para além da declaração de ciência envolvendo as informações pertinentes quanto à caracterização do risco singular que se propõe ceder, frequentemente acompanhada de suporte documental, deve ainda o segurador informar o ressegurador das condições contratuais aplicáveis ao seguro primário, com particular incidência na extensão das coberturas[2263]. Assim, não obstante um regular dever de diligência e de actuação segundo o princípio da máxima boa fé, o segurador apenas está obrigado, mediante um dever de declaração análogo ao do proponente, a revelar o que sabe sobre o risco e sobre a probabilidade da respectiva ocorrência[2264].

IV. Às duas modalidades referidas acresce uma terceira, menos usual, que conjuga elementos de ambas: o resseguro facultativo-obrigatório (*facultative-obligatoire* ou *facultative obligatory*). Neste caso, o segurador determina quais os riscos que pretende facultativamente ceder em resseguro, obrigando-se o ressegurador a aceitá-los salvo circunstâncias excepcionais[2265].

V. Quanto às consequências das omissões ou inexactidões verificadas no contrato de seguro, e à respectiva repercussão no contrato de resseguro, defende José Bento, numa fórmula genérica, que «o contrato de resseguro segue a sorte do contrato de seguro: se este é nulo, nulo é também aquele; se o contrato de seguro se reduz ou resolve, o mesmo sucede com o de resseguro»[2266]. Não podemos, porém, em rigor, concordar com esta perspectiva. É certo que, se o contrato de seguro, em consequência do incumprimento do dever de declaração do risco, for anulado ou resolvido pelo segurador, o contrato de resseguro deverá extinguir-se (caso se trate de um contrato pontual) ou contemplar a exclusão do risco em causa (caso se trate de um tratado de resseguro). Porém, não se afigura correcto que a extinção do resseguro siga a mesma modalidade de cessação que o contrato de seguro (anulação ou resolução). De facto, estará antes em causa a cessação do contrato de resseguro por caducidade, em virtude da extinção do risco cedido (nº 1 do artigo 110º da LCS).

Quanto ao incumprimento da declaração do risco na formação do contrato de resseguro, e na falta de norma especial, seguir-se-á o regime geral da decla-

---

[2263] José Carlos Moitinho de Almeida, *O Contrato de Seguro no Direito...*, cit., pp. 413-414, refere ainda o dever de informação sobre as circunstâncias relativas à companhia de seguros cedente, designadamente as respectivas bases estatísticas e técnicas e a sua qualidade de segurador directo ou de ressegurador.

[2264] José Bento, *Direito de Seguros*, cit., p. 197.

[2265] João M. Picado Horta, *Resseguro...*, cit., pp. 21 ss.

[2266] José Bento, *Direito de Seguros*, cit., p. 198.

ração do risco previsto na LCS (*ex vi* do artigo 73º)[2267]. Neste quadro, e porque não são facilmente configuráveis situações em que o segurador aja dolosamente no incumprimento de tal dever, aplicar-se-á, em regra, o regime das omissões ou inexactidões negligentes, atendendo às circunstâncias do caso e ao tipo de resseguro em causa (obrigatório ou facultativo).

VIII.5.2. Co-seguro e pluralidade de seguros

I. O co-seguro consiste na assunção conjunta de um dado risco, no âmbito de um único contrato de seguro, por vários seguradores, assumindo cada um deles uma fracção de tal risco sem que se verifique um regime de solidariedade entre eles (artigo 62º da LCS). Nos termos do regime dos artigos 62º ss. da LCS, esta forma de distribuição (ou de repartição) do risco entre seguradores assenta num contrato único, sendo celebrado entre o tomador e todos os seguradores envolvidos, e titulado por uma única apólice, emitida pelo segurador líder.

Nos termos do nº 1 do artigo 65º da LCS, o segurador líder fica obrigado a efectuar a gestão do contrato, em seu nome e no dos restantes co-seguradores[2268], competindo-lhe, ainda, designadamente: *receber, do tomador do seguro, a declaração do risco a segurar*, bem como as declarações posteriores de agravamento ou de diminuição desse mesmo risco; *fazer a análise do risco e estabelecer as condições do seguro* e respectiva tarifação; emitir a apólice, sem prejuízo de esta dever ser assinada por todos os co-seguradores; proceder à cobrança dos prémios, emitindo os respectivos recibos; receber as participações de sinistro e proceder à sua regularização (sem prejuízo da repartição da correspondente prestação pecuniária pelos co-seguradores)[2269]; *aceitar e propor a cessação do contrato*; e, em regra, cumprir as

---

[2267] Blanca Romero Matute, *El Reaseguro*, Tomo I, *cit.*, pp 199 ss. São raras, e sem referências conhecidas na nossa jurisprudência, as situações de omissões ou inexactidões no contrato de resseguro. Alguns casos, porém, encontram-se referenciados no âmbito da *common law*. P. ex., no caso *Anderson v. Pacific Fire and Marine Assurance Co.* – (1869) 21 L.T. 408, *apud* Nicholas Legh-Jones *et al.* (Eds.), *MacGillivray...*, *cit.*, p. 393 – as inexactidões (*misrepresentation*) respeitaram à indicação, do segurador ao ressegurador, do capital coberto no seguro original. Noutro caso, respeitaram à declaração do segurador de que pretendia segurar directamente (*pleno*), sem resseguro, uma proporção do risco, intenção que não veio a ser respeitada – *Traill v. Baring* (1864) 4 De G., J. & S. 318, *apud* Nicholas Legh-Jones *et al.* (Eds.), *idem*, p. 405.

[2268] Segundo José Bento, a representação resulta da natureza do próprio co-seguro, e não de qualquer título específico, como uma procuração – José Bento, *Direito de Seguros, cit.*, p. 185.

[2269] Neste domínio, quer a apólice de seguro, quer o acordo que regule as relações entre os co-seguradores e entre estes e o líder (nos termos do artigo 66º da LCS), devem prever se, em caso de sinistro, o capital ou indemnização é liquidado globalmente pelo líder em nome de todos os co-seguradores, ou se, diversamente, cada co-segurador procede directamente à regularização, de acordo com a sua quota-parte do risco assumido (alínea c) do artigo 66º e artigo 68º da LCS, e nº 4 da Cláusula Uniforme de Co-seguro, aprovada pela Norma nº 11/1994, de 8 de Setembro, do ISP).

obrigações contratuais impostas ao segurador[2270]. Desta forma, nas relações com o tomador, tudo se passa como se o contrato apenas tivesse sido celebrado com o segurador líder, devendo ser, perante este, efectuada a declaração pré-contratual do risco (artigo 24º da LCS) e apreciado o respectivo incumprimento[2271]. Caberá igualmente ao segurador líder a faculdade de impugnação da apólice por omissões ou inexactidões. Não há, portanto, diferenças significativas a assinalar relativamente aos seguros contratados com um único segurador[2272].

Já ao nível das relações internas entre seguradores, o líder é civilmente responsável pelos danos decorrentes do incumprimento das obrigações emergentes do contrato (artigo 67º da LCS). Desta forma, a falta de diligência do segurador líder na avaliação do risco – nomeadamente na análise de eventuais omissões de resposta ou contradições na resposta ao questionário (nº 3 do artigo 24º da LCS) – poderá constituí-lo no dever de indemnizar os outros co-seguradores (responsabilidade contratual do líder por incumprimento do acordo a que se reporta o artigo 66º da LCS).

II. Do *co-seguro* distingue-se a *pluralidade de seguros*, situação em que o mesmo risco, relativo ao mesmo interesse e por idêntico período, se encontra seguro por contratos distintos, celebrados com diversos seguradores (nº 1 do artigo 133º da LCS). Assim, em vez de estar em causa um mero fenómeno de repartição do risco por diversos seguradores, contratualmente delimitada e organizada entre todos eles através de um único contrato (co-seguro), trata-se antes de uma acumulação de seguros sobre o mesmo risco e interesse, da iniciativa do tomador, sem articulação entre os vários seguradores e podendo traduzir, na sua globalidade (e no que respeita aos seguros de danos), um fenómeno de sobresseguro[2273].

[2270] Cfr. igualmente o nº 3 da Cláusula Uniforme de Co-seguro.

[2271] Júlio Gomes, "O dever de informação do (candidato a) tomador...", *cit.*, p. 416, n. 56.

[2272] No âmbito da *common law* considera-se existirem, nas situações de co-seguro, tantos contratos quantos os seguradores envolvidos, ainda que possam ser titulados por uma única apólice subscrita pelo segurador líder – Peter MacDonald Eggers *et al.*, *Good Faith...*, *cit.*, p. 316. Uma orientação tradicional da jurisprudência inglesa considerava que, havendo incumprimento do dever de declaração do risco para com o segurador líder, esse incumprimento afectaria os contratos com todos os co-seguradores, confiantes na apreciação do risco efectuada pelo segurador líder. Orientações mais recentes, porém, sustentam que o dever de declaração se verifica não só perante o segurador líder, mas perante todos os co-seguradores, embora estes possam basear a sua vontade contratual na apreciação feita pelo segurador líder. Assim, todos os co-seguradores que pretendam prevalecer-se de omissões ou inexactidões deverão alegá-las e cumprir o ónus da prova autonomamente, excepto se demonstrarem que a sua vontade contratual repousou na apreciação do líder e que, perante este, se verificou um incumprimento do dever de declaração do risco – *idem*, pp. 317 ss.

[2273] José Bento, *Direito de Seguros, cit.*, pp. 181-182.

A *pluralidade de seguros* segue regime diverso consoante estejam em causa seguros de danos (ou de pessoas com carácter indemnizatório – nº 2 do artigo 180º da LCS) ou seguros de pessoas de valor convencionado. No primeiro caso, o regime adoptado decorre do princípio indemnizatório, nos termos do qual a prestação do segurador se encontra limitada ao dano resultante do sinistro, até ao montante do capital seguro (artigo 128º)[2274]. Neste caso, o segurado pode escolher o segurador pelo qual pretende ser ressarcido, dentro dos limites da obrigação deste, respondendo entre si os vários seguradores envolvidos no ressarcimento do dano, na proporção da quantia que cada um teria de pagar se existisse apenas um único contrato de seguro, salvo convenção em contrário (nºs 3 e 4 do artigo 133º)[2275]. Já no caso dos seguros de pessoas de valor convencionado, as prestações dos vários seguradores são cumuláveis entre si, bem como com outras de natureza indemnizatória (nº 1 do artigo 180º).

Traduzindo-se a pluralidade de seguros na celebração de contratos autónomos e sem conexão entre si – com a particularidade de terem o mesmo objecto – não suscita especiais problemas a aplicabilidade, a cada um dos contratos, e perante cada segurador, isoladamente, do regime da declaração pré-contratual do risco (artigos 24º a 26º da LCS)[2276].

III. Porém, quer nos seguros de danos quer nos de pessoas de valor convencionado, a disciplina da pluralidade de seguros impõe ao tomador do seguro ou ao segurado um *dever de informar* os seguradores envolvidos da existência dessa *pluralidade de seguros*. Importa, assim, apurar em que medida esse dever se reconduz ao dever de declaração inicial do risco e quais as consequências do respectivo incumprimento[2277].

Ora, no caso dos seguros de danos, a informação deve ser prestada em dois momentos: quando o obrigado tome conhecimento dessa circunstância (ou seja, os seguros pré-existentes devem ser informados antes da conclusão do novo contrato); *e* aquando da participação do sinistro (nº 1 do artigo 133º da LCS). Sobre a *ratio* do dever de informação no caso dos seguros de danos, entende a doutrina que o mesmo visa permitir a colaboração dos vários seguradores na avaliação do

---

[2274] Nos seguros de danos, o regime da pluralidade de seguros surge, assim, como um corolário do princípio indemnizatório. Cfr. Arnaldo Oliveira, "Artigo 133º – Anotação", *in* Pedro Romano Martinez *et al.*, *LCS Anotada, cit.*, p. 455.

[2275] Este regime poderá convocar, sendo o caso, as regras do sobresseguro (artigos 132º e 128º da LCS). No mesmo sentido, Arnaldo Oliveira, *idem*, p. 380.

[2276] Neste sentido, Virginia Bado Cardozo, *El Riesgo...*, *cit.*, p. 116.

[2277] Na *common law*, p. ex., a pluralidade de seguros sobre o mesmo risco, quando implique sobresseguro, cai no âmbito do dever de declaração do risco (*duty of disclosure*) – Nicholas Legh-Jones *et al.* (Eds.), *MacGillivray...*, *cit.*, pp. 439-440.

risco e no ressarcimento do dano (em caso de sinistro), bem como evitar a fraude na liquidação (ressarcimento cumulativo do mesmo dano em violação do princípio indemnizatório)[2278].

Neste quadro, e relativamente às consequências do incumprimento, dispõe o nº 2 do artigo 133º que a omissão fraudulenta da referida informação exonera os seguradores das respectivas prestações. Nada se estabelecendo quanto ao incumprimento não fraudulento – hipótese que se crê, aliás, de difícil configuração – quer aquando da sobreposição de seguros, quer aquando da participação do sinistro, defende Arnaldo Oliveira que «há lugar, naturalmente, a responsabilidade por perdas e danos, nos termos gerais»[2279].

Quanto aos seguros de pessoas de valor convencionado, o nº 3 do artigo 180º estabelece igualmente um dever especial de informação[2280] sobre a existência de uma pluralidade de seguros relativos ao mesmo risco[2281], embora não defina cominação para o respectivo incumprimento. Ora, a *ratio* do dever prende-se com o interesse, para o segurador, em detectar, aquando da análise do risco, indícios de intuito especulativo[2282]. Na verdade, se a contratação de um único seguro, com capital elevado e incoerente com o estatuto socioeconómico do contratante, poderia denunciar aquele intuito, estando, em qualquer caso, pelo menos, sujeita a critérios mais exigentes de selecção médica, a contratação de uma multiplicidade de seguros em diferentes seguradores beneficia de uma menos rigorosa selecção do risco e é susceptível de camuflar o propósito de especulação[2283]. Da referida *ratio*, mais do que da letra do preceito[2284], decorre inquestionavelmente

---

[2278] Reimer Schmidt, "L'influenza...", *cit.*, pp. 485-486. Cfr. igualmente Arnaldo Oliveira, "Artigo 133º – Anotação", *in* Pedro Romano Martinez *et al.*, *LCS Anotada, cit.*, p. 456, que evidencia a prevenção da fraude.

[2279] Arnaldo Oliveira, *ibidem*. Em causa estará, fundamentalmente, a obrigação de devolução ao segurador do que o segurado haja recebido a mais, quanto ao dano resultante de eventual sinistro, atentas as regras do sobresseguro.

[2280] Este dever de informação não é aplicável aos seguros de saúde, nos termos da alínea b) do artigo 215º.

[2281] Do carácter cumulável dos seguros com prestações de valor predeterminado retirava a jurisprudência francesa a regra segundo a qual a omissão ou inexactidão sobre a existência de contratos anteriores, ainda que intencional, é insusceptível de invocação pelo segurador para impugnar o contrato. Um acórdão da Cour de Cassation de 13 de Maio de 1997 inverteu, entretanto, essa orientação. Bernard Beignier, *Droit des Assurances, cit.*, p. 185.

[2282] Neste sentido, Reimer Schmidt, "L'influenza...", *cit.*, p. 487, e José Carlos Moitinho de Almeida, *O Contrato de Seguro no Direito..., cit.*, p. 308.

[2283] Esta pode assumir várias formas, que passarão pela viciação da *alea* contratual: desde simples fenómenos de selecção adversa, até situações de sinistro provocado dolosamente: por homicídio, mutilação, suicídio, etc.

[2284] É certo que a fórmula literal do nº 3 do artigo 180º refere que se deve informar «*da existência* ou *da contratação* de seguros...». Cremos, porém, que se trata do recurso redundante a expressões sinónimas.

o carácter pré-contratual do dever. Este deve ser cumprido *antes da conclusão* do contrato de seguro[2285] – permitindo ao segurador apreciar os contornos do risco proposto – e versar sobre outros contratos de seguro previamente concluídos e que se encontrem em vigor ou, no limite, sobre outras propostas de seguro pendentes de aceitação por outros seguradores.

Desta forma, estamos perante a autonomização de um especial dever de informação pré-contratual, versando sobre uma particular circunstância do risco. Ao reconhecer a manifesta essencialidade da circunstância em causa – a *pluralidade de seguros*, susceptível de indiciar intuito especulativo ou fraudulento e, portanto, uma maior probabilidade de produção do sinistro – o legislador pretendeu colocá-la em evidência, subtraindo-a ao requisito de relevância do nº 1 do artigo 24º. Desta forma, o tomador do seguro ou o segurado deverá informar o segurador da existência de pluralidade de seguros, *mesmo que razoavelmente não a deva ter por significativa para a apreciação do risco pelo segurador*. O sentido da autonomização do dever formulado no nº 3 do artigo 180º (e, em parte, no nº 1 do artigo 133º) traduz-se no estabelecimento de uma presunção legal inilidível de essencialidade da circunstância em causa. Tratando-se de regras especiais sobre a declaração pré-contratual do risco, e não sendo definida cominação específica, sempre lhes serão aplicáveis as disposições do nº 3 do artigo 24º e, bem assim, o regime do incumprimento estabelecido nos artigos 25º e 26º da LCS, com as necessárias adaptações.

VIII.5.3. Seguros individuais com pluralidade de tomadores ou segurados

No caso de a mesma Apólice segurar interesses distintos – quer esteja em causa mais do que um tomador do seguro ou mais do que um segurado (por exemplo, um seguro de condomínio que abranja as várias fracções autónomas[2286]; ou um seguro de vida sobre duas cabeças) importa saber o que sucede ao contrato se um dos sujeitos (co-tomador ou co-segurado) descrever o risco com inexactidões ou omissões: poderá o segurador opor o incumprimento do dever de declaração do risco de um contratante aos demais[2287]?

[2285] De outra forma, a informação resultaria inútil para o segurador, já que, concluído o contrato, aquele não poderia vir a impugná-lo – nem a invocar o regime do agravamento do risco – na sequência da ulterior celebração de outros contratos de seguro junto de outros seguradores.

[2286] Sobre o exemplo do seguro de condomínio, cfr. Carlos A. Schiavo, *Contrato de Seguro...*, *cit.*, p. 136.

[2287] Se a hipótese da pluralidade de segurados não suscita dúvidas de maior, já a da pluralidade de tomadores será de verificação rara. Embora nada pareça impedir tal possibilidade – a LCS, não o prevendo (não obstante aludir sempre ao tomador, no singular), também não o impede, atenta a remissão do artigo 4º – a respectiva verificação apelaria para uma definição contratual das relações entre tomadores, designadamente da aplicação da regra geral da parciariedade ou de um regime de solidariedade.

No contexto da *common law*, de acordo com a orientação da jurisprudência dominante, a solução depende de a apólice titular uma multiplicidade de contratos autonomizáveis ou, diversamente, um único contrato, já que, neste último caso, não é concebível que este possa ser apenas parcialmente anulado[2288]. Se se verificar uma unidade substancial do contrato (unidade do interesse seguro) o segurador poderá anular todo o contrato[2289]. Havendo pluralidade de interesses seguros e verificando-se omissões ou inexactidões apenas quanto a um deles, só esta parcela do contrato será impugnável, mantendo a apólice a sua vigência relativamente aos demais.

A solução que decorre da *common law* será também transponível para o nosso ordenamento, atento o disposto no artigo 292º do CC: sendo o contrato divisível, o incumprimento afectará apenas a parte correspondente. Porém, sendo o contrato único e insusceptível de autonomização, o risco apresenta-se indivisível na perspectiva do segurador. Assim, tudo se passa como se houvesse apenas um proponente: o prémio terá sido calculado em função do risco declarado e a vontade contratual do segurador terá sido viciada quanto a todo o contrato. Atendendo aos fundamentos do regime da declaração do risco, predominantemente tutelares da posição do segurador, o direito de impugnação estender-se-á a todo o contrato, sem que este possa beneficiar do regime da redução e sem que releve a boa fé de algum ou alguns dos co-tomadores ou co-segurados. Logo, será aplicável, na sua globalidade, o regime do incumprimento de acordo com o grau de culpa do contratante inadimplente (ou, se estes forem vários, o grau de culpa mais grave que se verificar).

VIII.5.4. Seguro de grupo

I. A LCS demarca-se conceptualmente do RTS, ao descrever, no artigo 76º, o seguro de grupo como aquele que *cobre riscos de um conjunto de pessoas* (aderentes) *ligadas ao tomador do seguro por um vínculo que não seja o de segurar*[2290]. Para além

---

[2288] Peter MacDonald Eggers *et al.*, *Good Faith...*, *cit.*, pp. 313 ss.; John Lowry e Philip Rawlings, *Insurance Law – Cases...*, *cit.*, p. 183; Nicholas Legh-Jones *et al.* (Eds.), *MacGillivray...*, *cit.*, p. 423. O critério de distinção assentará, assim, na existência de uma unidade do interesse seguro (p. ex., numa situação de compropriedade de uma habitação) ou numa pluralidade de interesses (p. ex., se os proprietários de duas moradias geminadas pretenderem segurar ambas na mesma apólice, tendo cada um interesse na cobertura apenas da sua moradia).

[2289] Existem, curiosamente, exemplos na jurisprudência inglesa em que a equidade prevaleceu sobre o rigor tecnico-jurídico, tendo sido admitida a anulação do contrato relativamente à parte faltosa e a indemnização (por sinistro) da não faltosa – John Birds e Norma Hird, *Birds'...*, *cit.*, pp. 119 ss. Como afirmam os autores, «[saber se] existe um contrato ou vários é crucial se esta questão dever ser resolvida de acordo com o princípio legal; dizer que em termos práticos todos esses seguros consubstanciam, não um contrato, mas vários, não pode ser satisfatório». *Idem*, p. 121 (trad. nossa).

[2290] Desta forma, a noção de seguro de grupo sofre um alargamento do seu âmbito, deixando de se exigir que os participantes estivessem ligados entre si por um vínculo ou interesse comum.

da fórmula legal, cumpre adicionar alguns requisitos de qualificação de um contrato como seguro de grupo: os riscos devem ser homogéneos (no sentido de estar coberto o mesmo tipo de risco e de os aderentes terem face a ele o mesmo tipo de interesse ou de, sendo seguro de pessoas, ocuparem, todos eles, a posição de pessoas seguras); e autónomos (isto é, perfeitamente separáveis) entre si[2291].

A LCS distingue os seguros de grupo contributivos (aqueles em que resulta do contrato de seguro que o prémio é suportado, no todo ou em parte, pelo segurado – nº 2 do artigo 78º e artigos 86º ss.) dos não contributivos (em que o prémio é suportado pelo tomador do seguro). Secundariamente, distingue também os seguros de adesão obrigatória dos de adesão facultativa (nº 1 do artigo 82º)[2292].

II. A natureza do seguro de grupo é matéria complexa, pouco estudada e, ainda assim, controversa. Estando fora do escopo deste trabalho um desenvolvimento do tema, sempre diremos que – perante a LCS – a doutrina mais avisada identifica duas realidades distintas no seguro de grupo, consoante o *aderente* seja um efectivo sujeito de direitos e deveres emergentes do contrato por efeito da adesão, ou um referencial reificado de um risco seguro.

Assim, por exemplo, Nuno Reis distingue os *seguros de grupo de adesão facultativa* dos de *adesão automática*. Nos primeiros reconhece a natureza de contrato-quadro, na modalidade de contrato normativo[2293]. Trata-se, assim, de um contrato que estabelece o enquadramento em que serão posteriormente celebrados outros contratos entre os aderentes e o segurador, e em que, embora as partes não se encontrem obrigadas a contratar, deverão, se o fizerem, ficar subordinadas ao

---

Cfr. Arnaldo Oliveira e Eduarda Ribeiro, "Novo regime...", *cit.*, p. 28. Paula Alves apresenta a seguinte noção de seguro de grupo: «contrato celebrado entre seguradora e tomador do seguro a que aderem, como pessoas seguras, os membros de um determinado grupo ligado ao tomador» – Paula Alves, *Intermediação...*, *cit.* 345.

[2291] Margarida Lima Rego, *Contrato...*, *cit.*, p. 805. Não nos revemos em outros critérios adiantados pela autora, p. ex. o de que se trate necessariamente de um seguro por conta de outrem, em virtude de, conforme já referido, entendermos não ser de aplicar esta classificação aos seguros de vida. Sobre a caracterização do seguro de grupo, cfr., entre nós, Paula Alves, *Intermediação...*, *cit.*, sobretudo pp. 276 ss., e 340 ss.

[2292] Esta distinção está relacionada com uma outra, entre *seguro de grupo fechado* (aquele em que o número de aderentes e a respectiva distribuição por classes de risco é conhecido no início do contrato e cuja evolução é previsível) e *seguro de grupo aberto* (em que se verifica a situação inversa). Em regra, os seguros de grupo aberto são de adesão facultativa.

[2293] Nuno Trigo dos Reis, *Os Deveres...*, *cit.*, p. 36 ss. Os contratos normativos são aqueles que, segundo Almeida Costa, «se caracterizam pela definição imperativa de uma disciplina uniforme, geral e abstracta, a que deve submeter-se a contratação individual celebrada no seu âmbito» – Mário Almeida Costa, *Direito das Obrigações*, *cit.*, p. 276.

conteúdo previamente definido no contrato-quadro[2294]. Por outro lado, para o autor, a relação entre o contrato-quadro e o(s) contrato(s) de adesão consubstancia uma *união de contratos* interna, genética, funcional e voluntária[2295]. Já nos *seguros de grupo de adesão automática* Nuno Reis identifica apenas um contrato, celebrado entre o tomador do seguro e o segurador, configurando-o como um negócio unitário que pode assumir (embora não necessariamente) a função de seguro por conta de outrem[2296].

Por seu turno, Margarida Lima Rego distingue os contratos que classifica como efectivos contratos de seguro de grupo (que na LCS se designam por *não contributivos*), daqueles que na LCS surgem designados por seguros de grupo *contributivos*. Para a autora, estes configuram contratos-quadro, aos quais se segue a celebração de uma pluralidade de contratos individuais em que cada "participante" assume a natureza de tomador do seguro[2297].

É certo que se afirma no preâmbulo à LCS que «nos contratos de seguro de grupo em que os segurados contribuem para o pagamento, total ou parcial, do prémio, a posição do segurado é substancialmente assimilável à de um tomador do seguro individual». A realidade das práticas contratuais é, porém, bem outra, apresentando-se numa gradação contínua entre as situações em que o aderente é um mero objecto de um risco – por exemplo, um seguro de vida de adesão obrigatória, imposto por uma entidade financeira para garantia de uma dívida, em que essa entidade figura como tomadora do seguro de grupo e beneficiária em caso de morte do aderente (pessoa segura), suportando o próprio pagamento dos prémios[2298] – e aquelas em que o mesmo é o principal sujeito do contrato de seguro. Este último será, por exemplo, o caso de um seguro de grupo contributivo, de adesão facultativa, em que o tomador poderá assumir a mera função instrumental de potenciar aos aderentes o benefício de uma gestão conjunta ou de uma tarifa mais favorável (por exemplo, um seguro de capitalização em grupo em que uma associação assume o papel de tomadora e cada aderente suporta o pagamento dos prémios, conservando o direito de designação beneficiária, os direitos ao resgate ou ao recebimento dos fundos inerentes à adesão na data de vencimento contratualmente definida, etc.). Não se verifica, portanto, do nosso

---

[2294] Como refere o autor, «em rigor, para além do contrato-quadro (*hoc sensu*, contrato normativo) inicialmente celebrado, existirão tantos contratos quantas as adesões verificadas. Com efeito, cada pessoa segura / aderente é titular de situações jurídicas próprias de uma parte de um contrato, tanto activas [...] quanto passivas [...]» – Nuno Trigo dos Reis, *Os Deveres...*, *cit.*, p. 38.

[2295] Nuno Trigo dos Reis, *idem*, p. 39.

[2296] Nuno Trigo dos Reis, *idem*, p. 40.

[2297] Margarida Lima Rego, *Contrato...*, *cit.*, pp. 815 ss.

[2298] Assinale-se que, no caso deste exemplo, a posição do aderente não muda substancialmente se for este a suportar o custo económico do prémio.

ponto de vista, uma clivagem de categorias de seguro de grupo nem o carácter contributivo / não contributivo ou obrigatório / facultativo da adesão constituem, por si sós, eixos classificatórios decisivos[2299]. Importará, sim, caracterizar no seu conjunto a posição do aderente, a partir da configuração que a mesma assuma concretamente no contrato.

Assim, pensamos que o seguro de grupo não traduz uma *natureza* própria, já que, como lapidarmente afirma Paula Alves, «o seguro de grupo é um seguro»[2300]: é esta a sua natureza. Diversamente, o seguro de grupo traduz uma particular estrutura contratual (mais complexa do que a *estrutura nuclear*), cujo carácter *sui generis* e a amplitude de configurações que pode assumir inviabiliza a aproximação a outra categoria classificatória. A particularidade do seguro de grupo não é a de ter mais do que um segurado ou pessoa segura, o que já se verifica, por exemplo, nos seguros de vida sobre duas cabeças (ou duas vidas). A particularidade resulta de cada adesão ter uma relativa autonomia perante as demais e conferir ao aderente uma posição de *parte* no contrato, atribuindo-lhe – quer legalmente, quer por via do próprio contrato – direitos e deveres perante o segurador e o tomador do seguro[2301]. Essa autonomia – expressão da divisibilidade do contrato – assegura a subsistência deste independentemente das vicissitudes que afectem cada uma das adesões.

III. De algumas disposições da LCS pode mesmo extrair-se um princípio de divisibilidade, por adesão, do contrato de seguro de grupo, quer esteja em causa um seguro contributivo ou não contributivo. Entre tais disposições contam-se, designadamente: o nº 3 do artigo 80º; o nº 2 do artigo 82º; os nºs 1 e 2 do artigo 83º; e os artigos 87º ss. Na verdade, a estrutura do contrato assenta na aplicação das mesmas cláusulas (salvo pontuais exclusões de garantia) a uma pluralidade

---

[2299] Assim, um seguro de adesão automática pode ser contributivo, assim como um seguro de adesão facultativa pode ser não contributivo. Por outro lado, no quadro da LCS, a interposição do tomador entre o aderente e o segurador pode ser mais ou menos evidente, assumindo nuances de grau, e não diferenças de espécie. Desta forma, nos seguros de grupo contributivos o aderente pode liquidar o prémio, no todo ou em parte, ao tomador ou directamente ao segurador (nº 3 do artigo 77º e artigo 80º). Por outro lado, independentemente de o seguro ser contributivo ou não contributivo: os deveres pré-contratuais de informação para com o aderente podem ser assumidos pelo tomador ou pelo segurador (nº 5 do artigo 78º); nos seguros de pessoas, o direito de designação beneficiária pode caber à pessoa segura ou ao tomador (artigo 81º); e o aderente pode denunciar a adesão, excepto em caso de adesão obrigatória (nº 1 do artigo 82º).

[2300] Paula Alves, *Intermediação...*, *cit.*, p. 277.

[2301] Em sentido convergente, Paula Alves destaca como particularidade do seguro de grupo a sua estrutura complexa (Paula Alves, *Intermediação...*, *cit.*, pp. 245 e 277) e a relevância da relação tripartida entre segurador, tomador do seguro e aderente (*idem*, pp. 293 ss.), caracterizada por «um feixe de direitos e obrigações entre os vários intervenientes no contrato» (*idem*, p. 295).

de riscos equivalentes e autónomos entre si, pelo que o contrato mantém rigorosamente a sua identidade caracterizadora ainda que sejam excluídos um ou vários desses riscos ou, por outras palavras, uma ou várias das adesões abrangidas.

IV. Da aplicação do artigo 429º do CCom ao seguro de grupo resultava, segundo a melhor doutrina, a anulabilidade da adesão relativamente à qual se tivessem verificado inexactidões ou omissões (com a consequente redução do contrato de seguro de grupo)[2302].

Actualmente, o regime da LCS suscita algumas perplexidades na matéria. Na verdade, dispõe o nº 2 do artigo 83º (com a epígrafe *exclusão do segurado*) que o segurado pode ser excluído quando ele ou o beneficiário, com o conhecimento daquele, pratique actos fraudulentos em prejuízo do segurador ou do tomador. Do preceito poder-se-á extrair que a omissão ou declaração inexacta produzida apenas relativamente a uma das adesões não afecta a globalidade do contrato, tendo apenas por consequência a exclusão daquela. Porém, logo a referência a "acto fraudulento" se revela desconcertante. Desde logo, pela incoerência terminológica (nos artigos 24º e 25º as referências a *fraude*, constantes do anteprojecto, foram substituídas por "dolo com o propósito de obter uma vantagem") e pelo carácter algo indeterminado da noção. Nesta perspectiva, só as omissões ou inexactidões fraudulentas (isto é, praticadas com dolo agravado) permitiriam a exclusão do aderente. É certo que a disseminação do risco (sobretudo nos seguros de grupo de adesão obrigatória) e o facto de o segurador desenvolver, consequentemente, um menor esforço e diligência no sentido de recolher informação exaustiva sobre cada uma das adesões, poderia justificar o regime especial do nº 2 do artigo 83º da LCS. Porém, esta interpretação do preceito – subscrita, criticamente, por Nuno Reis – implicaria um desvio injustificado e insólito ao regime

---

[2302] José Bento, *Direito de Seguros*, cit., p. 163. No mesmo sentido, Arnaldo Oliveira, "Artigo 25º – Anotação", *in* Pedro Romano Martinez *et al.*, *LCS Anotada, cit.*, p. 157. Ainda que no âmbito do artigo 429º do CCom, o dever de declaração do risco é amplamente reconhecido pela jurisprudência nos seguros de grupo, independentemente de se tratar de seguros contributivos ou não contributivos – cfr., p. ex., Ac. TRL de 08/02/2007 – Proc. 10077/2006-6 (Granja da Fonseca). Por outro lado, reconhece-se igualmente a anulação da adesão (anulação parcial e redução do contrato – cfr., p. ex., Ac. TRL de 04/06/1992 – Proc. 38946 (Pires Salpico); Ac. TRP de 30/04/2009 – Proc. nº 0837900 (Pinto de Almeida). Em sentido diverso: Ac. STJ de 27/11/1997 – Proc. 96B947 (Sampaio da Nóvoa) – «é nulo o contrato de seguro de grupo em que o segurado omitiu ter sido operado alguns meses antes para ablação de cancro, sendo-lhe completamente removida a próstata, a bexiga e a uretra, vindo depois a falecer de embolia pulmonar». No caso dos seguros de grupo em que o boletim de adesão é preenchido por um funcionário (comissário) do tomador e em que o aderente se limita a dar algumas respostas e a assinar o boletim de adesão e o questionário médico, a jurisprudência admite, em regra, que a assinatura do aderente o vincula ainda que o questionário não tenha sido preenchido por si. Contra, Ac. TRC de 14/02/2006 – Proc. 4034/05 (Hélder Almeida).

geral da declaração do risco (artigos 24º ss.), tornando irrelevante o incumprimento negligente do dever de declaração do risco e implicando alguma indeterminação quanto ao âmbito da relevância do incumprimento doloso, por referência à noção vaga de "acto fraudulento"[2303].

Não cremos, porém, que o alcance do nº 2 do artigo 83º da LCS seja o acima referido. Desde logo, na falta de disposição específica aplicável ao seguro de grupo relativamente à definição do dever de declaração do risco, não há razão para afastar o regime geral do artigo 24º da LCS, cujo âmbito vincula, não só o tomador do seguro, mas igualmente o segurado (pessoa segura, nos seguros de pessoas), ou seja, o aderente, nos seguros de grupo. Aliás, a remissão para o artigo 24º, embora dispensável, segundo pensamos, sempre decorre, quanto aos seguros de grupo contributivos, dos nºs 1 e 2 do artigo 88º e do artigo 89º da LCS. Por outro lado, se o "acto fraudulento" a que se reporta o preceito consistisse no incumprimento do dever de declaração do risco, então esse incumprimento doloso de um dever pré-contratual daria lugar à anulabilidade da adesão (anulabilidade parcial do contrato de seguro), como resulta do nº 1 do artigo 25º da LCS, e não a uma mera "exclusão do segurado", solução juridicamente adequada a uma vicissitude ou falta em sede de execução do contrato: não se coloca, portanto, a questão da exclusão do aderente porque o problema jurídico encontra solução a montante, no plano da invalidade da adesão[2304]. Inexistindo, pois, norma especial aplicável aos seguros de grupo em matéria de declaração do risco, nenhuma razão há para excluir o regime geral dos artigos 24º a 26º, com as necessárias adaptações[2305].

[2303] Nuno Trigo dos Reis, *Os Deveres...*, *cit.*, p. 65. O autor assinala que o próprio incumprimento negligente já afecta o equilíbrio das prestações das partes, suportando o segurador um risco que não encontra equivalente no prémio cobrado (ou que poderia nem sequer estar disposto a aceitar caso conhecesse o risco real coberto). De resto, ao afastar o regime das omissões ou inexactidões negligentes (artigo 26º da LCS) o legislador teria afastado a possibilidade de modificação do contrato no que diz respeito à adesão em causa. Perante esta constatação, defende o autor que «a solução primeira deverá passar pela possibilidade de reposição do equilíbrio entre as prestações correspectivas (sinalagma funcional). No limite, nas situações de omissões ou prestação negligente de informações inexactas do aderente, a seguradora deverá poder demonstrar que não teria celebrado o contrato se tivesse sabido do elemento sobre o qual incidiu a omissão ou a declaração inexacta» – *idem*, p. 66.

[2304] A origem do preceito – nºs 4 e 5 do artigo 18º do RTS – é, aliás, elucidativa quanto ao seu âmbito de aplicação.

[2305] Em outros ordenamentos, os seguros de grupo comportam regras específicas em matéria de declaração do risco. Assim, em França, a chamada *Loi Évin* (lei de 31 de Dezembro de 1989) considera aplicáveis aos seguros de grupo de adesão facultativa as regras dos seguros individuais, permitindo o estabelecimento de exclusões parciais de riscos complementares (expressa e objectivamente delimitadas nas condições particulares ou cartas de cobertura), para cada adesão, em virtude de estados patológicos anteriores. Já nos seguros de grupo de adesão obrigatória a lei proíbe as exclusões individuais de risco para patologias já existentes, sem prejuízo da aplicação das

Em suma, independentemente de estarmos perante um seguro de grupo contributivo ou não contributivo, verificando-se um incumprimento doloso ou negligente do dever de declaração do risco, haverá lugar a aplicação, respectivamente, do artigo 25º ou do artigo 26º da LCS, relativamente à adesão, com as soluções ali preconizadas. Quanto ao artigo 25º a divisibilidade do contrato permite a sua anulação parcial (anulação da adesão)[2306] e o recurso ao regime da redução (artigo 292º do CC)[2307]. Quanto ao artigo 26º, a solução de equidade que lhe subjaz recomenda precisamente a adaptação das condições contratuais à equiparação entre o prémio e o risco (nos termos que o segurador teria aceite se tivesse tido conhecimento atempado do risco real), podendo determinar, no limite, a cessação da adesão[2308].

VIII.5.5. Seguros de riscos múltiplos

I. Contemplando um contrato vários riscos, poder-se-á suscitar a questão de saber se – e em que medida – as omissões ou inexactidões que afectam apenas um desses riscos comprometem a validade ou eficácia de todo o contrato. A questão de saber o que seja um seguro de riscos múltiplos (multirriscos) não é, porém, linear. Como nota Lambert-Faivre[2309], a generalidade dos contratos de seguro é, em regra, multirriscos, já que garante uma multiplicidade de riscos mais ou menos conexos entre si: a título de exemplo, o seguro de vida pode também, complementarmente, garantir, para além do risco de morte, o de invalidez; um

cominações legais decorrentes da prestação de falsas declarações na descrição inicial do risco – O. Mireur, "La médecine...", *cit.*, p. 119.

[2306] Jérôme Kullmann, "La déclaration...", *cit.*, p. 742.

[2307] O instituto da redução, com origens no Direito romano, é uma manifestação do princípio da conservação dos negócios jurídicos, expressa pela locução *utile per inutile non vitiatur*. Esta, por seu turno, traduz a regra segundo a qual a invalidade que incida apenas sobre parte do negócio jurídico não deve afectar a totalidade deste quando, de acordo com a vontade contratual das partes, a parte não viciada não esteja de tal forma conexa com aquela que fique dependente da validade da mesma (Maria Luisa Marín Padilla, *El Principio General de Conservación de los Actos y Negocios Jurídicos: Utile Per Inutile Non Vitiatur*, Barcelona, Bosch, 1990, pp. 93 ss.; Teresa Luso Soares, *A Conversão do Negócio Jurídico*, Coimbra, Almedina, 1986, p. 72.). A redução implica, assim, uma alteração essencialmente quantitativa do negócio inválido, que continua a vigorar sem a parte viciada, obedecendo a vários pressupostos: a invalidade terá de incidir apenas sobre uma parte do negócio; este terá de ser divisível; o negócio subsistente terá de manter a sua identidade e de satisfazer equilibradamente os interesses das partes; e a vontade contratual das partes deverá ser conforme à redução – António Menezes Cordeiro, *Da Confirmação...*, *cit.*, pp. 110-111; Maria Luisa Marín Padilla, *op. cit.*, pp. 105 ss. Ao nível do seguro de grupo, os pressupostos da redução serão, assim, de verificação pacífica.

[2308] Esta solução em nada colide com o teor dos nºs 1 e 2 do artigo 83º da LCS, já que, quer a letra, quer a *ratio* destes preceitos não permitem, do nosso ponto de vista, defender o carácter taxativo da enumeração ali enunciada. Cfr., inconclusivamente, José Alves de Brito, "Artigo 83º – Anotação", *in* Pedro Romano Martinez *et al.*, *LCS Anotada*, *cit.*, pp. 333-334.

[2309] Yvonne Lambert-Faivre, *Droit des Assurances*, *cit.*, p. 242.

seguro automóvel pode, além da responsabilidade civil do condutor, cobrir os acidentes pessoais dos ocupantes, ou o risco de furto do veículo.

II. Na abordagem da matéria vamos considerar duas situações distintas. Desde logo, aquela que vulgarmente corresponde aos chamados "pacotes de seguros". Trata-se aqui de autênticas uniões externas de contratos, em que uma proposta contempla vários módulos (riscos autónomos), que darão origem a contratos distintos, titulados por diversas apólices, contemplando diferentes ramos de seguros (cfr. artigos 123º e 124º do RGAS). Apesar de haver uma ligação material entre os vários contratos – celebração simultânea, proposta comum (podendo ser único o próprio questionário de declaração do risco), eventualmente um sistema comum de cobrança do prémio – a verdade é que se verifica uma plena autonomia entre os contratos, podendo qualquer deles subsistir sem os demais. Mais do que um contrato divisível, está-se perante uma pluralidade de contratos autónomos. Desta forma, às omissões ou inexactidões que incidam sobre um deles será aplicável o artigo 25º ou o 26º da LCS, sem que caiba, quanto aos restantes, ao segurador, qualquer fundamento de impugnação.

III. Situação diversa é a dos verdadeiros contratos multirriscos, revestindo uma natureza generalista, em que um contrato, titulado por uma única apólice, contempla riscos diversos, quer estes pertençam ao mesmo ramo[2310] ou a ramos distintos[2311]. *Quid iuris*, então, se o facto omitido ou inexactamente declarado apenas se reporta a um desses riscos?

Sobre estas situações, a jurisprudência francesa assumiu, numa fase inicial, posições distintas, resultando, em alguns casos, que todo o contrato seria afectado pelo incumprimento do dever de declaração[2312]. Porém, actualmente prevalece a orientação segundo a qual o vício que afecta apenas um risco pode permitir a anulação dessa componente, mantendo o resto do contrato em vigor[2313]. Ou seja,

---

[2310] P. ex., num seguro multirriscos habitação, o risco de actos de vandalismo é claramente distinto do de queda de aeronaves, embora pertencendo ambos ao mesmo ramo (9 – outros danos em coisas) – artigo 123º do RGAS.

[2311] P. ex., o seguro *multirriscos habitação* pode englobar, para além dos ramos 8 (incêndio e elementos da natureza) e 9 (outros danos em coisas) também, complementarmente, os ramos 17 (protecção jurídica) e 18 (assistência); ou o seguro automóvel, que pode abranger, para além do ramo 3 (veículos terrestres), do ramo 7 (mercadorias transportadas) e do ramo 10 (responsabilidade civil de veículos terrestres a motor), também, complementarmente, o ramo 1 (acidentes – pessoas transportadas), os ramos 17 (protecção jurídica) e 18 (assistência) – cfr. artigo 123º do RGAS.

[2312] Sobre a evolução das várias posições, cfr. Bernard Beignier, *Droit du Contrat...*, *cit.*, pp. 123 ss.; Bernard Beignier, *Droit des Assurances*, *cit.*, pp. 203 ss.

[2313] Bernard Beignier, *Droit des Assurances*, *cit.*, p. 205. Alguma doutrina manifesta-se, porém, contra a aplicação indiscriminada desta solução, salientando que a mesma só poderá ser seguida quando

nas palavras de Kullmann, «a análise da incidência, sobre a opinião do segurador, de uma declaração inexacta deve ser conduzida risco a risco»[2314], cabendo às instâncias a aferição *in concreto*[2315]. A doutrina francesa não acompanha, porém, inteiramente esta perspectiva. Assim, no caso do seguro automóvel, por exemplo, em que a falsa declaração se reporta à identidade do condutor habitual e se dá um sinistro de incêndio ou de furto do veículo, entende Groutel que o carácter acessório do risco de incêndio não permitiria restringir a invalidade ao risco de responsabilidade civil, pelo que a mesma afectaria todo o contrato[2316].

No caso do ordenamento português, a solução decorre directamente dos artigos 25º e 26º da LCS. Assim, estando em causa um incumprimento doloso do dever de declaração do risco, e tratando-se de um contrato único (embora cobrindo riscos diversos), o mesmo será globalmente anulável, pouco importando que a omissão ou inexactidão apenas incidisse sobre um determinado risco. A justiça da solução decorre, de resto, das funções preventiva e punitiva da cominação, considerando a censurabilidade da conduta do proponente[2317].

---

os riscos (e os correspondentes prémios) forem tecnicamente divisíveis. Jérôme Kullmann, "La déclaration...", *cit.*, p. 685; e Hubert Groutel, "La déclaration inexacte du risque et ses éclipses", *RCA*, Ano 3, nº 11 (Nov. 1990), pp. 1-2.

[2314] Jérôme Kullmann, "La déclaration...", *cit.*, p. 684 (trad. nossa).

[2315] Por outro lado, no caso de não se verificar um incumprimento de má fé do dever de declaração do risco e de esse incumprimento só ser descoberto após o sinistro, entende a jurisprudência francesa não ser de aplicar a regra proporcional quando a omissão ou inexactidão se reporta a um risco que não corresponde ao do sinistro ocorrido – Jérôme Kullmann, "La déclaration...", *cit.*, p. 738.

[2316] Hubert Groutel, "La déclaration...", *cit.*, p. 1; Hubert Groutel *et al.*, *Traité...*, *cit.*, p. 172.

[2317] Não obsta a esta solução a possibilidade de anulação parcial (e redução) do contrato, verificados os pressupostos do artigo 292º do CC. Entre estes, revela-se de difícil verificação o da divisibilidade do contrato, que apenas é configurável quando a "parte viciada" respeite a um risco *complementar*, *autonomamente tarifado* e de *subscrição opcional* por parte do proponente. Ainda assim, a possibilidade de redução do contrato só é admissível (verificados – repete-se – os respectivos pressupostos) *antes* da ocorrência do sinistro. Porém, ocorrido este, o recurso ao regime da redução implicaria, na prática, a introdução de um requisito de causalidade (entre o facto não declarado e o sinistro) no quadro do artigo 25º da LCS. De facto, imagine-se, p. ex., que um seguro multirriscos habitação tem uma cobertura opcional de queda de aeronaves, subscrita pelo tomador, e que o mesmo omite dolosamente que existe um aeródromo a curta distância da habitação. Ocorrendo um sinistro decorrente de outro risco (uma inundação, p. ex.), a redução do contrato (exclusão da cobertura de queda de aeronaves) revelar-se-ia injusta, implicando que o segurador só ficasse desobrigado da sua prestação indemnizatória se o sinistro fosse provocado pela queda de uma aeronave (requisito de causalidade). Ora, tal requisito foi claramente rejeitado pelo legislador da LCS quanto às omissões ou inexactidões dolosas, tendo ficado confinado às omissões ou inexactidões negligentes. Desta forma, atentas as referidas funções preventiva e punitiva da cominação do artigo 25º, a admissibilidade do recurso à redução após o sinistro deverá rodear-se das maiores cautelas, de modo a não desvirtuar a teleologia do artigo 25º.

Tratando-se, porém de uma omissão ou inexactidão negligente, é aplicável o regime do artigo 26º da LCS. Releva, em particular, o facto de, reportando-se a omissão ou inexactidão a um risco autonomizável (complementar, opcional e autonomamente tarifado), a proposta a que se reporta a alínea a) do nº 1 do artigo 26º poderá consistir na exclusão do risco em causa. Tendo ocorrido o sinistro, e verificando-se o requisito de causalidade, são convocadas, alternativamente as alíneas a) e b) do nº 4 do mesmo artigo. Quanto à primeira, e à solução de proporcionalidade ali consagrada, pensamos que haverá de obedecer à seguinte particularidade: se for autonomizável o risco no âmbito do qual se haja produzido o sinistro, a proporção, a que se reporta a alínea, «entre o prémio pago e o prémio que seria devido» deverá considerar *apenas* o prémio autonomamente referente ao risco em causa (abstraindo, portanto, do prémio global que o tomador suporta por todos os outros riscos cobertos).

VIII.6. A NATUREZA JURÍDICA DA VINCULAÇÃO DO PROPONENTE

VIII.6.1. Questões prévias

I. Após toda a análise que temos vindo a desenvolver em torno do regime da declaração do risco, quer no âmbito de outros ordenamentos, quer do nosso, estamos já em condições de discutir a questão central que consiste em determinar a que título estão determinados sujeitos obrigados à declaração do risco ou, mais rigorosamente, qual a natureza jurídica da vinculação que sobre eles incide.

Antes, porém, impõe-se renovar uma advertência que fizemos no início deste trabalho. A de que a frequente referência, que vimos fazendo, ao "dever de declaração do risco" não deve ser assumida como uma prematura tomada de posição sobre aquela natureza, mas apenas como uma expressão sinónima de "vinculação à declaração do risco". Por razões meramente estilísticas – para as quais, em devido tempo, alertámos – foi o rigor técnico sacrificado à simplicidade da linguagem corrente. É o momento, porém, de repor criticamente o rigor jurídico, distinguindo as várias situações passivas que podem consubstanciar a vinculação[2318].

II. A problemática da natureza da vinculação à declaração do risco é muito debatida na doutrina nacional e estrangeira. Sendo certo que esse debate muito enriquece a nossa análise, importa ter presente que aquela natureza não pode ser discutida em abstracto, isto é, fora de um determinado contexto normativo. Com

---

[2318] Vinculação é, nas palavras de Carvalho Fernandes, a «necessidade jurídica de adoptar um comportamento ou de suportar certos efeitos jurídicos» – Luís Carvalho Fernandes, *Teoria Geral...*, Vol. II, *cit.*, p. 643. Segundo Donati, a vinculação do proponente pode ser classificada de acordo com vários critérios. Designadamente, quanto à respectiva fonte, a mesma pode ser legal ou contratual; e quanto ao respectivo conteúdo, a vinculação pode impor um comportamento positivo ou omissivo – Antigono Donati, *Trattato...*, Vol. II, *cit.*, pp. 382-383.

efeito, ela verte de cada regime jurídico concreto. Daí que os vários argumentos esgrimidos pela doutrina estrangeira (ou pela doutrina nacional no âmbito do regime revogado do CCom) não podem ser, sem mais, subscritos acriticamente, havendo de ser ponderados com as devidas cautelas metodológicas[2319].

III. Como vimos, são vários os sujeitos vinculados à declaração do risco, não podendo assumir-se *a priori* que seja para todos eles idêntica a natureza dessa vinculação. Em primeiro plano, portanto, focaremos a nossa atenção no principal obrigado – o proponente (ou candidato a tomador do seguro) – desenvolvendo a problemática em torno do mesmo. Secundariamente, não deixaremos de considerar a situação dos outros sujeitos vinculados.

VIII.6.2. Um ónus de declaração?

I. A qualificação da exacta e completa declaração pré-contratual do risco como um ónus do proponente constitui uma posição muito arreigada em Direito dos seguros, sendo a que encontra, aliás, acolhimento maioritário na doutrina[2320]. A noção de *ónus* acolhida pela doutrina é relativamente incontroversa. Assim, na formulação de Antunes Varela, o ónus consiste «na necessidade de observância de certo comportamento, não por imposição da lei, mas como meio de obtenção ou de manutenção de uma vantagem para o próprio onerado»[2321].

A partir do ónus processual (*Prozesslasten*), a doutrina civilista alemã desenvolveu, na esteira da análise de Reimer Schmidt (*Die Obliegenheiten*, 1953), a figura

---

[2319] Noutros ordenamentos, a própria delimitação conceptual pode obedecer a critérios diversos, que tornam menos clara a transposição de problemáticas e argumentos. Assim, p. ex., em França – sem prejuízo de o dever ter tendencialmente origem legal e a obrigação poder ter origens diversas (nomeadamente um contrato, um delito ou a própria lei) – o termo *obrigação* é frequentemente relacionado com a "obrigação de informações", enquanto o *dever* é, por vezes, associado ao "dever de conselho", o que confere às designações contornos imprecisos e pouco rigorosos – Muriel Fabre-Magnan, *De l'Obligation d'Information dans les Contrats – Essai d'Une Théorie*, Paris, LGDJ, 1992, pp. 5-6.

[2320] Múltiplas referências internacionais neste sentido surgem mencionadas abaixo, a propósito da análise dos argumentos em que se baseiam. Entre nós, esta perspectiva é defendida, designadamente, por Júlio Gomes ("O dever de informação do tomador do seguro na fase pré-contratual", *cit.*, p. 75, n. 1); Margarida Lima Rego (*Contrato...*, *cit.*, p. 103) e José Vasques (*Contrato de Seguro – Notas...*, *cit.*, p. 211; e "Contrato de seguro: Elementos...", *cit.*, p. 501).

[2321] João Antunes Varela, *Das Obrigações...*, Vol. I, *cit.*, p. 58. No mesmo sentido, em substância, mas com pequenas divergências de formulação, cfr. Mário Almeida Costa, *Direito das Obrigações*, *cit.*, p. 66; Luís Carvalho Fernandes, *Teoria Geral...*, Vol. II, *cit.*, p. 657; Luís Menezes Leitão, *Direito das Obrigações*, Vol. I, *cit.*, p. 14; João de Castro Mendes, *Direito Civil...*, Vol. I, *cit.*, p. 379; Carlos Mota Pinto, *Teoria Geral...*, *cit.*, p. 180; Rui Rangel, *O Ónus da Prova no Processo Civil*, Coimbra, Almedina, 2000, p. 89; Rabindranath Capelo de Sousa, *Teoria Geral do Direito Civil*, Vol. I, Coimbra, Coimbra Ed., 2003, p. 242.

da *Obliegenheit* (ónus material ou encargo), originalmente reconhecida, desde o início do séc. XX, na disciplina do Direito dos Seguros, a propósito de alguns comportamentos "exigidos" ao tomador do seguro[2322]. Neste quadro, alguma doutrina tem vindo a importar para ordenamentos de outras latitudes a distinção conceptual germânica entre os ónus processuais e os materiais.

Hörster, por exemplo, analisa os ónus a partir do conceito alemão de *Obliegenheiten* – literalmente "incumbências" – ou "obrigações para consigo próprio" do titular do direito subjectivo[2323]. Em certa medida, essas *incumbências* são configuradas como verdadeiros pressupostos do exercício do direito, exclusivamente dependentes da actuação do titular[2324]. Ao não acatar a incumbência, o titular do direito não infringe uma obrigação jurídica, mas apenas negligencia um interesse próprio[2325]. Finalmente, importa referir que não existe na esfera jurídica alheia um direito que permita exigir a observação das incumbências, pelo que estas não se configuram como uma posição jurídica passiva. Há que assinalar, porém, como resulta do texto de Hörster, alguma falta de sinonímia entre os *ónus* (relativamente aos quais o autor segue a orientação da doutrina portuguesa) e a figura alemã das *Obliegenheiten*, faltando, portanto, a correspondência entre ambas.

Menezes Cordeiro, por seu turno, propõe a revisão da perspectiva tradicional do ónus, segundo a qual este se distingue do dever em virtude de o resultado ser facultativo e, portanto, a conduta tendente a produzi-lo não resultar de

---

[2322] António Menezes Cordeiro, *Direito dos Seguros, cit.*, pp. 530 ss. Cfr. também, p. ex., Antonio Cabanillas Sánchez, *Las Cargas del Acreedor en el Derecho Civil y en el Mercantil*, Madrid, Montecorvo, 1988, pp. 22 ss. e 25; Carlos Harten, *El Deber..., cit.*, p. 49; e Raúl Guichard Alves, *Da Relevância..., cit.*, p. 40, n. 44. A figura é igualmente reconhecida no Direito austríaco – *idem*, p. 26. No pensamento original de Reimer Schmidt, a *Obliegenheit* corresponde a um "dever de menor intensidade", tendo subjacente uma "ilicitude enfraquecida" de onde não está ausente um juízo de reprovação (José Brandão Proença, *A Conduta do Lesado como Pressuposto e Critério de Imputação do Dano Extracontratual*, Coimbra, Almedina, 1997, p. 505). Algo contraditoriamente, dir-se-á que, à semelhança dos deveres, esta figura «também é uma exigência para uma pessoa, porém a obediência está no interesse desta pessoa. Característico é que o sistema jurídico não prevê, no caso da não-obediência, um direito de indemnização, senão sanções mais leves. A pessoa perde uma posição jurídica favorável. Pode-se concluir que o sistema jurídico desaprova uma violação da *Obliegenheit* menos do que um infringimento de deveres» – Christoph Fabian, *O Dever..., cit.*, p. 53.

[2323] Heinrich Ewald Hörster, *A Parte Geral..., cit.*, p. 234.

[2324] Como refere o autor, «trata-se aqui, de alguma maneira, de um "ónus" imposto ao próprio titular no sentido de cuidar dos seus interesses (mas sem que exista algum direito em virtude do qual este comportamento lhe possa ser exigido) sob pena de poder sofrer desvantagens jurídicas» – Heinrich Ewald Hörster, *A Parte Geral..., cit.*, p. 234.

[2325] Como adianta o autor, «esta displicência para com os direitos próprios – o causar prejuízos a si mesmo – não pode chegar ao ponto de prejudicar outros que, desta forma, arcariam com desvantagens criadas de maneira unilateral» – Heinrich Ewald Hörster, *A Parte Geral..., cit.*, p. 234.

uma vinculação[2326]. Ora, para o autor, a figura do ónus deverá ser confinada ao domínio processual, distinguindo o mesmo, no âmbito do Direito civil, a figura da *Obliegenheit* – que traduz por *ónus material* ou *encargo* – e que «corresponde estruturalmente a um dever: é um dever de comportamento que funcionando embora também no interesse de outras pessoas, não possa, por estas, ser exigido no seu cumprimento»[2327]. Sublinha ainda o autor que a configuração do encargo consubstanciará uma realidade analítica autonomizável dos outros deveres. Por outro lado, não lhe correspondendo uma posição activa simétrica, constituirá uma situação absoluta[2328].

Cremos, porém, com o devido respeito, que a distinção, segundo a qual «os ónus têm a ver com a carga probatória»[2329] e os encargos assumiriam carácter residual, abrangendo os outros domínios do Direito civil[2330], assenta, em rigor, não numa diferença substancial – que não logra demonstrar-se – mas numa formalista arrumação de matérias, já que, na sua essência, os ónus processuais e os materiais apresentam as mesmas características[2331]. Na verdade, como refere Antunes Varela, o *ónus jurídico* a que alude a doutrina portuguesa corresponde à figura alemã das meras *incumbências* ou *encargos (Obliegenheiten)*[2332]. Assim, em Portugal, a figura do ónus reporta-se, tanto aos ónus substantivos (civis ou comerciais, como, no artigo 1220º do CC, o ónus de denúncia dos defeitos da obra na empreitada, ou o ónus de participação do sinistro no contrato de seguro) como aos processuais[2333]. Também na doutrina de outros países, em regra, o mesmo significante (*ónus*, entre nós) assume indistintamente relevância no plano do Direito substantivo e adjectivo: assim ocorre em Espanha (*carga*) e em Itália (*onere*)[2334]. De resto, como reconhecem Esser e Schmidt, mesmo ao nível do ordenamento

---

[2326] Segundo o autor, reportando-se àquela perspectiva, «poder-se-ia, assim, dizer que o ónus assenta numa permissão: permissão essa que, a não ser actuada num certo sentido, conduz a consequências desagradáveis para o destinatário da mesma, ainda que não assimiláveis a sanções» – António Menezes Cordeiro, *Tratado...*, I, Tomo I, *cit.*, p. 359.

[2327] António Menezes Cordeiro, *Tratado...*, I, Tomo I, *cit.*, p. 359. Assim, diversamente do encargo, o ónus (processual) «não traduz um dever no próprio interesse mas antes, como é sabido, uma permissão de adopção de certa conduta, conduta essa, porém, que deve ser exercida para obtenção de certa vantagem, facultativa também, naturalmente» – António Menezes Cordeiro, *Da Boa Fé...*, *cit.*, p. 766, n. 448.

[2328] António Menezes Cordeiro, *Tratado...*, I, Tomo I, *cit.*, p. 360.

[2329] António Menezes Cordeiro, *Tratado...*, II, Tomo I, *cit.*, p. 493.

[2330] António Menezes Cordeiro, *Tratado...*, II, Tomo I, *cit.*, pp. 493-494.

[2331] Antonio Cabanillas Sánchez, *Las Cargas...*, *cit.*, p. 22.

[2332] João Antunes Varela, *Das Obrigações...*, Vol. I, *cit.*, p. 58.

[2333] João Antunes Varela, *Das Obrigações...*, Vol. I, *cit.*, p. 59.

[2334] Antonio Cabanillas Sánchez, *Las Cargas...*, *cit.*, pp. 27 ss.

alemão as *Obliegenheiten* podem ser reconduzidos ao conceito mais amplo de ónus (*Lasten*), por contraposição aos deveres (*Pflichten*)[2335].

II. Afastada a distinção, no quadro do nosso ordenamento, entre os ónus processuais e os materiais, importa analisar detidamente as características unitárias da figura, tal como vêm a ser apontadas pela doutrina. Note-se, porém, que tais características são aspectos da mesma realidade, ganhando sentido na coerência da sua inter-relação, e não tomadas *de per se*.

Desde logo, importa referir a *instrumentalidade* técnica ou económica do ónus. A observância deste impõe-se como um meio *necessário* para atingir um determinado resultado finalista: obter uma vantagem ou evitar um prejuízo. É, pois, uma premissa, um *pressuposto*, de consecução de um dado efeito útil, fim ao qual o onerado adere[2336]. Noutra perspectiva, o ónus tem por base uma opção entre o sacrifício de um interesse próprio (interesse na inércia), que representa *um meio*, e outro interesse próprio (o que resulta da relação ou situação jurídica a que se reporta o ónus), que representa *um fim*[2337].

Por outro lado, ao ónus é inerente o *automatismo* da produção dos efeitos associados à observância ou inobservância do comportamento pelo onerado. Verifica-se, portanto, uma associação *automática*, *necessária* (e não dependente de factores contingentes) de consequências à inobservância do ónus.

Para além disso, o ónus "deve" ser observado no *interesse do próprio onerado*. Os efeitos da inobservância não se repercutem sobre outrem, mas sobre o próprio onerado: por isso mesmo, só o onerado tem interesse na observância do comportamento em causa[2338], sendo precisamente esse interesse o tutelado pela norma[2339] (é nesta medida, aliás, que o ónus revela afinidades com o poder jurídico[2340]). Trata-se, assim, de um imperativo do próprio interesse, de um acto de gestão do interesse pessoal[2341]. Só na medida em que a (in)observância do ónus condicione

---

[2335] Esser e Schmidt, *Schuldrecht*, Tomo I – Allgemeiner Teil, 6ª Ed., Heidelberg, 1984, p. 95, *apud* Antonio Cabanillas Sánchez, *Las Cargas...*, *cit.*, pp. 25-26.

[2336] Antonio Cabanillas Sánchez, *Las Cargas...*, *cit.*, p. 45; Giuseppe Fanelli, "Considerazione sugli oneri nell'assicurazione", *RDCDGO*, Ano XLIV (1946), Parte I, p. 160; Nicola Gasperoni, "Apposizione di oneri al beneficio nel contratto a favore di terzo", *Assicurazioni*, Ano XXII (1955), Parte I, p. 41; Pietro Perlingieri, *Profili del Diritto Civile*, Napoli, Edizioni Scientifiche Italiane, 1994 – trad. port., *Perfis do Direito Civil: Introdução ao Direito Civil Constitucional*, Rio de Janeiro, Renovar, 1999, p. 128.

[2337] Rogério Soares, *Interesse Público, Legalidade e Mérito*, Coimbra, Atlântida, 1955, pp. 32 ss.

[2338] Giuseppe Fanelli, "Considerazione...", *cit.*, p. 160; Nicola Gasperoni, "Apposizione...", *cit.*, p. 45.

[2339] Mário Almeida Costa, *Direito das Obrigações*, *cit.*, p. 66.

[2340] Rogério Soares, *Interesse...*, *cit.*, p. 28.

[2341] Antonio Cabanillas Sánchez, *Las Cargas...*, *cit.*, pp. 22, 25, 27, 43; Pietro Perlingieri, *Profili...*, *cit*, p. 128.

o direito de outrem poderá dizer-se que este tem *também* interesse, embora de forma reflexa e secundária[2342]. Segundo alguma doutrina, o ónus pode ser prosseguido *também* (mas nunca exclusiva ou predominantemente) no interesse da contraparte do onerado[2343]. Ademais, verifica-se uma inerência, ao onerado, do comportamento e das consequências, de tal modo que a inobservância só deverá prejudicar aquele que não observa o ónus (o onerado)[2344].

Da maior relevância é a *indiferença normativa* ou *valorativa* inerente ao ónus, domínio onde o mesmo claramente se distingue do dever[2345]. No ónus não há um comportamento contrário ao Direito, merecedor de reprovação; não há, portanto, um incumprimento de uma conduta prescrita, mas uma inobservância de um comportamento – indiferente para o Direito e, portanto, axiologicamente neutro – que é condição, pressuposto, de um dado efeito jurídico (designadamente, da aquisição ou conservação de um direito ou de uma vantagem jurídica)[2346]. Trata-se, assim, de um "dever final", de uma regra técnica (e não normativa)[2347], deixando-se à pessoa "vinculada" ao mesmo a ponderação das vantagens ou desvantagens (análise de custo/benefício) que advêm da sua observância[2348]. Desta forma, e na terminologia da Kant, poder-se-á afirmar que o ónus consubstancia um imperativo hipotético, enquanto o dever traduz um imperativo categórico[2349]. Em suma, enquanto a violação de um dever se traduz num acto ilícito – consequência da reprovação do Direito pelo desvio ao valor do comportamento devido – a inobservância do ónus é indiferente no plano axiológico. Consequentemente,

---

[2342] Antonio Cabanillas Sánchez, *Las Cargas...*, *cit.*, p. 45.

[2343] Nicola Gasperoni, "Apposizione...", *cit.*, pp. 41-42; Júlio Gomes, "Do dever ou ónus...", *cit.*, p. 3, n. 1. Cremos que a imposição de um ónus no interesse alheio (exclusivo ou dominante) constituiria a negação do sentido da própria figura, na medida em que o onerado deixaria de ter um estímulo para a observância do ónus. Sendo esse estímulo de natureza axiológica ou normativa, tratar-se-á de um dever. Só estaremos perante um ónus se o referido estímulo for de carácter económico: nesse caso, porém, a respectiva observância terá de realizar um interesse do onerado e não de outrem.

[2344] Giuseppe Fanelli, "Considerazione...", *cit.*, p. 165; José Brandão Proença, *A Conduta...*, *cit.*, p. 504.

[2345] Antonio Palermo, "Onere", *in* AAVV, *Novissimo Digesto Italiano*, Vol. XI, Torino, UTET, 1957, p. 916.

[2346] Carlos Mota Pinto, *Teoria Geral...*, *cit.*, p. 180.

[2347] Rogério Soares, *Interesse...*, *cit.*, p. 24. A observância do ónus assenta, assim, numa necessidade prática, económica, e não jurídica, pelo que a inobservância não se traduz num acto ilícito – *idem*, p. 25.

[2348] Luís Carvalho Fernandes, *Teoria Geral...*, Vol. II, *cit.*, pp. 655 ss.

[2349] Carlos Mota Pinto, *Teoria Geral...*, *cit.*, p. 180; Karl Engisch, *Einführung...*, *cit.*, pp. 48 ss. Como refere este autor, no imperativo categórico «o próprio Direito [...] fixa os fins e exige a sua realização de uma forma tão incondicional, dum modo exactamente tão "categórico", como a moral». Já relativamente ao imperativo hipotético, «só *se* queremos o fim e o queremos alcançar com segurança é que temos de nos orientar pelo imperativo hipotético, o qual nos aconselha os meios apropriados». *Idem*, p. 51.

se o onerado age dentro da sua esfera de liberdade de observar ou não o comportamento que preenche o ónus, o mesmo auto-constrange-se à observância do ónus, mas não está submetido a uma heterovinculação de base normativa. O ónus, sendo configurável como um dever para consigo próprio[2350], pressupõe, pois, tanto a liberdade do onerado como a possibilidade da conduta[2351].

Do mesmo modo, é irrelevante o estado subjectivo do onerado. Na verdade, os efeitos da inobservância do ónus produzem-se como consequência objectiva e necessária da acção ou omissão do onerado, mesmo em situação de caso fortuito e, sobretudo, independentemente do estado subjectivo deste[2352]. Este estado, a ser apreciado como grau de vontade dirigida à acção, não traduz um grau de censurabilidade da conduta, já que, sendo esta sempre lícita, nunca o comportamento do onerado estará sujeito a um juízo normativo de censura (quando muito, apenas a uma apreciação de razoabilidade, ou de racionalidade, no plano económico).

Por seu turno, sendo lícito o comportamento do onerado, a norma que estabelece o ónus não sanciona a inobservância deste, apenas lhe associa determinados efeitos, que se podem traduzir no enfraquecimento, redução ou destruição da posição jurídica do onerado[2353]. Ou seja, a consequência da inobservância é, assim (e apenas), a perda de uma posição vantajosa, do resultado que a observância permitiria alcançar[2354]. Ademais, a observância do ónus não pode ser exigida judicialmente, sendo insusceptível de imposição coerciva, de uma acção de cumprimento ou de uma pretensão indemnizatória de outrem[2355]. Na verdade, se o ónus é estabelecido no interesse do onerado, o mesmo não corresponde a uma pretensão alheia nem a sua inobservância lesa um direito de outrem. Logo, ninguém tem legitimidade para lhe exigir a adopção do comportamento em causa: se essa legitimidade existisse, decorreria de um direito de outrem, caso em que teria já por contraponto um dever (e não um ónus). Estamos no domínio do que pode ser designado por auto-responsabilidade privada[2356].

[2350] Franco Carresi, "Introduzione...", *cit.*, p. 828.

[2351] Antonio Cabanillas Sánchez, *Las Cargas...*, *cit.*, p. 44. Pessoa Jorge perspectiva precisamente o ónus como situado no plano da liberdade ético-jurídica (ausência de conteúdo valorativo) – Fernando Pessoa Jorge, *Lições...*, *cit.*, pp. 52-54.

[2352] Giuseppe Fanelli, "Considerazione...", *cit.*, pp. 164-165; Nicola Gasperoni, "Apposizione...", *cit.*, p. 45; Júlio Gomes, "Do dever ou ónus de salvamento no novo regime jurídico do contrato de seguro (Decreto-Lei nº 72/2008, de 16/4)", *CDP*, nº 28 (Out.-Dez. 2009), p. 3, n. 1.

[2353] Antonio Cabanillas Sánchez, *Las Cargas...*, *cit.*, p. 24; José Brandão Proença, *A Conduta...*, *cit.*, p. 504.

[2354] Raúl Guichard Alves, *Da Relevância...*, *cit.*, pp. 40-41, n. 45; Giuseppe Fanelli, "Considerazione...", *cit.*, pp. 160-161; Jorge Ribeiro de Faria, *Direito das Obrigações*, Vol. I, *cit.*, p. 25.

[2355] Antonio Cabanillas Sánchez, *Las Cargas...*, *cit.*, pp. 24-27; Nicola Gasperoni, "Apposizione...", *cit.*, p. 44.

[2356] Nicola Gasperoni, "Apposizione...", *cit.*, p. 45; Antonio Palermo, "Onere", *cit.*, p. 916.

Em suma, o ónus distingue-se do dever em função dos seguintes elementos: não resulta de um comando normativo (dever-ser), de uma vinculação imposta para a realização de um interesse alheio, mas sim de uma acção lícita e livre; a sua inobservância não comporta uma sanção nem a possibilidade de imposição coerciva; é estabelecido no interesse exclusivo – ou, pelo menos, no interesse predominante – do onerado; constitui um meio de alcançar uma vantagem ou de evitar uma desvantagem[2357].

III.   Na expressão dominante na doutrina, o ónus é perspectivado como uma situação passiva, afim da vinculação[2358]. Porém, em sentido diverso, Castro Mendes defende que o ónus corresponde a uma posição activa, afim do direito subjectivo, traduzindo-se na dualidade do exercício alternativo (o exercício corresponde a um resultado favorável, enquanto o não exercício corresponde a um resultado desfavorável)[2359]. Numa solução de compromisso, a ambivalência do ónus é enfatizada por alguma doutrina. Assim, por exemplo, Oliveira Ascensão analisa o ónus sob uma dupla vertente: a passiva (o sacrifício de que depende o resultado favorável) e a activa (a consecução deste resultado)[2360].

[2357] Rui Rangel, *O Ónus...*, *cit.*, p. 89; e João Antunes Varela, *Das Obrigações...*, Vol. I, *cit.*, pp. 57 ss. Como nota Castro Mendes, a distinção substancial entre a obrigação e o ónus assentará em um de quatro momentos (evidenciando aspectos diversos de uma mesma perspectiva): «*no momento da norma* que as impõe, imperativa no caso da obrigação, final ou técnica no do ónus»; «*no momento da conduta conforme* à imposição, exercida em interesse alheio no caso da obrigação, exercida em interesse próprio no do ónus»; «*no momento da conduta contrária* à imposição, ilícita no caso da obrigação, lícita no caso do ónus»; «*no momento do resultado* desta conduta contrária: uma sanção jurídica, sanção verdadeira e própria, no caso da obrigação, uma "sanção" económica (a que se pode dar mais propriamente o nome de "medida") no caso do ónus» – João de Castro Mendes, *Do Conceito de Prova em Processo Civil*, Lisboa, Ática, 1961, pp. 438-439.

[2358] Cfr., p. ex., Fernando Pessoa Jorge, *Lições...*, *cit.*, pp. 52-54.

[2359] O autor sustenta, assim, «que a estrutura do ónus se analisa em dois direitos ou faculdades jurídicas de objectos contrários (direito a agir de certo modo e direito a não agir de certo modo) a cujo exercício a ordem jurídica liga consequências diversas» – João de Castro Mendes, *Do Conceito...*, *cit.*, p. 439 (cfr. igualmente João de Castro Mendes, *Direito Civil...*, Vol. I, *cit.*, p. 380). Entre nós, cfr. também Heinrich Ewald Hörster, *A Parte Geral...*, *cit.*, p. 234. Do mesmo modo, Gasperoni, p. ex., configura o ónus como posição jurídica activa, afim do poder, salientando a esfera de liberdade em que se move a vontade e o comportamento do onerado – Nicola Gasperoni, "Apposizione...", *cit.*, pp. 45 ss. Em sentido convergente, Santoro-Passarelli perspectiva o ónus como um *poder condicionado* – Francesco Santoro-Passarelli, *Dottrine...*, *cit.*, p. 54.

[2360] José de Oliveira Ascensão, *Direito Civil...*, Vol. III, *cit.*, pp. 102 ss. Também Rogério Soares evidencia, quer as semelhanças com as situações passivas, quer com as activas (mormente, o poder), concluindo que «o ónus aparece como uma situação passiva, mas não uma situação passiva independente; e sempre no ónus haverá uma certa necessidade, um certo interesse da ordem jurídica na situação onerada» – Rogério Soares, *Interesse...*, *cit.*, p. 30. O autor adianta ainda conceber o ónus «como uma qualificação dum poder, como fixado numa zona de transição do exercício livre duma

Do nosso ponto de vista, estas diversas perspectivas traduzem a mesma realidade, mas colocando o enfoque em aspectos distintos do ónus: trata-se de uma posição passiva quanto às consequências da inobservância e de uma posição activa quanto à liberdade de agir. Só o onerado pode "exigir" o comportamento prescrito mas apenas a si próprio. Cremos, assim, que o ónus consubstancia, de um prisma económico, uma auto-vinculação do indivíduo perante um determinado efeito pretendido, e, de um prisma normativo, uma dupla faculdade (de acção ou de omissão). Esta ambivalência consubstancia, portanto, uma *posição neutra*.

IV. A problemática em torno da natureza da declaração do risco prende-se, em grande medida, com a fonte do "dever" de informar. Assim, a doutrina do ónus baseia-se, em parte, no argumento de que o Direito positivo não explicita literalmente a existência de um dever de declarar, apenas referindo as consequências das omissões ou inexactidões e fazendo, assim, da declaração exacta do risco, um pressuposto de validade do contrato de seguro. Tal é, por exemplo, o caso do regime italiano – como era também o do artigo 429º do CCom português (diversamente do actual nº 1 do artigo 24º da LCS) – onde a lei não consagrava expressamente qualquer dever de declaração do risco (pelo que não seria possível defender-se a existência de um dever legal) nem o referido dever resultaria do contrato, inexistente ainda no momento em que o dever haveria de ser cumprido (pelo que também não se trataria de um dever contratual)[2361]. Ora, mesmo nos casos em que seja esse o teor do regime positivado, pensamos que o dever de declaração do risco sempre verterá implicitamente do mesmo como um comportamento imposto pela boa fé, pelo que não poderá ser ignorado.

V. Na formulação dominante na doutrina, a vinculação do candidato a tomador à declaração do risco teria a natureza de um ónus cuja observância constituiria um pressuposto de validade e de plena eficácia do contrato, de tal modo que o direito ao pagamento da eventual indemnização por sinistro ficaria subordinada à exacta observância desse ónus[2362].

---

posse para o exercício vinculado» (*idem*, p. 35). No mesmo sentido, Perlingieri designa o ónus, algo paradoxalmente, como *obrigação potestativa* – Pietro Perlingieri, *Profili...*, *cit.*, p. 128.

[2361] Cristina Cavaliere, "Le dichiarazioni...", *cit.*, p. 320; Sergio Sotgia, "Considerazioni...", *cit.*, p. 99. Como refere Vittorio Salandra sobre o regime italiano, a solução legal «faz depender a validade, ou pelo menos a continuidade do contrato de seguro do pressuposto de que tenha sido concluído com base em declarações exactas do contraente acerca do estado do risco: faz portanto da exactidão das declarações um ónus que incumbe ao segurado para a aquisição ou a conservação do seu direito» – "Le dichiarazioni...", *cit.*, pp. 3-4 (trad. nossa).

[2362] Cfr., p. ex., Luca Buttaro, "Assicurazione (contratto di)", *cit.*, p. 484; Antigono Donati, *Trattato...*, Vol. II, *cit.*, p. 303; Nicola Gasperoni, "Appunti...", *cit.*, p. 127; Andrés Ordóñez Ordóñez, *Las*

Várias são as críticas dirigidas a esta perspectiva. Desde logo, sustenta Matteo Mandó que da observância do "ónus" declarativo não decorre qualquer direito para o tomador[2363]. Observe-se, aliás, a diferença substancial entre o comportamento que é exigido ao proponente em sede de declaração do risco e o que, por exemplo, resulta do ónus de participação atempada do sinistro. Neste último caso, o tomador tem um direito subjectivo à indemnização do segurador por sinistro, mas esse direito poderá ficar precludido se não for respeitado o prazo para a respectiva participação. Já no caso da declaração do risco, o proponente não tem qualquer direito subjectivo, já que este só nasce com a conclusão válida do contrato.

Por outro lado, a própria observância do "ónus" não está, afinal, na disponibilidade exclusiva do proponente, dependendo, em parte, da própria cooperação do segurador no quadro da boa fé (no cumprimento de deveres de informação, na formulação clara e diligente do questionário eventualmente apresentado, etc.)[2364].

VI. Por seu turno, a qualificação da declaração do risco como "ónus" implicaria que à respectiva inobservância fossem associadas, de forma necessária e automática, determinadas consequências, o que não é o caso no âmbito da LCS. Desde logo, o segurador pode nunca vir a descobrir a existência de omissões ou inexactidões. Mas mesmo que venha a descobri-las, se as mesmas tiverem sido negligentes e se se tratar de um seguro de vida, não há quaisquer consequências após o termo do prazo de incontestabilidade. Independentemente disso, o segurador pode não conseguir provar a existência de tais omissões ou inexactidões, atentas as dificuldades probatórias que se lhe colocam, mormente nos seguros de pessoas. Depois, pode não conseguir demonstrar o grau de culpa do proponente, o que constitui também um obstáculo dificilmente transponível. De resto, tratando-se de omissões ou inexactidões negligentes (ou não conseguindo o segurador demonstrar o dolo), se tiver ocorrido o sinistro e o mesmo não decorrer dos factos omitidos ou inexactamente declarados o segurador terá de efectuar a sua prestação. Se, finalmente, aqueles factos forem causais do sinistro, o segurador apenas poderá reduzir proporcionalmente a sua prestação (excepto se demonstrar que em caso algum celebra contratos naquelas circunstâncias...)[2365].

Obligaciones..., *cit.*, p. 19; Pedro Rubio Vicente, *El Deber...*, *cit.*, p. 23. Nesta perspectiva, o direito do segurado à indemnização em caso de sinistro estaria subordinado a três condições objectivas: à própria ocorrência do sinistro; à cobertura contratual para o risco verificado; e à inexistência de inexactidões ou omissões relevantes – Luca Buttaro, "Inizio e decorso del periodo di contestabilità nelle polizze di assicurazione vita", *RTDPC*, Ano VII (1953), p. 905.

[2363] Matteo Mandó, "Dichiarazioni...", *cit.*, p. 800.

[2364] Matteo Mandó, "Dichiarazioni...", *cit.*, p. 800; e Miguel Ruiz Muñoz, "Deber...", *cit.*, p. 19.

[2365] Não é, portanto, verdade que a validade e eficácia do contrato dependa da observância do ónus. Da mera conjugação do estado subjectivo do proponente e da causa do sinistro pode

Também não é, portanto, verdade, diversamente do que sustentam alguns autores, que o incumprimento do proponente não cause danos a terceiros, *mas apenas ao próprio proponente*[2366]. É que, como vimos, ao comportamento inadimplente do proponente não está *automaticamente* associada qualquer consequência, sendo certo que as omissões ou inexactidões raramente são de reconhecimento pacífico e quase nunca de prova fácil. Aliás, o móbil das omissões ou inexactidões dolosas é precisamente o de obter um proveito ilegítimo próprio à custa de um prejuízo do segurador. E o "dano" do proponente faltoso não é outro, afinal, senão a sanção decorrente da reprovação normativa pelo seu comportamento[2367]. Esta distorção dos factos leva a doutrina do ónus à bizarra defesa de que o segurador até beneficiaria com a declaração inexacta ou reticente: «à empresa seguradora, na verdade, não lhe é indiferente o incumprimento do dever do contratante de declarar o risco, já que a sua inobservância acarretará a inexigibilidade da sua prestação ou a respectiva redução»[2368]. Ora, esta posição parece-nos ser a própria demonstração do paradoxo dessa doutrina: ela levaria a que o segurador se desinteressasse por completo da declaração do risco (não formulando questionários nem procedendo à análise directa), confiante que, em caso de sinistro, sempre estaria defendido com a impugnabilidade do contrato[2369]; e levaria a que fosse o proponente a tomar a iniciativa de uma descrição diligente e exaustiva. Tal é, porém, o inverso da realidade, como o demonstram os casos – aliás, frequentes – de omissões ou inexactidões dolosas.

Em suma, das referidas omissões ou inexactidões resultam *sempre* danos para o segurador e, inerentemente, para a massa de segurados cumpridores. O "dano" para quem as pratica é aquele que resulta, em maior ou menor medida, da violação de *qualquer dever*.

VII. Segundo a doutrina do ónus, a vinculação à declaração do risco seria estabelecida no interesse do proponente (consistindo esse interesse em garantir a

---

depender aquela validade e eficácia. Ora, não cremos defensável que a qualificação de uma conduta pré-contratual como ónus fique dependente do grau de culpa do agente e da verificação de um acontecimento futuro e incerto (a ocorrência de sinistro).

[2366] Carlos Harten, *El Deber...*, *cit.*, pp. 49-50.

[2367] Também com a prática de um crime (de furto, p. ex.) o agente não causa danos a terceiros (mas apenas a si próprio), *se* for de imediato detido, o produto do furto recuperado e o agente punido. Mas não servirá isto decerto como argumento no sentido de que o respeito pela propriedade alheia é um mero ónus e não um dever.

[2368] Carlos Harten, *El Deber...*, *cit.*, p. 52 (trad. nossa).

[2369] Como sublinhámos, a conduta do proponente só seria indiferente ao segurador – em abono da doutrina do ónus – se automática e necessariamente lhe estivessem associadas consequências que sempre salvaguardassem a posição deste. Ora, tal está longe de suceder.

plena validade e eficácia do contrato de seguro)[2370]. Ora, esta perspectiva logo se afigura também um estranho enviesamento da realidade. Desde logo, deixa por explicar a razão porque se verificam omissões e declarações inexactas (que constituiriam um comportamento economicamente irracional do tomador e contrário ao seu interesse) e porque os seguradores desenvolvem diligências no sentido de controlarem a declaração do risco, domínio que, para os mesmos, haveria de ser indiferente ou até benéfico[2371]. Na verdade, o referido interesse do proponente é consentâneo com a própria celebração do contrato de seguro, não sendo concebível que alguém celebre esse contrato sem pretender a sua plena validade e eficácia[2372]. A tutela subjacente à declaração do risco é, assim, do segurador, e não do proponente, pelo que o comportamento devido é imposto no interesse primordial do segurador – *rectius*, no interesse supra-individual da massa de segurados – e da própria ordem jurídica (atentos os fundamentos normativos do dever de declaração do risco analisados), e não do proponente[2373].

No ónus, a observância da acção prescrita deverá constituir em si mesma um incentivo bastante por comportar vantagens para o onerado (como no caso da

---

[2370] P. ex.,Carlos Harten, *El Deber...*, *cit.*, p. 50.

[2371] Em suma, não teria sentido a afirmação de Renaux de que «apesar de todas as precauções e da vigilância das Companhias, elas são frequentemente enganadas, de facto, sobre a opinião do risco» – M. Renaux, *De la Réticence...*, *cit.*, p. 28 (trad. nossa). De resto, mesmo que se argumente que a exactidão das declarações do proponente é indiferente ao segurador ao nível do contrato isolado, forçoso seria também afirmá-lo para toda a massa de contratos (o que seria absurdo) – Giuseppe Fanelli, "Considerazione...", *cit.*, p. 162.

[2372] Seria, aliás, um contrassenso, no quadro da mais elementar racionalidade: se é a aversão ao risco o que motiva o segurado a abdicar de um valor presente (prémio) para proteger-se de uma eventualidade futura e incerta, que sentido faria que o segurado comprometesse essa protecção, adoptando um comportamento que o privaria da prestação pecuniária do segurador? Estaria, na verdade, a abdicar de um valor presente sem qualquer contrapartida. Ora, quem pratica omissões ou inexactidões configura essa actuação como um *beneficiar da cobertura de risco por um prémio inferior ao devido* e não como um *pagar prémios para um seguro afinal inválido ou ineficaz*. Se fosse esta última a perspectiva do proponente, então a sua conduta (incumprimento) seria paradoxal e irracional, pelo menos, de um prisma económico. Porém, a conduta do segurado inadimplente (sobretudo, o que age com dolo) não peca por falta da racionalidade económica inerente à figura do *ónus* (ponderação custo / benefício). Pelo contrário, nutre a expectativa de que "o crime compense", ponderando a probabilidade – e assumindo o risco – de as suas omissões ou inexactidões não virem nunca a ser descobertas ou, sendo-o, de conseguir judicialmente ganho de causa: peca, sim, portanto, por falta do escrúpulo moral, do imperativo ético de conduta subjacente à figura do *dever*. Deste modo, a racionalidade económica (que não o imperativo moral) favorece a prática de omissões ou inexactidões. A frequência das mesmas – atestada, de resto, por abundante jurisprudência – é demonstração deste facto.

[2373] Assim, por absurdo, se a CRP e a lei impõem o respeito pela vida humana, não se afigura defensável que se trate de um ónus estabelecido no interesse do potencial homicida que, abstendo-se de matar outrem, assegura o seu próprio direito subjectivo à liberdade.

comunicação da redução do risco[2374]). Ora, no regime da declaração inicial do risco, os interesses tutelados pelo Direito são os do segurador e o único "incentivo" do proponente em efectuar uma declaração exacta é colocar-se ao abrigo da reprovação que o seu incumprimento suscita no ordenamento jurídico.

Segundo Donati, grande parte dos defensores da doutrina do ónus partem erradamente do princípio de que o ónus é estabelecido no interesse do onerado (enquanto o *dever* o seria no interesse da contraparte). Ora, segundo o autor, no caso da declaração do risco, parece artificioso pretender-se que a mesma seja feita (apenas) no interesse do proponente e não do segurador[2375]. Perante o argumento, e numa reformulação da perspectiva que vimos referindo, a descrição do risco seria perspectivável como «um ónus imposto ao contraente no interesse do segurador, mas cuja observância satisfaz também o interesse do segurado em que o contrato seja válido e eficaz»[2376]. Cremos, porém, que o argumento assenta numa petição de princípio: deparando-se com a incapacidade de qualificar a declaração do risco como um ónus, esta perspectiva reconfigura o ónus de modo a lograr essa qualificação. Por outro lado, o argumento contribui para inviabilizar uma distinção substancial entre o ónus e o dever.

VIII.   Perante a inconsistência da argumentação referida, a doutrina do ónus desloca a argumentação para outro domínio. Assim, sustenta Donati que todas as posições passivas (entre as quais inclui os ónus) são estabelecidas prevalentemente no interesse alheio (no nosso caso, no do segurador). Assim, para o autor, a distinção entre o dever e o ónus assenta numa graduação da impossibilidade de agir – que se reflecte directamente nas consequências da inobservância do comportamento prescrito – passando a escolha do legislador entre o dever e o ónus do plano do interesse tutelado para o da cominação[2377]. Nesta linha, é vasta a doutrina que arvora a inexistência de uma acção judicial que logre o cumprimento forçoso da vinculação como critério central de qualificação, como ónus,

---

[2374] Marcel Fontaine, *Droit des Assurances, cit.*, p. 187.

[2375] Antigono Donati, *Trattato...*, Vol. II, *cit.*, p. 303.

[2376] Giovanna Visintini, *La Reticenza nella Formazione..., cit.*, p. 79 (trad. nossa).

[2377] Antigono Donati, *Trattato...*, Vol. II, *cit.*, pp. 387-389. Segundo o autor, o critério relevante de distinção entre o dever e o ónus é «se a sanção posta para a inobservância é a acção executiva por parte do sujeito activo ou a perda de um direito por parte do sujeito passivo» – *idem*, p. 388 (trad. nossa). Outros autores, porém, associam a possibilidade de execução ao critério do interesse. Assim, segundo von Tuhr, no ónus, o efeito da inobservância é a perda de um direito e o interesse tutelado é o do próprio onerado. Já no dever, a consequência do incumprimento consistiria na execução judicial, pelo que o interesse tutelado seria o da contraparte do onerado – Andreas von Tuhr, *Der Allgemeine Teil des Deutschen Bürgerlichen Rechts,* Band I: Allgemeine Lehren und Personenrecht, Berlin, 1910 – trad. espanhola, *Derecho Civil: Teoría General del Derecho Civil Alemán*, Vol. I: Los Derechos Subjetivos y el Patrimonio, Madrid, Marcial Pons, 1998, p. 106.

da necessidade de declaração do risco: na impossibilidade de o segurador exigir coercivamente o cumprimento desta, a mesma teria a natureza de ónus[2378]. Também neste contexto, a doutrina do ónus invoca a inexistência de um direito do segurador à declaração exacta e completa do risco[2379].

Cumpre ponderar. Desde logo, quanto à pretensão executiva do segurador, há que atender que a declaração do risco é um acto preparatório da formação de um contrato. Nesta medida, o segurador só tem interesse em conhecer o risco para formar uma vontade contratual livre e concluir o negócio em condições de equilíbrio de prestações. Desta forma, o segurador não pode exigir judicialmente o cumprimento da declaração do risco, não porque não tenha direito ao mesmo, mas por razões de ordem estritamente prática. Por um lado, porque, *a priori* (ou seja, antes da conclusão do contrato) o incumprimento não é evidente, tratando-se de factos do conhecimento exclusivo do proponente (se o fosse, o segurador recusar-se-ia simplesmente a contratar). Por outro lado, porque, atenta a natureza do comportamento devido (prestação de uma declaração de ciência), não é *possível* ao Direito obrigar alguém a revelar informações que o mesmo pretende ocultar (e, ainda que o fosse, não teria já o segurador qualquer interesse nisso, em virtude de se encontrar quebrada a relação de confiança que constitui um fundamento material do dever de declaração)[2380]. Em terceiro lugar porque, quando as omissões ou inexactidões se evidenciam já o contrato se encontra normalmente concluído, caso em que a irreversibilidade do devir histórico impede que o faltoso fosse condenado a retornar à fase pré-contratual e a descrever exactamente o risco[2381]. Aliás, como reconhece Donati, o segurador só poderia reclamar judicialmente a declaração exacta do risco se tivesse já conhecimento de que a mesma continha omissões ou inexactidões[2382] (momento em que a vontade negocial estaria já viciada e a declaração exacta seria inútil).

[2378] Cfr., p. ex., Virginia Bado Cardozo, *El Riesgo...*, *cit.*, p. 72; Juan Bataller Grau, *El Deber...*, *cit.*, p. 13; Josefa Brenes Cortés, "Algunas cuestiones...", *cit.*, pp. 1780-1781; Joaquín Garrigues, *Contrato...*, *cit.*, p. 50; Carlos Harten, *El Deber...*, *cit.*, pp. 49-50; Andrés Ordóñez Ordóñez, *Las Obligaciones...*, *cit.*, pp. 19 ss.; Miguel Ruiz Muñoz, "Deber...", *cit.*, pp. 18-19 e 23; Fernando Sánchez Calero, "Artículo 10...", *cit.*, p. 233; Sergio Sotgia, "Considerazioni...", *cit.*, p. 96. Entre nós, cfr. José Vasques, *Contrato de Seguro – Notas...*, *cit.*, p. 211; José Vasques, "Contrato de seguro: Elementos...", *cit.*, p. 501.

[2379] Luca Buttaro, "Inizio...", *cit.*, p. 905.

[2380] Como refere Giuseppe Fanelli, o segurador não dispõe de uma acção para obrigar o proponente ao cumprimento porque, violado este, cessa o interesse do segurador na sua observância – "Considerazione...", *cit.*, p. 163.

[2381] Esta impossibilidade prática é, aliás, comum a todos os *deveres* que hajam de ser cumpridos num dado prazo ou momento (ou, reversamente, quando a infracção de uma norma se haja consumado de forma irreversível): p. ex., um artista contratado para actuar num espectáculo e que não cumpra a obrigação, não pode, anos depois, ser condenado a "tê-lo feito", assim como o homicida não pode ser coagido "a não ter morto".

[2382] Antigono Donati, *Trattato...*, Vol. II, *cit.*, p. 389.

Mas esta impossibilidade prática está longe de ficar confinada à declaração do risco[2383]. Assim, como vimos (*supra*, III.3.3) a generalidade dos deveres acessórios ou laterais, designadamente os pré-contratuais, é, em regra, insusceptível de acção de cumprimento, em particular os deveres de informação[2384]. Aliás, os deveres decorrentes da boa fé (quer na formação do contrato, quer na sua execução) não são igualmente, em regra, passíveis de efectivação judicial através de acção executiva. Desta forma, forçoso é concluir que a insusceptibilidade de recurso a uma acção de cumprimento não é um critério seguro de qualificação de uma vinculação como ónus (por oposição ao dever)[2385].

Por outro lado, a coercibilidade que caracteriza o dever (e que estará ausente do ónus) não se esgota na possibilidade de cumprimento coercivo. A coercibilidade manifesta-se na susceptibilidade (se necessário, pela força) de aplicação de sanções ao incumprimento de uma norma imperativa. Ora, como refere a doutrina, as sanções podem ser compulsórias, reconstitutivas, compensatórias, preventivas e punitivas[2386]. Se é certo que as sanções compulsórias são inaplicáveis a um dever com as características do da declaração do risco, será incontroverso que as cominações estabelecidas, pelo menos, no artigo 25º da LCS, assumem a natureza de sanções que servem simultaneamente fins punitivos e preventivos (a recusa da prestação indemnizatória pelo segurador; a anulabilidade do

---

[2383] Von Tuhr admite, aliás a existência de deveres que não têm por contrapartida um direito alheio a exigir o respectivo cumprimento – Andreas von Tuhr, *Der Allgemeine...*, *cit.*, pp. 100 ss. Entre os casos em que alguém está obrigado, *sob pena de reparação de danos*, a uma conduta no interesse de outrem, sem que este possa forçar ou reclamar o cumprimento, encontram-se os deveres de diligência do devedor, caso em que o critério decisivo para se qualificar a situação como infracção de um *dever* é, para o autor, a exigência legal de um requisito de culpa (*idem*, p. 104).

[2384] Argumento que não acompanhamos, e que não encontra eco noutros autores, é o de Luís Filipe Caldas, segundo o qual a declaração do risco seria um ónus porque se coloca previamente à celebração do contrato – Luís Filipe Caldas, "Direitos...", *cit.*, p. 285. Ora, esta perspectiva, carecida de fundamento, parece negar a existência de deveres pré-contratuais, o que não podemos aceitar. De resto, segundo Carresi, na fase pré-contratual dá-se uma clara distinção entre o ónus e o dever: as partes têm um *ónus de diligência*, mas têm um *dever de boa fé*. A actuação conforme ao princípio da boa fé é, assim, configurada como um verdadeiro *dever*, independente do sucesso na conclusão do negócio e susceptível, se incumprida, de gerar a responsabilidade civil do faltoso – Franco Carresi, "Introduzione...", *cit.*, pp. 828. Por outro lado, o dever de boa fé compreenderá, designadamente, o dever de informação sobre causas de invalidade do contrato, o dever de declaração exacta e a proibição das omissões – *idem*, p. 335.

[2385] Desta forma, a insusceptibilidade de uma acção de cumprimento, em si, nada demonstra, já que a mesma se verifica relativamente a algumas obrigações: para além das de *non facere*, é igualmente o caso de algumas cuja utilidade para o credor se esgota num dado momento, pelo que, não sendo cumpridas nesse momento, não poderão voltar a sê-lo (ainda que coercivamente) – cfr. Pedro Ferreira Múrias, "A responsabilidade...", *cit.*, p. 175. O autor dá como exemplo a obrigação, assumida por alguém, de avisar o credor quando determinadas acções atingirem um dado valor.

[2386] José de Oliveira Ascensão, *O Direito...*, *cit.*, pp. 65 ss.

contrato; a perda do prémio) e compensatórios (perda do prémio como compensação parcial, legalmente determinada, pelos danos sofridos pelo segurador). De resto, estas sanções cumulativas não se resumem à mera extinção de um direito do proponente, assumindo uma severidade proporcional à dimensão da censurabilidade da conduta deste.

Nesta medida, o facto de o segurador não poder exigir judicialmente a observância de uma declaração exacta e completa do risco não compromete a identificação de um direito a essa declaração, cuja tutela é garantida por outros meios coercitivos (as cominações que decorrem do incumprimento). Estas, aliás, não operam automaticamente por efeito do comportamento do proponente (como seria normal no ónus), mas em resultado da vontade do segurador: exercício do direito potestativo de anular o contrato ou de o resolver[2387].

IX. Alguns autores equiparam à insusceptibilidade de execução forçada a inexistência de uma acção de ressarcimento do dano[2388]. Neste sentido, Júlio Gomes aponta como argumento a favor da doutrina do ónus o de que a respectiva inobservância não implica a responsabilidade civil do obrigado, mas a mera perda da prestação pecuniária do segurador em caso de sinistro e a perda dos prémios pagos[2389]. Por seu turno, von Tuhr sustenta que não é de «admitir a existência de um dever jurídico, quando a omissão não implica reparação do dano, mas outro efeito jurídico desfavorável; no geral, o que em casos semelhantes se designa inexactamente por "dever", não é mais do que um pressuposto para a aquisição ou a perda de um direito ou para o exercício de uma faculdade. Assim, por exemplo, [...] os casos dos "deveres" do segurado»[2390].

Cremos, porém, que tal perspectiva descura a natureza ressarcitória da cominação da perda do prémio, qualificável como uma indemnização *a forfait*, onde se evidencia, aliás, a par de uma função ressarcitória, uma outra punitiva que denota a reprovação consagrada pelo Direito à negação de valores inerente ao incumprimento de um dever legal. De resto, e mesmo que o contrato não seja concluído, pode o segurador reagir por *culpa in contrahendo*, exigindo a reparação dos danos que haja sofrido. Na verdade, nada justificaria, atendendo à especial tutela que o instituto da declaração do risco historicamente dispensa ao segu-

---

[2387] Como nota Antunes Varela, «quando a ordem jurídica confere às pessoas em cujo interesse o dever é constituído o poder de disporem dos meios coercitivos que o protegem – quando, por outros termos, o funcionamento da tutela do interesse depende da *vontade* do titular deste – diz-se que ao dever corresponde um *direito subjectivo*» – João Antunes Varela, *Das Obrigações...*, Vol. I, *cit.*, p. 52-53. Nesta medida, o titular do direito subjectivo tem o poder de exercer a tutela do dever.

[2388] Miguel Ruiz Muñoz, "Deber...", *cit.*, pp. 18-19 e 23; Andreas von Tuhr, *Der Allgemeine..., cit.*, p. 106.

[2389] Júlio Gomes, "O dever de informação do (candidato a) tomador...", *cit.*, pp. 402-403.

[2390] Andreas von Tuhr, *Der Allgemeine..., cit.*, p. 105 (trad. nossa).

rador, que este ficasse menos protegido por este instituto do que pelo regime geral do artigo 227º do CC.

X. De acordo com a doutrina do ónus, o preceito que consagra a declaração do risco seria, na expressão de Fiorentino, «uma *norma jurídica final*, na medida em que estabelece uma determinada conduta que o sujeito deve adoptar *se quer atingir um dado resultado*. Tal actividade do estipulante não era portanto uma actividade *devida* (que outros tivessem o direito de exigir), mas uma actividade *necessária* à consecução dos fins propostos pelo agente»[2391]. Por outras palavras, dir-se-ia que a observância do "ónus de declaração exacta do risco" seria *indiferente de um ponto de vista normativo ou axiológico*, apenas relevando como instrumento necessário à consecução de uma dada vantagem do onerado e dependente de uma livre escolha deste, orientada apenas por fins de racionalidade económica[2392].

Cremos, porém, que a neutralidade axiológica caracterizadora do ónus faz precisamente inquinar a qualificação, como tal, da declaração do risco. Na verdade, dir-se-á que o proponente tem o *ónus* de declarar as circunstâncias do risco que, repercutindo-se sobre as condições do contrato, revelem um risco mais leve e, portanto, permitam eventualmente a estipulação de um prémio mais baixo. Tem aí um ónus porque essa declaração, axiologicamente neutra, é irrelevante para o Direito, não merecendo qualquer desvalor. Se não declarar essas circunstâncias, as consequências (económicas, não jurídicas) pesarão apenas sobre o próprio proponente, que assim se verá obrigado a pagar um prémio menos favorável. Situação diversa se verifica relativamente à declaração de circunstâncias susceptíveis de revelarem um risco mais grave e de afectarem a celebração ou as condições do contrato.

Aí, o enviesamento da doutrina do ónus é evidente. Como vimos a propósito dos fundamentos da declaração do risco, e à particular relevância do princípio da boa fé e dos valores que o mesmo convoca, aquela neutralidade axiológica não tem cabimento. Na verdade, a declaração exacta e completa do risco corresponde a um padrão ético-jurídico de conduta prescrito e esperado, assumindo um claro sentido normativo. A vinculação assenta num dever-ser, num imperativo categórico (na perspectiva kantiana) cuja carga valorativa é notória e que se encontra fora

---

[2391] Adriano Fiorentino, "La descrizione...", *cit.*, p. 139.

[2392] Atente-se na seguinte caracterização da declaração do risco, sob o prisma do ónus: «o onerado, diversamente dos deveres jurídicos, está livre para exercer ou não o ónus que pesa sobre ele, mas se o não exerce, submete-se, de pleno direito, aos efeitos do incumprimento [...]. Isto porque a não observância do comportamento onerado, além de não se constituir como acto ilícito, não causa danos a terceiros, mas apenas ao onerado. Assim, para evitar o prejuízo concreto, o vinculado deve proceder segundo a forma exigida na lei e atender ao ónus imposto» – Carlos Harten, *El Deber...*, *cit.*, pp. 49-50 (trad. nossa).

da margem de livre escolha do proponente. Por outro lado, consideramos óbvio para o ordenamento o desvalor jurídico da conduta do proponente incumpridor, desvalor que é tanto maior quanto o for a censurabilidade da sua conduta (dolo).

Em suma, quanto à declaração do risco, julgamos indefensável que a actuação do proponente assuma o carácter de uma regra técnica e que a sua observância seja, portanto, axiologicamente indiferente ao sistema jurídico. A doutrina do ónus padece, assim, de um excesso de formalismo, revelando-se insensível ao peso normativo da actuação imposta pelo Direito como padrão de conduta juridicamente valorado.

XI. A doutrina do ónus é igualmente vulnerável num outro ponto. Na verdade, refere von Thur, como critério de distinção entre o dever e o ónus, que «a consequência fundamental da infracção do dever (a reparação do dano), verifica-se em princípio só em caso de culpa [...], enquanto que o efeito da condição depende, no geral, unicamente de ter sido efectuado ou não o acto prescrito»[2393]. Ora, esta admissão encerra, afinal, a negação dos próprios argumentos da doutrina do ónus. Na verdade, como admitem alguns autores, para a inobservância de um ónus deverá ser indiferente o estado subjectivo do agente, o que não sucede com a generalidade dos regimes jurídicos que disciplinam a declaração do risco, onde o grau de culpa do proponente releva para a determinação da cominação aplicável[2394]. Assim, se existisse um ónus de declaração exacta do risco, a consequência da respectiva observância haveria de ser só uma e também uma só a consequência da inobservância. Não se admite, portanto, que possa haver uma inobservância *dolosa* ou *negligente* de um ónus, até porque o dolo e a negligência traduzem um juízo de culpabilidade e a inobservância do ónus não merece censura ao Direito[2395]. Esta circunstância compromete, assim, decisivamente, a qualificação como ónus da vinculação à declaração do risco.

[2393] Andreas von Tuhr, *Der Allgemeine...*, *cit.*, p. 106 (trad. nossa). Comparando os artigos 5º e 6º da LCCG com o nº 1 do artigo 227º do CC, Menezes Cordeiro qualifica as vinculações dos primeiros como *encargos* e a do segundo como dever em sentido técnico. Na base da distinção está o facto de que, relativamente às duas primeiras disposições, «a sua inobservância não exige culpa, ao contrário dos deveres e tem, como consequência, não a obrigação de indemnizar mas, "apenas", a não-inclusão prevista no artigo 8º» – António Menezes Cordeiro, *Tratado...*, I, Tomo I, *cit.*, p. 622.
[2394] Nicola Gasperoni, "Contratto...", *cit.*, p. 597; Nicola Gasperoni, "La rilevanza...", *cit.*, p. 93; Júlio Gomes, "O dever de informação do (candidato a) tomador...", *cit.*, p. 403; Pedro Rubio Vicente, *El Deber...*, *cit.*, p. 25.
[2395] É, assim, incompreensível o contra-argumento de que do referido estado subjectivo *apenas dependem os efeitos* que decorrem, em qualquer caso, da violação do ónus – Giovanna Visintini, *La Reticenza nella Formazione...*, *cit.*, p. 79. A questão é precisamente que a (in)observância de um ónus deve ser meramente objectiva e condicionante de uma dada vantagem. A valoração da conduta segundo um juízo de censurabilidade e a atribuição de consequências diferenciadas em função

VIII.6.3. Dever pré-contratual

I. Não obstante o predomínio das vozes que, na doutrina, qualificam a declaração do risco como um ónus, a qualificação como dever em sentido técnico encontra igualmente largo apoio[2396]. O dever *hoc sensu* consiste, como assinala Gomes da Silva, na necessidade de agir de um modo imposto por uma norma imperativa[2397]. Por contraposição ao direito subjectivo o dever traduz-se, assim, na «necessidade de observância de determinada conduta, imposta pela ordem jurídica a uma ou a diversas pessoas para tutela de um interesse de outrem e cujo cumprimento se garante através de meios coercivos adequados»[2398].

Das noções apresentadas decorrem as principais características do dever em sentido técnico. Desde logo, o mesmo tem uma base axiológica[2399]. Assim, o comportamento prescrito resulta de uma norma e a violação desta constitui um ilícito. Deste modo, por oposição ao ónus, o vinculado a um dever não se encontra numa situação de liberdade jurídica, mas no que pode ser designado por estado de coacção[2400]. Por outro lado, o dever assenta numa norma que impõe uma conduta para tutela de um interesse alheio, individual ou colectivo (que não do

do mesmo é, portanto, a negação de que esteja em causa uma mera "inobservância objectiva" de um comportamento condicionante de tal vantagem.

[2396] A título de exemplo, cfr. Giovanni Criscuoli, "Comportamento...", *cit.*, p. 1188; Adriano de Cupis, "Precisazione...", *cit.*, pp. 625 ss., especialmente 628 e 632; Giuseppe Fanelli, "Considerazione...", *cit.*, pp. 159 ss.; Juan Félix Morandi, "La reticencia...", *cit.*, p. 372, n. 2; Víctor Moreno Velasco, "La configuración...", *cit.*, p. 1812. Entre nós, José Engrácia Antunes, *Direito dos Contratos...*, *cit.*, p. 696; José Engrácia Antunes, "O contrato de seguro...", *cit.*, p. 832; M. Costa Martins, "Contributo...", *cit.*, p. 176 e 184; Filipe Albuquerque Matos, "As declarações reticentes...", *cit.*, pp. 487 ss.; Filipe Albuquerque Matos, *Uma Outra Abordagem...*, *cit.*, pp. 616-617 e n. 3; Joana Galvão Teles, "Deveres...", *cit.*, p. 251; e José Alberto Vieira, "O dever de informação...", *cit.*, p. 999.

[2397] Manuel Gomes da Silva, *O Dever de Prestar e o Dever de Indemnizar*, Lisboa, FDL, 1944, p. 30. O dever assenta, portanto num juízo de obrigatoriedade que pauta a adesão ao comportamento prescrito e a reprovação da sua inobservância – *ibidem*. Cfr. igualmente Luís Carvalho Fernandes, *Teoria Geral...*, Vol. II, *cit.*, p. 644; João Antunes Varela, *Das Obrigações...*, Vol. I, *cit.*, p. 52.

[2398] Mário Almeida Costa, *Direito das Obrigações*, *cit.*, p. 66. Convergentemente, cfr. Carlos Mota Pinto, *Teoria Geral...*, *cit.*, p. 169. Em sentido diverso, para Menezes Cordeiro o dever é a situação analítica passiva de base, em que se decompõem as obrigações – António Menezes Cordeiro, *Tratado...*, I, Tomo I, *cit.*, pp. 356-357.

[2399] Como refere Pessoa Jorge, «há dever de realizar certa conduta porque esta é valiosa e é-o porque ordenada à obtenção de certos valores que se impõem ao sujeito» – Fernando Pessoa Jorge, *Lições...*, *cit.*, p. 50.

[2400] Nicola Gasperoni, "Apposizione...", *cit.*, p. 41. É certo que, colocada no plano normativo (do dever-ser), a conduta prescrita é susceptível de não ser adoptada pelo sujeito vinculado (violação da norma). Como nota Fernando Pessoa Jorge, o dever é susceptível de violação: «o carácter valorativo do dever implica a liberdade, porque o valor ético tende a efectivar-se pela vontade livre do homem» (*Lições...*, *cit.*, p. 52). Porém, o incumprimento do dever reclama a reacção da ordem jurídica e da coercibilidade inerente à mesma: a juridicidade do comando manifesta-se, assim, nas

próprio obrigado)[2401]. Nesta medida, constitui uma posição passiva, tendo por contraponto um direito subjectivo[2402]. Logo, a contraparte tem uma pretensão ao cumprimento do dever, podendo fazê-la valer judicialmente ou, não sendo possível, exigir a efectivação das sanções resultantes do incumprimento, designadamente a reparação do dano.

Na verdade, como oportunamente referimos, os deveres pré-contratuais de informação – de que o dever de declaração do risco constitui um exemplo específico – assumem a configuração de *deveres acessórios de conduta*, prévios e independentes da constituição da relação obrigacional, e que se distinguem, assim, dos *deveres de prestação* resultantes da obrigação[2403]. Ora, o meio de tutela dos deveres de conduta – por contraposição aos deveres de prestação – traduz-se normalmente na indemnização dos prejuízos causados e/ou na cessação do contrato, e não na acção judicial de cumprimento[2404].

Finalmente – e por razões de técnica legislativa, que não afectam a qualificação – o dever nem sempre surge enunciado num comando explícito, embora decorra necessariamente da cominação legal da respectiva infracção[2405]. Tal é a técnica habitual dos preceitos do CP, tal como era também a do artigo 429º do CCom.

---

sanções impostas ao violador – Luís Carvalho Fernandes, *Teoria Geral...*, Vol. II, *cit.*, p. 644; Pessoa Jorge, *ibidem*; Carlos Mota Pinto, *Teoria Geral...*, *cit.*, p. 176.

[2401] Giuseppe Fanelli, "Considerazione...", *cit.*, p. 160; Nicola Gasperoni, "Apposizione...", *cit.*, p. 42.

[2402] Os deveres jurídicos podem ser: *especiais* ou *particulares* (caso dos deveres contratuais ou pré-contratuais, que vinculam uma pessoa no quadro de uma dada relação); ou, diversamente, *gerais* ou *universais* (p. ex., o respeito pela propriedade alheia) – Mário Almeida Costa, *Direito das Obrigações*, *cit.*, p. 66.

[2403] João Antunes Varela, *Das Obrigações...*, Vol. I, *cit.*, pp. 126-127. A obrigação em *sentido técnico* é o dever jurídico de prestar, situação jurídica passiva contraposta a um direito de crédito – Mário Almeida Costa, *Direito das Obrigações*, *cit.*, p. 73; Jorge Ribeiro de Faria, *Direito das Obrigações*, Vol. I, *cit.*, p. 28; Carlos Mota Pinto, *Teoria Geral...*, *cit.*, p. 176; João Antunes Varela, *op. cit.*, Vol. I, p. 62. Garrigues, p. ex., contesta que a declaração do risco assente numa obrigação, já que esta nasce do contrato – como sucede com o pagamento do prémio pelo tomador ou o pagamento da indemnização pelo segurador – e aquela é anterior à (e independente da) existência do contrato – Joaquín Garrigues, *Contrato...*, *cit.*, pp. 47 e 50. Cfr. também Marcel Fontaine, *Droit des Assurances*, *cit.*, p. 175.

[2404] Carlos Mota Pinto, *Cessão...*, *cit.*, p. 347. Como afirma o autor, os deveres *de conduta* (ou *laterais*), de que são exemplo os deveres pré-contratuais de informação, «não têm por objecto uma prestação determinada antecipadamente, com clareza, pelo que não é possível, salvo algum caso raro, obter coercivamente o seu cumprimento específico» (*idem*, p. 349). Do mesmo modo, sublinha Antunes Varela que «quanto à sua disciplina jurídica, a generalidade dos deveres acessórios de conduta não dá lugar, como vimos, à acção judicial de cumprimento (art. 817º), própria dos deveres de prestação. Mas a sua violação pode obrigar à indemnização dos danos causados à outra parte ou dar mesmo origem à resolução do contrato ou a sanção análoga [...]» – João Antunes Varela, *Das Obrigações...*, Vol. I, *cit.*, p. 127.

[2405] João Antunes Varela, *Das Obrigações...*, Vol. I, *cit.*, p. 52, n. 2.

II. Na dicotomia ónus/dever, os argumentos que expendemos para rebater a doutrina do ónus, bem como a caracterização acima traçada do dever em sentido técnico, logo permitem suportar a qualificação da vinculação à declaração do risco como um *dever*. Acrescente-se, ademais, o argumento literal que resulta da LCS. Desde logo, os artigos 24º a 26º da LCS fazem parte da Subsecção sob o título *deveres de informação do tomador do seguro ou do segurado*. Por outro lado, o nº 1 do artigo 24º expressamente refere que «o tomador do seguro ou o segurado *está obrigado...*», vinculação que, como também expressamente decorre do nº 4 do mesmo artigo e do nº 1 dos artigos 25º e 26º da LCS, assume inequivocamente a natureza de um *dever*. Assim, o que era um dever meramente *implícito*, na formulação do artigo 429º do CCom, surge agora plenamente explicitado na letra dos artigos 24º a 26º da LCS[2406].

Em suma, e sem querermos alongar-nos na matéria, sempre diremos que as omissões ou inexactidões não correspondem a uma actuação indiferente no plano normativo, mas à violação de um dever jurídico com consagração legal, objecto de um desvalor do Direito associado à ilicitude e à culpa que tal actuação envolve. A relevância da culpa advém, aliás, do facto de o incumprimento só ser considerado em caso de actuação dolosa ou negligente, isto é, censurável de alguma forma. O segurador tem, assim, um verdadeiro direito, juridicamente tutelado, a que o proponente preste declarações exactas, embora a coercibilidade inerente a tal tutela não se traduza (em virtude da natureza do comportamento prescrito) numa acção de cumprimento, mas em sanções diversas[2407]. Desta forma, o incumprimento tem por consequência verdadeiras sanções, e não meras desvantagens[2408].

Dir-se-á, portanto, com Haymann, que «o dever de informação do proponente não é um mero ónus (*Obliegenheit*) no sentido mais restrito, isto é, um mero comando em benefício próprio a que o estipulante deva obedecer para não perder as vantagens do contrato em virtude da resolução pelo segurador, mas um verdadeiro e próprio dever jurídico [...]»[2409].

III. Impondo-se no *iter negocial* em fase de formação do contrato, o carácter pré-contratual do dever de declaração do risco é, por outro lado, de reconheci-

---

[2406] Filipe Albuquerque Matos, *Uma Outra Abordagem...*, *cit.*, pp. 616-617 e n. 3.

[2407] Fabian distingue o dever primário de informar (contrapartida de um direito subjectivo à informação) do dever secundário de informar (que apenas confere o direito a uma indemnização/compensação pelo seu incumprimento): «no caso dos direitos subjectivos à informação o devedor não pode esquivar-se de dar a informação exigida. No caso dos deveres [secundários] de informar, porém, o credor não pode exigir a realização deste dever» – Christoph Fabian, *O Dever...*, *cit.*, p. 53.

[2408] Filipe Albuquerque Matos, "As declarações reticentes...", *cit.*, pp. 487 ss.; Camillo Viterbo, "Le dichiarazioni...", *cit.*, cols. 75 ss.

[2409] Franz Haymann, "La colpa...", *cit.*, p. 157 (trad. nossa).

mento pacífico[2410]. Neste quadro, enquanto dever pré-contratual caracteriza-se como um *dever específico de conduta* – imposto pela boa fé na fase pré-contratual mas assumindo fonte legal (artigo 24º da LCS e, para a generalidade dos deveres pré-contratuais, artigo 227º do CC) – *entre sujeitos determinados*[2411]. Não obstante este carácter relacional, o seu fundamento jurídico é a lei e não uma relação obrigacional (ainda que sem deveres primários de prestação). O dever de declaração do risco, de fonte legal e fundado no princípio geral da boa fé é, portanto, um dever legal pré-contratual e não uma obrigação em sentido técnico[2412].

VIII.6.4. A natureza e fundamento da vinculação do segurado (ou pessoa segura)

I. A matéria que vimos de analisar não supera um outro problema, mais complexo, do nosso ponto de vista, e que raramente surge tratado pela doutrina: o da natureza e fundamento da vinculação do segurado (pessoa segura, nos seguros de pessoas), quando diferente do tomador. Na verdade, como oportunamente vimos, resulta do nº 1 do artigo 24º da LCS que existe uma vinculação sobre o tomador do seguro e sobre o segurado, conhecedor privilegiado do risco extra-contratual)[2413]. Assumimos, por outro lado, que o segurado se afere, nos seguros de danos, pelo critério do interesse segurável e que, nos seguros de pessoas, corresponde à pessoa segura. Ora, se o dever de declaração do risco tem um claro fundamento no caso do tomador do seguro, que é parte no contrato e – em sede de formação deste – está sujeito a deveres pré-contratuais fundados na boa fé, já é menos claro qual seja o fundamento da vinculação do segurado, que é um terceiro na relação negocial.

II. Para melhor analisarmos as diferentes posições que o problema suscita, vamos autonomizar a abordagem do segurado nos seguros de danos relativa-

---

[2410] Embora, em regra, a doutrina não analise a natureza jurídica da declaração do risco, a mesma surge normalmente tratada entre os *deveres pré-contratuais* do tomador do seguro. Cfr., a título de exemplo, António Menezes Cordeiro, *Manual de Direito Comercial*, Vol. I, *cit.*, pp. 580-581.

[2411] José de Oliveira Ascensão e Manuel Carneiro da Frada, "Contrato...", *cit.*, p. 70; Adriano de Cupis, "Precisazione...", *cit.*, pp. 625 ss., especialmente 628 e 632; e Giuseppe Grisi, "L'omessa...", *cit.*, p. 753 ss.

[2412] Na perspectiva de José Alberto Vieira, «os deveres fundados na boa fé são deveres genéricos, não se encontrando integrados em qualquer relação jurídica. A sua fonte é a lei, não um qualquer vínculo jurídico estabelecido com o contacto negocial» – José Alberto Vieira, *Negócio Jurídico...*, *cit.*, p. 33.

[2413] Como nota Reimer Schmidt, na generalidade dos ordenamentos jurídicos, em matéria de declaração pré-contratual do risco o comportamento do segurado é equiparado ao do tomador do seguro – Reimer Schmidt, "L'influenza...", *cit.*, p. 504. No mesmo sentido, no quadro do artigo 429º do CCom, José Carlos Moitinho de Almeida, *O Contrato de Seguro no Direito...*, *cit.*, p. 65; e M. Costa Martins, "Contributo...", *cit.*, p. 177.

mente aos de pessoas. No âmbito dos seguros de danos, a doutrina do ónus reúne alguns adeptos[2414].

Na verdade, Júlio Gomes aponta precisamente como argumento a favor da perspectiva do ónus, o de que só esta doutrina explica a vinculação que incide sobre o terceiro segurado[2415]. A admissibilidade de um *dever jurídico* transformaria, assim, o contrato de seguro num «verdadeiro contrato em desfavor de terceiro»[2416]. Em qualquer caso, entende o autor que só se deve estender ao segurado o ónus de declaração do risco quando aquele tenha conhecimento da existência de negociações visando o contrato de seguro[2417]. O princípio da relatividade dos contratos vedaria, assim, a imposição de verdadeiros deveres ao terceiro segurado[2418], nada obstando, porém, à sujeição do mesmo a ónus (enquanto gestor do risco), cuja observância seria pressuposto da conservação de um direito à prestação do segurador[2419]. Ora, segundo Margarida Lima Rego, «é condição essencial da imposição de ónus a atribuição, em simultâneo, de uma qualquer vantagem que os ónus possam limitar. Sem vantagem não existe ónus»[2420]. Assim, para a doutrina em análise, a vinculação do segurado à declaração do risco consubstancia um ónus, sendo o respectivo direito à prestação do segurador, como titular do interesse segurável, o fundamento e garante da observância de tal ónus.

Contra esta perspectiva podem ser brandidos os argumentos já expendidos sobre a natureza da vinculação do tomador, sem prejuízo de outros abaixo desenvolvidos. Apontemos, para já, o argumento literal que resulta dos artigos 24º a 26º da LCS no sentido de que a vinculação em causa constitui um *dever*. De resto, não cremos defensável verificarem-se as características do ónus, mormente a neutralidade valorativa que o distingue.

III. Ainda quanto à vinculação do segurado nos seguros de danos, a doutrina do dever assume perspectiva diversa, encontrando claro apoio na letra do regime legal (artigos 24º ss. da LCS), bem como na caracterização do dever por oposição ao ónus. Importa ponderar, porém, qual o fundamento da imposição de uma conduta a um terceiro estranho ao contrato.

[2414] Cfr., entre nós, José Bento, *Direito de Seguros, cit.*, p. 114; José Alves de Brito, *Contrato..., cit.*, pp. 268-269; e Joana Galvão Teles, "Deveres...", *cit.*, p. 251.

[2415] Júlio Gomes, "O dever de informação do (candidato a) tomador...", *cit.*, p. 403. Como refere o autor, «a referência a um ónus facilita a compreensão da sua imposição a terceiros estranhos ao contrato» – Júlio Gomes, "Do dever ou ónus...", *cit.*, p. 3, n. 1.

[2416] Júlio Gomes, "O dever de informação do (candidato a) tomador...", *cit.*, p. 403.

[2417] Júlio Gomes, *ibidem*.

[2418] Cfr., a propósito do disposto no nº 2 do artigo 48º da LCS (imposição ao segurado das obrigações resultantes do contrato que só por ele possam ser cumpridas), como do nº 1 do artigo 24º, Maria Inês Oliveira Martins, *O Seguro..., cit.*, pp. 67-68.

[2419] Antigono Donati, *Trattato..., Vol. II, cit.*, p. 391; Nicola Gasperoni, "Apposizione...", *cit.*, pp. 45-46.

[2420] Margarida Lima Rego, *Contrato..., cit.*, p. 621.

Neste quadro, é de notar que entre as excepções ao princípio da relatividade dos contratos, consagrado no nº 2 do artigo 406º do CC, se encontram casos como o do contrato a favor de terceiro[2421]. Ora, nos seguros de danos, quando o segurado não coincida com o tomador, isto é, quando se trate de um seguro por conta de outrem – reportando-se a um risco e a um interesse alheios[2422] – o contrato será, em regra, precisamente configurável como contrato a favor de terceiro[2423]. Aí o segurado, apesar de não ser parte no contrato, é o titular dos direitos emergentes do mesmo (nº 3 do artigo 48º da LCS) – mormente o de exigir do segurador a prestação em caso de sinistro (nº 1 do artigo 102º da LCS) – sem prejuízo de ficar igualmente sujeito a algumas obrigações (nº 2 do artigo 48º).

Neste contexto, é a própria posição do segurado perante o contrato, a sua abrangência pela respectiva força normativa e tutela legal (que lhe confere o direito a uma prestação independentemente de aceitação, nos termos do nº 1 do artigo 444º do CC), que fundamenta a imposição de deveres pré-contratuais no quadro do princípio da boa fé. Aliás, se estes deveres se impõem a quem (ainda) não é parte e que retirará do contrato mais obrigações do que direitos (o tomador), não há razão válida para que não abranjam igualmente quem, não sendo formalmente parte, constitui o interveniente em função de cujo interesse primordial o negócio se celebra. Ou seja, da própria lógica do regime do seguro por conta de outrem – e da conexão incindível entre os direitos e inerentes deveres[2424] – resultará o fundamento do dever (que é próprio, e não do tomador) de declaração do risco.

Esta perspectiva não está, porém, isenta de críticas. É que, no contrato de seguro por conta de outrem os referidos direitos resultam do *contrato*, enquanto os deveres pré-contratuais de informação se colocam antes (e independentemente) da conclusão do contrato, pelo que não podem ter por contrapartida os referidos direitos. Por outro lado, se o fundamento do dever de declaração do terceiro adviesse do regime do contrato a favor de terceiro, então nos seguros de vida o dever de declaração do risco incidiria sobre o beneficiário, terceiro a favor do qual o contrato é celebrado (o que não é o caso). A solução quanto ao fundamento da vinculação não passa, portanto, pela perspectiva em análise.

IV. Se nos seguros de danos o fundamento da vinculação do segurado parece relativamente linear para as duas perspectivas referidas – que não subscrevemos

---

[2421] Nicola Gasperoni, "Apposizione...", *cit.*, p. 32.

[2422] Carlos Harten, *El Deber...*, *cit.*, p. 57; José Bento, *Direito de Seguros*, *cit.*, p. 111.

[2423] Margarida Lima Rego, *Contrato...*, *cit.*, pp. 734 ss.; Carlos Harten, *El Deber...*, *cit.*, p. 57. Não é forçoso que assim seja, podendo ocorrer casos marginais em que tal não se verifique: p. ex., no caso de um seguro de ocupantes sem condutor, celebrado por conta do proprietário (e condutor) do veículo no qual normalmente se faça transportar o próprio tomador do seguro.

[2424] Nicola Gasperoni, "Apposizione...", *cit.*, p. 36.

mas que encontram apoio na doutrina – nos seguros de pessoas a questão é mais complexa. Na verdade, como vimos, o critério de determinação do "segurado" não assenta no interesse segurável e reconduz-se à posição de pessoa segura, que – num seguro de vida em caso de morte (precisamente a modalidade de seguro de vida em que assume maior relevância a declaração do risco) – nenhum interesse patrimonial detém no contrato.

Neste contexto, alguns autores contestam que exista uma vinculação própria da pessoa segura à declaração do risco. Em regra, esta perspectiva assenta no pressuposto – que tivemos oportunidade de rebater – de que nos seguros de pessoas a pessoa segura não se identifica com o segurado, só este estando vinculado nos termos do nº 1 do artigo 24º da LCS. Deste prisma, segundo Margarida Lima Rego, sendo a pessoa segura um terceiro, não pode a mesma estar vinculada a deveres contratuais nem (por não retirar do contrato qualquer vantagem) estar sujeita a ónus: «a pessoa segura é um terceiro totalmente estranho à força normativa do contrato. Não lhe são atribuídos, nem efeitos positivos, nem efeitos negativos»[2425].

Esta perspectiva negatória, que encontra apoio literal no regime de outros ordenamentos, depara-se, porém, com a necessidade, para o segurador, de aceder às declarações da pessoa segura (conhecedora privilegiada do risco nos seguros de pessoas), e de salvaguarda do mesmo quanto à oponibilidade, ao tomador, das omissões ou inexactidões da pessoa segura. Nesse quadro, a prática contratual em alguns países tem vindo a consagrar várias soluções, designadamente sujeitando a aceitação da proposta à prestação de declarações por parte da pessoa segura e ao respectivo aval pelo proponente, que deverá subscrevê-las e assumi-las como se fossem suas, responsabilizando-se pela respectiva exactidão[2426]. No caso espanhol, por exemplo, a imputação ao tomador das omissões ou inexactidões do segurado assenta, em regra, numa previsão contratual segundo a qual o tomador faz suas as declarações do segurado, ficando responsável por elas[2427]. No próprio contexto do artigo 429º do CCom, referia Moitinho de Almeida o hábito de, nas

---

[2425] Margarida Lima Rego, *Contrato...*, *cit.*, p. 621. Assim, a autora conclui que «uma importante diferença entre as posições de segurado e de pessoa segura resulta de apenas ao primeiro poderem impor-se ónus ou encargos, dado que é condição essencial da imposição de ónus a atribuição, em simultâneo, de uma qualquer vantagem que os ónus possam limitar» – *idem*, p. 53. Do nosso ponto de vista, mesmo que levasse à identificação de uma vinculação da pessoa segura a declarar o risco, a doutrina do ónus sempre cairia pela base por falta de verificação dos respectivos pressupostos de classificação, designadamente porque, segundo pensamos, as omissões ou inexactidões da pessoa segura não são axiológico-normativamente indiferentes para o Direito.

[2426] Como refere Fontaine, «o questionário refere frequentemente que, neste caso, o candidato a tomador adere às diferentes respostas e apropria-se das mesmas» – Marcel Fontaine, *Droit des Assurances*, *cit.*, p. 173 (trad. nossa).

[2427] Virginia Bado Cardozo, *El Riesgo...*, *cit.*, p. 97.

apólices, se equiparar o segurado (pessoa segura) ao tomador do seguro, solução que considerava de legalidade duvidosa[2428].

Por outro lado, em Itália a prática seguradora inclui no contrato uma cláusula segundo a qual o tomador do seguro reconhece que a vontade negocial do segurador assenta nas declarações do terceiro (pessoa segura), cláusula cuja validade é jurisprudencialmente reconhecida, não com base nas normas específicas sobre a declaração do risco (que pressupõem o *conhecimento* do proponente sobre a circunstância omitida e um *comportamento culposo* da sua parte), mas com base nas normas gerais sobre vícios da vontade[2429]. A posição dominante na doutrina italiana, aliás, é a de que, sendo a pessoa segura um terceiro na relação contratual, as suas declarações só seriam relevantes, no sentido de permitirem ao segurador a impugnação do contrato, se o proponente tivesse conhecimento da inexactidão ou omissão[2430] ou se lhe fosse, por acordo das partes, atribuída essa relevância[2431]. Alguma doutrina italiana nega mesmo a equiparação da declaração da pessoa segura à do tomador, defendendo que este responde, não pelas declarações do terceiro, mas pela falta de correspondência objectiva entre o risco seguro e o descrito na fase pré-contratual[2432].

Perante o Direito francês, por seu turno, a imputabilidade ao tomador das declarações da pessoa segura, para efeitos de incumprimento do dever de declaração, assenta no instituto da representação[2433]. Esta perspectiva afigura-se intransponível para o Direito português, onde não é possível identificar qualquer vínculo representativo entre o tomador e a pessoa segura.

A perspectiva negatória tenderá, de resto, a sustentar que a declaração do risco efectuada pela pessoa segura não decorre de uma vinculação desta perante o segurador, mas de uma actuação material como auxiliar do tomador no cumprimento de uma vinculação própria deste último. Nesta perspectiva, a actuação como auxiliar do tomador do seguro responsabilizaria este último como se a declaração fosse por si efectuada (nº 1 do artigo 800º do CC): o incumprimento da pessoa segura só penalizaria o tomador porque, na verdade, se trataria do incumprimento de uma vinculação própria do tomador.

[2428] José Carlos Moitinho de Almeida, *O Contrato de Seguro no Direito...*, *cit.*, p. 347.

[2429] Cristina Cavaliere, "Le dichiarazioni...", *cit.*, p. 331 e n. 44. A solução corresponde à da cláusula *basis of contract* da *common law*.

[2430] Marco Rossetti, "Dichiarazioni inesatte e reticenze con...", *cit.*, p. 86.

[2431] Gaetano Castellano, "Le dichiarazioni"..., *cit.*, p. 140; Nicola Gasperoni, "La rilevanza...", *cit.*, p. 86.

[2432] Luca Buttaro, "Assicurazione sulla vita", *cit.*, pp. 645-646.

[2433] Como referem Picard e Besson, «do ponto de vista da aplicação das sanções legais, embora o segurado não seja contratante, admite-se, pela ideia de representação, que ele age em nome e por conta do proponente, de modo que as irregularidades por ele cometidas serão consideradas facto deste último» – Maurice Picard e André Besson, *Les Assurances...*, *cit.*, p. 707 (trad. nossa).

No actual regime português, a questão é ultrapassada pela referência, no nº 1 do artigo 24º da LCS, quer ao tomador do seguro, quer ao segurado, como sujeitos do dever de declaração do risco. Assim, o segurado (pessoa segura, nos seguros de pessoas) está legalmente adstrito à declaração do risco, sujeito a uma vinculação própria, o que compromete, segundo pensamos, as referidas posições negatórias.

V. Em abono da perspectiva que identifica uma vinculação própria da pessoa segura à declaração do risco, com base no nº 1 do artigo 24º da LCS, e que a qualifica como um dever, poder-se-á defender que a arquitectura previdencial do contrato não se desenha à margem da pessoa segura nem a coisifica na condição de mero objecto do risco. Isso mesmo, aliás, transparece de várias disposições da LCS que investem a pessoa segura na titularidade de posições activas, garantindo que esta toma conhecimento ou dá o seu acordo relativamente a diversas vicissitudes do contrato[2434]. Assim, a pessoa segura é inquestionavelmente – ainda que um terceiro na estrutura contratual – uma das pessoas interessadas no mesmo, ao menos a título moral. De resto, só assim se compreende, desde logo, o requisito do seu consentimento à celebração do contrato (nº 3 do artigo 43º da LCS) e, por outro lado, o envolvimento e cooperação da mesma na realização de formalidades médicas inerentes à análise do risco (as quais lhe conferem, aliás, direitos de informação, no âmbito do artigo 178º da LCS). Este envolvimento da pessoa segura na economia do contrato não será, afinal, substancialmente diverso do interesse patrimonial que anima o segurado nos seguros de danos, ainda que, naquele caso, possa revestir-se apenas de contornos morais (nem por isso menos relevantes). De resto, em regra, nos seguros de vida mistos, a pessoa segura é o beneficiário em caso de vida, para além de beneficiar da cobertura complementar de incapacidade ou de invalidez.

Assim, não repugnará que a pessoa segura fique sujeita aos deveres pré-contratuais de fonte legal que assentam na boa fé. O argumento de que os efeitos das inexactidões ou omissões da pessoa segura se repercutem sobre o tomador e não sobre a mesma será uma pretensão por demonstrar: é que a cominação incide sobre o próprio contrato, sendo a pessoa segura afectada na medida do interesse

---

[2434] A título de exemplo: nos termos do nº 2 do artigo 197º, a cessão da posição contratual depende do consentimento do segurador, nos termos gerais, *devendo ser comunicada à pessoa segura* e constar de acta adicional à apólice; de acordo com o nº 4 do artigo 199º, no caso de a pessoa segura ter assinado, juntamente com o tomador do seguro, a proposta de seguro de que conste a designação beneficiária ou tendo a pessoa segura designado o beneficiário, a alteração da designação beneficiária pelo tomador do seguro *carece do acordo da pessoa segura*; nos termos do nº 5 do artigo 199º, a alteração da designação beneficiária feita por pessoa diversa da pessoa segura ou sem o acordo desta *deve ser comunicada pelo segurador à pessoa segura*.

que no mesmo tiver. Será, pois, este interesse o fundamento que justifica a sujeição da pessoa segura a um dever de declaração do risco[2435].

Esta perspectiva, porém, falha no essencial: explicar porque outras pessoas a quem o contrato de seguro confere direitos (os terceiros beneficiários) não estão, também eles vinculados à declaração do risco; e porque tem a pessoa segura um dever *próprio* para com o segurador, nos termos do nº 1 do artigo 24º da LCS.

VI. Embora defendamos, como ficou dito, a existência de uma vinculação à declaração do risco obrigando o segurado, quer nos seguros de danos, quer nos de pessoas (onde o segurado assume a designação sinónima de pessoa segura), não cremos que as perspectivas enunciadas sobre o respectivo fundamento sejam satisfatórias, já que procuram (erradamente, segundo pensamos) superar o obstáculo lógico colocado pelo princípio da relatividade dos contratos, buscando no contrato de seguro direitos do segurado (ou pessoa segura) que justifiquem a imposição ao mesmo de deveres de informação. Na verdade, a invocação da relatividade das obrigações não procede se – como defendemos – se considerar o dever de declaração do risco como um dever legal pré-contratual fundado na boa fé, prévio e independente da efectiva conclusão do negócio do qual (aí sim) nascerão direitos e obrigações para as partes e só excepcionalmente para terceiros.

Ora, quando a pessoa segura é convocada a declarar o risco (designadamente por preenchimento do questionário e colaboração na realização do eventual exame médico) dever-se-á considerar a existência, nesse momento, de uma autónoma relação obrigacional sem deveres primários de prestação entre o candidato a pessoa segura e o segurador, sujeitando aquele aos deveres impostos pelo princípio da boa fé. Será este o fundamento dos deveres pré-contratuais de informação que o vinculam, embora a sua fonte seja legal (nº 1 do artigo 24º da LCS, no sentido consagrado do termo "segurado").

Na verdade, a relação obrigacional sem deveres primários de prestação não se esgota na relação entre potencial tomador e segurador. Tal dever fundamenta-se na boa fé, impondo-se a quem, tendo conhecimento das negociações em curso e conhecendo especialmente bem as circunstâncias do risco, pode compensar a assimetria informativa de que padece o segurador. O facto de não se tratar de um dever contratual torna irrelevante ou, pelo menos, secundário o argumento de que o segurado não é parte no contrato em formação.

[2435] Em perspectiva próxima, várias são as vozes em Itália no sentido da equiparação das declarações da pessoa segura às do formal tomador do seguro, atendendo a que ambos representam o mesmo centro de interesse, formando, assim, uma parte complexa – cuja ligação material, substancial, permite qualificá-la como uma unidade – contraposta ao segurador – Gaetano Castellano, "Le dichiarazioni"..., *cit.*, pp. 140-141; Nicola Gasperoni, "La rilevanza...", *cit.*, p. 85.

É certo, em qualquer caso, que ninguém deverá ser considerado parte de uma relação cuja existência desconheça. Assim, a medida da vinculação do segurado/pessoa segura haverá de corresponder à medida do seu envolvimento na formação do contrato, designadamente, à medida em que seja convocado a colaborar na descrição do risco. Esta perspectiva responde a um outro problema: a medida da eventual vinculação do terceiro segurado no seguro por conta de quem pertencer (nº 6 do artigo 48º da LCS).

VIII.7. O FUNDAMENTO DO REGIME DA LCS

I. Sem prejuízo da prévia problematização teórica, empreendida na parte inicial deste trabalho, sobre a controvérsia dogmática em torno dos fundamentos do dever de declaração do risco, o fundamento de um regime de Direito positivo não pode ser aferido em abstracto. Assim, imperativos metodológicos e de coerência expositiva, impõem o retomar da questão do *fundamentum iuris* do actual regime da LCS após a análise das soluções nela consagradas.

A matéria dos fundamentos do regime positivo não tem, de resto, mera relevância teórica. Como refere Rubio Vicente[2436], a mesma comporta implicações práticas importantes, reflectindo-se na interpretação do regime (atenta a respectiva coerência sistemática e teleológica) e a integração das respectivas eventuais lacunas.

II. A análise detida do actual regime da declaração do risco (LCS) denota assinaláveis diferenças relativamente ao regime do erro e do dolo civil. Sem preocupações de exaustividade, o regime da declaração do risco assume um âmbito mais delimitado, quer quanto ao seu objecto (reporta-se apenas às circunstâncias do risco conhecidas do proponente), quer quanto ao sujeito tutelado (abrange apenas o erro do segurador). Quanto ao conhecimento da relevância (essencialidade) do erro, enquanto o regime civil do erro o requer (cognoscibilidade ou aceitação expressa, assegurando a tutela da confiança do declaratário), prescindindo-se do mesmo no caso do dolo (em que não há confiança a tutelar), a LCS presume-o a partir do critério de relevância definido. Relativamente à admissibilidade do erro indesculpável, enquanto no regime do CC é indiferente se o erro é desculpável ou não (embora a negligência do *errans* possa responsabilizá-lo), no da LCS a negligência do segurador exclui, em regra (excepto em caso de dolo do proponente com o propósito de obter uma vantagem) a impugnabilidade do contrato. Quanto ao estado subjectivo da contraparte do *errans*, se o regime do CC admite o erro espontâneo, o da LCS requer, pelo menos, uma actuação negligente do proponente. De resto, enquanto no CC os efeitos do erro ou do

---

[2436] Pedro Rubio Vicente, *El Deber...*, *cit.*, p. 46.

dolo se traduzem na anulabilidade do contrato (sujeita ao prazo de caducidade de dois anos), na LCS só há anulabilidade em caso de dolo, tendo a negligência por efeito a resolubilidade ou modificabilidade do contrato (em qualquer caso, com um prazo de caducidade de três meses).

O balanço comparativo dos regimes revela que a posição do tomador do seguro surge mais protegida no caso do regime da LCS, isto é, o segurador seria mais beneficiado se não existisse um regime especial aplicável à declaração do risco. A título de exemplo, refira-se: a inexistência de um requisito de culpabilidade do proponente no caso do regime geral do erro; a própria admissibilidade, no regime geral, de que o erro resulte de negligência do *errans*; o prazo mais alargado de caducidade, no regime geral, do direito de anular o contrato. Por outro lado, o regime da declaração do risco confere alguma tutela à confiança do tomador quanto à estabilidade do contrato, restringindo a cominação de anulabilidade aos casos em que essa confiança não existe (os de dolo do tomador ou do segurado). Mesmo quando o vício da vontade do segurador resulte de acção negligente do proponente este goza de alguma protecção, podendo (em caso de sinistro sem relação causal com os factos omitidos ou inexactamente declarados) nem ocorrer qualquer cominação.

Também o âmbito do dolo definido no artigo 253º do CC se revela tendencialmente mais amplo do que o regime da declaração do risco. Na verdade, quanto ao *dolo positivo*, dificilmente este último regime atribui relevância às meras *sugestões* empregues com a *consciência de manter em erro* o segurador. Por outro lado, quanto ao *dolo negativo*, pouco ou nenhum efeito se reconhece, em regra, à dissimulação pelo declaratário (e muito menos por terceiro), do erro do segurador. Os artigos 24º ss. da LCS são, assim, consideravelmente mais severos para com o segurador do que o seria o regime geral do artigo 253º do CC, sobretudo se atendermos a que o contrato de seguro assenta numa relação de confiança, o que sempre imporia um *dever de elucidar* a cargo do proponente.

Estando em causa regimes claramente distintos, embora tutelando um mesmo bem jurídico – a vontade contratual –, a verdade é que o domínio de distinção mais substancial é o do objecto da regulação: enquanto no CC estamos perante regras de validade do contrato, na LCS a regulação incide sobre um dever de comportamento de uma das partes (regra de conduta). Assim, na LCS não está apenas em causa o vício da vontade do segurador: este só releva na medida em que tenha sido provocado por um comportamento censurável da contraparte. De outra forma – designadamente quando o proponente desconheça uma determinada característica do risco, embora assumindo a sua relevância para o segurador (por exemplo, uma doença grave de que desconhece ser portador) – o erro do segurador é juridicamente irrelevante. Assim, pensamos que o *principal* fundamento do regime da LCS não se reconduz ao princípio da autonomia da vontade.

III. Embora o princípio da boa fé nunca se ausente em absoluto como fundamento dos vários regimes sobre a declaração do risco, a inflexibilidade das soluções novecentistas remete mais para fundamentos como os do vício da vontade, enquanto a modulação das soluções actuais – de que é exemplo a LCS – se reconduz mais claramente à boa fé. No caso da LCS essa recondução baseia-se em argumentos de vária ordem.

Desde logo, o facto de o artigo 24º estabelecer um dever de conduta a cujo incumprimento são associadas cominações, não se limitando a definir as consequências da verificação de um pressuposto objectivo. Por outro lado, releva a reciprocidade da máxima boa fé traduzida no envolvimento de ambas as partes na declaração do risco. Assim, o regime apela para a cooperação das partes em vários domínios: enquanto ao proponente incumbe um dever de informação, de lealdade, de verdade (de boa fé objectiva, em suma); ao segurador compete orientar o proponente no cumprimento do dever de declaração (não só directamente, através do questionário, mas mesmo indirectamente, mediante o referencial de relevância que o mesmo encerra), esclarecê-lo sobre a existência do dever e consequências do incumprimento, controlar o (in)cumprimento mediante a análise da completude e coerência das respostas ao questionário, e agir, em suma, também nos limites da boa fé objectiva.

Por seu turno, a modulação de cominações em função da situação concreta em causa, designadamente em função de já se ter verificado (ou não) o sinistro, apela à ponderação dos interesses e prestações das partes, apontando para uma solução de base equitativa. Da maior relevância, neste contexto, é a clivagem de cominações que decorre da ponderação do estado subjectivo da parte faltosa, estabelecendo consequências diferenciadas em função do mesmo. A cominação atende, portanto, predominantemente, à censurabilidade que a sua actuação merece, e não tanto à objectiva tutela da parte cuja vontade haja sido viciada.

Neste contexto, de entre os fundamentos para que apela, em abstracto, o dever de declaração do risco, a configuração concreta que assume o regime da LCS assume por fundamento predominante o princípio da boa fé.

VIII.8. REGIMES AFINS

VIII.8.1. O agravamento e a diminuição do risco[2437]

I. O agravamento do risco é o instituto do Direito dos seguros que mais afinidades apresenta com o da declaração pré-contratual do risco. Em causa está o dever de comunicação de qualquer circunstância objectivamente superveniente

---

[2437] Os institutos do agravamento e da diminuição do risco convocam uma problemática de alguma densidade teórica e assentam num regime algo complexo, requerendo uma análise aprofundada, a desenvolver noutro escrito.

(ou que venha ao conhecimento das partes na vigência do contrato) que afecte a caracterização inicial do risco e, portanto, o equilíbrio das prestações.

Neste domínio, importa referir o regime-regra dos artigos 93º e 94º da LCS[2438]. Nos termos do nº 1 do artigo 93º da LCS[2439], o tomador ou o segurado tem *o dever* de, durante a execução do contrato, comunicar ao segurador todas as circunstâncias que agravem o risco, no prazo de 14 dias a contar do conhecimento das mesmas, desde que elas, sendo conhecidas do segurador aquando da celebração do contrato, tivessem podido influir na decisão de contratar ou nas condições do contrato. Por outro lado, dispõe o nº 2 do mesmo artigo que, no prazo de 30 dias a contar do momento em que conheça o agravamento, o segurador pode: apresentar ao tomador proposta de modificação do contrato, que este deve aceitar ou recusar em igual prazo, findo o qual se entende aprovada a modificação proposta[2440]; ou resolver o contrato, demonstrando que, em caso algum, celebra contratos que cubram riscos com as características resultantes desse agravamento do risco.

Nos termos do nº 1 do artigo 94º[2441] da LCS, se antes da cessação ou da alteração do contrato, nos termos previstos no artigo 93º, ocorrer o sinistro cuja verificação ou consequência tenha sido influenciada pelo agravamento do risco, o segurador: *a)* cobre o risco, efectuando a prestação convencionada, se o agravamento tiver sido correcta e tempestivamente comunicado antes do sinistro ou antes de decorrido o prazo previsto no nº 1 do artigo 93º; *b)* cobre parcialmente o risco, reduzindo-se a sua prestação na proporção entre o prémio efectivamente cobrado e aquele que seria devido em função das reais circunstâncias do risco, se o agravamento não tiver sido correcta e tempestivamente comunicado antes do sinistro; ou *c)* pode recusar a cobertura em caso de comportamento doloso do tomador ou do segurado com o propósito de obter uma vantagem, mantendo

---

[2438] É devida ainda menção ao nº 1 do artigo 91º da LCS, que estabelece um dever de informação, incidindo simultaneamente sobre o segurador e sobre o tomador do seguro, de comunicarem reciprocamente as *alterações do risco* respeitantes ao objecto das informações prestadas nos termos dos artigos 18º a 21º e 24º.

[2439] Tratando-se de uma disposição relativamente imperativa (nº 1 do artigo 13º da LCS), poder-se-á, p. ex., acordar a manutenção do contrato nos mesmos termos apesar de quaisquer modificações do risco supervenientes.

[2440] Sendo o agravamento do risco relevante, a solução-regra consistirá – de acordo com o princípio da conservação do negócio jurídico – na modificação do contrato, mediante a adaptação negociada do mesmo às circunstâncias sobrevindas, no sentido de reequilibrar a relação entre o prémio e o risco.

[2441] Este artigo constitui uma disposição relativamente imperativa (nº 1 do artigo 13º da LCS). As soluções seguem, em grande medida, as que José Vasques considerava aplicáveis no quadro do artigo 446º do CCom, ainda que, então, sem apoio na letra do preceito – José Vasques, *Contrato de Seguro – Notas...*, cit., p. 274.

direito aos prémios vencidos. Por outro lado, dispõe o nº 2 do artigo 94º que, na situação prevista nas alíneas a) e b) do número anterior, sendo o agravamento do risco resultante de facto do tomador do seguro ou do segurado, o segurador não está obrigado ao pagamento da prestação se demonstrar que, em caso algum, celebra contratos que cubram riscos com as características resultantes desse agravamento.

Atentas as afinidades evidentes entre este instituto e o da declaração inicial do risco – ambos se reportam, afinal, à temática abrangente da *declaração do risco*[2442] – importa delimitar o respectivo âmbito. Desde logo, diversamente do carácter pré-contratual do dever de declaração do risco, o dever de comunicação do agravamento corresponde à fase de execução do contrato. Por outro lado, embora a ideia da necessária proporcionalidade entre o risco e o prémio – que constitui, como vimos, um dos fundamentos do regime da declaração pré-contratual do risco – constitua igualmente o principal fundamento do dever de comunicação do agravamento do risco[2443], a verdade é que, enquanto na regulação da declaração inicial do risco se evidenciam, na generalidade dos actuais ordenamentos, preocupações de diferenciação de regime em função do estado subjectivo do declarante, a regulação do agravamento do risco prende-se, em regra, com preocupações mais objectivistas quanto à manutenção do referido equilíbrio relativamente ao momento da conclusão do contrato.

II. Integrando a mesma problemática que o agravamento do risco – a da respectiva alteração superveniente – a diminuição do risco assenta no mesmo fundamento: a manutenção do equilíbrio contratual mediante o reajustamento entre o risco incorrido pelo segurador (entretanto alterado) e o prémio suportado pelo tomador. Neste contexto, o nº 1 do artigo 92º da LCS dispõe que, ocorrendo uma diminuição *inequívoca* e *duradoura* do risco com reflexo nas condições do contrato, o segurador deve, a partir do momento em que tenha conhecimento

---

[2442] Alguma doutrina coloca em evidência, sobretudo, o paralelismo (ou pretensa identidade) entre os dois deveres de informação, que apresentariam o mesmo conteúdo, que teriam o mesmo devedor e credor, e cujo incumprimento teria o mesmo efeito, reflectindo-se sobre o vício do consentimento do segurador. Verifica-se mesmo um certo paralelismo de soluções entre o agravamento e a declaração inicial do risco no quadro da LCS – Arnaldo Oliveira, "Artigo 94º – Anotação", *in* Pedro Romano Martinez *et al.*, *LCS Anotada, cit.*, pp. 359 e 362.

[2443] José Carlos Moitinho de Almeida, *O Contrato de Seguro no Direito..., cit.*, pp. 87 ss.; Juan Bataller Grau, *El Deber..., cit.*, p. 21; Domenico Chindemi, "Il rischio...", *cit.*, p. 459; Rafael García Villaverde, "Contenido...", *cit.*, p. 1018; e Nuria Latorre Chiner, *La Agravación..., cit.*, p. 108. Posição diversa é a subscrita por Schiavo, que fundamenta o regime na necessária manutenção do objecto do contrato (o risco) – Carlos A. Schiavo, *Contrato de Seguro..., cit.*, pp. 268 ss. Contra esta posição poder-se-á argumentar que o agravamento do risco não altera (ou, pelo menos, não necessariamente) a natureza deste, mas apenas aumenta a probabilidade de verificação deste ou a dimensão dos seus efeitos.

das novas circunstâncias, reflecti-las no prémio. Por seu turno, o nº 2 do mesmo artigo estabelece que, na falta de acordo relativamente ao novo prémio, assiste ao tomador o direito de resolver o contrato[2444].

A afinidade entre o instituto da diminuição do risco e o da declaração pré-contratual do risco é, face ao exposto, muito ténue, limitando-se praticamente ao facto de ambos se reportarem à *declaração do risco* e de ambos terem por fundamento, embora em medidas diferentes, o princípio da equivalência entre o risco e o prémio. Porém, enquanto naquele caso estamos perante um ónus do tomador, estabelecido no interesse deste, a ser observado em sede de execução do contrato, nestoutro caso estamos face a um verdadeiro dever, de carácter pré-contratual, estabelecido no interesse do segurador. Também ao nível dos respectivos regimes e das consequências da respectiva (in)observância os dois institutos claramente se distinguem[2445].

VIII.8.2. A inexistência do risco

I. A inexistência do risco era anteriormente regulada, de forma dispersa, em três disposições do CCom: os artigos 436º; o nº 1 do artigo 437º e o artigo 461º. Actualmente, a matéria é regulada pelo artigo 44º da LCS, que não comporta, propriamente, uma alteração de regime, tendo apenas procedido à respectiva unificação num único artigo.

Nos termos do nº 1 do artigo 44º, salvo nos casos legalmente previstos, o contrato de seguro é nulo se, aquando da celebração, o segurador, o tomador do seguro ou o segurado tiver conhecimento de que o risco cessou. A disposição segue de perto o regime do artigo 436º do CCom, acolhendo o *seguro de riscos putativos*[2446] e admitindo, portanto, *a contrario*, a validade do contrato se a prévia cessação do risco for desconhecida do segurador, do tomador do

---

[2444] Quanto aos trâmites que deve seguir o regime da diminuição do risco, e no silêncio do artigo 92º, haverá que recorrer, por analogia, aos estabelecidos no nº 2 do artigo 93º, com as necessárias adaptações.

[2445] Júlio Gomes lança a hipótese – académica, segundo reconhece – de serem declarados inicialmente factos inexactos que, a serem exactamente declarados, tivessem implicado a aplicação de condições mais favoráveis (designadamente um prémio mais baixo). A ser o caso, critica o autor a inadequação do regime do artigo 26º, que apenas confere ao segurador a faculdade de propor uma alteração ao contrato – Júlio Gomes, "O dever de informação do (candidato a) tomador...", *cit.*, p. 419. Cremos ser admissível, num tal caso, a aplicação analógica do regime do artigo 92º da LCS, que atribui ao segurador um verdadeiro dever de ajustamento do prémio às novas condições do risco.

[2446] O seguro de riscos putativos difere do seguro feito *sobre boas ou más notícias*. Enquanto naquele o risco existe nas representações dos contraentes (embora seja, de facto, inexistente), neste os contraentes convencionam expressamente a cobertura de sinistros anteriores ao início de vigência do contrato, representando, portanto, necessariamente, a possibilidade dos mesmos. Cfr. José Vasques, *Contrato de Seguro – Notas...*, *cit.*, p. 130.

seguro ou do segurado à data da conclusão do contrato. A *ratio* da admissibilidade do seguro de riscos putativos, que assentava numa solução tradicional do seguro marítimo decorrente da dificuldade de comunicações, carece hoje de fundamento[2447].

Acrescenta o n.º 2 do artigo 44.º que o segurador não cobre sinistros anteriores à data da celebração do contrato quando o tomador ou o segurado deles tivesse conhecimento nessa data. A uma primeira leitura, os n.ºs 1 e 2 do artigo em análise aparentam idêntico conteúdo. Porém, como nota José Vasques, a ocorrência de um sinistro antes da data de celebração do contrato não implica necessariamente a inexistência de risco, que só se verificará se o sinistro tiver implicado a perda total do bem seguro e, portanto, a eliminação do interesse. Só neste caso o contrato será nulo, nos termos do n.º 1 do artigo 44.º[2448]. Esta perspectiva não nos merece, porém, inteira concordância. É que o risco traduz a *probabilidade* de ocorrência do evento coberto pelo seguro. Logo, se o contrato produzir efeitos anteriormente à sua data de celebração, então: ou o referido evento já se produziu, caso em que essa ocorrência era *certa* e, portanto, o risco, quanto a ela, inexistente; ou o referido evento não se produziu, caso em que essa ocorrência era *impossível* e, portanto, o risco também inexistente.

Em qualquer caso, tanto o n.º 1 como o n.º 2 são expressão da admissibilidade da cobertura de riscos putativos: subjectivamente incertos, embora, porque reportados a um período já decorrido, objectivamente inexistentes porque certos ou impossíveis (não qualificáveis sequer como *riscos*). Ora, a essencialidade do risco haveria de impedir o contrato de tomar por objecto um risco inexistente, constituindo, aliás, um desvio à regra geral da nulidade do negócio pela impossibilidade física do seu objecto (n.º 1 do artigo 280.º do CC), independentemente das representações que as partes formulam sobre essa possibilidade.

Já o n.º 3 do artigo 44.º não consagra uma situação de seguro de riscos putativos, bastando, para a ineficácia do contrato, a objectividade da inexistência futura

---

[2447] Cfr. José Vasques, *Contrato de Seguro – Notas...*, *cit.*, p. 130. No mesmo sentido, José Carlos Moitinho de Almeida, *O Contrato de Seguro no Direito...*, *cit.*, p. 83. Segundo este autor, a admissibilidade do seguro de riscos putativos assentaria, não no facto de as partes desconhecerem, aquando da celebração do contrato, as circunstâncias reais do risco, mas em constrangimentos comerciais e dificuldades de comunicação que rodeavam os transportes marítimos (e também os fluviais, aéreos e terrestres). Fora desse ramo de seguros, considera o autor que a admissibilidade do seguro de riscos putativos será «favorecer a fraude, ou o jogo, o que se impõe, na medida do possível, afastar da prática seguradora» – *ibidem*. Se à data em que escreve o autor se afiguravam ainda justificáveis as dificuldades de comunicação nos transportes de longo curso, o actual contexto tecnológico de desenvolvimento das telecomunicações afasta, do nosso ponto de vista, a admissibilidade dos seguros de riscos putativos mesmo no ramo de transportes marítimos.
[2448] José Vasques, "Artigo 44.º – Anotação", in Pedro Romano Martinez *et al.*, *LCS Anotada*, *cit.*, p. 248.

do risco, independentemente da convicção das partes. Tal era a solução preconizada por Moitinho de Almeida[2449], que não se afasta, aliás, da que já resultava do nº 1 do artigo 437º do CCom.

Nos termos do nº 4 do artigo 44º, nos casos previstos nos números precedentes o tomador tem direito à devolução do prémio pago, deduzido das despesas necessárias à celebração do contrato suportadas pelo segurador de boa fé. De resto, prescreve o nº 5 que, em caso de má fé do tomador, o segurador de boa fé tem direito a reter o prémio pago[2450], esclarecendo o nº 6 que se presume[2451] a má fé do tomador se o segurado tiver conhecimento, aquando da celebração do contrato de seguro, de que ocorreu o sinistro.

Relativamente aos seguros de vida, se é certo que o artigo 461º do CCom afastava supletivamente, quanto a eles, os riscos putativos, o que não sucede na LCS, a verdade é que a exigência de consentimento da pessoa segura para a cobertura do risco (nº 3 do artigo 43º da LCS), afasta, na prática, a admissibilidade do risco putativo. Por fim, sendo o risco inexistente apenas quanto a uma das coisas seguras ou a uma das garantias, é de assinalar a possibilidade de redução do contrato, verificados os requisitos do artigo 292º do CC[2452].

[2449] José Carlos Moitinho de Almeida, *O Contrato de Seguro no Direito...*, *cit.*, p. 83.

[2450] Quanto ao sentido do direito à retenção do prémio pago, entende José Vasques que estará em causa apenas o *pro rata* pelo período decorrido até à data em que a inexistência seja conhecida (pelo segurador), apoiando este entendimento no facto de a lei não referir a totalidade do prémio pago (como sucede no nº 6 do artigo 34º) e de a mesma solução resultar de outros ordenamentos, «sem prejuízo de, quando a inexistência do risco resultar de omissões ou inexactidões dolosas com o propósito de obter uma vantagem, o prémio ser devido até ao termo do contrato [art. 25º, nº 5]» – José Vasques, "Artigo 44º – Anotação", *in* Pedro Romano Martinez *et al.*, *LCS Anotada*, *cit.*, p. 248. Pela nossa parte, consideramos que a fórmula legal é clara e consentânea com outras situações de cessação antecipada com dolo (má fé) do tomador do seguro. Assim, a expressão «o segurador de boa fé tem direito a reter o prémio pago» é inequívoca: todo o prémio pago é perdido a favor do segurador (excluindo-se, portanto, o prémio vencido e não pago, bem como, havendo fraccionamento do prémio, as fracções não pagas da anuidade em curso). Não se trata, portanto, de um corolário da regra traçada nos nºs 1 e 2 do artigo 107º, mas de uma sanção pela má fé do tomador do seguro, à semelhança do que ocorre no regime do nº 4 do artigo 25º (e coerentemente com o regime mais severo, p. ex., do nº 5 do artigo 25º e da alínea c) do nº 1 do artigo 94º, em que está em causa um dolo agravado; e com o regime mais brando, p. ex., dos nºs 2 e 3 do artigo 26º, em que está em causa a mera negligência do tomador). Finalmente, a fórmula legal pondera o estado subjectivo das partes e define a solução de conformidade: a perda do prémio pago decorre da má fé do tomador do seguro; porém, se também o segurador estiver de má fé, já não lhe assiste o direito à retenção de tal prémio.

[2451] Trata-se de uma presunção ilidível. José Vasques, "Artigo 44º – Anotação", *in* Pedro Romano Martinez *et al.*, *LCS Anotada*, *cit.*, p. 248.

[2452] José Carlos Moitinho de Almeida, *O Contrato de Seguro no Direito...*, *cit.*, pp. 82 e 84.

II. Segundo assinala Moitinho de Almeida, se o risco cessar definitivamente *após a conclusão* do contrato em virtude de facto não previsto na apólice[2453], o contrato deixará de produzir efeitos, ficando resolvido e devendo o segurador ter direito ao prémio pelo tempo decorrido até ao momento em que é informado da cessação do risco, como se este houvesse perdurado até esse momento[2454]. A matéria é actualmente regulada pelo artigo 110º da LCS, que, mais rigorosamente, prevê a caducidade do contrato em caso de extinção superveniente do risco[2455], decorrendo o estorno *pro rata temporis* do prémio dos nºs 1 e 2 do artigo 107º.

Moitinho de Almeida alude ainda a duas circunstâncias de cessação do risco. A de esta se produzir após a conclusão do contrato mas antes de este iniciar a produção dos seus efeitos, caso em que o segurador deveria ter direito ao reembolso das despesas que houvesse efectuado[2456]. E a de a cessação do risco ser consequência de conduta voluntária do segurado, considerando admissível a indemnização do segurador, que teria também por efeito desincentivar o tomador de fazer cessar o risco para obter a desvinculação do contrato[2457]. Não nos merecem reparo as soluções propostas pelo autor.

III. Como decorre do respectivo regime, o instituto da inexistência do risco não se confunde com o da declaração do risco. Na verdade, o risco é um elemento essencial do contrato de seguro, pelo que a sua inexistência afecta o objecto do mesmo, determinando a nulidade do contrato[2458]. Não está, pois, em causa um vício da vontade do segurador, mas a própria falta (ou impossibilidade) do objecto do contrato; não há uma viciação da *alea* contratual, mas a própria inexistência de *alea* (que afecta, de resto, o sinalagma do negócio). Daí que a cominação para a inexistência do risco (nulidade) seja mesmo mais severa do que a das omissões ou inexactidões dolosas (a anulabilidade).

É certo que o regime do artigo 44º pressupõe a celebração do contrato de seguro, que sempre terá assentado numa declaração inicial do risco. Porém, não se verifica uma sobreposição de regimes relativamente aos dois institutos, contendo o artigo 44º a disciplina exaustiva da situação em causa, com uma ressalva:

[2453] Será, p. ex., o caso de um prédio urbano, coberto por seguro de incêndio, ficar destruído em virtude de um sismo não garantido pela apólice.

[2454] José Carlos Moitinho de Almeida, *O Contrato de Seguro no Direito...*, *cit.*, pp. 82-85.

[2455] Nos termos do nº 2 do mesmo artigo, entende-se que há extinção do risco, nomeadamente em caso de morte da pessoa segura, de perda total do bem seguro e de cessação da actividade objecto do seguro.

[2456] José Carlos Moitinho de Almeida, *O Contrato de Seguro no Direito...*, *cit.*, p. 85.

[2457] José Carlos Moitinho de Almeida, *O Contrato de Seguro no Direito...*, *cit.*, pp. 83-84.

[2458] Pela mesma razão, o artigo 44º constitui uma disposição absolutamente imperativa, nos termos do nº 1 do artigo 12º da LCS.

como nota José Vasques[2459], quando se verifiquem omissões ou inexactidões dolosas com o propósito de obter uma vantagem que ocultem a inexistência do risco, será de aplicar, cumulativamente com o artigo 44º, o nº 5 do artigo 25º, sendo o prémio devido, nos termos da fórmula legal, «até ao termo do contrato».

IV. Importa, ainda assim, analisar situações de fronteira entre os dois institutos. Assim, por exemplo, nos casos de inexactidões ou omissões graves em que se verifique a quase certeza do sinistro – sobretudo se no curto prazo – entende Reglero Campos que deverá ser aplicado o regime da inexistência de risco, causa de nulidade do contrato por ausência de um elemento essencial: «ainda que o sinistro se produza posteriormente à perfeição do contrato, a expectativa da sua ocorrência inescapável num período de tempo relativamente curto deve equiparar-se na prática à sua ocorrência, o que provoca a nulidade do contrato [...]»[2460]. Não cremos que assista razão ao autor. Desde logo, o facto de o risco ser de alta probabilidade (ou de ocorrência quase certa) num curto espaço de tempo não o torna inexistente no plano conceptual. Apenas se requer que o segurador seja informado das circunstâncias que condicionam essa probabilidade de modo a poder apreciar a sua segurabilidade e os termos da mesma. Deste modo, a matéria é inquestionavelmente do domínio do dever pré-contratual de declaração do risco, e não da inexistência do risco.

VIII.8.3. Vícios próprios da coisa segura

I. O regime dos vícios próprios da coisa segura – anteriormente regulado pelo artigo 437º, 2º, do CCom – é estabelecido no artigo 124º da LCS, integrado no Título II do diploma (consagrado aos seguros de danos). Nos termos do nº 1 deste artigo – que ressalva disposição legal ou convenção em contrário[2461] – em caso de danos causados por vício próprio da coisa segura existente ao tempo do contrato de que o tomador devesse ter conhecimento[2462] e que não tenha sido

---

[2459] José Vasques, "Artigo 44º – Anotação", *in* Pedro Romano Martinez *et al.*, *LCS Anotada, cit.*, p. 248.

[2460] Luis Reglero Campos, "Declaración...", *cit.*, p. 182 (trad. nossa). E acrescenta noutra passagem, referindo-se aos seguros de vida, que se o «falecimento é previsível num lapso temporal relativamente curto, o contrato padece de um dos seus elementos substanciais: o risco. Advirta-se que o contrato é nulo se o sinistro é previsível no momento da perfeição do contrato, o que quer dizer que se tem conhecimento da sua possível ou quase segura ocorrência, ou deve ter-se empregando uma mínima diligência, ou existem suspeitas razoáveis de que assim sucederá» – *idem*, p. 186 (trad. nossa).

[2461] Trata-se, assim, de uma disposição supletiva.

[2462] O *conhecimento presumido* (ou a equiparação do desconhecimento culposo ao conhecimento efectivo) difere, assim, substancialmente, do critério do *conhecimento efectivo* consagrado no nº 1 do artigo 24º e no nº 1 do artigo 93º – José Vasques, "Artigo 124º – Anotação", *in* Pedro Romano Martinez *et al.*, *LCS Anotada, cit.*, p. 426.

declarado ao segurador, aplica-se o regime da declaração inicial ou do agravamento do risco (artigos 24º a 26º e 94º da LCS). Por outro lado, acrescenta o nº 2 que, se o vício próprio da coisa segura tiver agravado o dano, as referidas limitações aplicam-se apenas à parcela do dano resultante do vício.

Relativamente à noção de *vício próprio*, a mesma é assimilável à de *defeito* mencionada nos artigos 916º e 918º do CC, referindo-se, segundo José Vasques, à coisa «que apresenta, na sua composição ou fabrico, características anormais relativamente a outras da mesma natureza»[2463]. Não se abrangem, assim, os vícios inerentes à deterioração normal da coisa segura, que estarão compreendidos na *alea* contratual normal assumida pelo segurador.

Quanto ao âmbito temporal, a imprecisa referência ao «vício... *existente ao tempo do contrato*» é algo desconcertante. É que, ou se reporta à *conclusão* do contrato, o que deixaria sem sentido a remissão para o regime do agravamento do risco, ou se reporta à *vigência* do contrato, o que retiraria sentido à remissão para o regime da declaração inicial do risco. Ora, a remissão para os dois regimes implica que o "tempo do contrato" cubra ambos os momentos.

O preceito estabelece ainda um duplo pressuposto de aplicação: a prévia ocorrência de um sinistro («em caso de danos»...); e a existência de causalidade entre o vício e os danos (referência a «danos causados», no nº 1 do artigo 124º) ou entre o vício e a extensão dos danos (referência ao agravamento do dano no nº 2 do artigo 124º). Por outro lado, quanto ao âmbito material do preceito, este visa os danos, decorrentes do vício próprio, que sejam sofridos pela coisa segura, e não aqueles que sejam causados a terceiros, os quais caem na esfera do risco típico dos seguros de responsabilidade civil por produtos fabricados[2464].

II. A relação do regime dos vícios próprios da coisa segura com o da declaração pré-contratual do risco ou do seu agravamento, que não se evidenciava no CCom e que, de alguma forma, passou despercebida à doutrina, é agora, justamente, posta em relevo pela LCS. A expressa remissão para o regime dos artigos 24º a 26º configura precisamente o vício próprio da coisa segura como uma das circunstâncias objecto do dever de declaração pré-contratual do risco, o que, porém, já resultava do nº 1 do artigo 24º. O sentido do artigo 124º será, assim, o de uma mera explicitação de um caso especial, para os seguros de danos, de omissão ou inexactidão pré-contratual (ou de incumprimento do dever de comunicação do agravamento do risco, consoante o caso)? Não o cremos.

Na verdade, pensamos que as razões da autonomização deste regime relativamente ao dos artigos 24º ss. reside nos pressupostos do artigo 124º, que, como vimos, não são coincidentes com os do artigo 24º: estes são mais restriti-

---

[2463] *Ibidem.*
[2464] *Ibidem.*

vos do dever de declaração e, portanto, mais favoráveis ao tomador do seguro ou segurado. Assim, não existindo a disposição supletiva do artigo 124º, a omissão pré-contratual de declaração de vícios próprios da coisa segura só seria sancionada verificados os pressupostos do nº 1 do artigo 24º, sobretudo o critério do conhecimento e o requisito da relevância ou essencialidade.

Face ao exposto, importa reconhecer no artigo 124º a formulação implícita de um *dever autónomo de declaração pré-contratual do risco*, que obedece a requisitos próprios: o conhecimento presumido e a ausência de um critério de relevância ou essencialidade[2465]. Na verdade, a estrutura relativamente pouco elaborada do preceito – cuja preocupação se traduz em definir a cominação do incumprimento, mais do que na explicitação do dever – deixa quase despercebido este dever autónomo, que assume carácter supletivo e âmbito limitado aos seguros de danos. Em qualquer caso, negar a formulação de um dever autónomo no artigo 124º implicaria o reconhecimento do carácter redundante do preceito, cuja única função, nesse caso, seria afirmar que ao incumprimento do dever estabelecido no artigo 24º seria aplicável o regime dos artigos 25º e 26º (evidência que resulta já dos referidos artigos).

De notar que o nº 1 do artigo 124º remete globalmente para os artigos 24º a 26º, e não apenas para os preceitos que disciplinam o incumprimento do dever de declaração inicial do risco (artigos 25º e 26º). Assim, porque, no que se refere à configuração do dever, o artigo 124º apenas tem um âmbito de aplicação coincidente com o nº 1 do artigo 24º, derrogando-o, são expressamente aplicáveis, por remissão do nº 1 do artigo 124º, aos vícios próprios da coisa segura, os nºs 2 a 4 do artigo 24º.

Como vimos, a aplicabilidade dos artigos 25º e 26º, por remissão do nº 1 do artigo 124º, ao incumprimento do *dever de declaração pré-contratual do vício próprio da coisa segura*, está condicionada à verificação de dois requisitos: a ocorrência do sinistro e a causalidade entre o vício próprio e o dano[2466]. *Quid iuris* se o dever for incumprido e não se verificar o sinistro? Em tal caso, será inaplicável a cominação para a qual remete o nº 1 do artigo 124º. Porém, se se verificarem os requisitos do nº 1 do artigo 24º – isto é, se a não comunicação do vício próprio da coisa segura constituir, *por si só*, um incumprimento da regra geral que define o dever de declaração inicial do risco – então ser-lhe-á directamente aplicável o regime dos artigos 25º ou 26º, consoante o caso, independentemente da ocorrência do sinistro e da existência de causalidade.

[2465] Na verdade, o regime presume (presunção inilidível) a essencialidade dos vícios próprios da coisa segura. Cfr. o que, a propósito, dissemos *supra*, VII.2.4.VII.

[2466] O mesmo se passa, aliás, com o regime do incumprimento do dever de comunicação do agravamento do risco, condicionado, como resulta do corpo do nº 1 do artigo 94º, pela ocorrência do sinistro e por um requisito de causalidade.

IX
Particularidades de alguns Seguros Obrigatórios

Todas as modalidades de seguro, sem excepção, envolvem, atenta a especificidade dos riscos que se destinam a cobrir, particularidades em matéria de declaração do risco. A tentativa de inventariação dessas particularidades seria um trabalho fastidioso, eminentemente descritivo e de pouco interesse científico. Porém, as especialidades de regime de certas modalidades assumem peculiar relevância em matéria de declaração do risco, constituindo, por vezes, fonte de controvérsia dogmática e jurisprudencial e requerendo, por isso, a nossa análise.

O critério de selecção das modalidades a estudar assentou precisamente no volume de decisões controvertidas de tribunais superiores, indicador bastante, quer da importância prática da matéria *sub iudice*, quer do interesse dogmático que suscitam os infindáveis debates pela mesma alimentada. Neste contexto, foram três as modalidades de seguro seleccionadas, a merecerem uma análise autónoma: os seguros de responsabilidade civil automóvel; os de acidentes de trabalho; e os de vida. Quanto às duas primeiras modalidades, o facto de se tratar de seguros obrigatórios suscita problemáticas comuns, mormente a da (in) oponibilidade aos terceiros lesados das omissões ou inexactidões do tomador do seguro ou segurado. Sendo impraticável dar conta da vastíssima panóplia de seguros obrigatórios, cremos que o volume de jurisprudência em torno destes dois justifica a sua eleição como objecto do presente capítulo. Quanto aos seguros de vida, as problemáticas que deles emergem, pela sua amplitude e especificidade, constituirão o objecto de capítulo autónomo.

IX.1. OS SEGUROS DE RESPONSABILIDADE CIVIL AUTOMÓVEL

IX.1.1. Aspectos gerais

Apesar do enorme volume de jurisprudência respeitante a omissões e inexactidões pré-contratuais no quadro do seguro de responsabilidade civil automóvel

– indicador seguro da intensidade com que a problemática aí se suscita – a verdade é que a casuística que lhe subjaz é muito pouco diversificada, seguindo, no essencial, dois padrões.

O primeiro grupo de casos que analisaremos respeita à omissão ou inexactidão que incide sobre a *identidade do condutor habitual* do veículo seguro. É do domínio comum que, em regra, os condutores mais jovens e os mais inexperientes têm maior probabilidade de sofrer acidentes de viação e que, em consequência, os seguradores aplicam geralmente coeficientes de agravamento em função da idade do condutor habitual e da antiguidade da respectiva licença de condução, podendo mesmo os seguradores mais prudentes recusar a contratação de seguros em função de tais parâmetros. Conjuga-se com este facto a prática do mercado segurador no sentido de premiar os melhores condutores com um prémio de seguro bonificado, podendo o bónus aproveitar a mais do que uma apólice. Este conjunto de circunstâncias propicia o seguinte circunstancialismo: quando um jovem pretende contratar um seguro de responsabilidade civil automóvel, e no sentido de evitar um agravamento do prémio e aproveitar até de um eventual bónus, um dos progenitores apresenta-se como condutor habitual do veículo. Esta inexactidão só é, em regra, descoberta pelo segurador após o sinistro, pelas declarações que o condutor sinistrado (o "jovem inexperiente") então presta. No segundo grupo de casos, a inexactidão incide sobre a identidade do proprietário do veículo, estando rodeada, no essencial, de circunstancialismo idêntico.

Ora, visando o seguro obrigatório, em última instância, o ressarcimento dos danos de terceiros lesados, a referida casuística, abrangida por uma disciplina legal específica, convoca, entre outras, a problemática principal do âmbito da tutela dispensada a tais lesados e da oponibilidade aos mesmos, pelo segurador, do incumprimento do dever de declaração do risco. Nas palavras de Rubio Vicente, «tudo se reduz, em último termo, a uma prioridade de tutela entre o segurador e o terceiro alheio à relação»[2467].

IX.1.2. Inexactidões quanto ao condutor habitual

I. Como acima referimos, é conhecida a prática de os seguradores do ramo automóvel diferenciarem o risco – e, consequentemente, as condições contratuais aplicáveis – em função, quer da idade do condutor habitual do veículo objecto do contrato, quer do número de anos da respectiva habilitação para conduzir. Para além da evidência estatística que suporta essa diferenciação[2468], é compreensível, ao nível do próprio senso comum, que os condutores mais experientes impliquem uma menor probabilidade de ocorrência de um sinistro. Para além

---

[2467] Pedro Rubio Vicente, *El Deber...*, *cit.*, p. 130 (trad. nossa).
[2468] Cfr. correlações extremamente expressivas em James Landel, *Fausses Déclarations...*, *cit.*, p. 18.

disso, a juventude do condutor estará associada a um perfil sócio-psicológico no quadro do qual haverá uma maior apetência pelo perigo, pela velocidade, pelas manobras destemidas e, também por isso, uma maior probabilidade de ocorrência do sinistro.

Em qualquer dos casos, da identificação do *condutor habitual*[2469] depende a análise do risco segurável e a aplicação de condições mais ou menos favoráveis ao contrato (sobretudo quanto ao prémio). Como a relevância da questão é consabida do público em geral, a apetência por condições mais vantajosas leva, com alguma frequência, a que seja omitida a identidade do verdadeiro condutor e indicada, para esse efeito, a de outra pessoa. Estamos no campo da violação *dolosa* (dolo com o propósito de obter uma vantagem) do dever de declaração do risco, a que estão associadas cominações legais (artigo 25º da LCS).

Este é, por outro lado, um domínio em que o segurador nada pode fazer para validar a exactidão e completude das informações. Qualquer que seja o seu nível de diligência, ele não tem forma de verificar se a pessoa que se apresenta como condutor habitual está a ser um mero "testa de ferro", cúmplice do tomador do seguro. Em qualquer caso, as inexactidões pré-contratuais sobre o condutor habitual em matéria de seguro de responsabilidade civil automóvel constituem em Portugal uma proporção muito significativa – de longe, a mais expressiva – das situações de violação do dever de declaração do risco nesta modalidade de seguro, como o comprova a abundantíssima jurisprudência a que abaixo aludiremos[2470].

II. Como atrás aflorámos, a principal problemática suscitada por este grupo de casos não se prende propriamente com a verificação (ou demonstração) do incumprimento do dever pré-contratual de declaração do risco, mas com a questão de saber se – e em que termos – pode esse incumprimento ser oposto aos terceiros lesados. O debate é complexo e desenvolve-se em torno de vários argumentos, que cumpre analisar.

[2469] Na prática de cada caso concreto, pode ser questionado qual o conteúdo da noção de "condutor habitual" (considerando que os formulários de propostas de seguro, em regra, apenas contemplam a identificação de um condutor). Se há situações líquidas (em que o veículo apenas é conduzido por uma pessoa), outras existem em que o rigor da resposta é questionável. Assim, no caso de o automóvel ser indistintamente conduzido por marido e mulher (ou por pai e filho), com sensivelmente os mesmos tempos de condução e as mesmas distâncias percorridas, o facto deverá ser expressamente comunicado ao segurador.

[2470] Entre nós, este é, aliás, um dos mais frequentes exemplos de fraude em seguros – M. Costa Martins, "Considerações...", *cit.*, p. 148. Curiosamente, a situação em França é bem distinta. Num estudo de 1982, Landel, a partir de uma análise de mais de 300 processos judiciais em matéria de falsas declarações e reticências em seguro automóvel, identifica, em mais de metade dos casos, falsas declarações sobre os antecedentes de sinistralidade; em 14% dos casos, falsas declarações sobre a utilização dada ao veículo (particular/profissional); 11% dos casos reportam-se ao condutor habitual; 8% a antecedentes médicos; e 3,5% à profissão. Cfr. James Landel, *Fausses Déclarations...*, *cit.*, p. 7.

O seguro obrigatório de responsabilidade civil resultante da circulação de veículos automóveis é regulado pelo DL 291/2007, de 21 de Agosto (LSORCA), que sucedeu ao DL 522/85, de 31 de Dezembro. O artigo 22º da LSORCA disciplina a questão da oponibilidade das excepções aos lesados, dispondo que para além das exclusões ou anulabilidades que sejam estabelecidas nesse mesmo decreto-lei, o segurador apenas pode opor aos lesados a cessação do contrato por alienação do veículo, ou a sua resolução ou nulidade, nos termos legais e regulamentares em vigor, desde que anteriores à data do acidente[2471]. Por outro lado, a análise da LSORCA revela inexistir aí qualquer referência ao dever de declaração do risco e à cominação do respectivo incumprimento, pelo que a anulabilidade actualmente prevista no nº 1 do artigo 25º da LCS não encontra qualquer eco na LSORCA.

Assim, com base no teor literal do citado artigo 22º – onde é possível reconhecer um princípio de tipicidade dos meios de defesa oponíveis pelo segurador[2472] – fundamentam a doutrina e a jurisprudência dominantes (diríamos, quase consensuais) a inoponibilidade, ao terceiro lesado, da anulabilidade do contrato de seguro por omissões ou inexactidões em sede de declaração pré-contratual do risco. Como se regista no Ac. STJ de 09/12/2006 – Proc. 6A2276 (Alves Velho), «[...] a seguradora não pode invocar perante os lesados quaisquer exclusões ou anulabilidades não previstas na Lei do Seguro Obrigatório, corporizada no dito DL nº 522/85, ou seja, está-lhe vedado opor-lhes qualquer anulabilidade prevenida em qualquer outra lei ou norma jurídica geral ou especial»[2473].

[2471] O preceito reproduz o teor do artigo 14º do citado DL 522/85.

[2472] Neste sentido, Filipe Albuquerque Matos, "O contrato...Breves considerações", *cit.*, p. 614.

[2473] Também neste sentido, escreve-se no Ac. TRL de 28/02/2008 – Proc. 869/2008-6 (Fátima Galante): «[...] Encontra-se amplamente consagrado, nos regimes de seguro obrigatório, o princípio da inoponibilidade das excepções contratuais, de que resulta que só a nulidade do contrato de seguro pode ser oposta aos lesados em acidente de viação, nos termos do citado art. 14º do dec-lei 522/85, e não já a anulabilidade». Este argumento literal encontra amplo eco na jurisprudência, como lapidarmente sentenciam, p. ex.: o Ac. TRP de 03/11/1994 – Proc. 9340162 (Manuel Ramalho); Ac. TRL de 13/10/1994 – Proc. 62056 (Garcia Reis); Ac. STJ de 18/12/2002 – Proc. 2B3891 (Moitinho de Almeida); Ac. TRP de 25/03/2004 – Proc. 430103 (Fernando Baptista); Ac. TRC de 14/03/2006 – Proc. 3711/05 (Alexandrina Ferreira); Ac. TRP de 18/11/2004 – Proc. 435704 (Pinto de Almeida); Ac. TRL de 09/05/2006 – Proc. 336/2006-7 (Luís Espírito Santo); Ac. STJ de 06/08/2006 – Proc. 6A1435 (Azevedo Ramos); Ac. STJ de 14/11/2006 – Proc. 6A3465 (Alves Velho); Ac. TRE de 16/11/2006 – Proc. 1462/06-3 (João Marques); Ac. STJ de 02/10/2007 – Proc. 7A2728 (Mário Cruz); Ac. TRC de 20/02/2008 – Proc. 343/05.9GAFCR.C1 (Inácio Monteiro); Ac. TRP de 18/06/2008 – Proc. nº 0833208 (Teles de Menezes); Ac. TRE de 03/07/2008 – Proc. nº 2769/07-2 (Bernardo Domingos); Ac. TRC de 02/06/2009 – Proc. nº 442/04.2TBANS.C1 (Távora Vítor); Ac. TRP de 29/09/2009 – Proc. nº 4473/03.1TBMAI.P1 (Cândido Lemos); Ac. STJ de 22/10/2009 – Proc. nº 1146/05.3TBABF.S1 (Serra Baptista); Ac. TRP de 24/01/2011 – Proc. nº 2729/07.3TBSTS. P1 (Sampaio Gomes); Ac. STJ de 31/05/2011 – Proc. nº 2693/07.9TBMTS.P1.S1 (Moreira Alves).

Na vigência do artigo 429º do CCom o mesmo preceito da LSORCA permitia, porém, acolher uma outra interpretação literal, em sentido contrário: a de que, estando em causa uma nulidade (e não anulabilidade) e reportando-se a mesma à data de conclusão do contrato, então a LSORCA permitiria a respectiva oponibilidade aos terceiros beneficiários[2474].

III. Os argumentos literais revelam, porém, pouca consistência, já que a redacção da LSORCA – e, particularmente, do preceito em apreço – é fonte de várias perplexidades interpretativas. Desde logo, uma análise exaustiva ao diploma revela a inexistência de qualquer cominação de *anulabilidade*, carecendo, portanto de sentido útil a referência às «anulabilidades que sejam estabelecidas no presente decreto-lei» (artigo 22º da LSORCA).

Neste domínio, considera José Alberto Vieira que referida expressão não é feita em sentido técnico. Desde logo, porque, como foi dito, o diploma não consagra nenhuma situação de anulabilidade do seguro. Depois porque, na perspectiva do autor, também o CCom (que à data regulava o contrato de seguro), não reconhecia literalmente nenhuma causa de anulabilidade do contrato[2475]. Desta forma, como conclui o autor, o sentido da primeira parte do artigo 22º seria apenas o de tornar inoponíveis ao terceiro lesado as *cláusulas de limitação da responsabilidade* convencionadas entre a seguradora e o tomador que não tivessem fundamento na LSORCA. Já o sentido da segunda parte do mesmo artigo, de acordo com o autor, seria o de definir a oponibilidade ao terceiro lesado das excepções de *extinção* ou *invalidade* do contrato anteriores à data do sinistro[2476].

Nesta perspectiva, a referência à *nulidade* na parte final do artigo 22º teria justificação no facto de o CCom apenas prever este tipo de invalidade e de, à data da formulação do preceito (inicialmente no DL 408/79, de 25 de Setembro, transitando depois para o DL 522/85 e, finalmente, para o DL 291/2007), não estar ainda difundida e estabilizada a perspectiva de que a cominação do artigo 429º do CCom seria a da anulabilidade[2477]. Culminando a argumentação expendida, conclui o autor que a disposição em análise «admite a oponibilidade da invalidade do contrato de seguro por falsas declarações do tomador do seguro»[2478].

[2474] Neste sentido, Filipe Albuquerque Matos, "O contrato...Breves considerações", *cit.*, p. 615; e José Alberto Vieira, "O dever de informação...", *cit.*, pp. 1009 ss. Também neste sentido, cfr., p. ex., o Ac. TRP de 07/01/1998 – Proc. 9710863 (Milheiro de Oliveira) ou o Ac. TRP de 12/12/2002 – Proc. 232311 (Oliveira Vasconcelos).

[2475] José Alberto Vieira, "O dever de informação...", *cit.*, pp. 1015-1016.

[2476] José Alberto Vieira, *idem*, pp. 1016-1017.

[2477] José Alberto Vieira, *idem*, p. 1017.

[2478] José Alberto Vieira, *idem*, p. 1018.

Em abono da perspectiva de José Alberto Vieira, refira-se que a interpretação do artigo 22º não poderá alhear-se de outras disposições pertinentes da LSORCA. Entre elas, cumpre chamar à colação o nº 4 do artigo 54º, nos termos do qual são subsidiariamente responsáveis pelo pagamento ao FGA da indemnização que este haja suportado, nos termos do nº 1 do mesmo artigo, «os que tenham contribuído para o *erro ou vício determinante da anulabilidade* ou nulidade do contrato de seguro [...]». Ora, não sendo estabelecida qualquer anulabilidade no diploma, o nº 4 do artigo 54º admite, clara e implicitamente, a oponibilidade, contra o terceiro lesado, da anulabilidade do contrato por *erro ou vício*, tendo por consequência a responsabilidade do FGA, nos termos do nº 1 do artigo 49º do mesmo diploma. E entre os *erros ou vícios determinantes da anulabilidade* evidenciam-se, naturalmente, os resultantes das omissões ou inexactidões pré-contratuais na declaração do risco, que terão sido, aliás, precisamente os visados pelo preceito[2479]. Cremos, portanto, que este argumento lógico, bem como o argumento histórico acima traçado, são de molde a permitir sustentar que a expressão «resolução ou nulidade, nos termos legais e regulamentares em vigor», referida na segunda parte do artigo 22º, abrange também a anulabilidade[2480].

Convergentemente com a argumentação que vem sendo traçada, defende Filipe Albuquerque Matos que o artigo 22º da LSORCA contempla a anulabilidade por omissões ou inexactidões e permite a sua oponibilidade aos terceiros lesados, *mas apenas quando o contrato haja sido anulado antes do sinistro*, exigindo-se, portanto, «uma prévia definição da questão da validade, ou seja, do seu esclarecimento antes da ocorrência do sinistro»[2481].

[2479] Como esclarece Arnaldo Oliveira, o propósito do nº 4 do artigo 54º, na parte que ora releva, «reportar-se-á centralmente à situação em que o mediador de seguros interveniente na contratação do seguro tem um comportamento fomentador ou conivente com uma declaração inexacta do risco por forma a baixar o prémio devido ou mesmo a garantir a aceitação do risco (caso típico, p.e., do veículo propriedade do pai, que se declara condutor habitual, sendo que é o filho o condutor habitual)» (*Seguro Obrigatório...*, *cit.*, p. 100).

[2480] Note-se que à data da entrada em vigor da LSORCA vigorava a Norma Regulamentar nº 17/2000, de 21 de Dezembro, do ISP (Apólice Uniforme do SORCA), cujo artigo 11º cominava as omissões ou inexactidões pré-contratuais do proponente com a *nulidade* do contrato (reproduzindo quase textualmente o regime do artigo 429º do CCom, à data também em vigor). Ora, os *termos legais e regulamentares em vigor* a que literalmente alude o artigo 22º padeciam do mesmo problema interpretativo deste mesmo artigo (estando decerto até na origem do mesmo): a utilização imprópria do termo *nulidade* para aludir à *anulabilidade*. Essa utilização imprópria terá, portanto, "contaminado" historicamente a própria terminologia da LSORCA, ao invés do que se sugere, p. ex., no Ac. STJ de 09/12/2006 – Proc. 6A2276 (Alves Velho).

[2481] Filipe Albuquerque Matos, "As declarações reticentes...", *cit.*, p. 460; Filipe Albuquerque Matos, *Uma Outra Abordagem...*, *cit.*, pp. 630-631, n. 39.

IV. E esta ressalva dá-nos o mote para uma segunda perplexidade interpretativa: qual o sentido útil de admitir expressamente a *oponibilidade da nulidade anterior ao sinistro* se a nulidade (ou a própria anulabilidade) é, por natureza, contemporânea da formação do contrato e, portanto, necessariamente anterior ao sinistro[2482]?

Nesta matéria, entende José Alberto Vieira que a teleologia do preceito vai apenas no sentido de vedar ao segurador a invocação de factos extintivos do contrato com eficácia posterior ao sinistro, na medida em que, à data da ocorrência deste, o contrato estaria ainda em vigor. O autor rejeita, assim, o entendimento, com eco na jurisprudência, de que a invalidade do contrato só seria oponível ao terceiro lesado se fosse declarada (judicialmente) *antes* da data do sinistro[2483]. Esse entendimento, não encontrando apoio na lei, inviabilizaria, quer a possibilidade de dedução da invalidade por excepção, quer, após a ocorrência do sinistro, a possibilidade de recurso a uma acção anulatória, ainda que, como é frequente, o vício da declaração do risco só fosse conhecido após o – e na sequência do – sinistro.

Ora, como sublinha o autor, o artigo 22º visa apenas impedir a oponibilidade ao lesado das causas de extinção posteriores ao sinistro, não requerendo (como requisito de oponibilidade) que as causas anteriores ao sinistro tenham sido judicialmente reconhecidas[2484]. De resto – conclui – «como a invalidade do contrato de seguro ocorre no momento da sua celebração e não em momento posterior, a seguradora nunca vê afectado o seu direito a excepcionar a nulidade (ou a anulabilidade para quem entenda ser esta a invalidade em causa) do contrato de seguro celebrado com falsas declarações [...]»[2485].

Que dizer? É certo que o legislador se expressou deficientemente. Cremos, porém, que a *ratio* do preceito não vai no sentido de que apenas seria oponível a "nulidade" *decretada* ou *invocada* anteriormente ao sinistro[2486]. Assim, pensamos

---

[2482] Cfr. o Ac. TRP de 12/12/2002 – Proc. 232311 (Oliveira Vasconcelos): «no caso concreto em apreço, o acto nulo, ou melhor, o acto produtor da anulabilidade – as falsas declarações sobre a propriedade e o condutor habitual do veículo – são anteriores à data da ocorrência do acidente de viação em causa no presente processo. Consequentemente, a anulabilidade pode ser oposta ao terceiro lesado, autor no presente processo. Sendo certo que a seguradora Fidelidade podia arguir a anulabilidade por via de excepção, como o fez – cfr. art.287º, nº2, do CPC. E que os seus efeitos se retroagiam à data da pratica do facto anulável».

[2483] José Alberto Vieira, "O dever de informação...", *cit.*, pp. 1017-1018.

[2484] José Alberto Vieira, "O dever de informação...", *cit.*, p. 1019.

[2485] José Alberto Vieira, *ibidem*.

[2486] Naquele sentido, cfr., p. ex., o Ac. TRE de 03/07/2008 – Proc. nº 2769/07-2 (Bernardo Domingos). Por outro lado, segundo o Ac. STJ de 28/02/2008 – Proc. 07A4604 (Sousa Leite), resulta do citado artigo 22º que a oponibilidade só ocorre relativamente a excepções *invocadas* antes do sinistro: «[...] dado que, quer a resolução, quer a nulidade ou a anulabilidade dos negócios jurídicos têm efeito retroactivo – arts. 289º, nº 1 e 434º do CC -, a cessação do contrato em tal fundada, atenta a natureza *ex tunc* dos efeitos de tal decorrentes, sempre colidiria com o emprego da expressão "*desde*

que a referência «desde que *anteriores* à data do acidente» (atente-se no plural) se reporta *apenas* à cessação e à resolução do contrato (interpretação declarativa restrita). É que seria tautológico reportá-la também à invalidade, que será sempre, por natureza, anterior ao acidente[2487]. De facto, a invalidade é congénita ao contrato, não depende sequer de invocação judicial (no caso do artigo 25º da LCS) e assume efeito retroactivo (artigo 289º do CC), pelo que sempre estaria fora do âmbito da ressalva do preceito.

V. Como dissemos, os argumentos literais não favorecem, do nosso ponto de vista, a perspectiva da inoponibilidade, ao terceiro lesado, das omissões ou inexactidões.

A perspectiva da inoponibilidade lança, porém, mão de argumentos mais substanciais, designadamente de carácter histórico e teleológico. Com efeito, o seguro obrigatório de responsabilidade civil automóvel cumpre uma função eminentemente social, visando implementar uma solução de socialização do risco de circulação automóvel. Neste quadro, a eficácia global da solução decorreria de uma especial primazia e tutela da posição do terceiro lesado, a qual implicaria a imposição, nos mais diversos ordenamentos, e com maior ou menor extensão, de um regime de inoponibilidades[2488].

Sendo pertinente a substancialidade desta argumentação, a mesma falha, porém, no essencial: a demonstração de que a oponibilidade das excepções comprometeria, de algum modo, a tutela dos terceiros lesados. Tal não é, porém, o caso, precisamente na medida em que a LSORCA incumbe, no nº 1 do artigo 49º,

---

que anteriores à data do sinistro", caso a intenção do legislador tivesse sido direccionada à submissão do contrato de seguro obrigatório, quanto aos efeitos decorrentes da sua ineficácia, aos princípios gerais aplicáveis no domínio do direito civil e dos contratos de seguro, em particular».

[2487] Entende, porém, Margarida Lima Rego que a referência à nulidade deve «interpretar-se restritivamente, no sentido de que, sendo o contrato inválido, a mera anulabilidade não poderá ser oposta ao terceiro lesado, apenas podendo ser-lhe oposta uma anulação ocorrida antes do acidente. Já a nulidade seria sempre anterior ao acidente [...]» – Margarida Lima Rego, *Contrato...*, *cit.*, p. 684.

[2488] Esta argumentação encontra frequente eco na jurisprudência. Assim, p. ex., lê-se no Ac. STJ de 18/12/2002 – Proc. 2B3891 (Moitinho de Almeida): «o seguro obrigatório automóvel destina-se a garantir o ressarcimento dos lesados em consequência de acidentes de trânsito. Imperativas razões de ordem social impõem que a reparação das vítimas seja rápida e segura, isto é, que não haja dúvidas quanto à pessoa do responsável, que o processo a seguir seja célere e que a efectiva indemnização não seja posta em causa pela insolvabilidade do causador do acidente. Estas exigências impõem um seguro obrigatório em que a responsabilidade é garantida pela seguradora, salvo nos casos excepcionais em que a garantia é assumida pelo Fundo de Garantia». Este acórdão reproduz, aliás, uma vasta panóplia de disposições de ordenamentos estrangeiros que consagrariam um *princípio da inoponibilidade das excepções contratuais*. O argumento surge replicado num amplo leque de acórdãos. Cfr., p. ex., o Ac. TRP de 18/11/2004 – Proc. 435704 (Pinto de Almeida); ou o Ac. TRP de 18/06/2008 – Proc. nº 0833208 (Teles de Menezes).

ao FGA o dever de indemnizar o lesado quando o responsável não beneficie de seguro válido (por exemplo, por incumprimento do dever de declaração do risco) e eficaz[2489]. A solução legal visando o célere ressarcimento do terceiro lesado, no quadro do sistema de seguro obrigatório de responsabilidade civil automóvel implementado, surge articulada, portanto, com a intervenção do FGA, e não depende de um amplo princípio de inoponibilidade das excepções.

VI. Um outro argumento recorrente na doutrina e na jurisprudência a favor da inoponibilidade das omissões ou inexactidões pré-contratuais decorre da configuração do seguro obrigatório de responsabilidade civil automóvel como contrato a favor de terceiro. Segundo esta perspectiva, corroborada pelo direito de acção directa[2490] do lesado contra o segurador, «[...] a especial natureza dos contratos de seguro de responsabilidade civil obrigatórios, sejam eles do ramo automóvel, do ramo laboral ou outro, configura-os como verdadeiros contratos a favor de terceiros e como tal enquadráveis na disciplina do artº 449 do CC. Consequentemente são válidos e eficazes em relação ao beneficiário, mesmo quando afectados por inexactidões ou omissões da responsabilidade do segurado»[2491].

Vejamos. A natureza dos seguros obrigatórios de responsabilidade civil automóvel, atendendo aos contornos inovadores da respectiva disciplina, nomeadamente de notas como a sua obrigatoriedade legal, a consagração da *acção directa* (direito de o terceiro lesado reclamar a indemnização directamente do segurador) e de um regime de *inoponibilidades*, sempre suscitou dúvidas e perplexidades por parte da doutrina e da jurisprudência[2492]. Em causa estão, portanto, traços distintivos, de fonte legal, destinados a tutelar a posição do terceiro lesado, assumindo-se o dano deste com primazia face ao dano debitório do segurado[2493].

[2489] Por outro lado, dispõe o nº 1 do artigo 50º da LSORCA que, mesmo em caso de fundado conflito entre o FGA e um segurador sobre qual deles recai o dever de indemnizar, deve o FGA reparar os danos sofridos pelo lesado que caiba indemnizar, sem prejuízo de vir a ser reembolsado pela empresa de seguros, se sobre esta vier a final a impender essa responsabilidade.

[2490] Reconhecendo a relevância do interesse indemnizatório do terceiro lesado, a evolução jurisprudencial e legal veio, internacionalmente, a converter a sua expectativa indemnizatória perante o segurado num *direito de acção directa* contra o segurador – Joaquín Garrigues, *Contrato...*, *cit.*, p. 386. No quadro da acção directa, o lesado tem o direito (mas não a obrigatoriedade) de exigir o pagamento da indemnização directamente ao segurador – Margarida Lima Rego, *Contrato...*, *cit.*, p. 686. Nos termos dos nºs 2 e 3 do artigo 140º, em conjugação com o nº 1 do artigo 146º da LCS, só está consagrada a acção directa para o caso dos seguros obrigatórios. O regime da acção directa será, aliás, supérfluo face ao regime do privilégio estabelecido no artigo 741º do CC.

[2491] Ac. TRE de 03/07/2008 – Proc. nº 2769/07-2 (Bernardo Domingos). Cfr. igualmente, p. ex., o Ac. TRC de 23/11/2004 – Proc. 2568/04 (Regina Rosa); Ac. TRL de 09/05/2006 – Proc. 336/2006-7 (Luís Espírito Santo); Ac. TRC de 02/06/2009 – Proc. nº 442/04.2TBANS.C1 (Távora Vítor).

[2492] Américo Marcelino, *Acidentes de Viação e Responsabilidade Civil*, Lisboa, Petrony, 1984, pp. 280 ss.

[2493] Aurelio Donato Candian, *Responsabilità Civile e Assicurazione*, Milano, Egea, 1993, pp. 339-340.

Embora não possamos alongar-nos na matéria, sempre importará referir que várias teorias procuram explicar a fonte do direito do terceiro, reconduzindo-a ao contrato, ao facto extra-contratual (acidente) ou à própria lei[2494]. Do prisma contratual, alguns autores classificam a relação como contrato a favor de terceiro[2495]; outros reconduzem-na ao contrato por conta de quem pertencer[2496]; e outros aludem a um contrato de *fattispecie* complexa[2497].

Do nosso ponto de vista, quer a *ratio* da implementação dos seguros obrigatórios de responsabilidade civil automóvel, quer o modelo contratual imposto, têm o claro propósito de tutelar a posição do terceiro lesado em virtude de uma actividade representando um grau de risco que reclama a tutela do Direito[2498]. Assim, a solução legal que assentou no recurso a um modelo contratual de seguro privado poderia encontrar alternativas no quadro dos seguros sociais[2499]. Ora, na análise sobre a caracterização do contrato, a primazia da tutela conferida ao terceiro lesado não pode ser escamoteada[2500]. Se é indiscutível que estamos perante

---

[2494] Filipe Albuquerque Matos considera não ser o SORCA um contrato a favor de terceiro em virtude de a pretensão do terceiro resultar, não do contrato, mas directamente das disposições legais respeitantes à responsabilidade civil extra-contratual ("As declarações reticentes...", *cit.*, p. 490, n. 68).

[2495] Cfr., p. ex., Carlos Mota Pinto, *Cessão...*, *cit.*, p. 33; Rita Ferreira da Silva, *Do Contrato...*, *cit.*, pp. 105 ss.

[2496] Neste sentido, Margarida Lima Rego considera o seguro de responsabilidade civil automóvel como um seguro por conta de quem pertencer na medida em que são segurados todos os condutores do veículo em causa – Margarida Lima Rego, *Contrato...*, *cit.*, p. 724. Cfr., a propósito, o Ac. TJ de 30/06/2005 – Processo C-537/03 (caso Katja Candolin) e o Ac. STJ de 16/01/2007 – Proc. nº 06A2892 (Borges Soeiro), que identificam o próprio tomador do seguro, proprietário do veículo, como terceiro lesado se assumir a posição de passageiro transportado no momento do acidente.

[2497] Sobre a problemática, desenvolvidamente, Aurelio Donato Candian, *Responsabilità...*, *cit.*, pp. 341 ss.

[2498] Neste sentido, p. ex., Antigono Donati e Giovanna Volpe Putzolu, *Manuale...*, *cit.*, p. 237.

[2499] Jorge Sinde Monteiro, p. ex., defende, com base na experiência neozelandesa do *Accident Compensation Act*, de 1972, a implementação de um sistema de seguro – social ou privado – de *acidente de trânsito*, de *circulação*, ou de *segurança rodoviária*, que garantisse os lesados contra o risco social de circulação estradal, superando o instituto da responsabilidade civil automóvel e a transferência, através do contrato de seguro, da responsabilidade civil do condutor para o segurador (*Estudos...*, *cit.*, pp. 43 ss.). Desta forma, preconiza o autor a passagem do plano da justiça comutativa, caracterizadora das relações entre lesante e lesado no quadro do Direito da responsabilidade, para o da justiça distributiva, visando a repartição social dos danos que resultam, precisamente, do contacto social (no caso, os que resultam da circulação rodoviária). *Idem*, p. 116.

[2500] Assim, a materialidade do contrato escapa ao argumento de que a prestação pecuniária efectuada pelo segurador ao terceiro lesado não seria feita em benefício deste mas do segurado. Segundo esse argumento, a vantagem material da prestação seria do próprio segurado, ao ver extinguir-se na sua esfera jurídico-patrimonial uma obrigação indemnizatória que, na ausência do seguro, teria de suportar; por outro lado, e de acordo com o princípio indemnizatório, o terceiro lesado

um contrato de seguro, não o é menos que a respectiva disciplina decorre, de forma quase exaustiva, de disposições legais injuntivas[2501]. Desta forma, os direitos conferidos ao terceiro lesado não têm a sua fonte fora da disciplina contratual. A respectiva particularidade é terem por fundamento, não a autonomia da vontade das partes (segurador e tomador do seguro), mas as disposições legais imperativas que regem o contrato.

Neste quadro, e do nosso ponto de vista, a estrutura do negócio, tal como resulta da lei, configura um *contrato a favor de terceiro* – ainda que com particularidades decorrentes do seu regime específico – considerando o direito de acção directa (resultante do regime contratual, ainda que de fonte legal)[2502]. A tal não obsta a indeterminação do terceiro beneficiário (artigo 445º do CC) ou o carácter condicional da prestação indemnizatória do segurador (dependente, como em todos os seguros, da verificação do sinistro)[2503].

não auferiria qualquer benefício, apenas vendo reparado um dano e reposta a situação existente antes de este se verificar. Em suma, o segurador apenas se substituiria ao segurado na reparação de um dano de terceiro, pelo que seria o segurado, desonerado dessa obrigação, o beneficiário substancial da prestação pecuniária do segurador, não se verificando qualquer interesse altruísta ou moral do segurado em atribuir uma vantagem a um terceiro. Trata-se, como refere Carlos Mota Pinto, de um argumento assente numa hipóstase da linguagem, que foge à substância do problema (*Cessão...*, *cit.*, p. 33).

[2501] Como nota Candian, esta circunstância não suprime totalmente o espaço à autonomia privada, à qual resta, designadamente, a liberdade de escolha da contraparte e alguma margem de liberdade de estipulação (pelo menos, quanto à definição do prémio e quanto à subscrição de garantias que excedem as mínimas legais) – Aurelio Donato Candian, *Responsabilità...*, *cit.*, p. 358. Em sentido convergente, cfr. Filipe Albuquerque Matos, "O contrato...Breves considerações", *cit.*, pp. 608 ss., que refere, a propósito de outros ramos de seguro, o apertado controlo administrativo do ISP, que durante longo tempo se traduziu, designadamente, na imposição de "apólices uniformes". Alguma doutrina fala ainda, a propósito, de "diminuta contratualidade" – Afonso Moreira Correia, "Seguro obrigatório de responsabilidade civil automóvel – Direito de regresso da seguradora", *in* António Moreira e M. Costa Martins (Coords.), *II Congresso Nacional de Direito dos Seguros – Memórias*, *cit.*, p. 198. Neste sentido, pensamos de contestar que, p. ex., o direito de acção directa seja uma solução estritamente legal, definida à margem da regulação do contrato – Margarida Lima Rego, *Contrato...*, *cit.*, p. 679; Filipe Albuquerque Matos, "O contrato...Breves considerações", *cit.*, p. 623.

[2502] No sentido de que estamos perante um contrato a favor de terceiro, com a particularidade de ser de celebração obrigatória, Diogo Leite de Campos, *Seguro de Responsabilidade Civil Fundada em Acidentes de Viação – Da Natureza Jurídica*, Coimbra, Almedina, 1971, pp. 165-166. Também no sentido de que a relação jurídica segue a estrutura do contrato a favor de terceiro (embora ressalvando que o terceiro lesado não é propriamente um beneficiário), Afonso Moreira Correia, "Seguro...", *cit.*, pp. 198-199.

[2503] A conjugação dos dois elementos referidos traduz-se, afinal, no carácter eventual da relação de valuta, que sempre dependerá da ocorrência do sinistro – Filipe Albuquerque Matos, "O contrato...Breves considerações", *cit.*, p. 607. Não cremos, porém, que essa caracterização da relação de valuta ponha em causa a classificação do contrato. De resto, ela é substancialmente semelhante à que se verifica num seguro de vida em caso de morte, da modalidade *temporário* (cfr. Luís Poças,

Regressando ao argumento frequentemente replicado na jurisprudência, o mesmo consiste, em suma, na classificação do seguro obrigatório de responsabilidade civil automóvel como contrato a favor de terceiro, e, logo, na aplicação ao mesmo do artigo 449º do CC, concluindo que, em virtude de a invocação das omissões ou inexactidões pré-contratuais não constituir um meio de defesa derivado do contrato, não seria o mesmo oponível pelo segurador ao terceiro

---

Estudos..., *cit.*, p. 34, n. 80), em que os beneficiários sejam indeterminados – p. ex., os herdeiros legais – caso em que o sinistro se poderá verificar ou não e em que a identidade dos beneficiários só será determinada quando e se o sinistro se verificar. Também não nos parece pertinente o argumento de Filipe Albuquerque Matos (*idem*, p. 618) de que o actualmente disposto na alínea b) do nº 1 do artigo 64º da LSORCA obstaria à classificação do seguro obrigatório como contrato a favor de terceiro. Na verdade, tratando-se de um contrato de seguro obrigatório, o âmbito da acção directa há-de seguir os termos de tal contrato: daí que o terceiro lesado só tenha o direito de exigir directa (e exclusivamente) do segurador uma indemnização que se contenha no limite do capital mínimo obrigatório do seguro obrigatório. Também nos parecem carecer de pertinência os argumentos de que no seguro obrigatório de responsabilidade civil automóvel não se verificaria a possibilidade de revogação *ad libitum* nem de adesão do terceiro (*idem*, pp. 620-621): é que, como resulta do artigo 448º do CC a possibilidade de revogação só se verifica *na falta de estipulação em contrário*, pelo que essa possibilidade não é um elemento caracterizador do contrato a favor de terceiro. Quanto à insusceptibilidade prática de adesão do terceiro, ela decorre do facto de este ser indeterminado, como expressamente admite o artigo 445º do CC. Face ao exposto, não nos convencem os argumentos do autor, também explanados em Filipe Albuquerque Matos, "O contrato de seguro obrigatório de responsabilidade civil automóvel", *BFDUC*, Ano LXXVII (2001), pp. 394 ss. Aliás, como reconhece o autor, a prestação do segurador é feita a um terceiro (o lesado) estranho à relação contratual, à custa e por conta do segurado, como ocorre nos contratos a favor de terceiro (*idem*, p. 395). Quanto ao argumento, esgrimido pelo autor, de que, no seguro de responsabilidade civil automóvel, e diversamente do que ocorre no contrato a favor de terceiro, o crédito do terceiro (à prestação do segurador) não resulta directamente do contrato, mas dos pressupostos da responsabilidade civil por factos ilícitos ou pelo risco (*idem*, pp. 396-397), cremos que o mesmo não é igualmente convincente. É que o direito do terceiro à prestação do segurador não existiria na falta de contrato, pelo que é precisamente este a sua fonte e o seu fundamento (sendo para tanto irrelevante o facto de o contrato ser legalmente obrigatório). Quanto aos requisitos legais da responsabilidade civil, trata-se de meros pressupostos da qualificação de um facto como sinistro e, logo, da activação da garantia contratual, para o efeito estabelecida (do mesmo modo que, num seguro de furto, o preenchimento do tipo legal de crime e a consequente verificação de um dano na esfera do segurado são pressupostos da activação da garantia contratual). Cremos, portanto, de contestar que «a raiz do direito do lesado se encontre na lei, e não na relação contratual estabelecida entre a seguradora e o segurado responsável» (*idem*, p. 397.). Quanto ao argumento de que, diversamente do que admite o artigo 449º do CC, no seguro de responsabilidade civil automóvel o segurador pode, fazendo intervir o tomador (nº 2 do artigo 64º da LSORCA) opor ao lesado meios de defesa resultantes da relação entre o tomador e o terceiro (*idem*, p. 398, n. 25), o mesmo parece-nos equívoco: é que o que está em causa é o preenchimento dos pressupostos de activação da garantia (aferidos no âmbito da responsabilidade civil) e não relações estranhas ao contrato (créditos cruzados entre o tomador e o terceiro, p. ex.).

lesado[2504]. Ora, o sentido consagrado do artigo 449º do CC é bem outro, incluindo as omissões ou inexactidões pré-contratuais ou, em geral, quaisquer vícios da vontade, entre os meios de defesa derivados do contrato (relação de cobertura ou de provisão – no caso, o contrato de seguro). Como esclarecem Pires de Lima e Antunes Varela, «o que o promitente não pode é invocar os meios de defesa baseados em qualquer *outra* relação existente entre ele e o promissário ou na relação (de valuta) existente entre o promissário e o terceiro»[2505]. O argumento do contrato a favor de terceiro demonstra, portanto, precisamente que as omissões ou inexactidões são oponíveis ao terceiro lesado[2506].

VII. Todo o debate a que vimos aludindo ganhou nova actualidade com a LCS. Na verdade, sendo os seguros obrigatórios de responsabilidade civil automóvel e de acidentes de trabalho regulados em legislação especial – diplomas que não foram abrangidos pela norma revogatória do artigo 6º do DL 72/2008, de 16 de Abril – importa aferir da articulação entre o regime geral da LCS e aqueles regimes especiais. Sobre esta matéria, esclarece o artigo 2º da LCS que as normas constantes neste diploma se aplicam aos contratos de seguro com regimes especiais estabelecidos em outros diplomas, *desde que não sejam incompatíveis com esses*

[2504] Cfr., p. ex., o Ac. TRE de 03/07/2008 – Proc. nº 2769/07-2 (Bernardo Domingos).

[2505] Pires de Lima e Antunes Varela, *CC Anotado*, Vol. I, *cit.*, p. 431.

[2506] Segundo uma perspectiva com alguns adeptos, quando o incumprimento do dever de declaração do risco só se viesse a revelar após a (e na sequência da) participação do sinistro, o terceiro lesado disporia já de um direito próprio e autónomo perante o segurador, pelo que se afiguraria injusto que lhe fossem opostas sanções reportadas ao âmbito estritamente interno do contrato e decorrentes de circunstâncias inteiramente alheias ao terceiro. Desta forma, tratando-se de *excepções pessoais* – ou seja, fundadas na relação jurídica interna resultante do contrato – só poderia o segurador exonerar-se da sua prestação pecuniária invocando-as contra o segurado, que às mesmas tivesse dado azo mediante a sua acção ou omissão culposa, mas não contra o terceiro – Pedro Rubio Vicente, *El Deber...*, *cit.*, p. 130. Contra esta perspectiva reitera-se que o segurador sempre poderá invocar excepções resultantes do contrato que é, afinal, o fundamento da sua obrigação de prestar e que, nessa medida, não se trata de excepções *pessoais*. Como afirma Carlos Harten, «sejam quais forem as sanções aplicáveis [por incumprimento do dever de declaração do risco], o segurador pode impô-las aos beneficiários ou às vítimas que exijam a garantia por meio de acção directa, dado que elas se dirigem à obrigação de garantia e não às pessoas» – Carlos Harten, *El Deber...*, *cit.*, p. 136 (trad. nossa). É esta última (oponibilidade), aliás, a orientação dominante em França relativamente ao incumprimento de má fé do dever de declaração do risco – Yvonne Lambert-Faivre, *Droit des Assurances*, *cit.*, p. 255; e Stéphane Corone, "L'assuré doit dire la vérité, rien que la vérité", *L'Argus de l'Assurance*, nº 6851 (Out. 2003), p. 53. Já relativamente à redução proporcional da indemnização por incumprimento sem má fé, entende-se que a mesma será inoponível em seguro automóvel (mas não nos outros seguros obrigatórios), dispondo, não obstante, o segurador de direito de regresso contra o tomador – Maurice Picard e André Besson, *Les Assurances...*, *cit.*, p. 155; Yvonne Lambert-Faivre, *Droit des Assurances*, *cit.*, p. 257; e Bernard Beignier, *Droit du Contrat...*, *cit.*, p. 130.

regimes. Se a solução é pacífica – e sempre decorreria, de resto, da normal relação entre regra geral e regra especial[2507] – importa ter presente que, para além da disciplina do regime geral do contrato de seguro, a LCS contém, na sua parte especial e, mais precisamente, na secção consagrada ao seguro de responsabilidade civil, *disposições especiais de seguro obrigatório* (artigos 146º a 148º). Ora, é precisamente sobre a articulação destas *regras especiais* com as constantes de outros diplomas, em caso de incompatibilidade entre elas, que importa concentrar a nossa análise. Perante o problema suscitado, e atendendo à referida *ratio* do artigo 2º[2508], pensamos que a pretensão de aplicação do preceito não abrange as mencionadas situações, devendo o mesmo ser interpretado restritivamente no sentido de se referir apenas à relação entre regras gerais e regras especiais. Quanto à relação entre as regras especiais previstas na LCS e as previstas em diplomas autónomos, impõe-se o princípio segundo o qual, ocupando ambas o mesmo nível na hierarquia das fontes e verificando-se uma incompatibilidade entre elas, prevalece a regra posterior (fenómeno de revogação tácita)[2509].

Ora, relativamente aos seguros obrigatórios, a LCS consagra, designadamente, um regime de inoponibilidades (artigo 147º, com a epígrafe *meios de defesa*)[2510]. Nos termos do respectivo nº 1, o segurador *apenas* pode opor ao lesado os meios de defesa derivados do contrato de seguro ou de facto do tomador do seguro ou do segurado ocorrido anteriormente ao sinistro[2511], esclarecendo o nº 2 que, para efeito do número precedente, são nomeadamente oponíveis ao lesado, como meios de defesa do segurador, a invalidade do contrato, as condições contratuais e a cessação do contrato. A interpretação do referido preceito, que se afigura incontroversa, está, porém, longe de reunir consenso. Desde logo, no preâmbulo do DL 72/2008 prometia-se que, «relativamente a meios de defesa, como regime geral dos seguros obrigatórios de responsabilidade civil, *é introduzida uma solução similar à constante* do artigo 22º da LSORCA, relativo ao seguro automóvel, sob a epígrafe "Oponibilidade de excepções aos lesados"». Assim, entende Margarida Lima Rego que a LCS veio generalizar aos seguros obrigatórios de responsabilidade

---

[2507] Pedro Romano Martinez, "Artigo 2º – Anotação", *in* Pedro Romano Martinez *et al.*, *LCS Anotada, cit.*, p. 42.

[2508] Cfr. Pedro Romano Martinez, *idem*, pp. 41-42.

[2509] Cfr., por todos, José de Oliveira Ascensão, *O Direito..., cit.*, p. 313.

[2510] Trata-se de uma disposição relativamente imperativa, nos termos do nº 1 do artigo 13º da LCS, excepto nos seguros de grandes riscos, em que não é imperativa (nº 2 do mesmo artigo). Por outro lado, como nota José Vasques, embora integrado nas disposições especiais de seguro obrigatório, o preceito é igualmente aplicável ao seguro facultativo de responsabilidade civil. José Vasques, "Artigo 147º – Anotação", *in* Pedro Romano Martinez *et al.*, *LCS Anotada, cit.*, p. 496.

[2511] Apesar da expressa taxatividade do nº 1, também são oponíveis ao lesado outras situações legalmente previstas: p. ex., a referida no nº 7 do artigo 140º.

civil o que já resultaria, segundo a autora, do regime da LSORCA: «a cessação ou alteração do contrato posterior ao sinistro deixa de poder ser oposta ao lesado, qualquer que seja a sua natureza, tão-pouco lhe podendo ser oposta, pelo segurador, a violação de deveres ou ónus por parte do tomador e/ou do segurado»[2512].

Cremos, porém, que não há qualquer base legal para este entendimento, que é desmentido pelo teor claro do preceito, revelador de uma diferença literal e de substância face ao artigo 22º, e superando as imprecisões, ambiguidades e contradições que rodeavam aquele artigo, a que já fizemos referência. O que a leitura da disposição revela é, aliás, bem o inverso: uma clara aproximação ao teor do artigo 449º do CC e um distanciamento evidente da fórmula confusa do artigo 22º da LSORCA. Assim, como resulta da primeira parte do nº 1 do artigo 147º da LCS, as omissões ou inexactidões do tomador são, desde logo, oponíveis ao terceiro lesado porque resultantes do contrato e não de uma relação estranha ao mesmo. Mas essa oponibilidade surge reforçada pela segunda parte do nº 1, com a referência ao *facto anterior* do tomador do seguro (a violação do dever pré-contratual de declaração do risco). Se, nesta fase, alguma dúvida subsistisse, esta seria definitivamente afastada pelo nº 2 do mesmo artigo, que expressamente refere ser oponível a invalidade – quer se trate de nulidade, quer de anulabilidade (designadamente a resultante da prática de omissões ou inexactidões dolosas em sede de declaração inicial do risco) – do contrato, e não a *prévia invocação* da mesma[2513].

Poder-se-á, por outro lado, suscitar a questão da oponibilidade ao terceiro lesado das soluções decorrentes do nº 4 do artigo 26º (omissões ou inexactidões negligentes). É certo que a letra do nº 2 do artigo 147º não comporta expressamente este entendimento. Porém, este preceito terá de ser analisado com maior cautela. É que o mesmo não tem autonomia relativamente ao número que o precede, limitando-se exemplificar situações decorrentes da regra do nº 1 (*para efeito do número anterior, são nomeadamente oponíveis...*). A solução haverá de extrair-se, pois, da regra do nº 1, que claramente afirma a oponibilidade de facto do tomador do seguro ou do segurado ocorrido anteriormente ao sinistro[2514]. Tal é inques-

---

[2512] Margarida Lima Rego, *Contrato...*, cit., p. 685. Também Arnaldo Oliveira escreve, a propósito do artigo 22.º da LSORCA, que a LCS «é susceptível de basicamente manter a situação, porquanto não veio ferir de nulidade as omissões ou inexactidões na declaração do risco» – Arnaldo Oliveira, *Seguro Obrigatório...*, cit., pp. 82-83. No mesmo sentido, António Menezes Cordeiro, *Direito dos Seguros*, cit., p. 586.

[2513] Não compreendemos, neste contexto, a posição de Arnaldo Oliveira, segundo a qual, o facto de a LSORCA constituir um regime especial face à LCS afastaria a aplicabilidade, ao seguro de responsabilidade civil automóvel, do regime do nº 3 do artigo 25º da LCS – Arnaldo Oliveira, *Seguro Obrigatório...*, cit., p. 83, n. 150. É que é *a própria disposição especial* do artigo 147º da LCS, aplicável aos seguros obrigatórios, que dá cobertura legal à aplicação do nº 3 do artigo 25º da LCS.

[2514] A excepção expressamente consagrada na LCS a tal regra decorre do nº 6 do artigo 133º: a omissão fraudulenta de informação ao segurador, por parte do tomador do seguro ou segurado,

tionavelmente o caso do incumprimento (ainda que meramente negligente) do dever de declaração inicial do risco[2515]. Face ao exposto, pensamos que, quer a redução proporcional da prestação do segurador, quer a recusa de cobertura do sinistro (com a inerente cessação do contrato), consagradas, respectivamente, nas alíneas a) e b) do nº 4 do artigo 26º são oponíveis ao terceiro lesado. A cessação do contrato encontra-se, aliás, expressamente prevista entre os meios de defesa oponíveis (nº 2 do artigo 147º). A redução proporcional, por seu turno, implicará uma relação de complementaridade com o FGA[2516].

Em suma – e não obstante algumas vozes críticas quanto à bondade da solução adoptada[2517] – a LCS resolve em definitivo o diferendo sobre os meios de defesa oponíveis pelo segurador ao terceiro lesado.

VIII. No âmbito do Direito da UE releva a Directiva 72/166/CEE, do Conselho, de 24 de Abril de 1972, actualmente substituída pela Directiva 2009/103/EC, do Parlamento Europeu e do Conselho, de 16 de Setembro de 2009, relativa ao seguro

de que um mesmo risco relativo ao mesmo interesse se encontra seguro por vários seguradores, não pode ser invocada contra o lesado. Já o nº 4 do artigo 101º (inoponibilidade ao terceiro lesado da falta de participação do sinistro) resulta do regime estabelecido no artigo 147º, já que o facto do tomador do seguro ou segurado é posterior ao sinistro. José Vasques apresenta como exemplo de facto anterior ao sinistro, a falta de pagamento do prémio (nº 2 do artigo 61º) – José Vasques, "Artigo 147º – Anotação", *in* Pedro Romano Martinez *et al.*, *LCS Anotada, cit.*, p. 496. Em rigor, a circunstância referida constitui uma causa de resolução automática do contrato, nos termos do nº 3 do artigo 61º, pelo que o facto oponível é, mais propriamente, a cessação do contrato.

[2515] Arnaldo Oliveira refere a tendência, em outros ordenamentos, de limitar a oponibilidade, aos factos que não só sejam, em si mesmos, anteriores ao sinistro, mas que tenham sido invocados pelo segurador anteriormente ao mesmo – Arnaldo Oliveira, "Artigo 133º – Anotação", *in* Pedro Romano Martinez *et al.*, *LCS Anotada, cit.*, p. 459. Porém, foi claramente outra a orientação da LCS.

[2516] Neste quadro, refere Arnaldo Oliveira que «a intervenção ressarcitória do FGA deve teleologicamente suscitar-se também nos casos de invalidade parcial do contrato, ou redução da garantia, oponível ao lesado – naturalmente até ao limite do capital mínimo obrigatório do seguro» (*Seguro Obrigatório..., cit.*, p. 85).

[2517] Júlio Gomes, p. ex., constata que «o artigo 147º da LCS permite, com efeito, ao segurador opor como meio de defesa ao lesado a invalidade do contrato de seguro (nº 2 do artigo 147º) ou a sua cessação, o que parece significar que o segurador pode opor ao trabalhador vítima de acidente de trabalho o dolo do tomador do seguro que mentiu, p. ex., quanto ao número de trabalhadores ao seu serviço ou às funções que realizavam [...]» – Júlio Gomes, "O dever de informação do (candidato a) tomador...", *cit.*, p. 399. O autor insurge-se, porém, contra esta solução, que considera contrária à teleologia dos seguros em questão, «correspondendo a uma visão redutora e simplista do sinalagma contratual» (*ibidem*). Também numa perspectiva crítica, Moitinho de Almeida reconhece e lamenta a solução de oponibilidade consagrada na LCS, considerando que «os seguros obrigatórios só podem cabalmente desempenhar a função social para que foram criados se à vítima forem inoponíveis quaisquer excepções resultantes do contrato» – José Carlos Moitinho de Almeida, *Contrato de Seguro – Estudos, cit.*, p. 28 – e salientando o facto de um elevado número de ordenamentos europeus consagrar a inoponibilidade das excepções de modo a assegurar o ressarcimento do lesado (*ibidem*).

de responsabilidade civil que resulta da circulação de veículos automóveis e à fiscalização do cumprimento da obrigação de segurar esta responsabilidade. Nos termos do primeiro parágrafo do artigo 3º deste diploma, cada Estado-Membro, sem prejuízo do artigo 5º, adopta todas as medidas adequadas para que a responsabilidade civil que resulta da circulação de veículos com estacionamento habitual no seu território esteja coberta por um seguro, acrescentando-se (segundo parágrafo) que as medidas referidas no primeiro parágrafo devem determinar o âmbito da cobertura e as modalidades de seguro e que (quarto parágrafo) tal seguro deve, obrigatoriamente, cobrir danos materiais e pessoais.

Actualmente, a orientação do Direito da UE, materializado na jurisprudência do Tribunal de Justiça (TJ), vai no sentido de uma ampla abrangência desse regime, incluindo a inoponibilidade dos vícios na formação do contrato[2518]. Assim, face à jurisprudência consagrada pelo TJ na matéria em apreço[2519], e invocando «dúvidas sérias quanto ao seu alcance», defende Moitinho de Almeida o recurso ao reenvio prejudicial obrigatório para o TJ, pelo STJ, de decisões neste domínio, nos termos do terceiro parágrafo do artigo 267º do TFUE[2520].

Pensamos, porém, que a orientação clara da jurisprudência do TJ é no sentido de que *o sistema* de seguro de responsabilidade civil automóvel implementado em cada Estado-Membro assegure a efectiva tutela indemnizatória do terceiro lesado. Ora, atenta a complementaridade estabelecida, entre nós, entre o funcionamento do seguro e o do FGA, essa tutela fica sempre garantida, nos termos, designadamente, dos artigos 49º e 50º da LSORCA. Não cremos, portanto, que haja qualquer conflito entre a orientação do TJ e as soluções que, por aplicação da Lei nacional, são consagradas pelos nossos tribunais[2521].

[2518] José Carlos Moitinho de Almeida, *Contrato de Seguro – Estudos, cit.*, pp. 205 ss.

[2519] Cfr., p. ex., o Ac. TJ de 28/03/1996 – Proc. C-129/94 (Caso Ruiz Bernáldez): «tendo em conta o objectivo de protecção, que foi constantemente reafirmado em todas as directivas adoptadas na matéria, o artigo 3º, nº 1 [da Directiva 72/166/CEE, actualmente Directiva 2009/103/EC], conforme clarificado e completado pelas directivas posteriores, deve ser interpretado no sentido de que o seguro automóvel obrigatório deve permitir aos terceiros vítimas de um acidente causado por um veículo ser indemnizados de todos os danos emergentes de lesões corporais e dos danos patrimoniais sofridos, não podendo a seguradora invocar disposições legais ou cláusulas convencionais para recusar tal indemnização. Qualquer outra interpretação esvaziaria esta disposição do seu efeito útil, uma vez que teria por consequência permitir aos Estados-Membros limitar a indemnização dos terceiros vítimas de um acidente de viação a certos tipos de danos, provocando assim disparidades de tratamento entre as vítimas consoante o local em que o acidente ocorresse, situação que as directivas têm precisamente como objectivo evitar. [...] Em contrapartida, o contrato de seguro obrigatório pode prever que, em tais hipóteses, a seguradora disponha de direito de regresso contra o segurado».

[2520] José Carlos Moitinho de Almeida, *Contrato de Seguro – Estudos, cit.*, p. 222.

[2521] Assim, podemos afirmar, com José Alberto Vieira, que «o exercício regular do direito do lesado a ser indemnizado não se faz no direito português à custa dos meios de defesa da seguradora» – José

IX.1.3. Falsa indicação do proprietário do veículo

I. Partindo da casuística das inexactidões sobre o condutor habitual, analisámos as problemáticas que a mesma suscita. Porém, um outro grupo de casos ocupa reiteradamente os nossos tribunais, suscitando problemáticas parcialmente distintas: o das inexactidões quanto ao proprietário do veículo[2522]. Em regra, esta casuística traduz a interposição de um *testa de ferro* – um terceiro (em sentido económico) – entre o segurador e o verdadeiro interessado no seguro, de modo a permitir ao "tomador" oculto beneficiar de condições mais vantajosas. Por uma questão de coerência, para melhor dissimular a posição do verdadeiro interessado, o contrato é estruturado de modo que o *testa de ferro* figure como tomador, segurado, proprietário do veículo e condutor habitual[2523]. Apreciemos as implicações desta casuística.

II. À luz do CCom, a jurisprudência aprecia, em regra, a questão simultaneamente à luz dos artigos 428º (interesse segurável) e 429º (inexactidões ou reticências). Na verdade, uma tendência jurisprudencial, com algum apoio na doutrina[2524], tende a ver nas inexactidões respeitantes ao proprietário do veículo um incumprimento do dever de declaração do risco, gerador da anulabilidade do contrato. Porém, não cremos que a abordagem seja pertinente, na medida em que a titularidade do direito de propriedade sobre o veículo em nada influencia, em si mesma, a apreciação do risco pelo segurador. Na verdade, este risco prende-se com a circulação ou utilização do veículo, inerente, portanto, ao perfil do condutor e não do proprietário. Desta forma, a inexactidão é insusceptível de pôr em causa a validade do contrato por incumprimento do dever de declaração[2525].

Alberto Vieira, "O dever de informação...", *cit.*, p. 1015. Cfr. o eco dos argumentos do autor em Inês Domingos, *Declarações...*, *cit.*, pp. 41-42, em especial.

[2522] Haverá que distinguir as situações em que a inexactidão quanto ao proprietário do veículo é originária, daquelas em que decorre da superveniente alienação do veículo, caso que determina a cessação do contrato (artigo 21º da LSORCA).

[2523] Sendo o tomador um mero *testa de ferro* (ou *homem de palha*), que se interpõe entre o verdadeiro interessado no seguro e o segurador, contratando em nome próprio e ocultando a identidade daquele, poderia configurar-se a existência de um mandato sem representação (artigos 1157º ss. e 1180º ss.). Ora, a admissibilidade legal do instituto assenta na existência de um interesse legítimo do mandante digno de tutela legal (Pires de Lima e Antunes Varela, *CC Anotado*, Vol. II, *cit.*, p. 747), o que não é o caso quando o único propósito da actuação do "mandante" e do "mandatário" é o de enganar o segurador. Por outro lado, também o regime do mandato sem representação (transferência obrigatória para o mandante dos direitos e obrigações advenientes do contrato) não se coaduna com o contrato de seguro, onde não seria exequível (por força do princípio indemnizatório e do interesse segurável) a transferência para o "mandante" de quaisquer direitos.

[2524] Arnaldo Oliveira, *Seguro Obrigatório...*, *cit.*, p. 84. Admitindo também que a propriedade do veículo possa influenciar o risco, José Carlos Moitinho de Almeida, *Contrato de Seguro – Estudos, cit.*, p. 218.

[2525] Também neste sentido, James Landel, *Fausses Déclarations...*, *cit.*, p. 25. Cfr. igualmente o Ac. TRE de 18/06/2009 – Proc. nº 973/07.2TBPTG.E1 (Bernardo Domingos): a «declaração inexacta [sobre

III. Assim, a factualidade típica referida remete-nos para uma outra problemática: a do interesse segurável, requisito de validade do contrato de seguro[2526]. A esta luz, considera a jurisprudência dominante que, figurando como segurado quem não é proprietário do veículo – não correndo qualquer risco patrimonial de responsabilidade civil em caso de acidente automóvel – faltará o interesse segurável, pelo que o contrato estará ferido de nulidade (actualmente, nº 1 do artigo 43º da LCS). Por outro lado, e nos termos do artigo 22º da LSORCA (anterior artigo 14º do DL 522/85), a nulidade é oponível ao terceiro lesado[2527].

a propriedade do veículo] não conduz à nulidade do contrato por não ser essa a circunstância (pelo menos isoladamente considerada) susceptível de tornar o sinistro mais provável ou mais amplas as suas consequências». No mesmo sentido, Ac. STJ de 21/11/2006 – Proc. 6A3600 (Azevedo Ramos).
[2526] Cfr. Ac. STJ de 30/11/2006 – Proc. 6B2608 (Bettencourt de Faria): «se alguém subscreve uma proposta de seguro declarando que é o proprietário de determinado veículo e que é o seu condutor habitual, sendo certo que tais declarações não correspondem à realidade e que aquele só as fez para fazer um favor o verdadeiro proprietário que não tinha carta de condução, o vício do contrato daí resultante é o da nulidade do artº 428º do C. Comercial e não o da anulabilidade do artº 429º. [...]». Cfr. igualmente Ac. STJ de 22/06/2004 – Proc. 4A2204 (Lopes Pinto); Ac. STJ de 20/04/2006 – Proc. 6B400 (Bettencourt de Faria). Como nota Júlio Gomes, as declarações inexactas podem produzir efeitos fora da esfera da mera apreciação do risco: «a mentira sobre a existência de uma relação directa com o bem seguro pode implicar, p. ex., a falta de interesse no seguro da parte do tomador e a correspondente nulidade do contrato de seguro» – Júlio Gomes, "O dever de informação do (candidato a) tomador...", *cit.*, p. 408.
[2527] Nesta perspectiva, afirma-se, p. ex., no Ac. TRP de 15/04/2004 – Proc. 430959 (Mário Fernandes): «tem sido orientação dominante na doutrina e jurisprudência, aliás como se alude na decisão impugnada, que o contrato de seguro de responsabilidade civil automóvel se trata de um contrato de natureza pessoal, pois o que se segura é a responsabilidade pessoal de todo aquele que possa vir a ser chamado a responder pelos danos causados a terceiros pela circulação de um veículo a motor [...]. Nesta medida e atenta a aludida natureza do contrato de seguro, transfere-se para a seguradora a eventual responsabilidade que caiba ao segurado, na precisa medida em que este último detenha a direcção efectiva de um veículo, por si ou através de comissário, e o mesmo circule no seu interesse. [...] Inexistia um interesse segurável por parte daquela E..., interesse esse que funciona como pressuposto essencial para a validade do contrato de que nos vimos ocupando. Com efeito, para que ocorra esse interesse, necessário se torna que exista um direito, interesse ou responsabilidade potencial sobre o segurado; que tal direito, interesse ou responsabilidade seja objecto de seguro e que o segurado tenha uma relação jurídica relevante com o objecto seguro, a ponto de poder prejudicar-se por qualquer perda, dano, lesão ou criação de responsabilidade [...]». Cfr. igualmente o Ac. STJ de 22/06/2004 – Proc. 4A2204 (Lopes Pinto): «[...] À face da lei, ressalvado o seguro de carta, a cadeia de responsáveis é estabelecida – condutor/proprietário/ seguradora. Se falhar o elemento intermédio (rectius, se falta o nexo entre condutor e segurado, v.g., relação de comissão, empréstimo, etc) inexiste uma relação entre condutor e seguradora e era precisamente essa relação que permitiria responsabilizar esta última». Também no sentido da existência de uma nulidade oponível, cfr., p. ex., Ac. STJ de 03/10/2002 – Proc. 2B2165 (Simões Freire); Ac. TRP de 12/12/2002 – Proc. 232311 (Oliveira Vasconcelos); Ac. TRC de 19/02/2004 – Proc. 3587/03 (Jorge Arcanjo); Ac. STJ de 31/01/2006 – Proc. 5A3992 (Azevedo Ramos); Ac. STJ

IV. Em sentido diverso, vários são os acórdãos que negam a aplicabilidade do requisito de interesse segurável ao seguro obrigatório de responsabilidade civil automóvel, ou que, não a negando, consideram que o requisito se verifica no caso concreto ou que, mesmo não se verificando, a cominação é inoponível ao terceiro lesado[2528].

Consideremos, desde já, as decisões que entendem que o requisito do interesse segurável não se aplica ao seguro obrigatório de responsabilidade civil automóvel. Lê-se, assim, no Ac. STJ de 16/10/2008 – Proc. nº 08A2362 (Alves Velho): «face à relevância social da protecção do lesado e valores subjacentes ao Regime do Seguro Obrigatório, nomeadamente quanto à inoponibilidade das excepções contratuais gerais nele não previstas, não repugna aceitar a derrogação da norma do § 1º do art. 428º do CCom pelas do Dec.-Lei nº 522/85, nomeadamente nos seus arts. 2º e 8º-1, enquanto enformadoras dum regime especial, quanto ao regime da nulidade do seguro por falta de interesse na coisa segurada»[2529].

É certo – dir-se-á – que, sendo a prestação do segurador realizada directamente ao terceiro lesado na medida do dano deste, esta circunstância impede, por si só, qualquer aproveitamento especulativo por parte de um falso segurado. Porém, o requisito do interesse segurável não se prende apenas com o propósito de prevenir aquela instrumentalização especulativa (que sempre seria evitada pelo princípio indemnizatório). O interesse segurável é, nos seguros de danos, um dos elementos fundamentais caracterizadores do próprio tipo legal contratual[2530], cuja relevância decorre precisamente da severidade da cominação que lhe está associada (a nulidade – nº 1 do artigo 43º da LCS). Não cremos, portanto, que o mesmo seja inaplicável aos seguros de responsabilidade civil automóvel.

---

de 20/04/2006 – Proc. 6B400 (Bettencourt de Faria); Ac. TRP de 20/06/2006 – Proc. 621062 (Luís Antas de Barros); Ac. STJ de 30/11/2006 – Proc. 6B2608 (Bettencourt de Faria); Ac. STJ de 09/01/2007 – Proc. 6A4434 (Urbano Dias); Ac. TRG de 01/02/2007 – Proc. 2401/06-1 (Antero Veiga); Ac. STJ de 22/03/2007 – Proc. 7A230 (Silva Salazar); Ac. STJ de 20/01/2010 – Proc. nº 471/2002.G1.S1 (Alberto Sobrinho).

[2528] Assim, lê-se, p. ex., no Ac. TRP de 29/09/2009 – Proc. nº 4473/03.1TBMAI.P1 (Cândido Lemos): «o art. 14º do citado DL nº 522/85 impede que a ré suscite perante o autor quer a anulabilidade do contrato com base em declarações inexactas ou reticentes (art. 429º do CComercial), quer a sua nulidade com base na falta de interesse na coisa segurada (art. 428º) por esta ocorrer já depois do sinistro». Analisámos já a questão a propósito das inexactidões quanto ao condutor habitual. Pelas razões então expostas, pensamos não assistir razão a esta perspectiva, mesmo numa leitura literal do artigo 22º da LSORCA. Em qualquer caso, do nosso ponto de vista, a nulidade será sempre oponível ao terceiro lesado.

[2529] Neste sentido, Ac. STJ de 28/02/2008 – Proc. 07A4604 (Sousa Leite); e Ac. TRC de 08/09/2009 – Proc. n.º 440/06.1TBACB.C1 (Artur Dias).

[2530] José Vasques, *Contrato de Seguro – Notas...*, cit., pp. 131 ss.

V. Mais relevância merece o argumento de que não é só o proprietário do veículo que pode responder civilmente por acidente de viação e, portanto, de que não é apenas quanto a este que há-de verificar-se o requisito do interesse segurável que caracteriza a posição de segurado. Neste quadro, sustenta Moitinho de Almeida que o interesse segurável, nos seguros de responsabilidade civil, corresponde ao «surgir do dever de indemnizar, consequência da propriedade ou uso de certas coisas ou do exercício de certa actividade»[2531]. Ora, atendendo à abrangência do contrato de seguro, definida no nº 1 do artigo 15º da LSORCA – que abarca a responsabilidade civil, não só dos sujeitos obrigados a contratar o seguro, mas igualmente a de qualquer legítimo detentor ou condutor do veículo – entende o autor que o mesmo é, por natureza, um seguro por conta. Por outro lado, atenta a possibilidade legal – prevista no nº 2 do artigo 6º da LSORCA – de "qualquer pessoa" contratar o seguro, suprindo, assim, a obrigação de segurar que impende sobre o proprietário, o usufrutuário, o adquirente ou o locatário do veículo, conclui o autor que «não pode, assim, invocar-se a falta de interesse bem como a inexistência de um seguro por conta»[2532].

Nesta linha, afirma-se no Ac. TRG de 02/06/2004 – Proc. 504/04-2 (Gomes da Silva): «o contrato de seguro de responsabilidade civil automóvel deve obrigatoriamente ser celebrado pelos sujeitos enumerados no art. 2º do Decreto-Lei nº 522/85, de 31/12, *maxime* o seu proprietário. Porém, nada impede que alguém que não é susceptível de incorrer em responsabilidade civil possa celebrar validamente um contrato de seguro automóvel (na modalidade de contrato a favor de terceiro) [*sic*]; na verdade, a transferência de responsabilidade objecto do contrato abrange a responsabilidade do tomador do seguro, aquele que outorga o contrato com a entidade seguradora, e a responsabilidade de outras pessoas, sem que, para a perfeição do contrato, o tomador figure no elenco daqueles que são virtualmente responsáveis. [...]»[2533]. Cremos, porém, como decorre deste trecho,

---

[2531] José Carlos Moitinho de Almeida, *Contrato de Seguro – Estudos, cit.*, p. 217.

[2532] José Carlos Moitinho de Almeida, *idem*, p. 218.

[2533] No mesmo sentido, Ac. TRG de 10/03/2004 – Proc. 818/03-2 (Gomes da Silva); Ac. STJ de 18/11/2004 – Proc. 4B3374 (Araújo Barros); Ac. TRC de 03/05/2005 – Proc. 317/05 (Távora Vítor); Ac. TRC de 14/03/2006 – Proc. 3711/05 (Alexandrina Ferreira); Ac. TRG de 05/07/2007 – Proc. 1195/07-1 (Rosa Tching); Ac. STJ de 28/02/2008 – Proc. 07A4604 (Sousa Leite). Também nesta linha, alguma jurisprudência resolve a questão por via da prova produzida. Assim, lê-se no Ac. STJ de 02/10/2007 – Proc. 7A2728 (Mário Cruz): «embora esteja provado que o pai do EE, tomador de seguro, não era proprietário nem usufrutuário da viatura, para que o contrato de seguro celebrado fosse nulo, de acordo com o disposto no art. 428º do C. Comercial, seria necessário que a entidade a quem a nulidade beneficiaria viesse provar, nos termos do art. 342º-2 do CC. que ao tomador do seguro não assistia nenhum outro título legítimo que lhe permitisse a celebração do contrato de seguro, pois sendo este admissível em qualquer das funções legítimas de detenção, seria à Ré Seguradora que competiria a alegação e prova dos factos conducentes à alegada nulidade, dado

que esta perspectiva, assente numa leitura transviada dos preceitos pertinentes, tende, frequentemente, a confundir: por um lado, o contrato a favor de terceiro com o seguro por conta de outrem; por outro, os sujeitos vinculados pela obrigação de segurar com os potenciais responsáveis civis; finalmente, o tomador com o segurado.

VI. Perante a problemática em análise, há que assumir posição. Assim, pensamos que a questão do interesse segurável terá de ser reapreciada à luz das disposições específicas da LSORCA, que importa considerar. Ora, embora o seguro cubra a responsabilidade civil por acidente de viação – e seja, nessa medida, pessoal[2534] – o mesmo está umbilicalmente associado a um veículo, sem prejuízo das regras especiais definidas nos n.ºs 3 a 5 do artigo 6.º da LSORCA, em particular da possibilidade, referida no n.º 4 do mesmo preceito, de, nos termos a aprovar por norma do ISP, serem celebrados seguros de automobilista (condutor) com os efeitos previstos no mesmo diploma. Daí que a cada veículo só deva corresponder um seguro[2535]. Daí também que a falta de celebração de seguro obrigatório de responsabilidade civil automóvel tem por cominação a apreensão do veículo (e não a apreensão da carta do condutor), nos termos da alínea f) do n.º 1 do artigo 162.º do Código da Estrada[2536].

Neste contexto, dispõe o n.º 1 do artigo 6.º da LSORCA (adoptando o texto que constava já do n.º 1 do artigo 2.º do DL 522/85), que a *obrigação de segurar* impende sobre o proprietário do veículo[2537], exceptuando-se os casos de usufruto, venda com reserva de propriedade e regime de locação financeira, em que a obrigação é, respectivamente, do usufrutuário, adquirente ou locatário. Assim, a posição

ser esta circunstância impeditiva e extintiva do direito contra si invocado». No mesmo sentido, Ac. STJ de 06/11/2007 – Proc. 07A3447 (Nuno Cameira).

[2534] Antunes Varela, "Supremo Tribunal de Justiça – Acórdão de 4 de Fevereiro de 1982" [coment.], *RLJ*, Ano 118.º (1985-1986), n.º 3737, p. 256, n. 1. Nota desse carácter pessoal (e não real) do contrato será a cessação do contrato em caso de alienação do veículo, conforme estabelecido no n.º 1 do artigo 21.º da LSORCA – cfr., quanto à idêntica redacção constante do n.º 1 do artigo 13.º do DL 522/85, Maria Clara Lopes, *Seguro Obrigatório de Responsabilidade Civil Automóvel*, Lisboa, Imprensa Nacional Casa da Moeda, 1987, p. 52.

[2535] Havendo, por força das regras especiais previstas nos n.ºs 3 a 5 do artigo 6.º, vários contratos com pretensão de aplicação a um acidente, haverá que recorrer à norma de conflitos prevista no artigo 23.º da LSORCA.

[2536] Não obstante, o condutor do veículo deve ser portador de certificado de seguro válido, nos termos da alínea c) do artigo 85.º do Código da Estrada, sob cominação prevista no n.º 4 do mesmo artigo.

[2537] Este é, portanto, obrigado "em primeira linha". Adriano Garção Soares, José Maia dos Santos e Maria José Rangel de Mesquita, *Seguro Obrigatório de Responsabilidade Civil Automóvel – Direito Nacional, Direito Comunitário, o Sistema de Carta Verde, Anotados e Comentados*, 2ª Ed., Coimbra, Almedina, 2001, p. 25.

de *segurado* há-de verificar-se *apenas* quanto ao proprietário, usufrutuário, adquirente ou locatário do veículo, consoante o caso[2538].

Como conjugar, porém, tal disposição com o nº 2 do mesmo artigo (que segue, igualmente, a redacção do nº 2 do artigo 2º do diploma antecedente), nos termos do qual, se *qualquer outra pessoa* celebrar, relativamente ao veículo, contrato de seguro que satisfaça o disposto no diploma em apreço, fica suprida, enquanto o contrato produzir efeitos, a obrigação das pessoas referidas no número anterior? Uma interpretação literal levaria a supor que o nº 1 ficaria esvaziado de efeito útil: verificar-se-ia um mero ónus de celebração de um contrato de seguro para cada veículo, cabendo a qualquer pessoa, potencial responsável civil ou não, a observância desse ónus. Esse entendimento privaria também de efeito útil o princípio do interesse segurável, princípio basilar do contrato de seguro em matéria de seguros de danos[2539]. Cremos, porém, ser outro o sentido do nº 2. Trata-se, não de uma derrogação do princípio do interesse segurável, mas da expressa consagração da admissibilidade do seguro por conta de outrem em matéria de responsabilidade civil automóvel, reflectindo, portanto, actualmente, a regra do artigo 48º da LCS.

Em suma, qualquer pessoa pode celebrar (como tomador do seguro) um seguro por conta do obrigado, que deverá ser identificado como segurado (o proprietário, usufrutuário, adquirente ou locatário)[2540]. Para além do "interesse"

[2538] Isto mesmo é consentâneo com o facto de, frequentemente, o seguro automóvel contemplar, para além da responsabilidade civil, também os danos próprios do veículo, caso em que o interesse segurável não poderá deixar de reportar-se a ambos os aspectos – José Bento, *Direito de Seguros, cit.*, p. 155.

[2539] Neste sentido, pode ler-se no Ac. STJ de 22/10/2009 – Proc. nº 1146/05.3TBABF.S1 (Serra Baptista): «sendo o seguro obrigatório automóvel, por natureza, um seguro por conta, já que abrange a responsabilidade civil do tomador do seguro, dos sujeitos da obrigação de segurar e dos legítimos detentores e condutores do veículo – art. 8º, nº 1 do citado DL 522/85 – pode qualquer pessoa celebrá-lo, caso em que, face ao disposto no art. 2º, nº 2 do mesmo diploma legal, a obrigação de segurar fica suprida, enquanto o contrato produzir efeitos. [...] Não podendo, assim, invocar-se a falta de interesse ou a inexistência de um seguro por conta».

[2540] No sentido que defendemos, Filipe Albuquerque Matos, "O contrato...Breves considerações", *cit.*, p. 605 e n. 8. Como refere José Bento, «a característica do contrato por conta ou no interesse de outrem resulta inequívoca dos próprios termos do contrato» – José Bento, *Direito de Seguros, cit.*, p. 112. Presumindo-se – na falta de outra indicação na apólice – que o seguro é feito por conta própria, haverá que apurar se o tomador tem interesse no contrato. Ora, não sendo ele o proprietário do veículo nem assumindo nenhuma qualidade que justifique aquele interesse dever-se-á concluir que o contrato é nulo por falta de interesse. Neste sentido, lê-se no Ac. STJ de 22/03/2007 – Proc. 7A230 (Silva Salazar): «[...] não se tendo feito constar da apólice que o seguro era por conta do réu DD e não do outorgante FF, tem o mesmo de se considerar contratado por conta do citado FF, visto que o disposto no nº 2º do citado artº 428º não é afastado pelo artº 2º, nº 2, do Dec. – Lei nº 522/85, de 31/12; e [...] tem de se entender que, não se mostrando ser aquele por conta de quem o seguro foi

inerente ao cumprimento de um dever legal (a obrigação de segurar), o segurado tem também interesse segurável, de carácter patrimonial[2541], na medida em que é, em primeira linha, pelo menos, responsável civil pelo risco de circulação do veículo (artigo 503º do CC)[2542].

Questão diferente de se saber sobre quem impende a obrigação de segurar é a de saber qual a extensão pessoal da garantia do segurador, isto é, quem fica potencialmente protegido pela garantia de responsabilidade civil, deixando de sofrer, no seu património, os efeitos que, de outra forma, sobre o mesmo pesariam por efeito das regras da responsabilidade civil por acidente de circulação. A tanto dá resposta o artigo 15º da LSORCA. Nos termos do respectivo nº 1, o

---

celebrado titular de qualquer interesse de ordem económica sobre o veículo seu objecto, – pelo que não poderia ser responsabilizado civilmente pelas consequências do sinistro com a consequência de inexistência de responsabilidade transferível para a seguradora -, tal seguro é nulo [...]».

[2541] Na verdade, o interesse segurável, como elemento caracterizador do contrato de seguro, assume uma vertente eminentemente material ou económica. Assentando este requisito do contrato no propósito legal de acentuar o seu carácter previdencial e evitar qualquer intuito especulativo, o interesse terá de ser aferido, como refere José Bento, pela existência de uma «relação legalmente reconhecida com o objecto do seguro, pela qual [o segurado] beneficie da segurança do direito, interesse ou desoneração de responsabilidade e se prejudique por qualquer perda, dano lesão, ou criação de responsabilidade» – José Bento, *Direito de Seguros, cit.*, p. 152. Como se lê no Ac. STJ de 30/11/2006 Proc. 6B2608 (Bettencourt de Faria): «[...] é verdade que as declarações feitas satisfaziam um interesse do declarante, que era o de fazer um favor ao verdadeiro proprietário do veículo. No entanto é de entender que o interesse a que alude o referido artº 428º é um interesse patrimonial. E isto porque o contrato destina-se a cobrir um risco no património. Ora, sendo o veículo alheio e não se descortinando, como já se disse, que tivesse ele algum interesse na manutenção e circulação do mesmo, não tem este tomador do seguro interesse patrimonial na celebração do contrato. [...]». Em sentido convergente, Ac. TRP de 15/11/2001 – Proc. 131666 (Coelho da Rocha); Ac. STJ de 31/01/2006 – Proc. 5A3992 (Azevedo Ramos).

[2542] Em sentido não coincidente com o por nós subscrito, considera Arnaldo Oliveira, não obstante, que o nº 2 do artigo 6º da LSORCA não pode ter por efeito a inobservância do princípio do interesse segurável, considerando, portanto, que não poderá faltar «a essa "qualquer pessoa" interesse juridicamente relevante» – Arnaldo Oliveira, *Seguro Obrigatório..., cit.*, p. 83, n. 151. Porém, o autor não afasta a hipótese de que tal interesse seja como condutor. Ora, como todas as pessoas física e legalmente habilitadas a conduzir são potenciais condutores de um veículo, o potencial interesse segurável de "qualquer pessoa" dificilmente deixará de se verificar. Aliás, nas situações de fraudulenta interposição de um terceiro na contratação do seguro ficaria o segurador com o quase insuperável ónus de demonstrar a inexistência de interesse segurável do mesmo. Mas a perspectiva do autor confunde igualmente a posição do tomador com a do segurado, referindo a necessidade de «existência na esfera jurídica do *tomador do seguro* de um qualquer interesse juridicamente relevante» (*idem*, p. 84, n. 153). Ora, o interesse segurável terá de verificar-se na esfera do *segurado* (nº 1 do artigo 43º da LCS) e não na de quem *celebra* o seguro (nº 2 do artigo 6º da LSORCA), quando os mesmos não coincidam. É relativamente ao *segurado* (sujeito da obrigação de segurar – nº 1 do artigo 6º), como tal expressamente mencionado na apólice, que o interesse segurável haverá, pois, de aferir-se.

contrato garante a responsabilidade civil do tomador do seguro, dos sujeitos da obrigação de segurar previstos no artigo 4º e dos legítimos detentores e condutores do veículo[2543]. A desconcertante referência ao tomador do seguro só fará sentido nos seguros por conta própria, caso em que este será também sujeito da obrigação de segurar. De outra forma – isto é, quando (nos seguros por conta de outrem) o tomador do seguro não seja sujeito da obrigação de segurar – a sua responsabilidade civil só estará coberta como legítimo detentor e condutor do veículo, mas não pelo facto de ser o tomador do seguro (caso em que, inexistindo qualquer relação com o veículo, não se divisa fundamento para a emergência, na sua esfera, de uma obrigação indemnizatória por acidente de viação).

Desta forma, e em conclusão, a inexactidão quanto ao proprietário do veículo, quando determine a falta de interesse segurável é causa de nulidade do contrato. Ora, como resulta – até literalmente – do artigo 22º da LSORCA, bem como do artigo 147º da LCS, essa nulidade é oponível aos terceiros lesados.

IX.2. OS SEGUROS DE ACIDENTES DE TRABALHO

IX.2.1. Generalidades

I. A qualificação do contrato de seguro obrigatório de acidentes de trabalho para trabalhadores por conta de outrem, quanto à submodalidade de seguro em causa, suscita dúvidas que têm alimentado a controvérsia doutrinária. O ponto de partida para tal qualificação não poderá deixar de assentar na disciplina, legal e regulamentar, a que o mesmo obedece, a qual suscita questões de que importa dar conta. Desde logo, o nº 5 do artigo 283º do CT, bem como o nº 1 do artigo 79º da Lei nº 98/2009, de 4 de Setembro (LAT), referem que o empregador é obrigado a *transferir a responsabilidade pela reparação* dos danos emergentes de acidente de trabalho, transferência que constitui, portanto, o objecto do contrato

---

[2543] O âmbito amplo do preceito dá resposta à obrigação de seguro estabelecida no nº 1 artigo 4º da LSORCA, nos termos do qual toda a pessoa que possa ser civilmente responsável pela reparação de danos corporais ou materiais causados a terceiros por um veículo terrestre a motor para cuja condução seja necessário um título específico e seus reboques, com estacionamento habitual em Portugal, deve, para que esses veículos possam circular, encontrar-se coberta por um seguro que garanta tal responsabilidade, nos termos do mesmo diploma. Acrescenta o nº 2 do artigo 15º da LSORCA que o seguro garante ainda a satisfação das indemnizações devidas pelos autores de furto, roubo, furto de uso do veículo ou de acidentes de viação dolosamente provocados, sem prejuízo do disposto no número seguinte. Finalmente, resulta do nº 3 do mesmo artigo que, nos casos de roubo, furto ou furto de uso de veículos e acidentes de viação dolosamente provocados o seguro não garante a satisfação das indemnizações devidas pelos respectivos autores e cúmplices para com o proprietário, usufrutuário, adquirente com reserva de propriedade ou locatário em regime de locação financeira, nem para com os autores ou cúmplices, ou os passageiros transportados que tivessem conhecimento da detenção ilegítima do veículo e de livre vontade nele fossem transportados.

de seguro[2544]. Em suma, o *objecto do contrato* configura um seguro de responsabilidade civil[2545], o qual, na dicotomia seguros de pessoas / seguros de danos, cairá na segunda categoria (como verte da sistemática dos artigos 137º ss. da LCS). Estruturalmente, tratar-se-á de um seguro individual, em que a entidade patronal ocupa simultaneamente as posições de tomador e de segurado e os trabalhadores a de terceiros (potencialmente) lesados.

Porém, logo o mesmo nº 1 da cláusula 3ª da AUSAT refere que os acidentes de trabalho no âmbito do contrato são os das *pessoas seguras identificadas na apólice*, esclarecendo-se no artigo 1º que a pessoa segura é o trabalhador por conta de outrem, ao serviço do tomador do seguro, *no interesse do qual o contrato é celebrado*. Assim, nesta *perspectiva funcional*, parece estar-se já perante um seguro de pessoas, de acidentes pessoais profissionais, configurado como um seguro de grupo por conta de outrem (os trabalhadores, que assumem aqui a posição de segurados / pessoas seguras)[2546]. Neste sentido vai ainda o artigo 123º do RGAS, que classifica os seguros de acidentes de trabalho como modalidade do ramo *acidentes*, a par dos seguros de acidentes pessoais[2547].

[2544] Nesse mesmo sentido vai o nº 1 da cláusula 3ª da Parte Uniforme das Condições Gerais, e das Condições Especiais Uniformes, da Apólice de Seguro Obrigatório de Acidentes de Trabalho para Trabalhadores por Conta de Outrem (AUSAT) – prevista no artigo 81º da LAT e aprovada pela Norma Regulamentar do ISP nº 1/2009-R, de 8 de Janeiro – onde se estabelece que, através do contrato, o segurador garante a *responsabilidade do tomador do seguro pelos encargos obrigatórios* provenientes de acidentes de trabalho. Finalmente, o artigo 7º da LAT dispõe que o empregador é *responsável* pela reparação e demais encargos decorrentes de acidente de trabalho relativamente ao trabalhador ao seu serviço.

[2545] Como decorre do artigo 137º da LCS, no seguro de responsabilidade civil o segurador cobre o risco de constituição, no património do segurado, de uma obrigação de indemnizar terceiros.

[2546] Neste sentido, Margarida Lima Rego, *Contrato..., cit.*, p. 839. A argumentação da autora assenta, porém, num formalismo, onde dá por demonstrado precisamente o que necessita demonstrar: «os verdadeiros seguros de responsabilidade civil celebram-se, necessariamente, por conta dos eventuais responsáveis e não dos eventuais lesados – ainda que a estes últimos seja conferida, por disposição legal ou estipulação contratual, uma pretensão contra o segurador» (*ibidem*).

[2547] Relativamente à *natureza da reparação* por acidente de trabalho, considera Luís Menezes Leitão que a mesma se situa fora do âmbito da responsabilidade civil. Desde logo, porque a mesma terá por função central, não a reparação de um dano concreto, mas a tutela da segurança económica do trabalhador, em moldes abstractos (de acordo com uma tarifa legal) – Luís Menezes Leitão, "Acidentes de trabalho e responsabilidade civil (a natureza jurídica da reparação de danos emergentes de acidentes de trabalho e a distinção entre as responsabilidades obrigacional e delitual)", *ROA*, Ano 48, Vol. III (Dez. 1988), pp. 825 ss. Por outro lado, faltaria igualmente um nexo de imputação do dano ao empregador. O regime dos acidentes de trabalho teria, pois, natureza assistencial, com as características de uma obrigação de alimentos (*idem*, p. 827). Estaria, assim, em causa um regime de assistência social traduzido na celebração obrigatória de um contrato de seguro. Este, por seu turno, atenta a possibilidade de acção directa do lesado sobre o segurador, constituiria

Sem assumir posição quanto à qualificação do seguro de acidentes de trabalho, o nº 3 do artigo 138º da LCS – ao estabelecer que o disposto naquela secção (que regula o seguro de responsabilidade civil) se aplica ao seguro de acidentes de trabalho sempre que as disposições especiais consagradas neste regime não se lhe oponham – retira interesse prático à controvérsia dogmática referida[2548]. Por outro lado, o nº 1 do artigo 146º da LCS consagra, para os seguros obrigatórios, o direito de acção directa do terceiro lesado contra o segurador, estendendo ao seguro de acidentes de trabalho um regime que resultava já da lei para o seguro de responsabilidade civil automóvel. De resto, o artigo 147º da LCS estabelece igualmente para os seguros obrigatórios (entre eles, o de acidentes de trabalho) um regime de inoponibilidades a que fizemos já referência (*supra*, IX.1.2.VII).

Ora, estes traços de regime, agora aditados pela LCS, permitem qualificar o contrato exactamente nos mesmos moldes do seguro de responsabilidade civil automóvel. Trata-se de um seguro de responsabilidade civil (seguro de danos) do empregador por acidentes de trabalho ocorridos com os seus trabalhadores. Desta forma, é celebrado por conta própria do tomador-empregador (que ocupa também, portanto, a posição de segurado, no interesse de quem o contrato é concluído) e em que os trabalhadores são terceiros (potencialmente) lesados[2549].

«um seguro directo no interesse das vítimas» (*idem*, p. 825), ao que supomos – embora o autor o não refira expressamente – um seguro de acidentes pessoais profissionais.

[2548] Como nota Pedro Romano Martinez, «mesmo para quem entenda que não é responsabilidade civil, aplica-se este regime, ou seja, valem as regras do seguro de responsabilidade civil» ("Modificações...", *cit.*, p. 31).

[2549] Neste sentido, Júlio Gomes defende estar-se ainda no domínio da responsabilidade civil, a tanto não obstando, quer o plafonamento dos montantes indemnizatórios, quer o carácter instrumental daquela face à função de protecção do trabalhador lesado: «a lei atribui a responsabilidade por acidentes de trabalho ao empregador com um escopo de garantia» – Júlio Gomes, "Breves reflexões sobre a noção de acidente de trabalho no novo (mas não muito) regime dos acidentes de trabalho", *in* António Moreira, e M. Costa Martins (Coords.), *I Congresso Nacional de Direito dos Seguros – Memórias*, Coimbra, Almedina, 2000, p. 208. O autor questiona, por outro lado, que a responsabilidade do empregador se funde no risco (profissional), defendendo que a mesma constitui uma responsabilidade objectiva resultante da subordinação jurídica e rejeitando, consequentemente, a exigência de um nexo de causalidade entre a prestação de trabalho e o acidente (*idem*, pp. 209-210). Na perspectiva de Pedro Romano Martinez, o regime dos acidentes de trabalho situa-se no domínio da responsabilidade civil objectiva pelo risco, assentando no risco profissional e alargando-se pontualmente, numa lógica socializadora, ao próprio risco empresarial ou de autoridade (o risco inerente à qualidade de empregador) – Pedro Romano Martinez, *Direito do Trabalho*, *cit.*, pp. 893 ss. Neste quadro, a obrigatoriedade do seguro – que visa a transferência, para o segurador, da responsabilidade civil objectiva do empregador (e que assumirá, assim, a natureza de seguro de responsabilidade civil) – tem por escopo a garantia do pagamento das indemnizações por acidente de trabalho (Pedro Romano Martinez, *Acidentes de Trabalho*, Lisboa, Pedro Ferreira Editor, 1996, pp. 85 ss.; Pedro Romano Martinez, *Direito do Trabalho*, *cit.*, p. 933). À natureza de seguro de responsabilidade civil não obstará, de resto, a possibilidade de acção directa do lesado contra o

Em substância, trata-se de um seguro individual em que os potenciais terceiros lesados são determinados ou determináveis em função do vínculo laboral com o tomador[2550]. Em qualquer dos casos, isso não altera a posição dos mesmos no contrato, que assume, assim – atendendo, sobretudo, ao direito de acção directa conferido ao lesado pelo regime legal do contrato resultante da LCS – a classificação de contrato a favor de terceiro[2551]. Desta forma, no seguro de acidentes de trabalho a declaração do risco compete, em exclusivo, ao tomador-segurado.

II. Antes de nos debruçarmos sobre a controvérsia jurisprudencial em torno do seguro de acidentes de trabalho, importa retomar algumas considerações já esboçadas anteriormente. Desde logo, como foi já referido, o nº 3 do artigo 138º da LCS estabelece a aplicabilidade ao seguro de acidentes de trabalho das regras definidas para os seguros de responsabilidade civil, sistematicamente regulados entre os seguros de danos (artigos 123º ss. da LCS). Inquestionável é igualmente a aplicabilidade dos artigos 24º a 26º da LCS, no que não seja incompatível com o regime especial do seguro de acidentes de trabalho (artigo 2º da LCS).

Como decorre do nº 2 do artigo 81º da LAT, o *grau de risco* de acidente de trabalho prende-se fundamentalmente com *a natureza da actividade* e *as condições de prevenção* implantadas nos locais de trabalho. Será, portanto, essencialmente sobre estes factores que versa o dever de declaração do risco do proponente – sem prejuízo da relevância de determinadas características dos próprios trabalhadores (mormente, a pré-existência de um determinado grau de incapacidade[2552]) que

segurador – Pedro Romano Martinez, *Acidentes de Trabalho, cit.*, p. 87. Também no sentido de que a natureza do contrato é de seguro de responsabilidade civil (por acidente de trabalho), Alexandra Almeida Mota, *Seguro..., cit.*, pp. 31 e 58; Alexandra Polido, *Seguro..., cit.*, p. 44.

[2550] Note-se, todavia, que, a inexistir um regime de responsabilidade do empregador por acidentes de trabalho, nada impediria que o mesmo celebrasse um verdadeiro contrato de seguro de grupo de acidentes pessoais a favor (e por conta) dos trabalhadores, em que estes assumissem, então, verdadeiramente, a posição de pessoas seguras.

[2551] Neste sentido, Carlos Mateus, "As inexactidões e reticências no seguro de acidentes de trabalho", *SI*, Tomo LIII, nº 299 (Mai.-Ago. 2004), p. 338.

[2552] A título de exemplo, cite-se o Ac. TRP de 30/05/2005 – Proc. 447044 (Fernandes Isidoro), onde se conclui que «a celebração de um contrato de seguro de acidentes de trabalho, em que a entidade patronal omitiu que tinha ao seu serviço trabalhadores com manifesta incapacidade física ou mental, implica a nulidade do contrato de seguro, já que se a seguradora soubesse daqueles elementos essenciais não teria aceite a proposta, ou tê-la-ia aceite com outras condições». A decisão assenta na seguinte factualidade provada: «sob proposta datada de 1998.01.22 e com início em 1998.01.31, a co-ré entidade patronal declarou celebrar com a co-ré seguradora um contrato de seguro de acidentes de trabalho; nessa proposta, à pergunta se há trabalhadores com manifesta incapacidade física ou mental, a proponente nada disse. Tal proposta foi assinada por D..., sócio-gerente da co-ré entidade empregadora, na qual declarou: "tomei conhecimento das condições da apólice e respondi de forma exacta e completa aos quesitos desta proposta..."».

torne mais provável a ocorrência ou as consequências de um acidente[2553] – permitindo determinar a probabilidade de ocorrência e de intensidade do sinistro, e, logo, as condições tarifárias aplicáveis ao contrato.

O incumprimento do dever pré-contratual de declaração do risco pelo proponente suscita, assim, as mesmas consequências no seguro de acidentes de trabalho do que nas outras modalidades de seguro (apelando à intervenção dos artigos 24º a 26º da LCS). Embora a opção seja contestada por alguma doutrina[2554], ela é inequívoca e encontra, aliás, confirmação expressa nas cláusulas 7ª a 9ª da AUSAT (que reproduzem textualmente aqueles artigos), para além de beneficiar de uma apreciação favorável de constitucionalidade pelo TC[2555].

III. Referimos acima o tipo de circunstâncias susceptíveis de influenciar a apreciação do risco pelo segurador. Ora, o número de trabalhadores ao serviço de um empregador é, em si mesmo, indiferente para a apreciação do risco (excepto se, por exemplo, a exiguidade das instalações face a esse número colocar problemas de *segurança*, caso em que é esta circunstância a relevante)[2556]. Porém, é bem

---

[2553] Florbela Almeida Pires refere em especial a relevância das condições de (segurança no) exercício do trabalho para a avaliação do risco. Florbela Almeida Pires, *Seguro...*, *cit.*, p. 71.

[2554] Numa incursão pela natureza específica dos chamados *seguros sociais* – entre os quais se conta o seguro obrigatório de acidentes de trabalho para trabalhadores por conta de outrem – atenta a respectiva função de tutela do terceiro lesado, coloca Júlio Gomes em causa que se lhes devam aplicar as regras gerais do contrato de seguro, designadamente as respeitantes à declaração do risco – Júlio Gomes, "Seguro de acidentes...", *cit.*, pp. 6 ss., especialmente p. 10. À posição do autor subjaz o facto de a opção por um sistema de seguro obrigatório estar longe do consenso entre os países desenvolvidos, havendo mesmo alguma evidência de que tal sistema seja mais oneroso e menos eficiente do que um sistema público estatal de reparação de acidentes de trabalho.

[2555] O Ac. TC nº 524/99 (DR, II série, de 17-03-2000) conclui que «não se pode pretender imputar a violação do artigo 59º, nº 1, alínea c), da Constituição a uma norma que estabelece as condições de validade do contrato de seguro e que determina a consequência da anulação do contrato relativamente a certas irregularidades na sua formação ou no decurso da sua execução, quando as eventuais consequências negativas da anulação do contrato de seguro são apenas imputáveis a uma conduta desconforme à lei por parte da entidade patronal. [...] Conclui-se assim que a norma constante do artigo 429º do CCom, aplicada ao seguro de acidentes de trabalho, em nada contende com o princípio da "segurança na prestação de trabalho", consagrado constitucionalmente».

[2556] Assim, um segurador de acidentes de trabalho não recusará uma proposta (nem lhe aplicará um agravamento) pelo facto de o empregador declarar com exactidão que tem 50, 100 ou 1000 trabalhadores ao seu serviço, assim como um segurador do ramo "vida" não recusará uma proposta de um seguro de grupo nem lhe aplicará condições mais gravosas pelo facto de esse grupo incluir mais ou menos pessoas. O risco (probabilidade de ocorrência do sinistro) será o mesmo, não fazendo variar a taxa tarifária aplicável. Naturalmente que o prémio (que, em termos simplificados, resulta da multiplicação da taxa pelo capital seguro) será tanto maior quanto maior for o número de pessoas (e retribuições) seguras, na medida em que maior é também a amplitude da responsabilidade assumida pelo segurador. Porém, esse aumento do prémio é função do aumento

outra, em regra, a matéria do grande volume de decisões judiciais controvertidas em sede de declaração do risco no seguro de acidentes de trabalho, centrando-se na omissão de parte dos trabalhadores ao serviço do tomador.

Para podermos analisar as soluções que se afiguram pertinentes neste domínio, importa, desde já diferenciar as modalidades de contrato em causa. A cláusula 5ª da AUSAT prevê que o seguro possa ser celebrado em duas modalidades, a saber: (a) *seguro a prémio fixo*, quando o contrato cobre um número previamente determinado de pessoas seguras, com um montante de retribuições antecipadamente conhecido; (b) *seguro a prémio variável*, quando a apólice cobre um número variável de pessoas seguras, com retribuições seguras também variáveis, sendo consideradas pelo segurador as pessoas e as retribuições identificadas nas folhas de vencimento que lhe são enviadas periodicamente pelo tomador.

As particularidades suscitadas pelo dever pré-contratual de declaração do risco serão analisadas em função de cada uma destas modalidades.

IX.2.2. Seguro a prémio fixo sem nomes

I. Como é frequentemente assinalado, a indicação, nos seguros a prémio fixo sem nomes, de um número de trabalhadores inferior ao real, constitui um caso recorrente de fraude em seguros[2557]. Dessa forma, o tomador do seguro, cumprindo formalmente a obrigação de celebrar um seguro de acidentes de trabalho, consegue que lhe seja cobrado um prémio mais baixo do que o devido, apostando que não se produzirá qualquer sinistro ou que, ocorrendo este, o segurador poderá não detectar a inexactidão quanto ao número de trabalhadores.

Perante esta factualidade, alguma jurisprudência entende que a inexactidão quanto ao número de trabalhadores contratados traduz-se no incumprimento do dever de declaração do risco, tendo por consequência a invalidade do contrato de seguro[2558]. Outra corrente jurisprudencial, com o apoio de alguma doutrina[2559], considera que a consequência da casuística descrita não se traduz na invalidade do contrato (por incumprimento do dever de declaração do risco), mas na ineficácia do mesmo (não cobertura do sinistro ocorrido)[2560]. Uma outra tendência

dos capitais seguros, e não de um maior risco (do mesmo modo que, num seguro de incêndio, e nas mesmas condições de risco, um edifício com um valor de reconstrução de € 500.000,00 dará origem a um prémio de seguro que será o dobro do aplicável a um edifício com um valor de reconstrução de € 250.000,00).

[2557] M. Helena Pimenta, "Litígio e os seguros", *cit.*, p. 573.

[2558] Cfr., p. ex., o Ac. STJ de 20/02/2002 – Proc. 1S2545 (Diniz Nunes): «a omissão da [entidade patronal] em não mencionar o número de trabalhadores que operavam na obra traduz-se em declarações inexactas[...]».

[2559] P. ex., Carlos Mateus, "As inexactidões...", *cit.*, p. 331.

[2560] Ac. TRC de 16/05/2002 – Proc. 460/2002 (Bordalo Lema): «[...] a delimitação do pessoal seguro está "ab initio" definida ou quantificada em termos de unidades de pessoal, fixando-se, desde logo,

ainda, também com eco na doutrina[2561], discrimina dois tipos de situações: se a indicação de um número inferior de trabalhadores ocorrer na formação do contrato (circunstância cuja prova caberá ao segurador), o segurador poderá suscitar a respectiva invalidade por incumprimento do dever de declaração do risco; se, diversamente, aquela discrepância só for constatada em fase de execução do contrato, o segurador deverá cobrir o sinistro, conservando, não obstante, o direito de regresso contra o tomador-empregador, nos termos da alínea c) do nº 1 da Cláusula 27ª da AUSAT[2562].

Finalmente, importa ainda considerar a posição de Júlio Gomes, no sentido de que a AUSAT prevê uma solução específica para o caso de, nos seguros celebrados sem indicação de nomes, se demonstrar que nos trabalhos abrangidos pelo contrato foram utilizadas mais pessoas do que as indicadas como pessoas seguras: o direito de regresso do segurador (alínea *c*) do nº 1 da cláusula 27ª)[2563].

o universo a que o contrato dá cobertura. [...] A circunstância de, no momento do acidente se encontrar ao serviço da segurada um número de trabalhadores superior àquele que vem mencionado na apólice – o pessoal seguro – não determina a nulidade do contrato, mas a sua ineficácia [...]. O que está em causa não é a nulidade do contrato, mas sim, uma situação de não cobertura do risco». No mesmo sentido, Ac. TRC de 20/01/2009 – Proc. nº 308/05.9TTGRD.Cl (Fernandes da Silva). Em perspectiva mais restritiva, considera-se no Ac. STJ de 02/07/1997 – Proc. 97S067 (Almeida Deveza) que apenas haverá cominação para o caso em que o segurado empregar mais pessoas *do que as seguras com a mesma categoria profissional* do trabalhador sinistrado, irrelevando se emprega, com outras categorias profissionais, mais pessoas do que as seguras.

[2561] Margarida Lima Rego, *Contrato...*, *cit.*, pp. 844-845.

[2562] Cfr. o Ac. STJ de 20/09/2006 – Proc. 6S1076 (Fernandes Cadilha): «é nulo o contrato de seguro sem nomes, quando na respectiva proposta o tomador do seguro tenha indicado seis trabalhadores e se constate que, à data da celebração do contrato, tinha dezanove trabalhadores ao seu serviço (artigo 429º do Código Comercial e 8º da Apólice Uniforme). [...] O tomador do seguro omitiu a referência a diversos outros trabalhadores que estavam ao seu serviço no momento em que subscreveu a proposta, e essa omissão, por se reportar a um elemento essencial à avaliação do risco, era susceptível de influir sobre a existência e as condições do contrato. [...] É verdade que o artigo 21º, nº 1, alínea d), da Apólice Uniforme também prevê o direito de regresso, por parte da seguradora, contra o tomador do seguro, por importâncias suportadas para a reparação do acidente relativamente aos seguros celebrados sem indicação de nomes, quando se provar que nos trabalhos abrangidos pelo contrato foram utilizadas mais pessoas do que aqueles que estavam seguras. [...] No entanto, parece não existir qualquer incompatibilidade entre os dois regimes. A seguradora poderá exercer o direito de regresso, caso seja responsabilizada pelo pagamento das prestações devidas por acidente de trabalho, quando se verifique uma situação de violação do regime contratual, por parte do tomador do seguro. Questão diversa é, porém aquela em que existe um vício congénito na própria celebração do contrato, por efeito da declaração inexacta acerca do número de trabalhadores abrangidos pela cobertura do seguro, que determina que a entidade seguradora possa arguir, a nulidade do contrato de seguro por forma a eximir-se à responsabilidade directa pelo pagamento das indemnizações devidas pelo acidente de trabalho. [...]». No mesmo sentido, Ac. STJ de 11/02/2004 – Proc. 3S1708 (Mário Pereira).

[2563] Júlio Gomes, "Seguro de acidentes...", *cit.*, p. 19.

Seria, portanto, essa a solução específica aplicável, quer a inexactidão referida fosse contemporânea da formação do contrato ou superveniente.

II. Perante as várias posições elencadas, que dizer? Do nosso ponto de vista, a indicação, num seguro a prémio fixo sem nomes, mesmo que na fase de formação do contrato, de um número de trabalhadores inferior ao real não configura, como já aflorámos, uma situação de incumprimento do dever de declaração do risco. Na verdade, o número de trabalhadores, em si mesmo, não influencia a probabilidade (ou a intensidade) da ocorrência de um acidente com qualquer deles. É certo, dir-se-á, que, resultando o prémio da multiplicação de uma taxa pela massa salarial segura, a *sonegação* de um certo número de trabalhadores (e, portanto, também da retribuição correspondente) fará com que o prémio seja insuficiente para suportar o risco em que o segurador incorre se não vier a tomar consciência daquela inexactidão. Por outras palavras, se o empregador tiver 30 trabalhadores ao seu serviço, com igual retribuição, mas declarar apenas 1 para efeito de seguro, o prémio cobrado pelo segurador é de 1/30 relativamente à probabilidade real de vir a responder por um sinistro.

A questão, porém, coloca-se em sede do sinalagma contratual e do equilíbrio das prestações das partes. Em substância, estamos perante uma situação de subseguro (artigo 134º da LCS), que apresenta a particularidade, não de o tomador-empregador pretender assumir em auto-seguro uma parte das responsabilidades, mas de tentar de modo fraudulento tirar proveito das características do contrato (o anonimato dos trabalhadores cobertos) para pagar um prémio correspondente apenas a uma fracção do que seria devido se todos os trabalhadores fossem relacionados. É certo que o regime do subseguro (aplicação da regra proporcional), corolário do princípio indemnizatório, assenta numa solução de equidade, não valorando o estado subjectivo (mormente, o intuito fraudulento) do proponente. Porém, essa é a solução legal para os casos de subseguro, ainda que de intuito fraudulento.

Não é essa, no entanto, a solução proporcionada pelo sistema. Como foi já referido, inexistindo um incumprimento do dever pré-contratual de declaração do risco, pelas razões apontadas, as consequências para a inexactidão em análise são estabelecidas pela alínea c) do nº 1 da Cláusula 27ª da AUSAT: o segurador cobre o sinistro, ficando com direito de regresso contra o tomador-empregador. Este regime, coerente com os propósitos sociais do seguro obrigatório, assegura também, segundo pensamos, um fim parcialmente preventivo e punitivo da fraude do tomador, contendo uma solução que, sendo mais pragmática, justa e eficaz perante o terceiro lesado, é igualmente mais penalizadora para o tomador faltoso.

IX.2.3. O seguro em regime de prémio variável

I. Quanto aos seguros de acidentes de trabalho em regime de prémio variável – em que, como referimos, a apólice cobre um número variável de trabalhadores, considerando o segurador as pessoas e as retribuições constantes das folhas de vencimento ("folhas de férias") que lhe são periodicamente enviadas pelo tomador (alínea b) da cláusula 5ª da AUSAT) – várias situações de omissões ou inexactidões têm sido consideradas pela jurisprudência.

As *folhas de vencimento* são a relação dos trabalhadores ao serviço do empregador e a discriminação dos correspondentes salários considerados para efeito de seguro de acidentes de trabalho. Neste quadro, e nos termos da alínea a) do nº 1 da Cláusula 24ª da AUSAT, o tomador do seguro é obrigado a enviar ao segurador, até ao dia 15 de cada mês, conhecimento do teor das declarações de remunerações do seu pessoal remetidas à segurança social[2564], relativas às retribuições pagas no mês anterior, devendo ser mencionada a totalidade das remunerações previstas na lei como integrando a retribuição para efeito de cálculo da reparação por acidente de trabalho, devendo ainda ser indicados os praticantes, os aprendizes e os estagiários. Nos termos do nº 3 da mesma cláusula, as comunicações referidas são efectuadas, salvo convenção em contrário, por meio informático, nomeadamente em suporte digital ou correio electrónico.

A remissão para a informação entregue à segurança social não visa propriamente um alinhamento de regimes entre os acidentes de trabalho e a segurança social. O propósito é outro: atentas as obrigações legais de comunicação prévia da admissão dos trabalhadores junto da segurança social (artigo 29º do CRCSS), bem como a existência de alguns mecanismos de controlo por parte desta entidade, a cópia da informação remetida à segurança social dissuade e mitiga potenciais situações de fraude contra o segurador.

II. O primeiro conjunto de casos que importa analisar é aquele em que ocorre um acidente de trabalho, verificando-se, porém, a omissão do trabalhador sinistrado nas folhas de vencimentos respeitantes ao mês do sinistro. Quanto a esta factualidade, uma primeira tendência jurisprudencial e doutrinária entendia que tal omissão só obstaria à cobertura do sinistro se fosse de molde a configurar um incumprimento do dever de declaração do risco, atentos os requisitos do – então em vigor – artigo 429º do CCom, caso em que o segurador poderia invocar a invalidade do contrato[2565]. Nesta perspectiva, relevaria o momento em que

---

[2564] Esta declaração de remunerações deve ser entregue pela entidade patronal à segurança social até ao dia 10 do mês seguinte àquele a que diz respeito (nºs 1 e 2 do artigo 40º do Código dos Regimes Contributivos do Sistema Previdencial de Segurança Social – CRCSS).

[2565] Carlos Mateus, "As inexactidões...", *cit.*, p. 331. É este o sentido do Ac. STJ de 10/07/1995 – Proc. 96S049 (Almeida Deveza), onde se lê: «se a não inclusão do trabalhador nas folhas de férias

se verificasse a referida omissão: só no caso de a mesma ocorrer na fase pré-contratual seria invocável o artigo 429º do CCom, já que, de outra forma, a omissão na folha de férias diria respeito ao incumprimento de uma obrigação do tomador em *sede de execução do contrato*[2566]. Porém, logo este pressuposto compromete a abordagem que nele assenta. É que não se vislumbra em que circunstâncias pudessem, na prática, ocorrer tais omissões pré-contratuais, considerando que as folhas de férias do mês inicial de vigência do contrato só seriam entregues até dia 15 do mês seguinte (logo, nunca na fase de formação do contrato).

Mais importante, porém, é replicar o argumento já atrás referido a propósito dos seguros a prémio fixo sem nomes: também nos seguros de acidentes de trabalho a prémio variável, a exactidão quanto aos trabalhadores abrangidos e quanto à respectiva retribuição não influencia a avaliação pré-contratual do risco pelo segurador, não se reflectindo nas condições tarifárias e, portanto, não afectando a declaração do risco[2567].

foi intencional e se o procedimento da co-ré entidade patronal foi de má fé e fraudulento, e com a finalidade de iludir cláusula contratual, tem de se concluir pela isenção da responsabilidade da co-ré seguradora. [...] Ora, se a entidade patronal faltou conscientemente à verdade, de modo fraudulento, tais factos são susceptíveis de influir sobre a existência e sobre as condições do seguro. Assim, não pode considerar-se válido o contrato de seguro». Esta perspectiva encontra nuances, quer na jurisprudência, quer na doutrina. Assim, Alexandra Almeida Mota defendia (ainda que sem base legal) a aplicabilidade do artigo 429º às omissões ou inexactidões de má fé nas folhas de férias, reservando o regime da resolução, previsto na Apólice Uniforme, para as omissões ou inexactidões de boa fé ou resultantes de negligência – Alexandra Almeida Mota, *Seguro...*, *cit.*, pp. 53-54. Carlos Alegre nota a orientação da jurisprudência dominante de fazer relevar o estado subjectivo do tomador do seguro para efeito de determinação das consequências das omissões ou inexactidões referidas: «age com má fé o segurado – entidade empregadora – que, intencionalmente, não inclui todos os seus trabalhadores nas folhas de férias, com a consciência de que a sua inexactidão induz em erro a seguradora e reduz o prémio de seguro, o que torna ou pode tornar o seguro nulo» – Carlos Alegre, "Seguro de acidente de trabalho", *in* António Moreira e M. Costa Martins (Coords.), *II Congresso Nacional de Direito dos Seguros – Memórias*, Coimbra, Almedina, 2001, p. 156.

[2566] Carlos Mateus, "As inexactidões...", *cit.*, p. 333; Alexandra Almeida Mota, *Seguro...*, *cit.*, pp. 53-54.

[2567] Cremos que esta asserção é pacífica, embora surja controvertida em alguma jurisprudência. De acordo com a posição que defendemos, refere Florbela Almeida Pires que a omissão de um trabalhador «em nada influenciou os riscos de verificação do sinistro assumidos pela companhia de seguros relativamente aos demais trabalhadores. Se assim fosse, no caso de ocorrência de um sinistro com um trabalhador cujo nome sempre foi regularmente inserido nas folhas de férias enviadas à seguradora, a seguradora teria a possibilidade de invocar a nulidade do contrato em virtude da existência, ao serviço do mesmo tomador do seguro, de um outro trabalhador, que nunca foi mencionado nas folhas de férias» (*Seguro...*, *cit.*, p. 70). Em sentido diverso, sem fundamentar, faz Alexandra Almeida Mota eco de alguma jurisprudência, ao sustentar que é com base na informação contida nas folhas de férias que o segurador avalia o risco (*Seguro...*, *cit.*, p. 52).

III. No quadro da mesma casuística (omissão do trabalhador nas folhas de férias do mês do sinistro), uma tendência jurisprudencial mais recente, por seu turno, veio a sustentar que a omissão em causa não produz um efeito invalidante sobre o contrato, mas apenas exclui a responsabilidade do segurador (não cobertura do trabalhador omitido)[2568]. Esta orientação veio a consolidar-se no Ac. Uniformizador de Jurisprudência nº 10/2001, de 27 de Dezembro, segundo o qual, «no contrato de seguro de acidentes de trabalho, na modalidade de prémio variável, a omissão do trabalhador sinistrado nas folhas de férias, remetidas mensalmente pela entidade patronal à seguradora, não gera a nulidade do contrato nos termos do artigo 429º do CCom, antes determina a não cobertura do trabalhador sinistrado pelo contrato de seguro»[2569].

No contexto da factualidade em análise, o teor do Ac. Uniformizador afigura-se acertado e incontroverso. Na verdade, as folhas de férias cumprem uma

---

[2568] Assim, lê-se no Ac. STJ de 14/04/1999 – Proc. 98S368 (Manuel Pereira): «A omissão de um trabalhador nas folhas de férias, não tendo a ré entidade patronal alegado o que quer que fosse no sentido de justificar a omissão, leva à exclusão da responsabilidade da seguradora, tendo de ser a entidade patronal a suportar o pagamento do que ficou apurado ser devido ao trabalhador. [...] Se na apólice, no tocante ao pessoal seguro, figuram as indicações "Nomes" "Variável conforme folhas de salários", impõe-se concluir que são as folhas de férias que definem, concretizando o que ficou em aberto na apólice, o pessoal seguro relativamente ao período por elas abrangido». No mesmo sentido, Ac. STJ de 14/04/1999 – Proc. 99S067 (Almeida Deveza); Ac. STJ de 09/12/1999 – Proc. 99S165 (Sousa Lamas).

[2569] Ac. STJ de 21/11/2001 – Proc. S3313 (José Mesquita) – publicado na 1ª Série do DR de 27/12/2001. Seguindo esta jurisprudência, cfr., p. ex., Ac. TRP de 04/02/2002 – Proc. 111248 (Cipriano Silva); Ac. STJ de 04/02/2004 – Proc. 3S4059 (Mário Pereira). No mesmo sentido, o Ac. STJ de 30/06/2004 – Proc. 4P1285 (Fernandes Cadilha) estendeu a solução ao caso em que o tomador não informou o segurador, de forma completa, sobre as actividades por si desempenhadas, ainda que a título esporádico, vindo a ocorrer um sinistro numa dessas actividades: numa situação susceptível de configurar um verdadeiro incumprimento do dever de declaração pré-contratrual do risco, entendeu o acórdão que a actividade esporádica omitida não se encontrava coberta. Júlio Gomes insurge-se contra a perspectiva do Acórdão Uniformizador, segundo a qual a cobertura depende, para além do pagamento do prémio, do exacto envio das folhas de férias, de modo que, mesmo pagando o prémio, ficaria o tomador privado da cobertura – Júlio Gomes, "Seguro de acidentes...", cit., p. 17. Ora, é certo que, nos seguros a prémio variável, embora o valor do prémio seja determinado em função das folhas de férias (alínea b) da cláusula 5.ª da AUSAT) e vigore o princípio no premium, no cover (cláusula 14.ª da AUSAT), nos termos dos n.ºs 2 e 3 da Condição Especial 01 da mesma, aplicável aos contratos a prémio variável, o prémio provisório é calculado de acordo com as retribuições anuais previstas pelo tomador do seguro, sendo efectuado o acerto, no final de cada ano civil ou aquando da cessação do contrato, para mais ou para menos, em relação à diferença verificada entre o prémio provisório e o prémio definitivo, calculado em função do total de retribuições efectivamente pagas durante o período de vigência do contrato. Porém, a sonegação do trabalhador sempre afectará o cálculo do prémio definitivo (é este, aliás, o propósito típico dessa sonegação), pelo que o recurso a esta prática fraudulenta é claramente lesivo do segurador e da mutualidade de segurados.

dupla função no âmbito do seguro: permitem determinar os trabalhadores e retri-buições que, em cada momento, estão abrangidas pela cobertura do contrato; e permitem calcular o prémio correspondente a essa cobertura. Neste quadro, a omissão de um trabalhador ou a indicação de uma retribuição inferior[2570] limitam a responsabilidade do segurador[2571]. A solução assenta no nº 1 da Condição Espe-cial 01 da AUSAT (e na alínea *b*) da cláusula 5ª das respectivas condições gerais), nos termos do qual estão cobertos pelo contrato os trabalhadores ao serviço do tomador do seguro na unidade produtiva identificada nas condições particula-res, *de acordo com as folhas de retribuições periodicamente enviadas ao segurador* nos ter-mos da alínea *a*) do nº 1 da cláusula 24ª das condições gerais[2572]. Desta forma, o envio (ainda que extemporâneo) das folhas de férias ao segurador constitui um *pressuposto necessário* de cobertura dos trabalhadores ali relacionados. Havendo omissão de um trabalhador na folha de férias em causa, evidencia-se, em conse-quência, que o mesmo não se encontrava coberto[2573].

IV. Situação diversa da anteriormente analisada é aquela em que o sinistro se produz em *data anterior* à do envio ao segurador da primeira folha de férias em que aquele trabalhador surge incluído (ou seja, em data anterior àquela em que o segurador tem notícia da inclusão do trabalhador). Na verdade, o facto de a declaração de remunerações só dever ser entregue na segurança social até dia 10 do mês seguinte àquele a que respeita (e só dever ser entregue ao segurador até dia 15) propicia situações fraudulentas. Assim, se um trabalhador – que o empregador vinha omitindo, quer perante a segurança social, quer para efeito de seguro de acidentes de trabalho – sofre um acidente de trabalho num dado mês, pode o empregador apressar-se a comunicar à segurança social a sua admis-são e incluí-lo nas folhas a enviar à segurança social até dia 10 do mês seguinte

---

[2570] Quanto a esta situação, dispõem os nºs 4 e 5 do artigo 79º da LAT (bem como a cláusula 23ª da AUSAT) que, quando a retribuição declarada para efeito do prémio de seguro for inferior à real, a seguradora só é responsável em relação àquela retribuição, que não pode ser inferior à retribuição mínima mensal garantida, respondendo o empregador pela diferença relativa às indemnizações por incapacidade temporária e pensões devidas, bem como pelas despesas efectuadas com a hospitalização e assistência clínica, na respectiva proporção.

[2571] Reconhecendo, com pertinência, a analogia de situações entre a omissão de parte do salário e a omissão do próprio trabalhador, Sheila Camoesas, *O Seguro de Acidentes de Trabalho*, Relatório de Mestrado, Lisboa, FDL, 2006, p. 28.

[2572] Quanto à retribuição, a solução resulta, aliás, directamente dos nºs 4 e 5 do artigo 79º da LAT.

[2573] Como refere Florbela Almeida Pires, «a contratação de um seguro a prémio variável tem subjacente a variabilidade da identidade ou do número de pessoas que estão ao serviço do tomador do seguro [...]. A responsabilidade a assumir pela seguradora depende da identificação das pessoas em causa e dos salários auferidos, de tal forma que o prémio inicialmente cobrado será actualizado consoante o nível da responsabilidade coberto» (*Seguro...*, *cit.*, p. 69).

(e ao segurador até dia 15). Por outro lado, produzindo-se o acidente até dia 10 de um determinado mês, sempre pode o empregador fraudulento incluir o trabalhador na folha de férias respeitante ao mês anterior (ainda dentro do prazo de entrega à segurança social)[2574].

Ora, do nosso ponto de vista, haverá que distinguir duas situações: aquelas em que, comprovadamente, o trabalhador sofre um acidente logo no mês em que inicia a sua prestação de trabalho (cumprindo o empregador atempadamente as obrigações de comunicação a que estava vinculado); e aquelas em que o trabalhador era já assalariado do tomador há mais de um mês mas em que o empregador vinha sonegando essa informação[2575]. Relativamente ao primeiro grupo de casos, não se provando qualquer irregularidade por parte do tomador-empregador, não haverá fundamento para recusar a cobertura do sinistro, como se reconhece no Ac. TRP de 12/06/2008 – Proc. nº 0840913 (Paula Leal de Carvalho): «se o sinistrado foi admitido ao serviço em 02-10-2000 (mês em que se deu o acidente) e foi incluído nas folhas de férias que deveriam ser entregues até 15 de Novembro de 2000, o mesmo encontra-se abrangido pela cobertura do respectivo contrato de seguro»[2576].

Já o segundo grupo de casos suscita maior controvérsia. Não obstante, a corrente jurisprudencial largamente dominante, assumindo como *leading case* o

---

[2574] Apontando esta frequente prática fraudulenta, cfr. Alexandra Almeida Mota, *Seguro...*, *cit.*, p. 52; Sheila Camoesas, *O Seguro...*, *cit.*, p. 26.

[2575] Como se escreve no Ac. STJ de 12/01/2005 – Proc. 4S3155 (Sousa Peixoto), as dúvidas surgem «quando o trabalhador sinistrado só foi incluído na folha de férias referente ao mês do acidente, apesar de nos meses anteriores também ter trabalhado para o tomador de seguro ou quando a retribuição por ele realmente auferida só tiver sido totalmente declarada na folha de férias relativa ao mês do acidente. Tais situações são fáceis de acontecer e são infelizmente correntes, dado que o facto de as folhas de férias só serem enviadas no mês seguinte àquele a que dizem respeito permite que as entidades empregadoras menos escrupulosas omitam o nome de alguns trabalhadores ou parte das retribuições efectivamente pagas, para, desse modo, pagarem um prémio de seguro inferior ao devido. Trata-se, naturalmente, quando tal acontece, de um cumprimento defeituoso do contrato, altamente reprovável. Tal incumprimento presume-se culposo (art. 799º, nº 1, do C.C.) e atenta gravemente contra o princípio da boa fé que deve presidir à formação e ao cumprimento dos contratos (artºs 227º e 762º do C.C.), sendo certo que aquele princípio merece especial protecção neste tipo de contrato, uma vez que às seguradoras é praticamente impossível detectar essa falta de cumprimento, pelo número avultado de contratos celebrados. Entendemos, por isso, que um tal comportamento não merece a protecção do direito, face ao intuito fraudulento que lhe está subjacente [...]».

[2576] No mesmo sentido, Florbela Almeida Pires, *Seguro...*, *cit.*, p. 71. Também neste sentido, Júlio Gomes defende a inaplicabilidade da jurisprudência oriunda do referido Ac. Uniformizador às situações em que o trabalhador sofre um acidente logo no início da vigência do seu contrato de trabalho, caso em que não poderia ainda constar de folhas de férias anteriores – Júlio Gomes, "Seguro de acidentes...", *cit.*, p. 21.

Ac. STJ de 12/12/2001 – Proc. 1S2857 (Mário Torres), vem entendendo que a doutrina do Ac. Uniformizador nº 10/2001, a que atrás fizemos referência, «é extensível aos casos de inclusão do trabalhador sinistrado (que havia sido omitido em anteriores folhas de salários relativas a períodos de tempo em que se encontrava já ao serviço da entidade patronal segurada) apenas na folha relativa ao mês em que ocorreu o acidente»[2577]. Desta forma, alegando e provando o segurador que o trabalhador se encontrava já ao serviço do tomador nos meses anteriores ao acidente sem que o seu nome fosse incluído nas respectivas folhas de férias[2578], constata-se «uma verdadeira *omissão do nome do sinistrado nas folhas de férias que à data do acidente deveria estar entregue na seguradora*»[2579], pelo que, como se conclui no Ac. TRP de 11/12/2006 – Proc. 644248 (Albertina Pereira), «para efeitos da abrangência do seguro e dos elementos relevantes (trabalhadores e massa salarial) que deveriam ser levados ao conhecimento da ré seguradora a fim de ser correctamente apurado o respectivo prémio, tudo se passa verdadeiramente, como se o sinistrado apenas tivesse sido incluído naquelas folhas para efeitos de beneficiar da cobertura do seguro, após a eclosão do acidente». Esta argumentação faz eco da fundamentação na base do referido Ac. Uniformizador: a analogia de situações afigura-se evidente, apenas divergindo no expediente fraudulento do tomador que, nestes casos, tenta mascarar a omissão passada. Assim, trata-se de uma situação mais grave até, afigurando-se ajustada a solução prevista: a não cobertura do trabalhador em causa.

Uma outra tendência jurisprudencial, se assim podemos dizer, entende que a factualidade prevista tem por consequência a resolubilidade do contrato (inoponível ao trabalhador), nos termos de algumas disposições conjugadas da apólice uniforme então em vigor (aprovada pela Norma nº 12/99-R, de 8 de Novembro, do ISP): alínea a) do nº 3 do artigo 7º, alínea c) do nº 1 do artigo 16º e nºs 1 e 4 da Condição Especial 01[2580]. Sem prejuízo da faculdade resolutiva, o segurador teria de efectuar a sua prestação, podendo posteriormente exercer direito de regresso

---

[2577] No mesmo sentido, cfr., p. ex., o Ac. TRL de 18/05/2005 – Proc. 9473/2004-4 (Paula Sá Fernandes); Ac. TRP de 23/05/2005 – Proc. 417325 (Fernanda Soares); Ac. STJ de 20/09/2006 – Proc. 6S981 (Maria Laura Leonardo); Ac. TRP de 11/12/2006 – Proc. 644248 (Albertina Pereira); Ac. TRP de 26/02/2007 – Proc. 614994 (Fernanda Soares); Ac. STJ de 14/11/2007 – Proc. 07S2903 (Pinto Hespanhol); Ac. STJ de 12/03/2008 – Proc. 08S2313 (Vasques Dinis). Também neste sentido, Sheila Camoesas, O *Seguro...*, *cit.*, pp. 28-29. O Ac. STJ de 09/12/2004 – Proc. 4S2954 (Sousa Peixoto) decide pela extensão de tal solução a parte da retribuição segura, que só tenha sido incluída, pela primeira vez, na folha de férias referente ao mês do sinistro.

[2578] Ac. STJ de 20/09/2006 – Proc. 6S981 (Maria Laura Leonardo).

[2579] Ac. TRL de 18/05/2005 – Proc. 9473/2004-4 (Paula Sá Fernandes).

[2580] Cfr. Ac. STJ de 02/07/2003 – Proc. 3S2176 (Ferreira Neto); e Ac. STJ de 03/03/2004 – Proc. 3S3782 (Fernandes Cadilha). As disposições correspondentes da actual AUSAT são o nº 1 da cláusula 20ª, alínea a) do nº 1 da cláusula 24ª e nºs 1 e 4 da Condição Especial 01.

contra o tomador inadimplente. Ora, a análise dos preceitos invocados logo revela que os mesmos não se reportam à situação em apreço, mas sim à obrigação de envio, até ao dia 15 de cada mês, ao segurador, das folhas de retribuições pagas no mês anterior a todo o pessoal, e à cominação da correspondente omissão de envio.

Outra perspectiva ainda é a de Carlos Mateus, que, com argumentação pouco sustentada, defende que a consequência legal da casuística em apreço seria a anulabilidade do contrato, ainda que inoponível ao trabalhador: «exceptuando o dolo de terceiro, a invocação da anulabilidade contra o segurado não é oponível ao beneficiário, que não é interveniente no contrato e nas declarações inexactas e reticentes nas folhas de férias»[2581].

Face às várias perspectivas elencadas, cumpre assumir posição. Desde logo, recusamos a perspectiva de Carlos Mateus, já que, como acima ficou dito, não estamos perante um caso de incumprimento do dever pré-contratual de declaração do risco. Por outro lado, cremos fora de dúvida que a anterior Apólice Uniforme, aprovada pela Norma nº 12/99-R, continha disposições contraditórias, que permitiam defender a corrente jurisprudencial dominante e a perspectiva que se lhe opunha. Esta última assentaria numa interpretação literal da alínea c) do nº 1 do artigo 16º, termos em que, se o tomador ficava obrigado a enviar mensalmente ao segurador... até ao dia 15 de cada mês, «as folhas de retribuições pagas no mês anterior *a todo o seu pessoal*», então o incumprimento desta obrigação, gerador, designadamente, da resolubilidade do contrato, poderia traduzir-se: na pura e simples omissão de envio; no incumprimento do prazo de envio; ou na omissão de trabalhadores ou remunerações relativamente ao universo a que o tomador estaria obrigado. Pensamos, porém, que à luz da actual AUSAT esta leitura já não é exequível, na medida em que a alínea a) do nº 1 da cláusula 24ª refere a obrigação do tomador de «enviar ao segurador, até ao dia 15 de cada mês, conhecimento do teor das declarações de remunerações do seu pessoal remetidas à Segurança Social, relativas às retribuições pagas no mês anterior...». Desta forma, os argumentos literais no sentido de que a omissão de um trabalhador constitui um incumprimento desta obrigação saem agora fragilizados face aos que defendem que aquela omissão corresponde à falta de verificação de um pressuposto de cobertura. É esta última, assim, a perspectiva que se nos afigura a mais correcta. Podemos, aliás, lançando mão do elemento sistemático da interpretação, buscar apoio na *ratio* dos nºs 2, 5 e 6 do artigo 44º da LCS, disposições nos termos das quais o segurador não cobre sinistros anteriores à data de celebração do contrato quando o tomador ou o segurado deles tivesse conhecimento nessa data, tendo o direito a reter o prémio pago. Não estando em causa um sinistro *anterior à celebração* do contrato, verifica-se, porém, que o mesmo antecede a inclusão do trabalhador, pelo que a analogia de situações se afigura clara.

[2581] Carlos Mateus, "As inexactidões...", *cit.*, p. 344.

V. Como referimos atrás, incide sobre o tomador do seguro uma obrigação de envio atempado das folhas de férias ao segurador – alínea a) do nº 1 da cláusula 24ª da AUSAT – para cujo incumprimento (seja por envio extemporâneo, seja por pura e simples ausência de envio) o clausulado da AUSAT prevê como cominações, no nº 4 da Condição Especial 01, quer a cobrança de um prémio não estornável correspondente a 30% do prémio provisório anual – a que pode acrescer o complemento do prémio que se apurar ser devido em função das retribuições que realmente deviam ter sido declaradas – quer o direito potestativo à resolução do contrato, que segue os termos da cláusula 20ª, sem prejuízo do direito de regresso do segurador, contra o tomador, pelas indemnizações despendidas, *na medida em que o dispêndio seja imputável ao incumprimento* (alínea *b*) do nº 1 da cláusula 27ª)[2582].

Esta factualidade situa-se, de novo, fora do quadro do incumprimento do dever pré-contratual de declaração do risco. Relativamente à mesma, reconhece a jurisprudência a inaplicabilidade da doutrina do mencionado Ac. Uniformizador, na medida em que existe cominação específica estabelecida na AUSAT (precisamente a resolubilidade do contrato e o agravamento do prémio)[2583]. Cremos que a diferença de cominações é justificada pela diferente gravidade e censurabilidade dos factos. Assim, pensamos que a omissão do trabalhador *é mais grave* do que o mero atraso no envio das folhas de férias, pelo que merece uma cominação mais severa. Por outro lado, enquanto o mero atraso (ou a pura e simples omissão de envio) traduz um estado subjectivo ao nível da negligência, a omissão do trabalhador da folha de férias indicia uma intenção fraudulenta.

Nesta medida, pensamos que, verificando-se *cumulativamente* as duas situações (omissão do trabalhador e atraso no envio) a cominação deverá corresponder ao facto mais grave: a não cobertura do trabalhador, sem prejuízo da resolubilidade do contrato.

[2582] Tendo presente a obrigação do tomador de envio atempado das folhas de férias ao segurador, previsto na alínea a) do nº 1 da cláusula 24ª da AUSAT, e as consequências do respectivo incumprimento, considera Júlio Gomes que, atento o dever pré-contratual de esclarecimento do segurador, previsto no nº 4 do artigo 24º da LCS, este «não pode deixar de implicar um idêntico dever de advertência da seguradora ao tomador do seguro no caso de este não enviar as folhas de férias» – Júlio Gomes, "Seguro de acidentes...", *cit.*, p. 23. Não cremos que esta solução encontre margem de apoio na letra – ou, sequer, no espírito – da lei. Na verdade, e sem prejuízo do cumprimento dos deveres pré-contratuais de informação e de esclarecimento que vinculam o segurador no âmbito da LCS e da LCCG, não pode a falta de envio atempado das folhas de férias, a que o empregador está obrigado, ser, de algum modo, imputável ao segurador, ou ser-lhe imposto (a que título e com que fundamento?) um dever de permanente advertência do tomador, quando a falta de diligência se verifica na esfera deste.

[2583] Neste sentido, Ac. STJ de 30/10/2002 – Proc. 2S1906 (Mário Torres); o Ac. TRE de 02/11/2003 – Proc. 2159/03-2 (Chambel Mourisco); Ac. TRL de 15/11/2006 – Proc. 7879/2006-4 (Ferreira Marques). Na doutrina, cfr. Sheila Camoesas, *O Seguro...*, *cit.*, p. 29.

Quanto ao direito à resolução, pensamos que o seu exercício em data posterior ao sinistro é inoponível ao trabalhador lesado, nos termos do artigo 147º da LCS. Na verdade, embora o facto do tomador do seguro – o atraso no envio das folhas de férias – possa ser anterior ao sinistro, o mesmo não afecta automaticamente o contrato (diversamente do que sucede com um vício genético invalidante) nem produz efeitos retroactivos, atento o disposto nos nºs 2 a 5 da cláusula 20ª da AUSAT. Solução diversa seria, aliás, injusta, tendo em conta que tal atraso, em si mesmo, não representa qualquer prejuízo sensível para o segurador, designadamente qualquer agravamento de risco incorrido. Assim, só será oponível ao trabalhador a cessação do contrato anterior ao sinistro (nº 2 do artigo 147º da LCS)[2584].

[2584] Defendendo a inoponibilidade com base no carácter obrigatório do seguro e no interesse público na protecção dos trabalhadores acidentados, Ac. STJ de 27/09/1995 (Proc. 3737 – Carvalho Pinheiro).

X
Especificidades dos Seguros de Vida

X.1. CONTORNOS PARTICULARES DA DECLARAÇÃO DO RISCO

I. As especificidades dos seguros de vida (em parte comuns aos outros seguros de pessoas) no domínio da declaração do risco e das consequências do respectivo incumprimento justificam a sua autonomização num capítulo próprio. Sem prejuízo de um desenvolvimento mais aturado de dois aspectos centrais de tais particularidades de regime – as implicações do risco clínico, por um lado, e a cláusula de incontestabilidade, por outro – a que procederemos mais abaixo, importa concentrarmo-nos, por ora, em outras especificidades relevantes.

Assentes em tábuas de mortalidade, as tarifas respeitantes a seguros de vida correspondem a riscos *normais* de mortalidade. Desta forma, é especialmente importante para o segurador tentar identificar, em sede de análise pré-contratual do risco, situações que se afastem desses padrões de normalidade (riscos agravados ou mesmo não seguráveis), relativamente às quais a tarifa não reflecte o prémio adequado.

Na verdade, no seguro de vida, o risco assumido pelo segurador depende sempre, na cobertura base, da duração da vida da pessoa segura. Concretamente, no seguro de vida em caso de morte, o risco assumido pelo segurador prende-se, quer com a idade da pessoa segura (fundamental para o cálculo do prémio com base numa tarifa assente numa tábua de mortalidade), quer com o estado de saúde da mesma ou com outras circunstâncias que rodeiam o seu modo de vida e que são passíveis aumentar a probabilidade de ocorrência de um sinistro, seja por morte, seja por invalidez. Entre estas circunstâncias contam-se determinados hábitos de consumo (tabagismo ou consumo de álcool, por exemplo[2585]); perigosidade

---

[2585] Diversamente do que se sustenta em Stela Barbas, *Direito do Genoma Humano*, Coimbra, Almedina, 2007, p. 609, com base em literatura de outros países, não existe necessariamente

da profissão desempenhada, práticas de desporto e lazer, meios de transporte utilizados, deslocações e estadas em locais especialmente perigosos ao nível da segurança e da salubridade; etc. Por outro lado, para além das circunstâncias que normalmente afectam o risco, outras, de natureza excepcional há a considerar, como o suicídio, o serviço militar, a guerra, a prática de crimes, etc[2586]. A complexidade da análise do risco seguro (a vida de uma pessoa) confere, assim, especial importância à declaração do risco[2587].

II. Outro factor de relevância da declaração do risco nos seguros de vida decorre de estes serem celebrados, em regra, por prazos longos e de serem particularmente sensíveis aos fenómenos da selecção adversa e da especulação[2588]. Este último aspecto decorre, em particular, de os seguros de vida não estarem sujeitos ao princípio indemnizatório. Assim, nestes, os capitais seguros são ilimitadamente cumuláveis (nº 1 do artigo 180º da LCS), podendo atingir montantes significativos. O carácter potencialmente especulativo do contrato pode levar o tomador a contratar vários seguros sobre o mesmo risco com seguradores diversos[2589]. A existência de uma pluralidade de seguros, cujos capitais, somados, atinjam valores avultados pode indiciar um intuito fraudulento, quer através do conhecimento (e ocultação) de factos que aumentam significativamente a probabilidade de morte ou invalidez, quer através da produção intencional do sinistro (auto-mutilação, homicídio ou suicídio)[2590].

---

um agravamento de prémio (ou, menos ainda, recusa do seguro) relativamente a fumadores ou alcoólicos. O questionário pergunta, em regra, a quantidade de tabaco ou álcool consumida diariamente e só se verifica um qualquer agravamento do prémio se as quantidades referidas revelarem um risco agravado para a saúde.

[2586] Alfredo Gregorio e Giuseppe Fanelli, *Diritto delle Assicurazioni*, Vol II, *cit.*, p. 200. Já no seguro de vida em caso de vida, só a idade se assume como circunstância relevante para a apreciação do risco de sobrevivência e para a aplicação da tarifa, desprezando o segurador outras circunstâncias que afectem, positiva ou negativamente, o risco – em sentido diverso (incompreensivelmente, face à prática seguradora), Jean-Marc Binon, *Droit des Assurances de Personnes. Aspects Civiles, Téchniques et Sociaux*, Bruxelles, Larcier, 2007, p. 94, *apud* Júlio Gomes, "O dever de informação do (candidato a) tomador...", *cit.*, p. 395, n. 19.

[2587] Ferdinand Bricard, *Les Réticences...*, *cit.*, pp. 92 ss.

[2588] Maurice Picard e André Besson, *Les Assurances...*, *cit.*, p. 710.

[2589] Ferdinand Bricard, *Les Réticences...*, *cit.*, pp. 92-93; Pierre Catala e J. A. Weir, "La déclaration...", *cit.*, p. 460.

[2590] No caso da pluralidade de seguros, há exemplos de jurisprudência francesa que admite a cobrança de um sobreprémio que compensaria a existência de uma maior probabilidade de ocorrência do sinistro – Jérôme Kullmann, "La déclaration...", *cit.*, p. 686. Não cremos que a solução se afigure correcta, já que o risco contratual não deverá abranger a probabilidade de fraude. Assim, a contratação de seguros de vida com capitais elevados, ou a contratação de vários seguros com diferentes seguradores deverá, sim, suscitar uma análise do risco mais cuidada (nomeadamente

Nesta medida, é da maior relevância para o segurador saber se se encontram em vigor outros contratos, matéria que é, em regra, perguntada no questionário preenchido pelo proponente[2591] e que, em qualquer caso, é entre nós de declaração obrigatória, nos termos da disposição especial do nº 3 do artigo 180º da LCS.

III.ª Como referimos, nos seguros de vida, em caso de morte ou em caso de vida, a determinação do prémio resulta, em primeira instância, da idade da pessoa segura, mediante uma tarifa assente numa tábua de mortalidade, expressando taxas diferenciadas em função da idade da pessoa segura à data de celebração do contrato[2592].

Relativamente à declaração inexacta da idade da pessoa segura, embora se trate de uma circunstância claramente relevante para a análise do risco, a prática seguradora tem reservado a esta circunstância um tratamento específico. Assim, há a distinguir duas situações fundamentais. A primeira verifica-se quando tenha sido declarada uma idade inferior à real e, a ter sido declarada a idade real, o segurador tivesse recusado a celebração do contrato. Neste caso, prevê o nº 14.2 da Norma 16/95-R, do ISP, de 12 de Setembro, que o contrato poderá ser anulado, devendo as partes devolver reciprocamente as suas prestações. Idêntica solução resulta actualmente do nº 1 do artigo 189º da LCS, segundo o qual o erro sobre a idade da pessoa segura é causa de anulabilidade do contrato se a idade verdadeira divergir dos limites mínimo e máximo estabelecidos pelo segurador para a celebração deste tipo de contrato[2593].

Outra será a solução quando a declaração da idade real não tivesse obstado à celebração do contrato pelo segurador. Nesta situação, estabelece o nº 2 do artigo 189º da LCS que, havendo divergência, para mais ou para menos, entre a idade declarada e a verdadeira, a prestação do segurador reduz-se na proporção do prémio pago[2594] ou o segurador devolve o prémio em excesso, consoante o caso[2595].

---

através de uma recolha mais alargada de elementos auxiliares de diagnóstico clínico, ou de uma análise à situação financeira do proponente) e, em caso de ocorrência de um sinistro prematuro, um estudo minucioso das respectivas circunstâncias. Em qualquer caso, havendo indícios de intuito fraudulento, a atitude prudente do segurador será a recusa da proposta.

[2591] Maurice Picard e André Besson, *Les Assurances...*, cit., p. 122.

[2592] Em regra, a idade considerada para efeitos de determinação do prémio é a *idade actuarial*, que resulta do acréscimo de seis meses à idade real. Em alguns seguros de vida grupo, por opção técnica do segurador, o prémio resulta, não da idade actuarial das pessoas seguras mas de uma taxa média (correspondente a uma média etária ponderada das pessoas seguras). Quanto às regras de determinação do prémio em seguros de vida, cfr. Claude Devoet, *Les Assurances...*, cit., pp. 184-185.

[2593] Será o caso, p. ex., de a idade real ser inferior a 14 anos (alínea d) do nº 1 do artigo 14º da LCS).

[2594] Trata-se de uma solução de proporcionalidade em tudo idêntica à da alínea a) do nº 4 do artigo 26º da LCS.

[2595] A solução resultava já do nº 14 da referida Norma 16/95-R, do ISP. Pedro Rubio Vicente considera que o estorno ou cobrança do prémio deverá ser efectuada com juros, apesar do silêncio da lei

Perante o referido regime, suscita-se a questão da articulação entre o artigo 189º e os artigos 24º ss. da LCS. Assim, por exemplo, no ordenamento belga, alguma doutrina sustenta que o regime especial da inexactidão sobre a data de nascimento da pessoa segura (artigo 100º da lei de 25 de Junho de 1992) é aplicável quer a inexactidão seja de boa ou má fé, enquanto outros autores defendem que a inexactidão dolosa segue o regime do incumprimento doloso do dever de declaração do risco (artigo 6º da mesma lei)[2596].

Entre nós, entende Arnaldo Oliveira que o regime do artigo 189º constitui uma configuração especial dos artigos 25º e 26º da LCS, mais favorável ao tomador, mas cuja autonomia relativamente ao regime da declaração do risco será apenas relativa[2597]. Nesta medida, entende o autor que o artigo 189º apenas é aplicável aos casos em que se verifique uma inexactidão dolosa ou negligente por parte do proponente. Por outro lado, entende que a remissão, no nº 1 do artigo 189º, para a *anulabilidade* do contrato assume o sentido de exclusão de cobertura quando reportada à inexactidão negligente (por força da alínea b) do nº 4 do artigo 26º da LCS). Finalmente, sustenta que a inexactidão dolosa quanto à idade tem por consequência a perda do prémio a favor do segurador, nos termos do nº 4 do artigo 25º da LCS[2598]. Cremos, porém, que se trata de uma interpretação sem apoio na letra do preceito, na respectiva sistemática ou teleologia.

Em sentido diverso, reconhece Júlio Gomes a indiferença do regime pelo grau de culpabilidade do proponente (ou até pela boa fé deste) na causação do erro do segurador, o que justificará que o regime da anulabilidade previsto no nº 1 do artigo 189º seja o regime geral, cumprindo ao segurador a devolução da totalidade dos prémios cobrados. Assim, entende o autor que «o artigo 189º afasta o regime dos artigos 25º e 26º, devendo aplicar-se antes as regras da anulabilidade, com a consequente restituição dos prémios pagos»[2599].

Do nosso ponto de vista, o artigo 189º afasta, efectivamente, a aplicação do regime geral da declaração do risco. Neste sentido, a referência literal do artigo 189º ao *erro sobre a idade* da pessoa segura contém uma pretensão de aplicação,

espanhola (*El Deber...*, *cit.*, p. 169). Sobre esta matéria, onde também é omissa a lei francesa, Picard e Besson sustentam a perspectiva contrária (devolução sem juros) – Maurice Picard e André Besson, *Les Assurances...*, *cit.*, p. 708. Entre nós, o nº 14 da referida Norma 16/95-R precisa que a devolução do prémio em excesso, pelo segurador, é feita sem juros.

[2596] Claude Devoet, *Les Assurances...*, *cit.*, p. 165 e n. 419.

[2597] Segundo o autor, o artigo 189º «limita a aplicação do regime do dever de declaração inicial do risco que permite ao segurador excluir a cobertura, por inexactidão, dolosa ou negligente, sobre a idade da pessoa segura» – Arnaldo Oliveira, "Artigo 189º – Anotação", *in* Pedro Romano Martinez *et al.*, *LCS Anotada*, *cit.*, p. 547.

[2598] Cfr. Arnaldo Oliveira, *idem*, pp. 548-549.

[2599] Júlio Gomes, "O dever de informação do (candidato a) tomador...", *cit.*, p. 441.

quer aos casos de erro espontâneo (ou até culposo) do segurador, quer aos de erro dolosa ou negligentemente induzido pelo proponente, sendo, para tanto, indiferente o estado subjectivo do declarante e do declaratário. Por outro lado, a disciplina traça uma solução de equidade, que não visa punir a eventual censurabilidade da actuação de qualquer das partes, mas antes repor o equilíbrio entre o risco real e o prémio. Neste sentido, cremos que a solução de anulabilidade do contrato do nº 1 do artigo 189º – sem prejuízo de aplicação analógica dos prazos e trâmites previstos nos nºs 1 a 3 do artigo 25º da LCS – terá os efeitos que já resultavam do nº 14.2 da Norma 16/95-R (devolução recíproca das prestações pelas partes).

O regime não contém uma solução para os casos em que, a ter tido conhecimento da idade real, o segurador não aceitasse automaticamente a proposta mas exigisse, em função do risco inerente, algumas formalidades médicas (as quais, por seu turno, poderiam revelar um risco mais elevado e determinar um correspondente aumento do prémio), ou impusesse determinadas restrições ao capital seguro ou às garantias contratadas. Porém, mesmo nestes casos, entendemos que, na falta de previsão específica, a tensão entre a tutela do equilíbrio das prestações, por um lado, e a protecção da confiança do tomador, por outro (particularmente premente quando estão em causa contratos de longo prazo), ditará a aplicação do regime que resulta do nº 2 do artigo 189º da LCS.

A solução especial aplicável à declaração inexacta da data de nascimento do segurado assenta, segundo alguma doutrina, em fundamentos de vária ordem[2600]. Desde logo, o facto de a data de nascimento ser facilmente verificável pelo segurador (mediante análise de um documento de identificação), pelo que o dever de controlo pelo segurador da declaração do risco não justificaria regime mais severo[2601]. Por outro lado, o facto de a idade determinar facilmente, pela simples aplicação de uma tarifa (assente numa tábua de mortalidade), o prémio correspondente, simplifica a correcção das condições de risco inerentes à idade. Do nosso ponto de vista, as razões do desvio ao regime geral da declaração do risco prender-se-ão com o carácter aparentemente inócuo da inexactidão, que, embora influenciando a apreciação do risco, não compromete a posição do segurador. Na verdade, não sendo concebível que o segurador liquide o capital por sinistro sem documentação de suporte – que incluirá, necessariamente, a comprovação da

---

[2600] Pedro Rubio Vicente, *El Deber...*, *cit.*, pp. 165 ss.

[2601] Arnaldo Oliveira, "Artigo 189º – Anotação", *in* Pedro Romano Martinez *et al.*, *LCS Anotada*, *cit.*, p. 548. Discordamos desta posição, face ao regime da LCS. Na verdade, a reconhecer-se um dever de controlo sobre as declarações do segurado, a sua inobservância pelo segurador implicaria a inoponibilidade da inexactidão, nos termos do nº 3 do artigo 24º da LCS. Rejeitando-se a existência de tal dever de controlo, então nenhuma falta haveria a apontar ao segurador, não havendo razão para afastar o regime geral dos artigos 24º ss. da LCS.

data de nascimento da pessoa segura – a possibilidade de reajustamento, a todo o tempo, das condições do contrato à idade real salvaguarda suficientemente a posição do segurador contra o eventual intuito fraudulento do tomador[2602].

IV. Relativamente aos seguros de vida verifica-se ainda uma realidade que não é comum a outras modalidades: a das reservas matemáticas. Em termos simplistas, dir-se-á que, aumentando a probabilidade de morte em função da idade, também o prémio deveria aumentar em cada anuidade contratual. Porém, nos seguros de longo prazo, o prémio ir-se-ia tornando gradualmente incomportável precisamente no momento em que o risco fosse, para a pessoa segura, mais elevado. Daí a criação dos seguros a prémio nivelado (ou constante), determinado em função da idade correspondente ao momento intermédio do período contratual. Isso significa, porém, que no período inicial de vigência do contrato o tomador suporta um prémio superior ao correspondente risco. A parte do prémio que excede esse risco, e cuja acumulação se destina a compensar o prémio deficitário na segunda metade de vigência do contrato, constitui precisamente a reserva ou provisão matemática[2603].

Ora, em algumas modalidades de seguro de vida está contratual e legalmente previsto o direito de resgate das provisões matemáticas, que geralmente cabe ao tomador do seguro[2604]. Neste quadro, *quid iuris*, quanto às reservas matemáticas, se se verificarem omissões ou inexactidões que, nos termos dos nºs 4 e 5 do artigo 25º e nº 3 do artigo 26º, ambos da LCS, determinem a cessação do contrato e a perda dos prémios a favor do segurador? No contexto do CCom, defendia Moitinho de Almeida que a perda do prémio a favor do segurador não incluía

---

[2602] O risco de fraude – qualificável, aliás, criminalmente, como burla – existirá, não tanto nos seguros de vida em caso de morte, mas nos seguros em caso de vida. Assim, um seguro de renda vitalícia imediata em que o rendeiro (pessoa segura) falsifica o documento de identificação e declara uma idade muito superior à real, passando a receber, vitaliciamente, contra um prémio único relativamente diminuto, um valor de renda muito superior ao devido. A burla será tanto mais facilitada quanto o segurador dispensa normalmente a apreciação do risco em seguros de vida em caso de vida.

[2603] Cfr. Pedro Jesús Baena Baena, *El Derecho de Rescate de la Provisión Matemática del Seguro de Vida*, Valencia, Tirant Lo Blanch, 2008, pp. 25 ss.; Luca Buttaro, "Moderni orientamenti sul concetto giuridico di assicurazione nella dottrina italiana", in AIDA (Org.), *Atti del Primo Congresso Internazionale di Diritto delle Assicurazioni*, Vol. I, Milano, Giuffrè Ed., 1963, p. 293; Álvaro Machado Villela, *Seguro de Vidas...*, *cit.*, pp. 180 ss.; Luís Poças, *Estudos...*, *cit.*, p. 63.

[2604] Nos termos da alínea b) do nº 29 da Norma 16/95-R, do ISP, não é permitido o resgate de seguros que, pelas suas características técnicas, possibilitem práticas de anti-selecção, nomeadamente: seguros de vida temporário, renda certa-amortizações, renda vitalícia em pagamento, renda ou capital de sobrevivência, capital diferido sem contrasseguro, renda vitalícia diferida sem contrasseguro. Sobre algumas destas modalidades, cfr. Luís Poças, *Estudos...*, *cit.*, pp. 33 ss. Sobre a natureza do direito de resgate, cfr. Pedro Jesús Baena Baena, *El Derecho...*, *cit.*, pp. 43 ss.

as reservas matemáticas, as quais integrariam um valor de resgate cuja titularidade pertenceria ao tomador do seguro[2605].

No âmbito da LCS, e na falta de disposição expressa, entendemos que a qualificação da causa de cessação prevista no artigo 26º como resolução permite sustentar a aplicação (directa), designadamente, do nº 3 do artigo 106º da LCS nos casos em que o segurador não haja efectuado a sua prestação por sinistro. Neste caso, deverá o segurador promover o que na gíria seguradora se designa por *resgate de pleno direito*, liquidando ao tomador o valor de resgate a que haja lugar. Excluída fica a situação prevista na alínea b) do nº 4 do artigo 26º, em que a cessação tem efeito retroactivo, importando a devolução integral dos prémios.

Já relativamente às situações de incumprimento doloso do dever de declaração do risco, repugna ao rigor técnico-jurídico que se configure a anulabilidade propriamente como causa de cessação do contrato. Neste caso, e perante a lacuna da lei, afigura-se como solução adequada a aplicação analógica do nº 3 do artigo 106º da LCS.

X.2. DECLARAÇÃO DO RISCO CLÍNICO E DIREITOS DE PERSONALIDADE

X.2.1. A especial relevância do risco de saúde

I. Como decorre do que atrás fica dito, o risco clínico – probabilidade de verificação da morte ou invalidez por motivo de doença – assume relevância central nos seguros de vida, pelo que a informação respeitante ao mesmo é, para o segurador, fulcral[2606]. Tal relevância reflecte-se, aliás, nas condições aplicáveis ao contrato, mormente no prémio.

Em virtude de a própria pessoa segura constituir a fonte de informação mais imediatamente acessível, para o segurador, sobre esse estado de saúde, a opinião do risco assenta, em primeira linha, sobre a declaração produzida por aquela, normalmente em resposta a um questionário clínico previamente elaborado pelo segurador. Porém, em casos que, para o segurador, se revelam mais particularmente justificados – e que, em regra, variam na razão directa da idade da pessoa segura e/ou do capital seguro, ou que podem resultar de indícios quanto à debilidade do seu estado de saúde suscitados na resposta ao questionário[2607] – o segurador exige normalmente a prestação de formalidades médicas adicionais, traduzidas na realização de um exame médico e/ou de análises clínicas (análises

---

[2605] Cfr. José Carlos Moitinho de Almeida, *O Contrato de Seguro no Direito...*, *cit.*, p. 374.

[2606] A relevância da informação clínica é, em regra, reconhecida pela jurisprudência. Cfr., p. ex., Ac. TRP de 06/11/2006 – Proc. 655463 (Fonseca Ramos); e Ac. TRL de 12/03/2009 – Proc. nº 9551/2008-1 (Rui Vouga).

[2607] Claude Devoet, *Les Assurances...*, *cit.*, p. 189.

ao sangue e à urina, electrocardiograma, etc.)[2608]. Nesta medida, e como decorre do nº 1 do artigo 177º da LCS, *independentemente dos deveres de informação a cumprir pelo segurado*, a celebração do contrato pode depender de declaração sobre o estado de saúde e de exames médicos a realizar à pessoa segura que tenham em vista a avaliação do risco[2609].

Conforme estabelece o nº 1 do artigo 178º da LCS, quando haja lugar à realização de exames médicos, o segurador deve entregar ao candidato, antes da realização dos mesmos: a discriminação exaustiva dos exames, testes e análises a realizar; informação sobre entidades junto das quais os referidos actos podem ser realizados; informação sobre o regime de custeamento das despesas com a realização dos exames e, se for o caso, sobre a forma como o respectivo custo vai ser reembolsado a quem o financie; e a identificação da pessoa, ou entidade, à qual devam ser enviados os resultados dos exames ou relatórios dos actos realizados. Trata-se, como refere José Alves Brito, de uma contrapartida informativa, a cargo do segurador (a quem incumbe, aliás, nos termos do nº 2 do mesmo artigo, o respectivo ónus da prova), do dever de declaração do risco a cargo da pessoa segura[2610]. Atento este dever de informação pré-contratual, que acresce ao estabelecido no artigo 18º da LCS, as consequências do respectivo incumprimento serão as expressamente enunciadas no nº 1 do artigo 23º da LCS (aplicável a todos os deveres de informação e esclarecimento previstos na LCS): a responsabilidade civil, nos termos gerais[2611].

O referido exame médico é, em regra, realizado, ou nos próprios serviços clínicos do segurador, ou através de médicos nomeados para o efeito pelo mesmo nas diferentes localidades onde este esteja representado (embora possa igualmente,

---

[2608] A importância das formalidades médicas para a análise do risco não deve, porém, ser empolada. Na verdade, segundo dados reportados ao contexto francês, em seguros de vida para o caso de morte, os seguradores aceitam 99% das propostas de seguro, das quais 95% apenas com base nas declarações do proponente, sem realização de exame médico (François Ewald e Jean-Pierre Moreau, "Génétique...", *cit.*, p. 112) e apenas 4% com aplicação de sobreprémio por risco agravado (François Ewald, "Génétique et assurance", *cit.*, p. 553).

[2609] Assim, como nota Moitinho de Almeida, a realização de um exame médico não dispensa o segurado de informar o segurador sobre todas as circunstâncias que conheça e que sejam relevantes para a apreciação do risco – José Carlos Moitinho de Almeida, *O Contrato de Seguro no Direito...*, *cit.*, p. 373.

[2610] José Alves de Brito, "Artigo 178º – Anotação", *in* Pedro Romano Martinez *et al.*, *LCS Anotada*, *cit.*, p. 531.

[2611] Neste domínio, considera Francisco Alves ser «sustentável a existência de responsabilidade civil do segurador quanto a exames que a pessoa não quisesse efectuar, seja por uma questão de dignidade ao realizar um exame incomodativo, seja por uma questão de privacidade e que na situação concreta do exame não tivesse conseguido evitar» – Francisco Luís Alves, "O regime...", *cit.*, p. 19 e n. 45.

mediante concordância do segurador, ser efectuado pelo próprio médico assistente da pessoa segura). Em qualquer caso, o referido exame segue um esquema padronizado pela empresa de seguros, de acordo com um formulário pré-fornecido, dando origem a um relatório assinado pelo médico examinador e remetido, sob confidencialidade, aos serviços clínicos do segurador[2612].

Se, de acordo com a análise efectuada pelo segurador, se verificar que o risco excede os padrões normais, em função do estado de saúde da pessoa segura, o mesmo optará, em regra, ou por propor um agravamento do prémio (aplicação de um sobreprémio)[2613], ou uma exclusão parcial de cobertura, ou a subscrição de outra modalidade, prazo ou capital, ou, em situações-limite, recusará a proposta de seguro.

Verificam-se ocasionalmente situações de fraude associadas ao próprio exame médico (abstraindo dos casos de conivência com o médico examinador, já referidos – *supra*, VIII.3), as quais transcendem a mera declaração do risco. Será o caso de um candidato a pessoa segura com problemas de saúde fazer-se substituir, aquando do exame médico, por outrem, beneficiando da semelhança física ou da falsificação de um documento de identificação. Em situações deste tipo, ainda que na eventual falta de enquadramento literal nos artigos 24º ss. da LCS, naturalmente que as consequências não poderão deixar de ser, até por maioria de razão, as das omissões ou inexactidões dolosas, sem prejuízo das sanções penais aplicáveis.

II. No seguro de doença, em que o processo de contratação é, em regra, mais massificado do que no seguro de vida, é frequente a exclusão contratual de doenças pré-existentes[2614]. Já relativamente ao seguro de vida, a exclusão da cobertura

---

[2612] Sobre a realização do exame médico, cfr. Pedro Martinez, *Teoria e Prática dos Seguros, cit.*, pp. 366-367. Quanto à acessibilidade da pessoa segura aos dados médicos de exames realizados que lhe digam respeito, deve o segurador informá-la dessa possibilidade antes da conclusão do contrato, nos termos da alínea j) do nº 1 do artigo 185º da LCS. O direito a tal informação clínica é, de resto, assegurado pelos nºs 3 e 6 do artigo 178º da LCS. Já relativamente aos termos dessa acessibilidade, enquanto o artigo 7º da Lei nº 46/2007 de 24 de Agosto (Lei de Acesso aos Documentos Administrativos – LADA), estabelece que a comunicação de dados de saúde é feita por intermédio de médico *se o requerente o solicitar*, o nº 4 do artigo 178º da LCS seguiu trilho diverso, determinando que a comunicação daquela informação deve ser feita por um médico, salvo se as circunstâncias forem já do conhecimento da pessoa segura ou se puder supor, à luz da experiência comum, que já as conhecia.

[2613] Cfr. Pedro Martinez, *Teoria e Prática dos Seguros, cit.*, pp. 368 ss.

[2614] O nº 1 do artigo 216º da LCS, respeitante aos seguros de saúde, dispõe que as referidas doenças, conhecidas da pessoa segura à data da realização do contrato, consideram-se abrangidas na cobertura convencionada pelo segurador, podendo ser excluídas por acordo em contrário, de modo genérico ou especificamente (por doença). A exclusão constitui, porém, a regra, no domínio das

do risco relativamente a uma determinada patologia pré-existente (ou o agravamento do prémio em função da mesma) é, em regra, não o resultado de uma cláusula inserida nas condições gerais, mas o resultado do processo de análise do risco e uma consequência da declaração exacta do risco pelo proponente. Assim, nos seguros de vida, o despiste de riscos anteriores à celebração do contrato faz-se, em regra, não mediante uma cláusula geral de exclusão de pré-existências[2615], mas precisamente através da técnica da declaração do risco[2616].

O recurso a uma cláusula contratual de exclusão genérica de pré-existências retira, na verdade, efeito útil à declaração do risco clínico, já que, qualquer que seja o teor dessa declaração, as condições contratuais não se alteram. Estando o segurador protegido, através de uma cláusula de exclusão de pré-existências é-lhe, de facto, indiferente a declaração do risco clínico[2617]: a padecer a pessoa segura de uma qualquer patologia, sempre o risco estará excluído quanto às sequelas da mesma[2618]. Desta forma, sempre o contrato cobrirá um risco futuro, insusceptível, portanto, de avaliação a partir da declaração do risco clínico[2619].

Esta configuração da estratégia de defesa do segurador comporta, porém, para o mesmo, alguns riscos. É certo que o debate é transferido do domínio do (in)cumprimento de um dever legal para o campo estritamente contratual. Neste campo, basta a constatação objectiva de que uma patologia é pré-existente – independentemente do conhecimento que a pessoa segura tenha sobre ela (ou da própria convicção de que a mesma se encontrasse curada) – para que o risco

---

práticas contratuais dominantes. Na falta de uma noção legal, o conceito de doença pré-existente deverá resultar do contrato, como se sublinha em José Alves de Brito, "Artigo 216º – Anotação", *in* Pedro Romano Martinez *et al.*, *LCS Anotada, cit.*, p. 617.

[2615] Manifestando-se contra o recurso a esta técnica em seguros de vida, Carlos A. Schiavo, *Contrato de Seguro..., cit.*, pp. 237 ss.

[2616] É de notar, porém, que, relativamente à cobertura complementar de invalidez, em regra, os seguros de vida excluem a cobertura relativamente às sequelas de doenças ou acidentes pré-existentes. Cfr., p. ex., Ac. TRL de 04/02/2010 – Proc. nº 3214/06.6TVLSB.L1-6 (Manuel Gonçalves). Cfr. outros exemplos de cláusulas de exclusão de pré-existências em seguros de vida no Ac. TRG de 10/04/2008 – Proc. nº 480/08-2 (Augusto Carvalho); e Ac. TRL de 26/03/2009 – Proc. nº 171/06.2TJOPRT.L1-6 (Fátima Galante).

[2617] Na *common law* considera-se, aliás, excluído o dever de informação (*duty of disclosure*) relativamente a factos abrangidos por uma garantia específica, por cláusulas de exclusão ou sujeitos a condição suspensiva – Nicholas Legh-Jones *et al.* (Eds.), *MacGillivray..., cit.*, pp. 445-446.

[2618] Esta asserção só não será inteiramente correcta porque, no campo clínico, nem sempre a determinação de pré-existências é matéria líquida. Assim, p. ex., determinadas patologias, como a diabetes, são susceptíveis de influenciar o estado clínico de tal forma que podem determinar a ocorrência de outras patologias, por seu turno causas directas da verificação do sinistro (morte ou invalidez).

[2619] Noutro sentido, mas sem desenvolver argumentos, Francisco Luís Alves, "O regime...", *cit.*, p. 16 e n. 35.

esteja contratualmente excluído. Porém, assentando toda a defesa do segurador numa cláusula contratual, sempre o mesmo ficará sujeito ao complicado ónus da prova de ter comunicado e explicado o respectivo teor ao proponente, sob pena de a mesma se considerar excluída (artigos 5º, 6º e alíneas a) e b) do artigo 8º da LCCG). Por outro lado, como é evidente, esta defesa do segurador tem por pressuposto um sinistro determinado pela pré-existência (a causalidade é, portanto, necessária)[2620].

III. Uma prática frequente em seguros de vida consiste na chamada "declaração de boa saúde". Trata-se de uma declaração, em regra constante de um formulário pré-impresso pelo segurador, a cujo conteúdo o segurado se limita a aderir, subscrevendo-a, e onde se afirma, em suma, que o segurado, tanto quanto sabe, se encontra em bom estado de saúde[2621].

A mesma é utilizada, desde logo, como declaração pré-contratual do risco. Assim ocorre em seguros de vida (geralmente, em grupo) que garantam capitais de reduzido montante[2622] (p. ex., para garantia de um pequeno crédito de curto prazo junto de uma sociedade financeira), e que não justificariam o custo nem a morosidade de uma análise de risco mais aturada pelo segurador. Neste caso, a declaração é utilizada em substituição do questionário e cumpre as funções de uma descrição pré-contratual de risco, com a particularidade de não permitir materialmente ao proponente senão a respectiva subscrição ou recusa (esta, no caso de o proponente não poder confirmar a veracidade da declaração). Sendo a subscrição da declaração um pressuposto de adesão ao seguro em causa, a recusa em subscrevê-la comprometerá, em princípio, a referida adesão[2623].

[2620] O ISP expressou já o entendimento de que será de recusar, nos seguros de vida, a exclusão de uma pré-existência conhecida enquanto risco já verificado. Por outro lado, sustenta que a exclusão do risco, a dar-se, em concreto, com invocação de uma doença pré-existente deve ser fundamentada objectivamente, de modo a afastar a configuração de uma prática discriminatória – ISP, *Relatório de Regulação e Supervisão da Conduta de Mercado – 2010*, Lisboa, ISP, 2011, p. 57.

[2621] A redacção poderá variar com o segurador e até, eventualmente, com a modalidade contratual em causa. A título de exemplo, considere-se o seguinte texto: «declaro que estou de boa saúde e que no último ano não estive sujeito a qualquer tratamento médico regular nem fui aconselhado a ser hospitalizado para me submeter a uma intervenção cirúrgica ou a tratamento médico. Mais declaro que, nos últimos três anos, não interrompi a minha actividade profissional por motivos de saúde durante mais de três semanas consecutivas e que estou actualmente a exercê-la normal e regularmente, no mínimo de 16 horas semanais». Cfr. www.millenniumbcp.pt/multimedia/ archive/00385/DECLARA__O_PPP0605_385120a.pdf (consult. 05/12/2008).

[2622] Claude Devoet, *Les Assurances...*, *cit.*, p. 189.

[2623] A situação descrita distingue-se de uma outra, em que a declaração de boa saúde é complementada com um questionário, cujo preenchimento só é requerido se o segurado não estiver em condições de subscrever como verdadeiro o teor da declaração de boa saúde. Considere-se o seguinte exemplo de texto, extraído de um boletim de adesão a seguro de vida grupo, utilizado

Poder-se-á, assim, suscitar a compatibilidade da referida declaração com os requisitos do dever de declaração do risco, tal como resultam, nomeadamente, dos nºs 1 e 2 do artigo 24º da LCS, nomeadamente o carácter espontâneo do dever. Por exemplo, poder-se-á entender que, se o segurador apresenta para assinatura uma mera declaração formulada em termos genéricos, então ficar-lhe-á vedada a impugnação do contrato, por analogia com a alínea b) do nº 3 do mesmo artigo. Por outro lado, os moldes da declaração e a ausência de qualquer estímulo a que o segurado exerça o seu dever de declaração espontâneo (para além da mera assinatura do impresso), ou sequer de um campo para o efeito, podem ser entendidos como desinteresse do segurador sobre a descrição pré-contratual do risco e, portanto, aceitação prévia das circunstâncias do risco, quaisquer que elas fossem[2624].

Porém, no caso português, onde vigora um regime de declaração espontânea do risco, há que considerar que o proponente não fica impedido de fazer, em documento autónomo, as declarações que entenda relevantes sobre a caracterização do risco (apesar de não solicitadas) nem de anexar os documentos que considere pertinentes. Por outro lado, a mera subscrição do impresso de boa saúde responsabiliza efectivamente o proponente pela veracidade da declaração ali contida, à qual livremente aderiu.

Ainda assim, julgamos que as inexactidões ou omissões decorrentes de uma declaração de boa saúde terão de ser avaliadas, perante o caso concreto, com maior margem de tolerância do que perante um questionário fornecido pelo segurador. É que na subscrição de uma declaração de boa saúde sempre será menor a censurabilidade do incumprimento pelo proponente do dever de declaração do

---

pela Groupama Seguros de Vida: «Eu, abaixo assinado, declaro [...] não ter conhecimento de que sofro de qualquer doença crónica que dê lugar a tratamentos ou de qualquer alteração importante do meu estado de saúde devido a doença ou acidente nos últimos 6 meses (em caso contrário, preencher o questionário)».

[2624] A questão apresenta uma solução clara e convergente por parte da jurisprudência francesa, com base no sistema de questionário fechado que naquele ordenamento vigora. Neste domínio, entendem os tribunais que, na ausência de uma pergunta e/ou de um campo solicitando informações sobre um estado mórbido pré-existente, não poderá o segurador prevalecer-se do incumprimento do dever de declaração do risco do tomador – Bernard Beignier, *Droit du Contrat...*, *cit.*, pp. 109 ss. Por outro lado, entendem que as afirmações pré-impressas são insuficientes para apreciar as afirmações do segurado – Bernard Beignier, "Tribunal..." [coment.], *cit.*, p. 60. Para além disso, a assinatura de uma declaração pré-impressa, sem margem de adaptação à situação pessoal do segurado nem possibilidade de resposta negativa, afigura-se, no dizer de um acórdão, uma mera formalidade inconsequente (*ibidem*). Sobre a problemática na jurisprudência francesa, cfr. também Jérôme Kullmann, "La déclaration...", *cit.*, pp. 693-694. Já na experiência da *common law* existe precedente judicial no sentido de que, tendo recorrido a uma declaração de boa saúde, o segurador limitou o seu direito de informação a matérias que, na opinião do proponente, seriam relevantes – *Jones v. Provincial Life* (1857) 3 C.B. (N.S.) 65, 86, *apud* Nicholas Legh-Jones *et al.* (Eds.), *MacGillivray...*, *cit.*, pp. 417-418.

risco. Desde logo, porque sempre terá mais dificuldade de identificar as matérias relevantes para o segurador. Por outro lado, porque o menor empenho do segurador em conhecer o risco exacto poderá deixar transparecer ao proponente que está, em grande medida, desonerado por aquele do dever de informação. Para além disso, porque, colocado perante uma alternativa de *tudo ou nada*, sempre o proponente tenderá a desprezar matérias que se lhe afigurem de pouca importância (e que não deixaria de referir se lhe fossem perguntadas especificamente). Finalmente, porque, atenta a finalidade do seguro (com frequência, a garantia de um crédito de curto prazo a terceiro), a perspectiva de fazer inquinar o processo com uma recusa em subscrever a declaração poderá compelir psicologicamente o proponente a assiná-la ainda que com desvio à verdade completa.

Aliás, não sendo expectável que todas as pessoas gozem de perfeita saúde, constituiria, segundo cremos, abuso do direito do segurador se este viesse a prevalecer-se da declaração por si formulada para invocar o incumprimento do dever de declaração por omissão de um facto de pouca gravidade. Desta forma, pensamos que o critério justo de avaliação do incumprimento do dever de declaração – e, bem assim, do grau de culpa do proponente – na simples subscrição de uma declaração de boa saúde deverá decorrer da *gravidade* (e evidente relevância) da informação "omitida", ou seja, do *grau de divergência* entre a declaração emitida (de que se encontrava de perfeita saúde) e a realidade conhecida pelo proponente.

IV. Ainda em tema de declaração de boa saúde, esta é igualmente utilizada em múltiplas situações, ocorridas durante a vigência do contrato de seguro de vida, e que se traduzem num aumento ou reposição das garantias contratadas. Entre os vários casos recorrentes, quando admissíveis, figuram a reposição em vigor de um contrato de seguro de vida recentemente suspenso ou resolvido (em regra, por falta de pagamento atempado do prémio); o aumento, por iniciativa do tomador, do capital contratualmente convencionado em caso de morte ou invalidez; a prorrogação do prazo contratual; ou a subscrição, durante a vigência do contrato, de uma garantia complementar.

Neste caso, não está já em causa, em rigor, uma declaração pré-contratual do risco, já que a mesma se produz durante a vigência do contrato. Também não está em causa uma comunicação de agravamento – nem tampouco de diminuição – do risco, já que o respectivo teor assenta precisamente na declaração *de que se mantém* a situação de facto inicialmente descrita[2625]. A natureza da *declaração de boa saúde*, nesta modalidade, assume, assim, contornos *sui generis*, embora, *relativa-*

[2625] Atente-se no seguinte exemplo de declaração, utilizada pela Groupama Seguros de Vida: «Declaro, para os devidos efeitos, que, desde a data de subscrição do seguro até à presente data, não sofri qualquer doença ou acidente, nem fui submetido a nenhuma intervenção cirúrgica, pelo que o meu estado de saúde não sofreu alterações».

mente ao acréscimo de garantia visado pelo tomador do seguro, cumpra uma função em tudo análoga à que a declaração pré-contratual do risco preenche quanto à garantia inicialmente contratada. Trata-se, na verdade, de um mecanismo contratual de salvaguarda do segurador contra práticas de selecção adversa (ou de viciação da *alea* contratual), obtendo este o compromisso da pessoa segura, através de uma declaração de ciência, de que as condições de risco não se alteraram relativamente às descritas na fase pré-contratual. Desta forma, evita os inconvenientes comerciais, a morosidade e os custos inerentes a uma reapreciação do risco, repousando na boa fé da contraparte a sua decisão de aceitar a alteração proposta por esta. Quanto ao carácter fixo do conteúdo da declaração e à ausência de possibilidade material[2626], para o segurado, de prestação de outras informações para além da mera subscrição (ou recusa) da declaração pré-impressa, o mesmo revela-se adequado ao objectivo visado pelas partes: a ampliação das garantias com manutenção, no quadro de todo o contrato, do equilíbrio entre prestações.

Nesta modalidade de *declaração de boa saúde*, a inexactidão ou omissão das declarações do segurado decorrentes da mesma não põe em causa o contrato nos termos vigentes à data em que ela é produzida. Embora a lei não se refira de forma expressa a esta situação, seria inteiramente contrário à boa fé e ao princípio da conservação do negócio jurídico admitir que o segurador pudesse impugnar o contrato, na sua totalidade, invocando uma falta superveniente do tomador ou do segurado. Desta forma, as inexactidões ou omissões na declaração de boa saúde deverão suscitar, em virtude de uma lacuna da lei, a aplicação analógica, na medida em que a mesma seja possível, do regime do incumprimento previsto nos artigos 25º e 26º da LCS, mas *apenas* no que diz respeito ao *acréscimo de garantia* verificado. Quanto às condições inicialmente contratadas e vigentes à data da declaração de boa saúde, é o contrato inimpugnável, excepto por qualquer vício ou falta que o afectasse já independentemente da declaração de boa saúde.

X.2.2. A problemática do acesso do segurador à informação clínica

I. A relevância do risco clínico em seguros de vida – como, aliás, em outras modalidades de seguros de pessoas, como os de saúde – suscita a problemática da sua compatibilização com alguns direitos de personalidade. Desde logo, as informações sobre os hábitos de vida e, sobretudo, os elementos clínicos que

---

[2626] Nada obsta, na prática, a que o segurado adicione reservas, comentários ou informações pessoais à declaração, ou que lhe anexe qualquer declaração complementar, documento ou elemento clínico. Neste caso, porém, o objectivo da declaração é desvirtuado. A haver uma informação de agravamento relevante do risco, o segurador provavelmente recusará a ampliação da cobertura (que obedeceria às mesmas condições tarifárias), podendo, no entanto, propor um novo contrato com condições tarifárias mais gravosas (sem prejuízo da manutenção em vigor do contrato anterior, atenta a sua inimpugnabilidade).

atestam o estado de saúde da pessoa segura podem pôr em causa os limites do direito à reserva da vida privada, suscitando questões éticas e jurídicas que dificultam a acessibilidade do segurador a tais dados[2627]. A questão agudizou-se e ganhou visibilidade com o advento da SIDA e do projecto do genoma humano, que também suscitaram o problema da igualdade de oportunidades.

O vírus da SIDA surgiu no final da década de 1970, rapidamente assumindo, pela facilidade de contágio, proporções pandémicas[2628]. Com um desenvolvimento relativamente rápido, a doença revela-se mortal pelo progressivo enfraquecimento do sistema imunitário. Por outro lado, comporta a particularidade de o portador assintomático não se apresentar *doente* nem padecer de uma incapacidade[2629]. A doença teve evidente impacto no sector segurador[2630]. Perante a sua gravidade, os seguradores depressa revelaram prudência, procurando conhecer o risco incorrido e prevenir práticas de anti-selecção. De resto, a selecção do risco ditou, em regra, a exclusão dos seropositivos em seguros de vida[2631].

A SIDA, muitas vezes associada pela opinião pública a comportamentos sociais "desviantes", trouxe consigo um duplo estigma – o clínico (pela gravidade das respectivas consequências e pelas possibilidades de contágio) e o social (pela conotação com determinados padrões de comportamento "de risco"). Logo se suscitaram com particular acuidade as questões da reserva da intimidade da vida privada e da igualdade de tratamento, posteriormente reiteradas relativamente ao projecto do genoma humano.

Por seu turno, a descoberta do ADN[2632], em 1944, por O. T. Avery, revolucionou a genética e lançou remotamente as bases para o que viria a ser um dos mais ambiciosos projectos de investigação científica: o Projecto do Genoma Humano. Desenvolvido desde o final da década de 1980, a partir dos EUA, este projecto de cooperação internacional, que visava mapear a sequenciação completa do ADN que constitui o genoma humano, está perto da conclusão, prosseguindo,

---

[2627] Alberto Parrella, "La reticenza...", *cit.*, p. 756; Pedro Rubio Vicente, *El Deber...*, *cit.*, pp. 148 ss.; José Vasques, *Contrato de Seguro – Notas...*, *cit.*, p. 214.

[2628] Sobre os aspectos biológicos da SIDA, cfr. Carl Japhet, "L'assurance vie face au sida", *in* Catherine Labrusse-Riou *et al.*, *Le Droit Saisi par la Biologie – Des Juristes au Laboratoire*, Paris, LGDJ, 1996, pp. 41 ss.

[2629] Carlos A. Schiavo, *Contrato de Seguro...*, *cit.*, p. 240.

[2630] Como refere Rubio Vicente, «a rápida difusão desta doença do sistema imunológico, a sua importância quantitativa, e as fatais consequências que importa o seu contágio, são factos que levaram as Companhias seguradoras a interessar-se prontamente pelos distintos aspectos relacionados com a mesma» – Pedro Rubio Vicente, *El Deber...*, *cit.*, p. 159 (trad. nossa).

[2631] Como refere Japhet, «a atitude dominante dos seguradores em matéria de seguro de vida [...] tenderia a admitir que os seropositivos não representam apenas um risco agravado, mas são inseguráveis» – Carl Japhet, "L'assurance...", *cit.*, p. 44 (trad. nossa).

[2632] Ácido desoxirribonucleico (dupla cadeia de moléculas em espiral constituindo os cromossomas).

entretanto, a investigação no sentido de mapear o transcriptoma (sequências de moléculas de ARN) e o proteoma (proteínas codificadas pelo genoma)[2633]. A cartografia completa do genoma humano prototípico – que não de cada indivíduo concreto – desvenda a essência química dos genes que compõem as células humanas: o material genético que condiciona a existência e a saúde do ser humano[2634]. Por outro lado, as sequências de ADN de cada indivíduo constituem o seu património genético, sucessivamente transmitido a cada nova geração mediante um processo de replicação do ADN. Neste quadro, a principal razão para o desenvolvimento do Projecto consistiu na identificação dos genes envolvidos nas doenças hereditárias e consequente prevenção, antecipação do diagnóstico e tratamento atempado das mesmas[2635]. Na verdade, o conhecimento do material genético de alguém potencia, tanto o diagnóstico de uma doença presente, como a predição do surgimento futuro da doença, como a identificação de um estado de portador assintomático de uma predisposição genética para determinada doença[2636].

Alguma doutrina coloca em evidência a relevância da constituição genética em termos de saúde pública. Na verdade, a maioria das patologias, ou assume carácter inteiramente genético, ou depende da interacção entre factores ambientais (incluindo modos de vida) e factores genéticos. Mesmo determinadas doenças infecciosas, como a SIDA, a tuberculose, a hepatite, etc., parecem depender de

---

[2633] Cfr., desenvolvidamente, Stela Barbas, *Direito do Genoma...*, *cit.*, pp. 43 ss.; Francesco Maria Cirillo, "La progressiva conoscenza del genoma umano: tutela della persona e problemi giuridici connessi con la protezione dei dati genetici", *RDC*, Ano XLVIII, nº 3 (Mai.-Jun. 2002), pp. 399 ss.; Eduardo Mangialardi, "El Proyecto Genoma Humano y el Seguro de Personas", *RES*, nº 105 (Jan.-Mar. 2001), pp. 7 ss.; Helena Pereira de Melo, *Implicações Jurídicas do Projecto do Genoma Humano: Constituirá a Discriminação Genética Uma Nova Forma de Apartheid?*, Vol. I, [s.l.], Associação Portuguesa de Bioética, 2007, pp. 53 ss.

[2634] Helena Pereira de Melo, *Implicações...*, *cit.*, p. 56.

[2635] Helena Pereira de Melo, *idem*, pp. 58-61.

[2636] Helena Pereira de Melo, *idem*, p. 60. Neste quadro, são configuráveis três tipos de testes genéticos de predição: os de diagnóstico pré-sintomático de doenças monogénicas (que antecipam, com um grau de probabilidade de cerca de 100%, e na ausência de qualquer sintoma, o conhecimento de uma doença que se manifestará muitos anos depois); os de diagnóstico de predisposições (que apenas revelam uma maior probabilidade de contracção de uma dada doença pelo indivíduo em causa); e os de diagnóstico de predição do risco de patologias em futuras gerações (que não denotam um risco de contracção de uma doença para o indivíduo analisado, em virtude de as anomalias dos respectivos cromossomas se encontrarem compensadas, mas que comportam um risco de transmissão desequilibrada às gerações seguintes, implicando aí algum potencial de manifestação de certas patologias) – Stela Barbas, *Direito do Genoma...*, *cit.*, pp. 87 ss.; Jean-Luc Fagnart, *Traité...*, *cit.*, p. 69; Julian Kinderlerer e Diane Longley, "Human genetics: The new panacea?", *in* Roger Brownsword, W. R. Cornish e Margaret Llewelyn (Eds.), *Law and Human Genetics: Regulating a Revolution*, Oxford, Hart Publishing, 1998, pp. 19 ss.; Helena Pereira de Melo, *Implicações...*, *cit.*, pp. 62-63.

um factor de predisposição genética não negligenciável[2637]. Assim, na transição do milénio tinham sido identificadas mais de 4.000 doenças monogénicas graves (ainda que de rara frequência), estimando-se que dois por cento dos recém-nascidos estavam já afectados por uma patologia genética perceptível[2638].

II. Com o progresso da ciência, a capacidade de avaliar o risco clínico com maior precisão tem vindo a suscitar a questão da eliminação do risco, que, num prazo circunscrito, mais se aproxima da impossibilidade ou da certeza. Como nota Onora O'Neill, sem *alea* não haveria seguro: se algumas pessoas tivessem a certeza de não virem a ser afectadas por um determinado evento adverso não se segurariam contra o mesmo, assim como o segurador não aceitaria o risco se tivesse a certeza que este viesse a verificar-se[2639].

Neste quadro, foi já suscitada a questão da manutenção de uma *alea* contratual a propósito da realização de testes de HIV, na medida em que o segurador, sabendo não ser a pessoa segura seropositiva não estaria a incorrer em nenhum risco[2640]. Ora esta argumentação é totalmente infundada: não só ela ignora o facto de que a selecção e segmentação do risco está na essência da actividade seguradora (não sendo, por isso, dispensável); como parece ignorar que a incerteza relacionada com a duração da vida é independente da seropositividade, verificando-se quer o teste de HIV seja positivo ou negativo; ignora igualmente o facto de que, sendo o resultado negativo à data da conclusão do contrato, nada impede que a sua posterior realização, já na vigência do seguro, viesse a dar um resultado positivo.

A matéria ganhou novo alento a propósito dos testes genéticos. Suscita-se, assim, recorrentemente, a questão da legitimidade dos mesmos quando sejam susceptíveis de fornecer resultados que conduzam à *eliminação total do risco*[2641]. Aliás, um dos argumentos a favor da interdição do questionamento pelo segurador da informação genética, no âmbito da Lei belga sobre o contrato de seguro

---

[2637] Axel Kahn, "Tests génétiques et assurance", *Risques*, nº 18 (Abr.-Jun. 1994), p. 96. Como nota o autor, o custo da informação genética na gestão pública da saúde poderá ser severo, em virtude, quer de um excessivo recurso aos testes (já de si muito onerosos) quer dos cuidados de saúde da população em risco (*idem*, p. 102).

[2638] Julian Kinderlerer e Diane Longley, "Human genetics...", *cit.*, p. 17; Claude Le Pen, "Risque génétique et assurance", *Risques*, nº 54, Jun. 2003, p. 97.

[2639] Onora O'Neill, "Insurance and genetics: The current state of play", *in* Roger Brownsword *et al.* (Eds.), *Law and Human Genetics: Regulating a Revolution*, Oxford, Hart Publishing, 1998, p. 124.

[2640] Carl Japhet, "L'assurance...", *cit.*, p. 51.

[2641] Cfr., p. ex., Pierre-André Chiappori, "Tests...", *cit.*, p. 108; Guilherme de Oliveira, "Implicações jurídicas do conhecimento do genoma", *in* Guilherme de Oliveira, *Temas de Direito da Medicina*, Coimbra, Coimbra Ed., 1999, p. 144; Paulo Mota Pinto, "A protecção da vida privada e a Constituição", *BFDUC*, Ano LXXVI (2000), p. 203.

terrestre, foi precisamente o de que a comunicação de dados genéticos suprimiria o carácter aleatório do seguro[2642]. O argumento, porém, é insensível a aspectos centrais, quer da genética, quer da técnica seguradora.

Desde logo, no plano genético, e segundo o estado dos conhecimentos actuais, o resultado positivo de um teste genético relativamente a uma doença não significa que o indivíduo contrairá essa doença, mas apenas revela uma probabilidade dessa ocorrência. Com efeito, os testes que revelam patologias de manifestação precoce não têm valor preditivo, na medida em que a patologia é já actual. Quanto aos testes que revelam predisposição para patologias de manifestação tardia, estas não comprometem necessariamente a longevidade do doente nem obstam a que a morte venha a ocorrer por outras causas. Por seu turno, os testes que evidenciam predisposições dependentes de factores ambientais são contingentes e sem base sólida para previsões actuariais[2643].

Por outro lado, o estado actual da ciência apenas permite efectuar testes dirigidos ao despiste de determinadas patologias isoladas (seja enquanto teste de diagnóstico pré-sintomático, seja como teste de diagnóstico de predisposições), existindo, para tanto, *kits* específicos[2644]. Os testes são, portanto, direccionados e só são efectuados se houver justificação clínica para o caso (outros indicadores que indiciem já uma probabilidade forte de doença). Um exame exaustivo ao ADN de um indivíduo para inventariar *todas* as patologias pré-sintomáticas e *todas* as predisposições à doença coloca-se, para já, apenas no âmbito da ficção científica[2645]. Aliás, o desenvolvimento da ciência não permitirá nunca fornecer uma previsão exacta da esperança de vida de cada pessoa, já que neste domínio concorrem variáveis que escapam (e sempre escaparão) à previsão: como será o

---

[2642] Claude Devoet, *Les Assurances...*, *cit.*, p. 171; Jean-Luc Fagnart, *Traité...*, *cit.*, p. 68. Também não merece acolhimento o argumento de Rubio Vicente de que o conhecimento pelo segurador, em virtude de testes genéticos, da probabilidade de morte do segurado daria àquele a possibilidade de recusar os "maus riscos" e de apenas aceitar os riscos de baixa probabilidade, eliminando, assim, a *alea* e podendo suscitar a própria questão da nulidade do contrato por ausência de risco – Pedro Rubio Vicente, *El Deber...*, *cit.*, pp. 151-152. É que, ainda que a hipótese tivesse cabimento teórico, os riscos de baixa probabilidade não deixariam, por isso, de ser riscos, isto é, de reunir uma margem de incerteza que permitisse qualificá-los como tal. Aliás, a baixa probabilidade de morte por certo tipo de doenças de base genética não afasta a possibilidade, sempre incerta, de morte por outras doenças, ou mesmo por acidente.

[2643] Onora O'Neill, "Insurance...", *cit.*, p. 126. Essa baixa relevância seria ainda evidenciada pela opinião da autora – que não acompanhamos – segundo a qual o seguro de vida seria sobretudo subscrito por pessoas saudáveis (*idem*, p. 131).

[2644] Mouhamadou Fall, "Le marché d'assurance est-il si menacé par les tests génétiques?", *Risques*, nº 59 (Set. 2004), p. 149; Axel Kahn, "Tests...", *cit.*, p. 97.

[2645] Mesmo no plano económico, é duvidosa a relação entre o custo dos exames genéticos e o proveito da informação para o segurador, desaconselhando a sua aplicação *generalizada* a todos os seguros de vida.

caso da morte por acidente (mesmo admitindo que o código genético de algumas pessoas possa indiciar uma maior propensão para certo tipo de acidentes) ou da exposição fortuita a certos tipos de vírus ou epidemias[2646]. De resto, o conhecimento de maiores vulnerabilidades quanto à saúde de certos indivíduos (maior tendência para contrair certas patologias) permitirá o desenvolvimento de medidas preventivas que contrariem essas vulnerabilidades. Assim, se os testes genéticos permitem determinar melhor um risco, os mesmos não suprimem *o risco*[2647]. De uma forma ou de outra – julgamos tê-lo demonstrado à saciedade ao longo deste trabalho – não é o conhecimento rigoroso do risco (partilhado entre as partes, no âmbito do dever de colaboração que lhes incumbe) que destrói a *alea* contratual: é a assimetria informativa, ou seja, a posse exclusiva, pelo segurado, de informações relevantes sobre o risco seguro.

III. No plano da técnica seguradora, a regra da homogeneidade dos riscos e, bem assim, a do equilíbrio entre o prémio e o risco, impõem que o segurador se inteire do risco que lhe é proposto, para o que se requer a colaboração do segurado (nomeadamente, através da declaração do risco e da tolerância à análise do mesmo)[2648]. Neste contexto, a acessibilidade da informação clínica, potenciada pelo próprio desenvolvimento científico, revela-se um ponto de conflito entre seguradores e segurados.

Por um lado, ao permitir uma aferição mais rigorosa do risco (aproximando o *risco estimado* do *real*), o domínio dessa informação pode revolucionar a actividade seguradora[2649], possibilitando uma melhor segmentação do risco e beneficiando, desta forma, o segurado-consumidor e a própria mutualidade segura. A relevância da informação genética é, em qualquer caso, maior para o segurador do que para o próprio indivíduo, no sentido em que, como afirma Kahn, «saber que se passa de 1 risco sobre 100.000 para 1 risco sobre 1.000 ou sobre 100 de ter uma doença, isso não diz grande coisa a um indivíduo. O que ele pretende saber é se desenvolverá ou não a doença. [...] Um teste que indique que um indivíduo representa 20 vezes mais risco do que a população média de desenvolver a doença de Alzheimer [...] torna-se um elemento fundamental na avaliação do risco pelo segurador»[2650].

[2646] Virginia Bado Cardozo, *El Riesgo...*, *cit.*, p. 103.

[2647] Bernard Dubuisson, "Secrets, mensonges et confidences", *Revue de Droit de l'U.L.B.*, Vol. 21, nº 1 (2000), p. 339.

[2648] Em sentido convergente, Jean-Luc Fagnart, *Traité...*, *cit.*, p. 69.

[2649] Como refere Ewald, «o seguro e a genética são dois filhos da "revolução probabilística"» – François Ewald, "Génétique et assurance", *cit.*, p. 550 (trad. nossa).

[2650] Axel Kahn, "Tests...", *cit.*, p. 98 (trad. nossa). Não nos parece, portanto, que tenha fundamento a perspectiva de Stela Barbas segundo a qual «a *obsessão* com os genes de predisposição para

A grande vantagem dos testes em termos de saúde pública consiste na prevenção de doenças e na intervenção precoce no sentido de evitar ou limitar os seus efeitos. Desta forma, a própria actividade seguradora beneficiará, em regra, com a realização desses testes já que os mesmos farão decrescer, em termos médios, a incidência de certos riscos clínicos[2651].

Porém, os referidos testes – que decerto são relativamente morosos e dispendiosos – poderão também, como até aqui, continuar a ser dispensados pela actividade seguradora. Na verdade, o conhecimento genético não representa, sem si mesmo, um novo risco para o mercado segurador, já que «as companhias seguradoras não vão ser oneradas com novas doenças e novas mortes»[2652]. De facto, o risco de mortalidade resultante de doenças de base genética está desde sempre reflectido nas tábuas de mortalidade em que assentam as tarifas dos seguros de vida. Não é, pois, rigorosa a frequente pretensão de que os seguradores têm uma certa avidez de informação genética como forma de apurar a selecção do risco[2653].

O que vimos de afirmar comporta uma ressalva. É que os testes genéticos configuram o dilema associado à assimetria informativa. De facto, se o conhecimento genético pertencer ao segurado e não tiver de ser partilhado com o segurador, é a própria essência do contrato de seguro – e do dever de declaração do risco – que está em causa. O mesmo poderá passar a especular sobre a sua própria vida. Poderá subscrever seguros de vida em caso de morte com capitais elevados, sabendo que lhe será aplicado um prémio inferior ao risco incorrido pelo segurador. Como vimos, a esta assimetria informativa corresponde uma autêntica

determinadas doenças, ao transformar pessoas sãs em potenciais doentes, poderá conduzir a um perigoso e exagerado aumento da procura de seguros» – Stela Barbas, *Direito do Genoma..., cit.*, p. 606. Cfr. também Stela Barbas, "Dos novos contratos de seguro", DJ, Vol. XIV, Tomo 3 (2000), p. 150. Não se compreendendo como a procura de seguros possa ser perigosa ou exagerada, não cremos, em qualquer caso, que os testes genéticos constituam uma *oportunidade comercial* para o sector segurador.

[2651] O argumento não é, porém, irrebatível. Na verdade, segundo Axel Kahn, não é certo que o conhecimento, por parte de um indivíduo, de que tem uma predisposição para certa patologia fará, necessariamente, com que altere o seu modo de vida (como afirma o autor, o facto de ser do domínio público que o consumo do tabaco, ou a exposição prolongada ao sol, são potenciais causadores de cancro, não desincentiva certas pessoas de adoptarem comportamentos de risco) – Axel Kahn, "Tests...", *cit.*, p. 109.

[2652] Guilherme de Oliveira, "Implicações...", *cit.*, p. 144.

[2653] Guilherme de Oliveira, "Implicações...", *cit.*, p. 143. Menos rigoroso ainda é que «as companhias que pretendem usar as novas técnicas de diagnóstico querem melhorar os seus balanços, desfavorecendo os indivíduos potencialmente menos saudáveis» – *idem*, p. 144. Como referimos, a segmentação do risco, não tendo impacto sobre os resultados do segurador (na medida em que, em qualquer dos casos, a mutualidade dos prémios é actuarialmente proporcional à mutualidade dos riscos) é sobretudo mais justa para com o consumidor, na medida em que aquele que represente um menor risco será onerado com um prémio menor (e vice-versa).

viciação da *alea*: a mesma reflecte-se no desequilíbrio das prestações, na quebra da mutualidade, em práticas de selecção adversa, no vício da vontade do segurador e, em suma, na violação da máxima boa fé que tutela a relação de confiança inerente ao contrato. Neste quadro, as pessoas que sofram um maior risco clínico sentir-se-ão mais motivadas a fazer-se segurar, ocorrendo o inverso com as que representarem menor risco. Esta tendência fará subir o nível dos prémios praticados, o que tenderá a atrair progressivamente cada vez piores riscos e a afastar progressivamente os melhores. Fomentar-se-á, desta forma, uma espiral de selecção adversa, conducente ao colapso do sistema[2654]. Por outro lado, a tolerância, pela ordem jurídica, dessa assimetria informativa poderia assumir mesmo contornos mais graves. É que a posse de informação genética pelo potencial segurado passaria a ter *valor económico*. Desta forma, a partilha dessa informação pelo potencial segurado (eventualmente, mesmo, a sua cedência, a título oneroso, a terceiros) poderia motivar operações especulativas sobre a sua vida: um especulador (ou vários) poderia comprar a informação genética e constituir-se, com a conivência do próprio segurado, na posição de tomador do seguro e, simultaneamente, de beneficiário em caso de morte, num contrato de seguro de vida de capital elevado.

Na perspectiva oposta, à violação da esfera de intimidade privada (enquanto autodeterminação sobre a informação) acresce o temor de uma possível estruturação social[2655] em função da desigual distribuição do estado de saúde ou do próprio património genético, num eixo que teria como extremos, respectivamente, os *genótipos saudáveis* e os *genótipos defeituosos*[2656] (e em que fins de mobilidade ascendente levassem à procura do apuramento do código genético), suscitando o problema da discriminação e do direito à igualdade[2657].

Suscita-se, porém, a dúvida sobre as razões do tratamento diferenciado da informação genética face a outros factores de risco tanto ou mais relevantes, como os comportamentais (tabagismo, alcoolismo, etc.) ou os biológicos (hipertensão arterial, idade, etc.)[2658]. A questão não poderá deixar de passar por uma incursão pelos direitos de personalidade.

[2654] Reconhecendo estas consequências potenciais, Stela Barbas, *Direito do Genoma...*, *cit.*, pp. 603-604; Stela Barbas, "Dos novos...", *cit.*, pp. 148-149; Mouhamadou Fall, "Le marché...", *cit.*, p. 147.

[2655] Sobre os processos de estruturação social, cfr., desenvolvidamente, Teodoro Hernández de Frutos, *Para Comprender las Estructuras Sociales*, Estella (Navarra), Editorial Verbo Divino, 1997.

[2656] Ou, como refere Rubio Vicente, «cidadãos de primeira e segunda categoria em razão do seu código genético». Pedro Rubio Vicente, *El Deber...*, *cit.*, p. 150 (trad. nossa).

[2657] José Manuel Cardoso Costa, "Genética e pessoa humana – Notas para uma perspectiva jurídica", *ROA*, Ano 51º, Vol. II (Jul. 1991), p. 472.

[2658] Claude Le Pen, "Risque...", *cit.*, p. 96. Como refere Schiavo, que defende a admissibilidade do recurso a testes genéticos como meio de diagnóstico em sede de selecção do risco a segurar,

IV. Com origem no Direito romano, os direitos de personalidade consubstanciam posições jurídicas tuteladas pelo Direito e respeitantes à própria pessoa do respectivo titular[2659], tendo subjacentes bens de personalidade e encontrando a sua disciplina em sede de Direito civil[2660]. Já os direitos fundamentais – consubstanciando posições activas consagradas na Constituição – resultam do labor jusracionalista que, numa lógica dedutiva, identifica direitos anteriores e superiores ao próprio Estado (os direitos do Homem) os quais vêm a positivar-se através da sua consagração constitucional[2661]. Quando digam respeito a bens de personalidade, os direitos fundamentais correspondem a direitos de personalidade[2662].

«certamente a aplicação de testes genéticos como instrumento de diagnóstico não é uma questão polémica na literatura especializada, aparentemente neste caso avaliam-se como qualquer outro exame médico para determinar uma doença» – Carlos A. Schiavo, *Contrato de Seguro...*, *cit.*, p. 244 (trad. nossa).

[2659] António Menezes Cordeiro, *Tratado de Direito Civil Português*, I, Tomo III, 2ª Ed., Coimbra, Almedina, 2007, p. 43. Nas palavras de Paulo Mota Pinto, os direitos de personalidade incidem «sobre alguns fundamentais modos de ser, físicos ou morais, dessa personalidade, e que inerem, portanto, à pessoa humana» (Paulo Mota Pinto, "O direito à reserva sobre a intimidade da vida privada", *BFDUC*, Vol. LXIX (1993), p. 482). Segundo Pais Vasconcelos, trata-se de direitos «sem os quais as pessoas não são tratadas como pessoas, são direitos que são exigidos pela sua radical dignidade como e enquanto Pessoas Humanas, constituem fundamento ontológico da personalidade e da dignidade humana» (Pedro Pais Vasconcelos, "Protecção de dados pessoais e direito à privacidade", *in* AAVV, *Direito da Sociedade de Informação*, Vol. I, Coimbra, Coimbra Ed., 1999, p. 250).

[2660] Os direitos de personalidade caracterizam-se: por serem gerais, pertencendo à titularidade de todo o ser humano; por serem absolutos (no sentido em que são susceptíveis de serem violados – e devem, portanto, ser respeitados – por qualquer pessoa, sendo, portanto, oponíveis *erga omnes* e gozando de tutela aquiliana, nos termos do nº 1 do artigo 483º do CC); por terem natureza tendencialmente não patrimonial; por serem inerentes à pessoa do respectivo titular, cuja posição é intransmissível (*inter vivos* ou *mortis causa*); por serem, em geral, indisponíveis (insusceptíveis de alienação ou renúncia, ainda que o titular possa consentir na respectiva limitação); por corresponderem, em regra, no plano civilístico, a direitos fundamentais, constitucionalmente tutelados – António Menezes Cordeiro, *Tratado...*, I, Tomo III, *cit.*, pp. 103 ss.; Paulo Mota Pinto, "O direito...", *cit.*, p. 482 ss. Cfr. também Teodoro Bastos de Almeida, "O direito à privacidade e a protecção de dados genéticos: uma perspectiva de direito comparado", *BFDUC*, Vol. LXXIX (2003), pp. 360 ss. Sobre um balanço da jurisprudência recente em matéria de direitos da personalidade, cfr. António Menezes Cordeiro, "Os direitos de personalidade na civilística portuguesa", *in* António Menezes Cordeiro, Luís Menezes Leitão e Januário Costa Gomes (Orgs.), *Estudos em Homenagem ao Prof. Doutor Inocêncio Galvão Telles*, Vol. I, Coimbra, Almedina, 2002, pp. 40 ss.

[2661] António Menezes Cordeiro, *Tratado...*, I, Tomo III, *cit.*, pp. 135 ss.

[2662] Os direitos fundamentais beneficiam do regime de aplicação directa consagrado no nº 1 do artigo 18º da CRP. Os direitos fundamentais de personalidade são, assim, oponíveis *erga omnes* (não só perante entidades públicas, mas igualmente face a terceiros particulares). A qualificação de alguns direitos de personalidade como direitos fundamentais assumiria, como nota Menezes Cordeiro, um papel duplo: «permitiria isolar o direito de personalidade concreto que, por ter sido constitucionalmente nominado, disporia de um suplemento de peso argumentativo e aplicativo;

Neste quadro, os deveres de informação podem ser moldados por direitos de personalidade, encontrando nestes a sua fonte (por exemplo, o direito a ser informado sobre o seu estado de saúde) ou os seus limites (por exemplo, a escusa do dever de informar quando estejam em causa factos da reserva da vida privada)[2663]. Observemos em que termos.

X.2.3. O direito à reserva sobre a intimidade da vida privada

I. O reconhecimento de um direito à privacidade (*right to privacy* ou *right to be let alone*), consagrado nos EUA, no início do séc. XX, e depois generalizado a outros ordenamentos, está amplamente reflectido em vários instrumentos de Direito internacional[2664]. Trata-se de um direito cuja consagração é produto dos tempos modernos, quer na medida em que a explosão demográfica coloca os indivíduos em contacto próximo, impondo a tutela do seu espaço íntimo, quer porque o desenvolvimento tecnológico se revela especialmente intrusivo daquele espaço, potenciando a exposição do mesmo ao olhar público[2665].

O direito à reserva da esfera individual e à intimidade da vida privada é consagrado por diversos preceitos constitucionais: n.º 1, *in fine*, e n.º 2 do artigo 26.º da CRP (quanto ao direito à reserva da intimidade da vida privada e familiar)[2666];

---

implicaria uma especial intensidade normativa, pondo-os ao abrigo de normas hierarquicamente inferiores» – António Menezes Cordeiro, *Tratado...*, I, Tomo III, *cit.*, p. 142.

[2663] Christoph Fabian, *O Dever..., cit.*, pp. 75 ss.

[2664] Relevam, para o efeito, o artigo 12.º da Declaração Universal dos Direitos do Homem (DUDH); o artigo 17.º do Pacto das Nações Unidas relativo aos Direitos Cívicos e Políticos do Homem; e o artigo 8.º da Convenção Europeia dos Direitos do Homem e das Liberdades Fundamentais aprovada pelo Conselho da Europa. Por outro lado, nos termos do n.º 2 do artigo 16.º da CRP as disposições constitucionais e legais respeitantes a direitos fundamentais devem ser interpretados e integrados de harmonia com a DUDH. De resto, de acordo com o n.º 2 do artigo 8.º da CRP, quer o Pacto relativo aos Direitos Cívicos e Políticos, quer a Convenção Europeia dos Direitos do Homem, vigoram na ordem jurídica interna, em virtude da sua aprovação para ratificação (respectivamente, pelas Leis n.º 29/78, de 12 de Junho, e n.º 65/78, de 13 de Outubro).

[2665] Cfr. Teodoro Bastos de Almeida, "O direito...", *cit.*, pp. 376 ss.; Rita Amaral Cabral, "O direito à intimidade da vida privada (breve reflexão acerca do artigo 80.º do Código Civil)", *Estudos em Memória do Prof. Doutor Paulo Cunha*, Lisboa, FDL, 1989, pp. 385-386; Catarina Sarmento e Castro, *Direito da Informática, Privacidade e Dados Pessoais*, Coimbra, Almedina, 2005, pp. 17 ss.; Januário Costa Gomes, "O problema da salvaguarda da privacidade antes e depois do computador", *BMJ*, n.º 319 (Out. 1982), pp. 23 ss.; Paulo Mota Pinto, "O direito...", *cit.*, p. 512 ss. Entre a doutrina estrangeira, cfr., p. ex., Pierre Kayser, *La Protection de la Vie Privée*, 2.ª Ed., Paris, Economica, 1990, pp. 4 ss.

[2666] Este artigo representa, de resto, como notam Jorge Miranda e Rui Medeiros, a sede constitucional do *direito geral de personalidade*, exprimindo o princípio basilar da dignidade da pessoa humana através de hipóteses típicas de direitos de personalidade (sem prejuízo de a tutela se estender a quaisquer lesões de direitos de personalidade, ainda que não tipicamente consagrados) – Jorge Miranda e Rui Medeiros, *Constituição Portuguesa Anotada*, Tomo I, 2.ª Ed., Coimbra, Coimbra Ed., 2010, p. 607.

artigo 34º (inviolabilidade do domicílio e da correspondência); e nºs 2 a 6 do artigo 35º (quanto à proibição do tratamento informático de dados referentes à vida privada e de acesso a dados pessoais, no que é configurável como um autónomo *direito à autodeterminação sobre a informação*[2667]). A tutela constitucional da reserva de intimidade da vida privada filia-se na dignidade humana como valor fundamental em que se funda a República Portuguesa (artigo 1º da CRP), e é igualmente prosseguida, para além das disposições citadas, pelo nº 8 do artigo 32º, e pelo nº 2 do artigo 268º[2668]. Para além da aplicabilidade directa, por força do artigo 18º da CRP, do direito fundamental à reserva da vida privada, o mesmo é igualmente tutelado no plano criminal (Capítulo VII do Título I do Livro II do CP – *Dos crimes contra a reserva da vida privada* – artigos 190º ss.[2669]). De resto, estamos também perante um direito especial de personalidade, tutelado pelos artigos 70º e 80º do CC, na medida em que a dignidade da pessoa humana requer uma margem de autonomia física e moral, de liberdade e de autodeterminação que, por seu turno, implicam a inviolabilidade da esfera pessoal de cada indivíduo.

[2667] Catarina Sarmento e Castro, *Direito...*, *cit.*, pp. 28-29.

[2668] Particular relevância neste domínio tem o Ac. TC nº 355/97 (Proc. nº 182/97), publicado no *DR*, I Série-A, de 7 de Junho de 1997, sobre dados pessoais relativos ao estado de saúde do titular. Aí se determina: «o decreto do Governo propõe-se, como já se notou, criar e disciplinar registos informáticos nos Centros Regionais de Oncologia de Lisboa, Porto e Coimbra e, bem assim, nas instituições de saúde com o objectivo de contribuir para a prevenção, tratamento e seguimento a longo prazo dos doentes oncológicos. [...] Considerando mostrar-se polémica uma conceituação, à falta de definição legal, de vida privada, recorre-se à jurisprudência do TC, verificando-se que este, em acórdãos como os n.os 128/92 e 319/95, publicados no Diário da República, 2ª série, de 24 de Julho de 1992 e 2 de Novembro de 1995, respectivamente, caracterizou o conceito como o direito a uma esfera própria inviolável, onde ninguém deve poder penetrar sem autorização do respectivo titular, constitucionalmente consagrado no nº 1 do artigo 26º da CR. No âmbito desse espaço próprio inviolável engloba-se a vida pessoal, a vida familiar, a relação com outras esferas de privacidade (v. g. a amizade), o lugar próprio da vida pessoal e familiar (o lar ou domicílio) e, bem assim, os meios de expressão e de comunicação privados (a correspondência, o telefone, as conversas orais, etc.). [...] Os dados de saúde integram a categoria de dados relativos à vida privada, tais como as informações referentes à origem étnica, à vida familiar, à vida sexual, condenações em processo criminal, situação patrimonial e financeira (Gomes Canotilho e Vital Moreira, ob. cit., p. 218) fazem parte da vida privada de cada um (Paulo Mota Pinto, ob. cit., p. 527). O que, não significando a extensão da reserva à disciplina integral da matéria relativa aos dados de saúde, desse modo se impedindo sobre eles qualquer tratamento informatizado, não permite, no entanto, que o legislador sobre eles se pronuncie por via que não seja a de lei da Assembleia da República ou de decreto-lei por esta autorizado».

[2669] No domínio criminal haverá que considerar igualmente a Lei nº 109/2009, de 15 de Setembro (Lei do Cibercrime) e os artigos 43º a 49º da Lei nº 67/98, de 26 de Outubro (Lei de Protecção de Dados Pessoais – LPD). Cfr., desenvolvidamente, Helena Moniz, "Notas sobre a protecção de dados pessoais perante a informática (o caso especial dos dados pessoais relativos à saúde)", *RPCC*, Ano 7, nº 2 (Abr.-Jun. 1997), pp. 239 ss.

Neste contexto, a tutela legal dispensada à *vida privada*, como bem de personalidade, permite configurar a própria *privacidade* – enquanto esfera independente de liberdade individual – como valor juridicamente protegido[2670].

II. Para além da consagração de um direito geral de personalidade, na fórmula do nº 1 do artigo 70º da CC, importa analisar em particular o direito especial de personalidade a que se reporta o artigo 80º do CC, cujo nº 1 dispõe que todos devem guardar reserva quanto à intimidade da vida privada de outrem.

Neste contexto, é possível apontar a existência de vários círculos concêntricos de *reserva*, domínio onde a doutrina alemã identifica três esferas: a da vida íntima (compreendendo os factos mais estritamente pessoais e relacionais de uma pessoa, que devem ficar subtraídos do conhecimento alheio – círculo de sigilo); a da vida privada (incluindo factos só partilhados com um restrito número de pessoas – círculo de resguardo) e a vida pública ou social (abrangendo factos que podem ser divulgados sem restrições, com respeito pelo direito à imagem e à palavra)[2671]. Embora vulgarizada, esta distinção é criticável pelo seu

---

[2670] António Menezes Cordeiro, *Tratado...*, I, Tomo III, *cit.*, p. 252. Como remédio relevante contra a violação do direito à reserva conta-se – para além da possibilidade de recurso à legítima defesa (nº 1 do artigo 337º do CC) e das disposições penais já citadas – a responsabilidade civil aquiliana, nos termos do nº 1 do artigo 483º do CC, sem prejuízo das providências, a que se reporta o nº 2 do artigo 70º do CC, destinadas a evitar a consumação da ameaça ou atenuar os efeitos da ofensa já cometida (artigos 1474º e 1475º do CPC), que constituem providências autónomas, diversamente das providências cautelares não especificadas a que se reportam os artigos 381º ss. do CPC – Teodoro Bastos de Almeida, "O direito...", *cit.*, pp. 367 ss.; António Menezes Cordeiro, *Tratado...*, I, Tomo III, *cit.*, pp. 257-258; Paulo Mota Pinto, "O direito...", *cit.*, pp. 579 ss.

[2671] Rita Amaral Cabral, "O direito...", *cit.*, p. 398; Jorge Miranda e Rui Medeiros, *Constituição...*, Tomo I, *cit.*, pp. 620-621; Paulo Mota Pinto, "A protecção...", *cit.*, p. 162; Rabindranath Capelo de Sousa, *O Direito Geral de Personalidade*, Coimbra, Coimbra Ed., 1995, pp. 326 ss. Noutra perspectiva, alguma doutrina considera mais relevante e fundamental a oposição entre a vida privada e a vida pública da pessoa – Paulo Mota Pinto, "A protecção...", *cit.*, p. 162. Segundo o autor, «a referência à intimidade da vida privada não deve, assim, – contrariamente à sugestão literal, que não deve, a nosso ver, ser excessivamente valorizada –, ser utilizada para excluir do âmbito de protecção do artigo 26º, nº 1 da CRP, quer aspectos ligados à vida profissional ou ao segredo dos negócios (na medida em que eles estejam relacionados com a vida privada), quer aspectos relacionados com acontecimentos que se desenrolam em locais públicos, mas que integram a vida privada» – *idem*, p. 163. Por seu turno, Gomes Canotilho e Vital Moreira consideram mais relevante, como critério constitucional de delimitação do direito, partir dos conceitos de privacidade e de dignidade humana (nº 1 e 2 do artigo 26º da CRP) – Gomes Canotilho e Vital Moreira, *Constituição da República Portuguesa Anotada*, Vol. I, 4ª Ed., Coimbra, Coimbra Ed., 2007, p. 468. De resto, a jurisprudência do TC fala indistintamente de *íntimo* e de *privado* como expressões sinónimas, sendo certo, em qualquer caso, que a respectiva distinção se revela problemática – Paulo Mota Pinto, "A protecção...", *cit.*, p. 163.

formalismo, estabelecendo fronteiras artificiais onde se verifica uma gradação contínua[2672].

A doutrina tem-se esforçado por preencher o conteúdo dos três círculos. Assim, considera Pais Vasconcelos que a esfera pública respeita aos dados manifestamente tornados públicos pelo seu titular (alínea c) do nº 3 do artigo 7º da LPD); a esfera privada aos dados não sensíveis (alínea a) do artigo 3º da LPD) e a esfera íntima aos dados sensíveis[2673]. Noutra perspectiva, o círculo de intimidade da vida pessoal reportar-se-á a informações respeitantes à saúde física e psíquica (abrangendo o historial clínico e características biológicas do indivíduo, ainda que não correspondentes a situações patológicas), à nudez, à informação genética, à intimidade da vida conjugal, amorosa, afectiva e sexual, aos acontecimentos ocorridos no lar, ao conteúdo da correspondência e comunicações pessoais, aos valores ideológicos, etc., conforme resultar das valorações sociais correntes[2674]. Segundo alguma doutrina, os dados genéticos constituem o núcleo mais profundo da intimidade biológica do indivíduo, constitutiva da essência deste[2675], para além de serem dados pessoais "sensíveis", porque relativos à saúde, e abrangidos pelo segredo médico[2676]. Já ao círculo privado, em sentido estrito (ou ao *círculo privado não íntimo*), respeitarão informações sobre o domicílio, a informatização de dados pessoais não sensíveis, o lazer, o património, e factos privados da vida profissional e económica[2677]. Relativamente ao direito consagrado no nº 1 do artigo 26º da

---

[2672] Pedro Pais Vasconcelos, *Teoria Geral...*, *cit.*, p. 66. No mesmo sentido, criticando a rigidez conceptual da teoria, Jorge Miranda e Rui Medeiros, *Constituição...*, Tomo I, *cit.*, p. 621.

[2673] Pedro Pais Vasconcelos, "Protecção...", *cit.*, p. 250. A CNPD, no seu Parecer nº 10/95, de 18/07, distingue os dados não sensíveis (entre os quais inclui a data de nascimento, o sexo, as habilitações académicas e o estado civil); os dados sensíveis (onde inclui a situação patrimonial e financeira, e o estado de saúde); e os dados cujo tratamento informático é proibido (os respeitantes à vida privada, sentimentos íntimos, etc.).

[2674] Teodoro Bastos de Almeida, "O direito...", *cit.*, pp. 403-405; Rita Amaral Cabral, "O direito...", *cit.*, p. 399; Helena Moniz, "Notas...", *cit.*, p. 237; Paulo Mota Pinto, "O direito...", *cit.*, pp. 527 ss.; Paulo Mota Pinto, "A protecção...", *cit.*, pp. 166 ss.; Rabindranath Capelo de Sousa, *O Direito...*, *cit.*, pp. 317 ss. Como refere Pierre Kayser, há um *sentimento de pudor* que envolve estes dados – Pierre Kayser, *La Protection...*, *cit.*, p. 6.

[2675] Stela Barbas, "Da privacidade dos dados genéticos", *Forum Iustitiae: Direito & Sociedade*, Ano 2, nº 15 (Set. 2000), p. 57; Stela Barbas, "Testes genéticos, terapia génica, clonagem", *in* José de Oliveira Ascensão (Coord.), *Estudos de Direito da Bioética*, Vol. I, Coimbra, Almedina, 2005, p. 314.

[2676] Paulo Mota Pinto, "A protecção...", *cit.*, p. 202. Neste quadro, refere Stela Barbas a existência de um direito à privacidade genómica, entendido como «direito de autocontrolo, de autodeterminação do próprio relativamente à informação genómica que lhe diga respeito» – Stela Barbas, *Direito do Genoma...*, *cit.*, p. 434. A privacidade englobaria, assim, a recolha, retenção, utilização e divulgação de informação pessoal – Stela Barbas, "Da privacidade...", *cit.*, p. 57.

[2677] Teodoro Bastos de Almeida, "O direito...", *cit.*, p. 406; Paulo Mota Pinto, "O direito...", *cit.*, pp. 531-532.

CRP ou no nº 1 do artigo 80º do CC está em causa, como resulta literalmente dos preceitos, a esfera *íntima* da vida privada, isto é, o círculo de acesso mais restrito.

III. O interesse subjacente à tutela da vida privada reside fundamentalmente no controlo sobre informação pessoal, de carácter íntimo ou confidencial, bem como na subtracção, quer à atenção alheia (anonimato), quer ao acesso físico de outrem (isolamento). Assim, quanto ao âmbito da tutela legal, a *reserva* veda, tanto a intromissão na vida privada íntima (*intrusion*[2678]), como a divulgação de factos da vida privada (*public disclosure of private facts*[2679]), aspectos que traduzem dois direitos menores do titular[2680]. No quadro da autodeterminação sobre a informação[2681], haverá ainda que reconhecer a existência de *habeas data*, ou seja, o direito de cada pessoa controlar e dispor dos dados que lhe digam respeito[2682].

Por seu turno, acrescenta o nº 2 do artigo 80º que a extensão da reserva é definida conforme a natureza do caso (critério objectivo) e a condição das pessoas (critério subjectivo), noções que apelam a um "preenchimento valorativo" por parte do julgador[2683]. O critério objectivo impõe a ponderação, em concreto, dos valores inerentes à privacidade e a sua comparação com os subjacentes à pretensão de quebra da reserva, ponderação que, em última instância, deverá assentar numa decisão judicial[2684]. Já o critério subjectivo atende ao grau de notoriedade

---

[2678] Esta só será lícita nos casos em que se verifique o consentimento do titular do direito, em que essa aquisição seja casual ou em que a mesma esteja, de algum modo, justificada (caso da liberdade de imprensa, p. ex.) – Paulo Mota Pinto, "A protecção...", *cit.*, p. 170.

[2679] Esta vertente é tutelada, designadamente, pelo sancionamento – disciplinar, civil e até penal – da quebra do sigilo: é o caso, p. ex., do segredo médico – Paulo Mota Pinto, "A protecção...", *cit.*, pp. 176-177.

[2680] Teodoro Bastos de Almeida, "O direito...", *cit.*, pp. 393 ss.; Rita Amaral Cabral, "O direito...", *cit.*, pp. 403 ss.; Gomes Canotilho e Vital Moreira, *Constituição...*, Vol. I, *cit.*, p. 467; Paulo Mota Pinto, "O direito...", *cit.*, pp. 508 e 533-534; Paulo Mota Pinto, "A protecção...", *cit.*, pp. 164 e 169 ss. É esta, igualmente, a orientação do TC no que diz respeito ao âmbito do nº 1 do artigo 26º da CRP – Paulo Mota Pinto, "A protecção...", *cit.*, pp. 159 ss. Pierre Kayser, por seu turno, refere ainda um direito à *liberdade* da vida privada, cujo âmbito nos parece ultrapassar já o do instituto em análise – Pierre Kayser, *La Protection...*, *cit.*, pp. 3-4.

[2681] Relativamente ao tratamento informático de dados, o direito à autodeterminação informativa (ou informacional), que alguma doutrina autonomiza, como direito fundamental, com base no artigo 35º da CRP, assumirá várias vertentes, como o direito ao controlo dos dados pessoais informatizados, o direito à não difusão de dados pessoais informatizados, e o direito ao não tratamento informatizado de dados sensíveis. Helena Moniz, "Notas...", *cit.*, pp. 249 ss.

[2682] Januário Costa Gomes, "O problema...", *cit.*, p. 49; Helena Moniz, "Notas...", *cit.*, p. 249.

[2683] Teodoro Bastos de Almeida, "O direito...", *cit.*, p. 397.

[2684] António Menezes Cordeiro, *Tratado...*, I, Tomo III, *cit.*, p. 253. A referência à "natureza do caso" remete igualmente para a ponderação do local público ou privado onde os factos ocorram, do interesse histórico, jornalístico ou científico do acontecimento, etc. – Teodoro Bastos de Almeida, "O direito...", *cit.*, pp. 397 ss.; Rita Amaral Cabral, "O direito...", *cit.*, pp. 396 ss.

da pessoa cuja privacidade é objecto de intrusão, dele decorrendo o grau de relevância dos factos divulgados[2685]. É de sublinhar, pois, a ausência de rigidez na delimitação do direito em causa, que depende, em grande medida, de valorações do interessado[2686].

Sobre a compatibilidade entre o nº 2 do artigo 80º do CC e o artigo 26º da CRP (atendendo a que o nº 2 do artigo 18º da CRP dispõe que os direitos, liberdades e garantias não podem ser restringidos por lei senão nos casos previstos da CRP), considera Rita Amaral Cabral, em observação que nos merece plena concordância, não se verificar no caso uma restrição que não decorresse já do próprio artigo 26º[2687].

O direito pode, por outro lado, ser limitado pelo respectivo titular, na medida em que uma actuação intrusiva na intimidade da vida privada pode ser por ele consentida, desde que o consentimento seja esclarecido, livre e com um âmbito delimitado, que não configure uma renúncia total e definitiva ao direito, e respeitando os princípios da ordem pública, nos termos do nº 1 do artigo 81º do CC[2688]. Essa limitação voluntária é revogável, nos termos do nº 2 do artigo 81º do CC, podendo, porém, dar lugar a responsabilidade civil pelas legítimas expectativas geradas em outrem. De resto, o direito à reserva é limitado pela existência de um interesse legítimo de outrem, designadamente: o interesse da realização da justiça; interesses científicos, didácticos ou de saúde pública; a liberdade de expressão ou de informação; ou o direito à livre criação literária e artística[2689].

IV. No quadro da disciplina específica do contrato de seguro, o direito à reserva sobre a intimidade da vida privada encontra tutela na vertente da *não divulgação de factos da vida privada*. Neste domínio, vários são os ordenamentos que sujeitam o segurador a um dever de confidencialidade, que não se confunde com o segredo médico a que está obrigado, quer o médico assistente da pessoa segura, quer o médico do segurador[2690].

[2685] Teodoro Bastos de Almeida, "O direito...", *cit.*, pp. 399 ss.; Rita Amaral Cabral, "O direito...", *cit.*, pp. 393 ss.; António Menezes Cordeiro, *Tratado...*, I, Tomo III, *cit.*, p. 254.

[2686] Januário Costa Gomes, "O problema...", *cit.*, p. 32.

[2687] Como diz Rita Amaral Cabral, «os critérios atinentes à condição das pessoas e à natureza do caso são, eles mesmos, elementos da explicitação da intimidade da vida privada e decorrem do próprio conceito de privacidade. [...] Encontramo-nos perante limites impostos pela especificidade do bem que este direito fundamental visa salvaguardar e, consequentemente, derivados do próprio objecto do direito» ("O direito...", *cit.*, p. 400).

[2688] Paulo Mota Pinto, "O direito...", *cit.*, pp. 561-562; Paulo Mota Pinto, "A protecção...", *cit.*, pp. 190-191.

[2689] Paulo Mota Pinto, "O direito...", *cit.*, pp. 565 ss.; Paulo Mota Pinto, "A protecção...", *cit.*, pp. 193 ss.

[2690] O segredo médico abrange a informação obtida por médicos ao serviço do segurador, que, no quadro do Direito francês, deve manter-se na posse dos mesmos, não ficando acessível aos serviços

Entre nós, o artigo 119º da LCS (disposição absolutamente imperativa, nos termos do nº 1 do artigo 12º da LCS), sob a epígrafe *dever de sigilo*, estabelece, no seu nº 1, que o segurador deve guardar segredo de *todas as informações* de que tenha tomado conhecimento no âmbito da celebração ou da execução de um contrato de seguro, ainda que o contrato não se tenha celebrado, seja inválido ou tenha cessado. Por outro lado, adianta o nº 2 que o dever de sigilo impende também sobre os administradores, trabalhadores, agentes e demais auxiliares do segurador, não cessando com o termo das respectivas funções. Também a alínea f) do artigo 29º da LMS considera, entre os deveres do mediador de seguros, o de guardar segredo profissional, em relação a terceiros, dos factos de que tome conhecimento em consequência do exercício da sua actividade. Esse dever de sigilo, que resultava já do artigo 17º da LPD quanto ao tratamento de dados pessoais, envolve particularmente a informação clínica inerente à declaração do risco[2691]. Trata-se, na perspectiva de José Pereira Morgado, de um dever assente em razões de ordem privada (salvaguarda de direitos de personalidade) e pública (bom funcionamento das instituições e dos mercados)[2692]. O sigilo, cuja quebra é penalmente punida (artigos 195º do CP e 47º da LPD), garante igualmente a confiança do tomador ou segurado com base na qual é celebrado o contrato de seguro.

administrativos do segurador. A estes apenas devem ser comunicadas as consequências do estado de saúde da pessoa segura em termos de segurabilidade do risco e das condições tarifárias a aplicar ao mesmo (Jérôme Kullmann, "La déclaration...", *cit.*, p. 752). A jurisprudência francesa é, aliás, neste domínio, particularmente severa, qualificando como violação do segredo médico – nos termos do código deontológico dos médicos – a acessibilidade ao segurador dos dados clínicos na posse dos seus serviços médicos (Bernard Beignier, *Droit du Contrat...*, *cit.*, p. 119). Desta forma, no quadro do ordenamento francês o dever de confidencialidade que vincula o segurador é operacionalizado, atenta a complexidade da estrutura organizacional do mesmo, mediante a limitação do acesso à informação aos colaboradores que têm necessidade da mesma para efectuarem a análise do risco (François Ewald e Jean-Pierre Moreau, "Génétique...", *cit.*, p. 119). Quanto ao ordenamento belga, este, para defesa da confidencialidade, condena a prática que consiste em fundir, no mesmo questionário, perguntas clínicas com questões abrangendo outros parâmetros de risco e, bem assim, a que consiste em utilizar um questionário médico único para mais de um candidato a pessoa segura (Claude Devoet, *Les Assurances...*, *cit.*, p. 174). Relativamente ao ordenamento espanhol, cfr. Pedro Rubio Vicente, *El Deber...*, *cit.*, p. 163.

[2691] Atento o sentido amplíssimo de "tratamento de dados pessoais" acolhido na alínea b) do artigo 3º da LPD, a simples consulta da declaração do risco pelo segurador cai no âmbito desta noção. Assim, quanto aos dados pessoais respeitantes ao segurado que estão na posse do segurador, designadamente na sequência do preenchimento da proposta e do questionário de declaração do risco, a divulgação dos mesmos está protegida, quer pelo dever de confidencialidade que incumbe ao segurador no âmbito da LCS, quer pela tutela da LPD. Quanto à contratação electrónica, cfr. François Bloch, Clara Hainsdorf e Gilles Heude, "La protection des donnés sur internet", *Risques*, nº 41 (Mar. 2000), p. 54.

[2692] José Pereira Morgado, "Artigo 119º – Anotação", *in* Pedro Romano Martinez *et al.*, *LCS Anotada*, *cit.*, p. 413.

V. Traçado sinteticamente o quadro normativo relevante em matéria de direito à reserva sobre a intimidade da vida privada, cumpre questionar se o dever de declaração do risco abrange dados pessoais da esfera privada do proponente, como, por exemplo: determinados hábitos de consumo (álcool, estupefacientes, tabaco, etc.); o estado de saúde, designadamente no que respeita a doenças sexualmente transmissíveis (*maxime*, a SIDA e a hepatite B); informações financeiras; historial judiciário, etc.

Vários argumentos permitem sustentar essa possibilidade legal, seja porque nada se dispõe em contrário, seja pelos motivos que fundamentam a mesma (nomeadamente o princípio geral da boa fé)[2693]. Por outro lado, as disposições legais que regulam a declaração do risco legitimam igualmente essa ingerência do segurador. Decisivo, em qualquer caso, será o facto de, como vimos, o titular do direito à reserva sobre a intimidade da vida privada poder limitar esse direito, consentindo na intrusão alheia. É o que se passa na declaração do risco, onde os dados em causa são voluntariamente fornecidos pelo proponente ao segurador, e não investigados por este à revelia daquele[2694].

VI. Uma especial análise é devida à problemática do vírus da SIDA no contexto da declaração do risco. Embora a doença rapidamente se tenha revelado pandémica e susceptível de ser contraída por quaisquer indivíduos, indiscriminadamente, a seropositividade continuou a estar conotada, nas representações sociais, com modos de vida "desviantes", "promíscuos" e "imorais", comportando, para o infectado, um estigma[2695]. Nesta medida, a quebra da confidencialidade sobre a infecção pelo vírus da SIDA transcende esse estrito aspecto clínico, tendo um amplo impacto em vários domínios da esfera íntima. Se o sigilo sobre dados clínicos decorre do respeito pela privacidade, inerente à dignidade da pessoa humana, o sigilo sobre a infecção pelo HIV constitui quase um imperativo de sobrevivência no meio social[2696].

[2693] Marcel Fontaine, *Droit des Assurances, cit.*, p. 172, n. 166.

[2694] Alguns exemplos internacionais de jurisprudência são significativos nesta matéria. Assim, num caso da jurisprudência belga recente decidiu-se que o segurador não viola a vida privada do candidato a pessoa segura se lhe colocar questões relativas ao seu estado de saúde, já que é este que decide se fornece ou não esses dados – cfr. Comm. Bruxelles (cess), 16 Junho 2003 (DKV), *apud* Claude Devoet, *Les Assurances..., cit.*, p. 172.

[2695] Sobre a noção de estigma na perspectiva do interaccionismo simbólico, cfr. Erving Goffman, *Stigma: Notes on the Management of Spoiled Identity*, Harmondsworth, Penguin, 1970.

[2696] A garantia da confidencialidade de dados clínicos relacionados com o HIV contribui também, de forma reflexa, para um maior controlo da doença e do risco de contágio: é que, como nota Paula Lobato Faria, o contacto precoce das entidades sanitárias com a população infectada e os "grupos de risco" sempre dependerá da garantia da privacidade – Paula Lobato Faria , "Protecção jurídica

Considerando a decisão do poder público de não efectuar uma despistagem obrigatória da seropositividade[2697], não têm os seguradores legitimidade para *exigirem* um teste do HIV[2698], sem prejuízo de, no quadro da autonomia da vontade, não lhes poder ser igualmente imposta a contratação de um seguro[2699]. Aliás, a imposição do teste, ou a sua realização sem o consentimento da pessoa a segurar sempre constituiria um atentado contra a própria integridade física da mesma e, sendo efectuada por um médico, consubstanciaria a prática do crime de intervenções e tratamentos médico-cirúrgicos arbitrários (artigo 156º do CP). Nada impede, porém, que o segurado dê o seu assentimento voluntário e consciente à realização do teste[2700], seguindo-se as regras gerais da selecção do risco em seguros de vida.

Por outro lado, mesmo quando o segurador não solicite expressamente qualquer formalidade ou informação na matéria, se o candidato a pessoa segura souber que se encontra infectado com o vírus, impende sobre o mesmo o *dever* de informar do facto o segurador[2701], sendo a omissão cominada nos termos dos artigos 25º ou 26º da LCS, consoante o caso.

Poder-se-á suscitar a questão da admissibilidade do questionário que verse sobre comportamentos socialmente qualificados como "de risco", designadamente, sobre a orientação sexual, os modos de vida mais íntimos, etc. Segundo alguma doutrina, tais questões seriam inadmissíveis, por colidirem com a tutela da vida privada[2702]. Pela nossa parte, pensamos que as mesmas serão, ou irrelevantes (é o exemplo da orientação sexual) – caso em que as respectivas omissões ou inexactidões não aproveitam ao segurador – ou relevantes em si mesmas, e não como indicador de probabilidade de contracção do vírus (é o exemplo da toxicodependência), caso em que o questionamento é legítimo e as omissões ou inexactidões sancionadas.

Finalmente, o estigma associado à doença suscita com particular pertinência a questão do sigilo médico e das garantias de confidencialidade do segurador. Desde logo, o candidato a pessoa segura não deve ser obrigado a revelar dados clínicos a um mediador ou empregado do segurador, podendo exigir o fornecimento dessas informações directamente a um médico, seja presencialmente, seja

---

de dados médicos informatizados", *in* José de Oliveira Ascensão *et al.*, *Direito da Saúde e Bioética*, Lisboa, Lex, 1991, p. 158.

[2697] Cfr., designadamente, a Resolução do Conselho e dos Ministros da Saúde dos Estados-Membros, de 22 de Dezembro de 1989 (*Jornal Oficial*, nº C 010 de 16/01/1990).

[2698] Cfr. Pedro Rubio Vicente, *El Deber...*, *cit.*, pp. 159-160.

[2699] Carl Japhet, "L'assurance...", *cit.*, pp. 50-51 e 53.

[2700] Pedro Rubio Vicente, *El Deber...*, *cit.*, p. 162.

[2701] Pedro Rubio Vicente, *El Deber...*, *cit.*, p. 162, n. 146.

[2702] Neste sentido, Carl Japhet, "L'assurance...", *cit.*, p. 56.

por escrito (caso em que o questionário de saúde, após preenchido pela pessoa a segurar, deverá ser enviado em envelope fechado aos serviços clínicos do segurador). O sigilo é garantido pelo dever de segredo que vincula o médico, mesmo quando se trate de consultor ao serviço do segurador.

VII. A solução é, porém, diversa no que respeita à informação sobre dados genéticos. Entre os ordenamentos estrangeiros, o controverso artigo 5º da LCS belga determina que o segurador não pode impor ao segurado a realização de testes genéticos nem solicitar-lhe os resultados de testes anteriormente efectuados[2703]. O ordenamento português seguiu, entretanto, o mesmo trilho. Desde logo, de acordo com o nº 2 do artigo 177º da LCS, a realização de testes genéticos ou a utilização de informação genética é regulada em legislação especial (no caso, a Lei nº 12/2005, de 26 de Janeiro). O artigo 12º, sob a epígrafe "testes genéticos e seguros" veda aos seguradores a solicitação ou utilização de informação genética de qualquer tipo. Na verdade, dispõe o nº 1 do preceito que as companhias de seguros não podem pedir nem utilizar qualquer tipo de informação genética para recusar um seguro de vida ou estabelecer prémios mais elevados. Acrescenta o nº 2, algo tautologicamente, que as companhias de seguros não podem pedir a realização de testes genéticos aos seus potenciais segurados para efeitos de seguros de vida ou de saúde ou para outros efeitos, aduzindo o nº 3 que as mesmas não podem utilizar a informação genética obtida de testes genéticos previamente realizados nos seus clientes actuais ou potenciais para efeitos de seguros de vida e de saúde ou para outros efeitos. Finalmente, remata o nº 4 que as seguradoras não podem exigir nem podem utilizar a informação genética resultante da colheita e registo dos antecedentes familiares para recusar um seguro ou estabelecer prémios aumentados ou para outros efeitos[2704].

[2703] Cfr. Bernard Dubuisson, "Secrets...", *cit.*, p. 338. A disposição é peculiar no quadro do Direito comparado. Relativamente ao ordenamento italiano, defende Cirillo, com base nos artigos 1892º e 1893º do CC, que o segurador não pode condicionar a celebração do contrato à realização de testes genéticos – Francesco Maria Cirillo, "La progressiva...", *cit.*, p. 415. Por outro lado, defende a inexistência de um dever de declaração de resultados de testes genéticos que o segurado conheça à data da declaração do risco, sob o argumento de que esses testes apenas exprimem uma probabilidade – e não certeza – de predisposição genética à ocorrência de uma doença (que sempre dependeria de factores ambientais, hábitos de vida, etc.), pelo que não seriam relevantes para a apreciação do risco pelo segurador (*idem*, p. 416). Por outro lado, defende que o princípio constitucional da dignidade humana sempre prevaleceria sobre o direito ao desenvolvimento das actividades económicas (*ibidem*). Embora se discorde desta perspectiva, é de notar que a análise se atém aos testes preditivos de pré-disposições, não se estendendo aos testes pré-sintomáticos de doenças monogénicas.

[2704] A solução era já defendida por alguma doutrina, numa perspectiva *de iure condendo* – Júlio Gomes, "O dever de informação do tomador...", *cit.*, p. 113. Por outro lado, a Resolução do Parlamento

Que dizer, quanto aos fundamentos, bondade e justiça da solução legal[2705]? Desde logo, o argumento de que a partilha da informação genética ao segurador violaria a reserva da vida privada, não só do próprio, mas mesmo da família[2706], não é isento de críticas. Na verdade, o titular do direito à reserva pode limitar o respectivo exercício (artigo 81º do CC), *consentindo* na divulgação dos dados ao segurador. O *direito* à reserva da vida privada não é um *dever* imposto ao seu próprio titular, que mantém a faculdade de divulgação da vida privada (visando, nomeadamente, a subscrição de um seguro). Como sublinha Fagnart, «todo o cidadão tem a liberdade de se segurar ou de não se segurar; o segurador tem a liberdade de cobrir um risco ou de o recusar; o cidadão tem o direito de proteger a sua vida privada ou de a divulgar»[2707]. Em suma, o potencial segurado não será nunca *obrigado* a submeter-se a testes genéticos contra a sua vontade (como também não será obrigado a submeter-se a quaisquer formalidades médicas), podendo recusar-se *expressamente* a comunicá-los ao segurador[2708], à semelhança do que se passa com os demais dados clínicos[2709].

A cada indivíduo deve ser reconhecido o direito de contratar seguros e de divulgar (ou proteger) a sua vida privada. Porém, no plano dos princípios, não poderá ser exigível ao segurador que, mediante a recusa de fornecimento de informação relevante, aceda a celebrar o contrato de seguro. A actividade seguradora assenta na realização de contratos no âmbito da liberdade contratual: nem o tomador é obrigado a contratar, nem o segurador a aceitar o risco.

Europeu de 16 de Março de 1989, sobre os problemas éticos e legais da engenharia genética, nos seus nºs 19 e 20, considerava já que os seguradores não têm o direito de exigir aos segurados a realização de testes genéticos como condição para a conclusão do contrato, nem de solicitar o resultado de testes genéticos já efectuados ou outra informação genética do conhecimento do segurado – cfr. Francesco Maria Cirillo, "La progressiva...", *cit.*, p. 417.

[2705] Embora os fundamentos da solução legal possam assentar, tanto no direito à reserva sobre a intimidade da vida privada como no direito à igualdade, este último domínio será objecto de análise autónoma – cfr. *infra*, X.2.5. Em qualquer caso, a realização dos testes genéticos não implica, como reconhece Paulo Mota Pinto, «uma intromissão grave na integridade pessoal (muitas vezes, apenas o corte de um cabelo bastará)» – Paulo Mota Pinto, "A protecção...", *cit.*, p. 202.

[2706] Marie-Anne Crijns, *Le Droit...*, *cit.*, p. 38; Pedro Rubio Vicente, *El Deber...*, *cit.*, p. 155.

[2707] Jean Luc Fagnart, *Traité...*, *cit.*, p. 69 (trad. nossa).

[2708] A recusa deverá ser explícita, de modo a que o segurador tome dela consciência. A simples omissão de dados não cumpre essa função, antes constituindo um incumprimento do dever de declaração do risco.

[2709] Contra esta crítica, sempre se dirá que o preceito legal citado não é dirigido contra a pessoa segura (no sentido de a impedir de divulgar dados genéticos ao segurador), mas contra este, no sentido de lhe vedar a solicitação desses dados ou a utilização dos mesmos (caso deles tenha conhecimento). Ou seja, mesmo que a pessoa segura consinta na divulgação desses dados ao segurador, este não poderá, face à lei, dar-lhes uso.

Por outro lado, a reserva sobre a intimidade da vida privada sempre será assegurada, contra a divulgação a terceiros (tratando-se de dados genéticos ou de outros dados clínicos), pelo dever de sigilo que vincula o segurador[2710], a que se soma, quanto ao consultor clínico do segurador, o dever de segredo médico reflectido no código deontológico dos médicos. Quanto ao argumento de que um dos fundamentos deste regime assenta no respeito pela vida privada dos ascendentes do segurado[2711], refere Fagnart que, apesar da herança genética transmitida, «o património genético de cada indivíduo é absolutamente original e necessariamente distinto do de cada um dos seus pais»[2712], pelo que o exame genético será insusceptível de fornecer elementos precisos sobre a vida privada ou sobre a saúde dos progenitores do segurado.

Aos referidos argumentos contra o acerto da solução legal, cumpre acrescentar outros de carácter científico. Assim, refere Guilherme Oliveira[2713] que, com o progresso da ciência, a muitas doenças tradicionais vão passar a ser reconhecidas causas genéticas. Por outro lado, a concorrência e concomitância entre técnicas de diagnóstico tradicionais e outras de carácter genético tornará difícil sustentar que as segundas permaneçam banidas. Para além disso, a solução legal é parcelar, já que deixa por regular, quanto a outros factores de risco (designadamente, de natureza clínica não genética), os problemas suscitados pelo dever de declaração perante o direito à intimidade da vida privada e o direito à igualdade[2714].

A própria proibição legal de o segurador solicitar a realização de testes genéticos é alvo de crítica pertinente. Neste domínio, Stela Barbas distingue duas situações – a das doenças monogénicas (incuráveis) e a das meras predisposições para certas patologias – criticando a Lei nº 12/2005 por não lhes ter aplicado regime diverso[2715]. No caso das doenças monogénicas incuráveis verifica-se uma certeza quase absoluta quanto à superveniência da doença, apenas se desconhecendo o momento em que a mesma ocorrerá, pelo que considera a autora «legítimo que a companhia de seguros tenha o direito de exigir que aquele [segurado] se submeta ao teste»[2716]. Já nas simples predisposições para enfermidades existe uma

---

[2710] Virginia Bado Cardozo, *El Riesgo...*, *cit.*, p. 120.

[2711] Marie-Anne Crijns, *Le Droit...*, *cit.*, p. 38; Paula Lobato de Faria, "Protecção...", *cit.*, p. 164; e Helena Moniz, "Notas...", *cit.*, pp. 279 e 285 ss. Como nota esta autora, estamos, assim, diante de um paradoxo, na medida em que os dados respeitantes à esfera da vida íntima de um indivíduo são, afinal, não só atinentes àquele, mas também aos que com ele partilham o mesmo património genético – *idem*, p. 289.

[2712] Jean-Luc Fagnart, "Dispositions...", *cit.*, p. 63 (trad. nossa).

[2713] Guilherme de Oliveira, "Implicações...", *cit.*, p. 152.

[2714] Marcel Fontaine, *Droit des Assurances*, *cit.*, p. 171.

[2715] Stela Barbas, *Direito do Genoma...*, *cit.*, p. 616.

[2716] Stela Barbas, *Direito do Genoma...*, *cit.*, p. 617; Stela Barbas, "Dos novos...", *cit.*, p. 155. Como adianta a autora, «não é possível esquecer que já é prática corrente o potencial segurado ter de

incerteza quanto à própria eventualidade de ocorrência da patologia em causa, bem como do respectivo momento e intensidade – que dependerão de uma multiplicidade de condicionantes ambientais (e cujo conhecimento poderá mesmo suscitar uma actuação preventiva no sentido de evitar a respectiva ocorrência) – pelo que, *neste caso*, os direitos fundamentais do segurado prevaleceriam sobre o «interesse da companhia de seguros»[2717].

A argumentação fundamental contra a solução da lei é, porém, esgrimida, no campo da assimetria informativa e da selecção adversa. É que, quando o segurado *tenha já conhecimento* (por ter anteriormente efectuado teste genético) de que padece de doença monogénica, o dever de declaração do risco impõe a comunicação do facto ao segurador: «o segurando não pode mentir, omitir, falsear, esconder que padece de enfermidade monogénica incurável»[2718]. Neste sentido, afirma Rubio Vicente que «o princípio da máxima boa fé que rege o contrato de seguro, e o consequente dever de declarar todas as circunstâncias conhecidas que possam influir na avaliação do risco, exige a sua comunicação»[2719]. Com a mesma orientação, e atento o risco de selecção adversa, considera Guilherme Oliveira que «não será justo recusar às seguradoras as mesmas armas [de que dispõem os segurados] para formular o cálculo do risco»[2720]. Em conclusão, podemos

se sujeitar a exames médicos (sobre a saúde actual) antes da celebração do contrato sem que isso seja posto em causa» – Stela Barbas, *Direito do Genoma...*, *cit.*, p. 617. A autora não encontra, assim, razões para a criação de um regime jurídico privilegiado das doenças monogénicas incuráveis face a outras patologias igualmente incuráveis – *idem*, p. 619.

[2717] Stela Barbas, *Direito do Genoma...*, *cit.*, p. 620; Stela Barbas, "Dos novos...", *cit.*, p. 157.

[2718] Stela Barbas, *Direito do Genoma...*, *cit.*, p. 618. De outra forma, como adianta a autora, «o segurando que tiver realizado previamente o teste poder-se-á aproveitar desse facto [...]» – *idem*, p. 619; e Stela Barbas, "Dos novos...", *cit.*, p. 156.

[2719] Pedro Rubio Vicente, *El Deber...*, *cit.*, pp. 155-156 (trad. nossa). No mesmo sentido, Eduardo Mangialardi, "El Proyecto...", *cit.*, p. 13; Paulo Mota Pinto, "A protecção...", *cit.*, p. 203; Mário Raposo, "Regulação...", *cit.*, p. 823, n.11. Também Guilherme Oliveira sublinha que «não se pode afastar, de ânimo leve, o dever que os candidatos têm de revelar [ao segurador] o que souberem acerca do seu estado de saúde» – Guilherme de Oliveira, "Implicações...", *cit.*, p. 145.

[2720] Guilherme de Oliveira, "Implicações...", *cit.*, p. 152. O autor propõe uma interessante distinção de regime de declaração do risco em matéria de informação genética e em função do tipo de seguro. Assim, no seguro de doença o dever de declaração do risco deveria obedecer a requisitos menos exigentes do que no seguro de vida, em virtude de representar valores seguros mais baixos do que este e em virtude de ter associado um benefício para o próprio segurado (e não para terceiros) – *idem*, p. 146. Acrescente-se que o seguro de doença pode ser livremente denunciado pelo segurador, na anuidade contratual, para além de que contém, em regra, uma cláusula de exclusão de pré-existências. Por estas razões, o segurador (e a mutualidade) estão mais salvaguardados do que no seguro de vida. Em contrapartida, em sistemas como o português, as prestações garantidas por um seguro de doença são igualmente garantidas pelo Serviço Nacional de Saúde, o que tornaria dispensável, para o segurado, o recurso a este tipo de seguro – *ibidem*. O autor propõe igualmente um regime diferenciado, relativamente aos seguros de vida, entre aqueles que contemplam "valores

afirmar, com Stela Barbas, que «o direito à privacidade não pode justificar a má fé do segurando»[2721].

As críticas formuladas, que colocam em evidência o desacerto da solução providenciada pelo ordenamento, deparam-se, porém, com uma fórmula legal lapidar: a lei é clara e peremptória. Embora se discorde profundamente da solução acolhida, ela não pode ser afastada por recurso a uma criativa interpretação *contra legem*. *Dura lex, sed lex.*

Poder-se-ia entender, é certo, que na expressão "informação genética", a letra da lei ultrapassa largamente o seu espírito criando margem para uma interpretação restritiva do preceito. Assim, os n°s 1 e 3 do artigo 12º da Lei nº 12/2005 teriam o sentido de que o segurador não poderia pedir nem utilizar *os resultados* dos testes genéticos, mas já não lhe seria vedada a utilização *das conclusões* que esses resultados permitiriam alcançar (por exemplo, ser-se *portador pré-sintomático de uma doença*). Esta interpretação assenta, porém, num formalismo, que desatende da substância da solução legal.

Cremos que a injustiça da solução legal é superada na prática da respectiva aplicação. Assim, se a lei impede que o segurador aceda à informação genética e a utilize na análise do risco, ela não impede que o segurador questione o candidato a pessoa segura sobre *se já realizou testes genéticos*. Atento o apontado risco de selecção adversa, a pergunta não poderá deixar de ter-se por pertinente para a análise do risco, pelo que a omissão ou inexactidão de resposta deverá ter a cominação do artigo 25º ou 26º da LCS[2722]. Em caso de resposta negativa, ficará mitigado o risco de selecção adversa. Em caso de resposta positiva caberá ao segurador, mediante as circunstâncias do caso (designadamente, o prazo do contrato, o capital seguro, e outros elementos relevantes de análise do risco) decidir

---

elevados" (em que o dever de declaração do risco seria mais intenso e mais permissiva a possibilidade de o segurador exigir a realização de testes genéticos) e os que se reportam a "valores normais" (caso em que a posição do segurador seria menos tutelada) – *idem*, pp. 148-149. Numa perspectiva convergente, considera Ewald que o perigo de selecção adversa só se verifica em seguros de vida de capitais elevados e que, considerando o princípio da proporcionalidade, só deverá haver autorização para o segurador aceder aos resultados de testes genéticos em função do tipo de seguro, do tipo de risco e do exame em causa, segundo uma perspectiva casuística – François Ewald, "Génétique et assurance", *cit.*, p. 555. Trata-se, do nosso ponto de vista, de uma ideia vaga, imprecisa, e que ignora o essencial: o prémio do seguro de vida corresponde a uma taxa (traduzindo a probabilidade de ocorrência do sinistro) aplicada ao capital seguro. Ora, o prémio, em termos absolutos, já varia, assim, consoante o capital. O que não deve variar é aquela taxa porque expressão de uma probabilidade (e esta não varia em função do capital, mas do risco).

[2721] Stela Barbas, *Direito do Genoma...*, *cit.*, p. 618.

[2722] Perguntado o proponente sobre se realizou testes genéticos e respondendo o mesmo falsamente que não, considera Mangialardi que o comportamento configura uma reticência dolosa – Eduardo Mangialardi, "El Proyecto...", *cit.*, p. 14.

se aceita o risco proposto. A lei foi – cremos – longe demais, mas não tão longe que vede a solução prática esboçada.

X.2.4. O direito de conhecer (ou ignorar) o seu estado de saúde

I. No quadro do que pode ser designado por *direito à autodeterminação sobre a informação clínica* – nos termos do qual cada indivíduo pode definir o âmbito e a amplitude da informação médica, a si respeitante, que conhece e que revela[2723] – pode ser reconhecida uma vertente positiva (o direito de acesso à informação clínica respeitante ao próprio) e uma vertente negativa (o direito a ignorar o seu estado de saúde)[2724].

Desde logo, o direito de acesso do indivíduo à informação sobre o seu estado clínico encontra-se amplamente consagrado em múltiplos dispositivos legais, nem sempre coerentes entre si: a alínea e) do nº 1 da Base XIV da Lei nº 48/90, de 24 de Agosto (Lei de Bases da Saúde); o nº 5 do artigo 11º da LPD; o nº 2 do artigo 3º da citada Lei nº 12/2005; o artigo 7º da LADA; e o do nº 4 do artigo 100º do CDOM. Este direito surge operacionalizado, quanto aos contratos de seguro de pessoas, nos nºs 3 a 6 do artigo 178º da LCS, sob a epígrafe *informação sobre exames médicos*. Assim, nos termos do nº 3, o resultado dos exames médicos deve ser comunicado, *quando solicitado*, à pessoa segura ou a quem esta expressamente indique[2725], assegurando-se, portanto, o respeito pela vontade do interessado em conhecer ou ignorar aquele resultado[2726].

Alguns dos referidos dispositivos legais prevêem, porém, que tal direito seja exercido através da intermediação de um médico, de forma necessária (nº 5 do artigo 11º da LPD; nº 3 do artigo 3º da Lei nº 12/2005; nº 4 do artigo 100º do CDOM) ou facultativa (artigo 7º da LADA). No âmbito dos seguros de pessoas,

---

[2723] Stela Barbas, "O direito de não saber o seu estado de saúde", *Forum Iustitiae: Direito & Sociedade*, Ano 1, nº 12 (Jun. 2000), p. 41.

[2724] Stela Barbas, *Direito do Genoma...*, *cit.*, pp. 394 ss.

[2725] Estabelece o nº 5 do mesmo artigo que o disposto no nº 3 aplica-se igualmente à comunicação ao tomador ou segurado *quanto ao efeito do resultado dos exames médicos* na decisão do segurador, designadamente no que respeite à não aceitação do seguro ou à sua aceitação em condições especiais. Salvaguarda-se, assim, o interesse contratual do tomador sem pôr em causa o direito à intimidade da vida privada da pessoa segura.

[2726] Em particular, o direito da pessoa a conhecer (ou a ignorar) a sua informação genómica – incluindo o conhecimento do diagnóstico (patologia que o afecta), do respectivo prognóstico (evolução provável da mesma), e dos riscos e objectivos de tratamento – encontra-se amplamente consagrado no plano internacional. Cfr. o artigo 10º da Convenção sobre os Direitos do Homem e a Biomedicina, de 4 de Abril de 1997 (Convenção de Oviedo); a alínea c) do artigo 5º da Declaração Universal sobre o Genoma Humano e os Direitos do Homem, de 11 de Novembro de 1997; ou o artigo 10º da Declaração Internacional sobre os Dados Genéticos Humanos da UNESCO, de 16 de Outubro de 2003. Cfr. Stela Barbas, *Direito do Genoma...*, *cit.*, pp. 393-394.

dispõe o nº 4 do artigo 178º da LCS que a informação clínica deve ser comunicada por um médico, salvo se as circunstâncias forem já do conhecimento da pessoa segura ou se puder supor, à luz da experiência comum, que já as conhecia[2727]. Esta limitação no acesso do próprio titular aos dados que lhe digam respeito resulta, quer do facto de esses dados poderem não ser, para o mesmo, inteligíveis (atento o carácter técnico-científico de que se revestem) e, portanto, carecerem de explicação por parte de um médico, quer da circunstância de os mesmos poderem perturbar seriamente a saúde e o equilíbrio físico e psicológico do paciente. Na base desta restrição à autodeterminação sobre a informação estão, assim, razões que não se prendem com a tutela da intimidade da vida privada, mas que decorrem antes de um outro valor: o direito fundamental à saúde[2728].

Relativamente ao direito à informação clínica, o nº 2 do artigo 3º da Lei nº 12/2005 ressalva ainda a existência de circunstâncias excepcionais, devidamente justificadas, e em que seja inequivocamente demonstrado que a informação possa ser prejudicial ao titular. Na mesma linha, já o DL 48357, de 27/04/1968 (que promulgou o Estatuto Hospitalar) dispunha no nº 2 do artigo 82º que os prognósticos graves podem ser legitimamente ocultados aos doentes e que os prognósticos fatais só lhes podem ser revelados pelo médico responsável, com as precauções aconselhadas pelo exacto conhecimento do seu temperamento e índole moral, mas que, em regra, devem uns e outros ser revelados à família.

II. O *direito a conhecer* o estado clínico, cujo exercício depende da vontade do titular, consubstancia, como reverso, o *direito a ignorar* esse estado de saúde, o qual encontra acolhimento, designadamente, na letra do nº 2 do artigo 3º da Lei nº 12/2005, ao estabelecer que o titular da informação de saúde tem o direito de, *querendo*, conhecer todo o seu processo clínico. O reconhecimento do *direito a não saber* o estado de saúde decorre de o potencial preditivo das ciências

---

[2727] Acrescenta, em complemento, o nº 6 do artigo 178º que o segurador não pode recusar-se a fornecer à pessoa segura todas as informações de que disponha sobre a sua saúde, devendo, quando instado, disponibilizar tal informação por meios adequados do ponto de vista ético e humano. Segundo refere José Alves de Brito, o dever de comunicação por médico é independente do efeito que as informações clínicas em causa tenham na decisão de contratar do segurador ou nas condições contratuais aplicáveis – José Alves de Brito, "Artigo 178º – Anotação", *in* Pedro Romano Martinez *et al.*, *LCS Anotada, cit.*, p. 532. Cremos, porém, de acordo com a teleologia que subjaz ao preceito – sobretudo se se atender à ressalva "salvo se as circunstâncias forem já do conhecimento da pessoa segura ou se puder supor, à luz da experiência comum, que já as conhecia" – que só haverá obrigatoriedade de comunicação por médico quando os resultados em causa denotarem qualquer patologia, anomalia ou risco clínico, já que a normalidade do estado de saúde deverá ter-se por conhecida da pessoa segura.

[2728] Paula Lobato de Faria, "Protecção...", *cit.*, pp. 163-164; Helena Moniz, "Notas...", *cit.*, p. 279, n. 98 e 99, e p. 284.

médicas ultrapassar largamente o seu potencial curativo, constituindo uma fonte de perturbação – muitas vezes, sem vantagens associadas – do bem-estar físico e (sobretudo) psicológico do doente, afectando igualmente a harmonia das suas relações sociais: são os casos em que o valor preditivo dos testes genéticos é ainda incerto, bem como aqueles em que há a certeza do padecimento de uma doença fatal e incurável[2729].

Assim, o conhecimento da informação clínica, designadamente a de base genética, não pode ser imposto à pessoa a quem a mesma respeite, se a vontade da mesma a tanto se opuser. Estará em causa, não uma avaliação objectiva das vantagens ou desvantagens de tal conhecimento, mas apenas o respeito pela vontade soberana do interessado[2730].

Neste quadro, poder-se-á suscitar a questão de saber se, para efeitos do nº 1 do artigo 24º da LCS, deverá considerar-se como desconhecimento culposo a situação em que o proponente recusa conhecer o seu estado clínico para não poder informá-lo ao segurador. A questão terá de ser aferida no plano da boa fé. Se havia indícios de doença e o proponente optou por ignorar o seu estado clínico, então haverá um desconhecimento culposo do estado de saúde, ou, pelo menos, uma omissão culposa de tais indícios. Ainda que desconheça determinada informação clínica, ou o resultado de determinados testes, o proponente sabe que essa informação existe, sabe que os testes foram realizados, sabe que se recusou a tomar deles conhecimento, e saberá eventualmente que determinados sintomas terão levado a que os mesmos fossem realizados. E é esse conhecimento que deve transmitir ao segurador, devendo igualmente facultar o resultado dos testes efectuados, ainda que desconheça o respectivo conteúdo. Em qualquer dos casos, o proponente deverá declarar aquilo que sabe, quer se trate de um diagnóstico, quer de indícios que se lhe afigurem relevantes.

Noutro plano, pode assinalar-se uma tensão entre o direito à ignorância do proponente e a exigência, pelo segurador, de realização de exames médicos

---

[2729] Segundo Cirillo, tal direito decorre, desde logo, do princípio constitucional da dignidade da pessoa humana – Francesco Maria Cirillo, "La progressiva...", *cit.*, p. 411. Como nota Cirillo, «constitui uma curiosa implicação do constante progresso científico o facto de que hoje os seres humanos devam ser tutelados, não da ignorância mas do excesso de conhecimento, como um daqueles dramáticos paradoxos que desde sempre seguem o percurso da humanidade» (*ibidem* – trad. nossa). Cfr. igualmente Eduardo Mangialardi, "El Proyecto...", *cit.*, p. 13; Manuel Costa Andrade, *Direito Penal Médico. Sida: Testes Arbitrários, Confidencialidade e Segredo*, Coimbra, Coimbra Ed., 2004, pp. 23 ss. No âmbito da SIDA e de outras doenças transmissíveis, imperativos de saúde pública – para além de vantagens quanto à saúde do próprio infectado – permitem, porém, equacionar a existência de um *dever de saber* – *idem*, pp. 37 ss.

[2730] Stela Barbas, "O direito de não saber...", *cit.*, pp. 41 ss. A autora configura, porém, a possibilidade de existência de conflito de deveres quando haja interesse relevante de terceiros (designadamente familiares da pessoa em causa) ou um verdadeiro interesse público no conhecimento da informação. *Ibidem*.

(nº 1 do artigo 177º da LCS). Um dos argumentos contra a exigência, pelo segurador, da realização de testes genéticos, será precisamente o de que «os interesses económicos das empresas não podem levar um candidato a tomar consciência de uma predisposição para uma enfermidade grave ou fatal que o interessado não conhecia nem pode evitar com os meios científicos disponíveis»[2731]. Neste domínio, considera Bado Cardozo que o direito à ignorância do próprio estado de saúde deve ceder perante o direito do segurador à informação sobre o risco seguro[2732]. Cremos, porém, que soluções legais pragmáticas permitem poupar o sacrifício do referido direito à ignorância, quadro onde a LCS protege já o direito a ignorar o estado de saúde: ao candidato será sempre comunicada a eventual recusa do risco (ou o eventual agravamento do prémio ou exclusão parcial do risco), mas *só a seu pedido* os resultados dos exames e testes realizados (nº 3 do artigo 178º da LCS).

X.2.5. Igualdade e não discriminação

I. Como referimos já, a comunicação de informação clínica ao segurador pode convocar a problemática da discriminação, a qual, de resto, assumiu posição de destaque a propósito da SIDA e do projecto do Genoma Humano. Neste último contexto, o direito à igualdade tem sido um dos argumentos brandidos como fundamento da proibição legal de utilização, pelo segurador, de informação genómica[2733].

O problema, a que já aludimos, seria o de que a sociedade pudesse ser estruturada em função do estado de saúde dos indivíduos, discriminando-se negativamente os doentes, designadamente no acesso a seguros de vida e, por esta via, também no acesso a crédito bancário (quando o mesmo fique condicionado à contratação daquele seguro), e, logo, no acesso à aquisição de habitação ou de certos bens de consumo. No caso do património genético, também este será passível de diferenciação e agrupamento em classes genómicas distintas. No limite, o conhecimento do código genético poderia propiciar a estruturação social em função de uma desigual distribuição de genótipos saudáveis, diferenciando um grupo social favorecido (possuidor de um *código genético "saudável"*) de um desfavorecido (*código genético "deficiente"*), gerando a tendência para o apuramento genético[2734].

[2731] Guilherme de Oliveira, "Implicações...", *cit.*, p. 147.

[2732] Virginia Bado Cardozo, *El Riesgo...*, *cit.*, p. 120.

[2733] Cfr., p. ex., Pedro Rubio Vicente, *El Deber...*, *cit.*, pp. 153 ss.

[2734] Neste quadro, é sustentável que «a eventual consagração de um direito de as seguradoras exigirem o teste genético poderia conduzir à criação de classes genéticas de *não segurados*» (Stela Barbas, *Direito do Genoma...*, *cit.*, p. 621), dando origem a uma nova forma de discriminação, tanto mais injusta quanto o genoma é alheio à vontade de cada indivíduo – *idem*, p. 435; Eduardo Mangialardi, "El Proyecto...", *cit.*, p. 11.

II . O princípio da igualdade, que remonta à *Déclaration des Droits de l'Homme et du Citoyen*, de 1793, tem consagração no artigo 13º da CRP. De acordo com o nº 1 deste artigo, todos os cidadãos têm a mesma dignidade social e são iguais perante a lei[2735]. Ora, a base comum a todos os homens, em que se fundamenta o princípio da igualdade, constituirá, assim, uma *qualidade da essência humana*, um elemento base da ideia de pessoa e componente da personalidade física ou moral de todos os indivíduos[2736]. Como tal, a igualdade é tutelada, quer no quadro constitucional, quer no civil (artigo 70º do CC)[2737].

Como decorrência do princípio da igualdade, e no quadro do nº 2 do artigo 13º da CRP são ilícitas quaisquer discriminações arbitrárias ou carecidas de fundamento material, por parte de entidades públicas ou privadas, designadamente em função da ascendência, sexo, raça, língua, território de origem, religião, convicções políticas ou ideológicas, instrução, situação económica, condição social

---

[2735] O princípio decorre igualmente de outros preceitos constitucionais: a tutela contra quaisquer formas de discriminação, prevista no artigo 26º; a expressa consagração dos direitos dos cidadãos portadores de deficiência, no artigo 71º; ou a alínea d) do artigo 9º, nos termos da qual, são tarefas fundamentais do Estado promover o bem-estar e a qualidade de vida do povo *e a igualdade real entre os portugueses...*

[2736] Diogo Leite de Campos, *Lições de Direitos da Personalidade* (Separata do BFDUC, Vol. LXVI, 1990), 2ª Ed., Coimbra, 1992, p. 81; Rabindranath Capelo de Sousa, *O Direito..., cit.*, p. 289.

[2737] Historicamente, verificou-se uma evolução do sentido atribuído ao princípio da igualdade. Numa fase inicial, o mesmo era entendido como sinónimo do princípio da prevalência da lei, sobre tudo e sobre todos, igualmente (lógica aritmética de *igualdade formal*). Mais tarde, o princípio da igualdade passou a assumir já um sentido relativo, segundo o qual *o igual deve ser tratado igualmente e o desigual desigualmente, na exacta medida dessa diferença*, de acordo com uma fórmula ainda desprovida de conteúdo material (não identificando critérios concretos de comparação entre as situações, no sentido de determinar a respectiva igualdade ou desigualdade, nem o tratamento a dar às mesmas). Está, no fundo, em causa uma dimensão democrática do princípio, a qual, mediante a proibição do arbítrio, cumpre uma função de limite externo à actuação do poder público como princípio negativo de controlo. O princípio da igualdade veio a assumir progressivamente um conteúdo material mais marcado, assentando na proibição de discriminações materialmente desrazoáveis. A evolução terá culminado numa fase em que o princípio da igualdade assume o sentido material da própria realização da justiça, configurando-se como limite interno da actuação do poder público e assumindo uma dimensão social. Neste quadro, o sentido do princípio desloca-se do critério de qualificação da igualdade ou desigualdade para o tratamento jurídico visado. Este comporta uma intencionalidade normativa que visa corrigir desigualdades de facto, dando cumprimento a um programa de realização da igualdade social (igualdade jurídico-material). Por outro lado, para determinar a materialidade orientadora da acção do poder público em cumprimento do princípio da igualdade, haverá que apelar aos valores dominantes em cada contexto social. Cfr. Gomes Canotilho e Vital Moreira, *Constituição...*, Vol. I, *cit.*, pp. 337 ss.; Maria da Glória Ferreira Pinto, "Princípio da igualdade – Fórmula vazia ou fórmula 'carregada' de sentido?", *BMJ*, nº 358 (Jul. 1986), pp. 25 ss. Como refere Glória Pinto, no plano da igualdade de oportunidades, «há que discriminar para igualar» – *idem*, p. 54.

ou orientação sexual. Por outro lado, a proibição da discriminação reporta-se tanto a discriminações directas como indirectas (as que, assentando num critério aparentemente neutral, produzem efeitos materialmente infundados e desiguais para categorias de pessoas diversas)[2738]. Tem sido entendimento da doutrina que a enumeração transcrita no nº 2 do artigo 13º é meramente exemplificativa. Assim, os factores de discriminação ali referidos correspondem apenas às categorias historicamente mais relevantes, sendo também as que merecem do legislador uma recusa mais veemente[2739]. Não faltam, portanto, vozes na doutrina que defendam a abrangência pelo preceito da proibição de discriminações de base genética[2740]. Em qualquer caso, quanto ao património genético, tal desiderato é já assegurado pela proibição da discriminação em função da ascendência (e até, em certa medida, pela proibição da discriminação em função da "raça"[2741]).

Por seu turno, o princípio constitucional da igualdade abrangerá a *igualdade de oportunidades*, isto é, a criação, pelos poderes públicos, de condições de discriminação positiva que corrijam – ou, pelo menos, compensem – uma determinada desigualdade de oportunidades. Na verdade, esta resulta frequentemente de uma desigualdade *de facto*, no plano social, económico, cultural, etc. – seja em virtude de um desfavorecimento de carácter biológico, seja em consequência de representações e práticas sociais sedimentadas – que a mera consagração do princípio da igualdade material é incapaz de suprir sem uma intervenção correctora do poder público, designadamente no plano legislativo[2742].

[2738] Gomes Canotilho e Vital Moreira, *Constituição...*, Vol. I, *cit.*, p. 341. Como sublinha a doutrina, o princípio consagrado no artigo 13º da CRP configura uma igualdade em sentido material ou substancial, assente, portanto, num substrato de justiça material. Isso mesmo implica o tratamento igual do que é igual, segundo o critério dessa igualdade, e o tratamento desigual do que é desigual, de acordo com o critério dessa desigualdade – Helena Pereira de Melo, *Implicações...*, *cit.*, p. 366; Rabindranath Capelo de Sousa, *O Direito...*, *cit.*, p. 293. Por outras palavras, o princípio da igualdade não só traduz uma proscrição da arbitrariedade e da discriminação injusta (porque carecida de uma base objectiva de justiça material) – sentido negativo – mas encerra também um sentido positivo, de realização da igualdade pelo tratamento material, igual ou desigual, a dar às situações – Jorge Miranda e Rui Medeiros, *Constituição...*, Tomo I, *cit.*, pp. 222-223.

[2739] Gomes Canotilho e Vital Moreira, *Constituição...*, Vol. I, *cit.*, pp. 339-340; Helena Pereira de Melo, *Implicações...*, *cit.*, p. 369; Jorge Miranda e Rui Medeiros, *Constituição...*, Tomo I, *cit.*, pp. 230-231. Como referem Gomes Canotilho e Vital Moreira, «o que se exige é que as medidas de diferenciação sejam materialmente fundadas sob o ponto de vista da segurança jurídica, da proporcionalidade, da justiça e da solidariedade, e não se baseiem em qualquer motivo constitucionalmente impróprio» – Gomes Canotilho e Vital Moreira, *Constituição...*, Vol. I, *cit.*, p. 340.

[2740] Helena Pereira de Melo, *Implicações...*, *cit.*, p. 374.

[2741] Estamos aqui perante uma noção socialmente construída, desprovida de base científica – cfr., p. ex., António Amorim *et al.*, *O que é a Raça? – Um Debate entre a Antropologia e a Biologia*, Lisboa, Espaço OIKOS, 1997.

[2742] Helena Pereira de Melo, *Implicações...*, *cit.*, p. 377.

Enquanto princípio objectivo essencial da Constituição, o princípio da igualdade será informador de todo o ordenamento, assumindo eficácia horizontal na sua aplicabilidade às relações entre particulares. Será, assim, de considerar: a proibição de discriminações em actos ou negócios jurídicos, sob cominação de invalidade ou responsabilidade civil; e a imposição, a indivíduos ou organizações com posições de poder social, ou a particulares que explorem serviços ou estabelecimentos abertos ao público, de um dever de igualdade de tratamento[2743].

III. A consagração, no nº 3 do artigo 26º da CRP, da garantia legal da identidade genética do ser humano, teve por base, como verte do debate parlamentar, fins de protecção da pessoa e respectivo genoma, de proibição de discriminações genéticas, bem como a limitação dos testes genéticos à prevenção, diagnóstico ou terapêutica de doenças[2744]. Tal propósito, embora resulte do elemento histórico da interpretação, não encontra acolhimento na letra do preceito, que se atém à garantia da identidade genética[2745].

Ora, em complemento da proibição de recurso, pelo segurador, a testes genéticos, para avaliação e tarifação do risco, consagrada no artigo 12º da Lei nº 12/2005, a que já aludimos, estabelece o nº 1 do artigo 11º desta Lei que ninguém pode ser prejudicado, sob qualquer forma, em função da presença de doença genética ou em função do seu património genético, acrescentando o nº 2 do preceito que ninguém pode ser discriminado, sob qualquer forma, em função dos resultados de um teste genético de diagnóstico, de heterozigotia, pré-sintomático ou preditivo, designadamente para efeitos de obtenção de seguros de vida e de saúde.

[2743] Gomes Canotilho e Vital Moreira, *Constituição...*, Vol. I, *cit.*, pp. 347-348; Jorge Miranda e Rui Medeiros, *Constituição...*, Tomo I, *cit.*, p. 237.

[2744] Helena Pereira de Melo, *Implicações..., cit.*, p. 443.

[2745] Esta circunstância suscita, aliás, problemas de interpretação e de aplicação, atenta a susceptibilidade de alteração do genoma, designadamente através da possibilidade de terapia génica ou da acção de agentes químicos ou do próprio sol – Helena Pereira de Melo, *Implicações..., cit.*, pp. 447-448. As dúvidas de interpretação são, porém, mais extensas. Não se contestando que a garantia da identidade genética se filia no próprio direito à identidade pessoal, tendo por corolário a proibição da clonagem humana (Jorge Miranda e Rui Medeiros, *Constituição...*, Tomo I, *cit.*, p. 609; Paulo Otero, *Personalidade e Identidade Pessoal e Genética do Ser Humano: Um Perfil Constitucional da Bioética*, Coimbra, Almedina, 1999, pp. 84 ss.), não é, ainda assim, claro se estamos perante uma lata consagração de biodireitos autónomos ou o mero reconhecimento de uma dimensão específica de direitos já constitucionalmente acolhidos. Por outro lado, é igualmente duvidoso o âmbito de extensão da norma, designadamente se ela se estende para além do ser humano vivo (embriões, células, etc.). Finalmente, o próprio sentido de *identidade genética* não é claro: estará apenas em causa a proibição da clonagem e da manipulação do código genético, ou outros direitos, como o direito à ignorância sobre a própria constituição genética? Gomes Canotilho e Vital Moreira, *Constituição...*, Vol. I, *cit.*, pp. 472 ss.

Guilherme Oliveira defende esta solução legal (por comparação com as habituais diferenciações de prémio, nos seguros de vida, em função do risco clínico) com base em vários argumentos. Desde logo, o de que o sentimento comum está acostumado a distinções com base em indicadores de risco não genéticos, mas não a diferenciações de base genética[2746]. Por outro lado – sustenta – enquanto o dado clínico tradicional se reporta ao próprio indivíduo, o dado genético envolve frequentemente os familiares, não se justificando que o segurador tenha acesso a dados respeitantes a terceiros estranhos ao contrato[2747]. Por seu turno, argumenta que a anomalia genética é estranha ao sentimento de responsabilização individual do portador (diversamente da obesidade, alcoolismo ou tabagismo, que, em larga medida, dependem de modos de vida voluntários), pelo que o mesmo não deverá ser penalizado pelo segurador[2748]. Finalmente, a ciência médica parece conduzir

---

[2746] Guilherme de Oliveira, "Implicações...", *cit.*, pp. 150-151. Não acompanhamos o alcance do argumento. Na verdade, a evolução da ciência no domínio genético é rápida e recente, mas não haverá razões substanciais para que o "sentimento comum" não acompanhe essa evolução e não se adapte a ela. Não se vêem razões materiais para esta tutela injustificada do "sentimento comum", que não constitui, em si mesmo, um bem jurídico.

[2747] Guilherme de Oliveira, "Implicações...", *cit.*, p. 151. Também este argumento não parece proceder e foi já rebatido a propósito do direito à reserva sobre a intimidade da vida privada (*supra*, X.2.3). É que o segurador (de resto, submetido a um dever de confidencialidade) é um gestor de riscos seguros. Não tem qualquer interesse nos referidos terceiros, cuja existência e identidade ignora (e nem sequer pretende conhecer) nem acede, por qualquer forma, a dados dos mesmos. Para além de que a hereditariedade de algumas doenças estava já cientificamente demonstrada antes do Projecto do Genoma Humano, sem que tal tivesse justificado qualquer especial tutela por parte do Direito. Aliás, como argumenta Chiappori, o segurador pode já possuir dados sobre os familiares próximos do proponente que evidenciem, por si, a existência de forte probabilidade de que este sofra de determinada patologia hereditária; ora, a realização do teste genético poderá apenas confirmar essa suspeita (caso em que a sua realização em nada prejudicará o interessado) ou infirmá-la (caso em que o interessado deixará de ser onerado com um agravamento ou exclusão) – Pierre-André Chiappori, "The welfare effects of predictive medicine", www.columbia.edu/~pc2167/finalPACBCG.pdf (consult. 31/05/2010), p. 8, n. 5.

[2748] Guilherme de Oliveira, "Implicações...", *cit.*, p. 151. No mesmo sentido, argumenta Stela Barbas que, em virtude de o património genético não depender da vontade de quem o herda, parece especialmente injusta a *penalização* decorrente do mesmo: «o indivíduo que herdou uma predisposição genética poderá ser culpabilizado, responsabilizado por esse facto?» – Stela Barbas, *Direito do Genoma...*, *cit.*, p. 609; Stela Barbas, "Dos novos...", *cit.*, p. 153. Ora, do nosso ponto de vista, será deslocada a invocação da culpa ou da responsabilidade. Por outro lado, o argumento não convence. É que, se o tabagismo ou o alcoolismo decorrem de modos de vida, a obesidade pode ser totalmente estranha à vontade do obeso. Também a maioria das doenças – mormente as mais graves, como o cancro, a SIDA, a hepatite B, etc. – ainda que possam não ter base genética, são estranhas à vontade (e, muitas vezes, também ao modo de vida) do doente. Aliás, a própria idade é alheia à vontade dos indivíduos, sendo, não obstante, incontestada a relevância da mesma na tarifação dos seguros de vida. De resto, a injusta penalização, a existir, resultará da constituição genética, e não do segurador. Este, como gestor de uma mutualidade riscos, não pode prosseguir

à ideia de que todos os indivíduos são portadores de uma qualquer deficiência genética, impondo-se alguma complacência com os primeiros diagnosticados[2749].

Este regime – à semelhança, aliás, do belga – cria, como aponta a melhor doutrina, uma nova discriminação negativa injustificada: a dos portadores de patologias de carácter não genético, que são sujeitos ao dever de declaração (e a exame médico), sofrendo, portanto, possíveis agravamentos de prémio, exclusões de cobertura ou recusas de contratação[2750].

Neste contexto, importa reiterar que a informação genética, na medida em que seja relevante para a análise do risco, deveria merecer o mesmo tratamento que qualquer outra informação clínica, não se vendo qualquer razão para discutir autonomamente as questões que a mesma suscita neste domínio. O carácter prospectivo (ausência de uma patologia efectiva no momento da análise do risco) dessa informação não diverge, aliás, do que se verifica relativamente a outras situações, em que determinadas patologias passadas indiciam uma maior tendência para o desenvolvimento de outras patologias futuras.

IV. A Lei nº 46/2006, de 28 de Agosto, que assumiu como objecto prevenir e proibir a discriminação, directa ou indirecta[2751], em razão de deficiência ou de risco agravado de saúde[2752], sob todas as suas formas (artigo 1º), veio considerar

a função solidarística, no sentido referido pelo autor, cumprindo-lhe adequar o prémio ao risco incorrido, sob pena de fazer perigar, pelas razões já sobejamente expostas, designadamente por via da selecção adversa, a própria mutualidade.

[2749] Guilherme de Oliveira, "Implicações...", *cit.*, p. 151. Também este argumento é de curto alcance. É que, se for demonstrado o que afirma o autor, nenhum inconveniente haveria em que todos os riscos fossem tarifados de acordo com o seu grau de probabilidade. Não haveria aqui qualquer discriminação arbitrária em função da constituição genética. Porém, até que tal seja demonstrado, não poderá a afirmação ser produzida infundadamente. O argumento, aliás, seria aplicável a qualquer novo diagnóstico da ciência médica, que necessariamente se reflectirá, para o melhor e para o pior, sobre os primeiros casos diagnosticados.

[2750] Bernard Dubuisson, "Secrets...", *cit.*, p. 340; Jean-Luc Fagnart, *Traité...*, *cit.*, p. 70; Marcel Fontaine, *Droit des Assurances*, *cit.*, p. 171.

[2751] No contexto do diploma em apreço, considera-se *discriminação directa* «a que ocorre sempre que uma pessoa com deficiência seja objecto de um tratamento menos favorável que aquele que é, tenha sido ou venha a ser dado a outra pessoa em situação comparável» e *discriminação indirecta* «a que ocorre sempre que uma disposição, critério ou prática aparentemente neutra seja susceptível de colocar pessoas com deficiência numa posição de desvantagem comparativamente com outras pessoas, a não ser que essa disposição, critério ou prática seja objectivamente justificado por um fim legítimo e que os meios utilizados para o alcançar sejam adequados e necessários» (alíneas a) e b) do artigo 3º).

[2752] Nos termos da alínea c) do artigo 3º do mesmo diploma, entende-se por pessoas com risco agravado de saúde aquelas «que sofrem de toda e qualquer patologia que determine uma alteração orgânica ou funcional irreversível, de longa duração, evolutiva, potencialmente incapacitante, sem perspectiva de remissão completa e que altere a qualidade de vida do portador a nível físico,

como práticas discriminatórias, violando o princípio da igualdade, designada-mente, a recusa ou o condicionamento de venda, arrendamento ou subarren-damento de imóveis, bem como do acesso ao crédito bancário para compra de habitação, *assim como a recusa ou penalização na celebração de contratos de seguros* (alí-nea c) do artigo 4º).

Como decorre do enquadramento sistemático do preceito, a referência aos seguros (sem discriminar quais as modalidades contratuais que poderiam estar ali em causa) surge incidentalmente a propósito da identificação de práticas discri-minatórias no acesso à habitação[2753]. Assim, se o elemento literal da interpretação apontaria para a proibição de qualquer discriminação, em função de deficiência ou risco agravado de saúde, relativamente a qualquer modalidade de seguro, já o elemento sistemático da interpretação autoriza-nos a restringir essa proibição apenas aos contratos de seguro que, em concreto, sejam conexos com o acesso à habitação[2754], isto é, àqueles cuja contratação surja associada à celebração de um mútuo bancário destinado a financiar a compra de um imóvel para habitação[2755].

A interpretação do preceito parece levar à conclusão de que o segurador não poderia aplicar, relativamente a pessoa deficiente ou com risco agravado de saúde, condições tarifárias (ou outras) mais gravosas do que as aplicáveis a uma pessoa saudável, mormente, que não poderia recusar o risco[2756]. Esse entendi-

---

mental, emocional, social e económico e seja causa potencial de invalidez precoce ou de signifi-cativa redução de esperança de vida». Para Francisco Luís Alves, a situação clínica que implica a aplicação, pelo segurador, de um sobreprémio ao contrato traduz, desde logo, um risco agravado de saúde – Francisco Luís Alves, "O regime jurídico da discriminação aplicável aos seguros – Presente e futuro", *Fórum*, Ano XVI, nº 31 (Fev. 2012), p. 34.

[2753] Como nota João Calvão da Silva, tal decorre da prática generalizada de os bancos exigirem, como garantia do crédito concedido, a celebração de um seguro de vida ["Apólice 'Vida Risco – Crédito Habitação': as pessoas com deficiência ou risco agravado de saúde e o princípio da igualdade na Lei nº 46/2006", *RLJ*, Ano 136º, nº 3942 (Jan.-Fev. 2007), p. 160]. Trata-se de um seguro de vida em caso de morte (em regra, também com garantia complementar de invalidez) que – diver-samente do que sustenta o autor – pode assumir a forma de seguro de grupo (tendo ou não por tomador o banco credor) ou individual, tendo por característica necessária o facto de o banco ser o beneficiário designado (e irrevogável) até ao montante do capital em dívida.

[2754] Poder-se-á argumentar que esta interpretação colide com o carácter exemplificativo do artigo 4º do diploma em apreço. A ser assim, porém, não faria sentido que o legislador tivesse tido a ne-cessidade de, expressamente, se referir aos contratos de seguro em matéria de acesso à habitação, já que todos os seguros, por inerência, caberiam no âmbito da norma. Também no sentido restritivo para que propendemos, cfr. Leonor Cunha Torres, "Artigo 15º – Anotação", *in* Pedro Romano Mar-tinez *et al.*, *LCS Anotada, cit.*, p. 78. Em sentido diverso, Francisco Luís Alves, "O regime jurídico da discriminação...", *cit.*, p. 36.

[2755] No que concerne à celebração de seguros de vida associados ao crédito à habitação, o DL 222/2009, de 11 de Setembro, veio estabelecer especiais medidas de protecção do consumidor.

[2756] É este o entendimento acolhido no Ac. TRP de 12/10/2010 – Proc. nº 3376/09.0TBPRD.P1 (Ramos Lopes).

mento logo gera, porém, incontáveis perplexidades, algumas das quais cumpre, desde já, referir. Desde logo, para além de gravosa, a solução seria desnecessária. É que, se o acesso à aquisição de habitação pode depender de crédito bancário, e se é compreensível que um banco não possa, sem mais, prescindir de garantias para a respectiva concessão, já não se compreende que, estando o banco garantido através de uma hipoteca, ainda assim a lei aceite que o crédito *fique condicionado* – pelas práticas bancárias, que não por exigência legal – à contratação de um seguro de vida[2757]. Ou seja, para que o banco não fosse forçado a executar a hipoteca em caso de morte ou invalidez do mutuário (que implicasse o incumprimento do mútuo pelos sucessores do mesmo), seria o segurador compelido a suportar as consequências que a referida interpretação implica[2758]. Em suma, a medida legal sacrificaria injustamente o equilíbrio de prestações do contrato acessório para salvaguarda *desnecessária* do principal.

Para além disso, como demonstra Calvão da Silva, a cumulação de uma garantia principal (hipoteca ou outra) com a exigência do seguro de vida pode implicar mesmo a violação do *princípio da proibição de excessos na garantia* (sobregarantia), «no sentido de a garantia especial dever respeitar a proporcionalidade, adequação e necessidade, por forma que não haja desproporção (excesso) desrazoável, desnecessária e injustificada entre o valor do crédito garantido e o valor do bem dado em garantia»[2759]. Sendo, em qualquer caso, o valor da hipoteca insuficiente para garantir o crédito, sempre o seu reforço poderá passar pela prestação de outra garantia, igualmente idónea mas menos onerosa do que um seguro de vida, cujo prémio (ou outras condições contratuais) seja agravado em função do risco envolvido[2760].

A interpretação literal do preceito poderia conduzir ainda a uma mais flagrante e paradoxal discriminação: a aplicação da tarifa normal de seguro às pessoas com esperança de vida diminuída (risco agravado de saúde) e a aplicação de uma tarifa agravada a pessoas que, sofrendo de uma situação clínica menos

---

[2757] O nº 1 do artigo 23º do DL 349/98, de 11 de Novembro (regime legal do crédito à habitação), estabelece que o empréstimo *é garantido* por hipoteca (ou outra garantia substituta, admitida pelo nº 3), acrescentando o nº 2 que, *em reforço* daquela garantia, *poderá ser constituído* seguro de vida.

[2758] Como afirma Guilherme Oliveira, «a entidade mutuante já está defendida por força de uma garantia especial de natureza real – a hipoteca que recai sobre o imóvel – para além da garantia geral do património do devedor. Acresce a circunstância vulgar de o montante emprestado não ultrapassar uma percentagem do valor do bem – o que previne o potencial executante contra eventuais depreciações que o bem sofra» – Guilherme de Oliveira, "Implicações...", *cit.*, p. 153.

[2759] João Calvão da Silva, "Apólice...", *cit.*, p. 161.

[2760] João Calvão da Silva, *idem*, p. 167. Como afirma o autor, «não é legítimo nem conforme a boa fé o Banco subordinar a concessão de crédito a seguro de vida com um custo excessivo; a essa imposição ou subordinação se opõem os princípios da Justiça e da proporcionalidade e a inerente proibição do excesso ou de excessos...». *Ibidem.*

grave, não fossem reconduzidas à noção de "risco agravado de saúde". Para obstar a este paradoxo – que, por absurdo, se recusa – a referida interpretação do preceito implicaria a própria abolição da declaração do risco, tornada então inútil. De facto, ao segurador deixaria de interessar a análise do risco clínico, já que não poderia adequar o prémio de conformidade com tal risco. Quer o proponente tivesse ou não conhecimento do seu estado de saúde, sempre a declaração do risco seria, então, inútil. As consequências económicas adivinham-se: o segurador teria de fazer corresponder o prémio ao risco médio estimado. Esse agravamento geral tarifário afastaria os "bons riscos" e estaria criada a espiral de selecção adversa tendente ao colapso da actividade do segurador.

O propósito da lei terá sido meritório. A solução, porém, carece de razoabilidade e fundamento. Estaremos, portanto, perante um absurdo jurídico com inescapáveis – e dramáticas – consequências económicas (o colapso da actividade seguradora, pelo menos, no ramo "Vida), ou a própria lei fornece ao intérprete uma saída perante um tal cenário?

Vejamos. A discriminação directa resulta, como vimos, de um tratamento menos favorável, dado ao portador de deficiência ou de risco agravado de saúde, relativamente ao dado *a outra pessoa em situação comparável*. Por seu turno, a discriminação indirecta atende a uma disposição, critério ou prática que substantivamente coloque em desvantagem o portador de deficiência ou de risco agravado de saúde, *comparativamente com outras pessoas*, excepto *se a disposição, critério ou prática for objectivamente justificada por um fim legítimo e os meios adequados para o alcançar foram adequados e necessários*. Por seu turno, o corpo do artigo 4º do diploma em apreço considera práticas discriminatórias (...) as que, em razão da deficiência, *violem o princípio da igualdade*. Em qualquer dos casos, a aferição da discriminação importa uma perspectiva comparativa. A discriminação é, por definição, *relativa*, reportando-se à comparação de duas situações *comparáveis*, isto é, análogas[2761].

Ora, sabemos já que a apreciação do risco nos seguros de vida não pode dispensar a análise do estado de saúde da pessoa segura, relevando, portanto, para a determinação das condições a aplicar ao contrato, designadamente (mas não exclusivamente) para as condições tarifárias, a existência de um risco agravado de saúde, e podendo igualmente relevar uma situação de deficiência, na medida em que esta influencie, em concreto, a probabilidade e/ou a intensidade da ocorrência do sinistro. Nesta óptica, uma pessoa saudável não é nunca *comparável* a outra com risco agravado de saúde, pelo que dificilmente se vislumbra, nesta perspec-

---

[2761] Como refere Leonor Cunha Torres, o próprio artigo 13º da CRP visa uma igualdade substancial e não meramente formal. Assim, só poderão ser tratadas de forma igual as situações equiparadas, impondo-se o tratamento desigual das situações desiguais. Leonor Cunha Torres, "Artigo 15º – Anotação", *in* Pedro Romano Martinez *et al.*, *LCS Anotada*, cit., p. 77.

tiva, a possibilidade de uma *discriminação* (injustificada) em função da posse de deficiência ou risco agravado de saúde. Tal discriminação só ocorreria onde a mesma fosse efectivamente injustificada: por exemplo, se, num seguro de vida, a discriminação se aplicar ao tomador (diferente da pessoa segura), ou se, num seguro multirriscos, forem aplicadas condições mais desfavoráveis pelo facto de o tomador ser deficiente ou portador de risco agravado de saúde, quando é certo que estas circunstâncias não influenciam o risco seguro.

Como refere Calvão da Silva, «a diferença de riscos das pessoas seguráveis, uma com outras sem deficiência ou risco agravado de saúde, poderá justificar relativamente às segundas, quer a recusa pela seguradora da celebração do contrato de seguro ou da proposta individual de adesão ao seguro de grupo [...], quer a eventual penalização ou agravamento do prémio a pagar»[2762]. Como sublinha o autor, o que estará em causa não é uma recusa ou condicionamento do seguro com base arbitrária na deficiência ou risco agravado de saúde, em si mesmas, mas com fundamento em diferentes *aleas* seguráveis. É, em suma, a *diferença de risco segurável* (essência do contrato de seguro) e *a medida dessa diferença*, o critério material, objectivo e justo, que fundamenta a diferenciação de tratamento – considerando o emprego de meios proporcionais e idóneos à realização do fim legítimo em causa – numa concretização do princípio constitucional da igualdade. É esta, para o autor, a interpretação do preceito conforme à unidade do sistema jurídico, critério legal de interpretação acolhido no artigo 9º do CC[2763].

Perante o apontado absurdo interpretativo[2764], o sentido possível do regime, em matéria de seguros, redunda, afinal, numa disposição banal e sem alcance prático: é que, para além da diferenciação tarifária com base no estado de saúde da pessoa segura (essência do seguro de vida), não se divisa, na prática, qualquer discriminação injusta que o segurador razoavelmente promova e que possa pôr em causa o acesso à habitação[2765].

[2762] João Calvão da Silva, "Apólice...", *cit.*, p. 164.

[2763] João Calvão da Silva, *idem*, pp. 167 ss.

[2764] Margarida Lima Rego suscita mesmo a inconstitucionalidade do regime (*Contrato...*, *cit.*, p. 141, n. 288).

[2765] Interpretação diversa – mas conducente ao mesmo resultado prático – é a defendida por Francisco Luís Alves, para quem "pessoa em situação comparável" será uma pessoa não deficiente ou não portadora de risco agravado de saúde. Porém, para o autor, não será discriminatória a recusa ou agravamento em função da deficiência ou risco agravado de saúde. Com efeito, só «será discriminação directa a recusa de negociação do contrato de seguro, fazendo com que a pessoa com deficiência ou risco agravado de saúde não obtenha uma análise de risco objectiva e fundamentada tecnicamente por parte da empresa de seguros» ("O regime jurídico da discriminação...", *cit.*, p. 31), enquanto a «discriminação indirecta corresponderá a uma prática ou análise que não esteja objectivamente fundamentada na análise de risco efectuada» (*idem*, p. 32).

V.   Sobre a matéria já aflorada na Lei nº 46/2006 veio dispor o artigo 15º da LCS, assumindo agora um âmbito mais amplo. Desde logo, o nº 1 do preceito proclama a proibição de quaisquer práticas discriminatórias em violação do princípio da igualdade, nos termos previstos no artigo 13º da CRP[2766]. Tal será, por exemplo, o caso de valoração, pelo segurador, em sede de avaliação do risco, de pseudo-indicadores de uma maior exposição ao contágio pelo vírus da SIDA, que, em si mesmos, não denotem qualquer agravamento do risco de mortalidade ou incapacidade[2767]. Sempre que na base dessas valorações se encontrem preconceitos carecidos de comprovação, designadamente estatística, sendo, portanto, insusceptíveis de fundar a avaliação objectiva do risco, qualquer decisão, com base nelas, de agravamento do prémio ou recusa do seguro será arbitrária e, portanto, discriminatória[2768].

O nº 2 do artigo 15º considera práticas discriminatórias, em razão da deficiência ou de risco agravado de saúde, as acções ou omissões, dolosas ou negligentes, que violem o princípio da igualdade, implicando *para as pessoas naquela situação* um tratamento menos favorável do que aquele que seja dado *a outra pessoa em situação comparável*, ressalvando o nº 3 a licitude, para efeito de celebração, execução e cessação do contrato de seguro, das práticas e técnicas de avaliação, selecção e aceitação de riscos *próprias do segurador* que sejam *objectivamente fundamentadas*, tendo por base *dados estatísticos e actuariais rigorosos considerados relevantes* nos termos dos princípios da técnica seguradora[2769].

[2766]   Segundo Leonor Cunha Torres, a solução consagrada terá ponderado, não apenas o artigo 13º da CRP, mas igualmente o direito da livre iniciativa privada (artigo 61º da CRP) e o funcionamento eficiente dos mercados (alínea f) do nº 1 do artigo 81º da CRP), direitos económicos equiparados aos direitos fundamentais (artigos 17º e 18º da CRP). Leonor Cunha Torres, "Artigo 15º – Anotação", *in* Pedro Romano Martinez *et al.*, *LCS Anotada, cit.*, p. 77.

[2767]   Tal é o caso da valoração da idade, do sexo e do estado civil (os homens e, entre estes, os solteiros e os mais jovens, seriam mais dados a modos de vida sexualmente promíscuos); a profissão (determinadas profissões poderiam denotar uma orientação homossexual); a nacionalidade (a SIDA grassou inicialmente, com especial intensidade, entre os haitianos, constituindo hoje um particular flagelo em África); etc. – os exemplos e as conotações atribuídas são retirados de Carl Japhet, "L'assurance...", *cit.*, pp. 39 e 56. Ao que sabemos, as práticas de selecção adoptadas em Portugal não reflectiram nunca este tipo de valorações.

[2768]   Segundo refere Chiappori, a discriminação tarifária que não assente em critérios objectivos, para além de legal e eticamente condenável, carece de justificação económica – Pierre-André Chiappori, "Tests...", *cit.*, p. 107. Na verdade, em contexto de mercado concorrencial, um segurador que recorra a práticas injustificadamente discriminatórias (isto é, sem uma relação objectiva com o risco proposto), tenderá a perder potenciais "bons riscos" para a concorrência.

[2769]   O que o regime requer, em suma, é a fundamentação objectiva do tratamento diferenciado (recusa do risco ou agravamento), sob pena de o mesmo ser considerado discriminatório – Francisco Luís Alves, "O regime jurídico da discriminação...", *cit.*, p. 49. Nesta medida, o regime *impõe* ao segurador um *tratamento diferenciado* para os portadores de deficiência ou de risco agravado de saúde:

Para as situações em que o segurador recuse a celebração de um contrato de seguro ou agrave o respectivo prémio em razão de deficiência ou de risco agravado de saúde[2770], dispõe o nº 4 que o mesmo deve prestar ao proponente informação sobre o rácio entre os factores de risco específicos daquele caso e os factores de risco de pessoa em situação comparável mas não afectada por aquela deficiência ou risco agravado de saúde, nos termos em que deve ser prestada informação sobre exames médicos realizados (nºs 3 a 6 do artigo 178º da LCS)[2771].

O preceito prevê ainda uma disciplina para as situações em que o proponente não se conforme com a decisão do segurador de recusa ou agravamento do prémio. Nesse caso, pode o proponente, nos termos dos nºs 5 a 8, solicitar a uma comissão tripartida – composta por um representante do Instituto Nacional para a Reabilitação, I.P., um representante do segurador e um representante do Instituto Nacional de Medicina Legal, I.P. – que emita *parecer não vinculativo* sobre o rácio entre os seus factores de risco específicos e os factores de risco de pessoa em situação comparável mas não afectada por aquela deficiência ou risco agravado de saúde. O facto de o parecer da comissão tripartida não ser vinculativo retira-lhe, é certo, qualquer eficácia prática. A alternativa, porém – imposição ao segurador de uma decisão vinculativa – seria extremamente gravosa, podendo implicar que o seguro em causa passasse a ser obrigatório para o segurador[2772], violando o princípio da autonomia privada.

---

a proibição de recusa liminar do risco, sem apreciação do mesmo; e um dever de fundamentação do agravamento ou recusa (*idem*, pp. 51, 53 e 56). Podemos, assim, afirmar que o artigo 15º veio deslocar a problemática do campo da discriminação para o da prova da ausência de discriminação. Como refere Leonor Cunha Torres, a solução segue, ao nível do Direito comparado, a *Disability Discrimination Act*, de 1995 (alterada em 2004 e 2005), do Reino Unido, e a *Antidiscrimination Act* eslovaca (Act 365/2004, de 20 de Maio), que igualmente exigem a fundamentação de recusa ou agravamento em dados estatísticos relevantes para o risco a cobrir – Leonor Cunha Torres, "Artigo 15º – Anotação", *in* Pedro Romano Martinez *et al.*, *LCS Anotada, cit.*, p. 77.

[2770] Cumpre notar que o preceito não prevê que o segurador possa assumir outras alternativas para além da aceitação, recusa ou agravamento, designadamente a possibilidade de optar por uma exclusão parcial de risco. Perante o silêncio da lei, não cremos que o respectivo propósito fosse espartilhar o segurador entre uma decisão de recusa pura e simples ou uma de agravamento, o que, na ausência de alternativas, sempre poderia induzir à recusa, mais gravosa para o proponente do que a mera limitação da garantia. Do nosso ponto de vista, será de efectuar interpretação extensiva, abrangendo a referência ao agravamento do prémio também outras situações de reequilíbrio entre o risco incorrido e o prémio, designadamente a redução da garantia.

[2771] Note-se que, numa realidade como a portuguesa, não abundam as bases de dados estatísticas representativas, relativamente a determinados riscos de morte ou acidente. Para o efeito, têm os seguradores de recorrer a bases de dados disponibilizadas pelos resseguradores internacionais com quem tenham contratado tratados de resseguro.

[2772] Leonor Cunha Torres, "Artigo 15º – Anotação", *in* Pedro Romano Martinez *et al.*, *LCS Anotada, cit.*, p. 78.

Sobre a articulação entre a alínea c) do artigo 4º do Lei nº 46/2006, de 28 de Agosto, e o artigo 15º da LCS, não parecem suscitar-se dúvidas relevantes, em virtude de os dois preceitos não serem formalmente inconciliáveis ou substancialmente contraditórios[2773]. A unidade e a coerência do sistema jurídico impõem, assim, que, sendo comum o objecto dos preceitos, mas mais recente e de teor mais amplo o artigo 15º, as duas normas terão de ser harmonizadas, sendo aquela completada e interpretada à luz desta.

VI. Impõe-se, perante o quadro legal que vimos de traçar, um ponto de situação sobre o princípio da igualdade e a discriminação em função do estado de saúde. Desde logo, aponte-se a frequente incompreensão social sobre a natureza do contrato de seguro e da técnica seguradora, a qual suscita um sentimento de que a actividade seguradora é discriminatória em vários domínios e fere, portanto, o princípio da igualdade[2774].

Ora, como sublinhámos já à saciedade, a actividade seguradora assenta no risco, sendo o prémio tendencialmente equiparado à probabilidade de verificação do risco seguro, de tal modo que, quanto mais provável for a ocorrência do sinistro, maior há-de ser o prémio suportado pelo tomador[2775]. A tanto obriga a necessidade de prevenção da selecção adversa, dependente da diferenciação dos riscos e da respectiva segregação em classes homogéneas, bem como o princípio de justiça comutativa que visa o equilíbrio das prestações. Este equilíbrio só violaria o princípio da igualdade se fosse exigido um prémio igual a riscos de diferente probabilidade ou um prémio diferente a riscos de igual probabilidade[2776].

[2773] Na verdade, poder-se-á mesmo argumentar que o artigo 15º se traduz num desenvolvimento do regime resultante da Lei nº 46/2006 – Arnaldo Oliveira e Eduarda Ribeiro, "Novo regime...", *cit.*, p. 19. Do nosso ponto de vista, o propósito do artigo 15º foi antes de *corrigir* e *delimitar* o excesso literal daquele diploma. No sentido de que o artigo 15º da LCS teve um propósito clarificador da Lei nº 46/2006, atendendo à natureza própria dos seguros, à necessidade de rigor na análise do risco e na adequação entre este e o prémio, Francisco Luís Alves, "O regime jurídico da discriminação...", *cit.*, pp. 49 e 51; e Margarida Torres Gama, "Proibição de práticas discriminatórias", *in* Margarida Lima Rego (Coord.), *Temas de Direito dos Seguros – A Propósito da Nova Lei do Contrato de Seguro*, Coimbra, Almedina, 2012, p. 136.

[2774] Os exemplos de alegada discriminação são os mais díspares: agravamento do prémio do seguro automóvel para condutores com mais de 65 anos; agravamento do seguro de vida para determinadas profissões; desagravamento do seguro de incêndio para casas habitadas por não-fumadores; agravamento em seguros patrimoniais para zonas residenciais de maior risco (zonas degradadas onde vivem extractos sociais mais desfavorecidos, minorias étnicas e comunidades imigrantes); etc. Cfr. Malcolm Clarke, *Policies...*, *cit.*, pp. 70 ss.

[2775] François Ewald e Jean-Pierre Moreau, "Génétique...", *cit.*, p. 113.

[2776] Como sustenta Devoet, «o facto de um segurador reservar um tratamento diferente a um candidato são e a um candidato que possui uma probabilidade enorme de provocar um sinistro não aparece como uma discriminação injustificável, já que a diferenciação operada repousa sobre critérios

Neste sentido, quanto mais rigorosa for a avaliação do risco, mais exacto será o equilíbrio entre o prémio e o risco incorrido pelo segurador e, logo, maior o respeito pelo princípio da igualdade[2777]. Ora, precisamente os avanços da ciência têm vindo a proporcionar um cada vez mais precoce diagnóstico de certas doenças, o que permite um ajustamento cada vez mais rigoroso do prémio ao risco efectivamente incorrido, sem o eliminar[2778], e uma diferenciação mais justa e competitiva dos prémios, em benefício do consumidor[2779].

A falta de diferenciação e de segmentação dos riscos em classes homogéneas (que resultaria da interpretação literal da Lei 46/2006) conduzir-nos-ia, como acima aflorámos, à selecção adversa, tendente a gerar o colapso da actividade seguradora[2780]. Na verdade, a aplicação do mesmo prémio a riscos diferentes traduzir-se-ia numa de duas situações. Se o custo acrescido do risco imposto ao segurador fosse repercutido pelos outros tomadores, os que tivessem contratado bons riscos (de baixa probabilidade e/ou intensidade) teriam de suportar um prémio superior ao do risco coberto, de modo a compensar o prémio aplicado aos maus riscos (de alta probabilidade e/ou intensidade)[2781]. Esta subsidiarização conduziria gradualmente, como referimos já, a uma espiral de selecção adversa, com progressivo afastamento dos bons riscos e concentração dos maus riscos. Se, diversamente, não se verificasse essa subsidiarização, a subtarifação dos riscos agravados conduziria à insuficiente cobertura financeira da massa dos riscos e, potencialmente, à falência do segurador[2782]. Esta seria igualmente potenciada

---

objectivos, há muito demonstrados e largamente propalados» – Claude Devoet, *Les Assurances...*, *cit.*, p. 176 (trad. nossa). A máxima "para risco igual prémio igual", no domínio dos seguros – expressão do princípio da igualdade – encontra equivalente próximo no princípio juslaboral "a trabalho igual salário igual" – cfr., p. ex., Júlio Gomes, "Algumas reflexões sobre o ónus da prova em matéria de paridade de tratamento retributivo ('A trabalho igual salário igual'), *in* António Moreira (Coord.), *I Congresso Nacional de Direito do Trabalho*, Coimbra, Almedina, 1998, pp. 313-324.

[2777] Como explica Fagnart, «se todos os cidadãos, mesmo os menos favorecidos, têm direito à protecção da Segurança Social, os seguros privados são um serviço de que não se pode beneficiar senão pagando o respectivo preço: este varia em função da gravidade do risco. Logo, é preciso que o segurador possa calcular o risco tão precisamente quanto possível, sob pena de fazer pagar aos segurados que apresentam um risco fraco, um prémio mais elevado para compensar a insuficiência dos prémios pagos pelos riscos agravados» – Jean-Luc Fagnart, "Dispositions...", *cit.*, p. 63 (trad. nossa).

[2778] Nas palavras de Bado Cardozo, «assim como o descobrimento dos raios X, as tomografias ou as ressonâncias magnéticas não acabaram com o seguro, estes exames [genéticos] tampouco o farão» – Virginia Bado Cardozo, *El Riesgo...*, *cit.*, p. 103 (trad. nossa).

[2779] Fernando Araújo, *Introdução...*, *cit.*, p. 309; Herman Cousy, "The Principles...", *cit.*, p. 123; Onora O'Neill, "Insurance...", *cit.*, p. 125.

[2780] Paul Samuelson e William Nordhaus, *Economics*, *cit.*, p. 195.

[2781] Herman Cousy, "The Principles...", *cit.*, p. 123.

[2782] A imposição legal intransigente de uma igualdade formal entre segurados só evitaria a anti-selecção em duas circunstâncias: (a) se a modalidade de seguro em causa fosse obrigatória

pela exclusão, pelos tratados de resseguro internacionais, dos riscos agravados em causa, sujeitando o segurador a uma exposição excessiva ao risco.

A proibição de utilização pelo segurador de informação genética de testes que o proponente haja anteriormente efectuado (nº 3 do artigo 12º da Lei 12/2005) potencia directamente o mesmo problema de selecção adversa[2783]. Se a segmentação do risco não ocorrer, bastará o conhecimento, por parte de cada indivíduo, sobre a sua predisposição genética para a doença (assimetria informativa), para se dar início a um ciclo de selecção adversa, na medida em que os mais "geneticamente favorecidos" não estarão dispostos a pagar prémios superiores aos riscos por si representados; enquanto os mais "geneticamente desfavorecidos" (mais sensibilizados, aliás, para as vantagens do seguro) serão especialmente atraídos por uma relação favorável entre o prémio e o risco representado[2784].

A problemática da selecção adversa é, aliás, extrapolável para o contexto económico mais amplo da livre concorrência na UE. Como refere Fagnart, «no momento da abertura do mercado comum dos seguros, o artigo 5º da lei [belga] vai levar os segurados que não são desfavorecidos sob o plano genético a subscrever contratos de seguro nos países onde o montante do prémio é modulado em função das predisposições individuais do segurado. Em contrapartida, todos aqueles que, em razão do seu próprio risco genético, não encontram seguros baratos no seu país, virão em massa segurar-se na Bélgica [e em Portugal, acrescentaríamos], onde o seguro se tornará cada vez mais caro»[2785].

De *iure condendo*, reitere-se, não defendemos a divulgação desregrada da informação genética, mas apenas a sua partilha, no estrito quadro do dever pré-contratual de descrição do risco, à semelhança do que vem sucedendo com a informação clínica ao longo da história do seguro de vida. Em conclusão, e face aos argumentos expendidos, bem andou o legislador relativamente ao artigo 15º da LCS. Já no âmbito da Lei 12/2005, falta a razoabilidade, a justiça e o fundamento das soluções acolhidas, ao menos no nº 3 do seu artigo 12º.

VII. A estruturação das sociedades humanas assenta em múltiplas dimensões de desigualdade, em grande parte independentes da vontade dos indivíduos e, desse ponto de vista, injustas. A própria natureza biológica dos seres humanos

---

para toda a população, com um capital idêntico (impedindo-se, portanto, o afastamento dos "bons riscos" e impondo-se um prémio médio, equitativamente distribuído por todos os segurados); ou (b) se o Estado assegurasse mecanismos de solidariedade social que custeassem directamente aos seguradores o sobreprémio aplicável aos riscos agravados (p. ex., através de uma dotação própria do Orçamento do Estado).

[2783] Mouhamadou Fall, "Le marché...", *cit.*, p. 1 150 (trad. nossa).

[2784] François Ewald, "Génétique et assurance", *cit.*, pp. 541-542; François Ewald e Jean-Pierre Moreau, "Génétique...", *cit.*, pp. 115-117.

[2785] Jean Luc Fagnart, *Traité...*, *cit.*, p. 70 (trad. nossa).

dita desigualdades de aptidões físicas e mentais que nada têm de justo. Porém, tudo isto é alheio ao contrato de seguro, cuja função não é a de corrigir essas desigualdades, mas a de garantir os segurados contra os efeitos económicos de riscos que os venham a afectar[2786]. Nesta medida, os seguros podem mitigar essas desigualdades: por exemplo, um indivíduo mais sujeito a um risco de incapacidade encontra no seguro um mecanismo de compensação económica contra os efeitos da mesma. Porém, de algum modo, o contrato de seguro replica essa desigualdade, na medida em que, no exemplo dado, o referido indivíduo terá de suportar um prémio mais elevado do que outro indivíduo menos sujeito àquele risco. Noutro exemplo, a seropositividade ao HIV constitui em si mesma factor de discriminação social, a qual merece veemente reprovação, nos planos ético e jurídico, mas que é alheia ao próprio contrato de seguro. Neste domínio, a gravidade das consequências da doença consubstancia um elevado risco clínico que, embora eventualmente sobrestimado, não é, de forma alguma, negligenciável pelo segurador como gestor responsável de uma mutualidade de riscos seguros[2787].

[2786] O princípio da igualdade pode também suscitar-se nos seguros de vida a propósito do sexo da pessoa segura. Na verdade, é do domínio público – e encontra-se reflectido nas tábuas de mortalidade – que a longevidade é significativamente superior nas mulheres relativamente aos homens. Ora, essa diferente probabilidade de morte pode surgir reflectida nas tarifas ou não. Quer num caso, quer noutro, seria suscitável a existência de uma prática discriminatória. Neste contexto, o nº 1 do artigo 5º da Directiva 2004/113/CE do Conselho, de 13 de Dezembro de 2004, prescreve que, nos contratos de seguro subscritos após 21 de Dezembro de 2007, o sexo deveria deixar de constituir um factor relevante para o cálculo dos prémios e das prestações do segurador. Em virtude de reacções de vária ordem, a directiva referida relegou para os Estados-Membros a decisão de admitir diferenças tarifárias em função do sexo, sempre que as mesmas sejam justificadas e determinantes para a avaliação dos riscos (nº 2 do artigo 5º). Entre nós, a directiva foi transposta pela Lei nº 14/2008, de 12 de Março, para a qual remete, aliás, o nº 9 do artigo 15º da LCS. O nº 1 do respectivo artigo 6º dispõe que a consideração do sexo como factor de cálculo dos prémios e prestações de seguros não pode resultar numa diferenciação dos mesmos. No entanto, nos termos do nº 2 é admitida essa diferenciação desde que proporcionada e decorrente de uma avaliação do risco baseada em dados actuariais e estatísticos relevantes e rigorosos, considerando-se como tal os obtidos e elaborados nos termos de norma regulamentar emitida para o efeito pelo ISP (nº 3). A solução fundamenta-se na consideração de que só os critérios dependentes da vontade e da acção humana deveriam constituir critério de tarifação. Ora, a lógica da "justiça" da solução preconizada é incompatível com as bases técnicas da actividade seguradora. Aliás, o fundamento referido implicaria a própria recusa da idade como critério tarifário e a aplicação de prémios iguais para jovens e para idosos. Por outro lado, assentar a selecção em factores periféricos, contingentes e passíveis de alteração a todo o tempo pela vontade do segurado comportaria consequências indesejáveis de vária ordem. Desde logo, uma maior intromissão do segurador em factores da vida pessoal do segurado. Por seu turno, a diversidade de modos de vida importaria igualmente uma maior selectividade dos riscos e, portanto, uma maior segmentação. Sobre esta problemática, mais desenvolvidamente, cfr. Claude Devoet, *Les Assurances...*, *cit.*, pp. 185 ss.

[2787] Noutro exemplo, dir-se-á que os indivíduos com aversão ao risco gostariam de se segurar contra a possibilidade de virem a ser considerados, de um prisma genético, "maus riscos". Porém, o recurso

Ora, a selecção e segmentação do risco em que assenta a actividade seguradora é, por vezes, objecto de análises que assentam no equívoco de que o seguro
deva prosseguir fins solidarísticos de justiça distributiva e de promoção da igualdade de oportunidades semelhantes aos que incumbem ao Estado. Deste prisma,
considera Stela Barbas injusto, porque assente numa desigualdade discriminatória, o facto de os segurados que representam riscos mais elevados pagarem prémios mais altos do que os suportados por segurados de menor risco[2788].
Porém, como refere Dubuisson, «a técnica do seguro não está fundada num
princípio de justiça social mas num princípio de justiça actuarial que impõe
que os seus riscos sejam reunidos em grupos homogéneos e tarifados pelo seu
valor real»[2789].

De resto, mesmo que fosse economicamente exequível, a transposição de
considerações de justiça social para o domínio do contrato de seguro nem sempre teria uma solução evidente: como refere Chiappori, «em que é que a justiça
social requer que o excesso de risco de um quadro superior geneticamente vulnerável aos problemas cardio-vasculares seja assumido pelo acréscimo de prémio de um operário?»[2790].

O problema é, por vezes, equacionado numa outra vertente: a selecção de riscos – com a consequente recusa do segurador em aceitar os piores riscos ou em
aplicar-lhes exclusões de cobertura ou agravamentos significativos – poderá ser
entrevista como a denegação de um *direito ao seguro*[2791]. Ora, o referido direito ao
seguro não existe enquanto tal, com excepção dos casos dos seguros obrigatórios, onde o ordenamento prevê soluções que salvaguardam a celebração do contrato. Desde logo, em virtude do princípio da liberdade contratual[2792], que tutela
a autonomia da vontade (no âmbito da qual é consagrado às partes o direito de
contratarem ou não e de estipularem o conteúdo dos contratos que celebrem). Por
outro lado, importa igualmente considerar o nº 1 do artigo 61º da CRP (liberdade
de iniciativa privada) – com natureza análoga aos direitos, liberdades e garan-

---

à informação genética é passível de fornecer ao segurador dados que o levem precisamente a excluir
a cobertura daquele risco, afastando esses indivíduos do sistema – Pierre-André Chiappori, "The
welfare...", *cit.*, pp. 3 ss. Assim, o conhecimento, cada vez mais rigoroso, do estado de saúde, sugere
o efeito Hirschleifer, segundo o qual a aquisição de uma informação mais precisa pode ser nefasta
para a sociedade – Mouhamadou Fall, "Le marché...", *cit.*, p. 150.

[2788] Stela Barbas, *Direito do Genoma...*, *cit.*, p. 605 e n. 1132.

[2789] Bernard Dubuisson, "Secrets...", *cit.*, p. 339 (trad. nossa).

[2790] Pierre André Chiappori, "Tests...", *cit.*, p. 108 (trad. nossa).

[2791] Claude Devoet, *Les Assurances...*, *cit.*, p. 177. Defendendo esse direito fundamental, embora no
quadro do ordenamento brasileiro, Ernesto Tzirulnik, "Direito ao seguro privado – Discriminação
e ação afirmativa", *in* Jorge Miranda e Marco Marques da Silva (Coords.), *Tratado Luso-Brasileiro da
Dignidade Humana*, São Paulo, Quartier Latin, 2008, pp. 1231 ss.

[2792] Claude Devoet, *Les Assurances...*, *cit.*, pp. 180-181.

tias e beneficiando, por força do artigo 17º, do regime do artigo 18º da CRP[2793] – e a parte inicial da alínea e) do artigo 81º da CRP (princípio do funcionamento eficiente dos mercados). Desta forma, se o segurado é livre de contratar ou não um seguro e de o propor junto do segurador da sua escolha, este tem o direito de aceitar ou recusar a proposta que lhe é dirigida[2794].

Em suma, o problema da desigualdade das oportunidades de vida coloca-se no plano social, não no do contrato de seguro. Trata-se de um problema de justiça e de solidariedade social, que apela para uma solução legal no quadro da intervenção do poder público, não no sentido de onerar as entidades privadas, mas de assumir directamente medidas de discriminação positiva. Na verdade, a própria Constituição garante direitos ao sistema público de segurança social, que não só assegura coberturas de previdência, mas tem carácter público (diversamente da actividade seguradora)[2795]. Desta forma, como sublinha Onora O'Neill, haverá que distinguir os seguros de base solidarística (*solidarity-based insurance*) dos seguros de base mutualista (*mutuality-based insurance*). Os primeiros correspondem aos seguros sociais, organizados pelo poder público, com uma cobertura abrangendo tendencialmente todo o universo populacional e assentando em contribuições niveladas de carácter compulsório (sem as quais os riscos de baixa probabilidade procurariam melhores condições nos seguros de base mutualista, gerando uma espiral de selecção adversa). Os segundos correspondem aos seguros privados, em que os prémios são diferenciados em função do risco transferido, caso em que os melhores riscos beneficiarão dos prémios mais baixos proporcionados pelo mercado concorrencial, enquanto os piores riscos não deixarão de segurar-se, ainda que por prémios mais elevados, nas melhores condições contratuais a que puderem aceder[2796].

[2793] João Calvão da Silva, "Apólice...", *cit.*, p. 168.

[2794] François Ewald e Jean-Pierre Moreau, "Génétique...", *cit.*, p. 113.

[2795] Nos termos do nº 1 do artigo 63º da CRP, todos têm direito à segurança social, dispondo o nº 2 que incumbe ao Estado organizar, coordenar e subsidiar um sistema de segurança social unificado e descentralizado. De resto, estabelece o nº 3 que o sistema de segurança social protege os cidadãos na doença, velhice, invalidez, viuvez e orfandade, bem como no desemprego e em todas as outras situações de falta ou diminuição de meios de subsistência ou de capacidade para o trabalho.

[2796] Onora O'Neill, "Insurance...", *cit.*, p. 124. A solução para o *problema social* da não discriminação, não dispensando a intervenção do poder público, pode seguir o trilho do modelo francês, que é uma referência importante neste domínio: a *Convention AERAS*, de 23 de Junho de 2006, que entrou em vigor em 2007 e que sucedeu à *Convention Belorgey* (de 19 de Setembro de 2001). A *Convention AERAS* (*S'Assurer et Emprunter avec un Risque Aggravé de Santé*) visa alargar o acesso, para pessoas com problemas graves de saúde, a seguros de vida e a crédito profissional, imobiliário ou ao consumo. Vigorando desde Janeiro de 2007, trata-se de uma convenção assinada entre o Estado e representantes do sector bancário, segurador, bem como associações de doentes e consumidores, que cria um mecanismo mutualista de solidariedade. Os beneficiários da convenção podem ficar, em determinadas condições de risco, prazo e capital seguro, protegidos por seguros de vida (com

X.3. A INCONTESTABILIDADE

X.3.1. A cláusula de incontestabilidade e respectivo âmbito

I. O regime tradicional da declaração do risco, mediante uma extensa tutela do segurador – que, a todo o tempo, podia prevalecer-se do incumprimento do dever declarativo e exonerar-se da sua prestação em caso de sinistro – tolhia a confiança dos potenciais segurados na estabilidade e segurança do contrato, sobretudo no seguro de vida, tendencialmente de longo prazo[2797]. Neste contexto, as cláusulas de incontestabilidade surgem nos EUA, na segunda metade do séc. XIX, constituindo, paradoxalmente, uma reacção comercial dos seguradores no sentido de auto-limitarem, por via contratual, os excessos tutelares com que os regimes legais os beneficiavam[2798]. Desta forma, procuravam os seguradores credibilizar o seguro de vida, torná-lo comercialmente mais apelativo aos potenciais tomadores do seguro, e fomentar a confiança destes mediante a promessa de uma maior estabilidade na relação negocial, certeza e segurança jurídicas quanto à respectiva validade e inimpugnabilidade[2799]. Nas palavras de Parrella, visava-se «subtrair ao fim de um certo tempo o segurado ao temor da anulação do contrato»[2800].

Nos termos da cláusula de incontestabilidade, o segurador só poderá impugnar o contrato de seguro, invocando omissões ou inexactidões negligentes do proponente, durante um certo período de tempo (em regra, um ou dois anos) após a conclusão do contrato[2801]. A cláusula de incontestabilidade ressalva, assim, o dolo do declarante, já que, como refere Moitinho de Almeida, «repugna à moral

garantias de morte e invalidez). Por outro lado, as entidades credoras flexibilizam a concessão de crédito mediante a aceitação de garantias alternativas ao seguro de vida quando este não seja aceite.

[2797] Havia, assim, um temor justificado de que, após a morte da pessoa segura, quando o contrato houvesse atingido o seu objecto, o segurador viesse invocar omissões ou inexactidões daquela, sem que a mesma pudesse já intervir em defesa dos seus interesses contratuais – Robert Jerry II, *Understanding...*, *cit.*, p. 703.

[2798] Felipe F. Aguirre, "Reticenza...", *cit.*, p. 160; Robert Jerry II, *Understanding...*, *cit.*, p. 703; Michel de Juglart, "L'obligation...", *cit.*, p. 19. As cláusulas de incontestabilidade são também uma resposta comercial à política de alguns seguradores concorrentes, que reforçavam a tutela legal com cláusulas contratuais que ampliavam ainda o âmbito do regime da declaração do risco. Cfr. M. Renaux, *De la Réticence...*, *cit.*, p. 70.

[2799] Carlos Harten, *El Deber...*, *cit.*, p. 138; Vittorio Salandra, "Dell'Assicurazione", *cit.*, p. 212.

[2800] Alberto Parrella, "La reticenza...", *cit.*, p. 757 (trad. nossa). Lorenzo Mossa fala, no mesmo sentido, de um fenómeno de sanação de um vício pelo decurso do tempo – Lorenzo Mossa, "L'incontestabilità e la prescrizione dell'azione per dolo nell'assicurazione sulla vita", *RDCDGO*, Vol. XXXI (1933), Parte I, p. 309.

[2801] Para Rafael Rodrigues da Silva, a incontestabilidade consiste no «abandono, pelo segurador, do seu direito de infligir ao segurado, quando da conclusão do contrato ou ainda ao fim de um certo tempo, as sanções previstas para irregularidade na declaração do risco» – Rafael Rodrigues da Silva, *Os Seguros...*, *cit.*, p. 58. Já na formulação de José Vasques, a incontestabilidade é «a cláusula segundo a qual o conhecimento ulterior de circunstâncias de boa fé omitidas pelo candidato só é

e aos bons costumes que alguém possa convencionalmente afastar as consequências do próprio dolo»[2802].

Desta forma, a cláusula estabelece uma solução de compromisso entre, por um lado, a tutela da recíproca boa fé e da posição do segurador e, por outro, a protecção das expectativas do tomador quanto à estabilidade do contrato e ao efectivo cumprimento das garantias em caso de sinistro[2803]. Assim, do nosso ponto de vista, a *ratio* da cláusula traduz-se na protecção por via contratual da confiança do segurado na estabilidade do contrato[2804].

O período de contestabilidade comporta ainda várias funções. Por um lado, constitui uma salvaguarda do segurador, que, em tese, poderá controlar o risco declarado. Por outro lado, nos casos em que o candidato a pessoa segura houvesse ocultado um estado de saúde muito debilitado, afectado por uma doença grave, o período de um ou dois anos seria suficiente para permitir que as omissões ou inexactidões se manifestassem através da ocorrência de um sinistro prematuro, permitindo ao segurador reagir mediante a impugnação do contrato[2805]. Passado esse período sem que o sinistro se houvesse produzido, quaisquer omissões ou inexactidões, sendo relevantes, seriam também menos graves porque afectando

---

susceptível de se repercutir sobre a validade e eficácia do contrato durante certo período» – José Vasques, *Contrato de Seguro – Notas...*, *cit.*, p. 215.

[2802] José Carlos Moitinho de Almeida, *O Contrato de Seguro no Direito...*, *cit.*, p. 376. Embora o teor das cláusulas de incontestabilidade possa apresentar variações formais, podemos reproduzir o seguinte exemplo: «o [segurador] assume a garantia do seguro com base nas declarações do contratante e do segurado feitas na proposta e seus anexos. Decorrido um ano sobre a emissão da apólice, o [segurador] não pode promover acção de nulidade por declarações erróneas ou reticências do contratante ou do segurado, salvo em caso de má fé» – Octacílio Alecrim, "La clausula...", *cit.*, p. 56 (trad. nossa).

[2803] Robert Keeton e Alan Widiss, *Insurance Law...*, *cit.*, p. 567; e Antonio La Torre, "L'avveramento del sinistro nel periodo di contestabilità della polizza vita: previsione negoziale ed effetti legali", *Assicurazioni*, Ano XXVI (1959), Parte I, p. 286.

[2804] Para Reglero Campos, a *ratio* das cláusulas de incontestabilidade radica no facto de, nos seguros de vida em caso de morte, o risco aumentar com o passar do tempo e, sendo os prémios nivelados, no período inicial de vigência ser cobrado um sobreprémio (relativamente ao risco imediatamente incorrido) que irá compensar o futuro acréscimo de risco. Assim, o segurador poderia ter a tentação de impugnar o contrato, invocando omissões ou inexactidões na declaração do risco, quando começasse a assumir um risco mais elevado do que o prémio de então – Luis Reglero Campos, "Declaración...", *cit.*, p. 187. Pela nossa parte, discordamos desta posição, tanto pelo contexto histórico de emergência das cláusulas, que resultou de uma iniciativa dos seguradores, como por os argumentos técnicos invocados pelo autor serem, em grande parte, desconhecidos do universo de segurados (não afectando, portanto, a confiança destes), como, sobretudo, pelo facto de a "tentação" descrita pelo autor não corresponder a uma prática do mercado (a qual, a existir, corresponderia a uma violação da boa fé, a configurar abuso do direito). Aliás, uma tal *ratio* adequar-se-ia à estipulação de um prazo de caducidade do direito de impugnação *a contar do conhecimento da omissão ou inexactidão*, e não a contar da celebração do contrato.

[2805] Juan Félix Morandi, "La reticencia...", *cit.*, p. 398.

em menor medida a probabilidade de ocorrência do sinistro. Em contrapartida, com a estipulação da incontestabilidade, resultando o risco, nos seguros de vida, em grande parte, do estado de saúde da pessoa segura, e estando o respectivo agravamento coberto pelo contrato, a não ocorrência do sinistro no curto prazo retira um significativo efeito prático à impugnabilidade do contrato[2806]. Nesta medida, a incontestabilidade será mutuamente vantajosa para o tomador e para o segurador. Quanto a este, para além das vantagens comerciais que estiveram na sua origem, a solução potencia uma redução do conflito (e dos potenciais litígios) com os tomadores e beneficiários[2807].

II. A cláusula de incontestabilidade generalizou-se nas práticas contratuais europeias, na primeira metade do séc. XX[2808], tornando-se prática corrente na generalidade dos países. Em Portugal, embora as práticas contratuais no ramo "Vida" de há muito viessem adoptando cláusulas de incontestabilidade, o CCom era omisso na matéria. Com a reforma operada pela LCS, esta veio regular o instituto. Desde logo, estabelece-se na alínea b) do nº 1 do artigo 187º da LCS que a apólice de seguro de vida deve indicar a cláusula de incontestabilidade. Por outro lado, nos termos do nº 1 do artigo 188º da LCS, o segurador não se pode prevalecer de omissões ou inexactidões negligentes na declaração inicial do risco decorridos dois anos sobre a celebração do contrato, salvo convenção de prazo mais curto[2809]. Por seu turno, o nº 2 do mesmo artigo estabelece que o disposto no número anterior não é aplicável às coberturas de acidente e de invalidez complementares de um seguro de vida, salvo previsão contratual em contrário. Assim, estas coberturas complementares não estão sujeitas ao prazo de incontestabilidade, podendo o segurador prevalecer-se das omissões ou inexactidões negligentes apenas com a limitação de prazo prevista no nº 1 do artigo 26º da LCS.

[2806] Herman Cousy atribui ainda às cláusulas de incontestabilidade uma utilidade decorrente de razões de ordem prática: perante a dificuldade de investigar factos de um passado longínquo, o segurador abdicaria dessa investigação – Herman Cousy, "The Principles...", *cit.*, p. 122. Do nosso ponto de vista, estas razões não são convincentes, já que, se as mesmas subjazessem à solução esta seria aplicável, quer às omissões ou inexactidões negligentes, quer às dolosas (o que não é o caso).

[2807] Arnaldo Oliveira, "Artigo 188º – Anotação", *in* Pedro Romano Martinez *et al.*, *LCS Anotada*, *cit.*, p. 545.

[2808] Octacílio Alecrim, "La clausula...", *cit.*, p. 52.

[2809] Como resulta do nº 1 do artigo 13º da LCS, o nº 1 do artigo 188º tem carácter relativamente imperativo, o que torna redundante a parte final do preceito. Neste quadro, será também configurável, p. ex., a extensão da regra a seguros "Não Vida". Na verdade, não há razões, de ordem pública ou outras, que obstem ao estabelecimento de um regime similar, claramente favorável ao tomador do seguro, para outros ramos de seguros. Neste sentido, Virginia Bado Cardozo, *El Riesgo...*, *cit.*, p. 171.

III. Apesar da designação consagrada, as cláusulas de incontestabilidade não definem uma absoluta incontestabilidade (ou inimpugnabilidade) do contrato. Desde logo, porque, em regra, estipulam um prazo de carência, ou de impugnabilidade, até ao termo do qual o segurador pode invocar livremente o incumprimento do dever de declaração. Por outro lado, porque, mesmo após esse prazo, o contrato não deixa de ser impugnável em virtude de incumprimento doloso do tomador, mas apenas em caso de incumprimento negligente.

Para além do âmbito temporal, o artigo 188.º do LCS estabelece limites substantivos da incontestabilidade. Desde logo, como resulta da cláusula, esta abrange apenas a inimpugnabilidade do contrato por omissões ou inexactidões na declaração do risco e não por outras causas[2810]. De resto, os efeitos do decurso do prazo não se traduzem na alteração das condições contratuais convencionadas, designadamente das garantias e exclusões[2811].

Como referimos, a incontestabilidade só abrange as omissões ou inexactidões negligentes. Importa reconhecer a coerência terminológica, que se articula com a dos artigos 24.º e ss. e evita o recurso menos claro às expressões *má fé* e *boa fé*, diversamente do que sucede em outros ordenamentos[2812]. Porém, atendendo às dificuldades impostas pelo ónus da prova do dolo, este limite pode revestir-se de pouca relevância prática. Na verdade, decorridos dois anos sobre a celebração do contrato, se o segurador não provar que o incumprimento foi doloso – autêntica *prova diabólica* – o contrato tornar-se-á, na prática, inimpugnável.

X.3.2. Contagem do prazo e ocorrência do sinistro na sua pendência

I. Como resulta do artigo 188.º do LCS, o prazo (termo suspensivo) de incontestabilidade começa a decorrer com a *celebração* do contrato. Serão assim irrelevantes, para este efeito – e salvo convenção em contrário, permitida pelo n.º 1

[2810] Assim, p. ex., o contrato não deixará de ser impugnável (contestável) por falta de um interesse segurável – Robert Jerry II, *Understanding...*, *cit.*, pp. 267-268 e 707. O autor fundamenta-se, não no teor e âmbito de aplicação da cláusula de incontestabilidade, mas no facto de a falta de interesse segurável importar a nulidade do contrato (e não a mera anulabilidade), não sendo este, assim, passível de se consolidar pelo decurso do tempo.

[2811] Felipe F. Aguirre, "Reticenza...", *cit.*, p. 162; Robert Jerry II, *Understanding...*, *cit.*, p. 706.

[2812] Sobre o caso italiano, cfr. Nicola Gasperoni, "Contratto...", *cit.*, p. 600. Neste caso, p. ex., algumas cláusulas – seguindo a terminologia do CCom de 1882 – previam a contestabilidade do contrato em caso de omissões ou inexactidões de má fé do proponente, enquanto o regime vigente de disciplina da declaração do risco (CC de 1942) equipara o dolo à culpa grave. Perante estas situações, sustenta a doutrina que a noção acolhida na cláusula há-de ser interpretada de acordo com o entendimento dogmático dominante de *má fé*, que a equipara ao dolo e não abrange a culpa grave – Luigi Bianchi D'Espinosa, "La clausola d'incontestabilità e la malafede dell'assicurato", *Assicurazioni*, Ano XXV (1958), Parte II, pp. 108 ss.; Nicola Gasperoni, "Appunti...", *cit.*, p. 140; Nicola Gasperoni, "La clausola...", *cit.*, p. 102.

do artigo 188º – as situações de apólices que retrotraem o seu início de vigência a uma data anterior à da celebração do contrato ou que o diferem para uma data futura[2813].

Nos seguros de grupo – e como decorre das considerações já tecidas a propósito desta estrutura contratual – o prazo de contestabilidade deverá ser contado, não da formação do contrato, mas de cada adesão individualmente tomada, já que os efeitos da impugnabilidade se reportam igualmente, não à globalidade do contrato, mas a cada uma dessas adesões.

Quanto aos casos de reposição em vigor de contratos, tivemos oportunidade de sustentar a existência de uma lacuna da lei e de defender a aplicação analógica aos mesmos do regime da declaração inicial do risco. Em plena coerência com esta posição, julgamos defensável uma nova contagem do prazo de incontestabilidade subsequente à reposição em vigor do contrato. De facto, apesar de o dolo do tomador – em regra, na base dos fenómenos de anti-selecção – não ficar nunca ao abrigo da incontestabilidade, a verdade é que também nas situações de negligência o segurador merece a tutela do Direito. Ora, não são de descartar situações em que, instado a efectuar uma nova descrição do risco em virtude de um caso de reposição em vigor, o tomador incumpra negligentemente o seu dever informativo. Negar ao segurador a impugnabilidade do contrato, por se ter já esgotado o prazo de contestabilidade na vigência inicial do mesmo, afigura-se uma solução iníqua.

É esta, aliás, a orientação da jurisprudência dos EUA que, não obstante, ressalva uma situação: a de que os factos omitidos ou inexactamente declarados

---

[2813] No contexto italiano as práticas contratuais tomam como referência momentos distintos para o início da contagem do prazo. Este momento poderá consistir, assim, na data de conclusão do contrato, na data de emissão da apólice, ou na data em que o contrato produz efeitos (momento que poderá ser anterior ou posterior a qualquer dos referidos) – Luca Buttaro, "Inizio...", *cit.*, p. 903. A doutrina e a jurisprudência italianas tentam, neste quadro, conciliar as várias referências, procurando eliminar a incerteza quanto ao termo de incontestabilidade. A posição dominante na doutrina considera, porém, a data de celebração do contrato como a relevante, já que a apólice é um documento unilateralmente emitido por uma das partes (sendo, de resto, relativamente contingente a respectiva data de emissão) e assume carácter meramente probatório, não se devendo sobrepor à substancialidade da data em que efectivamente se dá o encontro de vontades e a perfeição do contrato – Nicola Gasperoni, "Assicurazione sulla vita", *cit.*, p. 514; Nicola Gasperoni, "Contratto...", *cit.*, p. 600. Quanto à consideração da data de efeito do contrato (que poderá retrotrair-se a um momento anterior à data da conclusão do mesmo), ela poderia redundar na própria supressão do prazo: à data da conclusão do contrato, o prazo poderia já ter-se esgotado, tornando o contrato imediatamente incontestável. Neste caso, considera Buttaro que a antecipação do início de contagem do prazo de incontestabilidade se traduz numa contrapartida do segurado relativamente ao risco que o segurador não suportou efectivamente (mas pelo qual recebeu um prémio), sustentando que, caso a data de efeito do contrato não coincida com a respectiva data de celebração, deverá ser aquela a prevalecer (data em que o segurador assumiu o risco) – Luca Buttaro, "Inizio...", *cit.*, pp. 910-911.

aquando da formação do contrato são já inatacáveis após o decurso do prazo de contestabilidade inicial[2814]. Esta ressalva parece-nos, porém, injusta, já que o tomador faltoso poderia vir a beneficiar da ininterrupta contagem do prazo de incontestabilidade mesmo durante o período em que o contrato tivesse cessado (ou interrompido) a sua vigência[2815]. O remédio para a situação ressalvada poderia consistir, porém, na solução consagrada na lei argentina, que conta o prazo de incontestabilidade desde o início do contrato, descontando-lhe o período de tempo de redução ou suspensão[2816]. Só a conjugação das duas soluções (a norte-americana e a argentina) seria de molde a superar as reservas que apresentámos. Porém, a complexidade do regime resultante e as dificuldades de aplicação prática suscitam reservas *de iure condendo*.

Uma situação discutida na jurisprudência e doutrina italianas consiste em saber se a substituição de seguros precedentes por novos contratos, a que correspondem novas apólices, implicam uma nova contagem do prazo de incontestabilidade. Cremos que a abordagem da questão – quanto a estarmos perante um contrato substancialmente novo ou a uma mera alteração formal a um contrato que se mantém substancialmente o mesmo – tende a condicionar indevidamente a solução[2817]. Pensamos que a abordagem deverá ser outra, considerando que a "transformação" do contrato, qualquer que seja a sua forma, há-de necessariamente resultar de um acordo das partes. Ora, nos termos deste acordo, haverá que clarificar-se se o segurador assume o risco tal como ele constava do contrato de origem ou se requer, diversamente, uma nova declaração e análise do risco (ou, pelo menos, a garantia do tomador ou segurado de que o risco não sofreu qualquer alteração desde a declaração produzida na apólice de origem). No primeiro caso, pensamos estar afastada uma nova contagem de um prazo de incontestabilidade. No segundo caso, porém, a nova declaração do risco requer um novo "período de prova", assegurado por uma nova contagem do prazo.

[2814] Robert Jerry II, *Understanding...*, *cit.*, p. 710.

[2815] Imagine-se, p. ex., que o tomador deixou de pagar prémios um ano e meio após a celebração do contrato. Se viesse propor a reposição em vigor do contrato ao fim de seis meses, teria beneficiado, na prática, quanto aos factos inicialmente omitidos ou inexactamente declarados, de um prazo de contestabilidade de apenas um ano e seis meses, já que não é expectável que o segurador desenvolva quaisquer diligências de investigação quando julga que o contrato cessou definitivamente a sua vigência.

[2816] Esta solução, isoladamente tomada, é também injusta, já que não confere ao segurador meios de defesa contra o incumprimento negligente do dever de declaração do risco (aquando da reposição em vigor) quando o prazo inicial esteja já esgotado. Cfr. Juan Félix Morandi, "La reticencia...", *cit.*, p. 404.

[2817] É o que sucede na análise feita pela sentença da Corte App. Genova de 05/12/1951 e no comentário à mesma, em sentido contrário, formulado por Luca Buttaro, "Inizio...", *cit.*, pp. 903 ss.

II. Questão que não resulta esclarecida do teor literal do nº 1 do artigo 188º da LCS consiste na articulação do prazo de dois anos ali previsto com o prazo de três meses estabelecido no nº 1 do artigo 26º da LCS. Assim, *quid iuris* se o segurador tem conhecimento das omissões ou inexactidões um ano e onze meses após a conclusão do contrato? Ou, noutros termos, quando ficará precludida a sua faculdade de enviar a declaração de cessação do contrato: até ao cômputo dos dois anos sobre a conclusão do contrato (caso em que, no exemplo, disporia de apenas um mês para o envio da declaração) ou até ao termo dos três meses desde que o conhecimento fosse anterior ao prazo de incontestabilidade (caso em que disporia de três meses para o efeito, nos termos do nº 1 do artigo 26º)?

Para Reglero Campos[2818], escrevendo no quadro do Direito espanhol, se antes de se completar o prazo de incontestabilidade o segurador tiver conhecimento da existência de omissões ou inexactidões, começará a contar-se o prazo de exercício da faculdade resolutiva. Assim, se bem o entendemos, os dois prazos poderão ser, para o autor, no limite, cumulativos (se o segurador conhecer o incumprimento no último dia do prazo de contestabilidade).

Quer o elemento literal, quer o teleológico, da interpretação do artigo 188º constituem, segundo pensamos, critérios seguros no sentido da não cumulabilidade. Na verdade, dispõe o nº 1 do artigo 188º que o «segurador não se pode prevalecer de omissões ou inexactidões [...] decorridos dois anos sobre a celebração do contrato». Ou seja, o que releva não é a data do conhecimento das omissões ou inexactidões, mas a data de envio da declaração de cessação do contrato. Por outro lado, o termo de incontestabilidade é estabelecido em benefício do tomador e corresponde à consolidação da certeza e segurança jurídicas que devem rodear a relação contratual, pelo que, findo o prazo de dois anos, o contrato torna-se inimpugnável quer o segurador tenha conhecido o incumprimento há mais de três meses, quer o conheça no próprio dia em que se completam os dois anos.

III. O que vimos de afirmar vale para os casos em que o sinistro *não se verifique* no prazo de dois anos estabelecido no nº 1 do artigo 188º da LCS. *Quid iuris*, porém, se o sinistro ocorrer na pendência de tal prazo? Nos EUA, entende a jurisprudência dominante que a cláusula de incontestabilidade não opera (isto é, que o contrato é impugnável por incumprimento do dever de declaração) se a morte do segurado ocorrer durante o prazo de contestabilidade (em regra, dois anos), mesmo que o segurador só venha a arguir a invalidade do contrato após o decurso daquele prazo. Posição minoritária sustenta que, independentemente da data da morte do segurado, o segurador apenas poderá impugnar o contrato, com o mesmo fundamento, dentro do prazo de contestabilidade[2819].

[2818] Luis Reglero Campos, "Declaración...", *cit.*, p. 190.
[2819] Robert Jerry II, *Understanding...*, *cit.*, pp. 704-705.

Por seu turno, é também orientação da jurisprudência italiana que a ocorrência, antes do termo de contestabilidade, do sinistro (o qual é, frequentemente, a
origem do conhecimento, pelo segurador, da existência de falsas declarações), não
pode privar o segurador de se prevalecer da faculdade de impugnar o contrato
por incumprimento do dever de descrição do risco[2820]. Neste mesmo sentido se
manifesta a doutrina italiana dominante, para a qual a morte da pessoa segura
antes do termo do prazo de contestabilidade impede a extinção, por decurso
desse prazo, do direito potestativo à anulação do contrato[2821].

[2820] Matteo Mandó, "Dichiarazioni...", *cit.*, p. 837.

[2821] Luca Buttaro, "Inizio...", *cit.*, p. 908; Nicola Gasperoni, "Appunti...", *cit.*, pp. 140; Nicola Gasperoni, "La clausola...", *cit.*, p. 103; Guglielmo Leone, "Effetti del sinistro sull'incontestabilità
della polizza vita", *Assicurazioni*, Ano XXIII (1956), Parte II, pp. 12 ss.; Vittorio Salandra, "Le dichiarazioni...", *cit.*, p. 17. Era diversa a posição da jurisprudência da *Corte Suprema*, assente numa
interpretação literal da cláusula, no sentido de que, decorrido o termo de contestabilidade, ficaria
precludida a faculdade de impugnação por parte do segurador independentemente da sobrevivência da pessoa segura ao termo daquele prazo – Antonio La Torre, "L'avveramento...", *cit.*, p. 288.
No sentido defendido pela *Corte Suprema*, cfr. Arnaldo Venditti, "Della clausola di incontestabilità
del contratto d'assicurazione", *Giustizia Civile*, 1956, I, pp. 1240 ss., fundamentando-se, sobretudo,
no sentido objectivo que resulta da cláusula de incontestabilidade e na relevância da autonomia
privada quanto à auto-regulação da matéria. Também no mesmo sentido, sustenta Ilardi que, assumindo a cláusula a natureza de renúncia do segurador a anular o contrato por invalidade (vício
da vontade), e tratando-se de um negócio jurídico unilateral, a respectiva validade depende do
elemento da causa. Ora esta traduzir-se-á, segundo o autor, no «escopo de corrigir o vício que
seria apto a infirmar a validade do contrato ratificado» – Saverio Ilardi, "La 'causa' nella clausola
di incontestabilità nel contratto d'assicurazione sulla vita", *Il Foro Italiano*, Vol. LIX (1934), Parte
I, cl. 1201 (trad. nossa). Cremos, porém, que, se fosse essa a causa da cláusula, não faria sentido
subordiná-la a um termo suspensivo. A causa não poderá ignorar esse termo e o sentido do mesmo
não se afasta do que tem sido designado por "período de prova". Por outro lado, sempre será lícito
presumir que, estando em curso um prazo para o segurador assumir uma decisão de impugnação
do contrato, a ocorrência do sinistro induzi-lo-á nesse sentido, e não no da ratificação do vício
(Antonio La Torre, *op. cit.*, p. 298). De resto, perante a referida posição da *Corte Suprema*, sempre
poderia o tomador aguardar pelo decurso do termo de contestabilidade para comunicar a ocorrência do sinistro, colocando-se, assim, a salvo da possibilidade de impugnação do contrato, o que
ofenderia a boa fé contratual (Antonio La Torre, *op. cit.*, pp. 288-289 e 298). Contra este argumento
sustenta Ilardi que o propósito do prazo de incontestabilidade seria o de permitir ao segurador a
investigação sobre a veracidade e completude das declarações do proponente, investigação que
em nada depende da ocorrência do sinistro (Saverio Ilardi, *op. cit.*, cl. 1202). Porém, este último
argumento ignora, quer a prática da actividade seguradora, quer a inexequibilidade económica
e material de o segurador promover uma investigação exaustiva sobre as todas as circunstâncias
de um risco seguro. A existir tal possibilidade, tornar-se-ia desnecessária a declaração do risco,
promovendo-se essa investigação *antes* da conclusão do contrato. Em termos práticos, o carácter
prematuro de um sinistro num seguro de vida – sobretudo quando a morte ou invalidez decorra
de doença – é um indicador importante da ocorrência de omissões ou inexactidões aquando da
declaração do risco. É a investigação subsequente, sobre as circunstâncias do sinistro, que, em
regra, revela a existência de omissões ou inexactidões.

Do nosso ponto de vista, se o sinistro ocorrer antes de expirar o prazo de contestabilidade – isto é, antes de o contrato se tornar incontestável – a respectiva contagem cessa, deixando tal prazo de ter efeito preclusivo sobre a impugnabilidade do contrato. Assim, se após a morte da pessoa segura o segurador vier a descobrir que houve omissões ou inexactidões negligentes, mesmo que tal descoberta ocorra depois de terem decorrido dois anos sobre a celebração do contrato[2822], terá aplicação o nº 4 do artigo 26º da LCS.

Quanto ao fundamento desta solução, cumpre equacionar várias perspectivas. Desde logo, segundo alguma doutrina italiana, verificar-se-á uma situação análoga à do nº 3 do artigo 1892º do respectivo CC[2823] – em que a ocorrência do sinistro no decurso do prazo de caducidade (3 meses) deixa de condicionar a impugnação do segurador ao decurso desse prazo – ou, entre nós, à medida idêntica estabelecida no nº 3 do artigo 25º da LCS para as omissões ou inexactidões dolosas. Assim, com base na equivalência entre o *acto voluntário* (decisão de impugnação) e o *facto natural* (ocorrência do sinistro), La Torre formula um princípio, segundo o qual, *com a ocorrência do sinistro na pendência da contestabilidade, a apólice é contestada de direito*. Tal princípio apresentaria dois corolários: por um lado, o segurador estaria dispensado, por supérfluo, do ónus de uma formal declaração de impugnação, que se presumiria *iuris et de iure*; por outro lado, produzir-se-iam a seu favor efeitos legais idênticos aos de uma declaração de impugnação[2824]. Pela nossa parte, para além de esta posição não ser harmonizável com o regime do nº 4 do artigo 26º da LCS, discordamos, em substância, da mesma. Na verdade, La Torre assenta a sua construção na analogia entre o prazo *contratual* de contestabilidade e o prazo *legal* de caducidade do exercício do direito de impugnação do contrato por omissões ou inexactidões. Ora, trata-se de realidades bem diversas, como decorre do facto, da maior relevância, de o primeiro daqueles prazos se contar da celebração do contrato e o segundo do conhecimento do vício. É que, no primeiro caso, está em causa a *contestabilidade* (ou seja, a susceptibilidade de impugnação do contrato), funcionando o prazo quer o vício tenha, ou não, existido, e, tendo existido, quer o segurador tenha, ou não, dele tomado conhecimento. No segundo, pelo contrário, pressupõe-se necessariamente a ocorrência das omissões ou inexactidões e o seu conhecimento pelo segurador, estando apenas em causa a *decisão de impugnação* por parte deste[2825].

[2822] Neste sentido, Nicola Gasperoni, "La clausola...", *cit.*, p. 103.

[2823] Nicola Gasperoni, "Appunti...", *cit.*, p. 141; Antonio La Torre, "L'avveramento...", *cit.*, pp. 293 ss. O mesmo sucederá, com as necessárias adaptações, relativamente às omissões ou inexactidões sem dolo ou culpa grave (artigo 1893º) – Antonio La Torre, *idem*, pp. 295-296.

[2824] Antonio La Torre, "L'avveramento...", *cit.*, p. 298.

[2825] Assim, no primeiro caso o contrato consolida-se se o segurador não tomar conhecimento da existência de omissões ou inexactidões num determinado prazo a contar da conclusão do contrato.

Desta forma, se a ocorrência do sinistro na pendência do prazo de impugnação poderia assumir o sentido de uma impugnação de direito (o que não será, em qualquer caso, pacífico), já semelhante efeito não poderá pretender-se aplicável à ocorrência do sinistro no decurso do prazo de contestabilidade, pela simples razão de que o carácter prematuro do sinistro não é necessariamente sinónimo de incumprimento do dever de declaração do risco.

Tem sido igualmente adiantado o argumento de que com a ocorrência do sinistro cessa a relação contratual de seguro e, logo, também a cláusula (contratual) de incontestabilidade que naquela relação se fundamenta, pelo que o respectivo prazo deixaria de correr[2826]. Cremos, porém, que o argumento, para além de excessivamente formal, peca também por falta de rigor. Na verdade, a ocorrência do sinistro não tem por efeito a cessação automática do contrato (por caducidade), mas o vencimento da prestação pecuniária do segurador, permanecendo o contrato em vigor até ao cumprimento desta obrigação.

O fundamento para a solução apontada é, segundo pensamos, outro, prendendo-se com a *ratio* do prazo de incontestabilidade: imprimir certeza e segurança a um contrato tendencialmente de longo prazo e inspirar confiança no tomador quanto à irredutibilidade do contrato após o termo daquele prazo. Ora, cremos que essa *ratio* só se verificará se ocorrer o pressuposto mínimo de que a pessoa segura sobreviverá ao termo do prazo. O termo de contestabilidade funcionaria, assim, como um "período de prova" em que seria testada a boa fé do proponente, quadro em que o sinistro prematuro seria de molde a ilidir a presunção de boa fé[2827]. Assim, ocorrendo o sinistro antes do termo do prazo, não só fica gorada a vigência prolongada do contrato, mas essa ocorrência prematura indicia precisamente um incumprimento do dever declarativo, requerendo a tutela do Direito e, logo, a aplicabilidade das cominações previstas para o incumprimento do dever de declaração do risco.

X.3.3. A natureza jurídica da incontestabilidade

I. A natureza jurídica da cláusula de incontestabilidade e do inerente prazo (termo) de contestabilidade é matéria controversa, sobretudo no contexto italiano. Neste quadro, alguma doutrina sustenta estarmos perante uma redução convencional do prazo prescricional. Esta perspectiva, porém, tem sido criticada sob o argumento de que será de considerar inadmissível a redução convencional da prescrição, já que o respectivo regime é imperativo, de ordem pública, não

---

No segundo caso, o contrato consolida-se se o segurador, tendo tomado conhecimento da existência de omissões ou inexactidões, decidir não o impugnar.

[2826] Juan Félix Morandi, "La reticencia...", *cit.*, p. 405; Guglielmo Leone, "Effetti...", *cit.*, p. 14.

[2827] Nicola Gasperoni, "Appunti...", *cit.*, p. 141; Antonio La Torre, "L'avveramento...", *cit.*, p. 287. Entre nós, cfr. José Carlos Moitinho de Almeida, *O Contrato de Seguro no Direito...*, *cit.*, p. 377.

podendo ser negocialmente modificado sob cominação de nulidade (artigo 300º do CC)[2828]. Por outro lado, a perspectiva carece de apoio legal, nomeadamente no contexto português, já que o prazo para envio da declaração de cessação (nº 1 do artigo 26º da LCS) constitui um prazo de caducidade, e não de prescrição (nº 2 do artigo 298º do CC)[2829]. Finalmente, o prazo de incontestabilidade começa a contar da celebração do contrato e não (como no caso da prescrição, que pressupõe a inércia do titular de um direito), quando o direito puder ser exercido e não o for (artigo 306º do CC), o que corresponderia ao momento da descoberta do incumprimento do dever declarativo pelo segurador[2830].

II. Uma outra perspectiva em presença postula que a cláusula de incontestabilidade consistirá no estabelecimento de um prazo de caducidade que derroga, em sentido mais favorável ao tomador, o regime legal da declaração do risco, determinando uma redução convencional do prazo de caducidade previsto para o exercício da faculdade de resolução por incumprimento do dever de declaração do risco (no caso português, o prazo de três meses previsto no nº 1 do artigo 26º da LCS)[2831].

Esta posição é, porém, permeável à crítica. Desde logo, segundo Garrigues, não estamos perante um prazo de caducidade porque este não se interrompe nem suspende (artigo 328º do CC), enquanto no caso da cláusula de incontestabilidade, se sobrevier o sinistro antes do termo do prazo previsto, o segurador sempre poderá impugnar o contrato[2832].

Outros autores fazem notar que, sendo diversa a extensão dos dois prazos e o início da contagem de ambos – o prazo de contestabilidade é, no caso português, de dois anos contados da conclusão do contrato, enquanto o prazo legal é de três meses contados do conhecimento da omissão ou inexactidão – os mesmos não são harmonizáveis entre si[2833]. Por outro lado, segundo alguns autores, não faria sentido a redução convencional de um prazo antes de reunidos os requisitos para o exercício da referida faculdade[2834]. Acresce, finalmente, que não podemos falar, em qualquer caso, de uma *redução* do prazo, porque o prazo de envio da declaração de cessação é já *inferior* ao de contestabilidade. Em rigor,

---

[2828] Luca Buttaro, "Inizio...", *cit.*, p. 906.

[2829] Cfr. Mário Almeida Costa, *Direito das Obrigações*, *cit.*, p. 1123.

[2830] Antigono Donati, *Trattato...*, Vol. II, *cit.*, p. 320; Juan Félix Morandi, "La reticencia...", *cit.*, p. 400.

[2831] Neste sentido, cfr., p. ex., Antigono Donati, *Trattato...*, Vol. II, *cit.*, p. 320; Giuseppe Fanelli, "Assicurazione...", *cit.*, p. 851; Matteo Mandó, "Dichiarazioni...", *cit.*, p. 837. Também será esta a posição dominante na jurisprudência italiana – Vittorio Salandra, "Dell'Assicurazione", *cit.*, p. 224.

[2832] Joaquín Garrigues, *Contrato...*, *cit.*, p. 512.

[2833] Luca Buttaro, "Assicurazione sulla vita", *cit.*, p. 637.

[2834] Pedro Rubio Vicente, *El Deber...*, *cit.*, p. 139.

só se verificaria uma *redução* do prazo de envio da declaração de cessação quando o conhecimento da omissão ou inexactidão ocorresse a menos de três meses do termo de contestabilidade. Pelo contrário, se esse conhecimento ocorresse após o decurso de dois anos desde a conclusão do contrato, nem sequer se poderia falar da *redução* de um prazo, mas da própria eliminação da faculdade de fazer cessar o contrato. Em suma, mais certeiramente se diria estarmos perante dois termos de caducidade, autónomos entre si[2835], embora alguns autores rejeitem que seja concebível a coexistência de dois prazos de caducidade para a mesma acção[2836].

III. Numa perspectiva que reúne largo apoio na doutrina[2837], a cláusula de incontestabilidade consubstanciará uma renúncia unilateral do segurador à impugnação do contrato por incumprimento negligente do dever de declaração do risco (ou, no caso português, à cessação ou modificação do mesmo, ou à redução proporcional da indemnização, nos termos do artigo 26º da LCS), ficando a renúncia sujeita a um termo suspensivo[2838] ou, noutra versão, à condição suspensiva de o segurador não descobrir a omissão ou inexactidão num dado prazo a contar da conclusão do contrato (dois anos, no caso português)[2839]. Esta perspectiva sublinha o carácter convencional da renúncia, assente na autonomia contratual das partes, quadro em que a extinção da faculdade de impugnação do contrato não resulta do simples decurso de um prazo[2840].

Esta posição tem sido, porém, alvo da crítica de que não seria conciliável com a proibição legal de renúncia à impugnação antes de o titular ter conhecimento da verificação dos pressupostos de exercício desse direito (omissões ou inexactidões negligentes)[2841]. Perante esta crítica, que dizer? Desde logo, que a renúncia ao direito de impugnar o negócio não se confunde com o instituto da confirmação do negócio anulável[2842]. Assim, enquanto a renúncia consiste num negócio

---

[2835] Juan Félix Morandi, "La reticencia...", *cit.*, p. 400.

[2836] Luca Buttaro, "Inizio...", *cit.*, p. 908.

[2837] Luca Buttaro, "Assicurazione sulla vita", *cit.*, p. 637; Joaquín Garrigues, *Contrato...*, *cit.*, p. 511; Carlos Harten, *El Deber...*, *cit.*, p. 139; Achille Motta, "Sono valide...", *cit.*, p. 3; Maurice Picard e André Besson, *Les Assurances...*, *cit.*, pp. 708 ss.; Pedro Rubio Vicente, *El Deber...*, *cit.*, pp. 140-141; José Ruiz Salas, "Conceptos...", *cit.*, p. 693.

[2838] Luca Buttaro, "Inizio...", *cit.*, p. 909. Entre nós, José Bento, *Direito de Seguros*, *cit.*, p. 161.

[2839] Nicola Gasperoni, "Appunti...", *cit.*, p. 134. Não concordamos com esta formulação, já que, mesmo descoberto o incumprimento, o segurador poderia não querer exercer o direito. Para além disso, a incontestabilidade produz-se automaticamente no termo do prazo, independentemente de ter sido ou não descoberto esse incumprimento.

[2840] Pedro Rubio Vicente, *El Deber...*, *cit.*, p. 140.

[2841] Juan Félix Morandi, "La reticencia...", *cit.*, p. 400; Júlio Gomes, "O dever de informação do tomador...", *cit.*, p. 112, n. 104.

[2842] Rui de Alarcão, *A Confirmação...*, *cit.*, pp. 87 ss.; 103 ss.; António Menezes Cordeiro, *Da Confirmação...*, *cit.*, p. 130; Nicola Gasperoni, "Appunti...", *cit.*, p. 135.

jurídico de disposição, extintivo e de carácter abdicativo (implicando a demissão da titularidade activa de uma posição jurídica), que pode contemplar direitos futuros e eventuais, no negócio confirmativo a vontade do sujeito orienta-se para a eliminação da incerteza que envolve o negócio, atribuindo-lhe eficácia definitiva[2843]. Desta forma, enquanto a confirmação requer a cessação do vício, bem como o conhecimento deste e do direito de anular (nº 2 do artigo 288º do CC), a renúncia a este direito apenas exige que ele seja disponível e que seja delimitado o âmbito do vício a cuja invocação se renuncia[2844]. Assim, o segurador não pode confirmar o contrato de seguro antes de tomar conhecimento da existência de omissões ou inexactidões do tomador do seguro. Mas pode antecipadamente renunciar à impugnação do contrato por eventuais omissões ou inexactidões, quaisquer que sejam os factos sobre os quais elas incidam. Neste quadro, teríamos, no caso da cláusula de incontestabilidade, uma *renúncia, sujeita a um termo suspensivo, aos direitos consagrados no artigo 26º da LCS* (direito de propor uma alteração ao contrato, ou de o fazer cessar, ou de cobrir proporcionalmente o sinistro ocorrido, ou de recusar a cobertura do sinistro). Esta qualificação não seria prejudicada pelo facto de a renúncia incidir sobre um eventual direito futuro (decorrente do conhecimento do vício concreto), já que o segurador, no momento da conclusão do contrato, conheceria já o conteúdo e os termos dessa renúncia, que, de resto, estaria ao abrigo de qualquer proibição legal[2845].

[2843] Nicola Gasperoni, "Appunti...", *cit.*, pp. 136-137. Porém, como nota o autor, a doutrina mais recente aponta já para a configuração da convalidação como renúncia ao direito de anulação de um negócio inválido, constituindo a renúncia um efeito secundário ou indirecto do negócio confirmativo (*idem*, p. 137). Por seu turno, segundo Rui de Alarcão, sendo certo que a confirmação tem por efeito a preclusão do direito de anulação e implica a renúncia ao mesmo, os respectivos efeitos não se esgotam aí. Para além desse efeito *extintivo*, ou *negativo*, a confirmação comporta um efeito *constitutivo*, ou *positivo*, traduzido na convalidação do negócio viciado mediante a sanação do respectivo vício (Rui de Alarcão, *A Confirmação...*, *cit.*, p. 89). Assim, a *mera renúncia ao direito de anular* constitui, segundo o autor, uma figura *a se*, distinta da confirmação, sendo «feita sem intenção confirmatória ou de convalescimento, mas com o simples intuito de o seu autor se demitir do poder anulatório que lhe compete» (*idem*, p. 104).
[2844] António Menezes Cordeiro, *Da Confirmação...*, *cit.*, p. 130. A doutrina italiana, p. ex., admite unanimemente – ressalvados os casos expressamente previstos na lei – a renúncia a direitos futuros de anulação «desde que se renuncie a fazer valer vícios determinados e não, genericamente, todos os vícios do contrato, exigindo-se apenas na lei que o renunciante tenha forma de avaliar o alcance e as consequências da sua declaração de vontade» – Saverio Ilardi, "La 'causa'...", *cit.*, cls. 1200-1201 (trad. nossa).
[2845] Pedro Rubio Vicente, *El Deber...*, *cit.*, pp. 140-141. Para Beignier, diversamente, a cláusula de incontestabilidade está longe de ser uma situação de renúncia. Na perspectiva do autor, trata-se da adição de um risco secundário ao risco principal. Na verdade, como explica o autor, esse risco secundário consiste em assegurar a garantia mesmo no caso de uma errada avaliação do risco: «é o risco sobre o risco» – Bernard Beignier, *Droit du Contrat...*, *cit.*, p. 134; Bernard Beignier, *Droit des*

A questão face ao artigo 188º da LCS é, porém, outra. É que a incontestabilidade resulta de uma disposição legal imperativa, e não da autonomia da vontade. Logo, face à LCS, a incontestabilidade não assume a natureza de um negócio jurídico unilateral (renúncia).

IV. O carácter legal da solução do artigo 188º da LCS reduz, portanto, a análise da natureza da incontestabilidade à qualificação do prazo (termo de contestabilidade) que a mesma encerra. Neste domínio, consideramos incontroverso que o referido termo assume a natureza de um prazo de caducidade (tal como os prazos estabelecidos no nº 2 do artigo 25º e no nº 1 do artigo 26º da LCS)[2846]. Porém, tais prazos contam-se de momentos distintos, pelo que devem ser articulados entre si. O prazo de incontestabilidade não colide nunca com o do nº 2 do artigo 25º, já que aquele só se aplica ao incumprimento negligente. Por outro lado, quanto à relação entre o prazo de incontestabilidade e o do nº 1 do artigo 26º, a impugnabilidade fica precludida logo que chegue ao seu termo o prazo que decorra primeiro (os 2 anos da conclusão do contrato ou os três meses do conhecimento do incumprimento).

Como referimos já e decorre do nº 1 do artigo 13º da LCS, o nº 1 do artigo 188º encerra um regime de imperatividade relativa, podendo, portanto, ser convencionado um termo de contestabilidade mais curto (ou a aplicação da incontestabilidade a seguros "Não Vida"). Neste caso, porém, já o regime em causa não resulta de preceito legal, mas da autonomia da vontade do segurador. Neste caso, portanto, estaremos já perante um negócio jurídico unilateral: estará, em suma, em causa, a *renúncia*, sujeita a um termo suspensivo, à invocação de omissões ou inexactidões negligentes e à aplicação da cominação correspondente[2847].

Assurances, cit., p. 218 (trad. nossa). No mesmo sentido, Júlio Gomes, "O dever de informação do tomador...", *cit.*, p. 112, n. 104.

[2846] Relativamente à natureza jurídica da caducidade, Menezes Cordeiro distingue as situações que contemplem posições disponíveis das demais. No primeiro caso, a caducidade confere a quem dela beneficia o direito potestativo a, mediante a sua invocação, fazer extinguir a situação jurídica em causa. No caso das posições indisponíveis a caducidade delimita-as temporalmente, sendo causa de extinção *ipso iure* das mesmas pelo decurso de um prazo; assim, a pessoa contra quem actue a caducidade fica vinculada ao ónus – encargo material, na terminologia do autor – de exercício atempado da posição (em regra, um direito potestativo), sob cominação da respectiva extinção – António Menezes Cordeiro, *Tratado...*, V, *cit.*, p. 231. Dias Marques, por seu turno, atribui ao direito sujeito à caducidade a natureza jurídica de um *direito a termo*: «a caducidade é a extinção dum direito por ter expirado o seu termo de vida» (José Dias Marques, *Teoria Geral da Caducidade*, Lisboa, Empresa Nacional de Publicidade, 1953, p. 46), circunstância que não é posta em causa pela possibilidade de o direito se extinguir antes do decurso de tal prazo por, mediante o respectivo exercício, ficar esgotado o seu conteúdo – *idem*, p. 48.

[2847] Como refere Buttaro a propósito da diferença entre a caducidade e a renúncia, «quando há um termo de caducidade, a perda do direito é uma consequência do decurso do tempo, enquanto

X.3.4. A admissibilidade legal da incontestabilidade

I. A matéria da validade da cláusula de incontestabilidade assume contornos controversos. No quadro do Direito italiano, defende Achille Motta que a cláusula consubstancia uma renúncia do segurador à invocação de um vício da vontade em momento prévio ao conhecimento do verdadeiro estado das coisas, isto é, antes da cessação do vício[2848]. Ora, nos termos do regime geral da anulabilidade, só após a cessação do vício poderia o segurador renunciar à invocação do mesmo – confirmando o negócio – já que só então conheceria com exactidão a relevância do erro. Nesta medida, seria a cláusula inválida mesmo nos casos de omissões ou inexactidões sem dolo ou culpa grave, já que mesmo nestes casos estaria em causa a tutela legal sobre os vícios da vontade[2849].

Diversamente, no contexto do Direito espanhol, Sánchez Calero sustenta a admissibilidade de cláusulas de incontestabilidade, mesmo abrangendo o incumprimento doloso[2850]. Segundo o autor, da mesma forma que, na fase pré-contratual, o segurador pode renunciar expressa ou tacitamente à declaração do risco (para o que bastará que não apresente um questionário ao proponente), assumindo, desta forma, as consequências da falta de caracterização do risco, também poderá fazê-lo em momento posterior (aquando da conclusão do contrato) através de uma cláusula de incontestabilidade[2851]. O autor invoca ainda o argumento de que o segurador, mesmo no caso de incumprimento doloso, pode não impugnar o contrato, renunciando a essa faculdade pelo decurso do prazo de caducidade estabelecido para o exercício da mesma[2852].

na renúncia é sempre da vontade do sujeito que deriva todo o efeito e o decurso do prazo refere-se unicamente às modalidades do seu exercício» – Luca Buttaro, "Inizio...", *cit.*, p. 909 (trad. nossa).

[2848] Segundo sustenta o autor, a argumentação será igualmente válida se se defender a natureza de caducidade convencional – Achille Motta, "Sono valide...", *cit.*, p. 8.

[2849] Achille Motta, "Sono valide...", *cit.*, pp. 4-8. Finalmente, perante a disposição do artigo 1932º do CC italiano, que permite a derrogação do regime legal do contrato de seguro desde que em sentido mais favorável ao tomador do seguro, entende o autor que a referida disposição não valida a cláusula de incontestabilidade já que o mencionado artigo não permite a derrogação de princípios (ou normas) gerais sobre os limites da autonomia negocial, que largamente transcendem o regime do contrato de seguro – *idem*, pp. 9-10.

[2850] Em sentido contrário, Pedro Rubio Vicente, *El Deber...*, *cit.*, pp. 145 ss.

[2851] Como refere o autor, «na realidade, o que faz o segurador com uma cláusula de incontestabilidade ampla, que compreende também o caso de dolo, é admitir que aceita o contrato de seguro sem ter em conta a declaração do contratante, de forma que o segurador faz recair sobre si próprio todo o peso da delimitação do risco» – Fernando Sánchez Calero, "Artículo 10...", *cit.*, p. 252 (trad. nossa).

[2852] Ora, segundo o autor, «com as cláusulas de incontestabilidade estimamos que se antecipa esse termo de caducidade» – Fernando Sánchez Calero, "Artículo 10...", *cit.*, p. 252 (trad. nossa). Cremos que o argumento não colhe. É que não é comparável a situação em que o segurador tem conhecimento das omissões ou inexactidões dolosas e decide, por circunstâncias que se prenderão com a natureza e amplitude das mesmas, não impugnar o contrato, com a situação em que o

No regime francês, em que as omissões ou inexactidões intencionais são cominadas com a nulidade – a qual encerra carácter de ordem pública – quer a jurisprudência, quer a doutrina, afastam a validade da cláusula de incontestabilidade com aquele âmbito, rejeitando a possibilidade de renúncia antecipada à impugnação do contrato[2853].

II. Não cumprindo aprofundar a problemática no quadro dos sistemas jurídicos estrangeiros, importa, porém, transpô-la para o contexto português. Ora, entre nós, a consagração legal da incontestabilidade afasta quaisquer reservas quanto à validade da mesma. Por outro lado, embora, do nosso ponto de vista, a teoria dos vícios da vontade possa ser convocada tanto no caso de omissões ou inexactidões dolosas como no caso das negligentes, a verdade é que a LCS apenas estabelece a incontestabilidade relativamente a estas últimas, que não determinam a invalidade do contrato, mas, se tanto, a respectiva cessação (resolução). Assim, não se suscita, entre nós, a problemática – que referimos a propósito de outros ordenamentos – de uma renúncia à anulação do contrato prévia à cessação (conhecimento) do vício.

Porém, atenta a imperatividade relativa do nº 1 do artigo 188º, a que já aludimos, poder-se-á suscitar a questão da admissibilidade convencional de uma cláusula de incontestabilidade que abranja o incumprimento doloso. Ora, considera Carlos Mota Pinto que a anulação por erro poderá ser excluída por acordo das partes prévio à detecção do erro, considerando estar em causa uma matéria com carácter dispositivo cuja subtracção à disponibilidade das partes careceria de fundamento[2854]. Em sentido diverso, e como aponta Júlio Gomes, a doutrina dominante sustenta que a incontestabilidade não poderá abranger as omissões ou inexactidões dolosas ou fraudulentas. Desde logo, porque, como refere o autor, «uma tal cláusula afastando a relevância do dolo do tomador do seguro poderia, ela própria, estar inquinada por esse dolo»[2855]. Por outro lado, porque uma cláusula nesses moldes seria ofensiva da ordem pública. O autor demarca-se, no entanto, desta perspectiva, afirmando que «a referência à ordem pública suscita-nos algumas dúvidas, considerando que o próprio artigo 25º sobre inexactidões e omissões dolosas é, como inequivocamente resulta do artigo 13º, apenas relativamente imperativo (e não absolutamente imperativo) e os interesses tutelados são em primeira linha, pelo menos, interesses do segurador e da mutuali-

---

segurador renuncia previamente a impugnar o contrato qualquer que seja a natureza e amplitude do incumprimento doloso.

[2853] Jérôme Kullmann, "La déclaration...", *cit.*, p. 761.

[2854] Carlos Mota Pinto, *Teoria Geral...*, *cit.*, p. 508.

[2855] Júlio Gomes, "O dever de informação do (candidato a) tomador...", *cit.*, p. 438.

dade e, por conseguinte, interesses privados»[2856]. Já Arnaldo Oliveira considera que a incontestabilidade do incumprimento doloso ofenderia a ordem pública, embora considere admissível a renúncia pontual (segundo entendemos, após o conhecimento do vício pelo segurador)[2857].

Ora, do nosso ponto de vista, a análise do problema passa, desde logo, pela demarcação entre a *renúncia* e a *confirmação*, a que já aludimos. Enquanto a confirmação está subordinada aos pressupostos definidos no nº 2 do artigo 288º do CC, o mesmo não se passa com a renúncia. Esta não requer, assim, a prévia cessação do vício e o conhecimento deste e do direito de anular, mas tão-somente que o direito a que se renuncia seja disponível e que seja delimitado o âmbito da renúncia (o que é o caso, já que a mesma incide sobre a anulabilidade decorrente de omissões ou inexactidões dolosas, mas não da anulabilidade por todo e qualquer vício)[2858]. Assim, do mesmo modo que o segurador pode dispor do direito de ser informado do risco a segurar, pode igualmente dispor do direito de anular o contrato no caso de não ser completa e exacta a informação que lhe foi prestada.

Quanto ao argumento de que não seria legalmente admissível a derrogabilidade convencional de normas sobre a validade do contrato, sempre se dirá que a cláusula de incontestabilidade apenas comporta a renúncia a um direito, em nada afectando o regime legal dos vícios da vontade. Para além disso, na base da cominação de anulabilidade não estão razões de ordem pública (diversamente do que ocorre com a nulidade), mas de tutela de interesses particulares, pelo que nada parece obstar a que o segurador disponha do direito potestativo à anulação do contrato, renunciando ao exercício do mesmo. Finalmente, o facto de o nº 1 do artigo 188º da LCS assumir carácter relativamente imperativo admite precisamente convenção em sentido mais favorável ao tomador do seguro, o que é o caso da incontestabilidade do incumprimento doloso.

[2856] Júlio Gomes, "O dever de informação do (candidato a) tomador...", *cit.*, p. 438, n. 93. Para o autor, porém, a cláusula de incontestabilidade que cobrisse igualmente as omissões ou inexactidões dolosas seria equiparável à dispensa, pelo segurador, da declaração pré-contratual do risco – *idem*, pp. 438-439. Não concordamos com esta perspectiva, já que as duas situações só seriam equiparáveis se o período de incontestabilidade começasse a vigorar imediatamente e não apenas ao fim de um certo prazo. Havendo um prazo de contestabilidade, o segurador não dispensa a declaração inicial do risco nem a impugnação do contrato com base no incumprimento doloso. Neste caso, portanto, não existe uma equiparação de situações.

[2857] O autor admite, assim, a «legalidade de uma renúncia caso a caso (mas sempre com aplicação ou da redução proporcional da cobertura ou da cobertura integral sob condição de pagamento do sobreprémio adequado)» – Arnaldo Oliveira, "Artigo 188º – Anotação", *in* Pedro Romano Martinez *et al.*, *LCS Anotada*, *cit.*, p. 545.

[2858] António Menezes Cordeiro, *Da Confirmação...*, *cit.*, p. 130.

XI
Consequências Penais das Inexactidões ou Omissões

I. Como refere Di Loreto, o contrato de seguro – sendo por natureza um negócio de boa fé – é um domínio especialmente propício à prática da fraude[2859]. Neste sentido, envolve uma actividade, pelo menos em parte, *criminógena*[2860].

A noção de *fraude em seguros*, de contornos imprecisos e de conteúdo essencialmente económico-social (e, portanto, em grande medida extra-jurídico)[2861] não se confunde com o sentido tradicional de fraude (*fraus*) enquanto nexo de imputação de um facto ilícito ao agente – ou, melhor, juízo de censura sobre a actuação do mesmo – correspondente a um dolo qualificado por uma conduta insidiosa. A intencionalidade do comportamento e a susceptibilidade de sujeitar o segurador a perdas injustificadas são, assim, os principais elementos da noção, tal como perpassa pela generalidade da literatura sobre a temática[2862].

Neste sentido amplo, a *fraude em seguros* abrange, assim, a própria mentira – ou o silenciar da verdade – em sede de declaração do risco, tendo em vista a

---

[2859] Daniele Di Loreto, "Il fenomeno...", *cit.*, p. 549.

[2860] Roger Litton, *Crime and Crime Prevention for Insurance Practice,* Aldershot, Gower Publishing, 1990, p. 1.

[2861] A *fraude em seguros* assume um conteúdo amplo e heterogéneo, reflectido, aliás, na alínea b) do artigo 3º da Norma Regulamentar nº 10/2009-R, do ISP, de 25 de Junho, respeitante à regulação de condutas de mercado. De acordo com este preceito, entende-se por "fraude contra os seguros", para efeitos da referida norma regulamentar, a prática de actos ou omissões intencionais, ainda que sob a forma tentada, com vista à obtenção de vantagem ilícita para si ou para terceiro, no âmbito da celebração ou da execução de contratos de seguro ou da subscrição de operações de capitalização, designadamente os que visem uma cobertura ou pagamento indevido.

[2862] Ricardo Alonso Soto, *El Seguro de la Culpa, cit.*, p. 83; Richard V. Ericson e Aaron Doyle, "The moral risks...", *cit.*, p. 323. Diríamos, em termos mais rigorosos, que a mesma convoca a verificação de um duplo dolo: o reportado ao próprio comportamento (ilícito), e o que se refere ao propósito de lesar o segurador e/ou de obter uma vantagem correspondente a essa lesão.

obtenção de uma vantagem para si (com prejuízo reflexo para o segurador ou para a massa de segurados)[2863]. Essa constitui, precisamente, em termos cronológicos, a primeira ocasião em que pode configurar-se uma fraude em seguros[2864]. Outras situações de fraude ocorrem durante a própria vigência do contrato e estão mais directamente relacionadas com o sinistro[2865]. Neste domínio, é possível distinguir a *fraude ligeira* ou *de oportunidade*, que se prende com o exagero dos danos contabilizados aquando da participação de um sinistro efectivamente ocorrido, da *fraude dura* ou *grave*, que abarca situações de simulação do sinistro (por vezes com a cumplicidade de peritos, médicos, prestadores de serviços diversos, etc.) ou de sinistro deliberadamente provocado, incluindo o incêndio, o roubo, o homicídio, a auto-mutilação, etc.

II. A "fraude", no sentido amplo referido, pode configurar a prática de diferentes tipos de crime. Actualmente são poucos os ordenamentos que contêm diplomas específicos de regulação criminal da fraude em seguros, contando-se entre eles a Finlândia, a Noruega, o Luxemburgo, a República Checa e a Turquia[2866]. No Reino Unido, na ausência de normativo específico, a fraude em seguros é abrangida pelo *Theft Act*, de 1968, reconduzindo-se às secções 15 a 17. A secção 16 é particularmente relevante em matéria de declaração do risco, relativamente aos casos em que o proponente preste falsas declarações pré-contratuais para induzir o segurador a aceitar o risco proposto ou para obter melhores condições tarifárias[2867].

Já nos EUA a *US Coalition Against Insurance Fraud (CAIF)* criou uma Lei Modelo sobre Fraude em Seguros, que foi adoptada pela maioria dos Estados federados[2868]. A secção 2 da *Model Insurance Fraud Act* é particularmente relevante quanto à matéria em análise, estabelecendo que comete fraude em seguros qualquer pessoa que, conscientemente e com intenção de defraudar, e com o propósito de privar outrem de propriedade ou de ganho pecuniário, cometa, participe, favoreça, instigue, conspire para cometer, solicite a outrem que cometa ou permita

---

[2863] Ricardo Alonso Soto, *El Seguro de la Culpa, cit.*, p. 83; Georges Durry, "La place de la morale dans le droit du contrat d'assurance", *Risques*, nº 18 (Abr.-Jun. 1994), p. 49; M. Costa Martins, "Considerações...", *cit.*, p. 148; José Carlos Brites, "Fraude em seguros", *Bolsa dos Seguros*, Ano 9, nº 22 (Jan. 2006), p. 23.

[2864] Georges Durry, "La place...", *cit.*, p. 49; Daniele Di Loreto, "Il fenomeno...", *cit.*, p. 555.

[2865] José Carlos Brites, p. ex., define *fraude* como «toda a acção ou omissão ilegítima levada a cabo por qualquer um dos intervenientes num sinistro, com o objectivo de conseguir um benefício próprio ou de favorecer um terceiro». José Carlos Brites, "Fraude...", *cit.*, p. 20.

[2866] Dexter Morse e Lynne Skajaa, *Tackling..., cit.*, p. 3.

[2867] Dexter Morse e Lynne Skajaa, *idem*, p. 4. Nos termos da citada secção 16 (1), a pessoa que, por meio de fraude, desonestamente obtenha para si ou para outrem qualquer vantagem pecuniária, será, por condenação, sujeita a pena de prisão até cinco anos (trad. nossa).

[2868] Dexter Morse e Lynne Skajaa, *idem*, p. 8.

que os seus empregados ou agentes cometam, um dos actos a seguir enumerados. E o nº 1 da alínea a) da referida secção refere precisamente: apresentar, causar a apresentação, ou preparar com conhecimento ou convicção que seja apresentado, pelo ou por conta do segurado, reclamante ou proponente, a um segurador (...), qualquer informação que contenha inexactidões quanto a um facto relevante, ou que silencie ou omita um facto relevante, respeitante à proposta, cotação ou renovação de qualquer apólice de seguro[2869].

III. O crime de burla constitui, no plano jurídico-penal, o instituto correspondente à "fraude" civil[2870]. As referências ao significante *fraude* transparecem, aliás, historicamente, da fórmula legal que consagra o tipo de crime. Na verdade, o artigo 451º do CP de 1886 continha ainda vocábulos como *defraudar* e *artifício fraudulento*, os quais desapareceram no CP de 1982. A disciplina do crime de burla tem protagonizado, assim, um processo de autonomização progressiva relativamente à esfera de regulação da fraude civil, que vem sendo aprofundado desde diplomas como a Lei francesa de 16 de Julho de 1791, a qual, em termos excessivamente latos e imprecisos, punia todos os que, mediante dolo, abusavam da credulidade de outrem, defraudando a vítima[2871]. Neste contexto, a regulação penal da burla tem evidenciado, na demarcação relativamente ao sancionamento da fraude civil, uma preocupação de punir como burla apenas as situações mais graves de fraude e de garantir um nível satisfatório de certeza e segurança jurídicas[2872]. O critério de demarcação entre a fraude civil e a penal tem vindo a assentar, assim, nos meios ou processos de defraudação utilizados pelo agente, os quais, no crime de burla, revelam, ao nível da ilicitude, uma conduta de maior gravidade e, ao nível da culpabilidade, uma actuação mais censurável do agente.

[2869] As secções 4 e 5 estabelecem a responsabilidade criminal e civil pela prática do *fraudulent insurance act*.

[2870] O erro qualificado por dolo é, assim, passível de gerar a responsabilidade criminal do *deceptor* (crime de burla) – João de Castro Mendes, *Direito Civil...*, Vol. II, *cit.*, p. 115; Pedro Pais Vasconcelos, *Teoria Geral...*, *cit.*, p. 676, n. 615.

[2871] José Beleza dos Santos, "A burla...", *cit.*, nº 2760, p. 274. Ottenhoff sublinha, aliás, as origens penais do dolo civil (*dolus malus*), as quais faz remontar ao Direito romano – Reynald Ottenhof, *Le Droit Pénal et la Formation du Contrat Civil*, Paris, LGDJ, 1970, pp. 42-43. A autonomização entre o dolo civil e a fraude (burla) criminal só teria começado a desenhar-se com as Leis francesas de 19 e 22 de Julho de 1791 – que confiavam, ainda assim, aos tribunais civis a repressão da burla (*escroquerie*) quando constatassem a existência de dolo civil – vindo depois a aprofundar-se com o *Code Pénal* (*idem*, p. 43).

[2872] José Beleza dos Santos, "A burla...", *cit.*, nº 2760, p. 276. Neste quadro, sustenta Ottenhoff que «não existe entre o dolo civil e o dolo criminal [burla] uma diferença de natureza, mas antes uma diferença de grau» – Reynald Ottenhof, *Le Droit...*, *cit.*, p. 45 (trad. nossa). Daí que a repressão concedida pelo Direito ao comportamento do agente – burlão e/ou contratante desleal – decorra, em grande medida, não dos factos praticados, mas da natureza da jurisdição (civil ou penal) perante a qual os mesmos são suscitados – *ibidem*.

No âmbito do contrato de seguro, são pouco frequentes os casos em que a viciação fraudulenta da apreciação do risco é judicialmente reconhecida e punida como crime de burla, sendo antes regulada em instâncias cíveis[2873]. Tal decorrerá, porém, em grande parte, de os seguradores não optarem geralmente pelo procedimento criminal contra os proponentes que preencham o tipo de crime em causa[2874], prática, aliás, também seguida em Portugal.

IV. O tipo penal de burla é definido no artigo 217º do CP, inserido no capítulo concernente aos crimes contra o património em geral, importando analisar de perto e caracterizar a fórmula legal. Nos termos do nº 1 do preceito, quem[2875], com intenção de obter para si ou para terceiro enriquecimento ilegítimo[2876], por meio de erro ou engano sobre factos que astuciosamente provocou[2877], determinar outrem à prática de actos[2878] que lhe causem, ou causem a outra pessoa, prejuízo patrimonial[2879] é punido com pena de prisão até três anos ou com pena de multa.

[2873] Jean-Luc Bacher, *L'Escroquerie à l'Assurance Privée: Étude Pénale et Criminologique*, Bern, Peter Lang, 1995, p. 114.

[2874] Como justificação refere Bado Cardozo «a má publicidade que representa para o segurador, as dificuldades probatórias e a prática, mais simples, de aumentar as reservas matemáticas do segurador de modo a cobrir estes "riscos"» – Virginia Bado Cardozo, *El Riesgo...*, *cit.*, p. 168 (trad. nossa).

[2875] Está, desde logo, em causa um *crime comum*, na medida em que pode ser praticado por qualquer pessoa, não dependendo de concretas qualidades ou relações especiais do agente. José António Barreiros, *Crimes...*, *cit.*, p. 150; Maria Fernanda Palma e Rui Carlos Pereira, "O crime...", *cit.*, p. 322.

[2876] Desta *intenção* – que se configura como *elemento subjectivo especial da ilicitude* – decorre a qualificação da burla como *crime de resultado cortado ou parcial*. Neste quadro, verifica-se uma discrepância entre os elementos objectivos do tipo, que exigem o prejuízo patrimonial, e os elementos subjectivos, que requerem uma mera intenção de enriquecimento (a qual, aliás, poderá nem ter concretização objectiva) – José António Barreiros, *Crimes...*, *cit.*, p. 150; A. M. Almeida Costa, "Artigo 217º – Anotação", *in* Jorge de Figueiredo Dias (Dir.), *Comentário...*, Parte Especial – II, *cit.*, p. 277; Paulo Dá Mesquita, "Sobre os crimes de fraude fiscal e burla", *DJ*, Vol. XV, Tomo 1 (2001), p. 120; Maria Fernanda Palma e Rui Carlos Pereira, "O crime...", *cit.*, p. 323.

[2877] A descrição legal do processo de execução permite qualificar a burla como crime *de forma vinculada* (por oposição aos crimes de forma livre, em que é indiferente o modo de produção do resultado). José António Barreiros, *Crimes...*, *cit.*, p. 150; Paulo Dá Mesquita, "Sobre os crimes...", *cit.*, p. 120; Maria Fernanda Palma e Rui Carlos Pereira, "O crime...", *cit.*, p. 322; António Correia Saraiva, "O tipo...", *cit.*, p. 30.

[2878] O tipo legal requer ainda a participação da vítima, a qual se poderá traduzir em actos de disposição ou de mera administração tendentes a causarem um prejuízo patrimonial. Assim, para a tentativa acabada não basta que o agente esgote o seu comportamento no sentido de produzir o resultado, sendo ainda necessária a prática de actos pela vítima – Maria Fernanda Palma e Rui Carlos Pereira, "O crime...", *cit.*, pp. 322 e 329. Cfr. igualmente José António Barreiros, *Crimes...*, *cit.*, p. 150; Paulo Dá Mesquita, "Sobre os crimes...", *cit.*, p. 120.

[2879] Por outro lado, estamos perante um crime de *dano* – na medida em que apenas se consuma com a efectiva lesão do bem jurídico protegido, o património – e de um crime *material* por acção (ou

V. Ao nível dos elementos subjectivos do tipo de ilícito, e perante o disposto no artigo 13º do CP, o crime de burla apenas admite a imputação subjectiva a título de dolo[2880] – entendido como conhecimento e vontade de preenchimento do tipo – quer quanto à forma vinculada de actuação (astúcia indutora da vítima em erro ou engano, determinante da prática por esta de actos lesivos), quer quanto ao resultado (prejuízo patrimonial)[2881].

Para além dele, porém, o crime de burla requer um elemento subjectivo especial da ilicitude que acresce ao dolo e que já não é abarcado por este (a intenção de obter enriquecimento ilegítimo), o que permite classificá-lo, segundo alguma doutrina, como *delito de intenção*[2882]. Assim, o crime consuma-se com o prejuízo patrimonial, mas não com a verificação do enriquecimento ilegítimo[2883]. Todavia, na ausência de tal elemento subjectivo, não se verificará a burla, mesmo sob a forma tentada[2884].

Não se afigura correcta, por outro lado, a delimitação da referida *intenção* de enriquecimento ilegítimo através do elemento da *astúcia*, afastando a punibilidade do comportamento do agente sempre que a realização (projectada) da referida intenção não assentasse em meios astuciosos[2885]. Essa delimitação não se afigura tecnicamente correcta, atenta a autonomia dos dois elementos: a intenção constitui um elemento subjectivo especial da ilicitude e a astúcia um elemento objectivo do tipo. Assim, a astúcia caracteriza o processo de execução adequado a produzir o resultado (prejuízo patrimonial), enquanto a intenção de enriquecimento ilegítimo está para além do próprio resultado típico.

Quanto à noção de *enriquecimento* intencionado, defende alguma doutrina, em orientação que não merece reparo, que o mesmo se há-de reconduzir a um

---

crime *de resultado*), já que o tipo legal abrange um evento que se destaca no espaço e no tempo da própria acção – José António Barreiros, *Crimes...*, *cit.*, p. 150; A. M. Almeida Costa, "Artigo 217º – Anotação", *in* Jorge de Figueiredo Dias (Dir.), *Comentário Conimbricense do Código Penal, cit.*, p. 276; Paulo Dá Mesquita, "Sobre os crimes...", *cit.*, p. 120; Maria Fernanda Palma e Rui Carlos Pereira, "O crime...", *cit.*, p. 322; António Correia Saraiva, "O tipo...", *cit.*, p. 29.

[2880] Fernanda Palma e Rui Pereira admitem qualquer das modalidades de dolo previstas no artigo 14º do CP (dolo directo, necessário ou eventual) – Maria Fernanda Palma e Rui Carlos Pereira, "O crime...", *cit.*, p. 331. No mesmo sentido, relativamente ao Direito suíço, Jean-Luc Bacher, *L'Escroquerie..., cit.*, p. 95.

[2881] Maria Fernanda Palma e Rui Carlos Pereira, "O crime...", *cit.*, p. 331.

[2882] A. M. Almeida Costa, "Artigo 217º – Anotação", *in* Jorge de Figueiredo Dias (Dir.), *Comentário...*, Parte Especial – II, *cit.*, p. 309.

[2883] Nesta medida, o elemento subjectivo ultrapassa o objectivo: o resultado visado pelo agente (o enriquecimento) está para além dos elementos do tipo objectivo. José de Sousa e Brito, "A burla...", *cit.*, pp. 159-160.

[2884] José António Barreiros, *Crimes...*, *cit.*, p. 153; Maria Fernanda Palma e Rui Carlos Pereira, "O crime...", *cit.*, p. 332.

[2885] Em sentido crítico perante esta perspectiva, José António Barreiros, *Crimes...*, *cit.*, p. 153.

acréscimo patrimonial – embora não necessariamente pecuniário – podendo traduzir-se: num aumento do activo patrimonial; numa diminuição do passivo patrimonial; ou na poupança de encargos ou despesas[2886]. Assim, haverá correspondência entre a *intenção de obter um enriquecimento ilegítimo* e o *propósito de obter uma vantagem* referido nos artigos 24º e 25º da LCS.

VI. Ao nível dos elementos objectivos do tipo, perante a fórmula do artigo 217º, e para determinar as eventuais implicações criminais do incumprimento do dever de declaração do risco, importa, designadamente, atermo-nos ao requisito de *astúcia*, verdadeira noção-chave, de cuja verificação depende a própria prática do crime sob forma tentada[2887].

No âmbito do CP de 1886, advogava Beleza dos Santos um sentido amplo para a expressão "emprego de artifício fraudulento" contida no nº 3 do artigo 451º, sustentando não requerer a mesma uma *mise-en-scène*, mas bastando-se com uma mentira ou dissimulação *astuciosa*, especialmente habilidosa, ou seja, em condições que reforçassem a credibilidade da mesma, ainda que sem a prática de factos materiais a tanto dirigidos[2888]. Embora esta interpretação se afastasse da literalidade do preceito, bem como da interpretação prevalente da disposição francesa que o mesmo teve por fonte[2889], a verdade é que a evolução legislativa operada com o Código de 1982 parece, pelo acolhimento da expressão *astúcia*, ir ao encontro deste entendimento[2890]. Não cremos, porém, que assim seja, não

---

[2886] A. Lopes de Almeida *et al.*, *Crimes...*, *cit.*, pp. 20-21; José António Barreiros, *Crimes...*, *cit.*, p. 154.

[2887] Cfr. nº 2 do artigo 217º, conjugado com os artigos 22º e 23º do CP. Será aqui de afastar a perspectiva – de A. Lopes de Almeida *et al.*, *Crimes...*, *cit.*, p. 22 – segundo a qual haveria uma distinção substancial entre o *erro*, criado artificiosamente, e o *engano*, resultante de simples mentira. De acordo com esta perspectiva, que não encontra apoio na letra do artigo 217º (nem tampouco no significado que o *erro* assume em Direito civil) e que implicaria um alargamento inaceitável da amplitude da previsão normativa (provocando uma sobreposição com a ilicitude civil do *dolus malus*, para além de pôr em causa a necessária certeza e segurança jurídica), a astúcia seria requerida apenas quanto ao erro, mas não já quanto ao engano. Do nosso ponto de vista, erro e engano são expressões sinónimas, não se compreendendo, aliás, que o legislador as tenha utilizado conjuntamente.

[2888] José Beleza dos Santos, "A burla...", *cit.*, nº 2763, pp. 322 ss.

[2889] Na verdade, o artigo 451º do CP português reproduzia textualmente, com ligeiras alterações, o artigo 405º do CP francês, embora traduzindo a expressão *manoeuvre* por *artifício*. Para José Beleza dos Santos trata-se de uma diferente escolha terminológica que denota uma intenção do legislador nacional de se demarcar do requisito de existência de uma materialidade exterior da maquinação ("A burla...", *cit.*, nº 2763, p. 322).

[2890] O mesmo entendimento parece ser sustentado, no âmbito do novo Código, por A. Lopes de Almeida *et al.*, *Crimes...*, *cit.*, pp. 24-25 e por A. M. Almeida Costa, neste caso com base no argumento literal de abandono da referência a "manobras fraudulentas", e reconduzindo o requisito da *astúcia* a critério de imputação objectiva (adequação da conduta do agente à produção de um *domínio-do-erro* com violação do princípio da boa fé objectiva): «na medida em que exprime a ade-

havendo elementos que permitam suportar essa interpretação, até pela relativa incerteza e insegurança jurídica que a mesma suscitaria e pela sobreposição que implicaria com a ilicitude civil (*dolus malus*).

Assim, a *astúcia*, que deverá caracterizar a actuação objectiva do agente, apresenta-se como sinónimo do emprego de manhas, ardis, estratagemas, maquinações ou embustes[2891]. Para delimitar o sentido de *astúcia*, José António Barreiros parte do recorte dos institutos civis da reserva mental, dolo e simulação, com base no pertinente argumento de que a ilicitude penal se haverá de reportar a comportamentos de gravidade substancialmente acrescida face àqueles. Assim, e porque o dolo civil (*dolus malus*) comporta já condutas complexas, incluindo maquinações elaboradas e encenações (*mise-en-scène*), a astúcia requerida pela burla haverá de assumir um sentido ainda mais restrito, implicando «uma actuação engenhosa por parte do agente do crime, algo ao nível do estratagema ardiloso, da encenação orientada a ludibriar»[2892]. Estará, assim, em causa uma maquinação ou arquitectura de estratagemas, uma montagem urdida de aparências exteriores, a organização de um cenário credibilizador da falsa representação que o agente pretende criar[2893].

quação do comportamento do agente às características do caso concreto, aquele domínio-do-erro esgota o conteúdo útil da inclusão do advérbio "astuciosamente" no nº 1 do artigo 217º, enquanto nota caracterizadora do *modus operandi* da burla» – A. M. Almeida Costa, "Artigo 217º – Anotação", *in* Jorge de Figueiredo Dias (Dir.), *Comentário...*, Parte Especial – II, *cit.*, p. 299. No mesmo sentido, António Correia Saraiva sustenta que o desaparecimento da referência a *artifício fraudulento* afastaria o requisito da *mise-en-scène*, ficando a punibilidade da burla dependente apenas «da mentira que se mostre necessária, adequada, *in casu* [...], em função das características da situação e da vítima» – António Correia Saraiva, "O tipo...", *cit.*, p. 33. Adequada a quê? – perguntar-se-á. Se for adequada a produzir o resultado típico (prejuízo patrimonial), então esta interpretação corresponderá ao esvaziamento do requisito da *astúcia*. Nesse caso, todo o erro danoso induzido pelo agente – até, por absurdo, o que fosse tolerado pelo Direito civil (*dolus bonus*) – seria punível, conclusão que não podemos aceitar.

[2891] José António Barreiros, *Crimes...*, *cit.*, p. 157; Maria Fernanda Palma e Rui Carlos Pereira, "O crime...", *cit.*, p. 325.

[2892] José António Barreiros, *Crimes...*, *cit.*, p. 165. No mesmo sentido, e invocando o princípio da legalidade, entendem Fernanda Palma e Rui Pereira que «para caracterizar a acção astuciosa não bastará qualquer mentira. [...] Há sempre uma mentira na burla, mas ela deve concretizar-se numa manobra fraudulenta ou *mise-en-scène*» – Maria Fernanda Palma e Rui Carlos Pereira, "O crime...", *cit.*, p. 327.

[2893] A jurisprudência e doutrina francesas acentuam reiteradamente, neste sentido, que as meras mentiras, ainda que repetidas ou formalizadas por escrito, só constituem manobras fraudulentas, para efeito do preenchimento do tipo de burla, se lhes for *adicionado* qualquer facto exterior à mentira, qualquer acto material ou encenação com o fim de lhes conferir credibilidade – José de Sousa e Brito, "A burla...", *cit.*, pp. 135-136; José Beleza dos Santos, "A burla...", *cit.*, nº 2760, p. 277. Como afirma Beleza dos Santos, de acordo com a orientação do Direito francês, «esta *maquinação*, *manobra* ou *artifício* que vem acrescentar-se à *mentira* e reforçá-la, pode consistir na *intervenção de*

Com a determinação do sentido de *astúcia* prende-se, no quadro do princípio da legalidade, uma outra problemática: a da abrangência, pelo tipo, da prática de burla por omissão. Relativamente ao CP de 1886, entendia Sousa Brito que «tão astuciosa pode ser a mentira por acção, como o silêncio ilícito guardado por quem tinha obrigação de desvendar o erro ou não o provocar»[2894]. O autor admite, assim, três circunstâncias em que o silêncio preenche o tipo de burla (*desde que verificada a ocorrência de artifício fraudulento*). Desde logo, aquelas em que o silêncio tem o *valor de persuasão expressa*, equivalendo à acção enganatória[2895]. Depois, as circunstâncias em que o silêncio integra uma *acção concludente* do agente[2896]. Por fim, os dogmaticamente controversos casos de verdadeira

um terceiro (real ou imaginário, de boa ou má fé), ou *numa actuação do próprio agente*: como certas formas de publicidade, a apresentação de documentos escritos e impressos, a exibição de valores, a organização real ou aparente de uma empresa, o emprego de certos maquinismos ou outros objectos, a simulação de processos, viagens, etc.» – *idem*, p. 278. Também a jurisprudência suíça, perante um preceito (artigo 146º do CP) que, à semelhança do português, igualmente recorre ao requisito da astúcia (*l'astuce*) interpreta-o no sentido de que o agente se auxilia «de um edifício de mentiras, de manobras fraudulentas, de uma *mise-en-scène* própria a dar à mentira as cores da verdade» – Jean-Luc Bacher, *L'Escroquerie...*, *cit.*, p. 50 (trad. nossa). A jurisprudência suíça recorre, porém, a outros critérios: haverá astúcia quando o controlo da mentira pela vítima seja impossível ou muito difícil, objecto de dissuasão pelo agente, inexigível ou previsivelmente inexistente (p. ex., quando se verifique uma relação de confiança entre o agente e a vítima) – *idem*, pp. 52-60.

[2894] José de Sousa e Brito, "A burla...", *cit.*, p. 140.

[2895] Será o caso, designadamente, quando a declaração mentirosa se exprima «através da utilização silenciosa de símbolos materiais com significado declarativo» – José de Sousa e Brito, "A burla...", *cit.*, p. 141. Está em causa a dissimulação de factos, como será o caso, p. ex., da destruição de documentos, ou da inutilização de um conta-quilómetros de um veículo, de modo a que a vítima não possa inteirar-se das informações ali constantes – Jean-Luc Bacher, *L'Escroquerie...*, *cit.*, pp. 36-37.

[2896] P. ex., quando, tendo o agente a qualidade de perito e a vítima a de leigo, o silenciar da falta de uma dada qualidade constitui uma acção concludente da existência dessa qualidade *ou* quando, p. ex., o agente entra num restaurante e pede uma refeição, há uma acção concludente de que pode pagar a conta – José de Sousa e Brito, "A burla...", *cit.*, pp. 142-143. Assim, sustenta o autor que, quando o agente é garante da não produção do resultado criminoso, «não parece repugnar à letra nem ao espírito da lei admitir que *há artifício, não só quando se cria novas circunstâncias enganatórias (mise-en-scène), como quando se aproveita outras circunstâncias além das que fundam a concludência, e que fundam uma especial relação de confiança entre o agente e o enganado, e, portanto, um especial dever de esclarecimento, – com relevância penal*» – *idem*, p. 144. No mesmo sentido, José Beleza dos Santos, "A burla...", *cit.*, nº 2763, p. 323 e – relativamente ao Código vigente, embora esquecendo o requisito da *astúcia*, exigido pelo artigo 217º mas do qual prescinde precisamente o tipo que refere um *iter criminis* que traduz actos concludentes (a burla para obtenção de alimentos, bebidas ou serviços, prevista e punida pelo artigo 220º e que consubstancia uma burla privilegiada, considerando a respectiva moldura penal) – A. M. Almeida Costa, "Artigo 217º – Anotação", *in* Jorge de Figueiredo Dias (Dir.), *Comentário...*, Parte Especial – II, *cit.*, pp. 302 ss.; e António Correia Saraiva, "O tipo...", *cit.*, p. 36. A. M. Almeida Costa (*op. cit.*, p. 305) considera qualificável de burla (por acto concludente), p. ex., a assunção de uma obrigação contratual por quem não tem intenção de cumpri-la, o que nos

comissão da burla por omissão (dolosa), em que o silêncio corresponde à omissão de evitar a produção do engano, quando a falsa representação da realidade advém de outra origem, podendo o agente evitá-la, e não cumprindo o dever de esclarecimento[2897]. Porém, como nota Sousa Brito, só é admissível a burla por omissão «quando a lei imponha um dever de esclarecimento cuja violação seja equiparável à burla comissiva»[2898]. Embora o autor o não refira expressamente, o dever de declaração do risco configura, precisamente, entre nós, uma das situações de dever legal de esclarecimento[2899]. No âmbito do CP vigente, não repugna aceitar as duas primeiras situações (equiparação do silêncio à acção positiva, e actuação concludente). Porém, como argumentam Fernanda Palma e Rui Pereira, a evolução dos trabalhos preparatórios do Código revela uma intenção do legislador de afastar a previsão legal da burla por omissão (supressão, na redacção final do preceito, da expressão "aproveitamento" do erro ou engano). Por outro lado, o elemento histórico da interpretação encontra reflexo na literalidade do tipo legal, que, traduzindo um crime de forma vinculada, enfatiza o desvalor da acção, não deixando margem para a admissibilidade da prática da burla por omissão, ainda que por remissão para a parte geral do Código (artigo 10º). Finalmente, só este entendimento é consentâneo com a noção restritiva e positiva de *astúcia* acima desenvolvida[2900].

A pedra de toque da distinção entre o ilícito civil correspondente ao *dolus malus* e o crime de burla, de âmbito necessariamente mais restrito, reside precisamente no requisito de emprego de *astúcia*, no sentido acima precisado, por parte do agente[2901]. Ao nível da descrição pré-contratual do risco no contrato de

parece, sem mais, um excessivo alargamento do campo da responsabilidade penal, sobrepondo-se à ilicitude civil, e fazendo tábua rasa do requisito da astúcia como elemento objectivo do tipo.

[2897] José de Sousa e Brito, "A burla...", *cit.*, pp. 145 ss.

[2898] José de Sousa e Brito, "A burla...", *cit.*, p. 147. No mesmo sentido, José Beleza dos Santos, "A burla...", *cit.*, n.º 2763, p. 323, e, no âmbito do Código vigente, A. M. Almeida Costa, "Artigo 217.º Anotação", *in* Jorge de Figueiredo Dias (Dir.), *Comentário...*, Parte Especial – II, *cit.*, pp. 302-304; António Correia Saraiva, "O tipo...", *cit.*, p. 33, n. 19.

[2899] Quer nos casos de acção concludente, quer nos de verdadeira omissão, entende, porém, o autor que, para além da (incumprida) obrigação de esclarecimento, ter-se-á de verificar também o concurso de outra violação do dever de agir do garante: «só então há "artifício" na acção concludente ou na omissão, podendo no caso de omissão dizer-se então que é equivalente à acção típica». José de Sousa e Brito, "A burla...", *cit.*, p. 149.

[2900] Sobre a problemática, desenvolvidamente, Maria Fernanda Palma e Rui Carlos Pereira, "O crime...", *cit.*, pp. 325 ss. Em sentido convergente, A. Lopes de Almeida *et al.*, *Crimes...*, *cit.*, pp. 16-17 e 22 ss.; José António Barreiros, *Crimes...*, *cit.*, pp. 151 e 163 ss. Contra, A. M. Almeida Costa, "Artigo 217º – Anotação", *in* Jorge de Figueiredo Dias (Dir.), *Comentário...*, Parte Especial – II, *cit.*, pp. 307-309, invocando o artigo 10º do CP.

[2901] Cfr. o Ac. STJ de 20-12-2006 – Proc. 06P3383 (Armindo Monteiro): «[...] Na burla assiste-se a um dispositivo de estratagemas, à organização de enganos, a um certo cenário (mise-en-scène) que tem por fim dar crédito à mentira e enganar terceiros. [...] O que verdadeiramente distingue o dolo

seguro, a prestação de declarações inexactas não configurará, por si só, a prática de um crime de burla. Também às meras omissões, afastado que fica o acolhimento legal da burla por omissão, será de recusar o preenchimento do tipo. A burla necessariamente decorrerá de uma adicional actuação credibilizadora do agente, a qual pode revestir múltiplos aspectos: a pessoa segura fazer-se substituir por outrem aquando da realização de exame médico; a apresentação de documentos falsificados; a apresentação, para análise do risco, de coisa diferente da que será objecto do seguro; etc[2902].

VII. No que respeita à imputação objectiva do resultado à conduta do agente, notam Fernanda Palma e Rui Pereira a exigência legal de um triplo nexo de causalidade: a astúcia terá de ser causa do erro ou engano[2903]; este terá de dar origem a actos da vítima[2904]; e da prática destes terá de resultar o prejuízo patrimo-

---

civil do dolo criminal [...] é que no dolo civil se compreendem as manhas e artifícios que, embora, de per si, censuráveis, são no entanto empregados, menos com o intuito de prejudicar outrem, do que no interesse de quem faz uso deles. [...] A astúcia é algo que acresce à mentira, à dissimulação, ao silêncio, com carácter artificioso, reforçado habilmente com factos, atitudes e aproveitamento de circunstâncias que a tornem particularmente credível. [...] A astúcia é um meio de enganar, com especial habilidade, direccionada ao aproveitamento ou mesmo criação de condições que lhe confiram particular credibilidade. [...] O embuste não tem que ser sofisticado, rebuscado, altamente engenhoso, só apreensível por pessoas superiormente dotadas, deixando sem protecção o cidadão medianamente inteligente, pois o que se pretende é que, de acordo com as circunstâncias do caso concreto, seja idóneo a enganar a boa fé da vítima, de modo a convencê-la a praticar actos em seu prejuízo, limitando-se ao que se torna necessário ao seu objectivo».

[2902] Virginia Bado Cardozo, *El Riesgo...*, *cit.*, p. 55.

[2903] No contexto do CP de 1886, discutia Sousa Brito se a falsa representação da realidade (consubstanciadora do erro) seria equiparável à falta de representação da realidade ou *ignorantia facti*, entendendo que «na burla, porém, pressuposto do preenchimento do tipo é a representação positiva falsa da realidade que funciona como motivo, determinando conscientemente o agente a um acto de disposição patrimonial» – José de Sousa e Brito, "A burla...", *cit.*, p. 151. Por outro lado, considera a doutrina que não se requer, por parte da vítima, a certeza de que a falsa representação é real, mas a consciência da possibilidade de que aquela representação seja real e a conformação para com essa representação – Maria Fernanda Palma e Rui Carlos Pereira, "O crime...", *cit.*, pp. 328 e 333; José António Barreiros, *Crimes...*, *cit.*, p. 156; José de Sousa e Brito, "A burla...", *cit.*, p. 151.

[2904] José António Barreiros fala de um quádruplo nexo causal, autonomizando relações causais entre, por um lado, o erro ou engano da vítima e a alteração da sua vontade e, por outro lado, entre a vontade desta e os actos que pratica – José António Barreiros, *Crimes...*, *cit.*, p. 176. Cremos que se trata de uma autonomização artificiosa e sem relevância. Já A. M. Almeida Costa refere-se apenas a um duplo nexo causal (entre a actuação do burlão e os actos do burlado, e entre estes e o prejuízo patrimonial) – A. M. Almeida Costa, "Artigo 217º – Anotação", *in* Jorge de Figueiredo Dias (Dir.), *Comentário...*, Parte Especial – II, *cit.*, p. 293; e António Correia Saraiva, "O tipo...", *cit.*, p. 30. Aqui, diversamente, cremos que a abordagem perde rigor analítico, ainda que em nome da unidade do "domínio-do-erro".

nial[2905]. Está, assim, em causa, uma acção típica complexa, composta por elementos objectivos e subjectivos, onde se verifica, como refere José António Barreiros, um enlace entre a conduta do agente e a da vítima[2906].

Desta forma, este prejuízo surge associado «à manipulação da inteligência e à exploração da vontade da vítima»[2907], não exigindo a lei nenhum especial requisito de idoneidade da astúcia. Desta forma, o nexo de causalidade psíquica (ou motivação) é de reconhecer mesmo nos casos em que a vítima é afectada por uma especial ingenuidade *conhecida do agente*, atendendo, portanto, o juízo de adequação aos concretos conhecimentos do agente. De outra forma, ficariam impunes as situações – aliás, mais graves e em que é maior a perigosidade do agente – em que a vítima está mais especialmente desprotegida, requerendo, portanto, a tutela jurídico-penal[2908].

Também a eventual imoralidade ou ilicitude dos fins visados pela própria vítima – frequentes na "burla do conto do vigário" – não afastam a ilicitude e censurabilidade da actuação do agente, revelando-se indiferentes para efeito da punibilidade deste[2909].

VIII. O bem jurídico protegido no crime de burla é, em primeira linha, o património da vítima, globalmente considerado[2910], não obstante poder-se aludir ainda a uma tutela acessória da liberdade e da autonomia pessoais[2911]. Quanto à noção de prejuízo patrimonial relevante para a consumação do crime, a mesma afasta, desde logo a punibilidade da conduta quando o resultado produzido não tem expressão patrimonial, como no caso da determinação de outrem ao casamento. Por outro lado, para determinar a noção de prejuízo patrimonial haverá que distinguir uma perspectiva jurídica, uma económica e uma jurídico-económica[2912].

A noção estritamente jurídica entende o património como o conjunto de direitos e deveres patrimoniais de uma pessoa (abstraindo do valor económico

---

[2905] Maria Fernanda Palma e Rui Carlos Pereira, "O crime...", *cit.*, pp. 323-324.

[2906] José António Barreiros, *Crimes...*, *cit.*, p. 156.

[2907] Maria Fernanda Palma e Rui Carlos Pereira, "O crime...", *cit.*, p. 328.

[2908] José António Barreiros, *Crimes...*, *cit.*, p. 173; José de Sousa e Brito, "A burla...", *cit.*, pp. 151-152; Maria Fernanda Palma e Rui Carlos Pereira, "O crime...", *cit.*, p. 328; José Beleza dos Santos, "A burla...", *cit.*, nº 2761, p. 291. Contra esta aferição em concreto, e apelando, no quadro da teoria da causalidade adequada, para o «critério do *homem médio* temperado com a consideração das características individuais do burlado», António Correia Saraiva, "O tipo...", *cit.*, p. 37.

[2909] José Beleza dos Santos, "A burla...", *cit.*, nº 2763, p. 325.

[2910] A. M. Almeida Costa, "Artigo 217º – Anotação", *in* Jorge de Figueiredo Dias (Dir.), *Comentário...*, Parte Especial – II, *cit.*, p. 275.

[2911] Maria Fernanda Palma e Rui Carlos Pereira, "O crime...", *cit.*, pp. 332-333.

[2912] Sobre a problemática, cfr. Jean-Luc Bacher, *L'Escroquerie...*, *cit.*, pp. 25-33. Cfr. também A. M. Almeida Costa, "Artigo 217º – Anotação", *in* Jorge de Figueiredo Dias (Dir.), *Comentário...*, Parte Especial – II, *cit.*, pp. 277-289; Paulo Dá Mesquita, "Sobre os crimes...", *cit.*, pp. 120-121.

dos mesmos), requerendo protecção contra actos de disposição viciados por erro. Neste quadro, o bem jurídico tutelado pelo tipo de burla seria a liberdade de disposição, tendo por consequência a admissibilidade da consumação do crime ainda que a vítima não sofresse qualquer prejuízo económico ou obtivesse até um proveito superior à perda[2913]. Também uma noção estritamente económica – portanto, extra-jurídica e não reconhecida fora do quadro penal – para a qual o património representa o conjunto de bens com valor pecuniário, assumiria um âmbito demasiado amplo, levando à tutela de interesses e de meras expectativas económicas que nem o Direito civil protege, incluindo vantagens resultantes de negócios ilícitos[2914]. Já uma noção jurídico-económica, entendendo o património como conjunto de valores económicos juridicamente protegidos[2915], considera compensado o dano com o lucro, revelando-se de contornos objectivados e de âmbito adequado à tutela penal[2916].

No caso da burla relativa à declaração do risco seguro, poderá questionar-se a existência de um prejuízo patrimonial do segurador. Jean-Luc Bacher distingue dois planos de análise. Assim, se se considerar que a prestação do segurador se traduz na assunção do risco, esta tem em si mesma valor económico, pelo que a simples conclusão fraudulenta do contrato implicará um prejuízo patrimonial do segurador. Se se considerar, diversamente, que a prestação do segurador tem carácter condicional (prestação indemnizatória em caso de sinistro), então a conclusão fraudulenta do contrato apenas coloca em perigo o património do segurador, o qual só consubstanciará um prejuízo patrimonial se a sua intensidade (probabilidade e amplitude do dano) for suficientemente importante[2917].

Pela nossa parte, discordamos da análise do autor. Desde logo, porque, embora a principal prestação do segurador seja de dare, o respectivo carácter aleatório produz um efeito de segurança, com expressão patrimonial. Assim, o prejuízo do segurador resulta da aceitação de um risco que, na ausência de burla, não seria aceite (pelo menos, nas mesmas condições). A quantificação do prejuízo, numa perspectiva objectivo-individual (diferença negativa entre a actual situação patri-

---

[2913] José de Sousa e Brito, "A burla...", cit., pp. 132 e 158-159; Maria Fernanda Palma e Rui Carlos Pereira, "O crime...", cit., p. 330. É este o enquadramento propugnado por Beleza dos Santos para a burla, prescindindo, portanto, do próprio prejuízo económico – José Beleza dos Santos, "A burla...", cit., nº 2763, p. 327.

[2914] José de Sousa e Brito, "A burla...", cit., pp. 132 e 159; Maria Fernanda Palma e Rui Carlos Pereira, "O crime...", cit., p. 330.

[2915] José de Sousa e Brito, "A burla...", cit., pp. 132 e 159; Maria Fernanda Palma e Rui Carlos Pereira, "O crime...", cit., p. 330.

[2916] Jean-Luc Bacher, L'Escroquerie..., cit., pp. 64 ss.

[2917] Jean-Luc Bacher, L'Escroquerie..., cit., pp. 110-114.

monial do lesado e a que existiria na ausência de burla)[2918], designadamente para determinação do tipo de crime e da moldura penal em causa, haverá de computar-se como prejuízo tarifário. Desta forma, nos casos menos graves, em que o segurador apenas é levado a contratar em condições tarifárias mais baixas do que as que aplicaria se conhecesse o risco real, o prejuízo consistirá na diferença entre o prémio devido e o cobrado. Nos casos mais graves, em que o conhecimento do risco real, pelo segurador, não teria expressão tarifária (porque ditasse a recusa do risco ou conduzisse a uma exclusão parcial de cobertura) poder-se-á desenvolver o mesmo exercício, que será então meramente hipotético (passando pela determinação do prémio virtual que o segurador estivesse na disposição de aceitar se fosse obrigado a subscrever o risco)[2919]. Considerando a natureza do prejuízo patrimonial do segurador, o crime consumar-se-á com a aceitação do risco (ou, no limite, atento o princípio *no premium, no cover*, com o pagamento do prémio pelo tomador).

IX. Relativamente à delimitação das potenciais vítimas do crime de burla, os elementos objectivos do tipo apenas comportam o entendimento de que *a vítima em sentido estrito* terá de ser uma pessoa singular, na medida em que, por natureza, só neste caso se verificará a susceptibilidade de indução em erro ou engano, entendida em sentido psicológico.

Porém, quando a vítima, naquele sentido, vincular uma pessoa colectiva – produzindo-se na esfera desta o prejuízo patrimonial – será esta a ofendida pelo crime[2920]. A qualidade de ofendida, com reflexo no tipo de crime em causa (que admite o prejuízo patrimonial de terceiro) tem relevância processual, garan-

---

[2918] A. M. Almeida Costa, "Artigo 217º – Anotação", *in* Jorge de Figueiredo Dias (Dir.), *Comentário...*, Parte Especial – II, *cit.*, pp. 283-284.

[2919] Em situações limite – p. ex., num caso de seguro de vida em que o agente houvesse ocultado informações clínicas evidenciadoras de uma curtíssima esperança de vida – o prémio hipotético poderia ser igual ao capital seguro, já que a probabilidade de realização do evento seguro poderia ser de 1/1 (evento certo). Parece-nos inaceitável o argumento segundo o qual não haveria prejuízo patrimonial nos casos em que o segurador tivesse recusado a proposta contratual na ausência de burla (havendo então apenas uma ofensa à liberdade contratual do segurador, mas não ao seu património). Segundo este argumento, e atendendo ao bem jurídico protegido com o tipo de burla, não se verificaria a prática de um crime naqueles casos. Esta perspectiva carece de fundamento porque os casos em que o conhecimento do risco real houvesse ditado a sua recusa são precisamente aqueles em que o risco incorrido pelo segurador é mais elevado e em que, portanto, é maior a disparidade entre o prémio cobrado efectivamente e o prémio hipotético correspondente àquele risco (segundo a probabilidade de produção do sinistro e a gravidade das respectivas dimensões). Ou seja, são estes precisamente os casos em que é maior o prejuízo patrimonial do segurador, aferido conforme propomos.

[2920] José Beleza dos Santos, "A burla...", *cit.*, nº 2763, p. 326. Releva a distinção entre *sujeito passivo imediato* (a vítima em sentido estrito, que sofre o processo enganatório) e *sujeito passivo mediato* (o

tindo a uma pessoa colectiva (como o segurador) a constituição como assistente e a dedução de pedido de indemnização cível[2921].

X. Estando em causa, designadamente, um prejuízo patrimonial de valor consideravelmente elevado, já o tipo de crime em causa não será o de burla (artigo 217º do CP), mas o de burla qualificada (artigo 218º do CP), subindo o limite máximo da moldura penal de três para cinco anos de prisão. Por outro lado, enquanto a burla simples é um crime semi-público (nº 3 do artigo 217º), a burla qualificada constitui um crime público. Considerando a natureza do prejuízo patrimonial do segurador no caso da burla respeitante à declaração inicial do risco, como atrás ficou expressa (de carácter essencialmente tarifário), só em situações limite o mesmo assumirá um valor consideravelmente elevado, pelo que, em regra, o tipo de crime preenchido será o da burla (simples).

XI. Como referimos, a actuação astuciosa no crime de burla – em especial quando ele qualifique a actuação do proponente na declaração do risco a segurar – pode lançar mão do recurso à falsificação de documentos, o que nos remete para os tipos de ilícito previstos e punidos, designadamente, nos artigos 256º, 257º e 260º do CP. Não importando agora analisar detidamente os tipos em causa[2922],

---

lesado pelo prejuízo patrimonial), que poderão ou não coincidir na mesma pessoa – José António Barreiros, *Crimes...*, *cit.*, p. 151.

[2921] Maria Fernanda Palma e Rui Carlos Pereira, "O crime...", *cit.*, p. 330.

[2922] Cumpre, não obstante, referir que a noção de *documento* subjacente aos tipos de crime dos artigos 256º ss. se reporta à *declaração* corporizada e não ao suporte material da mesma (alínea a) do artigo 255º), pelo que a *falsificação de documento* consiste na falsificação *da declaração* incorporada num suporte material. Por outro lado, há que distinguir, em função do modo como é modificada a verdade: (a) a *falsificação material* ou externa, em que não é genuíno, autêntico, o documento que suporta a declaração (é falsificado na sua essência material, por imitação ou alteração, total ou parcial, reproduzindo a aparência formal de um documento genuíno); da (b) *falsificação ideológica* ou interna. Nesta, o documento é inverídico: (i) quer em resultado de *falsificação intelectual*, caso em que há uma desconformidade entre o declarado e o documentado, isto é, a substância do documento, a declaração que o mesmo suporta, é falsificada, distinta da realidade, embora o documento, o suporte material, seja autêntico, materialmente verdadeiro (o que ocorre apenas quando o documento é redigido por funcionário público ou, sendo documento particular, quando é redigido por alguém que altera os factos que lhe são ditados por outrem); quer (ii) de *falsidade em documento* (quando é redigido um documento particular narrando um facto falso juridicamente relevante, sendo a falsidade praticada por quem faz a declaração) – Helena Moniz, *O Crime...*, *cit.*, pp. 87 ss. Por outro lado, relativamente ao tipo descrito no artigo 256º (falsificação ou contrafacção de documento), trata-se de um crime formal ou de mera actividade, de perigo abstracto, cujo bem jurídico tutelado consiste na segurança e credibilidade no tráfico jurídico probatório documental, doloso, e que se consuma com a falsificação – cfr. Helena Moniz, *idem*, pp. 21 ss.; Helena Moniz, "Artigo 256º – Anotação", *in* Jorge de Figueiredo Dias (Dir.), *Comentário...*, Parte Especial – II, *cit.*,

revela-se, no entanto, pertinente referir a controversa problemática do concurso entre o tipo de falsificação de documentos e o de burla.

No CP de 1886 o n.º 2 do artigo 451.º previa que a burla fosse praticada com emprego de falsificação de escrito, implicando, portanto, um concurso legal ou aparente de infracções entre o tipo de burla e o de falsificação, de acordo com uma relação de consunção.

Já no CP de 1982 os elementos objectivos do tipo de burla não contêm referência semelhante, suscitando-se a questão da existência de concurso de infracções. A matéria é regulada pelo n.º 1 do artigo 30.º do Código, o qual estabelece que o número de crimes se determina pelo número de tipos de crime efectivamente cometido, critério que remete para o *número de valorações* jurídico-penais que incidem sobre um comportamento, bem como, adicionalmente, para a existência de uma *unidade ou pluralidade de resoluções* criminosas, atenta a conexão temporal do processo motivacional[2923]. Com esse fundamento, entende Helena Moniz que poderá verificar-se, também no Código de 1982, um concurso aparente de infracções entre a burla e a falsificação de documentos (relação de consunção), rejeitando o argumento de que a consunção seja afastada *sempre* que os tipos de crime em causa protejam bens jurídicos diferentes[2924]. Alega, nesse sentido, que a finalidade da falsificação de documentos é a indução de outrem em erro, constituindo a mesma um meio *astucioso* de prática do crime de burla. Por outro lado, a moldura penal do artigo 217.º do CP contém já a pena aplicável à actuação burlosa, quaisquer que sejam os meios empregues e independentemente de os mesmos serem ou não autonomamente punidos. Desta forma, conclui a autora que «a falsificação de documentos, realizada com o único

---

pp. 676 ss. Relativamente ao tipo descrito no artigo 260.º (atestado falso), também relevante no quadro do nosso objecto de estudo, a sua autonomização face à falsificação de documento (artigo 256.º) ou à falsificação praticada por funcionário (artigo 257.º) atende, quer à especial qualidade do agente; quer à circunstância específica de, no tipo de atestado falso, se consubstanciar uma *falsa declaração de ciência* (atestação falsa de um *facto* falso); quer à ausência do elemento subjectivo especial da ilicitude (intenção) requerida pelos artigos 256.º e 257.º; quer ainda à circunstância de o facto falso poder não ser juridicamente relevante. Sendo-o, deverá o agente ser punido nos termos da alínea d) do n.º 1 do artigo 256.º – falsidade em documento – desde que tenha agido com intenção de causar prejuízo a outra pessoa ou ao Estado, de obter para si ou para outra pessoa benefício ilegítimo (o que será o caso quando o atestado seja passado em troca de um qualquer benefício) ou de preparar, facilitar, executar ou encobrir outro crime. Cfr. Helena Moniz, "Artigo 260.º – Anotação", *in* Jorge de Figueiredo Dias (Dir.), *Comentário..., Parte Especial – II, cit.,* pp. 719 ss.

[2923] Helena Moniz, "Burla e falsificação de documentos: Concurso real ou aparente?", *RPCC*, Ano X, n.º 3 (Jul.-Set. 2000), p. 463.

[2924] Helena Moniz, "Burla...", *cit.*, p. 464.

objectivo de realizar a burla, esgota a sua danosidade social no âmbito desta infracção»[2925].

Tem sido outra, porém, a orientação da jurisprudência e de parte da doutrina[2926]. Neste quadro, o Ac. STJ 19/02/1992, para fixação de jurisprudência[2927] estabeleceu que, quando a conduta do agente preenche os tipos de burla e de falsificação, verifica-se a acumulação, em concurso real, dos dois ilícitos. Essa orientação fundamenta-se no disposto no nº 1 do artigo 30º do CP, bem como no critério teleológico ali consagrado; na consideração de que não se verifica nenhuma situação (designadamente de consunção) em que assenta o concurso aparente; e na diversidade e autonomia dos bens jurídicos protegidos pelos dois tipos de crime. Já após a reforma penal de 1995, o Assento do STJ nº 8/2000, de 04/05/2000[2928], manteve esta orientação, estabelecendo que, «no caso de a conduta do agente preencher as previsões de falsificação e de burla do artigo 256º, nº 1, alínea a), e do artigo 217º, nº 1, respectivamente, do Código Penal, revisto pelo DL 48/95, de 15 de Março, verifica-se concurso real ou efectivo de crimes».

XII. Numa inovação relativamente ao CP de 1886 – e em virtude da elevada ocorrência de burlas visando o pagamento de valores seguros[2929] – o de 1982 veio introduzir o tipo de crime de burla relativa a seguros (artigo 219º), tomando como fonte o artigo 265º do CP alemão[2930]. Trata-se de uma "burla especial" que se consuma com a *recepção*, pelo agente ou por outrem, *de valor total ou parcialmente seguro*. À semelhança da burla (simples), é um crime doloso – não existindo, porém, aqui, um elemento subjectivo especial da ilicitude[2931] – em que a tentativa é punível (nº 2 do artigo 219º), e de um crime semipúblico (nº 3 do mesmo artigo), excepto se verificadas as circunstâncias qualificantes do nº 4.

[2925] Helena Moniz, "Burla...", *cit.*, p. 467. Assim, segundo a autora, a punição autónoma, em concurso real, da burla e da falsificação, corresponderia a punir o agente duas vezes pelo mesmo facto. Cfr. igualmente Helena Moniz, "Artigo 256.º – Anotação", *in* Jorge de Figueiredo Dias (Dir.), *Comentário...*, Parte Especial – II, *cit.*, pp. 690-691; Helena Moniz, *O Crime...*, *cit.*, pp. 69 ss.

[2926] Cfr., p. ex., Miguel Pedrosa Machado, "Nótula sobre a relação de concurso ideal entre burla e falsificação", *DJ*, Vol. IX, Tomo I (1995), pp. 251-254.

[2927] Publicado no *DR*, I-A, de 09/04/1992.

[2928] Publicado no *DR*, I-A, de 23/05/2000.

[2929] José António Barreiros, *Crimes...*, *cit.*, p. 179; José Bento, *Direito de Seguros*, *cit.*, p. 53.

[2930] A. Lopes de Almeida *et al.*, *Crimes...*, *cit.*, p. 40. Sobre esta disposição, cfr. Jean-Luc Bacher, *L'Escroquerie...*, *cit.*, pp. 19 ss.

[2931] O tipo subjectivo implica, pelo menos, o dolo eventual de lesão patrimonial da entidade seguradora. A. M. Almeida Costa, "Artigo 219º – Anotação", *in* Jorge de Figueiredo Dias (Dir.), *Comentário...*, Parte Especial – II, *cit.*, p. 315.

O "processo enganatório" – para o qual não se exigem os requisitos da burla simples, designadamente a astúcia – traduz-se na causação voluntária de factos cuja cobertura contratual, atenta a *alea* que caracteriza o seguro, apenas se verifica se os mesmos resultarem de ocorrência fortuita. A acção típica consiste, assim, em provocar ou agravar *sensivelmente* resultado causado por acidente (facto fortuito, entenda-se) cujo risco estava coberto; ou causar, a si próprio ou a outra pessoa, lesão da integridade física ou agravar as consequências de lesão da integridade física provocada por acidente cujo risco esteja coberto[2932].

Porém, diversamente do que sucede na burla, o tipo de crime não pressupõe um erro ou engano por parte da vítima, não cobrindo, portanto, situações de sinistro simulado, total ou parcialmente, quer quanto à sua ocorrência, quer quanto aos danos do mesmo resultantes, casos em que permanecem aplicáveis os artigos 217º ou 218º do CP[2933]. Assim, como nota A. M. Almeida Costa, a actuação do agente «não comporta a indução em erro da vítima (= entidade seguradora) acerca da situação que motiva a prática, pela última, de actos de diminuição patrimonial (*i.e.*, o pagamento dos montantes destinados a reparar os danos cobertos pela apólice), [pelo que] o crime do art. 219º não assume a estrutura de um genuíno delito de burla»[2934]. Trata-se, portanto, de um crime cuja autonomização e conteúdo útil resultam precisamente do facto de o prejuízo patrimonial da vítima ser produzido pelo agente e não assentar na divergência entre a representação da mesma e a realidade objectiva[2935].

[2932] Trata-se, assim, de um crime com forma relativamente vinculada. A. Lopes de Almeida *et al.*, *Crimes...*, *cit.*, p. 42; A. M. Almeida Costa, "Artigo 219º – Anotação", *in* Jorge de Figueiredo Dias (Dir.), *Comentário...*, Parte Especial – II, *cit.*, p. 313.

[2933] P. ex., os casos em que o agente simula um arrombamento e participa o furto de valores que nunca possuiu ou de que não chegou a privar-se; ou provoca o incêndio de um armazém, dando como perdidas mercadorias inexistentes; ou simula um acidente, reclamando ressarcimento por uma incapacidade pré-existente que havia ocultado ao segurador – cfr. uma casuística muito completa em Jean-Luc Bacher, *L'Escroquerie...*, *cit.*, pp. 115 ss. Lopes de Almeida *et al.*, porém, incluem no âmbito da previsão normativa –ainda que sem apoio expresso na letra do preceito – as situações em que o sinistro (quer o próprio evento fortuito, quer o dano consequente) não haja sequer ocorrido, total ou parcialmente, sendo apenas simulado ou meramente invocado pelo agente – A. Lopes de Almeida *et al.*, *Crimes...*, *cit.*, p. 42.

[2934] A. M. Almeida Costa, "Artigo 219.º Anotação", in Jorge de Figueiredo Dias (Dir.), *Comentário...*, Parte Especial – II, *cit.*, p. 314. Não concordamos em absoluto com o autor, já que a provocação ou agravamento do sinistro ou dos seus efeitos, encontrando se contratualmente excluídos no seguro (artigo 46.º da LCS), sempre haverão de assentar num engano patrimonialmente lesivo da vítima.

[2935] Perante esta circunstância, nega alguma doutrina que haja fundamento para a autonomização do tipo de crime – que será, na essência, um crime de dano especial – advogando a eliminação do tipo. A. M. Almeida Costa, "Artigo 219º – Anotação", *in* Jorge de Figueiredo Dias (Dir.), *Comentário...*, Parte Especial – II, *cit.*, p. 317 e 320.

Considerando o desenho do tipo contratual, o mesmo não contempla, portanto, o engano (e prejuízo patrimonial) causado em sede de formação do contrato de seguro, reportando-se antes ao enriquecimento ilícito do agente ou de terceiro em sede de execução do contrato e em virtude do cumprimento indevido, pelo segurador, da sua prestação pecuniária (indemnização ou capital por sinistro).

XIII. Em suma, a forma mais grave (e censurável) de incumprimento do dever de declaração do risco – o dolo com o propósito de obter uma vantagem – contém em si o elemento subjectivo especial da ilicitude exigido pelo tipo de burla, podendo preencher este tipo de crime desde que verificados os restantes requisitos, relevando, especialmente, entre eles, a caracterização do processo de execução por recurso à noção de astúcia, acima desenvolvida. Neste caso, às sanções da LCS acresce a responsabilidade criminal do agente, dependendo o procedimento de queixa, nos termos do nº 3 do artigo 217º do CP.

XII
Justiça Material e Prova

XII.1. DECLARAÇÃO DO RISCO E ÓNUS DA PROVA

XII.1.1. Aspectos gerais

I. Como vimos, a regulação da declaração do risco assenta na materialidade do princípio da boa fé. A aferição da conduta das partes no quadro deste princípio, a diferenciação de cominações para o incumprimento do dever de declaração do risco em função da censurabilidade da conduta do proponente e, bem assim, a procura, pelo legislador, de soluções equilibradas perante os interesses em presença, parecem potenciar a realização da justiça material efectiva na composição dos litígios emergentes. Porém, a justiça das soluções normativas não decorre apenas da análise isolada do Direito material, requerendo a ponderação *das condições de demonstração* da realidade dos pressupostos de facto da previsão normativa, condições de que depende a aplicação da norma e a consecução da justiça. Assim, a relevância da repartição do ónus da prova não pode ser negligenciada como elemento nuclear de realização da justiça material[2936]. Importa, pois, analisar se, e em que medida, esta repartição favorece ou não as potencialidades reguladoras do Direito material.

II. O ónus da prova visa distribuir pelos litigantes o risco de não conseguirem provar os factos de que depende a sua pretensão ou, por outras palavras, o risco da falta de prova ou da incerteza quanto ao seu sucesso. O cerne do ónus da prova traduz-se, assim, no sentido que assumirá a decisão do julgador em caso de

---

[2936] Como refere Menezes Cordeiro, «nenhum estudo será conclusivo se não versar o tema do ónus da prova» – António Menezes Cordeiro, *Tratado...*, V, *cit.*, p. 468.

dúvida insanável (*non liquet*) sobre a realidade de um facto: o de um *liquet* contra a parte a quem incumbe o ónus da prova do mesmo[2937].

A regra geral sobre a repartição do ónus da prova verte do artigo 342º do CC, nos termos do qual – independentemente da parte que alegue o facto – quem *invoca* um direito em juízo deve provar os *factos constitutivos* (positivos ou negativos) do mesmo; e à contraparte incumbe provar os *factos impeditivos, modificativos* ou *extintivos* (positivos ou negativos) do direito contra si invocado[2938]. Desta forma, cada uma das partes terá de demonstrar a realidade dos pressupostos de facto da previsão normativa de que pretende prevalecer-se[2939]. Rui Rangel refere, neste quadro, a íntima relação entre o ónus da alegação e o da prova, no sentido de que, quem está onerado com a alegação dos factos que fundamentam o seu pedido (feito por via de acção ou de excepção) tem o ónus de provar a realidade desses factos[2940].

Quanto à inversão do ónus da prova, Vaz Serra sustenta o princípio segundo o qual a mesma se verifica quando for inexigível ao onerado a produção da prova[2941]. Neste sentido, o artigo 344º do CC conteria manifestações desse princípio geral, mas não uma enumeração taxativa das situações em que se verifica tal inversão[2942].

[2937] Adriano Vaz Serra, "Provas (Direito Probatório Material)", *BMJ*, nº 110, p. 114; João Antunes Varela *et al.*, *Manual de Processo Civil*, 2ª Ed., Coimbra, Coimbra Ed., 1985, p. 447; Nuno Pinto Oliveira, "Ónus da prova e não cumprimento das obrigações", *SI*, Tomo XLIX, nº 283-285 (Jan.-Jun. 2000), p. 177. Como refere este autor, na repartição do ónus da prova assenta a regra de julgamento (*regola di giudizio*) segundo a qual a insuficiência de provas tem por efeito decair a pretensão da parte sobre a qual incidia, em concreto, o ónus – *idem*, p. 174. Cfr. também Helena Tomás Silva, *O Ónus da Prova e os Processos Cominatórios Plenos*, Relatório de Mestrado, Lisboa, FDL, 1990, pp. 5 ss.

[2938] Os factos constitutivos distinguem-se dos extintivos segundo: um *critério cronológico* (na medida em que os factos constitutivos se reportam ao momento da formação da relação jurídica e os extintivos são posteriores); um *critério funcional* (na medida em que o facto constitutivo tem por efeito a emergência de um direito e o extintivo a sua destruição ou ineficácia jurídica, em sentido amplo); e um *critério de normalidade* (na medida em que o facto constitutivo representa a formação de um direito em termos de normalidade, traduzindo a regra, enquanto o facto impeditivo traduz uma situação anormal, excepcional, que obsta àquela eficácia constitutiva). Finalmente, os factos modificativos carecem de autonomia, tendo, em função do seu sentido, o tratamento dos impeditivos ou dos extintivos. Cfr. Nuno Pinto Oliveira, "Ónus...", *cit.*, pp. 178-179; Pires de Lima e Antunes Varela, *CC Anotado*, Vol. I, *cit.*, pp. 305-306.

[2939] Desta forma, como refere Vaz Serra, «se a lei contém uma regra e uma excepção, a parte, cujo direito se apoia na regra, deve provar os factos integradores da hipótese nela prevista, e não já os integradores da hipótese prevista na excepção» – Adriano Vaz Serra, "Provas...", *cit.*, nº 110, p. 121. Segundo o critério de síntese do artigo 516º do CPC, a dúvida sobre a realidade de um facto e sobre a repartição do ónus da prova resolve-se contra a parte a quem o facto aproveita.

[2940] Rui Rangel, *O Ónus...*, *cit.*, pp. 142 e 145-6.

[2941] Adriano Vaz Serra, "Provas...", *cit.*, nº 110, p. 165.

[2942] A formulação de Vaz Serra – nos termos da qual «o ónus da prova inverte-se quando, devido a conduta da outra parte, ao onerado com o respectivo encargo não for exigível, segundo a justiça ou

Relativamente ao ónus da contraprova, estabelece o artigo 346º do CC que a parte não onerada com a prova pode opor contraprova dos factos alegados pela outra parte. Esta actividade probatória do não onerado tem a vantagem, no quadro da jurisprudência das cautelas, de evitar que o onerado logre provar os factos de que depende a sua pretensão, ou de suscitar no juiz a dúvida quanto aos mesmos, caso em que, como verte do preceito, a questão é decidida contra a parte onerada[2943].

III. Como resulta do artigo 341º do CC, a prova tem por função a demonstração em juízo da realidade de um facto, realizando-se com a *certeza subjectiva* – isto é, com a elevada probabilidade – da realidade desse facto[2944]. Quanto ao grau de convicção do julgador, é possível distinguir a *prova suficiente* (que estabelece a plena convicção do juiz) da prova *de primeira aparência* ou *prima facie* (a qual, não constituindo um fundamento legal de inversão do ónus da prova nem produzindo a *plena* convicção do juiz, logra estabelecer a realidade de um facto com um grau de probabilidade *bastante*, obrigando a outra parte a, mediante a produção de contraprova, abalar a convicção criada)[2945].

A prova *prima facie* (ou *in re ipsa*) decorre das chamadas *presunções naturais, judiciais, simples, de facto* ou *de experiência*, estabelecidas quando as regras gerais da experiência da vida, com toda a probabilidade e verosimilhança, o indiciem. Em causa está, portanto, o recurso à experiência da vida no estabelecimento da convicção do juiz quando um facto é reconhecido como consequência típica ou normal de outro (o curso normal das coisas, ou *normal course of events* da *common law*)[2946]. Assim, a verosimilhança de um facto, ou a respectiva dificuldade natural de prova, não alterando a distribuição do ónus da prova, podem fundar uma

---

a razoabilidade, que o cumpra» – porém, acabou por não ser acolhida na versão final do artigo 344º do CC. Cfr. Adriano Vaz Serra, "Provas...", *cit.*, nº 110, p. 167. Assim, a mera verosimilhança de um facto ou uma maior dificuldade de prova não têm por efeito, por si sós, a alteração do ónus da prova.

[2943] Rui Rangel, *O Ónus...*, *cit.*, p. 157.

[2944] Como referem Antunes Varela *et al.*, «a *prova* visa apenas, de acordo com os critérios de razoabilidade essenciais à aplicação prática do Direito, criar no espírito do julgador um estado de *convicção*, assente na *certeza relativa* de um facto» – João Antunes Varela *et al.*, *Manual...*, *cit.*, pp. 435-436.

[2945] Adriano Vaz Serra, "Provas...", *cit.*, nº 110, pp. 78 ss.; cfr. também Rui Rangel, *O Ónus...*, *cit.*, p. 244; Maria Isabel Tormenta dos Santos, *O Ónus da Prova e as Presunções Naturais*, Relatório de Mestrado, Lisboa, FDL, 1990, pp. 45 ss. e 50-51.

[2946] Adriano Vaz Serra, "Provas...", *cit.*, nº 110, p. 79 ss., n. 29. As *presunções judiciais* são, de resto, admissíveis sempre que o seja a prova testemunhal (artigos 349º e 351º do CC). Como refere Rui Rangel, estas presunções «consistem no tirar de ilações pelo juiz de um para outro facto que se encontram ligados por uma especial e particular relação, apoiando-se esta actividade num instrumento probatório constituído pelo facto-base da presunção» – Rui Rangel, *O Ónus...*, *cit.*, p. 245. Neste quadro, *há factos que falam por si*, isto é, cuja realidade se demonstra a si própria na normalidade da vida corrente, pelo que, quer a experiência, quer a própria lógica ou intuição do

presunção simples ou judicial[2947]. Desta forma, a prova de primeira aparência não afecta a distribuição do ónus da prova nem o inverte, mas satisfaz indiciariamente a observância do mesmo. Como toda a prova, a sua refutação requer a produção de contraprova (artigo 346º do CC), a qual será bastante na medida em que abale a convicção do juiz[2948].

IV. À distribuição do ónus da prova subjaz a configuração dos pressupostos de facto em que assentam as previsões normativas que dão suporte aos direitos das partes, bem como a própria sequência de eventos que *normalmente* acompanham o desenrolar da acção judicial e condicionam os seus trâmites processuais, orientando a estratégia processual das partes.

Esse encadeamento "típico" de eventos, no nosso objecto de estudo, é o seguinte[2949]: desde logo, o segurador – em regra, no decurso de investigações subsequentes à participação de um sinistro – descobre que o tomador omitiu ou declarou inexactamente determinados factos que, com toda a probabilidade, conhecia. Então, consoante os elementos de que disponha apontem para um incumprimento doloso ou negligente, o segurador envia ao tomador, respectivamente, a declaração anulatória a que se reporta o nº 1 do artigo 25º da LCS, ou a declaração de cessação a que se refere o nº 2 do artigo 26º da LCS. Perante isto, o tomador do seguro interporá uma acção judicial em que alega os pressupostos do seu direito à prestação pecuniária do segurador (existência do contrato de seguro e participação atempada do sinistro), bem como incumprimento dessa prestação por parte do segurador. O segurador contestará, alegando as omissões ou inexactidões, bem como os demais pressupostos da previsão normativa em que assenta o seu direito à anulação ou à cessação do contrato[2950]. O tomador do seguro poderá, por seu turno, alegar factos que obstem ao direito do segurador (por exemplo, os recondutíveis ao elenco do nº 3 do artigo 24º da LCS).

Assim, cabe ao autor a prova dos factos em que assenta o seu direito à prestação do segurador (designadamente, a existência e condições do contrato de

---

julgador podem fundar um juízo de presunção judicial – Pires de Lima e Antunes Varela, *CC Anotado*, Vol. I, *cit.*, p. 312.

[2947] Adriano Vaz Serra, "Provas...", *cit.*, nº 110, p. 139. É o que sucede com a prova da culpa, que frequentemente é facilitada pelo estabelecimento de presunções judiciais – *idem*, p. 140.

[2948] Adriano Vaz Serra, "Provas...", *cit.*, nº 110, p. 155. Cfr. também Rui Rangel, *O Ónus...*, *cit.*, p. 246. No sentido em que a contraprova basta para contrariar a prova *prima facie*, Miguel Teixeira de Sousa, *O Concurso de Títulos de Aquisição da Prestação: Estudo Sobre a Dogmática da Pretensão e do Concurso de Pretensões*, Coimbra, Almedina, 1988, p. 319, n. 7.

[2949] Gianguido Scalfi, *Manuale...*, *cit.*, p. 100.

[2950] Como nota Calvão da Silva, o incumprimento do dever de declaração do risco só é invocável pelo segurador nos articulados, «sob pena de preclusão, pela seguradora, beneficiária do fim da norma de protecção» – João Calvão da Silva, "Tribunal..." [coment.], *cit.*, p. 221.

seguro, bem como a ocorrência e a participação atempada do sinistro). Sendo arguida por excepção a invalidade do contrato (ou a sua cessação) por omissões ou inexactidões em sede de declaração do risco, os factos de que a mesma decorre constituem factos impeditivos do direito do autor à prestação (por sinistro) do segurador, cabendo o respectivo ónus probatório ao réu segurador[2951]. Em contrapartida, cabe ao autor (tomador do seguro) o ónus da prova dos factos impeditivos (confirmação, expressa ou tácita, por exemplo), modificativos ou extintivos (caducidade do prazo de impugnação, por exemplo) do direito à anulação ou cessação do réu segurador[2952].

Não se afigurando problemática a prova dos pressupostos de facto da pretensão do autor (tomador do seguro) – mormente, da existência do contrato de seguro, das condições convencionadas, e da eventual participação do sinistro – para a qual o mesmo dispõe de prova documental, importa atender à prova do substrato fáctico da pretensão do réu segurador.

XII.1.2. Prova dos pressupostos de facto da previsão normativa

I. Ao segurador cumpre, desde logo, provar a ocorrência de omissões ou inexactidões na declaração do risco, isto é, a desconformidade entre o declarado e a realidade objectiva[2953]. Quanto ao teor da declaração efectuada, em virtude de

---

[2951] Como refere Vaz Serra, na defesa por excepção o demandado não nega os factos em que o demandante funda o seu direito, mas invoca outros que têm por efeito impedir, modificar ou extinguir aquele direito. A invocação do erro constitui precisamente um exemplo de facto impeditivo do direito do autor – Adriano Vaz Serra, "Provas...", cit., nº 110, p. 125. Cfr. igualmente Rui Rangel, O Ónus..., cit., p. 148.

[2952] Relativamente às providências cautelares na matéria que nos ocupa, decidiu o Ac. TRL de 19/04/2007 – Proc. 2411/07-2 (Lúcia Sousa) que «as providências cautelares como o próprio nome indica destinam-se a acautelar direitos e são sempre dependentes de uma acção que tem por fundamento o direito acautelado. [...] A providência cautelar não é o meio próprio, nem se destina a obter o mesmo efeito que com a acção de que é dependência». No caso de um seguro de vida para crédito à habitação, pode o segurado «não só intentar a respectiva acção destinada a fazer reconhecer a sua incapacidade absoluta, como na eventualidade da instauração da execução se defender por meio de embargos». Por seu turno, escreve-se no Ac. TRG de 12/02/2009 – Proc. nº 63/08.0TCGMR-A.G1 (Gouveia Barros) que «o decretamento de medidas cautelares pressupõe que se verifique séria probabilidade da existência do direito invocado pelo requerente e a cuja tutela a medida se destina. [...] Não se verifica tal pressuposto no caso de a medida cautelar visar a antecipação do capital garantido por um seguro de vida associado a um empréstimo para habitação, se o próprio requerente junta ao requerimento inicial documento comprovativo de que a patologia que determinou a IAD coberta por tal seguro já existia à data da adesão e ele, ao aderir ao seguro, declarou falsamente não sofrer de qualquer doença nem ter assistência médica regular por ela motivada».

[2953] Cfr., p. ex., Ac. STJ de 23/01/2001 – Proc. A3743 (Ribeiro Coelho); Ac. TRC de 23/01/2001 – Proc. 600/2000 (Pires da Rosa); Ac. STJ de 05/12/2002 – Proc. 2A3894 (Afonso de Melo). Também

a declaração do risco ser feita por escrito e, em regra, através da resposta a um questionário, a prova é facilitada pela apresentação do questionário respondido e subscrito pelo proponente (prova documental)[2954]. Quanto à prova da realidade não declarada, pode o segurador lançar mão dos meios de prova admissíveis, designadamente de prova documental ou testemunhal, consoante as circunstâncias do caso e os elementos de que disponha[2955].

II. Ao segurador competirá igualmente a prova do conhecimento, pelo tomador, dos factos reais não declarados[2956]. Ora, a prova do conhecimento apresenta

nos sistemas da *common law* a prova da falsidade dos dados informados pertence ao segurador que se pretenda prevalecer da mesma – Peter MacDonald Eggers *et al.*, *Good Faith...*, *cit.*, p. 536.

[2954] Atente-se, porém, ao decidido no Ac. STJ de 19/09/2002 – Proc. 2B2270 (Sousa Inês), o qual considerou que, não obstante determinadas respostas, apostas no questionário da proposta de seguro de vida misto sobre duas cabeças, serem contrárias à realidade do estado de saúde do tomador do seguro, aquela proposta, incluindo as respostas ao questionário, foi preenchida exclusivamente pelo colaborador/agente da seguradora que angariou o seguro. Por seu turno, as pessoas seguras limitaram-se apenas a responder a todas as perguntas que lhes foram feitas pelo dito colaborador/agente da ré, o que fizeram com verdade (conforme consta nos factos assentes), tendo-se igualmente limitado a assinar onde aquele mediador lhes indicou que assinassem. Desta forma, a seguradora não logrou fazer prova da declaração inexacta, sendo condenada a pagar o capital do seguro de vida (sobre a problemática, cfr., *supra*, VIII.2.5.III).

[2955] No contexto da *culpa in contrahendo*, e quanto ao ónus da prova do cumprimento do dever de informação que incumbe ao proponente, entende Eva Moreira da Silva que esse ónus é do próprio proponente. Para tanto, socorre-se de vários argumentos. Desde logo, o de que se trataria, para o credor da informação (no caso, o segurador), de prova de um facto negativo (o incumprimento do dever), portanto muito mais difícil de produzir do que a prova do facto positivo do cumprimento. Por outro lado, o de que, atendendo à relação especial entre as partes, a relação pré-contratual se aproxima mais de uma relação contratual do que da obrigação passiva universal inerente aos direitos absolutos. Desta forma, dever-se-á seguir o regime do ónus da prova do cumprimento das obrigações. Estando em causa um facto extintivo – o cumprimento de um dever – a respectiva prova deverá caber, assim, ao devedor informativo (o proponente) – Eva Moreira da Silva, "O ónus da prova na responsabilidade pré-contratual por violação de deveres de informação", *in* António Cândido Oliveira (Coord.), *Estudos em Comemoração do 10º Aniversário da Licenciatura em Direito da Universidade do Minho*, Coimbra, Almedina, 2004, pp. 288-289. Sendo o cumprimento um facto extintivo do dever de informação, como sustenta a autora, o mesmo é também um facto impeditivo do direito de impugnação do contrato pela contraparte (o segurador). Em qualquer caso, o ónus seria do proponente. Em sentido convergente, Luís Menezes Leitão, *Direito das Obrigações*, Vol. II, *cit.*, p. 266.

[2956] Cfr., p. ex., Ac. STJ de 19/10/1993 – Proc. 83857 (Cardona Ferreira); Ac. STJ de 22/06/2005 – Proc. 5B1490 (Oliveira Barros); Ac. TRL de 24/11/2009 – Proc. nº 1165/07.6YXLSB.L1-7 (Ana Resende); Ac. STJ de 27/05/2010 – Proc. nº 976/06.4TBOAZ.P1.S1 (Oliveira Vasconcelos); Ac. TRL de 08/03/2012 – Proc. nº 1808/07.1TBBRR.L1-8 (Amélia Ameixoeira). Também nos ordenamentos jurídicos próximos o ónus da prova pertence ao segurador. É esse o caso dos Direitos italiano (Matteo Mandó, "Dichiarazioni...", *cit.*, p. 832); francês (Jérôme Kullmann, "La déclaration...", *cit.*, p. 687); belga (Marcel Fontaine, *Droit des Assurances*, *cit.*, p. 175); e espanhol [Eliseo Sierra Noguero,

dificuldades dificilmente superáveis, na medida em que está em causa um facto subjectivo, da esfera psicológica do tomador do seguro e que poderá ser, portanto, do seu domínio exclusivo[2957].

No mesmo sentido, Menezes Cordeiro utiliza o argumento das dificuldades probatórias relativamente a um mero estado psicológico em defesa da consagração no CC de uma boa fé subjectiva em sentido ético[2958]. Desta forma, segundo o autor, o intérprete-aplicador do Direito, «guiando-se pelas situações típicas tidas por normais, efectua uma valoração sujeito-indícios e não uma declaração de ciência sobre a mente humana»[2959], a qual escaparia ao Direito. A aferição do estado de ciência do tomador haverá de aferir-se, portanto, de acordo com critérios de normalidade[2960], e não decorrer da prova do seu estado psicológico (por definição, interno e, logo, de prova problemática, senão impossível)[2961].

"La prueba del dolo o culpa grave del tomador en la declaración del riesgo. Comentario a la STS 1098/2008, de 4 de Diciembre de 2008", *RES*, nº 137 (2009), p. 143]. O mesmo se verifica na *common law* (Peter MacDonald Eggers *et al.*, *Good Faith...*, *cit.*, p. 536).

[2957] Na verdade, como sublinha Raúl Guichard Alves, «o conhecimento, enquanto "facto interior", está (quase sempre) subtraído à percepção directa, não sendo imediatamente acessível a outras pessoas; com frequência, o sujeito em causa contestará o seu conhecimento, alegando um erro ou sérias dúvidas» (*Da Relevância, cit.*, p. 37).

[2958] Como afirma o autor, «reunidos os indícios, o juiz constata que a pessoa em causa deve encontrar-se nas referidas situações de ciência ou de ignorância porque, das duas uma: ou se encontrava, de facto, nelas ou, não se encontrando, devia encontrar-se, dados os factores que a rodeiam» – António Menezes Cordeiro, *Da Boa Fé..., cit.*, p. 515.

[2959] António Menezes Cordeiro, *Da Boa Fé..., cit.*, p. 516.

[2960] Também neste sentido, refere Nuno Reis que «a demonstração do conhecimento efectivo do segurado em processo é feita com recurso à prova *prima facie* ou de primeira aparência (*Anscheinsbeweis*), designadamente mediante presunções judiciais a partir dos conhecimentos de um segurado medianamente diligente» – Nuno Trigo dos Reis, *Os Deveres..., cit.*, p. 60. Note-se, porém, a orientação contrária de alguma jurisprudência, que, ao fazer pesar sobre o segurador um ónus de prova efectiva, compromete inapelavelmente as hipóteses de sucesso da pretensão daquele. Assim, no Ac. STJ de 27/05/2010 – Proc. nº 976/06.4TBOAZ.P1.S1 (Oliveira Vasconcelos) afirma-se que «nunca se poderia dar como provado aquele conhecimento com base em presunções, [...] sabido que por esse meio não se pode dar como provado um facto devidamente discutido e apreciado em audiência de julgamento». Também no Ac. TRL de 24/11/2009 – Proc. nº 1165/07.6YXLSB. L1-7 (Ana Resende) pode ler-se que «as prováveis dores que a Recorrida poderia ter sentido, ou possíveis restrições de mobilidade de dimensão imprecisa, se ultrapassado o campo da conjectura, seriam insuficientes para, na falta de prova efectiva (cujo ónus impendia sobre a Recorrente) sobre a existência do diagnóstico da doença e o respectivo conhecimento pela Apelada, permitir presumir tal conhecimento, com base em juízos de experiência comum, presente até as especificidades do saber exigido para a formulação de tal tipo de conclusões, sendo que não resulta dos autos que a Recorrida fosse desse saber específico detentora». Cfr. igualmente o Ac. STJ de 22/06/2005 – Proc. 5B1490 (Oliveira Barros).

[2961] Note-se que as dificuldades probatórias quanto aos *conhecimentos* da contraparte podem suscitar-se igualmente na esfera do tomador. Assim, o decurso do prazo estabelecido no nº 2 do artigo

XII.1.3. Cont. A prova da relevância dos factos não declarados

I. A questão da relevância ou essencialidade dos factos não declarados – isto é, a susceptibilidade de os mesmos influírem sobre a decisão de contratar do segurador ou sobre as condições aplicáveis ao contrato – constitui, do nosso ponto de vista, matéria de facto[2962].

Relativamente ao CCom, como defende, em regra, a doutrina[2963], o ónus da prova sobre a essencialidade das circunstâncias inexactas ou omissas relativamente à existência ou condições do contrato pertence ao segurador. É igual-

25º (bem como do nº 1 do artigo 26º) da LCS – contado a partir do conhecimento do incumprimento – constitui um facto extintivo do direito potestativo à anulação (ou à cessação) do contrato, cabendo o respectivo ónus da prova ao tomador. Cfr. Adriano Vaz Serra, "Provas...", *cit.*, nº 110, p. 145. No mesmo sentido, recorrendo aos critérios de regra/excepção e às regras de experiência, João Antunes Varela *et al.*, *Manual...*, *cit.*, p. 458. Também neste sentido, Rui Rangel, *O Ónus...*, *cit.*, p. 168, sustentando que «a lei entendeu que é mais fácil para o réu fazer prova da data em que o autor teve conhecimento do facto, do que ao autor a prova de não ter tido conhecimento da ocorrência até certo dia» (*idem*, p. 169). Também o conhecimento pelo segurador dos factos omitidos (alínea e) do nº 3 do artigo 24º da LCS), integrando matéria de excepção, deverá ser provado pelo tomador – cfr., p. ex., Cristina Cavaliere, "Le dichiarazioni...", *cit.*, p. 333; Mario Rosario Ciancio, "La conclusione...", *cit.*, p 899. Já quanto aos factos notórios – considerando-se como tais os de conhecimento geral – os mesmos não carecem de prova nem de alegação, nos termos do artigo 514º do CPC, sendo de conhecimento oficioso – Cfr. Maria Isabel Tormenta dos Santos, *O Ónus...*, *cit.*, pp. 42 ss. Para a autora, a actividade probatória sobre factos notórios não deverá ser sequer admitida com base no referido artigo 514º, o qual constituirá uma decorrência do princípio da limitação dos actos, concretizado, designadamente, na ilicitude dos actos inúteis (artigo 137º do CPC) – *idem*, p. 43. Cremos, porém, ser diverso o âmbito do "facto notório" para efeitos da alínea e) do nº 3 do artigo 24º da LCS e para efeitos do artigo 514º do CPC. Será decerto pacífico que não faça sentido provar a identidade do Presidente da República. Não só o facto é necessariamente do conhecimento do tribunal, mas a substancialidade (verdade) do facto não diverge da representação geral do mesmo. Porém, o facto notório pode ter carácter local, caso em que poderá não ser do conhecimento do tribunal, sendo de questionar, em concreto se deverá ter-se por conhecido do segurador. Atente-se no Ac. STJ de 18/03/2004 – Proc. nº 4B295 (Ferreira de Almeida): «"... a tentativa de homicídio era de conhecimento geral da cidade de Alcobaça e nomeadamente do agente de seguros da Ré que procedeu ao seguro". Facto esse pois de carácter notório, porque do conhecimento geral da comunidade local em que se inseriam o proponente e o destinatário/receptor da proposta, e por isso nem sequer carecente de alegação e prova – conf. artº 514º, nº 1, do CPC». Pensamos, neste quadro, que, não sendo o "facto notório" conhecido do tribunal, estaremos fora do âmbito do artigo 514º do CPC, caso em que a respectiva *notoriedade*, para efeitos da alínea e) do nº 3 do artigo 24º da LCS deverá ser provada pelo tomador do seguro – cfr. também Matteo Mandó, "Dichiarazioni...", *cit.*, p. 802.

[2962] Neste sentido, Francisco Guerra da Mota, *O Contrato...*, *cit.*, p. 373. No mesmo sentido, a questão é pacífica, p. ex., no ordenamento italiano (Paolo Cendon e Augusto Baldassari, *Codice Civile Annotato con la Giurisprudenza*, Milanofiori Assago, Wolters Kluwer Italia, 2007, p. 2157) e no inglês (M. E. Steindorff, "Certains aspects...", *cit.*, p. 234). Entre nós, entendia Cunha Gonçalves, no quadro do CCom, tratar-se de uma questão de direito – Luiz Cunha Gonçalves, *Comentário...*, Vol. II, *cit.*, p. 542.

[2963] Cfr., por todos, José Vasques, *Contrato de Seguro – Notas...*, *cit.*, p. 225.

mente esse o entendimento dominante na jurisprudência. A título de exemplo, afirma-se no Ac. STJ de 07/07/1999 – Proc. 99A482 (Machado Soares): «para que se verifique a anulabilidade do contrato de seguro, com base no art. 429 do C. Comercial, necessário é que a seguradora prove que as declarações inexactas ou reticentes do segurado foram susceptíveis de terem influído sobre as circunstâncias ou condições do contrato de seguro»[2964]. Em sentido diverso, pontuam algumas vozes, como é exemplo o Ac. TRP de 14/06/1988 – Proc. 5986 (Martins da Costa), segundo o qual «o segurador não tem de fazer a prova de que "a declaração inexacta" teria "podido influir sobre a existência ou condições do contrato". [...] A apreciação do facto declarado, para esse efeito, deve basear-se num critério objectivo, designadamente na sua inclusão na proposta questionário do seguro e dos seus próprios termos, conjugados com a natureza do seguro»[2965].

II. Quanto aos meios de prova aptos a demonstrar a verificação do pressuposto, haverá que atender a que, no quadro do CCom, a apreciação da *susceptibilidade* de influência sobre a existência ou condições do contrato assenta, do nosso ponto de vista, em critérios objectivos, remetendo para um modelo de segurador abstracto.

[2964] Cfr., no mesmo sentido, entre outros, o Ac. STJ de 12/12/1980 – Proc. 132 (Santos Victor); Ac. TRL de 16/06/1993 – Proc. 3453 (Ramos dos Santos); TRL de 05/03/1996 – Proc. 10851 (André dos Santos); Ac. STJ de 16/12/1999 – Proc. 99A982 (Silva Paixão); Ac. TRC de 16/01/2001 – Proc. 2765/2000 (Serra Baptista); Ac. TRC de 23/01/2001 – Proc. 600/2000 (Pires da Rosa); Ac. TRP de 20/05/2002 – Proc. 250115 (Couto Pereira); Ac. TRP de 21/10/2003 – Proc. 324444 (Emídio Costa); Ac. TRG de 10/03/2004 – Proc. 818/03-2 (Gomes da Silva); Ac. STJ de 18/03/2004 – Proc. 4B295 (Ferreira de Almeida); Ac. STJ de 18/11/2004 – Proc. 4B3374 (Araújo Barros); Ac. TRP de 18/11/2004 – Proc. 435704 (Pinto de Almeida); Ac. TRC de 28/06/2005 – Proc. 1564/05 (Alexandrina Ferreira); Ac. TRC de 18/10/2005 – Proc. 1552/05 (Távora Vítor); Ac. STJ de 17/11/2005 – Proc. 5B3403 (Salvador da Costa); Ac. TRP de 20/12/2005 – Proc. 526237 (Emídio Costa); Ac. STJ de 06/08/2006 – Proc. 6A1435 (Azevedo Ramos); Ac. TRL de 17/09/2009 – Proc. nº 5890/05.8TVLSB. L1-6 (Fátima Galante); Ac. TRL de 24/11/2009 – Proc. nº 1165/07.6YXLSB.L1-7 (Ana Resende); Ac. TRG de 15/06/2010 – Proc. nº 678/05.9TBFLG.G (Rosa Tching). Alguma jurisprudência, porém, requer do segurador a alegação e prova do *actual inducement*: «compete à seguradora [...] alegar e provar que aquelas declarações influíram na existência e nas condições do contrato, de modo a que, se as conhecesse, não teria contratado ou teria contratado em condições diversas» – Ac. TRP de 23/02/2012 – Proc. nº 6833/09.5TBVNG.P1 (Maria Adelaide Domingos).

[2965] No mesmo sentido, Ac. STJ de 24/04/2007 – Proc. 7S851 (Silva Salazar): «sobre a ré seguradora [...] recai [...] apenas o ónus da prova (artº 342º, nº 2, do Cód. Civil) de lhe terem sido prestadas declarações inexactas ou reticentes que, objectivamente analisadas, se conclua serem dotadas dessa susceptibilidade de formação da sua vontade contratual em sentido diferente do que foi adoptado perante as declarações que efectivamente lhe foram prestadas». Também neste sentido, Ac. TRL de 25/01/2007 – Proc. 10091/2006-2 (Farinha Alves); Ac. TRL de 31/05/2007 – Proc. 1635/2007-2 (Ezaguy Martins); Ac. TRL de 20/09/2007 – Proc. 5151/2007-2 (Farinha Alves); Ac. TRP de 06/11/2007 – Proc. 0724884 (Guerra Banha).

Neste quadro, a prova pericial afigura-se apta à demonstração da realidade do facto objecto da prova. Já o CCom de 1833 previa expressamente, no artigo 1678º, o recurso à prova pericial neste domínio, o mesmo sucedendo ainda hoje nos sistemas jurídicos argentino e uruguaio (respectivamente, artigo 5º da Lei argentina 17.418, de 30 de Agosto de 1967; e artigo 640º do CCom uruguaio, de 1866)[2966]. Também no ordenamento inglês, em que o critério de relevância é abstracto e objectivo (*prudent insurer test of materiality*) a prova é, em regra, produzida através de depoimento pericial (técnicos de seguros). Porém, sendo a relevância evidente, o tribunal pode prescindir da produção de prova[2967]. Entre nós, o recurso à prova pericial neste domínio foi expressamente afastado pelo Ac. TRL de 23/09/2010 – Proc. nº 1295/04.6TBMFR-6 (José Eduardo Sapateiro), considerando que «[...] não nos parece que a matéria de facto dos autos suscitasse dificuldades tais de natureza técnica que impusessem tal atitude adjectiva por parte do tribunal [...]».

Para além da prova testemunhal (depoimento de técnicos de seguros, não como peritos, mas como testemunhas), também a prova documental será de considerar neste campo. Assim, a apresentação de uma tarifa que reflicta o agravamento ou a exclusão em virtude da circunstância em causa[2968], ou a apresentação de manuais de aceitação e tarifação (designadamente, dos resseguradores), serão aptos à demonstração da essencialidade do facto.

[2966] A prova pericial, embora confinada à apreciação da essencialidade, assume carácter inilidível, decisivo e indispensável, estando as respectivas conclusões subtraídas à livre apreciação do juiz. Sobre esta particularidade do regime, cfr. Juan Félix Morandi, "La reticencia...", *cit.*, pp. 379 ss.

[2967] Como referiu o juiz Scrutton L. J. no caso *Glicksman v. Lancashire and General Assurance Co.* – (1925) 2 K. B. 593, 609 – «se um armador desejando segurar o seu navio no mês de Janeiro sabia que nesse mês aquele estava seriamente danificado por uma tempestade, seria [...] ridículo exigir a prova da essencialidade do facto; o facto fala por si». *Apud* Nicholas Legh-Jones *et al.* (Eds.), *MacGillivray...*, *cit.*, p. 427 (trad. nossa). Cfr. também Peter MacDonald Eggers *et al.*, *Good Faith...*, *cit.*, pp. 431-432 e 537. É certo que, para além da essencialidade, o Direito inglês exige a prova, pelo segurador, de que foi efectivamente influenciado na sua decisão de contratar pela não declaração de um facto ou circunstância (*actual inducement*, aferida em concreto). Porém, sendo evidente a relevância (*materiality*) do facto não declarado, presume-se (presunção ilidível) a referida influência (Peter MacDonald Eggers *et al.*, *op. cit.*, p. 538; Semin Park, *The Duty...*, *cit.*, pp. 80; 136 e 144 ss.). Dá-se, no caso, uma inversão do ónus da prova a favor do segurador, cumprindo ao proponente a difícil prova da não-influência. Na prática, como nota Semin Park, o requisito do *actual inducement* fica esvaziado de conteúdo – Semin Park, *op. cit.*, p. 171.

[2968] Cesare Vivante, "Articolo 429.", *cit.*, pp. 178-179. Segundo Luiz Cunha Gonçalves, a tabela de agravamentos do segurador, onde constem os sobreprémios respeitantes ao acréscimo de risco, constitui prova bastante da relevância da realidade não declarada (*Comentário...*, Vol. II, *cit.*, pp. 531 e 542). A prova seria válida «mesmo que o segurado prove que a companhia seguradora faz reduções nos preços das suas tarifas ou tem já segurado riscos mais graves com iguais prémios, pois estes factos não permitem generalizações a favor de pessoas a quem tais favores não foram feitos, nem violação das condições do contrato» – *idem*, p. 531.

III. Questão diversa, e já anteriormente aflorada, é a da relevância probatória do questionário quanto à essencialidade dos factos omitidos ou inexactamente declarados. No sistema italiano, por exemplo, o facto de a circunstância omitida constar do questionário não é suficiente para exonerar o segurador do ónus da prova. Na verdade, o questionário constitui um mero indicador, não fazendo prova, nem da relevância de todas as circunstâncias aí compreendidas, nem da irrelevância das não mencionadas[2969]. Também a jurisprudência francesa – apesar de nesse sistema jurídico vigorar um sistema de questionário fechado – não presume a essencialidade, cabendo ao segurador o ónus da prova de que o facto omitido ou inexactamente declarado é, na verdade, relevante[2970]. Na Bélgica, por seu turno, considerações de bom senso levam a admitir que se presume, salvo prova em contrário, ter importância para a apreciação do risco a resposta às questões postas pelo segurador[2971].

Entre nós, e ainda no âmbito do regime do CCom, assumindo-se que o segurador não coloca questões cuja resposta seja para si irrelevante ou despicienda, entendia a doutrina ser de aceitar a referida presunção de relevância *juris tantum*, podendo o proponente, em qualquer caso, demonstrar a respectiva irrelevância[2972]. Neste domínio, a perspectiva dominante na jurisprudência tem sido a da presunção de relevância das matérias objecto do questionário. A título de exemplo, lê-se no Ac. TRL de 15/04/2010 – Proc. nº 421/07.8TCFUN.L1-6 (Granja da Fonseca): «elemento decisivo para a celebração do contrato é o questionário apresentado ao potencial segurado, na medida em que se presume que não são aí feitas perguntas inúteis e, através dele, é o próprio segurador que indica ao tomador quais as circunstâncias que julga terem influência no contrato a celebrar»[2973].

[2969] Antigono Donati e Giovanna Volpe Putzolu, *Manuale...*, *cit.*, p. 127; e Gaetano Castellano, "Le dichiarazioni"..., *cit.*, p. 137. Há, em qualquer caso, correntes jurisprudenciais no sentido, quer da presunção de relevância das matérias perguntadas, quer da presunção de irrelevância de factos não incluídos no questionário – Antigono Donati, *Trattato...*, Vol. II, *cit.*, p. 308; Marco Rossetti, "Dichiarazioni inesatte e reticenze con...", *cit.*, p. 90; Illa Sabbatelli, "Informazioni...", *cit.*, pp. 406-407; Angela Solimando, "Disciplina...", *cit.*, p. 46. Para o efeito será, em qualquer caso, indiferente que, no próprio questionário o segurador refira que algumas questões (ou todas elas) são essenciais para a avaliação do risco (Marco Rossetti, *op. cit.*, p. 89).

[2970] Jérôme Kullmann, "La déclaration...", *cit.*, p. 687.

[2971] Jean-Luc Fagnart, "Dispositions...", *cit.*, p. 62.

[2972] Neste sentido, José Carlos Moitinho de Almeida, *O Contrato de Seguro no Direito...*, *cit.*, p. 74; José Bento, *Direito de Seguros*, *cit.*, p. 159; Luiz Cunha Gonçalves, *Comentário...*, Vol. II, *cit.*, p. 542; e José Vasques, *Contrato de Seguro – Notas...*, *cit.*, p. 225.

[2973] No mesmo sentido, Ac. TRP de 15/06/2004 – Proc. 422701 (Alziro Cardoso); Ac. STJ de 17/10/2006 – Proc. 6A2852 (Urbano Dias); Ac. TRL de 08/02/2007 – Proc. 10077/2006 6 (Granja da Fonseca); Ac. TRL de 12/03/2009 – Proc. n.º 9551/2008 1 (Rui Vouga); Ac. TRP de 04/10/2010 – Proc. n.º 1793/09.5TJPRT.P1 (Maria Adelaide Domingos). Não obstante, decisões pontuais – como a do Ac. TRC de 14/02/2006 – Proc. 4034/05 (Hélder Almeida) – têm vindo a defender a

Quanto à presunção de irrelevância das matérias não perguntadas pelo segurador, ela só faz sentido, do nosso ponto de vista, nos sistemas de questionário fechado. Note-se que, mesmo nas situações pontuais onde a jurisprudência admitiu esta presunção, ela assenta no equívoco de que o regime português consagra um sistema de questionário fechado[2974].

Em qualquer caso, a problemática merece uma análise mais atenta. É que a referida presunção destina-se a apurar se uma *resposta* com informação inexacta ou omissa a uma pergunta do questionário se deve considerar relevante para a opinião do risco formulada pelo segurador (e não se a pergunta em causa é relevante). Ora, o âmbito das duas presunções é bem diverso e pode fundamentar a decisão judicial num equívoco. Assim, da relevância, *em abstracto*, de uma matéria sobre a qual é formulada uma ou várias questões, não decorre necessariamente a relevância, *em concreto*, do teor da resposta inexacta que à mesma é dada. Por outras palavras, a uma pergunta relevante pode ser dada uma resposta viciada por uma inexactidão (ou pela omissão de um facto) irrelevante[2975].

---

inexistência de uma presunção de relevância das circunstâncias referidas no questionário apresentado pelo segurador.

[2974] Veja-se, a título de exemplo, o Ac. TRP de 09/12/2008 – Proc. nº 0856436 (Anabela Luna de Carvalho). Tendo-se provado que o tomador do seguro havia omitido ao segurador, aquando da celebração do contrato, que a viatura segura utilizava como combustível o GPL (Gás de Petróleo Liquefeito), entendeu o tribunal que «não pode o tomador do seguro ser responsabilizado por uma omissão de informar, porquanto a seguradora, pelo questionário que elaborou, abdicou de obter essa informação, designadamente não perguntou qual o combustível que o veículo utilizava». Assim, «sabendo-se que o elemento decisivo para a celebração do contrato é o questionário [...], e dele não constando tal pergunta não pode a seguradora invocar tal omissão».

[2975] Atente-se na seguinte fundamentação do Ac. TRL de 13/03/2007 – Proc. 10766/2006-1 (Rui Vouga): «como, no ramo Vida, a declaração do risco consistirá fundamentalmente na informação relativa ao estado de saúde da pessoa a segurar, quando as seguradoras fornecerem ao tomador do seguro um questionário destinado a guiá-lo nas suas declarações, com o objectivo de o auxiliar a evidenciar os factos relevantes para a apreciação do risco, *quaisquer respostas* não verdadeiras ou simplesmente inexactas dadas às perguntas constantes desse questionário, longe de serem irrelevantes, relevam, decisivamente, para a resolução da questão de saber se o tomador do seguro cumpriu ou não o seu dever pré-contratual de não ocultar à seguradora informações e circunstâncias que possam influir sobre a existência ou condições do contrato». A verdade, dir-se-á, é que, embora o proponente tenha incumprido o seu dever pré-contratual de informação, não podemos assumir que *todos os factos omitidos ou falseados*, ainda que enquadráveis no questionário do segurador, sejam por si, *em concreto*, relevantes. Precisemos, com um exemplo: num questionário de um seguro de vida o segurador pergunta ao candidato qual o seu peso e a sua altura, de modo a determinar o seu índice de massa corporal e a detectar, nomeadamente, situações de obesidade e riscos inerentes, sendo, portanto indiscutível que a questão é pertinente e relevante para o segurador. Porém, se o candidato media 1,70 m e pesava 80 Kg, mas, dolosamente, declarou pesar apenas 70 Kg, não decorre necessariamente que a informação falsa, *em concreto*, tenha qualquer influência sobre a opinião do risco, isto é, não é certo que para o segurador aquela diferença de peso tenha qualquer relevância, quer quanto à decisão de contratar, quer quanto às condições aplicáveis ao contrato.

Assim, não sendo de desprezar a importância do questionário como elemento probatório indiciador da relevância da matéria em causa, não deverá o julgador, em qualquer caso, assumir, acrítica e necessariamente, a essencialidade da omissão ou inexactidão.

IV. Actualmente, o critério de relevância adoptado pela LCS tem um impacto importante em termos probatórios. De facto, no quadro do nº 1 do artigo 24º da LCS, o juízo de relevância assenta, como vimos (*supra*, VII.2.4) nas representações subjectivas do proponente concreto, ainda que temperadas por um elemento de objectividade (critério de razoabilidade). Assim, a verificação do pressuposto *relevância* depende dos referidos elementos subjectivo e objectivo, cujo ónus de alegação e prova cabe ao segurador[2976].

Ora, quer a dificuldade natural de prova do elemento subjectivo[2977], quer a verosimilhança do elemento objectivo do critério de relevância, são de molde a – mediante o recurso à experiência de vida do julgador – estabelecer, com toda a probabilidade, a convicção do juiz quanto à verificação do pressuposto em causa (critério de relevância). Desta forma, atenta a natureza dos factos em questão, a satisfação do ónus da prova pelo segurador deverá bastar-se com a prova de primeira aparência ou *prima facie*.

Na verdade, o referido elemento objectivo – critério adicional de razoabilidade que é, em última instância, o determinante e que aproxima o juízo de relevância da LCS do *reasonable insured test* do Direito inglês – vem facilitar a satisfação do ónus da prova. Com efeito, os juízes encontram-se familiarizados com o critério do "homem razoável" – reconduzindo-se, eles próprios, à categoria de "pessoas razoáveis" – pelo que podem aferir do *juízo de relevância* sem necessidades probatórias especiais por parte do segurador[2978].

[2976] Também neste sentido, Filipe Albuquerque Matos, *Uma Outra Abordagem...*, *cit.*, pp. 637-638. Também no sistema belga o ónus da prova da relevância (de acordo com um juízo de razoabilidade) é do segurador, embora, como refere Fontaine, surja facilitado quando a circunstância em causa resultava do questionário de declaração do risco – Marcel Fontaine, *Droit des Assurances*, *cit.*, p. 175.

[2977] Relativamente à dificuldade da prova da relevância, quando o critério de apuramento desta assente na apreciação subjectiva do proponente, refere Carlos Harten que «se se permitisse a desculpa para a não comunicação da circunstância com o fundamento de que o tomador desconhecia a sua importância, certamente o ónus da declaração do risco perderia o seu potencial sancionador, pois só em restritas hipóteses conseguiria o segurador demonstrar que o segurado tinha consciência da materialidade da circunstância erroneamente declarada» – Carlos Harten, *El Deber...*, *cit.*, p. 69 (trad. nossa).

[2978] Semin Park, *The Duty...*, *cit.*, p. 86. O critério da LCS transparece já espontaneamente de alguma jurisprudência portuguesa, embora formulado em termos mais confusos. Veja-se, p. ex., o Ac. STJ de 09/09/2010 – Proc. nº 3139/06.5TBBCL.G1.S1 (Oliveira Vasconcelos), que apela à "diligência média do homem médio, colocado na situação do declarante, sobre o conhecimento da essencia-

Sem prejuízo do que fica dito, a convicção do julgador poderá ser induzida por contraprova apresentada pelo tomador do seguro. Desde logo, poderá este provar que, no seu caso concreto, não deveria razoavelmente ter as circunstâncias em causa por relevantes. Por outro lado, embora o critério de relevância legalmente consagrado no nº 1 do artigo 24º prescinda da demonstração da efectiva essencialidade do facto para o segurador[2979], a contraprova sempre relevará na medida em que o tomador do seguro prove que o facto em causa *não influenciou* o segurador concreto na celebração do contrato.

V. Retornando à questão da presunção de relevância das matérias incluídas no questionário, cumpre tecer agora considerações adicionais no âmbito da LCS. Neste quadro, Arnaldo Oliveira sustenta que da conjugação dos nºs 1 a 3 do artigo 24º da LCS resulta uma presunção (ilidível) de que os factos cuja declaração é suscitada em questionário são relevantes para a apreciação do risco pelo segurador[2980].

lidade": «[...] não foi dado como provado que o segurado não podia ignorar que o facto de padecer de hemofilia era determinante para a avaliação do risco de vida e invalidez a que a ré seguradora se propunha suportar. No entanto, entendemos que o grau de diligência sobre o conhecimento dessa essencialidade tem que ser aferido pela diligência média de um homem médio, colocado na situação do declarante. Ora, é razoável afirmar que quem se propõe celebrar um seguro de vida e é hemofílico, não ignore que o conhecimento desse facto por parte da seguradora podia ser determinante para a decisão de contratar ou para as condições do contrato. Teríamos, pois, que concluir que embora não se tivesse provado que o segurado BB não podia ignorar a importância para a ré do conhecimento de que era hemofílico, o mesmo devia ter conhecimento dessa importância, aferindo-se essa diligência pelo tal homem médio de que acima falamos».

[2979] Pedro Romano Martinez, invocando, como regime subsidiário do artigo 25º da LCS, o do artigo 253º do CC, sublinha a existência de um requisito de efectiva essencialidade, cuja prova competiria ao segurador – Pedro Romano Martinez, "Artigo 25º – Comentários complementares", *in* Pedro Romano Martinez *et al.*, *LCS Anotada, cit.*, p. 165. Por seu turno, Paulo Mota Pinto sublinha as dificuldades inerentes à prova da causalidade entre a violação dos deveres de informação e a conduta do *errans*, nomeadamente quanto a saber-se se teria adoptado outro comportamento caso o dever de informação houvesse sido cumprido. Como nota o autor, a jurisprudência alemã admite, neste domínio, uma presunção de que a violação do dever de informação foi causal em relação ao dano do *errans* (presunção de comportamento conforme à informação) ou, em alguns casos, o recurso à prova de primeira aparência – Paulo Mota Pinto, *Interesse Contratual...*, Vol. II, *cit.*, p. 1385. Um *leading case* do BGH gerou, aliás, um precedente segundo o qual, «sobre quem viola um dever de informação ou de conselho impende o ónus da prova de que o dano também se teria verificado em caso de comportamento lícito, por o lesado ter desatendido qualquer conselho ou recomendação». *Ibidem*, n. 3909. O autor admite igualmente tal presunção no Direito português, concluindo que «será, pois, ao lesante que compete provar que, mesmo que tivesse cumprido os seus deveres, o lesado se teria comportado de igual modo, podendo aceitar-se uma fundamentação de tal presunção assente na diversidade dos encadeamentos causais (esclarecido e não esclarecido) ou na ideia de comportamento alternativo lícito» – *idem*, p. 1388.

[2980] Arnaldo Oliveira, "Artigo 24º – Anotação", *in* Pedro Romano Martinez *et al.*, *LCS Anotada, cit.*, pp. 140-141. Segundo o autor, «dir-se-ia que a presente presunção [...], que nos parece incontornável,

Embora nos pareça correcta esta posição numa perspectiva de *iure condendo*, não vemos como filiá-la nos preceitos referidos, na falta de uma menção legal expressa[2981]. Mas outro argumento milita contra aquele entendimento: é que o critério de essencialidade (relevância) consagrado no nº 1 do mesmo artigo é subjectivo e ligado à esfera do proponente (circunstâncias que *razoavelmente deva ter por significativas para a apreciação do risco pelo segurador*).

O autor sustenta também «a incontornabilidade da presunção (ilidível) de essencialidade do facto cuja declaração seja requerida em questionário entregue pelo segurador»[2982] a propósito do nº 2 do artigo 24º. Pela nossa parte, pensamos que a letra do preceito permite sustentar precisamente o entendimento contrário. É que ali se diz que o disposto no número anterior – ou seja, que o proponente está obrigado a declarar as circunstâncias que conheça *e que razoavelmente deva ter por significativas para a apreciação do risco pelo segurador – é igualmente aplicável a circunstâncias cuja menção não seja solicitada em questionário* eventualmente fornecido pelo segurador. Por outras palavras, o requisito do *juízo de razoabilidade* requer-se, quer no caso de factos perguntados no questionário, quer de outros que aí não sejam solicitados. Ou seja, mesmo quanto às questões inseridas no questionário, só existe dever de declaração do risco quanto a factos que o proponente razoavelmente deva ter por significativos, pelo que será defensável que os factos cuja declaração é suscitada em questionário *não beneficiam de uma presunção legal de relevância* (caso em que a lei dispensaria, para estes, o requisito do juízo de relevância).

Assistirá, assim, razão a Francisco Salavessa, quando defende que, mesmo quando um determinado facto seja contemplado numa pergunta do questionário, permanece o ónus do segurador de demonstrar a respectiva essencialidade[2983]? Como atrás referimos, pensamos que tal ónus de alegação e prova se mantém à

---

foi o preço a pagar pelo legislador do RJCS para consagrar a previsão do nº 3 do art. 24º – terá portanto entendido que, tudo ponderado, a protecção equilibradamente dada ao tomador do seguro e ao segurado valia bem um tal abatimento pró-segurador» – *idem*, p. 142. O autor ressalva, porém, o ónus de alegação da essencialidade do facto, bem como a alegação e prova de que a declaração do mesmo era suscitada no questionário – *ibidem*. Cfr. também Arnaldo Oliveira, *A Declaração...*, *cit.*, p. 12.

[2981] Atentos os critérios de interpretação da lei resultantes dos nºs 2 e 3 do artigo 9º do CC, não cremos que a interpretação formulada pelo autor seja legítima, já que não encontra qualquer vestígio de correspondência verbal na letra da lei; ora, se o legislador tivesse pretendido estabelecer a referida presunção haveria de tê-lo referido expressamente, à semelhança do que ocorreu na proposta de Directiva sobre o contrato de seguro (a presunção legal não se presume: antes deve decorrer expressamente da letra da lei).

[2982] Arnaldo Oliveira, "Artigo 24º – Anotação", *in* Pedro Romano Martinez *et al.*, *LCS Anotada*, *cit.*, p. 144.

[2983] Francisco Salavessa, *Formação...*, *cit.*, p. 25.

luz do critério de relevância expresso no nº 1 do artigo 24º da LCS. Porém, com uma especial particularidade a respeito do questionário.

Na verdade, face ao critério de relevância consagrado (LCS), pensamos que o proponente *não poderá razoavelmente deixar de ter por significativas* para a apreciação do risco pelo segurador as questões que lhe são colocadas por este. Ou seja, na apreciação da prova do pressuposto *relevância*, o julgador haverá de contar com uma presunção judicial quanto à relevância de matérias que o segurador concreto manifestamente reclama como significativas, pedindo para ser sobre elas informado (questionário), de tal modo que o proponente não poderá deixar de ter representado essa essencialidade[2984]. Ainda assim, sempre poderá o tomador do seguro que haja dado uma resposta inexacta a uma dessas questões oferecer contraprova, demonstrando justificadamente ser a mesma irrelevante.

Do mesmo modo, a redacção do questionário pode gerar no proponente uma convicção – a qual, mais do que uma representação meramente psicológica, pode fundar uma legítima confiança – da irrelevância de determinado facto[2985]. Do nosso ponto de vista, tais situações serão indicadores da irrelevância do facto, à luz do critério legal, permitindo afastar o incumprimento do dever de declaração do risco, por falta de um dos seus pressupostos[2986].

XII.1.4. Cont. Prova do grau de culpabilidade

I A necessidade de prova do grau de culpabilidade do proponente decorre do estabelecimento de regimes diferenciados em função do mesmo. O propósito de, mediante essa diferenciação, se assegurar uma regulação *materialmente mais justa* da declaração do risco acaba, afinal, por fazer depender a solução aplicável, não tanto da efectiva culpa do proponente, mas da prova que o segurador conseguir produzir a respeito da mesma.

[2984] No contexto italiano, a jurisprudência e a doutrina dominantes estabelecem uma presunção de que, constando a circunstância do questionário, tem o proponente a consciência da relevância do mesmo sobre o risco – Illa Sabbatelli, "Informazioni...", *cit.*, p. 407. Como igualmente nota Claude Berr, havendo um questionário sobre o risco, não poderá o proponente arguir a sua ignorância quanto à essencialidade dos factos omitidos – Claude J. Berr, "La déclaration...", *cit.*, p. 333.

[2985] Tal será o caso, como nota Júlio Gomes, de o segurador circunscrever temporalmente o âmbito dos factos que pretende conhecer (perguntando, p. ex., se se verificou um internamento hospitalar nos últimos três anos), ou de o segurador apresentar um questionário aparentemente exaustivo, mesmo sobre questões secundárias, que nada pergunta, porém, sobre dada matéria ["O dever de informação do (candidato a) tomador...", *cit.*, pp. 408 ss.].

[2986] De outra forma, sempre poderia invocar-se a existência de abuso do direito caso o segurador viesse a tentar prevalecer-se da omissão do proponente. A solução resulta, de resto, das regras gerais de Direito (instituto do abuso do direito), não obstante não poder retirar-se expressamente do nº 3 do artigo 24º da LCS.

Na generalidade dos sistemas jurídicos, sempre que o grau de culpa do proponente seja materialmente relevante, o respectivo ónus da prova pertence ao segurador. Porém, atenta a dificuldade de satisfação de tal ónus[2987], os ordenamentos comportam, em regra, soluções legais ou de prática forense que aliviam o referido fardo probatório, facilitando a prova.

Tanto no ordenamento belga[2988] como no francês, a prova da *intenção* (dolo) ou da má fé da contraparte cabe ao segurador. No caso francês, esse ónus decorre de uma presunção de boa fé estabelecida pelo CC francês[2989]. Não obstante, a jurisprudência francesa tende a inferir o dolo (intenção enganatória) de factos que o evidenciam com toda a probabilidade: a gravidade e manifesta relevância do facto não revelado; o carácter recente de tal facto; a diversidade e quantidade de omissões ou inexactidões; e a complementaridade entre omissões ou inexactidões (por exemplo, o proponente, num seguro automóvel omite vários sinistros anteriores e mente quanto à Companhia onde estava segurado; o proponente, num seguro de vida, omite um internamento hospitalar, um acidente e uma doença crónica)[2990]. Por outro lado, havendo resposta a um questionário sobre o risco e obedecendo as questões a uma formulação clara e compreensível, a má fé do proponente é facilmente estabelecida mediante a apresentação do questionário[2991]. E assim se chega praticamente, reconhece a doutrina, a uma *presunção de má fé* seguida na prática jurisprudencial: «a resposta inexacta a uma questão precisa permite ao segurador destruir facilmente a presunção de boa fé»[2992].

[2987] Reportando-se à experiência dos tribunais canadianos, refere Semin Park, p. ex., que a prova, pelo segurador, do dolo do proponente (*fraudulent intent*) em sede de declaração do risco tem sido muito difícil e só muito raramente é conseguida – Semin Park, *The Duty...*, *cit.*, pp. 34-35.

[2988] Marcel Fontaine, *Droit des Assurances*, *cit.*, p. 175.

[2989] Jérôme Kullmann, "La déclaration...", *cit.*, p. 687. Assim, como refere Kullmann, «não é a dúvida sobre a boa fé que permite ao juiz considerar a má fé, mas toda a dúvida sobre a má fé deve levar ao afastamento desta» – *idem*, p. 750 (trad. nossa). Assim, a invocação da má fé não poderá ser feita sem fundamento, até porque a falta de prova poderá implicar a condenação do segurador por danos causados ao proponente (*ibidem*).

[2990] James Landel, *Fausses Déclarations...*, *cit.*, pp. 37 ss.

[2991] Jérôme Kullmann, "La déclaration...", *cit.*, p. 702; James Landel, *Fausses Déclarations...*, *cit.*, p. 16. Na verdade, afirmam Groutel *et al.* que «o facto de pedir ao proponente que responda a questões (necessariamente claras e precisas) permite supor que, dando uma resposta inexacta, este teve a intenção de enganar o segurador» – Hubert Groutel *et al.*, *Traité...*, *cit.*, p. 181 (trad. nossa). Também no contexto alemão Reimer Schmidt refere a relevância do questionário no apuramento e prova do grau de culpa do proponente – Reimer Schmidt, "L'influenza...", *cit.*, p. 457.

[2992] Hubert Groutel *et al.*, *Traité...*, *cit.*, pp. 181-182 (trad. nossa). Porém, adianta Landel, havendo outra explicação plausível para a falsa declaração (para além do intuito enganatório), o proponente é favorecido pelo benefício da dúvida – James Landel, *Fausses Déclarations...*, *cit.*, p. 31.

Também em Itália, o ónus da prova do dolo ou da culpa grave[2993] do tomador do seguro pertence ao segurador[2994]. Perante a dificuldade probatória do grau de culpa do proponente, a jurisprudência italiana dominante determina o dolo ou a culpa grave com base em presunções simples, de acordo com juízos de probabilidade, estabelecendo uma relação directa entre o grau de culpa e a relevância objectiva e gravidade do facto não declarado: «quanto mais forte for a influência do facto omitido na determinação do risco, tanto mais difícil será demonstrar que aquele erro de avaliação não é imputável, pelo menos, a culpa grave»[2995]. Bastará, assim, que o segurador demonstre a omissão ou inexactidão sobre uma circunstância particularmente relevante para a análise do risco, dando-se como provado o dolo com base numa presunção judicial[2996]. Desta forma, em termos probatórios, «a gravidade da culpa desloca-se para o terreno da gravidade da omissão»[2997]. Sobre o tomador do seguro recai o ónus de produção de contraprova,

---

[2993] Alguma doutrina critica a opção do legislador italiano de aplicar a mesma cominação ao dolo e à culpa grave do proponente, com o argumento de que seria extremamente difícil distinguir as duas realidades (Filipe Albuquerque Matos, "As declarações reticentes...", *cit.*, p. 484). Na verdade, porém, o regime italiano tem precisamente por efeito a desnecessidade de distinguir as duas figuras (já que é a mesma a sanção para ambas) e a constituição das mesmas em situação-regra quanto ao estado subjectivo do proponente, facilitando a observância do ónus probatório pelo segurador. Aliás, como sustenta parte da doutrina, a culpa grave é um meio de presunção do dolo com relevância probatória (Angela Solimando, "Disciplina...", *cit.*, pp. 40-41).

[2994] P. ex., Claudio Bazzano, *L'Assicurazione...*, *cit.*, p. 127; Gianguido Scalfi, *Manuale...*, *cit.*, p. 99; Luigi Tramontano, *Codice Civile – Leggi Complementari Annotato con la Giurisprudenza*, Matelica, Halley Ed., 2007, p. 474.

[2995] Angela Solimando, "Disciplina...", *cit.*, p. 42 (trad. nossa).

[2996] Giovanna Visintini, *La Reticenza nella Formazione...*, *cit.*, pp. 66 ss. Como afirma a autora, «a jurisprudência que sob o código de 1942 foi chamada a decidir da aplicabilidade do artigo 1892º sempre aplicou o artigo na modalidade de dolo ou, pelo menos, de comportamento presumivelmente doloso do segurado, na hipótese em que não era credível, dada a gravidade da omissão, que esta fosse acompanhada de boa fé». *Idem*, pp. 69-70 (trad. nossa). Cfr. igualmente Cristina Cavaliere, "Le dichiarazioni...", *cit.*, pp. 326 ss.; Giuseppe Grisi, *L'Obbligo...*, *cit.*, p. 292 e *ibidem*, n. 46; Giuseppe Grisi, "L'omessa...", *cit.*, p. 752; e Matteo Mandó, "Dichiarazioni...", *cit.*, p. 821. Indicadores do dolo são igualmente: a consciência de estar a suscitar uma falsa representação do risco; o elevado nível sócio-cultural do proponente (denunciando que facilmente compreenderá as implicações dos seus actos) e a proximidade temporal entre a ocorrência do facto não declarado e a omissão ou inexactidão relativa ao mesmo (denunciando que o proponente não podia deixar de o ter presente ou que a própria motivação para a celebração do contrato possa residir nesse facto) – Luigi Letta, "Dichiarazioni...", *cit.*, p. 184; Alberto Polotti di Zumaglia, "Profili civilistici e assicurativi della cartella clinica", *DEA*, Ano 34, nº 4 (Out.-Dez. 1992), p. 747.

[2997] Cristina Cavaliere, "Le dichiarazioni...", *cit.*, p. 326. Sublinhe-se, assim, o *processo de objectivação* que as noções de dolo (e culpa grave) têm vindo a sofrer na jurisprudência italiana, surgindo a censurabilidade da conduta associada à essencialidade objectiva da circunstância não exactamente informada – Giuseppe Grisi, "L'omessa...", *cit.*, p. 750.

cumprindo-lhe demonstrar que, apesar da diligência empregue, não podia ter presente o facto em causa ou atribuir-lhe a devida relevância[2998].

Em Espanha – onde se assinala a dificuldade de distinção entre a culpa grave, média ou leve, operada *in casu* pelo tribunal[2999] – o ónus da prova do dolo ou culpa grave pertence ao segurador[3000]. Embora a jurisprudência imponha um elevado rigor probatório, no sentido em que «se deve exigir que a vontade do segurado seja inequívoca, no sentido que deve ser clara a intenção de querer enganar o segurador»[3001], a verdade é que é escassa a relevância de tal estado subjectivo, que apenas influencia aspectos periféricos do regime aplicável.

Na Alemanha, mesmo em sede de responsabilidade civil extra-contratual, perante as dificuldades de prova da culpa alheia, a jurisprudência, não reconhecendo uma inversão do ónus da prova, admite, porém, a prova de primeira aparência ou *prima facie* (presunções simples) – mediante o estabelecimento de factos que, de acordo com os princípios da experiência comum, indiquem a verosimilhança da culpa – permitindo ao "lesante" demonstrar que o dano não procedeu de culpa sua[3002].

Embora no sistema jurídico dos EUA a prova do dolo caiba ao segurador, jurisprudência firmada no caso *Penn Mutual Life Insurance Co. v. Mechanics' Savings Bank and Trust Co.*[3003], aplicável aos seguros terrestres, reconhece uma presunção (ilidível) do dolo (*fraudulent intent*) do proponente sempre que a relevância do facto não informado seja evidente. Assim, é o segurador aliviado do pesado ónus da prova do dolo da contraparte[3004].

Carlos Harten refere que, no contexto brasileiro, «a jurisprudência tem exigido a prova "diabólica" do segurador de demonstrar a má fé do segurado»[3005]. Em virtude da referida dificuldade, alguma doutrina enfatiza, precisamente em matéria do estado subjectivo do agente, a relevância da prova por indícios e presunções[3006].

[2998] Angela Solimando, "Disciplina...", *cit.*, p. 42. A autora fala numa verdadeira inversão do ónus da prova.

[2999] Eliseo Sierra Noguero, "La prueba...", *cit.*, p. 144.

[3000] Josefa Brenes Cortés, "Algunas cuestiones...", *cit.*, p. 1789; Eliseo Sierra Noguero, "La prueba...", *cit.*, p. 143.

[3001] José Domingo Monforte, "Seguros...", *cit.*, p. 7 (trad. nossa).

[3002] Adriano Vaz Serra, "Culpa...", *cit.*, p. 87.

[3003] 72 F. 413 (6th Cir. 1896), *apud* Francis Achampong, "*Uberrima fides*...", *cit.*, p. 342.

[3004] Semin Park, *The Duty...*, *cit.*, p. 36.

[3005] Carlos Harten, *El Deber...*, *cit.*, p. 29.

[3006] Ernesto Tzirulnik e Alessandro Octaviani, "Seguro...", *cit.*, p. 17 ss. Neste contexto, refere Moacir Amaral Santos que «onde se manifesta, em toda a sua plenitude, a importância das presunções e indícios, é quando se cura de provar estados de espírito – a ciência ou ignorância de certo facto, a boa fé, a má-fé, etc. – e, especialmente, de provar as intenções, nem sempre claras e

Cabe ainda a referência ao regime colombiano, onde a doutrina extrai do artigo 1058º do CCom um ónus probatório diferenciado em função do recurso (facultativo) a um questionário de risco. Assim, enquanto a declaração espontânea impõe ao segurador o ónus da prova da culpa do proponente, o recurso ao questionário exonera-o desse ónus[3007].

Na Argentina, não obstante a letra do artigo 5º da Lei 17.418, alguma doutrina sustenta que a prova pericial obrigatória tem por fim, não só a determinação da relevância do facto não declarado, mas a própria determinação do grau de culpabilidade do proponente[3008].

Entre nós, é ao segurador que cabe a prova do dolo (ou do dolo com o propósito de obter uma vantagem) do tomador ou do segurado enquanto pressuposto constitutivo da faculdade anulatória do contrato (nº 1 do artigo 342º do CC) e impeditivo do direito do tomador do seguro (nº 2 do artigo 342º do CC)[3009]. A jurisprudência é também unânime neste sentido: «o "ónus probandi" do propósito doloso de tais [falsas] declarações [...] cabe à seguradora» – Ac. TRC de 16/04/2002 – Proc. 1896/00 (Hélder Almeida)[3010].

II. Os mais diversos quadrantes da doutrina salientam as dificuldades de prova do grau de culpa do tomador, que, no domínio inteiramente subjectivo e interno dos factos psicológicos, das intenções alheias, se revela *quase* impossível[3011]. Se na prática de alguns factos, a exteriorização de uma conduta é pas-

---

não raramente suspeitas, ocultas nos negócios jurídicos». E acrescenta: «tratando-se de intenções suspeitas, ou melhor, nos casos de dolo, fraude, simulação, e actos de má-fé em geral, as presunções e indícios assumem o papel de prova privilegiada, ou, sem que nisso vá qualquer exagero, de prova específica». Moacir Amaral Santos, *Primeiras Linhas de Direito Processual Civil*, Vol. II, 9ª Ed., São Paulo, Ed. Saraiva, p. 506, *apud* Ricardo Bechara Santos, "Algumas...", *cit.*, p. 27.

[3007] Andrés Ordóñez Ordóñez, *Las Obligaciones...*, *cit.*, pp. 34-35.

[3008] Como afirma Carlos Alberto Ghersi, «trata-se de, mediante o juízo técnico científico e especializado, determinar se os factos foram declarados ou omitidos (como declaração falsa) ou se o foram com intencionalidade (reticência) para obter uma vantagem desproporcionada e sem justificação [...]; isso não pode suprir-se com outros meios de prova, e está a cargo da companhia de seguros oferecê-la» (*Contrato...*, *cit.*, p. 152 – trad. nossa).

[3009] Cfr. Júlio Gomes, "O dever de informação do (candidato a) tomador...", *cit.*, pp. 427-428; e, quanto ao regime do CCom, Arnaldo Pinheiro Torres, *Ensaio...*, *cit.*, p. 104.

[3010] Em sentido convergente, Ac. STJ de 16/01/1987 – Proc. 1488 (Correia de Paiva); Ac. STJ de 02/07/1997 – Proc. 97S067 (Almeida Deveza); Ac. TRC de 20/06/2000 – Proc. 1101/2000 (Hélder Roque); Ac. TRP de 07/05/2001 – Proc. 150336 (Paiva Gonçalves); Ac. TRL de 31/05/2001 – Proc. 38438 (Gonçalves Rodrigues).

[3011] António Dâmaso Bentinho, *Os Deveres...*, *cit.*, p. 39; Comité Européen des Assurances, "8ème Colloque...", *cit.*, p. 313; Stéphane Corone, "L'assuré...", *cit.*, p. 52 ; Robert Jerry II, *Understanding...*, *cit.*, p. 700; Guido Tedeschi, "«Misrepresentation»...", *cit.*, p. 492; e The Law Commission, *Insurance...*, *cit.*, p. 90.

sível de deixar transparecer o estado subjectivo do agente, tal não é o caso no incumprimento de deveres de informação. Como refere, a propósito, Cavaleiro de Ferreira, «os actos psíquicos são de difícil comprovação por terceiros; não se comprovam em si mesmos, mas mediante ilações»[3012].

Essa mesma dificuldade probatória transparece de muita da nossa jurisprudência, que consegue determinar a culpa, mas não o grau de culpa. Veja-se, a propósito, o Ac. TRC de 16/11/2010 – Proc. nº 2617/03.2TBAVR.C1 (Jaime Carlos Ferreira): «os factos supra referidos eram, à data da outorga do contrato de seguro, do perfeito conhecimento da Autora e seu marido, tudo indicando, pois, que se quis, deliberada ou negligentemente, ocultar os ditos factos à seguradora, dado que os mesmos eram muito recentes à data da referida outorga [...]»[3013]. Ora, os critérios de distinção entre o dolo e a negligência estão longe de ser simples e pacíficos, embora, no quadro da LCS, assumam uma relevância fundamental quanto ao regime a aplicar ao incumprimento do dever de declaração.

III. Vimos oportunamente (supra, III.3) como a responsabilidade pré-contratual e, inerentemente, a tutela da confiança do segurador constituem, entre outros, fundamentos do regime da declaração pré-contratual do risco. Perante o ordenamento nacional, o dever pré-contratual de informação a que o proponente está vinculado no âmbito do contrato de seguro (nº 1 do artigo 24º da LCS) e a respectiva cominação constituem, assim, uma configuração especial da culpa in contrahendo, consagrada no artigo 227º do CC. A própria cominação, na parte que concerne a perda do prémio a favor do segurador, pode ser entendida como uma indemnização a forfait – isto é, de grandeza pré-determinada em abstracto – destinada a reparar o dano do segurador com a cessação do contrato no período em curso.

Tivemos igualmente oportunidade de mencionar (supra, III.3.4.III), quanto à natureza da responsabilidade pré-contratual, a posição dominante na doutrina e com amplo eco na jurisprudência[3014], segundo a qual, considerando a natureza

---

[3012] Manuel Cavaleiro de Ferreira, Lições..., Vol. I, cit., p. 213. Neste contexto, defende o autor que uma evidência manifesta do elemento cognitivo do dolo indicia a intensidade do elemento volitivo do mesmo – idem, p. 214. No nosso caso, diríamos que a evidência de que o proponente conhecia determinados factos e os omitiu ou falseou indicia uma intenção (dolo) de prestar informações contendo omissões ou inexactidões. Cfr. também Luca Buttaro, "In tema...", cit., p. 754.

[3013] Cfr. também o Ac. TRP de 04/10/2010 – Proc. nº 1793/09.5TJPRT.P1 (Maria Adelaide Domingos): «é forçoso concluir que as declarações da proponente são inexactas por contrárias à realidade, que a mesma tinha consciência dessa inexactidão, o que determina que, pelo menos, não possa deixar de se entender que agiu como negligência ao prestá-las, tanto mais que sabia da relevância das mesmas para a seguradora com vista a aferir do risco envolvido no contrato».

[3014] António Menezes Cordeiro, Tratado..., I, Tomo I, cit., p. 517 e n. 1368.

específica, determinada, concreta da relação estabelecida entre as partes, bem como a natureza da vinculação a que estão sujeitas, está em causa a responsabilidade contratual (embora reportada a um momento em que o contrato não se encontra ainda concluído)[3015]. Ou ainda a posição segundo a qual estaria em causa uma *media via*, traduzida na responsabilidade pela confiança e cujo regime seria predominantemente aplicado por analogia com o da responsabilidade contratual[3016].

Ora, se na responsabilidade delitual o lesado está onerado com a prova da culpa, nos termos do nº 1 do artigo 487º do CC – autêntica *probatio diabolica*, como reconhece a doutrina[3017] – já no quadro da responsabilidade contratual ocorre uma inversão do ónus da prova[3018]. Na verdade, em sede de responsabilidade contratual vigora uma presunção legal (nº 1 do artigo 344º e artigo 350º do CC) de culpa do devedor, nos termos do nº 1 do artigo 799º do CC[3019]. Tal presunção terá por fundamento, quer o pressuposto, assente na experiência comum, de que *normalmente* o incumprimento da obrigação resulta de negligência do devedor, quer da perspectiva de que a alegação e prova da ausência de culpa é mais fácil ao devedor do que a inversa ao credor (que deverá, não obstante, alegar e provar o incumprimento)[3020]. Ora, o efeito útil da qualificação da *culpa in contrahendo*

[3015] Como refere Menezes Cordeiro, «há *incumprimento obrigacional* quando o dever de informar surja no âmbito duma *ligação específica*: culpa in contrahendo, boa fé contratual ou manifestações legais do dever de informar dentro de situações de tipo contratual» – António Menezes Cordeiro, *Direito Bancário...*, *cit.*, p. 137.

[3016] Cfr. Luís Menezes Leitão, *Direito das Obrigações*, Vol. I, *cit.*, p. 377.

[3017] Como nota Menezes Leitão, a dificuldade probatória a cargo do lesado «reduz em grande medida as suas possibilidades efectivas de obter indemnização» – Luís Menezes Leitão, *Direito das Obrigações*, Vol. I, *cit.*, p. 332. No mesmo sentido, nota Vaz Serra que «o juiz pode obviar a eles [problemas de prova] utilizando ao máximo presunções simples e regras de experiência comum» – Adriano Vaz Serra, "Culpa...", *cit.*, p. 85.

[3018] Este princípio da inversão do ónus da prova da culpa na responsabilidade contratual encontra-se, de resto, consagrado na generalidade dos ordenamentos, designadamente no alemão – Carlos Mota Pinto, *Cessão...*, *cit.*, p. 351, n. 1; João Antunes Varela, *Das Obrigações...*, Vol. II, *cit.*, p. 102.

[3019] Inocêncio Galvão Telles, *Direito das Obrigações*, *cit.*, p. 326. Para Menezes Cordeiro, o nº 1 do artigo 799º do CC constitui uma autêntica presunção de *faute* (ilicitude e culpa) do obrigado, pelo que a falta de informação o responsabiliza automaticamente (excepto se provar que prestou a informação ou que se verificou uma causa de justificação ou de escusa) – cfr., desenvolvidamente, António Menezes Cordeiro, *Da Responsabilidade...*, *cit.*, pp. 446 ss. Também para Manuel Carneiro da Frada, a referida presunção não respeita apenas à censurabilidade da conduta do devedor inadimplente, mas «também à *existência de um comportamento faltoso do devedor* e à *causalidade entre esse comportamento e a falta de cumprimento ou o cumprimento defeituoso* da prestação verificados» (*Uma "Terceira Via"...*, *cit.*, p. 29). Para Miguel Teixeira de Sousa tratar-se-á, mais concretamente, de uma presunção *de negligência* – Miguel Teixeira de Sousa, *O Concurso...*, *cit.*, pp. 273; 275; e 317 ss.

[3020] João Antunes Varela, *Das Obrigações...*, Vol. II, *cit.*, p. 101, n. 1. De resto, como afirma o autor, «o dever jurídico infringido está, neste caso, de tal modo *concretizado, individualizado* ou

reconduzindo-a à responsabilidade contratual é precisamente o de, por via da presunção de culpa do devedor, se conseguir «um funcionamento mais líquido do instituto»[3021].

Embora não consideremos defensável a aplicação directa do nº 1 do artigo 799º do CC ao incumprimento do dever de declaração do risco (atento o regime especial que o disciplina), pensamos, no entanto, que se impõe o reconhecimento de uma lacuna quanto à prova da culpa do proponente, a preencher por aplicação analógica do referido nº 1 do artigo 799º. Assim, não tem o credor daquele dever (o segurador) de provar que o vinculado ao mesmo (o proponente) agiu com culpa (nº 1 do artigo 350º do CC), mas apenas de que violou o dever[3022], cumprindo a este alegar e provar que não houve culpa sua.

IV. Porém, ainda que pesem os argumentos a favor de uma imposição, ao proponente, do ónus da prova de que agiu com a diligência devida (e de que o incumprimento do dever de informação não se deveu a culpa sua), não é indiferente, no quadro da LCS, o grau de culpa do proponente, já que são bem diversas as consequências em caso de dolo ou de negligência. Ora, a presunção do nº 1 do artigo 799º do CC não permite inferir mais do que a negligência do proponente[3023], não contribuindo para solucionar a dificuldade probatória do dolo.

O problema referido é uma consequência da discutível arquitectura do próprio sistema legal[3024], que, quando repousa no paradigma regulatório da culpa, conjuga duas vertentes profundamente incoerentes entre si. No plano do regime substantivo – procurando assegurar a equidade e a justiça material – atribui relevância determinante ao grau de culpa do proponente, apresentando soluções (ou sanções) diferenciadas para os casos de incumprimento doloso ou negligente.

---

personalizado, que se justifica que seja o devedor a pessoa onerada com a alegação e a prova das razões justificativas ou explicativas do não cumprimento» – *idem*, p. 101. Cfr. igualmente Maria Victória Rocha, "A imputação...", *cit.*, p. 63; Adriano Vaz Serra, "Culpa...", *cit.*, p. 82; Eva Moreira da Silva, *Da Responsabilidade...*, *cit.*, p. 207. Como remata Vaz Serra, «não é exigível ao credor, no plano da razoabilidade e da justiça, a prova da culpa do devedor» – Adriano Vaz Serra, "Provas...", *cit.*, nº 110, p. 165.

[3021] António Menezes Cordeiro, *Tratado...*, I, Tomo I, *cit.*, p. 517. Cfr. também Jorge Sinde Monteiro, "Culpa *in contrahendo*...", *cit.*, p. 14. Esta solução, para além de gerar um incentivo adicional de diligência na fase pré-contratual, com benefício para a segurança do tráfico jurídico negocial, confere uma maior protecção à parte desfavorecida pela assimetria informativa – Eva Moreira da Silva, "O ónus...", *cit.*, pp. 291 ss.

[3022] Impõe-se, não obstante, que o segurador alegue e prove os vários pressupostos de facto de que depende o seu direito, designadamente que o proponente conhecia (ou deveria conhecer) o facto não exactamente declarado.

[3023] Miguel Teixeira de Sousa, *O Concurso...*, *cit.*, pp. 317 ss.

[3024] Luca Buttaro, "In tema...", *cit.*, p. 755.

No plano do regime adjectivo, atribui ao segurador o ónus da prova do dolo, decorrente de um estado de ânimo do proponente. Desta forma, a articulação do regime material com o processual levará, na prática forense, não a um tratamento diferenciado em função da culpa, mas a um tratamento da *generalidade dos casos* de incumprimento do dever de declaração pelo regime mais benévolo das omissões e inexactidões negligentes. Em vez de sancionar o dolo e perdoar a negligência, como meio de realização da justiça material, o sistema legal premeia a eficácia do dolo e da fraude e penaliza o segurador por não demonstrar processualmente o indemonstrável.

A relevância prática da dificuldade probatória que onera o segurador poderia ser quase nula se a diferença entre o regime do incumprimento doloso e o do negligente fosse desprezível. Porém, não é esse o caso. Com efeito, a diversidade de soluções torna-se abissal por força de um duplo mecanismo. Por um lado, (1) o *requisito da causalidade*, estabelecido no nº 4 do artigo 26º da LCS para os casos em que as omissões ou inexactidões negligentes só são descobertas pelo segurador após o sinistro (situação, que constitui a regra, em que, participado o sinistro, o segurador vem investigar as respectivas circunstâncias e descobre que a descrição do risco não correspondia à realidade conhecida do proponente). Ora, caso o segurador não logre provar o dolo do proponente, terá *sempre* de efectuar a sua prestação se o facto omitido não for causal do sinistro (mesmo que consiga demonstrar que em caso algum teria celebrado o contrato se tivesse tido conhecimento de tal facto). Por outro lado, (2) a *cláusula de incontestabilidade* (artigo 188º da LCS). Caso o segurador não logre demonstrar que as omissões ou inexactidões foram dolosas terá de efectuar a sua prestação por sinistro, em qualquer caso, se este ocorrer passados dois anos sobre a conclusão do contrato.

O que vimos de dizer poderá ser testado num caso prático, julgado no Ac. TRL de 15/04/2010 – Proc. nº 421/07.8TCFUN.L1-6 (Granja da Fonseca). Segundo a matéria de facto assente, num seguro de vida, a pessoa segura – que padecia de diabetes há, pelo menos, 14 ou 15 anos, para o que vinha sendo medicada – omite, em 1999, o facto no questionário de declaração do risco, vindo a falecer de insuficiência renal e pneumonia bilateral em 2006. Embora as dificuldades que já apontámos tenham impedido a determinação do grau de culpa em causa, foi dada como provada uma actuação culposa da proponente[3025]. A prova dos pressupostos de facto do artigo 429º do CCom permitiu, assim, a anulação do con-

---

[3025] Neste domínio, lê-se no acórdão: «ainda que os factos não permitam concluir que a falecida M..., com esta declaração, quis distorcer as circunstâncias em que as partes contrataram, em especial, a seguradora, o seu comportamento, declarando factos que sabia serem falsos, [...] revela, pela sua leviandade, desleixo ou incúria, uma evidente omissão de diligência exigível ao "homem médio normal" sempre merecedora de reprovação, não podendo, consequentemente, deixar de se considerar este comportamento como culposo».

trato, ficando o segurador exonerado da sua prestação. Ora, se os mesmos factos fossem apreciados à luz da LCS, e não tendo sido (como não foi) provado o dolo da pessoa segura, o decurso do prazo de dois anos teria determinado a incontestabilidade do contrato, ficando o segurador obrigado a efectuar a sua prestação. Ainda que assim não fosse, e embora se tenha provado, no caso concreto, que «a diabetes vai gerando, ao longo da evolução da doença, um conjunto de patologias», não foi provada a existência de um nexo de causalidade entre os factos omitidos e o sinistro[3026]. Em consequência, à luz do nº 4 do artigo 26º da LCS, *a contrario*, o segurador não poderia recusar a sua prestação mesmo que demonstrasse que, em caso algum, celebra seguros de vida com pessoas afectadas pela diabetes. Pensamos que o presente exemplo é demonstrativo de como o Direito substantivo, ao relegar o cerne da decisão para o plano probatório em domínios onde a prova é quase impossível ou, pelo menos, extremamente contingente, desvirtua a realização da justiça material[3027].

V. A "prova diabólica" do estado subjectivo do proponente revela-se, assim, o principal obstáculo – de carácter processual – à consecução do equilíbrio material visado. A solução para este problema assentará, segundo pensamos, em duas alternativas[3028]. Desde logo, o estabelecimento de uma presunção legal do dolo do proponente sempre que a essencialidade e gravidade do facto omitido sejam importantes e inequívocas[3029].

[3026] Como sublinha Filipe Albuquerque Matos, também a prova da causalidade entre o facto omitido e o sinistro, quando exigida (nº 4 do artigo 26º da LCS), cabe ao segurador – Filipe Albuquerque Matos, *Uma Outra Abordagem...*, *cit.*, pp. 637-638.

[3027] Na verdade, cabe perguntar, de *iure condendo*, e face ao exemplo dado, qual a relevância da censurabilidade da conduta da proponente. Será importante saber se omitiu o facto intencionalmente, contando falecer no curto prazo e beneficiar, assim, a família (dolo directo)? Se o fez porque pretendia que lhe fosse concedido um crédito à habitação e a omissão daquela informação lhe pareceu ser a única forma de conseguir o seu objectivo (dolo necessário)? Se o fez porque, p. ex., não se deu ao trabalho de ler sequer o questionário clínico, pouco lhe importando que as informações ali constantes fossem ou não correctas (dolo eventual)? Ou se não quis perder tempo a ler as questões antes do preenchimento, lembrando-se do seu problema clínico mas confiando que nenhuma das questões o abrangeria e que a seguradora nunca viria a descobrir (negligência consciente)? Ou se nem perdeu tempo a pensar na sua situação clínica, não lhe ocorrendo, no imediato, a doença de que padecia (negligência inconsciente)? Será possível ao segurador conhecer – e, mais do que isso, provar – o que se traduz, afinal, num estado subjectivo? E será razoável, face ao que está em jogo, formular-se essa exigência?

[3028] No mesmo sentido, Guido Tedeschi, "«Misrepresentation»...", *cit.*, p. 492.

[3029] Esta solução, embora sob a forma de uma presunção judicial, perpassa, por vezes, por algumas decisões jurisprudenciais. Veja-se o exemplo do Ac. TRL de 23/09/2010 – Proc. nº 1295/04.6TBMFR-6 (José Eduardo Sapateiro): «É manifesto que o segurado (marido e pai dos Autores), ao firmar o contrato de seguro de vida dos autos, respondeu de uma forma voluntária, consciente e intencional (portanto, dolosa, intensa e grave [...]) ao questionário constante do verso

Opção legislativa diversa seria o estabelecimento do mesmo regime para qualquer grau de culpa do segurado, associando consequências jurídicas a determinados pressupostos objectivos (regime do Direito inglês ou do suíço). Como escrevia Ferreira Borges, «se o segurado não fez conhecer alguma circunstância essencial, que não devia ignorar-se, fosse isso por dolo, esquecimento ou negligência, não é por isso menos culpado»[3030]. Pela nossa parte, pensamos ser de sublinhar a justiça de qualquer das soluções.

XII.1.5. A determinação da indemnização proporcional

As dificuldades de aplicação prática da solução de proporcionalidade acolhida na alínea a) do nº 4 do artigo 26º da LCS são familiares à jurisprudência francesa. Em caso de litígio, se o segurador apresentar ao juiz o valor do prémio que cobraria caso tivesse tido conhecimento das circunstâncias reais do risco e o segurado não se opuser a tal valor, é com ele que o juiz opera (normalmente, através de uma regra proporcional). Caso, porém, o segurado ponha em causa aquele valor, cabe ao segurador o respectivo ónus da prova[3031], que poderá satisfazer documentalmente, mediante a apresentação de tarifas, normas de subscrição, tabelas de agravamentos, cadernos de formação de mediadores ou dados estatísticos que permitam suportar o prémio apontado[3032].

Ora, se alguns riscos são passíveis de tarifação, dando lugar à aplicação de um sobreprémio pré-definido, outros assumem natureza qualitativa, única e quase irrepetível. Por outro lado, a situação clínica é apreciada na sua globalidade, conjugando-se as várias patologias em causa com o passado clínico da pessoa segura, a sua idade e o prazo do contrato. A complexidade da análise do risco faz com que o mesmo seja, em regra, apreciado por um analista de risco (ou um médico), sendo o eventual agravamento, relativamente à tarifa-base, aplicado com carácter casuístico. Assim, é quase impossível ao segurador demonstrar – ao menos documentalmente ou com dados estatísticos seguros – a forma de aplicação do agravamento do prémio, obrigando ao recurso a peritos[3033]. O ónus da prova revela-se, pois, pesado, pondo em causa a própria exequibilidade do regime material[3034].

---

da proposta, no que toca aos dois aspectos já antes analisados (intervenção cirúrgica e doença renal), quando a natureza das perguntas e o seu conhecimento necessariamente objectivo, directo e pessoal lhe impunha outras respostas, inevitavelmente afirmativas e enunciativas daqueles aspectos».

[3030] José Ferreira Borges, *Commentários...*, *cit.*, p. 131.

[3031] Jérôme Kullmann, "La déclaration...", *cit.*, p. 737; Vittorio Salandra, "Dell'Assicurazione", *cit.*, p. 216; Gianguido Scalfi, "Artt. 1882-1903", *in* Paolo Cendon (Ed.), *Commentario al Codice Civile*, Vol. IV, Torino, UTET, 1991, p. 1645.

[3032] Hubert Groutel *et al.*, *Traité...*, *cit.*, p. 185.

[3033] Cristina Cavaliere, "Le dichiarazioni...", *cit.*, p. 323; Vittorio Salandra, "Le dichiarazioni...", *cit.*, p. 9; Giovanna Visintini, *La Reticenza nella Formazione...*, *cit.*, p. 59.

[3034] The Law Commission, *Insurance...*, *cit.*, p. 63.

Tais dificuldades terão já levado a jurisprudência francesa a recorrer a critérios de equidade, calculando de forma discricionária e sem base aritmética o prémio ou a indemnização devidos[3035], solução que não é coerente com os objectivos do regime material. Solução diversa – extrair da falta de prova a conclusão de que o segurador não teria aplicado qualquer agravamento – revela-se ainda mais gravosa[3036].

XII.2. A PROVA FACE À PROTECÇÃO DE DADOS DE SAÚDE

XII.2.1. A problemática

I. A propósito das especificidades dos seguros de vida tivemos oportunidade (*supra*, X.2) de analisar o âmbito do dever de informação sobre dados clínicos a que o proponente se encontra obrigado, bem como as limitações colocadas ao segurador na acessibilidade e tratamento de dados de saúde. A problemática deslocar-se-á agora para o plano probatório: a satisfação do ónus da prova que compete ao segurador, quanto à demonstração dos factos em que assenta o seu direito à anulação ou cessação do contrato por incumprimento do dever informativo. Na verdade, a prova – quer das omissões ou inexactidões, quer do conhecimento pelo proponente dos factos não declarados, quer mesmo da essencialidade de tais factos ou, no caso do nº 4 do artigo 26º da LCS, da causalidade entre eles e o eventual sinistro – pode prender-se com a apresentação ao tribunal, e a valoração por este, de dados clínicos que o segurador conheça ou de que suspeite mas aos quais não tenha podido aceder.

A questão está em que, nos seguros de vida, e já em sede de execução do contrato – mormente no decurso da participação do sinistro e, sobretudo, se as respectivas circunstâncias forem suspeitas – o segurador poderá ter necessidade de verificar qual o estado de saúde da pessoa segura à data da conclusão do contrato, aferindo, assim, se foi cumprido o dever pré-contratual de declaração do risco. Para tanto, terá de recorrer a documentação clínica solicitada ao médico assistente da pessoa segura ou, eventualmente, a um serviço hospitalar.

Neste quadro, várias dificuldades podem colocar-se. Desde logo, o segurado (ou, tratando-se de um sinistro de morte, os respectivos herdeiros) pode, invocando o direito à reserva sobre a intimidade da vida privada, negar o consenti-

---

[3035] André Besson, "La sanction...", *cit.*, p. 57; Jérôme Kullmann, "La déclaration...", *cit.*, p. 738; The Law Commission, *Insurance...*, *cit.*, p. 63.

[3036] No caso da prática italiana, as dificuldades operatórias colocadas pelas cominações previstas para as omissões ou inexactidões sem dolo nem culpa grave (mormente, a dificuldade de determinação do valor da indemnização proporcional), implicando o recurso a peritos, tem vindo a reduzir o campo de aplicação do artigo 1893 face à mais simples e fácil aplicação das cominações do artigo 1892 (omissões ou inexactidões com dolo ou culpa grave) – Angela Solimando, "Disciplina...", *cit.*, p. 37.

mento para o acesso a dados clínicos ou para o contacto do médico assistente, ou este pode recusar o fornecimento da informação com base no dever de sigilo que sobre ele impende (ainda que sob reserva de confidencialidade e mesmo que essa informação seja solicitada pelos serviços médicos do segurador)[3037].

Noutros casos, em que tenha ocorrido a morte da pessoa segura, as instituições médicas ou hospitalares condicionam o fornecimento de informação clínica à prévia autorização da Comissão Nacional de Protecção de Dados – CNPD[3038]. Porém, mesmo quando a pessoa segura haja dado, em vida, consentimento para o efeito, a CNPD recusa sistematicamente essa autorização invocando a falta de verificação dos requisitos legais do consentimento.

Perante o impasse criado, pode, é certo, o segurador recusar-se a regularizar o capital contratado enquanto não lhe for fornecida toda a documentação que considere necessária (designadamente, a ficha clínica)[3039]. Porém, ante essa recusa, sujeita-se o segurador a ser demandado pelos beneficiários do contrato de seguro, numa acção de cumprimento, sem que disponha de meios de prova que suportem a sua posição[3040]. De resto, ainda que o segurador logre aceder à

[3037] Veja-se, a título de exemplo, o Ac. TRL de 17/03/2011 – Proc. nº 2360/08.6YXLSB.L1-2 (Maria José Mouro), onde se considerou que «no âmbito de um contrato de seguro – ramo vida – nos termos do nº 2 do art. 342 do CC compete à seguradora, R. no processo, a prova de que o segurado produziu declarações inexactas ou reticentes quando da celebração do contrato» e que «da circunstância de se ter apurado que o tomador do seguro faleceu em 22 de Abril de 2007 constando do certificado de óbito que a causa directa da morte foi meningite criptocócica devida ou consecutiva a infecção por vírus da imunodeficiência humana *não resulta necessariamente que à data de celebração do contrato de seguro (em 11 de Outubro de 2006), quando respondeu ao inquérito clínico, tivesse conhecimento da sua infecção por aquele vírus (nem mesmo que a devesse conhecer)»*. Em consequência, e porque «a documentação [clínica sobre a data do diagnóstico da doença] não foi obtida dada a posição assumida pelo Centro Hospitalar de Setúbal, no sentido de não ser autorizado o acesso das seguradoras à informação clínica de um segurado para efeito de instrução de processo relativo a seguro de vida», foi a seguradora condenada ao pagamento da sua prestação.

[3038] A própria CNPD reconhece a importância central da matéria ao constatar o «grande volume de pedidos de acesso a dados pessoais de saúde, quer por parte das Companhias de Seguros, quer por parte dos familiares, para efeitos de pagamento/recebimento de indemnizações em virtude da morte do segurado e por força de contrato de seguro do ramo Vida» – http://www.cnpd.pt/bin/decisoes/2006/htm/del/del072-06.htm (consult. 25/06/2010).

[3039] Alberto Polotti di Zumaglia, "Profili...", *cit.*, p. 749.

[3040] Sabine Abravanel-Jolly, "Le secret médical en assurance de personnes", *RGDA*, 2005, nº 4, p. 888. Como nota a autora, a questão coloca-se também quando, do apuramento da causa da morte, em seguros de vida, depende a aceitação ou recusa do sinistro (por verificação ou não de uma exclusão do risco) ou a determinação do capital aplicável (quando existe um factor de duplicação ou triplicação do capital em caso de morte por acidente), caso em que o segurador necessita igualmente de aceder a documentação clínica relevante. Considere-se, a propósito, o Ac. TRP de 07/11/2005 – Proc. 554793 (Martins Lopes). Numa acção interposta contra uma seguradora para cumprimento de um contrato de seguro de vida, alegou a Ré «que quando lhe foi participada a morte do tomador do seguro D, solicitou certidão de óbito com a causa da morte. E, no caso de ter sido provocada por

informação clínica sem o consentimento expresso do segurado ou dos seus herdeiros, arrisca-se a, em tribunal, ver impugnada a licitude do meio de prova[3041].

O problema é tanto mais sensível quanto, em regra, só se coloca após a morte da pessoa segura, caso em que, mesmo tendo havido um consentimento expresso desta ao segurador, se forem postos em causa os termos de tal consentimento não haverá já forma de supri-los. Analisemos como se equaciona o problema jurídico e as vias de solução para o mesmo.

XII.2.2. Protecção de dados clínicos e consentimento do titular

I. Referimos já detidamente a relevância do direito fundamental à reserva sobre a intimidade da vida privada como fundamento do sigilo dos dados clínicos, pelo que não nos alongaremos mais na matéria[3042]. O nº 2 do artigo 26º da CRP, remete para a lei o estabelecimento de garantias efectivas contra a obtenção e utilização abusivas (isto é, sem consentimento) ou contrárias à dignidade humana (ou seja, que violem, designadamente, o direito à reserva da intimidade da vida privada), de informações relativas à pessoa e à família, garantias que decorrem da LPD[3043]. Esta constitui, assim, um dos instrumentos legais de garantia do direito à reserva sobre a intimidade da vida privada (nº 1 do artigo 26º da CRP), ultrapassando largamente o escopo do artigo 35º da Lei Fundamental[3044].

A LPD acolhe uma noção muito ampla de "dados pessoais" – quaisquer informações relativas a uma pessoa singular identificada ou identificável[3045] – na esteira

---

doença, também o relatório do médico assistente. Acontece que à Ré, apenas foi enviado o assento de óbito, onde refere apenas o falecimento, sem referência à causa da morte. Entende a Ré que, para que possa dar cumprimento às suas obrigações que emergem do contrato que celebrou com o tomador do seguro, necessita de saber quais as causas que provocaram a ocorrência da morte. Tão só porque a mesma pode estar directamente incluída nas exclusões abrangidas no artº 10º das condições contratuais da apólice (riscos excluídos). Como também pode ter sido provocada por doença que o tomador do seguro tenha omitido no questionário médico que acompanhou a proposta de seguro». [...] Assim, decidiu o acórdão no sentido de «sobre ela, Seguradora, recair o ónus de alegação e prova no sentido de demonstrar toda uma factualidade susceptível de conduzir com segurança à convicção de que uma Pessoa Segura se encontra numa situação de exclusão [...]».

[3041] No contexto francês, p. ex., é frequente que, em fase contenciosa, o tomador ou segurado faltoso se refugie na invocação da inviolabilidade do sigilo médico para tentar obstar a que o segurador produza a prova que tão pesadamente o onera – Bernard Beignier, *Droit du Contrat...*, *cit.*, p. 113.

[3042] Importa referir, não obstante, a relevância do direito à protecção de dados pessoais, consagrado no nº 4 do artigo 35º da CRP. Este não se confunde com o direito à reserva da intimidade da vida privada, na medida em que nem todos os *dados pessoais* respeitam à esfera da vida privada e que o domínio da privacidade não se esgota na protecção de dados – Teodoro Bastos de Almeida, "O direito...", *cit.*, pp. 390 ss.

[3043] Jorge Miranda e Rui Medeiros, *Constituição...*, Tomo I, *cit.*, p. 630.

[3044] Helena Moniz, "Notas...", *cit.*, p. 243.

[3045] Nos termos da alínea a) do artigo 3º da LPD, entende-se por "dados pessoais" *qualquer informação*, de *qualquer natureza* e independentemente do respectivo suporte, incluindo som e

da alínea a) do artigo 2º da Directiva 95/46/CE, do Parlamento Europeu e do Conselho, de 24 de Outubro de 1995. Por seu turno, de acordo com a alínea b) do artigo 3º da LPD, considera-se "tratamento de dados pessoais", numa perspectiva amplíssima, *qualquer operação* ou *conjunto de operações* sobre dados pessoais, efectuadas com ou sem meios automatizados, *tais como* a recolha, o registo, a organização, a conservação, a adaptação ou alteração, a recuperação, a consulta, a utilização, a comunicação por transmissão, por difusão ou por qualquer outra forma de colocação à disposição, com comparação ou interconexão, bem como o bloqueio, apagamento ou destruição. Desta forma, quer a transmissão de dados clínicos por um médico, quer a respectiva consulta pelo segurador, são abrangidas pela referida noção.

Ora, os dados clínicos referentes a sujeito identificável são, não apenas dados pessoais, mas merecem a qualificação legal de dados sensíveis, nos termos do artigo 7º da LPD. Neste quadro, o nº 1 do artigo dispõe que é proibido o tratamento de dados pessoais relativos, designadamente, à saúde, incluindo os dados genéticos[3046]. Na orientação da CNPD, consideram-se dados de saúde «não apenas aqueles que resultem do diagnóstico médico feito, mas todos aqueles que permitam apurá-lo, incluindo resultados de análises clínicas, imagens de exames radiológicos, imagens vídeo ou fotográficas que sirvam o mesmo fim»[3047].

Porém, nos termos do nº 2 do citado artigo 7º, *pode ser permitido*, mediante disposição legal ou autorização da CNPD, o tratamento dos dados referidos no número anterior, designadamente, *quando o titular dos dados tiver dado o seu consentimento expresso para esse tratamento*, com garantias de não discriminação e com as medidas de segurança previstas no artigo 15º (controlos de confidencialidade do tratamento). Quanto aos termos de tal consentimento, a alínea h) do artigo 3º da LPD define-o como qualquer *manifestação de vontade livre, específica e informada*,

---

imagem, relativa a uma pessoa singular *identificada* ou *identificável* ("titular dos dados"), sendo considerada identificável, nos termos da mesma disposição, a pessoa que possa ser identificada directa ou indirectamente, designadamente por referência a um número de identificação ou a um ou mais elementos específicos da sua identidade física, fisiológica, psíquica, económica, cultural ou social. A noção reporta-se, pois, não só a dados destinados a tratamento total ou parcialmente automatizado, mas igualmente a dados pessoais incluídos em (ou destinados a) ficheiros manuais e visando o tratamento por meios não automatizados – Catarina Sarmento e Castro, *Direito...*, *cit.*, p. 70.

[3046] Como decorre igualmente do nº 5 do artigo 11º do mesmo diploma, os dados genéticos são considerados entre os dados de saúde.

[3047] Catarina Sarmento e Castro, *Direito...*, *cit.*, p. 91. Esta orientação lata é, aliás, consentânea com a do TJ (Ac. de 6/11/2003) – *ibidem*, n. 164. O artigo 2.º da Lei n.º 12/2005 considera, para efeitos desse diploma, que a informação de saúde abrange todo o tipo de informação directa ou indirectamente ligada à saúde, presente ou futura, de uma pessoa, quer se encontre com vida ou tenha falecido, e a sua história clínica e familiar.

nos termos da qual o titular *aceita* que os seus dados pessoais sejam objecto de tratamento. Por outro lado, o nº 3 do artigo 7º da LPD acrescenta ainda outras condições em que é permitido o tratamento dos referidos dados, nomeadamente, quando for necessário para proteger interesses vitais do titular dos dados ou de uma outra pessoa e o titular dos dados estiver física ou legalmente incapaz de dar o seu consentimento (alínea *a*)); *ou* quando seja necessário à declaração, exercício ou defesa de um direito em processo judicial e for efectuado exclusivamente com essa finalidade (alínea *d*)).

II. Perante as citadas disposições legais, cumpre, desde logo, distinguir os regimes do nº 2 e do nº 3 do artigo 7º da LPD. Enquanto no primeiro caso, como decorre da letra do preceito, bem como da alínea a) do nº 1 do artigo 28º da LPD, o tratamento de dados carece de autorização da CNPD, no caso do nº 3 do artigo 7º, como verte literalmente desta disposição e, *a contrario*, da alínea a) do nº 1 do artigo 28º, a permissão para o tratamento de dados decorre directamente da lei e não depende de autorização da CNPD.

Porém, esta perspectiva conduz-nos a uma perplexidade: se não carece de autorização o tratamento *não consentido* por impossibilidade física ou legal do seu titular (alínea a) do nº 3 do artigo 7º), então, por maioria de razão, não deveria carecer igualmente o tratamento *consentido* (nº 2 do artigo 7º). Alguma doutrina sublinha, aliás, a confusa e infeliz redacção do nº 2 do artigo 7º, já que, da conjugação do preceito com o nº 3 do artigo 35º da CRP, estarão em causa três circunstâncias *alternativas* em que, excepcionalmente, será possível proceder ao tratamento de dados sensíveis: previsão legal permissiva; autorização da CNPD; e consentimento expresso do titular dos dados[3048]. O consentimento expresso será, assim, nos termos do dispositivo constitucional, um fundamento legitimador autónomo do tratamento de dados[3049], pelo que será de constitucionalidade duvidosa, perante o nº 3 do artigo 35º da CRP, a restrição, operada pelo nº 2 do artigo 7º, à autorização administrativa da CNPD[3050]. A verificação dos requisitos do consentimento só seria, assim, sindicável em sede judicial, faltando, pois, autoridade à CNPD para, por via administrativa, impor ao consentimento requisitos mais restritivos do que os que decorrem da lei. Que sentido, aliás, faria que a

---

[3048] José Garcia Marques, "Do tratamento de dados pessoais sensíveis", *CJA*, nº 39 (Mai.-Jun. 2003), pp. 57 ss. e, especialmente, p. 60.

[3049] Catarina Sarmento e Castro, *Direito...*, *cit.*, p. 218. Neste sentido, quanto ao Direito italiano, Alberto Polotti di Zumaglia, "Profili...", *cit.*, p. 749.

[3050] Em qualquer caso, de acordo com a análise desenvolvida por José Garcia Marques, o *motivo de interesse público importante* e a *indispensabilidade do tratamento ao exercício das atribuições legais ou estatutárias do responsável* referem-se apenas aos casos de autorização por disposição legal ou por acto administrativo da CNPD – José Garcia Marques, "Do tratamento...", *cit.*, pp. 60-61.

CNPD pudesse discricionariamente negar a autorização de tratamento de dados quando o próprio titular houvesse consentido no mesmo? Pensamos, assim, que a autorização que decorre do nº 2 do artigo 7º e da alínea a) do nº 1 do artigo 28º da LPD é vinculada, no sentido em que apenas cabe à CNPD controlar a verificação dos requisitos legais do consentimento do titular, conformando-se com esse consentimento[3051].

Passemos em revista os requisitos legais do consentimento do titular dos dados. Desde logo, terá de ser um consentimento *expresso* (nº 2 do artigo 7º da LPD), não bastando, portanto, um consentimento tácito, presumido ou implícito. Por outro lado, o consentimento corresponde a uma manifestação de vontade *livre, específica e informada* (alínea h) do artigo 3º da LPD). Desde logo, denotam-se redundâncias entre os referidos requisitos: a *vontade* deverá ser, por definição, *livre* (autodeterminada, independente) e *informada* (esclarecida, ciente). De outra forma, estaríamos perante um acto viciado por coacção ou erro, mas não perante um acto *voluntário*. Já quanto ao requisito da *especificidade*, o mesmo reporta-se à necessidade de delimitação do âmbito do consentimento, atendendo ao escopo que o mesmo visa servir. No fundo, os requisitos em causa são os que a doutrina já extraía do âmbito da limitação voluntária aos direitos de personalidade (nº 1 do artigo 81º do CC)[3052].

Ora, como referimos já, é prática da actividade seguradora no ramo "Vida", desde há longa data, a obtenção pré-contratual do consentimento da pessoa segura para, mesmo após a sua morte, o segurador poder aceder a informação clínica que venha a revelar-se necessária, quer para aferir da existência de omissões ou inexactidões na declaração do risco, quer para determinar o capital aplicável, quer para identificar qualquer eventual causa de exclusão da garantia[3053], quer mesmo para, em caso de omissões ou inexactidões negligentes, poder determinar o nexo de causalidade a que se refere o nº 4 do artigo 26º da LCS. Tal consentimento respeita, de resto, em regra, os requisitos *legais* acima referidos.

Segundo a posição assumida pela CNPD esse prévio consentimento constitui mesmo a única forma de o segurador (ou os familiares da pessoa segura) acederem a informação clínica após a morte desta[3054]. Porém, porque os requi-

---

[3051] Também neste sentido, Catarina Sarmento e Castro, *Direito...*, cit., p. 219.

[3052] Paulo Mota Pinto, "O direito...", cit., pp. 561-562; Paulo Mota Pinto, "A protecção...", cit., pp. 190-191.

[3053] Philippe Biclet, "Respet du contrat ou respet du secret, un dilemme", *MD*, nº 10 (Jan-Fev 1995), p. 6.

[3054] Segundo a CNPD, «não existe na Lei 67/98 ou noutra disposição legal qualquer norma que autorize a Companhia de Seguros, nestas circunstâncias (sem consentimento *e* depois da morte), a aceder à informação clínica em poder dos hospitais ou centros de saúde» – http://www.cnpd. pt/bin/decisoes/2001/htm/del/del051-01.htm (consult. 25/06/2010). Como também se afirma na

sitos legais do consentimento carecem de validação por parte da CNPD, como fica dito, importa referir a perspectiva pela qual esta se pauta. Para tanto, sigamos dois *leading cases* – a deliberação nº 51/2001, de 3 de Julho[3055] e a deliberação nº 72/2006, de 30 de Maio[3056] – dos quais se faz eco em numerosas outras deliberações. Do carácter *informado* do consentimento extrai a CNPD um dever de informação, a cargo do segurador, quer quanto ao âmbito do tratamento de dados visado, quer quanto às consequências da falta de consentimento[3057]. Relativamente ao carácter *expresso* do consentimento, este deverá resultar, de acordo com o entendimento da CNPD, de cláusulas contratuais destacadas, que o titular dos dados possa assinar de forma autonomizada[3058].

Os problemas colocam-se, sobretudo, quanto ao carácter *específico* do consentimento, que, de acordo com a CNPD, «deve significar que o consentimento se

---

Deliberação nº 72/2006, «não havendo, como não há, lei formal que preveja e legitime o acesso aos dados pessoais de saúde de titulares falecidos, pelas Companhias de Seguros e pelos familiares desses titulares, para efeitos de pagamento/recebimento de indemnizações em virtude da morte dos titulares segurados, esse acesso apenas pode decorrer do consentimento dos titulares: artigo 35º da Constituição da República Portuguesa (CRP) e nº 2 do artigo 7º da Lei de Protecção de Dados (LPD)» – http://www.cnpd.pt/bin/decisoes/2006/htm/del/del072-06.htm (consult. 25/06/2010).

[3055] Cfr. http://www.cnpd.pt/bin/decisoes/2001/htm/del/del051-01.htm (consult. 25/06/2010).

[3056] Cfr. http://www.cnpd.pt/bin/decisoes/2006/htm/del/del072-06.htm (consult. 25/06/2010).

[3057] Segundo a CNPD, «o consentimento dado pelos titulares tem de ser informado, sendo a informação efectivamente prestada pelas Companhias de Seguros aos titulares segurandos, no momento da obtenção do consentimento, a medida da transparência, da boa fé e da lealdade das Seguradoras, enquanto responsáveis pelos tratamentos de dados pessoais, no desenvolvimento dos mesmos tratamentos. Por conseguinte, os segurandos titulares devem ter conhecimento, desde logo, das consequências da recusa de consentimento, devendo essas consequências ser declaradas no instrumento de informação e de obtenção do consentimento, mas devem ainda ficar esclarecidos – devendo as Companhias de Seguros garantir esse esclarecimento – sobre os aspectos relativos aos tratamentos de dados pessoais de que são objecto» – http://www.cnpd.pt/bin/decisoes/2006/htm/del/ del072 -06.htm (consult. 25/06/2010).

[3058] Como diz a CNPD, «consentimento expresso (e específico) significa que os titulares segurandos devem prestar o seu consentimento em cláusulas contratuais que, mais ainda sendo pré-definidas pelas Companhias de Seguros, sejam destacadas, separadas, autonomizadas no respectivo contrato (isto é, as cláusulas contratuais dos contratos de seguros relativas ao tratamento de dados pessoais, nomeadamente, ao acesso a dados pessoais de saúde, devem ser inseridas nos contratos pré-configurados pelas Seguradoras de forma destacada, permitindo que os mesmos titulares prestem o seu consentimento, p. ex., apondo a sua assinatura, em lugar próprio e autónomo para esse consentimento informado e correspectiva informação, diferente da outorga da restante parte do contrato» – http://www.cnpd.pt/bin/decisoes/2006/htm/del/del072-06.htm (consult. 25/06/2010). Segundo orientação da CNPD, deverá tratar-se também de um consentimento manifestado por *escrito* – Catarina Sarmento e Castro, *Direito...*, *cit.*, p. 219. De resto, quanto ao carácter livre do consentimento, afirma Catarina Sarmento e Castro que o mesmo «será livre quando seja dado sem qualquer pressão e quando possa ser retirado sem restrições ou oposição, e sem que o titular dos dados sofra qualquer consequência» – *idem*, p. 207.

refere a uma contextualização factual concreta, a uma actualidade cronológica precisa e balizada e a uma operação determinada, sendo o mais individualizado possível. O consentimento específico afasta os casos de consentimento preventivo e generalizado, prestado de modo a cobrir uma pluralidade de operações»[3059]. Na nota 38 da Deliberação nº 51/2001 escrevia-se, aliás, que «não será suficiente um "consentimento genérico", como já se tem visto em contratos de seguro enviados à CNPD, no qual se admite o "acesso à informação clínica existente em hospitais, centros de saúde ou médicos particulares". Este consentimento, pelo seu carácter demasiado genérico, não configura o "consentimento expresso" legalmente exigível»[3060].

Ora, atenta a imprevisibilidade do tempo e das circunstâncias em que se produzirá a morte da pessoa segura – imprevisibilidade inerente ao próprio risco no contrato de seguro, o consentimento sempre terá de ser suficientemente lato e abrangente para cobrir todas as eventualidades. Porém, embora o segurador se precaveja, em vida do titular, com a obtenção de um consentimento expresso (escrito), livre, específico e informado, atentos os fins visados, é entendimento da CNPD, após a morte do titular, negar eficácia ao mesmo[3061].

Esta insólita posição, face à lei e ao bom senso, implicaria uma das seguintes alternativas: (1) ou que o segurador e a pessoa segura pudessem prever, aquando da celebração do contrato, a data exacta em que se iria produzir a morte da pessoa segura, as circunstâncias da mesma e os serviços clínicos que estariam em condições de atestá-las, de modo a que o consentimento pudesse delimitar-se nos termos pretendidos pela CNPD; (2) ou que, sendo a hipótese anterior do domínio da fantasia, todos os processos de regularização de sinistros por morte seguissem a via litigiosa, permitindo então a lei o acesso aos dados clínicos, com base na alínea d) do nº 3 do artigo 7º da LPD, sem necessidade de autorização da CNPD.

III. Esta última alternativa – a via litigiosa – é precisamente aquela para a qual conduz inapelavelmente a orientação da CNPD. Como vimos, vendo-se privado, por falta de autorização da CNPD, da informação necessária à regularização do sinistro, o segurador poderá manter pendente, *ad aeternum*, o processo de sinis-

---

[3059] http://www.cnpd.pt/bin/decisoes/2006/htm/del/del072-06.htm (consult. 25/06/2010).

[3060] http://www.cnpd.pt/bin/decisoes/2001/htm/del/del051-01.htm (consult. 25/06/2010). Cfr. Catarina Sarmento e Castro, *Direito...*, *cit.*, p. 207; e Helena Moniz, "Notas...", *cit.*, p. 238.

[3061] Em orientação antagónica, a jurisprudência francesa admite a validade de uma cláusula contratual segundo a qual a garantia fica expressamente subordinada à condição do consentimento da pessoa segura quanto ao levantamento do segredo médico, em caso de morte da mesma – Sabine Abravanel-Jolly, "Le secret...", *cit.*, p. 899; Maxime Cauchy e Amélie Dionisi-Peyrusse, "Le droit au secret médical et son application en matière d'assurances", *Recueil Dalloz*, 2005, nº 20, Chroniques, p. 1315.

tro até ao fornecimento desses dados. Quanto aos beneficiários do contrato, ou se conformam com a situação (caso em que o seu eventual crédito acabará por prescrever), ou tentam fazer valer judicialmente os seus direitos contra o segurador. Neste caso, já reconhece a CNPD que a existência de um eventual "direito a indemnizações" legitimará o acesso aos dados clínicos, nos termos da alínea d) do nº 3 do artigo 7º da LPD, mediante a invocação da necessidade de acesso para processo judicial. Neste quadro, será legalmente permitido (sem necessidade de autorização) «o fornecimento da documentação clínica se – no contexto de um seguro de vida – a Companhia se recusar a pagar a indemnização devida e o beneficiário pretender intentar, para o efeito, processo judicial»[3062]. A CNPD admite também a cedência da informação sobre dados de saúde a pedido da autoridade judiciária competente, desde que o despacho desta seja fundamentado e especifique os motivos determinantes do pedido de colaboração, de modo a permitir que o responsável pelo tratamento dos dados possa apreciar a relevância do pedido e invocar, se entender, o segredo profissional, nos termos legais (nº 4 do artigo 519º do CPC). Havendo dúvidas fundadas sobre a ilegitimidade da escusa, a autoridade judiciária pode ordenar a prestação de informações depois de proceder às averiguações necessárias (nº 4 do artigo 519º do CPC) ou suscitar a resolução do incidente no Tribunal Superior.

Em suma, a posição da CNPD, ao inviabilizar a regularização extra-judicial de sinistros, leva a uma desnecessária e inútil multiplicação de litígios (única via, afinal, de acesso à informação de saúde do segurado após a morte). Finalmente, se os beneficiários não recorrerem à via judicial (designadamente por falta de meios, por conformismo, ou por não a considerarem economicamente compensadora), a posição da CNPD tenderá a privá-los da prestação que lhes caberia e a frustrar a intenção contratual do segurado falecido, de harmonia com a qual, aliás, o mesmo terá dado, em vida, o seu consentimento ao segurador.

IV. Para além da constitucionalidade duvidosa de algumas disposições da LPD, e da questionável legalidade da restrição administrativa, pela CNPD, de permissões legais – de que demos já conta – uma palavra é devida quanto à substância das orientações da CNPD. A desrazoabilidade de algumas posições assumidas, para além de um profundo desconhecimento da actividade seguradora – sobretudo no ramo "Vida"[3063] – e de pré-entendimentos pouco compatíveis com a ele-

---

[3062] http://www.cnpd.pt/bin/decisoes/2001/htm/del/del051 01.htm (consult. 25/06/2010).

[3063] A observação de que «é no momento da celebração do contrato que a seguradora tem que calcular o risco e, por isso, fazer as diligências sobre o estado de saúde do segurado», ignorando a incontornável necessidade de, após o sinistro, conhecer as circunstâncias do mesmo, é disso sintomática. Cfr. http://www.cnpd.pt/bin/decisoes/2001/htm/del/del051-01.htm (consult. 25/06/2010). Também disso exemplo é a consideração de que «o consentimento para o acesso aos dados pessoais

vada missão confiada a esta entidade[3064], traduz, afinal, indiferença pelos direitos e interesses da pessoa segura (titular dos dados) e dos beneficiários. Com efeito, o entendimento da CNPD de que «não será de autorizar o acesso das seguradoras à informação clínica de um segurado para efeito de instrução de processo relativo a seguro de vida» revela-se paradoxalmente contrário à vontade, expressa e implícita, do falecido titular dos dados, que contratou o seguro para garantir uma prestação por morte a determinados beneficiários, prestação – *hélas!* – inviabilizada precisamente em nome dos direitos (e do interesse) do referido titular[3065].

V. Referimo-nos, até ao momento, aos casos em que a pessoa segura haja dado em vida o seu consentimento para o tratamento de dados (ou levantamento do segredo médico). Porém, após a morte do segurado, e caso este não tivesse dado previamente tal consentimento, pode suscitar-se a questão de saber quem tem legitimidade para dar esse consentimento.

Ora, das regras do nº 2 do artigo 76º e do nº 1 do artigo 79º, ambos do CC, pode retirar-se um princípio segundo o qual a legitimidade para limitar os direitos de personalidade, mediante consentimento – nos casos em que essa limitação voluntária seja admissível à luz do artigo 81º do CC – após a morte do respectivo titular, cabe às pessoas designadas no nº 2 do artigo 71º do CC, *segundo a ordem*

---

de saúde dos titulares segurados já falecidos, para efeitos de pagamento/recebimento de indemnização em virtude de contrato de seguro do ramo Vida, *deve ser limitado* à origem, causas e evolução da doença ou acidente de que resultou a morte do titular segurado. A restante informação de saúde do titular dos dados pessoais, entretanto falecido, *é excessiva face à finalidade* de aferir do dever de indemnizar em virtude da morte dos segurados, não devendo ser abrangida pelo tratamento – acesso – consentido pelos mesmos segurados» – http://www.cnpd.pt/bin/decisoes/2006/htm/del/del072-06.htm (consult. 25/06/2010). Independentemente da licitude de uma compulsória redução *post mortem* da vontade expressa pelo titular dos dados, não se vislumbra também qual o fundamento técnico ou jurídico em que assenta a citada consideração. É que, como é sabido, as omissões ou inexactidões dolosas afectam a validade do contrato mesmo que não digam respeito a elementos de que venha a resultar o sinistro. Por outro lado, também o encadeamento causal de patologias clínicas nem sempre é linear nem se basta com a causa próxima, pelo que é perante as circunstâncias de cada caso concreto que os serviços clínicos do segurador podem determinar qual a informação de que necessitam.

[3064] Elucidativas são as declarações públicas de um alto responsável da CNPD, no sentido de que «às vezes as pessoas que nos procuram pensam que ao não autorizarmos o acesso aos dados lhes estamos a dificultar a vida, mas não percebem que o que as seguradoras querem é eventualmente arranjar nos dados clínicos um motivo para não pagar» – citado em "Seguradoras acedem a dados clínicos, mesmo após a morte", *Público*, Ano XXII, nº 7659 (27 Mar. 2011), p. 4.

[3065] O entendimento é tanto menos compreensível quanto a reserva da intimidade da vida privada sempre ficaria assegurada, quer pelo facto de a análise dos dados clínicos ser efectuada por um médico ao serviço do segurador – também ele sujeito ao dever de sigilo nos termos do EOM e do CDOM – quer pela circunstância adicional de o próprio segurador (e seus trabalhadores, auxiliares e mediadores) estarem sujeitos, nos termos do artigo 119º da LCS, a dever de sigilo.

nele indicada (o cônjuge sobrevivo, os descendentes, os ascendentes, os irmãos, os sobrinhos, ou outros herdeiros)[3066]. O que está em causa é a tutela, após a morte, de um direito de personalidade, e a legitimação voluntária de uma actuação alheia, potencialmente ofensiva desse direito[3067]. Não estão em causa os direitos patrimoniais dos beneficiários designados no quadro do seguro de vida (que podem, aliás, não ser quaisquer das pessoas referidas no nº 2 do artigo 71º do CC), pelo que não caberá nunca àqueles a faculdade de dar o consentimento ao levantamento do segredo médico.

Em sentido diverso, que nos parece carecer de sustentação legal, entende a CNPD que – não obstante a legitimidade conferida pelo nº 2 do artigo 71º do CC, às categorias de pessoas ali designadas, para requererem providências em relação à ofensa de direitos de personalidade do falecido – os mesmos não podem exonerar do sigilo médico quem está ao mesmo obrigado. Assim, em nome de um "direito à curiosidade" só será admissível, no entender da CNPD, o acesso dos familiares indicados ao relatório da autópsia ou à causa da morte, mesmo quando esta implique uma certa intromissão na vida íntima do falecido (casos de SIDA, por exemplo). Já o acesso a dados de saúde, designadamente os constantes da ficha clínica, é, de acordo com a CNPD, vedado aos familiares, considerando o dever de confidencialidade por parte dos serviços de saúde e a reserva da intimidade da vida privada[3068]. Face ao exposto, remata a CNPD que «não parece haver qualquer fundamento legal, na Lei 67/98, que permita o fornecimento da documentação clínica aos beneficiários de um seguro de vida para, depois, entregarem essa informação à seguradora»[3069].

XII.2.3. O segredo médico

I. A tutela da intimidade da vida privada relativamente a informação de saúde não se atém à actividade administrativa da CNPD, mas é igualmente assegurada pelo dever de segredo médico, princípio deontológico com raízes no juramento de Hipócrates.

Historicamente, sucederam-se dois princípios relevantes em matéria de sigilo. O primeiro – princípio da *ordem pública* – assenta no interesse público quanto à

[3066] Quando o consentimento deva ser prestado por mais do que uma pessoa (p. ex., os vários filhos do falecido), pensamos que o consentimento deverá ser prestado por todos eles conjuntamente.

[3067] Porém, se ocorrer a violação de direito à reserva da intimidade da vida privada de falecido, será aplicável o artigo 71º do CC, que consagra uma protecção *post mortem* da personalidade, tendo então legitimidade para exercer as providências referidas no nº 2 do artigo 70º o cônjuge sobrevivo *ou qualquer* descendente, ascendente, irmão, sobrinho ou herdeiro do falecido – Teodoro Bastos de Almeida, "O direito...", *cit.*, p. 419; Paulo Mota Pinto, "O direito...", *cit.*, pp. 553-554; Paulo Mota Pinto, "A protecção...", *cit.*, pp. 184-185.

[3068] Em sentido diverso, Jorge Sinde Monteiro, *Responsabilidade por Conselhos...*, *cit.*, p. 427.

[3069] http://www.cnpd.pt/bin/decisoes/2001/htm/del/del051-01.htm (consult. 25/06/2010).

manutenção do sigilo, tendo por consequência que o doente não possa exonerar o médico do dever de segredo. O segundo, da *autodeterminação do doente sobre a informação*, fundamenta o direito de o paciente decidir sobre as informações que quer saber e que quer prestar (e a quem), encontrando reflexo, entre nós: na propriedade da ficha clínica; na possibilidade de limitação dos direitos de personalidade (pelo consentimento), tal como decorre da CRP, do CC e da LPD; e no facto de o segredo médico tutelar a confiança entre o doente e o seu médico. Neste quadro, a quebra do sigilo, para além de comprometer essa confiança, prejudica a eficácia funcional da relação médico-doente. Por outro lado, pode dar origem a discriminações em vários domínios, e cria um risco de exposição pública do doente[3070].

A relevância da matéria ao nível do contrato de seguro tem merecido a atenção da doutrina, sobretudo nos ordenamentos francês e belga. Observemos em que termos.

II. No contexto francês o segredo médico foi concebido, desde o início do séc. XIX, não como um direito do paciente, mas como um direito do médico assente num interesse de ordem pública[3071]. Hoje, a Lei nº 2002-303, de 5 de Março, reconhece o segredo médico como um direito de personalidade de que é titular o paciente[3072] e estabelecido no interesse privado deste, para tutela da sua esfera da vida íntima[3073]. O segurado (ou os herdeiros, após a morte) pode, assim, dispor do seu direito, exonerando o médico do dever de sigilo e solicitando-lhe cópia da ficha clínica, ou de outra informação médica, ou solicitando que esta seja transmitida ao serviço médico do segurador (ou directamente a este)[3074]. Embora não deva dar cobertura a situações de fraude, o segredo médico assume em França uma larga amplitude. Assim, o dever de sigilo abrange os próprios médicos dos seguradores, a quem é vedado comunicar a estes informações clínicas sobre um segurado[3075]. Neste quadro, a resposta ao questionário pelo segurado não suscita

---

[3070] João Rodrigues Gonçalves, "Segredo profissional – Algumas considerações sobre segredo médico e segredo profissional de advogado", *RMP*, Ano XIX, nº 76 (Out.-Dez. 1998), pp. 67-68.

[3071] Sabine Abravanel-Jolly, "Le secret...", *cit.*, p. 890. Na perspectiva de Maxime Cauchy e Amélie Dionisi-Peyrusse, tratava-se antes de um dever do médico, estabelecido por razões de ordem pública, de que beneficiava reflexamente o paciente – Maxime Cauchy e Amélie Dionisi-Peyrusse, "Le droit...", *cit.*, p. 1313.

[3072] Este é considerado "o dono do segredo" (Sabine Abravanel-Jolly, "Le secret...", *cit.*, p. 887), enquanto o médico é mero depositário do mesmo (Bernard Beignier, "Secret médical et assurance de personnes", *Recueil Dalloz*, 1999, nº 42, Chroniques, p. 470).

[3073] Sabine Abravanel-Jolly, "Le secret...", *cit.*, p. 891; Maxime Cauchy e Amélie Dionisi-Peyrusse, "Le droit...", *cit.*, p. 1314.

[3074] Maxime Cauchy e Amélie Dionisi-Peyrusse, "Le droit...", *cit.*, p. 1314.

[3075] Georges Durry, "Secret médical et preuve d'une fausse declaration du risque", *Risques*, nº 39 (Jul.-Set. 1999), p. 121; François Ewald e Jean-Pierre Moreau, "Génétique...", *cit.*, p. 119; Nicolas

problemas[3076], mas já os suscita a prestação de informações pelo respectivo médico assistente[3077], que só o poderá fazer se autorizado pelo segurado e só na medida em que essas informações sejam necessárias aos serviços clínicos do segurador[3078].

No âmbito do ordenamento belga, o médico encontra-se igualmente vinculado por um dever de sigilo, considerado de ordem pública e cuja regulação decorre, quer do Código de Deontologia Médica, quer do próprio Código Penal[3079]. A violação do segredo médico é penalmente punida, impedindo aos médicos a divul-

Gombault, "Secret médical et assurance de responsabilité médicale", *Risques*, nº 41 (Mar. 2000), pp. 34 ss. Relevante é o *Code de Déontologie Médicale*, que regula a matéria nos artigos 4º, 72º e 104º. Igualmente importante em matéria de respeito pelo segredo médico nas empresas de seguros é o chamado relatório Hoerni, publicado pelo Conselho da Ordem dos Médicos francesa, nos termos do qual o médico do segurador só pode fornecer aos outros serviços deste uma opinião técnica quanto à tarifação do contrato, sem precisar a natureza das constatações clínicas nem as motivações da opinião, não sendo sequer admissível a troca de informações entre médicos (segredo partilhado) – Bernard Beignier, *Droit des Assurances, cit.*, p. 196; Michel Chevillet, "Secret médical et assurance santé", *Risques*, nº 41 (Mar. 2000), p. 30. Cfr. igualmente Sabine Abravanel-Jolly, "Le secret...", *cit.*, p. 894. Ainda que o médico assistente transmita – indevidamente – dados ao médico do segurador, este está impedido pelo sigilo de transmiti-los ao segurador. Anteriormente, a jurisprudência do "segredo partilhado" entendia que a informação clínica transmitida entre médicos não colocava problemas de ordem jurídica ou deontológica, na medida em que ambos estavam igualmente vinculados pelo sigilo – Bernard Beignier, "Secret...", *cit.*, p. 470.

[3076] O Código de Boa Conduta, de 1991, aplicável aos seguradores, refere que os questionários de risco podem ser dirigidos aos serviços administrativos do segurador, excepto no que se refere a dados sensíveis (mormente os clínicos, relatórios médicos e análises), que devem ser dirigidos em envelope fechado aos serviços médicos do segurador e tratados por estes – Michel Chevillet, "Secret...", *cit.*, p. 31.

[3077] Ao nível da declaração do risco, é orientação do Conselho da Ordem Nacional dos Médicos francesa que o médico assistente da pessoa segura apenas transmita informação clínica a esta, e não ao segurador ou ao consultor médico deste, designadamente no que toca ao preenchimento de questionários ou relatórios clínicos preparados pelo segurador (Bernard Beignier, *Droit des Assurances, cit.*, p. 193).

[3078] Stéphane Corone, "Savoir bien Contracter: La Proposition d'Assurance", *L'Argus de l'Assurance*, nº 6772 (Fev. 2002), p. 38. Assim, em caso de recusa de prestação de informações clínicas por parte do médico assistente, e caso haja suspeita de inexactidões ou omissões do proponente, restará ao segurador recusar a sua prestação, o que obrigará os beneficiários a tentar assegurar a sua pretensão por via judicial, demandando o segurador – Philippe Biclet, "Respet...", *cit.*, p. 7; Georges Durry, "Secret médical et preuve...", *cit.*, p. 121. Neste caso, o segurador procurará determinar as informações clínicas relevantes (a causa da morte, a data do diagnóstico e a data em que a pessoa segura terá tido conhecimento do mesmo) por recurso a uma perícia judicial – Hubert Groutel, "Preuve de la déclaration inexacte du risque et secret médical", *MD*, nº 68 (Set.-Out. 2004), p. 106. Ainda assim, sublinha a doutrina francesa as dificuldades de investigação do perito médico, que pode deparar-se com a recusa do médico assistente do segurado em levantar o segredo sempre que não tenha sido exonerado pelo seu paciente do dever de sigilo – Philippe Biclet, "Respet...", *cit.*, p. 7; Georges Durry, "Secret médical et preuve...", *cit.*, p. 121; Hubert Groutel, "Preuve...", *cit.*, p. 107.

[3079] Bernard Dubuisson, "Secrets...", *cit.*, pp. 345 ss.

gação a terceiros de informações respeitantes aos seus pacientes, nomeadamente – e porque a lei o não permite expressamente – para fins de avaliação pré-contratual do risco pelo segurador[3080]. Colocou-se, assim, a questão de saber se o médico poderia revelar aquela informação a pedido do seu paciente (enquanto beneficiário da tutela do segredo) ou se seria mesmo obrigado a fazê-lo.

Neste contexto, considerou o legislador, na fundamentação da Lei de 25 de Junho de 1992, que o segredo médico havia sido estabelecido no interesse do paciente – como uma prerrogativa pessoal deste. De grande relevância nesta matéria é o artigo 95º daquele diploma, que, após alterações introduzidas por Lei de 22 de Agosto de 2002, estabelece que o médico assistente do segurado pode enviar-lhe, por solicitação do mesmo, os certificados médicos (que se limitam à descrição do estado de saúde actual) necessários à conclusão ou à execução do contrato de seguro. Por seu turno estes certificados apenas podem ser entregues ao consultor clínico do segurador, que fica sujeito a segredo médico[3081]. Verificado o sinistro, pode o médico assistente da pessoa segura, mediante prévio consentimento desta, enviar ao consultor clínico do segurador um certificado determinando a causa da morte[3082].

Por seu turno, relativamente à confidencialidade dos dados clínicos e no quadro do Direito espanhol, considera Brenes Cortés que a interpretação do direito à intimidade tem um sentido finalista, tendo a maior relevância a utilização dada aos dados obtidos, a qual, em matéria de análise do risco, estaria perfeitamente legitimada[3083].

III.   Em Portugal, são várias as fontes legais do segredo médico. Desde logo, o EOM dispõe, nas alíneas a) a c) do artigo 13º, que são deveres dos médicos: cumprir o Estatuto e respectivos regulamentos; cumprir as normas deontológicas que regem o exercício da profissão médica; e *guardar segredo profissional*[3084]. Por seu turno, o CDOM[3085], regula o segredo médico nos artigos 85º ss. O artigo

---

[3080]   Claude Devoet, *Les Assurances...*, *cit.*, p. 168.

[3081]   Trata-se de uma faculdade conferida ao médico assistente, estando, assim, na sua margem de discricionariedade. Não obstante, o médico assistente será obrigado a fornecer essa informação se a mesma for requerida judicialmente (p. ex., no quadro de uma acção de impugnação do contrato por omissões ou inexactidões) – Claude Devoet, *Les Assurances...*, *cit.*, pp. 170-171.

[3082]   Cfr. Claude Devoet, *Les Assurances...*, *cit.*, pp. 169 ss.; Marcel Fontaine, "La loi...", *cit.*, p. 739.

[3083]   Josefa Brenes Cortés, "Algunas cuestiones...", *cit.*, p. 1789. Como nota a autora, vários exemplos da jurisprudência espanhola vão neste sentido.

[3084]   O dever de sigilo profissional resulta, assim, directamente do EOM. Sendo um dever deontológico disciplinado por regulamento da Ordem, a vinculação dos médicos decorre, também reflexamente, do Estatuto.

[3085]   Regulamento nº 14/2009, da Ordem dos Médicos, publicado no *DR* nº 8, II Série, de 11 de Janeiro de 2009. Como refere Helena Moniz, o CDOM, embora não assuma força de lei, vincula os médicos no exercício da sua actividade – Helena Moniz, "Notas...", *cit.*, pp. 254-255.

85º concebe o segredo médico como base e pressuposto da mútua confiança no relacionamento entre médico e doente. Já o nº 1 do artigo 86º reconhece-o como um direito inalienável de todos os doentes. Por seu turno, o artigo 88º refere, como fundamento de escusa do segredo médico, designadamente, o consentimento do doente ou, em caso de impedimento, do seu representante legal, quando a revelação não prejudique terceiras pessoas com interesse na manutenção do segredo médico. O nº 2 do artigo 86º do CDOM estende o âmbito do segredo aos factos comunicados por outro médico ou profissional de saúde, obrigado, quanto aos mesmos, a segredo. De resto, o nº 1 do artigo 118º dispõe que, designadamente, o médico com funções de carácter pericial nos tribunais, como perito de parte ou perito assessor do juiz, ou como médico de seguradores, deve submeter-se aos preceitos do CDOM, nomeadamente em matéria de segredo profissional[3086].

Também a Lei nº 48/90, de 24 de Agosto (Lei de Bases da Saúde) prevê, na alínea d) do nº 1 da Base XIV, que os utentes têm direito a ter respeitada a confidencialidade sobre os dados pessoais revelados. De resto, o dever de sigilo abrange todo o pessoal hospitalar, nos termos do artigo 57º do Estatuto Hospitalar, aprovado pelo DL 48357, de 27/04/1968.

Por seu turno, o artigo 195º do CP prevê e pune com pena de prisão até um ano, ou com pena de multa até 240 dias, a acção de quem, sem consentimento[3087], revelar segredo alheio de que tenha tomado conhecimento em razão do seu estado,

---

[3086] Sobre o processo clínico e a ficha clínica, determina o nº 1 do artigo 100º do CDOM que o médico deve registar cuidadosamente os resultados que considere relevantes das observações clínicas dos doentes a seu cargo, conservando-os ao abrigo de qualquer indiscrição, de acordo com as normas do segredo médico. Neste contexto, dispõe o nº 2 do mesmo preceito que a ficha clínica é o registo dos dados clínicos do doente, tendo por finalidade a memória futura e a comunicação entre os profissionais que tratam ou virão a tratar o doente e devendo, por isso, ser suficientemente clara e detalhada para cumprir a sua finalidade. O nº 3 acrescenta que o médico é o detentor da propriedade intelectual dos registos que elabora, sem prejuízo dos legítimos interesses dos doentes e da instituição à qual eventualmente preste os serviços clínicos a que correspondem tais registos. Em Itália tem sido discutida a eficácia probatória da ficha clínica emitida no serviço de saúde público. Na verdade, enquanto documento formulado por um oficial público (o médico) a mesma goza de fé pública e faz prova plena quanto aos factos que atesta (embora já não quanto aos juízos emitidos pelo clínico, designadamente diagnósticos de doença) – Alberto Polotti di Zumaglia, "Profili...", *cit.*, p. 744.

[3087] O consentimento constitui uma causa de exclusão da ilicitude (alínea d) do nº 2 do artigo 31º, 38º e 39º do CP) e – no quadro dos artigos 195º do CP e 47º da LPD – da própria tipicidade: Manuel da Costa Andrade, "Artigo 195º – Anotação", *in* Jorge de Figueiredo Dias (Dir.), *Comentário Conimbricense do Código Penal*, Parte Especial – Tomo I, Coimbra, Coimbra Ed., 1999, p. 790. Note-se que, no quadro do Direito penal, o consentimento é incomunicável por morte, o que, sem prejuízo da consideração de um acordo presumido, quando for o caso, exclui a respectiva possibilidade após a morte do titular – *idem*, p. 791.

ofício, emprego, profissão ou arte[3088]. Neste contexto, considera Manuel da Costa Andrade que a revelação constitui uma conduta típica mesmo quando feita a pessoa que está igualmente obrigada a sigilo profissional, excepto quando a revelação prossiga o escopo e cumpra a função inerente à que presidiu à aquisição original da informação pelo profissional[3089]. Nesta perspectiva, a divulgação feita pelo médico assistente do segurado, sem consentimento, ao médico do segurador, configuraria um facto típico. Porém, como assinala a doutrina, quando o médico seja nomeado como perito, a comunicação ao tribunal do resultado da peritagem não configura a prática de um ilícito penal, ficando afastada a tipicidade do facto[3090].

A quebra do sigilo profissional é igualmente prevista nos termos do nº 1 do artigo 47º da LPD, nos termos do qual é punível com prisão até dois anos, ou multa até 240 dias, quem, obrigado a sigilo profissional, nos termos da lei, sem justa causa e sem o devido consentimento, revelar ou divulgar no todo ou em parte dados pessoais[3091].

[3088] Sobre a disciplina penal da violação do segredo médico, cfr., aprofundadamente, Manuel Costa Andrade, *Direito...*, *cit.*, pp. 179 ss. O autor situa o bem jurídico protegido na privacidade como interesse individual do ofendido (e não num interesse público) e identifica o *segredo* como objecto da acção típica. Como assinala o autor, estamos perante um crime de dano que se traduz numa acção de devassa contra a privacidade – Manuel da Costa Andrade, "Artigo 195º – Anotação", *in* Jorge de Figueiredo Dias (Dir.), *Comentário...*, Parte Especial – I, *cit.*, pp. 771 ss. A factualidade típica objectiva traduz-se na *revelação de segredo alheio*, entendendo o segredo, na esteira de Lenckner, como «os factos apenas conhecidos por um círculo limitado de pessoas e em cuja não divulgação o respectivo portador [...] tem, do seu ponto de vista, um interesse objectivamente justificado» – Manuel da Costa Andrade, *Sobre as Proibições de Prova em Processo Penal*, Coimbra, Coimbra Ed., 1992, pp. 53-54; Jorge Figueiredo Dias e Jorge Sinde Monteiro, "Responsabilidade médica...", *cit.*, p. 66. O segredo penalmente tutelado pressupõe, assim, um interesse legítimo (ou razoável) – e não o mero capricho ou arbítrio – do respectivo titular – Manuel da Costa Andrade, "Artigo 195º – Anotação", *cit.*, p. 780. Por outro lado, trata-se de um crime específico (próprio), em que a qualidade do agente (profissional) haverá de apurar-se segundo um modelo indutivo, partindo das profissões – mas não se esgotando nelas – para as quais é estabelecido, por lei formal ou disposição regulamentar, o dever de segredo (como é o caso dos médicos ou dos trabalhadores dos seguradores) – *idem*, p. 785. Por outro lado, é de entender-se que a tutela penal subsiste para além da morte do titular, como decorre, quer da articulação do regime penal com o civil da tutela dos direitos de personalidade, quer do próprio teor literal do artigo 195º – *idem*, p. 789. Por fim, quando pratique um ilícito criminal de violação de segredo o médico incorre também num ilícito disciplinar, nos termos do CDOM – João Rodrigues Gonçalves, "Segredo...", *cit.*, p. 78.

[3089] P. ex., quando um médico se aconselha com outro sobre o melhor tratamento a dar a uma dada patologia, ou quando um advogado discute com outro a melhor estratégia para um processo. Cfr. Manuel da Costa Andrade, "Artigo 195º – Anotação", *in* Jorge de Figueiredo Dias (Dir.), *Comentário...*, Parte Especial – I, *cit.*, p. 783.

[3090] Neste sentido, Manuel Costa Andrade, *Direito...*, *cit.*, pp. 199-201.

[3091] Igualmente relevante é o nº 2 do mesmo artigo, nos termos do qual a pena é agravada de metade dos seus limites se o agente: (a) for funcionário público ou equiparado, nos termos da

Quanto ao âmbito do segredo médico, será de entender que este abrange o resultado de exames e análises clínicas, diagnósticos efectuados e tratamentos prescritos a uma pessoa, bem como o dia, hora e local em que o paciente foi observado pelo médico, mas já não a própria identidade do paciente[3092]. Pela nossa parte, entendemos que, no quadro da ponderação de interesses em conflito, haverá que avaliar igualmente em que medida a informação pretendida ofende o direito à reserva da intimidade da vida privada, considerando que os dados respeitantes a diagnósticos serão os mais sensíveis e os respeitantes aos contextos espácio-temporais das consultas médicas os menos sensíveis.

XII.2.4. A (i)licitude da prova

I. Referimos já extensamente a relevância do direito à reserva sobre a intimidade da vida privada, que encontra corolários, quer na restrição do acesso do segurador (ou dos próprios familiares) aos dados clínicos da pessoa segura, quer no segredo médico. Suscita-se, assim a questão: *quid iuris* se a pessoa segura, os beneficiários, o médico assistente, ou a CNPD inviabilizarem a produção de prova pelo segurador?

A instrumentalização do direito à reserva da vida privada, ao sabor das conveniências[3093], privando o segurador de meios de defesa na arena probatória, é matéria candente em França, onde tem merecido particular atenção da doutrina e da jurisprudência. Como afirma Beignier, em matéria de segredo médico «muitos particulares estimam que, passado o cabo da declaração do risco, nada terão a temer»[3094]. Desta forma, o segredo sobre dados clínicos, cujo levantamento depende do consentimento do tomador ou segurado, confere a estes uma autêntica imunidade, podendo ser perspectivado como um verdadeiro instrumento de fraude nos seguros de pessoas[3095]. Revela-se, portanto, necessário definir os limites da sua legitimidade. Para já, retenhamos que o nº 1 do artigo 519º do CPC consagra o dever de cooperação para a descoberta da verdade, o qual

---

lei penal; (b) for determinado pela intenção de obter qualquer vantagem patrimonial ou outro benefício ilegítimo; ou (c) puser em perigo a reputação, a honra e consideração ou a intimidade da vida privada de outrem. Nos termos do nº 3 do mesmo artigo, a negligência é punível com prisão até seis meses ou multa até 120 dias.

[3092] Helena Moniz, "Segredo Médico", *RPCC*, Ano X, nº 4 (Out.-Dez. 2000), p. 640.

[3093] Como refere Durry, «se o segurado ou os seus herdeiros não têm nada a esconder, apressam-se a solicitar os certificados médicos que apresentarão ao segurador, já que, para eles, não há lugar a segredo médico. Em contrapartida, se receiam revelações inconvenientes, não somente não apresentam qualquer certificado, mas ainda proibirão, em nome do segredo médico, aqueles que sabem, de produzir qualquer informação a terceiros» – Georges Durry, "Le secret médical opposé à l'assureur: la fin des incertitudes?", *Risques*, nº 61 (Jan.-Mar. 2005), p. 132 (trad. nossa).

[3094] Bernard Beignier, *Droit des Assurances, cit.*, p. 186.

[3095] Sabine Abravanel-Jolly, "Le secret...", *cit.*, p. 889.

vincula todas as pessoas, sejam ou não partes na causa, sob pena das cominações estabelecidas no nº 2.

II. Numa perspectiva casuística, comecemos por analisar os termos de tal dever de cooperação quanto ao obrigado a sigilo profissional (em particular, o segredo médico[3096]). Analisámos já os contornos do *dever de sigilo profissional* no domínio do Direito material, cumprindo destacar os preceitos que punem criminalmente a quebra do sigilo *não consentida* (artigos 195º do CP e nº 1 do artigo 47º da LPD).

No plano processual, várias disposições se apresentam aparentemente contraditórias. Por um lado, estabelece o nº 3 do artigo 618º do CPC que *devem escusar-se* a depor como testemunhas os que estejam adstritos a segredo profissional: trata-se, portanto, de um *dever de escusa* no depoimento (consentâneo, aliás, com o dever de sigilo imposto por vários preceitos de Direito material, designadamente os penais referidos). Já quanto à recusa de colaboração para a descoberta da verdade por parte do médico que seja arrolado como testemunha ou perito[3097], considera a alínea *c)* do nº 3 do artigo 519º do CPC que a recusa é legítima quando se destine a evitar a violação do sigilo profissional: ao considerá-la *legítima* (mas não obrigatória), o preceito parece apontar para um *direito* à invocação de escusa.

Impõe-se, ainda que nos detenhamos no nº 1 do artigo 135º do CPP[3098] (para o qual remete o nº 4 do artigo 519º do CPC), que parece – ao arrepio das disposições

---

[3096] No contexto francês, e relativamente ao acesso pelo segurador à informação clínica após a ocorrência do sinistro (morte da pessoa segura), manifesta-se Dubuisson contra uma oposição sistemática, por parte de médicos assistentes ou de serviços hospitalares, ao fornecimento da informação necessária à regularização do sinistro a favor dos beneficiários – Bernard Dubuisson, "Secrets...", *cit.*, p. 348.

[3097] Em caso de intimação judicial para depor, dispõe o nº 1 do artigo 91º do CDOM que o médico que nessa qualidade seja devidamente intimado como testemunha ou perito, deverá comparecer no tribunal, mas não poderá prestar declarações ou produzir depoimento sobre matéria de segredo médico, a não ser com o consentimento do doente, do seu representante legal se houver incapacidade para consentir, ou do Presidente da Ordem. Acrescenta o nº 2 do mesmo preceito que, quando um médico alegue segredo para não prestar esclarecimentos pedidos por entidade pública, deve solicitar à Ordem declaração que ateste a natureza inviolável do segredo no pedido em causa.

[3098] Dispõe o nº 1 do artigo 135º do CPP que os ministros de religião ou confissão religiosa, os advogados, os médicos, os jornalistas, os membros de instituições de crédito e *as demais pessoas* a quem a lei permitir ou impuser que guardem segredo profissional *podem escusar-se a depor* sobre os factos abrangidos por aquele segredo. Nota alguma doutrina um desfasamento manifesto entre o leque de profissões para que remetem as regras materiais e as processuais – Manuel da Costa Andrade, *Sobre as Proibições...*, *cit.*, p. 53; Manuel da Costa Andrade, "Artigo 195º – Anotação", *in* Jorge de Figueiredo Dias (Dir.), *Comentário...*, Parte Especial – I, *cit.*, p. 795; Sónia Reis, "Da relevância do segredo profissional no processo penal", *Revista de Direito Penal*, Vol. II, nº 2 (2003), p. 44. Apesar das diferentes formulações, não cremos que hoje o desfasamento se verifique, na medida em que,

já citadas – consagrar literalmente um *direito a não depor* ou *direito ao silêncio* por parte do obrigado a segredo profissional relativamente a matéria objecto desse segredo[3099], suscitando, desde logo, a questão de saber se o obrigado (médico, no caso) pode decidir livremente do exercício do direito a não depor, isto é, se o médico tem a *faculdade de decidir* sobre o exercício do direito a não depor e se, decidindo-se a depor, ficará *justificada* a revelação da matéria sujeita a segredo profissional. A questão remete-nos para a ponderação dos valores subjacentes à norma do nº 1 do artigo 135º do CPP, entre os quais se encontram, para além da intimidade da vida privada e da autonomia informativa do titular dos dados, interesses públicos inerentes à confiança nas relações médico-paciente[3100].

Segundo uma perspectiva mais tradicional, o segredo profissional assenta na prossecução de um interesse supra-individual, institucional ou público na credibilidade da profissão, no quadro do qual a confiança gerada por determinadas profissões – condição, aliás, do seu eficaz desempenho no sistema social – constituiria o bem jurídico tutelado contra quebras de reserva[3101]. Nesta linha, um sector da doutrina germânica (e da jurisprudência do BGH) entende, perante disposição com teor idêntico à portuguesa, que o preceito em causa consagra um verdadeiro *direito* ao – e não um dever de – silêncio, cabendo ao médico a ponderação dos interesses em causa e a livre decisão de prestação do depoimento, sem que qualquer interessado a tanto se possa opor[3102].

ao preenchimento do conteúdo da fórmula ampla "as pessoas a quem a lei permitir ou impuser que guardem segredo profissional" não poderá ser alheio o teor do artigo 195º do CP, no sentido de que, todos os que puderem responder penalmente pela quebra do segredo profissional poderão invocar escusa no depoimento.

[3099] Neste contexto, alude Manuel da Costa Andrade a um *direito ao sigilo*, configurado como um «*direito de recusa de depoimento*, isto é, um *direito ao silêncio*» – Manuel da Costa Andrade, *Sobre as Proibições...*, *cit.*, pp. 53 e 54. Neste sentido, «a livre decisão, p. ex., do médico bastará, só por si – independentemente de assentimento ou oposição do titular do segredo – para introduzir um meio de prova processualmente admissível» – *idem*, p. 54. Cfr. também Manuel da Costa Andrade, "Artigo 195º – Anotação", *in* Jorge de Figueiredo Dias (Dir.), *Comentário...*, Parte Especial – I, *cit.*, p. 795. No mesmo sentido, M. Simas Santos e M. Leal-Henriques, *Código de Processo Penal – Anotado*, Vol. I, 3ª Ed., Lisboa, Rei dos Livros, 2008, p. 961.

[3100] Manuel Costa Andrade, *Direito...*, *cit.*, p. 233.

[3101] Manuel da Costa Andrade, "Artigo 195º – Anotação", *in* Jorge de Figueiredo Dias (Dir.), *Comentário...*, Parte Especial – I, *cit.*, pp. 774-775; Sónia Reis, "Da relevância...", *cit.*, pp. 52-53. É este o entendimento dominante entre a doutrina alemã – Helena Moniz, "Segredo...", *cit.*, p. 636.

[3102] Manuel Costa Andrade, *Direito...*, *cit.*, p. 235. O autor critica esta posição com base no argumento da prevalência do interesse individual do titular dos dados clínicos, subjacente ao nº 1 do artigo 135º, em virtude da qual o médico não estaria legitimado a depor sem o consentimento do paciente. *Idem*, p. 236. Contra a perspectiva da existência de um *direito do médico ao silêncio*, decidiu o Ac. TJ de 10/06/1980 – Proc. 155/78 (*Mlle. M. v. Comissão*) – http://eur-lex.europa.eu/LexUriServ/LexUriServ.do?uri=CELEX:61978J0155:FR:HTML. A acção versa sobre uma candidata a uma

Em sentido diverso, considera alguma doutrina alemã, com eco dominante em Portugal, que o dever de sigilo profissional se destina a proteger o direito à reserva da intimidade da vida privada[3103], devendo este prevalecer sobre o interesse público na descoberta da verdade material em processo penal. Trata-se de um direito *do titular* da informação, que pode, portanto, desobrigar o profissional do dever de sigilo[3104]. O que, face ao teor do nº 1 do artigo 135º, permite sustentar o entendimento de que a prestação de depoimento perante o tribunal não constitui, em si mesma, uma causa de justificação. Neste quadro, embora o preceito não consagre um *dever* de o médico se remeter ao silêncio (na verdade, diz-se ali que o mesmo *pode escusar-se a depor*), tal não permitirá a interpretação, *a contrario*, de que o depoimento seja justificado (afastando, portanto, a responsabilidade criminal)[3105]. Assim, a legitimidade do depoimento só se verificará em caso de consentimento do paciente, de direito de necessidade[3106] ou

vaga de funcionária da Comissão, recusada por razões de ordem clínica. Os médicos mandatados pela Comissão para examinarem a candidata opuseram-se à apresentação do dossier clínico da mesma, tendo também recusado qualquer informação clínica ao tribunal com fundamento no sigilo profissional (*apesar de terem sido autorizados pela interessada ao levantamento do sigilo*). O Tribunal ponderou sobre se os médicos da confiança de uma das partes podem recusar legitimamente, com base no sigilo médico, prestar as informações indispensáveis ao exercício do controlo da legalidade da actuação dessa parte. Para tanto, solicitou à Comissão a elaboração de um estudo de Direito comparado sobre o segredo médico nos Estados-Membros, o qual revelou que, em todos eles, o segredo médico tem por limites, nomeadamente, as seguintes circunstâncias: a pessoa tutelada pelo segredo ter dado o seu consentimento ao levantamento do mesmo; o médico intervir no quadro de um controlo administrativo (não se verificando, por isso, a relação de confiança espontânea em que assenta o sigilo); ou quando a invocação do sigilo tenha por efeito bloquear a justiça. Assim, entendeu o Tribunal que «a recusa de fornecer quaisquer informações com base no dossier clínico e a invocação, pelos médicos de confiança da instituição em causa, do sigilo médico, mesmo quando o interessado os haja formalmente dispensado da obrigação de o observarem, têm por efeito colocar o Tribunal na impossibilidade de exercer o controlo jurisdicional que lhe foi confiado pelo Tratado [...]» (trad. nossa).

[3103] Manuel da Costa Andrade, "Artigo 195º – Anotação", *in* Jorge de Figueiredo Dias (Dir.), *Comentário...*, Parte Especial – I, *cit.*, pp. 776-777 (face ao anterior CP era outra a posição do autor – Manuel da Costa Andrade, *Sobre as Proibições...*, *cit.*, p. 53); Helena Moniz, "Segredo Médico", *cit.*, p. 636.

[3104] Assim, também, como decorre dos artigos 195º do CP e 47º da LPD, só se preenche o tipo de violação de segredo na medida em que *falte o consentimento* do titular.

[3105] Manuel Costa Andrade, *Direito...*, *cit.*, pp. 234-235.

[3106] Na verdade, a ilicitude do depoimento não consentido é afastada por *direito de necessidade* (artigo 34º do CP) – Manuel da Costa Andrade, "Artigo 195º – Anotação", *in* Jorge de Figueiredo Dias (Dir.), *Comentário...*, Parte Especial – I, *cit.*, pp. 797 ss.; Sónia Reis, "Da relevância...", *cit.*, pp. 60 e 66-67. O direito de necessidade verifica-se, assim, quando ocorra uma situação de perigo iminente que ameace interesses sensivelmente superiores ao da violação do sigilo, e seja razoável impor ao titular esse sacrifício – Helena Moniz, "Segredo...", *cit.*, p. 637. Tal ocorrerá, p. ex., quando a revelação do segredo permita a absolvição de um inocente.

de prossecução de interesses legítimos[3107]. Neste mesmo sentido vai a doutrina do Ac. do TC nº 241/2002, de 29/05/2002[3108], que perspectiva a legitimidade da recusa, não como um *poder* da entidade detentora da informação (seja ela parte no processo ou não), mas como um autêntico *dever de recusa*, entendendo igualmente que o julgador não pode, sem violação da CRP (nº 1 do artigo 26º) e da lei processual (artigo 519º do CPC), oficiar o fornecimento dos dados em causa pela entidade que os detenha[3109].

Pela nossa parte, atentos os valores em presença, pensamos que o domínio do meio probatório cabe ao titular do sigilo, sobre quem deverão recair as consequências da sua abusiva instrumentalização. Por outro lado, o nº 1 do artigo 135º do CPP não pode ser interpretado isoladamente, mas apenas no contexto do

---

[3107] Noutras situações – quando, p. ex., a revelação do segredo permita condenar um indivíduo pela prática de um crime, evitando, numa perspectiva de prevenção individual, que ele venha a reincidir na prática do mesmo crime contra outras vítimas; ou quando a mesma se destine a proteger os interesses do próprio agente (designadamente, a provar a sua própria inocência); ou a evitar a propagação de doença contagiosa – rege o *princípio da ponderação dos interesses* (nos termos em que o mesmo decorre do artigo 135º do CPP) tendo por efeito a exclusão da ilicitude. Cfr. Manuel Costa Andrade, *Direito...*, *cit.*, p. 236; Sónia Reis, "Da relevância...", *cit.*, pp. 67-68; M. Simas Santos e M. Leal-Henriques, *CPP – Anotado*, Vol. I, *cit.*, p. 963. Porém, em situações como as de revelação do segredo como meio de obtenção de uma pretensão de honorários, defende Manuel da Costa Andrade que a justificação do facto haverá de ocorrer à luz da prossecução de interesses legítimos – Manuel da Costa Andrade, "Artigo 195º – Anotação", *in* Jorge de Figueiredo Dias (Dir.), *Comentário...*, Parte Especial – I, *cit.*, p. 801. Sempre será, em qualquer caso, questionável se – no contexto desta perspectiva – se terá o depoimento por justificado para evitar a condenação no pedido de uma parte (no caso, o segurador) no âmbito de uma acção cível.

[3108] Publicado no *DR*, II Série, nº 168 de 23/07/2002.

[3109] A perspectiva compromissória de Sónia Reis é a de que está em causa um *poder-dever*, isto é, uma simultânea vinculação à manutenção do segredo e uma justificação para a quebra do sigilo quando se verifique uma causa de exclusão da ilicitude (que poderá suportar-se na salvaguarda de interesses próprios ou de terceiro e, portanto, no exercício de um direito). O fundamento estaria na concorrência de interesses individuais (do titular do segredo) e supra-individuais (da confiança na profissão) a suscitar a intervenção do Direito – Sónia Reis, "Da relevância...", *cit.*, pp. 51-54 e 66. Cremos que esta perspectiva não reflecte correctamente a natureza do poder-dever (ou poder funcional), entendido pela doutrina como uma situação jurídica activa. Na verdade, o poder-dever verifica-se quando há uma dissociação subjectiva entre o titular do poder e o titular do interesse protegido, estando aquele vinculado, através do exercício de faculdades que lhe estão atribuídas, à prossecução de interesses alheios, tutelados pelo Direito – Luís Carvalho Fernandes, *Teoria Geral...*, Vol. II, *cit.*, p. 641. Assim, o titular do poder não é livre no exercício, estando vinculado à realização da função social a que o direito se encontra adstrito – João Antunes Varela, *Das Obrigações...*, Vol. I, *cit.*, p. 61. Por outras palavras, trata-se, não de uma permissão, mas de uma obrigação específica de aproveitamento de um bem – António Menezes Cordeiro, *Tratado...*, I, Tomo I, *cit.*, p. 349. Consideramos mais correcta a perspectiva do dever, cujo incumprimento poderá, em certas circunstâncias, estar justificado, como sucede, aliás, com a generalidade dos deveres.

sistema jurídico, onde concorrem outras disposições (já citadas) para a configuração de um autêntico *dever de escusa* por parte do obrigado ao sigilo profissional.

Não obstante, a lei do processo (artigo 135º do CPP, *ex vi* do nº 4 do artigo 519º do CPC) proporciona ainda a possibilidade de o profissional ser *liberado do seu dever de escusa*, caso em que se verifica uma causa de exclusão da ilicitude penal. Este regime adjectivo veio superar o dilema com que se deparava a jurisprudência portuguesa entre a prevalência do dever de segredo ou do de cooperação com a justiça, invariavelmente decidido em prejuízo deste último, segundo a máxima de que «onde há dever de segredo não há dever de colaboração»[3110]. Na verdade, o artigo 135º do CPP aponta duas vias de regulação distintas. Desde logo, a do nº 2 do preceito, nos termos do qual, se a autoridade judiciária (Ministério Público, juiz de instrução ou juiz do julgamento) duvidar fundadamente da legitimidade da escusa, procede às necessárias averiguações e, concluindo pela ilegitimidade daquela, ordena (ou, no caso do Ministério Público, requer ao tribunal que ordene), ouvido o organismo representativo da profissão em causa, a prestação de depoimento[3111].

Por outro lado, quando a autoridade judiciária considerar existir um fundamento legítimo de escusa, embora devendo ceder perante os valores em conflito, requer a intervenção – ou esta é suscitada oficiosamente pelo juiz da causa onde se gere o incidente – do tribunal superior (ou, no caso de o incidente se ter suscitado perante o STJ, o plenário das secções criminais), o qual pode decidir – ouvido o organismo representativo da profissão em causa, nos termos do nº 4 do mesmo preceito[3112] – da prestação de testemunho com quebra do segredo profissional sempre que esta se mostre justificada segundo o *princípio da prevalência do interesse preponderante, nomeadamente tendo em conta a imprescindibilidade do depoimento para a descoberta da verdade, a gravidade do crime e a necessidade de protecção de bens jurídicos*

[3110] Manuel da Costa Andrade, "Artigo 195º – Anotação", *in* Jorge de Figueiredo Dias (Dir.), *Comentário...*, Parte Especial – I, *cit.*, p. 794.

[3111] Entre os casos em que a escusa não é legítima estarão aqueles em que o escusante tenha adquirido as informações fora do exercício da sua profissão. Por seu turno, a decisão quanto à prestação de depoimento (em virtude de ilegitimidade da escusa) será do juiz – cfr. Manuel Maia Gonçalves, *CPP Anotado*, 17ª Ed., Coimbra, Almedina, 2009, p. 371; e M. Simas Santos e M. Leal-Henriques, *CPP – Anotado*, Vol. I, *cit.*, pp. 967 ss. Cfr. também Alberto Pinto Nogueira *et al.*, *Código de Processo Penal – Comentários e Notas Práticas*, Coimbra, Coimbra Ed., 2009, p. 360. Em qualquer caso, não concordando a testemunha com a decisão de prestação de depoimento, poderá recorrer para tribunal superior, nos termos da alínea d) do nº 1 do artigo 401º do CPP – João Rodrigues Gonçalves, "Segredo...", *cit.*, p. 72.

[3112] A audição deste organismo (a ordem dos médicos, quando o profissional em causa for um médico) não será vinculativa – de modo a não subverter o exercício do poder judicial – Sónia Reis, "Da relevância...", *cit.*, pp. 63-64. Por outro lado, a falta de tal audição apenas configura, no âmbito do processo penal, uma mera irregularidade, não afectando a validade da prova produzida (artigo 123º do CPP) – *idem*, p 70.

(nº 3 do artigo 135º do CPP)[3113]. Perante o teor do preceito, há que evidenciar o carácter vinculado da decisão do julgador, segundo o princípio da ponderação de interesses[3114]. Trata-se agora de uma solução de natureza processual, que atende à ponderação dos interesses em presença[3115], e que é particularmente relevante quando o titular dos dados clínicos haja falecido e a contraparte processual do segurador (beneficiário do contrato) não tenha legitimidade para autorizar o depoimento do médico no quadro do nº 2 do artigo 71º do CC.

Neste domínio, pode ainda suscitar-se a questão de saber se, havendo consentimento do paciente (e sem prejuízo dos nºs 2 e 3 do artigo 135º) o médico terá um *dever* de prestar depoimento ou apenas um *direito*. Neste caso, será de entender que, prendendo-se a matéria objecto do sigilo com o interesse individual do paciente – como sucede com o sigilo médico – haverá um verdadeiro *dever* de depoimento[3116]. A ponderação dos interesses conduzirá, aliás, ao mesmo resultado: ocorrendo uma limitação voluntária ao exercício do direito à reserva sobre a intimidade da vida privada, deixará de pesar sobre o médico um dever de sigilo, pelo que deixará de haver um conflito com o dever de colaboração para a descoberta da verdade.

III. Situação diferente é aquela em que a contraparte processual do segurador – quando seja o titular do direito à reserva ou, após a morte deste, o familiar legitimado para o efeito – recuse o consentimento para que seja levantado o segredo médico ou se recuse a exibir documentos clínicos na sua posse. Releva neste domínio, em especial, o previsto no nº 2 do artigo 519º do CPC, nos termos do qual, se se verificar a recusa, por uma das partes num litígio, da colaboração devida para a descoberta da verdade, o tribunal apreciará livremente o valor da recusa para efeitos probatórios[3117], sem prejuízo de, quando a parte torne *culposa-*

[3113] Manuel Maia Gonçalves, *CPP Anotado, cit.*, p. 371; Alberto Pinto Nogueira *et al., CPP – Comentários..., cit.*, p. 360; Sónia Reis, "Da relevância...", *cit.*, p. 59; M. Simas Santos e M. Leal-Henriques, *CPP – Anotado*, Vol. I, *cit.*, pp. 969 ss.

[3114] Manuel da Costa Andrade, "Artigo 195º – Anotação", *in* Jorge de Figueiredo Dias (Dir.), *Comentário...*, Parte Especial – I, *cit.*, pp. 795-796. Assim, não bastará que a prossecução da justiça penal se configure como um interesse legítimo para que seja afastado o dever de segredo, só o sendo no caso da punição de crimes graves (designadamente, os crimes contra a vida) ou quando se trate de evitar a condenação de um inocente (vertente preventiva do Direito penal) – *idem*, p. 796. Cfr. também Helena Moniz, "Segredo...", *cit.*, p. 638.

[3115] Ocorre perguntar: *quid iuris* se o profissional persistir na recusa? Cremos que, neste caso, a escusa deixará de ser legítima, incorrendo a testemunha nas consequências previstas para o incumprimento do dever de colaboração para a descoberta da verdade. No mesmo sentido, Sónia Reis, "Da relevância...", *cit.*, p. 55.

[3116] Neste sentido, Manuel Costa Andrade, *Direito..., cit.*, p. 237.

[3117] A livre apreciação da prova assenta na prudente convicção do tribunal relativamente à prova produzida (nº 1 do artigo 655º do CPC): estão em causa regras de ciência, de raciocínio e de

mente impossível a prova ao onerado, ocorrer a inversão do ónus da prova, conforme preceituado naquela disposição, por remissão para o nº 2 do artigo 344º do CC[3118].

O impossibilitar da prova ao onerado ocorre quando se verifica a não conservação ou a destruição de um meio de prova[3119], mas também quando a parte inviabiliza o depoimento de uma testemunha[3120]. Neste caso, embora não se vá ao extremo de considerar provado o facto[3121], fica o recusante onerado com a prova: verificando-se um *non liquet*, será a questão decidida contra a parte que passou a ter o ónus[3122]. O fundamento da cominação filia-se, quer numa presunção de experiência, quer numa sanção ao comportamento culposo – e à gravidade do efeito processual gerado – do litigante[3123]. Quanto ao grau de culpa, haverá de corresponder à negligência ou ao próprio dolo. Neste caso – quando seja possível estabelecer a *intenção* da parte no sentido de impossibilitar a prova à contraparte – admite Vaz Serra, mediante o recurso ao princípio da livre apreciação da prova, «atender à regra da experiência de que a parte contrária, impedindo o onerado de fazer a prova, mostrou recear o resultado da prova, pelo que é de concluir ser verdadeiro o facto que por ela pretendia demonstrar-se»[3124].

Segundo Rui Rangel, entre as situações reconduzíveis ao nº 2 do artigo 344º do CC conta-se (também por remissão do nº 2 do artigo 519º do CPC), numa acção de investigação da paternidade, a da recusa, pelo investigado, a submeter-se a uma análise ao sangue[3125]. Constate-se, aliás, a clara analogia entre este

---

experiência, traduzindo-se na prova – directa ou mediante o recurso a presunções judiciais – de determinados factos. Miguel Teixeira de Sousa, *Estudos Sobre o Novo Processo Civil*, 2ª Ed., Lisboa, Lex, 1997, p. 347.

[3118] O preceito prevê ainda a aplicação de multa e o recurso aos meios coercitivos possíveis. Entre eles conta-se: a apreensão de documentos (artigos 532º e 533º do CPC); o comparecimento da testemunha sob custódia (nº 3 do artigo 629º do CPC). Cfr. Miguel Teixeira de Sousa, *Estudos...*, *cit.*, p. 321.

[3119] P. ex., quando alguns documentos contendo informação clínica relevante estiverem em poder da parte contrária, poderá o segurador requerer, nos termos do nº 1 do artigo 528º do CPC, que ela seja notificada para os apresentar. Na falta de apresentação, e por força do artigo 529º, aplica-se o nº 2 do artigo 519º, em análise.

[3120] P. ex., o demandado oferece um cruzeiro à testemunha, impossibilitando que ela compareça ao julgamento.

[3121] Na verdade, como salienta Vaz Serra, o meio de prova em causa poderia não ser suficiente para a prova do facto, pelo que a falta desse meio de prova não poderá ter por efeito automático a prova do facto – Adriano Vaz Serra, "Provas...", *cit.*, nº 110, p. 163.

[3122] Miguel Teixeira de Sousa, *Estudos...*, *cit.*, pp. 64 e 321. Como refere Vaz Serra, «se o adversário afasta culposamente o meio de prova, é inexigível ao onerado o cumprimento do ónus da prova» – Adriano Vaz Serra, "Provas...", *cit.*, nº 110, p. 158.

[3123] Rui Rangel, *O Ónus...*, *cit.*, pp. 182-183 e n. 279; João Antunes Varela *et al.*, *Manual...*, *cit.*, p. 466.

[3124] Adriano Vaz Serra, "Provas...", *cit.*, n.º 110, p. 161.

[3125] Rui Rangel, *O Ónus...*, *cit.*, pp. 184-187, n. 281. Como refere o autor a propósito do caso da investigação da paternidade, «essa ilegitimidade que está patente na recusa em colaborar é ainda

caso e o da pessoa segura (ou beneficiários, por morte desta) que negam o consentimento para a produção de prova (depoimento de médico ou apresentação de dados clínicos) pelo segurador. Em ambos os casos está em causa um direito de personalidade, em ambos o meio de prova é essencial à descoberta da verdade material e em ambos existe uma instrumentalização daquele direito no sentido de obstar ao exercício de um direito alheio, em termos que configuram abuso do direito (não só os limites da boa fé, mas do próprio fim social e económico do direito são manifestamente excedidos) e, portanto, uma recusa *ilegítima* de colaboração para a descoberta da verdade.

IV. Como referimos, a apreciação da justificação da escusa do obrigado a sigilo profissional, nos termos do artigo 135º do CPP, terá de apelar ao conflito de deveres ou, noutra perspectiva, à prevalência do interesse preponderante, como expressamente resulta do nº 3 do mesmo artigo. Idêntica problemática se suscita, aliás, no que respeita à legitimidade da recusa de colaboração para a descoberta da verdade, por parte do titular dos dados clínicos, nos termos da alínea *b)* do nº 3 do artigo 519º do CPC.

Do nosso ponto de vista a regulação da matéria há-de apelar para o instituto da colisão de direitos (nº 2 do artigo 335º do CC) e terá por limite o abuso do direito (artigo 334º do CC), quer daquele que apresenta a prova, quer do que a ela se opõe. Importa, em qualquer dos casos, uma ponderação, *em concreto*, do direito potencialmente sacrificado: o tipo de direito fundamental ou de personalidade em causa; a medida desse sacrifício; e as consequências do mesmo, por um lado; e, por outro, o direito que a contraparte visa assegurar judicialmente; a necessidade (ou imprescindibilidade) do recurso ao meio de prova em causa para o apuramento da verdade; a relevância e proporção do sacrifício imposto; a gravidade (ilicitude) da conduta da parte na obtenção do meio de prova; etc.[3126].

---

maior, porquanto o exame ao sangue é o único elemento idóneo e credível para a demonstração cabal do fundamento do direito do investigante» – *idem*, p. 186, n. 281. Assim, o nº 2 do artigo 344º do CC terá por pressuposto que o meio de prova seja «determinante e de uma superior relevância para a formação da vontade do juiz e para a descoberta da verdade material. E tem de ser o único possível para se atingir esse desiderato [...]» – *idem*, p. 187. O Ac. TC nº 168/98, publicado no *DR*, II Série, de 17 de Março de 1999, reconheceu, aliás, ser atentatório do direito à integridade pessoal a realização de exames hematológicos numa acção de estabelecimento da paternidade, considerando embora que o Tribunal pudesse valorar livremente, como recusa de colaboração com a justiça, a recusa de submissão do demandado a esse testes – cfr. Paulo Mota Pinto, "A protecção...", *cit.*, p. 167.

[3126] Em sentido favorável a uma ponderação casuística por parte do julgador, J. F. Salazar Casanova, "Provas ilícitas em processo civil – Sobre a admissibilidade e valoração de meios de prova obtidos pelos particulares", *DJ*, Vol. XVIII (2004), 1, pp. 126 ss. É também esta a orientação da jurisprudência – António Menezes Cordeiro, *Tratado...*, I, Tomo III, *cit.*, pp. 108 e 124-125.

Em causa estará, no âmbito do nosso objecto de investigação, o conflito entre o direito fundamental à reserva da intimidade da vida privada, e o direito à descoberta da verdade material em juízo e, consequentemente, a garantia do superior interesse da realização da Justiça e da tutela dos direitos e interesses que com ela se efectivam, entre os quais, *in casu*, a liberdade económica de iniciativa privada[3127]. Ora, como fica dito, os mencionados interesses, bem como os direitos que os consubstanciam, não deverão ser aferidos em abstracto – caso em que sempre prevaleceria o direito de personalidade referido[3128] – mas em concreto, atendendo aos critérios de ponderação referidos.

Em defesa de uma prevalência incondicional do direito à reserva sobre a intimidade da vida privada, manifesta-se a CNPD, segundo a qual «não há razões objectivas que justifiquem um sacrifício da reserva da intimidade da vida privada em detrimento da invocação de um simples e hipotético "interesse" – sistemático (para todos os casos de morte) e não fundamentado em qualquer suspeita ou indício – que decorre da obrigação de cumprir um contrato»[3129]. Ora, quanto ao "interesse em cumprir o contrato" ele não é exclusivo do segurador. De facto, tendo havido omissões ou inexactidões, a sua descoberta é do interesse da própria mutualidade de segurados. Já na ausência de omissões ou inexactidões, está em causa a satisfação do interesse contratual objectivado – não só económico, mas também moral – do tomador (em regra, coincidente com o próprio titular dos dados), bem como do interesse patrimonial dos beneficiários que aquele expressamente designou para, por sua morte, receberem o capital convencionado. Carece, pois, de fundamento a perspectiva de que «este interesse público geral não pode ser sacrificado por hipotéticos e, muitas vezes, mal definidos "interesses" priva-

---

[3127] Sónia Reis, "Da relevância...", *cit.*, p. 47. Como refere a autora, «a solução desta aporia passa, pois, pela admissibilidade de uma determinação jurisdicional da quebra de sigilo, fundada na própria realização de Justiça, mas tomando em linha de conta os interesses contraditórios» – *idem*, p. 54.

[3128] Verificando-se o conflito entre o direito à privacidade e um qualquer outro direito, considera Pais Vasconcelos que aquele deve, em princípio, prevalecer, considerando o seu carácter supralegal (enquanto direito de personalidade) e a sua própria consagração constitucional. Essa prevalência só deixaria de se verificar «quando – e só quando – um interesse público superior o exija, em termos e com intensidade tais que o contrário possa ser causa de danos gravíssimos para a comunidade» – Pedro Pais Vasconcelos, "Protecção...", *cit.*, pp. 250-251. Pronunciando-se também em abstracto, defende o autor que «a necessidade para a declaração, exercício ou defesa de um direito em processo judicial, em qualquer processo judicial, não envolve uma suficiente necessidade e interesse público para justificar o afastamento da proibição do tratamento de dados sensíveis e para a dispensa do consentimento do seu titular» – *idem*, p. 252.

[3129] http://www.cnpd.pt/bin/decisoes/2001/htm/del/del051-01.htm (consult. 25/06/2010). Repudie-se, desde logo, o enviesamento da perspectiva. É que, por um lado, não existe uma *necessidade sistemática* de recurso a informação clínica para regularização de sinistros. Por outro lado, essa necessidade fundamenta-se, em regra, em indícios suspeitos, p. ex., no carácter prematuro do sinistro ou em dúvidas quanto às circunstâncias do mesmo.

dos de um dos contraentes que pretende satisfazer interesses económicos unilaterais, à custa da violação da intimidade da vida privada do outro contraente»[3130].

Ora, como referimos, outros factores deverão ser ponderados. Desde logo, na situação que nos ocupa, importa considerar que, ao subscrever um seguro de vida – negócio *uberrima fides* – a pessoa segura limita em parte, perante o segurador, o seu direito à reserva da intimidade da vida privada, consentindo inerentemente no levantamento do segredo médico[3131], não só em virtude dos factos que a máxima boa fé – e a própria lei positiva – lhe impõem que informe, mas também aqueles que sejam aptos, *a posteriori*, a aferir da exactidão e completude das informações prestadas[3132]. Mesmo que assim se não entenda, sempre haverá que admitir que, neste caso, o sacrifício do direito à reserva da intimidade da vida privada não será significativo, decorrendo, aliás, de obrigações contratuais assumidas pelo segurado e assumindo um âmbito idêntico ao das informações clínicas já por ele prestadas. O carácter instrumental (e, portanto, pouco lesivo do direito à privacidade), do teor da informação normalmente requerida é, de resto, reconhecido pela jurisprudência[3133].

Também releva o facto de que o recurso ao referido meio de prova (depoimento testemunhal ou pericial de um médico, ou junção de documentação clínica) é normalmente o *único recurso probatório* de que o segurador pode lançar mão

---

[3130] http://www.cnpd.pt/bin/decisoes/2001/htm/del/del051-01.htm (consult. 25/06/2010). No mesmo sentido, cfr. a Deliberação 72/2006, invocando «um interesse económico exclusivo da Seguradora, decorrente da sua actividade empresarial», em http://www.cnpd.pt/bin/decisoes/2006/htm/del/del072-06.htm (consult. 25/06/2010). Pronunciando-se em abstracto, entende Pedro Pais Vasconcelos que a violação do direito à privacidade não é justificada por interesses estritamente económicos – como o do lucro empresarial – ou pela liberdade de imprensa. Não o seria, p. ex., a recolha de dados de saúde para seguros de vida ou de saúde sem o consentimento prévio do titular dos dados, o que não é o caso vertente ("Protecção...", *cit.*, pp. 251-252).

[3131] Como atrás referimos, verifica-se normalmente um *consentimento expresso* do segurado (dado aquando da formação do contrato mas reportando-se, em regra, mesmo ao período posterior à morte), ainda que, como foi dito, a CNPD, no exercício das suas competências, não reconheça, em regra, relevância a esse consentimento.

[3132] Neste sentido, Sabine Abravanel-Jolly, "Le secret...", *cit.*, p. 899. Brenes Cortés alude igualmente a «uma autorização implícita para levantar a confidencialidade que protege o historial médico do paciente» – Josefa Brenes Cortés, "Algunas cuestiones...", *cit.*, p. 1791 (trad. nossa). Também Dubuisson refere que, «na falta do acordo prévio do segurado nesse sentido, poder-se-ia, no mínimo, presumir o seu consentimento na medida em que o seguro foi precisamente subscrito para fazer face às necessidades das pessoas designadas» – Bernard Dubuisson, "Secrets...", *cit.*, p. 348 (trad. nossa).

[3133] Como se afirma no Ac. STJ de 23/04/2009 – Proc. nº 08B0749 (Maria dos Prazeres Pizarro Beleza), «tratando-se de informação meramente instrumental (data do início do tratamento) em relação a factos alegados pelo autor (duração da doença de que veio a resultar a morte), que, para fundamentar o pedido de indemnização dirigido contra a seguradora, trouxe ao processo o núcleo factual relevante para o permitir, pode ser pedido pelo tribunal ao estabelecimento de saúde que as preste».

para fazer valer o seu direito, não sendo substituível por qualquer outro meio de prova, ainda que mais falível.

Para além disso, a produção de prova em tribunal não é sinónimo da publicidade dos factos demonstrados, não podendo ser comparada à publicação jornalística de factos da esfera íntima. Desta forma, o próprio sistema judicial deverá garantir a relativa confidencialidade dos factos em causa, de modo a mitigar a potencial ofensa à reserva da vida privada[3134].

Por outro lado, perante o direito de personalidade do segurado não se coloca um mero interesse processual do segurador: está em causa a salvaguarda da liberdade de iniciativa económica privada (nº 1 do artigo 61º, alínea c) do artigo 81º e artigo 86º da CRP), valor constitucionalmente consagrado e beneficiando do regime do artigo 18º da CRP *ex vi* do artigo 17º[3135]. Ainda que, em abstracto, mereça primazia o direito fundamental à reserva da vida privada, não poderá o interesse conflituante deixar de obter séria ponderação.

Porém, o argumento que consideramos, em última instância, determinante na ponderação dos interesses em presença é bem outro. É que a oposição, pela pessoa segura ou pelos beneficiários, à admissibilidade do meio de prova tem, em regra, como único escopo, não a verdadeira garantia de um direito de personalidade, mas privar o segurador dos meios probatórios indispensáveis à prevalência da sua pretensão[3136]. A regulação da matéria está, aliás, sedimentada na jurisprudência francesa. Assim, segundo a orientação da *Cour de Cassation*[3137] – quando o segurado ou beneficiários se opõem, invocando o segredo médico, à apresen-

---

[3134] Cfr. o Ac. Trib. 1ª Instância de 18/09/1996 – Proc. T-353/94 (*Postbank NV* v. *Comissão*) – *Colectânea da Jurisprudência*, 1996, pp. II-00921 ss. Em causa está a transmissão de documentos confidenciais pela Comissão a tribunais nacionais. Considera o tribunal que «a exigência de se assegurar a protecção das empresas que demonstrem ter interesse na não divulgação de informações confidenciais, e, designadamente, de segredos de negócios, não pode primar sobre o direito de as empresas, detentoras destas informações, se defenderem no âmbito de um processo judicial nacional». Por outro lado, «quando estes documentos [...] são apresentados num processo nacional, os tribunais nacionais são supostos garantir a protecção das informações confidenciais, designadamente, dos segredos de negócios [...]». De resto, «ainda que a apresentação, por uma das partes no processo judicial nacional, de documentos contendo informações colhidas no âmbito de um procedimento administrativo em matéria de concorrência tramitado na Comissão, seja de natureza a enfraquecer a posição das empresas a que estes respeitam, incumbe, todavia, ao tribunal nacional garantir, com base nas regras processuais nacionais, a protecção dos direitos de defesa destas empresas».

[3135] João Calvão da Silva, "Apólice...", *cit.*, p. 168.

[3136] Como afirma Sabine Abravanel-Jolly, «[...] sejamos lógicos, o único propósito do segurado quando se opõe à revelação da verdade é de dissimular esta para obter uma indemnização à qual ele não teria direito. Que resta então da legitimidade do direito ao segredo médico?» ("Le secret...", *cit.*, p. 900 – trad. nossa).

[3137] A jurisprudência da *Cour de Cassation* francesa é marcada por dois acórdãos, de 3 de Janeiro de 1991 e de 9 de Junho de 1993 – Hubert Groutel *et al.*, *Traité...*, *cit.*, pp. 176-177.

tação judicial, pelo segurador, de informação clínica como meio de prova[3138] – «a atitude de quem se opõe ao levantamento do segredo médico deve tender a fazer respeitar um interesse moral legítimo, e não a fazer ocultar um elemento de prova contrário às suas pretensões»[3139]. Assim, quer o segredo médico, quer o direito à reserva da intimidade da vida privada, são concebidos finalisticamente, só sendo reconhecidos como absolutos para prossecução de um interesse legítimo e sendo, portanto, o seu exercício considerado ilegítimo quando tenha por propósito enganar o segurador[3140]. Nesta medida, havendo indícios objectivos relevantes que façam duvidar da boa fé do proponente, considera a jurisprudência justificado o levantamento do segredo médico e a cedência do direito à privacidade[3141]. Entre tais indícios, contam-se: a idade jovem do falecido; o curto espaço de tempo entre a subscrição do contrato e a morte; a natureza do serviço hospitalar que se ocupou do falecido (por exemplo, unidade de oncologia); e o valor elevado dos capitais seguros[3142].

[3138] Essa oposição dá-se, em regra, não quando os documentos em causa tenham sido fornecidos ao segurador (ou aos seus serviços médicos) pela própria pessoa segura ou seus beneficiários, mas pelo médico assistente daquela ou por um serviço hospitalar onde a mesma fosse seguida. Hubert Groutel, "Preuve...", *cit.*, p. 106.

[3139] *Apud* Hubert Groutel, "Preuve...", *cit.*, p. 105 (trad. nossa). Esse interesse legítimo assenta no direito de personalidade – à reserva da vida privada – do titular, colidindo com o interesse legítimo do segurador à verdade – Bernard Beignier, "Secret...", *cit.*, p. 470; Maxime Cauchy e Amélie Dionisi--Peyrusse, "Le droit...", *cit.*, p. 1315. Cfr. também Ac. da *Cour d'Appel* de Douai, de 12 de Abril de 2007: «considerando que o segredo médico e o dever de sinceridade são dois interesses legalmente protegidos pela lei; que tendo igual valor não pode um prevalecer sobre o outro e que fazer prevalecer sistematicamente o segredo médico seria de molde a privar de qualquer efeito as disposições do artigo L. 113-8 do *Code des Assurances* e que o segurador, a quem seria assim vedada qualquer possibilidade de provar um facto médico respeitante ao segurado, já não estaria em condições de fazer prova da má fé deste [...]» – *apud* Bernard Beignier, *Droit des Assurances, cit.*, p. 187 (trad. nossa).

[3140] Bernard Beignier, *Droit des Assurances, cit.*, p. 187; Bernard Beignier, *Droit du Contrat..., cit.*, p. 114; Maxime Cauchy e Amélie Dionisi-Peyrusse, "Le droit...", *cit.*, p. 1316. Assim, e nas palavras de Beignier, o segredo médico «não é um direito do segurado contra o seu segurador para contornar as obrigações que são as suas enquanto segurado» – Bernard Beignier, "Secret...", *cit.*, p. 469 (trad. nossa).

[3141] Bernard Beignier, *Droit du Contrat..., cit.*, pp. 114 ss.; Jérôme Kullmann, "La déclaration...", *cit.*, p. 753.

[3142] Bernard Beignier, *Droit des Assurances, cit.*, p. 188. A solução será igual em caso de recurso judicial a uma perícia médica, quando o titular do direito ao segredo se oponha à divulgação dos dados clínicos, pelo médico assistente, ao perito médico do tribunal – Sabine Abravanel-Jolly, "Le secret...", *cit.*, pp. 895-896. Não obstante o exposto, a orientação da jurisprudência francesa não é consensual e a invocação do sigilo médico é susceptível, em alguns casos, de obstar à prova das omissões ou inexactidões – cfr. Jérôme Kullmann, "La déclaration...", *cit.*, p. 754. P. ex., o *Tribunal de Grande Instance* de Bourges, em sentença de 27 de Maio de 1999, julgou um caso respeitante a um seguro de vida, em garantia de um mútuo bancário, em que a pessoa segura referiu, em sede

Cremos que esta perspectiva tem igual pertinência em Direito português, onde a matéria deverá ser vista à luz do *abuso do direito*. Na verdade, a invocação de um direito de personalidade para a prossecução de fins alheios à sua função (protecção de um bem jurídico de personalidade) – nomeadamente com o único propósito, ilegítimo, aliás, de tolher um direito alheio – configura uma situação de abuso do direito, decorrente de um manifesto excesso dos limites impostos pela boa fé e pelo fim social e económico do direito[3143].

Em suma, e sem prejuízo da aferição das circunstâncias de cada caso concreto, cremos que a ponderação de interesses e dos fins inerentes ao direito em causa (a reserva da intimidade da vida privada, e não a protecção da fraude) justificam a admissibilidade do meio de prova – seja o depoimento de quem está obrigado ao segredo médico, seja a apresentação de documentos clínicos – em nome do direito à verdade e da ilicitude do abuso do direito[3144].

de declaração do risco, nunca ter sido sujeita a internamento ou tratamento hospitalar. Vindo a morrer menos de dois anos depois, o segurador recusou-se a liquidar o sinistro com base na informação do médico assistente, segundo a qual o óbito se terá verificado em consequência de um problema cardíaco ocorrido dez anos antes. Os herdeiros accionaram então o referido médico invocando a violação do sigilo profissional e obtendo a condenação do mesmo no pagamento do capital seguro, tendo o tribunal reconhecido o nexo de causalidade entre a actuação do médico e a recusa do sinistro – *apud* Nicolas Gombault, "Secret...", *cit.*, p. 36.

[3143] Admitindo a ponderação de interesses no quadro do abuso do direito – «quando os interesses públicos em jogo sejam de tal modo ponderosos e a necessidade da ofensa seja de tal modo imperiosa que o exercício do direito à privacidade se torne abusivo» – Pedro Pais Vasconcelos, "Protecção...", *cit.*, p. 251. E acrescenta o autor: «em casos como estes, há um dever de cidadania e de solidariedade que sobreleva em concreto e que leva a qualificar como egoísta e eticamente insustentável a persistência na defesa da reserva da esfera privada. Tratar-se-ia, então, do abuso do direito à privacidade, na modalidade do *exercício desproporcionado*» (*ibidem*). Cfr. também Pedro Pais Vasconcelos, *Teoria Geral...*, *cit.*, p. 68.

[3144] Recusa-se, assim, a perspectiva lapidar da CNPD, segundo a qual «a posição processual mais onerada de qualquer das partes, seja a das Seguradoras, não pode ser aliviada, atenuada, contornada à custa dos direitos, liberdades e garantias dos cidadãos». Cfr. http://www.cnpd.pt/bin/decisoes/2006/htm/del/del072-06.htm (consult. 25/06/2010). Como refere Dubuisson, «o segredo profissional não pode servir de muralha à má fé nem dissimular ou esconder provas embaraçantes para o paciente» – Bernard Dubuisson, "Secrets...", *cit.*, p. 349 (trad. nossa). Embora noutro quadro factual e normativo, o Tribunal Europeu dos Direitos do Homem pronunciou-se sobre a aplicabilidade do artigo 8º da Convenção para a Protecção dos Direitos do Homem e das Liberdades Fundamentais no caso *MS v. Sweden* – (1999) 28 E.H.R.R. 313, citado por John L. Powell e Roger Stewart (Eds.), *Jackson & Powell...*, *cit.*, p. 204. No caso, a autora procurava obter da Segurança Social uma indemnização por acidente de trabalho, tendo a ré conseguido aceder, sem consentimento da titular, aos dados clínicos da mesma, demonstrando que as lesões por ela alegadas eram anteriores ao contrato de trabalho. Embora reconhecendo o direito à vida privada da autora (nº 1 do artigo 8º da Convenção), o Tribunal considerou a interferência excepcionada pelo nº 2 do mesmo artigo, em virtude de estar em causa uma necessidade proporcional e legítima de informação, justificada, designadamente, pelo bem-estar económico do país.

V. Atenta a necessidade de autorização da CNPD para que o segurador aceda aos dados sensíveis (nº 2 do artigo 7º da LPD), como vimos, suscitar-se-á a questão de saber se é lícita a apresentação pelo segurador, como meio de prova das omissões ou inexactidões pré-contratuais do segurado, de documentos contendo dados clínicos facultados por médico ou serviço hospitalar sem autorização da CNPD e quais as inerentes consequências processuais. Idêntica questão se coloca quanto à prestação de depoimento pelo obrigado a segredo profissional sem o consentimento do titular dos dados e sem dedução de escusa.

Importa, nesta fase, distinguir a prova ilícita da inadmissível. Segundo alguns autores, a prova ilícita é aquela cujo modo de obtenção é reprovado pelo Direito material, isto é, quando resulta da prática de um acto ilícito, dentro ou fora do âmbito do processo[3145]. Por seu turno, a inadmissibilidade de um meio de prova traduz-se em não lhe ser atribuída força probatória no caso de a prova chegar a ser indevidamente produzida[3146].

A perspectiva da admissibilidade da prova ilícita suscita o conflito entre o interesse geral na administração da justiça e o interesse na garantia constitucional de direitos fundamentais, considerando-se que uma prova, ainda que ilicitamente obtida, é apta a realizar o próprio fim para o qual é concebida: a descoberta da verdade. Neste quadro, vários são os argumentos da doutrina favorável à admissibilidade e à valoração de provas ilegalmente obtidas (sem prejuízo das sanções civis ou penais que resultem da ilicitude dessa obtenção)[3147]. Desde logo, o princípio da verdade (segundo o qual o que importa é se a prova é relevante e não como foi obtida); depois, o princípio da autonomia do direito processual face ao material (de onde resulta que a ilicitude material da aquisição da prova não implica a inadmissibilidade processual do meio de prova); além disso, importa aduzir o carácter metajurídico da prova (segundo o qual, da ilicitude dos meios de obtenção da prova não decorre necessariamente a ilicitude dos actos processuais que a admitem e valoram); o argumento *non bis in idem*, sustentando que a ilicitude na obtenção da prova é já reprovada noutros domínios do Direito material, não devendo também sê-lo no processual); e o princípio *factum infecti fieri nequit*, segundo o qual o que está feito não pode ser considerado não feito. Nesta

---

[3145] José João Abrantes, "Prova ilícita (Da sua relevância em Processo Civil)", *RJ*, Nova Série, nº 7 (Jul.-Set. 1986), p. 12; Isabel Alexandre, *Provas Ilícitas em Processo Civil*, Coimbra, Almedina, 1998, p. 21. Para Salazar Casanova, diversamente, a prova ilícita é aquela cuja obtenção ou produção ofende direitos fundamentais (distinguindo-se, assim, da prova ilegal, que resulta do desrespeito de normas de outra natureza) – J. F. Salazar Casanova, "Provas...", *cit.*, p. 101. A ilicitude na obtenção ou recolha do meio de prova (p. ex., o furto de um documento) distingue-se da ilicitude na produção da prova, em que esta é realizada mediante a infracção de normas processuais ou materiais. *Idem*, pp. 101-102.

[3146] J. F. Salazar Casanova, "Provas...", *cit.*, p. 102.

[3147] Cfr. José João Abrantes, "Prova...", *cit.*, pp. 14-15; e J. F. Salazar Casanova, "Provas...", *cit.*, pp. 102 ss.

perspectiva, por exemplo, a ilicitude penal do depoimento não justificado do médico, em violação do segredo profissional, seria incomunicável ao domínio processual, sendo válida a *produção* e a *valoração* da prova[3148].

Já a perspectiva da inadmissibilidade da prova ilícita estriba-se em diversos argumentos, designadamente: a perspectiva do processo como meio de resolução de litígios de harmonia com as regras impostas pelo ordenamento (considerando ilegítima a realização da Justiça através da prática de crimes); o princípio da prevalência da tutela dos direitos individuais sobre o direito à verdade; o efeito dissuasório da relevância processual de uma violação de norma material; ou o princípio segundo o qual a ilicitude na obtenção da prova produz a ineficácia da sua apresentação como meio de prova[3149]. No sentido da inadmissibilidade da prova ilícita, José Abrantes fundamenta-se no teor do artigo 519º do CPC, sustentando que a legitimidade da recusa do dever de cooperação para a descoberta da verdade, quando a mesma importe a ofensa de determinados valores – designadamente a intromissão na vida privada ou familiar, no domicílio, na correspondência ou nas telecomunicações (alínea b) do nº 3 do artigo 519º) – traduz um princípio de inadmissibilidade de meios de prova cuja obtenção colida com os mesmos valores[3150]. Porém, pensamos que o facto de, atentos certos valores, ser *legítima a recusa de colaboração*, não torna necessariamente inadmissíveis meios de prova cuja obtenção colida com esses valores.

Por seu turno, invocando o direito à prova e o dever de o juiz considerar todas as provas produzidas (nº 1 do artigo 515º do CPC), questiona Isabel Alexandre a aplicabilidade do nº 8 do artigo 32º da CRP à prova obtida por particulares no âmbito do processo civil. Ora, invocando os elementos teleológico e literal da interpretação, sustenta a autora que esta disposição funciona como salvaguarda dos direitos, liberdades e garantias em geral, os quais, nos termos do nº 1 do artigo 18º da CRP, vinculam tanto as entidades públicas como privadas, devendo, portanto, abranger também as provas obtidas por particulares[3151]. Assim, não assumindo o nº 8 do artigo 32º, explícita ou materialmente, carácter excepcional, seria de admitir a sua aplicabilidade analógica ao processo civil[3152], deter-

---

[3148] Manuel Costa Andrade, *Direito...*, *cit.*, pp. 233 e 239.

[3149] José João Abrantes, "Prova...", *cit.*, pp. 15-16; Manuel Costa Andrade, *Direito...*, *cit.*, pp. 239-241; J. F. Salazar Casanova, "Provas...", *cit.*, pp. 107 ss.; Sónia Reis, "Da relevância...", *cit.*, p. 71.

[3150] Como refere o autor, «forçoso será concluir que, face à nossa lei, determinados valores são intangíveis: [...] logicamente poderão, *a fortiori*, fundamentar a inadmissibilidade de certos meios de prova que com eles colidam quando ao seu possuidor nenhuma cooperação tenha sido solicitada» – José João Abrantes, "Prova...", *cit.*, p. 35.

[3151] Isabel Alexandre, *Provas...*, *cit.*, p. 238.

[3152] Como afirma a autora, «se se entender que o art. 32º, nº 8 CRP, ao prever a nulidade de certas provas, visa conferir maior eficácia aos direitos fundamentais violados aquando da sua obtenção,

minando a inadmissibilidade das provas *obtidas mediante* abusiva intromissão[3153] na vida privada, no domicílio, na correspondência ou nas telecomunicações[3154]. Relativamente a estas provas, entende a autora estar vedada, por ilicitude, a sua apreciação em processo civil, mesmo recorrendo à ponderação de interesses[3155], excepto verificando-se uma causa de exclusão da ilicitude[3156], designadamente a legítima defesa (considerando que a *necessidade de prova* não é, em si, causa de exclusão da ilicitude)[3157]. Quanto ao regime da nulidade da prova referido no nº 8 do artigo 32º da CRP, sustenta a autora que este preceito remete para o regime da lei processual, isto é, no caso do processo civil, para os artigos 201º ss. do CPC[3158].

Perspectiva diversa – com a qual concordamos – é a de Salazar Casanova, para quem o nº 8 do artigo 32º da CRP assenta no propósito de limitar os poderes do Estado na obtenção da prova, podendo interpretar-se extensivamente às provas obtidas por particulares em processo criminal, mas sendo insusceptível de aplicação analógica, como decorre da respectiva letra, teleologia e enquadramento

não existem motivos para restringir o preceito ao âmbito do processo penal, já que a lesão desses direitos não é menor pela circunstância de as provas se destinarem ao processo civil» – Isabel Alexandre, *Provas...*, *cit.*, p. 240. E conclui: «no direito português, a obtenção ilícita de um meio de prova tem consequências a nível da sua admissibilidade processual, em virtude da aplicação analógica da regra do art. 32º, nº 8 CRP ao processo civil». *Idem*, p. 287. Defendendo igualmente a aplicabilidade do artigo 32º ao processo civil, José João Abrantes, "Prova...", *cit.*, pp. 35-36.

[3153] A intromissão será abusiva quando careça de cobertura legal *ou* quando seja desnecessária, desproporcionada ou frontalmente violadora do direito em causa. Isabel Alexandre, *Provas...*, *cit.*, p. 259.

[3154] Acolhendo a perspectiva da autora, cfr. o Ac. do TC nº 241/2002, de 29/05/2002 (publicado no *DR*, II Série, de 23/07/2002). No caso, em processo laboral, foram pedidas, por despacho judicial, aos operadores de telecomunicações, informações relativas aos dados de tráfego e à facturação detalhada de linha telefónica instalada na morada de uma parte. Os dados foram fornecidos sem que os referidos operadores tenham recusado a cooperação nos termos da alínea b) do nº 3 do artigo 519º do CPC. O TC considerou que enfermava de nulidade a prova obtida com a utilização dos documentos que veiculavam aquelas informações, por infracção ao disposto nos artigos 26º nº 1 e 34º nºs 1 e 4 da CRP. No mesmo sentido, cfr. o Ac. TRP de 06/01/2009 – Proc. nº 0825375 (M. Pinto dos Santos).

[3155] Pensamos, porém, que a qualificação do carácter *abusivo* da intromissão decorre já de uma ponderação dos direitos em conflito, requerendo uma aferição *em concreto*, atendendo aos interesses em jogo na lide. Assim, a intromissão só será abusiva se, em concreto, os direitos (ou interesses) que pretende salvaguardar forem desproporcionados (injustificados) face àqueles que se sacrificam. Ora, a posição de Isabel Alexandre e de José Abrantes aponta, antes, para uma inadmissibilidade absoluta, *de princípio*, que cremos ser de recusar.

[3156] Seriam de considerar, neste domínio, as causas de exclusão da ilicitude admitidas pela lei penal, mais permissivas do que as da lei civil. Isabel Alexandre, *Provas...*, *cit.*, p. 261.

[3157] Isabel Alexandre, *idem*, pp. 257 ss.

[3158] Isabel Alexandre, *idem*, p. 267.

sistemático, às provas obtidas por particulares no quadro do processo civil[3159]. O autor advoga mesmo a inexistência de lacuna constitucional na regulação da proibição da obtenção de provas civis, matéria cujos contornos apelam para uma definição doutrinária e jurisprudencial, com a inegável vantagem da flexibilidade da aplicação judicial do Direito às situações concretas da vida[3160]. Finalmente, sustenta que tal aplicação analógica do nº 8 do artigo 32º «repugna na medida em que permite invocar certos direitos com o objectivo abusivo de obstar exclusivamente à produção de prova»[3161]. Em suma, cumpre concluir, com o autor, pela inexistência de base legal para a inadmissibilidade absoluta de certos meios de prova[3162]. Assim, em alguns casos, o próprio legislador concede direitos cuja tutela judicial impõe à contraparte um dever de cooperação – mesmo com sacrifício de direitos de personalidade – de cujo incumprimento infundado resultam, como consequências probatórias, a já referida livre valoração da recusa (nº 2 do artigo 519º do CPC), pelo julgador, para além da inversão do ónus da prova (nº 2 do artigo 344º do CC)[3163].

Quanto à casuística que mais se prende com o nosso objecto, e relativamente ao depoimento do médico, se se entender que cabe a este a livre decisão sobre a realização do depoimento, então ter-se-á de considerar a legitimidade e a admissibilidade da produção e valoração da prova[3164]. Não sendo esse o caso, como atrás

---

[3159] J. F. Salazar Casanova, "Provas...", *cit.*, pp. 116 ss., mormente 120. Como refere o autor, «o objectivo que se tinha em vista não era o de fixar um quadro geral definidor da ilicitude em matéria de obtenção de provas, mas obstar a que o Estado, por intermédio dos seus órgãos e agentes designadamente de investigação criminal, impusesse a sua força desrespeitando direitos e garantias individuais» – *idem*, p. 117. Releva ainda, como nota o autor, a circunstância de o processo civil não prever o recurso extraordinário de revisão com fundamento na forma de obtenção da prova (artigos 771º ss. do CPC) – *idem*, p. 124. Por outro lado, haverá que distinguir, com base na solução do processo penal, as provas absolutamente inadmissíveis (obtidas mediante tortura, coacção, ofensa da integridade física ou moral, nos termos do nº 8 do artigo 32º da CRP, consideradas inexistentes e passíveis de recurso de revisão) das provas relativamente inadmissíveis, cuja aceitação e valoração não podem, atento o princípio dispositivo, ser liminarmente excluídas – *idem*, pp. 127-128.

[3160] J. F. Salazar Casanova, "Provas...", *cit.*, pp. 120-121 e 125.

[3161] J. F. Salazar Casanova, *idem*, p. 123. Como reitera o autor, «uma protecção sem limites a certos direitos fundamentais, [...] reconhecidamente relativos na sua oponibilidade à produção de meios de prova, deixaria em muitos casos sem tutela o próprio direito de acção; a invocação de tais direitos obstaria a um *due process of law*, os direitos fundamentais seriam afinal invocados em claro abuso de direito [...]» – *idem*, pp. 127-128.

[3162] Como conclui o autor, «quando estão em causa certos direitos fundamentais (intromissão na vida privada, no domicílio, na correspondência ou nas telecomunicações), não decorre da lei a proibição absoluta de admissibilidade da prova que, em função das circunstâncias como foi obtida, será ou não valorizada pelo tribunal» – J. F. Salazar Casanova, "Provas...", *cit.*, p. 128.

[3163] J. F. Salazar Casanova, *idem*, p. 115.

[3164] Manuel Costa Andrade, *Direito...*, *cit.*, p. 233.

defendemos, a questão haverá de ser apreciada nos mesmos termos em que o seria a justificação da escusa (conflito de direitos).

O mesmo deverá ocorrer, de resto, quanto à apresentação de documentação clínica sem prévia autorização da CNPD, com a ressalva da existência de consentimento por parte do titular dos dados. Neste caso, e como já dissemos, a própria constitucionalidade da actuação da CNPD é questionável, já que, como refere Garcia Marques, o consentimento expresso do titular dos dados é, nos termos do nº 3 do artigo 35º da CRP, uma fonte fundamentadora do tratamento de dados – cujos requisitos são passíveis de verificação pelo poder judicial – e que não careceria, assim, de autorização administrativa da CNPD (não obstante o que parece decorrer da confusa redacção do nº 2 do artigo 7º da Lei nº 67/98 – LPD)[3165].

XII.3. O CONDICIONAMENTO PROBATÓRIO DA JUSTIÇA MATERIAL

I. Das dificuldades colocadas pela repartição do ónus da prova e pela conjugação deste com o regime substantivo demos já ampla nota, evidenciando que a articulação das normas convocadas a regular os pleitos tendem a desfavorecer uma das partes – o segurador – relativamente à contraparte. Esta situação atinge, porém, em regra, ainda outros contornos junto de quem tem por função assegurar a aplicação do Direito: o poder judicial. Sem querer pecar por generalizações abusivas – e, portanto, injustas – dir-se-á que a atitude dos tribunais perante os seguradores tem vindo a sofrer uma alteração radical. No início do séc. XIX escrevia José da Silva Lisboa que «os Seguradores são nos Tribunais de Justiça, considerados a certos respeitos, como pupilos, para serem socorridos todas as vezes que podem provar algum género de má fé dos Segurados, ficando logo não só descarregados da obrigação a que se haviam sujeito, senão também com o direito de haverem contra eles maior satisfação de justiça, quando a fraude é de natureza atroz, e digna da verdade das Leis»[3166]. Mais de um século depois, o cenário descrito por Marcelo Caetano – aliás, com assinalável actualidade – era já bem outro, ao referir-se «à situação das Companhias portuguesas nos nossos tribunais, onde a crença na virtude da equidade tem feito penetrar a doutrina

---

[3165] Cfr. José Garcia Marques, "Do tratamento...", *cit.*, pp. 60-61. Em sentido diverso decidiu o Ac. TRP de 06/01/2009 – Proc. nº 0825375 (M. Pinto dos Santos) que a falta de autorização da CNPD «[...] não pode [...] considerar-se suprida pelo consentimento escrito e expresso que o falecido E. (bem como a aqui 1ª agravante) deu à Seguradora (e às empresas do mesmo Grupo) para utilização de documentação clínica relativa ao seu estado de saúde. [...] A obtenção e utilização de documentos relativos a esses dados sensíveis sem a necessária autorização da CNPD configura uma intromissão abusiva na vida privada do identificado E. e, por via disso, um tratamento de dados ilegal e determina a nulidade das provas deles obtidas, nos termos daquele preceito constitucional [nº 8 do artigo 32º] aplicável por analogia ao processo civil». Por todas as razões que atrás apresentámos, merece-nos a decisão inteira discordância.

[3166] José da Silva Lisboa, *Princípios...*, Tomo I, *cit.*, p. 5.

de que, sendo o segurador 'rico e poderoso' e o segurado 'fraco e desprotegido', sempre que seja possível se deve favorecer este contra aquele. As Companhias nunca têm razão... salvo fortíssima e evidentíssima prova em contrário (e às vezes nem mesmo assim)»[3167].

Nalguns ordenamentos reconhece-se mesmo a existência de um princípio *favor debilis*, o qual, mesmo em matéria de declaração do risco, fundamenta uma postura da jurisprudência favorável ao tomador do seguro, designadamente na valoração da prova[3168].

O não raro atropelo ao princípio da igualdade das partes, que resulta do artigo 3º-A do CPC, assentará em pré-entendimentos do julgador, a cujos olhos as partes se apresentam frequentemente em profunda desigualdade: de um lado, o segurado que foi afectado por um sinistro (a verificação do risco extra-contratual); do outro, o segurador, que representa o poder económico. Ora, por muito censurável que haja sido a conduta do tomador/segurado, a ocorrência do sinistro parece configurar-se já, aos olhos do julgador, como uma pena bastante. A condenação do segurador parece resultar, assim, em alguns casos, como a forma de reparar a injustiça que, no plano naturalístico, extra-jurídico, se abateu sobre o segurado. Neste contexto, o regime da declaração do risco é muitas vezes remetido para um plano secundário, dando-se primazia ao jogo probatório cujas regras são fatalmente desfavoráveis ao segurador.

A matéria dos pré-entendimentos do julgador na identificação dos interesses em presença, na apreciação da matéria de facto, na valoração da mesma e na busca de soluções normativas – por vezes em desrespeito pelo Direito positivado e pelos princípios fornecidos pelo sistema jurídico – remete-nos para questões metodológicas e epistemológicas que largamente ultrapassam o âmbito deste trabalho. Em qualquer caso, como sublinha Rui Rangel, a realização da justiça pelo julgador depende de duas operações autónomas: primeiro, a apreciação da matéria de facto, buscando a verdade material e abstraindo da solução de Direito que será aplicada; depois, a qualificação jurídica dos factos ou, na expressão do autor, a subsunção destes ao Direito. Ora, só a *autonomia* das duas operações garante a aproximação possível à verdade material e realização do valor fundamental Justiça. De outra forma – e como, por vezes, ocorre – a prova e a apreciação da matéria de facto serão instrumentalizadas em função da solução de Direito, contribuindo para uma *crise da verdade*[3169].

O pré-entendimento poderá conduzir mesmo a resultados mais radicais, dando origem a uma jurisprudência *contra legem*[3170]. De facto, a busca de solução

---

[3167] Marcelo Caetano, "Prefácio", *in* Arnaldo Pinheiro Torres, *Ensaio...*, *cit.*

[3168] Carlos A. Schiavo, *Contrato de Seguro...*, *cit.*, p. 126.

[3169] Rui Rangel, *O Ónus...*, *cit.*, pp. 59 ss.

[3170] Ao nível da aplicação do Direito o enviesamento da orientação do julgador afigura-se, por vezes, muito claro, dando mesmo origem a flagrantes casos de jurisprudência *contra legem*. São

casuística no sentimento subjectivo do julgador – que assim usurpa a qualidade de oráculo directo do sistema social de valores, alheando-se da lei e do princípio da separação de poderes – constitui, do nosso ponto de vista, uma subversão dos cânones metodológicos da ciência do Direito que compromete a certeza e segurança jurídicas, a ordem e a Justiça[3171].

II. A análise empreendida revela que a eficácia e o justo equilíbrio visados pelas soluções de Direito substantivo são comprometidos no campo da sua aplicação, com prejuízo para a segurança jurídica e para a justa composição dos litígios[3172]. De facto, embora o Direito material tenha evidentes preocupações de equilíbrio na tutela das posições das partes, as condições de efectivação dessas soluções na lide contenciosa revelam-se não raras vezes iníquas, subvertendo mesmo – em lugar de o realizarem – o Direito substantivo.

Em particular, a oneração do segurador com a prova diabólica do grau de culpa, pressuposto de aplicação alternativa dos regimes do artigo 25º ou 26º da LCS, potencia um verdadeiro incentivo às omissões ou inexactidões fraudulentas. De facto, se abstrairmos da axiologia da norma e fizermos um mero exercício de ponderação das possibilidades de ganho e de perda do proponente faltoso, teremos: (a) se o proponente faltoso não for descoberto, sairá ganhador (recebe a prestação do segurador em caso de sinistro). Se for descoberto mas o segurador não lograr provar o dolo, então: (b) se tiverem decorrido mais de dois anos sobre o início da apólice e se tratar de seguro de vida, o contrato será incontestável e o proponente faltoso sai ganhador (recebe a prestação por sinistro do segurador); (c) se o facto omitido não for causa do sinistro, o proponente ganha (recebe a prestação do segurador); (d) e se o facto omitido for causa do sinistro, o proponente não perde (já que recebe uma prestação proporcional ao prémio pago). Trata-se, em suma, de um leque de soluções sem potencial preventivo (pelo contrário) da fraude, incentivando-a mesmo.

As dificuldades demonstradas, designadamente no plano probatório, justificariam, do nosso ponto de vista, no domínio do Direito a constituir, soluções que assegurassem a efectiva consecução do equilíbrio visado. Voltaremos a este assunto mais adiante.

---

disso exemplos vários acórdãos já citados, em que do artigo 429º do CCom são extraídos sentidos que o mesmo manifestamente não comporta (nem na sua letra nem tampouco no seu espírito), qualquer que seja a regra de interpretação utilizada.

[3171] Assim, como bem se refere no Ac. TRG de 12/02/2009 – Proc. nº 63/08.0TCGMR-A.G1 (Gouveia Barros), «ao juiz está vedado substituir a lei por uma *"jurisprudência do sentimento" (gefuhlsprudenz*, na expressão germânica), fazendo recair sobre a seguradora uma responsabilidade social que a outrem cabe». Este efeito não se confunde com a jurisprudência de valoração – Karl Larenz, *Methodenlehre...*, *cit.*, pp. 139 ss.

[3172] Sobre a dimensão do problema no sistema francês, cfr. Claude J. Berr, "La déclaration...", *cit.*, pp. 345 ss.

XIII
Do Modelo de Análise à Tipologia de Regimes

XIII.1. ESTRUTURAÇÃO CLASSIFICATÓRIA DOS REGIMES DE DECLARAÇÃO DO RISCO

I. Como vimos, a doutrina aponta, no seu conjunto, uma pluralidade de fundamentos onde faz assentar o dever de declaração do risco. Porém, em regra, os autores seguem uma abordagem simplista, evidenciando apenas um ou outro desses fundamentos, e colocando o enfoque, mais nos contornos do próprio dever do que na sua *ratio*. Alguns autores, no entanto, reconhecem e procuram fundamentar a diversidade de soluções legais dadas à matéria. Assim, Luca Buttaro identifica duas abordagens legais distintas no domínio da declaração do risco. Uma, que identifica com o regime do artigo 429º do CCom italiano de 1882, preocupar-se-ia fundamentalmente com *o erro do segurador*, ou seja, com a falta de correspondência entre o risco real e o declarado pelo proponente, sancionando a má fé do segurado com a obrigação de ressarcir os danos sofridos pelo segurador. A outra abordagem, que o autor identifica com o regime dos artigos 1892º e 1893º do CC italiano de 1942, colocaria em evidência, sobretudo, o *dever* (ou ónus) *de declaração pelo segurado* de todas as circunstâncias relevantes e conhecidas do mesmo, subordinando ao cumprimento dessa vinculação o direito ao pagamento da eventual indemnização por sinistro[3173]. Esta abordagem colocaria o enfoque, já não no *segurador* e na *formação do contrato*, mas no *segurado* e no momento da *verificação do sinistro*. Assim, tomaria em consideração a situação subjectiva do segurado (isto é, a censurabilidade da sua actuação), mas *deslocando-a*, nas palavras do autor, «do momento da conclusão do contrato para o da verificação do sinistro, na medida em que as diferenças na disciplina legislativa das duas hipó-

---

[3173] Luca Buttaro, "Assicurazione (contratto di)", *cit.*, p. 484.

teses respeitam essencialmente a este segundo momento, precisamente porque só no caso de reticências sem dolo ou culpa grave o segurado terá ou poderá ter direito ao pagamento da indemnização com redução»[3174].

Embora com o mérito pioneiro de identificar uma clara divergência de abordagem entre regimes, cremos que esta perspectiva assenta em pressupostos teóricos discutíveis[3175] e num excessivo enfeudamento às especificidades do regime italiano, sendo, portanto, incapaz de identificar a dimensão e a essência da autêntica clivagem de soluções legais em causa.

II. A análise à diversidade de regimes legais empreendida ao longo deste trabalho – quer de um prisma histórico, quer de Direito comparado – não assumindo propósitos taxológicos[3176], permite, não obstante, classificar as soluções legais em dois grandes grupos, que atrás designámos por *paradigma da invalidade* e *paradigma da culpa*.

Os dois "paradigmas" são meros auxiliares heurísticos, ferramentas metodológicas com finalidades interpretativas e explicativas dos regimes, permitindo desvendar a respectiva coerência teórica e normativa interna e reconhecer as modificações operadas nos ordenamentos europeus, determinadas pela evolução do sentido de justiça, pela densificação da dogmática jurídica e pelo aperfeiçoamento da técnica legislativa. Os referidos *paradigmas* constituem, assim, referências ideais-típicas, no sentido weberiano[3177], não se apresentando como tipos classificatórios puros. De facto, mesmo os regimes novecentistas mais rígidos contemplam, em regra, algum modo de ponderação da culpa do proponente (ainda que num plano secundário), enquanto os regimes mais flexíveis contem-

---

[3174] Luca Buttaro, "Assicurazione (contratto di)", *cit.*, p. 484 (trad. nossa).

[3175] Na verdade, a perspectiva do autor parece sobrevalorizar a eventual prestação pecuniária do segurador em caso de sinistro, para além de atribuir à vinculação do proponente a natureza de ónus. Por fim, ao analisar o regime dos artigos 1892º e 1893º do CC, o autor não refere que o direito de anulação do contrato pelo segurador, decorrente de incumprimento do dever de declaração do risco com dolo ou culpa grave, é independente da ocorrência do sinistro (que pode nem se verificar), nos termos do primeiro parágrafo do artigo 1892º. Também no caso de incumprimento sem dolo ou culpa grave, o segurador poderá resolver o contrato, excepto em caso de prévia ocorrência do sinistro (caso em que deverá cumprir a sua prestação pecuniária de acordo com a regra proporcional), nos termos do artigo 1893º. Desta forma, não cremos que o CC desloque o enfoque para o momento da ocorrência do sinistro (que poderá nem sequer se verificar). A censurabilidade da actuação do proponente é aferida relativamente à fase de formação do contrato e as consequências do incumprimento consistem na manutenção ou na cessação do contrato.

[3176] Como sucedia com a prática comparatística novecentista. Cfr. H. Patrick Glenn, "Aims...", *cit.*, p. 60.

[3177] Cfr. Max Weber, "L'usage des types idéaux en sociologie", *in* P. Bourdieu, J.-C. Chambourdon e J.-C. Passeron (Eds.), *Le Métier de Sociologue – Préalables Epistémologiques*, Paris, Mouton, 1973, pp. 246 ss.

porâneos abrangem, em regra, soluções de invalidade que dificilmente nos permitem alhear da teoria dos vícios da vontade.

III. O que designamos por *paradigma da invalidade* corresponde aos regimes de matriz mais tradicional (encontrando expressão, designadamente, nos CCom novecentistas e em modelos de regulação de traços simples e pragmáticos), e ao que tem sido designado por alguns como *teoria objectiva* das declarações inexactas ou reticentes[3178], perspectiva que sustenta que para a cominação das omissões ou inexactidões do proponente há-de irrelevar o estado subjectivo deste[3179]. Esta tendência regulatória afirma-se decorrente da própria natureza intrínseca do contrato de seguro, fundamentando-se, desde logo, na *alea* do seguro (apresentando como corolários o princípio da mutualidade e o perigo da anti-selecção): corrompida congenitamente a *alea* do seguro, suscita-se, mais do que o mero desequilíbrio de prestações no âmbito do contrato singular, o próprio colapso da actividade seguradora, quer pela violação do princípio da mutualidade, quer pela indução da selecção adversa[3180].

Por outro lado, este padrão regulatório fundamenta-se também na problemática dos vícios da vontade e na tutela da vontade livre do segurador[3181]. Deste

---

[3178] Edwin W. Patterson, "Le dichiarazioni...", *cit.*, p. 520. Cfr. igualmente Juan Félix Morandi, "La reticencia...", *cit.*, p. 376; e Miguel Ruiz Muñoz, "Deber...", *cit.*, p. 15.

[3179] O carácter estritamente objectivo dos regimes recondutíveis a esta classificação – indiferente, portanto, à censurabilidade da conduta do declarante – não é, porém, incontroverso, no sentido em que o referido paradigma não seria passível de ser positivado no seu estado puro, isto é, abstraindo por completo do comportamento do proponente. Desde logo, sempre a declaração do risco terá de ser imputável ao mesmo (ainda que tendo sido efectuada por interposta pessoa), como resultando de um acto livre e consciente. Por outro lado, estando em causa uma declaração de ciência, sempre o conteúdo da mesma terá de incidir sobre matérias do conhecimento (efectivo ou, pelo menos, presumido) do proponente. Para além disso, o próprio conteúdo da declaração pode incidir sobre o estado subjectivo ou sobre factos mentais (*mental facts*) do proponente. De resto, ainda que numa abordagem superficial, a não declaração de uma circunstância conhecida parece pressupor, pelo menos, a negligência. Cfr. Juan Félix Morandi, "La reticencia...", *cit.*, p. 378; Edwin W. Patterson, "Le dichiarazioni...", *cit.*, pp. 521 ss. O carácter ideal-típico dos dois paradigmas identificados é, porém, de molde a obstar a estas críticas, exprimindo uma tendência caracterizadora e não uma descrição de rígido rigor.

[3180] Estes fundamentos evidenciam-se na síntese de Patterson: «independentemente da inocência ou da culpa do segurado, o segurador foi enganado com dano próprio, e o segurado obteve a admissão num grupo ao qual não pertence: a cessação do contrato exclui-o do grupo. Permitir que os maus riscos sejam segurados nas mesmas condições dos bons, torna-se, a longo prazo, injusto para o segurador e injusto para os segurados portadores de bons riscos. Foram imaginados vários argumentos engenhosos no sentido de imputar uma culpa moral ao autor inocente de declarações inexactas, com o fim de justificar a cessação do contrato, mas o efeito da declaração sobre a pessoa a quem ela é dirigida (o segurador) é suficiente para justificar a norma» – Edwin W. Patterson, "Le dichiarazioni...", *cit.*, pp. 519-520 (trad. nossa).

[3181] Virginia Bado Cardozo, *El Riesgo...*, *cit.*, p. 154.

modo, os regimes concretos de Direito positivo assentes neste paradigma pre-ocupam-se, frequentemente, mais com a definição das cominações decorrentes da declaração afectada de inexactidões ou de omissões relevantes, do que com a prescrição de um dever de conduta ao proponente. Por fim, as fórmulas legais ancoradas neste quadro concentram-se mais no destinatário – induzido em erro na aceitação da proposta ou na celebração do contrato em determinadas con-dições – do que, propriamente, no comportamento do declarante e no grau de censurabilidade do mesmo.

Estamos no domínio da objectividade dos factos, a saber, se o contrato está ou não afectado por um vício congénito. Na esteira da solução do artigo 348º do CCom francês, de 1807, observa Renaux que, se o segurado se abstém de decla-rar «factos que devem influenciar o risco ou se faz declarações inexactas sem que haja dolo da sua parte, está em falta, mesmo se ignora o que devia saber. [...] O legislador não se colocou senão sob um ponto de vista, não considerou senão o acordo das partes, o consentimento: se este não é perfeito, não há contrato»[3182]. Viciada a vontade do segurador por erro (espontâneo ou induzido), o remédio legal consiste na invalidade do contrato. Esta não traduz uma sanção de um com-portamento censurável, mas o remédio de um vício congénito, sendo, portanto, indiferente o grau de censurabilidade da actuação do proponente (quer este tenha agido com intenção de enganar ou de boa fé)[3183], assim como ter-se verificado ou não o sinistro (ou qual fosse a causa deste). Quanto ao critério de relevância, o paradigma da invalidade adopta tendencialmente o prisma do segurador, seja o do segurador concreto, seja o de um segurador prudente.

Segundo Sánchez Calero, a inflexibilidade de soluções dos regimes novecen-tistas sobre a declaração do risco teria resultado de um menor apuramento da técnica seguradora, tendo então as omissões ou inexactidões maior relevância quanto à decisão de contratar, ou não, do segurador (erro essencial) do que quanto à determinação das condições (prémio) a aplicar ao contrato (erro incidental)[3184]. Nesta perspectiva, estando sobretudo em causa uma decisão de *tudo ou nada* por parte do segurador, também o regime legal assentaria numa solução de *tudo ou nada*: ou o segurado beneficia integralmente das coberturas ou fica totalmente privado das mesmas (*alles oder nichts Prinzip*)[3185].

[3182] M. Renaux, *De la Réticence...*, *cit.*, pp. 39 40 (trad. nossa).

[3183] Como refere Azevedo Matos, «a falsa declaração ou é intencional, ou representa negligência por parte do segurado [...] mas, em qualquer caso, devia originar sempre nulidade» – Azevedo Matos, *Princípios de Direito Marítimo*, Vol. IV, *cit.*, p. 140.

[3184] Fernando Sánchez Calero, "Conclusión, documentación, contenido del contrato (Arts. 5 a 24)", *in* Evelio Verdera y Tuells (Ed.), *Comentarios a la Ley de Contrato de Seguro*, Vol. I, Madrid, Colegio Universitario de Estudios Financieros, 1982, p. 296.

[3185] Herman Cousy, "The Principles...", *cit.*, p. 120.

Face ao exposto, o paradigma da invalidade comporta uma maior rigidez, simplicidade e severidade das cominações previstas[3186]. Esta severidade é particularmente gravosa em caso de produção do sinistro antes da impugnação do contrato: em tais situações, ainda que a declaração exacta do risco pudesse apenas ter conduzido à aplicação de um agravamento de prémio, a cominação conducente à anulação do contrato posterior ao sinistro torna a situação do segurado irremediável porque – extinto o risco – insusceptível de novo seguro[3187].

IV. O que designamos por *paradigma da culpa* traduz uma tendência regulatória diversa, emergente com as LCS do início do séc. XX e marcando, em grande medida, a evolução operada nos regimes da declaração do risco no decurso do último século[3188]. Neste plano, o fundamento do regime da declaração do risco é aferido no quadro do incumprimento dos deveres acessórios de boa fé na fase pré-contratual (*culpa in contrahendo*). Assim, o enfoque é deslocado: do princípio da autonomia da vontade para o da boa fé; da esfera do segurador (cuja vontade é viciada por erro) para a do proponente (que incumpre, em maior ou menor medida, os deveres de boa fé a que está sujeito); do plano objectivo do vício contratual para o subjectivo da conduta do proponente[3189].

Por seu turno, o critério de relevância adopta tendencialmente o prisma do proponente, seja o do proponente concreto, seja o de um proponente razoável. Quanto à cominação, a mesma resulta da ponderação das circunstâncias do caso e, mormente, da censurabilidade da conduta do proponente, merecendo cominação diversa a boa fé subjectiva, a negligência, o dolo ou a fraude. Estamos no domínio subjectivo do juízo de censura inerente à descrição do risco, considerando o estado subjectivo ou grau de culpa do seu autor. Como refere Claude Berr a propósito do regime francês, pioneiro neste âmbito, «é, portanto, *exclusivamente a apreciação moral sobre o comportamento* daquele que devia fazer a declaração que determina a sanção aplicável [ao incumprimento do dever de informação]»[3190]. Na perspectiva de Sánchez Calero, a evolução das soluções legais para o incumprimento do dever de declaração estaria também ligada a uma evolução da técnica seguradora. Assim, enquanto historicamente o segurador se pautaria mais por

---

[3186] Joaquín Garrigues, *Contrato...*, *cit.*, p. 89, n. 2.

[3187] Edwin W. Patterson, "Le dichiarazioni...", *cit.*, p. 520. Alguma doutrina salienta o carácter draconiano desta categoria de regimes de declaração do risco, conferindo ao segurador uma tutela excessiva e, nalguns casos, propiciadora de abusos – Júlio Gomes, "O dever de informação do (candidato a) tomador...", *cit.*, p. 391.

[3188] Júlio Gomes, "O dever de informação do (candidato a) tomador...", *cit.*, pp. 392-393.

[3189] Não basta, como sublinha Gasperoni, a existência de uma discrepância objectiva entre o risco declarado e o real: é necessário que tal discrepância resulte do comportamento do proponente, isto é, que a mesma lhe seja imputável – Nicola Gasperoni, "La rilevanza...", *cit.*, p. 94.

[3190] Claude J. Berr, "La déclaration...", *cit.*, p. 339 (trad. e sublinhados nossos).

decisões de *tudo ou nada* (aceitação ou recusa simples do risco), actualmente existirá maior flexibilidade na definição das condições a aplicar ao contrato: «dada a organização técnica dos seguradores, [...] estão dispostos normalmente também a aceitar riscos maus se se fixa um prémio adequado»[3191].

Longe das soluções de "tudo ou nada", encontramo-nos no domínio da modulação das cominações, da busca da equidade, do equilíbrio, da proporcionalidade e da gradação de soluções, visando a justiça contratual e o aproveitamento, quando possível, da utilidade do negócio visada pelas partes. Mesmo quando a cominação se traduz na invalidade, esta denota o desvalor jurídico da conduta do declarante, sancionando-a. As soluções em causa afiguram-se, portanto, mais complexas do que no quadro do paradigma da invalidade.

Esta perspectiva, aparentemente mais justa, não se encontra, porém, ao abrigo de reparos. Na verdade, e perante a insuperável dificuldade da prova quanto ao grau de culpa do proponente, defende alguma doutrina que a aferição do comportamento (incumprimento) por parte do proponente haveria de abstrair do *animus* deste, evidenciando antes que esse comportamento teria objectivamente induzido o erro do segurador[3192].

V. Para além da dicotomia analisada entre os modelos regulatórios do paradigma da invalidade e do paradigma da culpa, outra dicotomia da maior relevância assume carácter estruturante na caracterização da disciplina da declaração do risco. De facto, como tivemos oportunidade de sublinhar no lugar próprio, o âmbito do dever de informação – domínio onde se verifica uma demarcação fracturante entre os regimes baseados num *dever espontâneo de informação* e os baseados num *dever de resposta* – constitui uma variável que estrutura a disciplina da declaração do risco. Aliás, um dos elementos de evolução registados no séc. XX no quadro dos regimes que disciplinam a declaração do risco consistiu precisamente na transição, verificada em vários países, entre um regime de declaração espontânea, e um regime de mera resposta às questões colocadas pelo segurador[3193]. As duas soluções foram já analisadas e comparadas no lugar próprio (*supra*, VII.3.2), pelo que nos escusaremos de repetir o que então foi dito.

XIII.2. SÍNTESE COMPARATIVA

XIII.2.1. Aspectos gerais

I. Analisado em profundidade o regime da declaração do risco no Direito português, é o momento de retomarmos a perspectiva comparativa. Para além

---

[3191] Fernando Sánchez Calero, "Conclusión...", *cit.*, p. 296.
[3192] Guido Tedeschi, "«Misrepresentation»...", *cit.*, p. 492.
[3193] Júlio Gomes, "O dever de informação do (candidato a) tomador...", *cit.*, p. 393.

do balanço preliminar esboçado (*supra*, IV.3), a análise consagrada aos vários sistemas jurídicos estrangeiros considerados permite-nos já identificar algumas tendências, de que importa dar conta.

Desde logo, verifica-se uma grande clivagem conceptual, estrutural e dogmática entre a família da *civil law* (onde é possível identificar um instituto jurídico autónomo e unitário da declaração do risco no contrato de seguro, compreendendo omissões e inexactidões, e onde a modulação das soluções concretas assenta, sobretudo, no grau de culpa e na ocorrência ou não do sinistro) e a da *common law* (onde os mesmos factos e questões juridicamente relevantes são regulados sob a égide de institutos jurídicos distintos: *misrepresentation, non-disclosure* e *basis of contract*). Esta clivagem, explicada pelo contexto jurídico-cultural das duas famílias de Direitos e evidenciada por uma perspectiva macrocomparativa, não é, porém, determinante da correlação de tutelas dispensadas pelo Direito às partes do contrato: o segurador e o tomador. Na verdade, não só a protecção tradicionalmente garantida ao segurador pelo Direito inglês tem sido objecto de uma recente evolução jurisprudencial em sentido inverso, mas perspectiva-se uma reforma legislativa sensível aos direitos do segurado-consumidor.

É de notar também a elevada padronização das soluções consagradas – reduzidas a um pequeno grupo de modelos de regulação – atento o papel fundamental do Direito comparado como instrumento de suporte às reformas legislativas (fenómeno de "colonização jurídica"). Assim, a afinidade das soluções adoptadas – sobretudo nos sistemas continentais – resulta de opções do legislador a que não foi alheia a permeabilidade cultural e histórica quanto a soluções já acolhidas em ordens jurídicas próximas[3194].

Em qualquer caso, verifica-se na generalidade dos sistemas jurídicos analisados que a jurisprudência tem um papel fundamental na regulação da declaração do risco e das consequências do seu incumprimento, apresentando soluções materiais que, não raras vezes, se sobrepõem à própria letra da lei (ou ao precedente judicial, na *common law*) e que, na prática da *law in action*[3195], esbatem as diferenças de regimes identificadas, reflectindo um substrato cultural e ideológico comum, ao qual o sentido de justiça não é elemento estranho.

[3194] As razões para a partilha universal de soluções neste domínio decorrerão de vários factores: por um lado, o facto de os primeiros contratos de seguro (seguro marítimo) beneficiarem de uma difusão transfronteiras que acompanhava o âmbito do próprio comércio marítimo (cujo risco, afinal, os referidos contratos garantiam); por outro lado, o facto de o Direito dos seguros terrestres ser objecto de uma evolução relativamente tardia e autónoma face aos particularismos e tradições de cada ordenamento jurídico (neste sentido, Bernard Rudden, "Disclosure...", *cit.*, pp. 1-13); finalmente, a permeabilidade de cada ordenamento à difusão internacional da dogmática jurídica e às soluções de Direito comparado.

[3195] João de Castro Mendes, *Direito Comparado*, *cit.*, p. 17.

II. Embora o Direito comparado adopte, em regra, uma perspectiva actualista e sincrónica[3196], a contextualização histórica de cada ordenamento considerado permitiu reconhecer – também ao nível histórico – regularidades relevantes na declaração do risco.

Desde logo, cumpre assinalar a grande clivagem que demarca a era dos CCom da era dos diplomas autónomos (LCS). Por outro lado, destaca-se também a evolução histórica das soluções, no sentido de uma progressiva diminuição da tutela do segurador e de um progressivo aumento da tutela do tomador ou segurado. Esta tendência é marcada, quer por um aligeirar das sanções que pesam sobre o segurado inadimplente, quer pela modulação destas em função da culpa do mesmo. Por outro lado, aumentam os ónus e deveres sobre o segurador: o dever de questionar, o dever de diligência, o dever de informação sobre as consequências do incumprimento. Finalmente, o instituto do abuso do direito modera a correlação de direitos no quadro da declaração do risco, impondo limites à actuação do segurador. Mais do que um equilíbrio de posições e um apelo à colaboração das partes no quadro do princípio geral da boa fé, os regimes actuais espelham uma tensão entre direitos e deveres das partes em matéria de declaração do risco. Neste contexto, verifica-se um recente movimento internacional de reforma legislativa, em parte induzido pela tentativa de harmonização europeia, e em parte pelas tendências regulatórias que vimos de referir.

XIII.2.2. A grelha comparativa

I. Ao longo do trabalho – e, sobretudo, no Capítulo IV (declaração do risco em ordenamentos estrangeiros) – foi prosseguida a fase analítica[3197] do método comparativo, destinada a evidenciar os elementos mais relevantes (e as principais controvérsias dogmáticas) de cada um dos regimes considerados, no seu contexto histórico e sistémico, e a possibilitar a sua *compreensão*, em resultado da integração sistemática também empreendida. Após o estudo aturado que dedicámos, em especial, ao regime português, importa, nesta fase, elaborar uma síntese conclusiva[3198] da análise efectuada em paralelo a cada um dos regimes estrangeiros considerados[3199], como produto crítico, problematizante e explicativo – e

---

[3196] Carlos Ferreira de Almeida, *Introdução...*, *cit.*, p. 9.

[3197] Léontin-Jean Constantinesco, *Traité...*, Vol. II, *cit.*, p. 241; Konrad Zweigert e Hein Kötz, *Einführung...*, *cit.*, pp. 40 ss.; Carlos Ferreira de Almeida, *Introdução...*, *cit.*, p. 25.

[3198] Léontin-Jean Constantinesco, *Traité...*, Vol. II, *cit.*, pp. 240 ss; Eric Agostini, *Droit Comparé*, Paris, PUF, 1988 – trad. port., *Direito Comparado*, Porto, Rés, s.d., p. 25; Dário Moura Vicente, *Direito Comparado*, *cit.*, pp. 48 ss.

[3199] Recordamos que os sistemas jurídicos objecto da análise comparativa foram: Portugal, Inglaterra, França, Alemanha, Itália, Bélgica, Espanha, Suíça e Brasil.

não apenas descritivo ou classificatório – do recurso à perspectiva comparativa e ao seu método[3200].

II. Com base, quer em leituras exploratórias – de legislação, doutrina e jurisprudência – sobre a matéria que nos prende, quer em outros estudos comparativos sobre a mesma temática[3201], definimos um conjunto de parâmetros (ou variáveis) em que assentou a grelha estruturante do trabalho comparativo. Os parâmetros considerados são os seguintes:

a) O proponente encontra-se legalmente adstrito a um comportamento (dever de conduta), ou apenas são associados efeitos a uma acção ou omissão sua?

b) Qual o âmbito da vinculação do proponente: dever espontâneo de informação ou mero dever de resposta?

c) Para aferição do incumprimento, quais os critérios jurídicos de determinação da relevância/essencialidade dos factos omitidos ou inexactamente declarados: objectivos / subjectivos; concretos / abstractos?

d) Qual o âmbito do conhecimento dos factos exigido ao proponente: apenas o conhecimento efectivo ou releva o desconhecimento culposo?

e) Existe uma clivagem de cominações (cominação dura / cominação branda)?

f) Na determinação das cominações aplicáveis ao incumprimento releva a culpabilidade do contraente e, em caso afirmativo, que grau(s) de culpa?

g) Existem cominações diferenciadas em função da ocorrência do sinistro? Como?

h) Em caso de ocorrência do sinistro, existem soluções diferenciadas em função da causalidade entre o facto omitido ou inexactamente declarado e aquela ocorrência? Quais?

i) Quais são as cominações decorrentes do incumprimento da declaração do risco?

j) É aplicável a regra proporcional?

l) Existe um prazo de caducidade da faculdade de impugnação do contrato? Qual?

m) Cabe ao segurador o ónus da prova do estado subjectivo do proponente?

[3200] Damos, nesta fase, por demonstrado que a análise comparativa incidiu sobre institutos jurídicos funcionalmente equivalentes, estabelecidos para a resolução de questões jurídicas com a mesma natureza, e sistematicamente regulados nos vários sistemas jurídicos, pelo menos, desde o século XIX.
[3201] Cfr., em especial, Comité Européen des Assurances, "8ème Colloque...", *cit.*, pp. 256 ss.; Giovanni E. Longo, "La dichiarazione...", *cit.*, pp. 26 ss.; Reimer Schmidt, "L'influenza...", *cit.*, pp. 450-451.

III. Quanto à primeira variável – o proponente encontra-se legalmente adstrito a um comportamento (dever de conduta), ou apenas são associados efeitos a uma acção ou omissão sua? – todos os ordenamentos analisados, com excepção dos da Itália e Brasil, contemplam uma expressa vinculação à observância de um comportamento (isto é, a previsão de um "dever" de informação). Nos casos de Itália e do Brasil os regimes respectivos apenas associam efeitos cominatórios às omissões ou inexactidões[3202], casos em que, sendo a vinculação informativa apenas pressuposta, falta o consenso à doutrina dos dois países no reconhecimento de um verdadeiro dever de declaração do risco.

IV. Quanto ao âmbito da vinculação do proponente, encontramos o *dever de resposta* (sistema de questionário fechado) consagrado nos ordenamentos francês, alemão, espanhol e suíço. Com excepção da Suíça (país, aliás, pioneiro na solução) os três outros casos observados decorrem de reformas recentes do Direito do contrato de seguro. A solução do *dever espontâneo* permanece, portanto, dominante em Direito comparado.

V. Relativamente aos critérios jurídicos de determinação da *relevância* dos factos omitidos ou inexactamente declarados, como requisito do incumprimento do dever de declaração, há a fazer importantes distinções. De um lado, só dois regimes – o belga e o português –, partilhando a mesma fórmula, aferem a relevância a partir do proponente concreto (ainda que o critério seja temperado com um requisito de razoabilidade). Os sistemas inglês e brasileiro apelam para um modelo de segurador abstracto (o *prudent insurer*, no exemplo da *common law*). E os ordenamentos francês, alemão, italiano, espanhol e suíço remetem para a relevância aferida pelo segurador concreto. Sendo este o critério dominante entre os sistemas jurídicos analisados, importa referir que ele é inerente ao modelo do questionário fechado, onde, em regra (com excepção da França) se presume a relevância das questões formuladas pelo segurador. Para além de circunscrever o dever de declaração do risco, o sistema de questionário fechado resolve, assim, de forma pragmática, um outro problema: o da determinação e prova da relevância dos factos em causa.

VI. Sobre o âmbito do conhecimento dos factos exigido ao proponente, importa referir que se trata de matéria controvertida entre a doutrina e jurisprudência dos vários países. Ainda assim, só se verifica a relevância do desconhecimento culposo, *por determinação expressa da lei*, nos casos inglês (*constructive*

[3202] Era esta a opção legislativa dominante nos regimes novecentistas (entre nós, foi o caso dos dois CCom).

knowledge) e suíço. Não obstante, como oportunamente referimos, encontram-se solidamente consolidadas as perspectivas doutrinárias que interpretam as fórmulas legais no sentido de aí reconhecerem a relevância do desconhecimento culposo (é, designadamente, o caso em Portugal, Brasil, Espanha e Itália).

VII. Outra variável considerada reporta-se à complexidade do regime, indagando-se da existência de uma clivagem de cominações, com uma diferenciação marcada entre uma "cominação dura" e uma "cominação branda". Face à pesquisa efectuada, podemos constatar que tal clivagem se verifica na maior parte dos ordenamentos em análise, constituindo excepções o caso da Inglaterra, Espanha[3203] e Suíça.

VIII. Quanto a saber se releva a culpabilidade do contraente – e, em caso afirmativo, que graus de culpa – na determinação das cominações aplicáveis ao incumprimento, é matéria que se prende com a questão anterior. Assim, nos ordenamentos onde se verifica uma clivagem entre uma "cominação dura" e uma "cominação branda" essa clivagem é função da culpabilidade do proponente faltoso (ou seja, nos ordenamentos onde não verificámos aquela clivagem irreleva o grau de culpabilidade do declarante inadimplente). Quanto aos graus de culpa (ou estados subjectivos) em causa, abunda a diversidade. Em França e no Brasil, a clivagem é entre o incumprimento de má fé e o incumprimento sem má fé (boa fé). Na Bélgica, a divisão é entre o incumprimento intencional e o não intencional (subdistinguindo-se, neste grupo, o incumprimento censurável e o não censurável). Em Itália, a clivagem dá-se entre o incumprimento com dolo ou culpa grave e o incumprimento sem dolo nem culpa grave. Solução semelhante é a da Alemanha, onde, para além da divisão em função do dolo ou culpa grave, ocorre uma outra em função da fraude (na verdade, a cominação dura corresponde ao incumprimento fraudulento). Em Portugal encontramos a grande clivagem entre o incumprimento doloso e o negligente (prevendo-se ainda o "dolo com o propósito de obter uma vantagem" e importando identificar, por exclusão de partes, a falta de negligência ou incumprimento de boa fé, a que não corresponde qualquer cominação). De resto, mesmo alguns dos ordenamentos onde a diferenciação de cominações não se verifica, podem ser atribuídos, secundariamente, alguns efeitos específicos a certos graus de culpa: é o caso de Inglaterra, onde a *fraud* releva

---

[3203] A recondução do regime espanhol ao paradigma da invalidade carece de uma nota. Desde logo, não há uma verdadeira clivagem de soluções: o dolo/culpa grave do proponente, como do segurador, só relevam em circunstâncias secundárias. Assim, quer o remédio extintivo do contrato, quer o destino dos prémios, são indiferentes ao grau de culpa do proponente. O facto de se tratar de um regime de questionário fechado mitiga ainda mais a relevância da culpabilidade do proponente (a qual, de resto, agrupa o dolo com a culpa grave).

para efeito de perda do prémio a favor do segurador, ou de Espanha. De resto, num esforço de sistematização, podemos distinguir as soluções que assentam em categorias exaustivas ou não exaustivas. Assim, dos regimes analisados onde releva o grau de culpa, todos (à excepção do português) estabelecem a clivagem cominatória em função de uma graduação da culpa em categorias exaustivas e mutuamente exclusivas: a definição residual de uma das categorias (intencional/ não intencional; com má fé/sem má fé) garante este efeito. Já no caso português as duas categorias não esgotam o leque de situações possíveis, definindo-se consequências para o "dolo com o propósito de obter uma vantagem" e ficando sem cominação os comportamentos não negligentes.

IX. A propósito da existência de cominações diferenciadas em função da ocorrência do sinistro, elas verificam-se na generalidade dos ordenamentos analisados, com a excepção isolada da Inglaterra. Para todos os outros casos, portanto, verificando-se o incumprimento do dever de declaração do risco, a ocorrência do sinistro antes da cessação do contrato não é indiferente ao legislador, comportando efeitos específicos.

X. Questão relacionada com a anterior é a de saber se, em caso de ocorrência do sinistro, existem soluções diferenciadas em função da *causalidade* entre o facto omitido ou inexactamente declarado e aquela ocorrência e, em caso afirmativo, quais. Neste domínio o requisito de causalidade verifica-se apenas em Portugal, na Alemanha e na Suíça. Na Suíça, faltando a causalidade o segurador é obrigado a efectuar a sua prestação, o mesmo se passando em Portugal (apenas em situação de incumprimento negligente) e na Alemanha (em situação de incumprimento com dolo ou culpa grave).

XI. Quanto às cominações das omissões ou inexactidões, o elenco respectivo contempla, na generalidade dos casos: uma solução de extinção do contrato (invalidade, resolução ou denúncia); um remédio respeitante ao destino dos prémios (perdidos a favor do segurador, devolvidos ao tomador, devolvidos *pro rata temporis*); uma cominação respeitante à prestação do segurador (que fica dela exonerado, com repetição das indemnizações já pagas, ou a ela obrigado, no todo ou em parte); e uma solução de modificação do contrato.

Ora, as várias soluções possíveis dentro de cada categoria são depois conjugadas nos vários ordenamentos. Não cumprindo analisar cada um isoladamente (tarefa já atrás empreendida), importa agora identificar algumas tendências gerais. Assim, quanto aos ordenamentos onde não existe uma clivagem de cominações em função do grau de culpa do proponente, o remédio de cessação pode assentar na anulabilidade (Inglaterra) ou na resolução (Espanha e Suíça, em ambos os casos com perda do prémio a favor do segurador). Quanto aos sistemas jurídicos onde aquela clivagem se verifica, há que distinguir em cada um deles uma *cominação dura* de uma *cominação branda*[3204]. Em regra, a *cominação dura* contempla: uma sanção de invalidade (Portugal, França, Alemanha, Itália e Bélgica); a perda do prémio a favor do segurador (Portugal, França, Alemanha, Itália, Bélgica e Brasil); e a exoneração do segurador quanto à sua prestação por sinistro, sendo repetíveis as prestações já pagas (Portugal, França, Alemanha, Itália, Bélgica e Brasil). Quanto à *cominação branda*, a mesma compreende: a possibilidade, em certos casos, de cessação do contrato, por resolução ou denúncia (Portugal, França, Alemanha, Itália, Bélgica, Brasil) com perda, pelo menos parcial, do prémio a favor do segurador (Portugal, França, Alemanha, Itália); a modificação do contrato, adaptando-o ao risco real (Portugal, França, Alemanha, Itália, Bélgica, Brasil); a obrigação de prestação, total ou parcial, pelo segurador, em caso de prévia ocorrência do sinistro (Portugal, França, Alemanha, Itália, Bélgica, Brasil).

XII. Questão que decorre da anterior é a que cura de saber da aplicabilidade, em caso de sinistro, da regra proporcional (de matriz francesa). Neste domínio, verifica-se uma correspondência tendencial entre a consagração desta solução e a adopção de uma clivagem de cominações, sendo de assinalar duas excepções: a Alemanha, que não prevê a solução de proporcionalidade; e a Espanha, onde consideramos não existir tal clivagem, mas onde, para o efeito específico da exoneração do segurador à sua prestação por sinistro, se estabelece que, em caso de incumprimento sem dolo nem culpa grave e de verificação do sinistro, o segurador fica obrigado à sua prestação de acordo com a regra proporcional. É também de assinalar o caso do Brasil, que, não acolhendo rigorosamente a regra proporcional, adopta uma solução, em certa medida, equivalente (a cobrança retroactiva do diferencial de prémio). Com esta ressalva, a solução é, assim, adoptada em Portugal, França, Itália, Bélgica, Espanha e Brasil.

XII. Questiona-se ainda se existe um prazo de caducidade da faculdade de impugnação do contrato pelo segurador e, em caso afirmativo, qual é esse prazo. Neste domínio, e para além de uma vaga referência a um "prazo razoável" em Inglaterra, não encontramos prazo definido em França nem no Brasil. Nos outros casos, domina o prazo de um mês (na Alemanha, Bélgica, Espanha e Suíça). Por fim, regista-se o prazo de 3 meses em Portugal e em Itália.

[3204] A clivagem é mais complexa na Alemanha, onde, como vimos, se prevêem três categorias de cominações, ou em Portugal, onde ao dolo acresce a categoria "dolo com o propósito de obter uma vantagem".

XIII. Finalmente, importa saber se cabe ao segurador o ónus da prova do estado subjectivo do proponente (matéria que apenas faz sentido relativamente aos regimes onde releva, no plano material, esse estado subjectivo ou grau de culpa). Cumpre, assim, estabelecer várias distinções. Onde a culpa é irrelevante (Suíça), a prova é desnecessária. Nos casos em que não há uma clivagem de cominações em função da culpa, mas onde esta releva em algum aspecto secundário (a *fraud*, em Inglaterra, de que depende a perda do prémio a favor do segurador; ou o dolo ou culpa grave, em Espanha, se ocorrer o sinistro e o segurador pretender exonerar-se da sua prestação), a prova deverá ser feita pelo segurador para assegurar o efeito de que a mesma depende. Noutros casos, verifica-se uma presunção de dolo em função do grau de relevância do facto não declarado (Itália). Noutros ainda, a definição de categorias residuais (graus de culpa) a que correspondem as cominações aplicáveis, não dispensando a prova, pelo segurador, do grau de culpa correspondente à *cominação dura*, implica, na prática, a aplicabilidade, mesmo na falta de prova, da *cominação branda* (é o caso de França, Alemanha, Bélgica e Brasil). Finalmente, quanto a Portugal, o facto de as categorias de incumprimento não serem exaustivas (caso em que é configurável um incumprimento não culposo, sem cominação) implica um ónus probatório da culpa a cargo do segurador[3205].

XIII.2.3. Perspectiva de síntese: tipologia de modelos regulatórios

I. O trabalho comparativo está longe de se esgotar no exercício que vimos de efectuar. Na verdade, a grelha comparativa constitui o instrumento que potencia a interpretação crítica dos dados e serve de base a uma síntese conclusiva[3206].

O trabalho desenvolvido, permitiu-nos já identificar a existência de duas variáveis principais[3207], estruturantes da classificação dos regimes analisados. A primeira, atinente aos pressupostos do dever de declaração do risco e às consequências do respectivo incumprimento, constitui uma variável de síntese, que permite demarcar, num eixo classificatório, os regimes baseados no *paradigma da invalidade* dos assentes no *paradigma da culpa*. A segunda variável principal reporta-se à delimitação do âmbito do dever de declaração do risco, distinguindo os regimes de *dever espontâneo de declaração* dos de *mero dever de resposta*. Os demais

---

[3205] Porém, como assinalámos, consideramos defensável a existência de uma presunção de culpa (negligência) no incumprimento do dever de declaração do risco.

[3206] Nesta fase, não cumpre apresentar qualquer apreciação crítica dos regimes em presença (Konrad Zweigert e Hein Kötz, *Einführung...*, *cit.*, p. 46) ou avaliação de carácter axiológico sobre matéria de política legislativa (Dário Moura Vicente, *Direito Comparado*, *cit.*, p. 51).

[3207] As variáveis principais correspondem aos elementos determinantes ou caracteres essenciais da estrutura de cada regime, verdadeiramente caracterizadores do mesmo – Carlos Ferreira de Almeida, *Introdução...*, *cit.*, p. 20.

parâmetros de comparação analisados, isoladamente tomados, constituem, do nosso ponto de vista, variáveis secundárias (que não traduzem a identidade do regime em causa), com um potencial explicativo e caracterizador meramente acessório.

Partindo das variáveis principais identificadas, e para uma melhor compreensão e representação sintética dos vários regimes sobre declaração do risco, construímos um gráfico (segundo o plano cartesiano), baseado no cruzamento de dois eixos (x, y), que conjuga duas dimensões. O eixo x tem por extremidades os dois paradigmas regulatórios a que temos aludido ao longo do presente trabalho (paradigma da invalidade e paradigma da culpa). O eixo y tem por extremidades os dois sistemas que representam o âmbito do dever de informação a cargo do proponente (dever espontâneo ou sistema de declaração e dever de resposta ou sistema de questionário fechado). O referido gráfico assume a seguinte representação:

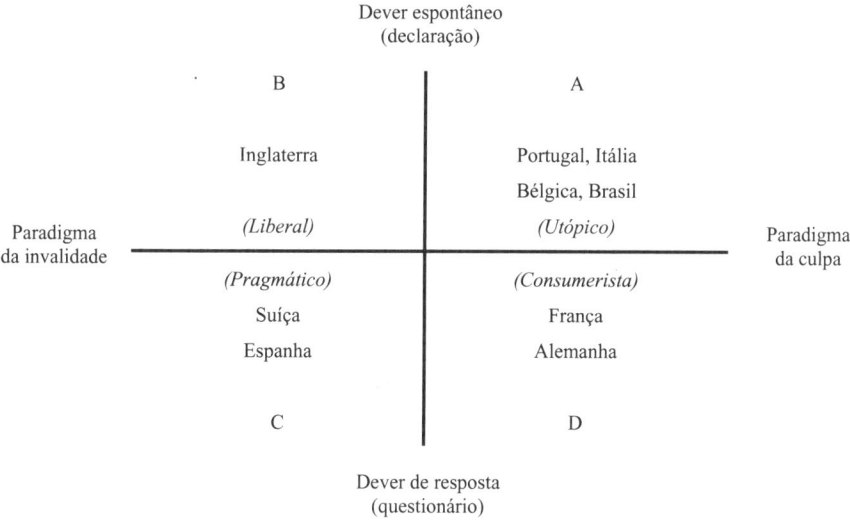

Fig. 6 – Modelos de regulação da declaração do risco

II. Como referimos atrás, entendemos os dois eixos – o dos paradigmas regulatórios (x) e o do âmbito do dever (y) – como estruturantes dos modelos de regulação da declaração do risco. Do cruzamento de tais eixos resultam os quadrantes A, B, C e D, formando a tipologia que passamos a caracterizar[3208]. Cada

---

[3208] A tipologia ora apresentada não é, como resulta do respectivo enquadramento sistemático, uma tipologia *de partida* – ou seja, de estrita base teórico-dedutiva – mas sim uma tipologia *de*

quadrante corresponde a um tipo, caracterizador de um modelo de regulação, apresentando o gráfico os regimes concretos aproximados ao tipo em causa, bem como a respectiva designação. Tais tipos são:

a) O *utópico* – emergente na primeira metade do séc. XX. O fundamento dominante é a boa fé, sobretudo na perspectiva do tomador do seguro (dever espontâneo de declaração e diferenciação das cominações em função do grau de culpabilidade do proponente). O regime material procura o equilíbrio das tutelas, embora seja descurada a sua efectivação no plano processual (ónus da prova). O modelo é utópico na medida em que procura a justiça material na exigência de duas impossibilidades: a de que o proponente saiba exactamente o que deve declarar; e a de que o segurador conheça (e consiga provar) o grau de culpabilidade do proponente. Pela incerteza que gera, este modelo promove a litigância judicial e deixa ao juiz um poder discricionário notável na decisão do caso. Entre os regimes concretos recondutíveis a este tipo encontram-se o de Portugal, o da Bélgica, o de Itália e o do Brasil.

b) O *liberal* – trata-se do tipo mais antigo, que congrega a generalidade dos regimes novecentistas e subsiste apenas em alguns ordenamentos (o de Inglaterra e, até recentemente, o português). Os fundamentos dominantes são a tutela da vontade contratual do segurador e o império da máxima boa fé. Ideologicamente, inspira-se nos ideais liberais de sublimação da autonomia da vontade contratual e da igualdade formal das partes, favorecendo a protecção da parte cuja vontade haja sido viciada: o segurador.

c) O *pragmático* – é um modelo que consegue o equilíbrio na distribuição de tutelas com um reflexo equilíbrio na distribuição do ónus da prova. Traduz um padrão de regulação simples, que deixa pouca margem de discricionariedade ao julgador e que prima pela certeza e segurança que assegura, tanto no plano material como adjectivo. O modelo é pragmático na medida em que a justiça da solução que encerra resulta de duas certezas: o segurador sabe o que é para si relevante; o proponente não pode ocultar nada do que o segurador lhe indique como relevante. Cada uma das partes deve, assim, ser diligente no seu domínio: o segurador, indicando as circunstâncias sobre as quais quer ser informado; o propo-

---

chegada, resultando, em grande parte, de um esforço de abstracção perante os regimes analisados. Trata-se, pois, de uma tipologia abstracta, que não pretende descrever e classificar os ordenamentos analisados, mas caracterizá-los sinteticamente – por aproximação ao modelo dos ideais-tipo weberianos (Max Weber, "L'usage...", *cit.*, pp. 246 ss.) – acentuando os traços definidores, interligados num quadro mental que se pretende homogéneo e coerente. Assim, a tipologia é uma abstracção conceptual que se aproxima da realidade empírica como mera 'possibilidade objectiva'.

nente informando-o nessa matéria sobre as circunstâncias que, com diligência, conhece. Se o segurador não perguntou, não pode prevalecer-se do facto; se o proponente não respondeu, deve sofrer a cominação. Na verdade, havendo questionário, afigura-se irrelevante o estado subjectivo do proponente faltoso, sobretudo quando a dificuldade do ónus probatório tenderia a beneficiar o incumpridor doloso. Pensamos que este tipo regulatório combina elementos da boa fé e da autonomia da vontade como fundamentos da declaração do risco, sobressaindo, porém, a *alea* como *fundamento objectivo*, que prescinde da aferição do estado subjectivo das partes. Os regimes concretos que espelham este tipo são o espanhol e o suíço.

d) *O consumerista* – emergente no final do séc. XX, acompanha as preocupações de protecção do consumidor. Surge como reacção contra a excessiva tutela do segurador, concedendo uma especial protecção ao tomador do seguro como parte mais débil na relação contratual. Fundamenta-se, sobretudo, na boa fé exigível ao segurador (abuso do direito) e na tutela da confiança do tomador. Conjuga o desequilíbrio das tutelas, no plano material, com ónus probatórios desfavoráveis ao segurador. Este tipo caracteriza regimes como o da França e o da Alemanha.

III. Quanto à distribuição das tutelas (considerando, não só a justiça ou equidade das soluções materiais, mas igualmente a distribuição do ónus da prova), é possível identificar dois eixos a partir do gráfico. Por um lado, um eixo de equilíbrio na distribuição dessas tutelas, que apresenta por extremos o *modelo pragmático* e o *modelo utópico*. Por outro lado, um eixo *modelo liberal / modelo consumerista* de desequilíbrio na distribuição dessas tutelas, no primeiro caso favorecendo o segurador e no segundo o tomador do seguro ou o segurado.

IV. Num balanço aos regimes em presença, dir-se-á que o português sobressai equilibrado de entre os demais, já que assimila as principais tendências actuais de política legislativa na matéria – fundamentalmente, algumas soluções que se prendem com a tutela do *consumidor* de seguros – conjugando-as com elementos que garantem a protecção da posição do segurador (nomeadamente a manutenção do dever espontâneo de declaração). Porém, esse equilíbrio dá-se no domínio dos princípios, mas não se reflecte no plano prático da distribuição do ónus da prova, passível de comprometer a intenção de justiça material visada.

Diversamente, da análise dos regimes em presença ressalta o equilíbrio sistémico, por exemplo, do regime suíço. Por um lado, traduz uma justa distribuição de tutelas entre o segurador (que beneficia de uma presunção de relevância do que é perguntado, de um claro incentivo ao aperfeiçoamento de questionários sobre a análise do risco; e de uma cominação para o incumprimento do dever de declaração do risco em que irreleva o estado subjectivo do proponente) e o tomador do seguro ou segurado (que não está obrigado a declarar factos para além dos que o segurador expressamente pergunta e cuja relevância poderia não vislumbrar; e só vê negada a regularização do sinistro se, tendo havido omissões ou inexactidões, estas forem causais relativamente ao sinistro). Por outro lado, não faz depender a justiça do Direito material de uma injusta distribuição do ónus da prova: facilita a prova das omissões ou inexactidões pela exigência de questionário escrito; estabelece uma presunção de relevância das matérias objecto de questionário; e, irrelevando o estado subjectivo do proponente quanto à declaração, prescinde da prova diabólica desse estado. A prova – cujo ónus pertence ao segurador e que se revela relativamente fácil de assegurar – resume-se, assim, sobretudo, a saber se o proponente tinha (ou devia ter) conhecimento dos factos não declarados. Para além disso, é um regime de uma extrema simplicidade, o que facilita em muito o seu conhecimento pelas partes (não enfraquecendo o desconhecimento, aliás, a posição do tomador do seguro) e a sua aplicação pelo julgador, que se vê cerceado, de resto, de uma ampla margem de discricionariedade que outros regimes lhe conferem, nomeadamente pelo recurso a conceitos vagos ou indeterminados, a critérios de relevância (*materiality tests*) pouco objectivos, ou a regras de cálculo inultrapassáveis (proporcionalidade). Por fim, garante uma elevada certeza e segurança jurídicas: certeza do proponente quanto ao âmbito do seu dever de informação; certeza do segurador quanto ao sucesso judicial da sua impugnação por incumprimento; certeza do julgador quanto aos contornos do regime (noções, regras, etc.). Em suma – prevenindo e reduzindo a litigância – coloca, a montante, o ónus inquisitivo do risco sobre o segurador, exonerando-o, a jusante, do ónus da prova dos requisitos do incumprimento.

Na comparação dos tipos, o *pragmático* (ao qual se reconduz o regime suíço) contrasta com os demais em diversos aspectos. Desde logo, diverge do *liberal*, que hoje se evidencia por uma excessiva (e iníqua) tutela do segurador, lançando sobre o proponente, quer o mais amplo dever da declaração, quer as mais duras consequências do respectivo incumprimento (ainda que de boa fé). Por seu turno, afasta-se do *consumerista*, que, nos antípodas do *liberal*, lança sobre o segurador, quer o ónus da indagação, quer o pesado ónus da prova dos requisitos do incumprimento, desequilibrando injustamente, a favor do tomador, a distribuição das tutelas. Finalmente, encontra-se no quadrante oposto ao *utópico*, que se caracteriza por alguma incerteza – do proponente, que poderá não saber o que deve declarar (dever espontâneo); e do segurador, que, sabendo-se vítima de omissões ou inexactidões, poderá não conseguir ultrapassar os obstáculos processuais para fazer valer a sua razão – e por uma complexidade que dificulta a sua aplicação.

XIV
Considerações Finais

XIV.1. A JUSTIFICAÇÃO ACTUAL DE UMA *LEX SPECIALIS*

I. Muito antes do equacionar por Jhering da *culpa in contrahendo*, já o regime da declaração do risco, nos vários ordenamentos, pressupunha a existência de deveres de informação pré-contratuais e estabelecia consequências para o seu incumprimento. Como referimos, esse regime especial comportava já, na sua génese, a articulação de dois remédios para o incumprimento do referido dever: (a) a invalidade do contrato, solução tradicional para o inerente vício da vontade do segurador; (b) e a perda do prémio a favor do segurador, no caso de a conduta do tomador merecer uma especial censurabilidade do Direito (má fé), o que assume a natureza de uma indemnização fixa, ou determinada em abstracto (*a forfait*), com carácter ressarcitório dos danos incorridos pelo segurador e punitivo da conduta do tomador.

A solução internacionalmente vulgarizada que o Direito dos seguros propiciava para o incumprimento do dever de declaração do risco continha, assim, relevantes especificidades. Por um lado, configurava uma solução de responsabilidade pré-contratual *avant la lettre*. Por outro lado, superava o dualismo autonómico, e de articulação nem sempre linear, entre a *tutela da vontade* e a *tutela da confiança*, entre o remédio do *vício do consentimento* e o da *culpa in contrahendo*. Finalmente, estabelecia, neste contexto, uma solução ponderada, equilibrada e unitária para as posições das partes e interesses em presença. Assim, embora os institutos do *dolus malus* e da *culpa in contrahendo* (não obstante uma origem comum, no Direito romano), mantenham ainda uma marcada – e algo artificiosa – autonomia dogmática, jurisprudencial e legal na moderna civilística, o Direito dos seguros há muito superou essa dicotomia, pese embora a ausência de reconhecimento do facto pela generalidade da doutrina.

II. Tradicionalmente – tomando como referência o liberalismo novecentista – a amplitude dos deveres de informação, a cargo do proponente, consagrados na disciplina do contrato de seguro, contrastava manifestamente, nos outros sectores do tráfego jurídico-privado, e em sede de formação do contrato, com a ampla margem de liberdade comportamental e negocial permitida às partes, verificando-se em geral a ausência de deveres pré-contratuais de informação e até uma larga esfera de dolo tolerado (*dolus bonus*)[3209].

No actual contexto sócio-cultural, e com reflexo no plano da dogmática jurídica e do Direito positivo, a tendência inverteu-se, paradoxalmente, nos dois domínios. A desigualdade entre as partes é actualmente perspectivada sob o prisma do poder económico, conducente a assimetrias que caracterizam as relações de consumo: a existência, na esfera do consumidor, de um *déficit* de informação, de uma quase supressão da própria liberdade de estipulação. Neste quadro, largos sectores da doutrina perspectivam hoje o contrato como um plano de realização da equidade, da cooperação e da solidariedade entre as partes, assegurando, através da correcção de assimetrias de vária ordem, a consecução da justiça comutativa. A doutrina proclama, assim, o incremento dos deveres pré-contratuais de informação e o alargamento do respectivo âmbito, em parte – mas não exclusivamente – no domínio da protecção do consumidor, reduzindo a esfera de admissibilidade do *dolus bonus* e acentuando a dilatação do alcance da responsabilidade pré-contratual. Paradoxalmente, ao nível do contrato de seguro, a tendência actual é a inversa: a progressiva limitação do dever informativo do proponente, sobrelevando a normal natureza de consumidor que este assume.

Ora, os factores que, ao arrepio da ideologia liberal outrora dominante, impunham um rigoroso dever de informação ao proponente no contrato de seguro (e cominavam duramente o respectivo incumprimento) prendiam-se fundamentalmente com a própria natureza do seguro, designadamente com o seu carácter aleatório, mantendo-se hoje com igual pertinência.

III. A regulação da declaração do risco é ainda hoje um regime especial face à disciplina civil dos deveres de informação pré-contratuais e respectivo incumprimento (*culpa in contrahendo*) e face às regras gerais do erro. Ora, o regime verdadeiramente excepcional que caracterizava o seguro, sobretudo nos diplomas aprovados ao longo do século XIX, assentava na consideração de que o segurador «está numa situação desigual face ao segurado e a lei teve de intervir para o

---

[3209] Segundo refere Malcolm Clarke, «como a informação é valiosa, geralmente o Direito não obriga as pessoas a entregá-la sem motivos justificados. O dever de declaração em seguros é totalmente excepcional». Malcolm Clarke, *Policies...*, *cit.*, p. 107 (trad. nossa).

proteger, impondo ao segurado o dever estrito de fornecer ao segurador todas as informações desejáveis, sob pena de celebrar um contrato anulável»[3210].

Neste contexto, alguns autores defendem que não subsistem actualmente razões para a existência de um regime especial – particularmente favorável ao segurador – aplicável ao dever de declaração do risco no contrato de seguro, sendo as regras gerais de Direito civil suficientes para regular a matéria[3211]. Entre os argumentos de tal perspectiva contam-se: o desenvolvimento da técnica seguradora, que permitirá ao segurador conhecer melhor os riscos a segurar e impor à contraparte cláusulas contratuais gerais pré-elaboradas, o que o terá tornado no elemento forte da relação contratual (dispensando a especial tutela que lhe confere o Direito); a possibilidade de o segurador recorrer a questionários e formulários de avaliação do risco, chamando a atenção do proponente para o dever de informação e as consequências do incumprimento; a possibilidade de o segurador proceder à análise directa do risco, dispensando as informações do proponente; e o desenvolvimento da escala empresarial do seguro, que amortecerá, por força da mutualidade dos riscos e da lei dos grandes números, os efeitos do desequilíbrio, no contrato singular, entre o prémio e o risco[3212].

Os argumentos invocados – em parte, já atrás analisados – revelam-se, porém, falaciosos. Senão, vejamos: quanto ao invocado desenvolvimento da técnica seguradora, se é indiscutível que o segurador domina actualmente melhor os riscos tomados *em abstracto* – ou seja, a probabilidade estatística de produção dos eventos seguros, em função de classes de risco – a verdade é que permanece desconhecedor dos riscos *em concreto* que o proponente lhe apresenta, isto é, dos factos e circunstâncias que caracterizam o risco concreto proposto, informações indispensáveis para avaliar a classe de risco em causa e, logo, a probabilidade de ocorrência do sinistro. Desta avaliação continua a depender, assim, a aceitação do risco e a determinação do prémio ou, em geral, das condições contratuais aplicáveis.

[3210] Daniel Danjon, *Traité...*, Tomo IV, *cit.*, p. 505 (trad. nossa). No mesmo sentido, mas já em meados do séc. XX, afirma Juglart que «no contrato de seguro o segurador deve ser protegido de uma forma excepcional; o segurado deve ser submetido a uma responsabilidade bastante pesada e sentir se, consequentemente, exposto a sanções para qualquer reticência ou falsa declaração» – Michel de Juglart, "L'obligation...", *cit.*, p. 17 (trad. nossa).

[3211] Marino Bin, "Informazione...", *cit.*, pp. 727-737. O regime da declaração do risco representa, segundo o autor, a «excepcionalidade macroscópica do grau de tutela e privilégio garantido ao segurador» – *idem*, p. 731 (trad. nossa). No mesmo sentido, afirma Grisi que «a imagem de um segurador à mercê do segurado surge como uma esbatida recordação de um tempo já ultrapassado e, decerto, não se encontra em sintonia com o actual desenvolvimento da técnica seguradora» – Giuseppe Grisi, "L'omessa...", *cit.*, p. 768 (trad. nossa).

[3212] Cfr., p. ex., Marino Bin, *cit.*, pp. 733-734; Giuseppe Grisi, *L'Obbligo...*, *cit.*, pp. 264 ss.; Giuseppe Grisi, "L'omessa...", *cit.*, pp. 768 ss.; Alberto Monti, *Buona Fede e Assicurazione*, *cit.*, p. 11; Angela Solimando, "Disciplina...", *cit.*, p. 25; Guido Tedeschi, "«Misrepresentation»...", *cit.*, p. 495.

Relativamente à alegada configuração actual do segurador como a parte forte do contrato, o argumento confunde a posição do segurador quanto às condições e cláusulas a aplicar ao contrato – matéria especificamente tutelada pela LCCG e pela LDC – em que aquele constitui a parte forte, com a posição do segurador em matéria de avaliação do risco, em que o mesmo permanece vulnerável e dependente das informações do tomador, constituindo, portanto, a parte fraca. É esta vulnerabilidade – que as particularidades da sociedade da informação e do consumo massificado não são susceptíveis de alterar – que continua merecedora da tutela do Direito. Os dois planos não podem, assim, ser confundidos, sob pena de se desvirtuar a real correlação de forças no processo de formação do contrato.

Quanto à possibilidade de o segurador recorrer a questionários de aferição do risco, e à perspectiva de que a declaração do risco deveria assentar num mero dever de resposta ao questionário fornecido pelo segurador, está em causa a opção legal por um sistema de dever espontâneo ou de dever de resposta, tendo o legislador português optado pela primeira solução. Em qualquer caso, a possibilidade de recurso a questionários não elimina nem matiza a dependência do segurador relativamente às informações conhecidas do proponente.

Por seu turno, em relação à possibilidade de o segurador proceder à análise directa do risco, como já referimos a mesma implica custos que se reflectiriam sobre o tomador do seguro; implica uma maior demora na análise e tarifação do risco, incompatível com as necessidades do tráfego corrente; e não garante necessariamente um melhor conhecimento do risco (mesmo considerando as actuais potencialidades da informática e telecomunicações), já que alguns factos ocultos apenas são conhecidos do proponente.

Finalmente, não menos capcioso é o argumento segundo o qual a escala empresarial do seguro esbate, por via da mutualidade dos riscos e da lei dos grandes números, os efeitos do desequilíbrio entre o prémio e o risco reportados ao contrato singular. Na verdade, como vimos, o argumento é facilmente rebatido pela teoria económica dos contratos, por recurso à problemática da selecção adversa e respectivas consequências.

IV. Neste quadro, grande parte da doutrina continua a defender um regime especial para o seguro, ainda que adaptado ao tempo presente, quer no plano extra-jurídico (maior acessibilidade de informação, reduzindo a assimetria entre segurador e proponente), quer de carácter dogmático[3213]. Assim, várias são as especificidades que fundamentam a manutenção de tal regime especial. Mormente, o carácter *uberrima fides* do contrato não ficaria suficientemente salvaguardado pelo regime geral do Direito civil, razão que terá levado à formulação

---

[3213] Neste sentido, Francis Achampong, *"Uberrima fides..."*, *cit.*, p. 346.

de um regime especial[3214], excepcionando à admissibilidade do *dolus bonus*, bem como ao princípio segundo o qual cada uma das partes, na fase pré-contratual, deve diligenciar no sentido de conhecer o objecto do contrato[3215].

Alguns autores, porém, colocam em evidência, não o que o regime da declaração do risco contém de especial, mas antes o que o mesmo reflecte como aplicação particular de princípios gerais, igualmente aplicáveis a outros contratos assentes na confiança recíproca[3216]. Neste contexto, em matéria de deveres pré-contratuais de informação, a especificidade do regime do contrato de seguro tem vindo a esbater-se relativamente a outras modalidades contratuais. Desde logo, porque, quer a doutrina, quer a jurisprudência, têm vindo, nos vários ordenamentos, a reconhecer, como princípio geral de Direito civil, a existência de um dever pré-contratual de informação tendente a, no quadro da boa fé, corrigir a incontornável assimetria informativa que caracteriza a posição das partes na formação dos contratos. O âmbito do referido dever tem, aliás, vindo a ser dogmaticamente alargado, enquanto se assiste à restrição do âmbito do *dolus bonus*. Simultaneamente, a amplitude das cominações do incumprimento daquele dever tem vindo a dilatar-se, quer ao nível da extensão dos pressupostos da *culpa in contrahendo*, quer da progressiva abrangência do dolo vício do consentimento mesmo às situações de dolo omissivo onde não se divisa a existência de *maquinatio*. Por outro lado, porque, à expansão do âmbito dos deveres de informação no quadro do regime geral da responsabilidade pré-contratual, veio acrescer a emergência de deveres legais de informação, impostos por ditames de tutela do consumidor e estabelecidos de harmonia com o princípio consumerista da transparência. Assim, considerando a evolução dos sistemas jurídicos no sentido da extensão dos deveres de informação[3217], que sentido terá pretender-se precisamente o oposto para o dever de declaração do risco, quando permanece incontornável a assimetria informativa por que este continua caracterizado?

As críticas à actual manutenção de um regime especial em seguros assentam no pressuposto – longe de demonstrado – de que este regime é mais favorável ao segurador do que o das regras gerais de Direito. De facto, e desde logo, crescem os deveres de informação a cargo do segurador, designadamente quanto ao conteúdo do contrato. Enquanto há algumas décadas o contrato de seguro era entrevisto como exemplo de assimetria informativa desfavorável ao segurador, hoje essa perspectiva não é já pacífica[3218]: o segurador é cada vez mais um devedor de informação e cada vez menos um credor da mesma.

[3214] José Ruiz Salas, "Conceptos...", *cit.*, p. 690.

[3215] Luca Buttaro, "In tema...", *cit.*, p. 744.

[3216] Giovanna Visintini, *La Reticenza nella Formazione...*, *cit.*, pp. 39-40.

[3217] Paolo Gallo, "Asimmetrie...", *cit.*, p. 680.

[3218] Como refere Fabre-Magnan, «há neste contrato uma dupla desigualdade de acesso à informação do segurador e do segurado [...]. É, de facto, particularmente difícil, para cada uma das partes,

Por outro lado, o dever de declaração do risco tem visto reduzidos os seus pressupostos e atenuadas as suas cominações. Esta tendência, transversal aos vários ordenamentos e que perpassa por cada nova reforma legislativa, sem colocar em causa o carácter *formalmente especial* do regime da declaração do risco, vem esbater a sua *especialidade substancial*, que em alguns aspectos muito se aproxima – ou fica mesmo aquém – do regime geral[3219]. Assim, não é já incontroverso que o regime da declaração do risco constitua uma derrogação, em sentido mais favorável ao segurador, das normas gerais no domínio dos vícios da vontade, regime da invalidade e da *culpa in contrahendo*, especialmente no contexto do que designámos por regimes utópicos e consumeristas.

Na falta do regime especial da declaração do risco, o dever pré-contratual de informação a cargo do proponente sempre se verificaria no âmbito da *culpa in contrahendo*, por o segurador poder legitimamente esperar a prestação dessa informação, de acordo com os parâmetros da boa fé objectiva (que, particularmente no contrato de seguro, se assume como *uberrima fides*). Na verdade, de acordo com os princípios de concretização da cláusula geral da boa fé consagrados, o dever verificar-se-ia: por não ser razoavelmente possível ao segurador conhecer as características do risco; e por as partes estarem unidas, atenta a natureza do contrato, por uma relação de confiança[3220]. Por outro lado, quanto às inexactidões, verifica-se um dever autónomo de verdade em todas as informações espontaneamente comunicadas antes da celebração do contrato[3221]. Assim, a *culpa in contrahendo* sempre garantiria ao segurador a reparação dos danos que a violação do dever de informação lhe viesse a causar. Ora, essa obrigação indemnizatória não resulta, senão muito limitadamente (perda do prémio em caso de dolo do proponente) do regime da LCS.

Também no âmbito do regime do *erro* e do *dolo vício do consentimento*, a posição do segurador seria tutelada até em moldes mais favoráveis do que os que resultam da LCS, designadamente por os pressupostos do erro serem mais latos, por a anulabilidade do contrato ser também aplicável ao erro negligente ou inocentemente provocado, ou por ser mais dilatado o prazo de caducidade de arguição

---

informar-se sobre a prestação oferecida pela outra, daí o reconhecimento desses deveres recíprocos de informação» – Muriel Fabre-Magnan, *De l'Obligation...*, *cit.*, p. 235 (trad. nossa).

[3219] No quadro do regime francês, p. ex., considera Muriel Fabre-Magnan que os princípios gerais de direito dos contratos teriam conduzido às mesmas soluções que as previstas no *Code des Assurances*, senão mesmo a uma maior tutela da parte credora da informação: o segurador (*De l'Obligation...*, *cit.*, p. 234 e n. 53).

[3220] Eva Moreira da Silva, "O dever...", *cit.*, pp. 517 ss.

[3221] Porém, como refere Eva Moreira da Silva, «se o futuro contraente presta uma informação errada e tem disso consciência, estaremos já no âmbito do dolo, um comportamento caracteristicamente desleal na fase das negociações e que implica, à partida, responsabilidade pré-contratual» – Eva Moreira da Silva, "O dever...", *cit.*, pp. 520-521.

da anulabilidade. Este instituto assume, assim, um âmbito mais lato do que o dos artigos 25º e 26º da LCS, com um menor ónus probatório.

Finalmente, se está longe de estar demonstrado que o segurador goze actualmente de um regime legal de favor em sede de declaração do risco, é igualmente inegável que a própria aplicação desse regime é em regra matizada e filtrada por pré-entendimentos do julgador desfavoráveis ao segurador.

Se actualmente o regime da declaração do risco permanece uma *lex specialis*, consideramos indiscutível que o mesmo é, cada vez menos, favorável ao segurador, pelo que não cremos que suscite actualmente problemas de desconformidade ao princípio constitucional da igualdade[3222]. Em qualquer caso, as particularidades do contrato de seguro, que justificaram um percurso tão rico no plano regulatório, continuam, com igual pertinência, a constituir um pressuposto específico que reclama uma disciplina adequada. Não se afigura, portanto, justificado o abandono do trajecto na origem do presente contexto regulador.

Em suma, o actual contexto histórico, radicalmente diverso da era de Lord Mansfield e do CCom francês, de 1807, trouxe à actividade seguradora, em matéria de declaração do risco, tanto oportunidades quanto constrangimentos. A correlação de forças – no estrito quadro do instituto, insista-se – não sofreu, porém, uma alteração significativa, continuando o negócio a assentar na confiança, lealdade e boa fé das partes e mantendo-se o segurador dependente das informações que o proponente lhe preste, na medida em que elas pertencem à esfera do conhecimento e da vida privada deste[3223]. Persiste, assim, a pertinência de um regime especial, embora sem o carácter draconiano que assumia inicialmente.

XIV.2. DILEMAS DO PRESENTE

I. Enquanto fenómeno recondutível à noção económico-social de "fraude em seguros", as inexactidões e omissões em sede de declaração inicial do risco beneficiam de uma estranha tolerância da consciência social e até dos tribunais[3224]. A apontada tolerância perante os fenómenos de fraude em seguros pode ser explicada pelo *síndroma de Robin Hood*, nos termos do qual a colectividade reprova, como imoral, o prejuízo causado a uma pessoa, mas, paradoxalmente, não condena o prejuízo causado a uma organização, mesmo tendo consciência da ilici-

---

[3222] Marino Bin, "Informazione...", *cit.*, pp. 727 ss.
[3223] Mantêm, assim, actualidade as considerações de Lord Mansfield: «os factos especiais, sobre os quais a sorte contingente há-de ser avaliada, repousam normalmente apenas no conhecimento do segurado: o segurador confia na declaração deste e procede na confiança de que este não esconde qualquer circunstância que conheça, para levar o segurador à convicção de que essa circunstância não existe, e para o induzir a estimar o risco como se ela não existisse» – *Carter v. Boehm* (1766) 3 Burr. 1905 (trad. nossa).
[3224] Bruno Cavalcanti, *Princípio...*, *cit.*, p. 59.

tude do comportamento em causa[3225]. Ora, considerando as bases solidarísticas – de autêntica justiça distributiva – da actividade seguradora, a fraude em seguros apresenta alguma analogia com a fraude fiscal[3226]. Em ambos os casos há uma apropriação, na esfera individual, de vantagens ilícitas, reflectindo-se as inerentes perdas na esfera colectiva[3227]: no caso da fraude fiscal os custos são suportados pela massa dos contribuintes, enquanto na do contrato de seguro o são pela massa dos segurados[3228]. Deste prisma, sublinha alguma doutrina que, a prazo, a prevenção da fraude – no sentido amplo referido – se repercutirá, não tanto sobre os lucros do segurador, mas sobretudo na redução média dos prémios cobrados[3229].

Esta conclusão, que perpassa ao longo das páginas deste texto, deve ser sublinhada sem reservas: no caso da actividade seguradora, o aumento dos custos suportados pelo segurador – sejam eles administrativos ou resultantes dos sinistros – reflecte-se necessariamente sobre o aumento dos prémios e/ou a redução das garantias, sendo, portanto, suportado, em última instância, pela comunidade de segurados.

Esta mesma asserção pode ser replicada em vários domínios, como, por exemplo, quanto ao estabelecimento, defendido por alguns, de um ónus de investigação do risco a cargo do segurador, que, para além das dificuldades de exequibilidade

---

[3225] Daniele Di Loreto, "Il fenomeno...", *cit.*, p. 552.

[3226] Reflecte-se aqui, aliás, a ideia de parafiscalidade a que, a propósito dos seguros, alude Menezes Cordeiro – António Menezes Cordeiro, *Direito dos Seguros*, *cit.*, p. 547.

[3227] Daniele Di Loreto, "Il fenomeno...", *cit.*, p. 552. Como sublinha o autor, «quem defrauda o seguro defrauda a colectividade de segurados» – *idem*, p. 549 (trad. nossa).

[3228] A contradição entre os interesses individuais, orientados por uma lógica racional de custo / benefício, alheia a preocupações morais, e os interesses (e racionalidade) colectivos, convoca o paradoxo de Olson: a tensão entre o interesse individual em beneficiar do bem colectivo e o interesse em não suportar o respectivo custo (esperando que sejam os outros a suportá-lo, numa lógica de *free riding*). Cfr. Mancur Olson, *The Logic of Collective Action*, Cambridge (Mass.), Harvard University Press, 1971 – trad. port., *A Lógica da Acção Colectiva – Bens Públicos e Teoria dos Grupos*, Oeiras, Celta, 1998. No que toca ao nosso objecto de estudo, a solução para o paradoxo está no dever (que não ónus) de informação e na censura do Direito pelo desvalor axiológico e jurídico da conduta (economicamente racional) do segurado faltoso.

[3229] Bruno Cavalcanti, *Princípio...*, *cit.*, pp. 57 e 61; Roger A. Litton, *Crime...*, *cit.*, p. 1. Apesar da gestão privada e tendencialmente lucrativa do seguro, a situação de mercado concorrencial introduz uma pressão sobre os seguradores no sentido de manterem os prémios baixos (e, assim, manterem-se competitivos face à concorrência). As regras prudenciais definidas pela autoridade de supervisão, por outro lado, asseguram a solvência e, portanto, a segurança, a prazo, do universo de segurados. Entre estas duas balizas – a concorrência e o controlo prudencial – a actividade seguradora privada pouco difere de uma lógica mutualista. Como reconhece Carlos Ferreira de Almeida, a massa de prémios tende a corresponder à massa de sinistros suportados pelo segurador. Neste contexto, o seguro é configurável como um «sistema de distribuição ou de dispersão do risco», quadro em que, «em regimes de concorrência efectiva, a vantagem específica do segurador restringe-se pois a uma margem de lucro marginal» (*Contratos*, Vol. III, *cit.*, p. 228).

prática enunciadas no lugar próprio (*supra*, III.1.1) sempre implicaria um óbvio acréscimo de custos administrativos – reflectidos nos prémios a serem suportados pelos tomadores – constituindo, em termos económicos, um inútil desperdício de recursos e de tempo[3230].

Os dilemas enunciados podem, no entanto, proporcionar oportunidades de inovação e diferenciação – e, logo, uma vantagem competitiva – para os seguradores mais dinâmicos. Tal será o caso: de o segurador prescindir totalmente da declaração do risco[3231]; de optar por um sistema de questionário fechado; de fornecer, aquando da formação do contrato, um serviço adicional, autonomizável da cobertura do seguro (e cujo custo fosse autonomamente suportado pelo proponente) correspondente à análise pericial do risco a segurar, exonerando-se o tomador do dever de declaração do risco e tendo por corolário a incontestabilidade imediata do contrato; ou de o segurador disponibilizar contratualmente, contra o pagamento de um sobreprémio, a cobertura adicional do risco de o tomador do seguro incorrer em omissões ou inexactidões negligentes, caso em que o segurador renunciaria à invocação do incumprimento[3232].

II. Uma palavra é devida à orientação da jurisprudência, onde o sentimento de justiça material na regulação de um litígio é frequentemente marcado por um pré-entendimento que atende, em primeira linha, à desigualdade socioeconómica das partes – ela própria indiciadora de uma desigualdade no plano negocial – mormente quando uma delas é um consumidor. Neste quadro, o fiel da balança da jurisprudência propende frequentemente a favor do tomador, do segurado ou do terceiro lesado, contra o segurador. É uma tendência que se reflecte, nomeadamente, na interpretação das normas, substantivas ou processuais, ou na atribuição de indemnizações no quadro de seguros, em regra de responsabilidade civil[3233].

[3230] Cfr. Malcolm Clarke, *Policies...*, *cit.*, p. 108; Peter MacDonald Eggers *et al.*, *Good Faith...*, *cit.*, p. 47; François Ewald, "Génétique et assurance", *cit.*, p. 541; Ilan Goldberg, "A boa-fé objetiva como elemento essencial ao contrato de seguro", http://www.ibds.com.br/textos/ABoaFeObjetiva.pdf (consult. 08/10/2008), p. 2; Nicholas Legh-Jones *et al.* (Eds.), *MacGillivray...*, *cit.*, p. 453; Camillo Viterbo, "Le dichiarazioni...", *cit.*, col. 74. Sobre a problemática dos custos de informação, cfr. Fernando Araújo, *Teoria...*, *cit.*, pp. 281 ss.

[3231] P. ex., a introdução de contratos de seguro de vida sem análise do risco, em que o sinistro prematuro dá contratualmente lugar à mera devolução dos prémios (contrasseguro) e, após a fase de maturação do contrato, ao pagamento do capital seguro.

[3232] A solução – que se traduziria num alargamento do âmbito da incontestabilidade, a operar de imediato e fora do círculo restrito dos seguros de vida – é sugerida por alguma doutrina económica, e assenta na predisposição psicológica do segurado, cujo perfil é de aversão ao risco, para, em troca de uma maior segurança e tranquilidade, suportar um prémio superior ao dano expectável – Thomas R. Foley, "Insurers'...", *cit.*, pp. 673 ss.

[3233] A identificação desta tendência aflora, por vezes, em alguma doutrina. Cfr. Marino Bin, "Informazione...", *cit.*, pp. 729 ss.; Thomas R. Foley, "Insurers'...", *cit.*, p. 680; Nuria Latorre Chiner,

Ora, um quadro legal ou jurisprudencial desrazoavelmente favorável ao segurado poderá conduzir ainda à introdução de outra variável de risco: não a probabilidade de ocorrência do sinistro, mas a de o segurador ter de suportar o capital seguro mesmo quando seja viciada a opinião do risco, no que pode ser configurado como um autónomo *risco judicial.*

O excesso de tolerância legal e judicial para com o tomador faltoso importará sempre pesadas consequências, quer para o mercado, quer, sobretudo, para o tomador não faltoso, numa espécie de subversão da lógica da mutualidade. O aspecto paradoxal de uma jurisprudência *especialmente* favorável ao segurado – assumindo até uma orientação *contra legem* – consiste em o mecanismo de solidariedade na base do seguro implicar que o custo da generosidade da jurisprudência para com o segurado, reflectindo-se na sinistralidade, tenha por consequência um reajustamento dos prémios que vai afectar a massa de segurados do mesmo ramo, num fenómeno de "subsidiarização cruzada"[3234].

Assim, o favorecimento do segurado individual não segue uma lógica de *justiça comutativa* (que se atém à esfera das relações entre o segurador e o segurado) mas uma lógica de *justiça distributiva* (em que a mutualidade terá de suportar a generosidade jurisprudencial mediante um aumento correctivo dos prémios)[3235]. Deste modo, para além de poder constituir um factor de branqueamento da fraude (em sentido amplo), e uma legitimação do carácter anti-social da mesma, o que pode designar-se por *paradoxo da jurisprudência sentimental* traduz-se, fundamentalmente, no facto de uma orientação do julgador demasiado favorável ao consumidor se repercutir negativamente sobre o próprio consumidor.

"El Riesgo...", *cit.*, p. 163; M. Costa Martins, "Considerações...", *cit.*

[3234] Malcolm Clarke, *Policies...*, *cit.*, p. 104; Georges Durry, "La place...", *cit.*, p. 55. A referida orientação pode igualmente gerar uma blindagem contratual por parte do segurador, traduzida na redução das garantias, aumento das franquias e das exclusões, restrição dos riscos e capitais seguros, etc. – Ernesto Tzirulnik; e Alessandro Octaviani, "Seguro...", *cit.*, p. 3.

[3235] A título de exemplo, um desrazoável entendimento da jurisprudência brasileira de que não existiria um dever de declaração do risco pelo proponente, mas sim um dever de investigação pelo segurador (Carlos Harten, *El Deber...*, *cit.*, pp. 43-44, n. 84), terá estado, entre outras orientações da mesma jurisprudência, na origem da circunscrição de modalidades, como a do seguro de doença, a uma elite disposta a suportar os elevados prémios que os seguradores passaram a exigir para compensar os custos dessa orientação. Veja-se um afloramento da problemática em Sérgio Cavalieri Filho, "Visão...", *cit.*, pp. 10 ss. Como refere Carlos Harten, «a posição algumas vezes tomada pelos Tribunais brasileiros implica a desestabilização dos princípios técnicos-económicos-jurídicos do contrato de seguro, com prejuízos que não raras vezes são suportados pelos próprios contratantes, como o aumento do preço dos prémios, a diminuição da concorrência e a diminuição dos ramos e coberturas oferecidos» – Carlos Harten, *El Deber...*, *cit.*, p. 145 (trad. nossa). Também segundo a expressiva referência de Cavalieri Filho, «quem acaba bancando o risco extra, ou os chamados grupos de risco, é a própria comunidade mutuária, encarecendo brutalmente o seguro e tornando-o inacessível para aqueles que dele mais necessitam» – Sérgio Cavalieri Filho, "Visão...", *cit.*, p. 11.

XIV.3. SOLUÇÕES DE *IURE CONDENDO* EM PERSPECTIVA

I. Sem prejuízo do meritório trabalho desenvolvido na LCS – sobretudo se atendermos à evolução operada face ao regime anterior e ao curto espaço de tempo em que o diploma foi preparado – cremos que o regime da declaração do risco terá sido um dos aspectos em que a solução final é, do nosso ponto de vista, insuficiente, não obstante o empenho do legislador em estabelecer um regime equilibrado e justo.

Vários são os factores que vulnerabilizam a aplicação prática do regime legalmente consagrado entre nós[3236]: a sua elevada complexidade; as dúvidas interpretativas e dificuldades de aplicação que suscita (de que demos paulatinamente conta e que decerto lançarão um pesado ónus sobre a jurisprudência); o desvirtuar das soluções materiais por uma pesada distribuição do ónus da prova; a incerteza que gera nos agentes (mormente, entre os seguradores e os consumidores); ou a potencial litigância que é passível de suscitar.

Por norma, a crítica é, porém, um exercício fácil e cómodo. Certamente mais fácil do que a construção de alternativas. Mas, sem estas, a crítica constitui mero factor de reacção, não de evolução. Entendemos, portanto, atenta a envergadura do trabalho empreendido, que seria intelectualmente desonesta a omissão, no presente texto, de numa potencial fórmula alternativa de regulação da matéria que nos ocupa, que traduzisse as ideias defendidas.

II. Como notámos ao longo da análise desenvolvida, vários são os dilemas com que se depara cada regime sobre declaração pré-contratual do risco. Desde logo, o que consiste no reconhecimento de uma dupla assimetria informativa, que pesa sobre cada uma das partes. De um lado, o segurador, que sabe, em abstracto, quais os elementos relevantes dos quais depende a sua apreciação do risco, mas desconhece (e não pode razoavelmente conhecer) as características do risco concreto que lhe é proposto. Do outro lado, o proponente, que conhece as características do risco concreto mas não sabe com rigor a extensão completa dos factos que deverá seleccionar para informar à contraparte, e que pode ser levado a considerar que o segurador nada mais pretende saber do que aquilo que consta do questionário. Esta dupla assimetria informativa é, paradoxalmente, simétrica, impondo às partes, de forma inapelável, uma recíproca cooperação no interesse comum[3237]. Os regimes legais contemporâneos em matéria de declaração do risco

---

[3236] Cfr. p. ex., Júlio Gomes, "O dever de informação do (candidato a) tomador...", *cit.*, p. 387.

[3237] Como refere Dubuisson, «o candidato tomador do seguro é evidentemente o melhor colocado para descrever ao segurador os elementos materiais do risco a cobrir, mas o segurador, mestre da sua técnica, é certamente o mais qualificado para determinar, entre esses elementos, quais os que são úteis para apreciar correctamente o risco» – Bernard Dubuisson, "Secrets...", *cit.*, p. 337 (trad. nossa).

não poderão deixar de contemplar o fenómeno referido e de encontrar, no equilíbrio das soluções, o fiel da balança da justiça material.

Uma das soluções perspectivadas para a superação desse dilema consiste na valorização do processo de formação do contrato e dos inerentes deveres de informação, e no reforço do envolvimento e do papel de colaboração do segurador, nessa fase, no controlo dessa informação. Tratar-se-á, desta forma, de assegurar que o segurador valida, tanto quanto o possa fazer, a informação pré-contratual prestada pelo proponente, procurando-se evitar a sua impugnabilidade *a posteriori*, em particular após a ocorrência do sinistro[3238].

A solução assenta no reforço do quadro consumerista: o dever de esclarecimento do segurador quanto ao dever de declaração e respectivas consequências; e o recurso a um sistema de questionário (dever de resposta), embora admitindo questões directivas, semi-directivas e não directivas. Com efeito, a prática do recurso a questionários e o facto de os mesmos serem já suficientemente exaustivos para permitirem isolar as questões pertinentes, faria com que a medida pouco impacto tivesse na actividade seguradora. De resto, o facto de já se encontrar adoptada noutros ordenamentos, sem impacto sério, facilitaria a sua aceitação entre nós.

Em qualquer caso, o sistema de questionário fechado sempre tenderia a reduzir ou eliminar substancialmente as situações mais injustas na óptica do tomador – aquelas em que este houvesse produzido omissões ou inexactidões com culpa leve, em que tivesse confiado na validade e eficácia do seguro, em que tivesse pago várias anuidades de prémios e fosse depois confrontado, após o sinistro, com as omissões ou inexactidões em causa. É que um questionário formulado em moldes claros, precisos e coerentes tenderá a eliminar aquelas situações e a confinar as omissões ou inexactidões aos casos que tenham por base um comportamento doloso, ou, pelo menos, com negligência grosseira, do respondente.

III. Um outro dilema a que já nos reportámos consiste no conflito entre a busca da equidade no plano material e a falta de pressupostos legais que, no domínio processual, a assegurem. Referimos como a evolução verificada no quadro do Direito substantivo, em sede de declaração do risco – designadamente na passagem do *paradigma da invalidade* para o *paradigma da culpa*, onde se pesa o estado subjectivo do proponente e se buscam soluções de proporcionalidade – não têm sido acompanhadas no domínio processual. Com efeito, neste campo exige-se, ao nível probatório, tanto mais do segurador quanto os valores dominantes, até no plano constitucional, lhe vedam o acesso a alguma informação (domínio da bioética e da protecção de dados).

[3238] Neste sentido, Bernard Beignier, *Droit du Contrat...*, *cit.*, pp. 135 ss.

Desta forma, o dever de declaração do risco, assente numa assimetria de informação, acaba por descaracterizar-se no plano judicial quando se exige ao segurador que o faça prevalecer com as armas em que é precisamente deficitário: a informação, não só a da esfera objectiva do conhecimento pessoal do tomador do seguro (prova da falsidade e do conhecimento da mesma pelo tomador), mas da própria esfera do seu estado subjectivo (prova do dolo ou da negligência).

Ora, o equilíbrio de tutelas no plano substantivo só assegura um mais elevado nível de justiça material se o próprio regime contemplar uma repartição justa do ónus da prova, atendendo, não só a quem detém o interesse processual na prova de determinados factos, mas igualmente à exequibilidade dessa prova. A solução passará, do nosso ponto de vista, pelo estabelecimento de uma presunção de relevância de todas as matérias constantes do questionário; e de presunções legais (ilidíveis) onde os indícios objectivos sejam de molde a reconhecer razoavelmente um comportamento doloso (designadamente nas omissões e inexactidões cuja relevância se afigura evidente, como na resposta a perguntas directivas), ou, em alternativa, de circunscrição do dever de declaração do risco em moldes tais que o seu incumprimento pressuponha o dolo (ou, pelo menos, a culpa grave), sendo então irrelevante o grau de culpa em causa e a respectiva prova.

De resto, sendo o sistema actual da LCS susceptível de gerar, junto do poder judicial, a percepção de uma aparente desigualdade na regulação da matéria da declaração do risco, favorável ao segurador, o mesmo potencia uma acção correctora da jurisprudência, domínio onde o preenchimento dos conceitos indeterminados na condução da lide, na apreciação da prova, etc., confere ao juiz meios para "reequilibrar" a percepcionada desigualdade.

IV. Numa perspectiva de *iure condendo*, não custa aceitar um reequilíbrio do regime na base da consagração das soluções delineadas nos parágrafos anteriores. Propomos, assim, um regime traduzido num articulado simples, com base no modelo suíço, que consagra um sistema de questionário fechado e que não distingue, por irrelevante, o grau de culpabilidade do proponente relativamente às consequências do incumprimento.

Seria a seguinte a fórmula em causa:

Artigo ...
Dever de declaração do risco

1 – O proponente, bem como o potencial segurado ou pessoa segura, devem, antes da conclusão do contrato, fornecer ao segurador todas as informações relevantes para a apreciação, por este, do risco a segurar, mediante resposta a um questionário que o segurador lhes deverá, para o efeito, facultar.

2 – O segurador deve actuar com diligência e boa fé na elaboração do questionário e na apreciação das respectivas respostas, não podendo opor ao tomador do seguro omissões ou inexactidões que a observância de tal dever tivesse evitado.

3 – Sem prejuízo do disposto no número anterior, o incumprimento do dever referido no nº 1 torna o contrato anulável mediante declaração enviada ao tomador do seguro nos sessenta dias posteriores ao conhecimento, pelo segurador, das omissões ou inexactidões.

4 – Será perdido a favor do segurador o prémio, ou fracção, vencido à data em que a referida declaração seja enviada ao tomador do seguro.

V. No âmbito da tipologia de regimes que elaborámos (*supra*, XIII.2.3), a adopção das soluções preconizadas faria reencontrar, do nosso ponto de vista, um novo equilíbrio legislativo, deslocando, na prática, o presente regime da LCS, do quadrante "paradigma da culpa/dever espontâneo" para o quadrante "paradigma da invalidade/dever de resposta", que se nos afigura mais justo para ambas as partes. Em causa está, na tipologia oportunamente apresentada, a preferência já manifestada pelos regimes que apelidámos de *pragmáticos*.

Para além da justiça do modelo preconizado, o mesmo comportaria ainda várias vantagens de que importa dar conta. Desde logo, conduziria a um aumento da certeza e segurança do tráfego jurídico no domínio dos seguros. O proponente sempre saberia que dados deveria declarar e o segurador, em caso de incumprimento do dever de declaração do risco, teria assegurado o sucesso da sua impugnação do contrato. Assim, cremos que a solução preconizada responde às inquietações das instâncias representativas dos consumidores (afligidas com a amplitude do dever espontâneo de declaração) e dos seguradores (preocupadas com o ónus da prova da culpa que sobre elas pesa).

Por outro lado, cada uma das partes teria um incentivo adicional para se concentrar na observância do dever que lhe assiste: o segurador, no apuramento do questionário e no controlo das respectivas respostas; o tomador do seguro ou segurado, em responder-lhe com exactidão e sem omissões.

Por seu turno, reconhecendo-se a relevância da actuação culposa do proponente, considera-se algo artificial e fracturante a disparidade de cominações traçadas para as situações de dolo e para as de negligência[3239], tanto mais que o recurso ao sistema de questionário fechado implicaria, pelo menos, a culpa grave do proponente.

Mais relevantemente, cremos que a solução preconizada conduziria a uma redução da litigância. Reduzindo-se a complexidade do regime, o recurso a cláu-

---

[3239] Como refere Eva Moreira da Silva a propósito da violação dos deveres pré-contratuais de informação, «merecem igual protecção tanto aquele que foi dolosamente enganado como aquele que foi negligentemente enganado» – Eva Moreira da Silva, *As Relações...*, *cit.*, p. 377.

sulas gerais, conceitos indeterminados, complexos de normas de difícil articulação, etc., e resolvendo-se directamente algumas questões que, no quadro da LCS, dependem da apreciação do julgador, cremos que os factos demonstrariam por si a razão das partes, dispensando, em muitos casos, o próprio recurso aos tribunais. De resto, para além de um menor incentivo à litigância, cremos que a solução proposta limitaria a margem de discricionariedade e de criatividade da jurisprudência, solucionando ainda algumas das dificuldades probatórias apontadas.

Finalmente, cremos que o regime preconizado contribuiria para a redução da fraude ligada à declaração do risco, reflectindo-se positivamente sobre a massa dos segurados em virtude de possibilitar uma redução média dos prémios de seguro e de mitigar os riscos de selecção adversa.

BIBLIOGRAFIA

ABRAHAM, Keneth S., *Insurance Law and Regulation – Cases and Materials*, New York, The Foundation Press, 1995

ABRANTES, José João, "Prova ilícita (Da sua relevância em Processo Civil)", *Revista Jurídica*, Nova Série, n.º 7 (Jul.-Set. 1986), pp. 7-37

ABRAVANEL-JOLLY, Sabine, "Le secret médical en assurance de personnes", *Revue Générale du Droit des Assurances*, 2005, n.º 4, pp. 887-905

ABREU, Jorge Coutinho de, *Do Abuso de Direito – Ensaio de Um Critério em Direito Civil e nas Deliberações Sociais*, Coimbra, Almedina, 1983
– *Curso de Direito Comercial*, Vol. I, 5ª Ed., Coimbra, Almedina, 2004

ACHAMPONG, Francis, "*Uberrima fides* in English and American insurance law: A comparative analysis", *International and Comparative Law Quarterly*, Vol. 36, Parte 2 (Abr. 1987), pp. 329-347

AGOSTINI, Eric, *Droit Comparé*, Paris, Presses Universitaires de France, 1988 – trad. port., *Direito Comparado*, Porto, Rés, s.d.

AGUIRRE, Felipe F., "Reticenza, impugnazione e clausole di incontestabilità nel contratto di assicurazione", *Assicurazioni – Rivista di Diritto, Economia e Finanza delle Assicurazioni Private*, Ano LXXVI, n.º 2 (Abr.-Jun. 2009), pp. 151-165

ALARCÃO, Rui de, "Breve motivação do anteprojecto sobre o negócio jurídico na parte relativa ao erro, dolo, coacção, representação, condição e objecto negocial", *Boletim do Ministério da Justiça*, n.º 138 (Jul. 1964), pp. 71-122
– *A Confirmação dos Negócios Anuláveis*, Vol. I, Coimbra, Atlântida, 1971
– "Interpretação e integração dos negócios jurídicos – Anteprojecto para o novo Código Civil", *Boletim do Ministério da Justiça*, n.º 84 (Mar. 1959), pp. 329-345
– *Sobre a Invalidade do Negócio Jurídico* (Separata do número especial do Boletim da Faculdade de Direito de Coimbra – "Estudos de Homenagem ao Prof. Doutor José Joaquim Teixeira Ribeiro"), Coimbra, Faculdade de Direito de Coimbra, 1981

ALBUQUERQUE, Pedro de, *A Representação Voluntária em Direito Civil (Ensaio de Reconstrução Dogmática)*, Coimbra, Almedina, 2004

ALECRIM, Octacílio, "La clausula de incontestabilidad en el seguro de vida italiano", *Boletin del Instituto de Derecho Comparado de México*, n.º 22 (1957), Secção de Doutrina, pp. 51-61
– "Naturaleza jurídica del contrato de seguro de vida", *Boletin del Instituto de Derecho Comparado de México*, n.º 12 (1951), Secção Doutrina, pp. 25-35

ALEGRE, Carlos, *Crimes Contra o Património – Notas ao Código Penal*, Lisboa, Minerva, 1988
– "Seguro de acidente de trabalho", *in* MOREIRA, António, e MARTINS, M. Costa (Coords.), *II Congresso Nacional de Direito dos Seguros – Memórias*, Coimbra, Almedina, 2001, pp. 155-163

ALEXANDRE, Isabel, *Provas Ilícitas em Processo Civil*, Coimbra, Almedina, 1998

ALMEIDA, A. Lopes de *et al.*, *Crimes Contra o Património em Geral – Notas ao Código Penal, Artigos 313º a 333º*, Lisboa, Rei dos Livros, 1983

ALMEIDA, Carlos Ferreira de, *Contratos, Vol. I* – Conceitos, Fontes, Formação, 4ª Ed., Coimbra, Almedina, 2008
– *Contratos*, Vol. III – Contratos de Liberalidade, de Cooperação e de Risco, Coimbra, Almedina, 2012
– "Interpretação do contrato", *O Direito*, Ano 124º, nº 3 (Jul.-Set. 1992), pp. 629-651
– *Introdução ao Direito Comparado*, 2ª Ed., Coimbra, Almedina, 1998
– *Texto e Enunciado na Teoria do Negócio Jurídico*, Vol. I, Coimbra, Almedina, 1992

ALMEIDA, José Carlos Moitinho de, *Contrato de Seguro – Estudos*, Coimbra, Coimbra Editora, 2009
– *O Contrato de Seguro no Direito Português e Comparado*, Lisboa, Livraria Sá da Costa, 1971
– "Lei do contrato de seguro", *SPAIDA – Boletim Informativo*, nº 3 (Set. 2004), pp. 5-7
– "O mediador na conclusão e execução do contrato de seguro", *Scientia Ivridica*, Tomo LV, nº 305 (Jan.-Mar. 2006), pp. 23-60 [Reformulado em ALMEIDA, José Carlos Moitinho de, *Contrato de Seguro – Estudos*, Coimbra, Coimbra Editora, 2009, pp. 153-189]
– "Para um novo Direito dos Seguros", *in* AAVV, *Actas do I Congresso Nacional de Seguros*, Lisboa, Grémio dos Seguradores, 1971, pp. 340-347

ALMEIDA, Teodoro Bastos de, "O direito à privacidade e a protecção de dados genéticos: Uma perspectiva de direito comparado", *Boletim da Faculdade de Direito da Universidade de Coimbra*, Ano LXXIX (2003), pp. 355-436

ALONSO SOTO, Ricardo, *El Seguro de la Culpa*, Madrid, Montecorvo, 1977

ALTAVILLA, Enrico, "Errore, reticenza, falsità e malafede", *Assicurazioni – Rivista di Diritto, Economia e Finanza delle Assicurazioni Private*, Ano VI (1941), Parte I, pp. 145-167

ALVES, Francisco Luís, "O regime do contrato de seguro de saúde no direito português", *Fórum – Revista Semestral do Instituto de Seguros de Portugal*, Ano XIII, nº 27 (Jul. 2009), pp. 7-31
– "O regime jurídico da discriminação aplicável aos seguros – Presente e futuro", *Fórum – Revista Semestral do Instituto de Seguros de Portugal*, Ano XVI, nº 31 (Fev. 2012), pp. 29-59

ALVES, Paula, "Comunicação e informação de Cláusulas Contratuais Gerais: uma relação de complementaridade. Especificidades do contrato de seguro", *Fórum – Revista Semestral do Instituto de Seguros de Portugal*, nº 14 (Jan. 2002), pp. 31-42
– *Contrato de Seguro à Distância – O Contrato Electrónico*, Coimbra, Almedina, 2009
– *Intermediação de Seguros e Seguro de Grupo – Estudos de Direito dos Seguros*, Coimbra, Almedina, 2007

ALVES, Raúl Guichard, "O instituto da representação voluntária no Código Civil de 1966", *Direito e Justiça*, Vol. XVIII, Tomo I (2004), pp. 197-207
– "Notas sobre a falta e limites do poder de representação", *Revista de Direito e de Estudos Sociais*, Ano XXXVII (X da 2ª Série), nºs 1-3 (Jan.-Set. 1995), pp. 3-53

– *Da Relevância Jurídica do Conhecimento no Direito Civil*, Porto, Universidade Católica Portuguesa, 1996

AMBROSELLI, Anna Maria, "La direttiva del Parlamento europeo e del Consiglio sulla intermediazione assicurativa", *Diritto ed Economia dell'Assicurazioni*, 2003, nº 1, pp. 161-184

AMENDOEIRA, Rui Lopes, *O Abuso do Direito*, Relatório de Mestrado, Lisboa, Faculdade de Direito da Universidade de Lisboa, 1992

AMORIM, António *et al.*, *O que é a Raça? – Um Debate entre a Antropologia e a Biologia*, Lisboa, Espaço OIKOS, 1997

AMZALAK, Moses, *O Tratado de Seguros de Pedro de Santarém*, Lisboa, s.n., 1958

ANDRADE, Manuel da Costa, *Direito Penal Médico. Sida: Testes Arbitrários, Confidencialidade e Segredo*, Coimbra, Coimbra Editora, 2004
– *Sobre as Proibições de Prova em Processo Penal*, Coimbra, Coimbra Editora, 1992

ANDRADE, Manuel Domingues de, *Teoria Geral da Relação Jurídica*, Vol. II, Coimbra, Almedina, 1983 (6ª reimpr.)

ANDRADE, Rosa – cfr. REIS, Elizabeth

ANGELICI, Carlo, "L'accertamento dell'effettivo stato di salute dell'assicurando e le sue dichiarazioni nel questionario e all'atto della visita medica", *Diritto e Pratica nell'Assicurazione*, Ano XXIV (1982), pp. 429-441

ANTHERO, Adriano, *Comentário ao Código Commercial Portuguez*, Vol. II, Porto, Artes & Lettras, 1915

ANTUNES, José Engrácia, "O contrato de seguro na LCS de 2008", *Revista da Ordem dos Advogados*, Ano 69, Vol. III/IV (Jul.-Dez. 2009), pp. 815-858
– *Direito dos Contratos Comerciais*, Coimbra, Almedina, 2009

ARAÚJO, Laurentino da Silva, "Distinção entre 'agente' e 'angariador' de seguros",

Scientia Ivridica, Tomo XVIII (1969), pp. 530-535

ARAÚJO, Fernando, *Introdução à Economia*, 3ª Ed., Coimbra, Almedina, 2005
– "Uma nota sobre carros usados", *in* AAVV, *Estudos Jurídicos e Económicos em Homenagem ao Professor João Lumbrales*, Lisboa, Faculdade de Direito da Universidade de Lisboa, 2000, pp. 181-206
– *Teoria Económica do Contrato*, Coimbra, Almedina, 2007
– "Da tutela negativa da confiança ao 'paradoxo da indemnização'", *in* MIRANDA, Jorge; PINHEIRO, Luís de Lima; e VICENTE, Dário Moura, *Estudos em Memória do Professor Doutor António Marques dos Santos*, Vol. II, Coimbra, Almedina, 2005, pp. 441-592

ARIÉ, Narciso, "A profissão de agente de seguros", *in* AAVV, *Actas do I Congresso Nacional de Seguros*, Lisboa, Grémio dos Seguradores, 1971, pp. 48-51

ARQUILLO COLET, Begoña, "Declaración del riesgo y enfermedades anteriores a la contratación de un seguro", *Indret – Revista para el Análisis del Derecho*, nº 1/2005 (Fev. 2005), pp. 1-8 – www.indret.com/pdf/263_es.pdf (consult. 23/07/2008)

ASCARELLI, Tullio, "Elisir di lunga vita e interesse nell'assicurazione", *Rivista Trimestrale di Diritto e Procedura Civile*, Ano VI (1952), pp. 1148-1153

ASCENSÃO, José de Oliveira, "O 'abuso do direito' e o art. 334 do código civil: uma recepção transviada", *in* AAVV, *Estudos em Homenagem ao Professor Doutor Marcello Caetano – No Centenário do Seu Nascimento*, Vol. 1, Coimbra, Coimbra Ed., 2006, pp. 607-631
– "Cláusulas Contratuais Gerais. Cláusulas abusivas e boa fé", *Revista da Ordem dos Advogados*, Ano 60, Vol. II (Abr. 2000), pp. 573-595

– *O Direito – Introdução e Teoria Geral*, 13ª Ed., Coimbra, Almedina, 2005

– *Direito Civil – Teoria Geral*, Vol. II, Coimbra, Coimbra Ed., 1999

– *Direito Civil – Teoria Geral*, Vol. III, Coimbra, Coimbra Ed., 2002

– *Direito Comercial*, Vol. II, Lisboa, s.n., 1988

ASCENSÃO, José de Oliveira; e FRADA, Manuel Carneiro da, "Contrato celebrado por agente de pessoa colectiva. Representação, responsabilidade e enriquecimento sem causa", *Revista de Direito e de Economia*, Anos XVI-XIX (1990-1993), pp. 43-77

ATIYAH, P. S., *An Introduction to the Law of Contract*, 3ª Ed., Oxford, Clarendon Law Press, 1981 (Reimpr., 1982)

AUBERT, Jean-Luc, *Notions et Rôles de l'Offre et de l'Acceptation dans la Formation du Contrat*, Paris, Librairie Générale de Droit et de Jurisprudence, 1970

AULAGNIER, Jean, "L'assurance vie est-elle un contrat d'assurance?", *Droit et Patrimoine*, nº 44 (Dez. 1996), pp. 44-56

AZZOLINA, Umberto, *La Mediazione*, Torino, Unione Tipografico Editrice Torinese, 1943

BACHER, Jean-Luc, *L'Escroquerie à l'Assurance Privée: Étude Pénale et Criminologique*, Bern, Peter Lang, 1995

BACHIR, Mahomed, *O Problema da Representação "Aparente" no Contrato de Agência*, Relatório de Mestrado, Lisboa, Faculdade de Direito da Universidade de Lisboa, 2000

BADO CARDOZO, Virginia, *El Riesgo y la Reticencia en el Contrato de Seguro*, Montevideo, La Ley Uruguay, 2009

BAENA BAENA, Pedro Jesús, *El Derecho de Rescate de la Provisión Matemática del Seguro de Vida*, Valencia, Tirant Lo Blanch, 2008

BALDASSARI, Augusto – cfr. CENDON, Paolo

BALDWIN, Robert, "Risk: the legal contribution", *in* BALDWIN, Robert (Ed.), *Law and Uncertainty – Risks and Legal Processes*, Londres, Kluwer Law, 1997, pp. 1-18

BARATA, Carlos Lacerda, *Anotações ao Novo Regime do Contrato de Agência*, Lisboa, Lex, 1994

– "Contrato de Mediação", *in* LEITÃO, Luís Menezes (Coord.), *Estudos do Instituto de Direito do Consumo*, Vol. I, Coimbra, Almedina, 2002, pp. 185-231

– *Sobre o Contrato de Agência*, Coimbra, Almedina, 1991

BARBAS, Stela, "O direito de não saber o seu estado de saúde", *Forum Iustitiae: Direito & Sociedade*, Ano 1, nº 12 (Jun. 2000), pp. 40-43

– *Direito do Genoma Humano*, Coimbra, Almedina, 2007

– "Dos novos contratos de seguro", *Direito e Justiça*, Vol. XIV, Tomo 3 (2000), pp. 147-159

– "Da privacidade dos dados genéticos", *Forum Iustitiae: Direito & Sociedade*, Ano 2, nº 15 (Set. 2000), pp. 56-58

– "Testes genéticos, terapia génica, clonagem", *in* ASCENSÃO, José de Oliveira (Coord.), *Estudos de Direito da Bioética*, Vol. I, Coimbra, Almedina, 2005, pp. 309-328

BARREIROS, José António, *Crimes Contra o Património*, Lisboa, Universidade Lusíada, 1996

BARRIOLA URRUTICOECHEA, León – cfr. CALBACHO LOSADA, Fernando

BARROSO, Helena Tapp, "Representação", *in* REGO, Margarida Lima (Coord.), *Temas de Direito dos Seguros – A Propósito da Nova Lei do Contrato de Seguro*, Coimbra, Almedina, 2012, pp. 143-190

BASEDOW, Jürgen *et al.*, *Principles of European Insurance Contract Law (PEICL)*, Munich, Sellier, 2009

BASTOS, Nuno Lima, "Do contrato de resseguro", *Revista Jurídica de Macau*, Vol. 3, nº 3 (Set.-Dez. 1997), pp. 113-173

BATALLER GRAU, Juan, *El Deber de Declaración del Riesgo en el Contrato de Seguro*, Madrid, Tecnos, 1997

BAZZANO, Claudio, *L'Assicurazione Sulla Vita*, Milano, Egea, 1998

BECK, Ulrich, *Risk Society*, London, Sage, 1992

BÉDARRIDE, J., *Traité du Dol et de la Fraude en Matière Civile & Commerciale*, Tomo II, Paris, Librairie Marescq Ainé, 1887

BEIGNIER, Bernard, "Le contrat d'assurance: contrat de bonne foi", *Recueil Dalloz*, 2000, nº 27, pp. 574-575
– *Droit des Assurances*, Paris, Montchrestien, 2011
– *Droit du Contrat d'Assurance*, Paris, Presses Universitaires de France, 1999
– "La poule d'eau est-elle de la viande ou l'assurance-vie de placement est-elle une libéralité?", *Recueil Dalloz Sirey*, nº 28/7213 (21/07/2005), pp. 1905-1908
– "Secret médical et assurance de personnes", *Recueil Dalloz*, 1999, nº 42, Chroniques, pp. 469-471
– "Tribunal de Grande Instance de Bayonne – 20 décembre 1994; Cour d'Appel de Toulouse – 15 mai 1995" [coment.], *Recueil Dalloz Sirey*, 1996, nº 4, pp. 56-60

BELEZA, Teresa, "Os crimes contra a propriedade no Código Penal de 1982 (sumários desenvolvidos)", *in* DIAS, Augusto Silva *et al.*, *Colectânea de Textos sobre a Parte Especial do Direito Penal – Materiais para o Estudo da Parte Especial do Direito Penal*, Lisboa, Associação Académica da Faculdade de Direito de Lisboa, 2008, pp. 133-157
– *Direito Penal*, Vol. I, 2ª Ed., Lisboa, Associação Académica da Faculdade de Direito de Lisboa, 1985

– *Direito Penal*, Vol. II, Lisboa, Associação Académica da Faculdade de Direito de Lisboa, 1980

BENATTI, Francesco, *La Responsabilità Precontrattuale*, Milano, Giuffrè Editore, 1963 – trad. port., *A Responsabilidade Pré-Contratual*, Coimbra, Almedina, 1970
– "Culpa in contrahendo", *Contratto e Impresa – Dialoghi*, Ano 3, nº 1 (1987), pp. 287-312

BENAVENTE, Ana (Coord.), *A Literacia em Portugal – Resultados de uma Pesquisa Extensiva e Monográfica*, Lisboa, Fundação Calouste Gulbenkian, 1996

BENNETT, Howard N., "The duty to disclose in insurance law", *The Law Quarterly Review*, Vol. 109, Out. 1993, pp. 513-518
– "Utmost good faith in the House of Lords", *The Law Quarterly Review*, Vol. 111, Abr. 1995, pp. 181-186

BENTINHO, António Dâmaso, *Os Deveres de Informação do Tomador do Seguro*, Relatório de Mestrado, Lisboa, Faculdade de Direito da Universidade de Lisboa, 2009

BENTO, José, *Direito de Seguros*, Lisboa, s.n., 2003 (polic.)

BERNSTEIN, Peter L., *Against the Gods – The Remarkable Story of Risk*, New York, John Wiley & Sons, 1996

BERR, Claude J., "La déclaration des risques en droit français", *in* AAVV, *L'Harmonisation du Droit du Contrat d'Assurance dans la C.E.E.*, Bruxelles, Bruylant, 1981, pp. 322-350

BESSON, André, "La sanction encourue, par l'assuré de bonne foi, en cas d'irrégularité dans la déclaration du risque", *in* ASSOCIAZIONE INTERNAZIONALE DI DIRITTO DELLE ASSICURAZIONI (Org.), *Studi in Onore di Antigono Donati*, Tomo I (Diritto delle Assicurazioni – Sezioni Straniere), Roma, Rivista Assicurazioni, 1970, pp. 53-61
– Cfr. também PICARD, Maurice

BEZERRA, J. Miguel – cfr. VARELA, João Antunes

BICLET, Philippe, "Respet du contrat ou respet du secret, un dilemme", *Médecine et Droit*, nº 10 (Jan-Fev 1995), pp. 6-7

BIGOT, Jean; e LANGÉ, Daniel, *Traité de Droit des Assurances – Tome 2 (La Distribution de l'Assurance)*, Paris, Librairie Générale de Droit et de Jurisprudence, 1999

BIN, Marino, "Broker di assicurazione", *in* GALGANO, Francesco (Dir.), *Contratto e Impresa*, 2, Padova, Casa Editrice Dott. Antonio Milani, 1985, pp. 531-548
– "Informazione e contratto di assicurazione", *Rivista Trimestrale di Diritto e Procedura Civile*, Ano XLVII, nº 3 (Set. 1993), pp. 727-737

BIRDS, John; e HIRD, Norma, *Birds' Modern Insurance Law*, 5ª Ed., London, Sweet & Maxwell, 2001
– Cfr. também LEGH-JONES, Nicholas

BLOCH, François; HAINSDORF, Clara; e HEUDE, Gilles, "La protection des donnés sur internet", *Risques*, nº 41 (Mar. 2000), pp. 53-57

BOLINA, Helena Magalhães, "O direito à indemnização de clientela no contrato de franquia", *Revista Jurídica*, nº 21 (Jun. 1997), pp. 205-222

BORGES, José Ferreira, *Commentários Sobre a Legislação Portugueza Ácerca de Seguros Marítimos*, Lisboa, Typographia da Sociedade Propagadora dos Conhecimentos Uteis, 1841

BOSELLI, Aldo, "Le obbligazioni fondamentali nel contratto aleatorio", *Rivista Trimestrale di Diritto e Procedura Civile*, III (1949), pp. 596-618
– "Rischio, alea ed alea normale del contratto", *Rivista Trimestrale di Diritto e Procedura Civile*, II (1948), pp. 769-795

BRENES CORTÉS, Josefa, "Algunas cuestiones relevantes que sigue suscitando el deber precontractual de declaración del riesgo", *La Ley: Revista Jurídica Española de Doctrina, Jurisprudencia y Bibliografía*, 2003, nº 4, pp. 1779-1799

BRICARD, Ferdinand, *Les Réticences dans les Assurances*, Paris, Arthur Rousseau Ed., 1912

BRITES, José Carlos, "Fraude em seguros", *Bolsa dos Seguros*, Ano 9, nº 22 (Jan. 2006), pp. 20-27

BRITO, José Alves de, *Contrato de Seguro Por Conta de Outrem. O Seguro Por Conta de Outrem nos Seguros de Danos*, Dissertação de Mestrado, Lisboa, Faculdade de Direito da Universidade de Lisboa, 2005 (polic.)
– *Seguro Marítimo de Mercadorias – Descrição e Notas ao seu Regime Jurídico*, Coimbra, Almedina, 2006
– Cfr. também MARTINEZ, Pedro Romano

BRITO, José de Sousa e, "A burla do artigo 451º do Código Penal – Tentativa de sistematização", *Scientia Ivridica*, Tomo XXXII, nº 181-183 (Jan.-Jun. 1983), pp. 131-160

BRITO, Maria Helena, "Contrato de Agência", *in* AAVV, *Novas Perspectivas do Direito Comercial*, Coimbra, Almedina, 1988, pp. 105-135
– *O Contrato de Concessão Comercial*, Coimbra, Almedina, 1990
– "A representação sem poderes – Um caso de efeito reflexo das obrigações", *Revista Jurídica*, nº 9-10 (Jan.-Jun. 1987), pp. 17-80

BRONZE, Fernando José, *A Metodonomologia entre a Semelhança e a Diferença (Reflexão Problematizante dos Pólos da Radical Matriz Analógica do Discurso Jurídico)*, Coimbra, Coimbra Editora, 1994

BROSETA PONT, Manuel, *Manual de Derecho Mercantil*, Madrid, Tecnos, 1972 (reimpr.)

BUSTO, Maria Manuel – cfr. ORTIGÃO, F. C.

BUTTARO, Luca, "Assicurazione (contratto di)", in AAVV, Enciclopedia del Diritto, Vol. III, Varese, Giuffrè Editore, 1958, pp. 455-492
– "Assicurazione sulla vita", in AAVV, Enciclopedia del Diritto, Vol. III, Varese, Giuffrè Editore, 1958, pp. 608-663
– "Inizio e decorso del periodo di contestabilità nelle polizze di assicurazione vita", Rivista Trimestrale di Diritto e Procedura Civile, Ano VII (1953), pp. 903-911
– "In tema di dolo e di colpa grave nella descrizione precontrattuale del rischio assicurato", Rivista Trimestrale di Diritto e Procedura Civile, Ano XVI (1962), pp. 730-756
– "Moderni orientamenti sul concetto giuridico di assicurazione nella dottrina italiana", in ASSOCIAZIONE INTERNAZIONALE DI DIRITTO DELLE ASSICURAZIONI (Org.), Atti del Primo Congresso Internazionale di Diritto delle Assicurazioni, Vol. I, Milano, Giuffrè Editore, 1963, pp. 277-300
CABANILLAS SÁNCHEZ, Antonio, Las Cargas del Acreedor en el Derecho Civil y en el Mercantil, Madrid, Montecorvo, 1988
CABRAL, Rita Amaral, "O direito à intimidade da vida privada (breve reflexão acerca do artigo 80º do Código Civil)", Estudos em Memória do Prof. Doutor Paulo Cunha, Lisboa, Faculdade de Direito da Universidade de Lisboa, 1989, pp. 373-406
– "A responsabilidade por prospecto e a responsabilidade pré-contratual – Anotação ao acórdão arbitral de 31 de Março de 1993", Revista da Ordem dos Advogados, Ano 55 (1995), Vol. I, pp. 191-223
– "A teoria da aparência e a relação jurídica cambiária", Revista da Ordem dos Advogados, Ano 44, Vol. III (Dez. 1984), pp. 627-654
CAETANO, Marcelo, "Valor da minuta do contrato de seguro", O Direito, Tomo LXIV (1932), pp. 34-41

CAGNASSO, Oreste; e COTTINO, Gastone, Contratti Commerciali, Padova, Casa Editrice Dott. Antonio Milani, 2000
CALAPEZ, Teresa – cfr. REIS, Elizabeth
CALBACHO LOSADA, Fernando; RODRÍGUEZ JIMÉNEZ, Lupicinio; e BARRIOLA URRUTICOECHEA, León, "El deber de declaración del riesgo en la Ley de Contrato de Seguro", Revista de Derecho Mercantil, nºs 183-184 (Jan.-Jun. 1987), pp. 141-146
CALDAS, Luís Filipe, "Direitos e deveres de informação: sanção das declarações inexactas do tomador", in MOREIRA, António, e MARTINS, M. Costa (Coords.), III Congresso Nacional de Direito dos Seguros – Memórias, Coimbra, Almedina, 2003, pp. 279-289
CALIXTO, Margarida Mendes – cfr. PIZARRO, Sebastião Nóbrega
CAMOESAS, Sheila, O Contrato de Mediação de Seguros, Relatório de Mestrado, Lisboa, Faculdade de Direito da Universidade de Lisboa, 2006
– Mediação de Seguros – A Perspectiva Contratual, Dissertação de Mestrado, Lisboa, Faculdade de Direito da Universidade de Lisboa, 2008
– O Seguro de Acidentes de Trabalho, Relatório de Mestrado, Lisboa, Faculdade de Direito da Universidade de Lisboa, 2006
CAMPOS, Diogo Leite de, Lições de Direitos da Personalidade (Separata do Boletim da Faculdade de Direito da Universidade de Coimbra, Vol. LXVI, 1990), 2ª Ed., Coimbra, 1992
– Seguro de Responsabilidade Civil Fundada em Acidentes de Viação – Da Natureza Jurídica, Coimbra, Almedina, 1971
CAMPOS, João Mota, Direito Comunitário, Vol. II, 2ª Ed., Lisboa, Fundação Calouste Gulbenkian, 1988
– Manual de Direito Comunitário, Lisboa, Fundação Calouste Gulbenkian, 2000

CANARIS, Claus-Wilhelm, "Autoria e participação na *culpa in contrahendo*", *Revista de Direito e de Economia*, Anos XVI a XIX (1990 a 1993), pp. 5-42
– *Systemdenken und Systembegriff in der Jurisprudenz*, 2ª Ed., Berlin, Duncker und Humblot, 1983 – trad. port., *Pensamento Sistemático e Conceito de Sistema na Ciência do Direito*, Lisboa, Fundação Calouste Gulbenkian, 1989

CANDIAN, Aurelio Donato, "Il progetto di legge brasiliano n. 3555/04 di riforma della disciplina sul contratto di assicurazione. Luci e ombre", *Diritto ed Economia dell'Assicurazione*, 2004, nº 4, pp. 1115-1125
– *Responsabilità Civile e Assicurazione*, Milano, Egea, 1993

CANOTILHO, J. J. Gomes; e MOREIRA, Vital, *Constituição da República Portuguesa Anotada*, Vol. I, 4ª Ed., Coimbra, Coimbra Editora, 2007

CARAVELLI, Casimiro, "Alea", *in* AAVV, *Nuovo Digesto Italiano*, Vol I, Torino, Unione Tipográfico Editrice Torinese, 1937, pp. 306-321

CARDOSO, Catarina Figueiredo, "A actividade seguradora na *internet* – alguns aspectos", *Fórum – Revista Semestral do Instituto de Seguros de Portugal*, nº 15 (Ago. 2002), pp. 19-26
– "O contrato de seguro na *internet* – alguns aspectos", *Fórum – Revista Semestral do Instituto de Seguros de Portugal*, nº 16 (Jan. 2003), pp. 45-57
– "A obrigação de prestação de informações pré-contratuais no âmbito da actividade seguradora e dos fundos de pensões – O comércio electrónico em especial", *Fórum – Revista Semestral do Instituto de Seguros de Portugal*, nº 19 (Ago. 2004), pp. 19-27

CARRARO, Luigi, *La Mediazione*, Padova, Casa Editrice Dott. Antonio Milani, 1960

CARRESI, Franco, "Introduzione ad uno studio sistematico degli oneri e degli obblighi delle parti nel processo di formazione del negozio giuridico", *Rivista Trimestrale di Diritto e Procedura Civile*, Ano III (1949), pp. 822-835

CARVALHO, António Nunes de – cfr. PINTO, Mário

CARVALHO, Pedro Nunes de, "Considerações acerca do erro em sede de patologia de declaração negocial", *Revista da Ordem dos Advogados*, Ano 52 (1992), pp. 169-182
– "A responsabilidade do comitente", *Revista da Ordem dos Advogados*, Ano 48, Vol. I (Abr. 1988), pp. 85-120

CARVALHO, Ruy de, "Início do seguro, uma questão controversa", *APS Notícias*, Abr.-Jun. 2007, pp. 12-16

CASANOVA, J. F. Salazar, "Provas ilícitas em processo civil – Sobre a admissibilidade e valoração de meios de prova obtidos pelos particulares", *Direito e Justiça*, Vol. XVIII (2004), 1, pp. 93-130

CASTELLANO, Gaetano, "Le dichiarazioni inesatte e le reticenze", *Assicurazioni – Rivista di Diritto, Economia e Finanza delle Assicurazioni Private*, Ano XXXVI (1969), Parte I, pp. 132-154

CASTRO, Catarina Sarmento e, *Direito da Informática, Privacidade e Dados Pessoais*, Coimbra, Almedina, 2005

CATALA, Pierre; e WEIR, J. A., "La déclaration du risque en droit français et anglais comparé", *Revue Générale des Assurances Terrestres*, Ano 37 (1966), pp. 449-472

CATTANEO, Giovanni, "Buona fede obbiettiva e abuso del diritto", *Rivista Trimestrale di Diritto e Procedura Civile*, Ano XXV (1971), pp. 613-659

CAUCHY, Maxime; e DIONISI-PEYRUSSE, Amélie, "Le droit au secret médical et son application en matière d'assurances", *Recueil Dalloz*, 2005, nº 20, Chroniques, pp. 1313-1316

CAVALCANTI, Bruno, *Princípio da Boa-Fé e os Contratos de Seguro*, Recife, Nossa Livraria, 2000

CAVALCANTI, Flávio Queiroz – cfr. TZIRULNIK, Ernesto

CAVALIERE, Cristina, "Le dichiarazioni inesatte e reticenti nel contratto di assicurazione: il quadro italiano (con radici inglesi)", *Contratto e Impresa / Europa*, Ano IX, nº 1 (Jan.-Jun. 2004), pp. 315-360

CAVALIERI FILHO, Sérgio, "Visão panorâmica do contrato de seguro e suas controvérsias", *Revista do Advogado*, São Paulo, nº 47 (Mar. 1996), pp. 7-13

CENDON, Paolo; e BALDASSARI, Augusto, *Codice Civile Annotato con la Giurisprudenza*, Milanofiori Assago, Wolters Kluwer Italia, 2007

CENTENO, Maria de Lurdes, *Teoria do Risco na Actividade Seguradora*, Oeiras, Celta, 2003

CHAPUISAT, Françoise, *Le Droit des Assurances*, Paris, Presses Universitaires de France, 1995

– "La participation de l'agent général d'assurance a la déclaration du risque imposée a l'assuré: a propos d'un arrêt de la Cour de Cassation, première Chambre civile du 2 avril 1974", *La Semaine Juridique*, Doctrine, Ano 50 (1975), 2719

CHAUFTON, Albert, *Les Assurances – Leur Passé, Leur Présent, Leur Avenir*, Paris, Librairie A. Marescq Ainé, 1884

CHEVILLET, Michel, "Secret médical et assurance santé", *Risques*, nº 41 (Mar. 2000), pp. 30-33

CHIAPPORI, Pierre-André, "Tests génétiques et assurance: une analyse économique", *Risques*, nº 40 (Dez. 1999), pp. 107-109

– "The welfare effects of predictive medicine", www.columbia.edu/~pc2167/finalPACBCG.pdf (consult. 31/05/2010)

CHICHORRO, Maria Manuela, *O Contrato de Seguro Obrigatório de Responsabilidade Civil Automóvel*, Coimbra, Coimbra Editora, 2010

CHINDEMI, Domenico, "Il rischio assicurativo e le sue modificazioni", *Diritto ed Economia dell'Assicurazione*, Ano XXXVI (1994), nº 2, pp. 441-466

CIANCIO, Mario Rosario, "La conclusione del contratto", *in* ALPA, Guido (Org.), *Le Assicurazioni Private*, Tomo I, Torino, Unione Tipografico Editrice Torinese, 2006, pp. 891-902

CIPRIANI TRAMONTANI, Romina, "La Reticencia en el Contrato de Seguro", *Revista Virtual de Derecho Comercial*, http://www.derechocomercial.edu.uy/PubRC.htm (consult. 15/03/2010)

CIRILLO, Francesco Maria, "La progressiva conoscenza del genoma umano: tutela della persona e problemi giuridici connessi con la protezione dei dati genetici", *Rivista di Diritto Civile*, Ano XLVIII, nº 3 (Mai.-Jun. 2002), pp. 399-419

CLARKE, Malcolm, *Policies and Perceptions of Insurance – An Introduction to Insurance Law*, Oxford, Clarendon Press, 1997

COELHO, Luiz Fernando, "Jurisprudência dos valores", *in* AAVV, *Polis – Enciclopédia Verbo da Sociedade e do Estado*, Vol. III, 2ª Ed., Lisboa, Verbo, 1999, cls. 911-915

COMITÉ EUROPÉEN DES ASSURANCES, "8ème Colloque Juridique International, Venise, 7-10 octobre 1977 – La déclaration du risque à l'origine et en cours de contrat: conséquences et sanctions", *Revue Générale des Assurances Terrestres*, Tomo XLIX (1978), pp. 256-314

CONSCIÊNCIA, Eurico Heitor, *Seguro Obrigatório de Responsabilidade Civil Automóvel*, Coimbra, Almedina, 2003

CONSTANTINESCO, Léontin-Jean, *Traité de Droit Comparé*, Vol. II – La Méthode Comparative, Paris, Librairie Générale de Droit et de Jurisprudence, 1974

COPPA-ZUCCARI, Pasquale, *L'Alea nel Contratto di Assicurazione*, Roma, Tip. Partenopea, 1899

CORDEIRO, António Menezes, "Do abuso do direito: estado das questões e perspectivas", *Revista da Ordem dos Advogados*, Ano 65, Vol. II (Set. 2005), pp. 327-385
  – "Da aplicação da Lei no tempo e das disposições transitórias", *Legislação: Cadernos de Ciência de Legislação*, nº 7 (Abr.-Jun. 1993), pp. 7-29
  – *Da Boa Fé no Direito Civil*, Coimbra, Almedina, 1984 (Reimpr., 2007)
  – "A boa fé nos finais do século XX", *Revista da Ordem dos Advogados*, Ano 56, Vol. III (Dez. 1996), pp. 887-912
  – "Ciência do direito e metodologia jurídica nos finais do século XX", *Revista da Ordem dos Advogados*, Ano 48, Vol. III (Dez. 1988), pp. 697-772
  – *Da Confirmação no Direito Civil*, Coimbra, Almedina, 2008
  – "Do contrato de concessão comercial", *Revista da Ordem dos Advogados*, Ano 60, Vol. II (Set. 2000), pp. 597-613
  – "Contrato de seguro e seguro de crédito", *in* MOREIRA, António; e MARTINS, M. Costa (Coords.), *II Congresso Nacional de Direito dos Seguros – Memórias*, Coimbra, Almedina, 2001, pp. 25-53
  – *Direito Bancário – Relatório*, Coimbra, Almedina, 1997
  – *Direito das Obrigações*, Vol. I, Lisboa, Associação Académica da Faculdade de Direito de Lisboa, 1980 (Reimpr. 1992)
  – *Direito das Obrigações*, Vol. II, Lisboa, Associação Académica da Faculdade de Direito de Lisboa, 1980 (Reimpr. 1986)
  – *Direito dos Seguros*, Coimbra, Almedina, 2013
  – "Direito dos seguros – Perspectivas de reforma", *in* MOREIRA, António; e MARTINS, M. Costa (Coords.), *I Congresso Nacional de Direito dos Seguros –*

Memórias, Coimbra, Almedina, 2000, pp. 19-29
  – "Os direitos de personalidade na civilística portuguesa", *in* CORDEIRO, António Menezes; LEITÃO, Luís Menezes; GOMES, Januário Costa (Orgs.), *Estudos em Homenagem ao Prof. Doutor Inocêncio Galvão Telles*, Vol. I, Coimbra, Almedina, 2002, pp. 21-45
  – "Dolo na conclusão do negócio. *Culpa in contrahendo*", *O Direito*, Ano 125º (1993), I-II, pp. 145-174
  – *Manual de Direito Comercial*, Vol. I, Reimpr., Coimbra, Almedina, 2001
  – "Da reforma do direito dos seguros", *in* MOREIRA, António; e MARTINS, M. Costa (Coords.), *III Congresso Nacional de Direito dos Seguros – Memórias*, Coimbra, Almedina, 2003, pp. 15-23
  – "A reforma do direito material dos seguros: o anteprojecto de 1999", *Revista da Faculdade de Direito da Universidade de Lisboa*, Vol. XLII (2001), nº 1, pp. 481-531
  – *Da Responsabilidade Civil dos Administradores das Sociedades Comerciais*, Lisboa, Lex, 1997
  – *Tratado de Direito Civil Português*, I – Parte Geral, Tomo I, 3ª Ed., Coimbra, Almedina, 2005 (Reimpr. 2007)
  – *Tratado de Direito Civil Português*, I – Parte Geral, Tomo III, 2ª Ed., Coimbra, Almedina, 2007
  – *Tratado de Direito Civil Português*, V – Parte Geral (Legitimidades, Representação, Prescrição, Abuso do Direito, Colisão de Direitos, Tutela Privada e Provas), Coimbra, Almedina, 2005 (Reimpr. 2011)
  – *Tratado de Direito Civil Português*, II – Direito das Obrigações, Tomo I, Coimbra, Almedina, 2009
  – *Tratado de Direito Civil Português*, II – Direito das Obrigações, Tomo II, Coimbra, Almedina, 2010

– "Violação positiva do contrato", *in* CORDEIRO, António Menezes, *Estudos de Direito Civil*, Vol. I, Coimbra, Almedina, 1987, pp. 115-142
– Cfr. também COSTA, Mário Almeida

CORFIAS, Théodore, "Risque, épargne-retraite et normes IFRS", *Revue Générale du Droit des Assurances*, 2005, nº 4, pp. 871-886

CORONE, Stéphane, "L'assuré doit dire la vérité, rien que la vérité", *L'Argus de l'Assurance*, nº 6851 (Out. 2003), pp. 51-53
– "Savoir bien contracter: La proposition d'assurance", *L'Argus de l'Assurance*, nº 6772 (Fev. 2002), pp. 37-39

CORREIA, Afonso Moreira, "Seguro obrigatório de responsabilidade civil automóvel – Direito de regresso da seguradora", *in* MOREIRA, António, e MARTINS, M. Costa (Coords.), *II Congresso Nacional de Direito dos Seguros – Memórias*, Coimbra, Almedina, 2001, pp. 197-214

CORREIA, A. Ferrer, *Erro e Interpretação na Teoria do Negócio Jurídico*, Coimbra, 1939
– 3ª Reimpr., Coimbra, Almedina, 1985

CORREIA, Eduardo, *Direito Criminal*, Vol. I, Coimbra, Almedina, 1963 (Reimpr., Coimbra, Almedina, 1968)

CORREIA, Luís Brito, "Seguro – Aspectos Jurídicos", *in* AAVV, *Polis – Enciclopédia Verbo da Sociedade e do Estado*, Vol. V, 2ª Ed., Lisboa, Verbo, 2005, cls. 710-720

CORREIA, Miguel Pupo, *Direito Comercial – Direito da Empresa*, 12ª Ed., Lisboa, Ediforum, 2011

COSTA, José Manuel Cardoso, "Genética e pessoa humana – Notas para uma perspectiva jurídica", *Revista da Ordem dos Advogados*, Ano 51, Vol. II (Jul. 1991), pp. 459-475

COSTA, Mário Almeida, *Direito das Obrigações*, 12ª Ed., Coimbra, Almedina, 2009
– "Intervenções fulcrais da boa fé nos contratos", *Estudos de Direito do Consumidor*, nº 2 – 2000, pp. 357-368

– *Responsabilidade pela Ruptura das Negociações Preparatórias de um Contrato*, Separata da Revista de Legislação e de Jurisprudência, nº 116 (1983-1984) – Reimpr., Coimbra, Coimbra Editora, 1994

COSTA, Mário Almeida; e CORDEIRO, António Menezes, *Cláusulas Contratuais Gerais – Anotação ao Decreto-Lei nº 446/85, de 25 de Outubro*, Coimbra, Almedina, 1986

COTTINO, Gastone – cfr. CAGNASSO, Oreste

COURTIEU, Guy – cfr. ROCHEX, André Favre

COUSY, Herman, "Le droit des assurances en Belgique ou la question de savoir si le beau ou mauvais temps à Paris influence toujours celui de Bruxelles (en tant que capitale de la Belgique)", *in* TILLEMAN, Bernard *et al.* (Eds.), *Droit des Contrats – France, Suisse, Belgique*, Bruxelles, Larcier, 2006, pp. 313-333
– "The Principles of European Insurance Contract Law: the Duty of Disclosure and the Aggravation of Risk", *ERA-Forum*, Vol. 9 (Set. 2008), pp. 119-132
– "Vers un droit européen du contrat d'assurances?", *in* KULLMANN, Jérôme (Coord.), *Mélanges en l'Honneur du Professeur Jean Bigot*, Paris, Librairie Générale de Droit et de Jurisprudence, 2010, pp. 93-104

CRIJNS, Marie-Anne, *Le Droit du Contrat d'Assurance*, Bruxelles, Creadif, 1996

CRISCUOLI, Giovanni, "Comportamento ingannevole e misura della responsabilità delle parti nella stipula del contratto d'assicurazione", *Rivista Trimestrale di Diritto e Procedura Civile*, Ano XLVIII, nº 3 (Set. 1994), pp. 1179-1210

CRUZ, Peter de, *Comparative Law in a Changing World*, 2ª Ed., London, Cavendish Publishing, 1999

CRUZ, Sebastião, *Direito Romano (Ius Romanum)*, 4ª Ed., Coimbra, s.n., 1984

CUNHA, Carolina, *A Indemnização de Clientela do Agente Comercial*, Coimbra, Coimbra Editora, 2003

CUPIS, Adriano de, "Precisazione sulla buona fede nell'assicurazione", *Diritto e Giurisprudenza*, 1971, pp. 625-632

D'ALTE, Sofia Tomé, *O Contrato de Concessão Comercial*, Separata da Revista da Faculdade de Direito da Universidade de Lisboa, Vol. XLII (2001), nº 2

D'AMICO, Giovanni, "Regole di validità e regole di comportamento nella formazione del contratto", *Rivista di Diritto Civile*, Ano XLVIII, nº 1 (Jan.-Fev. 2002), pp. 37-61

DANJON, Daniel, *Traité de Droit Maritime*, Tomo IV, Paris, Librairie Générale de Droit et de Jurisprudence, 1914

DAVID, René, *Les Grands Systèmes de Droit Contemporains*, 7ª Ed., Paris, Dalloz, 1978 – trad. port., *Os Grandes Sistemas do Direito Contemporâneo (Direito Comparado)*, Lisboa, Meridiano, 1978

DEFRANC, Gérard – cfr. DUFRÊNE, Catherine

DELGADO, José Augusto, "O contrato de seguro e o princípio da boa-fé", *in* DELGADO, Mário Luiz; e ALVES, Jones Figueiredo (Coords.), *Questões Controvertidas no Novo Código Civil*, São Paulo, Ed. Método, 2004, pp. 123-143

D'ESPINOSA, Luigi Bianchi, "La clausola d'incontestabilità e la malafede dell'assicurato", *Assicurazioni – Rivista di Diritto, Economia e Finanza delle Assicurazioni Private*, Ano XXV (1958), Parte II, pp. 107-114

DEVOET, Claude, *Les Assurances de Personnes*, Louvain-la-Neuve, Anthemis, 2006

DIAS, João Álvaro, "Resolução de conflitos na actividade seguradora – Justiça em tempos de mudança", *Biblioteca Seguros*, nº 1 (Jan. 2007), pp. 17-24

DIAS, Jorge Figueiredo (Dir.), *Comentário Conimbricense do Código Penal*, Parte Especial – Tomo I, Coimbra, Coimbra Editora, 1999
– *Comentário Conimbricense do Código Penal*, Parte Especial – Tomo II, Coimbra, Coimbra Editora, 1999
– *Direito Penal – Parte Geral*, Tomo I, 2ª Ed., Coimbra, Coimbra Editora, 2007

DIAS, Jorge Figueiredo; e MONTEIRO, Jorge Sinde, "Responsabilidade médica em Portugal", *Boletim do Ministério da Justiça*, nº 332 (1984), pp. 21-79

DIEZ-PICAZO, Luís, "Prólogo", *in* WIEACKER, Franz, *Zur rechtstheoretischen Präzisierung des § 242 BGB*, Tübingen, 1956 – trad. espanhola, *El Principio General de la Buena Fe*, Madrid, Editorial Civitas, 1977, pp. 9-23

DI LORETO, Daniele, "Il fenomeno della frode nell'esperienza assicurativa", *Assicurazioni – Rivista di Diritto, Economia e Finanza delle Assicurazioni Private*, Ano LXXI, nº 4 (Out.-Dez. 2004), pp. 549-558

DIONISI-PEYRUSSE, Amélie – cfr. CAUCHY, Maxime

DIONNE, Georges; DOHERTY, Neil; FOMBARON, Nathalie, "Adverse selection in insurance markets", *in* DIONNE, Georges (Ed.), *Handbook of Insurance*, Boston, Kluwer Academic Publishers, 2000, pp. 185-243

DOHERTY, Neil – cfr. DIONNE, Georges

DOMINGOS, Inês, *Declarações Falsas no Contrato de Seguro*, Relatório de Mestrado, Lisboa, Faculdade de Direito da Universidade de Lisboa, 2007
– *Direitos e Deveres dos Mediadores de Seguros*, Dissertação de Mestrado, Lisboa, Faculdade de Direito da Universidade de Lisboa, 2009

DONATI, Antigono, "Dell'Assicurazione", *in* D'AMELIO, Mariano; e FINZI, Enrico

(Eds.), *Codice Civile – Libro delle Obbligazioni: Commentario*, Vol. II, Parte II – Dei Contratti Speziali, Firenze, G. Barbèra Ed., 1949, pp. 211-355

– *Trattato del Diritto delle Assicurazioni Private*, Vol. II, Milano, Giuffrè Editore, 1954

DONATI, Antigono; e PUTZOLU, Giovanna Volpe, *Manuale di Diritto delle Assicurazioni*, 8ª Ed., Milano, Giuffrè Editore, 2006

DOYLE, Aaron – cfr. ERICSON, Richard V.

DUARTE, Inocêncio Sousa, *Diccionario de Direito Commercial*, Lisboa, Empreza Litteraria de Lisboa, 1881

DUARTE, Paulo, "Contratos de Seguro à luz das Cláusulas Contratuais Gerais", *Revista Portuguesa de Direito do Consumo*, nº 12 (Dez. 1997), pp. 93-109

DUARTE, Rui Pinto, *A Jurisprudência Portuguesa Sobre a Aplicação da Indemnização de Clientela ao Contrato de Concessão Comercial*, Separata Themis, Ano II, nº 3, Lisboa, 2001

– *Tipicidade e Atipicidade dos Contratos*, Coimbra, Almedina, 2000

– "Uma introdução ao Direito Comparado", *O Direito*, Ano 138º (2006), nº 4, pp. 769-792

DUBUISSON, Bernard, "Secrets, mensonges et confidences", *Revue de Droit de l'U.L.B.*, Vol. 21, nº 1 (2000), pp. 335-366

DUFRÊNE, Catherine; VATHAIRE, Anne; e DEFRANC, Gérard, "Directive sur l'intermédiation – Le décret qui menace les courtiers", *L'Argus de l'Assurance*, nº 6968 (10/03/2006), pp. 9-10

DURANTE, Aldo, "L'alea e il contratto d'assicurazione contro i danni", *Rivista del Diritto Commerciale e del Diritto Generale delle Obbligazioni*, Ano XLVI (1946), Parte I, pp. 569-578

– "Assicurazione (contrato di)", *in* AAVV, *Novissimo Digesto Italiano – Appendice*, Vol. I, Torino, Unione Tipografico Editrice Torinese, 1980, pp. 453-464

– "La buona fede e il contrato di assicurazione", *Assicurazioni – Rivista di Diritto, Economia e Finanza delle Assicurazioni Private*, Ano XLVI (1979), Parte I, pp. 222-237

DURRY, Georges, "La place de la morale dans le droit du contrat d'assurance", *Risques*, nº 18 (Abr.-Jun. 1994), pp. 47-59

– "Le secret médical opposé à l'assureur: la fin des incertitudes?", *Risques*, nº 61 (Jan.-Mar. 2005), pp. 132-135

– "Secret médical et preuve d'une fausse declaration du risque", *Risques*, nº 39 (Jul.-Set. 1999), pp. 120-122

EGGERS, Peter MacDonald; PICKEN, Simon; FOSS, Patrick, *Good Faith and Insurance Contracts*, 2ª Ed., London, Lloyd's of London Press, 2004

ÉMERIGON, Balthazard-Marie, *Traité des Assurances et des Contrats a la Grosse*, Tomo I, Marseille, J. Mossy, 1783

ENGISCH, Karl, *Einführung in das Juristische Denken*, 8ª Ed., Stuttgart, Verlag W. Kohlhammer, 1983 – trad. port., *Introdução ao Pensamento Jurídico*, Lisboa, Fundação Calouste Gulbenkian, 1988

ENNECCERUS, Ludwig; NIPPERDEY, Hans Carl, *Allgemeiner Teil des Bürgerlichen Rechts*, 13ª Ed., 1931 – trad. espanhola, *Derecho Civil (Parte General)*, Vol. II, Barcelona, Bosch, 1935

ERICSON, Richard V.; DOYLE, Aaron, "The moral risks of private justice: the case of insurance fraud", *in* ERICSON, Richard V.; DOYLE, Aaron (Eds.), *Risk and Morality*, Toronto, University of Toronto Press, 2003, pp. 317-363

EWALD, François, "Génétique et assurance", *Revue Générale du Droit des Assurances*, 1999, nº 3, pp. 539-555

EWALD, François; e MOREAU, Jean-Pierre, "Génétique médicale, confidentialité et assurance", *Risques*, nº 18 (Abr.-Jun. 1994), pp. 11-130

FABIAN, Christoph, *O Dever de Informar no Direito Civil*, São Paulo, Editora Revista dos Tribunais, 2002

FABRE-MAGNAN, Muriel, *De l'Obligation d'Information dans les Contrats – Essai d'Une Théorie*, Paris, Librairie Générale de Droit et de Jurisprudence, 1992
– "Duties of disclosure and French contract law: Contribution to an economic analysis", *in* BEATSON, Jack; e FRIEDMANN, Daniel (Eds.), *Good Faith and Fault in Contract Law*, Oxford, Clarendon Press, 1995 (Reimpr., 2002), pp. 99-102

FAGNART, Jean-Luc, "Dispositions communes: Formation et exécution du contrat", *in* FONTAINE, Marcel; e BINON, Jean-Marc (Eds.), *La Loi du 25 Juin 1992 sur le Contrat d'Assurance Terrestre*, Louvain-la-Neuve/Bruxelles, Academia/Bruylant, 1993, pp. 51-85
– *Traité Pratique de Droit Commercial*, Tome 3 – Droit Privé des Assurances Terrestres, Diegem, E. Story-Scientia, 1998

FALL, Mouhamadou, "Le marché d'assurance est-il si menacé par les tests génétiques?", *Risques*, nº 59 (Set. 2004), pp. 147-153

FANELLI, Giuseppe, "Assicurazione sulla vita (contratto di)", *in* D'AMELIO, Mariano (Coord.), *Nuovo Digesto Italiano*, Vol. I, Torino, Unione Tipografico Editrice Torinese, 1937, pp. 845-862
– "Considerazione sugli oneri nell'assicurazione", *Rivista del Diritto Commerciale e del Diritto Generale delle Obbligazioni*, Ano XLIV (1946), Parte I, pp. 159-165
– Cfr. também GREGORIO, Alfredo

FARIA, Carlos Bettencourt de, "O conceito e a natureza jurídica do contrato de seguro", *Colectânea de Jurisprudência*, Ano III (1978), Tomo III, pp. 785-799

FARIA, Jorge Ribeiro de, *Direito das Obrigações*, Vol. I, Coimbra, Almedina, 1990 (Reimpr., 2001)
– *Direito das Obrigações*, Vol. II, Coimbra, Almedina, 1990 (Reimpr. 2001)

FARIA, Paula Lobato de, "Protecção jurídica de dados médicos informatizados", *in* ASCENSÃO, José de Oliveira *et al.*, *Direito da Saúde e Bioética*, Lisboa, Lex, 1991, pp. 153-168

FÉLIX MORANDI, Juan, "La reticencia y la falsa declaración precontratual en el seguro de vida y la incontestabilidad del contrato en la legislación argentina", *in* ASSOCIAZIONE INTERNAZIONALE DI DIRITTO DELLE ASSICURAZIONI (Org.), *Studi in Onore di Antigono Donati*, Tomo I (Diritto delle Assicurazioni – Sezioni Straniere), Roma, Rivista Assicurazioni, 1970, pp. 371-408

FERNANDES, Luís Carvalho, *Teoria Geral do Direito Civil*, Vol. II, 5ª Ed., Lisboa, Universidade Católica Editora, 2010

FERNANDES, Silvino, *Da Responsabilidade do Comitente à Luz do Artigo 500º do Código Civil*, Relatório de Mestrado, Lisboa, Faculdade de Direito da Universidade de Lisboa, 2000

FERRARIS, Eliana, "La buona fede negli orientamenti della giurisprudenza inglese", *Rivista del Diritto Commerciale e del Diritto Generale delle Obbligazioni*, Ano XCIII (1995), Parte I, pp.759-784

FERREIRA, Durval, *Erro Negocial: Objecto – Motivos – Base Negocial e Alteração de Circunstâncias*, 2ª Ed., Coimbra, Almedina, 1998

FERREIRA, Manuel Cavaleiro de, *Direito Penal Português*, Vol. I, Lisboa, Editorial Verbo, 1981
– *Lições de Direito Penal*, Vol. I, 2ª Ed., Lisboa, Editorial Verbo, 1987

– *Lições de Direito Penal*, Vol. II, Lisboa, Editorial Verbo, 1989

FERREIRA RUBIO, Delia Matilde, *La Buena Fé: El Principio General en el Derecho Civil*, Madrid, Montecorvo, 1984

FIORENTINO, Adriano, "La descrizione del rischio nell'assicurazione secondo il codice civile", *Rivista del Diritto Commerciale e del Diritto Generale delle Obbligazioni*, Vol. XLII (1944), Parte I, pp. 136-140

FLUME, Werner, *Allgemeiner Teil des Bürgerlichen Rechts*, Vol. II – Das Rechtsgeschäft, 4ª Ed., Springer-Verlag, Berlin, 1992 – trad. espanhola, *El Negocio Jurídico*, Vol II – Parte General del Derecho Civil, Madrid, Fundación Cultural del Notariado, 1998

FOLEY, Thomas R., "Insurers' misrepresentation defense: The need for a knowledge element", *Southern California Law Review*, Vol. 67 (Mar. 1994), pp. 659-687

FOMBARON, Nathalie – cfr. DIONNE, Georges

FONTAINE, Marcel, *Droit des Assurances*, 3ª Ed., Bruxelles, Larcier, 2006
– "La loi belge du 25 juin 1992 sur le contrat d'assurance terrestre", *Revue Générale des Assurances Terrestres*, Ano 64 (1993), nº 4, pp. 729-740

FORTE, A. D. M., "Good faith and utmost good faith: Insurance and cautionary obligations in Scots law", *in* FORTE, A. D. M. (Ed.), *Good Faith in Contract and Property*, Oxford, Hart Publishing, 1999, pp. 77-101

FOSS, Patrick – cfr. EGGERS, Peter MacDonald

FRADA, Manuel Carneiro da, "A business judgement rule no quadro dos deveres gerais dos administradores", *Revista da Ordem dos Advogados*, Ano 67, Vol. I (Jan. 2007) – http://www.oa.pt/Conteudos/Artigos/detalhe_artigo.aspx?idc=3077 7&idsc=59032&ida=59045 (consult. Abr. 2009)
– *Contrato e Deveres de Protecção*, Separata do Vol. XXXVIII do Suplemento ao Boletim da Faculdade de Direito da Universidade de Coimbra, Coimbra, 1994
– "A responsabilidade objectiva por facto de outrem face à distinção entre responsabilidade obrigacional e aquiliana", *Direito e Justiça*, Vol. XII (1998), Tomo I, pp. 297-311
– "A responsabilidade pela confiança nos 35 anos do Código Civil – Balanço e perspectivas", *in* FACULDADE DE DIREITO DA UNIVERSIDADE DE COIMBRA (Org.), *Comemorações dos 35 Anos do Código Civil e dos 25 Anos da Reforma de 1977*, Vol. III – Direito das Obrigações, Coimbra, Coimbra Editora, 2007, pp. 285-307
– *Teoria da Confiança e Responsabilidade Civil*, Coimbra, Almedina, 2004 (Reimpr. 2007)
– *Uma "Terceira Via" no Direito da Responsabilidade Civil? O Problema da Imputação dos Danos Causados a Terceiros por Auditores de Sociedades*, Coimbra, Almedina, 1997
– "Vinho novo em odres velhos? A responsabilidade civil das 'operadoras de Internet' e a doutrina comum da imputação de danos", *Revista da Ordem dos Advogados*, Ano 59, Vol. II (Abr. 1999), pp. 665-692
– Cfr. também ASCENSÃO, José de Oliveira

FROTA, Mário, "Condições gerais e contrato de seguro", *Revista Portuguesa de Direito do Consumo*, nº 13 (Mar. 1998), pp. 41-43
– "Contratos à distância – O contrato de seguro", *Revista Portuguesa de Direito do Consumo*, nº 35 (Set. 2003), pp. 13-26

GALLO, Paolo, "Asimmetrie informative e doveri di informazione", *Rivista di Diritto*

Civile, Ano LIII, nº 5 (Set.-Out. 2007), Parte I, pp. 641-680

GALVÃO, Sofia, *Reflexões Acerca da Responsabilidade do Comitente no Direito Civil Português – A Propósito do Contributo Civilista para a Dogmática da Imputação*, Lisboa, Associação Académica da Faculdade de Direito de Lisboa, 1990
– Cfr. também SOUSA, Marcelo Rebelo de;

GAMA, Margarida Torres, "Proibição de práticas discriminatórias", *in* REGO, Margarida Lima (Coord.), *Temas de Direito dos Seguros – A Propósito da Nova Lei do Contrato de Seguro*, Coimbra, Almedina, 2012, pp. 131-141

GAMBELLA, Piergiacomo, *Le Dichiarazioni Inesatte e Reticenti Rese all'Assicuratore*, Dissertação, Cagliari, Università degli Studi di Cagliari, 2006, www.tesionline.it (consult. 25/05/2010)

GAMBINO, Agostino, *L'Assicurazione nella Teoria dei Contratti Aleatori*, Milano, Giuffrè Editore, 1964
– "La neutralizzazione dei rischi nella struttura e nella funzione giuridica unitaria del contratto di assicurazione", *Rivista del Diritto Commerciale e del Diritto Generale delle Obbligazioni*, Ano LXXXIII (1985), Parte I, pp. 209-221

GARCIAS, Isabel Baptista, *A Aplicação do Regime do Mandato a Outros Contratos de Prestação de Serviços*, Relatório de Mestrado, Lisboa, Faculdade de Direito da Universidade de Lisboa, 1994

GARCÍA VILLAVERDE, Rafael, "Contenido de la notificación de las alteraciones del riesgo en los seguros de vida", *in* VERDERA Y TUELLS, Evelio (Ed.), *Comentarios a la Ley de Contrato de Seguro*, Vol. I, Madrid, Colegio Universitario de Estudios Financieros, 1982, pp. 1015-1024

GARRIGUES, Joaquín, *Contrato de Seguro Terrestre*, 2ª Ed., Madrid, s. n., 1983

GARRINHAS, Marco Silva, *Os Deveres de Informação no Âmbito da Reforma do Regime Jurídico do Contrato de Seguro*, Relatório de Mestrado, Lisboa, Faculdade de Direito da Universidade de Lisboa, 2009

GASPERONI, Nicola, "Apposizione di oneri al beneficio nel contratto a favore di terzo", *Assicurazioni – Rivista di Diritto, Economia e Finanza delle Assicurazioni Private*, Ano XXII (1955), Parte I, pp. 30-47
– "Appunti sulla clausola di incontestabilità", *Assicurazioni – Rivista di Diritto, Economia e Finanza delle Assicurazioni Private*, Ano XXXIII (1966), Parte I, pp. 123-141
– "Assicurazione (in generale)", *in* AAVV, *Nuovo Digesto Italiano*, Torino, Unione Tipográfico Editrice Torinese, 1937, Vol I, pp. 812-839
– "Assicurazione sulla vita", *Rivista Trimestrale di Diritto e Procedura Civile*, Ano VI (1952), pp. 506-514
– "La clausola di incontestabilità inserita nelle polizze di assicurazione in relazione alla nuova disciplina legislativa delle dichiarazioni inesatte o reticenti del contraente", *Assicurazioni – Rivista di Diritto, Economia e Finanza delle Assicurazioni Private*, Ano XI, nºs 4-5-6 (Jul.-Dez. 1944), pp. 98-106
– "Contratto di assicurazione (in generale)", *in* AAVV, *Novissimo Digesto Italiano*, Vol. IV, Torino, Unione Tipografico Editrice Torinese, 1957, pp. 563-609
– "La rilevanza giuridica delle dichiarazioni inesatte e delle reticenze del terzo non contraente", *Assicurazioni – Rivista di Diritto, Economia e Finanza delle Assicurazioni Private*, Ano XXIX (1962), Parte I, pp. 81-97

GAZZARA, Nino, "Contratto di assicurazione e dichiarazioni inesatte", *Giurisprudenza di Merito*, Ano VI (1974), Parte I, pp. 47-51

GERLACK NETO, Martinho, *Dicionário Técnico-Jurídico de Direito Penal e Processual Penal*, Curitiba, Juruá Editora, 2007

GHERSI, Carlos Alberto, *Contrato de Seguro*, Buenos Aires, Astrea, 2007

GHIGLIONE, Rodolphe; e MATALON, Benjamin, *Les Enquêtes Sociologiques: Théories et Pratique*, 2ª Ed., Paris, Armand Colin, 1985 – trad. port., *O Inquérito – Teoria e Prática*, Oeiras, Celta, 1997

GIANDOMENICO, Giovanni di, *Il Contratto e l'Alea*, Padova, Casa Editrice Dott. Antonio Milani, 1987

GIDDENS, Anthony, *The Consequences of Modernity*, Cambridge, Polity Press, 1990 – trad. port., *As Consequências da Modernidade*, Oeiras, Celta, 1998

GLENN, H. Patrick, "Aims of comparative law", *in* SMITS, Jan M. (Ed.), *Elgar Encyclopedia of Comparative Law*, Cheltenham (UK), Edward Elgar Publishing, 2006, pp. 57-65

GÓES, Maria Cláudia, *Breves Considerações Sobre a Doutrina do Abuso do Direito*, Relatório de Mestrado, Lisboa, Faculdade de Direito da Universidade de Lisboa, 2003

GOFFMAN, Erving, *Stigma: Notes on the Management of Spoiled Identity*, Harmondsworth, Penguin, 1970

GOLDBERG, Ilan, "A boa-fé objetiva como elemento essencial ao contrato de seguro", http://www.ibds.com.br/textos/ABoaFeObjetiva.pdf (consult. 08/10/2008)

GOMBAULT, Nicolas, "Secret médical et assurance de responsabilité médicale", *Risques*, nº 41 (Mar. 2000), pp. 34-37

GOMES, Januário da Costa, *Contrato de Mandato*, Lisboa, Associação Académica da Faculdade de Direito de Lisboa, 1990
– "O problema da salvaguarda da privacidade antes e depois do computador", *Boletim do Ministério da Justiça*, nº 319 (Out. 1982), pp. 21-56
– "Da qualidade de comerciante do agente comercial", *Boletim do Ministério da Justiça*, nº 313 (Fev. 1982), pp. 17-49

GOMES, José Caramelo, "Contrato de seguro e tecnologias de informação", *in* MOREIRA, António, e MARTINS, M. Costa (Coords.), *III Congresso Nacional de Direito dos Seguros – Memórias*, Coimbra, Almedina, 2003, pp. 65-122
– "Direito comunitário dos seguros", *Lusíada – Revista de Ciência e Cultura (Série de Direito)*, 1999, nº 1 e 2, pp. 545-558
– *Direito dos Seguros*, Lisboa, 1997, www.isp.pt/winlib/cgi/winlibimg.exe?key=&doc=12990&img=893 (consult. 15/09/2007)
– "Direito comunitário dos seguros", *in* MOREIRA, António, e MARTINS, M. Costa (Coords.), *I Congresso Nacional de Direito dos Seguros – Memórias*, Coimbra, Almedina, 2000, pp. 205-218

GOMES, Júlio, "Algumas reflexões sobre o ónus da prova em matéria de paridade de tratamento retributivo ('A trabalho igual salário igual'), *in* MOREIRA, António (Coord.), *I Congresso Nacional de Direito do Trabalho*, Coimbra, Almedina, 1998, pp. 313-324
– "Breves reflexões sobre a noção de acidente de trabalho no novo (mas não muito) regime dos acidentes de trabalho", *in* MOREIRA, António, e MARTINS, M. Costa (Coords.), *I Congresso Nacional de Direito dos Seguros – Memórias*, Coimbra, Almedina, 2000, pp. 203-218
– "O dever de informação do (candidato a) tomador do seguro na fase pré-contratual, à luz do Decreto-Lei nº 72/2008 de 16 de Abril", *in* FREITAS, José Lebre de; DUARTE, Rui Pinto; CRISTAS, Assunção; NEVES, Vítor Pereira; ALMEIDA, Marta Tavares (Coords.), *Estudos em Homenagem ao Professor Doutor Carlos Ferreira de Almeida*, Vol. II, Coimbra, Almedina, 2011, pp. 387-445

– "O dever de informação do tomador do seguro na fase pré-contratual", *in* MOREIRA, António, e MARTINS, M. Costa (Coords.), *II Congresso Nacional de Direito dos Seguros – Memórias*, Coimbra, Almedina, 2001, pp. 75-113

– "Do dever ou ónus de salvamento no novo regime jurídico do contrato de seguro (Decreto-Lei nº 72/2008, de 16/4)", *Cadernos de Direito Privado*, nº 28 (Out.-Dez. 2009), pp. 3-22

– "Uma função punitiva para a responsabilidade civil e uma função reparatória para a responsabilidade penal?", *Revista de Direito e de Economia*, Ano XV (1989), pp. 105-144

– *A Gestão de Negócios: Um Instituto Jurídico Numa Encruzilhada*, Separata do Vol. XXXIX do Suplemento ao Boletim da Faculdade de Direito da Universidade de Coimbra, Coimbra, 1993

– "Seguro de acidentes de trabalho: Para uma interpretação restritiva – ou mesmo a revisão – do Acórdão Uniformizador de Jurisprudência nº 10/2001, de 21 de Novembro de 2001", *Revista do Ministério Público*, Ano XXIX, nº 116 (Out.-Dez. 2008), pp. 5-27

GÓMEZ DE LA ESCALERA, Carlos, *La Nulidad Parcial del Contrato*, Madrid, Actualidad Editorial, 1995

GONÇALVES, Diogo Costa, "Erro-obstáculo e erro-vício – Subsídios para a determinação do alcance normativo dos artigos 247º, 251º e 252º do Código Civil", *Revista da Faculdade de Direito da Universidade de Lisboa*, Vol. XLV (2004), nºs 1 e 2, pp. 309-400

GONÇALVES, João Rodrigues, "Segredo profissional – Algumas considerações sobre segredo médico e segredo profissional de advogado", *Revista do Ministério Público*, Ano XIX, nº 76 (Out.-Dez. 1998), pp. 67-81

GONÇALVES, Luiz Cunha, *Comentário ao Código Comercial Português*, Vol. II, Lisboa, Ed. José Bastos, 1916

GONÇALVES, Manuel Maia, *Código de Processo Penal Anotado*, 17ª Ed., Coimbra, Almedina, 2009

GOUVEIA, Jaime, *Direito Civil (Obrigações)*, Lisboa, Nicolau de Matos, 1935

– *Da Responsabilidade Contratual*, Lisboa, Ed. do Autor, 1933

GREENE, Mark R., *Risk and Insurance*, 3ª Ed., Cincinnati, South-Western Publishing, 1973 – trad. espanhola, *Riesgo y Seguro*, 2ª Ed., Madrid, MAPFRE, 1976

GREGORIO, Alfredo; e FANELLI, Giuseppe, *Diritto delle Assicurazioni*, Vol II – Il Contratto di Assicurazione, Milano, Giuffrè Editore, 1987

GRISI, Giuseppe, *L'Obbligo Preconttratuale di Informazione*, Napoli, Jovene Editore, 1990

– "L'omessa o inesatta informazione precontrattuale nella disciplina del contratto di assicurazione", *Rivista Critica di Diritto Privato*, 1990, Parte I, pp. 743-772

GROUTEL, Hubert, "La connaissance par l'agent général d'assurances d'une déclaration inexacte du risque", *Responsabilité Civile et Assurances*, Ano 12, nº 9 (Set. 1999), pp. 10-11

– "La déclaration inexacte du risque et ses éclipses", *Responsabilité Civile et Assurances*, Ano 3, nº 11 (Nov. 1990), pp. 1-2

– "Preuve de la déclaration inexacte du risque et secret médical", *Médecine & Droit*, nº 68 (Set.-Out. 2004), pp. 105-107

GROUTEL, Hubert; LEDUC, Fabrice; e PIERRE, Philippe, *Traité du Contrat d'Assurance Terrestre*, Paris, LexisNexis, 2008

GRUA, François, "Les effets de l'aléa et la distinction des contrats aléatoires et des contrats commutatifs", *Revue Tri-*

mestrielle de Droit Civil, Ano LXXXII, nº 2 (Abr.-Jun. 1983), pp. 263-287

GUTTERIDGE, H. C., *Comparative Law. An Introduction to the Comparative Method of Legal Study and Research*, Cambridge, 1946 – trad. espanhola, *El Derecho Comparado: Introducción al Método Comparativo en la Investigación y en el Estudio del Derecho*, Barcelona, Instituto de Derecho Comparado, 1954

HAINSDORF, Clara – cfr. BLOCH, François

HARTEN, Carlos, *El Deber de Declaración del Riesgo en el Contrato de Seguro – Exposición y Crítica del Modelo Brasileño y Estudio del Derecho Comparado*, Salamanca, Ratio Legis, 2007

HAYMANN, Franz, "La colpa nella conclusione del contratto in diritto assicurativo", *Assicurazioni – Rivista di Diritto, Economia e Finanza delle Assicurazioni Private*, Ano III (1936), Parte I, pp. 156-170
– "Le disposizioni generali sui vizi di volontà in rapporto all'obbligo di denuncia precontrattuale da parte dell'assicurando", *Assicurazioni – Rivista di Diritto, Economia e Finanza delle Assicurazioni Private*, Ano I (1934), Parte I, pp. 332-355

HEDEMANN, Justus Wilhelm, *Schuldrecht des Bürgerlichen Gesetzbuches*, 3ª Ed., 1949 – trad. espanhola, *Derecho de Obligaciones*, Madrid, Editorial Revista de Derecho Privado, 1958

HEISS, Helmut, "First discussion report of 23 May 1991", *in* REICHERT-FACILIDES, Fritz; e D'OLIVEIRA, Hans Ulrich Jessurun (Eds.), *International Insurance Contract Law in the EC: Proceedings of a Comparative Law Conference held at the European University Institute, Florence, May 23-24, 1991*, Deventer, Kluwer Law and Taxation Publishers, 1993, pp. 53-57

HERNÁNDEZ DE FRUTOS, Teodoro, *Para Comprender las Estructuras Sociales*, Estella (Navarra), Editorial Verbo Divino, 1997

HERRMANNSDORFER, Fritz, *Das Versicherungswesen*, Berlin, J. Springer, 1928 – trad. espanhola, *Seguros Privados*, Barcelona, Labor, 1933

HEUDE, Gilles – cfr. BLOCH, François

HIRD, Norma – cfr. BIRDS, John

HOARAU, Isabelle, "Le modèle «Principal – Agent»", *Risques*, nº 24 (Out.-Dez. 1995), pp. 85-91

HÖRSTER, Heinrich Ewald, *A Parte Geral do Código Civil Português – Teoria Geral do Direito Civil*, Coimbra, Almedina, 1992
– "Sobre a formação do contrato segundo os arts. 217º e 218º, 224º a 226º e 228º a 235º do Código Civil", *Revista de Direito e Economia*, Ano IX, nºs. 1 e 2 (Jan.-Dez. 1983), pp. 121-157

HORTA, João M. Picado, *Resseguro – Princípios e Prática*, Porto, Vida Económica, 2001

ILARDI, Saverio, "La 'causa' nella clausola di incontestabilità nel contratto d'assicurazione sulla vita", *Il Foro Italiano*, Vol. LIX (1934), Parte I, cls. 1200-1202

ILLESCAS, Rafael, "Experiencias en la aplicación de las disposiciones generales de la Ley", *Revista Española de Seguros*, nºs 123-124 (2006), pp. 505-518

INSTITUTO DE SEGUROS DE PORTUGAL, *Guia de Seguros e Fundos de Pensões*, Lisboa, Instituto de Seguros de Portugal, 2010
– "Reformulação da lei do contrato de seguro", *Fórum – Revista Semestral do Instituto de Seguros de Portugal*, nº 14 (Jan. 2002), pp. 7-30
– *Relatório de Regulação e Supervisão da Conduta de Mercado – 2010*, Lisboa, Instituto de Seguros de Portugal, 2011

IPPOLITO, Rosario, "Il sinallagma nel contratto di assicurazione", *Rivista del Diritto Commerciale e del Diritto Generale delle Obbligazioni*, Ano LXXXI (1983), Parte I, pp. 483-539

JAMIN, Christophe, "La réticence dolosive, l'obligation d'information et la bonne foi dans la formation du contrat", *La Semaine Juridique*, Jurisprudence, Ano 75, nº 15-16 (11/04/2001), 10510, pp. 757-761

JAPHET, Carl, "L'assurance vie face au sida", in LABRUSSE-RIOU, Catherine *et al.*, *Le Droit Saisi par la Biologie – Des Juristes au Laboratoire*, Paris, Librairie Générale de Droit et de Jurisprudence, 1996, pp. 39-74

JAUMAIN, Christian, "Faut-il disqualifier l'assurance vie? L'assurance vie doit-elle conserver ses privilèges quelles que soient sa durée et l'intensité du risque?", in ROGGE, Jean (Coord.), *Liber Amicorum René Van Gompel – Etudes en Assurances*, Diegem, E. Story-Scientia, 1998, pp. 293-311

JERRY II, Robert H., *Understanding Insurance Law*, 2ª Ed., New York, Matthew Bender, 1996 (Reimpr. 1997)

JESCHECK, Hans-Heinrich, *Lehrbuch des Strafrechts*, 3ª Ed., Berlin, Duncker & Humblot, 1978, pp. 159-172 – trad. port., "As fases de desenvolvimento da nova teoria da infracção", in AAVV, *Textos de Apoio de Direito Penal*, Tomo II, Lisboa, Associação Académica da Faculdade de Direito de Lisboa, 1984, pp. 97-123

JHERING, Rudolf Von, "Culpa in contrahendo oder Schadensersatz bei nichtigen oder nicht zur Perfektion gelangten Verträgen", in *Jharbücher für die Dogmatik des heutigen römischen und deutschen Privatrechts*, Vol. IV, 1861, pp. 1-112 – trad. port., *Culpa in Contrahendo ou Indemnização em Contratos Nulos ou Não Chegados à Perfeição*, Coimbra, Almedina, 2008

JORDANO FRAGA, Francisco, *La Responsabilidad del Deudor por los Auxiliares que Utiliza en el Cumplimiento*, Madrid, Civitas, 1994

JORGE, Fernando Pessoa, *Ensaio sobre os Pressupostos da Responsabilidade Civil*, Lisboa, Centro de Estudos Fiscais, 1968 (3ª Reimpr., Coimbra, Almedina, 1999)
– *Lições de Direito das Obrigações*, Lisboa, Associação Académica da Faculdade de Direito de Lisboa, 1976
– *O Mandato sem Representação*, Lisboa, 1961 (Reimpr., Coimbra, Almedina, 2001)
– *A Protecção Jurídica da Aparência no Direito Civil Português*, Lisboa, s.n., 1951

JOURDAIN, Patrice, "Le devoir de 'se' renseigner (contribution à l'étude de l'obligation de renseignement)", *Recueil Le Dalloz Sirey*, Chronique XXV, 1983, nº 23, pp. 139-144

JUGLART, Michel de, "L'obligation de renseignements dans les contrats", *Revue Trimestrielle de Droit Civile*, Ano XLIII (1945), pp. 1-22

JUSTO, A. Santos, *Breviário de Direito Privado Romano*, Coimbra, Coimbra Editora, 2010

KAHN, Axel, "Tests génétiques et assurance", *Risques*, nº 18 (Abr.-Jun. 1994), pp. 95-109

KANAYAMA, Naoki, "De l'obligation de 'couverture' à la prestation de 'garantir' – Donner, faire, ne pas faire... et garantir?", in AAVV, *Mélanges Christian Mouly*, Vol. II, Paris, Litec, 1998, pp. 375-399

KAST, Robert; e LAPIED, André, *Economics and Finance of Risk*, West Sussex, John Wiley & Sons, 2006

KAYSER, Pierre, *La Protection de la Vie Privée*, 2ª Ed., Paris, Economica, 1990

KEETON, Robert E.; e WIDISS, Alan I., *Insurance Law – A Guide to Fundamental Principles, Legal Doctrines and Commercial Practices*, St. Paul (Minn.), West Publishing, 1988 (Reimpr. 1989)

KINDERLERER, Julian; e LONGLEY, Diane, "Human genetics: The new panacea?", *in* BROWNSWORD, Roger; CORNISH, W. R.; LLEWELYN, Margaret (Eds.), *Law and Human Genetics: Regulating a Revolution*, Oxford, Hart Publishing, 1998, pp. 11-28

KNIGHT, Frank H., *Risk, Uncertainty and Profit*, Boston, 1921 (Reimpr., Chicago, University of Chicago Press, 1971)

KÖTZ, Hein – cfr. ZWEIGERT, Konrad

KULLMANN, Jérôme, "Contrats d'assurance sur la vie: la chance de gain ou de perte", *Recueil Le Dalloz Sirey*, Chronique, 1996, n.° 24, pp. 205-210

– "La déclaration de risque", *in* BIGOT, Jean (Ed.), *Traité de Droit des Assurances*, Tomo III – Le Contrat d'Assurance, Paris, Librairie Générale de Droit et de Jurisprudence, 2002, pp. 667-761

LAMBERT-FAIVRE, Yvonne, *Droit des Assurances*, 11ª Ed., Paris, Dalloz, 2001

LANDEL, James, *Fausses Déclarations et Réticences en Assurance Automobile*, Paris, L'Argus, 1982

LANGÉ, Daniel – cfr. BIGOT, Jean

LAPIED, André – cfr. KAST, Robert

LARENZ, Karl, *Lehrbuch des Schuldrechts*, Vol. I, München, Beck, 1953 – trad. espanhola, *Derecho de Obligaciones*, Vol. I, Madrid, Editorial Revista de Derecho Privado, 1958

– *Methodenlehre der Rechtswissenschaft*, 5ª Ed., Berlin, Springer-Verlag, 1983 – trad. portuguesa, *Metodologia da Ciência do Direito*, Lisboa, Fundação Calouste Gulbenkian, 1989

LA TORRE, Antonio, *L'Assicurazione nella Storia delle Idee*, Firenze, Assicurazioni, 1995

– "L'avveramento del sinistro nel periodo di contestabilità della polizza vita: previsione negoziale ed effetti legali", *Assicurazioni – Rivista di Diritto, Economia e Finanza delle Assicurazioni Private*, Ano XXVI (1959), Parte I, pp. 284-308

LATORRE CHINER, Nuria, "El riesgo y su agravación en el seguro de vida", *Revista Española de Seguros*, n⁰ 93 (Jan.-Mar. 1998), pp. 147-164

– *La Agravación del Riesgo en el Derecho de Seguros*, Granada, Editorial Comares, 2000

THE LAW COMMISSION, *Insurance Contract Law – Issues Paper 1: Misrepresentation and Non-Disclosure*, 2006, http://www.lawcom.gov.uk/docs/insurance_contact_law_issues _paper_1.pdf (consult. 04/08/2008)

THE LAW COMMISSION; THE SCOTTISH LAW COMMISSION, *Consumer Insurance Law: Pre-contract Disclosure and Misrepresentation*, 2009, http://www.justice.gov.uk/lawcommission/docs/lc319_Consumer_Insurance_Law.pdf (consult. 12/04/2011)

LEAL-HENRIQUES, M. – cfr. SANTOS, M. Simas

LEDUC, Fabrice – cfr. GROUTEL, Hubert

LEFORT, J., *Nouveau Traité de L'Assurance sur la Vie*, Paris, Librairie des Sciences Politiques et Sociales, 1920

– «Des réticences postérieures à la conclusion du contrat d'assurance», *Revue Générale du Droit, de la Législation et de la Jurisprudence en France et à l'Etranger*, Tomo XLVI, 1922, pp. 161-167

LEGH-JONES, Nicholas; BIRDS, John; e OWEN, David (Eds.), *MacGillivray on Insurance Law*, 10ª Ed., London, Sweet and Maxwell, 2003

LEHMANN, Heinrich, *Allgemeiner Teil des Bürgerliches Gesetzbuches*, 7ª Ed., 1952 – trad. espanhola, *Tratado de Derecho Civil: Parte General*, Madrid, Editorial Revista de Derecho Privado, 1956

LEITÃO, Adelaide Menezes, "'Revogação unilateral' do mandato, pós-eficácia e responsabilidade pela confiança", *in* AAVV, *Estudos em Homenagem ao Prof.*

Doutor Inocêncio Galvão Telles, Vol. 1, Coimbra, Almedina, 2002, pp. 305-346

LEITÃO, Luís Menezes, "Acidentes de trabalho e responsabilidade civil (a natureza jurídica da reparação de danos emergentes de acidentes de trabalho e a distinção entre as responsabilidades obrigacional e delitual)", Revista da Ordem dos Advogados, Ano 48, Vol. III (Dez. 1988), pp. 773-843
– O Enriquecimento sem Causa no Direito Civil – Estudo Dogmático Sobre a Viabilidade da Configuração Unitária do Instituto, Face à Contraposição Entre as Diferentes Categorias de Enriquecimento sem Causa, Lisboa, Centro de Estudos Fiscais, 1996 – Reimpr., Coimbra, Almedina, 2005
– Direito das Obrigações, Vol. I, 9ª Ed., Coimbra, Almedina, 2010
– Direito das Obrigações, Vol. II, 8ª Ed., Coimbra, Almedina, 2011
– A Indemnização de Clientela no Contrato de Agência, Coimbra, Almedina, 2006

LEONE, Guglielmo, "Effetti del sinistro sull'incontestabilità della polizza vita", Assicurazioni – Rivista di Diritto, Economia e Finanza delle Assicurazioni Private, Ano XXIII (1956), Parte II, pp. 8-14

LETTA, Luigi, "Dichiarazioni inesatte e reticenze dell'assicurato nell'assicurazione privata 'malattie'", Responsabilità Civile e Previdenza, Vol. LXII (1997), pp. 179-188

LEYSSAC, C. Lucas de, "L'obligation de renseignements dans les contrats", in LOUSSOUARN, Yvon; e LAGARDE, Paul (Dir.), L'Information en Droit Privé, Paris, Librairie Générale de Droit et de Jurisprudence, 1978, pp. 305-341

LIEBWEIN, Peter, Risk and Capital – Some Thoughts on Risk Modeling in Insurance Companies, Zurich, Swiss Re, 2005

LIMA, Pires de; e VARELA, João Antunes, Código Civil Anotado, Vol. I, 4ª Ed., Coimbra, Coimbra Editora, 1987

– Código Civil Anotado, Vol. II, 3ª Ed., Coimbra, Coimbra Editora, 1986

LISBOA, José da Silva, Princípios de Direito Mercantil e Leis de Marinha para Uso da Mocidade Portugueza, Destinada ao Commercio, Divididos em Oito Tratados Elementares, Contendo a Respectiva Legislação Patria, e Indicando as Fontes Originaes dos Regulamentos Marítimos das Principaes Praças da Europa, Tomo I, Lisboa, Impressão Régia, 1815

LITTON, Roger A., Crime and Crime Prevention for Insurance Practice, Aldershot, Gower Publishing, 1990

LLOBET I AGUADO, Josep, El Deber de Información en la Formación de los Contratos, Madrid, Marcial Pons, 1996

LOCRÉ, Jean-Guillaume, La Législation Civile, Commerciale et Criminelle de la France, Tomo XVIII, Paris, Treuttel et Würtz, 1830

LONGLEY, Diane – cfr. KINDERLERER, Julian

LONGO, Giovanni E., "La dichiarazione del rischio all'origine ed in corso di contratto: conseguenze e sanzioni", Assicurazioni – Rivista di Diritto, Economia e Finanza delle Assicurazioni Private, Ano XLV (1978), Parte I, pp. 26-75

LOPES, Maria Clara, Seguro Obrigatório de Responsabilidade Civil Automóvel, Lisboa, Imprensa Nacional Casa da Moeda, 1987

LOURENÇO, Paula Meira, A Função Punitiva da Responsabilidade Civil, Coimbra, Coimbra Editora, 2006

LOWRY, John; e RAWLINGS, Philip, Insurance Law – Cases and Materials, Oxford, Hart Publishing, 2004
– Insurance Law – Doctrines and Principles, Oxford, Hart Publishing, 1999

LUGO y REYMUNDO, Luis Benítez de, "El contrato de seguros no es un contrato aleatorio ni un contrato típico de adhesión", in ASSOCIAZIONE INTER-

NAZIONALE DI DIRITTO DELLE ASSICURAZIONI (Org.), *Atti del Primo Congresso Internazionale di Diritto delle Assicurazioni*, Milano, Giuffrè Editore, 1963, Vol. I, pp. 387-401

– *Tratado de Seguros*, Vol. I, Madrid, Ed. Réus, 1955

LUHMANN, Niklas, *Risk: A Sociological Theory*, Berlin, Walter de Gruyter, 1993

MACHADO, João Baptista, "A cláusula do razoável", *in* MACHADO, João Baptista, *Obra Dispersa*, Vol. I, Braga, Associação Jurídica de Braga – Scientia Ivridica, 1991, pp. 457-623

– "'Denúncia-Modificação' de um contrato de agência", *Revista de Legislação e de Jurisprudência*, Ano 120º (1987-1988), nº 3759, pp. 183-192

– *Introdução ao Direito e ao Discurso Legitimador*, Coimbra, Almedina, 1982 (reimpr., 1990)

– "Tutela da Confiança e 'Venire Contra Factum Proprium'", *in* MACHADO, João Baptista, *Obra Dispersa*, Vol. I, Braga, Associação Jurídica de Braga – Scientia Ivridica, 1991, pp. 345-423

MACHADO, Miguel Pedrosa, "Nótula sobre a relação de concurso ideal entre burla e falsificação", *Direito e Justiça*, Vol. IX (1995), Tomo I, pp. 251-254

MADEIRA, José Diogo, "E-seguros: oportunidades e ameaças", *Fórum – Revista Semestral do Instituto de Seguros de Portugal*, nº 12 (Dez. 2000), pp. 47-50

MAFFEI, Domenico, "Il giureconsulto portoghese Pedro de Santarém autore del primo tratatto sulle assicurazioni (1488)", *Boletim da Faculdade de Direito da Universidade de Coimbra*, Ano LVIII (1982), pp. 703-728

MANDÓ, Matteo, "Dichiarazioni inesatte e reticenze nella fase precontrattuale del contratto di assicurazione", *Diritto ed Economia dell'Assicurazione*, Ano XXXVIII (1996), nº 4, pp. 791-843

MANGIALARDI, Eduardo, "El Proyecto Genoma Humano y el Seguro de Personas", *Revista Española de Seguros*, nº 105 (Jan.-Mar. 2001), pp. 7-19

MARCELINO, Américo, *Acidentes de Viação e Responsabilidade Civil*, Lisboa, Petrony, 1984

MARÍN PADILLA, Maria Luisa, *El Principio General de Conservación de los Actos y Negocios Jurídicos: Utile Per Inutile Non Vitiatur*, Barcelona, Bosch, 1990

MARQUES, Daniela Freitas, *Elementos Subjetivos do Injusto*, Belo Horizonte, Del Rey, 2001

MARQUES, José Dias, *Teoria Geral da Caducidade*, Lisboa, Empresa Nacional de Publicidade, 1953

MARQUES, José Garcia, "Do tratamento de dados pessoais sensíveis", *Cadernos de Justiça Administrativa*, nº 39 (Mai.-Jun. 2003), pp. 44-62

MARTINEZ, Pedro, *Teoria e Prática dos Seguros*, Lisboa, Imprensa Artística, 1953

MARTINEZ, Pedro Romano, *Acidentes de Trabalho*, Lisboa, Pedro Ferreira Editor, 1996

– "Celebração de contratos à distância e o novo regime do contrato de seguro", *in* AAVV, *Estudos Dedicados ao Professor Doutor Luís Alberto Carvalho Fernandes*, Vol. III, Lisboa, Universidade Católica Editora, 2011, pp. 235-259

– *Da Cessação do Contrato*, 2ª Ed., Coimbra, Almedina, 2006

– "Cláusulas contratuais gerais e cláusulas de limitação ou de exclusão da responsabilidade no contrato de seguro", *Scientia Ivridica*, Tomo LV, nº 306 (Abr.-Jun. 2006), pp. 241-261

– "Conteúdo do contrato de seguro e interpretação das respectivas cláusulas", *in* MOREIRA, António, e MARTINS, M. Costa (Coords.), *II Congresso Nacional de Direito dos Seguros – Memórias*, Coimbra, Almedina, 2001, pp. 59-71

– "Contrato de seguro: Âmbito do dever de indemnizar", *in* MOREIRA, António, e MARTINS, M. Costa (Coords.), *I Congresso Nacional de Direito dos Seguros – Memórias*, Coimbra, Almedina, 2000, pp. 155-168

– "Contrato de seguro e informática", *in* MOREIRA, António, e MARTINS, M. Costa (Coords.), *III Congresso Nacional de Direito dos Seguros – Memórias*, Coimbra, Almedina, 2003, pp. 27-64

– *Contratos em Especial*, Lisboa, Universidade Católica Editora, 1996

– *Direito dos Seguros – Apontamentos*, Cascais, Principia, 2006

– *Direito dos Seguros – Relatório (Suplemento da Revista da Faculdade de Direito da Universidade de Lisboa)*, Coimbra, Coimbra Editora, 2006

– *Direito do Trabalho*, 5ª Ed., Coimbra, Almedina, 2010

– "Modificações na legislação sobre contrato de seguro – Repercussões no regime de acidentes de trabalho", http://www.stj.pt/nsrepo/cont/Coloquios/P.D.PedroMartinz.pdf (consult. 05/05/2010)

– "Novo Regime do Contrato de Seguro", *O Direito*, Ano 140º (2008), nº 1, pp. 23-117

MARTINEZ, Pedro Romano; TORRES, Leonor Cunha; OLIVEIRA, Arnaldo; RIBEIRO, Eduarda; MORGADO, José Pereira; VASQUES, José; e BRITO, José Alves, *Lei do Contrato de Seguro Anotada*, 2ª Ed., Coimbra, Almedina, 2011

MARTINEZ, Pedro Romano; e VASCONCELOS, Joana, "Vício na formação do contrato, interpretação do negócio jurídico, condição resolutiva e incumprimento contratual", *Revista de Direito e de Estudos Sociais*, Ano XLIV (XVII da 2ª Série), nºs 1 e 2 (Jan.-Jun. 2003), pp. 159-273

MARTINS, António Carvalho, *Responsabilidade Pré-contratual*, Coimbra, Coimbra Editora, 2002

MARTINS, João Valente, *Notas Práticas Sobre o Contrato de Seguro*, 1ª Ed., Lisboa, Quid Juris, 2006; 2ª Ed., Lisboa, Quid Juris, 2011

MARTINS, Maria Inês Oliveira, *O Seguro de Vida Enquanto Tipo Contratual Legal*, Coimbra, Coimbra Editora, 2010

MARTINS, M. Costa, "Considerações sobre a 'fraude' em seguros", *in* MOREIRA, António, e MARTINS, M. Costa (Coords.), *I Congresso Nacional de Direito dos Seguros – Memórias*, Coimbra, Almedina, 2000, pp. 141-151

– "Contributo para a delimitação do âmbito da boa-fé no contrato de seguro", *in* MOREIRA, António, e MARTINS, M. Costa (Coords.), *III Congresso Nacional de Direito dos Seguros – Memórias*, Coimbra, Almedina, 2003, pp. 167-198

– "Reforma da legislação de seguros", *Lusíada – Revista de Ciência e Cultura (Série de Direito)*, 1999, nº 1 e 2, pp. 559-570

MARTINS, Pedro Furtado – cfr. PINTO, Mário

MARTINS, Sofia, *Guia Sobre o Novo Regime Jurídico do Contrato de Seguro*, Lisboa, Uría Menéndez, s.d.

MARTÍ SÁNCHEZ, J. Nicolás, "La protección del asegurador en la Ley del Contrato de Seguro, de 8 de octubre de 1980", *in* VERDERA Y TUELLS, Evelio (Ed.), *Comentarios a la Ley de Contrato de Seguro*, Vol. I, Madrid, Colegio Universitario de Estudios Financieros, 1982, pp. 461-498

MATALON, Benjamin – cfr. GHIGLIONE, Rodolphe

MATEUS, Carlos, "As inexactidões e reticências no seguro de acidentes de trabalho", *Scientia Ivridica*, Tomo LIII, nº 299 (Mai.-Ago. 2004), pp. 323-346

MATOS, Azevedo, *Princípios de Direito Marítimo*, Vol. IV – Do Seguro Marítimo, Lisboa, Edições Ática, 1958

MATOS, Filipe Albuquerque, "O contrato de seguro obrigatório de responsabilidade civil automóvel", *Boletim da Faculdade de Direito da Universidade de Coimbra*, Ano LXXVII (2001), pp. 377-410
– "O contrato de seguro obrigatório de responsabilidade civil automóvel. Alguns aspectos do seu regime jurídico", *Boletim da Faculdade de Direito da Universidade de Coimbra*, Ano LXXVIII (2002), pp. 329-364
– "O contrato de seguro obrigatório de responsabilidade civil automóvel: Breves considerações", *in* GOMES, Júlio (Coord.), *Estudos Dedicados ao Prof. Doutor Mário Júlio de Almeida Costa*, Lisboa, Universidade Católica Editora, 2002, pp. 601-624
– "As declarações reticentes e inexactas no contrato de seguro", *in* DIAS, J. Figueiredo; CANOTILHO, J. J. Gomes; COSTA, J. Faria (Orgs.), *Ars Ivdicandi – Estudos de Homenagem ao Prof. Doutor António Castanheira Neves*, Vol. II – Direito Privado, Coimbra, Coimbra Editora, 2008, pp. 457-499
– "A fase preliminar do contrato", *in* FACULDADE DE DIREITO DA UNIVERSIDADE DE COIMBRA (Org.), *Comemorações dos 35 Anos do Código Civil e dos 25 Anos da Reforma de 1977*, Vol. III – Direito das Obrigações, Coimbra, Coimbra Editora, 2007, pp. 309-368
– *Uma Outra Abordagem em Torno das Declarações Inexactas e Reticentes no Âmbito do Contrato de Seguro. Os Arts. 24º a 26º do DL 72/2008, de 16 de Abril*, Separata de AAVV, *Ars Ivdicandi – Estudos em Homenagem ao Prof. Doutor Jorge de Figueiredo Dias*, Vol. IV, Coimbra, Coimbra Editora, 2010, pp. 615-638
MAYAUX, Luc, "L'ignorance du risque", *Revue Générale du Droit des Assurances*, 1999, nº 3, pp. 730-754

MEDEIROS, Rui – cfr. MIRANDA, Jorge
MEDICUS, Dieter, *Schuldrecht I – Allgemeiner Teil*, 6ª Ed., München, 1992; e *Schuldrecht II – Besonderer Teil*, 5ª Ed., München, 1992 – trad. espanhola, *Tratado de las Relaciones Obligacionales*, Vol. I, Barcelona, Bosch, 1995
MELLO, Marcos Bernardes de, *Teoria do Fato Jurídico – Plano da Validade*, São Paulo, Edições Saraiva, 1995
MELLO, Sérgio Barroso de, "Nuevo Código Civil Brasileño y su Capítulo XV (del seguro)", *in* ASOCIACIÓN INTERNACIONAL DE DERECHO DE SEGUROS – SECCIÓN URUGUAYA, Actas de *IV Jornadas de Derecho de Seguros*, Montevideo, 2004 – http://www.aidauruguay.org.uy/iv_jrns.htm (consult. 10/05/2010)
MELO, Helena Pereira de, *Implicações Jurídicas do Projecto do Genoma Humano: Constituirá a Discriminação Genética Uma Nova Forma de Apartheid?*, Vol. I, [s.l.], Associação Portuguesa de Bioética, 2007
MELO, Paulo – cfr. REIS, Elizabeth
MENDES, João de Castro, *Direito Civil – Teoria Geral*, Vol. I, Lisboa, Associação Académica da Faculdade de Direito de Lisboa, 1978 (Reimp., 1993)
– *Direito Civil – Teoria Geral*, Vol. II, Lisboa, Associação Académica da Faculdade de Direito de Lisboa, 1979 (Reimp., 1993)
– *Direito Comparado*, Lisboa, Associação Académica da Faculdade de Direito de Lisboa, 1983
– *Do Conceito de Prova em Processo Civil*, Lisboa, Ática, 1961
MENDONÇA, Manuel Carvalho de, *Doutrina e Prática das Obrigações*, Tomo II, 4ª Ed., Rio de Janeiro, Revista Forense, 1956
MERUZZI, Giovanni, "La responsabilità precontrattuale tra regola di validità e regola di condotta", *Contratto e Impresa – Dialoghi*, Ano XXII, nº 4-5 (Jul.-Out. 2006), pp. 944-976

MESQUITA, Maria José Rangel de – cfr. SOARES, Adriano Garção
– Cfr. também MONTEIRO, Jorge Sinde

MESQUITA, Paulo Dá, "Sobre os crimes de fraude fiscal e burla", *Direito e Justiça*, Vol. XV, Tomo 1 (2001), pp. 101-157

MESTRE, Jacques, "Obligations en géné-ral", *Revue Trimestrielle de Droit Civil*, Ano 89º, nº 3 (Jul.-Set. 1990), pp. 462-480

MIRANDA, Jorge; e MEDEIROS, Rui, *Constituição Portuguesa Anotada*, Tomo I, 2ª Ed., Coimbra, Coimbra Editora, 2010

MIREUR, O., "La médecine d'expertise en assurances de personnes", *in* HUREAU, Jacques; POITOUT, Dominique G. (Coords.), *L'Expertise Médicale en Responsabilité Médicale et en Réparation d'un Préjudice Corporel*, 2ª Ed., Issy les Moulineaux, Elsevier Masson Editeur, 2005, pp. 117-124

MIQUEL GONZÁLEZ, José Maria, "Buena Fe (Dº Civil)", *in* AAVV, *Enciclopedia Jurídica Básica*, Vol. I, Madrid, Civitas, 1995, pp. 831-847

MONFORTE, José Domingo, "Seguros de vida: declaración del riesgo. ¿Dolo del tomador o desidia rentable del asegurador?", *Diario La Ley*, Ano XXIX, nº 6908 (20/03/2008), Sección Doctrina, pp. 1-10

MONIZ, Helena, "Burla e falsificação de documentos: Concurso real ou aparente?", *Revista Portuguesa de Ciência Criminal*, Ano X, nº 3 (Jul.-Set. 2000), pp. 457-467
– *O Crime de Falsificação de Documentos – Da Falsificação Intelectual e da Falsidade em Documento*, Coimbra, Coimbra Editora, 1993 (Reimpr., 1999)
– "Notas sobre a protecção de dados pessoais perante a informática (o caso especial dos dados pessoais relativos à saúde)", *Revista Portuguesa de Ciência Criminal*, Ano 7, nº 2 (Abr.-Jun. 1997), pp. 231-298

– "Segredo Médico", *Revista Portuguesa de Ciência Criminal*, Ano X, nº 4 (Out.-Dez. 2000), pp. 629-642

MONTEIRO, António Pinto, *Cláusula Penal e Indemnização*, Coimbra, Almedina, 1990
– *Contrato de Agência: Anotação ao Decreto-Lei nº 178/86, de 3 de Julho*, 7ª Ed., Coimbra, Almedina, 2010
– "Contratos de agência, de concessão e de franquia (*franchising*)", in AAVV, *Estudos em Homenagem ao Prof. Doutor Eduardo Correia*, III, Número especial do Boletim da Faculdade de Direito da Universidade de Coimbra, Coimbra, 1989, pp. 303-327
– *Contratos de Distribuição Comercial*, Coimbra, Almedina, 2002
– "O novo regime jurídico dos contratos de adesão/cláusulas contratuais gerais", *Revista da Ordem dos Advogados*, Ano 62, Vol. I (Jan. 2002), pp. 111-142 – http://www.oa.pt/Conteudos/Artigos/detalhe_artigo.aspx?idc=30777&idsc=3328&ida=3346#topo (consult. 22/11/2010)
– "Do regime jurídico dos contratos de distribuição comercial", in CORDEIRO, António Menezes; LEITÃO, Luís Menezes; e GOMES, Januário Costa (Orgs.), *Estudos em Homenagem ao Prof. Doutor Inocêncio Galvão Telles*, Vol. I, Coimbra, Almedina, 2002, pp. 565-577

MONTEIRO, J. Bastos, *Através do Seguro de Vida*, Porto, Tipografia Sequeira, 1927

MONTEIRO, Jorge Sinde, "Culpa *in contrahendo* (Direito Civil)", *Cadernos de Justiça Administrativa*, nº 42 (Nov.-Dez. 2003), pp. 5-14
– *Estudos Sobre a Responsabilidade Civil*, Coimbra, s.n., 1983
– *Responsabilidade por Conselhos, Recomendações ou Informações*, Coimbra, Almedina, 1989
– "Responsabilidade delitual. Da ilicitude", *in* FACULDADE DE DIREITO DA

UNIVERSIDADE DE COIMBRA (Org.), *Comemorações dos 35 Anos do Código Civil e dos 25 Anos da Reforma de 1977*, Vol. III – Direito das Obrigações, Coimbra, Coimbra Editora, 2007, pp. 453-481
– "Responsabilidade por informações face a terceiros", *Boletim da Faculdade de Direito da Universidade de Coimbra*, Ano LXXIII (1997), pp. 35-60
– cfr. também DIAS, Jorge Figueiredo

MONTEIRO, Jorge Sinde; e MESQUITA, Maria José Rangel, "Portugal", *in* AAVV, *International Encyclopaedia of Law – Insurance Law*, Suplemento 32, Alphen aan den Rijn, Kluwer Law International, 2009, pp. 1-154

MONTÉS PENADES, Vicente L., "Observaciones sobre la aleatoriedad del contrato de seguro", *in* VERDERA Y TUELLS, Evelio (Ed.), *Comentarios a la Ley de Contrato de Seguro*, Vol. I, Madrid, Colegio Universitario de Estudios Financieros, 1982, pp. 155-197

MONTI, Alberto, *Buona Fede e Assicurazione*, Milano, Giuffrè Editore, 2002
– "Buona fede, trasparenza e doveri di informazione nel progetto di legge n. 3555/04 per la riforma del diritto dei contratti di assicurazione in Brasile", *Diritto ed Economia dell'Assicurazione*, Milano, 2004, nº 4, pp. 1153-1175

MORAIS, Luís, "Droit des assurances – L'intégration juridique dans l'espace de l'Union Européenne en matière d'assurances", *Revista da Faculdade de Direito da Universidade de Lisboa*, Vol. XLII (2001), nº 1, pp. 201-228

MOREAU, Jean-Pierre – cfr. EWALD, François

MOREIRA, Vital – cfr. CANOTILHO, J. J. Gomes

MORENO VELASCO, Víctor, "La configuración del deber de declaración del riesgo en la Ley 50/1980, de 8 de octubre, de Contrato de Seguro. Artículos 10 y 89", *La Ley: Revista Jurídica Española de Doctrina, Jurisprudencia y Bibliografía*, 2005, nº 2, pp. 1811-1815

MORGADO, José Pereira, "A mediação de seguros – A Directiva 2002/92/CE, relativa à mediação de seguros", *Boletim Informativo APS*, nº 108 (Março 2003), pp. 4-9
– Cfr. também MARTINEZ, Pedro Romano

MORSE, Dexter; e SKAJAA, Lynne, *Tackling Insurance Fraud: Law and Practice*, London, LLP, 2004

MOSSA, Lorenzo, "L'incontestabilità e la prescrizione dell'azione per dolo nell'assicurazione sulla vita", *Rivista del Diritto Commerciale e del Diritto Generale delle Obbligazioni*, Vol. XXXI (1933), Parte I, pp. 309-313

MOTA, Alexandra Almeida, *Seguro de Acidentes de Trabalho*, Relatório de Mestrado, Lisboa, Faculdade de Direito da Universidade de Lisboa, 1998

MOTA, Francisco Guerra da, *O Contrato de Seguro Terrestre*, Porto, Athena, 1985

MOTA, Sérgio de Abreu, "Da aplicação de leis no tempo", *Revista Jurídica*, nº 21 (Jun. 1997), pp. 175-204

MOTTA, Achille, "Sono valide le clausole di incontestabilità contenute nelle polizze dei contratti di assicurazione?", *Rivista del Diritto Commerciale e del Diritto Generale delle Obbligazioni*, Ano LVIII (1960), Parte II, pp. 1-11

MÜLLER, Andreas Th., "Vers un droit européen du contrat d'assurance. Le 'Project Group Restatement of European Insurance Contract Law'", *European Review of Private Law*, Vol. 15, nº 1-2007, pp. 59-100

MÚRIAS, Pedro Ferreira, "Um conceito de atribuição para o direito do não cumprimento", http://muriasjuridico.

no.sapo.pt/yAtribuicaoNet.pdf (consult. 19/08/2010) [*idem* em *O Direito*, Ano 140º (2008), nº 4, pp. 797-856]
– *Representação Legal e Culpa in Contrahendo*, Relatório de Mestrado, Lisboa, Faculdade de Direito da Universidade de Lisboa, 1996 (polic.)
– "A responsabilidade por actos de auxiliares e o entendimento dualista da responsabilidade civil", *Revista da Faculdade de Direito da Universidade de Lisboa*, Vol. XXXVII (1996), nº 1, pp. 171-217

MUSY, Alberto M., "Informazioni e responsabilità precontrattuale", *Rivista Critica del Diritto Privato*, Ano XVI, nº 4 (Dez. 1998), pp. 611-624

NANNI, Francesco *et al.*, "Linee e tendenze in tema di leggibilità e trasparenza dei testi contrattuali assicurativi", *Diritto ed Economia dell'Assicurazione*, Ano XXXIX (1997), nº 1, pp. 221-257

NASCIMENTO, Paulo Soares do, "A responsabilidade pré-contratual pela ruptura das negociações e a recusa injustificada de formalização do contrato", *in* CORDEIRO, António Menezes; LEITÃO, Luís Menezes; GOMES, Januário Costa (Coords.), *Estudos em Homenagem ao Professor Doutor Inocêncio Galvão Telles*, Vol. IV, Coimbra, Almedina, 2003, pp. 179-262

NETO, Abílio, *Código Comercial, Código das Sociedades, Legislação Complementar Anotados*, Lisboa, Ediforum, 15ª Ed., 2002

NEVES, António Castanheira, *O Actual Problema Metodológico da Interpretação Jurídica – I*, Coimbra, Coimbra Editora, 2003
– "Jurisprudência dos interesses", *in* AAVV, *Polis – Enciclopédia Verbo da Sociedade e do Estado*, Vol. III, 2ª Ed., Lisboa, Verbo, 1999, cls. 869-911
– "Método Jurídico", *in* AAVV, *Polis – Enciclopédia Verbo da Sociedade e do Estado*, Vol. IV, 2ª Ed., Lisboa, Verbo, 2004, cls. 221-294
– *Metodologia Jurídica – Problemas Fundamentais*, Coimbra, Coimbra Editora, 1993
– *Questão-de-Facto – Questão-de-Direito ou o Problema Metodológico da Juridicidade (Ensaio de Uma Reposição Crítica)*, Coimbra, Almedina, 1967

NEVES, João Curado, *Intenção e Dolo no Envenenamento*, Coimbra, Almedina, 1984

NICOLAS, Véronique, "Contribution à l'étude du risque dans le contrat d'assurance", *Revue Générale du Droit des Assurances*, 1998, nº 4, pp. 637-655
– *Essai d'une Nouvelle Analyse du Contrat d'Assurance*, Paris, Librairie Générale de Droit et de Jurisprudence, 1996

NIPPERDEY, Hans Carl – cfr. ENNECCERUS, Ludwig

NOGUEIRA, Alberto Pinto *et al.*, *Código de Processo Penal – Comentários e Notas Práticas*, Coimbra, Coimbra Editora, 2009

NORA, Sampaio e – cfr. VARELA, João Antunes

NORDHAUS, William D. – cfr. SAMUELSON, Paul A.

NORTH, P. M., "Certain aspects of the declaration of the risk and its consequences in comparative law. Examination of 'warranty' and 'obliegenheit': An English view", *in* AAVV, *L'Harmonisation du Droit du Contrat d'Assurance dans la C.E.E.*, Bruxelles, Bruylant, 1981, pp. 278-321

OCTAVIANI, Alessandro – cfr. TZIRULNIK, Ernesto

OERTMANN, Paul, *Bürgerliches Gesetzbuch Erstes Buch Allgemeiner Teil*, Berlin, 1908
– trad. espanhola, *Introducción al Derecho Civil*, Barcelona, Labor, 1933

OLAVO, Carlos, "Contrato de *Franchising*", *in* AAVV, *Novas Perspectivas do Direito*

Comercial, Coimbra, Almedina, 1988, pp. 159-174

OLIVEIRA, Arnaldo, *A Declaração Inicial do Risco no RJCS (arts. 24º-26º e 188º) em 7 §§*, Lisboa, 2008, http://www.fd.ul.pt/institutos/idc/docs/deciniris.pdf (consult. 15/07/2008)
– "Contratos de seguro face ao regime das Cláusulas Contratuais Gerais", *Boletim do Ministério da Justiça*, nº 448 (Jul. 1995)', pp. 69-85
– "Dois exemplos portugueses de resistência material do contrato de seguro ao Direito das Cláusulas Contratuais Gerais", *Boletim do Ministério da Justiça*, nº 467 (Jun. 1997), pp. 5-42
– *Seguro Obrigatório de Responsabilidade Civil Automóvel – Síntese das Alterações de 2007 (DL 291/2007, 21 Ago.)*, Coimbra, Almedina, 2008
– Cfr. também MARTINEZ, Pedro Romano

OLIVEIRA, Arnaldo, e RIBEIRO, Eduarda, "Novo regime jurídico do contrato de seguro – Aspectos mais relevantes da perspectiva do seu confronto com o regime vigente", *Fórum – Revista Semestral do Instituto de Seguros de Portugal*, Ano XII, nº 25 (Jun. 2008), pp. 6-42

OLIVEIRA, Fernando Gonçalves, "Os seguros e o consumidor", *Revista Portuguesa de Direito do Consumo*, nº 59 (Set. 2009), pp. 19-41

OLIVEIRA, F. Henriques – cfr. ROCHA, Armandino

OLIVEIRA, Guilherme de, "Implicações jurídicas do conhecimento do genoma", *in* OLIVEIRA, Guilherme de, *Temas de Direito da Medicina*, Coimbra, Coimbra Editora, 1999, pp. 101-163

OLIVEIRA, Nuno Pinto, "Deveres de protecção em relações obrigacionais", *Scientia Ivridica*, Tomo LII, nº 297 (Set.-Dez. 2003), pp. 495-523

– "Inexigibilidade judicial do cumprimento de deveres acessórios de conduta?", *Scientia Ivridica*, Tomo LI, nº 293 (Mai.-Ago. 2002), pp. 295-303
– "Ónus da prova e não cumprimento das obrigações", *Scientia Ivridica*, Tomo XLIX, nº 283-285 (Jan.-Jun. 2000), pp. 173-207

OLSON, Mancur, *The Logic of Collective Action – Public Goods and the Theory of Groups*, Cambridge (Mass.), Harvard University Press, 1971 – trad. port., *A Lógica da Acção Colectiva – Bens Públicos e Teoria dos Grupos*, Oeiras, Celta, 1998

OMORI, Tadao, "Insurance law and the principle of good faith", *in* ASSOCIAZIONE INTERNAZIONALE DI DIRITTO DELLE ASSICURAZIONI (Org.), *Studi in Onore di Antigono Donati*, Tomo I (Diritto delle Assicurazioni – Sezioni Straniere), Roma, Rivista Assicurazioni, 1970, pp. 415-432

O'NEILL, Onora, "Insurance and genetics: The current state of play", *in* BROWNSWORD, Roger; CORNISH, W. R.; LLEWELYN, Margaret (Eds.), *Law and Human Genetics: Regulating a Revolution*, Oxford, Hart Publishing, 1998, pp. 124-131

ORDÓÑEZ ORDÓÑEZ, Andrés E., *Las Obligaciones y Cargas de las Partes en el Contrato de Seguro y la Inoperancia del Contrato de Seguro*, Bogotá, Universidad Externado de Colombia, 2004

ORTIGÃO, F. C.; e BUSTO, Maria Manuel, *Itinerário Jurídico dos Seguros*, 2ª Ed., Lisboa, Rei dos Livros, 1998

ÖRÜCÜ, A. Esin, "Methodology of comparative law", *in* SMITS, Jan M. (Ed.), *Elgar Encyclopedia of Comparative Law*, Cheltenham (UK), Edward Elgar Publishing, 2006, pp. 442-454

OTERO, Paulo, *Personalidade e Identidade Pessoal e Genética do Ser Humano: Um*

Perfil Constitucional da Bioética, Coimbra, Almedina, 1999

OTTENHOF, Reynald, *Le Droit Pénal et la Formation du Contrat Civil*, Paris, Librairie Générale de Droit et de Jurisprudence, 1970

OWEN, David – cfr. LEGH-JONES, Nicholas

PALERMO, Antonio, "Onere", *in* AAVV, *Novissimo Digesto Italiano*, Vol. XI, Torino, Unione Tipografico Editrice Torinese, 1957, pp. 916-920

PALMA, Maria Fernanda, "A vontade no dolo eventual", *in* RAMOS, Rui Moura *et al.* (Orgs.), *Estudos de Homenagem à Professora Doutora Isabel de Magalhães Collaço*, Vol. II, Coimbra, Almedina, 2002, pp. 795-833

PALMA, Maria Fernanda; e PEREIRA, Rui Carlos, "O crime de burla no Código Penal de 1982-95", *Revista da Faculdade de Direito da Universidade de Lisboa*, Vol. XXXV (1994), nº 2, pp. 321-333

PARK, Semin, *The Duty of Disclosure in Insurance Contract Law*, Aldershot, Dartmouth Publishing Company, 1996

PARDESSUS, Jean-Marie, *Collection de Lois Maritimes Antérieures au XVIIIe Siècle*, Tomo II, Paris, Imprimerie Royale, 1831
– *Collection de Lois Maritimes Antérieures au XVIIIe Siècle*, Tomo IV, Paris, Imprimerie Royale, 1837
– *Collection de Lois Maritimes Antérieures au XVIIIe Siècle*, Tomo V, Paris, Imprimerie Royale, 1839

PARREIRA, Isabel Ribeiro, "Algumas reflexões sobre o tipo, a propósito dos tipos legais contratuais", *in* AAVV, *Homenagem ao Prof. Doutor André Gonçalves Pereira*, Lisboa, Faculdade de Direito de Lisboa, 2006, pp. 981-1007

PARRELLA, Alberto, "Dichiarazioni false, erronee o reticenti dell'assicurato nella nuova disciplina delle assicurazioni", *Assicurazioni – Rivista di Diritto, Economia e Finanza delle Assicurazioni Private*, Ano VIII (1941), Parte I, pp. 168-182
– "La reticenza nel contratto di assicurazione", *Rivista del Diritto Commerciale e del Diritto Generale delle Obbligazioni*, Vol. XXVIII (1930), Parte I, pp. 755-758

PATTERSON, Edwin W., "Le dichiarazioni dell'assicurato nel Diritto degli Stati Uniti, com particulare riguardo all'assicurazione sulla vita", *Assicurazioni – Rivista di Diritto, Economia e Finanza delle Assicurazioni Private*, Ano V (1938), Parte I, pp. 512-537

PEARSON, Patrick, "Opening address", *in* REICHERT-FACILIDES, Fritz; e D'OLIVEIRA, Hans Ulrich Jessurun (Eds.), *International Insurance Contract Law in the EC: Proceedings of a Comparative Law Conference held at the European University Institute, Florence, May 23-24, 1991*, Deventer, Kluwer Law and Taxation Publishers, 1993, pp. 1-10

PEN, Claude Le, "Risque génétique et assurance", *Risques*, nº 54 (Jun. 2003), pp. 95-99

PEREIRA, Maria Helena Rocha, *Estudos de História da Cultura Clássica*, Vol. II – Cultura Romana, Lisboa, Fundação Calouste Gulbenkian, 1984

PERLINGIERI, Pietro, *Profili del Diritto Civile*, Napoli, Edizioni Scientifiche Italiane, 1994 – trad. port., *Perfis do Direito Civil: Introdução ao Direito Civil Constitucional*, Rio de Janeiro, Renovar, 1999

PICARD, Pierre, "Un objectif majeur pour l'assurance et la prévention des risques", *Risques*, nº 39 (Set. 1999), pp. 65-66

PICARD, Maurice; e BESSON, André, *Les Assurances Terrestres en Droit Français*, Tomo I, 3ª Ed., Paris, Librairie Générale de Droit et de Jurisprudence, 1970

PICKEN, Simon – cfr. EGGERS, Peter MacDonald

PIERRE, Philippe – cfr. GROUTEL, Hubert

Pimenta, M. Helena, "Litígio e os seguros", *Lusíada – Revista de Ciência e Cultura (Série de Direito)*, 1999, nº 1 e 2, pp. 571-582

Pina, Carlos Costa, "A estrutura do sistema financeiro português", *in* Cordeiro, António Menezes; Leitão, Luís Menezes; Gomes, Januário Costa (Coords.), *Estudos em Homenagem ao Professor Doutor Inocêncio Galvão Telles*, Vol. II, Coimbra, Almedina, 2002, pp. 619-664

Pinto, Carlos Mota, "Apontamentos sobre o erro na declaração e os vícios da vontade no novo Código Civil", *Revista de Direito e de Estudos Sociais*, Ano XIV, nº 1 e 2 (Jan.-Jun. 1967), pp. 106-137
– *Cessão da Posição Contratual*, Coimbra, Atlântida, 1970 (Reimpr., Coimbra, Almedina, 1982)
– "Contratos de adesão – Uma manifestação jurídica na moderna vida económica", *Revista de Direito e de Estudos Sociais*, Ano XX, nºs 2-4 (Abr.-Dez. 1973), pp. 119-148
– *Direito das Obrigações*, Coimbra, Universidade de Coimbra, 1973 (polic.)
– "Observações ao regime do Projecto de Código Civil sobre o erro nos negócios jurídicos", *Revista de Direito e de Estudos Sociais*, Ano XIII, nº 1 e 2 (Jan.-Jun. 1966), pp. 1-24
– *A Responsabilidade Pré-Negocial pela Não Conclusão de Contratos*, Separata do Vol. XIV do Suplemento ao Boletim da Faculdade de Direito da Universidade de Coimbra, Coimbra, 1963
– *Teoria Geral do Direito Civil*, 3ª Ed., Coimbra, Coimbra Editora, 1985

Pinto, Eduardo Vera-Cruz, "Os seguros marítimos nas rotas portuguesas do ultramar: Uma perspectiva histórico-jurídica (séculos XV-XVI)", *Revista da Faculdade de Direito da Universidade de Lisboa*, Vol. XXXIX (1998), nº 1, pp. 257-290

Pinto, Maria da Glória Ferreira, "Princípio da igualdade – Fórmula vazia ou fórmula 'carregada' de sentido?", *Boletim do Ministério da Justiça*, nº 358 (Jul. 1986), pp. 19-64

Pinto, Mário; Martins, Pedro Furtado; e Carvalho, António Nunes de, *Comentário às Leis do Trabalho*, Vol. I, Lisboa, Lex, 1994

Pinto, Paulo Mota, "Aparência de poderes de representação e tutela de terceiros – Reflexões a propósito do art. 23º do Decreto-Lei nº 178/86, de 3 de Julho", *Boletim da Faculdade de Direito da Universidade de Coimbra*, Ano LXIX (1993), pp. 587-645
– *Declaração Tácita e Comportamento Concludente no Negócio Jurídico*, Coimbra, Almedina, 1995
– "O direito à reserva sobre a intimidade da vida privada", *Boletim da Faculdade de Direito da Universidade de Coimbra*, Ano LXIX (1993), pp. 479-586
– *Interesse Contratual Negativo e Interesse Contratual Positivo*, Vol. I e Vol. II, Coimbra, Coimbra Editora, 2008
– "A protecção da vida privada e a Constituição", *Boletim da Faculdade de Direito da Universidade de Coimbra*, Ano LXXVI (2000), pp. 153-204
– "Sobre a proibição do comportamento contraditório (*venire contra factum proprium*) no direito civil", *Boletim da Faculdade de Direito da Universidade de Coimbra*, Volume Comemorativo do 75º Tomo (2003), pp. 269-322

Pinto, Rui, *Falta e Abuso de Poderes na Representação Voluntária*, Lisboa, Associação Académica da Faculdade de Direito de Lisboa, 1994

Piola, Giuseppe, "Buona Fede", *in* AAVV, *Il Digesto Italiano*, Vol. V, Torino, Unione Tipografico Editrice Torinese, 1890-1899, pp. 1033-1040

PIRES, Florbela de Almeida, *Seguro de Acidentes de Trabalho*, Relatório de Mestrado, Lisboa, Faculdade de Direito da Universidade de Lisboa, 1997

PIZARRO, Sebastião Nóbrega; e CALIXTO, Margarida Mendes, *Contratos Financeiros*, Coimbra, Almedina, 1995

POÇAS, Luís, *Antecipação Bancária e Empréstimo Sobre Penhor no Âmbito das Operações Bancárias*, Porto, Almeida & Leitão, 2008
– *Estudos de Direito dos Seguros*, Porto, Almeida & Leitão, 2008

POLIDO, Alexandra, *Seguro de Acidentes de Trabalho*, Relatório de Mestrado, Lisboa, Faculdade de Direito da Universidade de Lisboa, 2008

POLIDO, Walter Antonio, "Sistemas jurídicos: Codificação específica do contrato de seguro. Da necessidade ou não da positivação de microssistema para o Direito securitário brasileiro", *Revista dos Tribunais*, Ano 96, Vol. 864 (Out. 2007), pp. 45-63

PORCHY, Stéphanie, "Note – Arrêt Cassation 1re Civ., 8 juillet 1994", *Recueil Le Dalloz Sirey*, Jurisprudence, 1995, n.° 14, pp. 217-220

POTHIER, Robert Joseph, *Traité du Contrat d'Assurance de Pothier: Avec un Discours Préliminaire, des Notes et un Supplément*, Marseille, Sube et Laporte, 1810

POWELL, John L.; STEWART, Roger (Eds.), *Jackson & Powell on Professional Negligence*, 5ª Ed., London, Sweet & Maxwell, 2002

PRATA, Ana, *Notas Sobre Responsabilidade Pré-Contratual*, Lisboa, 1991 (2ª Reimpr., Coimbra, Almedina, 2005)

PROENÇA, José Brandão, *A Conduta do Lesado como Pressuposto e Critério de Imputação do Dano Extracontratual*, Coimbra, Almedina, 1997
– "Culpa do lesado", *in* FACULDADE DE DIREITO DA UNIVERSIDADE DE COIMBRA (Org.), *Comemorações dos 35 Anos do Código Civil e dos 25 Anos da Reforma de 1977*, Vol. III – Direito das Obrigações, Coimbra, Coimbra Editora, 2007, pp. 139-151
– *A Resolução do Contrato no Direito Civil. Do Enquadramento e do Regime* (Separata do Vol. XXII do Suplemento ao *Boletim da Faculdade de Direito da Universidade de Coimbra*), Coimbra, Faculdade de Direito de Coimbra, 1982

PUTZOLU, Giovanna Volpe, "L'attuazione della direttiva sulla intermediazione assicurativa. Doveri e responsabilità degli intermediari", *Assicurazioni – Rivista di Diritto, Economia e Finanza delle Assicurazioni Private*, Ano LXXI, nº 3 (Jul.-Set. 2004), pp. 329-338
– cfr. também DONATI, Antigono

QUADROS, Fausto de, *Direito da União Europeia*, Coimbra, Almedina, 2008 (Reimp.)

QUIÑONERO CERVANTES, Enrique, "El dolo omisivo", *Revista de Derecho Privado*, Jan. 1979, pp. 345-357

RAMOS, Maria Elisabete, *O Seguro de Responsabilidade Civil dos Administradores – Entre a Exposição ao Risco e a Delimitação da Cobertura*, Coimbra, Almedina, 2010

RANGEL, Rui, *O Ónus da Prova no Processo Civil*, Coimbra, Almedina, 2000

RAPOSO, Mário, "Regulação legislativa do contrato de seguro. Uma nota sumária", *Revista da Ordem dos Advogados*, Ano 56, Vol. III (Dez. 1996), pp. 815-836

RAWLINGS, Philip – cfr. LOWRY, John

REGLERO CAMPOS, Luis, "Declaración del riesgo y clausula de indisputabilidad en el seguro de vida", *Cuadernos de Derecho y Comercio*, nº 22, 1997, pp. 175-194

REGO, Margarida Lima, "O contrato e a apólice de seguro", *in* REGO, Margarida Lima (Coord.), *Temas de Direito dos Seguros – A Propósito da Nova Lei do Contrato de Seguro*, Coimbra, Almedina, 2012, pp. 15-37

– *Contrato de Seguro e Terceiros – Estudo de Direito Civil*, Coimbra, Coimbra Editora, 2010

REICHERT-FACILIDES, Fritz, "Synopsis of the colloquy and prospects for international insurance contract legislation within the EC", *in* REICHERT-FACILIDES, Fritz; e D'OLIVEIRA, Hans Ulrich Jessurun (Eds.), *International Insurance Contract Law in the EC: Proceedings of a Comparative Law Conference held at the European University Institute, Florence, May 23-24, 1991*, Deventer, Kluwer Law and Taxation Publishers, 1993, pp. 191-196

REIS, Elizabeth; MELO, Paulo; ANDRADE, Rosa; e CALAPEZ, Teresa, *Estatística Aplicada*, Vol. I, Lisboa, Edições Sílabo, 1997

REIS, Nuno Trigo, *Os Deveres de Informação no Contrato de Seguro de Grupo*, Relatório de Mestrado, Lisboa, Faculdade de Direito da Universidade de Lisboa, 2007 (polic.)

REIS, Sónia, "Da relevância do segredo profissional no processo penal", *Revista de Direito Penal*, Vol. II, nº 2 (2003), pp. 23-78

RENAUX, M., *De la Réticence et de la Fausse Déclaration dans les Contrats d'Assurances*, Paris, Arthur Rousseau Ed., 1906

RIBEIRO, Eduarda, *A Lei do Contrato de Seguro e o Direito Comunitário*, Lisboa, 2008, http://www.fd.ul.pt/institutos/idc/docs/leicon.pdf (consult. em 15/07/2008)

– "O mediador de seguros 'exclusivo' – algumas soluções de direito comparado", *SPAIDA – Boletim Informativo*, nº 2 (Abril 2004), pp. 8-11

– Cfr. também OLIVEIRA, Arnaldo

– Cfr. também MARTINEZ, Pedro Romano

RIBEIRO, Joaquim de Sousa, "A boa fé como norma de validade", *in* DIAS, J. Figueiredo; CANOTILHO, J. J. Gomes; COSTA, J. Faria (Orgs.), *Ars Ivdicandi – Estudos de Homenagem ao Prof. Doutor António Castanheira Neves*, Vol. II – Direito Privado, Coimbra, Coimbra Editora, 2008, pp. 667-732

– *Cláusulas Contratuais Gerais e o Paradigma do Contrato*, Coimbra, Faculdade de Direito da Universidade de Coimbra, 1990 (Suplemento do *Boletim da Faculdade de Direito de Coimbra* – separata ao Vol. 35)

– *O Problema do Contrato – As Cláusulas Contratuais Gerais e o Princípio da Liberdade Contratual*, Coimbra, Almedina, 1999

– "O regime dos contratos de adesão: algumas questões decorrentes da transposição da directiva sobre as cláusulas abusivas", *in* FACULDADE DE DIREITO DA UNIVERSIDADE DE COIMBRA (Org.), *Comemorações dos 35 Anos do Código Civil e dos 25 Anos da Reforma de 1977*, Vol. III – Direito das Obrigações, Coimbra, Coimbra Editora, 2007, pp. 209-233

RIBEIRO, Maria de Fátima, *O Contrato de Franquia (Franchising)*, Coimbra, Almedina, 2001

RIPPE KAISER, Siegbert, "Fraude en el seguro", *in* ASOCIACIÓN INTERNACIONAL DE DERECHO DE SEGUROS – SECCIÓN URUGUAYA, Actas de *IV Jornadas de Derecho de Seguros*, Montevideo, 2004 — http://www.aidauruguay.org.uy/iv_jrns.htm (consult. 10/05/2010)

ROCHA, Armandino; e OLIVEIRA, F. Henriques, *Princípios do Seguro*, Porto, Figueirinhas, 1980

ROCHA, Manuel Lopes, "A assinatura electrónica: uma via portuguesa 'original'?", *Fórum – Revista Semestral do Instituto de*

Seguros de Portugal, nº 14 (Jan. 2002), pp. 43-50

ROCHA, Maria Victória, "A imputação objectiva na responsabilidade contratual. Algumas considerações", *Revista de Direito e de Economia*, Ano XV (1989), pp. 31-103

ROCHEX, André Favre; e COURTIEU, Guy, *Le Droit du Contrat d'Assurance Terrestre*, Paris, Librairie Générale de Droit et de Jurisprudence, 1998

RODIÈRE, René, *Introduction au Droit Comparé*, Paris, Dalloz, 1979

RODRIGUES, Luís Silveira, "A protecção do consumidor de seguros", *in* MOREIRA, António, e MARTINS, M. Costa (Coords.), *II Congresso Nacional de Direito dos Seguros – Memórias*, Coimbra, Almedina, 2001, pp. 233-243

RODRÍGUEZ JIMÉNEZ, Lupicinio – cfr. CALBACHO LOSADA, Fernando

ROMAIN, Jean-François, *Théorie Critique du Principe Général de Bonne Foi en Droit Privé: Des Atteintes à la Bonne Foi, en Général, et de la Fraude, en Particulier («Fraus Omnia Corrumpit»)*, Bruxelles, Bruylant, 2000

ROMERO MATUTE, Blanca, *El Reaseguro*, Tomo I, Bogotá, Pontifícia Universidad Javeriana, 2001

ROMNICIANU, Michel, "Comment se pose le problème de l'harmonisation du droit du contrat d'assurance dans le Marché Commun", *Revue Générale des Assurances Terrestres*, Ano 47 (1976), nº 3, pp. 445-461

ROSENBLUM, J., "Les médecins-conseils de sociétés d'assurances", *in* HUREAU, Jacques; POITOUT, Dominique G. (Coords.), *L'Expertise Médicale en Responsabilité Médicale et en Réparation d'un Préjudice Corporel*, 2ª Ed., Issy les Moulineaux, Elsevier Masson Editeur, 2005, pp. 124-126

ROSSETTI, Marco, "Dichiarazioni inesatte e reticenze con dolo o colpa grave", *in* LA TORRE, Antonio (Dir.), *Le Assicurazioni – L'Assicurazione nei Codici, Le Assicurazioni Obbligatorie, L'Intermediazione Assicurativa*, 2ª Ed., Milano, Giuffrè Editore, 2007, pp. 82-98

– "Dichiarazioni inesatte e reticenze senza dolo o colpa grave", *in* LA TORRE, Antonio (Dir.), *Le Assicurazioni – L'Assicurazione nei Codici, Le Assicurazioni Obbligatorie, L'Intermediazione Assicurativa*, 2ª Ed., Milano, Giuffrè Editore, 2007, pp. 98-101

ROUSSEL, Jean, "Les intermédiaires d'assurance au regard de l'immunité des préposés", *Revue Générale du Droit des Assurances*, nº 3-2002, pp. 559-567

ROXIN, Claus, "Strafrecht und Strafrechtsreform", *in* AAVV, *Das Fischer Lexikon – Recht*, 3ª Ed., Frankfurt am Main, Fischer, 1977, pp. 229-246 – trad. port., "Teoria da infracção", *in* AAVV, *Textos de Apoio de Direito Penal*, Tomo I, Lisboa, Associação Académica da Faculdade de Direito de Lisboa, 1984, pp. 1-41

RUBIO VICENTE, Pedro J., *El Deber Precontractual de Declaración del Riesgo en el Contrato de Seguro*, Madrid, Editorial MAPFRE, 2003

RUDDEN, Bernard, "Disclosure in insurance: the changing scene", *in* MARKESINIS, B. S.; WILLEMS, J. H. M. (Eds.), *Lectures on the Common Law*, Vol. III, Deventer, Kluwer Law and Taxation Publishers, 1991, pp. 1-13

– "Le juste et l'inefficace: pour un non-devoir de renseignements", *Revue Trimestrielle de Droit Civil*, Ano LXXXIV, nº 1 (Jan.-Mar. 1985), pp. 91-103

RUDISCH, Bernhard, "Second discussion report of 23 May 1991", *in* REICHERT-FACILIDES, Fritz; e D'OLIVEIRA, Hans Ulrich Jessurun (Eds.), *Internatio-*

nal Insurance Contract Law in the EC: Proceedings of a Comparative Law Conference held at the European University Institute, Florence, May 23-24, 1991, Deventer, Kluwer Law and Taxation Publishers, 1993, pp. 95-99

RÜHL, Giesela, "Common law, civil law, and the single European market for insurances", *International and Comparative Law Quarterly*, Vol. 55, Parte 4 (Out. 2006), pp. 879-910

RUIZ MUÑOZ, Miguel, "Deber de declaración del riesgo del tomador en el contrato de seguro y facultad rescisoria del asegurador", *Revista Española de Seguros*, nº 65 (Jan.-Mar. 1991), pp. 13-45 ss.
– *La Nulidad Parcial del Contrato y la Defensa de los Consumidores*, Valladolid, Lex Nova, 1993

RUIZ SALAS, José, "Conceptos afines al seguro. – El contrato de seguro y su contenido: ... interpretación; las declaraciones del asegurado", *Revista de Derecho Privado*, Ano XXVIII, nº 330 (Set. 1944), pp. 685-693

SÁ, Almeno de, *Cláusulas Contratuais Gerais e Directiva Sobre Cláusulas Abusivas*, 2ª Ed., Coimbra, Almedina, 2001

SÁ, Armando Alves, "Litígios judiciais com companhias de seguros, sua divisão e principais causas", *Lusíada – Revista de Ciência e Cultura (Série de Direito)*, 1999, nº 1 e 2, pp. 521-526

SÁ, Fernando Cunha de, *Abuso do Direito*, Coimbra, Almedina, 1973 (Reimpr. 1997)

SABBATELLI, Illa, "Informazioni e rischio assicurato", *La Nuova Giurisprudenza Civile Commentata*, Ano XX (2004), Parte I, pp. 404-408

SALANDRA, Vittorio, "Dell'Assicurazione", *in* SCIALOJA, Antonio; e BRANCA, Giuseppe (Eds.), *Commentario del Codice Civile*, Libro Quarto Delle Obbligazioni

– Art. 1861-1932, Bologna, Nicola Zanichelli Ed., 1948, pp. 153-392
– "Le dichiarazioni dell'assicurato secondo il nuovo codice", *Assicurazioni – Rivista di Diritto, Economia e Finanza delle Assicurazioni Private*, Ano IX (1942), Parte I, pp. 1-19

SALAVESSA, Francisco, *Formação e Forma do Contrato de Seguro*, Relatório de Mestrado, Coimbra, Faculdade de Direito da Universidade de Coimbra, 2008 – http://www.isp.pt/NR/rdonlyres/6B155A66-1B3F-46CD-B4DE-1DED478 58FF3/0/FranciscoSalavessa.pdf (consult. 23/01/2011)

SALVADOR, Manuel J. G., *Contrato de Mediação*, Lisboa, s.n., 1964

SAMUELSON, Paul A.; NORDHAUS, William D., *Economics*, 16ª Ed., New York, McGraw-Hill, 1998 – trad. port., *Economia*, Lisboa, McGraw-Hill, 1999

SÁNCHEZ CALERO, Fernando, "Artículo 10. Deber de declaración del riesgo", *in* SÁNCHEZ CALERO, Fernando (Dir.), *Ley de Contrato de Seguro: Comentarios a la Ley 50/1980, de 8 de Octubre, y a sus Modificaciones*, 3ª Ed., Cizur Menor, Editorial Aranzadi, 2005, pp. 228-252
– "Conclusión, documentación, contenido del contrato (Arts. 5 a 24)", *in* VERDERA Y TUELLS, Evelio (Ed.), *Comentarios a la Ley de Contrato de Seguro*, Vol. I, Madrid, Colegio Universitario de Estudios Financieros, 1982, pp. 263-354

SANTARÉM, Pedro de, *Tractatus de Assecurationibus et Sponsionibus*, 1552 – trad. port., Lisboa, Instituto de Seguros de Portugal, 2007

SANTORO-PASSARELLI, Francesco, *Dottrine Generali del Diritto Civile*, 8ª Ed., Napoli, Eugenio Jovene, 1964 – trad. port., *Teoria Geral do Direito Civil*, Coimbra, Atlântida, 1967

SANTOS, José Beleza dos, "A burla prevista no artigo 451º do Código Penal e a fraude punida pelo artigo 456º do mesmo Código", *Revista de Legislação e de Jurisprudência*, Ano 76º (1943-1944), nº 2760, pp. 273-278; nº 2761, pp. 289-296; nº 2762, pp. 305-310; nº 2763, pp. 321-329

– "Crimes de moeda falsa", *Revista de Legislação e de Jurisprudência*, Anos 66º (1933-1934), 67º (1934-1935) e 68º (1935-1936)

SANTOS, José Maia dos – cfr. SOARES, Adriano Garção

SANTOS JÚNIOR, Eduardo dos, *Direito das Obrigações I – Sinopse Explicativa e Ilustrativa*, Lisboa, Associação Académica da Faculdade de Direito de Lisboa, 2010

– *Sobre a Teoria da Interpretação dos Negócios Jurídicos – Estudo de Direito Privado*, Lisboa, Associação Académica da Faculdade de Direito de Lisboa, 1988

SANTOS, Maria Isabel Tormenta dos, *O Ónus da Prova e as Presunções Naturais*, Relatório de Mestrado, Lisboa, Faculdade de Direito da Universidade de Lisboa, 1990

SANTOS, M. Simas; LEAL-HENRIQUES, M., *Código de Processo Penal – Anotado*, Vol. I, 3ª Ed., Lisboa, Rei dos Livros, 2008

SANTOS, Ricardo Bechara, "Algumas considerações sobre fraude no seguro. A força que devem ter os indícios", *Revista do Advogado*, São Paulo, nº 47 (Mar. 1996), pp. 21-29

SARAIVA, António Correia, "O tipo legal de crime de burla: do erro ocasionado não *expressis verbis* mas através de actos concludentes", *Revista Portuguesa de Direito do Consumo*, nº 52 (Dez. 2007), pp. 27-38

SARGOS, Pierre, "L'obligation de loyauté de l'assureur et de l'assuré", *Revue Générale du Droit des Assurances*, 1997, nº 4, pp. 988-994

SCALFI, Gianguido, "Artt. 1882-1903", *in* CENDON, Paolo (Ed.), *Commentario al Codice Civile*, Vol. IV, Torino, Unione Tipografico Editrice Torinese, 1991, pp. 1628-1663

– "Considerazioni sui contratti aleatori", *Rivista di Diritto Civile*, Ano VI (1960), Parte I, pp. 135-180

– *Manuale delle Assicurazioni Private*, Milano, Egea, 1994

SCHERMAIER, Martin Josef, "Bona fides in roman contract law", *in* ZIMMERMANN, Reinhard; e WHITTAKER, Simon (Eds.), *Good Faith in European Contract Law*, Cambridge, Cambridge University Press, 2000, pp. 63-92

SCHIAVO, Carlos A., *Contrato de Seguro – Reticencia y Agravación del Riesgo*, Buenos Aires, Hammurabi, 2006

SCHMIDT, Christian, "Psychologie des risques et activités d'assurance", *Risques*, nº 39 (Set. 1999), pp. 67-71

– "Risque et incertitude: une nouvelle interprétation", *Risques*, nº 25 (Jan.-Mar. 1996), pp. 163-174

SCHMIDT, Joanna, "La sanction de la faute précontractuelle", *Revue Trimestrielle de Droit Civile*, Ano LXXII (1974), pp. 46-73

SCHMIDT, Reimer, "L'influenza del comportamento dell'assicurato sulla garanzia prevista in contratto", *Assicurazioni – Rivista di Diritto, Economia e Finanza delle Assicurazioni Private*, Ano XXXIII (1966), Parte I, pp. 448-506

SCHNYDER, Anton K., "Observations from a third country on the development of international insurance contract law within the EC", *in* REICHERT-FACILIDES, Fritz; e D'OLIVEIRA, Hans Ulrich Jessurun (Eds.), *International Insurance Contract Law in the EC: Proceedings of a Comparative Law Conference held at the European University Institute, Florence,*

May 23-24, 1991, Deventer, Kluwer Law and Taxation Publishers, 1993, pp. 163-185

SCHULZE, Reiner, "Precontractual duties and conclusion of contract in european law", *European Review of Private Law*, Vol. 13, nº 6 (2005), pp. 841-866

SCOGNAMIGLIO, Renato, "Considerazioni sulla responsabilità dei patroni e committenti per il fatto dei domestici e commessi (art. 2049 Cod. Civ.)", *Rivista del Diritto Commerciale e del Diritto Generale delle Obbligazioni*, Ano LXIV (Mai.-Jun. 1966), Parte I, pp. 163-179

SERRA, Adriano Vaz, "Culpa do devedor ou do agente", *Boletim do Ministério da Justiça*, nº 68 (1957), pp. 13-151

– "Provas (Direito Probatório Material)", *Boletim do Ministério da Justiça*, nº 110 (Nov. 1961), pp. 61-256; nº 111 (Dez. 1961), pp. 5-194; nº 112 (Jan. 1962), pp. 33-293

– "Resolução do contrato", *Boletim do Ministério da Justiça*, nº 68 (Jul. 1957), pp. 153-289

– "Responsabilidade do devedor pelos factos dos auxiliares, dos representantes legais ou dos substitutos", *Boletim do Ministério da Justiça*, nº 72 (Jan. 1958), pp. 259-305

SIERRA NOGUERO, Eliseo, "La prueba del dolo o culpa grave del tomador en la declaración del riesgo. Comentario a la STS 1098/2008, de 4 de Diciembre de 2008", *Revista Española de Seguros*, nº 137 (2009), pp. 141-145

SILVA, Augusto Santos, "A ruptura com o senso comum nas ciências sociais", *in* SILVA, Augusto Santos; e PINTO, José Madureira (Orgs.), *Metodologia das Ciências Sociais*, 8ª Ed., Porto, Edições Afrontamento, 1986, pp. 29-53

SILVA, Eva Moreira da, "O dever pré-contratual de informação: algumas questões relativamente aos seus pressupostos", *Scientia Ivridica*, Tomo LI, nº 294 (Set.-Dez. 2002), pp. 515-530

– "O ónus da prova na responsabilidade pré-contratual por violação de deveres de informação", *in* OLIVEIRA, António Cândido (Coord.), *Estudos em Comemoração do 10º Aniversário da Licenciatura em Direito da Universidade do Minho*, Coimbra, Almedina, 2004, pp. 281-296

– *As Relações Entre a Responsabilidade Pré-Contratual por Informações e os Vícios da Vontade (Erro e Dolo): O Caso da Indução Negligente em Erro*, Coimbra, Almedina, 2010

– *Da Responsabilidade Pré-Contratual por Violação dos Deveres de Informação*, Coimbra, Almedina, 2003 (Reimpr., 2006)

SILVA, Fernando Emygdio, *Seguros Mútuos*, Coimbra, Imprensa da Universidade, 1911

SILVA, Helena Tomás, *O Ónus da Prova e os Processos Cominatórios Plenos*, Relatório de Mestrado, Lisboa, Faculdade de Direito da Universidade de Lisboa, 1990

SILVA, João Calvão da, "Apólice 'Vida Risco – Crédito Habitação': as pessoas com deficiência ou risco agravado de saúde e o princípio da igualdade na Lei nº 46/2006", *Revista de Legislação e de Jurisprudência*, Ano 136º, nº 3942 (Jan.-Fev. 2007), pp. 158-170

– *Banca, Bolsa e Seguros*, Tomo I – Direito Europeu e Português, 3ª Ed., Coimbra, Almedina, 2011

– *Responsabilidade Civil do Produtor*, Coimbra, Almedina, 1990

– "Tribunal da Relação de Lisboa – Acórdão de 12 de Outubro de 2000" [coment.], *Revista de Legislação e de Jurisprudência*, Ano 133 (2000-2001), nº 3910-3921, pp. 189-224

SILVA, Manuel Gomes da, *O Dever de Prestar e o Dever de Indemnizar*, Lisboa, Faculdade de Direito da Universidade de Lisboa, 1944

SILVA, Nuno Espinosa Gomes da, "Jurisprudência dos conceitos", *in* AAVV, *Polis – Enciclopédia Verbo da Sociedade e do Estado*, Vol. III, 2ª Ed., Lisboa, Verbo, 1999, cls. 866-869

SILVA, Pedro Ribeiro, "O litígio e os seguros", *Lusíada – Revista de Ciência e Cultura (Série de Direito)*, 1999, nº 1 e 2, pp. 583-590

SILVA, Rafael Rodrigues da, *Os Seguros (Elementos de Estudo)*, Lisboa, [s.n.], 1963

SILVA, Rita Ferreira da, *Do Contrato de Seguro de Responsabilidade Civil Geral – Seu Enquadramento e Aspectos Jurídicos Essenciais*, Coimbra, Coimbra Editora, 2007

SKAJAA, Lynne – cfr. MORSE, Dexter

SOARES, Adriano Garção; SANTOS, José Maia dos; MESQUITA, Maria José Rangel de, *Seguro Obrigatório de Responsabilidade Civil Automóvel – Direito Nacional, Direito Comunitário, o Sistema de Carta Verde, Anotados e Comentados*, 2ª Ed., Coimbra, Almedina, 2001

SOARES, Rogério, *Interesse Público, Legalidade e Mérito*, Coimbra, Atlântida, 1955

SOARES, Teresa Luso, *A Conversão do Negócio Jurídico*, Coimbra, Almedina, 1986

SOLIMANDO, Angela, "Disciplina delle dichiarazioni precontrattuali nel contratto di assicurazione. Evoluzione della giurisprudenza", *Assicurazioni – Rivista di Diritto, Economia e Finanza delle Assicurazioni Private*, Ano LXVIII, nºs 1-2 (Jan.-Jun. 2001), pp. 21-52

SOTGIA, Sergio, "Considerazioni sulla 'descrizione del rischio' nel contratto di assicurazione", *Assicurazioni – Rivista di Diritto, Economia e Finanza delle Assicurazioni Private*, Ano XXXVI (1969), Parte I, pp. 92-115

SOUSA, José Passos de, "Directiva relativa à mediação de seguros", *in* MOREIRA, António, e MARTINS, M. Costa (Coords.), *III Congresso Nacional de Direito dos Seguros – Memórias*, Coimbra, Almedina, 2003, pp. 215-232

SOUSA, Marcelo Rebelo de, "Responsabilidade dos estabelecimentos públicos de saúde: Culpa do agente ou culpa da organização", *in* SANTOS, António Marques dos *et al.*, *Direito da Saúde e Bioética*, Lisboa, Associação Académica da Faculdade de Direito de Lisboa, 1996, pp. 145-185

SOUSA, Marcelo Rebelo de; e GALVÃO, Sofia, *Introdução ao Estudo do Direito*, 5ª Ed., Lisboa, Lex, 2000

SOUSA, Miguel Teixeira de, *O Concurso de Títulos de Aquisição da Prestação: Estudo Sobre a Dogmática da Pretensão e do Concurso de Pretensões*, Coimbra, Almedina, 1988
– *Estudos Sobre o Novo Processo Civil*, 2ª Ed., Lisboa, Lex, 1997

SOUSA, Rabindranath Capelo de, *O Direito Geral de Personalidade*, Coimbra, Coimbra Editora, 1995
– *Teoria Geral do Direito Civil*, Vol. I, Coimbra, Coimbra Editora, 2003

STARCK, Boris, *Essai d'une Théorie Générale de la Responsabilité Civile Considérée en sa Double Fonction de Garantie et de Peine Privée*, Paris, Rodstein, 1947

STEINDORFF, M. E., "Certains aspects de la déclaration du risque et de ses conséquences en droit comparé", *in* AAVV, *L'Harmonisation du Droit du Contrat d'Assurance dans la C.E.E.*, Bruxelles, Bruylant, 1981, pp. 193-277

STEWART, Roger – cfr. POWELL, John L.

STIGLITZ, Gabriel A. – cfr. STIGLITZ, Rubén S.

STIGLITZ, Rubén S.; e STIGLITZ, Gabriel A., "El principio de buena fe en los contratos de consumo", *Revista Portuguesa de Direito do Consumo*, nº 8 (Dez. 1996), pp. 7-20

– *Responsabilidad Precontractual – Incumplimiento del Deber de Información*, Buenos Aires, Abeledo-Perrot, 1992

STRAUCH, Dieter, "A respeito da responsabilidade profissional por conselhos, informações e pareceres com base no BGB", *Revista de Direito e de Economia*, Ano XV (1989), pp. 5-29

SWISS RE, *Introdução ao Resseguro*, 5ª Ed., Zurich, Swiss Reinsurance Company, 1999

TARR, Anthony A.; TARR, Julie-Anne, "The insured's non-disclosure in the formation of insurance contracts: a comparative perspective", *International and Comparative Law Quarterly*, Vol. 50, III (Jul. 2001), pp. 577-612

TARR, Julie-Anne, *Disclosure and Concealment in Consumer Insurance Contracts*, London, Cavendish Publishing Limited, 2002

– "Disclosure in insurance law; contemporary and historical economic considerations", *International Trade and Business Law Annual*, 6 (2000), pp. 209-225

– Cfr. também TARR, Anthony A.

TAVARES, Rita Lopes, *Breves Notas Sobre o Dever de Esclarecimento do Segurador na Nova Lei do Contrato de Seguro*, Relatório de Mestrado, Lisboa, Faculdade de Direito da Universidade de Lisboa, 2010

TEDESCHI, Guido, "«Misrepresentation» e «non-disclosure» nel diritto assicurativo italiano", *Rivista di Diritto Civile*, Ano IV (1958), I, pp. 479-500

TELES, Joana Galvão, "Deveres de informação das partes", *in* REGO, Margarida Lima (Coord.), *Temas de Direito dos Seguros – A Propósito da Nova Lei do Contrato de Seguro*, Coimbra, Almedina, 2012, pp. 213-273

TELLES, Inocêncio Galvão, *Direito das Obrigações*, 6ª Ed., Coimbra, Coimbra Editora, 1989

– "Formação do contrato", *Colectânea de Jurisprudência*, Ano VI, Tomo 3 (1981), pp. 5-14

– *Manual dos Contratos em Geral*, 3ª Ed., Lisboa, s.n., 1965 (reimpr., Lisboa, Lex, 1995)

THUNIS, Xavier, "L'obligation precontractuelle d'information: un terrain de choix pour la construction doctrinale", *in* AAVV, *Mélanges Michel Cabrillac*, Paris, Litec, 1999, pp. 313-321

TIFFREAU, Pascal, "Le silence et le contrat d'assurance", *Revue Générale des Assurances Terrestres*, Ano 60 (1989), nº 4, pp. 761-784

TIRADO SUÁREZ, Francisco Javier, "Anotaciones al deber de declaración del riesgo en el contrato de seguro", *Revista Española de Seguros*, nº 61 (Jan.-Mar. 1990), pp. 129-139

TORRES, Arnaldo Pinheiro, *Ensaio Sobre o Contrato de Seguro*, Porto, Tipografia Sequeira, 1939

TORRES, Leonor Cunha – cfr. MARTINEZ, Pedro Romano

TRAMONTANO, Luigi, *Codice Civile – Leggi Complementari Annotato con la Giurisprudenza*, Matelica, Halley Ed., 2007

TRIGO, Maria da Graça, "Responsabilidade civil do comitente (ou responsabilidade por facto de terceiro)", *in* FACULDADE DE DIREITO DA UNIVERSIDADE DE COIMBRA (Org.), *Comemorações dos 35 Anos do Código Civil e dos 25 Anos da Reforma de 1977*, Vol. III – Direito das Obrigações, Coimbra, Coimbra Editora, 2007, pp. 153-169

TUHR, Andreas von, *Der Allgemeine Teil des Deutschen Bürgerlichen Rechts*, Band I: Allgemeine Lehren und Personenrecht, Berlin, 1910 – trad. espanhola, *Derecho Civil: Teoría General del Derecho Civil Alemán*, Vol. I: Los Derechos Subjectivos y el Patrimonio, Madrid, Marcial Pons, 1998

TZIRULNIK, Ernesto, "Direito ao seguro privado – Discriminação e ação afirmativa", *in* MIRANDA, Jorge; e SILVA, Marco Marques da (Coords.), *Tratado Luso-Brasileiro da Dignidade Humana*, São Paulo, Quartier Latin, 2008, pp. 1221-1236

TZIRULNIK, Ernesto; e CAVALCANTI, Flávio Queiroz, "Gli elementi essenziali del contratto di assicurazione nella disciplina introdotta dal nuovo codice civile brasiliano", *Diritto ed Economia dell'Assicurazione*, 2003, nº 3-4, pp. 803-823

TZIRULNIK, Ernesto; e OCTAVIANI, Alessandro, "Seguro e fraude: as provas", http://www.ibds.com.br/textos/SeguroEFraude-AsProvas.pdf (consult. 08/10/2008)

URÍA, Rodrigo, *Derecho Mercantil*, 13ª Ed., Madrid, Marcial Pons, 1986
– "Orientaciones modernas sobre el concepto juridico del seguro en la doctrina española e hispanoamericana", *in* ASSOCIAZIONE INTERNAZIONALE DI DIRITTO DELLE ASSICURAZIONI (Org.), *Atti del Primo Congresso Internazionale di Diritto delle Assicurazioni*, Milano, Giuffrè Editore, 1963, Vol. I, pp. 341-374

VALIN, René-Josué, *Nouveau Commentaire Sur L'Ordonnance de la Marine, du Mois d'Août 1681*, Tomo II, La Rochelle, Jerôme Legier & Pierre Mesnier, 1760

VARELA, João Antunes, *Das Obrigações em Geral*, Vol. I, 10ª Ed., Coimbra, Almedina, 2000
– *Das Obrigações em Geral*, Vol. II, 7ª Ed., Coimbra, Almedina, 1997
– "Supremo Tribunal de Justiça – Acórdão de 4 de Fevereiro de 1982" [coment.], *Revista de Legislação e Jurisprudência*, Ano 118º (1985-1986), nº 3736, pp. 219-224; nº 3737, pp. 253-256 ; e nº 3738, pp. 270-271
– Cfr. também LIMA, Pires de

VARELA, João Antunes; BEZERRA, J. Miguel; e NORA, Sampaio e, *Manual de Processo Civil*, 2ª Ed., Coimbra, Coimbra Editora, 1985

VASCONCELOS, Joana – cfr. MARTINEZ, Pedro Romano

VASCONCELOS, Pedro Pais, *Contratos Atípicos*, Coimbra, Almedina, 1995
– "Protecção de dados pessoais e direito à privacidade", *in* AAVV, *Direito da Sociedade de Informação*, Vol. I, Coimbra, Coimbra Editora, 1999, pp. 241-253
– *Teoria Geral do Direito Civil*, 6ª Ed., Coimbra, Almedina, 2010

VASQUES, José, "Contrato de seguro: Elementos essenciais e características", *Scientia Ivridica*, Tomo LV, nº 307 (Jul.-Set. 2006), pp. 493-525
– *Contrato de Seguro – Notas Para Uma Teoria Geral*, Coimbra, Coimbra Editora, 1999
– "Declaração do risco, deveres de informação e boa fé", *SPAIDA – Boletim Informativo*, nº 1 (Jan. 2004), pp. 6-7
– *Direito dos Seguros – Regime Jurídico da Actividade Seguradora*, Coimbra, Coimbra Editora, 2005
– "Da distribuição para a mediação de seguros", www.spaida.pt/ficheiros/aida_med_04052006.pdf (consult. 21/08/2007)
– *Novo Regime Jurídico da Mediação de Seguros*, Coimbra, Coimbra Editora, 2006
– Cfr. também MARTINEZ, Pedro Romano

VATHAIRE, Anne – cfr. DUFRÊNE, Catherine

VAUGHAN, Emmett J., *Fundamentals of Risk and Insurance*, 6ª Ed., New York, John Wiley & Sons, 1992

VELASCO SAN PEDRO, Luís A., "Prólogo", *in* RUBIO VICENTE, Pedro J., *El Deber Precontractual de Declaración del Riesgo en el Contrato de Seguro*, Madrid, Editorial MAPFRE, 2003, pp. XIII-XVI

VELOSO, José António, *Risco, Transferência de Risco, Transferência de Responsabilidade na Linguagem dos Contratos e da Supervisão de Seguros*, Separata de AAVV, *Estudos em Homenagem ao Prof. Doutor José Dias Marques*, Coimbra, Almedina, 2007, pp. 277-354

VENDITTI, Arnaldo, "Della clausola di incontestabilità del contratto d'assicurazione", *Giustizia Civile*, 1956, I, pp. 1240-1243

VIANELLO, Giorgio Pietro, "A proposito delle 'dichiarazioni' sullo stato del rischio", *Diritto e Pratica nell'Assicurazione*, Ano XXXII (1990), pp. 154-156

VICENT CHULIÁ, Francisco, *Compendio Crítico de Derecho Mercantil*, 2ª Ed., Barcelona, Bosch, 1986

VICENTE, Dário Moura, "Culpa na formação dos contratos", *in* FACULDADE DE DIREITO DA UNIVERSIDADE DE COIMBRA (Org.), *Comemorações dos 35 Anos do Código Civil e dos 25 Anos da Reforma de 1977*, Vol. III – Direito das Obrigações, Coimbra, Coimbra Editora, 2007, pp. 265-284
– *Direito Comparado*, Vol. I, Coimbra, Almedina, 2008
– *Da Responsabilidade Pré-Contratual em Direito Internacional Privado*, Coimbra, Almedina, 2001

VIEIRA, José Alberto, *O Contrato de Concessão Comercial*, Coimbra, Coimbra Editora, 1991 (Reimpr. 2006)
– "O dever de informação do tomador de seguro em contrato de seguro automóvel" *in* MIRANDA, Jorge; PINHEIRO, Luís Lima; VICENTE, Dário Moura (Coords.), *Estudos em Memória do Professor Doutor António Marques dos Santos*, Vol. I, Coimbra, Almedina, 2005, pp. 999-1023
– *Negócio Jurídico – Anotação ao Regime do Código Civil (Artigos 217º a 295º)*, Coimbra, Coimbra Editora, 2006 (Reimpr., 2009)

VILLELA, Álvaro Machado, *Seguro de Vidas – Esboço Histórico, Económico e Jurídico*, Coimbra, Imprensa da Universidade, 1898

VISINTINI, Giovanna, "La reticenza nel contratto di assicurazione", *Rivista di Diritto Civile*, Ano XVII (1971), I, pp. 423-458
– *La Reticenza nella Formazione dei Contratti*, Padova, Casa Editrice Dott. Antonio Milani, 1972

VITERBO, Camillo, "Le dichiarazioni dell'assicurando. Commento all'art. 429 cod. comm.", *Il Foro Italiano*, Vol. LX (1935), Parte IV, cols. 60-88

VIVANTE, Cesare, "Articolo 429.", *in* BOLAFFIO, Leone; e VIVANTE, Cesare (Coords.), *Il Codice di Commercio Commentato*, Vol. VII, 5ª Ed., Torino, Unione Tipografico Editrice Torinese, 1922, pp. 175-186
– *Istituzioni di Diritto Commerciale*, Milano, Ulrico Hoepli, 1929
– *Trattato di Diritto Commerciale*, Vol. IV (Le Obbligazioni), Milano, Casa Editrice Dottor Francesco Vallardi, 1926

WEBER, Max, "L'usage des types idéaux en sociologie", *in* BOURDIEU, Pierre; CHAMBOURDON, J.-C.; e PASSERON, J.-C. (Eds.), *Le Métier de Sociologue – Préalables Epistémologiques*, Paris, Mouton, 1973, pp. 246-252

WEIGMANN, Roberto, "L'importanza del questionario per valutare le reticenze dell'assicurato", *Giurisprudenza Italiana*, Ano 143 (1991), Parte I (Giurisprudenza Civile e Commerciale), cls. 1029-1032

WEIR, J. A. – cfr. CATALA, Pierre

WELZEL, Hans, *Das deutsche Strafrecht: eine systematische Darstellung*, 11ª Ed., Berlin, Gruyter, 1969 – trad. espanhola, *Derecho Penal Alemán: Parte General*, Santiago de Chile, Editorial Jurídica, 1970

WHITTAKER, Simon; e ZIMMERMANN, Reinhard, "Good faith in European contract law: Surveying the legal landscape", *in* ZIMMERMANN, Reinhard; e WHITTAKER, Simon (Eds.), *Good Faith in European Contract Law*, Cambridge, Cambridge University Press, 2000, pp. 7-62

WIDISS, Alan I. – cfr. KEETON, Robert E.

WIEACKER, Franz, *Zur rechtstheoretischen Präzisierung des § 242 BGB*, Tübingen, 1956 – trad. espanhola, *El Principio General de la Buena Fe*, Madrid, Editorial Civitas, 1977

WILBURG, Walter, "Desenvolvimento de um sistema móvel no direito civil", *Direito e Justiça*, Vol. XIV, Tomo III (2000), pp. 55-73

ZACCARIA, Alessio, *La Mediazione*, Padova, Casa Editrice Dott. Antonio Milani, 1992

ZIMMERMANN, Reinhard, "Good faith and equity", *in* ZIMMERMANN, Reinhard; VISSER, Daniel (Eds.), *Southern Cross – Civil Law and Common Law in South Africa*, Oxford, Clarendon Press, 1996, pp. 217-260

– Cfr. também WHITTAKER, Simon

ZUMAGLIA, Alberto Polotti di, "Profili civilistici e assicurativi della cartella clinica", *Diritto ed Economia dell'Assicurazione*, Ano 34, nº 4 (Out.-Dez. 1992), pp. 741-751

ZWEIGERT, Konrad; e KÖTZ, Hein, *Einführung in die Rechtsvergleichung auf dem Gebiete des Privatrechts*, 2ª Ed., Tübingen, 1984 – trad. inglesa, *Introduction to Comparative Law*, Oxford, Clarendon Press, 1992

ÍNDICE